国家出版基金项目
NATIONAL PUBLICATION FOUNDATION

宋會要輯稿

16

劉琳　刁忠民　舒大剛　尹波等校點

上海古籍出版社

宋會要輯稿　方域九

修城下

揚州城〔一〕

【宋會要】

❶建炎二年十月，詔令揚州先次開撩城濠及措置增修城壁，其教習軍兵，令揚州依法施行。

乾道三年五月二十三日，詔修揚州城。先是，主管殿前司公事王琪言：「揚州爲淮東重城，地面狹隘，壕塹水淺，四外平陸地無險，乞貼築城壁，開掘舊壕。」從之。其後琪奏修城甎灰，葉顒因言：「揚州修城，工役甚大，議者以爲恐勞動兵衆，未甚有益，且致敵人言。」上曰：「内地修城，何預邊頭？且誓書所不載。萬一今冬有警，悔又無及。朝廷作事，安能盡卹浮議，不至張皇可也。」

四年九月〔二〕，詔：「揚州修城，入役官兵慮有病患，令逐處守令同統兵官專差職醫診視，官給湯藥。」

四月二日〔三〕，知揚州、主管淮南東路安撫司公事莫濛言：「揚州城壁，當時兩軍計料，止於壕外取掘乾土，添築砲臺，不曾計料開深壕河。大觀中重修《揚州圖經》，本州城壕深一丈至一丈五尺，闊十三丈，至有十八丈之所。本州近稍闕雨，濠内極深不過二三尺，至有淺涸可以通人往來。竊詳固守之利，莫如高城深池。今城雖高而池不深，竊恐冬深水涸，人可平涉，緩急之際，深所未便。欲望令殿前司并鎮江府都統制司重別計料，以水面爲則通展，務令深闊，緩急可以備禦。」從之。

五月四日，權主管殿前司公事王逵言：「揚州城壁周圍十七里一百❷七十二步，計三千一百四十六丈。昨申朝廷，於沿城裏周圍作卧牛勢貼展。近莫濛陳訴，壕河淺狹，已有旨令兩司屯戍官兵開掘深闊。看詳揚州城圍闊遠，處處受敵，四向平陸，別無山林險阻，萬一有警，提出精鋭，占利迎遏，難坐守城池以俟攻擊。其城身外表甎瓦元不曾相驗修築，慮其間不無損缺之處，難以守禦。欲再加相驗，別參酌工數奏聞施行。」從之。

〔三年〕閏七月十九日〔四〕，殿前司言，與鎮江軍分南北興修揚州城，恐不均平。上語輔臣：「北邊乃受敵處。」蔣芾因奏，不如令東西分。從之。凡十月畢工。

〔一〕原題作「揚州府古城」，按明代始稱揚州府，今删二字。又，天頭原批：「淮南東路。」

〔二〕按，下文三年「閏七月」條云「凡十月畢工」，則四年九月之前已畢工，不應有此詔，疑「四年」二字當移至下條。

〔三〕按，據本書選舉三四之二〇，乾道三年六月十八日詔莫濛知揚州，則此條之「四月二日」乃乾道四年四月二日。

〔四〕三年：原無，按閏七月在乾道三年，因補。此條應移前。

淳熙元年八月二十七日，詔揚州屯戍統制官，自今兼提督修城，遇有城壁損缺，與同提督兵官措置，疾速脩整，依例交替。從樞密院請也。

慶元五年六月十六日，樞密言：「脩治揚州城壁，其諸州起發甎灰，恐有計囑弊倖。」詔（令）〔令〕殿前司，將來興工，甎坯仰督責合干人，務要堅實。仍於磚側模印關司某軍燒造〔一〕，其受納去處，委官點校交納，以備不測取摘，前去看驗。其餘應干物件，津運到日，仰安撫司子細交納，如法安頓，具已收名件申樞（察）〔密〕院，毋致欺弊，失陷官物。仍令提督官常切覺察。

慶元五年八月三日，詔：「（關）〔殿〕前司見差揚州脩城官兵二千人，并令鎮江都統制司更就差武鋒軍一千人，並權聽安撫郭杲節制，措置脩補城壁，卓立樓櫓，脩治女牆等，以爲經久之計。將見在錢米、物料等，依所奏事理據數3分給兩司，令郭杲先次計料以聞。仍仰閻世雄往來照管，務要協力催督，早得辦集。候一切圓備，別聽指揮，却令（關）〔殿〕前司、鎮江都統制司依舊分定管認，各先具知稟聞奏。」從帥臣郭杲之請也。（以上《永樂大典》卷八〇六九）

六合縣城〔二〕

【宋會要】

4孝宗隆興元年，詔修真州六合城。以九月二十二日興役，十一月九日畢，北城創立，餘增修。

乾道二年八月，主管步軍司陳敏復請別浚城濠，於舊壕填築羊馬牆，更增城五尺。從之。

三年正月二十四日，詔給（寶）〔內〕藏南庫銀八千兩修六合城。先是，淮東總領所當辦修城工費二萬七千緡，免之。

四年四月五日，詔揚州六合修城塹，凡材木、甎灰、木脚等錢，自浙西往者，官盡給其價。上因曰：「工役如此，苟錢不給，恐州郡科歛。」蔣芾曰：「陛下念及此，天下幸甚。」及有司程費以聞，上又慮外府或闕，不時給，命以內庫錢八萬緡償之。

九月一日，詔揚州、和州、六合縣修城等，入役官兵慮有病患，令逐處守令同統兵官，專差職醫診視，官給湯藥。

十三日，馬軍司言：「修築和州城壁，或遇陰雨，其工役官兵雖住修築土工畢數，却併手運致材植及措置石段檞蔞、收積瓦滓之類，即無停歇。欲望下所屬，將本司修城官兵合破食錢，如遇天雨，亦乞全支。」從之。

五年二月一日，權主管侍衛步軍司王宏言：「先被旨於六合城外挑掘遠壕及展北城，竊詳工料浩大，卒難就緒。今措置，不若取遠壕土止於壕裏堆積，可高二丈。如此則

〔一〕關司：下條兩「殿」字皆訛作「關」，此句「關」字亦疑爲「殿」之誤，「殿司」即殿前司之省稱。

〔二〕天頭原批：「淮南東路。」

無摧壞增徙之勞，緩急虜騎奔衝，前有壕水，後有積土，足可禦敵。」從之

紹熙 **5** 三年十月二十六日，步軍司言：「六合縣北大城修築包砌，將已圓備，見將創造到萬人敵、馬面子、團敵，通過樓共二十二座，接續卓立，以爲扞。」

嘉泰三年七月六日，臣僚言：「六合縣自修城以來，用戍兵守把，因遂創收門頭錢。本縣十二門，軍中各日立定額送納，隨軍庫公用。凡經從城門者，皆令出資金，然後得行。至有隨其貨物多寡，戍兵以意取覓，公納之外，餘則分霑。大抵利之所在，官立嚴禁，尚且抵冒刑憲，況公許之乞取，則事體可知。若曰營寨去處量有所收，猶是百姓不應入營寨，今六合之城郭乃郡縣之城郭也，人民商旅所當經行，豈應出入有門頭錢耶？乞降黃榜下六合縣蠲除，令本處大字備録黃榜十二門，使往來通知。仍劄下盱眙軍照會，庶絶天長他日之患。」從之。

真州城〔一〕

【宋會要】

6 乾道三年十二月十五日，詔修真州城。先是，上語輔臣，揚州城已畢工，陳俊卿因言：「張郯乞城真州，似可從。」魏杞曰：「若免上供諸色錢，或朝廷捐二三萬緡佐之，自可辦。」上曰善，至是詔修之。凡十月畢工，費緡錢十萬，米一萬三千碩。

乾道四年三月十五日，户部言：「權發遣真州張郯措置修築城壁合用竹木，乞下所過税場審驗通放，法難以行。」詔特從之。（以上《永樂大典》卷八〇七〇）

壽春府城〔二〕

【宋會要】

7 紹興三年十二月八日，尚書省劄子：「勘會壽春府密鄰賊境，城壁不修。」詔令孫暉依都督行府已行事理，疾速相視，於壽春縣修築。仍約度周圍丈尺、合用若干工料，具狀入急遞申尚書省。

泗州城〔三〕

〔紹興七年十二月〕二十七日〔四〕，宰執進呈知泗州劉綱乞調滁州千夫修城，既得旨施行，而言者以爲非。上曰：「百姓誠不可勞，但邊城利害至重，天下之事，亦權輕重大小而爲之。朕愛民力，一毫不敢動，唯此役爲不得已也。」宰臣趙鼎奏曰：「前日得旨，已令優支錢米。」御史中丞常同言：「近嘗論泗州修城有妨農時，竊緣正當春雨隮

〔一〕原題作「儀真縣城」，按宋代爲真州揚子縣，明代始改爲儀真縣，今據正文內容改。
〔二〕原題作「壽州城」，據正文改。天頭原批：「淮南西路。」
〔三〕原無此題，據正文補。
〔四〕紹興七年十二月：原無，據《中興小紀》卷二三補。

壞，枉費人力。今耕種將興，淮南新開荒廢之田有幾，而頃起夫役三千人，令自備器用，其擾甚大。乞早降指揮住罷，如欲修繕，須俟農隙。」詔令泗〔川〕〔州〕更切相度，如委是有妨農作，即行放散。

徐州城 〔一〕

【宋會要】

元豐元年正月二十二日，賜度僧牒百道付京東路轉運司，撥還徐州築城、興置木岸等所借常平錢。（以上《永樂大典》卷八〇六四）

和州城 〔二〕

8 乾道〔三〕〔五〕年十二月十五日〔三〕，權發遣和州、主管淮南西路安撫司公事胡昉言：「見於千秋澗取土燒磚，甃砌澗上城及捺黃塹、米河關隘填堰等事，欲望於內府假會子二十萬貫，及乞下淮西總領所支米五萬碩，付本司相兼支用。」從之。是歲，詔修和州城。來年三月畢工。馬軍司言樓堞雄壯，實堪備禦，詔部役官張遇等優推賞。

乾道六年十二月，主管侍衛馬軍司公事李舜舉言：「被旨差撥官兵創修和州城壁，今已畢工，其城壁表裏各用甎灰五層包砌，糯粥調灰鋪砌城面，兼樓櫓城門，委皆雄壯，經久堅固，寔堪備禦。部役官張遇等三人悉心措置，寔有勞效，欲望優與推賞，所貴有以激勸。」從之。

乾道八年十二月八日，武節郎、馬軍司左軍統制田世卿言：「和州在淮西，捍蔽長江，爲要害之地。竊見朝廷費數百萬緡堅築城壁，其勢甚壯，然沿城一帶周匝八九里，壕塹尚多未鑿，是有金城以爲之裏，而未有湯池以爲之表也。欲望專命臣當農隙之時，開濬濠塹，責以成効，則和州城池皆有表裏。」詔守臣胡與可措置開濬，仍相視東北角嶽廟下地形高阜之處開掘便宜，具申樞密院。（以上《永樂大典》卷八〇六六）

廬州城 〔四〕

【宋會要】

9 隆興二年正月二十一日，江淮都督府參議官馮方言：「廬州城圍約二十里，今欲捺壩以留焦湖落水。」上曰：「城未須築，堰櫃水捺壩爲先。」

乾道五年十二月二十九日，詔修廬州城。明年三月二十二日興工，四月畢，修築軍士第賞有差。是歲，詔修楚州城，役兵萬人，爲日六十，錢六萬緡，米萬五千碩。八年十二月，復給錢二萬緡增修。

〔一〕天頭原批：「京東路。」又曰：「應移前。」
〔二〕天頭原批：「淮南西路。」又批：「和州。」據補。
〔三〕五年：原作「三年」。按《宋史》卷三四《孝宗紀》二：乾道五年「三月丁巳朔，詔趣修廬、和二州城。」則應作五年，據改。
〔四〕天頭原批：「淮南西路。」

乾道六年正月二十四日，侍衛親軍馬軍都指揮使、奉國軍承宣使、淮南西路安撫使郭振言：「廬州城圍並已修築整備，合用防城篦籬牌抱座掛搭器具等，用錢浩瀚，伏望支降度牒百道，相兼計置。」從之。

乾道九年六月十一日，建康府駐劄御前諸軍都統制郭剛言：「廬州城壁每年差撥一軍五千人，欲望睿旨於諸軍共差一千人前往，專一修治未備城池。每及一年，依此差人交替。」從之。

紹熙二年正月二十五日，上謂：「葉翥昨言廬州不可守，修城亦無用。」葛邲奏曰：「廬州非不可守，若有三萬人即可守，而城池亦(不)可以時葺。」胡晉臣奏曰：「不可因其難守，便廢邊防。」上曰：「極是。若遇事遽以勞擾輒廢，即是導人以苟且，恐不可。」

慶元元年，暑雨暴漲，衝突城壁。帥王知新因命整治，并疎暗渠，浚長壕，修甕城，視舊加倍。壁壘崇堅，樓櫓相望，稱雄淮右。復請於朝，歲遣金陵戍[10]卒三千，以時繕治，號防城軍。又奏：「郭振修築以古城中分爲二，於市河之南別築斗梁城，橫截舊城之半，而阻絕市河於斗梁之外。舊北城約七里，不復加葺。曾不知郡當西淮要衝，市河通徹巢湖，可以(遭)〔漕〕運，又有居巢、歷陽、射胡關相爲掎角。乞行築修，且乞開浚城外長河三道，以增城壕之深，以壯形勢。」

開禧二年，帥田琳畧加增修。是冬，虜果入寇，藉以捍禦。然事力未備，規摹未壯。嘉定四年，夏潦浸淫，城壁多圮。先是，朝廷以本州强勇軍多減省，防城軍止差千人，帥李大東復請增爲二千。於是新城、古城悉加修築，數月而就，併疏三壕，合鷄鳴山水入於市河，金湯益固，比險方漢云。古城凡九十三處，羊馬牆八百八十四丈，水堨九處九十二丈，卧牛一十五處五百二十六丈。又增修古城一帶女頭，與内城相爲雄長云。（以上《永樂大典》卷八〇六五）

宣州城〔一〕

【宋會要】

[11]高宗建炎元年八月十四日，資政殿學士、知宣州呂好問言：「朝廷見欲迎奉宗廟及元祐太后前往江寧府，宣州密邇，實爲屏翰。今欲相度修治城池，先於本州劄刷廂軍，拘收雜役，或不足，即下所隸諸縣量行雇夫使用。乞支降見錢十數萬貫，兼鹽鈔、度牒等，仍下轉運司多方應副，庶幾製造守禦之物及雇夫錢物並從官給，不困民力。」詔於真州措置司支撥鹽鈔五萬貫，餘依所乞。（以上《永樂大典》卷八〇六八）

〔一〕天頭原批：「江南東路。」又「城」字，據上下文例補。

邕州城〔一〕

【宋會要】

12 元豐元年閏正月七日，權發遣本路提點刑獄劉宗傑言〔二〕：「邕州修城不依宣撫司指揮丈尺〔三〕，乞下經略司相度修築。」詔：「劉宗傑自案舉免罪外，干繫官並劾奏。委經略司相度所築城，如堪久遠守禦，即指揮速甃；若低怯難禦敵，別計工以聞。」

三年正月七日，廣南西路經略司言：「劉誼已奏修邕州城，乞免土丁今年教閲，以備來年差顧。」詔候修築日，被顧土丁與免教閲。

紹興二十七年六月十一日，權發遣邕州田經言：「邕州左右兩江並是歸明羈縻州洞居止，外通交趾諸蕃，自來於溪洞内置五寨鎮彈壓洞民。每寨有都同巡檢、知寨、都監、主簿及兵級三四伯人，請受全藉知寨主管博易場及溪洞苗米税賦等應副支給，及修葺城塹。每官到罷，各有酬賞，惟知寨更添減年，最爲親民要職。近來多是士人及待闕官時暫權攝〔四〕，既不應賞格，無所顧藉，與溪洞官典通同交易，是致財賦匱乏，支遣不繼，兵級逃遁，十存二三，城（暫）〔塹〕傾頽，殆將過半。乞行下本路帥司，今後知寨不許差人權攝，須踏逐有材武廉謹人奏辟正任，申朝廷差注。任滿，候正官交替，方得離任。有事故者，以次官兼權。寨中所管税賦，仰本江都巡檢互相關防，庶可招填土兵，修葺城塹，以寔邊面。」從之。（以上《永樂大典》卷八一〇四）

建康府城〔五〕

【宋會要】

13 乾道元年九月二十八日，端明殿學士、知建康府汪澈言：「建康當舟車之會，控扼之衝，其中宮闕之嚴，官府之重，而城池頽塞，久而弗治，私竊惑焉。嘗計工，頗浩瀚，其摧損一百三十處，量計一千七百餘丈，約用錢二十萬貫。已於五、六月以來興工補築，不出年歲，可以究竟。其他如鵲臺、女頭等，續次措置。」從之。

淳熙四年九月十二日，知建康府劉珙言：「本府修砌城面畢工，已將城外分四隅。城南門自甕城分中以東至上水門，委本府兵馬鈐轄；城中以西至二水亭，委親兵統領；城西門自賞心亭以北至北門，委正將；城北門分中以東至上水門，委副將，躬親往來巡視。如稍有損裂去處，即時申府修補。」從之。（以上《永樂大典》卷八〇六三）

〔一〕原題作「南寧府城」，按宋邕州，明初始改南寧府，今據正文改。天頭原批：「廣南西路。」
〔二〕本路：原無，據《長編》卷二八七補。
〔三〕丈尺：原倒，據《長編》卷二八七乙。
〔四〕士人：原作「七人」，據本書方域一九之二五改。
〔五〕天頭原批：「江南東路。」

洪州城[一]

【宋會要】14 政和七年六月十五日，詔：「洪州在江南爲一都會，訪聞外城門啓閉無時，深慮鍵閉不嚴，透漏私商姦細，浸久生患。仰本州常切指揮兵官，遇夜分詣逐門檢視，封鎖飛申，間遣曹掾官覆視。稍有違慢，守門人等並行決配，當職官衝替。」（以上《永樂大典》卷八〇九一）

贛州城[二]

【宋會要】15 紹熙二年十二月三十日，詔知贛州高夔特減三年磨勘，以修築本（縣）〔州〕城壁有勞故也。

饒州城[三]

【宋會要】16 紹興十六年十一月二十二日，知饒州張杓言：「本州與江、池接境，密邇淮甸，城壁頹毀，委官檢計，得合修築去處計四百六十六丈，人工、物料共用錢米八萬九千六百餘貫碩，乞應副修治。」詔令所屬給降空名進義校尉綾紙五道，助教勅四道，並充修城支使。臣僚言：「饒州城壁係一面邊大溪，每至春月，必爲大水所浸，以是前後屢修屢壞。加以官吏因緣作過，六縣之民困於此役，愁歎之聲不可聞。今張杓所乞錢物，已蒙朝廷支降，竊恐上件綾紙并勅所得錢數無多，本州不過只是應副。」從之。（以上《永樂大典》卷八〇九三）

靖州城[四]

【宋會要】17 淳熙十四年五月二十四日，詔：「尚書省給降度牒二十道，付湖北安撫司，充靖州修城支用，候農隙日興工。仍先次計料，開具奏聞。」從知靖州薛世青之請也。

辰州城[五]

【宋會要】嘉祐二年七月十六日，詔辰州築外城，候工畢，人給鹽三斤。

[一] 洪州：原作「南昌府」，據正文改。明代始稱南昌府。又，天頭原批：「江南西路。」

[二] 「州」下原有「府」字，據正文删。明代始稱贛州府。又，天頭原批：「江南西路。」

[三] 「州」下原有「府」字，據正文删。明代始稱饒州府。又，天頭原批：「江南西路。」

[四] 天頭原批：「荆湖北路。」

[五] 「州」下原有「府」字，據正文删。明代始稱辰州府。又，天頭原批：「荆湖北路。」

潭州城〔一〕

【宋會要】

元豐二年正月二十一日，詔荊湖南路轉運司罷置潭州樓櫓，其修城限五年，全、邵州限三年工畢。役兵不足，許募民夫。

三年五月一日，詔潭州、全、邵州民出修城夫錢減三之一，潭州須歲稔興工，全、邵州以五年爲限。先是，詔潭州修城限五年，全、邵州限三年工畢，役兵不足，許募民夫，至是復展期限。

宣和六年三月二十九日，湖南安撫司奏：「契勘潭州城壁興築年深，例皆摧損，申畫朝旨，給降空名度牒一百道應副修完。子城、外城並依元料畢工，門樓屋各依法式創新起造，及城東西水窗並用大石甃砌，各得堅完了畢。」詔曾孝序特除龍圖閣直學士，候今任滿日令再任。其提點修城部役等官，令轉運司覈實其工力等第，保明奏聞。

紹興三年五月六日，左司諫唐煇言〔二〕：「潭州雖係帥府，城中凋殘，自折[18]彥質到任，大爲修城之計，科敷十二縣應副物料，其數甚廣。守臣繕治城壁，固所當先，然不可不以其時而奪民之力。方農事興作，耕者尚少，又使之往來般運，瘡痍未平，復又科斂。乞今且治闕壞，使足以守，如欲興築，當俟農隙。其有科斂，乞賜約束。」詔檢會已劄下事理并今來臣僚上言，劄與折彥質照會施行。彥質言：「本州殘破之後，官司倉庫焚爇殆盡，樓櫓摧塌，器具皆無，城圍汗漫，難以守禦。乞從臣斟酌，將空閑處裁截三分之一。都省勘會裁截一節，仰提刑、轉運、安撫司同共審度保奏。臣契勘所乞錢物修葺，非爲目下便要興工，緣材植、竹木、磚灰所用浩瀚，若不逐旋收拾，將來農隙趁時下手，却致搔擾民間。又告敕、度牒亦非臨期可變轉之物，今來已是六月，去其時不遠，望（將）〔特〕降處分施行。」詔令禮部給降荊湖南路空名度牒二百道，專充修城支使。

十月二十九日，本路提刑、轉運、安撫司保奏到：「委都監及壕寨司官打量城身周迴二十二里九步，西臨大江，東南兩壁並依山勢，不可裁損，唯有北壁地皆荒閑，南北相去遥遠。今相度，欲就北壁（截）〔裁〕損，於朝宗、淥波兩門之間截去城地三分之一共七里半外，所有新城圍計一十四里一百八十九步。將來興工，須抛下六縣，科率百姓，誠爲可憫。比勘會本州有鑄錢監兵士稍多，每日坐食，無所營爲，乞令不計工程，逐旋修補，磨以歲月，自見功[19]効。即不得下諸縣科夫，及所用止於所降錢内取足，亦不得妄有敷率，庶幾公私兩便。」詔從之。

紹熙三年十月七日，詔：「禮部給降度牒一百道付潭

〔一〕潭州：原作「長沙府」，據正文改。明代始稱長沙府。又，天頭原批：「荊湖南路。」

〔二〕諫：原脱，據《建炎要録》卷六五補。

州，充修城使用，委漕臣豐誼提督收支，不許一毫擾民。」以帥臣周必大奏請故也。

慶元五年八月一日，樞密院進呈知潭州王藺申，築城圓備。余端禮等奏：「此役甚大，所費不盡出朝廷，本州措置爲多，王藺合少旌其勞。」上曰：「降詔奬諭，事體稍輕，宜與進官一等。」端禮等曰：「陛下處分，甚得輕重之體。」

襄陽府城 (一)

【宋會要】

乾道五年四月二十四日，知襄陽府司馬倬言：「申獲勑旨，再貼築府城，用甎内外包裹，及增置樓櫓、守城器具，合用工物浩瀚。」詔給錢五萬貫，禮部給度牒百道，仍就襄陽府樁管米支給萬碩。

乾道七年八月十九日，荆南駐劄御前諸軍都統制秦琪，權京西轉運判官兼權知襄陽府張棟言：「襄陽府城樓櫓雉堞，委皆壯觀，止其中砲臺、慢道稀少，緩急敵人併力攻城，緣道遠援兵難以策應。今欲增築砲臺四座，慢道十一條。及城東、南、西壁舊皆直門，若敵人併兵攻燒，無以遮護。今欲於逐門外各築甕城一座，緩急軍馬易以出入，可以禦敵。子城西角除女頭、鵲臺、護險牆、荷葉渠外，止有戰道六尺至七尺，狹隘，容人不多。今欲增高接築，自裏增貼，與已築城 20 面普高三丈三尺，面闊二丈二尺。自西北角抵江岸止二十餘步，以漸頭東至北角去江岸三百三十餘步，地步廣闊，敵人可以屯泊。相度欲移北壁工役於西北角抵江岸二十二步，東北角抵江岸三百三十步，與兩城角團樓相接，創築鴈翅、鑰匙頭城二座。東壁創築馬面子五座，上安戰棚各十四間。就裏築砲臺一座，慢道二條，開城門一座。西壁亦開城門一座，上安戰棚各十四間，慢道一條。城上接團樓，各置關門一座，外壁用甎包砌，可以照應樊城，互相策應，及兩鴈翅城門亦可引拽軍馬，出奇應變。兼樊城東西已有鴈翅城，襄陽城北若不依此(條)〔修〕築固護，則諸軍車戰馬船無所繫泊，并一帶居民盡成委棄。況襄陽城中地形甚高，而漢江至秋冬水落，其流甚低，城中井泉甚少，常患乏水。今若修築鴈翅城直接江南，則與大江移入城中無異。且本府北門正與樊城相直，兩城屹立，中據大江，敵人無路可犯，實爲大利。伏望速賜處分。」詔鴈翅城別聽旨，餘從之。(以上《永樂大典》卷八〇九六)

荆門軍城 (二)

【宋會要】

21 紹熙三年三月十二日，詔於鄂州大軍庫樁管會子(同)〔内〕支撥一萬貫，付荆門專充修治城壁使用。從知軍

(一) 天頭原批：「京西南路。」
(二) 荆門軍：原作「荆門州」，據正文改。宋荆門軍，元代始降爲州。又，天頭原批：「荆湖北路。」

陸九淵所乞故也。

永州府城(一)

【宋會要】

府城始創於(宗)〔宋〕咸淳癸亥，歷元因之。洪武元年恢復以來，屢加修葺。六年，本衛官撤舊而更新之，周圍九里二十七步，計一千六百四十四丈五尺，高三丈。城門凡七：一正西，二永安，三太平，四正南，五正東，六正北，七瀟湘。門上各建重樓，復增創德勝、望江、鷂子嶺及五間樓凡四座，通計一十一樓，周環串樓凡一千三百九十有六，(雖)〔雉〕堞凡二千九百四十有二，鋪凡七十有六。壕則洪武元年以來屢加開浚。由城西北隅至于南門，皆瀕瀟水。由西南而東，隄水爲池，深一丈，闊一十丈。又東至于北門，開土爲壕，深一丈八尺，闊四丈五尺。又自北門至于西北，聯屬爲池，深一丈五尺，闊一十五丈，水常不涸。其高下遠近，並因地勢。《宋會要》(二)：宣和元年正月二十七日，降授朝散大夫、充徽猷閣待制、永興軍路安撫使董正封奏：「臣勘會見今修完永興軍城壁樓櫓損壞之處，元料計六十二萬九千六百四十三工，除五萬九千已役外，有五十七萬六百四十三工，本軍雖有壯城兵士，差往西京修城等差使占破外，見管八十四人，顯見積以歲月，修完未了。除本司已有見管修城錢數外，欲望支降度牒四百道，承此和顧人修造，不惟城壁計日可了，兼可以存養闕食人户。」詔依所乞，特支二百道。

永州府城，咸淳中修。吳之道《永州内譙外 22 城記》：天子制地千里，以待諸侯，正爲民也，非爲諸侯也。以千里之民寄之撫牧，維藩維翰，苟得其人，非民社福乎？矧永爲佳山水郡，我藝祖皇帝肇基于兹，郡以永名，惟王萬年，子子孫孫永保民之義也。永去天雖遠，人蒙厚澤，耕鑿相安，自有不墉而高、不池而深、不關而固者。紹興間，曹成諸寇棹鞅徑入，至嘉定而又有李元礪之澒洞，趙侯善謐始增修其裏城焉(三)，外城猶未暇。及開慶己未，韃從南來，永當上流門户，受害尤毒。彊民無知，怙亂焚劫，公廨民廬，蕩爲一燼。提刑黃公夢桂於庚申秋擁節兼郡，議築外城，周圍一千六百三十五丈，儲費均役，規模井如也。公未幾免去，丘侯騂繇祕丞而知郡事者一年有半，張侯遠猷以道倅而攝郡事者又半朞，陶甓甃砌，僅及西南二隅。太府寺丞謝侯來領郡寄(四)，首登城歷覽，且曰：「掌固之職，城廓爲先，然潢池之牛犢幸安，而中澤之鴻雁粗集，(子)〔予〕將勞民，寧無病民乎？」僚屬曰：「勞民特暫爾，實遺民無窮之逸。」侯曰：「今爲民病者，得非科斂之不一、調差

(一) 天頭原批：「此乃《永州府志》，注乃《會要》也。」按，以下正文二段出洪武《永州府志》。

(二) 天頭原批：「永興軍路。」又批：「小字改大字。」按，此注乃叙永興軍修城，《大典》與永州相混而誤置於此。

(三) 謐：原作「謚」。今考雍正《湖廣通志》卷二三《學校志》永州府條，有「嘉定間郡守趙善謐」之語，與本文合，又其人亦見《宋史·宗室世系表》，本書職官四四之三三，因改。

(四) 侯：原脱，據洪武《永州府志》卷三上補。

之不公歟，吾則弛科斂，均調差而使之樂其勞〔一〕。得非扉屨之不給〔二〕、廩食之不充歟，吾則增扉屨、豐廩食而使之忘其勞。」揭而曉之，聞者應募。於是埏土爲甓，風石爲灰，材用足，畚鍤具，杵築之聲與歌聲相和，運甓之力與日力俱進。鳩工於癸亥之秋，而訖工於甲子之夏。正門四：東曰和豐，西曰肅清，南曰鎮南，北曰朝京。23 開便門五以通汲水。女牆雲矗，雉堞天峻，真可以爲侯國之眉目、邦人之嵩華。侯復曰：外城堅則堅矣，裏城重譙，猶自露立，甚非龍藩氣象。迺撙浮費，致工師，鼎而新之。不三月而落成，樓觀翬飛，嚴嚴翼翼，視外譙猶大有加。環永之民，萬口交誦，莫不曰：維嶽生申，實爲周翰。侯，今之申者也。欽奉王命，式是南國，有俶其城，皆申之功。詩人不獨美其于蕃，蓋美其能于宣也。申之心在乎蕃宣，豈有心詩人之美哉！之道拱而進曰：宋有天下三百餘年，而後方有斯城，況侯又賢於城者，烏可無以紀之？侯曰：紀實足矣，揄揚則不可。之道敬摭輿言之實而壽於石〔三〕，庶來者可考云。侯名奕信，字愈信。咸淳乙丑正月望日記。（以上《永樂大典》卷八〇九四）

福州城〔四〕

【宋會要】

24 紹（興）〔熙〕二年六月十一日，宰執進呈趙汝愚條具到福州催科二稅及修城利害，上曰：「州郡城壁不比邊州，既於百姓不便，（具）〔其〕緩修築，亦無害。」

紹熙二年十月二日，知福州趙汝愚言：「竊惟本州民物浩繁，垣高五六尺，姦民出入無度，委是非便。今已措置磚石，欲只用舊基稍增一二尺，甃以磚石，而所費工役不多，易以可辦。」從之。

泉州城〔五〕

【宋會要】

熙寧九年四月二十一日，詔福建轉運、常平（倉）〔司〕於年計及役剩等錢內支撥，修築泉州外城。

蓮城縣城

【宋會要】

紹興三年七月十五日，汀州言，乞將蓮城堡創置一縣。詔依，以蓮城縣爲名。（以上《永樂大典》卷八一〇二）

〔一〕均：原脱，據洪武《永州府志》卷三上補。
〔二〕屨：原作「屢」，據洪武《永州府志》卷三上改。
〔三〕摭：原作「撫」，據洪武《永州府志》卷三上改。
〔四〕「城」上原有「府」字，據正文刪。明代始稱福州府。又，天頭原批：「福建路。」
〔五〕「城」上原有「府」字，據正文刪。明代始稱泉州府。

成都府城〔一〕

【宋會要】25咸平四年四月十八日，知益州雷有終、轉運使馬亮等言：「準詔商度毀本州羊馬城濠利害。竊以郡國城隍，其來久矣，蓋所以聚民居而防他盜也。本州頃歲李順之亂，賊自外攻〔二〕，即日而陷，此城池頹圮之咎也。去歲王均之叛〔三〕，姦由內作〔四〕，經年自固，此城池完葺之咎也。然而理亂之事雖繫于人，亦關冥數，非可預測。況此城頃因蠻人來寇〔五〕，民受塗炭。至唐天成三年，節度使孟知祥遂謀創築。若緣均賊前事，誠合去除，又慮異時寇盜外攻，復資爲備，欲請仍舊不毀。」從之。

茂州城

【宋會要】熙寧九年五月十二日，詔茂州城令知成都府馮京相度，乘兵勢修築，仍差軍馬防托。如有侵占蕃部地，即買之。

敘州城〔六〕

【宋會要】慶元元年二月二十七日，四川安撫制置司言：「敘州申，本州城壁管城門七座，除安詔、來遠兩門計城身二百七十二丈，見行隨宜計備材植修葺外，餘荔枝、甘泉、朝天、奉息、蓮華五門，計城身九百四十二丈五尺，本州雖以申明，未準支降錢糧修築。本司照得潼川運判張澈奏，任內有趲積到錢二十餘萬緡，撥一十萬緡糴廣惠倉米，一十萬緡椿充備邊之用。（無）〔伏〕乞朝廷特賜行下潼26川運司，於上件椿備邊錢內支撥錢引二萬貫，應副敘州修築施行。」詔令支撥錢引一萬貫，仍委丁逢措置修築，候畢工日，具已修築次第申尚書省。

南平軍溱州城〔七〕

政和元年正月二十九日，梓夔路鈐轄司奏：「準樞密院劄子，臣僚上言：『伏見南平軍、溱州因今歲大雨淋注，城壁、馬面、踏道、敵樓、棚屋摧塌側亞，內南平軍八處，溱州一十餘處，丈尺不等。逐州軍見今催督官兵併工修補施

〔一〕天頭原批：「成都府路。」
〔二〕自：原作「內」，據《長編》卷四八改。
〔三〕王均：原作「三由」，據《長編》卷四八改。
〔四〕由：原作「申」，據《長編》卷四八改。
〔五〕頃：原作「頎」，據《長編》卷四八改。
〔六〕「城」下原有「山」字，徑刪。天頭原批：「潼川府路。」
〔七〕原題作「栢木州古城」。按《輿地紀勝》卷一八〇南平軍下云：「栢木州古城，故老相傳溱州舊城，考之非也，溱州舊治乃榮懿。此城或夷獠據此土日所築，亦不可知，夷人呼爲栢木州。」今據正文改題。又，天頭原批：「梓夔路。」

行。次契勘夔路邊壘，土脉不堪及霖雨，所以久來盡用板屋庇護城身，或因風日吹曝，便致疎漏。兼板簷短促，往往淋漉城身，致夏雨頻併之時，多有墊壞。欲乞今後應守禦地分敵樓、棚屋，悉令添換長板出簷滴水，不得衝注城身，及厚用灰泥固護。每歲春時，州軍檢舉，添灰泥飾，庶得城壁完密，不失守拒之備。』詔委本路鈐轄司相度聞奏。今劄付梓夔路鈐轄司准此。本司勘會，夔州路諸州軍城壁內有木板遮蓋去處，本司今相度，欲依臣僚上言，用長板遮蓋，出簷滴水。每歲以冬時點檢，添灰泥飾，所貴時月灰泥堅固，委是穩便。」從之。

樂共城〔一〕

【宋會要】

江安縣樂共城〔二〕，元豐四年置。

播川城〔三〕

【宋會要】

播川城，宣和三年以播州并播川縣改。（以上《永樂大典》卷八〇九九）

廣州城〔四〕

【宋會要】

27 景祐四年五月十七日，廣南東路轉運司言：「廣州任中師奏，城壁摧塌，乞差人夫添修，欲依中師所請。」詔廣州更不差夫，只那合役兵士，先從摧塌及緊要處修整。

慶曆五年五月八日，資政殿學士、知曹州任中師請修廣州子城，仍請置巡海水軍兩指揮。從之。中師嘗知廣州，以州獨有子城，而廢久不修，恐緩急有盜，不足以守禦也。

皇祐四年十月二十九日，詔知廣州魏瓘、廣東轉運使元絳：「凡守禦之備，毋得苟且而爲之。若民不暫勞，則不能以久安。其廣州城池當募蕃、漢豪户及丁壯併力修完之。若無捍敵之計，但習水戰，寇至而鬬，非完策也。」時儂智高還據邕州，日採木造舟，而揚言復趨廣州故也。

五年五月二十三日〔五〕，詔諸路城池據衝要者即修築之，其餘以漸興工，毋或勞民。

神宗熙寧元年四月二十三日，龍圖閣直學士呂居簡言：「前知廣州，伏見本州昨經儂賊，後來朝廷累令修築外城，以無土難興修。本州子城東有舊古城一所見存，與今

〔一〕天頭原批：「潼川府路。」

〔二〕江安縣：原無「安」字。按，據《元豐九域志》卷七，瀘州樂共城，元豐五年置，在州西南二百六十里，與江安縣相近。《明一統志》卷七二云：樂共城，「後併城入江安縣」。不知何時所併，但可證此當是脱「安」字，因補。

〔三〕天頭原批：「夔州路。」

〔四〕「城」上原有「府」字，據正文改。明代始稱廣州府。又，天頭原批：「廣南東路。」

〔五〕按，此條非特指廣州，當移至本門雜録。

來城基址連接，欲乞通作一城。」詔令廣南東路經略安撫司疾速計度功料，如法修築。本路轉運使王靖乞降空名祠部一千道，付經略司出賣，雇召民夫。詔給祠部五百道〔一〕。

七月十一日，廣東經略轉運使王靖言：「廣州子城見差官燒塼，候至今秋修砌。乞降空名祠部一千道，付經略司 28 出賣，雇召民夫。」詔給祠部五百道。據呂居簡所言，人户於街衢見砌石段，仰權借修砌城脚，候官般到即給還之。

十二月十三日，廣南東路轉運使王靖言，修展廣州東子城修畢。

五年八月十二日，提舉廣州修城張節愛言，創築廣州西城及修完舊城畢〔二〕。廣州舊無城，魏瓘知州事，始作子城。初，儂智高作亂，據邕州，率衆浮江而下，數日抵南海。知州仲簡嬰子城自守，其蕃漢數萬家悉委於賊，席卷而去。蓋其始謀，知廣之無城，可以鼓行剽掠無所忌。自是廣之人常(僞)〔譌〕言相驚曰某寇且至，莫安其居。議者皆以爲土多蜆殼，不可城，知州程師孟以爲可，於是令經略、轉運、提點刑獄三司連書，併圖來上，朝廷遂可之。仍遣節愛董役，以八作都料自隨，蓋慮南方不便版築也。凡十月而畢，師孟等上言稱謝，降詔奬諭，賜師孟、轉運使向宗道各銀絹一百匹兩，提點刑獄陳倩、周之純、轉運判官盧大年各銀絹五十匹兩，部役勾當官仰安撫、轉運司勘會，保明聞奏。張節愛候至京日，取旨支賜。

熙寧九年二月十一日，賜錢五萬貫付廣東轉運司，修完轄下州軍城壕。

元豐二年十一月二十八日，賜廣州度僧牒三百濬城壕。

元豐三年六月九日，詔權知賓州、殿中丞吳潛權發遣提舉廣東路常平等事。以潛上書乞修城壘，上從其請，故有是命。

紹興元年四月二十八日，詔廣東路轉運司疾速那撥 29 修城錢五千貫，付廣州專充修城使用。以府臣趙存誠有請也。

肇慶府城〔三〕

【宋會要】紹興元年十一月十八日，康州奏：「據本州居人通直郎伍士偕等狀，本州係是主上昨來潛藩，竊見肇慶府元係端州，道君皇帝即位推恩，展拓城壁，朝廷降錢二十四萬貫。今來軍興之際，不敢過有耗費，只乞支度牒四十道，付轉運司，應副建雙門一座，以揭府牌，及量修城壁等。」詔令禮部修寫廣南東路空名度牒三十道，應付支用。

〔一〕按，「本路轉運使王靖」云云即下文七月十一日事。蓋此數句乃《大典》抄自他處，插添於此，而未省其與下文重複。
〔二〕修：原脱，據《長編》卷二三七補。
〔三〕天頭原批：「廣南東路。」

廉州城〔一〕

【宋會要】

紹熙二年十月三日，權知廉州沈杞言：「本州城壁係邊海去處，每年夏秋間，颶風不時發作，其城上屋宇間有損動。乞令本路經畧司行下本州守臣、兵官，常椿物件，自今後城壁屋宇遇颶風發作，隨有損處，即便修葺，不得積有損壞。」從之。（以上《永樂大典》卷八一〇三）

澄州〔二〕

【宋會要】

30 澄州、賀（川）〔水〕郡，領四縣。開寶五年廢州，省止戈、賀水、無虞三縣入上林縣，隸邕州。（以上《永樂大典》卷八一七五）

〔一〕「城」上原有「府」字，據正文删。明代始稱廉州府。又，天頭原批：「廣南西路。」

〔二〕天頭原批：「廣南西路。」按此條本書方域七之二二已有，不應置於此。

道路

【宋會要】

〖1〗太祖建隆三年正月九日，詔西京修古道險隘處，東自洛之鞏，西抵陝之湖城，悉命治之，以爲坦路。

五月十八日，潞州言：「先奉詔集丁夫開太行路，俾通餽運，今已功畢。」

四年四月二十三日，詔重疏鑿三門。

真宗大中祥符二年二月十二日，詔曰：「昨議徙京西驛路出永安縣。且永安，陵邑也，如聞徙之，則秦蜀行旅、戎夷入貢，悉由於此，神道貴静，非所宜也，其亟罷之。」

三年正月九日，詔利州路轉運司：「自今命官、使臣欲修易棧閣者，具述經久利害待報，無得擅行。」先是，川峽多建議修路以邀恩奬〔一〕，或經水潦，即墜石隔礙舊路，又隨而廢。至是，利州以新改閣道，其原規畫使臣、軍校乞加酬奬，帝知其弊，故條約之。

四年三月，詔：「自武牢關至滎陽、鞏縣，道路兩邊有巖險墊裂處，恐經雨摧（搨）〔塌〕，委逐處相度剗削修治之。」

五年七月十七日，詔劍州、利州修棧閣路。

十一月，河北安撫司請沿邊官路左右及時栽種榆柳。從之。

十二月，詔：「近聞開封府以京城居民侵占街道，蓋到棚廈，並令毀拆。方屬嚴凝，可令至春月施行。」

七年八月，荆湖北路轉運使高伸乞開辰、鼎州路，畫圖進呈。帝謂王旦等曰：「恐勞擾軍民，可且令依舊。」

九年六月二十七日，太常博士范應辰言〔二〕：「諸路多闕係官材木，望令馬遞鋪卒夾官道植榆柳，或隨土地所宜種雜木。五七年可致茂盛，供用〖2〗之外，炎暑之月亦足蔭及路人。」從之。

天禧元年四月，詔（州）〔川〕陝轉運完葺橋閣，無致因循。

三年八月，遣使西京至陝府修葺道路，以霖雨壞道故也。

仁宗天聖二年五月二十八日，蘇州言修土石塘路畢，降詔褒諭，賜賚有差。

慶曆二年三月十二日，詔：「河北比歲積雨壞道塗，其塹官路兩旁闊五尺、深七尺，民田各於封界闊三尺、深五尺，以泄水潦，限半年功畢。」

三年七月二十七日，祕書丞、知興元府褒城縣竇充言：「竊見入川大路，自鳳州至利州劍門關，直入益州，路

〔一〕峽：原作「陝」，據《長編》卷七三改。
〔二〕范應辰：原脱「辰」字，據《長編》卷八七補。

遥遠，橋閣約九萬餘間，每年係鋪分兵士於近山採木修整通行。近年添修所使木植萬數浩瀚，深入山林三二十里外，採斫辛苦。欲乞於入川路沿官道兩旁，令逐鋪兵士每年栽種地土所宜林木，準備向去修葺橋閣。仍委管轄使臣、逐縣令佐提舉栽種，年終栽到數目，批上曆子，理爲勞績，免致緩急阻妨人馬綱運。」詔令陝西及益州路轉運司相度施行。

五年九月二十七日，北作坊使武繼隆言：「竊見河北西山有土門路，自真定府與河東往來相接。景德年已前，勾抽河東軍馬策應河北，出入大路。今歲河北雨水稍多，衝注成澗道，乞令逐處官吏常切修葺，不管阻滯過往客旅車馬。仰本地分縣尉司不住巡覰點檢，仍令每年秋初舉行，萬一緩急勾抽軍馬，過往且免阻滯。」詔令河東都轉運司相度，只作本司意度牒平定軍點檢。

3 嘉祐二年十二月二十九日，置街道司指揮兵士，以五百人爲額。

神宗熙寧十年二月二十四日，利州路提刑司言：「准朝旨送下李杞奏：『成都府至鳳州大驛路，自金牛入青陽驛，至興州，雖興元府界亦有褒斜路，久來使命、客旅任便往來。昨利州路提刑范百禄擘畫，改移興元府路作大驛路，及撥併馬遞、橋閣鋪兵級在彼。今興州一路直通秦州，以至鳳州河池縣界首，甚有橋閣約二萬餘間，兵士數少，（雖）〔難〕以修葺。況今收買川茶，正由此路。乞除秦鳳、利州路係元相度外，別路選差官再行相度新舊路經久利便，令逐路提刑司相度利害，具合措置事狀。』伏覩褒斜新路自金牛驛至褒城縣驛，計三程，悉係平川，別無橋閣。自褒城驛至鳳州武休驛，其間只雞翁嶺一處，雖係山路，目下修葺寬闊，通過無阻，創置驛鋪，費用不少。勘會未移路前，遞年科撥興元府、洋州人户苗税，往興州舊路沿路送納，累路程驛差官受納，監驛支遣，地里遥遠，住滯人户。今新路（口）〔只〕有曲灘驛一處差官監程外，褒城等縣倚郭程驛，興元府、洋州人户只就縣倉（逆）〔送〕納，別無阻滯；縣司官員兼管勾支遣，亦不妨職事。其褒斜新路于沿路鐵錢界，經久委是穩便。所有銅錢界武休驛至鳳州計三程，係秦鳳等路，本司不見彼處利害。又成都府路提刑司言：『舊路自鳳州入兩當至金牛驛十程，計四百九里，閣道平坦，驛舍馬鋪 4 完備，道店稠密，行旅易得飲食，不爲艱苦。新路自鳳州由白澗至金牛驛，計三百八十五里，雖減兩驛，比舊路只少二十四里，隨山崎嶇，登陟甚難，復少居民，又無食物，人情以此厭勞。如發川（綱）〔綱〕往秦州，只從舊路行至故驛，便可直入成州。如由新路，須過鳳州，五程至鳳翔府，方有路去秦州，緩急應副邊須，亦恐非便。今茶綱見行舊路，商客皆由此出，惟請券驛馬各不獲已，二者較之，利害甚明。若謂新路興功不少，驛鋪已成，未欲遽更，深慮久遠人言不便，必須改復，則舊路閣道已隳，異時修完煩費。』又秦鳳等路提刑司言：『成都府至鳳州大驛路，自金牛驛程入青陽驛至興州，雖興元府界亦有褒斜路，任便往來。去年改移興元府路作大驛路，及併馬遞、橋鋪兵級在彼。今興州一路直通秦州，以至鳳州河池縣界首，橋閣約二萬餘間，兵士數少，難以修葺。況見今官中收買川茶，正由此路經過。』本司相度得舊路道里遠近若不相較，驛程只減一程，如從初不開新路，即省得工費。今既施工修蓋馬鋪、驛舍，用錢不少，如却行舊路，即虛棄工費。兼新路已修完備，實寬得興元、洋州百姓遠輸。舊路四處溪江或遭泛漲，即阻節過往，及飛石中行人，常有死者，新路並無此患。兼合添置一驛并遞鋪，如允從，即別具合添置去處申奏次。」詔送樞密院施行。

八月十一日，入内内侍省都知張茂則言：「今相5度到虜使驛路出澶州，西趨黎陽，由白馬縣北側近，可以繫橋通行。」從之。

元豐元年十一月二十一日〔一〕，衛尉寺丞、知三泉縣莊黄裳言：「本縣當益、梓、利、夔四路之衝，昨議者請廢北路，復褒斜故道，以減程驛，寬漢中輸納之勞。今日較之，爲害甚於前日。」詔委劉忱、李稷同比較，既而忱等言：「褒斜新路視興州舊路，雖名減兩程，其鋪兵、遞馬皆增於舊。又卒亡馬死相尋，官吏館券、給請亦倍舊路，雖號十程，比新路纔遠八里，且多平慢〔二〕。新路雖減科發洋州稅米四千餘石，乃移撥興元府、鳳州稅米二萬餘碩。今若行河池舊路，遷復馬遞鋪官舍亭驛，畧加修整，即自如故〔三〕，兼可減河池、兩當、二里三驛。」詔三驛不減，餘並從之。初，三泉縣之金牛鎮有東、北兩路，北通陝西、秦鳳、熙河、京西諸州，以至京師，東通梁、洋州。熙寧七年，利州路提點刑獄范百禄建言廢北路，復褒斜路。至是，黄裳疏其利害，下忱等比較，從黄裳所請也。

五年二月二十三日，熙河路都大經制司言：「相度通遠軍去定西城路爲便，乞自女遮谷以西隸通遠軍，龕谷寨以北隸蘭州。」從之。

九月二十五日，滑州言：「刀馬河水泛溢，韋城以南至長垣人馬不通。」詔開封府界并滑州信使所行道，專委通判滑州蘇注主管。

徽宗大觀四年三月十九日，儒林郎、前鎮寧軍節度推官慕宗亮奏：「臣伏覩在京每年開淘渠塹之際，並是近街築坑，以備盛泥。若6被風吹，土在坑面上，共地一色，又無物遮欄。及覩天下當過街路與旅店中，有井無欄木。其上件坑、井，若是陰黑，無眼人或有酒人遺身在内，必害性命。臣今欲乞天下當過往街路有井無欄木，令地主修置。在京泥坑無物遮欄處，令逐處地主每一坑用小柱四條，各高四尺，安在坑邊四角，以一寸圍徑麻繩圍三五遭，可遮欄

〔一〕按：《長編》卷二九四繫於十一月十五日乙酉。
〔二〕平慢：《長編》卷二九四作「平易」。
〔三〕自：原作「目」，據《長編》卷二九四改。

得，免傷民衆性命。仍令逐處合干人常切照管，如井欄損動，即令修補，常要牢固。」詔依所奏。慮民間出辦頗似科率，並官中修置。在京令尚書工部、將作、都水監疾速施行。

政和三年八月九日，歸州奏：「本州西門蜀江吒灘，俗號人鮓甕，大石四五截江道，夏秋舟行者多罹其害。欲候水落，開鑿灘石，以避其險，乞給度牒二十道充費。」從之。

六年四月二十二日，工部奏：「知福州黄裳狀：『契勘本路八州軍，建、汀、南劍州、邵武軍驛路從來未曾種植，并福州尚有方山北鋪亦未栽種，遂致夏秋之間，往來行旅(冒)〔冒〕熱而行，多成疾疫。遂專牒委自逐處知州軍，指揮所屬知縣、令丞勸諭鄉保，遍於驛路及通州縣官路兩畔栽種杉、松、冬青、楊、柳等木。續據申，遍於官驛道路兩畔共栽植到杉、松等木共三十三萬八千六百株，漸次長茂，已置籍拘管。緣輒採伐官驛道路株木，即未有明文，伏望添補立法。』本部檢承《政和令》：諸係官山林，所屬州縣籍其長闊四至，不得令人承佃。官司興造須採伐者，[7]報所屬。《政和勅》：諸係官山林輒採伐者杖八十，許人告。《政和格》：告獲輒伐係官山林者，錢二十貫。本部看詳，乞依前項條法，諸路(作)〔准〕此。」從之。

宣和元年八月十六日，權發遣京畿提點刑獄公事許偲奏：「州府縣驛舍以待賓客，吏習弗虔，不以時察，或梁桷撓折，或牆壁圮壞。欲望特降睿旨，俾諸路各行修整，嚴責州縣常切覺察。」

高宗建炎四年六月二十九日，詔：「車駕不測巡幸，令浙西、建康府、江東路安撫使司疾速豫行計備經過去處錢糧、舟船、頓遞，即不得開修道路，過爲供帳，却致搔擾。」

十月四日，提舉兩浙市舶劉無極言：「知宣州李光狀，爲臨安府於潛知縣陸行可將千秋嶺路掘斷事。無極相度，千秋嶺通徹太平、宣州、廣德軍、建康府，正係衝要控扼去處。東西兩山，上闊一千餘丈，萬一賊馬奔衝，直趨(木)〔本〕府至越州，或取嚴州直趨温、台、明、越州，若不掘斷，臨時措置不(及)〔及〕。又恐傳送機密文字、綱運往來不便，欲開掘中間，量留三五尺以通傳送文字、綱運、商旅，稍有警急，併工掘斷。」從之。

紹興三年十二月九日，知臨安府梁汝嘉言：「被旨委開火巷，今乞用舊陌巷開城，如丈尺不及，即拆及三丈之數。如屋宇稍密，巷陌遥遠，别畫圖申取指揮。」又言：「巷闊者不過一丈，狹者止五尺以下，若一槩展作三丈，恐拆去數多。欲將已燒去處只展作一丈五尺，不經火處展作一丈。」詔並依，已降空留三丈指揮更[8]不施行。既而殿中侍御史常同言：「近者有司以遺火延燒之頻，乞於執政、侍從之居，倉庫四面各毀民居，開留隙地，計所毁無慮數百千家。連日急迫，與延燒無異，民咨胥怨，有害仁政。乞除倉場庫務四面量留空地外，其執政、侍從傍近居民，特免毁拆。」詔執政府第元降空留丈尺指揮減二丈，只空留三丈；

侍從官宅不經燒毀去處，並免毀拆，餘依已降指揮。

孝宗淳熙三年二月二十七日，四川茶馬司言：「興(縣)〔州〕順政、長舉兩縣棧(閔)〔閣〕舊置武臣一員充巡轄，人兵三百，專一巡視(修)葺。今乞令諸司共措置，務令經久，仍招填人兵，依時修治棧道。」從之。

十二月十一日，詔：「臨安府都亭驛至嘉會門裏一帶，居民舊來侵佔官路，接造浮屋，近緣郊祀大禮拆去，旋復搭蓋。如應日前界至，且聽依舊；其今次侵展及官路大段窄狹去處，日下拆截。其餘似此侵佔去處，令本府相度，開具以聞。」

七年六月二十三日，臨安府言：「奉詔，本府居民添蓋接簷突出，并蘆蓆木(簮)〔簷〕侵占街道，及起造屋宇侵占河岸，如有不伏去拆違戾之人，令追捉於地所斷遣，枷項號令，候犯人替。本府除已盡行去拆，如有居民并百司公吏不伏去拆違戾之人，收録解府，送獄根究斷罪。內有官户，追幹人解府斷罪，並(道)〔號〕令，候犯人替。」從之。

光宗紹熙二年四月十六日，詔臨安府傳法寺并燒毀居民去處，其寺面南街道爲俯近重華宮，宮牆比[9]舊展退北一丈，經燒居民不許搭蓋。繼而知臨安府潘景珪言：「宮牆外諸處官府毗近居民，除見有樓屋免行毀拆外，日後不得添造。」從之。

寧宗嘉定十六年十一月一日，臣僚言：「臣昨者伏見諫臣有疏，謂八盤嶺迫近帝闕，非車馬憧憧往來之地，乞行下禁止，誠爲至當之論。然臣管見，尚有可言者。自都亭驛至麗正門，係文武百僚趨朝前殿之路，皆是泥塗，窮冬雨雪冰凍，春雨梅霖淖濘，委是難行。欲望聖慈申敕攸司，自候潮門內之南至麗正門，並用石版鋪砌可通車馬之路，所費無幾。或曰大禮年分，恐礙行輅，曾不知逐郊例是一路石版臨期悉行除拆，禮畢日仍舊鋪砌，初非難事，亦可以壯帝王之居。」從之。

十七年二月六日，臣僚言：「嘗讀《月令》一書，孟春之月致謹於修封疆、相阪險。及觀成周大司徒布教於始和之月，而令野修道，其職尤拳拳焉。蓋道路封疆之修，阪險原隰之相，誠治地之先務，而順時布政者之所當汲汲也。仰惟國家中興，駐蹕東南(具)〔且〕百年矣，處浙水之右，據吳會之雄，自臨安至於京口，千里而遠，舟車之(輕)〔經〕從，郵遞之絡繹，漕運之轉輸，軍期之傳送，未有不由此塗者。去歲雨潦霖霪，水勢衝突，隄岸以之而毀圮，道路因之而嵌陷，橋梁由之而傾摧。州縣之間，務從苟且，視主管運河隄岸之職恬不(輕)〔經〕意，其能推如溺之念，軫若涉之思，因民之病而拯之者，曾未之見也。由[10]是車騎之往來，舟楫之牽挽，顛踣隕墜，類多苦之。所賴邊陲少寧，無羽檄交馳之虞，芻粟輩輓之迫，脫或緩急告警，事關軍國，星夜疾驅，瞬息少差，利害隨至，固不可不過爲之慮。邊塘畎畝，或值旱澇，隄防瀦蓄，有藉於塘築之固，以施車戽之力者，其所係尤不輕也。今春事方興，土膏潛動，修築之政，所當舉行。苟視爲細故，不蚤正而素備，則舍舟而徒者，何以遂其出於塗之願？異時凱旋，寧無如還濘而止之患？況其他如總牧更戍，驛筒沈淪，其利害又不止是耶。欲望睿慈順月令布政之方，體成周設官之意，行下兩浙轉運使、浙西提舉司，疾速令沿塘一帶所隸州縣，其有道路、隄岸、橋梁摧毁去處，仰日下量給工費，委州縣官及本鄉保正等公共相視，措置修治，毋〔或〕騷擾。」從之。（以上《永樂大典》卷一四七四九）

驛傳

都亭驛

【宋會要】11 淳熙二年四月二日，詔都亭驛置專知官一名，今以副尉赴都堂差注。從大理正晏諼請也。

閏九月二十三日，詔：「都亭驛差儀鸞司手分一名，同臨安府差到衣被局衙職置曆，交付工匠，仍於在役巡防攔鋪軍兵內差七人宿直。」以國信所言，都亭驛（秖）〔祇〕應人舊差儀鸞司手分一名，後係臨安府排辦幕帟，事畢拘收，緣此無人管轄官物，抄轉文曆，去失幕帟故也。

六年正月二十七日，提點都亭驛鄧（椿）〔椿〕年言：「應辦使人已及十次。紹興二十七年正月指揮，合依臨安府應辦官例特轉一官。」詔依，今後準此。

十四年五月四日，詔都亭驛減貼司一人、兵士八人。先是，都亭驛專知官、副知各一人，手分一名，貼司一人，庫級一人，庫子二人，院子七人，兵級四十人，於是司農少卿吳燠請減冗食，下勑令所（司）裁定，而有是命。

來遠驛

在崇化坊，以（侍）〔待〕遠人。神宗熙寧三年五月二十九日新作來遠驛，以舊馬軍都（虞）侯公廨增葺〔一〕，爲待蕃客之至。

八年閏四月十八日，詔都亭西驛監官，令兼管勾來遠驛。（以上《永樂大典》卷二〇五四五）

懷遠驛

【宋會要】12 景德三年置，掌西南蕃〔二〕、交州、西蕃、大石、龜茲、于闐、甘、沙〔三〕、宗歌等貢奉，以三班內侍二人監。真宗景德四年七月，起懷遠驛。

神宗熙寧七年十一月十二日，客省言：「懷遠驛有提

〔一〕廨：原作「廳」，據《長編》卷二一一改。

〔二〕西南蕃：原脱「南」字，據《文獻通考》卷五六補。

〔三〕沙：原作「州」，據《文獻通考》卷五六、《宋史》卷一六五《職官志》五改。「甘、沙」謂甘州、沙州。

舉汴河堤岸霍翔在驛寓止，續有溪峒蠻人向仕旋等至，以一翔在〔一〕，即離驛。竊謂朝廷館待四夷，不止於懷遠一驛，他處率無許容臣僚休舍之例。欲乞應本省所轄諸驛，並不令臣僚安下。」從之。先是，嘉祐中，有余良肱安泊，後以爲例，至是罷之。（以上《永樂大典》卷二〇五四七）

驛傳雜録

【宋會要】

13 太祖開寶四年十月十二日，知邕州范旻言：「本州至嚴州約三百五十里，是平穩徑直道路，已令起置鋪驛。其嚴州至桂州，請修置鋪驛。」詔令嚴州、桂州據管界道路接續修持，各置鋪驛。

七年六月，以知制誥李穆監懷信驛事。

太宗太平興國二年八月四〔日〕，詔改懷信驛爲都亭驛。先是，周世宗初平淮甸，江南國主李景稱藩，置是驛以館其來使。至是，以江左平定，故改也。

七年七月，京東西路轉運副使石熙古言：「所差制使多分占館驛以爲制院，枉費修葺，有(方)〔妨〕使命安下。欲望今後止令以空閑廨宇充制院。」從之。

雍熙四年六月，遣右拾遺王仲華點檢澶州界館驛，殿中丞蔣居中滑州界館驛。備北巡也。

八月十五日，詔：「應除授廣南、西川、漳、泉、福、建州縣官，訪聞久拘選調，多是貧虛，涉此長途，將何以濟？自今並令給券，宿於郵置。」

真宗咸平六年六月二十三日，詔京東西、河北、河東、陝西、淮南諸縣令兼知館驛使，勿得差往他所。

景德二年九月四日，詔興州青泥舊路依舊置館驛，并驛馬、遞鋪等，其新開白水路亦任商旅往來。先是，屢有言新路便近，亦有言青泥路雖遠一驛，然經久難於改移者，故下詔俱存之。

三年十二月，置懷遠驛於汴河北。先是，契丹使館於都亭驛，其諸蕃 14 客使止於公府安泊。至是以爲非便，遂規度侍衛都虞候舊公廨創是驛焉。大中祥符六年，又以驛爲皇姪惟正等南宅。

大中祥符元年五月九日，改鄆州臨鄺驛曰迎鑾，砂溝驛曰翔鑾。六月十四日，改兗州葛石驛曰回鑾，知溝驛曰太平。

三年正月十九日，内侍副都知閻承翰使夏州還，上言，趙德明於綏、夏州界各建館舍以待王人，望於洛浦峽置驛。帝以其地荒敻，勞於役守，不許。

九年四月七日，以京城西舊染院爲夏州蕃驛。

仁宗天聖六年九月，御史中丞晏殊言：「諸處州縣例差鄉户百姓充驛子，甚有勞擾。臣前知南京日，就差剩員兵士，逐季替換，甚以便民。望行下諸州軍，並依此例。」詔

〔一〕以一翔在：原只一「翔」字，據本書職官二五之四同條補。

開封府界依所奏施行。

景祐三年十一月十日，臣僚上言：「諸州館驛供給無限，主守患之，請給市估之制。」詔可，仍命牓於驛廳事。

慶曆七年三月二十六日，詔：「西人朝貢，沿路館驛須先過一二日掃潔，權止過往官員安下，不得前期張皇事勢。」

嘉祐三年四月十一日〔一〕，詔：「居州縣驛舍亭館者，毋得過一月。有違，所在官吏以違制論。仍令轉運、提點刑獄司每半年一舉行〔二〕。」

四年正月十三日〔三〕，三司使張方平上所編驛券則例，賜名曰《嘉祐驛令》。初，内外文武官下至吏卒，所給驛券皆未有定例，又或多少不同，遂降樞密院舊例下三司掌券司，會(倅)〔粹〕名數而纂次之，并取宣勑、令文專爲驛券立文者【15】附益删改，爲七十四條，總上、中、下三卷，以頒行天下。

神宗熙寧三年五月〔二〕十九日〔四〕，以崇仁坊舊馬軍都虞(侯)〔候〕公廨增葺爲來遠驛，待蕃客之所。

元豐二年六月三日，賜兩浙路度僧牒百五十，修高麗使亭驛。

四年六月十八日，提點開封府界諸縣鎮公事葉温叟及祥符、長垣、韋城知縣、縣丞、主簿、尉、監驛使臣十四人罰銅有差，入内殿頭吴從禮、張稹、史革各展磨勘三年，祥符縣主簿王容、韋城縣主簿姜子年各差替〔五〕，並坐失計置遼使路驛亭也〔六〕。

十二月二十一日，滑州言新作遼使驛已題爲武成驛，詔改爲通津。

哲宗元祐元年八月二日，詔河陽創修北使驛亭，温縣宿頓以「至德」、河陽縣中頓以「清沇」、汜水縣中頓以「行慶館」爲名。

元符二年七月二十七日，户部、兵部言：「涇原路經略司相度新建城寨，自鎮戎軍至平夏城，次至臨羌寨，次至西安州，爲三程。仍乞以『石門』、『秋葦』、『南牟』爲三驛名。」從之。

九月二十九日，廢延安府招安寨爲招安驛。

徽宗崇寧元年六月十四日，勑：「鼎州龍陽縣永安驛與陵名相犯，改爲龍潭驛。」

九月五日，修都亭驛畢工，詔翰林學士蹇序辰爲之記。凡役自五月甲子迄八月戊寅，爲日十旬有奇；凡治舍自門堂屋廡序，爲屋五百二十有五。

政和四年二月二十五日，詔：「臣僚上言，永興軍館驛

〔一〕按，《長編》卷一八七繫於四月二十八日戊辰。
〔二〕一：原作「以」，據《長編》卷一八七改。
〔三〕按，《長編》卷一八九繫於正月七日壬寅。
〔四〕二十九：原脱「二」字，據前方域一〇之一一、《長編》卷二一一補。
〔五〕姜子年：原作「姜永年」，據本書職官六六之一五、《長編》卷三一三改。
〔六〕計：原作「許」，據《長編》卷三一三改。

年深弊漏，見任官無廨宇，往往指占居住，致經過使命蕃夷只就寺院或邸店安16泊。可委本路帥司根檢館驛舊基完葺，并創置什物等。其見任指占作廨宇者，並起遣撥還。仍立法禁止，日後更有指占及借什物出驛者，以違制論。令禮部給降空名度牒一百道，應副修置。」

高宗紹興二年十二月十五日，樞密院言：「高麗使、副非晚到闕，欲乞令臨安府就法慧寺充館舍。」從之。

五年十一月十九日，蘄州言：「本州廣濟縣已廢爲廣濟鎮，本鎮有一驛，緣自蘄春縣至本鎮至黄梅縣共一百二十里，計程只止兩日程，今來見置三驛，乞將此驛廢罷。」從之。

二十五年六月九日，禮部言：「安南遣使進奉，其館舍依典故以『懷遠驛』爲名。」從之。

孝宗乾道二年六月十七日，詔：「都亭驛、班荆館歲於六月上旬檢視修整，限八月終畢工。有違，聽提點官檢察，具事因報國信所審度，申樞密院。自今令兩浙轉運司、臨安府遵守修整，務要如法。」先是，國信所言：「昨有旨，每季檢計添修。今生辰、正旦使並冬季到闕，若每季檢計，於事爲煩。」故有是命。

八月十一日，詔以懷遠驛給臺諫官爲廨舍。

九年十一月一日，詔權以貢院爲懷遠驛，事已依舊。先是，交趾入貢，臨安府乞以馬軍司教場爲公舍，得旨照紹興二十六年懷遠驛修除。既而以狹隘聞，禮、工部請以貢院充。至是，有司以繪圖來上，故有是命。

淳熙十二年五月十五日，詔：「川陝、廣西漕臣依元降指揮，兼帶『提舉綱馬驛程公事』繫銜，其提點使17臣並改作幹辦稱呼。如有妄作，令提舉官(接)〔按〕劾以聞。若州縣於綱馬驛程却有違戾，許幹辦官具申逐路提舉，依公舉劾。如提舉官不職，從朝廷取旨施行。」時臣僚論興元府駐劄提點綱馬驛程秦詡每上下半年出巡，所至貪恣，爲州縣害。詔降兩官放罷。樞臣周必大等因言，提點綱馬驛程多以小使臣爲之，而稱(爲)〔謂〕太高，至以監司自處，故有是詔。（以上《永樂大典》卷二〇五四四）

遞鋪一〔一〕

【宋會要】

18太祖建隆二年五月十七日，詔諸道州府以軍卒代百姓爲遞夫。先是，天下郵傳率役平民，至是帝知其弊，始盡易之。

三年正月二十三日，詔郡縣起今不得差道路居人充遞運脚力〔二〕。

〔一〕原題作「急遞鋪」。按，宋代遞鋪有馬遞鋪、急脚鋪、水遞鋪，南宋又有斥堠鋪、擺鋪等，統稱遞鋪，極少稱「急遞鋪」者。金代始置急遞鋪，元、明因之，遂爲通稱。《大典》據明制，因以爲題，今删「急」字。下卷題同。

〔二〕運：原作「軍」，據《事物紀原》卷一〇改。

太宗太平興國三年六月三日〔一〕，詔自今乘驛者皆給銀牌，復舊制也。五代以來，凡乘遞馬奉使於外，止樞密院給牒。至是，以李飛雄之詐〔二〕，始復用焉。

八年十二月六日，詔自京至廣州傳置卒，月别給百錢。

端拱二年二月七日，詔：「先是，馳驛使臣給篆書銀牌，自今宜罷之，復給樞密院牒。」

淳化三年四月二十一日，荆湖北路轉運(司)〔使〕張詠請罷峽州至歸州界水遞人夫。從之。

真宗咸平三年八月十四日，詔：「應文武臣僚、三班使臣、内臣、御前忠佐、天章待詔、諸伎術官等，今後差出勾當公事，所請走馬頭子，回日畫時於所轄處送納，赴任即到本任送納，並繳納樞密院。訪聞差往四川、廣南等處知州、通判、都監、監押及勾當事朝臣，有例乘遞馬者，多請走馬頭子，乘騎遞馬即慢乘進發。今後除急程赴任及勾當緊切公事即得乞乘遞馬，餘不得更乞置借。如違犯，並勘罪嚴斷。」

五年七月十二日，省自京至廣南驛遞軍士及使臣計六千一百餘人。先是，以廣南市舶陸運艱費，議自南安軍路汎舟抵京師，[19]命户部判官凌策與逐路轉運司計度。至是省之，人以爲便。

六年七月，樞密院言：「馬遞宣敕付外，别無文簿拘轄，縱有失墜，無由盡知。欲别置司，以簿發遣。」帝曰：「雖别置司，至逐房宣敕不知到發，恐難照會。」可(照)〔詔〕諸州軍，具逐月承受馬遞宣敕事目及月日實封，於次月五日已前入遞聞奏。候至逐房，以文曆對會。」

景德元年二月，詔：「川峽路州、軍、監、縣、鎮等吏卒乘馬遞報公事者，自今禁止之。」先是，以川峽州郡多馳騎往來傳送官文書及報公事，人或驚疑，故禁止之。

二年三月，詔：「河北兩路急脚鋪軍士，除遞送鎮定總管司及雄州文書外，佗處文書不得承受。」帝以急脚軍士晨夜馳走，甚爲勞苦，故有是詔。

四年閏五月，詔諸道州府：「逐處使臣多以細碎不急事驛遞以聞，自今非機密軍馬事，不得輒遣驛騎馳奏。」

七月十日，增置自京至宣州馬遞鋪。

大中祥符元年十月，詔：「沿路所置急脚遞鋪，蓋令傳送文書如聞有近上臣僚并往來中使，多令賫(特)〔持〕物色，負重奔馳，咸不堪命。自今非宣敕，並不得應付。」

三年三月，河北沿邊安撫司奏：「河北諸州軍馬遞鋪兵士有父母骨肉散在諸鋪者，乞配在一處。」從之。

五年十一月十二日，令諸州遞鋪兵士有子孫同在軍籍者，許同營居。時有言鋪兵子孫皆異居者，帝憫之，特有是命。

九年三月二十二日，置梓州至(錦)〔綿〕州(地)〔遞〕鋪。

〔一〕按，《長編》卷一九繫於六月十五戊辰。
〔二〕李飛雄：原脱「雄」字，據《長編》卷一九補。其事詳見《長編》。

先是命民丁傳送，今[20]革之也。

天禧元年十月，令樞密院諸房副承旨邵文昭管勾支散遞鋪。舊例驛馬有闕，令(郡)〔群〕牧司、左右騏驥院配定進呈，又命樞密院承旨張質管勾支散。至是質卒，命文昭代之。

三年五月，屯田員外郎上官佖言：「諸處巡轄馬遞鋪使臣，多權差勾當職外公事，望自今免廢本職。」從之。

四年七月七日，遣使市小車給鳳翔府至綿州遞鋪〔一〕，仍爲增葺(補)〔鋪〕屋。以道險且遠故也。

五年十月，淮南、江浙、荆湖制置發運(司)〔使〕周寔言：「自今轄下如有倉場庫務綱運爲弊及水火損敗，令急速差官點檢，非常程公事，許給遞馬一疋。」從之。

乾興元年七月，仁宗即位未改元。都進奏院言：「諸道州府往來遞角內所少諸般文字物色，元降條貫專牒巡轄馬遞鋪使臣驅逐根尋，緣使臣懼遭勘責，(牙)〔互〕相推注。欲望自今巡轄使臣地分內，有人偷拆遞角，根究得寔，即更不問罪，或乞理爲勞績。如却爲他處根逐得寔，即取勘批上曆子，得替日遞降差遣。」從之。

仁宗天聖元年五月二十六日，詔：「內臣諸司使副、供奉已下，於諸處投送金龍玉簡及建道場齋醮，不得占使舟舡，往來遞馬不得過三疋。如違，並科違制之罪。」

八月八日，詔：「諸道州軍馬遞鋪兵士如有作過，罪止杖六十已上，情理重及頻犯者，並配隸本城下軍。如無本城兵士，即勒令重役。」

二年三月二十二日，河北沿邊安撫都監張淡成言：「伏見天雄軍[21]地分馬鋪缺馬，長行皆抽差諸般雜役，有妨本鋪支應，乞降條約。」詔自今諸路馬鋪兵士不得抽赴佗處功役。

七年閏二月，詔：「自今應係(承)〔乘〕遞馬文武使臣請到頭子，勾當了日，晝時於合係去處送納，繳連赴樞密院。仰都奏進院指揮在京諸門馬鋪，每起供遞馬，如京朝官使臣三日內非次寔有故事，即具緣由於樞密院納換。仍令置簿拘轄，逐旋勾銷。有不納到者，勘會元給月日，計程數催促，及取問住滞因依聞奏。」

六月，監察御史王嘉言言：「昨(承)〔乘〕遞馬往信州勘鞫公事，竊見蘄、黄州界多差配到雜犯軍人充馬遞鋪祗應，別無人員(軨)〔鈐〕轄，多即便爲非，剽竊行旅。欲望自今諸路馬遞鋪兵士，並於本城差無過犯軍人充，其配到雜犯軍人只勒在營，有人員部轄役使。」(使)詔轉運使相度，如無妨礙，即依奏施行。

八月，都進奏院言：「自來馬遞鋪轉遞文字物色，逐鋪交割，封頭皮紙角但有損動破污，下鋪使具狀驗認所損去處，令前路據狀照會，交割遞角。既稱封印不全，即沿路任便偷拆，至投下處或點檢文字物色數少，只是勾追元供狀

〔一〕使市：原倒，據《長編》卷九六乙。

人根勘，並不見得偷拆損動去處歸着。欲請轉遞皮紙角物色等，如封頭(裹)〔裏〕角破損、無憑交割者，即本鋪與元轉送軍人同齎於所到處知州、縣或都監押及地分巡轄使臣處，畫時重添封印，仍別出引批鑿交割。如曾經偷拆，即官員躬親拆開，將內引數目點對，[22]據見在文字物色重封交割前來。其所少名件，即就便根勘行遣，牒報逐處。如止是外引破損，不忓封角者，即令逐鋪人員、曹司具文狀隨遞照會前來。或到(役)〔投〕下處點檢數少，即挨排住滯時辰地分根勘。」從之。

八月十一日，權三司使公事胡則言：「諸州軍馬遞鋪多差本城指揮使或員僚提舉，訪聞所差軍員盡作優饒，於兵士處乞取錢物，是致轉加貧困。況逐鋪有節(給)〔級〕部押及使臣巡轄，欲望自今更不差軍員提舉。」詔諸路轉運司勘會，有使臣巡轄處，即依奏施行。如無使臣處，仰依舊存留。仍(鈴)〔鈐〕轄不得乞覓錢物，違者當行重斷。

十二月，詔廣南、福建、江淮、京浙路巡馬遞鋪使臣內，有兼巡捉私茶鹽勾當去處，自今令三班院選經歷事任人差充。

慶曆四年正月十一日，以大雪賜河北、京西、河東遞鋪軍士特支錢。

皇祐元年正月二十一日，詔凡有邊警而敢盜發(地)〔遞〕角者斬。

十月二十三日，詔馬鋪每一晝夜行五百里，急脚遞四百里。

四年七月九日，詔自京至廣州增置馬遞鋪，仍令內臣一員提舉。

至和元年七月九日，詔陝西轉運司：「自永興軍至益州遞鋪軍士，方冬苦寒，挽運兵器不息，其各賜緡錢有差。」

嘉祐八年英宗已即位，未改元。九月二十二日，詔遞鋪住滯文字，違一時辰并半時辰，各杖六十；一時半杖七十，兩時辰并兩時辰半杖八十，移配重難遞鋪；三時半(半)杖一百，[23]移配重難遞鋪；八時辰半徒二年。

神宗熙寧元年正月十八日，樞密院上新定到文武官合乘遞馬條貫，詔可。先是，諸色人給遞馬太濫，所在馬不能充足，以致急遞稽留故也。

二年六月九日，詔：「京朝官差(出)〔川〕峽勾當，審官院依舊例出給人馬公憑。大使臣差川峽差遣，即仰開封府出給訖奏，更不申樞密院。」

四年三月七日，樞密院吏房言：「勘會所給遞馬頭子內，自京差往外任住城官員，難於頭子內書填，候到日於本處送納，繳連樞密院。其間多有不曾繳到者，竊慮因循，別生奸弊。乞下進奏院，遍牒諸路州、府、軍、監，今後官員到任，仰取索有無遞馬頭子。如有，立便勾抽繳連，於樞密院送納。如有稽違，令所在申舉，乞行朝典。」詔令都進奏院遍牒施行。其應短使及諸般差遣內臣、大小使臣等，所給遞馬頭子，令於閤門并在京所轄處送納。令尚書刑部遍牒在京諸處，應係差出官員所轄人，纔候到京朝見或公參日，並取索曾與不曾乘騎遞馬詣寔文狀。如曾請領遞馬頭子，即便具狀繳連，於樞密院送納。如違，當行朝典。

八月三日，點檢陝西路馬遞鋪趙納之言：「乘遞馬者，如到州縣，未發間止許占一匹，候行日方許差撥。州府公用等物，不許令遞鋪推般。」從之。

七年四月十二日，詔：「乘遞馬者於水行州縣聽乘舟，官以役錢雇。」

八年十二月二十一日，詔：「自京至廣西邕、桂州已來，沿邊[24]置急遞鋪，仍令入内省差使臣一人點檢。」

元豐元年五月二十八日，上批：「日者廣西凡有邊事，五六處交奏，不惟過涉張皇，深恐沿路習爲常事，或真有邊機當速者〔一〕，反致稽遲。可速下轉運、提點刑獄、經略、邕州安撫，都監司，自今非緊切邊事，毋得擅發急遞，及經略司已奏者勿重復。如逐司自有所見及經略司處置未盡，不拘此令。」

二年三月十七日，太原府路走馬承受全惟幾言：「馬遞鋪兵窮困凍餒，乞加寬卹。」上批：「久聞鋪兵艱勤之狀〔二〕，深可傷惻，今因惟幾到闕，面審其實，亟宜拯卹。可委河東都轉運使陳安石速具措置以聞〔三〕。」

〔四年〕七月三日〔四〕，上批：「陝西馬遞鋪人馬多闕，方軍興飛書遣使，此最先務。宜令兩路提點刑獄文臣點檢，補填數足，申明條約。開封府界委提舉官。」

八月十二日，詔：「入内省選差使臣二人〔五〕，自京分詣陝西沿邊麟、府等路，於遞鋪内可選充急脚遞鋪兵級，對換不堪走傳文字之人。仍相度鋪分地里遥遠去處，添置腰鋪〔六〕。」

〔九月〕二十九日〔七〕，詔：「自京至陝西、河東用兵路分遞鋪，各賜特支錢。」

四年十〔二〕〔一〕月二十三日〔八〕，京西左藏庫副使鄧繼宣言〔九〕：「差提舉編排環慶（府）路馬遞、急脚鋪等。竊見韋州至清遠軍駐扎將官潘定、劉清逐日搜山，道路通活，別無阻節。其南州至韋州駐扎將官劉僅〔一〇〕、樂進，雖差下，未至。即今靈州至韋州向上糧道阻節不通，乞差近上臣僚，多發廂軍〔一一〕，自新界柴稜溝，每十里置一鋪，及[25]創堡寨，以便運糧、轉送文書。」詔令胡宗回詳繼宣所奏，展轉

〔一〕「者」及其下「反致稽遲可速」，原無，據《長編》卷二八九補。
〔二〕勤：原作「勒」，據《長編》卷二九七改。
〔三〕措：原作「搢」，據《長編》卷二九七改。
〔四〕四年：原脱，據《長編》卷三一四補。下二條亦四年事，見《長編》卷三一五、三一六。
〔五〕入：原脱，據《長編》卷三一五補。
〔六〕添：原無，據《長編》卷三一五補。
〔七〕九月：原脱，據《長編》卷三一六補。
〔八〕十一月：原作「十二月」，據《長編》卷三二〇改。
〔九〕繼：原作「斷」，據《長編》卷三二〇改。
〔一〇〕韋：原作「常」，據《長編》卷三二〇改。
〔一一〕廂軍：《長編》卷三二〇作「禁軍」。

移牒指揮劉僅等，速赴所分地巡綽通道。令宗回具析見權本路帥領兼職在饋運，道路梗塞，並不措置因依以聞。

五年三月二十一日，詔：「陝西五路自大軍入塞之後〔一〕，沿路馬遞鋪甚失編排，有妨轉送文字。專委官整葺，陝西差胡宗回、王欽臣，京西差梁燾。」

五月二十六日，蒲宗閔乞自秦州至熙州〔二〕，量地里遠近險易，置車子鋪二十八，招刺兵士。從之。

六年九月二十五日，詔鄜延路，令毋輒出兵。令樞密院更不送門下省，止用金字牌發下。牌長尺餘，朱漆刻以金書御前文字，不得入鋪，猶速於急遞。

七年八月三日，權河北轉運判官張適言：「已遣第十五副將王文景領兵捕殺澶州界群賊，權令選乘馬鋪馬七疋〔三〕。」詔張適不當差馬鋪馬給將下，特釋罪。

哲宗元祐六年四月七日，刑部、大理寺言：「赦降入馬遞，日行五百里；事干外界，或軍機及非常盜賊文書入急脚遞，日行四百里。如無急脚遞，及要速并賊盜文書入馬遞，日行三百里。違不滿時者笞五十，一時杖八十，一日杖一百，二日加一等，罪止徒三年。致有廢缺事理重者，奏裁。」從之。

徽宗建中靖國元年正月九日，都省劄子：「訪聞諸路馬遞鋪人例皆缺額，致見存應辦役使倍有勞苦，往往不能依鋪分交替，因致鋪兵盤纏闕乏，多飢凍僵殍，或逋逃聚爲盜賊。遞馬芻秣失 26 時，枉有死損。」詔：「令兵部行下逐路監司，疾速經畫措置，申嚴條約，裁損泛濫差役。及責立日限，委當職官招填投換闕額人兵，并量增價和（價）〔買〕遞馬，並早令敷足元額，相兼應副役使。仍每月具招填過人兵及買到馬數，申尚書省。」

三月二十七日，中書省、尚書省〔言〕：「檢會《元符職制勅》馬遞鋪使臣私役所轄兵級、鋪夫，罪輕者徒二年，不以赦降原減。看詳元祐以前編勅，並無遇赦降不與原減（不）〔之〕法，乞止科徒二年罪。」從之。

崇寧元年六月十四日，勑：「鼎州龍陽縣永安鋪與陵名相犯，改爲龍潭鋪〔四〕。」

七月十八日，都省批送下成都府路轉運、提舉司奏：「勘會本路諸州軍每年差衙前管押上供及別路年額衣賜，并坊場錢買到物帛綱運不少，多是沿路闕少遞鋪，積（押）〔壓〕住滯。雖有本條，如遞鋪缺人，許差厢軍及和雇人夫，沿路州軍往往不爲便行應副。蓋自來（年）未有立定罪名，不任其責。今欲乞今後川路諸般綱運至，州縣缺少鋪兵承受申報，不爲依條差那厢軍或和雇人夫貼舖遞送，以致住滯，許押綱人經本州及逐路監司次第陳訴，或至卸納州軍申陳，移牒所屬根治施行。其干繫官吏並依綱運無故稽留

〔一〕塞：原作「寨」，據《長編》卷三二四改。
〔二〕閔：原作「敏」，據《長編》卷三二六改。
〔三〕乘：原作「來」，據《長編》卷三四八改。
〔四〕此句及下句二「鋪」字，本卷方域一〇之一五皆作「驛」。

勑條一等科罪，所貴各公共協力應副。」黄貼子稱：「乞縣無廂軍處如少遞鋪，便行和雇人夫，及逐縣作料次，預先請領封樁缺額遞鋪廂軍請受錢在縣樁管，準備支遣。如無或不足，即於轉運司【27】錢内依此樁撥。伏乞下有司，於元條内修立施行。」兵部、駕部勘當：「欲依所乞，仍令逐州量度立定每料錢數應副。及川路諸般綱運，所至州縣缺少鋪兵，依條差那廂軍或和雇人夫貼補，即難將諸般綱運一例差廂軍或和雇外，欲令外縣承受到上供錢物及應付荆路額衣賜綱運，申報缺少鋪兵，具合差人數申州及差廂軍。如缺，便令本州行下本縣，依舊和雇施行。」户部右曹、金部度支看詳，(施)〔於〕本部别無違礙。從之。

十二月二十二日，兵部狀：「點檢編排自京至荆湖南北路馬遞急脚鋪所狀：『今點檢得鼎州敖山鋪至辰州門鋪人馬〔一〕，除傳送文字外，其餘人馬多緣應付軍興差出勾當官員、諸色人打過。體訪得上(伴)〔件〕鋪分，蓋是役多人少，自來鋪兵傳送不逮，多作打過名目，影占身役。』見别作(劈)〔擘〕畫外，檢會《元符令》，諸急脚鋪兵不得令傳送官物。蓋緣上項法意未盡，致官員、諸色人等無所畏憚。欲乞下有司立法，應官員、諸色人合破遞鋪(檐)〔擔〕擎，輒役急脚鋪兵士或曹司者，以違制論。」詔依兵部所申。

二年正月二十日，駕部員外郎陳賜狀：「竊見諸路遞馬，近來兵級養飼不切如法，多是死損，以致缺馬。欲乞令州軍記籍死數，至年終將逐鋪馬數各以三分爲率，無上件致死者，管轄節級優立酬賞；若有及五釐以上，即科重罪；及一分以上，仍移降重難去處。其巡轄使臣至界終(降)〔除〕依條比較分數殿【28】降外，更與加賞罰。節級自來未有賞罰。」兵部勘當：「欲依本官所乞事理施行。内馬鋪節級每至年終，如無臕減至死者，與支賞錢壹貫伍伯文。若有及五釐，科笞五十；及一分以上，科杖七十。」詔依兵部所申。

四年九月十八日，尚書省〔言〕：「奉御筆：『舊條，事干外界或軍機，并支撥、借兑急切備邊錢物，非常盜賊之類文書，方許入急脚遞鋪送。擅發急脚，自有立定刑名。近來官司申請，許發急遞司局甚多。其間有將私家書簡，並不依條入步遞遣發，却旋尋閑慢關移，或以催促應入急脚遞文書爲名，夾帶書簡附急脚遞遣發。致往來轉送急脚遞角繁多，鋪兵疲乏，不得休息。可參酌立定斷罪刑名。』今立下條：諸文書雖應入急遞，而用以爲名，輒附非急文書者，徒一年。附私書之類者，加一等。」從之。

大觀二年三月十四日，詔：「秦鳳路鳳州、鳳翔府寶鷄諸縣，當川陝之會，郵傳人卒，月給錢糧。錢輕物貴，而糧多坐倉，收糴食用不足，以故逃逸者衆，招募不行，遂差雇百姓，運致官物。監司恬不措置，而州縣利於差科，配擾良

〔一〕辰州門鋪：「門」上疑脱一字。《輿地廣記》卷二八載沅州有龍門鋪，其地本屬辰州，疑即此。

民，不給雇直，阻滯綱運。可令提舉常平官體究事實，具弛慢官吏聞奏。」

三年二月七日，荆湖北路計度轉運副使李偃言：「本路日有朝省急速遞角往來，續承朝旨，如有住滯急速文字，其提舉官一例重行黜責。今日近朝省發來急遞動經三四十日，馬步遞經五七十日，至三兩月以上，方始【29】遞到，全然違滯。蓋爲遞角自都下經由府界、京西、湖北路界，内積留稽滯，本路文字無緣點檢根催，深慮闕悞。乞令（其）〔具〕弛慢不職因依，一面申聞，朝廷重行（點）〔黜〕責。」從之。

政和三年二月二十九日，尚書省劄子：「勘會急脚及馬遞鋪，昨措置私拆、盜毁、亡失、留滯約束，法令備具。近來所屬官司並不檢舉覺察。近奉聖旨措置，今欲依下（頃）〔項〕：契勘昨爲巡轄所管地分，内有千里以上地分廣闊去處，例皆檢察不遍。且如江西路虔州等處，使臣一員，見管地分三千八百餘里，顯是不能依限巡遍，致鋪兵作過。今欲每及千里差置一員，舊額多寡處自依舊。仍仰逐（處）路提舉官，將所添使臣以州軍遠近、道路順便接連去處，重別均定，具合以某處窠名申吏部差注。所有不曾添置去處，如見管地里輕重未均，亦仰重行均定。其使臣廨宇，仍於所管地分中路安置。梓州路七千四百餘里，管轄使臣四員，欲添置三員。夔州路六千五百餘里，管巡轄使臣三員，江西路七千三百里，管巡轄使臣三員，欲添置四員。湖北路除潭、衡、邵州、（軍）武岡軍各置巡轄使臣一員外，永、全、道、（彬）〔郴〕州、桂陽監三千八十五里，共管巡轄使臣二員，欲添置一員。河北東路四千八百餘里，管巡轄使臣五員，河北西路四千五百餘里，管巡轄使臣五員，河東路九千六百餘里，管巡轄使臣九員，京畿三千八百餘里，管巡轄使臣六員，熙（州）〔河〕蘭湟【30】路四千六百餘里，管巡轄使臣八員，廣東路五千一百餘里，管巡轄使臣七員，欲更不添置。廣西海北二十三州，計一萬二千六百餘里，管巡轄使臣六員，欲添置六員。廣西海南瓊州、昌化軍、萬安軍、朱崖軍共四州軍，自來只是巡檢兼管巡鋪，未曾專置巡鋪使臣，欲專置巡轄使臣一員。京東路五千九百餘里，管巡轄使臣四員，欲添置一員。利州路四千一百餘里，管巡轄使臣六員，欲更不添置。勘會遞角稽遲，在法止是縣尉、巡轄使臣有立定賞罰條格，而縣官皆不任責，亦無勸賞，遂使巡轄使臣巡歷未至去處，坐視違滯，並不檢察。欲馬遞鋪並令知縣、縣丞、主簿同共管轄巡察，任滿及歲終，以所管界内急脚、馬遞鋪承送遞角賞罰。内知縣、丞比縣尉各減一等，即無可減降及主簿並同縣尉法。檢會令文，諸急脚、馬遞鋪州縣，鋪寨興廢或道路更移，及官移文書，隨事多寡，而鋪兵、遞馬有餘或不足者，聽巡轄使臣申州，量事挪移，更不得抽差他役。今諸路並不曾依上條施行，致鋪兵轉送官物文字，勞逸不均。欲令提舉馬遞鋪官委巡轄使臣逐一參詳，若依上條有合行移鋪分及添減人兵去處，仰重行均定訖申尚書省。勘會巡轄使臣今已立定每及千里一員，然所居地分亦不下三五州軍，雖比舊巡轄稍頻，緣終是不得專一。契勘急脚、馬遞鋪，除依舊每二十人差置節級一名外，並無將[31]校等催促轉送部轄。欲令逐路轉運司除舊人數差置節級外，諸州每及百人置十將一名，每二百人仍置都頭一名，五百人更置將校一名部轄。及往來催趕遞角官物，其合置人數，仰轉運司將逐鋪見管人兵立定合如何排轉，具狀申兵部，類聚措置。合轉階級申尚書省，未轉補間，令先次且於本城内差撥，候有轉補到人，逐旋替換。」詔依擬定。

四年十一月三日，京西北路提舉常平司奏：「欲乞本司應奉西幸事務，往來遞角權入急脚遞轉送。」詔應西幸事内急速者，並入急遞。

六年十一月十八日，詔：「訪聞諸路馬遞鋪傳送文字，多有住滯、沉失并偷拆等事。昨降指揮，措置差補將校部轄，可檢會申明行下所屬，限十日須管差置了當，申尚書省類聚聞奏。」

七年六月十五日，宣義郎、殿中丞李伩奏：「蒙差自都至陝西點檢急遞，歷陝西六路沿邊州縣，將御前金字牌等處遞角逐一驅磨，盡已了當。并催督綱運津遣，並無遺誤。」詔李伩轉一官。

重和元年十二月十五日，兵部奏：「承權發遣提點淮南西路刑獄公事、兼提舉馬遞鋪所俞向狀，準批送下淮南西路兵馬鈐轄司狀，講究得諸軍兵如有逃亡之人，不即申發，隱避詭名，請領(依)〔衣〕糧等，欲立定刑名、告賞等事。送兵部勘當，申尚書省。本部契勘，巡轄使臣任内逃亡鋪兵責罰，已有條令，任滿比較，自合遵依見行條貫。所乞將兵官歲終以[32]所管鋪兵比較推賞，及乞覺察詭名及冒名承代請受，立定分數推賞事節，乞下本路提舉馬遞鋪官相度。今相度下項：淮西鈐轄司所乞巡轄使臣比較逃亡及二分，展磨勘二年。今相度，欲比附前項勑條，候任滿不及一分，減磨勘二年。」從之，諸路依此。

宣和元年四月十一日，朝奉郎、直祕閣、權知洪州徐惕奏：「檢會近緣去年五月以後頒朔布政詔書并急遞等文字，遞鋪住滯，過期方到。已奉御筆，令轉運司體究，巡(轉)〔轄〕遞鋪使臣先次衝替，與(職)〔當〕職官並勘罪奏。今來正月頒朔布政詔書，係十二月二十一日入遞，沿路住滯，經及三十四日方到，雖在本月内，已是下旬，然當月止有五日。兼契勘逐時都進奏院遣來急遞朝廷文字，亦多是經及四五十日。詔書以御筆指揮日行五百里當急程遞日行四百里，其沿路遞馬鋪尚敢仍前違慢。臣今體問得，多是曹級容令鋪兵售雇與往來人擔擎，或肆爲營趁，積聚公角三百件，方差一二名貧乏者負擔承傳。似此抄轉名件既多，擔夯例皆負重，何緣依應條限？巡鋪使臣畧不點檢，雖已移文逐路催促，緣係別路，終是催趁不前。兼慮有朝廷急速報應文字，往來失期會。(會)欲望特降睿旨，立法措置，仍下逐路提舉馬遞鋪所，督責巡鋪使臣、當職官(鈐)〔鈐〕束鋪兵，依條限傳送，免致違滯。」奉御筆：可措置立法，將上取旨。

八月十六日，權發遣京畿提點刑獄[33]公事許偲奏：「方今州府縣鎮驛舍亭（輔）〔鋪〕相望於道，以待賓客，其法固已具備。然吏習弗虔，不以時察，梁角撓（拆）〔折〕，或牆壁圮壞，歲月既久，多致摧（搨）〔塌〕，使道路無所宿息，爲行役者之患。臣職之所領，近在畿甸，目所親見，有若此者，四方萬里之遠，從可知矣。欲望特降睿旨，俾諸路各行修整，嚴責州縣常切檢察，使出於塗者有所依（上）〔止〕，亦足以俾盛時仁政之萬一。」工部供到《政和令》：「諸營繕廨宇、館驛、馬遞鋪、橋道及什物之類，一就檢計。謂如館驛有損，即一驛之凡有損壞處皆是。三十貫以下，轉運、提舉常平司分認，從所屬支，修訖申逐司。諸營造材料所支錢及百貫，或創造三十間，每間不及四椽者以四椽準一間。申轉運司。創造及三十間者，仍申尚書工部。縣創造三間或繕修十間，并應支轉運司錢者，申所屬相度〔施〕行。應申者檢計，仍委官覆檢。其創造及百間，具奏聽旨。諸營〔造〕材料並官給，闕，官差軍工採官山林；又無，以轉運司錢買。若不足，聽於中等以上户稅租內，隨等第以實直科折。」詔坐條申明行下。

十月五日，中書省、尚書省言：「檢會《政和勑》，馬遞承傳文書，違一時杖八十，二時加一等，一日徒一年，二日加一等，配五百里，罪止徒三年，配千里，並重役處；急脚遞加二等。其法已嚴。近來急脚遞文書尚多住滯，蓋是所（止）〔至〕不肯即時交割，或行用錢物，使令越過，人力不勝，因致違滯。今參酌事立告賞[34]斷罪，庶可懲革。檢修下條：諸急脚遞承傳文書，所至無故不即時交割，或行用錢物令越過者徒一年，受財而爲越過者減二等，並許人告。諸告獲急脚鋪無故不即交割文書，或行用錢物令越過及受財而（受）〔爲〕越過者，錢三十貫。」詔從之。

八月〔一〕，利州路轉運司、提舉馬遞鋪所奏：「勘會川陝路之官罷任，準條並破鋪兵，各有立定人數。訪聞近來得替赴任官員，有自前路遞鋪曹級取受情囑，增差鋪兵前來。（泊）〔洎〕至本界，若曹級欲取文書看照，多是輒鞭撻，勒令依數差換，動經五七鋪，方令交替。鋪兵緣此逃竄，闕人般發綱運。乞專立法禁。」兵部看詳法禁，修潤下項：「諸初供遞馬鋪兵處及所至州界首鋪，曹司、節級取文書驗實。巡檢使臣在鋪者並呈驗。諸馬遞鋪應取文書驗實，而不出文書使照驗，不得供差人馬。諸因差遞馬鋪兵，輒毆縛曹級、鋪兵者，加鬬毆罪一等。」詔從之。

二年七月十日，河北路轉運使李孝昌奏：「近奉聖旨，差提舉河北東西路馬遞鋪。契勘本路密接虜境，每年國信往還，應辦上供綱運等，遞角浩瀚，全藉有心力巡轄使臣往來巡察，方免稽遲。近來他司却將不公不職使臣與本路巡察使臣對移，深恐別致悞事。乞今後巡轄馬遞鋪使臣不許他司對移，充別職任。所有本路見對移巡轄使臣，乞許令

〔一〕八月：按上條爲「十月五日」，此條似當爲「八日」。

依舊歸任，元對不公不職使臣，令別行移對施行。」詔依，并諸路依此施行。

九【35】月二十六日，詔：「監司、守臣等許發入內侍省遞角，並仰以《千字文》號記，如有沉匿，庶可根治檢察。」

三年二月二十八日，〔詔〕：「勘會近緣捕賊，諸處遞鋪傳送文字顯有勞役，仰巡轄使臣具經由鋪分曹級、兵士姓名申轉運司，特予量行犒設。」

三月十三日，入內內侍省武節大夫、充睿思殿供奉、權殿中省尚輦局司圉典御梁忻奏：「臣奉御筆差自京至淮南往來催促驅刷遞角。臣竊見本路急脚遞所傳文字名色冗併，角數浩瀚，鋪兵唯知承送，難爲區別。訪聞他路類皆似此。於馬遞鋪勅條明有法令，諸急脚遞不應發者徒二年。緣有司奉行滅裂，略無畏忌，雖許巡轄使臣具奏，但人微官卑，莫敢誰何。兼寔封文字不能窺測，積習滋久，寖以成弊。究其本源，往往多是因公及私，欲其速達，更不契勘條令，即入急遞前去。當此軍期之際，遂與奏報交（措）〔錯〕，是致以一（畫）〔晝〕夜爲率，動輒數百鋪兵曉夕承傳，尚或不前，顯屬未便。雖非軍期路分，亦宜禁止。乞詔有司，申嚴法令，載在本勅，庶幾冗遞減絕，人力易申。」詔：「急遞所傳文字有不應發而發者，致角數浩瀚，人力不勝，有悞軍期。可申明條禁，遍行諸路，如有犯者，並不以赦原。廉訪使者常切覺察。」

四月二十三日，中書省、尚書省言：「檢會下項：《政和格》，給遞馬人兵數，武功至武翼大夫二匹、一十人，武功至武翼郎二疋、七人，敦武、修武郎二匹、五人，內侍官二疋、三【36】人。《政和令》，諸朝廷非次差官出外，應納遞馬及（補）〔鋪〕兵兩應給者，聽從多。」

宣和三年二月十四日，勅：「修立到入內內侍省傳宣撫問使臣格，遞馬鋪兵官二疋、三人。」取到駕部狀，稱：「傳宣撫問內侍官差破遞馬鋪兵，如本官係修武郎以上，合依《政和令》從多給。若有押賜夏藥等官物，差破鋪兵，每人約擔官物六十斤，各隨所押賜物多寡斤重差破。」從之。

二十五日，秦鳳路經畧安撫（司）〔使〕郭思奏：「遞角曹級盜拆罪名不輕，却有大小官員、使臣道逢遞角，或安下處門首以借看爲名，或妄託諸監司及州府差來根刷遞角爲名，直於道中轉遞人處取入安下等處，盜取所遞文書抽看。前後轉到前鋪，或至地頭驗出拆損封頭、去失文字不少。契勘尚書省、樞密院、宣撫使司發與本司遞角及本司發去遞角，莫非御前與朝廷邊防機密文字，今來輒敢拆開觀看，泄漏事節，焉知不是奸細。欲乞於盜拆遞角下，更添入詐欺邀往、偷看在道遞角，并遞鋪兵士擅便依從，將遞角文書與上件人者，重立刑賞，許諸色人告捉，庶幾可以止絕。」從之。

八月十二日，德音：「應自京至軍前急脚、馬遞鋪兵士等，如有因公死於道路者，仰所屬量事優恤其家。又應自京至逐路急脚、馬遞鋪，近因轉送軍期文字違滯避罪逃竄之人，可自今來指揮到，限一季許令首身，並與（罪免）〔免罪〕，依舊收管。勘會捕賊之際，承發文字遞送，訪聞 37 鋪兵人力不勝，間有稽留，仰所屬子細取驗住滯文字，如委非緊速不失機會者，（持）〔特〕免推究。」

五年五月四日，臣僚上言：「契勘遞角文字寔封遣發，其不應入急遞而輒發者，雖有斷罪刑名，除許抽摘拆驗外，別無關防覺察。欲乞應承受遞角官司，將所受遞角置簿抄上元發遣去處，月日時辰，係是何事目，元發甚遞，分明籍記。監司、廉訪使者出巡所至，取索點檢，若有違法，按劾施行。契勘馬遞鋪兵請受微薄，蓋是州縣從來不曾依條豫請口食，借給越過鋪兵，既食用不足，必致盜竄。欲乞應逐路管馬遞鋪州縣，須管豫支口食、草料付逐鋪節級收管，遇別鋪人馬越過，或雖非越過而地里窵遠，亦斟量即時借給。若州縣不爲應付，即乞立定罪名，及委提舉官常切覺察，按劾施行。」詔坐條申明行下。

七月十四日，知成都府席貢奏：「契勘諸路設置急脚、馬遞鋪兵，承受往來文書，皆有程限，不容違滯，或私拆盜匿及有損失，官司點檢封印傳發，條法備具。近緣遞角損破，鋪兵經官申陳，多不受理，以次鋪分不肯交承，遂致鋪兵打過，直至本府，往回數千里，沿路並無口食，乞丐前來。本府已一面根究，及別出給鋪兵口食曆并公文遣回外，欲乞自朝廷立法約束。」奉御筆，尚書省勘當立法。本省今參酌增修下條：「諸急脚、馬遞鋪所遞文書，並驗封印及外引牌子交受傳送。如有損失，所至鋪分押赴本 38 轄使臣或所屬州縣究治，即時封印，具公文遞行。亡失文書者，速報元發遞官司，即傳送官物無人管押而裹角封記損動，並準此。以上因封印之類有損失而輒遣越過者，（因損失而妄詐闕失越過同。）聽鋪兵經本轄使臣或隨逐州縣陳告，仍聽所至官司覺察點檢，申本路所屬監司究治罪處。非本路者，具事因申尚書兵部。」從之。

六年五月六日，入內內侍省奏：「勘當本省承受諸（軍）〔路〕州軍帥司、監司、守臣、廉訪等轉發到奏狀遞角，欲乞遇有轉到諸處優下字號奏狀並不全筒角，依例本省聞奏，牒尚書省駕部一面計程責限，下巡轄馬遞鋪使臣逐一驅刷根逐，送所屬依條施行，庶得遞報機速文字不致稽違失墜。」詔從之，令申尚書省。

九月十九日，詔：「輒以承受發下遞角爲名，差占鋪兵，以私役禁軍法，發遣者徒一年。」

七年二月十六日，詔：「置郵以傳命令，近來鋪兵衣糧不給，逃亡不補，遞馬芻豆蔑有存者，違慢至此，巡轄官並罷，別差能吏。仰提刑司分按，支給衣糧、草料，修繕營（補）〔鋪〕，補足兵馬，廉訪司覈寔以聞。」

三月二日，京西路轉運判官史徽奏：「昨奉旨兼提舉京西北路馬遞鋪，緣本路西京、河陽、鄭、滑州係當三路之衝，最爲浩繁，鋪兵勞苦，理宜存恤。自來差出使臣，一槩號爲走馬奉使，不遵大觀條法，往往毆傷人兵，打過遞馬，乞取錢物，州縣觀望，不敢繩治。及當州縣當職官公爲占39破，私自役使，或以假人，自來未有法令禁止。」詔逐路提刑司根勘私役去處聞奏。今後大有差破及作名目占使，抑勒出備錢物之類，並計庸坐贓論，令尚書省立法。

四月二日，翊衛大夫、安德軍承宣使、直睿思殿李彦奏：「臣竊見近降處分，京東路提舉馬遞鋪所自後遞馬鋪兵，不得更似日前非理勾集拘留。所有人馬請給、草料，除合坐倉數外，並按月樁備本色支給。倒塌損壞營房，支破官錢，疾速修葺。見逃亡人兵，多方招誘，立限兩月，許令首身。見闕遞馬，疾速依條施行。臣近被奉處分，前去京東路勾當公事，其沿路一帶鋪分營房並未曾修蓋。雖有見管鋪兵去處，往往不過三兩人承轉文字，亦有無人交替鋪分，致積遞角，留滯程限，誠有(有)悮邊防機速事務。欲將諸路應干急脚、馬遞鋪事務，別委他司官專一提舉措置。」詔依奏，應諸路今後並差廉訪使者兼提舉，漕臣專一應付。

五月四日，尚書省言：「發運副使盧宗原奏：『依奉御筆，拘收九路錢物，措置糴買斛斗，逐時所行文字不少，並是特報供奉御前。近點檢得諸處發來遞角文字，例各在路違滯，動經累月，有悮本司照應行遣。檢承《政和勅》節文：急脚遞每歲稽留通滿五釐者，巡轄使臣、縣尉各笞五十，使臣展磨勘一年，縣尉降一季名次。滿七釐各加一等，使臣展磨勘半年，縣尉降半年名次。一分，各人加一等，使臣差替，縣尉降一40年名次。今相度，欲乞據九路州軍報應本司錢物文字，並令入急遞，別置簿曆傳送。每旬本州通判驅磨有無住滯，保明申本司。若有住滯，其遞鋪兵級即送所屬依法斷罪外，巡轄使臣并本縣尉許本司體量，取勘申奏。』又奏：『契勘遞鋪衣糧，往往不依時支給，是致鋪兵逃竄。乞特降睿旨，令授鋪兵衣糧，預於諸軍支給，如有逃亡人數，並依條限招差填闕。』」從之。

五月九日，德音：「京東、河北路州縣，應許郡緣應付邊事官員往來遞馬不足，多句鄉村有馬之家充馬户差使。自今尚敢循習前弊，仰監司、廉訪使者按劾以聞，當議重行黜責。」

七月十一日，(言)尚書省奏：「諸路馬遞鋪因事措置約束，條法日備。其轉送遞角、綱運，留滯轉多，盡緣當職官司偷墮苟且，條令未嘗舉行，馴致奸弊。提舉官名存實廢，漫不檢察，爲害甚大。」詔：「令諸路提舉馬遞鋪官常切提舉按察，巡轄官偷墮不職，並仰依條按劾。仍令逐路廉訪、憲司各行按察，每上下半年具本路管下馬遞鋪承轉過綱運、遞角數目，有無留滯，及應干合行遵守條法事件有無違戾，逐一開具申尚書省類聚，歲終具不盡不寔，並以違制科罪。」

十一月十九日，南郊制：「勘會崇寧年後來，并昨(興)軍興，自京起發河北路軍器、銀、紬、絹等綱運，用遞鋪兵士推般，依京西路軍器例，每人日支口食二升五合。訪聞有司將其間不係推綱日分支過口食，於41鋪兵月糧内尅納，及干繫人名下均攤，多致逃竄。應上件推綱鋪兵已支口食，如有不該（鋪）〔支〕破，並與除放。」

欽宗靖康元年七月二十三日，臣僚言：「竊見兵革未弭，羽檄交馳，凡有號令及四方供應文書，類多急遞。今聞畿邑如尉氏、鄢陵等處，及京西一帶，遞鋪兵卒類多空缺，而州縣恬視，不以填補，至有東南急遞文書委棄在郵舍廳廡之下數日無人傳者。且如福建路有經半月、二十日杳無京報，遠方官吏妄意疑懼。及會問兩浙，方知畿甸平定。欲乞嚴戒州縣，遞兵有缺，速行差填。若於兵卒差補不足，衣糧不支，支而踰期，或容縱人侵削，責在縣令，事干州郡者責在知、通。仍仰監司季輪一員親詣，或委官點檢，若鹵莽容縱者坐罪。并鋪屋破壞處，亦便修葺。」從之。

高宗建炎元年五月一日，赦：「應急脚、馬遞鋪兵，因金人所至逃散，可專委本路提刑司疾速招置，仍依時支破請給。」

三日，又詔下諸路提舉馬遞鋪所多方招誘〔一〕，又將急脚鋪先次劄刷諸色廂軍填補，請給、衣糧令按月支遣。除傳送文字外，其餘應合破遞馬、鋪兵權行住罷，候措置就緒日依舊。

六月一日，又詔令諸路轉運司先次將差出人拘收歸元來去處，其逃亡缺額，於本處廂軍內撥填，其請給三分中更增一分。舊人依此請給差，與權免諸般差使，專一傳送文字。如招到後却有逃亡出首之人，其所增請給更不支給。

九月二[42]十一日，臣僚言：「有司失職，郵傳不通。陛下即位以來，詔令多矣，而浙東州軍所被受者唯兩赦及四五御札，其他片紙不傳。浙東距行在止二千餘里，而命令阻絕如此，彼川、廣、福建可知矣。契勘諸道進奏官遇有被受文書，畫時發遣，或合謄寫播告，各有成法。比緣一切指揮官吏分番，其留行在者一月一易，遂致廢事。竊謂寺監局務官司事屬一體，雖分番次，未爲甚害，唯進奏人吏分掌諸州，一吏下番則一州事廢，雖有兼權之人，孰肯盡心典領他人之事？又馬遞鋪兵緣軍興調發，或因招軍許令刺換，故所在多有出額。乞應進奏院官吏並隨行在，凡文書被受謄寫入遞，並依常法，敢有違滯，重置典憲。其（詣）諸州應有進奏官供給及年例應付之物，並仰發來行在，俾爲紙札之費。仍乞戒飭諸路提舉馬遞鋪官，督責巡轄使臣招填鋪兵，驅磨遞角，毋或違慢。仍令諸司互察，及門下後省點檢，按劾施行。其文字不到，亦許諸路州軍徑申門下後省，庶幾四方萬里，皆得聞朝廷號令，知陛下憂勤愛民之意。」詔進奏院令監官條具申尚書省，餘依。

二年正月十六日，詔江南東路轉運副使李謨兼本路提舉馬遞鋪。

五月一日，措置東南馬遞鋪徐公裕言：「乞將逃竄鋪

〔一〕馬遞：原作「茶馬」。按宋代無提舉茶馬鋪所，「茶馬」當是「馬遞」之誤。提舉馬遞鋪所見本書方域一〇之三二、一〇之三四、一一之七等，據改。

兵自指揮到日，限一月經所在出首，特與免罪，依舊收管。」從之。五日，又言：「昨點檢到淮南急脚、馬遞鋪兵內，有額外收到逃走人數〔一〕，43並支破請給，其見闕人兵鋪分却不曾撥填。緣昨請降聖旨，將額外人數令本路提舉馬遞鋪，監司比類撥填見闕去處。若無缺，並申解本州，撥填以次鋪分。如本州管下又無缺，即申解轉運司，差填本路州軍，並不許額外收係。竊慮江浙等路亦有似此額外收到人數，乞於前項指揮下逐路提舉監司施行，貴免增費請給。」詔依。

六日，御營使司奏：「馬擴劄子，諸州縣道路馬遞鋪，緣兵火殘破，未曾復置。訪聞諸處兵馬出入，於所經州縣以和雇爲名，科差遞馬人夫，因而搔擾。今來本司應（於）〔干〕官屬乞更不差外，尚慮諸頭項應援軍馬官屬及奉使監司等官循例差撥，乞將應干過往官員合差遞馬〔二〕、鋪兵權行住罷，候邊事寧息日依舊。所貴杜絶搔擾害民之弊。仍乞下本司遵守，按劾施行。」從之。數内監司奉使官合差遞馬、鋪兵不可闕者，乞許破省馬、廂軍。

十一月七日，知揚州黄願言，勘得九女澗遞鋪王安擅拆東京留守司遞角事。詔王安特依軍法，今後如有擅（拆）令開拆窺察之人，並依此施行。

二十二日，赦：「今來赦書，慮有闕少鋪兵、轉送未到去處，仰諸司、諸州縣鎮被受日時謄録，互相關報鄰接官司，疾速奉行。如有違滯，並科違制之罪。」

三年二月十八日，知杭州康允之措置本路衝要控扼去處擺鋪斥堠：每十里置一鋪，專一傳遞日逐探報斥堠文字。每鋪五人，新舊弓手内選有心44力、無疾病、能行步少壯人充。每日添支食錢三百文省。每鋪並限三刻承傳，置曆批寫時刻。每五鋪選差有材幹〔三〕、年五十以下使臣一員，不以有無拘礙，委逐州於見任得替待缺官内日下抽差，或召募有物力武勇人，借補進義校尉，充往來巡轄。候及一季無違滯，有官人轉一官，召募人與正行收補。（知委州通）〔州委知、通〕專切檢點，縣委知縣、尉主管，月支食錢三貫文。如無違滯，每一季減二年磨勘。從之。

三月十八日，康允之又言：「巡轄官、知、通、知縣（縣委），除鎮江府至常州以北邊近大江，最爲緊切處（處），欲依已畫降指揮支給食錢及推賞外，所有無錫縣以南係近裏優穩，故比前項支錢、推賞各行減半，餘路亦依此比附施行，所貴輕重均齊。」從之。

五月十三日，樞密院奏：「今來車駕駐蹕江寧府，本所諸處別無盜賊〔四〕，亦無大段文字傳送，欲將斥堠鋪先次住罷，發還弓手。餘路合罷處依此。」從之。

六月二十日，詔：「沿江州軍及沿江制置使司疾速措

〔一〕收到：原作「到逃」，據下文改。
〔二〕遞馬：原作「遞兵」，據下文改。
〔三〕五：原作「互」，據《建炎要録》卷二〇改。
〔四〕本所：疑當作「本府」。

置，將本州管下沿江地分，量遠近相度上連下接，支破官錢，計置輕捷小舡子二隻，選募會船水椗梢，每船三人，每人支食錢三百文，專一傳發斥堠軍期機速文字。仍令接界地分依置船傳送，委自逐縣令、佐并巡轄官，常切點檢，及置曆抄上名件，出入界日時，本州知、通每旬取索點磨，候軍事定日住罷。」

四年八月一日，詔：「令沿江諸州守臣依已降指揮，日45具探報事宜入遞鋪，及專差人齎申樞密院。」以侍御史沈與求言：「道路傳言，賊騎猶在雁仪等處〔一〕，朝廷雖間遣探報，動涉旬餘，或有事宜，知之已晚。更乞下沿江州軍，專委守臣差人探賊馬動息，排日申樞密院，仍令沿路縣尉差弓手傳遞前來。」故有是命。

十四日，臣僚言：「近日傳報虜騎動息不一，緣諸州緩急多失關報，其（憐）〔鄰〕州差人探劄，止是詢訪道路，或憑私書展轉傳聞，多致悞事。乞令諸州委强幹官一員兼領其事，并差得力吏人三名爲斥堠司，輪差厢軍二十人以備傳報。其沿海州軍舊有烽燧去處，乞申嚴行下，有未徧處，更令增置，（侯）〔候〕事平日課殿最賞罰。其匿不時報者，重行黜責。」詔令兩浙、江南東西路并沿海州軍疾速措置施行。

二十日，臣僚上言：「竊聞近於海上置水斥堠，朝廷遣仲元在四明辦集〔二〕。但海道闊遠，可備處非一，萬一有警，欲以小舟犯不測之險，遲速難期。況海濱之民以魚鹽爲業，老幼悉在舟中，今不論舟之大小，皆取之民，既失業，爲變不難，前者定海官吏幾有被害者。乞下樞密院或命明州守臣相度利害，具海道要〔害〕之地可以置斥堠處合用幾舟，其甚小者不須勾集。或海面闊遠，風濤不測，即乞於岸高山置卓望以備探報。其已勾到舟船，乞放還逐便。」詔令樞密院措置施行。

二十六日，樞密院言：「訪聞近日有妄稱軍前差使或監司等處官屬，於經過斥堠鋪46强勒保甲（檐）〔擔〕擎。」詔令江浙路帥司行下所屬州縣，於諸鋪曉示，如有逼勒鋪分保甲（檐）〔擔〕擎之人，密具職位、姓名申樞密院，當議重行典憲。

九月二十六日，樞密院言：「近來諸路轉運邊防等文字，例各留滯。」詔令提舉馬遞鋪官嚴行督責巡轄使臣，須管依條躬親遍詣所轄鋪分約束鋪兵，遇有文字，即時傳送，不得違滯。州委通判，縣委令佐，專一檢（捉）〔點〕巡轄使臣到鋪分日月及所遞文字，如弛慢失職，所屬州軍具因依奏劾施行。及指揮轄下關津把隘去處，如鋪分及往來投下文字之人，辨驗詣寔放行，無致阻節。如違，其提舉馬遞鋪并所委官重行黜責，巡轄使臣當議停降，鋪兵決配。

十月五日，詔：「令江浙州軍日具平安狀與探報到事

〔一〕仪：疑是「汊」之誤。雁汊在池州，爲沿江要地，見《宋史》卷一八八《兵志》二、《建炎要録》卷一六三。

〔二〕仲元：疑脱姓氏。

宜，一處入斥堠鋪，飛申樞密院。其逐路帥司亦仰依此申發。」

二十日，詔：「令兩浙提刑施(峒)〔坰〕日夜起發前去鎮江、江陰以來置司，專一總領諸州縣所置斥堠鋪，措置督責沿江及北探報，應有事宜，火急傳報。若少失機會，必重作行遣。」以樞密院言，金人見在承、楚，未見所向，切慮不測窺伺，宜明立斥堠，故有是命。

二十四日，建康府路安撫大使、兼知池州呂頤浩言：「本司專〔委〕屬官一員，往來督責沿路所置斥堠鋪，轉送應干軍期探報文字。竊見斥堠鋪緣官司將尋常閑慢文字一例轉送，致軍期緊急因此稽滯。檢照《政和勑》節文，諸急脚遞不應發者徒二年，馬遞 47 減二等。今來用兵之際，乞立法，應官司非急速軍期及盜賊探報文字輒入斥堠鋪者，官員勒停，吏人決配。仍不分首從。如不應入斥堠鋪文字，所至官司承受，不即申舉者，與同罪。及專責縣尉，每月遍詣斥堠鋪點檢。其提〔舉〕馬遞鋪官吏有失覺察，與擅發斥堠鋪官吏同罪。及於市曹出牓，道路粉壁曉示。」從之。

十一月七日，詔：「諸路可依舊每五里置一鋪，每鋪輪差保甲五人，貼司一名，傳送抄轉，(送)〔專〕委縣尉巡轄。」

紹興元年三月十九日，兩浙提刑施(峒)〔坰〕言：「平江府常熟縣探報，通、(秦)〔泰〕金人已回承、楚，欲乞斥堠鋪只留保丁二人，同土軍或弓手一名傳送探報文字，餘人乞行減放。據江陰軍申，水陸斥堠共差募保甲棹梢等一百一十四名，月支錢九百貫，今蕃寇遠遁，乞行住罷。欲將諸處所置斥堠鋪并行住罷，止於管下遞鋪內選差兵士三人，專一承轉探報事宜文字，每人日添支錢七十文。其傳送時刻，約束斷罪，並依斥堠鋪保甲已得指揮，仍依舊專委縣尉巡轄。沿江瀕海所置水斥堠乞並令住罷，專委巡尉差撥兵巡船探報。」詔鋪兵每鋪差五人，其斥堠差置鋪兵就緒日住罷，餘從之。

四月七日，和州無爲軍鎮撫使趙霖言：「本鎮奏報朝廷文字，經由太平、池、宣、廣德等郡界次入浙路州軍，或由建康府次入浙東，方達行在。近入急遞，尚慮稽滯，欲乞下太平等州軍照會，應本司軍期文字許 48 入斥堠，如有稽遲，許霖奏劾。」從之。

五月二十四日，詔：「江南東路差王琮，西路差張匯，專一提舉馬遞鋪兵，將轄下見闕鋪遵依建炎元年五月已降指揮，先次剗刷諸色廂軍補填。仍選擇少壯健捷之人均撥諸鋪，專一傳送御前金字牌遞角。如人數闕少，即於(憪)〔閑〕慢鋪分摘挪差使，須管每鋪各有少壯專一承傳。並仰依法不(得)〔分〕晝夜鳴鈴走遞，前鋪聞鈴，預備人出鋪，就道交收，不得時刻住滯。其餘缺額，如廂軍內補填不足，即於一月(照)〔招〕填數額。其合用例物、錢糧，並預行挪融，充辦足備，須管按月給散，不得減尅。其見倒塌鋪屋，限十日一切修蓋了當。州委知、通，縣委令、佐，常切檢察。遇發到遞鋪，並具前路元承受及發遣日時申提舉官，即時驅磨點檢，如有住滯，仰將當職官并合干人具狀徑申尚書省，當職官取旨重行停降，合干人決配。若蓋庇不申，與當職官一等科罪。仍嚴切約束巡轄使臣，不住往來檢點鋪兵，常令在鋪祇候傳送。若過往奉使監司等官違法差役，並科違制之罪，不以去官、赦降原減。仍許被〔差〕兵級徑赴所監司越訴，即時備申尚書省。其所差提舉官，限今來指揮到一月內，須管一切措置畢備，仍逐旋具補填、招刺兵級人數及修蓋過鋪屋申尚書省。若朝廷差官前去點檢得逐路提舉官承受今降處分措置違慢，並行竄責。」十一月十九日〔一〕，都省言：「已降指揮止爲江南東、49西路分，〔餘路〕亦有轉送軍機急速，理宜一體。」詔餘路並依江南東、西路已得指揮施行，併劄下江南東、西路提舉官，依已降指揮常切檢察。

七月八日，樞密院言：「防秋在近，所有邊江并衝要州軍尤宜嚴謹，上連下接，文字不致稽違。欲於樞密院選差使臣二十二員，分往臨安、平江、鎮江、建康府、廣德、南康、興國、江陰軍、太平、秀、常、湖、嚴、宣、徽、池、江、洪、饒、信、衢、婺州管界，點檢催促，並要足備。鋪兵請受依時給散。如遇闕人，申催差置。如不即施行，具事因申樞密院。」詔並依，其所差使臣，令户部別給驛券，隨處批請，須管往來檢點，仍探報賊馬事宜的寔。候過防秋，別無稽遲，特與推恩。如或搔擾，必罰無赦。

九月二十六日，詔：「令兩浙路妄點檢斥堠監司遞下州縣〔二〕，今後並依已降指揮，將軍期急速及賊盜探報文字分明題寫入斥堠鋪傳送外，其餘常程閑慢文字，不得依前亂行題寫。如點檢得尚有違戾，並依輒入斥堠鋪指揮斷罪。」

三十日，樞密院言：「浙西一路皆邊江州軍，秋防是時，斥堠正當嚴謹，不可少(夫)〔失〕措置。」詔本路提點官施(峒)〔垌〕權於平江府置局，躬親往來催督州縣火急差置，務要作備。所傳文字依限傳送，不管稽滯。

十月七日，樞密院言：「自鎮江府、江陰軍至行在，并江東西路沿江州軍至行在斥堠，近來轉送文字稍多，理宜犒設。」詔逐州縣斥堠鋪兵每人各特支錢一貫文。

二年四月二十50九日，臣僚上言：「信州鉛山、建州崇安縣舊因福建綱運并錢監般發銅貨，遂於兩縣置擺鋪兵級十營，共一千人。近來福建綱運多由海道，兼錢監銅貨闕少，其擺鋪人兵僅成虛設。傳聞崇安縣擺鋪人兵，建州已刺填闕額廂軍，其鉛山擺鋪兵級亦恐合行刺填。乞下本州勘會，如委合減罷，或量行存留外，其餘并刺(行)〔填〕鄰近州軍缺額廂軍。」詔令福建、江南東路轉運司相度，申尚

〔一〕自此句以下，原另作一條，以致月分失次。今詳其內容，此條乃緊接上條事，因予合併。

〔二〕妄：疑誤或衍。

書省。

九月八日，江南東路安撫大使、兼充壽春府滁濠廬和州無爲軍宣撫大使李光言：「措置防秋，淮西州軍與僞境相接，務在明建斥堠。其淮西與江東隔江，逐時邊報雖已擺鋪傳送，竊慮緩急風浪，不能濟渡，却致阻滯。本司遂於沿江相對置立烽火臺，舉烟火色號報應，及於緊要津渡差撥人兵防押，遇警急即自遠及於所屯兵馬(押)〔抽〕摘調發前去，同共防拓。」詔依，令李光相度，隨地勢高阜去處立烽火臺。若土脉不勘築臺，即以木爲望樓，無致緩急有失事機。嚴切約束，不得搔擾。和州與太平州、建康府相對置立去處：梁山渡口與太平州褐山對，采石渡口與太平州東采石對，當利河口與太平慈湖對，車家渡口與建康府馬家渡對，石靖口與建康(康)〔府〕大城堽對。無爲軍與太平、池州相對置立去處：泥汊江口與太平州荻港繁昌對，栅江口與太平州蕪湖縣三山對，糝潭口與池州銅陵縣鵲頭山對。每日平安即於發 51 更時舉火一把，每夜平安即於次日平明時舉煙一把。緩急盜賊，不拘時候，日則舉煙，夜則舉火，各三把爲號。

十九日，詔：「今後過往命官、將校軍兵，如敢差役斥堠鋪兵級、曹司，依巡轄馬遞鋪使臣私役法一等科罪。」

三年五月四日，河南府等州鎮撫司幹辦公事雷震言：「契勘本鎮屯守邊(鄆)〔陲〕，日久備戰，不住差人探報番賊動息并東京虛寔，若專差官兵賫赴行在投進，往復經隔月。欲望後有探報賊馬急速文字，用皮筒寔封，專差人賫至鄰鎮交割，轉送近裹州軍，入急遞赴行在投進。如有違滯去處，乞重置典憲。」從之。

六日，樞密院言：「日近不住有御前金字牌并朝廷急遞，發下襄陽等州鎮撫使副翟琮〔一〕、董先、權商虢陜州鎮撫使董鎮等軍期機速文字，所至條限即刻走傳前去，合經由下項州軍，深慮有無鋪兵去處，别致留滯。」詔令逐處遇有金字牌并朝廷發下應干軍期文字，仰即刻走傳。如無鋪兵處，令所至州軍專差得力人三名走傳前去，逐州遞相交割，不得稍有住滯。仍專委通判驅磨根究，依法施行。及每月具本州傳送過名件、字號，開排承受、傳送出界月日、時刻有無違滯，申樞密院。

十四日，入内内侍省言：「臨安府浙江遞鋪兵士王明轉到荆南府歸峽州荆門公安軍鎮撫使解潛『應』字號奏狀一筒，赴本省投進。今點檢得上件遞角撮繫鬆慢，封頭磨擦破損，竊慮出入得文字。52 兼前項排發『應』字，即非《千字文》内字號，除已牒本官今後遇發奏狀遵依已降指揮以《千字文》號記發外，其遞角今進納。若内有本省行移公文，却乞降下。所有磨擦損壞封頭去處，乞下尚書駕部根究，依條施行。」從之。

七月四日，江南東路提刑張匯言：「州縣間奏裁與提

〔一〕翟琮：原作「翟宗」，據《建炎要録》卷六五、卷六七改。

刑司審覆案等，有經累月而未下者，蓋是遞角中沉墜，使可貸之囚繫禁而死，深可憐憫。乞下諸路，應奏與申詳覆等，並須專差院虞（侯）〔候〕或有行止急脚子二名投下。被差人並破口券，仍量添食錢，使令守待，以所斷案依條限責付，賫回日以百里爲限。」大理寺參詳：「張匯所申，内命官贓案若令依條入遞前來，竊慮沿路計囑轉送之人，衷私收匿不到。及道路千里以上去處申奏并申提刑司詳覆諸色人獄案，若令入遞往還，竊慮道路梗澀沉失，理合措置。今欲依本官所乞，應有似此公案，並令本處專差有行止二人同共賫擎投下，令所差人守待回報。恐所差人在路事故，亦（不）〔恐〕計囑藏匿，仍令本處寫録一般案狀，依條入遞，務要不致沉失。所有道路千里以下通快去處公案，依法已許入急遞，日行四百里。若刑部承旨斷案，依條亦合別録行下。如遞鋪稽違沉失，緣已有前項條法，乞坐條申嚴行下，委諸路提舉馬遞鋪及驅磨當職官吏常切約束，月具轉送過獄案并朝廷降下斷敕名件，關報本路提刑司，行下所屬州軍，復 53 行點檢。如有稽違沉失去處，其合干遞鋪兵級并巡轄使臣，並令根勘，具案聞奏，乞從朝廷特降指揮，重賜斷遣施行。」詔餘路依此，仍檢會應干見行條法申嚴行下。

十四日，荆湖南路安撫使折彦質言：「修武郎、辟差全永州巡轄馬遞鋪張宗閔申：『永州三十鋪，元額管兵級三百五十六人，宗閔到任交割到二百三十四人，累行招到三十餘人。近來廣西押戰馬綱官到鋪，不恭奉聖旨權住鋪兵（檐）〔擔〕擎指揮，亦不容曹級執覆，及不問有無人兵在鋪，須要差破鋪兵（檐）〔擔〕擎應付。稍緩即撞入房舍，捉縛婦女，或倚勢收拾兵級衣物、動使，抑令鋪兵供送。沿路更用棍棒毆打，過三五鋪或他界，動經旬日不回，是致飢餓逃亡，節次開落。截自五月終，只管一百八十餘人，大路鋪每鋪只管三五人，小路鋪或有一二人。即目大段闕額，急遞文角到鋪，委是闕人走傳。』本司欲勾追犯人根治，竊慮馬綱留滯，乞行下廣西經畧司，嚴行約束。」詔令廣西經畧司、提舉廣西買馬司詳折彦質所申事理，今後遇差押馬使臣，當官分明戒約，如有違犯之人，具因依申樞密院，重行斷遣。仰兵部遍牒廣西至行在馬綱經由逐路轉運司、提舉馬遞鋪兵官，指揮所屬依此施行。仍令所管州縣等處，於馬綱所過馬遞鋪前，將今降指揮分明粉壁曉示，各具知稟聞奏。（以上《永樂大典》卷一四五七四）

遞鋪　二

[1]紹興四年五月五日，樞密院言：「檢會臣僚上言，乞督責諸路[2]帥臣，參稽所部州縣道里遠近之宜，布斥堠之卒，番休迭往，使不告勞。詔令樞密院措置。今檢會前後所降指揮：一、欲令淮南、荆湖、江南、兩浙通接沿邊探報軍期急切及平安文字赴行在，經由州軍去處，並取便路接連措置擺鋪，至臨安府界內，並合相連接置擺鋪。其應置擺鋪去處，並依後項事理施行。一、徽州等擺鋪以三十里一鋪，竊慮地里稍遠，因而遲緩，欲以二十里置一鋪。每鋪差鋪兵五人，先於閑慢鋪分那差，如不足，差廂軍。每日添支食錢一百五十文，每月一替。并差貼書或軍典一名，每日添支食錢一百五十文，並每季一替。一、每州委守臣專差(措)〔指〕使一員，往來根刷傳送，每日添支食錢三百文，仍與貼司或軍典一名根刷行遣，每日添支食錢二百文，每季一替。一、今來擺鋪傳送文字，如有違滯，軍兵依傳送金字牌文書條法科罪；其指使失覺察兩次，杖一百科罪。一、諸州縣輒將不係探(保)〔報〕事宜及非平安狀入便路擺鋪傳送者，其當職官吏依不應發急脚遞條法科罪。一、已降指揮，過往官員於經由地分差撥鋪兵(檐)〔擔〕擎物色、牽挽舟船之類，並免應付，如不依約束，擅行差撥，具名銜飛申所屬根究施行。今欲便路擺鋪軍兵輒別差使者，並依私役禁軍法，仍於逐鋪曉示。一、已降指揮，鋪兵請受並須按月支給，不得留滯打請人數，妨本鋪差使。仰所屬縣分據每日合支錢數，並五[3]日一次前期預支。今欲依此施行，仍將不按月支給請受及不前期支給食錢官吏，仰往來根刷使臣申州根勘，依諸州請給過期不支條法斷罪。一、擺鋪所差軍兵遇缺，仰往來根刷使臣即時申所屬，限日下差足。如違，當職官吏並科違制之罪。一、擺鋪屋令所屬疾速修蓋，如日後倒塌損漏，仰往來根刷使臣申所屬，日下差人前來修整。一、往來根刷使臣私役鋪兵者，依前項輒別差使私役禁軍法斷罪。一、自來水路置急遞舡傳送文字州軍，若比擺鋪通(決)〔快〕去處，並依舊。一、今來專委(委)逐路帥臣、逐州軍守臣火急依逐項擺置，更有合行事件，一就措置。及常切督責沿江、沿邊州軍守臣，厚支激賞，專差信寔人體探，具的寔事宜，日下寔封入擺鋪，飛申樞密院。仍先具本路州軍已置鋪分、相去接連著望去處、所差人數，一切畢備日時聞奏。一、今來委逐路提舉馬遞鋪監司不住點檢，如有違滯去處，即依今來立定斷罪指揮施行。每月具點檢過有無違滯去處，申樞密院。」(並詔)〔詔並〕依。

九月十八日，都省言：「權發遣江南東路提點刑獄公事及專一總領措置傳送斥堠、兼提舉馬遞鋪張匯，已降指揮放罷，其專一總領措置傳送斥堠兼提舉馬遞鋪官未曾差人。」詔差轉運判官俞俟。

同日，川陝荆襄都督府言：「勘會(令)〔今〕來出使，所有朝廷及本府往來文字，若有違滯，竊慮有悮軍期。欲乞於經由路分，【4】從本府於準備將領或準備差遣、差使使臣内，逐路各選差一員，專一催促往來遞角。其請給、人從等，並依本府畫一指揮内支破，令所至州軍應副。仍乞行下逐路轉運司及提舉馬遞鋪官，關牒經由州縣照會。」從之。先是〔一〕，樞密院檢會臣僚上言，乞督責諸路帥臣，參稽所部州縣道里遠近之宜，布斥堠之卒，番休迭往，使不告勞，詔令樞密院措置故也。

三十日，兩浙西路提刑向宗厚言：「依先降指揮，添置斥堠鋪，乞添破軍兵食錢，每日給三百文省。」詔從之。

十一月二日，向宗厚言：「本路八州府遞鋪，止有巡轄使臣二員，緣地分闊遠，往來遲緩，催督不前。乞降指揮，許每州各於添差官内選差一員，專一往來點檢斥堠，除(外)依條破驛券外，每月別給食錢一十貫文省。仍於本州抽差人吏一名行遣文字，每日(食)〔給〕食錢三百文省。」從之。

十二月六日，右司諫趙霈言〔二〕：「江南東路、淮南西路宣撫使司，近緣承受御前金字牌遞角，計住滯一日五時辰，樞密院已劄付平江府根究，尚未見施行。乞下三省催督平江府依法科罪，所有巡轄使臣乞(時)〔特〕行停降，別差人承替。仍乞檢會建炎四年及紹興元年内所降指揮，申嚴約束。」詔令平江府疾速根究，仍令兵部檢會條法行下。

二十日，樞密院言：「朝廷置立斥堠，專爲傳送探報金賊并盜賊文字，前後立法非不嚴切。比緣臣寮申明，官司非急速軍期及盜【5】賊探報不得輒入斥堠，致將應涉軍期事並作急速，皆入斥堠，略無分别，探報文字一例違滯。欲望劄下諸處官司，今後如有應入斥堠文字，並分明題寫係軍期及探報，如不題寫，其斥堠鋪不得傳遞。仍乞檢會元降止得傳送探報金賊并盜賊文字，及官司以不應入文字擅入斥堠鋪並勒停，吏人決配，并官(官)〔員〕承受斥堠鋪遞角内非探報文字不即舉覺與同罪指揮，鏤版頒降州縣，庶幾有以杜絶。」詔令樞密院檢坐已降指揮，申嚴行下，令逐路州縣常切遵守，無致違戾。

二十七日，詔：「諸色人輒於斥堠鋪兵、書手乞取錢物，不以多少，並決脊刺配嶺表；官員失覺察，以違制論。」

五年正月二十七日，詔：「除建康、鎮江府至行在斥堠鋪依去年十一月四日已降指揮，每鋪用鋪兵二十人外，餘州止依元降指揮差鋪兵五人。」

二月二十二日，詔：「今後尚書省行下諸路文字，如有事干機速，並入本省急遞發放。仍責立限日，令本處回報，或專差人賫回申文狀赴省。其外路官司承受今來朝廷責

〔一〕按，下文自「樞密院」至「措置」一節見卷首「紹興四年五月五日」條，此處僅加「先是」、「故也」四字。然此段文意與本條上文並無關聯，疑有脱誤。

〔二〕霈：原作「沛」，據《建炎要録》卷八一改。

限回報，並專差人賫回申指揮，如有稽滯，本處人吏決配嶺表，當職官並行竄逐。令刑部遍牒諸路遵守，及令逐路提舉馬遞鋪官督責巡轄使臣，遇承受尚書省遞角，即時轉發，其承受處仰立便批回內引。如有留滯，提舉官按劾施行。」

六年三月六日，成都潼川府夔州利州等路安撫制置大使、兼知成6都府席益上言：「四川去朝廷最遠，臣被命入蜀，道由荆南、歸、峽之間，全不見遞鋪傳送文字。間有一二皮筒通行，皆是稽滯累月。欲自荆南以西接夔州界，委知荆南府薛弼專一措置，其荆南府以東即委本路提舉馬遞鋪官措置，所貴遠方奏稟及朝廷行下文字，不致沉失。」從之。

六月十八日，兩浙西路提點刑獄朱綷言：「乞據斥堠遞鋪見缺鋪兵，從朝廷行下諸州知、通，剗刷厢軍或禁軍補足，併一面專委所屬知、通多方招召土(着)〔著〕之人，責限足額。如奉行滅裂，乞從提舉官按劾。」詔令諸路州軍依此。

十月八日，尚書吏部侍郎、充都督行府參議軍事呂祉言：「沿路斥堠鋪遞角壅併，皮筒、竹筒并封角文字，每番多至三五十件，少者亦不下十數件。日數既多，類皆積壓，作一番傳送。蓋緣諸處申發文字利於速到，往往將常行文字或書問之類入斥堠。且如錢糧、軍器，雖係軍期，比之探報事體不同。欲乞朝廷詳酌，除尚書省、樞密院、(督都)〔都督〕行府、諸路宣撫安撫司、沿淮沿海邊面州軍探報文字許入斥堠，外處併常行不係探報文字，不得入斥堠。不應入斥堠而入斥堠者，重寘以法。」從之。

十二月一日，詔：「應自淮南軍前轉遞至行在鋪兵，晝夜往來，委見不易，各與犒設一次。內淮南鋪分倍與支給。」

二十日，尚書省言：「斥堠鋪差官點檢，蓋防留滯。日來州縣所差到鋪頻數，不無搔擾。及有取索簿曆7帶往前鋪照對驅磨，甚者過三四鋪，(送)〔遂〕使承得文字無曆書傳，(上)〔止〕用草單抄上，多有差悮。」詔：「通判遇季點，縣尉遇出巡，因便點檢；巡轄使臣及提舉馬遞鋪所委官，自合依舊常切驅考，不得頻併，却(置)〔至〕搔擾。其傳送文字簿曆，並依急脚、馬遞鋪條法施行。所有正曆，點檢官不得將帶過前一鋪。如違，重作施行。」

七年正月十日，樞密院言：「兩浙西路提舉馬遞鋪朱綷申，近檢點得本路傳送急遞斥堠文字，唯有嚴州路、臨安府一帶遞鋪住滯最多。訪聞臨安府、湖、嚴州巡轄使臣修武郎房仲元不躬親往來根刷催督，以致鋪兵將承傳文字積壓留滯。除房〔仲〕元送嚴州取勘，依條施行外，申聞事。」詔房仲元先次放罷，令提刑司催督，疾速取勘，具案申樞密院。

九月十二日，明堂大禮〔赦〕：「訪聞諸路鋪兵多是所屬不爲按月支給衣糧，因致逃竄，即以外來軍兵冒名承傳。緣所持文書內有干邊防事務，竊慮冒名人夾帶奸細，偷藏遞角，漏泄事機。仰逐路提舉、監司嚴責當職官覺察改正，仍許鋪兵冒名人限一月自陳，並與免罪。內鋪兵依舊收管，冒名人兵發歸元來軍分，與免本營問當。仍令州縣今後須管按時支給衣糧，毋至少有失所。如敢違戾，令提舉官按劾以聞。」

十年閏六月十六日，詔順昌府官吏軍民等：「狂虜犯境，王師扼衝，惟爾吏民，協濟軍事，保捍城壘，驅遏寇攘〔一〕。眷乃忠勤，宜加撫惠。管下遞鋪 8 兵級更與犒設一次〔二〕。」

紹興十一年三月七日，內降壽春府廬濠滁和舒州無爲軍德音：「自行在至軍前金字牌及流星斥堠兵士，並令逐路轉運司等第增倍犒設一次。」

十二年五月二十九日，樞密〔院〕言：「日近據川陝宣撫司申，路中有盜拆遞角，藏匿文字，却入白紙在內傳送。除已節次行下經由路分根究施行外，訪聞諸路鋪兵緣州縣不時支給錢米，多有逃竄，招填之初，又不審問行止來歷，便行收係。及襄、郢之間，每鋪止有三二人，或婦人傳送去處。是致容奸匿盜，深爲不便。」詔令逐路提舉官下所屬州軍，將所管鋪兵三人結爲一保，據缺額人數，並仰招收土人及鄰近州縣行止來歷分明之人，或刷那見管厢軍充填，依時支給請受。須管措置招填足額，不得依前令婦人傳送。仍委當職官鈐束鋪兵、曹級，子細驗認遞角封頭分明交轉，如有違戾，重寘典憲。

六月三日，臣僚言：「湖北、京西州縣據上流之勢，與虜爲鄰，訪聞兩路往往並無遞鋪，縱使有之，不過茅檐三四間，人兵一二人，亦無請給濟贍。遇有文移，追集鄉夫傳送，皆是前期閉之幽室，無異囚繫。每一鋪差夫十餘人，十日一替，口食各令自備，道途往返動至逾月，拋廢農務，遠邇騷然。不惟百姓無復歸業之期，而猝有〔驚〕〔警〕報，責之此屬，豈不違滯悞事？乞委兩路帥、憲修蓋鋪屋，招填兵級，應干請給，悉從州縣。嚴敕州縣，不得依前差 9 科鄉夫。」詔委田師中、劉錡同逐路提舉馬遞鋪官措置鋪兵請給，須管足備，無令欠闕，具已措置奏聞。

八日，臣寮言：「近因赴闕，所過州縣遞鋪，多者不滿三數人，少者止一兩人，或止一人。遞筒委積，擔負而行，倘涉軍期，豈不誤事？蓋緣州縣請給不時，既缺餱糧，不免逃竄。欲望明詔諸路提舉馬遞鋪官，嚴行督責所部州縣，將見今鋪分闕少人數，須管依近降指揮，照元額撥填。仍自今後合得錢糧，逐旬支給，月具所支過單甲姓名，結罪申提舉馬遞鋪官，逐季類申樞密院。如有違慢，當行官吏重寘典憲。」〔照〕〔詔〕依已降指揮，委提舉官措置，仍委逐州守臣、逐路漕臣應付請受，無令欠缺。樞密院逐時差官點檢，如有缺悞，當職官一等科罪。

〔一〕遏：原作「過」，據《三朝北盟會編》卷二〇四改。
〔二〕級：原作「更」，據《三朝北盟會編》卷二〇四改。

十三年八月二十一日，御史中丞羅汝楫言：「祖宗郵傳之制，有步遞，有馬遞，有急脚遞。其文書事干外界或軍機，若朝廷支撥借兑急切備邊錢物或（常非）〔非常〕盜竊，並入急脚遞，日行四百里。近歲修立斥堠法，尤爲嚴密，州縣官吏誠能遵法而行，存恤鋪兵，徐加督責，豈有傳送稽留之患？昨緣多故，乃更置擺鋪，事屬重復。迨兹事定，尚爾因循。且江西一路，每州所差兵級數十人，除本身衣糧外，各借請三箇月，每日添支米二勝、錢二百五十文。兵級既衆，蠹耗不貲。未幾，又復更番，來往紛然，諸郡苦之。乞下本路，將（排）〔擺〕鋪廢罷，所有兵級發歸元差州郡着役，餘路及諸州縣 10 置擺鋪准此。少減冗費，推此所得贍養舊來鋪兵，以時給其衣糧，使之温飽。且具逐路提舉馬遞鋪常切差人檢察，切計傳送之敏過於擺鋪。」詔令逐路提舉馬遞鋪官開具措置，仍令兵部檢會祖宗舊制申尚書省。

九月七日，右朝請郎鄭資之言：「國家均地里，謹時刻，亭傳相望，分置巡轄，又專委漕臣提舉，其法可謂備矣。緣巡轄使臣有兼三州去處，勢不能遍歷，多致稽遲。比來逐州添差指（揮）使不下十數員，臣欲乞於逐州添置指使内，就添差巡轄使臣一員，地里狹而鋪分少，日可週遍，庶無稽遲。銓曹員多缺少，亦可發遣在部久次之人。」從之。

十一月八日，南郊赦：「昨發下京西、川陝等處遞角，經由路分有偷拆藏匿去處。先因根究，將住滯鋪兵及有封頭不全、事涉疑似者，見今禁勘，尚未結絶，竊恐寔非正犯，徒有淹繫。可令所屬州縣長〔吏〕更切審寔，如勘得委非偷拆正身，並仰日下疎放，押歸元來去處，依舊收管，放行請給。」

十九年三月二十二日，尚書省言：「諸路來往遞角，多有盜拆藏匿及不到去處，即未見的寔弊病，合行措置。」詔差黄敏行權兵部郎官詢究措置，内有合躬親前去路巡，開具申尚書省。

四月十一日，刑部言：「修立下條：諸急脚、馬遞鋪曹司逃亡事故闕，限一日申州，本州日下差撥。又闕，聽權差廂軍，候招到人替回。右入《紹興重修軍令》。諸急脚、馬遞鋪曹司缺，不依限申 11 州及本州差撥無故違限者，干繫官吏各徒一年。十日以上加二等。諸處巡轄使臣以支取糞土錢爲名，於鋪兵名下減剋請給、率歛財物者，以乞取監臨財物論，仍許被減剋、率歛鋪兵越訴。通判、令、佐失察，杖六十。右並入《紹興重修職制敕》。如得允當，即乞申嚴，遍牒諸路施行。」詔依，仍先次施行。初詔黄敏行權兵部郎官措置諸路遞角，至是敏行有請，故立此條。恐《新書》已有正條，欲删。

九月二十八日，尚書兵部員外郎、措置諸路遞角黄敏行言：「看詳鋪兵傳送（角遞）〔遞角〕之際，有奸人用財計囑盜拆藏匿，其鋪兵如能不與同情，自行告首，或已開拆藏匿却能密切告官，遂致敗獲，自來未有聽許及立賞指揮。欲乞今後鋪兵若能如前項告首（促）〔捉〕獲，乞與轉一資，更依

(促)〔捉〕獲鋪兵盜拆遞角等第給賞，仍將元行計囑財物不以多寡，並給充賞。其巡轄使臣至兩界鋪分，不爲依條索取鄰界一鋪簿曆點檢，及鋪兵、曹級避怕點檢，妄稱諸處取索前去，欲乞依輒取索鋪兵簿曆離鋪條法斷罪。仍許兩界提舉司及州縣巡轄檢察使臣等互相覺察。」兵、刑部看詳，欲依本官所請，下刑部遍牒施行。從之。

十月二十一日，尚書兵部員外郎黃敏行言：「躬親措置遞角，點檢得江南西路安撫司并諸州軍、監司等，間有差使臣以驅磨爲名，輒於諸遞鋪取索，每季一換，騷擾作過，遞角因而沉滯。已將違法去處牒罷外，12深慮經過之後，復行差置，乞立法禁止。」大理寺看詳，欲依不得差出之官本州不申輒違法，從杖一百坐罪。若有違例，仰提舉官按劾。從之。

二十二年七月六日，總(總)〔領〕四川〔財〕賦汪召嗣言：「遞角舊用皮筒封印記，因兵部郎中黃敏行請用紙角題印，以蠟固護入筒，更不封記。緣遞角鋪交換，取出辨驗，多致差互，愈長偷拆藏匿之弊，望詳酌措置。」進奏院看詳，欲以蠟固護入筒，仍腰封摽繫。從之。

二十三年十一月十八日，新知潭州陳璹言：「朝廷措置遞角，招足鋪兵，修蓋營舍，私役有禁，衣糧不缺，驅催以知縣，點檢以通判，逐路以監司提舉之，又許巡轄、縣尉出界逐鋪取索驅磨，關防周盡，而稽遲之弊初未嘗革。且以二廣去朝廷遠，槩以急遞，期限不過旬日，而廣西承受尚書省抹綠牌遞，有踰兩月而不到。本路發急遞至進奏院，有踰三月方到者。其間朝廷待報緊急文字與夫諸州刑獄奏案，稽遲日久，豈不誤事？乞檢坐前後指揮，申嚴諸路，仍令諸州逐月(具開)〔開具〕所發進奏遞角(角)關報本院，即令本院開具逐月所發遞角關會諸州，擇其稽遲之甚上之省部，行下所屬根究違滯，特行責罰，庶幾上下率職，遞角通流。」(語及)〔詔〕令兵部檢坐條法行下，仍措置申尚書省。

二十六年正月二十七日，兵部言：「遞角，在法巡轄使臣往來趕發，令(委)〔尉〕催促，監司提舉。近來差委通判等提轄檢察，逐時追呼鋪兵，取13索簿曆，搔擾不一，却致留滯。(令)〔今〕乞並依舊法，令縣令、縣尉、巡轄使臣催促轉送，轉運長官一員提舉外，其餘節次所差官並罷。仍仰提舉官常切督責巡轄使臣，如有違慢去處，將鋪兵送所屬斷遣，巡轄使臣等按劾施行。其缺少鋪兵，行下所屬州軍，日下差撥廂軍填缺。合用錢米，按月支(按)〔給〕，不管拖欠。下刑部遍牒施行。」從之。

二十九年二月二十五日，祕書省校書郎洪邁言：「諸路郵傳〔一〕，舊制每二十五里置鋪一所，列卒十有二人。軍興以來，凡通蜀道者〔二〕，或有斥堠九里一置，亦列卒十有二人。自黃敏行建請，江浙荆襄之間舊無斥堠者，一切增

〔一〕諸：原作「都」，據《建炎要録》卷一八一改。
〔二〕通：原作「遇」，據《建炎要録》卷一八一改。

創招(券)〔募〕，一縣多至三百人〔一〕，而二十五里鋪又復並立，鱗次相望。既有月給米，又有俸麥，又有衣糧〔二〕，又有食錢。以禁軍三人之費不能贍一走卒，窮山陋邑，困於供須，鋪兵猥多，徒以資官吏荷(檐)〔擔〕輿轎之役。又令諸州通判、縣令皆於銜内帶驅催遞角，每月各增俸錢十千，歲費縣官十餘萬緡。又於縣丞、尉逐月迭出點視，吏士符移，繼踵絡驛，鋪兵稟給雖優，往往耗於此曹之手。舊制每兩州置巡轄使臣一員，敏行仍令州選一使臣，謂之添差，班行小使臣無復(雇)〔顧〕藉，所務(培)〔掊〕取躉食而已。其他利害，不可悉數。欲乞將有斥堠去處應干省遞並行減罷，其常程文字每日類聚，輪差一人傳送。合罷遞卒並撥入所隸州充厢軍，却擇厢軍之壯健者刺填禁兵之缺。自[14]餘敏行所請，乞令條具，逐一詳議釐改施行。」從之。

五月四日，臣寮言：「諸路遞角傳送文字多有住滯，及鋪兵多有出額。日近蒙朝廷措置，各差使臣上曆監發，根刷違滯。緣逐處巡轄遞鋪官多不往來巡轄，及將鋪兵借與過往官員般擔行李及販易物貨，致妨承傳文字。乞委諸路提舉遞鋪漕臣，將本路巡轄使臣體量，如有癃老疾病、無心力、不堪倚(杖)〔仗〕之人，即行放罷，催促待次人疾速赴上。如新官依前不堪倚(杖)〔仗〕，即從本司別行選差。月具本路巡轄使臣有無稽遲、不任職之人，(尚)〔上〕尚書省。」從之。

二(二)十六日，兵部言：「諸路遞鋪，乞令諸州於兩界首鋪各差使臣一員置曆，專在本鋪遇有遞角文字，即時批上，監視本鋪傳發。仍差使臣一員，往來本州界内諸鋪，根刷有無違滯。各一月一替，候差到替人交割，方得回州。諸路轉運司專差使臣二員，分定本路州軍驛程，不住往來根刷違滯，半年一替。每月取逐州違滯狀申本司，並逐日量支食錢。兩浙轉運司除專差使臣二員分定本路州軍驛程外，更輪使使臣二員，同進奏官一員各置曆，每日於三省、樞密院抄上朝廷所發文字，赴進奏院當官遣行。仍於曆上批鑿遞引字號、時刻、承傳鋪兵姓名，赴三省、樞密院呈，通一月一替。鋪兵缺者，限一月招填，請受、衣糧按月支給。如招未足，先於厢軍内揀選壯健人權充，候招到抵替。逐州知、通專一點檢，[15]轉運司按劾違戾。」詔依，仍令諸路提舉漕臣常切提督，如違滯數多，三省取旨，重行黜責。

閏六月五日，淮南路轉運判官張祁言：「本路廬州、無爲軍巡轄使臣忠翊郎張顯祖在任不法，減尅鋪兵衣糧、請受錢物入己，致軍兵怨憤，無所畏憚，住滯遞角文字。委官體究得實。」詔張顯(先)〔祖〕先次放罷，送鄰州疾速(助)〔取〕勘，具按聞奏。

三十年三月二十八日，詔：「每歲合賜諸路安撫并制

〔一〕〔三〕上原有「四」字，據《建炎要録》卷一八一删。
〔二〕衣：原作「夜」，據《建炎要録》卷一八一改。

置使、御前諸軍都統制等夏蠟藥，例差内侍省官、樞密院使臣前去給賜，所至將迎筵犒，不無勞費。可自今令學士院降勑書，并所賜合藥，並責付進奏院附遞給賜。」

八月二十九日，樞密院言：「江南東路安撫使言，管下斥堠鋪内有接傳淮南州軍等處申發至行在遞角文字，比之其他鋪分，利害至重。所有鋪兵舊日每人日支食錢二百省，昨因本路轉運判官章芟申，謂内緊要鋪兵每人減作一百文省，自餘鋪每人減作七十文省。續趙伯牛又行申請裁減，内日支一百文作七十文，七十文作五十文，見（欽）〔依〕此支給。緣向去入冬，竊慮鋪兵寅夜傳送勞苦，與平常事體不同。今欲將斥堠鋪兵並依章芟減定錢數支給，仍乞每至十月一日起支，次年四月一日（日）依舊。其太平州、池州、宣州、廣德軍管下斥堠鋪，接得淮南遞角通徹至行在徑路鋪分，亦乞依此。」從之。

三十一年三月十八日，中書門下省言：「諸路鋪兵承傳遞16角，自有立定時刻，近來多有住滯及盜拆去處，理宜約束。」詔令諸路提舉馬遞鋪官行下所部州軍，嚴責鋪兵，令今後如敢擅拆窺看傳録文字〔一〕，並依建炎二年十一月七日已降指揮，從軍法施行。仍將鋪兵闕額去處，日下於本州廂軍内選差少壯之人撥填，依時支破請受，每日量添錢伍十文、米一升。各於逐州府内選差有心力使臣一員，内州界闊遠去處許差兩員，每月各添破食錢十一貫、廂軍二人、馬一匹，於本界内專一往來點檢機察，即不得因而役使搔擾。如一年内別無盜拆違滯去處，其使臣仰本州保明，與減一年磨勘。若有違戾，提舉官、知、通、巡轄使臣并今來所差使臣，取旨重作施行。從之。

十月二十四日，都省言：「十月分諸路擺鋪兵級日夜往來，傳送文字，委是有勞。」詔令户部并諸路總領所，各隨路分依例犒設一次。

十一月二十日，詔：「近來軍期文字，全藉鋪兵傳送，其合得錢米，累降指揮令州縣按月支給。訪聞州縣並不遵稟，又多作名色尅減，及有三兩月不支去處，雖經監司陳訴，亦不爲施行，是致鋪兵逃竄，有誤傳送。仰諸路提舉斥堠官限指揮到日，即時委清幹官一員前去所部州縣點檢，如有未給錢米，日下一併支給，不得依前減除。其缺少鋪兵去處，令州軍日下差撥廂軍補填，候招到人，却行抵替。日後依前違戾，許鋪兵經監司陳訴，仰提舉官具違戾去處17取旨，將當職官重行黜責，人吏決配。」

紹興三十二年十一月三日，孝宗已即位，未改元。兵部言：「諸軍擺鋪兵級傳送軍期急速文字，近更稽遲，緣未立定日行地里并論罪條法，及措置勾考之方。近詣諸軍，自興州之行在，沿路接連，每十里置鋪，選不入隊少健輕捷軍兵五人，每十鋪添差巡鋪使臣一員，往來機察，季一承代。今欲除金字牌日行五百里外，餘日行三百里，如違滯、盜

〔一〕録：原作「緣」，據《建炎要録》卷一八九改。

拆、亡失、棄毁等，並依斥堠鋪第降罪論指揮斷罪。本軍帥臣選才力官一員，專一往來提點驅考，有違犯處，具因依，自本軍帥臣聞奏取旨。」從之。

孝宗隆興二年三月十六日，兵部言：「自今諸軍擺鋪，止許承傳尚書省、樞院、都督府、沿邊州軍等所遣發軍期錢糧要切文字，餘閑緩處不許輒入，并依條入斥堠、急、馬、步遞。若拆遞官司點檢非合入擺鋪名色，從本處舉察取旨，官吏並依紹興六年十月制旨斷罪施行。進奏院所發遞筒，除承受金字牌合入擺鋪、斥堠傳送，餘文字合分別要慢，入斥堠、急、馬、步遞遣發。」從之。其後總領四川財賦所言：「近降旨即不該載總領所文字亦許入擺鋪遞明文，緣報軍期安平及諸軍申探報并錢糧要切文字，未嘗虚日，欲望賜許，庶憑遵守。」又從之。

九月十九日，權發遣昌化軍李康臣言：「海南瓊州、萬安、吉陽、昌化軍四州軍之地，邈在海外，去朝廷爲至遠，趣静江府亦不(遞)〔啻〕千餘里，[18]朝廷有一命令，帥臣、監司有一行移，動輒經年，少則半載。雖云道遠，亦由遞鋪之弊。欲乞於兩岸海口各委官一員，海北所轄之官，專責四州軍巡捕官檢伺，(侯)〔候〕任滿取會沿海有無稽滯，官吏保明，方與批書。」駕部看詳，下提舉廣南西路馬(鋪遞)〔遞鋪〕官，從長相度經久可行利便取旨。從之。

十一月二十六日，臣寮言：「軍中斥堠不可不明，軍期奏報不可不速，今之擺鋪專主之。方冬甚寒，(此)〔比〕之戰士，雖不親犯矢石，然於兵士所係非輕。會計人數，況亦不多，宜畧加犒賞。若以事定之日，與甲軍一例推賞，以(免)〔勉〕其奔走之勞，亦今急務。」從之。

乾道元年三月三日，臣僚言：「昨緣軍興，斥堠鋪承傳遞角滯遲，諸軍置立擺鋪，專一傳送軍期。今邊事寧息，伏望將擺鋪軍兵先次放遣一半歸軍，餘半權併入斥堠鋪，混同承傳。依擺鋪遞日行地里，行下逐路提舉斥堠鋪官，將見缺鋪兵以兩月爲限，募填數足。請給須以時給，内舊置擺鋪之所，斥堠鋪兵每名日增支食錢五十，積漸抵替擺鋪軍兵。其全闕斥堠鋪兵之所，且令擺鋪依舊。」從之。

七月二十七日，三省、樞密院言：「近所在申發文字并朝廷發下遞角，鋪兵傳送，例皆稽滯違程。」詔諸路提舉斥堠鋪(兵)〔官〕嚴切約束，須依條限傳送。時差摘點巡轄使臣有失職名具以聞，仍月具無違滯申三省、樞密院。

九月二十四日，詔三衙諸將帥依舊例置立擺鋪。其後主管[19]殿前司公事王琪等乞免差，上初難之，知樞密院事汪澈等奏，自遣使之還，邊報消息，若復置擺鋪，恐人情不能無疑，乃從其請。

二年六月二十一日，詔：「三衙諸帥依舊例認定地分、人數，自七月一日置立擺鋪。仍差得力使臣專一部轄，點檢承傳，毋稍住滯。所差人來春却令歸軍。」是日，宰臣魏杞等奏曰：「頃者用兵，用軍人爲擺鋪，廢罷已久。近有自荆襄來者，言道中鋪兵皆游手，往往沉失。」上曰：「近文字亦遲。」杞等言：「蓋緣不用軍中人之故，今防秋在近，乞暫復置。」故有是命。

三年二月二十九日，臣僚言：「諸路諸軍等處申奏文字，並不依限走傳，軍期一例沉滯。欲乞詳酌，將諸路舊置擺鋪之處，斥堠鋪兵内揀摘少壯健步、謹審鋪兵三名，改充擺鋪，專一傳送軍期不入鋪要急文字。所揀兵每日增支食錢五十。如斥堠鋪兵闕，即於諸州軍依數選差厢軍傳送，亦增支食錢五十，更日增支米一升半。如元擺屋疎漏拆毁，所屬州軍期十日添修。仍令諸州軍於添差使臣内每三鋪選一員，專一部轄，稽察催促。如無添差使臣，於指使或應管（官）使臣内差撥，並半年一替。先委諸路提舉斥堠馬遞鋪官勤切點檢，如諸州軍奉行違戾苟且，鋪兵走傳稽滯及不依時支給錢米，並按劾施行。」從之。鋪兵仍限十日差撥。

三月五日，臣寮言：「近（指）〔旨〕，諸路州軍斥堠鋪兵選揀健卒、謹審鋪兵撥充擺鋪，走傳軍期 20 要急文字。尚慮無以區別，欲乞將沿邊州軍并諸軍統制司各給降黑（膝）〔漆〕白粉牌。内建康、鎮江府、池州駐劄御前都統制，盱眙軍、光、濠州、壽春府各給牌五；鄂州、荆南、金州、興元府駐扎御前都統制，襄陽府、四川制置司，各給牌十。專一申奏軍期切緊、尋常不許輒用申發文字，並填寔日。遞鋪走傳，日行三百五十里。到行在，令進奏院具承受日時發回。朝廷降付諸處（乞）〔急〕切文字，亦乞置雌黃（膝）〔漆〕青字牌五十，以備給發。候到，即將牌即時繳回。若住滯時刻，使臣、鋪兵並重作施行。」從之。

二十七日，權發遣臨安府王炎言：「獲旨，於斥堠鋪兵内每鋪摘三名充擺鋪，三鋪差使臣一員，部轄稽察。本府所置擺鋪地里遠闊，竊慮創置之初，各鋪使臣生疎，承傳之際，或至留滯。兼巡轄官不令通行點檢驅催，却致託避。（令）〔今〕欲委自巡轄馬遞鋪使臣往來驅磨催促，如傳送稽滯，巡轄同所差使臣並取旨責罰。仍乞每鋪差曹司一名，抄上簿曆。」詔諸路倣此。

四年正月二十四日，兵部侍郎王炎言：「郵傳之乖違，無甚於近時。至若去年十一月二日郊祀肆赦，行在至襄陽府三千一百里，合行六日二時，稽十日方至。荆南二千六百四十里，合行五日三時，稽九日方至。餘類此不可悉陳。竊慮循習，或悮機要，切害有不可勝言者。昨降旨再置擺鋪，止於斥堠鋪兵揀摘三名，未免（責）〔積〕滯。欲乞令逐州每擺鋪兵士添作五人，21 曹司在外。訪聞州縣陳謁恩賞、附達家書之類，悉入擺鋪，期於（遠）〔速〕達，未嘗有舉罰者，致殊無忌憚。今欲從本部下諸路將帥、州軍及進奏院，每月各保明，即無附帶閑緩文字及家書之類，以憑稽考舉按。仍諸路將帥、監司、守臣有所申發到進奏院，月具名數申白，日後因事發覺，重加罪罰。斥堠及馬、步遞期限非緩，止緣置立（罷）〔擺〕鋪後，官司漫不留意，因依散失盜拆，無所不至。諸處冒法盡入擺鋪，并有此患。今措置，從本部下諸路提舉(官)遞鋪官，將斥堠鋪兵期一月募填盡足，及都督州軍葺理鋪舍，以時廩給。有奉行不虔，逐路提舉馬遞官按治施行。遞鋪日弊，利害非小，提舉馬遞官與州縣往往避罰，上下容庇，致莫稽考。今欲本部臨時選州縣官或指差見任得力使臣，不測驅磨，邊遠處下帥司選官，候得其寔，從本部具名取旨。」從之。

五年四月八日，兵部言：「諸路州軍斥堠遞鋪并擺鋪軍卒，傳送遞角前去，法令詳備，緣奉行不虔，違滯日甚。欲乞下諸路提(諸)〔舉〕馬遞鋪官，以缺報所部，將見缺鋪兵須亟依元額招填，按月廩給，不得尅削私役。仍督巡轄使臣，内進奏院，令本院監官每季以外路所發遞角，并本院發出批回内引，保明有無違礙等申部，以憑檢察。近旨，候潮門中棚，北廓斥堠等鋪，置曆承受外路發進奏院遞角，過投取批爲驗，月赴部覆，用印給下抄轉，歲終繳磨。見今置立省北東西[22]路并中棚擺鋪，亦係投進奏院遞角，其取批、收發、置文曆，亦合一體。」從之。

六年六月二十日，權江南東路提點刑獄公事、兼權提舉常平(公)〔茶〕鹽公事翟紱言〔一〕：「近省部及諸處官司遞角多滯，蓋以鋪兵月糧、衣賜，州縣類先支在州軍兵，至遞鋪例不以時，遂使飢寒困厄。又過往士大夫、差出軍士公人玩法，擅於逐鋪逼差擔負，一若不從，必致威脅。近巡歷至池州建德縣，鋪兵陳狀，積月糧四箇月，及鋪兵稱前後過往强使擔擎不容辭。」詔鋪兵糧米不以時給，具守臣姓名取旨；强役鋪兵，令翟紱契勘并聞奏。

九月八日，詔：「州縣傳送文字遞鋪兵級合得月糧、料錢，仰州縣按月放行，不得非理役使。如或違戾，監司按治施行。」

十七日，詔武經大夫、池州太平州都巡檢使馮世時降兩官。以翟紱契勘世(時)曾私役鋪兵也。

十一月六日，詔江州馬遞鋪兵汪立杖脊刺面，配流三千里外州軍，巡轄官趙不退追兩官勒停，巡檢使臣武安追三官除名勒停。檢坐見行條旨，并令責罰，下諸路提舉馬遞鋪官於逐鋪牓諭。以汪立盜拆四川宣撫司「力」、「忠」、「則」字號遞角當從軍法，緣該赦宥及自首，巡轄官驅磨失寔也。先是，上問盜拆遞角當得何罪，宰臣虞允文奏曰：「在法當死，汪立乃自行陳首〔二〕。」上曰：「須從流。」梁克家曰：「巡轄使臣失於鈐束，漕司所差官根究失寔，二者皆有罪。」上曰然，故有是命。

八年四月九日，詔[23]珍州置巡轄馬遞官一員。以本路諸司言，巡尉兼遞鋪，職事不得專一，乞創置一缺故也。

令月三日〔三〕，發遣江南東路轉(副)〔運〕副使、兼提舉馬遞鋪、點檢斥堠程大昌言：「遞鋪兵傳承四川宣撫行府

〔一〕翟紱：原作「翟祓」，據下文九月「十七日」條、本書食貨二一之八、《宋史》卷三四《孝宗紀》二等改。下同。
〔二〕自行陳首：原作「自首行陳」，據文意乙。「自行陳首」屢見於本書。
〔三〕令月：當是「五月」或「六月」、「七月」之誤。

遞角，纔有破損，所至鋪更不經官更究，却令元傳鋪兵越界千里，直至行在等投送，緣此文字稽滯。如本司覺察稍有違戾，巡轄使臣送所屬根罪，依條施行。乞下諸路照應約束。」從之。

十日，四川宣撫司言：「近諸處文字及承朝省發下遞角，多爲沿路盗拆，不知其數。」詔如或告獲，賞錢三百貫，有官職人轉一官資。

二十五日，中書門下省言：「諸路遞角，往來傳送，多有盗拆、留滯及藏匿不至去處，弊端不一。」詔差大理寺丞邵説躬親前去詢究措置。

八月十八日，荆湖北路安撫、提刑、轉運、提舉常平茶鹽司言：「荆南澧州巡轄并岳州巡轄一員並缺正官，承前止所屬州府差攝，慮不專一，有妨催驗。欲望下吏部正行差官。」從之。仍以「荆南澧州巡轄馬遞鋪」、「岳州巡轄馬遞鋪」爲稱。

二十九日，權發遣江南東路計度轉運(付)〔副〕使、兼提舉馬遞鋪、點檢斥堠程大昌言：「准根究沿路盗拆都統秦琪『俠』字號遞筒，專委屬官趙彦駿究驗，並無蹤跡。其遞筒四月十二日卯時四刻入本路，至四月十七日未時五刻出界，通計五日四時一刻。准條合以二日三時三刻，計滯三日六刻。參照並在巡轄曹景賢内，即景賢恬坐 24 廨宇，以致住滯可知。欲望將景賢罷逐，以爲隳職之戒。」從之。

十月十七日，詔：「激賞庫依昨置黑漆白字牌式樣，更行製造。四川宣撫司給牌十，建康、鎮江、江、池、鄂州、荆南都統制、御前水軍、沿海制置司、金州、興元府、武(絳)〔鋒〕軍都統制、襄陽府、光、濠、楚州、盱眙、安豐軍，各給牌五，申奏朝廷要切文字。餘照乾道三年三月前旨施行。」

十八日，輔臣梁克家等言：「將點審到兩浙東西路强壯厢軍第一、第二等人分留遺發〔一〕，内遞鋪一千九百七十三人，却於揀中第三等内選强壯人抵替第一、第二等揀中强壯遞鋪，竊慮有妨執役傳送。」上以鋪兵亦須强壯，詔免抵替。

二十一日，兵部侍郎黄均言：「遞角稽違之弊，蓋莫甚於今日。荆南都統制司所發御前文字猶達空函，四川宣撫司來往遞角盗拆尤多，不惟鋪兵作弊，其間曲折可慮非一。欲望立賞募告，或給緡錢，或與轉資，凡有盗拆遞角之人，並許收捕告官，即與推賞，犯人依建炎年軍法處斷。將賞格鏤牓，逐鋪給示，使之通知，庶幾傳驛不失期會，亦足以陰消奸計。乞即詳酌施行。」既而下勑令所修立盗拆賞格兩條，從之。

十一月七日，詔樞密院給黑漆粉字牌五，下湖北安撫司，遣要切軍期文字。從帥臣葉衡之請也。

十二月三日，大理寺丞、措置諸路遞角邵説(沿)〔言〕：「沿路州縣擺鋪例皆缺額，其間止三兩名，多單身逃軍代

〔一〕人：原字似「分」而缺筆畫，今據文意改。

名。諸州縣斥堠鋪兵，每月25合支本身食錢，州縣吝惜財賦，往往不支，或支以半。鋪屋損漏及少缺間架，沿路橋梁道路並不修整，諸州上下兩界首鋪合差使臣置曆抄遞，及縣尉出巡所至遞鋪，合索傳送文書大小曆點檢，逐州並未見遵依累降制旨。巡轄使臣私役兵級，過往命官、將校軍兵擅役鋪兵。諸路監司、州縣等處發遞不別要慢，一例題寫，仰鋪兵火急傳送。鋪兵類不識字，一槩以入擺鋪，致文字擁併積壓。」兵部勘當，前後條旨非不嚴備，伏乞關牒諸路提舉馬遞鋪（兵）〔官〕，如依前違戾之處，從本部官按治施行。從之。

二十七日，詔知平江府吴江縣邵輗降一官放罷，坐不支遞鋪請受及冬衣綿絹。仍令本府於係省錢内按月支給。

九年二月三日，詔舒、蘄州巡轄使臣李光輔放罷。以桐城縣銅山驛鋪兵收匿遞角，光（鋪）〔輔〕不察，差使臣刷出，劾罪以聞也。

十四日，忠翊郎、（閤）〔閣〕門舍人熊飛言：「竊見兩浙、荆襄切於敵境，明遠斥堠，正爲急務。其間州縣招置鋪兵，多是逃兵作過及老弱之人，詭名冒役，朝集暮散，更無定籍，所遞文字或潛開拆，先泄事機，或藏匿失墜，互相託避，利害非小。欲望申明祖宗條制，應州縣招刺鋪兵，須確寔土居之人，負犯盜卒並發歸元處，餘老幼盡汰。仍令知縣、尉兼帶驅催往來遞角，專一檢察，庶幾緩急不致疎虞，亦防奸之至術。」從之。

八月二十五日，大理寺丞邵説言：「比年以來，遞角多有26盜拆、藏匿之弊，蓋由巡轄使臣與曹級相連，每一遞入界，界首曹司以片紙揭於牌筒，書寫某月某時某刻入界，轉示以次鋪，謂之由遣。以次鋪得之，各詳合破程限，次第挨排，虚轉簿曆，以相符合。異時官司驅磨，秖見本界並無稽滯，殊不知越界一鋪乃有大繆不然者。謂如荆南都統秦琪所發『狹』字號奏筒，江西浩港鋪則云三月二十五日申時六刻傳過，江東竹嶺鋪却云四月十二日卯時一刻於浩港鋪得之。兩鋪纔去十里，凡差十六日六時四刻，其弊蓋出於此。今措置，欲於見置擺（鋪）處兩路界首，通差識字使臣一員，就彼置立直舍，專一置簿抄往來遞角寔過界月日時刻，傳送鋪兵姓名，以備官司取索。所差使臣，自浙西至四川界首不過五員而已。伏乞特降睿旨，令吏部使缺差注，庶幾遞角來往之際，有以稽察。」從之。

十月十九日，樞密言：「諸路州軍應申奏朝廷機密切要文字，其文引内既有排定字號，又於文引内開説事目入遞，致承受開拆之處，多傳播漏露，深屬不便。」詔兵部遍牒諸路州軍，將申奏入遞機密要切文字並實封，於皮筒内外及文引止排字號，不得顯露事目。如有違戾，取旨重作施行。（以上《永樂大典》卷一四五七四）

【續宋會要】

27淳熙二年四月九日，提舉荆湖北路馬遞鋪王全福言：「信陽軍五鋪，往來巡轄所迂迴二百餘里，乞將信陽軍鋪分一就委復州巡轄使臣通管。」從之。

六月十三日，兵部言：「遞角違滯，乞劄下諸路提舉官，委所部州軍通判、簽判遍詣管内點檢，仍將缺額鋪兵日下招填。其未支請給，一併支給。或有鋪屋疎漏，牒所屬日下修整。及令所屬州軍，自今不得差巡轄使臣兼管他職，仍不許私差借鋪兵般擎。如有違戾，委提舉官覺察劾奏。」從之。

三年四月十六日，兵部言：「昨降指揮，於見擺鋪兩路〔界〕首通差識字使臣一員，抄上往來遞角名件、的寔過界月日時（刻）〔刻〕、傳送鋪兵姓名，以備官司取索驅磨。其所差使臣，自浙西至四川界首不過五人，人數不多，責任亦重，難以廢罷。其逐缺並作『點檢稽滯遞角官』稱呼，候任滿，令接界路分轉運兼提舉馬遞鋪官，取索抄轉過兩路界首擺鋪簿曆驅磨〔一〕。如稽違不滿三釐，令兩路轉運兼提舉官同銜保奏，與減三年磨勘。若稽違五釐以上，即降一（員）〔資〕。令逐路提舉官不時取索驅磨，如有違滯緊切軍期機會文字，即不候任滿紐計分釐，具事因、職位、姓名申朝廷，重作施行。若提舉官失點檢，從本部按劾。」從之。

（二）〔四〕年十月十八日〔二〕，執政進呈前知金州陳文中言：「諸 28 路州軍措置遞角，前後差官不一，却成騷擾，鋪兵幾無以自存。乞責付州縣巡尉，而以賞罰勸懲之。」上曰：「此事久弊，文中所陳有理，可令兵部長貳從長措置以聞。」

十一月七日，臣寮言：「近來入遞給發緊急文字，遞鋪走傳往往留滯。」詔給賞庫置造雌黄漆青字牌子六十六面赴尚書省，專一遣發緊切不可待時文字，日行三百五十里。其承受去處候到，將牌子即時繳還。若住遲時刻，巡轄使臣、鋪兵並重作施行。

五年二月九日，詔筠州、臨江軍置巡轄馬遞鋪使臣一員，從吏部差注。以江西諸司言兩州只差小使臣權管，事不專一，故有是命。

四月二十二日，四川安撫制置使胡元質言：「夔路山谷重複，最爲峻嶮，虎狼之跡，交於中途，遞兵勞苦。乞令夔路轉運司常切趣辦覺察，不容復有缺額、缺糧去處。」從之。

六年四月二日，詔江西、福建、湖南、二廣知通並以提轄本州界分諸鋪遞角入銜。每歲終進奏院從寔根刷遞角留滯路分州軍申尚書省，及（闕）〔關〕駕部取旨。

七年二月二十一日，知隆興府張子顏言：「南康軍先隸江西路，其巡轄使臣一員係管洪州、南康軍界鋪兵職事。續緣南康軍撥隸江東路，所有三縣巡轄，即令本軍於見任指使内，選差廉謹、識字使臣一員充。自後本軍不曾差置，

〔一〕路界：原倒，參上文乙。
〔二〕四年：原作「二年」，據前後年分次序改。

止令星子縣尉兼管。今乞於使臣内差注，專充南康軍管界星子、建昌、都昌縣巡轄斥堠馬遞鋪。所有[29]請給，依監當例，照應官序幫給。若遇出巡，許依法别給進武副尉驛券。」從之。

八年三月八日，詔：「諸路州軍遇有申發獄案，即時開具入遞寔日申本路提刑司照會，並申提舉馬遞鋪官依條限催促驅考。如有違滯，將巡轄使臣及所屬遞鋪兵級重作施行，提舉馬遞鋪官失於按察，令刑部稽考開具，申取朝廷指揮，當議責罰。如未回報，令諸州軍依條限申催。」

七月四日，刑部侍郎賈選言：「乞自今刑寺駁勘取會獄案文字，令進奏院置緑匣排列字號、月日、地里，當官發放，所至鋪分即時抽摘單傳。承受官司亦令遵依條限，具所會并施行因依，實書到發日時，用元發匣回報。」從之。

二十三日，四川茶馬王渥言：「本司至行在六千餘里，常程遞角大段稽違，自出本部界，即難稽責。望下所屬給降黑漆字牌二十面付本司，入擺鋪至進奏院往來使用。仍乞行下沿路提舉馬遞鋪官常切驅磨，如有違慢，重作施行。」詔所屬降黑漆白字牌十面。

八月二十一日，詔：「知寧國府南陵縣葉鋪拖欠鋪兵食錢半年不支[一]，特降一官。自今諸路州軍鋪兵請受，並令就州支給，如有拖欠，知、通並行責罰。」

九年九月十三日，明堂赦：「諸路往來遞角，全藉鋪兵依限傳送，如有違限，自合依條斷遣。訪聞近來諸州軍將鋪兵合得錢米並不按月支散，因而逃竄避罪，不肯(承)〔陳〕首，是致缺人承傳。赦到，限百日許令首身，與[30]免罪，依舊鋪分收管。仍令逐路州軍依時支散錢米、衣糧，日後如敢違戾，及巡轄使臣輒行私役，令本路提舉官覺察劾奏施行。」自後郊赦同。

十一月七日，知成都府留正言：「乞下所屬，給降黑漆白字牌二十面，付本司發遞進奏院，許入擺鋪往來使用。」從之。

十二日，臣寮言：「已降指揮，諸路州軍鋪兵日請並令就州支給，此誠足以革諸縣違欠之弊。然諸〔鋪〕或有距州三四百里者，往復非旬日不能至，有妨傳送。(或)〔乞〕下有司復舊，各從本縣支給。」從之。

十年六月五日，臣寮言：「諸路州軍申發朝省文字出違期限，不惟州郡申發遲緩，亦緣遞角間有浮沉。欲乞自今申發章奏，並要書填寔日，庶幾進奏院可計程驅磨，巡鋪官得以從寔根究。」從之。

十一月十五日，詔：「自今發付四川制置司遞角，經襄陽府、金、房州、漢上路傳送，經由州縣常切遵守。」從制置司請也。

十一年九月八日，樞密院言：「諸路鋪兵間有州郡拖欠衣糧，及巡轄使臣、合干人等科需減尅，或官司私役荷擔

[一] 葉鋪：「鋪」字疑誤。

挽舟之類，致令竄逸，却容逃軍游手承填名缺。前後條法指揮非不嚴備，緣提舉馬遞鋪官全不覺察，致有違戾，理宜申勑。」詔令提舉官日下嚴行措置，革去舊弊，尚或違戾，舉劾以聞。如本司失於覺察，取旨責罰。于是知嚴州壽昌縣趙善登特降一資，以兩浙運判錢沖之言其不支鋪兵月分錢米故也。

十二年五月二十五[31]日，樞密院言：「諸路傳送遞角自有程限，昨發『文』字號省札至江陵副都統，依條合破十日，却四十六日方到。其他往來文書，多有盜拆違滯。雖令逐路提舉馬遞鋪委官根究，至今未見著寔。兼累降指揮，令諸路州軍以時支給鋪兵衣糧，訪聞尚有拖欠，緣此弊端不一，理宜措置。」詔差都進奏院王厚之躬親前去詢究措置施行。

十三年二月二十三日，軍器（兼）〔監〕主簿、措置諸〔路〕遞角王厚之言：「諸路鋪兵，請給爲急，凡是州支去處，往往齊整，其就縣支者多是拖欠，或高價折支。今乞申明州支指揮，仍立支給次序，先禁軍，次鋪兵、厢軍，却責通判檢察有無拖欠，繳鋪兵領狀，每月結罪保明，申轉運司。如有僞妄，坐以報上不寔之罪。其去州太遠，水路不通，鋪兵願便就（便）〔縣〕者，州郡繳願狀申轉運司。正名錢米内易于催理者借撥，專委縣丞支給，檢察有無拖欠，繳領狀于通判廳，類申轉運司，並同通判法。一、遞鋪舊法三等，曰急脚，曰馬遞，曰步遞，並十八里或二十里一鋪。今總謂之省鋪。建炎三年初立斥堠，紹興三十年又創擺鋪，立九里或十里一鋪，止許承傳軍期緊切文字。近來擺〔鋪〕、斥堠、省遞混而爲一，共分食錢，通同遞傳，所以多有違限。今乞行下諸路轉運司，日下分別諸鋪名額，就擇少壯有行止人充擺鋪，依元來指揮，内外軍期急速文字專入擺鋪，常行文字並入斥堠。其元無擺鋪處，軍期亦入斥堠，[32]常行並入省遞。庶幾諸鋪不致混殽，且免濡滯。一、鋪兵作弊，皆是界首時日不接，無處契勘。近年創立稽察使臣，請給分在交界二州，欲乞委令逐日取責兩抵界鋪傳過文字單狀，稽查時刻，須令相接。每旬類申兩路所請俸處通判廳，庶可究寔。一、自來界首積弊，前鋪往來不將脚曆與後鋪批鑿，後鋪一例不肯還，以至傳到日時無所稽考。乞將前界不批脚曆、後界不肯批還者，其曹司、巡轄並從徒罪立法。仍許監司、州縣越界拘轄交界一鋪。其交界處曹司、巡轄批鑿情弊，兩界皆可按劾科斷，庶幾文書有所稽考。」從之。

六月二十九日，樞密院進呈王厚之申，浙西、江東界首點檢稽察遞角官周絪過數差鋪兵當直販糶，及根刷交界簿曆並皆不在，乞指揮根究施行。上曰：「遞鋪近日稽滯甚多，而稽察官更復作弊，可送大理寺追人根勘。」

十三年二月四日，臣寮言：「乞倣范仲淹措置陝西民兵刺手之法，凡鋪兵並與刺臂，稍大其字，明著某州某縣斥堠鋪兵某人。凡逃在他州他縣者，並不得招收。遇支衣糧，除番次留鋪傳送遞角外，其當請者驗臂支給，冒請逃竄之弊可以革絶。」從之。

五月二十九日，詔：「(令)〔今〕後遞角稍有欺弊，究見的寔界分，將提轄等官次第責罰。」

淳熙十六年閏五月四日，樞密院言：「諸路鋪兵人數間有闕少，州郡〔因〕循，更不招填，是致遞角違滯。」詔諸路提舉馬遞鋪官行下[33]逐州軍，點檢鋪兵缺少去處，日下招補，令後傳送，不管違滯。

紹熙二年五月十二日，臣寮言：「今之遞兵不遵法意，況有事切于邊境，所繫甚重，豈容愆期？然諸路遞角雖有提督官，官司視以爲常，疎于糾舉。乞令樞密院行下諸路運司，不時差官根刷驅磨遞曆，應朝廷文字有違滯者，聞奏，重寘于法。每季具有無違滯保明申樞密院，庶幾知所畏憚，不敢慢令。」從之。

十月四日，江東轉運、提刑司言：「臣僚奏，諸寨土兵疲弱無用，容奸害民，有損無益，若使州縣保伍聯結禁軍，弓手教閲嚴肅，安用養此？可以蠲減。并鋪兵傳送文字稀疎，不過坐食，脱有警急，諸軍必置遞馬。乞下諸州郡覈寔道路緩急之(之)處，與人煙疎密，地里遠近，見管鋪分人數多寡，付之揀選，取其所省衣糧以蠲逐州重賦之額。」得旨令逐司相度以聞。既而諸司下逐州相度到，除建康府、太平州、寧國府、廣德軍、徽州、信州六處土兵皆不可減外，南康軍三縣減鋪兵四十三名，池州六縣逐寨有病患土兵減三十三名，鋪兵減四十三名，饒州減鋪兵一百八十九名。詔依逐司相度到事理，合減放人權行存留，遇缺更不招填。

十一月二十七日，南郊赦：「諸路往來遞角，全藉鋪兵依限傳送。訪聞州軍將鋪兵合得錢米並不按月支散，致其逃竄。赦到，限一百日許令首身免罪，依舊鋪分收管。仰逐路州軍依時支散衣糧，日後如敢違[34]戾，及巡轄使臣輒行私役，並委逐路提舉官覺察按劾。」

四年十月二日，樞密院言：「檢會乾道八年十月十三日專降指揮，令樞密院置給發軍期急速文字牌子，係雌黃青字，日行三百五十里。如違時刻，鋪兵、使臣並重作施行。近年以來，多是滯留程限，蓋緣歲月浸久，逐州通判並不點檢，使臣、鋪兵玩習爲常，將雌黃軍期文字牌子與常遞混爲一等，展轉積壓在鋪，更不摘出先行，事繫軍期利害，深屬不便。令先次約束州郡，將鋪兵請受並要按月支給。牌子樣(置)〔制〕改换用黑漆牌子，上鐫刻『樞密院軍期急速文字牌』，減作限日行三百里，務要必行，立其字號，朱紅填字。仍將牌子樣制并今來所降指揮，下逐路提舉官鏤板，遍牒逐州，於經由鋪分明曉諭。鋪兵遇承受到樞密院上件牌筒，即仰摘出單遞，依限走轉。通判常切點檢，遇牌子經過，即具出界、入界日時文狀，先次申樞密院。仍委自逐路提舉官別置印曆一道，分下逐鋪，專一承受傳送。如有稽滯，差官根刷，比較遲速最甚去處，以議賞罰。鋪兵、曹級亦從此施行。」從之。

五年二月十二日，都大提舉茶馬司言：「本司先於淳熙八年七月二十三日指揮給降尚書省粉字牌十一面，如遇緊急機速文字附遞申發，責鋪兵日行三百五十里。如違時刻，使臣、鋪兵重作施行。今經多年，其牌字畫磨滅，由是承傳鋪兵視爲常程一體，因而稽悮。乞別給[35]粉牌十一面，沿路傳送，有以警畏。」從之。

慶元二年十一月二十九日，臣僚言：「乞行下逐路轉運司戒飭州縣，應鋪兵須作額，務存優恤，整葺住舍，衣糧以時支散，不得差撥他用。或有（嬴）〔羸〕老之人，即行揀替。每漕臣巡歷，必躬親點檢，如有違戾，按劾以聞。」從之。

嘉泰元年五月十八日，樞密院言：「諸路州軍遞鋪兵（給）〔級〕間有拖欠請給去處。」詔令諸路提舉馬遞鋪官，自今降指揮到日，依時支給，如有違戾去處，將當職官（刻）〔劾〕按以聞。

二年五月十五日，詔罷洋州指使一員，改作洋州興元府東界巡檢馬遞鋪，令轉運司定差使缺。從本路諸司請也。

三年五月二十一日，權知（閣）〔閤〕門事張時修言：「池州係江淮、蜀漢等路遞角聚會去處，疆界闊遠，盜拆奸弊多在本州管下。竊見本州城止分四廂，却有兵官五員，今除四員各管廂事外，乞差一員兼稽察本州界內三方遞角，無妨兵官職事。」從之。

八月十四日，浙西提刑曾㮚言：「置郵傳令，古人重之，今之遞鋪，反爲虚設。衣糧不時支，缺員不時補，甚至屋宇破壞，不芘風雨，衣食窘迫，私役之人。遂使僻州遠縣，有號令而不知，文書往來，雖遺失而不問。平居且然，緩急何賴？倘非嚴行約束，州郡安肯奉行？乞下諸路常切檢察，無得視爲閑慢。監司巡歷，並宜按行，其巡檢官不職者，即行奏劾。」從之。

十一月十一日，南郊赦文：「諸路往來遞角，全藉鋪兵依限傳送。訪[36]聞州縣將鋪兵合得錢米並不按月支散，（其致）〔致其〕逃竄。赦到，限百日許令首身免罪，依舊鋪分（守）〔收〕管。仍仰逐路州軍依時支散衣糧，日後如敢違戾，及巡轄使臣輒敢私役，並委逐路提舉官覺察按劾。」自後郊祀、明堂赦亦如之。

二十三日，知宣州顏必先言：「沿邊州郡鋪兵缺額，其見管者亦多老弱，文書經由，易至沉匿。緣鋪兵月給，州郡積欠不支，或支折他物，食衣不贍，逃竄無疑。萬一有警，必至悮事。乞將沿邊諸路逐鋪招置壯健之人，無令缺額，按月支給糧食，不得以他物折估。如此則鋪兵無逃竄之患，而朝廷文書舉無散失矣。」詔依。先次開具見管並缺額人數申樞密院，以憑比較。

四年五月二日，京西安撫司言：「襄陽去行〔在〕約三千里，郵傳不容分毫漏泄，頃刻濡滯。今省遞承傳文字，朝廷加旗批鑿緊急，而考之程限，動經三十餘日，不問緊慢，例皆稽遲，開拆作過，委無忌憚。竊詳鋪兵多係烏合游手、不守行止之人，是致作弊。乞自襄陽屯戍軍馬去處，擺急遞鋪官兵至鄂州，鄂州都統制司接連擺至江州，江州接連擺至池州，池州接連擺至行在。各司遇有急速文字，專令傳送，嚴立罪賞，不得夾帶閑慢文字。每四十里一鋪〔一〕，差次等少壯槍排手官兵二人，并訓練官一員，往來督視，三月一次差替。」從之。

開禧二年二月五日，臣僚〔言〕：「置郵傳命于四方，稽留漏泄皆有誅，又以巡轄之官使時察之，37可謂甚嚴矣。近者遞鋪所傳官文書如上司取會州縣争訟案牘，奸人往往中路伏截，拆換要害節目，官司無由覺知，善人坐以受弊。乞下諸路監司、守臣，自今每月稽考月内傳到文字，稍滯常程，必隨輕重行遣。巡轄任滿，並須逐州保明有無違犯申轉運司，方與批書，則無稽留漏泄之患矣。」從之。

四月二十七日，詔江州通判丘傳、趙希純各特(轉)〔展〕二年磨勘，興國軍通判蔡載特降一官〔二〕，江州興國軍巡轄朱潤特降一官放罷。以江州、興國軍兩界傳送角遞違滯，傳等不能(軨)〔鈐〕束故也。

八月二十四日，詔：「諸路遞角傳送違限，未欲根治，令諸路轉運司各督責所部州軍，常切(軨)〔鈐〕束管下遞鋪，須管遵依條限傳送，不得稍有稽遲。如違，先將漕臣及當職官重寘典憲。」

三年五月七日，樞密院言：「諸路鋪兵衣糧，多不如時(之)〔支〕給，致有拖欠。近差官分往諸郡逐一點檢，州縣一時奉行。訪聞所差官既歸，則拖壓如故，或反甚於前，理宜措置。」詔令諸路轉運司行下所部州軍，今後鋪兵衣糧，並與厢軍、禁軍同日支散，不得輒有先後。仍遍榜逐鋪曉示。

十月十九日，知峽州翟俊言：「本州(田)〔界〕分巡轄兼管江陵府、荆門軍三州境内遞角，制置江陵。今來邊警戒嚴，荆門與襄陽接境，正在江陵、(陝)〔峽〕州兩路之要衝，即與閑暇之時不同。乞權將巡轄司移置荆門軍，庶幾可知緩急。」從之。

嘉定元年五月三日，兵部言：「遞38鋪兵級傳送文字，寅夜勞役，州縣合行按月支給錢糧。訪〔聞〕多有拖欠不支，其在縣支請者尤不顧恤，至有累月拖欠。乞行下諸州軍，照應累降指揮，按月支給。其在縣者專委縣丞，如無縣丞，專委主簿，逐月監散。尚有違戾，許監司覺察按治。」從之。

六年五月一日，監登聞鼓院張鎬言：「一路有一路之遞鋪，事有所屬，自可誰何。惟其有兩路相鄰之州，各不相關，遞角之沉匿，無從稽考。昨守潮州，目擊此弊。潮州屬廣東，若取本路遞角，則自江西之廣州而後達潮，其路爲迂，故多由福建路轉達，取其便速也。惟是福建路遞鋪官兵與潮州不相統屬，故每每有沉匿之患。乞朝廷詳酌，以

〔一〕四十里：「四」字疑衍。按前方域一一之三一淳熙十三年二月王厚之奏云，省鋪十八里或二十里一鋪，擺鋪九里或十里一鋪。若四十里一鋪，反慢於省鋪，決無是理。

〔二〕興國：原作「興五」，據後文改。

福建路漳、泉州巡轄遞鋪官到任滿罷，並令從潮州保明批書；廣東路潮、梅州巡轄遞鋪官到任滿罷，即從漳州保明批書。異時赴部注擬，得以點對遞角有無（通）〔違〕滯，以爲降黜，庶幾兩路互有統攝，可革此弊。然不獨廣（福）〔東〕、福建兩路而然，舉天下之大，凡接壤之處，往往此弊所不能免。乞下所屬，應兩相鄰之州，巡轄遞鋪官悉推此以施行。」詔令吏部將尚右、侍右開具到巡轄馬遞鋪使臣窠缺内，應交涉兩路兩州去處，今後批書，須管經由各州更互保明，方許理爲考任。仰行下諸路所屬官司照應遵守施行，毋致違戾。

七月二十七日，詔：「令諸州軍守臣各提督本州遞角，其鋪兵錢糧、衣賜，今後須管按時盡數支散，不得39稍有減剋拖欠。或自來係自就縣支請，亦仰照應行下，嚴切約束施行。如當職官吏尚敢仍前違戾，密切覺察，具申朝廷，重行責罰。或有缺額去處，即行招刺補填。所是提舉、提轄職事，並令仍舊。各先具知稟，仍契勘各州鋪兵元額、見（皆）〔在〕人數申樞密院。」因知臨江軍盧子文有請，故有是命。

十年四月十五日，樞密院言：「日來〔邊〕事未寧，軍期機速事件往來報應，務在疾急，所有遞角文字若止用州縣擺遞傳送，竊慮抵牾違滯，委是利害。」詔令内外諸軍帥合于本司照舊例人數差置擺鋪軍兵，專一往來接連傳送樞密院發下軍期紅字黑牌遞匣，并軍中申發緊要文字，務要並依程（走）限傳送，不管稍有住滯。仰各軍常切差官提督，並不許附帶他處官司遞角。所有逐鋪軍兵，依例添支錢米。自餘次緊文書，仍舊入州縣擺鋪。各具知稟申樞密院。（以上《永樂大典》卷一四五七五）

宋會要輯稿　方域一二

關

【宋會要】❶河陽汜水縣舊關曰虎牢〔一〕，祥符四年三月戊戌，真宗西巡至虎牢關，改行慶關。慶曆四年五月己丑，省汜水縣爲行慶關，隸河南府。

京西房州房陵縣有平安關〔二〕，咸平五年置。（以上《永樂大典》卷四一八二）

【宋會要】❷慶曆二年正月二十七日〔三〕，秦州築東西關成。初，守臣韓琦以州之東西民居、軍營皆附城，因請築外城，凡一十里，自元年十月起，至是成，計工三百萬。

京玉關〔四〕，在會州〔五〕，元符三年置。

綏遠關，在會州〔六〕，崇寧三年以省章峽改〔七〕。

鞏哥關，在蘭州〔八〕，元豐四年置，六年改東關堡。

安鄉關，在會州〔九〕，元符三年置。（以上《永樂大典》卷四一八四）

關雜録

【宋會要】❸太宗太平興國八年二月十日，詔曰：「近戎人歲貢馬，所過州縣多私市女口出邊關。自今謹捕之，敢以女口私市與賊人者棄市，吏知而不以聞者論如法。」

真宗咸平五年三月，涇原路總〔管〕郭自明言：「請儀州制勝關戍兵，命使臣一人充寨主。」從之。

大中祥符九年正月，詔：「在京新城門每軍員赴起居日，委監門使臣躬親監轄開閉。未明前不得搭關龍鎖，恣縱開閉，透漏姦詐及商税物色。違者並科違制之罪。」舊制，新城門至曉方開，開封府言：「近日新城門每五鼓請到鑰匙開鎖訖，惟搭關俟曉，竊慮透漏姦詐。」故降是詔焉。

仁宗天聖四年四月，詔許在京諸色人取便船載諸般斛

〔一〕按，此條抄自《玉海》卷二四，非《會要》文。又，天頭原批：「行慶關。」
〔二〕天頭原批：「平安關。」
〔三〕天頭原批：「東西關。」
〔四〕京玉關：原作「玉京關」，據《宋史》卷八七《地理志》三、《玉海》卷二四引《會要》乙。
〔五〕天頭原批：「玉京關。」
〔六〕天頭原批：「綏遠關。」
〔七〕按，《玉海》卷二四、《宋史》卷八七《地理志》三俱云以灑金坪改。
〔八〕天頭原批：「鞏哥關。」
〔九〕天頭原批：「安鄉關。」

㪷出城門，如將來京中要用斛㪷，即令本府旋具條約申奏。先是，淳化四年三月，詔不許客人販賣斛㪷出門，至是從開封府言也。

六年九月，上封者言：「西川往來商旅，有公（平）〔憑〕者則由劍門經過，無者並自閬州往來。蓋自利州入閬州由葭萌寨，並有私路入川。乞令葭萌寨依劍州置關，委本寨使臣驗認公憑，放令往來。」從之。

七年閏二月，詔劍門駐泊司：「自今後文武官使臣、幕職州縣官等將帶人口器械出入川峽，並仰取索元給樞密院公憑照驗。如無夾帶異同，仰於公憑内書鑿經過年月日時，即[4]付本人，方許放過，不得因此邀難（注）〔住〕滯。如有冒名夾帶者，具職位、姓名以聞。」

十一月，詔：「在京新城諸門，今後每日請到鑰匙，並仰監門使臣收掌，候至平明開訖，方得送納。其軍員赴朝、兵士工役當早開處依舊。」

慶曆元年八月十九日，詔毁潼關樓櫓。先是，參知政事宋庠建議以備西賊，至是王堯臣使陝西還，言潼關設備則關中人心不安，請毁之。

二年正月二十七日，秦州言築東西關成，賜總役官吏帛有差。初，知州韓琦以爲州之東西民居及軍營僅萬餘家〔一〕，皆附城而居，無所捍（敝）〔蔽〕，因請築外城，凡一十里，計工三百萬。自十月起，至是成之。

六年十月二十三日〔二〕，詔：「三司比舉選人監在京新城門〔三〕，如聞所舉多權富干請之人，無益於事，其罷之。」

神宗熙寧七年正月一日，詔定：「諸關門并黄河橋渡常切辨察奸詐及禁物。軍人、公人經過，取索公文券曆驗認，即官員涉疑慮者，亦許取索文字看驗〔四〕。其夜過州縣鎮寨并關門、橋渡者，如已鎖門，唯軍期及事干急速，即隨處那官審問，聽開。

九年六月十六日，詔：「在京舊城諸門并汴河岸角門，並令三更一點閉，五更一點開。」

元豐七年正月二十五日，成都府、利州路（鈴）〔鈐〕轄司言：「臣僚所乞移蕃驛於玉壘關，本司相度，欲移永康軍牛溪關，依舊於蠶崖關置城寨，不須移置蕃驛。」詔移牛溪關事送尚書省。

哲宗元祐六年八月二十三日〔五〕，詔以隰州爲[5]次邊。以本州言，所隸上平、永寧兩關俯逼西界，經久備禦不可緩故也。

紹聖四年四月十一日，樞密院言熙河進築金城關畢工。詔王友郁除正任觀察使，賜銀絹各五百疋兩。鍾傳轉兩官，除直龍圖閣，充熙河蘭岷路經畧安撫判官；張詢除

〔一〕州：原作「北」，據前方域一二之二「慶曆二年」條改。
〔二〕按，《長編》卷一五九繫於十八日甲子。
〔三〕比：原作「北」，據《長編》卷一五九改。
〔四〕看：原脱，據後方域一二之六補。
〔五〕按，《長編》卷四七〇繫於元祐七年二月二十三日丙子。

直秘閣，權陝府西路都轉運使，仍比修安西城加一〔陪〕〔倍〕支賜；王贍轉遥郡防禦使，更減四年磨勘，回授子有官者；康謂轉一官。各陞一等差遣，賜銀絹一百疋兩。將佐等令經畧司具功狀以聞。詔金城關名仍舊〔一〕，及差王亨爲關使，置監押二員，以鍾傳有請也。

六月七日，詔賜蘭州增展金城關入役厢禁軍、弓箭手、蕃漢兵民特支有差〔二〕。

九月四日，熙河蘭岷路經畧司言，苗履展築金城關畢工。詔賜履等銀絹有差。

徽宗建中靖國元年九月五日，京東路轉運副使曾孝序奏：「汜水行慶關，元豐中弛去關禁，昨因臣僚申請，復禁如初。契勘行慶關在兩京心腹之間，左臨咨堤，右挾大道，非如潼關、劍門之險。今軍人遇有出入，若未從私越度關徒刑科罪，顯於用法未安。欲乞復元豐舊法，弛去關禁。」從之。

政和元年四月二十一日，臣僚上言：「關防之禁，昔年經由汜水、潼關，機察甚嚴，既抄録官員職位，又取券牒逐一檢認軍兵。今緣幹關陝，所至關津未有過而問者。昔者以關禁之嚴，戍兵無逃竄之路，今則相携而去，畧無留礙，故諸兵卒皆動歸心。伏望申嚴關 6 防之禁，汜水、潼關兩處關津，咸陽、河中、陝府三處浮橋，檢察之法，並遵元豐舊制。仍責委提刑司及知、通點檢，違慢之人按劾，庶幾不生戍卒逃竄之心，又可斷絶姦細度越之弊。」尚書省〔言〕：「檢會熙寧、元符敕令：『諸關門并黄河橋渡常切辨察姦詐及禁物。軍人、公人經過，取索公文券曆驗認，〔印〕〔即〕官員涉疑慮者，亦許取索文字看驗。其夜過州縣鎮寨并關門、橋渡者，如已鎖門，唯軍期及事干急速，即隨處那官審問，聽開。』元豐令：『諸黄河橋渡常辨察姦詐及禁物，若諸軍或公人經過，並取公文券曆驗認。官員或疑慮者，亦取隨身文書審驗。』仰京西、陝西提刑司嚴切約束。」詔從之。

高宗建炎元年七月二十三日，詔：「訪聞沿汴關津等處有妄稱官中拘截私船之人，邀阻往來客船，乞覓錢物，多致遲留，趲趁宿程不及，因而遇盜。仰合屬官司嚴切覺察，緝捕赴獄，申取朝廷指揮。」

紹興元年六月十二日，臣僚言：「邇者潰兵數百，不知所從，直入禹跡寺安泊，闔城震駭。關禁不嚴，未有如此，變生不測，何難之有！乞戒飭越州，及選差使臣、甲士，於諸門嚴行機察。」詔：「令越州相度，將緊要門關添差兵級作二十人，閑慢處十五人。仍選精强使臣總轄機察姦細，軍人驗認券引，官員親書職位、姓名、出入緣故，即不許乘時沮遏商旅。應赴行在軍馬，令城外屯泊，監官申取朝廷指揮，放入諸門。其禹跡寺軍兵經由門關使臣，並特衝替。」

〔一〕金：原作「京」，據《長編》四八五改。
〔二〕漢：原脱，據《長編》卷四八九補。

八年三月[7]十三日，新權發遣夔州馮康國奏：「夔路係川蜀後門，大寧、開、達一帶路接京西，止仰關寨險隘。緣關外寧靜，隘寨頹壞，久不修整，遂爲商賈負販之路。乞添差路分都監一員，同見在兵官專一提點修治關隘，簡練義兵，將廂、禁軍揀閱彊壯事藝之人，結入帥司將分，准備防秋使喚。」從之。

淳熙元年正月九日，淮南運判吳淵言：「淮西路地名昭關、陟峴關、石湖關、東西關、冷水嶺、北峽關，自和州、無爲軍、廬州至舒州一帶，共有關隘六處，中連焦湖，皆是捍蔽形勢之地。今相度，每置關隘去處，左右各以十里爲界，并關之外並禁採伐，關之内只禁三里。若有民户己産，權免合（給）〔納〕税物。如此，可以待其茂盛，障蔽險阸。」從之。

十年四月七日，鄂州都統岳建壽言：「信陽之間有三關，曰九里關、大寨嶺、行者坡。自三關北距信陽一百三十餘里，别無限隔。欲措置關修築三百餘步，關門樓櫓色色具備。乞下德安府明立罪賞，將三關一帶林木禁止採斫。」上曰：「三關不必修築，若一帶林木，可禁無得採斫。」

十二年四月九日，江州駐扎御前諸軍副都統制趙永寧言：「乞蓋蘄、黄州白沙嶺關一座，合用竹木，乞下光、黄二州，委官於附近處踏逐摽撥和買。合用諸雜物料，本司自行應辦，所有工役人，乞日支添破錢米。乞賜指揮。」詔依，其錢米令尚書省科降。

嘉泰四年四月二十二日，知永康軍李臯言：「備邊之要，莫踰[8]於設險。秦、漢植榆爲塞〔一〕，限隔匈奴，本朝作塘淀於河北，實扞戎馬侵軼。塘淀所不及處，即禁近邊斬伐林箐，使溪隧斷絶，無從入寇。祥符末，真宗嘗出北面榆柳圖以示輔臣，數踰三百萬，曰：『此可以代鹿角也。』韓琦帥定州，昔所以待戎狄者，亦不專恃城池兵甲之勝也。至於西南徼外蠻夷，部族繁夥，故尤嚴禁止條約。景德四年，有詔戒並邊居民不得擅斮木開道，與人交争，蓋其地形必與夷種相錯，廣袤綿延，動數千里，築城戍兵，豈能盡防？獨有養其林木，使之增長蕃茂，幽晦杳冥，隔離天日，毒蛇猛獸窟宅其間，彼雖非人，詎敢抵冒送死？此誠守邊之要策。照會臣所領軍治西出玉壘，至蠶崖關即係威、茂州境，其戍城草子寨、廣濟鄉一帶，尤緊接夷界，周回縱廣，控制甚遠。其間皆層巒複嶺，長林大壑，草木薈鬱，磴坂深阻。治平初，呂大防知青城縣日，尤用意檢察，凡管下岡嶺，特置簿抄上四至，仍卓立封堠，鑿石爲界，嚴戢官私樵採，用以限隔蕃蠻，扞蔽川蜀。亦嘗申獲聖旨行下，自後都鈐轄司每歲春秋兩季，必委本軍通判巡視點檢，并責附近官山人户結爲保甲，更相覺察，重立罪賞，具載令甲。故百年之間，氈毳醜類弭耳厥角，各安巢穴，不敢萌窺伺之意。惟近年以來，此禁浸弛，無知之民惟利是趨，侵尋翦伐，畧無忌

〔一〕塞：原作「寨」，據《漢書·韓安國傳》改。

憚。竊緣禁山之下，即 9 是阜江，可以直至成都，其勢甚順，獲利爲多。是致官司指爲出産所在，公私並緣肆行採斮，夏秋漲水之際，結爲簰栰，蔽江而下，經過津岸，殆無虚月。向之茂密，今已呈露；向之險阻，今可通行。又有工徒之斤斧，商賈之負販，樵牧之薪蒭，往往蹊徑於其間。狼子野心，豈可長保，若不嚴行禁戢，誠恐以致藩籬淺薄，無所限制，異時必爲西南大憂。臣竊謂四蜀沿邊州郡，隨處皆有禁山，惟永康禁山利害尤〔巨〕。且如瀘、叙州、嘉定府、雅州諸處，去成都差遠，脱有透漏，緩急（向）〔尚〕可枝梧。惟永康至成都止一日之程，坦途方軌，别無險要防限去處。是故管下禁山封禁遮障，比他處尤宜嚴密。臣竊思之，山以禁名而終莫能禁者，一江實爲之累也。若於上流特置聯鎖以杜絶津載，則彌亘連亥之木，不容順流而下，故禁江尤切於禁山。欲望聖慈特下有司，申嚴條約，必行賞罰。仍許令本軍於牛谿、蠶崖關兩處江步，隨宜創置鐵鏁，闌截水衝，使津載路絶，人無覬覦，則斧斤之聲不禁自止，庶幾邊關永遠可保寧謐，不致上貽陛下顧憂，全蜀幸甚。」從之。

嘉定元年八月六日，權發遣茂州楊思成言：「本州雞宗關、鎮羌寨，本因羃篥溪蕃部最爲彊捍，而雞宗之險不可不據，遂夾溪對築關寨以據勝勢。然溪無尋丈之廣，而關寨呼應相聞，乃聚五兵官於其間。寨有知寨，又有都監，關有知關，又有同知關，不幾於冗長而無 10 名乎？關禁雖職在防遏，其實不過機察往來而已，一官辦之有餘，何至於用兩員？且州有教授、司户各一員，因制司經畫威、茂兩州歲計，遂省罷教授員闕。見今在州文吏，止有司户一員，倉庫獄訟叢於厥身，雖有精力，亦恐不逮。乞併省同知（闕）〔關〕而添置推判官一員，與司户分領職事。兩員之中，若有出身或曾發解，或素有文學者，即令攝教授之職。如此，則武臣無冗濫之患，州郡得寮佐之助，士子有教養之益，是一舉而三得也。」從之。

十五年九月十二日，樞密院言，京湖制置司申：「勘會本司昨申請以棗陽地當衝要，陞建軍名爲郡，而割德安之應山縣以益隨州，此皆事理所宜，實爲允當。然自應山之隸於隨也，而三關之險莫有專其責者。比雖令應山、羅山兩邑分認經理，而縣令事權至輕，隨與信陽又以利害不切於己，往往未嘗過問。蓋隨在三關之西三百里，信陽在三關之外亦不下百餘里，關屬隨州而地屬信陽，緩急實不相關。賅職護風寒，昕夕繫念，竊謂三關爲德安府後門，所以障蔽安、沔，考之地形，揆之事勢，當隸德安始爲順。今應山之爲邑，横截乎德安、信陽之間，遂使三關隔在應山之外，而德安無由干預。況信陽見屬湖北，亦爲應山所隔。契勘三關地形，寔在應山之北，（北）而南接安陸、雲夢之境。今只乞以應山東偏直抵三關，并大、小送過嶺大送過嶺，今改爲南富關。之地隸於安陸，而以安 11 陸之西偏直抵隨州之地以與應山。其疆域之廣狹、民户之衆寡，畧（祝）〔視〕其舊，而互居焉。縣無徙治，官〔無〕增員，而三關屬於安陸，則三關責在德安，脉絡貫通，亦得不至隔絶。又契勘三關曩屬應山，然其間如黄峴一關去城一百二十里〔一〕，武陽關亦九十里，已覺地理迢遞。今割以屬安陸，即其地益遥，關下村落居民繁夥，亦爲盜賊出没之所。欲於三關倣瞿塘關體例，置關使一員，以『德安府安陸縣三關使專一點檢三關一帶關隘兼煙火公事』繫銜，注右選之有舉主、已經親民者，使之往來巡視機察，而本府守倅各帶提督三關，并令入銜。遇有合修整區處，即申本府施行。其三關及南富關以南并關北元係禁山之地，昔屬信陽者，今合盡屬德安府安陸縣所管，信陽（信陽）軍却無干預，所貴事有專責，悠久不廢。」詔依京湖制置司申到事理施行，其關使以「德安府安陸縣三關一帶關隘空隙道路兼煙火公事」繫銜，令樞密院使（關）〔闕〕，於大使臣選有舉主、無過犯、曾經關陞親民任使之人充，以二年爲任。先權令京湖制置司選辟一次，具遵稟狀申樞密使。（以上《永樂大典》卷四一八七）〔二〕

市鎮

淮南東西路市鎮〔三〕

【宋會要】

〔東路〕：

12 揚州江都縣宜陵鎮，熙寧五年省廣陵縣來隸〔四〕。

泰興縣柴墟鎮〔五〕，舊隸泰州，紹興二十九年來隸。

亳州永城縣保安鎮〔六〕，天聖元年廢磨山縣置。

宿州靈壁鎮，元祐元年改爲縣，七月復爲鎮，七年復爲縣。「靈」舊爲「零」，政和七年改「零」爲「靈」。

虹縣子僊鎮，元祐二年以子仙阜置〔七〕，紹興九年改隸泗州。

楚州（連）〔漣〕水縣金城鎮，淳化元年置。

淮陰縣十八里河鎮，熙寧十年自泗州臨淮縣來隸。

吴城鎮，舊吴城縣，紹興三年廢爲鎮。

〔一〕黄峴：原作「鳳現」。按信陽三關，謂平靖關、武陽關、黄峴關，見《方輿勝覽》卷三一。此「鳳現」應爲「黄峴」之誤，今改。

〔二〕《大典》卷次原缺，陳智超《解開宋會要之謎》頁二八〇擬於卷四一八五。按，據《永樂大典目録》，《大典》「關」字韻共十卷，四一八〇至四一八四爲「關名」，四一八五至四一八八爲「事韻」，四一八九爲帶「關」字之縣名。「關雜録」自應在「事韻」目内，但漢唐間有關「關」字事甚多，宋代「關雜録」擬於卷四一八七「事韻三」似較合，今姑定於此卷。

〔三〕按，原題作「淮南東路市鎮」，但下文亦有淮南西路市鎮，兹添一「西」字。大抵此門乃《大典》據《宋會要》之條文重編，並非原貌。所標題目多不准確，又有漏標，且編排混亂，今姑酌加修補。

〔四〕省：原脱，據《元豐九域志》卷五補。

〔五〕墟：原作「壚」，據《元豐九域志》卷五改。

〔六〕保安：原作「縣安」，據《元豐九域志》卷五改。

〔七〕仙：原作「山」，據本卷方域一二之一八改。

泰州海陵縣海安鎮〔一〕，天聖元年置。

泗州臨淮縣徐城鎮，建隆二年廢縣置〔二〕。

西路：

壽州六安縣霍山鎮，開寶元年廢縣置。

光州固始縣商城鎮，本殷城縣，建隆元年廢爲鎮。

光山縣加祿鎮，景德元年置，後廢。

褒信鎮，舊（堡）〔褒〕信縣，紹興五年廢爲鎮。

滁州清流縣來安鎮〔三〕，乾道九年閏正月三十日廢縣爲鎮。

常州武進縣萬歲鎮〔四〕，大觀中改名阜通鎮，紹興元年復。

北京河北西路市鎮〔五〕

【宋會要】

大名府：

莘縣馬橋鎮，在縣北四十里，因河水衝注，開寶元年移於舊鎮東。

冠氏縣博寧鎮，太平興國五年置。

桑橋鎮，（置）〔至〕和元年修復。

清水鎮，熙寧二年修復。

臨清縣永濟鎮，五年廢縣置，隸館陶，尋隸臨清縣。

元城縣大名鎮，（城）〔成〕安縣洹水鎮，宗城縣經城鎮，並六年廢縣置。

清平鎮，至和三年復。

〔河北〕西路：

真定府獲鹿縣石邑鎮，開寶六年廢縣置。

真定縣市鎮，太平興國四年置，雍熙八年廢。

井陘鎮，熙寧六年廢縣置。

行唐縣靈壽鎮，八年廢縣置。

相州臨漳縣鄴鎮，熙寧五年廢縣置。

安陽縣永和鎮，舊永定縣〔六〕，天聖七年改永和，熙寧六年廢縣爲鎮。

邢州南和縣任鎮，熙寧五年廢縣置。

內丘縣堯山鎮，鉅鹿縣平鄉鎮，並六年廢縣置。

懷州河內縣武德鎮，武涉縣修武鎮，並熙寧六年廢縣置。

衛州黎陽縣衛鎮，汲縣新鄉鎮，並熙寧六年廢縣置。

洺州雞澤縣曲周鎮，熙寧三年廢縣置，元祐二年復爲縣，九年復爲鎮。

〔一〕陵：原作「寧」，據《元豐九域志》卷五改。

〔二〕建隆：原作「隆興」，據《元豐九域志》卷五改。

〔三〕滁州：原作「徐州」，據《宋史》卷八八《地理志》四改。

〔四〕常州當入兩浙路。

〔五〕原題作「大名府市鎮」，據正文添「河北西路」。但北京大名府屬河北東路，應與後「河北東路市鎮」合併。又，天頭原批：「北京京路。」

〔六〕縣：原作「鎮」，據《元豐九域志》卷二改。

永年縣臨洺鎮，六年廢縣置，元祐二年復爲縣，九年廢縣，復爲臨洺鎮。

洺水鎮，崇寧二年廢。

磁州滏陽縣昭德鎮，舊昭義縣，太平興國元年改昭德，熙寧六年廢爲鎮。

祁州（古）〔鼓〕城縣深澤鎮，熙寧六年廢縣置。

趙州高邑縣柏鄉鎮，熙寧五年廢縣置。

贊皇鎮，六年廢縣置〔一〕。

臨城縣隆平鎮，舊昭慶縣，開寶五年改隆平，熙寧六年廢爲鎮。

順安軍高陽鎮，熙寧六年廢縣置，十年復爲縣。

永寧軍博野縣新橋鎮，皇祐二年置〔二〕。

中山府曲陽縣龍泉鎮〔三〕，大觀中改爲靈泉鎮，紹興元年依舊。（以上《永樂大典》卷一五四八四）

京東西路市鎮〔四〕

【宋會要】

13（東京京路）〔東路〕：

青州博興縣淳化鎮，淳化五年置。

博昌鎮，景祐二年置。

千乘縣清河鎮，皇祐一年置〔五〕。

齊州臨邑縣福壽鎮、臨邑鎮，並建隆元年置，後廢。

回河鎮、曲提鎮、仁風鎮，並景祐二年置。

長清縣豐齊鎮，建隆三年置，後廢。

齊河鎮，景祐二年置。

禹城縣安仁鎮，至道二年廢。

商家橋鎮，開寶元年置，後廢。

劉宏鎮，二年置。

張家垤鎮、固河鎮，並二年置，後廢。

孫耿鎮，二年置。

新市鎮，三年置。

濼口鎮，三年置，後廢。

安平鎮，景祐三年（慶曆四年）置。

歷城鎮、遥牆鎮，並慶曆四年置。

沂州（永）〔丞〕縣蘭陵鎮，景祐三年置。

（祈）〔沂〕水縣蘇村鎮，大中祥符元年置，天聖二年廢。

淄州鄒平縣淄鄉鎮，慶曆五年置。

密州日照鎮，元祐二年置。

濟南府龍山鎮，舊盤石鎮，紹興三年廢。

西路：

（袞）〔兖〕州奉符縣靜封鎮，太平興國三年置。

〔一〕六年：《元豐九域志》卷二、《宋史》卷八六《地理志》二均作「熙寧五年」。
〔二〕「二」字疑誤。
〔三〕曲陽縣：原脱，據《元豐九域志》卷二補。
〔四〕京東西路：原作「東京京路」。據正文内容改補。
〔五〕「一」字疑誤。

太平鎮、迴鑾鎮，並大中祥符元年置。
僊源縣鄒鎮，熙寧五年廢，後置。
徐州沛縣留城鎮，慶曆七年置。
鄆州東阿縣利仁鎮，太平興國五年置，後廢。
平陰縣寧鄉鎮，至道年置。
景德鎮，景祐二年置。
翔鸞鎮、迎鑾鎮，並大中祥符元年置。
壽張縣竹口鎮，天聖三年置。
陽穀縣安樂鎮，元祐元年〔置〕，後廢。
單州武城縣成武鎮，端拱中置，後廢。
魚臺縣黄隊鎮，淳化四年置。
濮州雷澤縣徐村鎮，治平二年置。
鄄城縣臨黄鎮，熙寧四年置。

河北東路市鎮〔一〕

河北路東路：
澶州(青)〔清〕豐縣舊州鎮，熙寧六年自頓丘縣來隸。
崇寧五年，以澶州改爲開德府。
武鄉鎮，政和三年以武鄉城改。
頓丘鎮，三年廢縣置〔二〕。
滄州樂陵縣咸平鎮，咸平六年改崔村爲咸平鎮，熙寧二年廢。
楊攀口鎮，熙寧三年置。
會津鎮，三年以楊攀〔口〕鎮改。
朱堪鎮，六年徙車轂轆店。
東、西保安鎮，七年置。
南皮縣定津鎮，咸平四年置，大中祥符廢。
樂延鎮，熙寧三年徙齊家堰。
臨津鎮，六年廢縣置。
清池縣趙觀鎮，慶曆八年置。
饒安鎮，熙寧五年廢縣置。
無棣縣無棣鎮〔三〕，治平元年置。
分水鎮，政和三年以劇口鎮改。
河曲鎮，三年以掌家灣鎮改。
鹽山縣韋家莊鎮，景祐四年置。
海豐鎮，三年以韋家莊鎮改〔四〕。
海盈鎮，三年以第四甲鎮改。
冀州南宮縣堂陽鎮，皇祐四年廢縣置。
新河鎮，嘉祐元年以鎮爲縣，熙寧六年復〔五〕。

〔一〕原無此題，徑補。
〔二〕按，《元豐九域志》卷二、《宋史》卷八六《地理志》二均云「熙寧六年省頓丘縣入清豐」，而此云政和三年廢頓丘縣爲鎮，疑有誤。
〔三〕句中兩「棣」字，原空，據《元豐九域志》卷二補。
〔四〕此「三年」疑指政和三年。
〔五〕六年：原作「元年」，據本書方域五之二八、《元豐九域志》卷二改。

信都縣棗(彊)〔强〕鎮，熙寧元年廢縣置〔一〕，十年復爲縣。

武邑鎮，十年復爲縣〔二〕。

蓨縣樂城鎮，政和三年以王貫鎮改。

安平鎮，三年以李億鎮改〔三〕。

棗强縣廣川鎮，二年以楊家鎮改。

瀛州河間縣束城鎮、樂壽縣景城鎮，並熙寧六年廢縣置。

博州堂邑縣回河鎮，皇祐四年置。

聊城縣武水鎮，政和三年以沙家鎮改〔四〕。

高唐縣齊城鎮，三年以新劉鎮改。

靈城鎮，三年以南劉鎮改。

棣州厭次縣清河鎮〔五〕，政和三年以七里渡鎮改。

商河縣寬河鎮，大中祥符元年因水徙近西。

官口鎮，三年以義鎮改。

陽信縣西界鎮，景祐五年徙縣東三十里置。

莫州任丘縣長豐鎮〔六〕，熙寧【14】六年廢縣置。

長豐鎮〔七〕，熙寧六年廢縣置。

莫鎮，六年廢縣置，隸河間縣，元祐二年復爲縣，尋復爲鎮。

恩州清河縣甘陵鎮，建隆二年移于故清陽店，開寶四年修。

德州安德縣德平鎮〔八〕，熙寧六年廢縣置。

平原縣安德鎮，政和三年以藥家鎮改。

濱州渤海縣蒲臺鎮，大中祥符五年廢縣置。

招安鎮，熙寧六年廢縣置，元豐二年復爲縣。

安平鎮，政和三年以新安定鎮改〔九〕。

安定鎮，三年以舊安定鎮改。

永和鎮，三年以東永和鎮改。

豐國鎮，三年以丁字河鎮改〔一〇〕。

合波鎮，三年以三汊鎮改〔一一〕。

濱海鎮，三年以李則鎮改〔一二〕。

招安縣永阜鎮，三年以馬家莊鎮改。

〔一〕熙寧：原脱，據《元豐九域志》卷二、《宋史》卷八六《地理志》二補。

〔二〕復：原作「後」，據《長編》卷二八一改。

〔三〕億：原作「廣」，據本書食貨一五之一〇、《補編》頁五〇三、《元豐九域志》卷二改。

〔四〕沙家：《元豐九域志》卷二作「沙冢」。

〔五〕棣：原空，據《元豐九域志》卷二補。

〔六〕長：原作「清」，據《長編》卷二四六改。

〔七〕此條與上條同。

〔八〕德平：原脱「德」字，據《元豐九域志》卷二補。

〔九〕定：原脱，據《元豐九域志》卷二補。

〔一〇〕字：原作「家」，據《補編》頁五〇三、《元豐九域志》卷二改。

〔一一〕汊：原作「沙」，據本書食貨一五之一一、《補編》頁五〇三、《元豐九域志》卷二改。

〔一二〕則：原作「剛」，據本書食貨一五之一一、《補編》頁五〇三、《元豐九域志》卷二改。

永静軍將陵縣安陵鎮，景祐二年廢縣置。

阜城鎮，熙寧十年復爲縣。

乾寧軍乾寧鎮，熙寧六年廢縣置。

河東路市鎮

【宋會要】

河東路：

晉州冀氏縣和川鎮，舊沁州和川縣，太平興國五年來隸㈠，熙寧五年廢爲鎮。

洪洞縣趙城鎮，五年廢縣置。

麟州新秦縣唐龍鎮，太平興國四年自府州來隸。

絳州稷山縣寧山鎮㈡，熙寧五年廢慈州縣置。

代州五臺縣石觜鎮，大中祥符九年置。

興善鎮，景祐三年置。

隰州吉鄉縣文城鎮，熙寧五年廢慈州縣置。

汾州介休縣孝義鎮，熙寧五年廢縣置。

威勝軍綿上縣綿上鎮，寶元二年自大通監來隸。

武鄉縣榆社鎮，熙寧七年廢遼州縣置㈢，元豐八年還隸遼州。

平定軍遼山縣平城鎮、和順鎮，並熙寧七年廢遼州縣置，元豐八年復隸遼州。

東京西京京西北路市鎮㈣

【宋會要】

東京、開封府：

東明縣東明鎮，建隆四年置。

封丘縣潘鎮，天聖七年置。

陳留縣屯固鎮，天(僖)〔禧〕二年改屯固店爲鎮。

河口鎮，皇祐三年置。

襄邑縣崇化鎮，明道二年置。

黎驛鎮，熙寧二年罷。

白馬縣靈河鎮，五年廢滑州㈤，以縣爲鎮。

管城縣(榮)〔滎〕陽鎮、(榮)〔滎〕澤鎮，陽武縣原武鎮，並五年廢鄭州，以縣與鎮。

㈠五年：《元豐九域志》卷二、《宋史》卷八六《地理志》二作「六年」。

㈡寧山：疑當作「鄉寧」。《元豐九域志》卷二稷山縣下云「有鄉寧一鎮」，而無「寧山鎮」。《宋史》卷八六《地理志》二絳州太平縣下云：「熙寧五年廢慈州，以鄉寧縣分隸太平、稷山。」與此條下句所説合。

㈢「遼州」下原有「遼川」二字。查遼州有遼山縣而無遼川縣，「遼川」似爲「遼山」之誤。然改爲「遼山」亦不合史實。《元豐九域志》卷二、《宋史》卷八六《地理志》二俱云：熙寧七年廢遼州，以遼山縣隸平定軍，則是遼山縣並未廢。《九域志》、《宋史》又云，遼州廢，「省榆社縣爲鎮入威勝軍武鄉縣」，是則此句當云「廢遼州榆社縣置」。但按前後諸條文例，不重「榆社」二字，今只删「遼川」二字。

㈣西京京西北路：原作「開封府」，據正文改。

㈤五年：原作「二年」，據《元豐九域志》卷一、《宋史》卷八五《地理志》一改。

西京、河南府：

長水縣土壕鎮〔一〕，太平興國六年置。

永安縣永安鎮，景德元年置，後陞爲縣。

澠池縣延禧鎮〔二〕，舊名缺門，大中祥符四年改。

登封縣（穎）〔潁〕陽鎮，慶曆三年廢縣置，四年復爲縣，熙寧五年復廢爲鎮。

偃師縣緱氏鎮，慶曆三年廢縣置，四年復爲縣，熙寧八年復爲鎮。

洛陽縣洛陽鎮，五年廢縣置。

伊陽縣伊闕鎮，壽安縣福昌鎮，並熙寧五年廢縣置。

龍門鎮，舊通洛陽，紹興元年改。

〔京西〕北路：

許州臨潁縣繁城鎮，至道三年置。

長社縣椹澗鎮，天聖十年置。

許田鎮，熙寧四年廢縣置。

舞陽縣孟寨鎮，咸平元年置。

北舞鎮，至和二年置。

孟州河陽縣汜水鎮，熙寧五年廢縣置。

陳州商水縣南頓鎮，熙寧六年廢縣置。

汝州魯山縣龍興鎮，熙寧六年廢縣置〔三〕，元祐元年復。

青嶺鎮，15 崇寧三年以青嶺店改。

陝西路市鎮〔四〕

【宋會要】

陝西永興軍路：

京兆府長安縣子午鎮，景祐二年置〔五〕。

河中府臨晉縣永和鎮，至道元年置。

河東縣永樂鎮，熙寧六年廢縣置。

陝州靈寶縣湖城鎮，熙寧四年廢縣置。

陝縣石壕鎮，六年廢硤石縣置〔六〕。

延州豐林縣定蕃鎮，本上追鎮，太平興國八年改，仍置縣城。

合嶺鎮，本合（領）〔嶺〕關，八年改置鎮。

膚施縣豐林鎮，熙寧五年廢縣置。

延川縣延水鎮，八年廢縣置。

同州朝邑縣延祥鎮，舊靈信鎮，大中祥符四年改。

華州鄭縣渭南鎮，熙寧六年廢縣置。

〔一〕按《元豐九域志》卷一，土壕鎮屬澠池縣，疑此誤。

〔二〕按《元豐九域志》卷一，延禧鎮屬新安縣。

〔三〕熙寧六年：《元豐九域志》卷一作「四年」，《宋史》卷八五《地理志》一作「五年」。

〔四〕原題「陝西永興軍路市鎮」。按陝西路先後分爲永興軍、秦鳳、涇原、環慶、鄜延、熙河等六路，下文實含陝西六路，不應只題永興軍，因刪三字。

〔五〕二：原脱，據宋敏求《長安志》卷一一補。

〔六〕「六年」句：原作「一年廢縣置」，據《宋史》卷八七《地理志》三改補。

蒲城縣車渡鎮，七年廢。

邠州新平縣炭泉鎮，嘉祐八年廢。

三水縣龍泉鎮〔一〕，大觀中改爲清泉鎮，紹興元年依舊。

虢州虢略縣玉城鎮，熙寧四年廢縣置。

盧氏縣欒川鎮，元祐三年以欒川冶置。

鄜延路：

鄜州洛交縣三川鎮，熙寧七廢縣置。

坊州宜君縣昇平鎮，熙寧元年廢縣置。

丹州宜川縣汾川鎮〔二〕，熙寧三年廢縣置。

雲巖鎮，七年廢縣置。

環慶路：

慶州合水縣華池、樂蟠鎮，並熙寧四年廢縣置。

平戎鎮，四年廢，十年修復，元豐二年再廢，元祐元年復。

金櫃鎮，熙寧四年徙於廢樂（播）〔蟠〕縣置。

醴州武功縣長寧鎮，紹興九年置〔三〕。

涇原路：

儀州静邊鎮，天禧二年置。

渭州安化鎮，熙寧七年廢縣置。

秦鳳路：

鳳翔府盩厔縣清平鎮，大觀元年改爲軍，隸永興軍。

秦州牀穰鎮，熙寧三年以寨改，八年改爲堡。

成紀縣夕陽鎮，舊夕陽鎮，慶曆七年建爲綏遠寨，熙寧八年復爲鎮。

隴州來遠鎮，乾興元年以南棚店置。

汧源縣隴西鎮，康定元年建安邊寨，隸秦州，熙寧八年復爲鎮，來隸。

綏遠鎮、定邊鎮，並舊係寨，八年改，自秦州來隸。

階州福津鎮、西城鎮，並慶曆二年置。

河口鎮，熙寧十四年置〔四〕。

熙河路：

通遠軍威遠鎮，元豐七年廢寨置〔五〕。

岷州長道縣良恭鎮，天禧二年置。

故城、白石、鹽官、骨谷〔六〕、崖石、平泉、馬務鎮，並熙寧六年置。

大潭縣馬務鎮，皇祐六年建馬務堡，熙寧八年改爲鎮。

滔山鎮，舊滔山寨，八年改。

〔一〕三水縣：原無，據《元豐九域志》卷三補。

〔二〕川：原作「水」，據《元豐九域志》卷三改。

〔三〕九年：原作「元年」，據本卷方域一二之二〇改。

〔四〕十四年：按熙寧無十四年，俟考。

〔五〕元豐七年：《元豐九域志》卷三作熙寧八年。

〔六〕骨谷：原作「宜谷」，據本書食貨一五之一八、《補編》頁五〇七、《武經總要前集》卷一八上改。

荆湖南北路市鎮〔一〕

【宋會要】

荆湖南路：

潭州安化縣七星鎮，熙寧六年以寨改。

道州營道縣永明鎮，熙寧五年廢縣置。

武岡軍龍潭鎮，武岡軍元係邵州武岡縣，崇寧五年改爲軍，其龍潭鎮大觀元年置。

桂陽監平陽縣香風鎮，熙寧六年修復。

北路：

江陵府松滋縣白水鎮，乾德五年置。

枝江鎮，熙寧六年廢縣置。

監利縣玉沙鎮，乾德三年以江陵府白沙院置玉沙縣〔二〕，至道三年隸復州，熙寧六年復州廢，以縣爲鎮。

石首縣建寧鎮，乾德三年以漢華容縣地置縣，熙寧六年復爲鎮。

鄂州漢陽縣漢川鎮，舊漢川縣，太平興國二年改，熙寧四年廢 16 漢陽軍，以縣爲鎮。

安州安陸縣雲夢鎮，熙寧二年廢縣置。

歸州秭歸縣興山鎮，熙寧五年廢縣置。

辰州〔沅〕陵縣落鶴鎮，熙寧五年廢砦置〔三〕。

怡容鎮、普安鎮、浦口鎮，並嘉祐六年廢。

月池鎮，熙寧七年廢。

敘浦縣窗口鎮，辰溪縣龍門鎮、銅安鎮，並嘉祐六年廢。

復州玉沙縣高林鎮，開寶六年置，今廢。

川峽四路〔四〕

成都府路：

成都府郫縣犀浦鎮，熙寧五年廢縣置。

廣都縣籍鎮，五年廢陵州縣置。

麗江鎮〔五〕，五年廢陵州貴平縣，以鎮來隸。

彭州九隴縣堋口鎮，熙寧三年以九隴縣堋口鎮爲縣〔六〕，四年復廢爲鎮。

導江縣導江鎮，七年徙導江縣治永康軍，以舊縣置。

綿州龍安縣西昌鎮，熙寧三年廢縣置〔七〕。

〔一〕原題作「荆湖南路市鎮」，今添「北」字。

〔二〕縣：原作「鎮」，據《宋朝事實》卷一九改。

〔三〕砦：原作「縣」。按，辰州無落鶴縣。查《武經總要》前集卷二〇，辰州有落鶴砦，在州西北五十里，此處「縣」字必是「砦」之誤，因改。

〔四〕原無此題，據正文内容補。

〔五〕麗江鎮：原作「麗江縣」，按成都府無此縣，《元豐九域志》卷七廣都縣下有麗江鎮，據改。

〔六〕三年：《元豐九域志》卷七、《宋史》卷八九《地理志》五均作「二年」，疑「三」爲「二」之誤。

〔七〕三年：《元豐九域志》卷七作「五年」。

嘉州峨眉縣綏山鎮、羅目鎮〔一〕，犍爲縣玉津鎮〔二〕，並乾德四年廢縣置。

龍游縣平羌鎮，熙寧五年廢縣置。

邛州臨邛縣臨溪鎮，熙寧五年廢縣置。

黎州漢源縣通望鎮，慶曆七年廢縣置。

雅州名山縣百丈鎮，熙寧五年廢縣置。

簡州平泉縣貴平鎮，熙寧五年廢陵州，以縣爲鎮。

牛鞞鎮，本陵州貴平縣鎮，五年州廢來隸。

陵井監井研縣始建鎮，咸平四年廢縣置。

大安鎮，舊名永安鎮，崇寧二年因迴避陵名改曰大安。

仁壽縣貴平鎮、藉鎮，乾道六年正月十七日陞爲縣。

潼川府路，舊梓州路：

梓州鹽亭縣永泰鎮，熙寧五年廢縣置。

果州南充縣流溪鎮，熙寧六年廢縣置，紹興二十七年陞爲縣。

資州盤石縣月山鎮、丹山鎮、銀山鎮，乾德五年廢縣置〔三〕。

内江縣趙市鎮，熙寧六年自盤石縣來隸。

普州安岳縣普康鎮、安居縣崇龕鎮、樂至縣普慈鎮，並乾德五年廢縣置。

叙州僰道縣宜賓鎮，舊名義賓縣，太平興國元年改，熙寧四年廢縣置，宣和元年復爲縣。

瀘州江安縣綿水鎮，乾德五年廢縣置。

榮州榮德縣公井鎮，熙寧四年廢縣置。

渠州流江縣大竹鎮，景祐二年廢縣置。

富順監富順鎮，熙寧元年廢縣置。

利州路：

興元府城固縣元融橋鎮，天聖三年置。

弱溪鎮，嘉祐三年置。

柏香鎮，舊名柏水，嘉祐八年改。

南鄭縣西橋鎮，治平三年置。

閬州奉國縣岐平鎮、西水縣晉安鎮，熙寧五年廢縣置。

劍州普安縣臨津鎮，熙寧五年廢縣置。

巴州化成縣清化鎮，本巴州清化縣，乾德四年廢盤道縣入焉。咸平二年以隸集州，熙寧五年廢集州，省縣爲鎮。

恩陽縣七盤鎮，熙寧二年廢縣置。

曾口縣其章鎮，五年廢縣置。

蓬州營山縣蓬山鎮，熙寧三年廢縣置。

伏虞縣良山鎮，五年廢縣置。

夔州路：

夔州巫山縣毗石鎮，熙寧八年廢。

黔州彭水縣鹽井鎮，至道三年以鹽井場爲鎮。

〔一〕羅目鎮：原作「羅國鎮」，據《元豐九域志》卷七改。

〔二〕犍爲縣：原作「犍爲鎮」，按《元豐九域志》卷七嘉州下云乾德四年省玉津縣爲鎮入犍爲，可知「犍爲鎮」當作「犍爲縣」。

〔三〕乾德五年：原作「乾道三年」，據《元豐九域志》卷七、《宋史》卷八九改。

信寧鎮〔一〕、都儒鎮，嘉祐七年廢縣置〔二〕。
洋水鎮，熙寧三年廢縣置。
萬州南浦縣巴陽鎮，嘉祐二年廢。
涪州涪陵縣温山鎮，熙寧三年廢縣置。
渝州南川鎮，熙寧七年廢縣置。
大寧監大昌縣大昌鎮，嘉祐六年廢。
安居鎮，治平元17年廢。

京西南路〔三〕

京西南路：
襄陽府光化縣乾德鎮，熙寧五年廢光化軍，以縣爲鎮。
襄陽縣鄧城鎮，紹興五年廢縣置。
南漳縣中廬鎮，紹興五年廢縣置〔四〕。
鄧州穰縣順陽鎮，舊順陽縣，紹興五年廢爲鎮。
内鄉縣（浙）〔淅〕川鎮，舊（浙）〔淅〕川縣，紹興五年廢爲鎮。
鄧城縣横林鎮〔五〕，〔紹興〕元年置。
隨州隨縣光化鎮，熙寧元年廢縣置。
唐城鎮，舊唐城縣，紹興五年廢爲鎮。
桐柏鎮，隆興二年九月二十五日，廢唐州桐柏縣爲鎮，來隸。
金州西城縣平利鎮，熙寧六年廢縣置。
唐州泌陽縣平氏鎮，開寶五年廢縣置。
南陽縣方城鎮，元豐元年自鄧州來隸。

江南東西路市鎮〔六〕

【宋會要】
江（東）〔南〕東路：
饒州浮梁縣景德鎮，景德元年置。
信州寶豐鎮，淳化五年以弋陽縣寶豐鎮置縣〔七〕，景祐二年廢，康定元年復置，慶曆三年復廢爲鎮。
（西路：洪州新建縣樵舍鎮，至道三年復廢爲鎮）〔八〕。
西路：
洪州新建縣樵舍鎮，至道三年置。
分寧縣查田鎮，三年置。
南昌縣進賢鎮，至道三年置，崇寧二年改爲縣。

〔一〕信寧鎮：原作「信寧縣」，據《元豐九域志》卷八改。
〔二〕七年：《元豐九域志》卷八、《文獻通考》卷三一九、《宋史》卷八九《地理志》五並作「五年」。
〔三〕原無此題，據正文補。
〔四〕五年：原作「八年」，據《建炎要録》卷九一改。中廬、鄧城、順陽、淅川四縣爲同時廢。
〔五〕横林：原作「横木」，據本卷方域一二之一九改。《鄂國金佗稡編》卷六岳飛遣張憲由横林路掩擊金兵，至鄧城外三十里，即此。
〔六〕原題作「江東東路」，徑改。
〔七〕弋陽：原作「戊陽」，據《元豐九域志》卷六改。
〔八〕此條文字與前後兩條複，蓋原抄者抄至「至道三年」，不經意間又重抄上條末之「復廢爲鎮」四字，於是接抄「西路」以下，故本條全屬衍文，當删。

袁州分宜縣石分鎮，至道三年置。

吉州龍泉縣萬安鎮，熙寧四年改爲縣。

廣南東路市鎮〔一〕

【宋會要】

廣南東路：

端州高要縣三水鎮，僞漢置，開寶中廢，淳化三年復置。

康州端溪縣悦城鎮、都城鎮，並開寶五年置。

廣州東莞縣香山鎮，元豐五年置，紹興二十二年陞爲縣〔二〕。

廣南西路市鎮

【宋會要】

廣南西路：

桂州臨桂縣慕化鎮，嘉祐六年廢縣置。

荔浦縣永寧鎮、修仁鎮，熙寧四年廢縣置。

融州融水縣武陽鎮、羅城鎮，熙寧七年廢縣置。

梧州蒼梧縣孟陵鎮，開寶五年廢縣置。

戎城鎮，五年廢縣置，六年復爲縣，熙寧八年復爲鎮〔三〕。

欽州靈山縣石陸鎮，景德三年置。

武利鎮，大中祥符五年置。

舊州鎮，天聖元年置。

鬱林州南流縣録鴉〔鎮〕〔四〕，僞唐爲録鴉鐵場，咸平四年改爲鎮。

宜州龍水縣述昆鎮，熙寧八年廢懷遠軍述昆縣爲鎮。

昌化軍宜倫縣昌化鎮、感恩鎮，並熙寧七年廢縣置〔五〕。

萬安軍萬寧縣陵水鎮〔六〕，熙寧七年廢縣置。

朱崖軍臨川鎮〔七〕，熙寧六年廢吉陽、寧遠二縣置。

福建路市鎮

【宋會要】

福建路：

泉州南安縣潘山鎮，大中祥符九年置，後廢。

漳州龍溪縣教照鎮，太平興國四年置。

邵武軍光澤縣永寧鎮，舊崇仁鎮，後廢，至道元年復，

〔一〕廣南東路：原題作「廣東東路」，據正文改。

〔二〕二十二年：原作「二十七年」，據本書方域七之一二、《輿地紀勝》卷八九引《國朝會要》改。

〔三〕八年：本書方域七之一九作「五年」，《元豐九域志》卷九、《宋史》卷九〇《地理志》六作「四年」。

〔四〕南流：原作「南泉」，據本書食貨三三之二一、方域七之二一、《元豐九域志》卷九改。

〔五〕七年：《元豐九域志》卷九作「六年」。

〔六〕寧：原作「陵」，據《元豐九域志》卷九改。

〔七〕崖：原作「崔」，據《元豐九域志》卷九改。

改今名，後復廢。

建州建陽縣麻沙鎮，紹興二十七年陞爲縣。

兩浙路市鎮

【宋會要】18兩浙路：

杭州仁和縣臨平鎮、范浦鎮、北關、江漲橋鎮，並端拱元年置。

湯村鎮，本仁和鎮，端拱元年改。

新城縣南新鎮，淳化五年以南新場爲昭德縣，六年改南新，熙寧五年廢爲鎮。

明州定海縣蟹浦鎮，雍熙四年置。

奉化縣高公鎮，天禧四年置。

秀州海鹽縣寧海鎮，淳化二年置。

〔華亭縣〕青龍鎮，大觀中改名通惠鎮，紹興元年復。

處州縉雲縣英化鎮，治平十二年置〔一〕。（以上《永樂大典》卷一五四八五）

市鎮雜録

真宗咸平五年八月二十四日，六宅使劉承珪言：「慶州淮安鎮最爲衝要，屯兵甚衆，而總管在環州，每有警急則道出慶州，信宿方至。若自環州木波鎮直抵淮安，纔八十里，總管張凝遣戍卒開修已畢，望益木波鎮兵，可爲諸路之援。」

仁宗慶曆四年五月二十八日，省河南府（穎）〔潁〕陽、壽安、偃師、緱氏、河清五縣並爲鎮，令轉運司舉幕職州縣官使臣兩員監酒税，仍管勾煙火公事。尋復舊。時參知政事范仲淹以天下縣邑之多，役衆而民貧，故首自河南府省之。

嘉祐元年八月十四日，以冀州新河鎮爲新河縣。初，冀州言本州堂陽縣人户稀少，而新河鎮交易所會，既徙令佐治新河，因廢堂陽縣爲堂陽鎮。

神宗元豐元年閏正月七日，詔：「廣南西路沿邊（塞）〔寨〕鎮使臣，自今並依五路舉官條奏舉，權免取願就狀，候交人入貢取旨。」以本路經畧司言，邊寨鎮使臣年滿及見闕無人願就故也。

五年十一月六日，廣南東路轉運判官徐九思言：「東海有島曰香山，僑佃户主客共五千八百三十人，分隸東莞、南海、新會三縣。凡有鬭訟，各歸所屬縣辦理，遇風濤則踰月不通。乞建一縣，因香山爲名。」本路監司相度，欲止置香山鎮，差監官一員兼煙火盜賊。從之。

哲宗元祐元年四月二十五日，前婺州司户參軍靳琮等狀：「宿州零壁鎮係屬符離、虹兩縣，又在符離、蘄〔二〕、虹三縣〔界〕，盜賊轉徙，艱于掩捕，良民不得安業。欲乞將符

〔一〕十二年：按治平無十二年，俟考。
〔二〕蘄：原作「靳」，據《宋史》卷八八《地理志》四改。下同。

離、(靳)〔蘄〕、虹三縣近零壁鎮鄉管割屬本鎮，仍改爲縣。如此則三縣遠鄉皆爲近境，人户輸二税、請苗役順便。」從之。

二年五月十四日，兵部言：「江淮等路制置發運〔一〕、淮南路轉運、淮東鈐轄、提點刑獄、提舉常平司奏，請以宿州虹縣子仙阜爲鎮，徙通海鎮巡檢司於子仙鎮。又淮南西路提點刑獄司奏，請徙蘄州馬口巡檢於蘄口鎮駐劄〔二〕。」並從之。

七年二月二十三日，詔以隰州爲次邊。以本州言所隸上平〔三〕、永寧兩關，俯逼西界，經久備禦不可緩故也。

徽宗大觀元年九月四日，京畿計度轉運使宋喬年奏：「乞應京畿下諸鎮已有武臣處，只令專管酒税外，別差經〔任〕文臣一員管勾鎮事，仍兼酒税。其民旅稠穰，見無監官去處，亦乞依此差官。」從之。三年六月十四日，詔大觀元年九月京畿諸鎮添差文臣指揮更不施行。

政和四年正月二十四〔日〕，兩浙轉運司 19 奏：「據湖州申，安吉縣梅溪鎮監官不管轄鎮中煙火，居民畧無畏憚。今相度，欲令本鎮監官就兼烟火公事。」從之。

高宗紹興元年四月八日，新通判建昌軍莊綽言：「竊見大觀中忌諱日廣，縣邑有君、主、龍、天、萬年、萬壽之類縣邑稱呼，例皆改易，有識觀之，以爲靖康之讖。欲乞應緣避前項衆字，並令如故。」進奏院供海州龍苴巡檢等，詔並改正。進奏院狀：邠州龍(全)〔泉〕鎮改作清泉鎮，西京龍門鎮改作通洛鎮，濟南府龍山鎮改爲般水鎮，中山府龍泉鎮改爲雲泉鎮，常州武進縣萬歲鎮改爲阜通鎮，秀州青龍鎮改爲通惠鎮。

十一月二十二日，襄陽府鄧隨郢州鎮撫使桑仲言：「襄陽府至鄧州相去一百八十里，路當衝要，其鄧城縣橫林市係在兩州中路，乞將橫林市改爲橫林鎮，專差監鎮官一員兼巡檢，招集商賈，往來巡警。」從之。

二年六月二十日，詔處州麗水縣君溪鎮置税合差官，令兩浙轉運司辟差。從本路運司請也。

三年三月二十一日，淮南東路提刑司言：「泰州柴墟鎮民户楊思明等乞依舊置巡檢一員，就差見今把隘官承信郎黄義充上件職事。」從之。

十一月十九日，淮南本路安撫、提刑司言：「楚州吳城縣所管止有八十八户，乞依舊爲鎮，差置武臣監鎮，廢罷巡檢、縣尉。」從之。

十二月十日，淮南東路提舉茶鹽司言：「泰州西溪、海安兩鎮，昨來各係買鹽場，監官兼本鎮烟火公事。自經殘破之後，逐鎮各添置武臣監鎮一員，今欲乞依舊只令監買鹽場官管幹，裁減鎮官一員。」從之。

〔一〕運：原作「遣」，據《長編》卷四〇一改。
〔二〕蘄州：原作「戰州」，據《長編》卷四〇一改。
〔三〕上平：原作「上下」，據《長編》卷四七〇、《元豐九域志》卷四改。

五年五月二十九日，徽州言：「歙縣西地名巖寺，縣東地名新館，兩處商旅聚會。近歲本州差官往逐處拘收稅錢，内巖寺去年收到六千三百餘貫，新館二千一百餘貫。欲乞將巖寺、新館以地陞改爲鎮，拘收酒税課利。」下本路監司看詳，巖寺可陞爲鎮，新館雖客旅過往，緣本處不滿百家，不可爲鎮。從之。

七月十四日，詔光州褒信縣廢爲褒信鎮，移治淮南上由市，擇土豪首領補下班祗應，充監鎮兼烟火公事。

二十五日，鄧州言：「乞廢順陽縣爲順陽鎮，隸穰縣；廢淅川縣爲淅川鎮〔一〕，隸内鄉縣。各差監官一員，兼酒税、盜賊。」襄陽府言：「乞廢鄧城縣併入襄陽，中盧縣併入南漳，並差監鎮一員管幹烟火公事，兼監酒税。」從之。

三十日，襄陽府路安撫、都總管司言：「乞廢唐城縣爲鎮，隸隨縣，差唐城鎮監官一員兼管商税。」從之。

六年正月一日，户部言：「舒州乞罷許公、雙港、石溪三鎮監税官，將逐務召人買撲。」從之。是後十二月十八日，詔復罷，從本路監司之請。

七年二月二十日，福建路轉運司言：「建州建陽縣地名麻沙，見今居民繁盛，接連邵武，最爲衝要，乞改爲麻沙鎮，仍依湖州新市鎮例，差京朝官一員充監鎮、監務，兼烟火公事。」詔將建陽縣正監官員缺改差京朝官，就麻沙收税，仍管烟火公事。

四月五日，提點淮南西路公事司言：「泰興兩縣巡檢舊在柴墟鎮駐劄〔二〕，紹興五年正月德音省罷。今來車駕駐蹕建康府，其（楊）〔揚〕州柴墟鎮係大江津渡，人烟頗衆，乞依舊置巡檢一員巡防盜賊。」從之。

九年五月十四日，樞密院言宿州虹縣子仙鎮係與泗州接境，詔撥隸泗州臨淮縣，其本處巡檢從本路宣撫處置使司辟差。

十二月十三日，永興軍路經署安撫司言：「醴州武功縣扶風店比因廢齊陞降，改爲鎮。本司會勘，本鎮正當大路衝要，可以爲鎮。」詔依，仍以長寧鎮爲名。

十四年七月十四日，臣僚言：「諸路鎮市本屬縣邑，在法止令監鎮官領烟火公事，杖罪情重者即歸于縣。比年以來，擅置牢獄，械繫編氓，事無巨細，遣吏追呼，文符交下，是一邑而有二令也。乞應天下監鎮官依條止領烟火公事，其餘婚、田詞訴並不得受理，輒擅置牢獄者，重寘典憲。」詔令刑部坐條申嚴行下。

七月十七日，知湖州秦棣言〔三〕：「本州管下鎮官，除烏墩、梅溪鎮係（在）〔任〕文武京官以上，及許斷杖罪以下公事外，其四安鎮人烟繁盛，不在梅溪、烏墩之下，却只差小使臣或選人監管，杖罪並解本縣。臣今相度，欲依烏墩、梅

〔一〕淅：原作「浙」，據《建炎要録》卷九一改。
〔二〕「泰興」上下疑脱一縣名。泰興縣此時屬泰州。
〔三〕秦棣：原作「秦隸」，據《建炎要録》卷一四七改。

溪鎮例差京朝官，許斷杖一百以下罪。」從之。

十八年九月七日，詔省閬州新井縣玉井鎮寶馬鞍井監官一員。從本路諸司請也。

十二月二十三日，詔省光州光山縣七里鎮酒税務。從本路諸司請〔也〕。

二十二年九月十五日，詔廣州香山鎮陞爲香山縣。從本路諸司請也。

二十七年十月二日，詔果州流溪鎮復陞爲縣。

二十九年七月三日，知揚〔州〕鄧根、淮南路轉運判官孟處義言：「本州邵伯鎮監閘已有監鎮一員，今欲令監鎮兼監閘。」從之。

十二月二十三日，户部言：「知揚州劉岑乞將泰州遵化鄉柴墟鎮撥隸本州，尋下淮南監司相度。今逐司委官案到兩州公案，照得泰〔化〕〔州〕見管海陵、興化、如皋三縣。按史書、圖經、《九域志》，遵化鄉并柴墟鎮正隸泰興縣，遵化鄉管下臨江村、冷村、西北延村共三村，即難以一鄉析在兩州兩縣。今來泰興縣既隸揚州，其遵化鄉三村并柴墟一鎮，自合隨縣隸揚州。其民户輸納一事，乞令揚州委官，便于柴墟鎮受納。其餘事理，揚州既係一路帥司，自合同泰州措置。所有巡檢只合仍舊，難以改移。本部欲依相度到事理施行。」從之。

孝宗隆興二年九月二十五日，户部尚書、兼湖北京西路制置使韓仲通言唐州桐柏鎮廢置。詳見「州縣陞降廢置」門。

二十六日，詔揚州泰興縣柴墟鎮酒税官兼管烟火公事。以揚州言，管下邵伯、瓜州鎮皆兼煙火，與本鎮事體一同，故有是命。

乾道六年七月四日，詔：「遂[21]寧府管下小溪縣白水鎮復置監官一員，轉運司依格法差注。」從潼川府路諸司之請也。

十二月二十八日，詔：「無爲軍襄安鎮彈壓緝捕盜賊兼烟火公事一員罷之〔一〕，仍舊置鎮將一名。」以本路諸司言，自置彈壓官受理本鎮公事，百端擾民故也。

九年閏正月三十日，吏部言：「滁州來安縣廢爲鎮，撥隸清流縣，乞就差見任來安縣尉改充來安監鎮，仍兼烟火盜賊公事，通理已任縣尉月日成資。」從之。

十月十一日，四川宣撫使司言：「蜀州新渠鎮舊係新渠寨，直西去西門棲與蕃部接界，相距止三十里。舊差武臣一員主管烟火公事，後以運司并廢務官、鎮官，一槩罷去。緣本鎮人户近千餘家，多有外方軍賊作過，無官彈壓，民不安居，乞依舊差置主管烟火公事一員。」從之。

十二月四日，四川宣撫使司言：「開州舊管三邑，今所存者開江、清水兩縣，其新浦縣自慶曆間廢以爲鎮。緣本鎮去州遥遠，山谷窮深，姦豪巨蠹肆居其間。昨差置酒官

〔一〕襄安鎮：原作「襄安縣」，據《元豐九域志》卷五改。鎮屬無爲縣。

一員在本鎮兼烟火公事，至紹興二十六年酒官復省，無官彈壓，居民不安。竊見本州管界巡檢一員，不兼他職，乞移就〔新〕浦鎮置司彈壓，實爲經久利便。」從之。

寧宗慶元六年七月二十四日，兩浙轉運司言：「湖州乞省罷本州管下施渚、和平兩處鎮税。本州既稱拖認通融起發，其于上供窠名，何緣更有妨闕？民旅從便往來，無復攔截騷擾之患，委是經久可行。欲從所乞施行。」從之。

嘉泰四年正月八日，詔：「無爲軍無爲縣襄安鎮彈壓盜賊并烟火公事員缺改作左選監當，通差京官、選人。」從前知無爲軍商飛卿請也。

嘉定五年十二月二十八日，詔：「將通州添置崇明監鎮官一員，令堂除，差經任有舉主文臣一次，以後却令吏部依此使闕。」從通州守臣喬行簡之請也。

七年三月十五日，詔：「添置監黄州岐亭鎮官一員，仍以監酒務繫銜。仰黄州先次從公選擇文臣經任有舉主選人辟差一次，自後令吏部使缺。」從黄州守臣謝周卿之請也。

九年三月二十三日，詔：「無爲軍金牛鎮置巡檢一員，專一巡視修治城壁、關防盜賊等事，令淮西安撫司公共奏辟一次。其請給等並依本軍指使則例支破。」以知滁州趙逢言，乞創置巡檢一員，招募寨兵四十人充本鎮名額故也。

（以上《永樂大典》卷一五四八六）

山〔一〕

【宋會要】

1《東京雜録》：神宗元豐四年，承議郎胡宗炎言：「夷門山在大内東北〔二〕，當少陽之位，爲都城形勝之所，國姓王氣所在，公私取土於此，崗阜漸成坑塹。伏望禁止，及填塞掘鑿處。」司天監定如宗炎所言，從之。（以上《永樂大典》卷四一三三）

泉

【宋會要】〔三〕

2真宗大中祥符元年二月〔四〕，醴泉出蔡州汝陽縣鳳源鄉，有疾者飲之皆愈。又相州永安縣韓陵山牧童掊地得泉，深尺餘，汲取不竭，飲者宿疾皆愈。時或愆雨，禱之必應。四月丁巳，（袞）〔兗〕州乾封縣民王用田中，有童兒掊土得小青錢數十，爭取之，錢墜石罅，因發石，有湧泉二十四眼，味極甘美。又枯石河復有湧泉二十五眼，又一眼出曾阜之上，信宿勢加倍。又別引數派，雙魚躍其中，有果實流出，似李而小，味甚甘，及今古錢百餘。封禪經度制置使王欽若貯水馳驛以獻，分賜近臣，詔設欄格謹護之〔五〕。五月，王欽若言泰山醴泉出，錫山蒼龍見〔六〕。六月，詔建亭，以「靈液」爲額〔七〕。是月庚戌〔八〕，賜百官泰山醴泉。十二月丁酉，内出泰山玉女白龍王母池新醴泉賜輔臣。

天禧二年九月乙酉，錢曖獻《醴泉賦》，賜及第。

三年閏四月丁未，醴泉出京師拱聖營，上謂輔臣曰：「營卒初覩龜，建真武祠，今泉出其側，有疾者飲之多愈。」甲寅，命王欽若建觀，名祥源。十月辛卯成。仁宗重建，改爲醴泉觀〔九〕。題曰〔一〇〕：「爰有神泉，湧兹福地，甘如飲醴，美可蠲痾。」（以上《永樂大典》卷五〇六三）

〔一〕原批題作「山泉」，按下條正文只言山，不涉泉，且此條出《大典》卷四一三三「山」字韻「山名」目，亦與泉無關，今删「泉」字。又，此條可歸併於本書方域一之一「東京雜録」門。

〔二〕大内東：原作「大東内」，據《長編》卷三一二乙。

〔三〕按，以下三段均非《會要》之文，而是《大典》編者抄合《文獻通考》、《宋史》、《玉海》而成。

〔四〕「真宗」二字原在「宋會要」之前一行作題，今移于此。

〔五〕以上一節全抄自《文獻通考》卷二九七。

〔六〕以上一句抄自《宋史》卷七《真宗紀》二。

〔七〕以上一句又抄自《文獻通考》卷二九七。

〔八〕自此句以下至下兩條，包括注文，全抄自《玉海》卷一九六，惟「是月」《玉海》原作「六月」。

〔九〕「觀」字原誤作正文大字，連下文，今據《玉海》卷一九六改正。

〔一〇〕按，《玉海》原文於此處空一格，並無「題曰」二字，此二字爲《大典》編者妄添。以下四句實出於仁宗至和二年七月歐陽修所撰《醴泉觀本觀三門上梁文》，見《文忠集》卷八三。

津渡〔一〕

【宋會要】

3 開封之酸棗、張家，河南之王屋、長宗、南津，孟州之汎水、九鼎，河中之三亭、青澗，懷州之宋家，陝州之豆津、三亭，京兆之渭橋，鎮德軍之大保津〔二〕，慶成軍之榮河，青州之王家河，單州之黄隊，齊州之河陰口、耿濟口、高家口，黄河南伯水、馮家口、商家擒河口、湇口、老僧口、李唐口、柳家港河口，潁(川)〔州〕之河鏁，界溝，許州之合流、郾城，鄆州之王橋、鄒家，滑州之李固、白皐，磁州之觀臺，滄州之荆河口、南皮口、郭橋口、長蘆口、劇家口，棣州之樂家〔三〕、七里，衛州之張家、李家、淇門鎮、小河，濱州之窯子口、解家，貝州之李家，荆南之東津，楚州之北神、淮陰、洪澤，光州之朱皐，蘄州之獨樹，黄州之黄陂河，揚州之瓜洲，濠州之濠口，宿州之荆山、渦河、同海，蔡州之臨懷，漣水軍之巢縣，宣州之水陽，杭州之浙江、龍山廟。此舊總數，後亦有增廢者。

太祖建隆元年三月，詔：「滄、德、棣〔四〕、淄、齊、鄆等州界有古黄河及原河、文河，因水潦置渡收筭，凡三十九處。及水涸爲橋，亦筭行者，名曰乾渡錢，宜並除之。或秋夏水漲，聽民具舟濟渡，官(物)〔勿〕取筭。」

開寶五年二月，詔自潼關至無〔棣〕，沿河民置船(船)私渡者禁止之。

太宗 4 太平興國二年十二月，有司言：「准乾德二年詔書，有敢私渡江者及舟人盡寘於法。今江南平，舊禁未改，望如私渡黄河例論其罪。」從之。

七年三月，黎州言，脩大渡河船，渡進奉蠻人。

端拱二年，詔：「應係官及買撲津渡，如有百〔姓〕輸納二税經過，并樵漁及孤老貧窮之人往來，並不得收納渡錢。」

十二月，三司言：「許州郾城東螺灣渡，係百姓買撲，每年納錢四百五十千。伏見支移蔡州税赴許州并在京送納日，有車重往來經過，計出渡錢七十五文，慮額外收錢，不盡入官，望特與免此渡錢。」看詳百姓輸税經歷津渡不合勒納渡錢，請令應是江河津渡之所，但百姓輸税經過，自今不許雷同收納渡錢利。從之。

是月，荆湖轉運司言：「漢陽軍自湖渡年額錢三十六千，其渡口並無客旅過往，亦無人煙居止，每差牙校主當，所收課利不多，欲望停廢。」從之。

至道二年五月，詔：「濱州管内溝臺、南北口等五處，先是置渡，官以船渡行(依)〔旅〕，取其課。今水潦不降，河

〔一〕原題作「四方津渡」，今删「四方」二字。
〔二〕按，宋代無鎮德軍，疑誤。
〔三〕棣：原空，據《元豐九域志》卷二補。
〔四〕棣：原空，據《大典》避諱通例，此必是「棣」字，棣州正濱黄河，因補。

道枯涸，而吏猶責其直，宜除之。」

咸平三年四月，詔禁黄河私渡船。

四年十月，詔禁諸州競渡。

景德元年正月，詔開封及諸路轉運司，部内津渡先蠲免課利者，並官設舟楫以濟之。

二年九月，除三泉縣東、西及青烏、嘉陵四津渡年額錢，仍不得以部民爲渡子。

天禧元年五月，群牧司判官傅蒙言：「乞於邢州鉅鹿縣南漳河長蘆渡口造橋通過外 5 監鞍馬，就草地牧放，其於地理甚便。其所有長蘆渡課利錢五十六千，望特廢罷。」從之。

仁宗天聖四年四月，翰林學士夏竦言〔一〕：「金山、羊欄、左里、大孤、小孤、馬當、長蘆口等處，皆津濟艱險，風浪卒起，舟船立至傾覆，逐年沉溺人命不少。乞於津渡險惡處官置小船十數隻，差水手乘駕，專切救應。其諸路江河險惡處，亦乞勘會施行。」從之。

七月，廢冀州堂陽縣乾渡一，許民取便造橋。以轉運使言，此渡係民買撲，歲納六十餘千，頗成搔擾故也。

六年五月，詔：「荆南公安縣渡新增收渡牛錢，每一牛五十文，歲課止十九千，自今宜罷之。」

八年八月，左司諫、龍圖閣待制、知鄆州孔道輔言：「緣河耕種人户，望許取路過往，更不問罪，與免官渡津錢。」從之。時鄆家渡捕得越河者，皆屬縣税户，不當爲(非)〔罪〕，故道輔有是奏。

景祐元年三月六日，臣僚上言：「鄆州界王橋渡，乞只就眉丘河上一處監收渡錢，并淄州臨河鎮南河口、乾口，亦乞停廢。」詔王橋渡只於眉丘河一處收納渡錢，其王橋渡并淄州臨河鎮並與停廢。

慶曆元年十月，禁火山、保德軍緣河私置渡船。

皇祐五年十一月赦書：「諸處乾渡錢累行除放，如聞尚有存者，令長吏訖以聞〔二〕。」

嘉祐二年十一月，詔除嵐州合江等三津渡課利錢。以上《國朝會要》。

神宗熙寧六年十月三日，詔河州安鄉城黄河渡口置(桴)〔浮〕橋。詳見「橋」門。

同日，詔延州永寧 6 關黄河渡口置浮梁。詳見「橋」門。

七年正月一日，詔定諸關門并黄河橋渡〔三〕，常切辯察姦詐、禁物、軍人、公人及官員經過，取索公文券曆文字看驗。遇夜以鏁門，唯軍期急速，審(聞)〔問〕聽開。詳見「關」門。

十年七月二十七日，司農寺言：「訪聞諸路河渡每遇乾淺月，即人涉水過往，買撲人户以出官課爲名，約攔上船，或令出納乾渡錢去處。今相(渡)〔度〕諸路應買撲河渡内，有溪港等水源淺小，至乾淺月分，元不曾捐除課利買名

〔一〕竦：原作「踈」，據《長編》卷一〇四改。

〔二〕此句當有脱字。

〔三〕詔：原作「諸」，據本書方域一二之四改。

錢去處，委自本州縣契勘，申轉運、提舉司相度，據合紐納課利買名錢數減免，仍禁欄截人旅。并小可渡口不妨過往處，相度廢罷。若見召中下等人户管勾處，遇乾淺月分，如有官給舟船，許留一名看守，支與合得庸錢，餘並權暫放罷，庸錢更不支給。並候有水渡載日依舊，所（賞）〔貴〕公私通濟。」從之。

元豐五年八月二十四日，前河北轉運副使周革言：「熙寧中，外都水監丞程昉於真定府滹沱河中渡繫浮橋，比舊增費數倍，又非形勢控扼，虛占使臣、兵員，乞皆罷之。每歲八九月修板橋，至四五月防河拆去，權用船渡。」從之。

徽宗大觀三年正月二十九日，詔：「今後擅置私渡，不原赦降，並從杖一百。應係橋渡，官爲如法修整。今（復）〔後〕擅置及將係官橋輒毀拆損壞者，徒二年，配一千里。其官渡橋不修整者，杖一百。令佐展一考，致溺人者衝替。並許人告，賞錢五十貫。諸路依此。」以壽州民焦清 7 言，近因沿河創置私渡，多覓渡錢故也。

政和元年七月二十一日，臣僚言：「津渡凡遇民旅往來，渡子多方乞取，候其所得如意，乃肯濟渡。與錢稍薄，即百端留難，民旅受弊。」内降黄貼子：「津渡阻留及湍險恐赫錢物，皆有彝憲，所屬自合常切檢舉曉示。」詔應有津渡去處，檢坐前項條法分明曉示，仍令州縣官常切檢舉覺察。以上《續國朝會要》。

光堯皇帝紹興三年七月二十五日，知臨安府梁汝嘉言：「臨安府錢塘江一帶，自浙江岸至富陽縣觀山，舟船往還，多是等候潮訊，中夜行船，是致盜賊乘時劫奪。雖督責巡尉緝捕，緣江面闊遠，難以擺布。乞行自富陽至浙江江岸一帶，應有舟船並不許中夜通放，仍令本地分巡尉常切止約，不得因緣搔擾。」契勘錢塘江潮早晚兩訊，如遇夜不行通放，所有日中潮訊，自不妨客旅舟船往還。從之。

五年閏二月十三日，尚書省言：「車駕駐蹕臨安，四方輻湊，錢塘江水闊流湍，全藉牢固舟船往來濟渡。近日添置渡船，往往怯薄，每遇濟渡，篙梢乞覓錢物，以多寡先後放令上船，以致争奪，壓過力勝。或遇風濤，每有覆溺。」詔令兩浙轉運司，限十日更行添置三百料舟船五隻，專一濟渡，不得别將他用。仍將見今板木怯薄渡船别行修换，務要牢實。及委官覺察篙梢等，不得乞覓錢物。如有違犯，重作行遣。

六年六月二十一日，右司諫王縉言：「近者乙巳地震，8 陛下深自儆懼，詔誡中外，務在恤民。竊見日前有司奉行詔令，實惠及民者少，因緣搔擾者多。如浙江船渡，憫其覆溺，差使臣以察之，而百端阻節，往來反受其害。回易收息以助軍費，置官吏以司之，而有籠及柴薪，物價爲之頓增。凡此本欲興利，而或以爲害，況其甚者乎！欲乞睿旨，詔浙江船渡宜責邊江巡檢，諸處回易取商旅情願。民瘼既除，變異自銷。」勘會使臣已送大理寺根勘，詔：「應有回易去處，如敢抑勒買賣，監官、使臣勒停，人吏等並（次）

〔決〕脊，配千里牢城。許人越訴。仰提刑司常切覺察。餘依奏。」

七年六月十五日，尚書省言：「浙江西興兩岸渡口，每因人衆争奪上船，或渡子乞覓邀阻放渡，致多沉溺。自紹興元年至今年，已三次失船，死者甚衆。」詔：「如裝載過數，(稍)〔梢〕工杖八十，致損失人命，(如)〔加〕常法二等。監官故縱與同罪，不覺察杖一百。輒以渡船私用或借人，並徒一年。其新林竈山私渡人杖一百。仍許人告，賞錢五十貫。」

二十四年七月十九日，行軍器監丞孫祖壽言：「春秋時，吴越相望，界以浙水之險，海潮日至，待其水平然後可濟，其來尚矣。間者舟師載渡無節，逮至中流，過有邀〔阻〕，不旋踵間，同舟盡溺。於是朝廷差監渡使臣，措置甚嚴。閲歲既久，復成玩習，渡舟滅裂，小民輕生，不顧潮之至否，競從私渡。葉舟逕涉，間有沉溺，無由盡知，損傷往來，爲患甚大。乞申嚴舊制，禁私渡，治舟楫，則近甸之9人，自絶濤波之虞。」詔令臨安府檢舉措置。九月十五日，知臨安府曹泳言：「准敕禁錢塘私渡，察視舟楫，時加修治。今欲檢舉見行私渡條法曉示外，其所差官係朝廷使臣，本府難以約束，欲專令本府差官一員主管濟渡，(度)〔庶〕得逐時檢察，不致闕事。其渡船乞下轉運司，依元降指揮修整，每月差本司官一員點檢，保明堪與不堪濟渡。所有紹興府蕭山渡，乞下本路依此施行。」從之。二十六年七月十四日，尚書省勘會已降指揮住罷，聽從民便。

三十年十二月十四日，詔：「浙江西興鎮兩處監渡官，係樞密院差到使臣，今後一年一替。如無沉溺人船，令轉運司保明，申取朝廷指揮推賞。任滿不切用心，裝載舟重，致悮人命，依紹興七年六月四日立定『渡船三百料許載空手一百人，二百料六十人，一百料三十人，一百料已下遞減，如有擔杖比二人』罪賞指揮施行。仍仰所屬具情犯申取朝廷指揮。所有供給，令臨安府、紹興府比附監當例減半添支。其龍山、漁浦監鎮並是監管，不得專一，今後漁浦渡依舊就委監鎮巡檢，依浙江例賣牌發渡。龍山渡從朝廷選差樞密院使臣，一年一替，賞罰並依浙江西興體例。其臨安府海内巡檢司管舠漁三百料船二隻，專一應副朝陵内人濟渡不測使用。聞巡檢司衷私差借，應副官員。今後專差軍兵看守，如私輒差借，合干人從杖一百科罪，官員許本府10具申朝廷施行。」並從兩浙運使呂廣問請也。以上《中興會要》。

壽皇聖帝隆興元年十月五日，臣僚言：「歸正人略無來歷因依，慮影匿姦細。措置下諸渡密切伺察，如有透漏，監渡並巡鋪各黜官一等罷任。任内無透漏，進官如之。」詔獲姦細轉官外，增給賞錢三百貫，仍令責辦守臣。

十一月三日，臣僚言：「浙江渡昨自紹興七年呂頤浩爲相，(魯)〔曾〕緣節次失渡，嘗立畫一約束，最爲詳盡。因循日久，新差使臣不復留意。訪聞十月三日中流覆舟，舟中之人並殞非命，而當日監渡係樞密使臣吉演，妄以舟船側倒，人已上岸爲詞，公肆誕謾。請大字鏤板，揭立江岸。所差樞密院使臣一年一替，許兩州守臣按察，仍將使臣吉演罷黜。其當日覆舟梢工李勝，依元立刑名論遣。」詔吉演放罷，李勝編管五百里，仍令户部申嚴行下。

二年正月九日，江淮都督府准備差遣李椿言：「静江府興安、陽朔〔一〕、荔浦、修仁、永福縣，昭州恭城、平樂縣，賀州富川、臨賀、桂嶺縣，道州永明、江華縣，全州灌陽縣〔二〕，多有聚集往南之民，並以販茶鹽爲名，結集逃卒，剽掠作過。蓋廣東必由賀州，廣西必由貴、象二州江口，每經歷津渡，人納百錢，如誘掠婦女，人納千錢。今措置，令本州於逐處團結保伍，籍其姓名，每冬點集，不許出入，仍於要切渡口嚴加禁止。」詔下本路經略安撫、提刑司相度可否以聞。

同日，江淮都督府准備差遣李椿言：11「二廣往南之人，每自沿海作過歸，却於州縣關津要處，或以税牛爲名，或計人數取錢，導民於作過之地。欲乞將貴、象等州至于渡口或山峽往南之人必經由路，各置守把官。遇三人以上，雖貨物不多而持杖者，皆不得放行。」詔下本路經略安撫、提刑司相度可否以聞。

十二月十六日，德音：「楚、滁、濠、廬、光州，盱（貽）〔眙〕軍、光化軍管内，并揚、成、西和州，襄陽、德安府，信陽、高郵軍，緣避兵人馬流移，歸業之〔際〕，竊慮津渡艱阻，可令州軍各於津渡去處多添舟船，即時濟渡。仍免官司渡錢，約束不得乞覓阻節。」

乾道二年四月四日，臣僚言：「乞鎮江府并揚州，依錢塘江例分造揚子江渡船。」詔下鎮江府、揚州相度利害以聞。輔臣以臣僚言奏，上（聞）〔問〕尋常如何渡江，汪澈等曰：「皆民間以小船渡載，每遇風濤，必有覆溺之患。」上曰：「此亦非小事，如何從來無人理會？」澈等欲更下各處相度利害，然後施行，從之。

三年五月十三日，兩浙路轉運司言：「浙江西興、龍山、漁浦渡船濟渡官兵民旅，自呂頤浩措置後，年歲深遠，奉行廢弛。今欲乞監渡官到任一年無覆溺損失人船，與減一年磨勘，月於逐州府增支食錢六千。如不依則例多裝人數，及將添置船櫓藏匿不盡行使，及不於裝發船處躬親點檢人數，輿馬、擔物，依時裝發，縱容梢工水手於大江半途邀阻横索，或致差失潮候，損溺人船，乞將監渡官重實於法，梢工配12隸，篙手杖一百編管，仍立賞錢三十千。」從之。并立渡船置五色旗及五色牌賣給過渡人，嚴禁私渡差撥水軍，止約攙奪登舟等數條。

四年八月十四日，尚書省勘會：「累降旨令沿邊州軍禁止私擅渡淮及招納叛亡之人，非不詳盡。近來帥、憲司

〔一〕陽：原作「縣」，據《元豐九域志》卷九改。
〔二〕陽：原作「湯」，據《宋史》卷八八《地理志》四改。

視爲常務，督責不嚴，竊恐因致生事。」詔：「沿邊州軍常切遵守，仍不時鈐束縣令、巡尉，并仰所隸地分官都巡檢使嚴行關防。如能用心捕獲，所立賞格外，更優推恩。若有透漏，他處官司捕獲，其地分當職並取旨重罰；帥、憲司失覺察，亦重寘典憲。仍仰沿邊州軍置立粉壁，帥、憲司多出文榜曉諭，各具知稟聞奏。」

六年十一月二十六日，太平州言：「被旨，采石鎮税額併（縣）〔歸〕蕪湖。其采石税務係監官兩員，若盡省併，緣係緊切關津渡口，譏察姦細，欲乞存留一員。」從之。

八年六月五日，淮東路鈐轄夏俊降一官，楚州山陽縣〔令〕陳鋭、添差山陽縣馬邏巡檢孫春、楚州管界沿淮巡檢張舜臣各追兩官勒停，山（縣陽）〔陽縣〕下柳浦巡檢嚴宗顔追一官勒停。以沿淮私渡透漏户口，坐不覺察故也。

十一月十一日，詔：「淮河監渡在任二年，委無（入）〔人〕賫帶銀銅鐵等敗露，方許漕司保明推賞；不實，與所保同罪。」先是，臣僚言淮河私渡之弊，因有是命。仍令知、通或職官以下，同措揚官日輪一員，（請）〔詣〕發客渡口，轄所差官都監、監渡、緝捕使臣等，搜檢機察，臨時點差水工登舟，及督責沿[13]淮巡尉捕盜官司於所管地分上連下接，往來晝夜巡警，日具無透漏文狀申本軍照會。

九年二月六日，盱眙軍言：「本軍監淮河渡闕官，未有代人，緣淮渡日過客旅過淮博易，最要機察關防透漏錢銀禁物之弊，委不可久闕正官。伏乞早賜差注。」詔本路帥、漕司同議辟差一次。以上《乾道會要》。

淳熙二年十二月二十日，詔：「自今揚州瓜洲渡、鎮江府西津渡，並令本處巡檢兼監渡，仍於銜内帶入。依舊侍右使闕差注。」

四年八月二十四日，太平州守臣言：「黄池鎮河渡從來係百姓買撲，是致盜賊出没，難以禁止。乞從本州買撲，抱認課利，量立渡錢，機察盜賊。」從之。

六年正月二十六日，知鎮江府司馬伋言：「鎮江府沿江一帶私渡頗多，除西津關、瓜洲岸係官渡外，其餘私港不惟般載違禁物貨、銅錢過江，仍恐透漏姦細。乞除炭渚港、高資東西港〔一〕、丹徒東西港、諫壁港、大港共七處許本處土豪經管，投充渡船户，其渡船鐫刻字號，委巡尉專一覺察，其餘私港三十餘處，並不許私渡。仍乞行下沿江諸郡依此。」從之。

四月二日，淮南運判徐子寅言：「真州沿江官私渡共二十九處，内宣化鎮渡一處係官監，并瓜步山前渡、何家穴渡、真州城下檢税亭渡、潮閘渡、獺兒河渡、巨家港渡六處係買撲常平渡，共七處乞存留外，其私港二十二處乞禁止。揚州沿江官私渡共五十四處，内瓜洲渡係官[14]監，并泰興

〔一〕高資：原作「亭資」。按，當作「高資」。《清一統志》卷六二：「高資港，在丹徒縣西四十里，北通大江。相近有炭渚港。」宋程珌《金陵驛》詩「鐵甕、高資只半程」（《景定建康志》卷三七），即此。

縣穿破港、茆莊港買撲常平渡乞存留外，有私渡五十一處乞禁止。泰州沿江官私渡共五處，内合石莊港合置立官渡乞存留外，有私港四處乞禁止。通州沿江官私渡共六十四處，内海門縣孫團併買撲常平渡一處，及江口新舊兩港併合一渡，衝要去處乞行存留外，有私渡六十二處乞行禁止。」詔〔除〕〔徐〕子寅更切相度外，盡行廢罷，恐民旅往來迂回不便，可除官渡外，更將要緊處私渡量行存留，具合存留申尚書省。先是，知鎮江府司馬伋言：「本府沿江私港四十一處，除炭渚港七處許令土豪爲渡户，其三十餘處並不許私渡，乞下沿江諸郡依此。」從之。至是，子寅開具本路私渡去處，乞行禁止。詔除官渡外，更將要緊處私渡量行存留，申尚書省。五月二十八日，子寅條具乞存留真州陳李港、陳家斗門，揚州泰興縣港、柴墟鎮港，通州上洟港、天使港渡。從之。

十年二月三日，宰執進呈知臨安府王佐言：「龍山渡官許元禮裝渡船至浮山沉覆，監漁浦鎮霍令詢、監漁渡郭孝忠將帶人船救活七十九人。已將龍山渡官許元禮奏罷，其霍令詢、郭孝忠乞賜旌賞。」上曰：「可各與減三年磨勘。」王淮等奏曰：「裝渡者黜，救沉者賞，懲勸如此，其誰敢不勉？」

十二年十二月十八日，湖北提舉趙善舉言，乞將本路買撲江陵府亭陂等四十五處河渡盡行廢罷。從之。以上《孝宗會要》。

慶元元年[15]二月五日，臣僚言：「竊見江西路州縣管下通津河渡隸常平司，召人承買外，其支流斷港或非常平所隸，而姦猾不逞假承買河渡之名，妄操舟楫，當水潦汎漲則故作留難，平沙淺瀨則不容褰涉。甚者野橋畧彴，亦掠渡錢，資裝或豐，弊害益肆。乞行下諸路常平司相度，將管下河渡除通津驛路許仍舊買撲，其課額差重，見今無人承買去處，量行蠲減。自餘窮源僻間，課利絶少，及非正渡，悉行罷去。」從之。

六年十二月十九日，監察御史施康年言：「錢塘江潮水勢湍險，異於他處，每日濟渡，往來何啻千百，雖有巨舟，非得慣習水勢篙手三十人，亦不克舉。乞行下兩浙轉運司并臨安府、紹興府，將所管濟渡舟楫籍爲定數，其間稍有損漏，重行修製。每一渡舟量其大小，爲措置水手一二十人，籍定姓名，各與請給，不得妄有差撥。至如合用維楫之屬，亦合委官常切點檢預辦，以備不虞。」從之。

嘉泰元年三月二十四日，臨安府言：「浙江、龍山、西興、漁浦四渡通管船三十五隻，内轉運司一十九隻，本府所管一十六隻。日常津發民旅，依已降指揮，每人出備錢三十一文足，買牌上船過渡。除官員、軍兵、茶鹽鈔客、乞丐、僧道免出牌錢外，若有擔仗、轎馬，增折人數。其牌錢以十分爲率，將一分發納分隸兩司修船使用。今欲從本府勒各船篙梢，從公踏逐少〔裝〕〔壯〕諳曉水勢慣熟人，籍定姓名，委自渡官將兩[16]司船隻輪流資次裝發，渡官臨時酌量，須管於籍定人數内充應水手撐駕。本府免收一分官錢，每日將所收十分官牌錢盡行均給當日行船水手，內本船梢工倍支。謂如水手一百文，梢工即支二百文。若各渡將牌錢仍前別作名色支破，不即盡數支給水手、梢工，或隱匿作弊，即許梢工、水手指實，經府陳告，重行斷治。所有船隻損動，從本府自行修整。」從之。

三年十一月十一日，南郊(放)〔赦〕文：「州縣人户買撲河渡，舊納浄課利錢，偶因改造橋梁，其河渡錢無從收掠，而官司拘於元額，依舊追催，縣道申訴，不爲減豁，致令別作名色科率應副，委是違法。如有似此去處，令提舉常平司差官審覈，當與蠲免。」開禧二年、嘉定二年、五年、十四年明堂赦並同。

開禧三年十一月四日，詔：「臨安府浙江、龍山、紹興府西興、漁浦四渡監官，仍舊改差武臣，添給食錢，任滿轉官並比附文臣體例施行。」四渡監官元差右選，因嘉泰二年兩浙漕臣陳景思申請改差文臣。至是，漕臣史彌堅言文臣養(亭)〔高〕自重，視本職爲猥賤而不屑爲，其弊尤甚，乞復用武臣，故有是詔。

嘉定五年三月六日，知建康府、兼沿江制置使黄度言：「建康府境北據大江，是爲天險，上自采石，下達瓜步〔一〕，其間千有餘里，共置六渡。其一曰烈山渡，籍于常平司，歲有河渡錢額。其五曰南浦渡〔二〕，曰龍灣渡，曰東陽渡，曰大城堽渡，曰岡沙渡，籍于府司，亦 17 有河渡錢額，而不屬常平。合六渡，歲爲錢萬餘緡。歲月寖久，官但知循例拘納月解錢，而舟檝廢壞，僅有存者，官吏、篙工初無廪給，民始病濟，而官漫不省。乃有姦豪不顧法禁，始更別置私渡，左右旁午，是由官渡濟者絶少，乃聽吏卒苛取以充課。徒手者猶憚於往來，而車擔馬牛幾不敢行，甚者至扼之中流以邀索錢物。竊以爲方今依江爲國，天設巨防，不容緩縱，而或至弛禁。南北津渡，務在利涉，不容簡忽，而俱求征課。臣已盡爲之繕治舟艦，選募篙梢，使逐處巡檢兼監渡官。於見今諸渡月解錢則例，量江面闊狹，計物貨輕重，斟酌裁減，率三之一或四之一，自車人牛馬皆有定數，雕牓揭示，約束不得過數增收，邀阻乞覓。裒一歲之入，除烈山渡常平錢如額解省，自餘諸渡皆以二分解修造庫，專充向去修船之費，而以其餘給官吏、棹梢、水手食錢，令監渡官逐月照數支散。其更有餘錢，則解送府司，然後盡止絶私渡，不使姦民踰越禁防。檢坐見行條法，使諸渡官覺察，逐月結罪保明申府。嚴邪慝之防，行濟涉之政，關〔係〕非輕。猶慮他時不知事因，或以失陷官錢爲非，或以禁約越逸爲過，輕有改更，失臣始意，則舊弊復存，公私非便，乞令本府永久遵守施行。」從之。

七年八月六日，淮南運判、兼淮西提舉喬行簡言：「竊見中渡、花靨係南北限界，民旅交通，物貨互市，關係不小，

〔一〕達：原作「連」，據《宋史》卷九七《河渠志》七改。
〔二〕浦渡：原倒，據《宋史》卷九七《河渠志》七乙。

尤當謹嚴，亦何愛一二18差遣，不使之專一管幹！乞朝廷將中渡、花靨兩渡監官創置員闕，選差曾經任有舉主人充。應任内有捕獲到茶鹽，與照巡尉格推賞。其透漏者，罰亦如之。令本司專一覺察，旬具有無透漏及搜捉到茶鹽事狀供申，任滿與之保明批書。庶幾職思其憂，亦可使之搜檢姦細，機察盜賊，體探邊境事宜。」詔依所乞，增置中渡、花靨兩渡監官各一員。仍令淮西運司選辟經任有舉主（選）之人一次，今後作堂除使闕。餘並從之。

十月四日，湖南提舉司言：「照得衡州衡陽縣柹江渡額管浄利錢伍百六貫二（文）〔百〕九十六文，近改造石橋了畢，及委官覈實，果爲永遠利便。所是河渡錢無從收掠，合與照赦蠲免。」送户部勘當，申尚書省。繼而户部言：「照得其渡既已造石橋濟人往來，乞下湖南提舉司照赦施行。」從之。

十四年六月十六日，德音赦文：「應蘄、黄州流移人民，已降指揮速令賑䘏，津遣復業。竊慮歸渡之際，舟人津子乞覓邀阻，殊失矜軫流民之意。可令逐路沿江州軍，各於津渡去處增撥舟船，差官監眎濟渡，給牓約束合干等人，不得乞覓阻節。如違，許人户越訴。」（以上《永樂大典》卷一四七二三）〔一〕

橋梁

【宋會要】

19宋太祖建隆二年四月，西京留守向拱言，重修天津橋成。甃石爲脚，高數丈，鋭其前以疏水勢，石縫以鐵鼓絡之，其制甚固。降詔褒美。

開寶七年十一月，江南行營曹彬等言大江浮梁成，命前汝州防禦使陸萬友往守之。先是，江南布衣樊若水嘗漁於采石磯，以小舟載絲繩維南岸，疾櫂至北岸，以度江之廣狹。遂詣闕獻策，請造舟爲梁以濟師。太祖即命高品石全振往荆湖造黄黑龍船數十艘，又以大艦載巨竹絙，自荆南而下。及命曹彬等出師，（及）〔乃〕遣八作使郝守濬等率丁夫營之。議者以爲自古未有浮梁渡大江者，恐不能就。至是先試於石碑口造之〔二〕，移置采石磯，三日而橋成。由是大軍長驅以濟，如履平地。

太宗太平興國八年九〔月〕，詔：「國家同文共軌，四海一家，方蘇歸化之人，豈禁代勞之畜？其泗州浮橋，今後應有馬經過，不得更有禁止。并下沿淮州軍准此。」先是，

〔一〕《大典》卷次原缺，陳智超《解開宋會要之謎》頁二八一擬於卷一四七二三，今從之。此卷爲「渡」字韻「渡名」目。

〔二〕石碑口：按，《長編》卷一五、《太平治迹統類》卷一、《玉海》卷一四七等均作「石牌口」。

江浙未平，馬有渡淮之禁，至是用贊善大夫闕衡言而有是命。

真宗景德二年四月，改修京新城諸門外橋，並增高之，欲通外濠舟楫使人故也。

大中祥符元年五月，詔在新舊城裏汴河橋八座，令開封府除七座放過重車外，并平橋只得座車子往來。

二年八月，詔：「京城汴河諸橋差人防護，如聞邀留商旅舟船，[20]官司不爲禁止，自今犯者坐之。」

三年八月，工部尚書、知樞密院事陳堯叟言：「同州新市鎮渭河造浮梁，有沙灘，且岸峽不若嚴信倉水狹岸平，爲梁甚便。」從之。

四年(一)〔二〕月〔一〕，詔洛水橋名「迎躍」，渭水橋名「省方」。

六月，詔：「如聞陳留有汴河橋，與水勢相戾，往來舟船多致損溺，令府界提點經度修換，(其)〔具〕利害以聞。」

五年七月，修保康門相直汴河廣濟橋，改名曰延安；創惠民河新橋，名曰安國。車駕臨視之。

九(日)〔月〕，帝曰：「京城通津門外新置汴河浮橋，未及半年累損，公私船經過之際，人皆憂懼。尋令閤承翰規度利害，且言廢之爲便，可依奏廢拆。其元陳利便已受遷補之人劾罪誡勵，並勒依舊。」

六年六月，詔曰：「昨者祇若元符，欽迎真像，靈期久協，茂典慶成。乃眷飛梁，實登寶座，宜更美稱，用表純熙。昇平橋且以『迎真』爲名。」

八年六月，河西軍節度使、知河陽石普言：「陝府、澶州浮橋，每有(網)〔綱〕船往來，逐便拆橋放過，甚有阻滯。今造到小樣脚船八隻，若逐處有岸，即將高脚船從岸鋪使漸次將低脚船排使。如無岸處，即兩邊用低橋脚以次鋪排〔二〕，中間使高脚船八隻作虹橋，其過往舟船於水深洪内透放。并具樣進呈。」帝令三司定奪聞奏。

閏六月，詔：「開封府界諸縣鎮橋，自今蓋造添修，並要本府勾當。所用木植，令於屋税等錢内折科。如大材料，令三司支撥應副。」

天禧元年正月，罷修汴河無脚橋。初，[21]内殿承制魏化基言，汴水悍激，多因橋柱壞舟，遂獻此橋木式，編木爲之，釘貫其中。詔化基與八作司營造。至是三司度所費工逾三倍〔三〕，乃請罷之。

仁宗天聖二年九月二十八日，太常博士董黄中言：「太平州蕪湖縣有渡江浮橋一，乞降勅命，長令存留，仍不住修葺。」從之。(乞)〔先〕是江水歲暴漲，浸没橋道，科率修繕，甚爲民害。至是，造舟爲梁，頗革其弊。

三年正月，巡護惠民河田承説言：「河橋上多是開鋪

〔一〕二月：原作「一月」。按《玉海》卷一七二作「二月戊辰」，即二月二十四日，一月則無戊辰，據改。
〔二〕低橋脚：疑當作「低脚船」。
〔三〕費：原作「廢」，據《長編》卷八九改。

販鬻，妨礙會篁及人馬車乘往來，兼損壞橋道。望令禁止，違者重寘其罪。」從之。

是月，詔在京諸河橋上不得令百姓搭蓋鋪占欄，有妨車馬過往。

六年三月，詔：「澶州浮橋計使脚船四十九隻，並于秦、隴、同州出産松材，磁、相州出釘鐵石灰採取應副，就本州打造，差監浮橋使臣管勾。」先是，於温、台二州打造，以其遠到遲，故有是命。

七年六月，京東轉運司言：「近准勑差知萊州、虞部郎中閭貽慶等部轄開修夾黄河，勘會所開河橋梁、堤子，除北田、朦朧堤子兩座水勢添漲，候開春減退修置外，其餘橋、堤並已修置。欲令緣廣濟河并夾黄河縣分，令佐常切巡護，逐年檢計工料，圓融夫力，淘出泥土，修貼堤身，於牽路外栽種榆柳。如河堤別無決溢，林木(清)〔青〕活，具數供申，年終輦運司點檢不虚，批上曆子，理爲勞績。如公然慢易，致隄岸怯弱頽缺，栽種失時，亦乞勘逐科罰。」從之。

慶曆四年四月，詔責罰定 22 奪陳留縣移橋官吏。先是，催綱右侍禁李舜舉請移陳留南鎮上橋於近南舊弛橋處，以免傾覆舟船之患。開封從其請，而移橋則廢縣大姓之(氏)〔邸〕舍，遂因緣以言於三司使王堯臣，以爲無利害而徒費。三司遣提點倉草場陳榮古相之，榮古請于舊橋西展水岸五十步，擗水入大洪，而罷移橋。知府吳育固争之，朝廷遣御史按之，御史言移橋便，且繫三司受請，置司推勘。於是自堯臣以下皆罰金焉。

皇祐三年十月，以惠民河新作橋爲安濟橋〔一〕。

嘉祐二年十二月，追先降修澶州浮橋官吏奬諭詔。先是，澶州言河流壞浮橋，後日而完修之，遂降奬諭，而中書言官吏護視不謹，法當劾罪，既(令)〔令〕免勘，而詔亦追罷之。

治平四年八月二十一日，神宗即位未改元。陝西體量安撫使孫永言：「河中府浮梁自來西岸有減水口子，自淤澱後，遇水汎漲，束狹得河流湍悍，故壞中墠及浮橋。乞將陳杜唐州材三口畧行疏理〔二〕，分泄黄河汎漲時水勢。」從之。

神宗熙寧六年四月十七日，熙州洮河浮梁成〔三〕，賜名永通橋。

十月(十)三日〔四〕，詔河州安鄉城黄河渡口置浮梁，築堡於洮河北。上曰〔五〕：「安鄉城，鄯、廓通道也，濱河戎人嘗刳木以濟行者，艱滯既甚，何以來遠？」故令景思立營之〔六〕。

同日，詔延州永寧關黄河渡口置浮梁。永寧關與石、

〔一〕「河新作」三字原作「作新」，據《玉海》卷一七二改。
〔二〕此句疑有誤。
〔三〕州：原作「河」，據《長編》卷二四四改。
〔四〕三日：原作「十三日」，據本書方域一三之五、《長編》卷二四七刪。
〔五〕「詔河州」至「上曰」原脱，據《長編》卷二四七補。
〔六〕思：原作「果」，據《長編》卷二四七改。

隰州跨河相對〔一〕，地沃多田收，嘗以芻糧資延州東路城寨，而津渡阻隔，有十數日不克濟者，故上命趙卨營置〔二〕，以通糧道，兵民便之。

八年八月[23]八日，詔澶州製造吳舜臣所造（獲）〔護〕浮橋鐵叉竿。

九年五月十九日，鄜延路經略安撫使李承之言：「延州新修寧和橋，乞依舊存留。若解拆後遇大水，蹙凌吹失〔三〕，更不添修，依舊置渡。」從之。

元豐二年十二月二十五日，詔改開遠門外浮橋畢，賜知將作監丞吳處厚銀絹及使臣〔四〕、吏人有差。

五年八月七日，詔應諸處廣濟橋道並隸都水監。

二十四日，前河北轉運副使周革言：「熙寧中，外都（中）〔水〕監丞程昉於滹沱河中渡繫浮橋，比舊增費數倍，乞罷之，權用船渡。」從之。

六年八月一日，賜河中府度僧牒二伯八十修浮橋堤岸。

七年七月二十二日，滑州言齊賈下（掃）〔埽〕河水漲，壞浮橋，詔范子淵相度以聞。後范子淵言：「相度滑州浮橋移次州西，兩岸相距四百六十一步，南岸高崖地雜膠淤，比舊橋增長三十六步半。」詔子淵與京西河北轉運司、滑州同措置修築。

哲宗紹聖二年六月三日，詳定重修勑令所申明黃河浮橋禁，揭榜於兩岸。

徽宗大觀三年正月二十九日，詔：「應係橋渡，官爲如法修整，今後擅置及將官橋毀壞者徒二年，配一千里。其官渡橋不修整者杖一百。」

十月七日，尚書度支員外郎王革言：「滑州比年以來修整浮橋，所費工力、物料萬數浩瀚，每歲虜使到河，或不及事，或僅能了當，致一一上煩朝廷措置。乞詔都水監與滑州、通利軍當職官，於沿流上下從長相視，同狀指定[24]可以繫橋去處，權暫繫橋，水漲輒拆，以備後用。或令河北、京西路轉運司相度增五宿頓，使虜使由孟津趨闕下。俟具辦集，檢會元豐四年因避冀州濟渡改路詔旨施行，實爲長久之利。」詔令京西、河北路轉運司檢會案例年分及所經由京西道路增添，相度有無害程頓去處聞奏。

政和四年八月十日，京西路計度都轉運使宋昇奏：「河南府天津橋依倣趙州石橋修砌，令勒都壕寨官董士輗彩畫到天津橋，作三等樣製修砌圖本一册進呈。」詔依第二橋樣修建，許於新收税錢内支撥糧米，本司應辦，仍不立名行遣。仍詔孟昌齡同宋昇措置。其後宋昇奏：「西京端門前，考唐《洛陽圖》，舊有四橋。曰穀水，曰黃道，在天津橋之北；曰重津，在天津橋之南，並爲疏導洛水夏秋泛漲。

〔一〕隰：原作「洛濕」，據《長編》卷二四七改。
〔二〕置：原脫，據《長編》卷二四七補。
〔三〕吹：疑當作「摧」。
〔四〕丞：原脫，據《長編》卷三二一補。

歲月寖久及自經壞橋之後，悉皆湮没。今看詳，見修天津橋居河之中，除穀水已與洛河合爲一流外，其南北理當亦治二橋以分其勢。蓋不如是，則兩馬頭雖用石段砌壘，兩岸之水東入橋下，發洩不快，則兩馬〔頭〕不無決溢之患。又橋之上十里有石堰曰分洛，自唐以來引水入小河東南流入于伊。聞之耆舊，每暴漲則分減其勢。若今來修建（大）〔天〕津橋而不治分洛堰，不能保其無虞。臣前項所乞止是天津一橋，今欲如舊制添修重津並黄道橋，及置分洛堰，增梁以疏其流於下，作堰以分其勢於上，實爲永久之利。」從之。

25 十一月二日，都水使者孟昌齡言：「近承尚書省劄子，滑州浮橋今歲已經漲水，不曾解卸，未見比每歲係橋計使若干工料、錢數，及今歲不曾解拆，計減省數目。昌齡契勘到：政和元年兵士一萬餘工、錢七萬餘貫，政和二年兵士三萬餘工、錢八萬餘貫，政和三年兵士四萬工、錢七萬餘貫。今歲不曾解拆，將前項三年折計，減省兵士八萬一千餘工、錢二十二萬八千餘貫。今具保守過今歲夏秋漲水不曾解（折）〔拆〕官吏職位、姓名。」詔昌齡、葛仲友及三等官吏、作頭、壕寨，轉官、支賜有差。

二十二日，都水使者孟昌齡言：「請於通利軍依大伾等山徙繫浮橋，其地勢下可以成河，倚山可爲馬頭，又有中潬，正如河陽長久之利。」從之。

五年六月二十九日，詔居山至大伾山浮橋，賜名天成橋；大伾山至汶子山浮橋，賜名榮光橋〔一〕。續詔改榮光橋曰聖功橋。

十一月十七日，尚書工部侍郎孟昌齡言：「三山水橋、萬年等新堤，前後役事，並各已成功。然大河非他水之比，或漲或落，掠岸衝激，勢不可測。緩急若須令臣出入照管，即待班次朝辭，萬一恐失期會。欲權依都水監官出入條例，逐急出門，只具奏聞，及申牒逐處官司，庶免臨時誤事。」從之。

六年正月一日，提舉三山天成橋河事孟擴言：「契勘橋（司道）〔道司〕舊兩指揮，額計一千人。今來兩橋四馬頭，窠占并差定看船守宿之人及祗（補）〔備〕打淩整橋道用人甚多，即目 26 尚闕人數，招填不足。蓋因招軍例物與黄河（掃）〔埽〕兵多寡不同，是致少人投充。欲乞將橋道司招軍例物與黄河埽一般支給。」從之。

七月二十日，提舉三山天成橋河等司狀：「據管勾天成聖功橋、武節郎寇茂孫狀：本橋近承朝旨添置人兵，馬頭作兩指揮，已招到并舊管人兵，合行分撥於兩馬頭，未審稱呼爲南北馬頭橋道，爲復以第一、第二指揮爲名。本司今相度，欲將天成橋東馬頭作橋道第一指揮，西馬頭作橋道第二指揮。」從之。

二十四日，詔：「三山浮橋，萬世永賴，造言者終未革

〔一〕光：原作「充」，據《宋史》卷九三《河渠志》三改。下同。

心。可令都水監與當職官夙夜常切固護，如（何）〔河〕流向著或淺澀，即行疏濬，一有缺溢，並依舊法當行處斷。若或造言搖動，以惑衆（請）〔情〕，可立賞錢一千貫，許人告捕。其增修堤道，開分水河，依圖相度，具工料以聞。」

七年五月二十七日，詔：「青州上水城、南洋二橋久廢不治，昨降指揮修整，不及一季，遂見成功，控扼海道，增固守禦，委有勞績。帥臣崔直躬〔一〕，令學士院降詔獎諭；所委計置、監修、部役官等，令直躬具功力等第保明聞奏，取旨推恩。」

八年四月二十二日，詔：「聞磁州界（淺）〔棧〕橋閣道路二百八十餘里，修治未至如法，行路惴恐。見管兵級數少，分布鋪地不足。仰本路帥臣差官同本州當職官相度措置，具事狀聞奏。仍屬縣巡尉并巡轄馬遞鋪使臣，於銜内帶『管幹橋閣』四字。本州通判上下半年遍察。別路有棧閣處 27 准此。」

宣和元年五月二十五日，臣寮言：「永興軍界滻水河并灞海，每經大雨，山水合併，兩河泛漲，別無橋路。及水勢稍息，往往病涉，多傷人命。乞下陝西路轉運司相度，如不可置橋渡，即乞以過馬索引路，令所屬縣分多差水手救護。專委本路漕臣張孝純相度，措置聞奏。」

三年八月二十五日，詔：「天成、聖功兩橋已奏畢功〔二〕，本處當職官失職與免勘，監橋官二員各降兩官，都大一員降一官、展二年磨勘，滑州知、通二員各降一官，應當（官職）〔職官〕各展三年磨勘，提舉官、都大司人吏、滑州當行人吏、監橋官下軍司橋匠、作頭等，各科杖一百。」

四年四月二十四日，詔修繫三山橋了畢，累經秋河漲水，並無疎虞，賜都水使者孟揚以下轉官，賜帛有差。

光堯皇帝紹興三年七月二十二日，詔：「昨緣臨安府申請，橋道去處居民搭蓋茆草席屋，並令拆去，其本府並不預定的確去處，於一二日内了畢，却縱令官吏所至搔擾，有不係當拆去處亦行起動，小民不安。令臨安府分析措置無法因依，即令轉運司體究曾搔擾人户官吏申尚書省。如漕臣隱庇，朝廷覺察得知，亦重寘典憲。」時爲久缺雨澤，故有是詔。

壽皇聖帝乾道二年八月二十三日，兩浙漕（司）〔使〕姜詵言：「吳江長橋南三十三橋，塘岸南北十餘里，兩岸皆民田。舊立兩橋，對岸各有浦巷，歲久橋廢，欲再建立。旁近橋道稀少及對岸無民田者，更添造六橋，共創爲八橋， 28 導泄太湖水徑入吳松江，達於海。」詔別議施行。

（二）〔一〕四年十二月十四日，詔于臨安府清湖閘堰下創木橋一，北郭稅務北創浮橋一。以户部侍郎曾懷等言，三衙諸軍赴新置豐儲倉請糧地遠故也。先是，懷等欲於清湖閘堰及北（過）〔郭〕稅務人使廚屋北各創木橋一，詔令轉運司、

〔一〕崔直躬：原作「崔真躬」，據《東都事略》卷一二五改。

〔二〕此處與後文文意矛盾，蓋修橋成功則當賞，今反罰，不合常理。查《九朝編年備要》卷二八及周必大《孫公昭遠行狀》（《文忠集》卷二九），乃知此年六月橋成後，「秋水至橋輒壞」，則此詔之下當在此時。此處當有脫文。

臨安府營度。（即）〔既〕而逐司以北郭税務厨屋北及人使維舟之所造橋有妨，請更爲浮橋，故有是命。（以上《永樂大典》卷五四二〇）

浮橋

【宋會要】

29 淳熙十年二月二日，詔：「襄陽府浮橋，自來年爲始，將均州合敷竹木與減一半，其餘並令襄陽府計辦。」從知均州守臣請也。（以上《永樂大典》卷五四一四）

河鎖

【宋會要】

30 太宗太平興國三年正月十五日，詔陳州城北蔡河先置鎖筭民舡者，罷之。先是，五代以來藩鎮多便宜從事，所征之利咸資於津渡，悉私置鎖。凡民舡勝百石者，税取其百錢，有所載者即倍征之，商旅甚苦其事。至是，陳州以聞，遽罷之。其後諸州軍河津之所有征者，復皆置鎖。

仁宗天聖三年正月十二日，上封者言：「在京惠民河置上下鎖，逐年征利不多，擁併般運，阻滯物貨，致在京薪炭湧貴，不益軍民，乞罷之。」詔三司詳定可否。三司言：「大中祥符八年，都大提點倉場夏守贇相度，於蔡河上下地名四里橋、段家直置鎖，至今歲收課利六千餘緡，廢之非便。乞下提點倉場官員常鈐轄監典，毋令阻滯。」從之。

【宋會要】〔一〕

徽宗政和元年六月二十四日，樞密院奏：「臣僚上言：『伏見雅州碉門有溪曰禁江，並無鎖閉，可通舟筏，未有關防之法。欲乞嚴設禁止。』送成都府、利州路鈐轄相度，申樞密院。本司據雅州申，碉門寨下禁江一處係屬嚴道、榮經兩縣界，然舊有鎖水一處，從來只置竹棚欄截。今相度改造截河鐵索，兩岸繫縛安置，以備寅夜乘舟舡作過之人。尋行打量得，江面闊一十四丈八尺，每尺用 31 熟鐵一斤打造連鎖，計用鐵一百四十八斤。於南岸山下就山鑿石竅鐵圈鎖纜，纜縛鐵索，及更用將軍柱一條副之。次岸置華車一座，安置鐵索，以備水勢高下，旋行收放。及用鏁一連，寨官逐時點檢封索，選差人兵看守。及碉門寨門下江水岸北舊用木作籬牆，今乞以大石塠疊作城，用乳頭牆，城上置敵棚，分那人兵守宿。本司相度，委是經久可行。」從之。

附城門鎖〔二〕

【宋會要】

〔一〕以下一條原另題爲「江鎖」，按所謂「江」實爲小河（今四川天全縣天全河），今併入上題。

〔二〕原無「附」字，按以下一條應移入方域三「門」目，此處姑作爲附録，故添一「附」字。

孝宗乾道六年四月七日，直敷文閣、權發遣臨安府姚憲言：「府城十八門鎖，年深啓閉不謹，今造新者十八，其分給諸門，欲自今月八日施用。管鑰關大内鎖匙庫收掌，日休時降付諸門。」從之。（以上《永樂大典》卷一一六四七）

宋會要輯稿　方域一四

治河上　二股河附

【宋會要】[1]太祖建隆元年十月，河決棣州厭次縣，又決滑州靈河縣。至二年七月，遣右領〔軍〕衛上將軍陳承昭修塞之。役成，賜承昭錢三十萬。

三年十月，詔沿黃、汴河州縣長吏，每歲首令地分兵種榆柳以壯隄防。

四年正月，詔左神武統軍〔陳〕承昭發近甸丁夫數萬，脩畿内河隄。

乾德四年六月，鄆州東阿縣河水溢，損民田。澶州觀城縣河水溢入大名府，壞廬舍。

開寶三年正月，詔發近甸丁夫數萬增治河隄。十二月，又發二萬人治隄。

四年十一月，河決澶淵，泛數州，官守不時言，通判姚恕棄市，知州杜審肇坐免。命棣州團練使曹翰〔一〕、濮州刺史安守忠部勒脩塞。

五年正月，詔曰：「每歲河隄，常須脩補。訪聞科取梢〔捷〕〔楗〕，多伐園林，全虧勸課之方，頗失濟人之理。自今沿黃、汴、清、御河州縣人户，除準先敕種桑棗外，每户並須別種榆柳及隨處土地所宜之木〔二〕。量户力高低，分五等：第一等種五十株，第二等四十株，第三等三十株，第四等二十株，第五等十株。如人户自欲廣種者，亦聽。孤老、殘患、女户、無男女丁力作者，不在此限。」

〔三〕〔二〕月〔三〕，詔曰：「朕每念河隄潰決，頗爲民災，故嘗置使以專掌之，思設佐僚，共濟其事。自今開封、大名府，鄆、澶、滄、滑、孟、濮、懷、鄭、齊、棣、博、德、淄、衛、濱州，各置河隄判官一員，以逐州通判充。如[2]闕通判，以本州判官兼領。」

五月，澶州河決濮陽縣南岸，六月又決於陽武，命棣州團練使曹翰馳騎經度脩塞。太祖曰：「朕方以霖雨，又聞河決，三兩日來，宮中焚香禱天，若天災流行，願移於朕躬，幸勿殃兆民。」翰奏曰：「若宋景公一言修德，災星爲之退舍。陛下憂兆民，懇禱如是，必應上感天心，亦何慮河決爲災邪！」即詔發開封、河南十三縣夫三萬六千三百人，及諸州兵一萬五千人，修陽武縣隄。澶、濮、魏、博、相、貝、磁、洺、滑、衛等州兵夫數萬人，塞澶州河。並令翰督役，至十二月畢功。

六年正月，遣德州刺史郭貴修魏縣隄。

〔一〕棣州：《長編》卷一二、《宋史》卷九一《河渠志》一均作「潁州」。下「五月」條同。

〔二〕別種榆柳：原作「創柳」，據《長編》卷一三改。

〔三〕二月：原作「三月」，據《長編》卷一三、《宋史》卷三《太祖紀》三改。

八月，草澤王德方上修河利害，特賜同學究出身。

八年五月，河決濮州郭龍村。六月，又決澶州頓丘縣。遣內衣庫副使閻彥進發丁夫數萬修之〔一〕，十一月功畢。

太宗太平興國三年四月，河決懷州獲嘉縣。至十月，滑州言：「靈河縣河決已塞，水復故道，既而復決。」詔塞之，命西上閤門使郭守文、供奉官閤門祇候王侁、西八作副使石全振護其役。

五年正月，命連州刺史任知杲、虢州刺史許昌裔、雄州刺史孫全興發丁夫，理衛、澶、濮三州河隄；左屯衛將軍李重進、右千牛衛將軍鄭彥華、右內率府率田浦發丁夫〔二〕，理濟、鄭、貝三州河隄。

七年六月，河決齊州臨濟縣，又決大名府范濟口〔三〕。秋，河大漲，蹙清河，侵鄆州，城將陷，塞其門，急奏以聞。詔遣殿前承旨劉吉馳往固之。清河水退，鄆 3 城不陷。吉，江南人，習水事，故命之。

雍熙二年正月，遣左領軍衛大將軍郭重吉等十三人監治河隄。

端拱二年五月，滑州房村埽火，焚竹木梢芟百七十餘萬。詔轉運使督沿河州縣官吏，常令分行部內埽岸積聚之物，有檢視不謹，爲水所敗者，坐其罪。

淳化二年三月，詔曰：「今歲時雨霶霈，（州）〔川〕流暴漲，慮河隄脆薄之處，或有蛇鼠所穴，牛羊踐履，岸缺成道，積水衝注，因而壞決，以害民田。宜委諸州河隄使、長吏以下及巡河主埽使臣經度行視，預圖繕治。苟失備慮，或至壞隳，官吏當寘于法。」

四年九月，澶州河水暴漲，夜衝北城，壞居人廬舍及州宇倉庫。即日命彰德軍節度使魏咸信知州事，遣侍御史元紀劾知州、工部侍郎郭贄等不預修防事。民溺死者人給錢，闕食者量予賑給，今年屋稅、沿納物並權除放。河水合御河并山水奔注大名府，知府趙昌言分兵夫填築隄岸〔四〕，壅城門，遂不爲患，降詔褒（槳）〔獎〕，并存撫軍吏百姓。

至道元年十二月，京兆府通判楊覃言，官買修河竹六十餘萬。帝曰：「渭川千畝竹與千户侯等，聞關右百姓竹園，官中斫伐殆盡，不及往日蕃盛，此蓋三司失計度所致。自今官所須竹，量多少採取，厚償其直，存其竹根，則新竹可望矣。」呂端曰：「芟葦亦可以爲索，甚堅韌。後唐莊宗自楊留口渡河，造舟爲梁，只用葦索。」因命樞密院分遣使臣詣河上刈葦爲索，然以脆不用，遂寢。

4 三年正月，遣內臣往澶州沿河點檢竹索。以官費甚多，吏或侵擾爲姦，故令閲數裁減之。

真宗咸平三年五月，河決鄆州王陵埽，浮鉅野，入淮泗，水勢悍激，侵迫州城。命步軍都虞（侯）〔候〕張進、內侍

〔一〕使：原作「吏」，據《長編》卷一七改。
〔二〕田：原作「由」，據《長編》卷二一改。
〔三〕口：原作「河」，據《長編》卷二三改。
〔四〕昌：原脫，據《長編》卷三四補。

副都知閤承翰率諸州丁男二萬人往塞之。至十一月，塞河功畢，遣使存恤被水災〔民〕，令給以口糧。知州馬襄、通判孔勗坐免官〔一〕，巡河隄左藏庫使李繼原配隸許州〔二〕。

六年十二月，雄州何承矩言，乞開濱、棣州界黄河入赤河北流，東匯于海，甚爲長久之利。真宗曰：「此屢有言者，亦曾經度，計役千萬工，浸數縣民田，壞居人廬舍，終恐非便，不可行也。」

景德元年二月，詔：「每歲遣使閲視黄、汴河隄，回日具委保以奏，異時有壞决，連坐其罪。修護〔河〕渠，各有官屬，使者暫往，安可專責，自今罷之。」

九月二十九日，河决澶州横壠埽〔三〕，命起居舍人、知制誥李宗諤馳往設祭，遣侍衛馬軍都指揮使、感德軍節度使葛霸爲澶州修河都總管〔四〕，崇儀使張利涉、内殿崇班王懷昭副之。又遣使視决河漂溢之所，官給船濟之，民乏食者計口賑救。

二年十月，詔沿河州軍長吏、通判，自今任滿，候水落乃得代還。又令沿河縣令、主簿更互出視隄防。

十一月，以内殿崇班、閤門祗候錢昭晟爲崇儀副使。昭晟計春料，擘畫省功減費，親自行視無虞，故有賞。

（五）〔三〕年七月〔五〕，詔：「自今修繕河隄，不得更減功料。」是春，陽武、酸棗河隄使者以省 5 功料爲勞課，亟命選勤幹者代之。

九月，詔：「沿黄河隸役兵匠，自今除月廪外，别給口糧。」

十二月，詔：「沿黄河州軍知州、知軍、通判、令佐等，在任三年，修護隄埽牢固，别無遺累，得替日免短使，依例磨勘，與家便差遣，令佐亦放選注家便官。」

（是）〔四〕年〔六〕，河决澶州王八埽〔七〕，詔發兵夫完治之，費功十餘萬乃成。

大中祥符元年四月，遣中使四人分護鄆、濮等州河隄。以馳道所歷，謹備豫也。

三年五月，京西提點刑獄司上言：「知河陽高紳修黄河岸〔八〕，以棄石累之〔九〕，計省功鉅萬，頗爲堅固。」詔奬之。

八月二十五日，滑州言大河順道北流，詔遣職方員外郎劉益馳往設祭。

〔一〕勗：原作「某」，據《長編》卷四七改。
〔二〕原：《長編》卷四七作「元」。
〔三〕壠：原脱，據《長編》卷五七、《宋史》卷九一《河渠志》一補。
〔四〕感：原作「威」，據《長編》卷五七、《宋史》卷二八九《葛霸傳》改。
〔五〕三年：原作「五年」。按景德僅四年，無五年，「五」當作「三」。此條及下條，《長編》卷六三、卷六四皆繫於景德三年，可證，今改。
〔六〕四年：原作「是年」，按《長編》卷六六、《文獻通考》卷二九六、《宋史》卷六一《五行志》一上均載景德四年七月「河决澶州，壞王八埽」，則「是」當作「四」，因改。
〔七〕澶州：原作「滑州」，據《長編》卷六六、《文獻通考》卷二九六、《宋史》卷六一《五行志》一上改。
〔八〕知：原脱，據《長編》卷七三補。
〔九〕棄：原作「葉」，據《長編》卷七三改。

十二月，帝謂知樞密院王欽若等曰：「河防所設，本各有因，官司相度，容易廢毀，或恣形勢請射，或容（疆）〔彊〕戶侵耕，非次奔流，多貽墊決。蓋聽授之不審，亦興復之倍艱。可降詔諭沿河官吏及巡河使臣，所管舊日大小隄，並依舊存留，不得專擅移易。內有委實不便，須合改更處，具本處何人規畫，於何年修築及明陳改更利害以聞。」

四年八月，河決通利軍，又合御河，流注大名府城，害民田，人多溺死。詔遣官致祭，賜被水家米一斛。是年，遣使滑州經度西岸開減水河，朝議以疏治此河可以析水勢〔一〕，省民力。事畢，詔獎獻言者。

五年正月，棣州言河決聶家口，請徙州城。帝曰：「城去河尚十數里，居民重遷。」又命內殿崇班史崇貴、入內供（俸）〔奉〕官王文 6 慶，與轉運使王（曉）〔曙〕、李應機完塞。既成，又決於州東南李民灣，環城數十里，民舍多壞。（曉）〔曙〕等又請徙於滴河〔二〕，詔閤門祇候郭盛覆視之，如其請。五月，又遣太常博士孫沖、內殿崇班衛承慶按視之。沖言城可固護，止費功三十萬，與（曉）〔曙〕更陳利害，即遣沖知棣州，承慶爲兵馬都監。沖又薦大理寺丞史瑩知水事，遂以瑩通判棣州。瑩俄以異議被絀。沖御下嚴刻，有行新隄上者必杖之。役興踰年，雖扞護完築，裁免決溢，而湍流益暴〔三〕，壖地益削，河勢高民屋迨踰丈矣。民苦久役，而終憂水患，乃罷沖等，徙州。

八月，命東染院使秦義、開封府官寇弦乘傳至鄆州按視河隄城池，圖上利害。

七年二月，詔：「如聞河北濱、棣州修葺遥隄〔四〕，科配勞苦，亦有逃亡者，可諭轉運使便勿修疊，別作規畫，無致闕悞。」

八月，遣使視棣州河隄〔五〕，還言城南河高二三丈，知州、殿中侍御史孫沖守護過嚴，民輸租踐隄者亦笞之。詔擇官代之。乃命轉運使李士衡、張士遜徙州於陽信之八方寺〔六〕。

八年二月，命三司戶部副使李及、西上閤門使夏守贇馳傳詣滑州，與河〔北〕、京西轉運使議開減水河〔利〕害。先是，京西轉運使陳堯佐等請於滑州開小河以分水勢，河北轉運使李士衡等言將爲魏、博民患，請罷之。帝曰：「各庇所部，非公也。」故命及等覆視。及等使迴，請于三迎、楊村北開河〔七〕，仍于新河別開汊河，如河水湍激，即令兵卒之習水者決 7 導。從之。

三月，令滑州都監、監押二員，每月更巡河上，提轄六

〔一〕析：原作「折」，據《長編》卷七六改。
〔二〕滴：原作「滴」，據《長編》卷七八改。按，棣州有滴河縣，《元豐九域志》卷二、《宋史》卷八六《地理志》二作「商河」。
〔三〕益：原作「溢」，據《宋史》卷九一《河渠志》一改。
〔四〕棣：原空，據《長編》卷八二補。
〔五〕棣：原空，據《長編》卷八三補。
〔六〕陽：原作「揚」，據《宋史》卷九一《河渠志》一改。
〔七〕楊：原作「陽」，據《宋史》卷九一《河渠志》一改。

埽修河物料。詔京西轉運使俟農隙日，量發(二)〔工〕匠課取石段，備修河陽埽岸。

四月，詔：「沿河諸埽巡河使臣各給當直軍士五人，監物料使臣各三人，並以本城充，自今不得輒差河清卒。」是月，遣使滑州，與知州、通判同閱芟地，盡令刈送官場。

七月，令京東路提點刑獄滕涉、常希古與本路轉運同定奪鄆、濮州規置芟地久遠利害。

九年正月，三門白波發運使言，沿河山林約採得梢九十萬，計役八千夫一月。命發運使陳麗夫躬自臨視，仍官給糧食，畢日即散。

四月，詔：「自今沿黃河令佐三年，二年在本縣地分修護河隄埽岸，一年差出別縣界，亦修護隄，並得牢固者，只免選注合入官，即不注家便。如三年內俱在本縣地分修護河隄，別無疎虞，即依先降敕命施行。」

十二月，河北都轉運使李士衡言：「滑州魚池埽水勢湍急，知通利軍鄭希甫請於本埽下開減水河，相度利便。」從之。

天禧元年十月，滑州監押、侍禁勾重貴言：「準先降敕，知州軍、通判官、令佐、巡檢河隄埽岸使臣得替後並有酬獎，惟不及都監、監押。」詔自今替日與免短使。

三年六月，滑州河溢州城西北天臺山旁〔一〕，俄復潰于城西南岸，摧七百步，漫流州城，民多漂没。歷澶、濮、曹、鄆，注梁山泊、濟、徐州界，又合清河、古汴河上流入淮，軍士溺死者千餘人。遣馬步都軍 8 頭崔巒領宣武卒四百人巡護。詔光禄少卿薛顔、西上閤門使張昭遠體量規畫，仍與京東、京西、河北轉運使會議，遣使具舟以濟行者。又遣閤門祗候薛貽廓相度水口。以侍衛步軍都虞候馮守信爲滑州修河總管、兼知滑州，虢州團練使郝榮副之，崇儀使、入内押班鄧守恩爲鈐轄，薛貽廓、内殿崇班楊懷(吉)〔古〕並爲都監。遣御史馳驛劾滑州官吏之罪。貽廓言：「修河物料，望差官提點支納，及差木石匠各百人。」從之。命屯田員外郎崔立、内殿崇班閻文慶往涖，其令入内供奉官史崇、楊繼斌以馬步卒二百四十人巡邏兩岸，捕緝賊盜。修護隄岸牛忠又言河水有復故道者，及請發河清卒葺治魚池埽臺。從之。

八月，命樞密直學士王(曉)〔曙〕、客省副使焦守節馳驛詣滑州，與馮守信、京東、河北轉運使等議合要人夫〔二〕、(與)〔興〕役時日，及具合役日限以聞；其本州合要修河物料、錢帛、糧草等，除見有備外，仍令(時)〔曙〕等同(知)〔支〕撥般運，應辦給用，連書以聞。仍賜宴犒。

九月，三司請於開封府等縣敷配修河榆柳雜梢五十萬，以中等以上户秋税科折。從之。

〔一〕城：原作「地」，據《長編》卷九三改。

〔二〕「等議」二字原在「馮守信」下，又「京東」下有「西」字，並據《長編》卷九四改正。

十二月，都官員外郎鄭希甫言：「通利軍至澶州黄河隄岸沙淤，慮將來堙塞河口，水還舊河，衝注溢岸，望令逐州軍增築舊隄一二尺備之。」詔可。

四年正月，命翰林學士盛度言白馬軍將塞河〔一〕，又命右諫議大夫張士遜往祭。仍詔馮守信俟河平，留兵夫萬人
9 護之。是役，凡賦諸州薪、石、楗〔二〕、芟、竹千六百萬，發兵夫九萬人治之。

二月，河隄塞，群臣入賀，帝製《滑州修河碑》，建于福寧院乾文殿，以紀成功。又命翰林學士承旨晁迥祭謝，分遣官謝宫觀、陵廟、岳瀆，群臣稱賀。賜修河官吏衣服、金銀帶、器帛，將士緡錢有差。

五月，詔：「沿河州軍自今每歲令長吏與巡河使臣躬視隄岸，當浚築者，備書以聞，勿復減省功料，以圖恩奬。違者寘重罪。」

〔八〕〔七〕月〔三〕，知制誥吕夷簡言：「伏見河再決滑州，計功鉅萬，以臣所見，未宜修塞〔四〕，俟一二年間漸收梢芟，然後興功。兼聞諸州有賤典賣莊田者，蓋慮科率梢芟，無以出辦。望議定未修河，特詔諭州縣，仍令滑州規度所須梢芟，以軍人採伐，或于近州秋税折科。」從之。

九月，夷簡言：「景德二年，詔沿黄、汴河春料檢計河隄合使物料〔五〕、人力，今後知州、通判、巡河使臣、令佐若能用心點檢，逐年大段減剩得人功、物料，隄岸又得牢實，不至疎虞，與將在任減剩得功料，比附前界叙爲勞績，候得替到闕，特行酬奬。臣今看詳，伏恐沿河州軍官吏因此詔條，每年多減功料數目，故得欲替叙爲勞績〔六〕，以致隄岸漸至薄怯，致昨來河決滑州，倍費功力修塞。其景德二年十月九日敕命，今後更不行用。」詔審刑院、大理寺定奪，請如夷簡所奏。從之。

是月，國子博士王黄裳言：「竊見去年滑州決河，修築終未完固。臣近過鄭州，見黄、汴河岸相去止五
10 十步許，若來歲泛溢，即入汴河口，或至震驚都城。願與諸州長吏案行規度，就直開浚，必可省功料、惜人民。」詔黄裳馳驛往滑州，與李應幾等同共規度修浚河口年限，并具功料以聞。畢日，同往鄭州，召轉運使、河隄官吏等案視以聞。

十二月，知滑州陳堯佐請令兵馬總管同管勾隄事。從之。

是月，崇儀副使史瑩、國子博士王黄裳請於衛州等處

〔一〕此句有脱誤。《長編》卷九五：「天禧四年春正月戊午，以滑州將塞決河，命翰林學士盛度乘傳致祭。」《玉海》卷二二：「（天禧）四年正月，白馬津將塞河，命張士遜往祭。」參之二書，《會要》原文似當作：「四年正月，滑州言白馬津將塞河，命翰林學士盛度乘傳致祭，又命右諫議大夫張士遜往祭。」

〔二〕楗：原作「楗」，據文意改。楗，塞河所用木樁。《史記・河渠書》：「下淇園之竹以爲楗。」

〔三〕七月：原作「八月」。按，《長編》卷九六載於七月十二日辛酉，據改。

〔四〕宜：原作「議」，據《長編》卷九六改。

〔五〕料：原作「科」，參後方域一四之一三天聖六年三月「十六日」條改。宋人稱一屆、一期、一批爲一料。

〔六〕故得欲替：似當作「故欲得替」。

規度分減黃河水勢，詔與李垂親視利害以聞。

五年正月，詔曰：「乃眷洪河，是惟經瀆，決溢爲患，今古攸同。言念修完，頗增勞費。應沿滑州河口且（往）〔住〕修疊，俟將來豐熟日指揮。京畿、京東西、河北遭水及積雨浸民田，妨墾種縣分，委轉運使與逐州長吏體量詣實以聞，議加優恤。京東路河流所及地分尤廣，特差官往彼安撫。」

五月，詔：「應沿河州軍自今每歲檢計管界河隄功料，委逐處長吏或通判、河隄官吏與都大巡河、本地分使臣躬親詳度，如是隄岸怯弱，河道堙塞，合行開濬修築，即連書以聞，不得復有減省功料以爲勞績，希求恩賞，違者寘深罪。」

是月，滑州開減水河功畢，河流漸復北岸，命右諫議大夫李行簡致祭。

六月，〔知〕滑州陳堯佐言：「黃河泛漲，河北岸撥堰放水，其正河、汊河並入故道。」降詔獎諭。

仁宗天聖元年五月，右諫議大夫、參知政事魯宗道往滑州相度修塞河口功料，又遣太常博士李渭隨宗道相視。時滑州計度修塞功料聞奏，[11]又渭嘗言修河利害，故遣之。

六月，供奉官、閤門祇候、簽書滑州事張君平言〔一〕：「簽書州事兼管河隄，將來修塞河口功料，排備物料，分領役兵，伏緣往來隔河，恐失點檢。況修河亦有都監名目，欲免簽書州事〔二〕，專令管勾河口。」別命太常博士李渭爲北作坊副使，充修河都監。

是月，魯宗道言：「近奏鄭州判官王述、前安利軍判官葛湛充滑州職官，同管修河公事。今點檢滑州奏狀，幕職多出外縣，不親書名，欲乞特申戒約，並須同共商議，親書文奏。如有功過，應干修河官，並與知州已下一例施行。」從之。

八月，中書言：「令京西等路（色）〔邑〕人有情願進納修河梢并草者，逐州軍數目十分中特與減放一分，令出榜曉示。」從之。

二年八月，遣度支員外郎、祕閣校理李垂，内殿崇班、閤門祇候張君平，同往滑、衛州相度水勢，及具合役功料數，畫圖以聞。時議修塞故也。京東轉運使又奏：「本部羨財十萬貫，充修河支用。」詔加獎諭。宰臣言：「滑州修河物料，地理闊遠，欲令本州相度添差巡檢，于高阜處積壘苫（益）〔蓋〕，不管疎虞損惡，有悮將來支用。」仁宗曰：「草數重逾千萬，此皆出於民力，不可枉致損爛，如此約束甚便。」

四年十二月，詔：「滑州向下緣河埽岸，累降敕取責結罪文狀，如疊口以後，常切修貼，不唯疎虞〔三〕，尚慮官員、

〔一〕君：原作「均」，據《長編》卷一〇〇改。
〔二〕「免」原作「勉」，「事」原作「軍」，據《長編》卷一〇〇改。
〔三〕唯：似當作「管」。

使臣不切用心固護。宜令接此春初，差夫興修，預合固護，仍以修過功料進取進止。」

五年八[12]月，中書門下言：「近差内殿崇班史崇信、入内供奉官段文德往滑州修疊固護怯薄隄，官員照管兩隄，恐將來水復舊河，别有疎虞。」從之。

九月二日，御史知雜王嚴言：「伏覩敕命，塞疊河口。竊惟濮、衛之郊連苦水旱，趙、魏之境昨經螟蝗，倘加役使，重益困窮。欲乞應在京見有土木工不急修造處，一切權罷，那併充河口差使。」詔從其請。又遣知制誥程琳、西上閤門使曹儀往滑州，與修河總管等相度兵夫、功作料數，及密體量有無未便事件。

八(月)〔日〕[一]，詔京西轉運使洎滑州，自今每五日一次具修河次第、修疊步數、隄岸平安聞奏。

十月，滑州言決河已塞，水復故道。帝召宰相於承明殿，謂曰：「河決累年，一旦修塞，遂除民患，非獨靈意幽贊，亦卿等勠力。」王曾曰：「此皆聖心憂昃，憫昏墊之民，上感穹旻，致滋協順。」詔新修埽以天臺埽爲名。郡有天臺山，因以爲名。群臣稱賀于崇德殿。

十二月三日，中書門下言：「天臺埽費功至大，向下軍州隄岸切在提舉修護，欲令逐路轉運使往來檢舉，如有合行修貼固護，逐處立便施行。小有疎虞，重行朝典。」從之。

十二日，知制誥徐奭言：「近至滑州魚池埽，最是緊急，聞得舊有減水河，望令開浚。」詔滑州相度，本州言應役夫二萬八千餘，一月工畢。或以兵士漸次興功，計役萬二千人，七十日。詔差軍士興葺之。

六年三月六日，滑州寇瑊言：「天臺埽塞河，望付有司譔記。」詔[13]翰林學士宋綬譔述。

十六日，詔内殿崇班、閤門祗候戴潛、高繼密分充澶、滑、安利軍、天雄軍、濮、鄆、齊州界都大提舉修護黄河隄岸。

是日，新授京西轉運使楊嶠言：「澶州每年檢河隄春料夫萬數，並自濮、鄆差往，備見勞擾。欲乞只于外州抽兵士五七千人，與河清兵士同修。」從之。

四月，以鄆州言張秋埽發分兩岸，名三百步埽，别差使臣巡護，從之。

是月，詔澶、滑州簽判職官，自今與知州、同判管河隄事。

八月，澶州言王楚埽河水漲溢[二]，衝決隄岸約三十步，已役兵夫修疊。

七年正月，滑州言：「得殿中丞、簽書節度判官廳公事花尹等狀，嘗準州牒守宿巡掌物料隄埽，緣舊敕只有知州、同判，無職官防護條例，河防重難，深慮小人疎虞，一例負責，洎至任滿，又無優奬。」詔自今澶、滑州簽判職官，候得

[一] 八日：原作「八月」，據《長編》卷一〇五改。

[二] 王楚埽：原作「楚州」，據《長編》卷一〇六改。

替日與依知州、同判例施行。

五月，承明殿詔示中書、樞密院高弁、高繼密等所上《黄河諸埽圖》，（今）〔令〕議所行，乞降付高弁等議定。從之。

七月，滑州言：「諸埽捉到河清軍士盜斫沿隄林木者，按天聖四年宣，贓錢不滿千錢，從違制失定斷，軍人刺面，配西京開山指揮，千錢已上奏裁。切緣軍兵多西京鄰兵，人規避重役，故意盜林木以就決配，依舊收管，若三犯即決配廣南遠惡州牢城。」從之。

十二月，都大巡護澶滑州隄高繼密請差近上官相度河北岸，自澶州嵬固埽下接大隄，以次東北就高阜地[14]創築遥隄。」即詔龍圖閣待制韓億與左藏庫使閻文應〔一〕、內殿崇班閤門祗候康輿同往相度。時御史高弁亦請于澶州向上分作兩隄，前蓬州良山令陳曜乞開鄆州界黄河入麋丘河，詔億等并議之。時侍禁王乙差韓億、高弁同相度開澶州向上分兩河利害〔二〕，詔令弁與陳曜乘驛計會億等，就處規畫利便以聞。

八年正月，中書門下言：「河北轉運使胡則相度，若未修塞王楚埽外口，且留人功、物料固護緊急埽岸，雖即利便，又緣向去河漲，必是依舊衝潫去年遭水人户。欲下河北諸州，爲水災人民貧困不易，其王楚埽生隄水口，令先計度，候澶州上下兩岸將來危急之處物料各有準備，即議修疊。其王楚埽經水潫人，令胡則常切存恤，無致失所。」

〔景祐元年〕十月〔三〕，三門白波發運使文洎言：「沿河諸埽岸物料內山梢，每年調河南、陝府、虢、解、絳、澤州人夫，正月下旬入山採斫，寒節前畢。雖官給口食，緣遞年採斫，山林漸稀，亦有一夫出錢三五千已上雇人採斫。今年所差三萬五千人，內有三二家共著一丁應役之人，計及十萬，往復千里已上，苦辛可憫。所有椿橛、竹索出自向南北，山梢又更北遠。雖芟楡所出地近，勞役亦重。近年計度迭增，新舊折腐實多。山梢舊每年止一二百萬束，去年所及三百七十六萬束，今年七百八（千）〔十〕餘萬束，以至竹索、椿橛比舊數倍多。蓋是計料之時，不以埽岸緊慢，廣作[15]約束，度多不使用，積留枉耗。今計沿河諸埽使外物料尚有二千五百萬有餘，稱是深損爛煤末不（甚）〔堪〕，約直三二千貫。諸埽使臣懼見負罪培填，上下蓋庇，專望水逼隄岸，便作危急夾捲埽中，虛行除破。其外二千二百一十萬，稱堪好，亦有不言堪與不堪使用。此項物料有祥符年納下梢芟，比前項年歲益遠，必慮損爛，懼罪培填，未肯實報。欲乞差官點檢，依年分如法排垛，準備支用。諸處係官物，轉運使巡歷，並皆點檢。修河物料，望令轉運、發運使依例點檢，相度埽岸急慢，物料多少，逐旋移那，則經久別無朽

〔一〕「左」上原有「京」字，據《長編》卷一〇八删。
〔二〕此句似有脱誤。
〔三〕景祐元年：原無，據《長編》卷一一五補。

損。又不敢過外約度。只如天聖三年，據諸州約度修河梢，準敕十分中減三五分已上，亦無闕悮，此明見元約數大。又鄆州去年要梢九十九萬，只般三十萬應副，亦無闕悮。又今三月準三司牒，據巡河魏昭素狀，新置（榮）〔滎〕澤、酸棗縣河岸水勢向著，乞般山梢。一月之内八次承牒，莫非緊急，遂併般三十一萬往彼。訪聞逐埽去舊隄三四里，般去梢並未曾使。似此虚垛年深，枉有損爛。欲乞候差官點檢見數，下提舉修河官，將河退水慢埽見在物料相度撥與緊着埽分。今後每秋約度來年物料，乞令提舉官與知州軍、縣令佐、埽岸使臣相度，先將河背慢埽物料就支，及採榆柳使外，據實少數申奏採買。如埽慢河退，物料數多，提點司相度移用。若致損爛不堪，即申與本轄根勘，候（繼）〔斷〕遣（乞）〔訖〕即放[16]離任。若新監官不切點檢，被提舉官或後界使臣點檢，並乞嚴斷。令逐埽置版榜，備録交割，遵守施行。又沿河隄上甚有雜木，並可採斫充梢橛。竊聞諸處避見役使人工，意要綱運般載，利於掌納辦濟，不肯盡公約度。況河清兵士轉添數目，欲乞委提舉官自今仔細約度雜木斫梢橛數，牒本州抽那人工、兵士採斫，漸減斫梢人夫勞役，亦（有）〔省〕般運。如依擘畫，其利有五：點檢物料，見得好惡，依條結絶，免致失陷，一也。移那物料，逐旋支使，不致積壓，枉致朽腐，二也。鈐轄交割，必得近新物料，修河久固，三也。依實計度，添斫榆柳，減省遠地採買般運勞費，四也。廢却閑埽，不至枉差監專，虚積物料，五也。」詔三司相度，請悉如洎奏。從之。

慶曆元年三月，詔權（亭）〔停〕塞滑州横隴決河。初遣内侍王克恭往議塞河，又遣三司户部副使楊吉與入内内侍省押班劉從愿繼往規度其事。而克恭（詣）〔請〕先治金隄，吉等言乘河北歲稔，請塞横隴爲便。又下京東、河北轉運司及都大巡河使臣，與知天雄軍李迪議利害，而迪言功大不可就，請止修金隄以禦下流。帝以爲然，故降是命。

八月，遣官澶州祭河。時方議開分水河以減湍暴之勢，未定功而水自成道，州以其事聞，特祠之。

六年十月，詔：「黄河諸埽官吏，如經大水抹岸，歲滿並與遠地官。」

八年七月，分遣内臣往河北、陝西、河東、京東、京西、淮南六路，勸誘進納修河梢[17]芟。

是月，命侍衛親軍馬軍副都指揮使郭承祐爲澶州修河都總管，尋以知澶州。又命三司户部判官燕度同知澶州，兼管勾河口事。時以河水爲患也。

是月，命翰林學士宋祁、入内〔内〕侍省内侍都知張永和往視商胡埽決河及覆計工料，而祁、永和並言商胡水口見闊五百五十七步，用工一千四十二萬六千八百日，役兵夫一十萬四千二百六十人，計一百日修塞畢。

十二月，判大名府賈昌朝言：「按夏禹導河過覃懷，至大伾，釃爲二渠：一即貝丘西南河，《書》稱『北過降水至于大陸』者是也；一即漯川，史説經東武陽，由千乘入海者是也。河自平原以北播爲九道，齊桓公塞其八而并歸徒駭。漢武帝時，決瓠子，久爲梁、楚患，後卒塞之，築宫其上，曰宣房，復禹舊跡。至王莽時，（具）〔貝〕丘西南渠遂竭，九河盡滅，獨用漯川。而歷代徙決不常，然不越在鄆〔一〕、濮之北，魏、博之東。即今澶、滑大河，歷北京朝城，由蒲臺入海者，禹、漢千載之遺功也。國朝以來，開封、大名、懷、滑、澶、鄆、濮、棣、齊之境，河屢決。天禧三年至四年夏連決，天台山傍尤甚，凡九載乃塞之。天聖六年，又敗王楚。景祐初，潰于横隴，遂塞王楚。於是河獨從横隴出，至平原分金、赤、淤三河〔二〕，經棣、濱之北入海。近歲海口壅閼〔三〕，淖不可浚，是以去年河敗德、博間者凡二十一〔四〕。今夏潰於商胡，經北都之東，至於武城，遂貫御河，歷冀、瀛二州之域〔五〕，抵乾寧軍，南達于海。18今横隴故水止存三分，金、赤、淤河皆已堙塞，惟水壅京口以東〔六〕，大決民田〔七〕，乃至於海。自古河決爲害，莫甚于此。朝廷以朔方根本之地，禦備戎虜，取材用以饋軍師者，惟滄、棣、濱、齊最厚。自横隴決，財利耗半〔八〕，商胡之敗，十失其八九。又況國家恃此大河，内固京都，外限胡馬，祖宗以來，留意河防，條禁嚴切者以此。今乃旁流散出〔九〕，甚有可涉之處。臣竊謂朝廷未之思也，如或思之，則不可不救其敝。臣愚竊謂救之之術，莫若東復故道，盡塞諸口。按横隴以東至鄆、濮間，隄埽具在，宜加完葺。其湮淺之處，可以時發近縣夫，開導至鄆州東界。其南悉沿丘麓，高不能決，北皆平原曠野，無所阨束，自古不爲防岸，以達于海，此歷世之長利也。謹繪漯川、横隴、商胡三河爲一圖上進。」詔翰林侍讀學士郭勸、入内内侍省都知藍元用與河北、京東轉運使再行相度修復黄河故道利害以聞。勸等言：「自横隴水口以東至鄆州銅城鎮，規度地勢高下，使河復故道，甚爲大利。凡開二百六十三里一百八十步，役四千四百十九萬四千九百六十（功）〔工〕〔一〇〕。」

初，河決商胡，又決郭固，朝議修塞，卒以不就〔一一〕。皇祐三年九月，觀文殿學士、尚書右丞丁度等言：「奉詔定奪商胡、郭固（塚）〔埽〕水口，蓋爲見與恩、冀州爲患危急。若便議修（閑）〔閉〕商胡水口，緣所費物料、人功萬數至多。況今諸路災傷，民力未豐，必至將來春水已前未能辦集，（郎）〔即〕來年恩、冀州19水患未息。兼商胡（閑）〔閉〕塞之後，

〔一〕鄆：原作「渾」，據《長編》卷一六五改。
〔二〕淤：原作「游」，據《長編》卷一六五改。下同。
〔三〕閼：原作「閉」，據《長編》卷一六五改。
〔四〕間：原作「聞」，據《長編》卷一六五改。
〔五〕域：原作「城」，據《長編》卷一六五改。
〔六〕水：《長編》卷一六五作「出」。
〔七〕決：原作「污」，據《長編》卷一六五改。
〔八〕財：原作「則」，據《長編》卷一六五改。
〔九〕今：原脱，據《長編》卷一六五補。
〔一〇〕十九萬：《長編》卷一六六作「九十萬」。
〔一一〕「初河決」至此原在上條之末，查《長編》卷一七〇，河決館陶縣郭固口在皇祐三年七月，則此數句乃是引起下文，應置於下文之首，因移。

河水未有所歸，欲乞且令速行計度人功、物料，多方修塞郭固口，及創立隄防，固護水勢。其商胡口經久須合修塞，方免河北水患。望選諳知河水次第臣僚，仔細踏行地勢，相度定奪將來（閑）〔閉〕塞商胡之後，河水合歸甚處流水的確利害，及計定疎理修渠逐項人功、物料數目聞奏，別降指揮，預行計置。」詔依所議，其商胡口并故道累經相度，更不差官檢計，只候來年秋修塞。合要物料，令三司檢會天禧年修河體例敷配，所貴衆力易集。

至和二年十二月四日，中書門下言：「黄河自商胡決，北流經大名、恩、冀之地，久爲民患。先議開銅城故道而塞商胡，恐功大難卒就，若緩期，又慮金隄汎溢，不能捍固。欲量集兵夫、物料，就六塔河見行水勢，橫隴舊道，以紓大名、恩、冀之患。仍令河北、京東轉運司，應沿河州軍隄埽及牛羊道口，預修完之。内民田爲水所占者，具數以聞。」從之。

初，黄河自商胡決，北流經大名、恩、冀，歲暴溢爲患，而蔡挺與李仲昌等建議塞北流以入于六塔河〔一〕。以嘉祐元年四月塞商胡北流入六塔河，（北）〔而〕六塔河隘而不能容〔二〕，一夕河復決，漂溺兵夫與揵塞之費不可勝計。于是言者以謂濟、博、濱、棣之民重罹水患，乃遣殿中侍御史吳中復、帶御器械鄧守恭置獄于澶州，修河官等並坐奉詔俟秋冬塞北流，而聽仲昌擅進，既塞而復決，枉費功料，都監張懷恩與仲 20 昌仍坐于河上盜所監臨物羈管。

嘉祐七年七月，河北提點刑獄司言，河決北京第五埽。詔都水監丞王叔夏與本路轉運使調兵夫完築之。至八月埽成。

英宗治平三年六月二十八日，都水監言：「新知明州沈扶乞今後黄河及諸河泛漲，隄岸疎虞抹岸去處，令轉運司於鄰州選官檢視，先驗照水口兩頭隄身内近經漲水退落痕跡，仔細打量相去隄面高下丈尺，指定係是抹岸，爲復衝決，保明申監然後行。其當職官吏若檢視官定驗不實，乞行嚴斷。其恩州清陽縣界御河衝決，乞特行衝替令佐。看詳自商胡橫流後來，黄河與御河身相合，下流梗澀。其御河雖係所屬縣分管勾，緣承例不曾計置應付人功、物料修護。昨因懷州界泌河決溢，通注御河，水勢添漲，倍過常歲，致御河吞伏不盡，自通利軍已下破決隄岸甚多。其恩州（滑）〔清〕陽縣令佐失于修護，犯在赦前，乞賜詳酌。所有御河隄岸，監司近曾奏請，已令所干州縣管勾常檢視修護，預先計置物料、人功有備。如計置不足，即委都轉運司擘畫應副，及令沿河逐縣令佐官銜内各帶修護，逐州通判專提舉修護，並令管河道隄岸，（令）〔今〕後河事有所責成。」從之。以上《國朝會要》。

〔一〕「蔡」、「李」二字原無，據《宋史》卷九一《河渠志》一補。
〔二〕隘：原作「溢」，據《長編》卷一八二改。

二股河

嘉祐八年二月，詔判都水監韓璹、監丞李立之與河北都轉運使唐介同往相視修二股河。

治平三年十月二十五日，同判都水監張鞏言：「已與沈立同共相 21 度六塔河經久利害聞奏，乞增修二股河上下約。緣正當河衝，灘面低下斜狹，欲乞來春先且極力增修下約，候夏秋委是牢固，至次年方得相度緊慢，次量進卷上約歸。」從之。舊《會要》黄河、二股河各(五)〔立〕門，今併二股河附于此。

神宗熙寧元年七月十八日，以京東轉運使、(大)〔太〕常少卿孫琳權都大提舉恩、冀、深等州修葺河隄。

二年五月一日，詔尚書司勳員外郎、知都水監丞李立之乘驛赴闕。以議者多言二股河生隄不足築，築之無利，故詔與之計議。

七月二十四日，同判都水監張鞏等言：「二股河上下約累經大河汎漲無虞，乞差近上知河事臣僚一兩員，計會本路轉運司，與臣等及郡邑官吏共講求閉塞北流利害，及定時月，仍相視東流南北(提)〔隄〕防功料。」詔送相度官翰林學士司馬光、入内副都知張茂則相度以聞。

八月六日，詔張茂則、張鞏與轉運司再同相度二股河下流隄岸利害及計工以聞。先命司馬光，其罷之。上初遣光，既而王安石恐與建議者不合，乃罷其行。

十七日，張鞏等言：「躬親至二股河覷步下約，東流河勢深快，北流漸慢。今相度下流怯薄隄防並未曾施功，深恐危急，別致決溢。欲望依久來修塞河口例，差轉運使、副一員，專往下流州軍檢視隄防向着去處，闕少人功、料物計置。其妨礙水行縣鎮，且令固護，仍一面相度遷移，候河事定疊，即歸本司。其王亞乞令往 22 下流州軍同共照會管幹。」詔轉運使、副一員與王亞計會張茂則同去。茂則又言：「二股河一面東傾，水及八分，北流止及二分。觀此水更無議論，其張鞏等見議修疊，漸次閉塞北流，見同議定閉塞次第，未敢便往二股河下相度隄防。乞差近上臣僚一二員赴二股河，同議閉塞北流。」詔更不差官，並依累降指揮。

十九日，張鞏等言：「先準詔開治二股河，今月十二日，大河東徙，北流淺小。十四日閉斷大河北流，更卷欄水埽以禦捍暴漲水勢，用(上)〔土〕木填疊次。」詔見役兵士特與等第支賜，仍賜張鞏、李立之器幣有差。

九月五日，程昉言：「二股北流，今已閉塞，然御河水由冀州下流，尚當疎導，以絶河患。」又言：「南河、蔡河等處，若以堰蓄水，可復舊日塘濼，爲久長之利。」上批：「御河等水，須合早議疎導，可速處置。其塘濼當措置事，令樞密院施行。仍差權都水監丞劉彝與昉相度以聞。」

三年正月，判北京(翰)〔韓〕琦言：「奉詔選委官相度體量見今東流隄防興功次第如何，固免向去水患。欲乞專委見在河上都水監官與轉運使相度，必見利害。或以近上經歷臣僚往彼檢覷。」詔：「若且罷御河工役，併力治大北隄，似爲得策。」因令河北轉運司于御河抽那人夫，兵卒赴東流工役，其御河闕人，樞密院刷劄應副。

十二月，詔：「判都水監張鞏候勾當迴日，且在黄河東流照管，候至夏秋水勢定疊，即還司。」

四年七月二23十三日，河決大名府第五埽。

八月五日，張茂則言：「奉詔相度二股決河利害，乞以開封府判官宋昌言，都水監丞、河北興修水利官、宮苑使、帶御器械程昉，同領役事。」從之，仍以昌言同判都水監。

九月五日，詔：「鄆州言黄河溢水入故道行流，令京東提舉常平倉司那官一員前行相視深淺闊狹、水所歸處〔一〕，仍畫圖以聞。」

十二月十四日，賜河北轉運司度僧牒五百，紫衣、師號各二百五十，開修二股河上流，并修塞第五埽決口。

二十三日，命内侍省内侍押班李若愚、宮苑使帶御器械程昉同提舉修塞北京第五埽決口，并（門）〔開〕二股河上流。

五年三月十六日，塞北京第五埽口，導河入二股，賜都大提舉官宋昌言、王令圖、程昉等錢、絹有差。

四月二十二日，都大提舉修塞北京第五埽決河、入内副都知張茂則等言：「已塞第五埽，令河入新開二股河。」詔賜茂則以下御筵於大名府，仍命右諫議大夫、集賢殿學士宋敏求就決河致祭。

七年二月五日，都大提舉大名府界金隄范子淵等言〔二〕：「疏濬二股及清水鎮河通快，其退背魚肋河三道可以閉塞，庶大河水併入清水鎮及二股河，兼退出民田不少。」詔如疏濬正流河道已深，即閉塞。初，外都水監丞、同勾當公事張倫請於第四埽上下簽開魚肋河〔三〕，可以引水勢復二股河故道。命監丞劉璯、王令圖、程昉參議，以子淵等領其事〔四〕。又開直河深八尺，24以濬川（把）〔杷〕疏治之。至是，子淵言疏濬功狀，故有是詔。濬川（把）〔杷〕事詳見「濬河司」。

四月十六日，詔：「應黄河夏秋水勢汎漲，隄岸危急〔五〕，須藉夫衆救護之處，去所屬州府五十里已上者，委本埽申所屬縣分，那令佐一員晝時上言，抽差急夫入役，及申都水監丞司并本屬州府，催促應副。仍令通判上河提舉。如不至危急，妄有拘集人夫，並坐違制之罪。仍委按察官司覺察之。」

六月，都水監言：「監丞劉璯狀：『勘會北京界黄河自熙寧二年閉斷北流後來，累經横決，於許家港及清水鎮行流，致水勢散漫，不成河槽，常憂壅遏之患。六年十月之

〔一〕處：原脱，據《長編》卷二二六補。
〔二〕都大：原脱「大」字，據《宋史》卷九二《河渠志》二補。
〔三〕第四：《長編》卷二五〇作「第五」。 魚肋：《長編》作「直」。
〔四〕其：原作「具」，據《長編》卷二五〇改。
〔五〕危：原作「厄」，據《長編》卷二五二改。

內，因外監丞王令圖等各爲大河行流清水鎮，下入蒲泊，散漫不成河槽，渰侵民田，乞于北京第四、第五埽等處開修直河，使大河復還二股故道。瑲尋被旨相度，還言其利，尋已施行，乃係金隄都大范子淵、朱仲立等領其事，開成其河，計深八尺，不住疎濬。又緣向上魚肋河數道分奪水勢，尋擘畫閉斷魚肋河四道，所貴擗拶水勢，全入二股河行流。今據北京新隄第五埽使臣康景通并德博州都大李襄等言，自今歲開撥北京第五埽直河并南岸閉斷魚肋河四道，擗拶水勢，全入二股河後來，水勢節次添漲七尺二寸，行流湍急，不住擁塌河崖。即目直河內水深二丈五至三丈已來，而許家港、清水鎮河極至淺漫〔一〕，幾乎不流。看詳二股河見今雖是水勢深快，已[25]成河道，蓋緣蒲泊已東接連清水鎮、許家港，向下直至四界首，漸次退出田土，別無固護。如向去却遇漫水出崖，未免依前牽迴河頭，復成水患。欲乞下外監丞司相度〔二〕，候霜降水落，將清水鎮河閉斷〔三〕，築縷河隄一道遮欄漲水〔四〕，使大河復循故道，別無走移壅塞之患。及退出良田數萬頃，民得耕種，兼退背下博州界堂邑等七埽減省逐年修護之費，公私俱濟。所有退出田土內，係官及人户未歸業地土，即乞許逐旋召人承佃。人户歸業，照證分明，即復給還。』監司勘會北京界第五埽所開直河，及用濬川〔把〕〔杷〕、鐵龍爪疏濬河道，并閉塞魚肋河等，元係劉瑲相度措置，今又以爲言，乞差瑲與監丞王令圖同會外都水監丞司就計其事。」從之。

九年正月十二日，同管勾外都水監丞司公事范子淵言：「北京第六埽、許村港連二股河，切慮向去漲水，復至漫溢爲患，欲乞自南岸魚肋埽接治水埽增築一隄〔五〕。」從之。

四月十八日，都水監丞司言：「本監已相度，於許村港連接魚肋河築隄委是利便〔六〕，見已興修。」

十年七月十七日，黄河大決於曹村下埽。二十四日，澶淵絶流，河道南徙，又東匯于梁山張澤濼，分爲二派，一合南清河入淮，一合北清河入于海。凡灌郡縣四十五，而濮、齊、鄆、徐尤甚，壞官亭民舍數萬，田三十萬頃。上惻然矜愍，遣御史按視而賑濟其民。乃案圖書，相山川形勢，詔以明年春作始修塞〔七〕，下都水監[26]考事計功。以閏正首事，距五月一日新隄成，河還北流。詔奬賜官吏有差。凡興功一百九十餘萬，材一千二百八十九萬，錢米各三十萬。

九月三日，詔：「應大河決溢，見被水占壓民田處，並令當職官司速行疏畎。」

〔一〕淺：原作「清」，據《長編》卷二五四改。
〔二〕度：原作「應」，據《長編》卷二五四改。
〔三〕將：原作「得」，據《長編》卷二五四改。
〔四〕縷：原作「漊」，據《長編》卷二五四改。
〔五〕「治」原作「水」，「埽增築一」原脱，據《長編》卷二七二補。
〔六〕「於」上原有「致」字，據《長編》卷二七四删。
〔七〕始：原作「治」，據《宋文鑑》卷七六孫洙《澶州靈津廟碑》改。

十一月十四日，都水監言：「勘會黃河遞年所役兵夫，自來土功別無成法，昨列到土法，今春試用，委得經久可〔行〕。」從之。（以上《永樂大典》卷五六四三至五六四七）〔一〕

【宋會要】〔二〕

27 嘉祐二年，有司言：「至和大水，京城罹害，宜自祥符縣葛家岡穿河，直城南好草陂，北入惠民河，分注魯溝，則無水患〔三〕。」

三年正月戊戌，發卒調民，穿河于京城西，役工六十萬。九月成，癸巳，名曰永濟河。

十一月己丑，置都水監。

五年春，河北漕韓贄穿二股渠，分河流入金、赤河，役夫三千，一月而畢。七月丙辰，上二股河圖。八年，贄判都水。二月，命贄及丞李立之與河北漕唐（界）〔介〕按視脩二股河。

治平元年五月，命都水浚二股河，紓恩、冀水災。

熙寧元年十一月十三日，命學士司馬光〔相〕度二股河利害。

二年八月五日己亥，光言：「禹分九河，漢釃二渠，河順則爲患小矣。河併爲一則勞費倍，分爲二則費減半。張鞏等欲塞二股河爲北流，恐費大而功不成。」

十四日，鞏言北流已塞。辛亥，詔閉斷北流。

四年七月，河決大名〔四〕。五年三月塞之，導河入二股。七年，浚魚肋河，復二股河故道。

元祐七年，呂大防曰：「黃河持議者有三說，一曰回河，二曰塞河，三曰分水。爲四隄二河分減水勢，實爲大利。」（以上《永樂大典》卷五六五八）

〔一〕《大典》卷次原缺，陳智超《解開宋會要之謎》頁二八一擬於卷五六四三至五六四七，今從之。《大典》此數卷爲「河」字韻「宋治河」目。

〔二〕此下原有題曰「二股河」，今刪。按，此下至卷末數條，多用干支記日，與《宋會要》體例不符。經查，此數條均出《玉海》卷二二，非《會要》之文。

〔三〕句末原有「永通」二字。按《玉海》卷二二，三年正月、九月二條末有小注云指永通河，《大典》蓋於此立一細目，今不取。

〔四〕大名：原作「大明」，據《玉海》卷二二改。

宋會要輯稿　方域一五

治河 下　二股河附

❶元豐元年閏正月一日，提舉修閉曹村決口所言：「以今月十一日築簽隄〔一〕，開脱水河〔二〕。」遣權判太常寺李清臣乘驛告祭，就差走馬承受韓永式齎香建道場三晝夜，仍令候河水稍渾閉口，毋得沙損京東民田。

二十八日，修閉曹村決口所言：「昨計修閉之功，凡役兵二萬人，而今止得一萬五千人有奇。」詔河東路、開封府界差傭萬夫。

二月五日，詔：「提舉修閉曹村決口所察視兵夫飲食，如有疾病〔三〕，令醫官用心治療。具全失分釐以聞，當議賞罰。」

三月四日，詔：「都水監調發汴口水勢，通接淮、汴行運。其曹村決口水雖已還故道，然未通順，宜用濬川杷疏濬〔四〕，三日一具疏濬次第以聞。賜塞決河役兵特支錢。」

二十五日，詔：「大河初復故道，尚或壅遏，令都水監遣丞一員，於上流王供等埽往來照管，及別差官提點下流隄埽。」

二十七日，賜度牒二百道付河北轉運司，以市年計修河物料。

四月二日，詔：「塞河役衆闕醫治疾，令翰林醫官院選醫學二人，馳驛給券以（住）〔往〕。」

二十一日，詔太醫局選醫生十❷人，給官局熟藥，乘驛詣曹村決河所醫治見役兵夫〔五〕。

二十五日，提舉修閉曹村決口（所）言，已塞決口。詔改新閉曹村埽曰靈平，遣樞密學士、尚書右司郎中陳襄祭謝。初，決口屢塞不能絶流，財力俱竭，燕達等相視無策。有小赤蛇出于上流，衆以爲神，共禱之，一夕沙漲，河遂塞，故賜名埽曰靈平，廟曰靈顯。

同日，詔新閉曹村埽都總管燕達兼都大提舉修護決口〔六〕，外都水監王令圖權同提舉修護，務令堅實。仍遣中使撫問，賜燕達以下御筵。

二十八日，詔：「新埽役兵疲于盛暑，可三分日力，用二分全役，一分與放半功，午暑聽少休息。」

五月六日，羣臣上表賀塞曹村決口，河復故道。

同日，詔：「塞決河亡卒聽自陳〔七〕，仍具被差急夫合

〔一〕隄：原作「提」，據《長編》卷二八七改。
〔二〕開：原作「閉」，據《長編》卷二八七改。
〔三〕如有：原倒，據《長編》卷二八八乙。
〔四〕「然未」至「疏濬」：原脱，據《長編》卷二八八補。
〔五〕所：原無，據《長編》卷二八九補。
〔六〕修護：原作「修閉」，據《長編》卷二八九及下句王令圖官銜改。
〔七〕亡：原作「口」，據《長編》卷二八九改。又，「自陳」下《長編》尚有「免罪」二字，文意更明。

如何優恤〔一〕，其部夫官分若干等第以聞。」

同日，都大提舉修閉曹村決口所言〔二〕：「見修月隄〔三〕，增卑培薄，正須兵夫赴役。候漲水定，即先降指揮，分日力三分之一放半功。」承受韓永式言：「新修馬頭，于大河傾注之間簽成隄岸。河流雖斷，隄面尚墊，猶須衆力。乞且留諸處役兵一月，候馬頭不墊，新隄增固，委都大提舉所減放。實選役兵萬人，俟過漲水聽還。」並從之。

二十五日，詔：「入内東頭供奉官韓永式轉兩官，聽寄資。其保明勞績，優等轉兩官；第一等轉一官，減磨勘二年，選人改合入官；第二等轉一官，選人循兩資；第三等減磨勘三年。總管及轉運司各減一等。其靈平埽都大[3]及巡河等官滿日酬奬。」論塞決河之勞也。

二十六日，詔權河北轉運副使、尚書祠部郎中王居卿，權發遣河北東路提〔舉〕〔點〕刑獄汪輔之，各減磨勘三年。賞應副河事畢也。

二十八日，詔：「修河所減放諸埽河清客軍並歇泊十日〔四〕，如河防緊急入役，即令向後補歇泊日。」

六月三日，詔太常博士苗師中、供備庫使朱仲立等二十三人各遷一官。以與塞河決有勞故也。

四日，詔：「權都大主管巡護惠民河楊琰，令任滿日再任，賜度僧牒五十。」琰自陳以夏津縣決河故道爲大河，塞曹村決口〔五〕，省人功、物料錢百餘萬緡，又五埽退背，減罷使臣五員，乞恩故也。

七日，詔：「河北路轉運司昨發塞決河急夫，候發春夫計日折免，更蠲五分。」以京東路體量安撫黄廉上言本路被水故也〔六〕。詳見「水利」門。

十二日，詔令逐路提點刑獄官一員，專檢督修河所減放役兵〔七〕。

十三日，詔都水監：「聞減放塞河役兵多道死者，宜指揮逐路提點刑獄官點檢催督〔八〕，早令達住營州軍。」

十七日，詔都水監：「應河埽物料于合應副路轉運及開封府界提點司，取三年中一中數爲額，委逐司管認，應副錢物，關本監計置。」

七月十一日，詔鎮安軍節度推官、知澶州衛南縣李夷白循一資。初，靈平埽闕草，夷白市十餘萬束應用，都水監乞優與推恩。中書擬理爲勞績，上批：「夷白和買草濟一時急用，實爲有功，可特循一資。」

八月十六日，賜[4]度僧牒六百付都水監，分與開封府界提點及河北轉運司鬻之，預買修河物料，以其半市梢草

〔一〕具：原作「俱」，據《長編》卷二八九改。
〔二〕言：原脱，據《長編》卷二八九補。
〔三〕月隄：原作「河提」，據《長編》卷二八九改。
〔四〕修：原作「攻」，據《長編》卷二八九改。
〔五〕村：原作「封」，據《長編》卷二九〇改。
〔六〕被：原作「備」，據《長編》卷二九〇改。
〔七〕所：原無，據《長編》卷二九〇補。
〔八〕刑：原作「形」，據《長編》卷二九〇改。

還諸埽。

十月十一日，詔韓村埽巡河、左班殿直武繼寧追一官勒停，餘官衝替，罰銅有差。坐大河以風雨溢岸，失於備預也。

二十七日，詔罷左藏庫副使霍舜舉、西京左藏庫副使王鑒提舉剶杌黃汴等河榆柳〔一〕，止令逐地分使臣兼管，及委都大官提舉。以都水監言剶杌累年〔二〕，今已成緒故也。

十二月十八日，三司言：「準送下判都水監宋昌言等奏，乞支錢二十萬緡，分與開封府界〔三〕、河北路諸埽市梢草。未有錢物可給，欲支市易務下界末鹽錢十萬緡〔四〕，從三司撥付本監，依朝廷錢物例封樁，逐年依數兑換，非朝旨及埽岸危急支盡年計物料，毋得支用，從三司點檢拘轄。」從之。

二年三月八日，知都水監丞范子淵言，修黃河南岸治水隄，乞給人兵、物料、緡錢。詔發卒三千人，給官莊司、熟藥所錢共三萬緡，公用錢二百千。

四月十二日，詔司農寺出坊場錢十萬緡賜導洛通汴司，增給吏兵食錢。內以二萬緡給范子淵，爲固護黃河南岸薪蒭之費。

六月五日，都水監言：「去月二十八日，澶州明公埽墊。」詔：「明公埽最爲河流向着，其南纔隔大隄一重，備之不時則與靈平之患無異。本埽見闕正官，外都水監丞可速奏舉，差出埽兵亦即追還，以防夏秋漲水。」

七月二十二日，知都水監丞范子淵言：「固護黃河 5 南岸畢工，乞中外分爲兩埽。」詔以廣武上、下埽爲名(也)。

九月二日，前京西轉運副使、屯田員外郎李南公減磨勘三年，餘十一人遷官、減磨勘并陞名次有差。以固護(夫)〔大〕河南岸有勞也。

七日，上批：「近差都水監幹當公事錢曜檢定諸埽樁料〔五〕，聞二都大司已計夫二十餘萬外〔六〕，尚有五都大司及諸河工料，如此則來歲雖起三四十萬夫，未能應副，公私財用枉費過當，深爲可惜。錢曜新作水官，未歷河事，恐爲沿河冒利者所罔，不能究悉底裏，可差本監主簿陳祐甫代曜檢定以聞。」

三年四月十九日，前河北路轉運副使陳知儉罰銅三十斤，前提點河北路刑獄韓正彦罰銅二十斤。坐河決曹村失備也。

〔一〕剶杌：原脱，據《長編》卷二九三補。「杌」字《長編》卷二九三原作「机」，據《長編》卷二四五改作「杌」。卷二四五云：熙寧六年五月辛酉，「命文思副使霍舜舉（按：原誤「封」）、供備庫副使王鑒以剶杌栽種榆柳爲名，置司於大名府」。剶，砍削樹枝；杌，砍樹後所存木樁。「剶杌」蓋謂砍削樹枝以插條，此爲栽植榆柳之法。「剶机」則無義，今定從「杌」。

〔二〕剶：原作「剃」，按《長編》卷二四五李燾原注云：「剶音川。」則作「剶」是，據改。

〔三〕封：原作「州」，據《長編》卷二九五改。

〔四〕下：原脱，據《長編》卷二九五補。

〔五〕樁：原作「春」，據《長編》卷三〇〇改。

〔六〕二：原脱，據《長編》卷三〇〇補。

五月十三日，司農少卿、前知衛州魯有開罰銅二十斤〔一〕，通判〔二〕、幕職官、汲縣主簿、尉並衝替，巡河部役官追官勒停差替。並坐河溢失救護也。

二十四日，都水監言：「同外監丞并諸都大定議，黃河諸埽向着退背，分三等會兵夫物料數，乞令判監一員按視推行。」詔遣判監劉定。

六月十五日，權判都水監張唐民請復黃、汴諸河歲差修河客軍九千人額。從之。

二十五日，御史滿中行言：「昨曹村河決，止坐都水監當任官。竊以河防堅固，非朝夕可致，量罪定罰，宜以供職久近爲差。」詔中書立到官日限法。

七月七日，詔：「雄州廣武上、下埽役兵，方盛暑晝夜即工，可與特支錢，賜部役官夏藥。」

八月[6]十二日，河陽言：「雄武埽七月二十八日河水變移，埽岸危急，已發河陰、濟源縣急夫各千人救護。」上批：「今歲夏秋農時，並河之民累經調發，人力已困。又前奏雄武河流離埽已遠，更無可虞，豈有伏槽之際，致危急之理？此乃官司不恤百姓疲于役事，信監埽使臣張皇呼索，可遣權提點開封府界諸縣鎮公事楊景署按視，如不應差發，劾罪以聞。」

二十六日，權提點開封府界諸縣鎮楊景署言：「雄武埽自六月至七月累危急，所調發五縣急夫共八千人，而河陰縣獨占三千人。本縣有災傷十分鄉，而坊郭差至第十等，鄉村差至第四等〔三〕，有一戶一日之內出百十七夫者，比之他縣尤爲困擾。」詔河陰縣所差急夫折免春夫外，每戶更免雜稅錢三千；如不足，即計年折除。

九月二日，權知都水監丞公事蘇液言：「河北、京東河決，朝廷賑濟放稅，《靈津廟碑》失載其實，乞以其事付史官。」從之。

十二月十一日，知都水監主簿公事李士良言：「黃河見管大小使臣一百六十餘員〔四〕，並委監丞已上奏舉〔五〕，其所舉未必習知水事。欲乞今後河埽罷舉官之制，並委審官西院〔六〕、三班院選差，其都大提舉即乞且如舊。」從之。

四年四月二十八日〔七〕，河北轉運使周革言：「小吳埽決，本州雖已發急夫六千人修塞，續于鄰近差兵夫及舟運薪芻，其所役人數亦少，乞許發近便州軍役兵，及于諸埽輟河清兵併力。」從之。

五月四日，詔：「河決小吳埽，[7]已全奪過大河，若止

〔一〕開：原作「闕」，據《長編》卷三〇四改。
〔二〕通判：原作「通州」，據《長編》卷三〇四改。
〔三〕「第十等鄉村差至」七字原脫，據《長編》卷三〇七補。
〔四〕大：原作「夫」，據《長編》卷三一〇改。
〔五〕奏：原作「奉」，據《長編》卷三一〇改。
〔六〕審：原脫，據《長編》卷三一〇補。
〔七〕此條事，《長編》繫於五月三日己丑（按：今本《長編》誤作「己酉」）。據《長編》四月二十八日「乙酉澶州言河決小吳埽」。恐當以《長編》爲是。

循例以三五千人急夫〔一〕，必不能塞。方蠶麥收成，民力不宜妄有調發，速令燕達相度，如有以（以）東退背諸埽兵可發，即便不差急夫。」

同日，澶州言：「河決浸城〔二〕，水勢猛惡〔三〕，本州無兵差撥〔四〕，及無梢草，乞劄刷本路兵五七百人，及借支河埽場內椿千條〔五〕、梢二萬束，本州預買草四萬束。」從之。

八日，燕達言：「小吳故道斷流〔六〕，令接近漲水，河門水口皆深闊，墊塌未定〔七〕，難計功料，未可修塞。」詔達且發赴闕，李立之罷澶州，權判都水監，自河陽至小吳決口點檢埽岸。

十七日，恩州言：「河決澶州，注入御河，本州極危，乞以州界退背諸埽梢草、河清兵支移赴本州〔八〕，及令北岸都水使臣并諸埽巡河使臣赴州部役。」從之。其梢草令北外都水丞司量應副。

八月二十八日，權判都水監李立之言：「準朝旨，小吳決口不閉，令臣經畫。臣自決口相視河流，至乾寧軍分入東、西兩塘〔九〕，次入界河，于劈地口入海，通流無阻。（令）〔今〕檢計當立東西隄防，計役三百十四萬四千工。」詔知制誥知（陳）〔諫〕院舒亶、〔三〕司（判）度支副使直（司）〔史〕館蹇周輔再相視檢計。

九月十七日，權判都水監李立之言：「北京南樂、館陶、宗城、魏縣，淺口、永濟、延安鎮，瀛州景城鎮，在大河兩隄之間，乞令轉運司相度遷於隄外。其小吳決口以下兩岸修隄，計工不少，河清兵止有千餘人〔一〇〕，乞於南北兩丞地分客軍存留五千人〔一一〕，更不放凍〔一二〕，均與新立隄埽，興修堤道，依例月支8錢二百。」從之。

十二月二十一日，相視檢計黃（河）隄防舒亶言：「詳李立之所乞，小吳決口以下舊河見管物料、榆柳差使臣等巡防，又乞相州漳河置安陽埽〔一三〕。今詳舊河已棄廢，虛占使臣、兵級，乞下轉運司，令付州縣，以待都水監給用。其地遠難運，委轉運賣之，以錢應副河防。安陽埽當增置。」並從之〔一四〕。

元豐五年二月二十三日，提舉河北黃河隄防司言：「大河自（思）〔恩〕州臨清縣西傾側向東入御河，衝刷河身，深

〔一〕五：原脫，據《長編》卷三一二補。
〔二〕城：原作「成」，據《長編》卷三一二改。
〔三〕水：原作「小」，據《長編》卷三一二改。
〔四〕兵：原作「近」，據《長編》卷三一二改。
〔五〕場內：原作「楊」，據《長編》卷三一二改。
〔六〕故：原脫，據《長編》卷三一二補。
〔七〕墊：原作「探」，據《長編》卷三一二改。
〔八〕支移赴本州：原脫，據《長編》卷三一二補。
〔九〕兩：原作「南」，據《宋史》卷九二《河渠志》二改。
〔一〇〕河：原作「何」，據《長編》卷三一六改。
〔一一〕分：原脫，據《長編》卷三一六補。
〔一二〕凍：原作「東」，據《長編》卷三一六改。
〔一三〕漳：原作「鄣」，據《長編》卷三二一改。
〔一四〕並：原作「立」，據《長編》卷三二一改。

澮至恩州城下，水行湍悍，御河堤下闊不能吞伏水勢〔一〕。今相度，欲趁河水未漲以前下手閉塞，併歸大河。」詔如不礙漕運及灌注塘濼，即依所奏施行。

二十四日，詔前知澶州韓璹、都水監丞張次山、蘇液、北外都水丞陳祐甫，判都水監張唐民、主簿李士良、都水監幹當公事錢曜、張元卿，罰銅有差；大、小吳埽使臣各追一官勒停；澶州通判、幕職官，臨河、濮陽縣令佐衝替；本路監司劾罪。以去歲河決，不能救護提舉也。

四月十九日，詔判都水監李立之理三司副使資序，幹當官吏轉官、支賜有差。賞相度新河裁省工力之勞也。

七月二十八日，賜南外都水監丞司度僧牒六十，備廣武上、下埽。

九月十三日，詔賜陽武縣廣勇、廣德兩指揮（共）〔兵〕級錢有差。以八月二十九日河決原武，軍人移營避水故也。

十月十二日，左侍禁班仲方言：「熙寧八年，孫民先乞于衛州王供埽決大河〔二〕，傍西山北流，南岸如禹 9 舊迹，止還深州，可無水患。當時朝廷雖相度，未果施行。今大吳埽河決不塞，略内黃縣北流，已成正河，上至王供埽止二百餘里。欲乞移本州界獲嘉、汲縣、上下衛鎮，齊賈、蘇村、王供七埽，却治南岸堤道，不移動深州，可減廢開封府界原武、陽武、宜村、滑州界韓、房、石堰、天台、魚池、迎陽、澶州靈平十埽工料。又大河遠離京城，無慮河患。却乞于相、衛州界黃河狹處繫浮橋，以通虜使。」上批：「河事已差塞周輔等相度，仲方狀可送周輔。」

十三日，賜塞原武埽役兵特支錢有差。

二十五日，賜京西轉運司度僧牒二百，應（赴）〔副〕原武埽。

同日，詔候原武埽塞〔三〕，其役兵吏特等第賜錢。

十一月一日，都水使者范子淵言：「昨被旨救護廣武埽大河淪埽堤岸，賴官吏畢力營救，遂（護）〔獲〕安定，宜蒙恩賞，以勸後功。」詔轉運副使向宗旦以下各減年、陞名、賜帛有差。

六年三月一日，詔河北轉運判官呂大忠罰銅三十斤。以黃河溢不即救護也。

二十三日，開封府界提點司言：「陽武縣尉、權知縣張繹，昨黃河漲水注縣，凡七處水決，繹身先勞苦，率衆用命，救護縣城，公私以濟。乞不依常制，權知本縣。」詔繹特改合入官知陽武縣。

四月三日，都水監丞李士良自劾：「滄州清池埽舊以御河西岸作黃河新堤，隄薄地下〔四〕，不能制水，已相度用御河東堤治爲黃河大堤，奏候朝旨。昨爲春夫已至役所，臣輒令都大創築生堤一道，簽上 10 御河東堤。」詔釋之。

〔一〕勢：原作「墊」，據《長編》卷三二三改。
〔二〕乞：原脱，據《長編》卷三三〇補。
〔三〕塞：原脱，據《長編》卷三三〇補。
〔四〕隄薄地下：原作「地薄下」，據《長編》卷三三四改。

閏六月二十一日，賜開封府界提點司度僧牒五百，市陽武等埽物料。

七月十七日，雄州言拒馬河溢，破長沙口，南北界例差兩地供輸民夫修治。上批：「去年決口，兩界發夫，已嘗興訟，委雄州詳審處置，毋致生事。」

七年四月二十二日，上批：「范子淵乞發急夫萬人重修直河，適當農時，非次調發，初出于不得已。今河口既未成功，則其他埽岸皆不須爲之〔一〕，可更不起發。其見在河上急夫，亦令放散。」上以子淵所修直河不爲功，徒費工料以數十萬計故也。既而子淵自言：「兩修進鋸牙，河口幾塞，不虞漲水及風雨暴至，致功敗于垂成。乞候霜降水落修閉。」詔子淵降一官，仍不理提刑資序也。

六月十八日，賜都水監度僧牒二百，應副滑州諸埽梢草。

七月十一日，詔開封府推官李士良提舉救護陽武埽。

十〔二〕〔一〕月二十七日〔二〕，京西轉運司言：「每歲於京西河陽差刈芟梢草夫，納免夫錢，應副洛口買梢草。南路八州，隨、唐、房州舊不差夫，金、均、郢、鄧、襄州丁多夫少者，欲敷納免夫錢，於河北州軍兑還〔三〕。」從之。

八年十月十八日，河決大名府小張口〔四〕。

十一月十六日，知澶州王令圖言，曾建議回復大河故道，未聞施行。命吏部侍郎陳安石、入内都知張茂則同相視利害以聞。尋以勾當御藥院馮宗道代茂則。

十二月十四日，遣吏部侍郎李常代陳安石相視黃河。

哲宗〔天〕〔元〕祐元年正 11 月十四日，河北路轉運司言：「乞下相度黃河利害所，自迎陽埽至北京界孫村口，于今春内便行施功。及先修舊河堤，免新河枉費工，向去夏秋，别爲大患。」詔李常等相度施行訖奏，如不可行，即具事理以聞。

二月六日，詔以未得雨澤，權令罷修黃河，其諸路兵夫並放歸元來去處。

四月四日，吏部侍郎李常、勾當御藥院馮宗道言：「準朝旨相度黃河利害。臣等所至，歷覽其堤防，全未高廣，物料亦有未備〔五〕。緣堤防之設，全繫水官物料之蓄〔六〕，責在本道。今經歲月，尚爾未集，以是知水官未得其人，欲乞添置使者。」詔添置外都水使者、勾當公事各一員，北外都水丞隸外都水使者。

七月四日，保州言河水汎溢，浸及先皇墳地〔七〕，請就本州界來年春夫修築。從之。

〔一〕他：原無，據《長編》卷三四五補。
〔二〕十一月：原作「十二月」，據《長編》卷三五〇改。
〔三〕於：原無，據《長編》卷三五〇補。
〔四〕張：原作「漲」，據《長編》卷三六〇改。
〔五〕亦有未備：原作「亦未有備」，據《長編》卷三七四乙。
〔六〕蓄：原作「蕃」，據《長編》卷三七四改。
〔七〕先：原作「上」，據《長編》卷三八二改。

十一月二十三日，詔以府界、京東西路災傷，權罷明年黄河年例春夫。如係于河防緊急，來春須合興役，即計定的確夫數以聞。

三年正月十二日，權發遣京東西路轉運判官張景先增差(北河)〔河北〕路轉運判官。景先議開孫村口減水河，與執政意合，故有是命。

(二)〔三〕年四月三日〔一〕，内殿承制、知乾寧軍張赴以大河漲急，護水有勞，降敕書奬諭，仍推恩官屬七人〔二〕。

六月十二日，詔賜北京、恩、冀州界修河役兵夏藥，特給錢。

十一月二日，三省、樞密院言：「檢會都水使者王孝先狀：『伏思大河決塞不常，爲國之患屢矣。比自小吳之決〔三〕，遂失隄防，貽患[12]爲甚。欲乞於西岸上自北京内黄第三埽〔四〕，先起截河堤一道，與舊河孫村口相照。仍相度于樊河、第三河靠水各作縷河小堤閘斷河門。于大名府南第四鋪下至孫村口北〔五〕，倣往時作汴河規模，開修減水(河)一道，分殺水勢，東趍入海。』尋召到(李)〔孝〕先及俞瑾等，令陳述利害。據孝先等稱，除孫村口外，更無不近界河、可以回河入海去處。其孫村口欲作二年開修，今冬先備舊堤梢草一千萬束，來春下手，先開減水河分減水勢。所用兵夫，已有前申定數〔六〕，至元祐五年方議閉塞北流〔七〕，回改全河入東流故道。已令孝先等供結罪保明狀訖。看詳除預備舊堤物料便可施行外〔八〕，所有元祐五年閉回全河入東流故道，并來年開減水河，慮别有未盡利害，欲差官躬親相度，具經久利害詣實奏聞。」詔差吏部侍郎范百禄、給事中趙君錫躬親往彼相度，並具的確利害，畫圖連銜保明聞奏。如孫村口不可開河，即别于不近界河踏逐一處，亦具保明聞奏。回河事始末，按《實録》所載殊不詳，今取范百禄奏藁具載之，庶後世有考焉〔九〕。

閏十二月一日，遷大名府南樂縣于金堤東曹節村〔一〇〕。從河北轉運司之請也。

四年正月二十八日，詔罷回河。先是，范百禄、趙君錫等既受命未行，大臣主議者乃密從中批出曰：「黄河未復故道，終爲河北之患。王孝先等所議已嘗興役，不可中罷，宜接續功料，向去決要回復故道。」右[13]僕射范純仁累疏論列，上遂遣中使收回批旨，使執政大臣與水官公心議論。

〔一〕三年：原作「二年」，據《長編》卷四〇九改。以下三條亦三年事。

〔二〕仍：原作「乃」，據《長編》卷四〇九改。

〔三〕比：原作「此」，據《長編》卷四一六改。

〔四〕「埽」下原有「河」字，據《長編》卷四一六刪。

〔五〕北：原作「比」，據《長編》卷四一六改。

〔六〕申：原作「甲」，據《長編》卷四一六改。

〔七〕閉：原作「開」，據《長編》卷四一六改。

〔八〕施：原作「放」，據《長編》卷四一六改。

〔九〕此注原作大字，今改。按，此乃《長編》卷四一六李燾注，説明《長編》以下所載回河事主要取自范百禄奏稿。則此注乃《大典》據《長編》添入，非《會要》之文。

〔一〇〕曹：原作「槽」，據《長編》卷四一九改。

(曰)(回)河之議，自此稍緩。後百禄、君錫受詔同行相視東西二河，度地形，究利害，見東流高仰，北流順下，知河決不可回，即奏罷修河司。至是始罷。

二月二日，御史中丞李常言：「伏聞回河與減水河之議，已奉德音悉令罷免，凋瘵之民咸獲休息。聖恩所加，過半天下，盛德之事，傳之無窮，四海幸甚。其都水(使)者王孝先，乞重行黜降。」詔孝先知曹州。

七月八日，詔復置外都水使者，令河北路轉運使謝卿材兼領。六月二十四日，卿材再任河北。

十月六日，左諫議大夫梁燾等言：「乞約束逐路監司及都水官吏，應緣修河所用物料，除朝廷應副外，並須和買，不得擾民。」從之。

十二月十八日，三省、樞密院言：「昨令都提舉修河司從長擇一順處回河，差夫八萬，和雇二萬充引水正河工役外，北外都水丞司檢計到大河北流人夫共二十萬四千三百一十八人〔一〕，故道人夫七萬四千四百五十六人，兩項共計二十七萬八千七百七十四人。(令)(今)都水監丞李君貺等檢計，裁減到共十九萬四千九十八人。」詔令修河司且開減水河，其差夫八萬人，於數内減作四萬人，充修河功役。于李君貺等裁定春夫内〔二〕，共減作一十萬人，令修河司通那分擘役使。餘依前指揮。

哲宗元祐五年二月九日，都水使者吴安(特)(持)言：「州縣夫役舊以人丁户 14 口科差，今《元祐令》自第一至第五等皆以丁差，不問貧富，有偏重偏輕之弊。請除以次降殺使輕重得所外，其或用丁口，或用等第，聽州縣從便。」從之。

三月二日，都水使者吴安持言：「大河信水向生，請鳩工預治所急。」詔發元豐庫封樁錢二十萬充雇直。

九月二十六日，河北轉運判官陳佑之罷兼權北外都水丞，提舉河北糴便糧草鄭佑罷提舉照管深州並焦家山公堤道。右宣德郎孫迥知北(州)(外)都水丞、提舉北流，右宣德郎李偉權發遣北外都水丞、提舉東流，同共提舉北京黄河地分，仍那移兩河人兵、物料。十月十二日又書新提舉出賣解鹽孫迥知濮州，則是此日差除旋改易也〔三〕，當考之〔四〕。

十月二日，罷都提舉修河司。

六年十二月二十日，工部言：「盗拆黄河埽渾木岸以持杖竊盗論〔五〕，其退背處減一等，即徒以上罪于法不該配者，亦配鄰州。」從之。

〔一〕水：原脱，據《長編》卷四三六補。

〔二〕春夫：《長編》卷四三六作「差夫」。

〔三〕旋：原作「於」，據《長編》卷四四八改。

〔四〕按，本條正文原稿無，「十月十二日」以下原作大字。今查「十月十二日」云云乃《長編》卷四四八元祐五年九月丁亥條李燾原注，由此可推知《會要》原文必有此一條，《大典》又據《長編》添入李燾之注。後脱去正文，小注又誤爲大字。今姑據《長編》補出正文，雖不一定符合《會要》原文，但内容當相去不遠。「十月十二日」以下亦改作小字。

〔五〕「拆」原作「拆」，「盗竊」之「盗」字原無，據《長編》卷四六八改補。

七年八月九日，詔：「科夫除逐路溝河夫外，諸河防春夫每年以十萬人爲額，仍自科元祐八年分春夫爲始。餘並從之〔一〕。」

二十一日，御邇英閣，侍讀顧臨讀《寶訓》至王沿論引漳水灌溉，王軫以爲不可。讀畢，上問顧臨曰：「沿、軫所論孰長？」臨奏釋沿、軫所説意。上曰：「是何説可行？」臨曰：「沿説可行。」上宫中恭默不言，唯講讀時發問。他日右僕射呂大防進曰：「臣側聞顧臨讀《寶訓》引漳河灌溉事，臣謂大抵河渠利害最爲難明，朝廷不可不詳知本末。如本朝黄河，持議者有三説，一曰迴河，二曰塞河，三曰分水。今議者欲以兩河四堤分減水勢，兩河築四堤。一河用二堤，勞費雖少，後必決溢；兩河四堤〔二〕，勞費稍增，久可無患。如漢武帝時河決瓠子，築隄防塞，僅可支七十餘年。本朝昨有二股河分流水勢，粗免河患，後因閉塞一股，併入一股合流，遂致決溢。分水之利，從可知矣。今爲四15堤二河分減水勢，實爲大利。」

九月十四日，都水監言：「準勅，五百里外方許免夫。自來府界黄河夫多不及五百里，緣人情皆願納錢免行。今相度，欲府界夫即不限地里遠近，但願納錢者聽。」從之。

十一月三日，權知乾寧軍張元卿言：「本軍當諸河之衝會，堤埽不可不治。」詔乾寧軍埽岸，令工部從都水監相度，委合起夫，近裹州軍依例科夫功役，不得過三百人。如工役稍大，本軍夫不足，即令都水監那融應副。

八年正月十日，都水外丞范緩言〔三〕：「以武陟縣年例買山梢五萬束應副河埽〔四〕，若徙于滎澤埽收買，從都水監支遣爲便。」從之。

二十九日，吏部、工部言：「河陽狀論列中潬一岸在大河中，四面俱是緊急向著，而官吏有責無賞，實爲未均。欲將本岸立爲第三等向著推賞。」從之。

三十日，中書侍郎范百禄言：「切聞水官自元祐四年正月二十八日準敕罷回河後，逐年併力修進梁村鋸牙并大河兩馬頭，經今四周年有餘，用過工力浩(澣)〔瀚〕。兼三處並作第一等向着，其河清人數、年計物料、使臣酬獎並係第一等。今鋸牙與(西)〔兩〕馬頭連亘約及數十里，其東馬頭進築與西馬頭相向，所以北流河門止有三百二十步闊，以此多方盡力，擗拶水勢。歲月既久，遄迅安得不激射奔赴東流？賴得北流尚緊，所以未至全河東去。若如水官之意，既進埽潬，又狹河門，只留一百五十步，及預乞朝廷候北流淺16小，作軟堰閉斷。詳此五事，顯見必欲回河，特

〔一〕「餘並從之」上無所承，查《長編》卷四七六，此詔乃答工部之奏，此處刪去工部奏，以致文意不接。疑「餘並從之」四字本《會要》所無，《大典》據《長編》誤添。
〔二〕「分減」至「四隄」二十六字原脱，據《長編》卷四六七補。
〔三〕范緩：《長編》卷四八〇作「范綏」。
〔四〕陟：原作「陵」，據《長編》卷四八〇改。

以分水爲名，託云恐東流生淤，陰行巧計耳〔一〕。方且鼓唱言路，以非爲是，致臺官章疏前後十餘，中外傳聽，不能無惑，深恐不便。臣愚切謂若大河東流，別無患害，在公在私，有何不可？只緣東流故道久來淤高，雖累年偷工開濬，豈能及得北流河道見行地勢自是卑平〔二〕？兼元祐三年冬，臣與趙君錫行河奏狀内，東流故道隄岸缺破，有牛羊道口、車路等一萬一千餘處，雖累年偷工完補，豈能保得一例盡獲牢固？若如水官之計，乘緊流向東，候北河淺小，便要閉塞，回奪全河，即北京之北二十里許小張口等處不測衝決，不則又以北二十里許田令公渠等處亦不測衝決。若只此等處決，必皆復入北流大河，爲患未至甚大，然而北京一境，内外生聚沉没爲魚，不勝其菑矣。若更捨此近處而向館陶以下決，復在東岸，則濱、棣、德、博、滄州等數十縣地土千餘里，生靈將何以堪？若水官恐向去疎虞，避免憂責，不敢明言回河，託以分水爲説，一向增進馬頭、鋸牙，巧設埽澤、軟堰之類，更積歲月之久，必然大段淤却北流河道，則將來緊流不免須奔東河，其爲患害正與回河無異。顯是水官實欲收回河徼倖之功，而外不任回河敗事之責也。朝廷容其施爲亦已久矣，今既悟其有害，若不速行捄正，且爲改更，一旦誤事，安危所繫，豈得穩便？臣愚伏望二聖陛下詳【17】覽臣前件事理，特軫睿慈深慮，詔三省速議，果決去拆河上鋸牙〔三〕、兩(頭馬)〔馬頭〕，開放河門，任令大河自濬趨下，致免壅遏障塞，淤壞北流，積〔爲〕大害。若北流通快，將來每遇漲水，自然分向東流，即是分水之利〔四〕，兩河並行，久遠安便。今日之計，宜及漲水已前先事措置，庶免後悔。若遂其過，悔將無及。臣誠愚(憨)〔戇〕，願不負二聖陛下憂國恤民之心。」貼黄稱：「臣去冬以來都堂聚議，及水官等白河事，臣累説梁村鋸牙、兩馬頭甚非典據，擁拶河流，逆水之性，於大流不便，及曾簾前面具奏聞。但以未有章疏，朝廷未能決議去拆，所以今來須至縷縷，上瀆聖聽，不任皇恐。」又稱：「臣竊以壅防百川，古人所忌，周太子晉力諫靈王壅穀、洛二水之事是也。況黄河百川所聚，乃天地之絡脉，豈有以人力擗約，不順其性，經久如此而不致患害者？臣考古驗今，灼見不便，區區愚心，既知如此，夙夜憂懼，不敢緘默。乞賜聖覽，特達施行。」

百禄又言：「自元祐四年正月二十八日降勑罷回河後來，臣僚回河之意終不肯已，然而大河亦終不可回。二聖洞照河事，亦終不可惑。且如元祐四年秋，北京之南沙河直堤第七鋪決，水却近北還河，臣見朝廷別無施行，將謂無足憂者。近因外都水丞將到河圖，方見畫樣，上件決口乃與大河一般。尋行取會，據外丞司申：打量到決口闊六里

〔一〕巧：原作「功」，據《長編》卷四八〇改。
〔二〕地勢：原作「北里」，據《長編》卷四八〇改。
〔三〕決：原作「法」，據《長編》卷四八〇改。
〔四〕「向東流即是分」六字原脱，據《長編》卷四八〇補。

零二百八十五步，決口水勢正注北京橫簽堤。據如此口地廣闊〔一〕，若將18來夏秋泛漲，簽隄禦捍不定〔二〕，北京豈不寒心？而水官恬然，曾不顧恤，但務掩蔽，止欲朝廷不知此意，豈得穩便？況吳安持等方日生巧計壅遏北流，前後多端，致大河漸有填淤之害，寖壞禹迹之舊，豈不深可惜哉〔三〕？若北流湮塞，而東流足以吞納全河，別無（踈）〔疎〕虞，有何不可？止緣東流故道積淤歲久，今其高仰出於屋之上，河槽又狹而缺破處多，安持等都不以此爲憂，惟欲僥倖萬一，不顧危亡，殊可怪駭。況安持近已三次有狀乞替，欲乞出自宸斷，別選水官充代，非特保全安持等，實免久隳水政，別致害事。」貼黃：「臣自聞得直堤決口的實後，累于都堂會議及見行取會水官，將來漲水，其決口合如何措置，免致北京疎虞，三省續奏聞次。」

〔紹聖元年〕三月二十二日〔四〕，乃罷呂、井議。此段用蘇轍《（別）〔署〕志》〔五〕、《遺老傳》增修，《實録》但云三省進呈，其間乃有韓忠彥議，蓋《實録》失（不）載樞密院乞與河議一節故也。《署志》云：「其後六年間，河遂復故道，而元符元年秋，河又東決，浸陽穀，河勢要不可改舊，而人事不可知耳。明年，河遂北流。」

三月二十二日，詔：「黃河利害專責都水使者王宗望，仍與不干礙屬官相度措置施行，具圖狀以聞。其今月二日依相度定奪黃河利害所降旨揮更不施行。」

七月四日，都水監丞馮忱之言：「廣武埽危急，水勢刷塌堤岸，欲乞築欄水簽堤一道。」詔令馮忱之、李偉、郭茂恂相度，從長措置。

十一日，詔19差入內高〔班〕黃汝賢，往廣武等埽傳宣撫問救護大河堤埽官吏、役兵，兼賜銀合茶藥、緡錢有差。

十二日，京西轉運使兼南丞公事郭茂恂言：「廣武埽危急，計置梢草二百萬束，如和買不及，即乞依編敕于人戶科買。」從之。

十四日，詔差權戶部侍郎吳安持乘傳往廣武埽及洛口措置救護，如刷盡堤身，閉洛口，即相度可與不可全閉。如不銷全閉，即如何進埽節限水勢，可保不致衝決。如合全閉，即（與）〔於〕甚處引水入汴。

十八日，上諭執政曰：「聞河埽久不修，故幾壞者數處，魚池、原武、陽武皆已遣水官乘疾置護役。昨日報洛水又大溢注于河，若廣武埽壞，大河與洛水合而爲一，則清汴不通矣，京都漕運殊可憂。宜亟命吳安持與王宗望同力督作。苟得不壞，過此亦須措置爲久計〔六〕，其促安持往營

〔一〕地：原作「施」，據《長編》卷四八〇改。
〔二〕捍：原作「悍」，據《長編》卷四八〇改。
〔三〕深：原作「勝」，據《長編》卷四八〇改。
〔四〕紹聖元年：原無。按，下句之「呂、井」即呂希純、井亮采。據蘇轍《潁濱遺老傳》卷下（《欒城後集》卷一三），元祐七、八年間，朝臣爭回河事，呂、井以北流爲便，議論紛然。至次年，呂、井之議遂格。因補年分。然《輯稿》或《大典》此上必有闕文，今無可補。又以下諸條凡可考者亦皆在紹聖元年。
〔五〕按，以下一段原作正文大字，詳其文意及體例，此乃注文，因改爲小字。此應是《長編》李燾之注，蓋《永樂大典》編者據《長編》添入。今本《長編》元祐八年七月至紹聖四年三月已缺，但明代尚存。
〔六〕過：原作「地」，據《宋史》卷九四《河渠志》四改。

度之。」

九月十三日，北外丞李舉之言：「春夫一月之限，減縮不得過三日，遇夜及未明以前，不得令入役。如違，官吏以違制論。」從之。

十月十四日〔一〕。左中散大夫、直龍圖閣謝卿材爲福建、陝西、河北三路轉運使，河北兼外都水使者。時河決小吴，議者欲復東流，卿材建言，近歲河流稍行地中〔二〕，無可回之理，上《河議》一編。召赴政事堂會議，持論不屈，忤大臣意，徙河東轉運使。

十一月十三日，知南外丞李偉言：「清汴貫京都，下通淮、泗，自元祐以來屢危急，而今歲特甚。臣相視，就武濟河下尾廢堤枯河基址〔三〕，增修[20]踈導，回截河勢東北行，留舊埽作遥堤，可以紓清汴下注京城之患。」詔宋用臣、陳祐甫覆按以聞。詳見「汴河」門。

十二月二十日，權工部侍郎吴安持言：「京西路轉運(使)〔司〕拖欠年額梢草錢計七十萬貫有餘，止稱歲計窘(之)〔乏〕及應副軍儲，無由辦集。欲别賜錢物，或降度牒收買。」詔京西轉運司，自紹(興)〔聖〕二年後合認諸埽年計梢額錢，並須依限數足。

十八日〔四〕，詔祠部給空名度牒一千道與北外丞司，五百道與南外丞司，令乘時計置梢草。

二年六月三日，詳定重修敕令所申明黄河泛橋火禁，揭榜于兩岸。

元符元年正月十八日，工部言：「今年黄河埽并諸河合用春夫，除年例人數外，少三萬六千五百人，乞給度牒八百二十一道，充雇夫錢。」從之。

(二年)〔五月二十七日〕〔五〕，詔朝散大夫、試户部尚書吴居厚，朝散郎、權刑部侍郎周之道，並轉一官；發運副使張商英減磨勘一年；淮南轉運副使張元方賜帛。以修支河畢功故也。

九月十九日〔六〕，水部員外郎曾孝廣言：「今河事已付轉運司，責州縣共力救護北流堤岸，則北外都水丞别無職事，請並歸轉運司。」從之。

三年正月八日，吏部言：「都大并河埽使臣、兵士，及修河物料，雖許不拘常制抽差取射者〔七〕，並聽本監與轉

〔一〕按，《長編》卷三四一李燾注引國史《卿材附傳》，時間、内容乃至文字均與此條同，當是《會要》取材於此傳，或此傳取材於《會要》。此處所記「十月十四日」乃是指謝卿材徙河東轉運使之時間，所謂爲三路轉運使乃其徙河東前之歷任。但據《長編》卷三九〇、卷四〇八、卷四三一以及其他一些史書記載：元祐元年十月卿材以新陝西轉運使改河北路轉運使，四年六月再任，七月兼都水使者，八月十二日徙河東轉運使。而此云紹聖元年徙河東，時間相差甚遠，未知何故，似當以《長編》爲是。

〔二〕地中：原作「北」，據《長編》卷四三一、《宋史》卷九二《河渠志》二改。

〔三〕枯：原作「祐」，據《宋史》卷九四《河渠志》四改。

〔四〕按，上條爲二十日，此條反爲十八日，當有一誤。

〔五〕二年：原脱，據《長編》卷五一〇補。

〔六〕十九日：《長編》卷五一五繫於二十五日甲子。

〔七〕許：原無，據《長編》卷五二〇補。

運、外丞司執奏占留。」從之。

徽宗崇寧元年六月二十九日，臣寮言：「伏見黃河自商胡口決以來，治水者闢爲兩堤，相去數十里許，不盡與[21]河争，以順其勢。餘二十年，河底漸淤積，則河行地上，失其本性，一遇汎溢，河道變徙。自金堤第四埽、第五埽決溢之後，治水者惟與河相争，殊不原水性潤下，豈特遏之而後行之。先帝留神河事十餘年，究覽孫民先之奏，慨然下詔，不得回瀾。已而黄河漲淤(刑)〔邢〕洺、深、冀之間，流行於瘠鹵低下之地，入界河，漂北界以歸于海。自北京、澶、濮至于懷、博、齊、鄆，桑麻被野，禾黍如雲，可謂萬全之策矣。中間大臣謀不出此，必欲回河東流，以破北流之議。自商胡口決之後，一如先帝聖斷與孫民先所陳。今録民先書進呈，乞下河北，如其所説引水築堤去處，以圖來上。」詔付三省。

閏六月十四日，詔翰林學士郭知章爲樞密直學士、知鄧州，都水使者黄思放罷。皆以昔論河事嘗主東流之議，爲言者所彈故也。

七月八日，樞密直學士、知鄧州郭知章以辨言官所彈，降充龍圖閣直閣學士。知章奏東流利害，乞下都水監相度施行：「朝廷未嘗以臣言爲是，尋下提、轉、安撫司、都水監同共相度，第二次又差呂希純、井亮采相度，第三次又差王宗望相度。王宗望定議上稟，朝廷遂閉北流。吳安持、鄭佑等各保過漲水二年，累勅轉官〔一〕。其後河決，諫官王祖道乞罪水官，亦未嘗一言及臣。其水官得罪，或安置，臣雖罷中書舍人，尚得集賢殿修撰、知和州。未行間，哲宗有旨令上殿，則當時朝廷已察見非臣之罪。況前後臣[22]僚、臺諫言東流者非一，今來已經九年，言事者不詳本末，至煩朝廷再有行遣，伏望聖慈憫察。」檢會朝奉郎、監察御史郭知章奏：「臣竊見大河分東北，生靈被害滋久。往年朝廷議欲回河，蓋嘗患之而未能也。今茲復故道，水之趨東者已不可遏，若順而導之，議閉北而行東，其利百倍。近日朝廷遣使按視，聞已閉梁村北流，尚有闞村、張包河等處，逐司議論未一。臣謂都水監〔二〕，水官也，朝夕從事于河上，耳目之所聞見，心志之所思慮，議論之所綴接，莫非水也。河流之曲折高下，利害之輕重本末，宜熟知之矣。今使水官不得盡其職，而惑于浮議，臣恐河事一誤，則北方之民未得安堵而樂業。伏望陛下特降睿旨，專委水官，以圖經久可行之策，以幸河北一路元元之民，不勝幸甚。」又檢會朝奉郎、監察御史郭知章奏：「臣切見以大河分東北之流數年矣，論議蠭起，上惑朝廷之聽，至今未決。河北之民被患滋久，亡失賦租，蕩析田畝，其害不可勝計。臣以謂地形有高卑，水勢有逆順，河道有淺深，水流有緩急，利害皆可以目

〔一〕勅轉：原倒，據文意乙。

〔二〕謂：原作「論」，參《長編》卷五一七李燾注改。

覩。方茲隆冬霜降，水落復槽，則利害尤易辨也〔一〕。臣比緣使事至河北，自澶〔州〕入北京，渡孫村口，見水趨東者河甚闊而深。又自北京往洺州，過楊村淺口渡〔二〕，見水之趨北者纔十分之二三〔三〕。然後知大河之閉北而行東無疑也。今東流之河即商胡之故道，詢諸父老，具言水舊行者七十餘年矣，23今者水之復行，天也，殆非人力也。而議者欲固違水之性，必使趍北，誠私憂過計也。東流利害，其大畧則存塘泊也〔四〕，通御河也，固北都也，復民田也。至于隄防之費，兵夫之役，官員之數〔五〕，梢草之用〔六〕，所省不貲，則其利可勝言哉！臣職爲御史，親見利害，不敢不言。如以臣言爲可取，即乞早降睿旨，下都水監相度施行。」故有是詔。

二年五月十一日，通直郎、試都水使者趙霆奏：「臣切見黃河地分調發人夫修築埽岸，每歲春首騷動良民，數路戶口不獲安居。內有地里遥遠，科夫數多，常至敗家破產以從役事，民力用苦，無計以免。契勘滑州魚池埽今春合起夫役，嘗令送納免夫之直，却用上件夫錢收買土檐，增貼埽岸。會計工料，比之調夫反有增剩。乞詔有司，應干堤岸埽合調春夫，令依此例免夫買土，仍照所屬立爲永法，不唯河埽事務易於辦集，又可以示寬恤元元之意。」詔：「河防夫工歲役十萬，濱河之民困于調發，可上戶出錢免夫，下戶出力充役，皆取其願，買土修築。可相度條畫（開）〔聞〕奏。」

十八日，通直郎、都水使者趙霆劄子：「契勘管埽岸文官，見今南北兩丞地分，未有官員注授處甚多。蓋緣文臣管埽岸事，下與巡河監埸爲敵，上爲都大、埽司所統，凡舉執事，動有牽制。惟能雷同含糊，漠然不顧，然後可以自保，而復有失職連坐之患；不能雷同含糊，則必深中小人禍機。今相度，欲乞于大河應係24置都大去處，各添文臣都大一員，仍令本監選舉公勤廉幹之人以充，使之表裏相援，安心職守。」吏部取到都水監備元豐六年閏六月六日敕節文〔七〕，黃河逐處都大並令本監不以文武官奏差。詔今後都大並舉文官。

〔大觀〕三年六月六日〔八〕，朝散郎、守都水使者吳玠奏：「伏覩黃河自元豐年間小吳口決，北流入御河，下合西山諸水，至清州獨流寨三（又）〔叉〕口併歸入海。雖深得保固形勝之策，而歲月寖久，行流侵犯塘堤，衝壞道路，齧損

〔一〕尤：原無，據《長編》卷五一七補。
〔二〕村：原作「家」，據《長編》卷五一七改。
〔三〕北：原脫，據《長編》卷五一七補。
〔四〕泊：原作「洎」，據《長編》卷五一七改。
〔五〕數：原作「敕」，據《長編》卷五一七改。
〔六〕草：原作「莫」，據《長編》卷五一七改。
〔七〕六年：原作「元年」，據後方域一五之三〇改。
〔八〕大觀：原脫，據《宋史》卷九三《河渠志》三補。按《宋史》繫吳玠此奏於大觀二年六月己卯，然二年六月庚辰朔，此月無己卯；而三年六月甲戌朔，己卯爲六日，正與《會要》此條合。參合二書，此奏乃大觀三年六月六日己卯上，《宋史》作二年，誤。

城寨。臣近蒙詔旨修治隄防，禦捍漲溢，然築八尺之堤，當九河之尾，臣復恐他時經隔年歲，其隄道爲大河衝囓，必不能敵其湍猛之勢。若不遇有損缺，逐旋增修，即又至隳壞。使與塘水相通，則於邊防非計之得也。欲增添埽兵，創置官局，又爲並邊虜情不測，或至疑似。欲乞睿旨，諸寨鋪依自來條令，遇有些小工料，即令寨鋪使臣營修，無使損墊堤寨。候任滿日，依黃河楡柳法差官交割。若果有用心修葺，别無損壞，其城寨官及巡(虧)〔覷〕堤道使臣，並與依黃河第二等向着巡河法推賞。不唯無增兵創官(户)〔之〕疑，而邊防得久完固。」詔如無違礙，即依所奏施行。

政和元年正月十二日，(詔)〔都〕水監狀：「契勘見行河道次第，將年額合得諸路河防春夫一十萬人相度均分，黃河諸河合用春夫，本監已將諸路春夫一十萬人相度均科。檢準勑：都水監狀，春夫不具夫帳上朝廷，只從本監 25 依數(料)〔科〕撥路分，具功役窠名申尚書省。今均前項役使去訖。」詔今後科夫，並依舊具抄擬奏，所有元祐年指揮內更不具夫帳上朝廷一節更不施行。

二年三月一日，京畿轉運、提刑司申：「相度到提刑乞管下陽武上下、酸棗三埽巡河使臣，依大觀二年四月二十八日敕，命(榮)〔滎〕澤等八埽巡河兼巡檢，捕盜賞罰、差破捉賊兵員等，委是别無違礙，經久可行。」從之。

三年正月二十三日，詔：「訪聞黃河諸埽自來招填闕額兵士，多是干繫人作弊，乞取錢物，將本營年小子弟或不任工役之人一例招刺，致防工役，枉破招軍例物、衣糧，請受。自今後可將合招河清兵士，令外丞司委都大并巡河使臣揀選少壯堪任工役之人招刺，逐旋據招到人申都水監，差不干礙官覆驗。如有招下年小或不堪工役之人，乃立法施行。」

二月六日，勑：「尚書工部奏，據都水監狀，東鹿上埽今年漲水過常，比之已前年分行流湍猛，委係非次變移河勢。自降作第三等向着後來，到今實及三年以上，乞依條陞作第二(年)〔等〕向着。檢會崇寧看詳尚書水部條，諸埽向着、退背各分三等，每三年一定，若河勢非時變移，都水監申本部擬奏。」詔依都水監所乞，深州東鹿上埽作第二等向着。

三月十六日，勑：「中書省、尚書省送到屯田員外郎劉絳劄子：契勘河清兵級，於法諸處不得抽差，其擅差(惜)〔借〕或內有役使者徒一年，蓋廢功役 26 者有害隄防。諸處功作名目抽差占破官司，臨時申畫朝旨，須至發遣，不能占留，遂使本河闕人。今欲乞除官員依條差破白直人，其承久例差占窠名條法不載者，並令本河勿收入役〔一〕，今後不許差占外，諸處申請到朝廷特旨并衝改一切條禁等指揮，抽差本河兵級者，並令都水監執奏，更不發遣。」詔從之。

〔一〕勿收：似當作「勾收」。

四年十一月七日，都水使者孟昌齡奏：「伏覩政和四年經過夏秋漲水，河流上下並行中道，亦無汎溢緊急去處，埽岸平安。伏乞宣付史館及稱賀。」詔送秘書省，許拜表稱賀，官吏依條推恩。檢（檜）〔會〕崇寧四年大河安流推恩體例，本監使者、監、丞、主簿各轉一官，人吏等第受賜。詔經大河安流年分三次，都水監官轉一（次）〔資〕，工部官減三年磨勘；經二次〔一〕，都水監官減三年磨勘，工部官減二年；經一次，都水監官減二年磨勘，工部官減一年磨勘。內孟昌齡許回授本宗有官有服親。人吏等第支賜。

五年十月二十一日，詔中散大夫王仲栢特差知冀州，替辛昌宗赴闕。以中書省言辛昌〔宗〕係武臣，慮不諳河事也。

六年閏正〔月〕二十八日，工部奏：「知南外都水丞公事張克懋狀：『契勘本司管下三十四埽，見闕四千七百七十人，欲乞以十分爲率：內四分下都水監於北外都水丞司地分退慢埽分并諸州移撥；其三分特許將合配五百里以下情犯稍輕之人，依錢監法撥行配填；其餘三分，乞下所屬預27支例物、錢帛，責令畿西、河北路側近州縣寄招，逐（施）〔旋〕發遣。並限半年須管數足。如有違慢去處，從本司具因依申乞朝廷重賜施行。』工部今勘當，除乞於北外都水丞司并諸路移撥人兵，都水監稱有未便，難議施行，餘〔依〕張克懋所乞事理施行。」刑部看詳：「張克懋所申，乞將三分特許將合配五百里以下情理稍輕之人，依錢監法撥行配填。其錢監乞配填兵匠，皆係免決配填。今勘當，欲下諸路州軍，除犯（疆）〔强〕盜及合配廣南遠惡州軍、沙門島并殺人放火兇惡之人外，將犯罪合配五百里以下之人，不以情理輕重配填。仍斷乞先刺『刺配』二字，監送南外都水丞司分撥諸埽，及填刺配埽分。候敷足，申乞住配。」詔依工部所奏，內情輕人特免決刺填。

七月二十日，詔：「勘會廣武、雄武諸埽，（復）〔腹〕背清汴，雖已降指揮，都水監廣貯功料，即今大河向着，下瞰都城，可令都水監常切遵守元豐舊制，于逐埽廣貯工料，過作枝梧，不得少有疎虞，官吏當行軍法。」

十月十八日，詔：「孟昌齡、王仍，令學士院降詔奬諭，寇茂孫等六人各轉一官，孟擴等十八人各減三年磨勘，賈鎮等各減二年磨勘。」以户部尚書孟昌齡奏，三山河橋經今漲水過，並無疎虞，其官吏委有勞効，乞行推賞故也。

七年五月二十九日，詔：「諸免夫錢應差人管押赴（詣）〔指〕定埽分送納者，元科州縣先具年分、錢數、押人姓名、起發日月實封入遞，報南、北外28丞司。仍別給行程付押人，所至官司即時批書出入界日時，遞相關報催促。」從南外都水監丞張珝所請也。

八月三日，詔：「訪聞河朔郡縣凡有逐急應副河埽梢草等物，多是寄居命官子弟及舉人、伎術、道僧、公吏人等

〔一〕二次：原作「一次」，據前後文叙述次第改。

別作名字攬納，或干託時官權要，以攬狀封送令佐，恣其立價，多取于民。或民户陪貼錢物，郡縣爲之理索，甚失朝廷革弊恤民之意。自今並以違御筆論，不以蔭贖及赦降、自首原減。許人告，賞錢一千貫，以犯人家財充。當職官輒受請求者與同罪。」

宣和元年五月四日，太師、魯國公蔡京等言：「伏覩宣示廣武埽所開直河，大河水勢直趨下口，不俟人力開撥，大河已直入河行流，皆自陛下降香陳醮，致舒解廣武危急，臣不勝大慶。伏乞宣付史館。」四月九日〔一〕，奉聖旨送秘書省，許拜表稱賀。

九月二十五日，詔：「汴河（提）〔堤〕岸司可就所役兵夫取土，將南岸自京至洛口廣闊厚實幫築，務要（勞）〔牢〕壯，不得減裂。自今後須管離堤岸三十步以外，方許開掘種植蓮藕等，不致陂水腹背相滲浸。如違，以違御筆論。」

二十九日，文武百僚太師、魯國公蔡京等言：「伏覩提舉三山河橋孟昌齡奏：『奉御筆前去三山河措置西橋河道，臣行歷新堤諸埽，點檢得南丞官（滎）〔榮〕毖所申，管下三十五埽，自河清及廣武埽以下，至三山正東南丞地分以來，卧南行流，皆是向着埽分。唯廣武諸埽又居都城之上，腹29背清汴，比年以來，再軫聖慮。今歲漲水之後，諸埽岸下一例生灘，河行中道，實由聖德昭格上下，神祇助順，協濟偉績，誠非人力所致。』伏望宣付史館。」詔送秘書省。

十月二十三日，詔：「淮南西路提點刑獄徐（閔）〔閎〕中前任知濬州日，應副橋埽，協力固護有勞，特賜紫章服。」

二年八月二十日，詔：「開修廣武直河，分奪南岸生灘，埽岸無虞，省減勞費，功（和）〔利〕爲大。當職官暴露郊野，日冒大暑，委有勤瘁，與常例恩賞不同。可特依此推恩，內減年人依文武臣比折，選人依條施行。提領措置官保和殿學士、銀青光禄大夫孟昌齡，興德軍節度使王仍，各轉一官回授；漕臣并兩州知州各應辦錢糧，同京西轉運副使時道陳〔二〕、河北轉運副使胡直孺、李孝昌，知河陽王序，知懷州李罕，各進職一等。其餘官吏第一等各轉一官資，內無資人候有名目日收使；第二等各減三年磨勘，諸色人各支絹五匹。」

九月四日，工部尚書陸德先等奏：「契〔勘〕黄河南、北兩外丞司管下文武都（文）〔大〕官，所屬河防職務事體非輕，須是諳曉河事之人，方可倚辦。熙寧以前，選舉曾經巡河兩任以上使臣，至元豐前選一任之人充，條（路）〔格〕具存。比來所差都大官，往往不經〔巡〕河，緩急難以倚辦。乞今後依元豐選差曾經一任河（湍）〔巡〕差遣無遺闕之人充。」詔依元豐法。

三年六月二十三日，吏部奏：「崇寧三年六月十五日

〔一〕按：蔡京奏在五月四日，不應此反爲四月九日，二者必有一誤。

〔二〕時道陳：原脱「陳」字，據本書職官六九之七、食貨四九之三三、張邦基《墨莊漫録》卷七、許翰《襄陵文集》卷一補。

勅，諸向着埽添差承務郎以上或30令錄，以一員充管勾埽事。大觀二年六月十四日勅，諸埽添差文臣罷。政和二年七月五日奉聖旨，南、北外都水丞司管下逐都大司，各置文武官二員，内文臣從朝廷選差承務郎以上諳歷河事人，武臣令都水監依舊條奏舉。（水）〔本〕部契勘，準元豐六年閏六月十八日敕，黄河都大並令本監不以文武官指名奏差，南、北都水丞司管下逐都大司，元豐年只是通差文武官一員爲額，後來添增都大一員，即令每都大司文武官都大各一員。」詔添差文臣都大指揮更不施行，見任并已差人並罷，（乃）〔仍〕依省罷法。今後依元豐法通差文武官一員。

八月二十七日，詔：「訪聞今年六月冀州信都等埽大河暴漲，北外都水丞張克懋、知州韓昭、通判晁將之措置救護有方，各特轉一官。」

九月二十五日，詔：「朝散大夫、都水監丞梁防職事修舉，可令再任。候廣武、雄武埽平寧，特與轉行一官，仍取旨陞擢差遣。」

四年七月二十九日，臣僚上言：「伏見恩州累修立大河堤道，都水監行催促工料等事爲名，舉辟文武官甚多，至于百二十餘員，例皆受牒家居，繫名本監，漫不省所領爲何事，其間曾至役所者十無一二焉。」詔除正差官一十一員外，餘並罷。今後都水監因事張官，正兼管就委策〔一〕，並具所得指揮姓名申尚書省差。應都水監、將作監見因事張官去處，限三日具見差委員數申尚書省裁定，不得隱漏。以上31如違，並令御史臺覺察彈奏。

九月二十三日〔二〕，太宰王黼言：「昨孟昌齡計議河事，至滑州韓村埽檢視，河流注衝寸金潭，其勢就下，未易禦遏。近降詔旨畫定，令就港灣對開直河。水司方議疏鑿，於元畫處自成直河一道，寸金潭下水即流，在役之人聚首仰歎。乞付史館。」從之。

五年八月十九日，中書省言：「檢會京西路都轉運司狀，準都水監丞賈鎮劄子，欲乞京西漕臣應副梢草一百萬束。今契勘本司每年合應副廣武埽稅草四百萬束，自來係將一百一十萬束年例科撥本色稅草外，其餘二百九十萬束，昨宣和三年都水使者與本司官措置，令出備地（理）〔里〕脚錢，于黄河沿流去處置場收買，遂將本息合納秋雜錢細數，每束納本脚錢七十五文，共納錢二十一萬七千五百貫，赴南丞司並諸埽送納已訖。今（束）〔來〕梢草一百萬束價錢，欲令南外都水丞司依已降指揮，於納到逐年本脚錢内支給，仍乞量度日限買納。及依元降指揮，差水部郎中龔端前去點檢，自宣和三年以後納到梢草錢，見在若干，已買梢草若干，見在梢草若干，其錢有無移用。所有賈鎮奏上不實，令大理寺取勘，具案聞奏。案取到旨，尚書（工省）〔省

〔一〕此句文字似有誤。
〔二〕按，《宋史》卷九三《河渠志》三繫此條事於宣和二年九月己卯，誤，二年九月己亥朔，當月無己卯。當從此作四年，四年九月二十三日正爲己卯。

工〕房並不檢貼檢照，當行手分勒停，職級降兩官。」

十一月二十九日，都水使者韓梠奏：「昨奉聖旨，令臣固護滑州天臺埽，并降到御筆畫定圖子，對岸開修直河。臣到日躬親相視間，大 32 河水勢盡在聖畫直河内行流，尋具劄子奏聞。」詔許拜表稱賀。

七年八月二十二日，詔：「應辦廣武河事官職〔事〕修舉，備見宣力，京西轉運副使劉民瞻、韓奕忠各陞一職，提舉部夫官各減二年磨勘，内趙鼎減三年。受給差遣官、都濠寨分放工料官、部從官、彈壓官、繫取土橋官、催促諸縣梢草官，各減一年磨勘。」

十一月十九日，南郊制：「勘會河防免夫錢數目至多，自今相度緊慢，於合興役埽分雇募人夫、未買梢草外〔一〕，並樁留以備危急支用。訪聞並不依條例措置，每至漲水危急，旋行科撥人夫，配買梢草，急于星火，官吏寅緣爲姦。自今後並于河防免夫錢内預行置辦，并優立價直雇夫役使，不得于倉卒之際却行差科。」

十二月二十二日，詔河防免夫錢並罷。以上《續國朝會要》。（以上《永樂大典》卷五六四三至五六四七）〔二〕

〔一〕「未」字疑誤。

〔二〕《大典》卷次原缺，據陳智超《解開宋會要之謎》補，參見本書方域一四之二六校記。

宋會要輯稿　方域一六

諸河〔一〕

汴河〔二〕

【宋會要】

1 （太祖建隆）〔太宗太平興國〕三年六月〔三〕，宋州上言，寧陵縣河溢堤決。詔發宋、（毫）〔亳〕丁夫四千五百人，分遣使臣護役，命西上閤門使郭守文總其事。又發丁夫三千三百人塞汴口以息水勢，命判四方館事梁迥董之。

四年八月，又決于宋城縣，以本州諸縣丁夫三千五百人塞之〔四〕，命八作使郝守濬護其役。

雍熙二年六月，汴又決于宋州宋城縣，發近縣丁夫二千人塞之，判四方館周瑩、八作使郝守濬護其役。知州、工部郎中劉甫英護堤不謹，（青）〔責〕濮州防禦副使；（郭）〔都〕大巡河、作坊副使劉（降吉）〔吉降〕西頭供奉官。

至道二年六月，河決穀熟縣，遣御前忠佐軍頭劉能乘急遞船往修塞之。

真宗景德元年七月，以水部郎中、三門發運使許玄豹兼河陰兵馬都監〔五〕、知縣事。河陰汴口每歲均節水勢〔六〕，以濟江淮漕運，玄豹上書自言（皆）〔習〕知利害，願兼領以自効，故命之。自是河陰常命知水事者爲都監。其後宋雄以鴻臚亦爲之〔七〕。

三年六月，汴水暴漲，詔宣政使李神福〔八〕、東上閤門使曹利用、馬軍副都指揮使曹璨、步軍副都指揮使王隱巡護隄岸〔九〕。帝曰：「昨晚覘候水勢，京城東去窑務約四五十步，水不溢岸者五寸至一寸。西染院側水溢壞屋，賴外堤防遏，遂令併工修補，增起堤岸。自今凡檢計似此怯弱處，倍加工料。」翌日，乘步輦幸西水門觀汴水，問工作兵士，賜錢人一千。又幸東染院，召從官 2 賜茶。是日，應天府亦言汴決南隄，流亳州，合浪宕河東入于淮。即遣閤門祗候胡守節馳往河陰，督兵馬都監錢昭晟塞汴口〔一〇〕，劾

〔一〕此下原列有如下細目：「汴河、廣濟河、惠民河、金水河、白溝河、東南諸水。」今删。

〔二〕原無此題，據天頭原批移入。

〔三〕太宗太平興國：原作「太祖建隆」，據《長編》卷一九、《宋史》卷九三《河渠志》三改。蓋《會要》此條原無年號，《大典》編者妄添。下條亦太平興國四年事。

〔四〕三千：原作「二千」，據《長編》卷二〇、《宋史》卷九三《河渠志》三改。

〔五〕運：原作「遣」，據《長編》卷五六改。

〔六〕節：原作「師」，據《長編》卷五六改。

〔七〕此處叙事與史實不符。據《長編》卷五六、《宋史》卷二六四，皆云宋雄首以知水事領護汴口，宋雄卒，許玄豹自薦領其事，非是宋雄居玄豹後。

〔八〕福：原作「祐」，據《長編》卷六三改。

〔九〕岸：原無，據《長編》卷六三補。

〔一〇〕都：原無，據《長編》卷六三補。

罪貶秩。又內園使李神佑馳往應天，固護決隄。所（須）物料，三司自京津遣，不得科配差擾。又遣入內高班韓從政、本州不該修河官檢行經水家，口給米三斗。避水隔在高阜者，以船搬去，隨便安泊，不願離者聽自便。闕食者據口給糧，死無主者及貧不能掩（痊）（瘞）者爲殯埋。災傷之民，倍加安撫。

七月，遣屯田員外郎、直昭文館尹少連祭汴口。自汴決，遂壅汴口，減水勢築堤。至是畢工，後開導之，故祭焉。

四年七月，詔汴堤商旅以牛驢挽舟者，所在官司勿禁止之。

大中祥符元年正月，侍衛步軍司言浚汴河，差人巡欄，請給器械。帝曰：「約攔丁夫，何用器械？令樞密召諭，不得毆擊。」

三年正月，罷汴河沿隄巡檢內臣，其緣開汴功料，即分定地，權差內臣檢校。

六月，以汴水淺澀，遣知制誥孫僅祭汴口〔一〕。既而雨澤水漲，公私無滯。

四年正月，詔：「河南府、孟、鄭州所發浚汴口役夫，今年夏稅止輸本處。」

十月，白波發運判官史瑩言：「朝（建）（廷）歲計汴口頗費工料，蓋地多砂磧，轉移不定。臣久曾相度，乃尋古碑誌，請於汜水孤栢嶺下緣南岸山趾開疊汴口，必可久遠水勢均調。」帝曰：「河流轉（徒）（徙），今古不同，朕詳所奏及圖所開口處地形甚高，若河勢正注而來，下面分泄不及，即溢流爲害，亦可慮也。然瑩論列 [3] 頗堅，可并圖付汴口楊守遵，令同經度〔二〕。」守遵言：「若開之，功力浩瀚，河水猛大，難以枝梧。」瑩復指陳守遵爲己邀功，乞別委官經度。又令內侍都知閻承翰，言今河流併依南岸，若就開汴口，取河東注，至于京師，亦可憂慮。且請於下流開減水四道以防氾溢。從之，遂罷瑩請。瑩所上碑誌云：「貞觀中，文皇帝降洛州長史李傑大開具舊制，創堰鑿山，山有堅壤，隨山導水，水無激湍。連堤以布其揵，用決濤浪；釃河以延其濤，用艤舟檝。巨浸不入，餘波常通，以濟大川，利有攸往，故無顛覆之憂。雖夏潦暴興，濟沙洎至，深尤過厲，濬未勞人，可爲萬代之軌也。有或人者（止）（上）言：此之溝洫，無異涓涔，一葦則浮，巨艦則膠。乃特起渠口，寔丁河衝，琢石爲門，刻木爲閣。壯麗極矣，才力殫矣。始有曰流苟洒矣，少有曰灘自堙矣。奚道之廣費，而塞之遄迫，陽（候）（侯）何情，役夫匪知，僉識其鄙，孰彰其事。皇帝與天合契，登岱勒崇，已遇堯功，尤勞禹跡。恤人之隱，若己納隍，念彼方割，疇咨俾乂。始命范公往兼之，范公承舜明命，委垂共工，詳改作之殊宜，請仍舊而爲美。已而詔公爲開鑿使，使左驍衛中郎將張琰介焉。於是召水工，（雷）（審）地

〔一〕僅：原作「偉」，據《長編》卷七三改。
〔二〕經度：原脱，據《長編》卷七六、《玉海》卷二二補。

勢，調閲五州數萬之卒，部勒羣吏千夫之長。疏疆畫分，荷鍤如雲，畚之絲，鄭之沄，人百其力，臯鼓弗闃。平塘成澮，夷岸成埧，（槙）〔植〕以柳杞，揭以杠梁，便道而行，應務斯畢。開元十五年二月二十五日建。」

五年閏十4月，帝曰：「汴河有灣曲灘淺，没溺甚多〔一〕。蓋開浚之際，只依檢到功料〔二〕；檢計之際，又河水蓋覆〔三〕，不見合施功處。自今須先塞上流，盡河槽内水，方行檢計。」仍差莊宅副使王承祐、入内殿頭楊懷吉領其事〔四〕。

八年六月，詔：「自今開汴口，預選日奏聞，當遣官祭告。」

是月，詔：「自今後汴水添漲及七尺五寸，即遣禁兵三千，沿河防護。」時差兵士護河太速故也。因詔自今遣内臣分掌京城門鑰，如盛漲，防河兵士即開，點閲放過。

七月，命知制誥劉筠乘傳祭汴口，以河流阻澀故也。

八月，太常少卿馬元方請浚汴河中流〔五〕，闊五丈，深五尺，可省修堤之費。即詔供奉官、閤門祇候韋繼昇計度修浚。繼昇（言上）〔上言〕：「泗州西至開封府界〔六〕，岸闊底平，水勢薄，不假開浚，請止自泗州夾岡，用功八十六萬五千四百二十八〔七〕，以宿、亳丁夫充，計減功七百三十一萬。仍請於沿河作頭踏道擗岸，其淺處爲鋸牙，以束水勢，使其浚成河道。止用河清、下卸卒，就未放春水前，令逐州長吏、令佐督役。自今汴河淤澱，可三五年一浚。又於中牟、滎澤縣各開減水河。」並從之，仍命繼昇都大巡護。及修浚畢，明年繼昇表請罷修河一年，可省物力。帝曰：「惜得夫役誠好，然必不爲民患否〔八〕？」繼昇極言其利，帝曰：「當更遣人相度，異日河決，雖罪言者，亦無益事。」

天禧元年正月，都大巡檢汴河堤岸韋繼昇、（長）〔張〕君平言：「汴河（遂）〔逐〕年栽種榆柳，並於人户科配，栽種失時，少有青5活。遞年增數帳管，遂勒逐鋪作畦，收榆莢種蒔，於閑隙地内栽種。欲望自今在任三年，如能沿河於閑地栽種椑五萬株已上青活〔九〕，委新官點檢交割，州府保明聞奏，令佐免選，與家便官，使臣免短使，京朝官知縣優與親民。其在任官每一年栽種二萬株，亦與依前項處分。」詔緣汴河州軍管勾河堤京朝官使臣、令佐等任滿，如委栽種及五萬株已上青活，河堤別無疎虞，新官點檢交割，取本州府官吏保明以聞。仍自（齊）〔齎〕赴闕，於中書、樞密院通

〔一〕没：原無，據《長編》卷七九補。
〔二〕料：原作「科」，據《長編》卷七九改。
〔三〕蓋：原作「益」，據《長編》卷七九改。
〔四〕楊懷吉：原作「楊懷古」，據《長編》卷七九改。
〔五〕馬元方：原作「馬允方」，據《宋史》卷九三《河渠志》三改。
〔六〕泗州：原作「泗洲」，據《長編》卷八五改。下同。
〔七〕八：原作「人」，據《長編》卷八五改。
〔八〕然必：原作「必然」，據《長編》卷八五乙。
〔九〕椑：此字疑誤。椑，果木名，柿之一種；又木名，即鼠李，小喬木或灌木。按上文言栽種榆、柳，此忽言植椑，於文理不合，又防護河堤似亦不宜栽椑。疑「椑」乃「俾」之誤。

下，候看詳應條，京朝官使臣與免短使，家便差遣，令佐免選。如不應條，不及數，顯有情倖，干繫官吏重行朝典。

九月，詔曰：「睠彼京師，寔通汴水，是四海會同之處，念一夫覆溺之憂，俾設巡防，合行拯救。苟失性命，深用憫傷。爰形（勤）〔勸〕賞之文，式表好生之旨。應沿汴河州縣，有誤墜河之人，委本界巡檢及習水人等畫時救接，如溺者家願出錢與拯濟之人者聽。或救接得貧闕人，即以官錢給賜。」

二年六月，汴水漲九尺，遣臣詣萬勝、梁固斗門，諭勾當使臣均調水勢，無致泛溢。

八月，遣開封府推官周好問與八作、（推）〔排〕岸司檢汴堤毀官司廬舍，計工料修疊。凡工二百四萬。時開封府言，民屋低下，岸多（擁）〔摧〕圮故也。

仁宗天聖三年八月，以汴水淺澀，遣使祭汴口。

四年七月，樞密院言：「汴水漲，堤危急，欲令八作司相度京城西決洩入護龍河，以減水勢。」從之，遂於賈陂開決疊6水口。畢，賜役兵緡錢。

慶曆六年十二月八日，勾當汴口張從一、張滋言三年水勢調均。詔從一轉西上閤門副使，滋遷西京作坊。

皇祐二年八月，命開封府判官張中庸往中牟縣修築汴河堤岸。

三年九月，詔緣汴河商稅務毋得苛留公私舟船。又詔三司河渠司，每年一開浚之。

嘉祐二年六月，詔以真宗皇帝御製《發願文》刻石於汴口靈津廟。

六年閏八月六日，同判水監楊佐（官）〔言〕：「據汴口檢計功役八萬三百一十一工，具到功畢，尅日取放水勢。」詔汴口見（攸）〔役〕人（貢）〔員〕兵士並等〔第〕特支。

英宗治平二年七月〔一〕，詔以狹汴河賞官吏有差。初，嘉祐六年，以汴河久不浚，（河久不浚）詔命都水監與淮南江浙荊湖制〔置〕發運使李肅之（祖）〔相〕度利害。都水監（察）〔奏〕：「汴河自泗（洲）〔州〕以上至南京水道直流湍駛〔二〕，不復須治；自南京以上至汴口水闊散漫，以故多淺。欲乞自南京都門三百里修狹河木岸〔三〕，扼束水勢，令深駛。俟三五年見次第，即復修汴口至京東水門外。所用樁、梢止伐岸木爲之可足。」詔從之。而以岸木不足，又募民出雜（稍）〔梢〕，度以爲僧。凡用梢、樁、竹索三百八十四萬二百，役工百八十六〔萬〕四千，爲岸三萬一千四百步。自祖宗時固已嘗狹河，其後久不復狹，方興是役。論者紛然，以爲不利，及成，人乃（使）〔便〕之。以上《國朝會要》。

神宗熙寧六年六月十二日，上批：「汴水比忽減落，中河絕流，其窪下處才餘一二尺許。訪聞下流公私重船，初

〔一〕二年：《玉海》卷二二作「三年」。
〔二〕湍：原無，據《宋史》卷九三《河渠志》三補。
〔三〕木：原作「水」，據《宋史》卷九三《河渠志》三改。

7不預知放水淤田時日，以故減剥不及，類皆(閤)〔閣〕折損壞，致留滯久，人情不安。可令都水應干官司分析，仍下三司委差官同府界提點司自京抵陳留〔一〕，具有無損壞舟舩，比較累年所壞數以聞。」後提點吳審禮等言，檢視舟舩，初無損壞者〔二〕。

十一月七日，中書門下言：「權判將作監范子奇乞不閉汴口，造木栰截口，或打撥大河浮凌不入，常使水勢通流，外江綱運直入汴至京，公私利便，經久委實可行。淮南江浙荆湖都大制置發運司乞再展十日閉口。」詔汴口相度。既而乞依范子奇所請，差人打撥凌牌及就汴口造木栰欄截浮凌。從之。舊制，汴口啓閉有時，至是遂不閉之。會高麗入貢，因令泝流而上。

七年八月二十一日，同判都水監宋昌言、李立之、丞王令圖言：「汴口已生新灘〔三〕，秋冬之交必稍退背，乞權閉汴口使水涸，增修堤岸斗門畢，再相度。」同判都水監(候)〔侯〕叔獻、丞劉璯乞不閉汴口，於孔固斗門下權作截河堰，使水入斗門〔四〕，候修堤岸畢，即開堰。詔如叔獻等所請。

八年二月二十四日，同管勾外都水監丞程昉等言〔五〕：「嘗乞以京西三十六陂爲塘〔六〕，潴水入汴漕運〔七〕，其陂内民田，欲先差官量(項)〔頃〕畝，依數撥還，或給價錢。又采買材木遥遠，清汴牐欲作二三年修，仍乞選知河事臣僚再按視措置。」詔翰林侍讀學士陳繹、入内都知張茂則與昉等覆視以聞。其後繹等言水源足用，清汴有可以必成理。

六月十六日，8都水監言，汴、蔡兩河可就丁字河置牐通漕〔八〕，從之。時有詔羅京西米赴河北封樁〔九〕，患蔡河舟運不能達河北，故水官(候)〔侯〕叔獻、劉璯建議，汴、蔡兩河間有丁字河〔一〇〕，可因故道鑿堤置牐，引汴水入蔡河。

十二月二十六日，都水監言：「孫賈斗門之西、汴河北岸共八處可置虛堤，滲水入西賈陂；並淤田司欄水開河一道〔一一〕，引水透入減水河，下注霧澤陂〔一二〕，爲五丈河上源。乞差楊琰管勾修置，陳祐甫提舉〔一三〕。」從之。

九年正月二十八日，中書門下言：「今安南營器械什物發付潭州，欲令都水監早開汴水。」從之。

十年二月十三日，詔：「春候已深，無甚寒凍，高麗進奉使非久離京，汴口可令都水監於元擬日前促五七日。」

〔一〕仍：原作「上」，據《長編》卷二四五改。
〔二〕無：原脱，據《長編》卷二四五補。
〔三〕新：原作「雜」，據《長編》卷二五五改。
〔四〕斗：原作「都」，據《長編》卷二五五改。
〔五〕外：原作「水」，據《長編》卷二六〇改。
〔六〕乞：原作「以」，據《長編》卷二六〇改。
〔七〕入：原脱，據《長編》卷二六〇補。
〔八〕可：原無，據《長編》卷二六五補。
〔九〕京西：原作「西京」，據《長編》卷二六五乙。
〔一〇〕蔡兩河間有丁字：原脱，據《長編》卷二六五補。
〔一一〕「欄水」下原有「堤」字，據《長編》卷二七一删。
〔一二〕霧：原作「務」，據《長編》卷二七一、《宋史》卷九四《河渠志》四改。
〔一三〕甫：原脱，據《長編》卷二七一補。

六月二十八日，范子淵言，今月十八日興工濬汴。

九月二十六日，權判都水監俞充等言：「勘會汴口取黃河水經由京師，應副東南漕運，久來選任能吏，增置兵力，廣聚物料，以爲緩急之備。後多裁減，事難濟辦，合具申請。一、汴口久來差大使臣二員，內或小使臣一員勾當，並兼京西都大巡檢汴河堤岸賊盜斗門。近歲兼管勾（洪）〔淤〕田，仍一員官高者同河陰縣兵馬都監，以便緩急差借河陰縣教兵士。昨因裁減日，差小使臣二員，改作勾當汴口管勾京師汴河堤岸斗門淤田。況勾當汴口使臣所管地方，自京城西至汴口一百里，事責重於京東都大（堤）〔提〕舉，權輕任（畢）〔卑〕，難爲集事。欲乞差諳曉河事大使臣一員，仍留見在小使臣一員9勾當汴口，並兼京西都大巡檢汴河堤岸賊盜斗門、管勾淤田。內大使臣仍同河陰縣兵馬都監，其替罷小使臣却與河上一等差遣，不爲遺闕。一、河陰、管城縣等沿夾河巡檢，自汴口至趙橋地分約五十里，并河陰縣雄武埽黃河巡河，舊有使〔臣〕二員通管，近減罷，令勾當汴口使臣兼行管勾。緣勾當汴口使臣常須在本口調勻水勢，豈可更令兼管夾河巡檢公事？欲乞比舊裁減一員，只差小使臣一員，自汴口至趙橋（汾）〔沿〕汴夾河巡檢，專切修護堤岸，兼河陰縣〔雄〕武埽巡河。乞本監選舉。一、京西都大巡河司及汴口舊管部役使臣四員，內差使臣管押人船般運鞏縣山灘柴草二員，專管勾汴口上下約堤埽外，有一員諸處部役。近裁減都大司部役，只留汴口二員，全然闕人。欲乞依舊添差部役使臣二員，從本〔監〕選舉。一、汴口舊管河清三指揮，廣濟、平塞各一指揮，並以八百人爲額，計四千人。昨減併平塞并河清（地）〔第〕三兩指揮，欲乞只將見管河清、廣濟三指揮並依〔舊〕添作八百人爲額，據見少人數，乞下外都水監丞司於北京以下埽分割移河清人兵千人赴汴口填配，餘數即令招填，比舊亦減一千六百餘人。一、汴口官吏調勻水勢，固護堤埽，近經裁減賞格，却以減省工料爲重，調勻水勢爲輕，官吏務減省工料，不顧水勢，以致汴水多不調勻，阻節行運。欲今後汴口官吏任滿，減省工料雖應賞格，10仍須埽岸、斗門無虞，水勢調勻，不阻行運，方與酬獎。凡諸勾當汴口兼管雄武埽官員任滿，埽岸、斗門無虞，調勻水勢，不阻行運，方有賞格。」並從之。

十月十七日，提舉修閉決口所乞專差內臣，於斷河內門處打斷欄水堤，不得放水東流，從之。續詔凡取借什物、動使家事等，並（計）〔許〕不依常計，及所舉受納管勾等文武官，共不得過二十人。

元豐元年三月二日，詔：「都水監調撥汴口水勢，通接淮、汴行運。其曹村決口水雖已還故道，三日一具疏濬次第以聞。」

六月十五日，權都水監丞范子淵言：「乞於汜水鎮北門導洛水入汴，爲清汴通漕，以省開閉汴口功費〔一〕。」詔候來年取旨。

十月七日，權都水監丞范子淵言：「自來前冬至二十日閉汴口，今歲閏月，較之常年已是深冬，慮大河凌牌爲患，乞先期閉口。」詔聽前至日半月。

十一月四日，都水監言：「乞下京西差夫一萬赴汴河口〔二〕，限一月開修河道。」詔止差七千人。

十二月六日，知都水監丞范子淵言：「奉詔相視導洛通汴，今自河陰縣西十里簽河處步量至洛口，地形西高東下，可以行水，乞差知水事臣僚再按視。」詔遣史館修撰、直學士院安燾，入內都知張茂則。

二年二月二十一日，詔入內東頭供奉官宋用臣及河水未通，毋俟盧秉押米運到京，先往按視導洛通汴利害以聞。

三月十三日，詔發壯役兵二千，京東路廂軍一千，濱、棣州修城揀中崇勝兵五指揮〔三〕，並[11]赴洛口工役。

二十一日，詔入內東頭供奉官宋用臣都大提舉導洛通汴，前差盧秉罷勿遣。初，去年五月，西頭供奉官張從惠言：「汴河口歲歲閉塞，又修堤防勞費，一歲通漕纔二百餘日。往時數有人建議引洛水入汴，患黃河齧廣武山，須鑿山嶺十五丈至十丈以通汴渠，功大不可爲。自去年七月黃河暴漲，異於常年，水落而河稍北去，距廣武山麓有七里遠者，退灘高闊，可鑿爲渠，引落水入汴，爲萬世之利。」知孟州河陰縣鄭佶亦以爲言〔四〕。時范子淵知都水監丞，畫十利以獻：「歲省開塞汴口工費，一也；黃河不注京城，省防河勞費，二也；汴堤無衝決之虞，三也；舟無（檄）〔激〕射覆溺之憂，四也；人命無非橫損失，五也；四時通漕，六也；京洛與東南百貨交通，七也；歲免河水不應妨阻漕運，八也；江淮漕船免爲舟卒鐫鑿沈溺以盜取官物，又可減泝流牽挽人夫，九也；沿汴巡河使臣、兵卒、薪楗皆可裁省，十也。」又言：「汜水出玉仙山，索水出嵩渚山，亦可引以入汴。合三水，積其廣深，得二千一百三十六尺，視今汴流尚贏九百七十四尺〔五〕。以河、洛湍緩不同〔六〕，得其贏餘，可以相補。猶懼不足，則旁堤爲塘〔七〕，滲取河水，每百里置木牐一，以限水勢。堤兩旁溝湖陂濼皆可引以爲助，禁伊、洛上源私取水者。大約汴舟重載，入水不過四尺，今深五尺，可濟漕運。起鞏縣神尾山，至士家堤〔八〕，築大堤四十七里〔九〕，以捍大河。起沙谷至河陰縣十里[12]店，穿渠五十二里，引洛水屬于汴渠，總計用工三百五十七萬有奇。」疏

〔一〕閉：原作「門」，據《長編》卷二九〇改。
〔二〕差：原抄作「夫」，又涂去，而未改字，據《長編》卷二九四改。
〔三〕棣：原缺，據《長編》卷二九七補。
〔四〕鄭佶：原作「鄭信」，據《長編》卷二九七改。
〔五〕汴：原作「淮」，據《長編》卷二九七改。
〔六〕洛：原脱，據《長編》卷二九七補。
〔七〕旁：原作「勞」，據《長編》卷二九七改。
〔八〕士：原作「任」，據《長編》卷二九七、《宋史》卷九四《河渠志》四改。
〔九〕築大堤：原脱，據《長編》卷二九七補。

奏，上重其事，是年冬，遣直學士院安燾、入内都知張茂則行視。正月，燾等還奏：「索水在汴口下四十里，不可引；洛、汜二水積其廣深，纔得二百六十餘尺，不足用。滲水塘引入大河，緩則填淤，急則衝決。洛水唯西京可分引入城〔一〕，下流還歸洛河〔二〕，禁之無益。置牐恐地勢高下不齊〔三〕，不能限節水勢。黄河距廣武山有纔一二里者，又方向著南岸退灘，堅土不及二分，沙居十之八，若於其間鑿河築堤〔四〕，至夏洛水内溢，大河外漲，有腹背之患。新堤一決，新河勢必填淤，則三百餘萬工皆爲無用。又子淵建此，本欲省汴口歲歲勞費，今則埽堤水澾之類，歲計恐不啻一汴口之費，而又有不可保之慮。雖然，財力在人，猶可爲之，唯是水源不足，則人力不可(疆)〔彊〕致。蓋伊洛山河，盛夏雖患有餘，過此常苦不足。疑謀勿成，唯陛下裁之。」上以子淵計畫有未善者，乃命用臣經度，以楊琰往。至是，用臣還奏可爲，請自任村沙谷口至汴口開河五十里，引伊、洛水入汴。每二十里置束水一，以芻楗爲之，以節湍急之勢，取水深一丈以通漕運。引古索河爲源，注房家、黄家、孟王陂及三十六陂，高仰處瀦水爲塘，以備洛水不足，則決以入河。又自汜水(闕)〔關〕北開河五百五十步，屬于黄河，上下置(牌)〔牐〕啓閉，以通黄、汴二河舩筏。(節)〔即〕洛河舊口置水(達)〔澾〕，通黄河，以泄伊、洛暴漲[13]之水。古索河等暴漲，即以魏樓、滎澤、孔固三斗門泄之。計用工九十萬七千有餘。又乞責子淵修護黄河南堤埽，以防侵奪新河。詔如用臣策，故有是命。

二十三日，詔：「近已差宋用臣都大提舉導洛通汴司，可令范子淵俟修黄河南岸畢，留卒二千給用臣工役。仍令轉運副使李南公專應副河南府都巡檢一人，往洛口編欄。用臣支賜，依所寄諸司使給。」

四月十二日，詔：「司農寺出坊場錢十萬緡賜導洛通汴司，增給吏兵食錢。内以二萬緡給范子淵，爲固護黄河南岸薪芻之費。」

十七日，詔導洛通汴用是月甲子興工〔五〕，遣禮官祭告。如河道侵民冢墓，量給錢令遷避，無主者官爲瘞之。

六月四日，賜導洛通汴司開河築堤役兵特支錢。

十七日，提舉導洛通汴司言：「清汴成。四月甲子起兵役，六月戊申畢工，凡四十五日〔六〕。自任村沙谷至河陰縣瓦亭子并汜水關〔七〕，北通黄河，接運河，長五十一里。河兩岸爲隄〔八〕，總長一百三里。河所占官私地二十九頃。

〔一〕京：原脱，據《長編》卷二九七補。
〔二〕還：原作「連」，據《長編》卷二九七改。
〔三〕牐：原作「牌」，據《長編》卷二九七改。
〔四〕間：原作「開」，據《長編》卷二九七改。
〔五〕月：原作「日」，據《長編》卷二九七改。
〔六〕十：原作「百」，據《長編》卷二九八改。
〔七〕關：原作「闕」，據《長編》卷二九八改。
〔八〕隄：原作「提」，據《長編》卷二九八改。

已引洛水入新口斗門，通流入汴。候水調匀〔一〕，可塞汴口，乞徙汴口官吏、河清指揮於新開洛口。」從之。

二十二日，詔：「應(道)〔導〕洛通汴事，令宋用臣主管一年。如洛水通快，委范子淵閉黄河水口。其沿汴淤田既非濁水，可並閉塞，併水東下，接應江淮漕運。」

七月二日，詔：「汴口閉斷黄河水，遣禮官致祭。」以都水監丞范子淵言前月甲子已塞汴口故也。

同日，詔：「導洛水入汴，已[14]通漕。嚮緣河水湍怒，綱運阻難，增置河堤使臣、河清軍士，拔頭、水手，廨舍、營房，請受、水脚工錢及汴口每年開閉物料、兵夫之費，自可裁損，令發運使盧秉條析以聞〔二〕。」

五(月)〔日〕〔三〕，都大提舉導洛通汴司言：「洛河清水入汴，已成河道，疏濬司依舊攪起沙泥，却致填淤，乞權罷疏濬。」從之。

八月十三日，上批：「導洛水入汴及治堤岸捍河，悉有成績，可令宋用臣、范子淵具總事効力官吏第賞。」

同日，御史何正臣言：「近彈奏安燾、張茂則驗覆導洛通汴利害不當，切聞詔候來年歲運了日取旨。以臣所聞，則自不須如此。燾等以爲盛夏洛水外溢，大河内漲，新淤沙堤，當二水腹背交攻之患，其勢未易支梧。今既秋矣，二水交攻之患固未嘗有。燾等又以爲洛水盛夏暴漲，甚於大河，雖盛夏亦有乾淺之時。自今夏秋以來，蓋亦屢雨，而河未嘗漲；亦有經旬不雨，而水未嘗乾。舟行往來，晝夜不輟，安俟考察而後見乎？伏望重行誅罰。」詔燾、茂則各罰銅二十斤。

九月二日，知都水監丞、尚書主客郎中范子淵爲金部郎中，陞一任，同判都水監；入内東頭供奉官、寄禮賓使、遥郡刺史宋用臣爲寄六宅使、遥郡團練使，給寄資全俸；入内東頭供奉官董嘉言、右班殿直楊琰各進兩官，琰兼閤門祗候；入内東頭供奉官王修己等三十七人各進一官，優者減磨勘四年，或指射差遣；選人循兩資〔四〕。餘官減磨勘三年者九人，二年者五人。三司軍大將等遷兩資者五十六人〔五〕，遷一資者八十一人。仍等第[15]賜錢。上批以子淵，用臣首議導洛入汴，及築堤捍河，悉有成績，故優奬之，餘皆董役有勞也。

十月四日，都大提舉導洛通汴司言：「汴河(網)〔綱〕船久例，附載商貨入京，致重船留阻，兼私載物重四百斤以上，已抵重刑。今洛水入，汴不至湍猛〔六〕，欲自今商貨至泗州，官置場堆垛，不許諸綱附載，本司置船運載至京，令

〔一〕匀：原作「均」，據《長編》卷二九八改。

〔二〕發：原作「轉」，據《長編》卷二九九改。盧秉以熙寧八年七月權江淮等路發運副使，見《長編》卷二六六。

〔三〕五日：原作「五月」，據《長編》卷二九九改。

〔四〕選：原脱，據《長編》卷三〇〇補。

〔五〕自「餘官」至「遷兩資」二十四字原脱，據《長編》卷三〇〇補。

〔六〕洛水入汴：原作「落水汴」，據《長編》卷三〇〇改補。

輪船脚錢。」從之。

十二月二十九日，詔范子淵減磨勘二年，餘推恩有差。以疏濬汴河有勞也。

三年正月一日，府界第六將言差襄邑縣防河兵闕二百餘人，已添差訖。上批：「令汴流京岸止深八尺五寸，應接向東重綱方得濟辦。若便差人防護，則無時可以放散。況今水流調緩，不須過爲支梧。」詔提點司相度，據彼處堤岸去水所餘尺寸更行增長，方聽上河。

二月十二日，都大提舉導洛通汴宋用臣言：「洛水入汴至淮，河道甚有闊處，水行散漫，故多淺澀。乞計功料修狹河。」從之。後用臣上狹河六百里，爲二十一萬六千步，當用梢樁。詔給坊場錢二十萬緡，仍伐並河林木。

四月十七日，都大提舉導洛通汴司言：「所陿河道欲留水面闊八十尺以上，束水水面闊四十五尺。」詔陿河處留水面闊百尺。

二十八日，詔：「非導洛司船輒載商人私物入汴者，雖經場務投税，並許人告〔一〕，罪賞依私載法。即服食、器用、日費非販易者勿禁，官船附載蕟箔〔二〕、柴草、竹木亦聽。仍責巡河催綱巡檢都監司覺察。」從宋用臣請也。

五16（五）月一日，江淮等路發運司言：「導洛通汴司已修陿河道，更不置草屯浮堰。」從之。時以汴水淺澀，發運司請積爲堰（雍）〔壅〕水通漕舟，至是復自請罷。

二十一日，權江淮發運副使盧秉言：「黃河入汴，水勢湍激，（網）〔綱〕船破人數多。今清汴安緩，理宜裁減。欲令六百料重船上水減一人，下水減二人，空船上水減二人，下水減三人，餘以差減。」從之。

二十二日，改都大提舉導洛通汴司爲都提舉汴河堤岸司。

六月十三日，都提舉汴河堤岸司乞禁商人以竹木爲牌筏入汴販易〔三〕。從之。

十五日，權判都水監張唐民請復黃、汴諸河歲差修河客軍九千人額〔四〕。從之。

二十四日，參知政事章惇上《導洛通汴記》，詔以《元豐導洛記》爲名〔五〕，刻石於洛口廟。

十月四日，都水監言：「奉旨改導洛通汴司作都提舉汴河堤岸司，其應係汴河公事，乞令一面主管。」從之。

五年三月十八日，提舉汴河堤岸宋用臣言：「面奉旨，金水河透水槽阻礙上下汴舟，令臣相度措置。其舊透槽可廢撤。」從之。詳見「金水河」。

十二月二日，詔發運司糶糴斛斗鄭佶（滅）〔減〕磨勘三年，前西頭供奉官、除名勒停黃州編管人張從惠（滅）〔減〕一

〔一〕人：原作「入」，據《長編》卷三〇三改。
〔二〕蕟：原作「發」，據《長編》卷三〇三改。
〔三〕汴河：原倒，據《長編》卷三〇五乙。參上條。
〔四〕「民」原作「明」，「汴」原作「河」，「修」字原脱，據《長編》卷三〇五改補。
〔五〕名：原脱，據《長編》卷三〇五補。

赦敘。並以嘗幹當汴口，建議導洛入汴，續議賞也。

二十日，都提舉汴河堤岸司言：「準朝旨，爲原武埽閉合水口，見增防堰，令本司權閉斷魏樓、孔固、滎澤斗門五七日。自閉合三斗門，汴水增長，今自開遠門浮橋以上，淩排查塞，水欲抹岸，望速降指揮[17]開撥沿汴斗門，及乞於京西向上汴河兩岸相度可潰水處〔一〕，即決堤分減水勢。」詔：如實危急〔二〕，即依所奏。

六年閏六月十二日，步軍副都指揮使劉永年言：「汴水漲及一丈二尺〔三〕，法許追正防河兵二十八指揮，自西窯務列兩岸至東窯務。如漲及一丈三尺二寸〔四〕，更追準備二千人〔五〕。臣切以京闕防河，事體至重，乞自今遇水大漲，或淫雨不已，令都巡地分如救火法，於近便增發三兩指揮；不足，即指所轄軍分奏差，支賜、約束竝依防河兵。」從之。

八月二十八日，都水使者范子淵言：「導洛通汴，將及五年。昨興役之初，大河北徙，距清汴遠，列爲堤埽，以障游波。臣今相視水勢，大河有可徙之理〔六〕，及上塞河兵夫物料數。」詔子淵詳度，從南岸漸進鋸牙，約水勢入新河，具合行事以聞。已而子淵奏〔七〕：「於武濟山麓至河岸并嫩灘上修堤及壓埽堤〔八〕，并新河南岸築新堤，計役兵六千人，限二百日成。開展直河長六十三里，廣一百尺，深一丈，計役兵四萬七千有奇，限三十日成。合費梢草竹索〔九〕，爲錢一十七萬緡有奇。」從之。

哲宗元祐元年正月十四日，中書省言，點磨得宋用臣導洛通汴并京城所出納違法等事〔一〇〕。詔宋用臣降授皇城使，添監滁州酒稅。其根究錢物未明事，送户部結絶〔一一〕，仍令本部具合措置事件聞奏。

紹聖四（事）〔年〕五月二十二日，都大提舉汴河堤岸賈種民言：「元豐年導洛通汴，改汴口爲洛口，止係通放洛河清[18]水，名汴河爲清汴。水勢淺澀，即益以櫃內清水。自元祐年，於黃河撥口分引渾水，令自達上流入洛口，比之清洛，難以調節。乞將汴河依元豐年已修狹河身丈尺深淺，檢計合用物力，具數申尚書省，復元豐清汴，立限修濬〔一二〕，通放洛水，仍置洛斗門。」從之。

元符元年四月二十二日，工部言：「請復置提舉汴河堤岸司，乞應緣河事經畫奏請等事，並須關報本部。」從之。

〔一〕潰：原作「櫃」，據《長編》卷三三一改。
〔二〕如：原作「知」，據《長編》卷三三一改。
〔三〕二：原作「三」，據《長編》卷三三六改。
〔四〕及：原作「水」，據《長編》卷三三六改。
〔五〕二千：原作「一千」，據《長編》卷三三六改。
〔六〕徙：原作「從」，據《長編》卷三三八改。
〔七〕奏：原作「於」，據《長編》卷三三八改。
〔八〕上：原作「止」，據《長編》卷三三八改。
〔九〕「梢」原作「稍」，「索」原無，據《長編》卷三三八改補。
〔一〇〕磨：原作「曆」，據《長編》卷三六四改。
〔一一〕結：原作「給」，據《長編》卷三六四改。
〔一二〕自「流入洛口」至「立限修濬」：原脱，據《長編》卷四八八補。

徽宗政和年六月四日〔一〕，詔：「汴河水大段淺澀，有妨(網)〔綱〕運。令藍從熙差人前去洛口調節水勢，須管常及一丈，不得有妨漕運。」

宣和元年七月九日，中書省言：「都提舉汴河堤岸司言，近因野水衝抹沿汴堤岸及河道淤淺去處〔二〕，功料不少，若止役河清即功不勝。欲乞本司出備錢物，專委本路漕臣賈讜、李祐，候將來農隙和雇人夫應副開修，(遂)〔逐〕具奏聞。」從之。以上《國朝續會要》。

光堯皇帝建炎元年五月二十三日，詔：「都水監官各降三官，都水使者陳求道降五官，須管修治汴水一切了畢，方許入城。令留守司覺察，及日具修閉次第申奏。差水部員外郎丁彬催促修補，如監官及都大巡河部役官吏等弛慢不(識)〔職〕之人，從彬一面牒送所屬取勘，具案申奏。仍令都水監限一日開具合降官職位、姓名，申尚書省。」先因河口決壞，汴水堙塞，(網)〔綱〕運不通，於是差都水使者陳求道前去修治。求道申十五日已星夜前去，至十七日方始出門，臣寮論列，故有是詔命。

三年四月十日，詔：「訪聞東京軍民等久闕糧食，雖已降指揮撥發斛斗上京，緣汴水未通，有妨行運。仰杜充限指揮到日，立便差委諳 [19] 曉河防官，及刬刷人兵，和雇人夫，限十日須管修治口岸，使汴水通流，無致礙滯。仍於在京不以是何官錢內支撥五萬貫，應副修閉支用。如限內修治了當，令杜充具名聞奏，當議優與推恩。」以上《中興會要》。

《乾道會要》無此門。（以上《永樂大典》卷五六五一）

廣濟河

【宋會要】

〔廣濟河〕自都城歷曹、濟及鄆，其廣五丈，舊云五丈河，開寶六年改今名〔三〕。

[20] 太祖建隆三年三月，控鶴右厢都指揮使尹勳責爲許州教練使，殿直周令謙決杖，配隸鄭州。坐護役夫浚五丈河，有避役逃者，輒馘七十人，專殺十二人，有詣闕稱冤者，故責之。太祖素愛勳勇，欲貸之，會兵部尚書李濤抗疏極言，以國家法令可惜，遂特行之。

乾德三年〔四〕，京師引五丈河造西水磑，募諸軍子弟數千人，以八作使趙璲領其役〔五〕。磑成，車駕臨視，賜役夫緡錢。

仁宗天聖六年七月，駕部員外郎閻貽慶言：「五丈河下接濟州合蔡鎮梁山濼，至鄆州，久來舟運。自河決淤昧，合蔡而下漫散不勝舟，潦毀民田，請仍舊撥五丈河入夾黃

〔一〕「年」上脫一字。

〔二〕「水」原作「人」，「淤」原作「於」，據《宋史》卷九四《河渠志》四改。

〔三〕此段原在題下，作小字。以後文「惠民河」目例之，此應是《會要》正文，今移入正文，並加「廣濟河」三字。

〔四〕此條事，《長編》卷四繫於乾德元年九月二十九日戊寅。原注云：「本志稱乾德三年，誤也。」按，「本志」指《國史・河渠志》，是《會要》從《國史》也。

〔五〕趙璲：《長編》卷四作「趙遂」。

河。」因詔貽慶與勾當溝河李守忠、京東轉運使規度檢計，具功料聞奏。

神宗熙寧九年三月二十四日，詔廣濟河元額歲漕京東斛斗，宜速委官修（元）〔完〕壩閘。

元豐五年二月十一日，詔罷廣濟河輦運司及京北排岸司，移上供物于淮陽軍界，計置入汴，以清河輦運司爲名，差朝奉郎張士澄都大提舉。先是，京東路轉運司言：「廣濟河用無上源陂水〔一〕，常置壩以通漕運〔二〕，歲上供六十三萬石。間一歲旱，底著不行。欲移人舡于淮陽軍界上吳鎮，下清河及南京、穀熟、寧陵、會亭〔三〕，臨汴水共爲倉三百楹，從本司計置七十萬石上供。置輦運司，隸轉運司，歲減舡三百五十，兵工二千七百，綱官典三十三，使臣十一，爲錢 21 八萬二千緡。」下提點刑獄司按寔，以爲如轉運司言。京北排岸司沿廣濟河置，故并罷之。

七月二十一日，御史王桓言：「昨廢廣濟河輦運〔四〕，自清河轉淮、汴入京。臣每見累官京東、博知利害者，詢之，皆以爲未便。如廣濟安流而上，與清河泝流入汴，遠近險易，較然有殊，望更體量。」詔令轉運、提點刑獄、提舉輦運司，以舊廣濟河并今清河行運〔五〕，比較利害。

七年八月十九日，提舉汴河堤岸司言：「廣濟河下接逐處，但以水淺，不能通舟。今欲于通津門裏汴河岸東城裏三十步內開河一道，下通廣濟，接行運。」從之。先是，都大提舉清河輦運司乞以舊廣濟河并清河行運〔六〕，詔令工部相度可與不可應接廣濟河行運。至是乃從堤岸司之請〔七〕。

哲宗元祐元年三月十九日，三省言：「廣濟河輦運，昨因李察等言廢罷，改置清河輦運，顯是迂遠。」詔知棣州王譓措置興復〔八〕。

十二月二十二日，詔廣濟河都大管勾催遣輦運〔九〕，三十月爲任。（以上《永樂大典》卷五六六〇）

惠民河

【宋會要】

22〔惠民河〕，與蔡河一水，即閔河也。建隆元年，始命右領軍衛將軍陳承昭督丁夫導閔水，自新鄭與蔡水合，貫京師，南歷陳、（穎）〔潁〕，達壽春，以通淮右。舟楫相繼，商賈畢至，都下利之。于是以西南爲閔河，東南爲蔡河。至開寶六年三月，始改閔河爲惠民河。

〔一〕陂：原作「防」，據《長編》卷三二三改。
〔二〕壩：原作「清河」，據《長編》卷三二三改。
〔三〕會亭：原作「會寧」，據《長編》卷三二三改。按會亭，鎮名，屬南京下邑縣。
〔四〕廢：原作「發」，據《長編》卷三二八改。
〔五〕今：原作「令」，據《長編》卷三二八改。
〔六〕濟：原作「清」，據《長編》卷三二九改。
〔七〕堤：原作「掃」，據前文改。
〔八〕知：原作「和」，據《長編》卷三七三改。
〔九〕遣：原作「造」，據《長編》卷三九三改。

太祖建隆元年四月，命中使浚蔡河，設斗門節水，自京距通許鎮。

二年，發畿甸陳、許丁夫數萬浚蔡水，南入（穎）〔潁〕川。

乾德二年二月，令陳承昭率丁夫數千鑿渠，自長社引潩水至京師，合閔水。潩水本出密縣大隗山，歷許田，會春夏霖雨，則泛（隘）〔溢〕民田。至是渠成，無水患，閔河益通漕焉。

淳化二年，詔以潩水泛溢，侵許州民（田），令自長葛縣開小河道，分流二十里，合于惠民河。

真宗咸平五年七月，京師霖雨，溝洫壅，惠民河溢，泛道路，壞廬舍，自朱雀門抵宣化門尤甚。知開封府寇準治丁岡古河泄導之。

大中祥符元年正月，詔：「如聞浚蔡河召集丁夫，其未入役者不給廩食，暴露原野，朕甚憫焉。自今令主者餉之，寬其程約。」

六月，開封（府）言尉氏縣惠民河決，遣使督視完塞。

二年四月，陳州言：「州地洿下，苦積潦，歲有水患。請自許州長葛縣浚減水河，及補棗村舊河，以入蔡河。」從之。

八月，選使臣巡轄京、索、惠民河，其殿最如黃、汴河例。以每歲修防不精，主者多不經習，以致決溢害田故也。

十月，御史中丞王嗣宗言：「許州積水害 23 民田，蓋惠民河不謹隄防，每決壞。」即詔遣閤門祗候錢昭厚經度之。昭厚請開小（穎）〔潁〕河分導水勢，帝曰：「是雖泄其上源，無乃移患于（穎）〔潁〕河下流乎？」昭厚等不能對。判陳州石保吉復言〔一〕：「此河浸廣，則陳州爲水之衝，其害滋甚。」遂詔白波發運判官史瑩與京西轉運使、逐州官吏按視畎導之。瑩請于頓固減水河口改修雙斗門，爲束水鹿巷以泄其流，可減陳、（穎）〔潁〕每歲水患，從之。

九年，知許州石普請于大流堰穿渠，置二斗門，引沙河以漕京師，遣使按視。又請廢段家鎮〔二〕，移長平領于建雄鎮〔三〕。詔問知陳州馮拯，言無害，乃許農隙興事。

四月，詔遣中使至惠民河，規畫置堰子以通舟運。

天禧三年，新堤決壞，崇儀副使、巡護史瑩坐護治不謹，責爲供備庫副使。

仁宗天聖二年二月，崇儀副使、巡護惠民河田承說獻議，重修許州合流鎮大流堰斗門，創開減水河通漕，省迂路五百里。詔遣使與承說同規畫利害以聞〔四〕。

四年閏五月，都大巡護惠民河田承說言：「昨緒河水遂置堰子應接舟舡，近西華縣堰子南西匣口板，稱冀國長公主宅炭舡撞下，節級劉榮受錢不曾修補。按蔡河斗門，

〔一〕判：原無，據《長編》卷七二補。
〔二〕鎮：原作「鏁」，據《長編》卷八七改。
〔三〕領：疑當作「鎮」，陳州西華縣有長平鎮，見《元豐九域志》卷一。
〔四〕說：原作「悦」，據上文改。下條同。另按，其他典籍載此人之名均作「說」。

上下鏁、咸下、義聲、建雄屬開封府，長平、西華屬陳州，大流三門及都使堰屬許州。請自今應有乞覓百錢及擅離地分者，所屬斷遣；再犯及邀滯損撞乞錢，禁錮奏裁；使臣不覺察，亦治其罪。在任三經罰，並與降等遠小差遣。仍令所在板24榜曉諭。」從之。

五年八月，都大巡護惠民河王克基言：「先準宣，惠民，京、索河水淺下，緣出源西京、鄭、許州界，惠民河下合横溝、白雁溝，京、索河下合西河、湖河、雙河、欒霸河、丈八溝，（名）〔各〕爲民間截水蒔稻灌園，宜令州縣巡察，偷畎者捉搦勘罪。近巡（灤）〔欒〕霸河，閻莊西有掘河一條，放水種稻田等，牒鄭州收捕治罪。又巡至谷口，復有七巡放水灌稻之人，即乞嚴斷。」從之。

七年，王克基言：「檢會條，蔡河斗門棧板須依時開閉，調停水勢，應接綱船，不令邀滯。其使臣如鈐轄齊整，不致搔擾，得替日批書，理爲勞績，與免短使。近巡（察）〔蔡〕河，見官綱並不計會斗門下棧擗水，却于河内打軟堰欄河，踐踏堤岸，隔礙舟運。雖行止絶，未有條約。今請申明舊條外，更下逐處匀調水勢，躬親開閉板棧。鈐轄邀滯，如官中察探得知，依法斷遣，使臣乞行朝典。如無阻滯，鈐轄齊整，依先降宣命批書，理爲勞績，與免短使。其官私舟船須分兩岸牽駕，不得打軟堰。如遇水小，逐斗門計會放水，遣者送官勘逐。」從之。

嘉祐三年正月，開京城西葛家岡新河。以有司言「至和中，大水入京城，請自祥符縣界葛家岡開生河〔一〕，直城南好草陂，北入惠民河〔二〕，分注魯溝〔三〕，以紓京城之患」也〔四〕。以上《國朝會要》。

神宗熙寧四年八月二十五日，以殿中丞欒涣提舉修置惠民河上下壩閘〔五〕，三班借職楊琰勾當修置。

八年六月十六日，都水監言汴、蔡兩河可就丁字河置（插）〔牐〕25通漕。從之。詳見「汴河」門。

十月七日，詔都水監相度開展惠民河利害以聞。以宋用臣與巡護惠民河官乞開展河道以便修城也〔六〕。

九年七月二十日，都水監言：「看詳提舉修京城所乞引（務）〔霧〕澤陂水至咸豐門，合入京、索河，及京、索河簽入副堤河，下合惠民河。本監相度，于順天門外簽直河身，及于染院後簽入護龍河，至咸豐門南，却及京〔七〕、索河，委是爲利。」從之。

徽宗崇寧元年二月二十三日，都水監言：「惠民河都大提舉趙思復狀，惠民河地分見役人兵興修簽河次下硬

〔一〕岡開：原作「綱」，據《宋史》卷九四《河渠志》四改補。
〔二〕北：原作「不」，據《宋史》卷九四《河渠志》四改。
〔三〕注：原作「于」，據《宋史》卷九四《河渠志》四改。
〔四〕紓：原作「紆」，據《宋史》卷九四《河渠志》四改。
〔五〕涣：原作「换」，據《長編》卷二二六改。
〔六〕巡：原脱，據《長編》卷二六九補。
〔七〕却及：《宋史》卷九四《河渠志》四作「復入」。

堰，今已畢功，欲乞今後遇有盜決堤堰，許諸色人等告官，仍乞立定支賞錢一百貫文。如内有徒中告首之人，乞與免罪，亦支錢一百貫充賞。」從之。以上《續國朝會要》〔一〕。《中興》、《乾道會要》無此門。（以上《永樂大典》卷五六六一）

金水河〔二〕

【宋史】

26《宋史·河渠志》：金水河一名天源，本京水，導自滎陽黄堆山，其源曰祝龍泉。

太祖建隆二年春，命左領軍衛上將軍陳承昭率水工鑿渠，引水過中牟，名曰金水河。凡百餘里，抵都城西，架其水横絶於汴，設斗門，入浚溝，通城濠，東匯于五丈河。公私利焉。

乾德三年，又引貫皇城，歷後苑，内庭池沼，水皆至焉。

開寶九年，帝步自左掖，按地勢，命水工由承天門鑿渠，爲大輪激之，南注晉王第。《會要》云：金水河渠，其後又令入潛龍園及公主第〔三〕，因幸其第賜宴，太宗作詩稱謝。

真宗大中祥符二年九月，詔供備庫使謝德權決金水，自天波門並皇城至乾元門，歷天街東轉，繚太廟入后廟。皆甃以礲甓，植以芳木，車馬所經，又累石爲間梁。作方井，官寺、民舍皆得汲用。復東引，由城下水竇入於濠，京師便之。《會要》云：大中祥符元年九月，真宗曰：「昨見八作司奏事，言及京城緣街渠水所置井，從來官收水錢。可降詔蠲除，任從公私汲取。」天禧二年八月，命殿中丞史瑩相度金水、惠民河水勢。時以水淺少，命按視川源。瑩言：「周視之須五六十日，請止以近便相度，畫圖開浚，便舟船通濟之急。鄭州畎索水入金水，止役卒七千，望發鄭州丁夫，一月畢工。」詔止以軍士萬人給之，令右領軍衛大將軍魏榮爲總管〔四〕，御前忠佐馬軍副都軍頭張榮副之。元料底闊二丈，今減半。乞徙河清兵士九十六人置舍營，令巡防斗門河道，固檢計河隄工料〔五〕。詔役兵千，（後）〔役〕六十日。二年五月〔六〕，崇儀副使史瑩言，民庶納課買金水河漕裏淺灘種蓮芡之類，踐污河水，望令傳廢〔七〕。從之。

神宗元豐五年，金水河透水槽阻礙上下汴舟，遣宋用臣按視。請自板橋别爲一河，引水北入于汴。後卒不行，乃由副堤河入于27蔡。以源流深遠，與永安青龍河相合，故賜名曰天源。先是，舟至啓槽，頗滯舟行。既導洛通汴，遂自城西超字坊引洛水，由咸豐門立堤，凡三千三十步，水遂入禁中，而槽廢。然舊惟供洒掃，至徽宗政和間，容佐請于七里河開月河一道，分減此水，灌溉内中花竹。命宋昇措置導引，四年十一月畢工。《續會要》云：熙寧七年十二月二十三

〔一〕原無「續」字，參本書方域一五末及本卷「汴河」門末原注補。《續國朝會要》指乾道修成之神、哲、徽、欽四朝會要。

〔二〕原稿此目之文以《宋史》爲正文，以《會要》爲注。天頭原批：「此下兩頁，小字改爲正文大字，以大字改爲小字，注各段『河渠志』下。」此當是嘉業堂整理者所批，嘉業堂本即照此改抄。今不改，仍從原貌。

〔三〕潛：原作「替」，據《玉海》卷二二改。

〔四〕領軍：原倒，據《長編》卷九二改。

〔五〕固：疑當作「因」。

〔六〕按，上條已爲二年八月，不應此反爲二年五月，疑「二年」爲「三年」之誤。

〔七〕傳廢：「傳」字疑誤。

日，都水監言：「相度將金水河上自咸豐門裏，下至街道司口子，並割與西水磨務管勾。今後不問河水大小，須管依元定尺寸應副。內并太廟、萬壽觀等處供使，稍有闕悮，責在本務。及乞撥與巡河鋪分剩員、河寨兵級，令在務管。」元豐五年三月十八日，提舉汴河堤岸宋用臣言：「奉旨，金水河透水槽阻礙上下汴舟，令臣相度措置〔一〕。已行按視，可以自汴河北岸超字坊開河一道，取水入內，徑至咸豐門合金水河，却將金水河自板橋下石斗門東修斗門，開河一道，引至金明池西北三家店灣還入汴河〔二〕，其舊透槽可廢徹。」從之，拆透槽回水入汴〔三〕。後有詔，自汴河北引洛水入禁中〔四〕，以天源河爲名。徽宗政和四年十一月十三日，詔：「創開天源河了當，優等張珪、孫嚴、路天民、韓拯、劉圭各轉一官，更減三年磨勘。」

重和元年六月〔五〕，復命藍從熙、孟揆等增隄岸，置橋槽壩㠥，濬澄水，導水入內。內庭池籞既多，患水不給，又于西南水磨引索河一派，架以石渠絶汴，南北築隄，導入天源河以助之。

白溝河〔六〕

【宋會要】

28 咸平六年秋，白渠溢〔七〕，害民田。邢用之時爲度支員外郎〔八〕，遂詔往度工役，乃自襄邑疏下流，以導京城積水。即令董役，成之。

大中祥符二年八月，以京東積水，令轉運司分視諸州積水及理隄防。時使臣自東來，詢其事，云近河窪下處尚有水浸田，故詔督之。是月，詔閤門祇候康宗元與中使、軍頭各一人，領水匠經度京城積水及補塞諸河。時秋雨，金水河防決，浸及瓊林苑牆。有言汴河南有三十六陂，古停水之地，必有下流以通諸河，遂令度地畫圖以聞。宗元初請廣修近隄，復多開斗門，設堤壘，遇河汎即自斗門泄之，至下流復還河道。真宗面（論）〔諭〕利害，曰：「大築隄防，擁東河水，下流（溢）〔隘〕狹，爲患益深。今雖斗門減水，然而非遠却復河道，即其下隘狹之患尚在。」又遣使尋源，果金水河新修隄津漏甚猛，即督元修官補塞。帝曰：「地西積水，皆民之腴田，昨令使臣徧視，皆無以疏導，獨有留麵河，俟汴水減，即由此導之。」麵河者，注水分之南流，蓋李繼源所開，以其分水作碾磑，故謂之麵河。

三年六月，供備庫使謝德權言：「準詔於太一宮側疏導積水，今開河抵陳留縣界，入亳州渦河。望令逐處造橋以濟行者，仍約束緣河州軍，常令導治。」從之。

五年正月，帝謂近臣曰：「京城開河，自來役兵般泥填于街衢 29 上，勢高人户不便，又（抵）〔低〕下地近水，甚於橋

〔一〕令臣：原作「令以」，據《長編》卷三二四改。
〔二〕還：原作「環」，據《長編》卷三二四改。
〔三〕槽：原作「糟」，據《長編》卷三二七改。
〔四〕入：原無，據《長編》卷三二七補。
〔五〕重和：原作「宣和」，據《宋史》卷九四《河渠志》四改。
〔六〕按，以下所收條文，僅少數記白溝河，其餘多數條文乃述浚治溝河、疏導積水事，此《大典》輯録之疏誤。
〔七〕白：原作「自」。天頭原批：「『自』疑『白』。」按，《玉海》卷二二作「白」，據改。
〔八〕邢用之：原作「月之」，據《宋史》卷九四《河渠志》四補改。

梁損壞。所由司不時完葺，有妨事乘，可差皇城副使焦守節與所由司經度制置，具利害以聞。」

真宗天禧元年八月，入内押班周懷政言：「順天門遠門外汴河西積水，浸營舍、道路，欲望規度疏入汴。」詔内侍雷允恭督八作司治之。允恭等相度順天門遠門積水，欲開汴河西第三坐斗門，漸次通流入汴。及於宣城營西南京水河下直透槽透流雨水過河，南尋河開展舊流水小河，透流入新城濠，以入惠民河。又安上門外亦有積水，欲於橋河南開舊水口放入新城濠内，兼造小斗門子一。並從之。

三年五月，以大雨京城積水，遣清衛都虞（侯）〔候〕袁僕相度開畎河道，浚太一宫前河，及修移水窗，以便水勢。

八月，巡護河岸史瑩言：「準詔於京西創減水河二，今已疏通，望令祥符縣常切提振，量留兵卒二百護守。」從之。

四年閏十二月，詔近京諸州有積水處，並遣官開治。

仁宗天聖二年三月，内殿崇班、閤門祇候張君平言：「近京諸州古來溝河堙塞，望差官開濬。」詔君平往諸州，同長吏規度，漸次開治，務爲悠久之利。因詔開封、應天府、陳、許、亳、宿、（穎）〔潁〕、蔡州長吏、縣令兼開治溝洫事。

四月，詔：「開封府應食禄官員等，今後更不得令人下罾網打魚，攔截河道，妨公私舟船往來。如違，隨處勘逐，仍具職位、姓名聞奏。地分巡河人如不止絶，亦當嚴斷。」

七月，同提點開封府界諸縣鎮公 30 事張君平言[一]：「府界逐州甚有古溝洫可以疏決，望自今後逐縣界溝洫河道，如令、佐能多方設法，勸諭部民開浚深快，值雨別無積潦，顯著勞績，替日委批曆具狀保明聞奏，令佐與免選，家便注官，京朝官家便優與差遣，知州、同判勸課催督，亦量勞績旌賞。」從之。

十一月，張君平等言：「奉詔相度府界、南京、陳、許、（穎）〔潁〕、蔡、宿、亳等處積水渰潦民田，開畎溝河。竊見陳留等縣今歲雨澤調匀，尚有訴水潦數萬户，蓋溝河堙塞，可以畎治。竊慮縣有合該移川（陜）〔峽〕遠宦者，交替之後，不知初檢溝河工料條約，致部役人夫開（淩）〔浚〕不能盡料，枉勞民力，或致霖雨，依前渰傷田苗。乞下審官院，勘會府界縣已檢計溝河工料向去役夫處，有知縣合該移者，並留在任管勾開治。候將來別無壅塞、淹潦民田，即依七月勑命施行。」從之。

四年五月，張君平言：「近自徐州相度公事，竊聞知單州高弁擘畫開治溝河，霖雨無淹田。其碭山一縣窊下，有古溝河例各堙填，壅積水勢，若令佐得人，勸誘興工，可以與民興利。其單州知州、同判、令、佐等，欲依南京例，並帶開治溝河。有因循曠職者，望委長吏體量聞奏，選擇對換。自今差單州知州、同判、令、佐管勾溝洫河道。」

六月，應天府言：「本府諸縣有檢計未修溝河，伏見開封府界知縣爲修溝河，候三年滿日替移，乞依開封府例。」

[一]「點」原作「典」，「界」原無，據《長編》卷一〇二改補。

事下張君平等相度，君平言：「南京沃野，古溝尤多，堙填不治，乞31依南京所奏。」詔應天府、(毫)〔亳〕州係溝河知縣處，許滿三年得替，於合入去處優便差移。

七月，開封府言：「點檢新舊城内東西八作司地分溝渠，有八字九口二百五十三所，多是居人穢惡填塞，阻滯水勢。乞委廂界巡檢人察視，不令填塞蓋闇。」從之。

六年正月，屯田員外郎、提點開封府諸縣鎮事、管勾溝洫河道張嵩言：「準詔，府界諸縣人夫除差開河及滑州役外，有陽武十縣人夫，將檢到溝河工料分擘開修。續準詔減下一半工役。緣府界溝洫河道並係緊急，合行開修，如只役本縣人夫，拖延歲月，慮恐百姓有願自辦工力開修者，逐縣令佐不能勸誘。欲令諸縣官屬設法勸誘，有願自辦工力開修者，聽元檢工料興修，替日批曆，理爲勞績。」從之。

慶曆五年二月，提舉在京諸司庫務宋祁等言：「近差東西八作司監官及開封府士曹參軍張谷等同相度城濠溝河通流積水，看詳(臂)〔擘〕畫事理，稍得利便。緣京畿闊遠，藉溝渠發泄水勢流通，方免積聚。乞特下開封府施行。」從之。

皇祐三年十二月，詔：「開封府諸縣歲差人開濬溝洫，頗以爲擾。自今有堙塞之處，聽所在人户自開濬，而官爲檢視之。」

嘉祐二年五月十七日，詔：「京城内外溝河，令三司委當職官吏躬親巡覷，修整開畎，須隄岸堅固，雨水通快，無復阻滯，別致疎虞。」以上《國朝會要》。

神宗熙寧元年三月十三日，都水監言：「今年畿内諸縣溝河，各役人夫開淘，十分32纔及二三。若次年只留本縣人夫，尚須二三年方可訖役〔一〕。緣逐縣溝河至多，須預委官檢定緊慢，的確工料，以備興工。欲乞令府界提點司於三月初選官三員，與逐縣官同共檢定合開溝河緊慢次第、工料，據本縣合差夫數，以五分夫役十分工，依年分專委逐縣知縣都押開淘。仍令提點司遍行點檢。」從之。

二年閏十一月〔二〕，詔都水監差官溝畎開封府界積水。〔以〕填塞道路，慮妨百姓輸納。

六年八月十六日，詔劉璯同侯叔獻，所(謂)〔請〕開白溝河，覆視以聞。後覆視，河長八百里，工大，分爲三歲興修。從之。詳見「水利」門。

七年正月二十七日，都水監請暫權停修白溝河，移夫濬自盟河。從之。初詔白溝河置牐行運〔三〕，分三年修，而同判都水監侯叔獻以爲差夫日逼，又見被命提舉汴河堤岸打淩，未可即往白溝，因言自盟河係疏泄汴以南民田積水，最爲大川，近歲失于濬導，水常爲患〔四〕，乞輟白溝夫修之，故有是詔。

〔一〕方可：原作「可以」，據《宋史》卷九四《河渠志》四改。
〔二〕十一月：原作「十月」，據《宋史》卷九四《河渠志》四補。
〔三〕牐：原作「鍤」，據《長編》卷二四九改。
〔四〕水：原作「小」，據《長編》卷二四九改。

徽宗政和二年十月四日，朝請大夫、行都水監丞孟昌齡奏：「承朝旨開淘含暉門外白溝河，尋就用創修堤岸人兵開淘了當，開堰放水，依舊通流。除昌齡乞不推恩外，(其)〔具〕到官吏、諸色人職位、姓名、功力等第。」詔官屬、人吏、役兵減半賜錢帛有差。

三年八月十九日，尚書虞部員外高掞言：「提舉措置修治都城内外積水所申，城東景德寺街、牛行街一帶地勢最下，瀦積尤甚。去都城内外，先求出水所歸之地，檢踏 33 得自蓼堤橋東南創開導水新河一道，於渡口橋決上鑿透槽一道，其上係東白溝河新置透槽，專導都城積水，今已畢工。今于二十日開堰通放，深三尺，出泄浄盡，委是利便。」詔提舉措置官孟昌齡特轉一官，仍許轉行中散大夫、行將作少監。以上《續國朝會要》。（以上《永樂大典》卷五六五四）

月河〔一〕

【宋會要】

34 淳熙六年三月十九日，詔和州將開挑月河日下住罷，仍令郭剛同淮南轉運司填塞。

運河

【宋會要】

淳熙二年十一月二十二日，浚長安至許村一帶運河。兩浙運副趙磻老言：「臨安府長安閘至許村巡檢司一帶，漕河淺澀，未曾開浚。除兩岸人户自出力開濬外，勢須添人併工開濬。約用錢一萬五百餘貫，本司管認應副外，合支米二千三百六十二石五斗，乞于朝廷樁管米内給降。」從之。

七年八月十六日，濬沿邊一帶運河。詔臨安府至鎮江府淺涸去處，令守臣措置開濬。臨安府于見樁管朝廷會子内支撥二萬貫，平江府三萬貫，秀州、常州各二萬貫，仍于見管未起發户部并總領所綱運錢内支撥，却具所支窠名申朝廷撥還。既而兩浙轉運司同臨安、鎮江、平江府，常、秀州守臣言：「被旨開濬浙西自臨安府至鎮江府沿流一帶運河，計一百四十里，通計一十一萬五千四百四十一丈〔二〕。内二萬二千二百一十丈深濬，可以通行綱運，不須開治外，九萬三千二百三十三丈合行開濬，乞于朝廷樁管錢米内撥付逐州使臣。」故有是詔。

十一年十二月二日，兩浙路轉運判官錢沖之言：「奉詔，爲臣僚奏請乞開濬常、潤等縣運河淺澀去處〔三〕，令臣相視聞奏。今相度，自臨安至鎮江四 35 郡，向來計料日用共六萬餘夫，委是大役。乞且令諸州將運河兩岸支港地勢卑下泄水去處，牢固捺成堰壩，仍申嚴請閘啓閉之法。淺

〔一〕本卷總題下有「東南諸水」一目，置「白溝河」後，則此下至卷末諸條，當屬東南諸水。爲免繁複，各以河名爲題。
〔二〕四十一：據下文合計，當爲「四十三」。
〔三〕縣：似當作「州」，常、潤皆州名。

澀去處，令逐州守臣措置，隨宜開撩，務要舟楫通行。」從之。

嘉泰元年六月二十三日，臣僚言：「鎮江府運河，其所濟甚博，歲月寖久，不加開濬，目今河道淤塞淺澀，爲害不小。去歲朝廷嘗因淮東帥臣有請，得旨令淮東總領同鎮江守臣、淮東安撫并鎮江府都統制，先次條具寔用工料數目申尚書省。既而諸司委官檢視，條具甚悉，闊狹深淺，皆有丈尺，人工物料，悉有成數。是時偶朝廷多故，且使臣往來頻數，異于常時，所以未蒙施行。今乞檢照(淮)〔淮〕東帥臣元奏請及諸司條具項目，行下淮東總領所、鎮江都統制司，令同心協力，豫期措置合用工料錢米，遇有幾會，可以開濬，即行興工，一面申奏。如此，則免至往反待報，遷延月日，復起噬臍之歎。」從之。

嘉定六年十一月二十九日，臣僚言：「國家駐蹕錢塘，綱運糧餉，仰給諸道，所繫不輕。水運之程，自大江而下，至鎮江則入閘，經行運河，如履平地，川廣巨艦直抵都城，蓋甚便也。比年以來，鎮江閘口河道淺塞，不復通舟，凡有綱運，悉自江陰(寛)〔宛〕轉由五鴻堰以入運河，不惟地里迂回，程數增多，緣自鎮江而下，經由地名諫壁、包港等處，江面渺闊，與海接連，既無梢泊之(之)所，當時水勢洶湧，一遇風濤，鮮有不遭損壞者。夫大 36 江之與運河，餽餉糧道，舟楫相通，其來久矣。今一旦隔絶，儻不早爲之計，則土脉日堅，一力愈費〔一〕，其勢必至于因循。緣所淤河岸類爲居民侵占，一時守臣重于復取，廢置不講。乞令漕臣同淮東總領及本府守臣公共相度，計約日用錢米數目，措置開浚，誠爲利便。」從之。(以上《永樂大典》卷五六五五)

許浦河

【宋會要】

37 淳熙元年二月十三日，浚許浦河。詔平江府守臣與許浦駐劄戚世明同措置開濬許浦港，限一月訖工。次年十月十六日，知平江府陳峴言：「奉旨宣諭開許浦河道，更切相度，隨宜增展深闊，庶可經久。(令)〔今〕措置增展開掘，自地分雉浦至梅里道通橋一帶，浦港凡三十八里，面六丈五尺止八丈，底二丈五尺止三丈五尺。復自道通橋至許浦口一十六里，浦面闊二十餘丈。將南岸泥土增築通行大路，面一丈五尺止二丈，已皆平坦堅實。仍植楊柳一萬株以固岸堘。」詔本路提刑司覈實以聞。(以上《永樂大典》卷五六五五六)

呂城河

【宋會要】

38 淳熙五年九月二十四日，浚橫林、小井、犇牛、呂城河。兩浙運副陳峴言：「常州無錫縣以西地名橫林、小井

〔一〕一力：似當作「工力」。

及犇牛、呂城一帶，地高水淺，每至夏秋雨澤稍愆，河流斷絶。今乞于十月末農隙之時，本司自備錢糧，差委官屬相度，募工開濬，庶(曹)〔漕〕運不致阻滯。」從之。

夾崗河〔一〕

【宋會要】

治平四年七月二十一日，都水監言：「兩浙相度到潤州至常州界開淘運河，廢置堰閘，乞候今年住運，開修夾崗河道〔二〕。」從之。

鹽河

【宋會要】

淳熙五年二月十一日，淮東提舉司言：「禮部郎中鄭僑奏：『臣前任淮東提舉日，當久旱之後，鹽河淺涸，綱運不通，商旅(承)〔不〕行。奉旨開濬河道五百二十餘里，並皆深廣，比及得雨，客舟通行，下半年間收趁鹽課，比之遞年全數尚且過之。(竊)〔竊〕見當時所開之河，水道既深，則土岸甚(浚)〔峻〕，烈日所暴，淫雨所浸，歲久必復有堙塞之患。與其待堙塞而復開，不若時察其淺涸之處，即爲濬治。』帖下本路監司，逐時檢照，措置修治施行。」從之。

馬崗河

【宋會要】

淳熙十一年四月十八日，浚馬崗河。臣僚言：「明州象山縣瀕海瘠鹵，後來開東西兩河，建立碶閘，獲豐稔。今尚 39 有馬崗舊河，堙塞日久，乞下浙東(嘗)〔常〕平司，撥本縣今年合發身丁錢，委清彊官招募飢民開濬。」詔令浙東提舉常平司相度聞奏。既而提舉勾昌泰相度〔三〕，委是本縣水利，合行開(𡐛)〔撅〕。從之。(以上《永樂大典》卷五六五七)

奉口河〔四〕

【宋會要】

40 淳熙十四年七月一日，浚奉口河至北新橋。臣僚言：「竊見奉口至北新橋三十六里，斷港絶橫，莫此爲甚。臨安衆大之區，日用之粟不可億計，舟楫不通，則須人力，計其脚乘之費，日應踴貴。照得淳熙七年亦以久旱，守臣 41 吳淵曾被旨開浚奉〔口〕河一帶河道，七日而役成。自奉口斗門通放客舡六百餘隻，相繼舳艫不絶，穀直遂平。竊謂區區目前之策，莫急于此。」從之。

〔一〕夾崗河：原無「夾」字，據正文補。《清一統志》卷六二：「夾岡，在丹陽縣北二十二里，亦曰大夾岡，下臨運河，故運河又名夾岡河。」

〔二〕「乞候」二句：「住」原作「往」，「開」字原脱，據明張内藴、周大韶《三吳水考》卷一五改補。按該書所引與此條同，蓋亦出自《宋會要》。

〔三〕勾昌泰：原作「勾當昌泰之」，據《宋史》等書記載，淳熙十一、十二年浙東提舉爲勾昌泰，因改。

〔四〕原稿於前行標「東南諸水」，實應置於前「月河」下。參該條校記。

五河

【宋會要】

淳熙十年三月二十三日，浙西提舉王尚之言：「秀州華亭縣有魚祈塘一道，上有四閘堰，下通華亭縣界澱山湖、練湖、吳松江、太湖。亢旱之歲，諸湖並無水，唯魚祈塘向下深處，得（吾）〔吳〕松江、太湖相接，一方民田賴以灌溉。其上淺處，須合開通湖泖。今乞令本州將魚祈塘開濬，使松江、（大）〔太〕湖之水相接，遇旱即開西閘堰，放水入湖泖，爲一縣之利。及所開五河，雖已深濬，而民戶田畝沿流去處不多，其間有深遠一二十里者，全得小港取水灌注。今大河既深，小港仍舊高淺，若遇旱歲，非唯大河水難取，苟或得雨則小港內水注入大河，存留不住。欲令本州候今冬農隙，勸諭食利人戶，各行開小港，官司量給錢米以助其費，庶幾有田之家，相率協力易成。其所築堰閘合行開通置立斗門之處，仍添築堰者，乞降指揮，委本州更行措置，使上下皆得通濟。」從之。

新河

【宋會要】

初，神宗長患長淮風濤之險，覆溺相繼，欲鑿龜山河以避之，前後臣僚議論不一。時同知樞密院事蔣之奇爲六路制置發運使，因獻議，請自龜山左肋開新河，上流[42]取淮爲源，出龜山之下，接洪澤，其長六十里，面闊十五丈，深一丈五尺。起四州十五縣夫，日役千人，卒以成，大爲舟楫之利。從之。

又淳熙十五年五月八日，浚新河口。戶部言：「揚州申，泰興縣港新河下口，近年以來爲渾潮漲塞，漸次不通。民戶乞自行出備人（未）〔夫〕錢米，以各戶田土頃畝遠近均備開浚。乞下淮東提舉司更切契勘，如委是有便于民，即從所申施行。」從之。（以上《永樂大典》卷五六五九）

水利

【宋會要・方域志】〔一〕

❶太祖建隆二年，西京留守向拱言，重修天津橋成〔二〕。洛水貫西京，多暴漲〔三〕，壞橋梁。拱甃巨石爲脚，高數丈，鋭其前以疏水勢，石縫以鐵鼓絡之〔四〕，其制甚固。詔書褒美。

開寶九年四月，郊祀西京，詔發卒五千，自洛城菜市橋鑿渠抵漕口二十五里〔五〕，饋運便之。

【方域志】

太宗太平興國三年正月，詔弓箭庫使王文寶、六宅使李繼隆、作坊副使李神祐、劉承珪往京西，分護南路新河之役。白河在唐州，南流入漢。先是，轉運使程能建議開是河，自南陽下向口置堰〔六〕，回水入石塘、沙河〔七〕，合蔡河達京師。塹山堙谷凡千餘里，引(自)〔白〕河水注焉，以通湘潭之漕。詔發唐、鄧、汝、(穎)〔潁〕、許、蔡、陳、鄭丁夫數萬人赴其役，又以諸州兵萬人助之，歷博望、羅渠、小柘山，凡百餘里。月餘，抵方城，而地勢高仰，水不能至。復多役人以致水，然終不可通漕。會山水暴漲，石堰壞，河不克就，卒堙廢焉。

九月，遣殿直李守澤浚絳州汾河。

端拱元年，供奉官、閤門祗候閻文遜、苗忠言，開荆南城東漕河至師子口，入漢江，可通荆峽漕路至襄州；又開古白河，可通襄漢漕路至京。詔八作使石全振往視之，遂(廢)〔發〕丁夫治荆南漕河至漢江，可勝二百料重載，❷行旅頗便，而古白河終不可開。

至道三年正月，内侍閻承翰上力、灈二水圖，乞輟鄢陵縣修汴夫，量事(勾)〔溝〕畎，并築隄塘。從之。

【方域志】

真宗咸平五年三月，河北轉運使耿望奉詔開鎮州常山鎮南河水入洨河至趙州〔八〕。

〔一〕按：「方域志」三字原書於「宋會要」下。本門共七處稱引「方域志」，涵蓋本門所有條文。此所謂「方域志」，實即《宋會要》之「方域」類，詳見本書食貨七之一校記。

〔二〕成：原無，據本書方域一三之一九補。

〔三〕漲：原作「瀼」，據《宋史》卷九四《河渠志》四改。

〔四〕絡：原作「畧」，據《玉海》卷一七二改。

〔五〕二十五里：《宋史》卷九四《河渠志》四作「三十五里」。

〔六〕南陽：原作「襄漢」，據《宋史》卷九四《河渠志》四改。

〔七〕河：原抄作「河」，被圈去，旁批「門」字，未詳何所據。今按《宋史》卷九四《河渠志》四亦作「河」，故復其舊。

〔八〕入洨河：原作「汶河」，據《長編》卷五一改。

景德元年正月，北面都鈐轄閻承翰言〔一〕：「定州屯大兵，歲役河朔民輦運，甚爲勞苦。竊見定州北唐河水，可自嘉山東引至定州，計三十三里。自定州開渠至蒲陰縣東，約六十二里，入沙河〔二〕，東經邊吳泊，入界河，足行舟楫，不惟易致資糧，(無)〔兼〕可播種其旁，引水灌溉，以助軍食，設險以限戎馬。」從之。

四月，知保州趙彬請堰徐河水入雞距泉〔三〕。雞距泉在州之南，東流入邊吳泊，歲漕粟以給軍食。而地峻水淺，役夫挽舟，甚爲勞苦。至是，彬經度引水勝重舟，[3]省人力。詔奬之。

五月，詔駕部員外郎滑脩己與京東轉運使按行梁山濼，開渠疏水于淮。脩己言：「徐州界有呂隘，舟行頗艱，自來官置水手三十人，又置二十人爲隊長〔四〕，往來挽致舟船。本州頗弛慢，不加督責，山石(溢)〔隘〕舟行，爲疏導〔五〕，水手曾不畏懼，但務擾民，長吏未曾親臨省視。望專委官吏，俟秋深水涸，即遣匠脩此二洪。」詔脩己遷一官，令知徐州修其事。

八月，雄州何承矩請令滄州、乾寧軍常督壕寨主吏專視斗門水口，旦夕俟海潮至，放水入御河東塘堰〔六〕，以益塘水〔七〕。從之。

二年正月，詔定、祁州委官按視(親)〔新〕開漕河及沿河寨柵，勿令壅圮。

三年八月，侍禁、閤門祇候胡守節言：「準宣按視趙守倫所開廣濟河，通夾黃河，入清河。臣與水平匠緣清河檢校，其自徐州至楚州灘峻處，乞守倫未得興役，先須經度，若是可以久遠通行漕運，即于夾黃河興工，添置斗門、埧子，免費工料。」從之。

大中祥符七年十月，江淮發運使李溥言〔八〕：「準詔與内供奉官盧守懃按視杭州江岸，請依錢氏舊制，立木積石，以捍湖波。」從之。仍令守懃專掌其事。初，江湖悍激，止及西興，至是直抵州城，知州戚綸、轉運使陳堯佐請累梢爲岸。既成，會綸等徙任，或言其非便，故令溥等視而改之。

八年九月，令京西轉運使與鄭州知州相度，開小河，導湖河退水入州城壕。時入内殿頭李懷賓言：「金水河與湖河合流，多穢濁，乞畎湖，別[4]常切巡護〔九〕，逐年檢計工料，差夫并逐埧兵士淘取泥土，脩貼隄岸，每春率逐埧兵士于牽路外多栽榆柳。如河隄無虞，林木青活，年終令輦運

〔一〕都鈐轄：原脱，據《長編》卷五六補。
〔二〕沙：原作「汴」，原注云「一本作『沙』」。按，本書食貨七之五、六一之九〇、《長編》卷五六等均作「沙」，據改。
〔三〕知：原無，據《長編》卷五五補。
〔四〕二十人：疑當作「二人」。
〔五〕「爲」上疑脱一「不」字。
〔六〕塘：原作「堂」，據《長編》卷五七改。
〔七〕益：原作「溢」，據《玉海》卷二二改。
〔八〕李溥：原作「李傳」，據《宋史》卷九七《河渠志》七改。
〔九〕別：疑當作「河」，屬上讀。

司點檢不虛，批上曆子，理爲勞績。如怠慢，致岸頹缺，栽種失時，勘逐科罰。」

五月〔一〕，兩浙轉運使言，潤州開河畢工。降詔奬之。

〔天聖〕八年正月〔二〕，虞部郎中、知萊州閻貽慶言開修夾黄河畢。詔遷一官賞之。

嘉祐二年三月二十八日，詔：「六塔河水見浸博州，將來河水汎漲，東流轉大，令轉運使李參等相度分減東流，不得渰浸向下州軍。」

三年正月，開京城西葛家岡新河。以有司言「至和中大水入京城，請自祥符縣界葛家岡開生河，直城南好草陂，北入惠民河，分入魯溝河，以紓京城之患」也。命名爲永通河。凡役工六十三萬，九月而成。

六年八月，江淮制置發運司言：「淮水壞泗州城，知州王璪、通判張師中能協力保完之，乞降詔奬諭。」從之。（以上《永樂大典》卷一一一〇六）

【宋會要·方域志】

5 仁宗天聖元年閏九月，淮南制置發運使趙賀、入内供奉官張永和〔言〕：「準勑往蘇州相度積水，今相度得吴江等縣自來工石塘路橋道，合依舊修疊，隔欄太湖風浪，護占民田。」從之。

三年六月，淮南制置副使張綸請開真州長蘆口河道〔三〕。從之。

五年六月，淮南制置發運副使張綸言：「楚州、高郵軍界運河堤岸修築，其知楚州寶應縣張九能、知高郵縣李居方管勾河隄，種植榆柳，委寔用心，欲令逐官添管勾運河隄岸，令終三年。」從之。仍自今所差寶應、高郵知縣，並帶「管勾運河隄岸事」。九能後坐開運河不切防護，水衝隄岸，浸民田，罰金，降監當差使。

六年六月，殿中侍御史李紘言：「徐州沛縣有古泡河及清河，濟州任城、金鄉兩縣有故大義河，並各淺澀淤澱，望開撥修疊隄岸。」詔轉運司計度工料以聞。

七年二月，京東轉運司言：緣廣濟河并夾黄河縣分，令佐乞 6 派故也〔四〕。

天禧三年十二月〔五〕，上封者言：「崇儀副使史瑩于鄭州界開新河流入金水河，非便。」詔京西轉運副使杜詹與鄭州知州詳所奏，規度利害以聞。

〔一〕按，上條爲九月，此條反爲五月，必有誤，或脱年號、年分。

〔二〕天聖：原脱。按《長編》卷一〇六載：天聖六年，閻貽慶「請治夾黄河，引水注之。因敕貽慶與勾當溝河李守忠同京東轉運使度工費，立橋梁，置填堰。踰年而畢，遷貽慶官」。即本條事。則此「八年」應爲天聖八年，因補。閻貽慶請修夾黄河事又見本書方域一六之二〇。

〔三〕副：原無，據《長編》卷一〇三補。

〔四〕此條文字有脱誤。

〔五〕按，以下三條確爲天禧間事。首條言史瑩開新河入金水河在天禧二年八月，見《長編》卷九二，故次年上封者言其非便；五年六月條則明見於《長編》卷九五。此三條既爲天禧事，則不當編在天聖後。疑《大典》此三條與天聖諸條本不在一處，徐松手下抄吏誤爲連抄。

是〔日〕〔月〕，遣殿中侍御史張宗象與淮南勸農使王貫之同相度開楚州西門外運河。宗象言，若開河，可免淮河風濤阻滯、拋失舟船，頗爲利便。詔俟將來歲稔，奏裁施行。

五年六月，知江陰軍崔立勸部民浚港溉田，下詔獎之。

英宗治平三年三月〔一〕，命同判都水監張鞏與河北轉運使沈立度治澶州上六塔河。

【方域志】

神宗熙寧三年正月十二日，提舉河北便糴皮公弼、提舉常平倉王廣廉言：「相度王庠擘畫商遐村地分開御河，池瀆陷，難以興工，如劉彝、程昉所擘畫，仍添展工料爲便。」詔依所奏，發邢、洺、磁、相、趙州、真定府夫及都水監卒治之，以廣廉、昉都大管勾，本路轉運使劉庠提舉。至六月開修新河，東趨通快，別無阻礙。先是臣寮奏，御河可於恩州武城縣開約二十餘里，入黃河北流故道，下五股河，故命彝、昉相度。而冀州通判王庠言，若只於今來見行流去處，下接胡蘆河，地里近便，地形卑下，不至大段枉費民力。彝等又奏：「據庠言，同共相度上件河道，雖是見今御河水勢行流，於理爲順，其有漫淺膠泥深闊去處，即須至更興修郝閏口，方免阻滯綱船，其工役又 7 須二三年。今除郝閏口一十八里外，鳥欄堤東北至小流港〔二〕，橫截黃河入五股河，計一百二十餘里，地形低下，有積水，可以開河，引撥水勢至永靜軍，自五股河入故道。」

四年八月四日，令淮南發運司召人進納見錢，差雇人夫，開修泗州洪澤河。

五年正月十七日，賜權發遣江淮等路發運副使皮公弼銀絹二百，仍賜敕書獎諭。初，公弼言漕運涉淮有風波之險，乞開洪澤河六十里，稍避其害。詔委公弼提舉，至是工畢，人以爲便，故有是賜。

七年正月二十七日，詔權停修白溝河，移夫濬自盟河。詳見「白溝河」。

八年四月十七日，都大提舉黃御等河公事程昉言：「乞自滹沱、胡蘆兩河引水，淤溉滹沱南岸魏公、孝仁兩鄉瘠地萬五千餘頃；自永靜軍雙陸道口引河水〔三〕，淤溉北岸曲淀等村瘠地萬二千餘頃。乞並俟明年興工。」從之。

〔六〕〔五〕月十八日〔四〕，詔同管勾外都水監丞程昉、權知都水監丞劉璯提舉開廣沙河。初，昉、璯言：「王供埽地有沙河故道，可開廣，取黃河水灌之，轉入枯河，下合御河，即黃河堤置斗門啓閉。其利有五：王供迺向着埽，免河勢變移，別開口地，一也；漕舟出汴，對過沙河，免大河風濤

〔一〕按，此條非徐松抄本原有，爲後來者添入。但此條已見本書食貨七之一八，實爲複文。
〔二〕鳥：《宋史》卷九五《河渠志》五作「烏」。又「小流港」，上引作「大小流港」。
〔三〕雙陸：《長編》卷二六二、《宋史》卷九五《河渠志》五作「雙陵」。
〔四〕五月：原作「六月」，據《長編》卷二六五改。

之患，二也；沙河分水一支入御河，大河漲溢，沙河自有節限，三也；御河漲溢，有斗門啓閉，無衝注填淤之憂〔一〕，四也；德、博舟運免數百里大河之險，五也。開河用工五十六萬七千四百九十三，請發卒萬人，8役一月可成。」故從其請而有是命〔二〕。

六月二十八日，詔判都水監侯叔獻減磨勘二年〔三〕，丞劉璯一年，殿直劉永年二年。以開訾家口有勞也。

九月五日，中書門下言：「訪聞深、祁、永寧等州軍〔四〕，胡蘆、滹沱、沙河、新河山水泛漲，例皆衝決岸口，所有合修治堤防及開濬淤澱，欲令外都水監丞及水利司檢計施行，仍先具工料及令轉運司勘會渰浸民田頃畝都數以聞。」從之。

九年五月二十六日，提舉淮南常平倉王子京言：「提舉開修運鹽河，自泰州至如皋縣，共一百七十餘里，日役人夫二萬九千餘〔五〕。」

六月，修滹沱河功畢。

四(月)〔日〕〔六〕，司農寺言修丁字河畢〔七〕，詔推恩官吏。

十九日，高陽關路安撫司言：「信安、乾寧軍塘濼，昨因不修，獨流決口，至今乾涸。乞於撲椿堰南引御河水注入〔八〕。」上批：「聞近歲塘水有極乾淺處，當職之官頗失經治，可於兩路各選委監司一員，以巡歷爲名點檢，具闊狹深淺，畫圖以聞。」已而河北東、西路提點刑獄韓正彥、韓宗道各具淤澱乾淺處以聞，詔送河北屯田司相度當興修所在，計工料聞奏。其官吏仍令東路轉運司劾之。

七月四日，知太原府韓絳言：「府西汾河夏秋霖雨，水勢漲溢，與黃河無異。近淤澱，河道高起，汎漲爲患。乞於本府雄猛指揮差兵級百人，專切(條)〔修〕築救護，及令堤上種植林木，以充梢樁。仍降濬川(把)〔杷〕樣及差人指教。」並從之。

元豐元年閏正月三日，前知曹州劉攽言：「伏見知濟陰9縣羅適開導古涗河，決洩積水有功。適議以爲，若明年春許差人夫及取民願併力施功，則爾後水害可使永除。乞下本州，速與應副。」上批：「可記適姓名。」以適知陳留縣，仍詔適留舊任，候見任官成資日交替。

六月七日，京東路體量安撫黃廉言：「本路被水，乞勑有司檢計溝河，候豐熟，令所屬調丁夫濬治。梁山、張澤兩濼，累歲填淤，浸損民田，亦乞自下流濬至濱州〔九〕。」從之，仍令都水監遣官同轉運司檢視工料。

〔一〕衝：原作「充」，據《長編》卷二六五改。
〔二〕命：原脱，據《長編》卷二六五補。
〔三〕侯：原作「史」，據《長編》卷二六五改。
〔四〕寧：原作「静」，據《長編》卷二六八改。
〔五〕千：原作「十」，據《長編》卷二七五改。
〔六〕四日：原作「四月」，據《長編》卷二七六改。
〔七〕字：原作「家」，據《長編》卷二七六改。
〔八〕注入：原脱，據《長編》卷二七六補。
〔九〕下：原脱，據《長編》卷二九〇補。

二年八月十三日，詔濬淮南運河，自邵伯堰至真州十四節，分二年用工。從轉運司奏也。

十二月十二日，定州安撫使韓絳言：「大理寺丞楊嬰尋訪得定州界西自山麓，東接塘淀，綿地百餘里，可以瀦水，設爲險固，願聽營葺。」從之。仍詔以引水灌田爲名。

三年六月十五日，權判都水監張唐民請復黄、汴諸河歲差修河客軍九千人額。從之。

八月一日，京東轉運司言：「濰州白浪河每歲渰浸護城堤岸，去年費梢草萬餘，僅免水患。知州楊采開河引導，遂不至城下，費省患弭。」詔降勅書奬之。

四年六月十四日，幹當御藥院竇仕宣言：「相視大河至乾寧軍樸椿口以下流行，未成河道〔一〕，又緣河東北流，自小吳向下與御河、胡蘆、滹沱三河合流，若於漲水之際，深慮堤防艱難。乞令都水監定三河合黄河，如何作隄防限隔，或不合黄河〔二〕，其三河於何所歸納。」詔遣李立之相度。後立之言，三河別無回河歸納處，須當合黄河行流。從之。

10 六年八月六日，江淮等路發運副使蔣之奇言：「長淮洪澤河實可開治，願亟興工。」詔陳祐甫相視以聞。已而陳祐甫言：「田棐任淮南提刑，嘗建言開河，其後自淮陰至洪澤，訖成厥功，獨洪澤以上未克興役。臣今相度，既不用牐蓄水，惟隨淮面高下，開深河底，引淮水通流，則於勢至易，其便甚明。行地五十七里，計工二百五十九萬七千，役民夫九萬二千、一月，兵夫二千九百、兩月，麥米十一萬斛，錢十萬緡，分二年開修〔三〕。」詔限一年〔四〕，仍令蔣之奇、陳祐甫同提舉。

11 哲宗元祐四年六月二十六日，知陳州胡宗愈言：「本州地勢卑下，至秋夏之間，許、蔡、汝、鄧、西京及開封諸處大雨，則諸河之水並由陳州沙河、蔡河同入(穎)〔潁〕河，(穎)〔潁〕河不能容受，故陳州境内瀦爲陂澤。今沙河、蔡河合入(穎)〔潁〕河處〔五〕，有古八丈溝，可以開濬，分決蔡河之水自爲一支，由(穎)〔潁〕、壽界直入于淮，則沙河之水雖湧，不能壅遏。昔有項城縣令姚闢曾建此議。」詔府界提刑羅適依宗愈所奏，仍兼提舉淮南西路接連合治水利。

紹聖元年七月十二日，殿中侍御史郭知章言：「昨被命賑濟，體問得京東路曹、濟、濮、廣濟等州軍地勢汙下，累年積水爲患，雖豐歲亦不免爲憂。緣往年府界提刑羅適開畎府界諸縣積水，引而委之於京東，而京東河道未有措置，故水無所歸。望選監司，令疏濬京東河道。」詔令本路提刑司審按，如有積水，即具合如何開畎聞奏。

三年四月十七日，河北路轉運使吴安持言：「御河自

〔一〕成：原作「道」，據《長編》卷三一三改。
〔二〕「如何」以下十二字原脱，據《長編》卷三一三補。
〔三〕開修：原作「關」，據《長編》卷三四一改補。
〔四〕年：原作「月」，據《長編》卷三四一改。
〔五〕入：原作「水」，據《長編》卷四二九改。

元豐四年因小吳決溢，大河北流，遂致湮塞。今大河趨御河復出，請委前都水丞李仲專提舉開導。」從之。

四年二月十一日，詔降度牒百道付洪州，鬻錢以募闕食小民，開治本州内外湖港。從江西轉運、鈐轄司請也。

九月一日，詔：「兩浙歲旱，本路運河如有填淤處，優給雇直，募人開濬。」

元符元年三月五日，詔新修楚州支家河，賜名爲通漣河。以工部言，淮南開河所奏，其河係導引漣河與淮水相通〔一〕，乞賜名故也。

【食貨志】〔二〕

12 紹聖四年閏二月十九日，工部言：「京西都大堤舉汴河堤岸楊琰乞依元豐年例，減放洛水入京西界大白龍坑及三十六陂充水櫃，准備添助汴水行運等。下都水監相度，欲乞興復，悉如元豐故事甚便。」詔賈種民、楊琰同相度合占頃畝及功力以聞。

【方域志】

徽宗崇寧四年五月十五日，提舉兩浙路常平等事徐確言：「蘇、秀、湖三州見管開江兵士一千四百人，并使臣二員，欲就令逐官專切點檢已開吳松古江，如有潮沙淤澱，即時開淘，須管常及今來開掘深闊丈尺，決洩水勢，取令通快。華亭、崑山縣知佐，每季輪那巡視，具有無淤塞去處闕報本州縣及監司，并委蘇、秀二州通判半年前去檢點，監司依分定歲巡親往檢察。開江使臣若能用心開淘，並無漲沙湮澱，任滿減二年磨勘。如敢弛慢，却致沙泥湮澱，即展二年磨勘。逐縣知佐 13 并兩州通判，如不依立定日限逐時前去點檢，亦令監司點檢，勘劾施行。」從之。

大觀元年十一月十四日，詔：「舟行大江，或遇風波，頗遭覆溺之害。訪聞兩岸有港澳可保，歲久堙塞，其令所在州縣檢視，悉行開濬。每澳降祠部度牒十道給其費，仍令發運司開具合修港澳處以聞。」

三年二月十五日，朝議大夫張竦言：「河陽界元相度於上渦西南馬村開直河一道，温縣南堯風村開直河一道。内上渦馬村直河開修了當，已見成効外，有温縣堯風村直河，本縣人户經朝廷陳狀，稱開掘莊并桑棗數百頃〔三〕，直河司遂乞權罷開修。契勘得所掘民田止是數頃，欲乞乘此豐稔，下都水監依元相度(對)〔得〕事理，趁今春復行開修。奉詔，令都水監相度開修。勘會所占民田，若不優給價值，切慮虧損人户。」詔據合拘占田，於見今價直上更增三分，

〔一〕「漣」下原衍「海」字，據《長編》卷四九五删。

〔二〕「食貨志」三字原無。按，此段《輯稿》别爲一頁，與前後不相接。經與《輯稿》影印本食貨七拼合，在徐松原稿中，此段之上本接於《輯稿》食貨七之三九「哲宗元祐六年閏八月四日」條之後，該條之前標明出《食貨志》，則此段亦爲《宋會要》食貨類之文，而非方域類，被剪出誤貼於此。今添三字。

〔三〕「莊」下似脱「田」字。

限十日支給。

四年四月十四日，工部言：「淮南江浙荆湖都大制置發運司狀，兩浙路運河失於開治，蓋爲州縣不切點檢開修，是致阻節綱運。雖有本州審度指揮，緣别無法任責，州郡終不究心。欲乞令兩浙州縣，運河依元符二年九月十八日淮南運法，令知州、通判兼管。」從之。

政和二年七月十二日，詔于兩浙路支撥見管度牒一百道修築錢塘江。從兵部尚書張閣請也。

三年七月二十日，詔吴江修整了當，專監修官轉一官，餘官各減二年磨勘，承直郎以下[14]依條比類施行。從兩浙轉運、提舉司奏也。

五年四月十五日，詔通利軍三山開河修繫永橋，令來放水了當，其在彼公役人，賜銀絹、錢物有差。

六年閏正月七日，知杭州李偃言：「湯村、巖門、白石等處並錢塘江通大海，日受兩潮，漸致侵嚙，乞依六和寺岸，用石砌疊。」詔令劉既濟措置。

四月二十七日，詔賜開濬大名府壕河官吏轉官有差。

八月十七日，詔：「鎮江府旁臨大江，舟楫往來，每遇風濤，無港河容泊，以致三年間覆溺凡五百餘艘。訪聞西有舊河，可以隱避，歲久堙廢，宜令發運司計度濬治。」

宣和元年十二月六日，詔開修免源河并直河畢工，孟昌齡降詔奬諭，餘人轉官、減年有差。

二年十一月四日，江淮等路發運使陳亨伯言：「奉詔措置楚州至高郵亭一帶河淺澀。相度運河别無上源，惟賴陂湖灌注行運。今歲春夏闕雨，陂塘潮水例皆低淺，山陽河道比南地稍高，遂委官前去催促開撩。州縣並不究心，致河水淺澀。知楚州杜總、知山陽縣費若全無心力，楚州通判康大年頗勤職事。臣見與趙億、孫默日逐措置。」詔杜總、費若勒停，差程固知楚州，山陽知縣令吏部限一日差注，仍令陳亨伯同本路轉運、常平司隨宜措置。

三年正月二十六日，詔改開封府中牟縣敲脛河爲靖澗河。

三月二十八日，高州防禦使李琮言：「真州係外江綱運會集要口，所裝糧斛五十餘萬，以河淺澀，不[15]能津發。契勘真州以來轉運，河南岸有泄水斗門八座，去江不滿一里。相度乞將斗門河身開掘面闊一丈五尺，門深五尺，於江口近裏約十丈以來，打築軟壩，賺引潮水，入河捺定。即蓄一潮之水，量度功力，可消水車數倍。仍逐斗門差官專一監督，亦作交替，令真州日具功程回報。今來運河雖每十里作壩，緣至(楊)〔揚〕州界地名(楊)〔揚〕子橋，仍於南岸權置小堰，廣用水車，畎以南河水，不惟不走運水，復得廣有車水資助，可以浮應綱船。」詔令趙億、王似、錢德輿疾速措置施行。

五年八月七日，發運、提舉司、廉訪所言：「兩浙運河，自今河身淤澱，稍愆雨澤，便有淺澀，致妨漕運，合行深濬。數内鎮江府地名新豐界，運河底有古置經函，係准備西岸民田水長泄入江。今來若行取折開濬，恐雨水連併，却致損壞堤岸，無以發泄。今相度，鎮江府丹陽縣界運河，可開深至經函上下，却於兩岸展出河身作馬鼬開闊外，有呂城閘外至杭州一帶河道，各合用水手打將河底，一例開深五尺，亦作馬鼬開闊。並委逐州縣守令檢計工料，并將來差顧人夫合用錢糧，管幹開濬，委是經久利便。」從之。

六年十月六日，江淮荆浙等路發運副使盧宗原言：「池州大江係上流綱運經由，東岸有暗石二十餘處。西岸有沙洲，謂之拆船灣，廣二百餘里，前後壞舟不可勝數。東岸有沙洲，謂之沙地，四百餘里〔一〕。若開通入杜湖〔二〕，經平水，徑 16 池口，可避江行二百里風濤之險〔三〕，實爲大利。」從之。

【食貨志】〔四〕

17 熙寧六年(六)〔八〕月十六日〔五〕，管勾都水監丞侯叔獻言：「近淮詔從所請開白溝等河，欲以白溝爲清汴，儲三十六陂及京、索二水爲源，倣真〔六〕、楚州開平河置牐，四時行舟，因罷汴渠。」上曰：「叔獻開白溝河，功料未易辦，乃欲來年即廢汴渠，宜更遣官覆驗。且汴渠水運甚廣，河北、陝西資焉。又都畿公私所用良材，皆自汴口而至，何可遽廢？」王安石曰：「此役若成，亦無窮之利，當別爲漕河，以通黃河一支漕運〔七〕，乃爲經久耳。」馮京曰：「若白溝成，與汴、蔡皆通運輸，爲利愈大，臣恐汴河終不可廢。」上然之，詔劉璯同叔獻覆視以聞。後覆視河長八百里，工大，分爲三歲興修，從之。（以上《永樂大典》卷一一一〇七）

【方域志】

18 高宗光堯皇帝紹興元年十月十三日，倉部員外郎成大亨等言：「兩浙運使徐康國具到上虞縣梁湖堰東運河淺澱一里半已來，有旨令工部郎官各一員前去，限一日相度申尚書省。臣等遵依起發前去打量(可)〔工〕料。自梁湖堰至住家堨共一里一百八十丈淺澱去處，深淺尺寸不等，計積二十四萬二千一百赤，每工開運土四十尺，共合用開撩計六千五百二工。」詔依，其合用錢米，令户部應付。仍限三日，令本縣令佐監督併工開撩，及誡約合干人不得拖延，別致減尅錢米。

十六日，都省言越州至餘姚縣運河淺澀，堨閘隳壞，阻

〔一〕四百餘里：原作「四里餘」，據《宋史》卷九六《河渠志》六改。
〔二〕杜湖：《宋史》卷九六《河渠志》六作「社湖」。
〔三〕可：原作「面」，據《宋史》卷九六《河渠志》六改。
〔四〕按，此段原單作一葉，與前後不相接，又無「食貨志」三字。經與《輯稿》影印本食貨七拼合，在徐松原稿中此段本接於《輯稿》食貨七之二七熙寧六年八月「三日」條後，乃出於「食貨志」，亦即《宋會要》食貨類，而非方域類，被剪出誤置於此。今添此三字。
〔五〕「熙寧六年六月」六字原爲旁批。按「六月」當作「八月」，據食貨七之二七此段原接之上條改。食貨六一之一〇一、《長編》卷二四六此條亦在八月。
〔六〕倣：原作「傚」，據《宋史》卷九四《河渠志》四改。
〔七〕「漕運」下原有「河」字，據本書食貨六一之一〇一刪。

滯綱運。詔差徐康國、蔡向、失璞〔一〕，限一日起發前去措置開畎，仍具修整次第及日具逐官所至申尚書省。康國等開具會稽縣都泗堰至曹娥塔橋合開掘淘撩河身、夾塘，共用七萬一千二百一工，詔令和雇人夫開淘，限十日了畢。其合用錢米，令轉運司應副。如見闕乏，（具）〔其〕令户部借支，具支（邊）〔過〕數，却令轉運司撥還。

二年四月十六日，臣僚言：「臨安府城中惟藉湖水喫用，自來雖採捕之類，亦嚴禁止。今訪聞諸處軍兵多就湖中飲馬，或洗濯衣服作踐，致令污濁不便。」詔令諸軍統制官常切戒約，如違，重行斷遣。本部統領官失覺察，亦一例施行。仍仰李振差兵級一百人擺 19 鋪巡捕。

三年十一月五日，宰臣奏聞修運河淺澀畫一。上曰：「聞有言以五軍不堪出戰士卒充此役者，固不可；又有言調民而役之者，尤不可。惟發旁郡廂軍、壯城、捍江之屬爲宜。至於廪給之費，則不當吝。」宰臣朱勝非等奏言：「開河似非今急務，而饋餉艱難，爲害甚大，故不得已。但時方盛寒，役者良苦，臨流居人侵塞河道〔二〕，悉當遷避。至於畚插所經，泥沙所積，當預空其處，則居人及富家以僦屋取貲者皆非便，恐議者以爲言。」上曰：「禹卑宮室而盡力乎溝洫，浮言何恤焉！」

四年正月十八日，樞密院言：「臨安府見開撩運河，雖下浙東西州軍各差到廂軍兵士役使，即目尚自闕人。今來神武右軍有能舉、王材、史康民下揀退不堪披帶人兵，已降指揮並均撥與浙東州軍充填廂軍，理宜措置。」詔令張俊將揀下人依數差將校、使臣管押，赴臨安府交割與梁汝嘉收管訖，日下同馬承家等躬親揀點，將少壯人就交付諸州差來開河部押兵官應副役使，候畢工日，部押歸本州。內患病老弱之人，具姓名申取樞密院指揮。如諸州開河兵官有未到，權令臨安府收管使喚。候到交割，並日下放行口券、錢米，無令失所逃竄。

二月三日，上諭宰執曰：「開河工料如何？兩不妨作否？人或以爲非急務，朕語之曰，禹卑宮室而盡力乎溝洫，孔子以爲無間然，安可謂非急務，但要措畫有方耳。」

四日，兩浙運副馬承家等 20 言：「開撩臨安府運河，元約兩月爲期，已於今月二十三日興工，自跨浦橋及飛虹橋北下手開掘，以二十日爲一料。今欲候第一料畢工，從朝廷先次差官覆視，應得元開深闊丈尺，接續開撩第二料，更合取自朝廷指揮。」詔依，差都司、工部郎官、寺監丞各一員，臨時從朝廷指揮差。侍御史辛炳言：「開河兵級及部役幹當官吏，依已降指揮量行犒設，具到除役兵外，六項屬官，三項使臣，四項人吏貼司，所支錢自五貫、三貫、兩貫至五百文，雖有等差，然名色猥多，不無冒濫。如樞密院使臣七員，何預開河之事？轉運司主管催驅工料官共八員，既

〔一〕失：疑誤。
〔二〕居：原無，據《宋史》卷九七《河渠志》七補。

逐州軍官兵認定各有部役兵官，何用驅催？ 轉運司主押官并貼司共五人，既興工役，即別無大段行遣，如壕寨等官下人吏共三十二人，彈壓官下使臣七員，皆是冗數。 又彈壓兵級二百人，何所用之？ 不惟逐項僥倖支散，往往覬覦畢工，保奏恩賞。 兼役兵四千一百二十四人，訪聞工部郎官點檢得實役兵只三千餘人，其餘多是影占逐處當直及壕寨官安頓，妄作名目，差留在嚴州借事。 不知壕寨司元初檢計開撩工料係若干土工，都數如何抛撥。 雖四十州軍差到人兵數目不同，亦須預先隨多寡分認料數。 況州軍各有管押兵官部役，豈有役兵不足，虛認工料，却容影射差借之理？ 逐人每日支破錢米，既不着役，未委何人僞冒請領。 今來犒設給散，必【21】有所歸，竊慮上下通情作弊。 乞下工部取索本(郡)〔部〕郎官曾與不曾點檢見實着役兵不同因依，如何究治。 委有上件影射占差借虛數，即乞送所司根勘施行。 所有官吏犒設，亦乞減半支給，庶使着役勞苦之人不至怨懟。」從之。

二十二日，工部員外郎謝伋等言：「知臨安府梁汝嘉具到開撩本府裏河，深處乞更不須開掘，其塓子基并餘杭門裏外一節，措置併工量行挑撩。 臣等躬親將帶壕寨前去，自地名葛公橋塓子基探量水勢，至餘杭門裏外兩處，各有水四尺五六寸，可以隨宜挑撩外，其餘河本皆及四尺七八寸至五尺以來，欲依梁汝嘉等所乞施行。」從之。

二十七日，刑部言：「兩浙運副馬承家等言，臨安府運河開撩漸見深濬，今來沿河兩岸居民等尚將糞土瓦礫抛擲已開河內，乞嚴行約束。 本部尋下大理寺立到法，輒將糞土瓦礫等抛入新(河)開運河者，杖八十科斷。 仍令在城都監及排岸外沙巡檢常切覺察，如有違戾，許臨安府依法施行，及仰本府多出文牓曉諭。 今看詳，欲依本寺所申。」從之。

三月五日，御史臺言：「自來開撩河道，合在冬月水涸之時，今臨安府所開運河，却於春間興役，跨涉三月，未見畢工。 近緣春雨頻併，水深數尺，所役兵夫無處措手。 兼訪聞元分作三料工役，第一料乾淺去處先已開撩了當，第二料有些小未開處，并第三料水皆已深。 乞令臨安府守臣同元管漕臣疾【22】速相度，將實礙漕運去處量行開撩，但舟船可通，不必盡依元料。 如水深難施工處，即且住罷，候今冬乾涸，再行鳩集。」詔令梁汝嘉、馬承家限三日同共相度，申尚書省。

八年十一月十一日，知臨安府張澄言：「臨安府引江爲河，支流於城之內外，舟檝往來，爲利甚博。 歲久(煙)〔堙〕塞，民頗病之。 頃由陛對，嘗乞因農隙畧加濬治，今再講究，更不調夫工，止乞下兩浙轉運司刷那廂軍、壯城兵士，逐州軍定共差一千人，選兵官將校部轄，嚴責近限，發赴本所開濬。 以工程計之，半年之外，河流無壅，豈惟百物通行，公私皆便，兼春夏之交，民無疾(厲)〔癘〕之憂。」從之。

九年八月十七日，知臨安府張澄言：「聞錢氏時，嘗置撈湖兵千人，其後稍廢。至元(和)〔祐〕中，知(州杭)〔杭州〕蘇軾始請于朝，遂加開浚，湖水深廣，爲利非一。逮今五十餘年，葑田彌望，堙没太半。況今車駕駐蹕一城，億萬仰六井之水爲多。乞許本府召置廂軍士卒二百人，衣糧依崇節指揮則例，委官同縣屬兼領其事，專一浚湖。其或借使他役，計贓定罪。如有包占種田其間者，亦重置於法。」從之。

十五年七月二十四日，給事中李若谷等言：(詳看)〔看詳〕到兩浙路轉運判官吳坰奏〔一〕：『浙西湖、秀州、平江府舊年常有積水之患，田不能耕，逃移失業。昨因提舉常平官趙霖開濬華亭等處沿海三十六浦決泄水勢〔二〕，二十年間並無水患。比年以來，諸浦堙塞，上河水泛，渰損田畝不可勝23計。欲乞委浙西常平司措置，支借常平錢穀，諭人户於農隙之際併力開濬，以爲永久之利。』今欲依所乞。」從之。

十六年八月二十五日，宰執進呈臨安府措置在城舟船並令城外擺泊。上曰：「已濬河道，舟船之便，多是居民因循填塞，可行下臨安府禁止之。」

十七年六月一日，上謂宰執曰：「臨安居民皆取汲西湖，聞近年以來爲人買撲拘占，作葑田種菱耦之類，沃以糞穢，豈得爲便？況諸處庫務引以造酒，用於祭祀，尤非所宜。可令臨安府措置禁之。」

十九年二月三日，上謂宰執曰：「近降指揮開撩運河，可以催促日下興工，恐春深有妨農作。」

十三日，上謂宰執曰：「昨降指揮開撩運河，朝廷應副錢米，因以養濟闕食民户。竊慮公吏減尅，或於諸縣調夫，反有騷擾。可告諭湯鵬舉、(漕)〔曹〕泳躬親檢察，毋致違戾。」

三月二十六日，前知和州徐嘉問言：「和州城下古河一道，自含山縣發源，東入州城，流歸大江。自經兵火，沙礫堙塞，舟楫不通，每歲起發上供及諸司綱運，遵陸二十五里，始至江次。計一歲裝綱，約用八千餘工，雇募夫役，不無騷擾。乞下提舉司量行應付，令本州將來農隙濬治舊河，灌溉皁通，有利無害。」詔本路轉運司相度申尚書省。

七月二日，上謂宰執曰：「西湖灌溉所資，其利不細。歲久淤澱，宜措置修治。」

八月十一日，知臨安府湯鵬舉言：「開撩西湖及修砌六井陰竇水口，增置斗門閘板，通放入井，24已得就緒。今條具下項：一、紹興九年八月十七日已降指揮，許本府招置廂軍兵士二百人，衣糧依崇節指揮例支破。見管止有四十餘人，今已撥填揍及元額，蓋造寨屋舟船。每名日添支米二升半、錢五十文，專一撩湖，依昨降指揮不許他役，如違，計贓定罪。一、前任知府張澄於紹興元年八月十七日，已降指揮差前錢塘縣尉兼管西湖灌溉事，今欲專差武

〔一〕坰：原作「垌」，據《建炎要録》卷一五四改。
〔二〕「等」原無，「沿」原作「沾」，據《建炎要録》卷一五四補改。

臣一員主管，每月支錢三十貫文。知、通逐時檢察，候任滿日委有勞績，保明推恩。一、西湖菱藕往往夾和糞穢包種澆灌，紹興十七年六月内申明，不許請佃栽種，今來又復栽種填塞。臣已將蓮荷租錢並除放訖，犯人從杖一百科罪，追賞錢三十貫文，有官人申朝廷取旨施行。」從之。

二十一年正月二十二日，上諭宰執曰：「布衣步孝友上書，言鎮江府練湖歲久堙塞，艱於漕運。令本路漕運司措置開修。」

二十九年四月十五日，知鎮江府楊揆言：「運河高仰，藉練湖水添注，稍乾涸，運河極淺。今來接伴傳宣押宴，若乘船至常州，出陸至鎮江，就（楊）〔揚〕州船以往，庶（惜）〔借〕得湖水，以備使人往來之用。」送兩浙轉運副（司）〔使〕趙子潚看詳，欲下鎮江府、常州，專委通判相視夾崗、呂城、奔牛閘一帶運河淺澀處，通徹（潮）〔湖〕港。支撥錢米，多雇人夫，差縣官巡尉監督車畎，并將練湖水措置引導，指期通放，添注運河。餘依楊揆所乞。從之。

十月二十一日，上宣諭知樞密25院事王綸曰：「往年宰臣嘗欲盡乾鑑湖，云歲可得十萬斛米〔一〕。朕謂若遇歲旱，無湖水引灌，即所損未必不過之。凡事須遠慮可也。」王綸奏曰：「貪目前之小利，忘經久之遠圖，最謀國者深誡。此一事當時非陛下止之，今民間必受其患。聖慮宏遠，侔古帝王矣。」上又云：「孔子以卑宮室、盡力溝洫，謂『吾無間然』，可知聖人以此爲重。大抵立事只問是與不是爲己與爲百姓，禹之溝洫爲百姓，故孔子無間。若紂之陂池，則是縱己私欲，故聖人罪之。」王綸奏曰：「雖聖人復起，不易斯言。」（以上《永樂大典》卷一一一〇八）

〔一〕云：原作「去」，據《建炎要録》卷一八三改。

宋會要輯稿　方域一八

壕塹

【宋會要】

1 真宗大中祥符二年三月二十五日，詔罷(凌)〔浚〕慶州界壕塹。先是，環慶都鈐轄曹瑋發兵開壕〔一〕，趙德明移牒鄜延鈐轄李繼昌言其事。蓋德明多遣人齎違禁物竊市於邊〔二〕，間道而至，懼長壕之阻也。朝廷方務招納，故止其役。（以上《永樂大典》卷五五二八）

諸寨〔三〕

置水軍寨

【宋會要】

2 紹興三十二年四月二十七日，廣南西路經略、安撫、提刑司申：「本路轉運判官鄧酢言：『廣西瓊、雷、化、欽、廉等州自來不曾置水軍，遇有海賊衝犯，如蹈無人之境。今欲招募水軍四百，於瓊州白沙海港岸置寨屯駐，差主兵官一員。合用先鋒戰船六隻，面闊一丈六尺，又大戰船四隻，面闊二丈四尺，從沿海逐州以係省錢置造。』逐司詳所陳事理，除依舊存留雷州已置水軍二百人、統領一員在雷州駐劄，欲瓊州招置二百人，就於本州駐劄。經略司准備將領兼海南水陸都巡檢一員，於白沙港岸置寨，統轄水軍，彈壓盜賊。」詔〔四〕

牧馬軍寨

乾道四年六月四日，知揚州莫濛言，措置起蓋揚州牧馬官兵寨。

殿司戍寨

乾道八年十一月，詔令殿前司差統領官一員，將帶壕寨等前去揚州，與胡堅常、高禹同共相視，修蓋出戍官兵寨屋。

臨宗寨

在湟州，崇寧三年以南宗堡置〔五〕。

〔一〕都鈐：原作「鈐」，據《長編》卷七一補改。
〔二〕「竊」下原空四格，然據《長編》卷七一，中間並無缺字。
〔三〕原無此題，據天頭原批移入。
〔四〕此下有脱文。
〔五〕堡：原脱，據《宋史》卷八七《地理志》三「樂州」條補。

羅蒙寨

在誠州渠陽軍渠陽縣〔一〕，元豐七年置。（以上《永樂大典》卷一五一一七）

栢尚寨

3 在忠州南賓縣，咸平二年置。

葉爕寨

〔慶曆元年〕十月七日〔二〕，涇原路總管司請修葉爕寨〔三〕，募置彊人弓箭十指揮。從之。

將中寨

在荆湖路衡州，熙寧六年廢。

賀家寨

在鄜延路延州延水縣，太平興國六年置。

相家寨

在河北路滄州無〔棣〕縣，嘉祐二年廢。

董家寨

屬河東路火山軍，雍熙三年置。

駱家寨

在豐林縣，太平興國八年重修。

裴家垣寨

嘉祐四年二月十日，河東經畧安撫使孫沔請廢府州西安、靖化、宣威、清塞、百勝、中候及麟州横戎、神林、惠寧〔四〕、肅定、鎮川〔五〕、臨塞等十二堡寨，使臣具兵馬糧草，令旁近大寨番遣人守護之；復創麟州西裴家垣寨，積糧草以應接麟州。詔存府州中候、百勝、清塞〔六〕、麟州鎮川寨，餘從之。

〔一〕渠陽軍渠陽縣：原作「漢陽軍漢陽縣」。按，誠州在今湖南靖州苗族侗族自治縣，漢陽軍在今湖北武漢，顯誤。據《宋史》卷八八《地理志》四靖州條載，元豐四年建誠州，置渠陽縣爲州治。元祐二年廢州爲渠陽軍，三年廢軍爲砦，屬沅州。五年，復以渠陽寨爲誠州，其下仍只渠陽一縣。故此「漢陽軍漢陽縣」當爲「渠陽軍渠陽縣」之誤，今改。但渠陽軍即誠州，不應並稱，但云「在誠州渠陽縣」即可。元豐七年置羅蒙寨，亦見《宋史》卷八八。

〔二〕慶曆元年：原無，據《長編》卷一三四補。又「十月七日」，《長編》記於「十一月六日」。

〔三〕涇：原作「徑」，據《長編》卷一三四改。

〔四〕惠：原作「患」，據《長編》卷一八九改。

〔五〕鎮川：原作「鎮州」，據《長編》卷一八九改。下同。

〔六〕清塞：原作一「寨」字，據《長編》卷一八九補改。

曹村寨

4在晉州霍邑縣，開寶四年置。

胡谷寨〔一〕

太平興國四年置，在代州。

吳堡寨

在石州，元豐五年（寨）〔置〕。

梁才進寨

在滎州公井縣，淳（北）〔化〕五年置。

小盧新寨

在渭州平涼縣，開寶七年置。

仁孝寨

河東路〔二〕，在舊阿翁寨，政和三年改。

威川寨〔三〕

涇原路德順軍，政和七年以密多臺置。

隆德寨

涇（源）〔原〕路（順德）〔德順〕軍，天禧元年置羊牧隆城，慶曆三年改爲寨。

德靖寨

鄜延路保安軍〔四〕，天禧四年置，名延子城〔五〕，天聖元年改〔延〕子城爲德靖寨。

保勝寨

（涇原）〔鄜延〕路保安軍，康定二年置，後廢。

百勝寨

5在府州府谷縣，慶曆年間修復。

〔一〕谷：原作「容」，據《元豐九域志》卷四改。

〔二〕河東路：按，阿翁寨，《武經總要》前集卷一六上在信安軍，《元豐九域志》卷二在霸州文安縣，實指一地，則此處「河東路」似當爲「河北路」之誤。

〔三〕川：原作「多」，據《宋史》卷八七《地理志》三、《金史》卷二六《地理志》下改。

〔四〕鄜延路：原作「涇原路」。按保安軍在今陝北志丹縣，宋屬鄜延路，與涇原路之間隔環慶路。蓋《宋會要》原無「××路」三字，《大典》誤添作「涇原路」。今改。下條同。

〔五〕延子城：《元豐九域志》卷三作「建子城」。

得勝寨

〔在〕涇原路德順軍，天聖六年置〔一〕。

萬安寨

在豐林縣，康定元年以鎮爲寨。

永安寨

在黔州黔江縣，明道元年修復。

平安寨

在原州西八十里，天聖五年置。

黔安寨

元豐元年閏正月三日，荆湖北〔路〕提點刑獄司乞辰州會溪城、黔安寨依沅州城寨例，置牢屋區斷公事。從之。

延安寨

在豐林縣，康定元年置。

通安寨

在夔州路，淳熙十五年置。

威羌寨

隸鄜延路，舊白洛觜新寨。

臨羌寨

在德順軍，元符二年以秋葦川置。五月十四日，涇原路經略司奏，統制四路軍馬王恩保明修築天都、臨羌寨、西安州提舉修城等官。詔各進官一等。

伏羌寨

6 在湟州，政和八年隸西寧州。

平羌寨

在鄜延路，紹聖四年置。

盪羌寨

在〔經〕〔涇〕原路德順軍，舊没煙後寨〔二〕，元符元年改。

寧羌寨

在環州通遠縣，舊萌門三岔新城〔三〕。

〔一〕天聖六年：原作「天嘉元年」，據《元豐九域志》卷三改。
〔二〕没：原作「設」，按《宋史》卷八七《地理志》三改。
〔三〕「萌」下原有「邪」字，據《長編》卷五一四、《宋史》卷八七《地理志》三删。

鎮羌寨

在涇原路德順軍，舊扁江新寨〔一〕，紹聖四年改鎮羌。

一在茂州，熙寧九年置。

（三）〔元符元〕年三月二十二日〔二〕，端明〔殿〕學士、涇原路安撫使章楶言：「先准朝旨，後石門〔三〕、床地掌如已興工，速罷。其天都山在九羊谷西北，去鎮羌寨百餘里，而床地掌、泥棚障西邊鎮羌寨，南至懷遠寨，更有木魚川〔四〕，皆是賊來路。縱將來進築，直據天都，其九羊谷、鎮羌寨西面亦當關防，而野韮川見是賊之行路。乞選侍從或親信案視，如臣謬妄，乞重貶黜。」詔楶奏報輕易，降充龍圖閣直學士。

靜羌寨

在麟州，慶曆八年置，在連谷縣。

殄羌寨〔五〕

鄜延路〔六〕，在舊那娘山新寨，元符元年改。

威戎寨

7 在鄜延路，紹聖四年以聲塔平置。

克戎寨

在鄜延路，舊浮圖寨，紹聖四年收復〔七〕，賜今名。

平戎寨

在鄜延路，舊杏子河新寨，紹聖四年改。

殄戎寨〔八〕

隸鄜延路，舊那娘山新寨，元符元年改。

定戎寨

涇原路德順軍，舊減隈寨，元符二年改。

〔一〕扁江：《長編》卷四八九等卷及《宋史》卷二八九《葛懷敏傳》俱作「褊江」。

〔二〕元符元年：原作「三年」，據《長編》卷四九六補改。又「二十二日」，《長編》卷四九六據《舊録》繫於十六日（見李燾原注引《舊録》），其文與《輯稿》此段相同。

〔三〕石：原脱，據《長編》卷四九六補。

〔四〕川：原脱，據《長編》卷四九六補。

〔五〕殄：原作「殊」，據《宋史》卷八七《地理志》三延安府條改。

〔六〕鄜延：原作「河西」，按此寨在延安府，屬鄜延路，據改。

〔七〕收：原作「修」，據《宋史》卷八七《地理志》三改。

〔八〕殄戎寨：應是「殄羌寨」之誤，上文已有。

寧遠寨

荆湖路，在道州江華縣，慶曆初置，熙寧六年廢。

慶曆元年十月三日，三司户部副使李宗詠、供備庫使帶御器械王從善往河東復修寧遠寨。知并州楊偕言：「麟、豐二州及寧遠寨並在河外，與賊接界，無尺帛斗粟之輸以佐官用，而麟州歲費緡錢百萬。今豐州寧遠寨已爲賊所破，惟麟州孤壘，距府州百四十里，遠在絶塞。雖寧遠介二州之間，可以爲策應兵馬宿頓之地，又其中無水泉可守，若議修復，徒費國用。今請建新麟州於嵐州合河津黄河東岸裴家山[一]，其地四面絶險，有水泉，河西對岸又有白塔地，亦可建一寨以屯輕兵。又河西俱是麟州地界，且不失故土，見利則進，否則固守之。蓋舊州勢危而 8 兵寡，多屯則糧不繼，少則難守，所以遷遠而就近，非爲蹙國之疆土也。若謂麟州既遷則賊壓吾境，是不知夷狄遷徙鳥舉，不能以久處。設其來居，必須耕鑿其地，我於河西出偏師以撓之，彼安能持自完之策哉？故以謂遷有五利[二]，不然則有三害。省國用，惜民力，利一也；内禦岢嵐、保德、火山及嵐、石、府州沿河一帶賊所出路[三]，利二也；我據其要，則河冰雖合[四]，賊不敢逾河而東，利三也；商旅來往，以通財貨，利四也；方河凍時，得所屯兵馬五七千人沿河以張軍勢，利五也。今麟州轉輸束芻㪷粟，費直千錢，若因循不遷，則河東之民困於調發無有已時，害一也；以孤壘餌敵，害二也；道路阻艱，援兵難繼，害三也。且州之四面屬羌，遭賊驅脅[五]，蕩然一空，止存孤壘，猶四支盡廢而首面心腹之獨存也[六]。今契丹又與西賊共謀[七]，待冰合必攻河東，若朝廷不思禦捍之計而修寧遠寨，是求虚名而忽大患也。況靈、夏二州皆唐漢古郡，一旦棄之，一麟州何足惜哉？」帝謂輔臣曰[八]：「麟州古郡也，咸平中嘗經寇兵攻圍，非不可守。今遂欲棄之，是將退而以黄河爲界也。其寧遠寨宜諭偕速修復之。」

又云：在麟州新秦縣，舊名寒嶺，咸平三年改今名。慶曆二年爲西賊所破，尋修復。

柔遠寨

在播州，宣和三年廢。一在祥州，政和四年置。

[一] 嵐州：原脱，據《長編》卷一三四補。
[二] 「遷」上原有「不」字，據《長編》卷一三四刪。
[三] 出路：原脱，據《長編》卷一三四補。
[四] 河：原作「可」，據《長編》卷一三四改。
[五] 驅：原作「軀」，據《長編》卷一三四改。
[六] 廢：原作「發」，據《長編》卷一三四改。
[七] 賊：原作「城」，據《長編》卷一三四改。
[八] 謂：原作「請」，據《長編》卷一三四改。

來遠寨

9 秦鳳路通遠軍，天禧元年置，元豐七年廢〔一〕。

安遠寨

在瀘州合江縣，元豐三年置〔二〕。又在秦鳳路秦州，天禧三年置〔三〕。

懷遠寨

在祥州，政和四年置。

靖遠寨

宣和三年以兑州改〔四〕。

威遠寨

〔一〕在秦鳳路秦州〔五〕，舊名裊篦，大中祥符七年改。

宣和三年以隆州改。

定邊平遠寨

在環州通遠縣，天禧五年置。

開邊寨〔六〕

在原州，咸平元年置。

通邊寨

在涇原路德順軍，慶曆八年置。

安邊寨

在涇原路鎮戎軍，熙寧四年廢。一在潼〔州〕〔川〕路，淳熙十四年置。

寧邊寨

10 舊暗利寨，天聖元年改，在施州。

〔一〕元豐：原作「熙寧」，據《元豐九域志》卷三、《宋史》卷八七《地理志》三改。

〔二〕置：原作「廢」，據《宋史》卷八九《地理志》五改。

〔三〕三年：《元豐九域志》卷三作「二年」。

〔四〕兑：原作「兖」。天頭原批：「『兖』疑『兑』。」又批：「廣南西路。」按《宋史》卷九〇廣南西路兑州下云：「宣和三年廢兑州及萬松縣爲靖遠寨。」此處「兖」爲「兑」之誤無疑，今改。

〔五〕按，此條原有題，作「肅遠寨」。查《長編》卷八三載：大中祥符七年八月丙寅，「改秦州大落門裊篦寨曰威遠」。《元豐九域志》卷三秦鳳路通遠軍下云：「大中祥符七年置威遠寨。」均與此條正文合，則「肅遠」當作「威遠」。據《大典》此門體例，上條亦名威遠寨，則此條不當另立題，而當接上條云「一在秦鳳路秦州……」。今删題，於正文前添「一」字。

〔六〕開邊：原作「開平」。遍查諸書，不見有「開平寨」。檢《元豐九域志》卷三原州下云：「咸平元年置開邊寨。」年代與此合。又考《大典》此門諸寨，係以寨名之第一或第二字，依韻次排列。此處前後諸寨皆取「邊」字爲韻，則此條亦必是「開邊寨」，蓋徐松手下書吏誤抄作「開平」。今改。

靜邊寨

在渭州平涼縣，天禧二年修築。

安疆寨

在慶州安化縣，元豐五年以礓詐寨改。紹聖四年六月十五日，環慶路經略司言修復安疆寨畢工，詔防托蕃漢官各賜帛有差。二十三日，環慶路經略司言，遣皇城使、端州刺史、權發遣本路鈐轄張存統制諸將人馬，提舉修復安疆寨畢工。詔張存特除西上閤門使，依舊端州刺史、權本路都鈐轄，餘等第轉官、減年、支賜，並依安西城例。

〔一〕在湟州，崇寧四年以當標城改〔一〕。

安福寨〔二〕

在澧州慈利縣，天禧二年置。

安豐寨

在府州府谷縣〔三〕，慶曆年間修復。

安夷寨

在瀘州江安縣，舊名婆娑，熙寧五年改。

安穩寨

在南平軍，熙寧八年置。

遵義寨

在遵義軍，宣和三年以遵義軍并遵義縣改。

思義寨

11 在遵義軍，宣和三年廢。

思忠寨

在隆、兑州，宣和三年廢。

思安寨

在邛州大邑縣，天聖七年置。

思問寨

在忠州南賓縣，咸平三年置，天聖二年廢。

〔一〕四年：《宋史》卷八七《地理志》三河州下作「二年」。標：原作「摽」，據上引改。
〔二〕安：原作「宋」，據《宋史》卷八八《地理志》四改。
〔三〕府州：原作「撫州」，據《宋史》卷八六《地理志》二改。

武平寨

秦鳳路階州，慶曆五年置。

武寧寨

在瀘州合江縣，熙寧七年置，元豐四年廢〔一〕，五年復〔二〕。

陽武寨

在代州，太平興國四年置。

治平寨

治平四年閏三月十九日，詔涇原路捺吳川新堡障賜名治平寨〔三〕，青鷄川新堡障賜名鷄川寨，仍降詔奬宣撫使郭逵經畫之勤。

靈平寨

（元豐四年四月）〔紹聖四年九月〕二十七日〔四〕，涇原路經畧使章楶奏：「昨進築平夏城、靈平寨，首先與臣議論并應副軍興官，逐路主將，兩城寨提舉官，並功効顯著，乞優賜推恩。」詔轉官、12循資、減磨勘年、陞擢差遣有差。

一在鎮戎軍，舊好水寨，紹聖四年改〔五〕。

承平寨

在豐林縣，天聖六年置，後廢，慶曆五年復置。

高平寨

在涇原路鎮戎軍，慶曆二年置。

西牛寨〔六〕

在澧州慈利縣，天禧二年置。

夷平寨

在施州，熙寧六年置。

倍平寨

在彰明縣，熙寧九年置，尋廢。

〔一〕豐：原作「廢」，據《宋史》卷八九《地理志》五改。
〔二〕復：原作「廢」，據《宋史》卷八九《地理志》五改。
〔三〕捺吳川：原作「揆吳州」，據范祖禹《郭公（逵）墓誌銘》（《范太史集》卷四〇）改。
〔四〕紹聖四年九月：原作「元豐四年四月」，據《長編》卷四九一改。
〔五〕按此所言，與章楶奏之靈平寨實爲一事，不當云「一在」，當删「一」字，以此段置於上段之前。此蓋《大典》節編之誤。
〔六〕西牛：原作「西平」，據《元豐九域志》卷六、《宋史》卷八八《地理志》四改。《大典》誤以「西牛」作「西平」，故誤次於「平」字韻諸寨間。

定平寨

舊王家寨，政和三年改。

定安寨

舊馬村寨，三年改。並在莫州任丘縣[一]。

清平寨

在祥州，政和四年置。

大拔寨

在環州通遠縣，元豐二年廢。

樂從寨

在祥州，政和四年置。

宣威寨

13 在府州府谷縣，嘉祐六年廢。

永康寨

在彭州，熙寧五年廢永康軍爲寨，七年廢。

樂古寨

在長寧軍，政和元年以從州改[二]。

青化寨

在豐林縣，太平興國八年重修。

長樂寨

在峽州，景德元年置，熙寧八年廢。

長武寨

涇原路涇州，咸平五年廢縣置。

歸順寨

在戎州僰道縣，皇祐五年廢。

[一]「並在」句：原稿此句本在上條「政和三年改」之後，據文意移。定平、定安二寨俱屬任丘，見《宋史》卷八六《地理志》二。

[二]按，此條有誤。《宋史》卷九〇《地理志》六平州下云：「政和元年，……廢從州爲樂古寨。」此從州在今貴州東南從江縣一帶。而長寧軍在今四川長寧，相去極遠。《元豐九域志》卷一〇載戎州下屬羈縻州有從州，此從州有可能在長寧軍，但非樂古寨之從州。此誤不知爲《會要》之誤，抑爲《大典》之誤。

歸正寨

在南平軍隆化縣，熙寧八年置。

美利寨

純州安溪縣，宣和三年改。

永興寨

在施州，熙寧六年廢。

大通寨

在廣南路桂州興安縣，雍熙二年置。

乾興寨

14 涇原路，在鎮戎軍，乾興(九)〔元〕年置。

平樂寨

在火井縣，慶曆八年置。

通安寨〔一〕

在南平軍隆化縣，熙寧八年置。

延衆寨

在廣南路邕州，元豐七年改爲富州。

新化寨

在滋州，大觀三年置。

新安寨

在峽州，景德元年置，熙寧八年廢。

熙寧寨

在渭州平涼縣〔二〕。

熙寧元年六月十四日，詔獎涇原路經略使蔡挺〔三〕，以其建議築熙寧寨工畢，副都總管張玉以護役勞特賜對衣、金帶、鞍轡馬。

一在涇原路鎮戎軍，熙寧元年置。

〔一〕通安：原作「安通」，據《宋史》卷八九《地理志》五乙。

〔二〕在渭州平涼縣：疑誤。《元豐九域志》卷三、《宋史》卷八七《地理志》三於「平涼」下均只有「瓦亭寨」，《元豐九域志》的成書時間與熙寧甚近，若該縣有此寨，不容不載。且據張方平《樂全集》卷四〇《蔡公（挺）墓誌銘》所記，其所築熙寧寨正在鎮戎軍。故此處二條當爲一事，可删「在渭州」句，而將下條去「一」字，其餘文字移於本條之首。

〔三〕蔡：原作「葵」，據《宋史》卷三二八《蔡挺傳》改。

永寧寨

秦鳳路，在秦州，舊尚書寨，至道三年改。
一在府州府谷縣，嘉祐六年廢。
一在〔河〕東路晉州臨〔分〕〔汾〕縣，開寶三年置。
一在秦鳳路通遠軍，建隆二年置。
一在施州，元豐三年置。

綏寧寨

15 在涇原路原州，慶曆四年置。

順寧寨

涇原路保安軍，慶曆四年置。

常寧寨

邠州永壽縣，熙寧五年自乾州來隸。

和寧寨

舊雁頭寨，政和三年改。

定寧寨〔一〕

舊父母寨，政和三年改，在保定軍。

保寧寨〔二〕

在豐州，嘉祐七年置。

延寧寨

在延寧軍，宣和三年以延寧軍改。

嘉會寨

舊亨州，宣和三年改。

冠頭寨

在雷州海康縣，太平興國置。

偏頭寨

隸火山軍，嘉祐六年廢。

腦子寨

在惠州静樂縣，咸平五年修。

〔一〕定寧：《宋史》卷八六《地理志》二作「安寧」。
〔二〕保：原作「堡」，據《宋史》卷八六《地理志》二改。

峽口寨

【16】荆湖路邵州武岡縣〔一〕，大觀元年置。

湯口寨

在鼎州，熙寧七年廢。

索口寨

在澧州慈利縣，天禧二年置。

王口寨

紹興十四年十一月十四日，廣南西路安撫、轉運、提刑司言：「融州王口寨元係平州，於紹興四年廢爲王口寨。本寨洞民凡有輸賦詞訴，並赴融水縣理訴，動經一月，方始追人到官〔二〕，委是遲延。乞將王口寨依舊改爲懷遠縣，改知寨爲知縣，差有材力膽勇武臣充〔三〕，前所有理任、任滿酬賞，並乞依經畧司元奏得王口寨條例施行。」從之。

臨口寨

在邵州蒔竹縣，元豐八年置，大觀元年改爲縣〔四〕。

神木寨〔五〕

麟州，慶曆八年置，在連谷縣。

赤木寨

荆湖路邵州武岡縣，元祐四年置。

苦竹寨

紹興二年六月二十一日，吏部言：「建州政和縣民謝安【17】等乞罷苦竹寨，尋下本路監司相度得，本寨巡檢下兵級不循紀律，騷擾居民，洎至賊發，望風潰散，委可省罷。」從之。

慈竹寨

在滋州，大觀三年以慈竹塡寨改。

竹子寨

在彰明縣，熙寧九年置，尋廢。

〔一〕邵：原作「郡」，據《宋史》卷八八《地理志》四改。

〔二〕官：原作「京」，據本書方域七之一八改。

〔三〕材力膽勇武臣：原作「材武膽勇武以」，據本書方域七之一八改。

〔四〕《宋史》卷八八《地理志》四武岡軍下云：「崇寧五年改砦爲縣，隸武岡軍。」稍異。

〔五〕神木：原作「神本」，據《宋史》卷八六《地理志》二改。

梅子寨〔一〕

〔荆湖〕北路，在峽州。

桃源寨

在鼎州，熙寧七年廢。

七葉寨

在彰明縣，熙寧九年置。

蒿平寨

在鄜延路延州延水縣，太平興國六年置。

横楊寨

在麟州新〔泰〕〔秦〕縣，天禧四年置，治平元年再廢。

荔川寨〔二〕

熙河路岷州，熙寧六年置。

米脂寨

隸綏德軍，元豐四年置。

元符元年五月二十三日，鄜延路經略司言，修復米脂寨畢工。詔統制〔三〕、龍神衛四廂[18]都指揮使、吉州刺史王愍遷一官，回授子有官者兩人承受，各特遷一官；同統制、四方館使、祁州團練使苗履復遥郡防禦使〔四〕。仍各賜銀絹各五十匹兩。朝散郎石丕等五人，候本路進築城寨功賞畢日，併取旨。餘各等第推恩。

白芀寨

在瀘川縣〔五〕，皇祐三年置，元豐二年廢。

葭蘆寨

紹聖四年四月十一日，河東路進築葭蘆寨畢工，本路轉運〔司〕〔使〕郭茂恂、吕仲甫各轉一官。係在石州，紹聖四年修復，元符二年廢爲晉寧軍。

白馬寨

在涪州，大觀四年廢。

〔一〕「梅子」下原有「亞」字，據《元豐九域志》卷六、《宋史》卷八八《地理志》四删。
〔二〕荔川：原作「荔子」，據《元豐九域志》卷三、《宋史》卷八七《地理志》三改。
〔三〕詔：原作「紹」，據《長編》卷四九八改。
〔四〕復：原無，據《長編》卷四九八補。
〔五〕瀘川：原作「龍川」，據《宋史》卷八九《地理志》五瀘州條改。

馬騌寨

熙河路，在熙州，熙寧六年置〔一〕。

馬鑡寨

在彰明縣，熙寧九年置，尋廢。

龍安寨

在綿州神泉縣，熙寧九年置。

一在豐林縣，舊名龍田平，慶曆四年改。

烏龍寨

在（隸）火山軍，舊烏龍川北嶺寨，元符二年改。

白豹寨

19 仁宗康定元年，環慶路總管任福言：「西界投來人杜文廣，近引路攻破白豹寨，及指畫製造攻城雲梯，委實誠心投漢，乞賜收録。」詔從之。

鹿角寨

在九隴縣〔二〕，熙寧九年廢。

羊羝寨〔三〕

在瀘州江安縣，皇祐二年置，熙寧七年廢〔四〕。

九羊寨

元符二年三月十七日，涇原路經畧司言，進築通峽、盪羌、九羊寨、石門堡畢工。詔修築將吏各減年磨勘、循資及賜銀帛有差。

鳳隣寨〔五〕

在隆、兑州，宣和三年廢〔六〕。

鴈門寨

在代州，太平國年年年置〔七〕。（以上《永樂大典》卷一五一一八）

〔一〕按，《宋史》卷八七《地理志》三熙州下云：「熙寧六年置康樂城爲砦，省馬騌砦。」則此「熙寧六年置」似當作「熙寧六年廢」。
〔二〕九隴：原作「九龍」，據《元豐九域志》卷七改。
〔三〕羝：原作「祇」，據《宋史》卷八九《地理志》五改。
〔四〕按，《宋史》卷八九《地理志》五云「治平四年廢」，與此異。
〔五〕隣：《宋史》卷九〇《地理志》六作「憐」。
〔六〕三：原脱，據《宋史》卷九〇《地理志》六補。
〔七〕此句有誤，當是「太平興國□年置」。

【宋會要】

20 天都寨〔一〕：元符二年四月十七日，詔涇原路新築南牟會，賜名西安州，宜差有材武（諸）〔諳〕邊瑣武吏知州事。洒水平賜名天都寨，秋葦川賜名臨羌寨。西安州戍守共以七千人爲額，仍招集馬軍蕃落一指揮，步軍保捷一指揮。天都、臨羌寨戍守各以三千人爲額，仍各置馬軍蕃落一指揮，步軍保捷各一指揮。逐州寨每年各支破公使、探蕃等錢，西安州三萬緡，天都、臨羌寨各二千緡。五月癸亥〔二〕，宰臣章惇以涇原路建西安州及天都等寨，諸路築據要害，邊面各徑直相通，畢工，率百官賀於紫宸殿。

天聖寨，在涇原路鎮戎軍，天聖元年修杏林堡改置。

天長寨〔三〕：嘉定元年三月二十八日，詔令鎮江府於椿管真州賣鈔司錢内支撥交子六千貫，付盱眙軍天長縣令項椿管，專充修蓋天長寨屋。劄付商碩，疾速措置起蓋安淮軍寨屋〔四〕，早得圓備，毋或減裂。既而天長知縣商碩以所降錢數支用不敷，有請於朝，詔令封椿下庫取撥兩淮交子五千貫并行在會子庫五千貫，並付盱眙軍天長縣，（早）〔并〕已撥交子六千貫，專充起蓋淮安軍寨屋使用。仰本縣日下差人前來請領，須管如法蓋造。候畢工日，開具收支細帳申樞密院。

朝天寨：朝天寨在隆、兑州，宣和三年廢。

21 多星寨，在誠州渠陽縣〔五〕。

雲内寨，在忻州秀容縣〔六〕。

長陽寨，在峽州，熙寧八年置。

易陽寨，舊張家寨，政和三年改。

渠陽寨，元祐五年置，黔陽縣〔七〕。

相陽寨，在夔州路黔江縣，大中（符）〔祥〕符三年置。

臨夏寨，隸鄜延路，舊羅密谷嶺寨〔八〕，元符元年改。

東山寨，在鎮戎軍，咸平二年置。

橫山寨〔九〕：元符元年三月十七日，詔西上（閣）〔閤〕門

〔一〕《輯稿》以下抄纂體例，與前不同，以諸寨名直置于各條正文之前，不作標題。而天都、天聖、天長、朝天四條又以寨名作小字置于每條之末，今改從一致。

〔二〕「五月癸亥」以下至本條末乃抄自《長編》（今本卷五一〇），非《會要》文。

〔三〕按，下文乃指修天長縣之寨屋（軍士所居營寨），並非有寨名「天長」，《大典》以「天長寨」爲目，誤。

〔四〕安淮軍：下文作「淮安軍」，當有一誤。此蓋駐紮於天長之一支軍隊之名稱。

〔五〕渠陽縣：原作「漢陽軍漢陽縣」，據《元豐九域志》卷六改。參見本卷方域一八之二校記。

〔六〕秀容：原作「秀谷」，據《元豐九域志》卷四改。

〔七〕黔陽：原作「黔江」。按《宋史》卷八九《地理志》五夔州紹慶府黔江縣下詳載二十九寨之名，無渠陽。《輿地廣記》卷二八云：元豐六年置渠陽縣，爲誠州治。元祐二年，廢爲渠陽軍。三年，廢爲寨，屬沅州。渠陽寨在今湖南靖州，其地距沅州最近之縣爲黔陽（治今湖南洪江市），則渠陽寨應屬黔陽，此處「黔江」乃「黔陽」之誤。因改。

〔八〕羅密谷：《宋史》卷八七《地理志》三作「囉巖谷」，《長編》卷四九七作「羅古谷」。

〔九〕橫山寨：原文置於本條之末，今依例移置句首。

使張存遷東上(閤)〔閣〕門使、成州團練使，陞環慶路都鈐轄；皇城使、通州刺史張誠遷秦州團練使〔一〕，更轉一官，回授有官子息；皇城副使、兼閤門通事舍人种朴遷文思使〔二〕。以統制兵馬進築興平城、橫山寨畢工，兼接納李訛一行歸漢也。餘次第推恩。元符元年五月二十一日，環慶路經略司言，修築橫山寨、通塞堡畢工。詔如京使李浦以防托部役減二年磨勘。

巴山寨，在峽州，景德元年置。

樂山寨，在荆湖路祁陽縣，慶曆四年置，熙寧六年廢。

豐山寨，崇寧三年置，在誠州。

神山寨，在邵州武岡縣，紹聖二年置。

梟篦寨：真宗大中祥符七年六月五日〔三〕，(知)秦州張佶言：「昨於梟篦寨下大洛門各子口及弓袋口置水寨二，不俟朝旨，待22罪。」詔釋之，令佶詳具利害續圖以聞。

南峯寨，在鄜延路延水縣，太平興國六年置。

勝岡寨，在荆湖路道州江華縣，慶曆初置，熙寧六年廢。

胡籠寨，在合江縣，熙寧元年置，八年廢。

海青寨，舊巷姑寨，政和三年改。

河平寨，舊尼姑寨〔四〕，三年改。

三河寨，舊三女寨，三年改。並在清池縣〔五〕。

寧河寨，在熙河路河州寧河縣〔六〕，熙寧七年以香子城改。

杏子河新寨〔七〕：紹聖四年九月二十日，鄜延路經略呂惠卿言，杏子河新寨修築畢工。詔以平戎寨爲名，仍遣內臣押賜惠卿以下銀合茶藥。

融江寨，在融州融水縣，元豐七年置。

安江寨，在隆、兑州，宣和三年廢。

臨江寨，在熙河路岷州，雍熙二年置，隸秦州，熙寧六年來隸。

若水寨，在誠州渠陽縣〔八〕。

護水寨〔九〕，在火山軍，熙寧三年置。

七度水寨，在南平軍隆化縣，嘉祐八年修復。

漢流寨，在峽州，景德元年置，熙寧八年廢。

古渭寨〔一〇〕：秦鳳路秦州，熙寧五年改爲通遠軍。皇祐五年閏七月二十三日，詔古渭寨修城卒，權給保捷請受。

〔一〕誠：原脱，據《長編》卷四九六補。

〔二〕「閤」原脱，「思」原作「恩」，據《長編》卷四九六補改。

〔三〕七年：原作「二年」，據《長編》卷八二改。

〔四〕尼姑：《元豐九域志》卷二作「泥沽」，《宋史》卷八六《地理志》二作「泥姑」。

〔五〕清池：原作「清河」，據《宋史》卷八六《地理志》二滄州條改。

〔六〕寧河：原作「寧城」。按，河州無寧城縣，當作「寧河」。《輿地廣記》卷一六：「寧河縣，本寧河寨，皇朝崇寧四年升爲縣。」

〔七〕此五字原在本條末，今移。

〔八〕渠陽縣：原作「漢陽軍漢陽縣」，據《宋史》卷八八《地理志》四改。參見本卷方域一八之二校記。

〔九〕護：原作「獲」，據《宋史》卷八六《地理志》二改。

〔一〇〕此三字原在本條末，今移。

至和元年十一月十日，秦鳳路經畧安撫司言，修秦州古渭寨（城）〔成〕。

23通渭寨，秦鳳路通遠軍，熙寧元年置。崇寧三年以通遠軍改爲鞏州〔一〕。

沙灘寨〔二〕，秦鳳路階州，慶曆二年置。

竹灘寨，元祐五年置，在黔陽縣〔三〕。

新灘寨，在漢陽軍漢陽縣，乾道四年五月二十四日置。

白沙寨，在荆湖路邵州，熙寧六年置。

黄沙寨〔四〕：慶元元年七月六日，刑、兵部言：「大理寺看詳湖南諸司審度郴州所乞，將宜章黄沙寨移回安福駐劄，委是經久利便，欲從看詳到事理施行。」詔從之。

首溪寨，在荆湖路潭州，熙寧六年廢。

萬溪寨，在彰明縣，熙寧九年置。

清溪寨〔五〕：紹興二十九年四月一日，户部狀：「准都省批下權發遣恭州張晦奏：『本州江津縣清溪寨與南平軍實爲表裹，若南平障寨嚴密，軍政整肅，自保無虞，則清溪關隘與土丁理宜整治。已將清溪接南平軍界去處，除民旅出入大路兩處存留，置立鋪屋差人守戍外，其私小路盡行斷塞，以絶透漏。兼復行整齪土丁三百人，乞下帥司將把截將二人審實給帖，先補充清溪寨把截將。候把截每及七年無透漏，與比附舊格量行陞轉，至都知兵馬使止。仍每年依南平把截給散衣襖。』本部尋關兵部看詳：『檢準紹興二十八年九月四日樞密院劄子，夔州路奏，南平軍白錦知堡夷官楊選族廳佐忠帶領夷人，24自南平軍白錦堡楊大由私小路入恭州江津縣清流寨雁門殺虜人口，合添屯防拓。』其雁門正係夷人出没隘口，舊有把截將（佐）〔任〕招安等同土丁把拓，自任招安死，無人守把。今自江津縣説諭，自邊界至清溪寨，主户苟炳自出户下土丁一百。」

鎮溪寨，在辰州，熙寧三年置。

收溪寨，元豐六年置，元祐三年廢。

麻溪寨，在峽州，景德元年置。

新泉寨，舊隸牟新寨〔六〕，元符二年改。係屬秦鳳路，未□屬何軍〔七〕。

陽泉、卓探寨，並咸平二年置，後廢，在澧州石門縣。

龕谷寨，熙河路，在蘭州，元豐四年置。

横谷寨，在火山軍，雍熙三年置。

麻谷寨，在鄜延路延水縣，太平興國六年置。

〔一〕崇寧三年：原無，據《宋史》卷八七《地理志》三補。
〔二〕沙：原作「涉」，據《宋史》卷八七《地理志》三改。
〔三〕黔陽：原作「黔江」，據《宋史》卷八八《地理志》四改。
〔四〕此三字原在本條末，今移。
〔五〕此三字原在本條末，今移。
〔六〕按《宋史》卷八七《地理志》三會州：「新泉砦，舊名東北冷牟，元符元年賜名，屬秦鳳路。」此處「牟新寨」疑當作「冷牟新寨」。
〔七〕此句當是「未詳屬何州軍」。按《宋史》卷八七《地理志》三，新泉砦在會州；本書選舉二八之三一亦有「會州會川城、新泉寨、懷戎堡主簿」之文，則並非「未詳屬何州軍」。此二句疑是《大典》編者所加（《宋史》卷八七各城砦注文中屢有「未詳屬何州軍，姑附此」之文，《大典》編者蓋襲此）。

關峽寨，荊湖路，在邵州，熙寧六年置。
通峽寨，在德順軍，舊没烟前峽，元符元年改。
峯貼峽寨，秦鳳路階州，熙寧七年復修。
向陽峽寨，在汾州，慶曆二年置。
白崖寨，在鼎州，熙寧七年廢。
土蹬寨，在代州，太平興國六年置。
石洞寨：並咸平二年置，後廢。並在澧州石門縣〔一〕。天禧三年三月一日，知澧州曹克己言：「本州石洞寨深在蠻界，不當要路，無所控扼，屯集軍馬，虚費芻糧，望令毀拆，止留兵卒五人守護，有事宜馳報靈溪寨。」從之。

25 石硤寨〔二〕，在代州，太平興國六年置。
黄石寨，在鼎州，元豐二年廢。
大石寨，在代州，太平興國四年（廢）置。
寧府寨，在府州府谷縣〔三〕，慶曆年間復修。
錦州寨，在誠州〔四〕，熙寧八年置。
古城寨〔五〕：嘉定八年七月十一日，知贛州楊長孺言〔六〕：「本州瑞金縣正汀盜出入之路，而汀州古城寨取瑞金最近，欲乞改古城寨爲兩州界寨〔七〕，庶使皆得統轄，則汀盜有所畏憚，不敢越界。」從之。詳見「諸州軍監」門〔八〕。
七城寨〔九〕：天禧五年八月二十三日〔一〇〕，環慶總管田敏言，創修沿邊七城寨畢。詔奬敏等，仍賜都監、巡檢、部役使臣緡帛〔一一〕。
軍城寨，雍熙元年置〔一二〕，在定遠軍〔一三〕。
銀城寨，在麟州銀城縣，慶曆五年置。
隴城寨，在秦鳳路秦州，慶曆五年置。
府城寨，在慶州安化縣，元豐二年廢〔一四〕。
寧城寨，熙河路，在河州，慶曆六年置。
會溪城寨，在辰州，熙寧八年置。
安厢寨，在融水縣，景德二年置。
石門寨，在祥州，政和四年置。
江門寨，瀘州合江縣，元豐四年置。
弓門寨，秦鳳路，在秦州，太平興國元年置。
新門寨，在原州，至道二年置，熙寧三年廢。

〔一〕按，此文二「並」字無所承，蓋《會要》原文本以上文「陽泉、卓探」二寨與此石洞寨相連記述，故言「並」。《大典》按韻將二條分割，未省文句不通。
〔二〕硤：原作「砆」，據《宋史》卷八六《地理志》二改。
〔三〕府州：原作「寧州」，據《宋史》卷八六《地理志》二改。
〔四〕誠州：按《元豐九域志》、《宋史・地理志》，錦州寨均在沅州麻陽縣。
〔五〕此三字原在本條末，今移。
〔六〕孺：原作「需」，據本書職官四七之五七改。
〔七〕「古城寨」下原有「界寨」二字，「州」字原無，據本書職官四七之五八刪補。
〔八〕按，即本書職官四七「判知州府軍監」門。
〔九〕此三字原在本條末，今移。按，下文「七城寨」謂七個城寨，非謂寨名「七城」，《大典》誤。
〔一〇〕二十三：原脱「二」字，據《長編》卷九七補。
〔一一〕緡：原作「繒」，據《長編》卷九七改。按，「緡」謂錢。
〔一二〕元年：原作「六年」，據《元豐九域志》卷二改。
〔一三〕按《元豐九域志》、《宋史・地理志》，軍城寨屬定州。
〔一四〕二年：《宋史》卷八七《地理志》三作「四年」。

26崗門市寨，在楚州鹽城縣，乾道六年十二月二十九日置。

銅安、龍門寨，在辰州，熙寧八年置。

石關寨，在綿州神泉縣，熙寧九年置。

石嶺關寨，在忻州(季)〔秀〕容縣。

麻亭寨，在邠州永壽縣，熙寧五年自乾州來隸。

行廊寨，在施州，元豐三年置。

神堂寨，麟州，慶曆五年置，在新秦縣。

古樓寨，在岳州華容縣，嘉祐七年置。

樓板寨，在代州，太平興國五年置。

南垣寨，河北路〔一〕，在舊七姑垣寨〔二〕，政和三年改。

蒿店寨，在渭州平涼縣，咸平三年置。

三橋寨，河北路，在舊大三橋寨，政和三年改。

橋村堰寨，在韶州曲江、樂昌、乳源三縣，乾道二年十月三十日置。

大硐寨，在瀘州江安縣，至和二年置，元豐四年廢〔三〕。

華池寨，環慶路，在慶州。本州元有華池寨、華池鎮，元祐六年廢華〔池〕鎮爲華池東、西二寨。

福田寨，慶曆四年置，熙寧五年廢。

南田寨，在瀘州合江縣，元豐九年置〔四〕。

錦田寨，荆湖路，在道州江華縣，慶曆初置，熙寧六年廢。

遥塡寨，在純州，宣和三年廢，四年復。

鹽井寨，在邛州蒲江縣，天聖元年置。

鹽井隴寨，在彰明縣，熙寧九年置，尋廢。

27飛井寨〔五〕，在涇原路德順軍，政和七年以飛井塢置。

西壕寨，在原州，端拱元年置。

定川寨，在渭州平涼縣，太平興國八年置，慶曆二年廢。

寧川寨，在景州，政和七年置。

閭川寨，在熙河路岷州，熙寧七年置。

床川寨〔六〕，在熙河路岷州，熙寧七年置。

沐川寨：嘉定四年十一月二十八日，直秘閣、成都府路提刑李皐奏：「照對嘉定府峨眉、犍爲兩縣控帶夷蠻，列置寨堡，總十有九處，久不修葺，因致頹圮。自蒙恩司臬，職在經制邊防，委官閱視，鳩工繕葺，皆已節次了當外，惟沐川一寨隸屬犍爲，視諸寨尤爲衝要。照得本寨南與馬湖、夷都兩蠻部落對峙，相距纔七十餘里，東接叙州之商州

〔一〕河北路：原作「河東路」，據《元豐九域志》卷二改。下「三橋寨」條同。
〔二〕七姑垣：原作「七姑姐」，據《元豐九域志》卷二、《宋史》卷八六《地理志》二改。此寨與三橋寨均屬雄州歸信縣。
〔三〕元豐：原無，據《長編》卷三一八補。
〔四〕九年：元豐無九年，疑爲「元年」之誤。
〔五〕飛井寨：《宋史》卷八七《地理志》三作「飛泉砦」。
〔六〕床川：原作「麻川」，據《宋史》卷八七《地理志》三改。

寨，亦與兩蠻境界密邇，於東西兩路利害相關。竊嘗考今寨即唐之沐源川，自唐垂拱中遣峨眉鎮曹兵以兵五千人逐去生獠，始平其地。咸通中，南詔入寇，伐木開道，逾雪坡，奄至於此，唐兵連衂，（是）〔由〕是遂陷嘉州，以至成都。乾符元年，南詔再入寇，節度使高駢遣兵追擊於大渡河，因築城以爲守。沐川有城，蓋始於此。皇朝至和元年，儂智高（判）〔叛〕，或傳智高自廣中將分兵向蜀，朝廷命郡縣發兵增戍。後六年，犍爲尉景思誼建議，謂寨之地在東，而寨之外西山尤高，下瞰寨中，兵家所忌，於是始議別築西山爲寨，與今寨相對。已而遽廢。治平中，虛恨 28 犯邊，蜀帥張景元遣龍游簿范師道率兵來戍，又增築西寨。未幾復廢，故址猶存。緣沐川一寨在嘉定境内，迫近（城）〔成〕都，實蠻夷入寇之要路。頃歲邊警未作，本寨城壁極爲苟簡，寨内迫窄，戍卒皆寄止寨外，居民悉爲未便。嘗即遣官相視，見得今寨前後有兩山，前山舊建都廟，後山即景思誼所築西寨是也。兩山實與今寨相連，而山脚峻峭，便如城郭之狀，殆若天設之險，惟兩山谷口有陷闕虧漏去處。遂措置錢糧，興工增建，自下增高，創行版築，累土叠石，與都廟、西寨兩山之高相齊，聯絡貫通，包三山爲一大城。周圍總三百一十五丈，創造敵樓四座，增建護城舍及營舍。其前來寨外兵丁，今已盡歸本寨駐泊，可以增壯邊防，震讋夷獠，並已了畢。謹繪成小圖，隨狀繳申尚書省，伏乞施行。」從之。

同日，臯又言：「照對守邊之要，莫先於土丁；而募丁之策，必先有以贍其生，然後可以責其力。自到任，凡管内寨堡闕丁去處，並行招集填補，皆與優給資糧。今來應募之數已自不少，内有一項，因民訟陳訴犍爲平戎莊官田除見管人丁百二十名上寨防拓外，其餘頃畝多爲豪民富户侵占，歲月已深，視爲己物，遂致丁額不敷，邊面闕人守禦。尋行追上逐户，各據供認侵占不虛，遂再遣官檢踏。今根括到前來侵占地段，總計山田四百九十四坡，水田一千五百九十六畝，衮折租數總計米二千三百斛，雜 29 斛在外。以所管租額（數）〔敷〕丁，計新增到三百四十四名，通舊管共計五百五十餘名，逐一點閱，委皆少壯强勇，堪以守邊。已開具田段，各出公據，分給逐丁，蠲免諸色官租，自令耕佃贍給。兼與明立條約，俾令分戍諸寨，一一從長經畫，務令永遠遵守。又念前來民訟所訴侵占之家，因循歲久，間有使錢承兑視同己業者，一旦悉行拘没，委是失業可憐。尋措置緡錢，支還逐户，總計二萬四千二百餘引，別作帳册隨狀繳申尚書省。又契勘丁數既多，若非差官一員統轄訓練，却恐紀律不嚴，事藝不習，緩急之間或誤驅使。見議於本莊上下兩保之間，建置堡栅爲會合教閲之所，就差見駐劄犍爲縣嘉眉同巡檢一員提領堡事。欲乞將嘉眉同巡檢員闕，許令銜兼帶『知平戎堡教習土丁』，庶幾責任有歸，總會有所，可以久而不（費）廢，實西蜀無窮之利。」從之。

臺宜寨，在澧州慈利縣，天聖二年置。

零陵寨，天聖八年置，熙寧八年廢〔一〕。

截原寨，在原州，太平興國元年置，熙寧三年廢。

崞寨，在代州，(在)太平興國四年置。

毬埸寨，鄜延路延州延水縣，太平興國六年置。

東安寨，在荆湖路永州東安縣，天聖八年置。

南安寨，在豐林縣，慶曆五年(復)修復。

平南寨，在忠州南賓縣，咸平三年置，天聖二年廢。

30 綏南寨，在利州路文州，大觀元年置。

靖南寨，宣和三年以孚州改。

西峯、定南寨〔二〕：紹興四年九月五日，廣南西路經畧安撫、轉運、提刑司奏：「契勘西峯、定南寨及應定、寨安兩栅，昨來陳韜、吳懷等破蕩，人民離散，近方收復，正是控扼去處，難以廢罷外，照峯一栅係在澄邁縣界，却不是控扼黎賊去處，今欲將照峯栅廢罷，更不差置土丁守禦。」從之。

通西寨：在秦鳳路，元豐五年改爲吹東龍堡〔三〕。元豐六年閏六月十四日，熙河蘭會路制置司上增築定西城、通西寨文武功狀，詔五等皆賜銀絹：第一等四人，三百匹兩；第二等一人，二百；(等)〔第〕三等六十六人，百五十；第四等一十三人，百；第五等二十七人，七十。

平西寨，在澧州，紹聖四年置。

定西寨，秦鳳路秦州，建隆二年置。

西陘寨，在代州，太平興國四年置。

金明寨，在膚施縣，熙寧五年廢縣置。

銀川寨：在鄜延路，元豐五年置。九月八日，詔賜永樂城曰銀川寨。先是，鄜延路計議邊事徐禧等言：「已定永樂下埭作寨〔四〕，地形險固，三面阻崖，表裏山河，氣象雄壯。八月二十五日興工，今月六日(成)〔城〕畢，凡二十萬工。城去永樂上埭八里，故銀州二十五里〔五〕，米脂寨五十里。永樂蓋以小川爲名，城前正據銀州大川，乞賜名。」故有是詔。

31 金斗寨，在隆、兑州，宣和三年廢。

安碓寨〔六〕，在施州，元豐三年置。

六盤寨，在渭州平(源)〔涼〕縣，咸平三年置。

鐮(刃)〔刀〕寨，在豐林縣，慶曆五年修復。

瓶形寨〔七〕：元豐五年五月十二日，上批：「代州諸寨踏成蹊徑二十七處及瓶形寨地圖，令河東經畧司指揮代州并準備提舉主管開壕立堠官，候北界來計會，即自團山子鋪以西分水嶺脊，依畫圖商量取直，開立壕堠。其向西踏

〔一〕八年：原作「六年」，據《長編》卷二六八、《宋史》卷八八《地理志》四改。
〔二〕此五字原在本條末，今移。
〔三〕按，《長編》卷三三五：元豐六年五月「壬辰，楚棟隴堡賜名通西寨」。楚棟隴堡即此吹東龍堡之異譯。據此，乃是改吹東龍堡爲通西寨，而此處所云正相反，疑誤。似當云：「舊吹東龍堡，元豐五(？)年改。」
〔四〕埭：原作「隟」，據《長編》卷三二九改。下同。
〔五〕州：原作「川」，據《長編》卷三二九改。
〔六〕安碓：《宋史》卷八九《地理志》五作「安確」。
〔七〕此三字原在本條末，今移。

成蹊徑處〔一〕，同行修治，俱令依舊〔二〕，不得展縮。」二十五日，代州言：「據瓶形寨申，有北人欲於瓶形寨地壕堠盡處取直向東，往團山子過往，當令巡監押吉先説諭令回〔三〕。」上批：「已嘗圖付代州，候北人來立壕堠，准此施行。即是聽其過往，今却約攔，乃是全不曉事，而煩朝廷行遣，啓侮夷狄。宜令分析，聽北人取直過往。」

桿杖寨，在忠州南賓縣，咸平三年置，天聖二年廢。

三盤堡寨，在綿州神泉縣，熙寧九年置。

白博寨，在鼎州，元豐二年廢。

下鎮寨，在火山軍，慶曆元年置。

榮懿寨，在南平軍隆化縣，熙寧八年自渝州來隸。

詩渠寨，在辰州，天聖六年置。

真成鎮寨，在辰州，天聖六年置。

城步寨，荆湖路，在邵州，熙寧六年置。

32 茹越寨，在代州，太平興國四年置。

貫保寨，在沅州，元豐三年置，六年隸誠州，元祐六年廢，崇寧二年復〔四〕。

小由寨，元豐四年以小由、長渡村堡改，五年隸誠州，六年復來隸，七年復隸誠州，尋廢。

延貢寨，在安仁縣，慶曆三年置。

咄步寨，在欽州靈山縣，至道三年間置。

黑泊寨，在鄜延路延州延水縣，太平興國六年置。

榜栳寨，在豐林縣，慶曆五年修復。

桔槔寨，熙寧元年廢。

撥禮寨，在歸州秭歸縣。

折疊寨，在歸州巴東縣，咸平二年置。

宕昌寨，在熙河路岷州，熙寧七年置。（以上《永樂大典》卷一五一一九）

〔一〕踏：原作「路」，據《長編》卷三二一改。

〔二〕俱：原作「取」，據《長編》卷三二一改。

〔三〕令：原脱，據《長編》卷三二一補。

〔四〕崇：原作「熙」，據《宋史》卷八八《地理志》四改。

宋會要輯稿　方域一九

諸寨雜録

分住諸寨〔一〕

[1]大中祥符(二)〔三〕年十二月八日〔二〕，樞密直學士、知秦州李濬言：「黑谷頗有閑田，今召得寨户三百餘户，户三丁，計九百餘人，分住小洛門諸寨防邊。」

版築城寨

大中祥符七年三月二十二日，荆湖北路轉運司言：「管内漫水、烏速〔三〕、盧溪、江口等寨最爲衝要，止以木爲城，難於固守，請令版築。」從之。

〔九年〕四月十一日〔四〕，知秦州、兼(荆)〔涇〕原路安撫使曹瑋言：「西路舊無壕塹，致蕃部屢有侵畧。今規度，自永寧寨西城掘壕，至摎囉⿰口瓦凡五十五里，已召集厢軍、寨户赴役，二十二日而畢。」詔奬之，其董役使臣、將校並賜器帛。

上新寨圖

大中祥符七年十二月二十二日，秦州張佶上大洛門新寨圖。先是，佶欲近渭置場採木，蕃部聞之，即徙帳而去。佶不能撫恤加賜以答其歡心，蕃衆悔之，因叛卒鄉道，遂行鈔畧，佶深入掩逐，乃遁去。至是，部落遣人求和，未之許，奏聽朝旨，從〔之〕。

給寨官俸

天禧元年十月七日〔五〕，秦州總管曹瑋等言：「本州所修大、小落門兩寨，元獻地人蕃官軍主末星族郢成斯那等，望補本族都軍主，月給錢三千。又當部正副軍主、都指揮使等，雖各補職，未給廩禄，今請以新築三寨地基除[2]官廨營舍外，許民修舍，納租錢以給其俸。」並從之。

浚濠築寨

天禧五年七月七日，涇原路駐泊都監王懷信言，鎮戎軍界浚壕築堡寨功畢。詔賜將士緡錢有差。

〔一〕按，徐稿本門以下所録之文皆有細目，或以小字注於各條之末（以下六個小標題即如此），或標於各條正文之前。兹統一標於各條正文之前。此類細目蓋爲《大典》編者所加。
〔二〕三年：原作「二年」，據《長編》卷七四改。
〔三〕烏速：原作「烏迷」，據《長編》卷八二、《宋史》卷八八《地理志》四改。
〔四〕九年：原脱，據《長編》卷八六補。
〔五〕十月七日：《長編》卷九〇繫於十月二十六日辛卯，疑此處「七日」當作「二十七日」。

創置城寨

天聖三年八月二十七日，鄜延路都鈐轄司言，昨準宣於平川創置城寨功畢。詔董役使臣遞遷一官，將校賜帛有差，蕃官本處支給茶、綵，仍降宣撫（喻）〔諭〕。（以上《永樂大典》卷一五一一九）

益建城寨

【宋會要】

3 慶曆二年（二）〔三〕月十六日〔一〕，環慶路都總管司請於柔遠寨東節義烽馬鋪寨擇地益建城寨〔二〕，以牽制賊勢。涇原路又請於細腰城屬羌地内建寨，以接應兩路出兵。並從之。

十月二十五日，詔：「涇州南有間路，自宜禄縣徑至邠州，宜令置城寨以守之。」

羅徊峒寨〔三〕

皇（佑）〔祐〕二年二月二十九日，廣南西路鈐轄司請於邕州羅徊峒置一寨，以扼廣源州蠻賊。從之。

修置城寨

治平四年閏三月三日，神宗即位未改元。陝西四路沿邊宣撫使郭逵言：「秦州青雞川蕃官首（級）〔領〕藥厮哥等獻青雞川地土，多展城寨，招置弓箭手。本司體量，若於青雞川南牟谷口修置城寨，則秦州與德順軍沿邊堡寨相接，足以斷賊來路。已發兵夫修築去（乞）〔訖〕。」詔逵具所修青雞川一帶大小堡寨四至、役人、工料、向去合用戍兵幾何，件析以聞。

約束堡寨

治平四年四月十八日，詔：「秦州、德順軍、慶州近割置雞川、治平、荔原等堡寨，本爲防托邊界屬户，通行兵馬，令逐路不得多招漢户居止，常切約束，無令過一百户。」

供給城寨

4 熙寧三年十一月二十四日，詔：「近以河外城寨守具廢弛，當職官吏已等第責罰訖。訪聞前後不惟城寨使臣因循，縱有勤於職者，亦多爲監司沮止，所乞兵匠、物料不即應副，雖欲自竭，勢不可得。今既懲勵因循，俾小大必盡其力，須宜開自達之禁，以防壅塞，可議立法進呈。」樞密院

〔一〕三月：原作「二月」，據《長編》卷一三五改。
〔二〕烽：原作「峰」，據《長編》卷一三五改。
〔三〕峒：原作「崗」，據《長編》卷一六八改。下同。明唐順之《荆川稗編》卷一一七録王安石《論邕管事宜》亦有羅徊峒，在左江。《清一統志》卷三六五太平府：「羅迴洞，在下龍司西，明嘉靖中討交阯，分兵出羅迴洞爲左哨，即此。」

言：「欲令陝西、河東經略、轉運司，今後如有城寨等處官吏申乞兵匠、物料及應干戰守備豫事件，疾速相度應副，不管闕（挨）〔誤〕。如累申無報，許本處直具事因以聞。」從之。

增置堡寨

元豐三年八月四日，湖南安撫使謝景温、轉運副使朱初平、判官趙（楊）〔揚〕言：「知邵州關杞乞於誠徽州融嶺鎮置城寨，可絶邊患。然興役動衆之初，須當量差兵馬防托。乞下沅州相度，如合增置堡寨，亦令乘此機會，擇要害之地，同時建立。兩路協力，兵勢益張，城寨既成，道路通達，彈壓蠻徭，不至生事。」從之。仍差潭州駐劄京東第一將權駐邵州。

建築城寨

元豐三年十一月一日〔一〕，荆湖南路安撫司言，乞依湖北沅州例募禁軍，同丁夫建築邵州溪峒城寨。從之。

修葺城寨〔二〕

5 （元豐）〔紹聖〕四年三月二十七日〔三〕，樞密院言：「元祐中給賜城寨，唯鄜延路米脂、浮圖未曾修築。將來秋冬，西賊萬一困弱，可乘機便次第修復，須預計材植、防城樓櫓并板築之具。況見今修葺沿邊城寨及樓櫓之類，若以此爲名，選將佐量帶兵甲，領役兵於邊界採木，及優立價直，召漢蕃人户於沿邊城寨中賣應用〔四〕，免致於近裏計置般運。」詔鄜延路經略使詳此密切準備，一千二百步、八百步城寨各一座，六百步城寨二座。合用材植、樓櫓、防城器具，以至板築所須之物，就近便處計造足備，候將來乘機修復，毋致（關）〔闕〕誤。仍具措置次第以聞。

蠲城寨丁税

元豐四年四月七日，知沅州謝麟言：「準詔置托口、小由、古城、奉愛四寨，既築四寨，其黔陽縣等並在腹裏，合減戍兵五百五十人防托新寨。乞置博易務。四寨民性頑獷，幸各安居，已曉諭赴所屬寄納弓弩，欲官爲買之〔五〕。溪江産麩金，欲募人淘采中賣，以業游手，并乞蠲城寨身丁税七年。」從之。

修建城寨

（元豐）〔紹聖〕四年四月九日〔六〕，樞密院言：「蘭州近

〔一〕一日：《長編》卷三一〇繫於六日甲午。
〔二〕按此條與本卷方域一九之一四重複，此處當删（本門條文乃是按年代順序排列）。
〔三〕紹聖：原作「元豐」，據本卷方域一九之一五改。
〔四〕沿：原脱，據本卷方域一九之一五補。
〔五〕官：原作「它」，據《長編》卷三一二改。
〔六〕紹聖：原作「元豐」，據《長編》卷四八五改。以下二條皆當移後。

修復金城關，繫就浮橋。涇原進築古高平、没煙峽城寨，下瞰天都不遠，尚未與熙河邊面通徹。如將來涇原舉動，進築天都、鍬鑁川、蕭磨移隘等處，又須兩路聲勢相接，乃可互爲肘臂。6宜更自熙河安西城東北青石峽口、青南訥心、東冷牟至會州以來，相度遠近，修建城寨。仍自會州入打繩川建置堡寨，直與南牟會相接，即與涇原互相照應。」詔令章楶、鍾傳究心體訪山川地里遠近與控扼要害合修築處，如何舉動可保全勝，具狀以聞。

新建城寨

（元豐）〔紹聖〕四年四月二十一日〔一〕，章楶言〔二〕：「前石門、好水河新建城寨，乞創置將副各一員，以涇原第十一將兼提點兩城寨及招置漢蕃弓箭手爲名。石門城差官八員：知城一員，以大使臣充；都監、監押共三員，以大、小使臣互充；巡檢四員，以小使臣充。好水寨差官七員：寨主一員，以大使臣充；都監、監押共三員，以大、小使臣互充；巡檢三員，以小使臣充。乞並以三年爲一任〔三〕。除依本路極邊城寨官、巡檢合得酬奬外，每員更與特轉一官。内將官陞路分都監，副將陞正將，如係正將差遣，亦依正將例；知城、寨主陞副將。兩城寨各乞置酒税務官一員，寨主簿各一員。」詔從之。

相地建寨

元豐四年十一月九日，涇原路轉運判官張（太）〔大〕寧言〔四〕：「自兜嶺以北山險，可就嶺南相地利建一城寨，使大車自鎮戎軍載糧草至彼〔五〕，更於中路築立小堡，以相應接。如此，則可省民力之半。」又言：「臣觀葫蘆河一川〔六〕，南北平坦，7地皆沃壤，若有堡寨可依，則其田盡可募弓箭手廣令墾闢。止以遺回空夫併力修築。若堡寨既成，則地基、酒税並可經畫，資助軍費。」上批付盧秉曰：「張（太）〔大〕寧奏乞城蕭關故城以爲根蔕，成効已見於熙河。自城蘭州及展置戍壘之後〔七〕，羌人相繼降附者已數萬帳，迨今效順，接跡不絶，卿其早圖爲之。」

〔一〕紹聖：原作「元豐」，據本卷方域一九之四三複文及《長編》卷四八六改。
〔二〕章：原作「張」，據《長編》卷四八六改。又，「章楶」前，原有「沿邊安撫公事」六字，此乃《長編》上條之末語，言知鎮戎軍者「兼管勾涇原路沿邊安撫司公事」，非章氏官銜（據《宋史》卷三二八《章楶傳》，章楶此時知渭州）。此蓋《大典》誤讀《長編》而誤添，今删。
〔三〕三年：原作「二年」，據本卷方域一九之四四改。
〔四〕原：原作「源」，據《長編》卷三一九改。
〔五〕「車」原作「軍」，「載」原作「截」，據《長編》卷三一九改。
〔六〕蘆：原作「瀘」，據《長編》卷三一九改。
〔七〕戍：原作「戎」，據《長編》卷三一九改。

耕種五寨

元豐五年正月五日，鄜延路經畧司乞以新收米脂、吳堡、義合、細浮圖、塞門五寨地置漢蕃弓箭手，及春耕種，其約束、補職並用舊條。又言：「新收五寨雖各據地利險阻，然守具未全，糧儲露積，人兵無所存庇。欲於側近那廂軍三二千應副工作，及指揮轉運司，糧儲但輸安塞堡〔一〕，候城寨可守則移運。」並從之。

城寨省費

元豐五年二月十八日，詔令延州沈括：「用兵未艾，正當愛惜財用，其新復城寨尤宜百端省費〔二〕，乃可萬全，保據無虞。當無事時節，妄增城守兵馬，一則傷財，一則疲力。今一方邊計悉責在卿，一有闕誤，必正典刑。」

四寨移用

元豐五年三月十三日，詔：「都大經制瀘州夷賊林廣〔三〕、梓州路轉運副使苗時中詳度，以新修腹裏武寧、大硐、開遠、平夷四寨，約新收樂共、江門、鎮溪、梅嶺、大洲五城對8行毀廢，城守之具皆可移用，可權留開封府界第四將兵馬防托。其義軍、弩手從軍已久，並湖北雄畧隔路，皆可遣歸。」

城寨住役

元豐五年六月五日，上批：「涇原路進築城寨，已降朝旨權住興役，其李憲去年功賞，未曾施行。」於是除憲景福殿使、武信軍節度觀察留後，仍賜銀、絹各二千疋兩。

可建一寨

元豐五年七月二十三日，詔：「鄜延路見修六寨，其長城嶺寨以西接連環慶路金湯、白豹，已指揮環慶路差二萬人並邊照應。若別無興作，即是虛勞軍馬〔四〕，令徐禧、沈括計議，其當進築城寨處，與曾布議定以聞。」八月二十五日，環慶路經畧使曾布言：「洛原故城可以建一城，白豹和市可以建一寨，官馬川可以建一堡〔五〕。」從之，令李察應副，候鄜延路兵勢相接，方興版築。

量置城寨

元豐五年八月二十四日，權荆湖北路轉運副使趙揚等

〔一〕塞：原作「寨」，據《長編》卷三二二改。
〔二〕新復：原無，據《長編》卷三二三補。
〔三〕賊：原作「賦」，據《長編》卷三二四改。
〔四〕勞：原作「勤」，據《長編》卷三二八改。
〔五〕官：原作「宫」，據《長編》卷三二九改。

言〔一〕：「巡歷至誠州，城池樓櫓足以保民防患，上江、多星、銅鼓、羊鎮等團並至城下貿易，可漸招撫，置城寨。及下荆湖南路安撫、轉運司，委知邵州關杞於蒔竹縣招諭芙蓉、石驛未歸明人户。」詔且令招納，未得置城寨。

進築城寨

9 元豐五年九月十四日，鄜延路走馬承受公事楊元孫言：「新修永樂城畢。九月七日，沈括先部中軍、右軍虞候軍至米脂寨〔二〕，候總管曲珍將四軍及選鋒至，進築城寨。」又言：「進築城寨切不可遲，西賊既失横山，非晚必須絶滅〔三〕。」上批付沈括、徐禧、李舜舉：「若留兵三五千在銀川寨，爲戰守之備，移大軍修築以次城寨，如此措置有無利害，詳度一面施行。」是月二十日，城陷。

分寨便利

元豐六年五月十三日，西上（閣）〔閤〕門使、果州刺史謝麟言：「先準朝旨，撥托口、小由、貫堡、豐山四寨并若水倉隸屬誠州〔四〕。緣沅州與誠州元自梅口江爲界，今因割移四堡，遂以洪江口爲界。自洪江口至梅口江約三驛，又從托口寨盧陽縣界至梅口江約四驛〔五〕。削取沅州封守附益誠州太廣，不惟沅州户賦人兵不足以成郡，兼誠州見招納上和、潭溪等洞，自可以開托疆封。兼猪狼、九衙等諸洞並在托口寨西南，見隸沅州，水陸道皆出托口寨，設或溪洞入寇，誠州地遠，力不能制，沅州又爲托口等寨所隔，難便措置，或以生事。乞以小由、托口兩寨依舊隸沅州，以大由築溪峒，割隸誠州。」從之。

寨主監押

元豐六年七月十二日，河東沿邊安撫司言：「代州陽武等一十寨，寨主、監押每寨兩員，乞許自本路經略安撫 10 司及本司於大、小使臣内擇一員，保明申尚書吏部指差外，一員即自吏部差注。」上批：「地接契丹界，其事甚重，宜特依所奏。」

新復四寨

元豐七年四月十三日，鄜延路經略司言：「準朝旨，呂惠卿言新復四寨深在生界，未有堡障應接，若遣人牛耕種，或見侵畧，勢不萬全，乞候地界了日施行〔六〕。」從之。

〔一〕揚：原作「楊」，據《長編》卷三二九改。
〔二〕「右軍」下原有「左」字，據《長編》卷三二九删。
〔三〕滅：原作「減」，據《長編》卷三二九改。
〔四〕倉：原作「滄」，據《長編》卷三三五改。
〔五〕托：原作「括」，據《長編》卷三三五改。
〔六〕界：原作「畢」，據《長編》卷三四五改。

新置堡寨

元豐七年六月十三日，賜廣西路經畧司度牒二百道，應副融州新招溪洞置堡寨。

置寨防守

元豐七年八月一日，荆湖路相度公事所言：「王江一帶自大溁口以上接連檀溪諸蠻，與今道路相接，朝旨專委主管廣西經畧司機宜文字程節招納措置。本處地里闊遠，蠻已歸附，須築一堡寨以爲守備。」詔節相度〔一〕。節言：「王江上流地名安口，控扼諸峒，其地寬平，可建城寨。然由王口而上，經大溁口、吉老江口〔二〕，皆生蠻傜團族，唯以畧峒民板木爲生。今雖效順，各有俸給，若建城寨，亦須兵威彈壓。今欲沿江及中心嶺各治道路漸進，先置堡鋪於吉老江，量留兵丁以防鈔截糧道，然後安口可以即功〔三〕。」又言：「王江一帶團峒，東由王口、三甲，西連三都、樂土，南接宜州安化，北與誠州新招檀溪地密相鄰比。熙寧中，嘗
11 遣承制劉初領兵丁置寨於安口，諸蠻併力殺傷官軍，自此蠻情愈更生梗。今徧招納，例皆效順，（既）〔即〕當開道路，置堡寨驛鋪，分兵丁防守，乃爲久安之計。又緣事干兩路，與誠州同時措置，庶使諸蠻力有所分，易爲辦集。」從之。

寨主同事

元祐元年二月二十一日，詔：「諸將兵在鎮寨非將官駐劄者，監鎮、寨主依知縣法同管公事，著爲法。」

新踏寨基

元祐四年正月二十四日，考功員外郎孫路言：「龕谷寨新踏寨基有未便者三〔四〕：地形側峻，南帶高阜，戎馬可以下臨，一也；土燥不可加板築，二也；寨基四新井皆是質孤河內滲水〔五〕，別無泉源，緩急必見闕用，三也。」詔劉舜欽相度，具利害以聞。

給賜四寨〔六〕

元祐四年六月八日，樞密院言：「擬答夏國詔，交割永樂陷没人口，計口支與賞絹，仍將葭蘆、米脂、浮圖、安疆四寨給賜夏國。」從之。詳見「夏州」門。

十月十九日，樞密院言：「環慶路經畧司奏，準鄜延路

〔一〕節相度：原脱，據《長編》卷三四八補。
〔二〕吉：原脱，據《長編》卷三四八補。
〔三〕即：原作「積」，據《長編》卷三四八改。
〔四〕寨基：原作「塞基」，據《長編》卷三四八改。
〔五〕是：原作「在」，據《長編》卷四二一改。
〔六〕按，下文有一條與「給賜四寨」無關，宜改爲「委棄城寨」。

經畧司牒，夏國指定十一月十日交付人口，却欲同日受領四處廢砦。切度夏國必是其日放出人馬，逼脅驚擾，所棄地內住坐漢蕃弓箭手散在郊野，有窖藏斛食及土棚屋室，枉致委棄，雖 12 有護防人馬，豈能周遍？欲令便將棄地內漢蕃人户先次遷移，將砦內官物亦行般運，務於交送人口日前事畢。」詔並依所乞，其葭蘆、米脂、浮圖、安疆寨外，如有住坐人户，亦合依此施行。

紹聖元年五月十四日，殿中侍御史郭知章言：「先皇帝闢地進壤，扼西戎之咽喉。如安疆、葭蘆、浮圖、米脂四寨，據高臨下，宅險遏衝。元祐初委而棄之，外示以弱，寔生戎心。乞檢閱議臣章疏，顯行黜責。」給事中王震言：「錫地之事，既往無及，願告以親攬權綱，且罷畫疆之義。」三省、樞密院同奏曰：「既以詔可，今遽絶之，將生釁端，不若令邊臣商議，待其背約，然後絶之。」上曰：「朝廷不可以憚用兵，向者大臣憚於用兵，故錫地以示弱。」章惇等因開列初議棄地者，自司馬光、文彦博而下凡十一人。惇且言：「光、彦博主之於內，趙卨、范純粹成之於外，故衆論莫能奪。若孫覺、王存輩，皆闇不曉事，妄議邊計者耳〔一〕。至於趙卨、范純粹，明知其非便，而首尾異同，以傅會大臣，可謂挾奸罔上，不可不深治也。」

七月二十七日，詔唐義問罷知廣州，以御史來之邵言在元祐中棄渠陽寨也。

九月二十六日，三省、樞密院言：「諫官張商英言，昔廢渠陽寨及敗蠻賊日，有本路轉運使李湜牒轉運判官蘇泌同上表稱賀。泌獨奏，以謂渠陽之患自廢軍爲寨，蠻情不安，以至連綿用兵不已。今首惡未誅，邊患未息，理無可賀。朝廷惡其異論，遂改除知 13 虢州，因死於官。又知蘇州吳居厚言，元祐初夏人再入貢日，臣寮上章乞棄先帝所建城寨者中外不一，獨本州前殿中侍御史林旦上疏，極言城寨之不可棄者凡十事。朝廷亦惡其異論，遂罷御史，今已物故。乞各官一子。」上曰：「所言固當矣，然各述所職，恐難爲一一推恩。蓋論議固有不同，且如乞復役法之類，言者豈少哉，但恐攀援不已，宜謹此例也。更宜檢尋故事。」章惇等奏曰：「更俟檢尋，但恐無此比者。」

二年十月二十九日，樞密院言：「環慶路經略使孫路奏，請來春併力修復已給賜葭蘆、米脂、浮圖、安疆四寨。」詔孫路今後凡事不得輕有舉動。

三年九月七日，樞密院言：「河（南）〔東〕、環慶路，元祐中皆曾給賜夏國城寨，基址見存，可以經營檢視，復行修建，庶令彼界知我有舉動之意，處處爲備，不敢併兵（親）〔輕〕犯一路。」詔河東路經略使與石州張搆、知嵐州王舜臣同共相度舊葭蘆寨地形，合修城圍地步大小及興築之際應合措置事，條具以聞。

〔一〕邊：原無，據《長編紀事本末》卷一〇一補。

點檢鎮寨

紹聖二年正月十八日，樞密院言：「請沿邊城堡鎮寨應有公使錢處，並依例策供饋本處有職事官及犒設漢蕃使臣、兵員。如敢於例策外(輙)〔輒〕有饋送，并知而受者，並坐違制。委逐路經略安撫、鈐轄司逐季點檢。」從之。

復修城寨

14 紹聖三年十月二十二日，權發遣環慶路經略安撫使孫路言：「準朝旨，元祐中曾給賜夏國城寨，基址見存，可以復行修建。本路安疆寨，元祐四年内給賜夏國，並以毀撤，若復興築，則邊面與鄜延德靖寨、本路東谷寨東西相照，最爲要害。須候春首，賊中士馬羸弱，遣將兵自大順城出界討蕩，一面版築，約二十日可以畢工。」詔孫路：「安疆寨修城材植，器用并團敵馬面樓櫓等，宜定的確數目，密行計置，委有間隙可乘，出其不意興工修建，務要神速。」

整葺城寨

紹聖四年二月二十八日，涇原路經略安撫使章楶言：「朝旨，如善征、泊伯不可進築，更謀所以便利邊防者。按善征、泊伯去得勝寨百餘里，水泉絶少，役既深入，地無控扼，未見可城之利。今相度，本路熙寧寨對境没烟前峽、懷遠寨對境後石門兩處，地形便利，可以建築。夏賊謀寇邊之日久，若非先事候情，奪其腹心，而使之益得以爲計，則我之費役愈大。今乞於没煙前峽建城、古高平上下建堡以接熙寧，石門建寨、褊江川建堡以接懷遠。及於去秋所破没煙寨子，因其故寨，整葺城守。」詔熙河、秦鳳、環慶路將佐，能討擊、捍禦、防托、進築成功，當議比安西城優賞之。

修葺城寨

15 (熙)〔紹〕聖四年三月二十七日，樞密院言：「元祐中給賜城寨，唯鄜延路米脂、浮圖未曾修築。將來秋冬，西賊萬一困弱，可乘機便次第修復，須預計材植、防城樓櫓并板築之具。況見今修葺沿邊城寨及樓櫓之類，若以此爲名，選將佐量帶兵甲，領役兵於邊界採木，及優立價直，召蕃漢人户於沿邊城寨中賣應用，免致於近裏計置般運。」詔鄜延路經略使詳此密切準備，一千二百步、八百步城寨各一座，六百步城寨二座，合用材植、樓櫓、防城器具，以(致)〔至〕板築所須之物，就近便處計造足備，候將來乘機修復，毋致闕誤〔一〕。仍具措置次第以聞。

新築三寨

元符元年二月十四日，樞密院言：「近降指揮，令章

〔一〕毋致：原脱，據本卷方域一九之五複文補。

楶、鍾傳等相度會合三路兵馬進築。今據章楶、鍾傳等奏〔一〕，候計置糧草及城守之具足備，或乘春草長茂，伺隙進築。乞且依已降朝旨，各於本路進築，候有間隙，即依朝旨施行。續據鍾傳申，到渭州與章楶論議，正原等處進築無不合，天都一帶無草，候計置有備，同共進築。今涇原九羊谷、熙河巔耳關，逐路自合先次興築，須於旬日之内了當。其没煙峽口至平夏城止二十里，熙河青南訥心去巔耳關不遠，斟酌機會，乘此修築，一面從長施行〔二〕。仍仰章楶於新築三城寨增置糧草足備，可以興舉，即關報鍾傳，依所降朝旨，會合三路兵將進築没煙後峽、正16原等處。」詔令章楶、鍾傳遵依施行，如逐路利害不同，聽各具所見以聞。

二月二十九日，詔章楶候進築九羊谷了日，乘勢於没烟前口進築，仍速同劉何、李譓等計置合要防城器具及板築所須之物，乘此機會，務要神速成就。仍先計會鍾傳，相度次第聞奏。

增築城寨

元符元年五月十八日，涇原路經畧使章楶言，已出師於没烟前峽等處築城寨。詔賜軍兵等錢有差。

築寨賜物

元符元年六月十四日，涇原路經畧司言，進築没烟前、後峽兩寨畢工。詔章楶已下等第賜物有差。

築寨應賞

元符二年四月二十五日，鄜延路經畧司言：「近於安塞堡北威戎〔三〕、殄羌之（門）〔間〕相視地名白落觜，可以築城寨，控扼賊馬。尋指揮都鈐轄苗履等統制兵馬進築已畢，賜名威羌。今又築那娘山、青高山并盧關、赤岍峯堡寨並畢〔四〕，其那娘山賜名殄羌。其苗履等功狀應賞。」詔等第與轉官、減年、支賜。

修築城寨

元符二年四月二十八日，樞密院言：「近西人差使詣闕訃告，兼附表狀謝罪，朝廷雖未聽許，緣諸路新舊城寨形勢利害不同，其烽臺坐團口鋪，及人馬斥候所至，各17未經措置。如涇原路進築天都、南牟會〔五〕、減猥，即斥堠當〔至〕葫蘆川東北及輕囉浪以外；環慶路定邊城當自香柏、樓羅觜至安州界，横山寨即自之字平、青崗峽至（青）〔清〕遠軍界打蕫會、板井一帶；熙河路修築東冷牟、會州打繩川

〔一〕奏：原無，據《長編》卷四九四補。
〔二〕施：原作「於」，據《長編》卷四九四改。
〔三〕塞：原作「寨」，據《長編》卷五〇九改。
〔四〕赤：原作「寺」，據《長編》卷五〇九改。
〔五〕牟：原作「平」，據《宋史》卷八七《地理志》三改。

城寨，即當至韋精川一帶；及並黃河(至)〔斥〕堠至東西關堡及金城關以外，皆是合要置(峯)〔烽〕臺堡鋪及人馬斥堠所至之處。鄜延、河東路亦合依此修築，務要占據橫山及河南一帶形勝，於邊防控扼有經久之利。」詔陝西、河東逐路(師)〔帥〕臣委近上兵將官從長按行修築，(其)〔具〕地名及與備邊新舊城寨相去遠近，以圖來上。

築寨畢工

元符二年五月十四日，胡宗回言築白豹、瓦當觜城寨畢工。詔入役漢蕃兵人各賜錢有差。

八月二十五日，端明殿學士、中大夫、河東路經略安撫使、知太原府林希爲太中大夫、資政殿學士，以進築大和等捌堡寨畢工也。朝奉大夫、提舉江寧府崇禧觀孫覽爲寶文閣待制、知光州，以前知太原進築烏龍、神泉寨畢工也。

二十六日，保信軍節度〔一〕、婺州延州管内觀察制置等使〔二〕、鄜延路經略安撫使、兼知延安府呂惠卿，特授檢校司空，改武勝軍節度，加食邑、實封，以進築暖泉寨、金湯城畢工也。

城寨不可棄

18 元符二年五月二十二日，龍圖閣直學士、涇原路經略安撫使、兼知渭州章楶充端明殿學士，客省副使高士敏爲高陽關路鈐轄，内殿承制吉先特授(閣)〔閤〕門通事舍人，就差權發遣瀘州。以上於禁中得先元祐中所上書，言諸路城寨不可棄，及既廢保甲，而已減之兵額不復增，緩急必致闕事，故有是命。

葺新城寨

元符二年八月十五日，尚書省言，熙河路撫納西蕃部族，内邈川、河南皆已歸漢。詔賜錢八萬緡，計置修葺新城寨材物、芻糧。

廢併城寨

元符二年七月十四日，鄜延路經略司奏，欲併廢順寧、白草等寨。詔從之，將來更有似此可以廢併去處，速具聞奏。

收復城寨

元符二年閏九月四日，詔：「鄯州、湟州并河南北新收復城寨，並隸隴右，仍屬熙河蘭會路〔三〕。」

修築兩寨

元符三年八月二十三日，三省、樞密院同進呈胡宗(向)

〔一〕保信：《長編》卷五一四作「保寧」。
〔二〕「婺州」二字疑誤或衍。
〔三〕路：原無，據《長編》卷五一六補。

〔回〕奏，已修築瓦吹、隴朱兩寨，欲令速於秋前畢，唯留省章峽以候來春。衆皆云業已興工，今欲止之，無及矣。曾布曰：「若聽修築亦便，可絕西賊來路。不爾，若今秋更犯邈[19]川，即愈勞費。」上曰：「今日邊事，不可少有進退。」布曰：「誠如聖諭，一處退則諸路皆動揺矣。」

量廢堡寨

元〔符〕〔祐〕三年十月十四日〔一〕，敕荆湖南北、廣南西路：「朝廷〔彊〕〔疆〕理四海，務在柔遠。頃荆湖諸蠻近漢者無所統一，因其請吏，量置城邑以撫治之。後來邊臣希功〔二〕，獻議創通融州道路，侵逼峒穴，致生疑懼。朝廷知其無用〔三〕，旋以裁減，而邊吏失於撫遏，遂爾扇揺作過。然按其地，止是道路蠻人因使臣劉宗閔焚毀舍屋，寅緣生事，殺傷兵丁〔四〕，繇此自疑，不敢出首。今宗閔已追官勒停外，其湖北、廣西見作過楊晟臺等特免追討，除存留守把兵丁外，並罷添屯兵馬。其湖北所開道路，創置多星、收溪、天村〔五〕、羅蒙、大由等堡寨並廢。廣西、湖南創置堡塞，令經略、鈐轄司量度，准此。」

建築兩寨

崇寧三年七月二十五日，中書省、樞密院奏：「皇城使、康州刺史、知施州史宗詠申，承樞密院劄子，夔州路轉運司奏，昨被旨進築施州城寨，今已建兩寨、五隘、七鋪，開拓地土疆界近五百里，有功人乞推恩。數内宗詠特與轉一官，回授與五服内有官親屬。」

復置寨主

崇寧五年九月三十日，熙河蘭湟路經略安撫使司狀：[20]「勘會鞏州管下通渭縣元係守禦寨，欲乞將通渭縣復爲寨，依舊置寨主、〔盟〕〔監〕押各一員。臣相度，通渭縣委是控扼淺井、乩羅、和市、結珠、龍化川子一帶賊馬來路，逼近西界，若改復爲寨，委得經久穩便。」從之。

築寨轉官

政和四年十二月十七日，梓州路計度轉運趙遹奏：「戎州石門、馬湖新民納土，興建祥州，并有兩縣五寨畢工，及建築滋州仁懷縣。」官吏詔並特轉一官。

築寨賞功

政和六年十一月四日，詔御前差往宣賜陝西進築城寨賞功官吏〔八〕〔人〕，内武功大夫、惠州刺史李諒，平貨西場

〔一〕元祐：原作「元符」，據本書方域二〇之一八、《長編》卷四一五改。
〔二〕臣：原作「城」，據本書方域二〇之一八改。
〔三〕無用：《長編》卷四一五作「無罪」。
〔四〕傷：原作「生」，據本書蕃夷五之九一、《長編》卷四一五改。
〔五〕天村：原作「天封」，據《宋史》卷八八《地理志》四改。

應副已轉一官，賞功依例合轉一官，將兩官併轉遥郡團練使。馮思永等四人各轉一官，並不隔磨勘。

版築諸寨

政和六年十二月十四日，御筆：「熙河造邦，三十餘歲，而居圉未全。比命偏師，扼其襟喉，乘勝版築，以及諸路，凡二十餘堡寨，拓地二百餘里。宰執可轉一官，劉正夫、鄭居中、蔡京並回授有服親，兼依轉官例施行。」

關寨選官

政和七年三月十四日，詔：「沿邊巡尉、關寨武臣，並樞密院選曾歷邊任有方畧或戰功人充。任滿無遺闕，與酬奬。」

六月二十四日，涇原路經畧使席貢奏：「應副修築 [21] 密多臺、飛井塢兩新寨，照管堡子七座、烽臺十八座了當〔一〕。契勘密多臺已賜名威川寨〔二〕，飛井塢賜名飛井寨〔三〕。」詔席貢與轉一官。

八月二十日，詔：「瀘南城寨招安、把截將之類，以年勞累遷都史官，并蕃官夷界巡檢等，舊法須候立功，方得遷轉及出官。若不生事，功何由立？甚非綏靖之策。今後如實歷五年，滿日能彈壓邊界，别無生事，招安將合出官者，特與出官，蕃官巡檢等與轉一官，量增鹽、綵。稍有生事，重行典憲。」

措置城寨

政和八年七月二日，樞密院言：「知瀘州龐恭孫申，瀘南溪洞轉運副使盧知原措置逐城寨所管田土，以厚薄分爲兩等，據見管勝兵揀選到彊壯堪任戰守一千四百九十一人，并寄招到二伯三十五人，收買耕牛農具，起蓋茅舍安泊，及借貸官錢、糧米，使得專一開墾。今年夏麥成熟，並皆安居有業，分番赴軍城寨堡守禦，隨逐禁軍教閱，顯見職事優異。欲望特將盧知原優與推恩外，有軍城（塞）〔寨〕堡官亦乞一例量與減年，或免短使。」詔盧知原特與轉一官，其軍城寨堡官各減三年磨勘。

築寨被賞

政和八年八月十日，陝西、河東、河北路宣撫使司奏：「平蕩仁多泉、藏氐河兩軍城，及進築靖夏、制戎、制羌三城寨了當，陝西茶馬、提舉、轉運、提刑等，宜被賞典。」詔程唐
[22] 等七人各陞職二等，仍轉一官。

〔一〕座：原作「臺」，據本書方域二〇之一九改。

〔二〕威川：原作「威多」，據《宋史》卷八七《地理志》三、《金史》卷二六《地理志》下改。

〔三〕飛井寨：《宋史》卷八七《地理志》三作「飛泉砦」。

廢罷三寨

宣和四年十二月二十九日，詔：「長寧軍武寧、寧遠、純州遥埧三寨，元豐所(至)〔置〕控扼要害之地，前降廢罷指揮勿行。」從權潼川府路提刑鄭庭芬之請也。

營寨置屋

建炎二年正月十日，詔：「扈從一行軍馬見在揚州諸處劄寨，慮春雨淋漏，及地卑濕潤，暴露不便，令揚州計會都統制官合用營寨地步，於城中踏逐空地，約度人數，標撥營寨地基。令逐軍將佐自築地基，開通溝渠，外設營寨墻圍，分布行列，搭蓋一體木柱梁棟、竹椽起脊薦屋，務令堅厚，可避風雨。其合用材木，令御營使司會計實數，令户部支錢，下諸處依市價收買。所有(坼)〔拆〕移沿流居養、安濟屋宇充營寨内統制、統領、將佐等官居住，令逐處依元間椽逐一記號，務令便可卓立。如内有椽棟等材植損爛，比舊數少，即令逐處補足起發。」

民自爲寨

建炎四年六月四日，臣僚言：「切聞江北諸郡之民有誓不從賊者，往往自爲寨柵，群聚以守。在和州則有雙山、雞籠二山寨，麻胡、阿育二水寨；在廬州則有浮槎、方山等寨；在滁州則有獨山等寨。每寨多至二萬餘家，遇虜騎至，則出没掩襲，殺獲頗多。自虜騎南渡以來，不聞朝 23
廷〔一〕，宜詔執政擇可使三二人齎詔遍詣逐寨〔二〕，諭以恩意，寨柵首領有功績者，命鎮撫使保奏推恩。」從之。

隨宜置寨

建炎四年八月二十一日，權發遣南康軍甄采言：「本軍累經殘破，蓋緣並無城池捍禦盜賊。近城有廬山，最是險隘，可置寨柵，乞隨宜措置山寨，積穀聚財，堅爲死守之計。」詔依。仰隨宜措置山寨，積穀聚財，仍遇有警急，方許退保。

險隘立寨

建炎四年九月三日，臣僚言：「切見朝廷措置防秋，衢、信諸郡當江、湖數路衝要，雖奉指揮建立寨柵，而計置未盡，其間有方行修築而慢工靳其力未甚如法者，或稍似牢密而他岐捷徑不能盡絶者，徒殫民力，無補國事。乞差精彊、諳練守禦之官，前去諸郡以及江西，同本路監司、守、邑令、尉、本村社長，周回相視，子細計畫，必於危險之地，始立隘柵。倘有山徑之蹊，必盡杜絶，使人力必可守而兵

〔一〕此下似脱「號令」、「音訊」之類文字。
〔二〕「宜」字原無，據文意補。《玉海》卷一七四記此事，引臣僚言作「每寨多至二萬餘家，宜諭以恩意」云云，省去中間一節，但可見當有「宜」字。

勢必不能破者，然後併工修築，合衆備捍。」詔令衢、信州守臣并逐路提刑司嚴切措置。

十一月十四日，樞密院言：「已降指揮，令兩浙州縣官説諭土豪，聚兵習武，於險扼處置立寨栅斥堠，保全鄉閭血屬。今據探報，金人侵犯通、泰、揚州，宜差官前去相度檢察。」詔差樞密幹辦官顔爲前去浙西，編修官王銍前去浙東，徧 24 詣點檢，仍具逐旋點檢過數去處申樞密院。

仍復舊寨

紹興四年九月(十)〔七〕日〔一〕，廣西轉運、提刑司言：「勘會平、觀州困弊本路，有害無益，合行廢罷。今相度，欲乞依祖宗舊制，罷觀州爲高峰寨，平州爲王口寨。」詔平、觀二州廢罷，依舊爲寨，其兩州知州改知寨。逐寨人兵令帥臣斟酌，更與存留，先具知稟及存留人數事狀聞奏。

五年七月二十六日，廣南西路經略安撫使李彌大言：「切謂朝廷廢罷平、觀二州，命令已行，必不復置。今乞於舊觀州高峰縣添置都巡檢一員，正(法)〔兵〕一百人，通本寨舊兵共五百人，於舊觀州元置都巡檢廨宇處駐劄。王口寨於舊平州宜良江口駐劄，同巡檢改作都巡檢使，更添正兵一百人，通本寨舊兵共五百人，並帶『提舉諸堡寨盜賊公事』。」從之。

以縣入寨

紹興十一年九月一日，荆湖南路安撫、轉運、提刑司言：「乞將武崗軍綏寧縣移入武陽寨爲縣，却移武陽寨入扶叢置寨。仍將武陽寨元管軍兵三百人分撥在綏寧、武陽、岳溪三寨，各以一百人爲額，彈壓防遏溪洞等使唤。」從之。

擇官戍寨〔二〕

紹興二十六年十二月十三日，臣僚言：「成都府、夔州、瀘 25 州路嘉、敘、黎、雅等州有關城堡等寨屯戍人兵〔三〕，控制諸蠻。其知城寨(言)〔官〕多是制置安撫司因私謁更互差權，類皆營私苟且，不恤邊事。欲乞嚴差辟之法，定資任之制。」上諭輔臣曰：「蠻夷桀黠，從古而然。唐以前屢被侵擾，入川蜀。自太祖兵威撫定，以大渡河爲界，由是不敢猖獗。然沿邊控禦兵官，豈可非人？」湯思退奏曰：「欲下吏部措置，令本路安撫司選擇差官，申制置司體量，庶革前弊。」上曰：「甚善。」

〔一〕七日：原作「十日」，據本書方域七之一九、《建炎要録》卷八〇改。
〔二〕原題作「開人戍寨」，不可通，姑據正文内容改爲「擇官戍寨」。
〔三〕關城堡等寨：疑當作「關城堡寨等」，蓋泛指數州漢蠻界之關、城、堡、寨等。

置寨彈壓

紹興二十七年六月十一日，權發遣邕州田經言：「左右兩江並是歸明羈縻州洞居止，外通交趾諸(藩)〔蕃〕，自來於溪洞内置五寨鎮彈壓洞民。每寨有都同巡檢、知寨、都監、主簿及兵級三四百人，請受全藉知寨主管博易場及溪洞苗米税賦等應副支給，及修葺城塹。每官到罷，各有酬賞，惟知寨更添減年，最爲親民要職。近來多是士人及待闕官時暫權攝，既不應賞格，無所顧藉，與溪洞官典通同交易，是致財賦匱乏，支遣不繼，兵級逃遁，十存二三，城塹傾頽，殆將過半。乞行下本路帥司，今後知寨不許差人權攝，須踏逐有材武廉謹人奏辟正任，申朝廷差注。任滿，候正官交替，方得離任。有事故者，以次官兼權〔一〕。寨中所管税賦，仰本江都巡檢互相關防，庶可招填土兵，修葺城塹，以實邊面。」從之。

修蓋寨屋

26 紹興三十年五月十一日，詔：「已降指揮，令李若川修蓋江州寨屋，其合用錢物，仰將的確有窠名錢物支撥，具支過錢數申尚書省除破。仍就用係官竹木，如無，即依市價收買，不得科敷搔擾。如違，重行黜責。」

二十五日，詔：「霖雨積日，諸軍營寨慮有損漏及低下積水多處。可令三衙檢視，關報兩浙轉運司，(目)〔日〕下計料修治，具合用錢申尚書省支降。主帥常加存恤士卒，毋令私役及抑勒買賣，科擾居民。」

爲山水寨

孝宗隆興元年十月二十七日，臣僚言：「淮上諸郡民兵結集於州縣城郭者爲山寨，在外之鄉村者爲水寨。所謂(守)〔首〕領者，多平時富豪精壯，可以撼動一鄉者爲之，其徒亦多驍健勇敢。欲望行下都督府，專委兩淮守臣，各括責本州山水寨首領姓名，保明來上，先次量補官資，專一裒集鄉兵，俾之團結，明立賞格，次第遷補。仍委守臣嚴務鈐束，一有緩急，並令入城守禦，以壯方面，以助軍聲。荆襄邊郡，亦乞行下制置司，依此施行。」詔令江淮都督府、湖北京西制置司措置。

請罷寨官

隆興二年二月四日，直秘閣王咈言：「嘉州一帶邊寨，祖宗以來選差土豪把截，號爲寨將。其後乃置寨官，專務掊刻，多於蠻界採取蜜蠟、紅桑，蠻人所不能堪。竊謂寨27 官可罷，依舊秪令土豪寨將統率防捍。」詔四川安撫制置司同監司限一月看詳。

乾道元年八月九日，廣南西路經略安撫司言：「宜州

〔一〕權：原作「寨」，據本書方域九之一二改。

管下思立寨〔一〕、帶溪寨、鎮寧寨及昌化軍延德寨〔二〕，皆因一時申請，令帥司舉辟判、司、簿、尉、文學等官充，以二年爲任，任滿與循兩(質)〔資〕。別無職事，不曾到寨，止干求州縣，在外居止，任滿希求酬賞。欲將宜州、昌化軍四寨主簿四員省減，今後更不差置。」從之。

置寨駐劄

乾道二年十月三〔十〕日〔三〕，詔韶州樂昌縣平石巡檢改稱「韶州曲江樂昌乳源三縣巡檢」，移於橋村壢置寨駐劄。先是，廣東諸州言：「韶州管下險遠，每有盜賊劫奪鄉民，更無蹤跡可尋。其巡尉亦憚山行，巡警不到，若抵界不置官兵彈壓，久必生患。乞改樂昌縣平石巡檢爲韶州曲江(縣)樂昌乳源三縣巡檢，移於橋村壢置寨柵，招足土軍一百人，專一往來三縣巡綽盜賊。」故有是命。

保險爲寨

乾道四年三月二十一日，知揚州、主管淮南東路安撫司公事莫濛言：「楚州鹽城馬邏諸處有路可至通、(秦)〔泰〕，欲使居民保水險，設爲莊寨以自固。」上善其論，詔可。

分置守寨

乾道四年五月二十日，荊湖北路安撫、提刑、轉運等司

28 奏：「本路管下地分闊遠，港汊甚多，緩急盜賊(切)〔竊〕發，卒難會合，艱於擒捕。契勘通濟口大江一帶，正蜀中綱運及上下客旅經由之處，公安縣雖有巡尉、巡檢，係轄江陵、公安兩縣，兼於江陵縣置寨，水陸闊遠。竊見峽州見有蜀江、沿江巡檢二員，又有歸、峽州、荊門軍三州都巡檢使一員，境内盜賊肅静。今相度，欲於數内乞移蜀江巡檢一員，將帶所管土軍器仗，於荊南沙市置寨，却移江陵、公安兩縣巡檢并土軍於公安縣置寨，與石首、監利、潛江三縣巡檢接連，往來巡警。自監利縣魯家洑入沌内至漢陽軍通濟口，一去水路約七百餘里，並無巡檢彈壓，盜賊無以畏憚。今相度，欲乞於沌内地名新灘向下沿流荒遠處，創行添置巡檢一所〔四〕，其巡檢乞以『漢陽軍通濟口至魯家洑沌内巡檢新灘駐劄』爲銜，招置土軍五十人，巡船三隻，專切往來沌内巡警，捕捉盜賊。」從之。

相度置寨

乾道四年六月十一日，兩浙路轉運判官劉敏士言：「湖秀州巡檢射村置寨，去城止四十五里，元非要害闊遠去

〔一〕思立寨：原作「恩立寨」，據《宋史》卷九〇《地理志》六改。
〔二〕鎮寧寨：原脱，據《補編》頁四九〇補。
〔三〕三十：原脱「十」字，據本書方域七之一三、方域一八之二六補。
〔四〕天頭原批：「『所』下一本有：『荊南沙市鎮主管烟火兼酒税，元差武臣，類多搔擾，乞改差經任文臣。從之。』」按，此數句見《補編》頁四九〇。

處。竊見本州菁村南通德清縣，西通安吉縣，係私商往來之地，兼村疃廣闊，盜賊多有，乞就移湖州射〔村〕巡檢於菁村置寨，庶幾可以覺察盜賊，巡捕私商。」詔令兩浙西路(即)〔帥〕、憲司同相度經久利便聞奏。

廣西七寨

29 乾道四年八月十四日，吏部言：「廣西宜州德勝、融江、文村〔一〕、融州臨溪、宜州堰江、臨衝五堡主管堡事〔二〕，邕州遷隆鎮，融州樂善〔三〕、融江、通道、瓊州西峯、宜州帶溪、思立、安遠一鎮七寨同管轄兵甲公事，並見闕。遠地元係本路辟差，昨承乾道三年七月指揮，送部使闕差注，見差親民資序材武人。(令)〔今〕欲比附本部見使巡檢、知寨條法，破格注初任材武人，次經任監當不應材武人。」從之。先是，權發遣容州楊堯弼(秦)〔奏〕乞將廣西見闕正官去處與破格差注一次，至是吏部措置來上，故有是命。

置巡檢寨

乾道五年八月二十五日，資政殿大學士、知寧國府錢端禮言：「本府宣城縣轄下地名麻姑山，地里空迥，人烟希少，往來兵卒因緣剽劫，若不措置，慮日後聚集滋蔓。相度欲於麻姑山置巡檢寨一所，於本府管界巡檢寨并徽州廣都巡檢寨兩處各撥二十人，仍從本府添募土軍四十人，專一巡察盜賊。寨屋從本府於麻姑山相視衝要之所建立。」從之。

添補寨軍

乾道六年二月二十八日，兩浙東路安撫司言：「紹興府餘姚縣沿海舊爲海寇所擾，自洋浦、三山、虎山、眉山至烏山、烏盆下，蓋盜賊群聚，遂成淵藪。雖置眉山、廟山、三山寨，經今數年，卒無定論。或從明州水軍差訓練官，又 30
復用指使或正副將之屬，或爲巡檢，或別差外官，或三年一替，或一季一易，以此私權黨親故，殊非朝廷立寨之意。雖謂之防海，曾無一海船可以出洋浦。或有劫賊明擊金鼓，剽奪殺人，三寨軍兵在岸遥望而已。兼所差官兵多於諸寨抽撥，且如衢、婺二州軍人兩年一替，其於海道全不諳曉。本司昨曾申獲敕旨，三寨以五百人爲額，乞降官錢萬貫，打造海船六艘，置造器械、寨柵。又臣僚奏請，乞從安撫、提刑司舉辟將官，使之隨事措置，以爲永久之利。選差(上)〔土〕軍、水軍，便衢、婺二州軍人樂於得歸。今欲計會前後詔旨，詳酌施行。其眉山寨乞從安撫、提刑司辟差統領官

〔一〕融江文村：原作「融文材」，據本書方域二〇之四補改。

〔二〕按，此云「五堡」，而上文實爲六堡。又融江、文村，據《宋史》卷九〇《地理志》六，屬融州，而非宜州，疑「融江、文村」爲「融州文村」之誤。但融州、宜州皆重複叙述，又似不合常理，姑存疑。

〔三〕融州：原作「融江」，與下重複，按《宋史》卷九〇《地理志》六，融州有樂善砦，知「江」爲「州」之誤，據改。

一員，其三山、廟山各差將官，隸之眉山寨。召募諳知海道土軍，以補足五百人數，以三百人就眉山，以二百人分屯三山、廟〔山〕，仍改作本司水軍。」從之。

州縣置寨

乾道六年五月二十五日，臣僚言：「自建炎迄紹興之季，四十餘年間，未嘗一歲無圍屋之寇。太上皇帝在位日久，知民間疾苦，降旨令江南諸司相度〔一〕，於險隘處置巡檢寨，招土軍一百二十人，置巡檢一員。仍令州縣置寨屋，以居土軍而防盜賊，桴鼓稍稀。陛下登寶位之初，又申嚴行下，非不峻切，而州縣不即奉行〔二〕，黠胥黷貨，必得鄉民厚賄，始議置立。至於貧薄鄉村，無從得賄，其寨屋有至今未造者，軍民雜處，善良受害，遂[31]至盜賊不止，理宜存恤。欲望特詔江南提刑司行下本路〔三〕，取責州縣不置寨屋，故違聖旨之罪，以爲慢令者之戒，庶幾兵民各有攸處，而盜賊少戢。」詔本路提刑司行下本州疾速修蓋，如依前違戾，按劾聞奏。

移寨駐劄

乾道六年十二月二十九日，詔楚州鹽城縣水陸巡檢移於本縣崗門市置寨駐劄。以淮南路轉運諸司言，崗門市去縣十八里，舟船往來，通接淮口，別無官司彈壓，恐私渡盜賊故也。

補授寨官

乾道八年七月十八日，措置兩淮官田徐子寅言：「被旨案視激犒淮東山水寨民兵。臣今親往諸鄉團結之處詢審民情，內有願改移它寨者，並已各從其便。緣內有一寨止民兵三四十人，而總首、首領三四名，若一例補授，誠恐泛濫。今欲每縣乞選差總首一人，特與一名目。諸寨應管轄閱習忠勇民兵，每一百人置首領一名，特與借補名目。如一寨不及百人者，許更勸募，候人數足，方與推恩。」詔總首補進義副尉，首領令本路安撫司借補守闕進勇副尉。餘依。

城外軍寨

淳熙二年正月八日，淮西江東總領單夔言：「乞令建康馬司量撥軍兵三二百人，於城外軍寨左近各置巡鋪，[32]遇夜巡警，仍不妨教閱。」從之。

〔一〕降：原作「得」，據《補編》頁四九〇改。天頭原批：「『南』一作『西』。」按，此亦指《補編》頁四九〇。

〔二〕不即奉行：《補編》作「奉行不虔」。原抄於「奉行」下批「不虔」二字，却未刪「不即」，不可連讀，故不補入。

〔三〕天頭原批：「『南』一作『西』。」按，此亦《補編》之文。

幫築堡寨

淳熙二年七月二十一日，詔殿前司選差統制官一員、軍兵一千人，修（楊）〔揚〕州城壁，依古城舊基幫築堡寨。從知揚州郭棣請也〔一〕。

詔廢水寨

淳熙八年七月十七日，詔廢温州城下水寨。

奏辟寨官

淳熙十年七月二十七日，詔瀘南沿邊城、寨、堡官并指使，並許安撫司奏辟。從守臣趙雄請也。

修整山寨〔二〕

淳熙十四年二月二十二日，興州駐劄御前諸軍都統制吳挺言，乞下階、（城）〔成〕等州，常令修整山寨。從之，仍行下四州，常令點檢，遇有些小損動，即時葺理。

差置寨官

淳熙十一年七月二十八日，四川安撫制置使留正言：「臣前具奏，於黎州東南邊大渡河上修築要衝城，差置寨官，移兵屯守，以爲控扼之計。今已修築了當，所有差知要衝城官，乞行下本司作員闕奏差，令成都府路轉運司應副請給。所差官二年爲任，乞與依關外四州極邊體例推賞。」詔依，仍精加選擇，務要得人。

創置營寨

33 紹熙三年六月二十四日，廣西經畧司言：「相度邕、賓州鎮鄊關口創置寨宇，今踏逐到寨基一所，在韋村大路，正屬兩州界，尋常盜賊往來之地。及創兩縣巡檢，招收置軍兵，六十人爲額，兩州各招三十人，均認請給。巡檢乞從邕州城外巡檢賞格，仍將兩州指使各減一員，以其所減補其所增。」從之。

調兵守寨

紹熙三年六月二十七日，權發遣萬安軍杜孝恭言：「乞將瓊州寨下土兵二十人移家屬，改充調闓寨土兵爲額。有闕，許令招填，請受移就樂會縣支給。其瓊州、萬安軍所差廂軍各一十五人，每三月一替，就委樂會縣差撥土保丁，改本寨木栅，隨其地勢築作城堡。其博敖、地爛兩村民兵，各有總轄，無事則各輪差轄下民兵一二十人赴寨，添同彈壓，三月一替，有警則各帶民兵赴寨，聽從防遏。」從之。

〔一〕郭棣：原作「郭第」。按周必大於淳熙二年四月所上《論久任邊帥》劄子（《文忠集》卷一三七）云：「今陛下以郭棣守維揚。」可知此時知揚州者爲郭棣。此處作「郭第」，乃《大典》避諱改字，今回改。

〔二〕修：原作「條」，徑改。

差撥寨兵

紹熙五年閏十月十三日，詔：「令福建安撫、轉運、提刑司，先次於汀州寧化縣下土寨修蓋寨屋一百間。候修蓋了畢，於左翼軍見屯寧化縣四十人、大陂、福林駐劄五十人，並盡數差撥前去下土寨屯戍。其下土寨元分撥到三溪、黄土兩寨五十人發歸寨。仍疾速具合行事件及逐寨見屯人數，并相去地里各若干，畫圖貼説，申樞 34 密院。」以諸司有請故也。

建置營寨

慶元元年六月七日，吏、兵部言：「湖北安撫、轉運、提刑司審度，靖州通判鄧友龍乞將零溪堡拘没何萬改嘉謀田土招置刀弩手，就零溪建置營寨，在彼駐劄。仍乞改飛山巡檢知零溪堡，兼充刀弩手訓練，專一部轄教閲，誠爲利便。今欲從逐司已相度事理施行。」從之。

輪兵守寨

開禧二年七月十六日，詔慶元府三姑山都巡檢復還寨於三姑山普明院舊基，所管水軍、土軍與岑江、烈港兩寨軍兵，分爲兩番，輪往屯泊，每一季一替。先是，樞密院言：「慶元府三姑山正當海港之要衝，昨曾置都巡檢寨。後來承平既久，以三姑山去本府稍遠，船運勞費，遂還寨於烈港，是致三姑山闕兵船控扼。近雖行下制置司輪差水軍五十人、船一隻，於三姑山抛泊卓望，緣兵船頗少，兼去來未定，難以責任。乞令依舊移都巡檢於三姑山置寨。」繼而臣僚復以爲請，下沿海制置司相度措置，故有是命。

辟置寨官

開禧二年十二月九日，寶謨閣待制、知瀘州李寅仲言：「州舊爲瀘南沿邊安撫使，領瀘、叙、長寧軍三郡。自元豐間乞第擾攘之後，三郡所隸堡寨官皆沿邊安撫使辟 35 置，寔使之任其責也。至乾道六年，從臣僚之請，陞沿邊安撫使爲潼川路安撫使，自去沿邊之號，而權任反輕。又自淳熙八年，從臣僚之請，其堡寨官除制置司存留辟置外，並送轉運司定差，而安撫使俱不得與。一旦緩急，堡寨之官視帥府不相誰何，其能否皆不預知，於邊防豈不有誤？且沿邊堡寨之官隄防夷徼，責固不輕，任滿不至生事，例陞一秩，或減磨勘，且富材武，所以待之者又不輕矣。今也多求緣故抽差，(居平)〔平居〕不(肖)〔屑〕邊鄙之事，任滿則覬沿邊之賞。其間諸寨又有俸廪微薄、歷數年而不得代者，苟免無聊，何以責其潔己寡過？乞沿邊堡寨官非有軍興不許抽差，或因緣差出，則任滿不許推賞。其有任滿而轉運司無官注授者，見任人過滿而不得代者，許從安撫司權行差辟，日後準此。」從之。

起立寨栅

嘉定六年五月二十八日，樞密院言：「廣東經畧安撫司申：『審度關防海寇事件：元申，肇慶府常於冬春之時，有温、台、明州白槽船盡載私鹽，扛般上岸，彊（買）〔賣〕村民，因而劫掠家財。已踏逐到廣州、肇慶府兩界首起立寨栅，每遇冬月，差撥水軍官兵五十人前去把截，至次年春盡減戍。又廣州新會縣界有地名潮連山及雞灣官子渡，正是温、台、福建私鹽槽船入廣路，及海寇藏泊劫掠地頭，已各添置一寨，往來巡捕海寇及温、台州等處鹽船36作過。或有緩急，兩寨互相應援。元申，海寇作過（急）〔及〕出没之地，號上下川罟蜑頭，屬新會縣，亦是温、明州槽船入路，委是要緊。見措置起寨，及於潮州水軍就撥六十人。元申，南雄州見今駐劄摧鋒軍止有百兵，合添撥防拓，已帖摧鋒軍統制於韶州第一將差撥官兵一百人前去。元申，河源縣雖有長吉寨，翁源縣有東桃徑寨，相去皆遠，更合就龍南、河源兩界之間，平坑、伍峒之南，相度增置一寨，撥摧鋒軍五十人駐劄。本司差官前去相度贛客賊（從）〔徒〕來往緊要隘路，合於惠州河源縣管下各添置一寨，又合於地名雉公長塜及元弓嶺掘斷路閧壕塹，用木槎寨。本司支官錢，委官創造兩處寨屋，并差官兵五十二人，分烏石、瀧嶺兩處，正是江西龍南（興）〔與〕廣之河源接界，贛客出没不常。既置兩寨，相望把拓，設有賊盜，自可會合擒捕。元申，番禺縣流溪里合移置巡檢一寨，兼管烟火，屯駐土軍五十人，外以防贛寇之入，内彈壓峒民作過。本司差官相度贛客賊徒往來緊要隘路，合於地名赤崗村興福寺及曾家舊莊基堪置烟火巡檢寨，又於地名扈村堪置摧鋒軍駐劄，兩寨相望，緩急可以應援。本司支錢，委官架造扈村寨，差撥官兵前去駐劄，及於赤崗村起造寨屋。又委官相度，詳議到廣州有右一廂兵馬添監、右一廂兵馬監押、右三廂兵馬都監，共三廂，所管界分坊巷次第連接。已將右一廂地分37分而爲二，東以屬兵馬監押兼管，西以屬兵馬都監巡捕，却合省併右一廂兵馬添監一員，充流溪里赤崗巡檢，兼烟火職事。又於廣州管下諸巡檢寨見管兵數多處，抽到土軍，前去隄防贛〔寇，彈〕壓峒民，毋致阻險作過。』」從之。

移寨隄備

嘉定六年十一月二十一日，潼川府路安撫司言：「照對前政安撫李寅仲奏：『瀘州合江縣與南平軍白錦堡楊光榮族連接，舊有大、小兩溪，皆在蕃界遠來。大溪兩傍有九支、遥垻、青山、安溪、綏遠、仁懷等寨，足以隄備；惟小溪至重慶府，平易空曠，絶無一戍以爲防閑。竊謂仁懷堡、遥垻寨可省其一，移置於小溪之隘口。安溪所管知寨、都監二員，亦可省其一移駐於小溪，俾之彈壓防控。』自後逐司委官相度到，遥垻寨、仁懷堡向來建築，各是控制夷蠻，難以移置外，相視得小溪地名大魚灣一處，照見隘口，黄、趙二村夷人出没要衝之地。又照得附近安溪一寨，管知寨、知押二員，合移監押一員，就所置小溪新寨駐劄，抽本縣所管戍兵五十名，移駐小溪新寨防戍。所有官兵請受，並從舊處支給，委是經久可行。已得指揮，依相度到事理，下瀘州措置建築合江縣小溪新寨，量移軍兵五十人於新寨屯駐防拓。遂委官相視，據申，遥填其地皆平，無可守之險，殊失建築本意。又去隘口十里，太爲迫近。惟地名張平泉者，高廣十餘里，前 38 有對溪之險，而兩山相束，下瞰溪流，不啻千仞。上有數小溪，水泉清洌，可供食用。土壤甚沃，亦有稻田，可爲永遠之計。又差官前往地頭建築了畢，寨廨、舍敖、甲庫一一差備。已差安溪寨監押前去新寨駐劄守把，并下瀘州差兵員一百名防戍。所有安溪寨監押員闕，（押員闕）乞行住罷，別立新寨員闕。併乞頒降寨名。」（招）〔詔〕以平泉寨爲名。其合差知寨一員，令潼川府路安撫、提刑司公共選辟一次。

益置海寨

嘉定七年十月二十日，權知慶元府、兼沿海制置司公事程覃言：「本司准樞密院指揮，仰措置防拓海道。見得控扼北來緊切形勢，全在慶元府昌國縣管下海洋三姑山。蓋山東海船乘風而來，必先經由三姑，然後分路或入浙東，或入浙西。紹興年間，所以於三姑山置都巡檢寨，及於烈港、岑江兩處各置指使，並係三姑子寨，通以横江水、土軍六百三十八人爲名額。當時有管巡船三十六隻，今之三寨海船軍器十無其一。今來正當防海之時，乞將三姑都巡檢并烈江、岑江兩指使三寨，倣傚温州城下水寨例，並撥隸本司水軍，仍聽慶元府統轄。每歲自十月初一日爲始，不問有無邊警，制置司定當更輪巡檢、指使一員部領，分撥三寨軍兵二百五十人，前去三姑山出戍卓望。仍於水軍差撥官兵五十人，39 揍爲三百人，其戰船、器甲但干應敵之具，盡於定海關撥前去。及仰統制、統領選差將佐，撥發訓練官兵五十人，數内日逐申嚴金鼓水教一次，遇夜宿船防把，並兩月一替。候來年三月初一日春和放散歸寨，至十月仍舊。所是寨官與三寨軍兵，合聽水軍差去將官彈壓，庶得脉胳相貫。於海州襟喉之地，常有兵船倚伏，萬一賊舟侵犯，上件戍卒便可在三姑山之前一面邀擊，以待大軍兵艦相繼而出，不至蕩然全無限隔，寔爲利便。及體訪得三姑山孤立海心，即無浦汊閃避風浪。開禧年間，所撥寨兵并水軍共五百三十人在彼防拓，除三礁裏冬月僅可擺布戰船五隻，攤載水軍三百人外，自餘寨兵雖有昌國縣差到船隻拋在中嶼，緣此處隔涉砂塗，軍人上下不便，少有著船。況民間十艚，率皆淺窄，但可載人而已，緩急亦難出戰。今相度，三姑山既不可多泊軍艦，只得且揍三百人并戰船五隻前去出戍。此外却有已遣發卓望水軍一百人、戰船三隻，自海驢礁、神前山等處探報往來，三姑不至單弱。但軍人日逐亦當在山上閲習射藝，更迭休息，夜間下船宿泊。合用戍屋，却當行下慶元府，前去此山起蓋，以備出戍官兵教閱之所。」詔並依，每日添支鹽菜錢三十、米二升，仰本司照應支給施行。

十二月六日，沿海制置司言：「昨奉指揮，移定海縣〔海〕內巡檢寨仍舊駐劄烏崎頭，連白峯指使寨[40]并撥隸水軍，仍聽慶元府統轄。今契勘，定海縣從舊係海內、白峯管界三寨，并尉司共四處，分認鄉界巡捕盜賊，搜檢銅錢禁物，及承受府縣送下詞訴。今來海內既遷往烏崎，除管界一寨外，所有白峯尉司，却令與海內新遷烏崎寨重分界至。所有定海港等處巡攔市舶物貨，元在海內巡檢差劄內繫銜，今來本寨既移屯烏崎，合係定海縣尉名銜帶管。乞從朝廷關報差注巡尉去處照應，仍劄下本司，以憑遵從施行。又奉指揮，分輪昌國縣三姑、烈港、岑江三寨軍兵出戍，三姑山並撥隸水軍，仍聽慶元府統轄。今契勘，昌國縣有管岱山、三姑、烈港、岑江四寨，并尉司共五處，其分管海鄉事務及承受府縣送下詞訴等，并合從舊。若是水軍，惟當教閱前後撥隸五寨軍兵武藝船水，同共防把海道，收捕盜賊。如有相關諸寨事件，其水軍並合具申本司行下，庶得事理明白，使縣道寨柵各有遵守。」從之。

添置鎮寨

嘉定七年十二月二十八日，詔令慶元府奉化縣添置戰崎鎮寨，省罷本府酒官二員，一員文(武)〔臣〕改差監戰崎鎮兼烟火公事，一員武臣改差戰崎鎮寨巡檢，令吏部依條格使闕。先是，臣僚言：「戰崎、袁村，皆瀕大海，商舶往來，聚而成市。習俗素悍，富者開國出船，藏納亡賴，彊招客販；貧者奪攘鬬毆，雄霸一鄉，動致殺傷。欲乞置一[41]尉，竊恐事不專一。照得慶元府在城都酒務有監官文資四員，武職二員，向來置比較、贍軍、係省三務，各立二員分管酒額，固不爲冗。後來既將三務併而爲一，所謂六監官，因循不曾減省。及照得本府西門外有都巡檢一寨，額管軍兵一百二十人，既不邊海，止在城外巡警鄉村盜竊，及承受追會事件而已。欲於城下都巡檢寨分撥土軍五十人，移屯戰崎，只就漂溪職租地起蓋軍房，以慶元府戰崎巡檢寨爲名。仍於都務監酒內選撥有材能文武官各一員，並存監酒舊銜，內文官帶兼管戰崎烟火公事，武官帶兼充戰崎巡檢。其俸給於見請數目各無增損。庶幾彈壓得人，姦(冗)〔宄〕屏息。」故有是命。繼而有言者以戰崎鎮考究《漢書·地理志》會稽郡注所載，有鎮亭，有鮚崎亭，其(他)〔地〕皆屬奉化，俗訛爲戰崎，於義殊失古意，乞早賜改正。尋詔令吏部將慶元府奉化縣戰崎鎮寨並改作鮚崎鎮寨。

立寨置官

嘉定八年十月二十一日，詔湖州歸安縣荷葉浦置立巡檢寨。以本縣言，荷葉浦水面宏闊，寇盜出没，欲立寨置官，專一警捕，故有是命。

廢罷冗寨

嘉定十五年七月二十七日，臣寮言：「慶元之象山有寨曰東門，蓋曩歲兵馬增創，以防海道也。本寨官兵雖以 42 六十人爲額，然皆無正兵，逐季撥之定海，更替往來，靡有固志。每替兵一至，如寇攘然，騷擾良民，欺騙商旅，村(瞳)〔疃〕雞犬爲之一空。原創立之始，固(日)〔以〕海道交會之地，藉其防遏，不知東門爲寨，深處内港，東有臨門，西有亭山，南有牛亭，北有比風，四寨外環，咫尺相望，卒有緩急，咄嗟可集，何藉於東門數十無常守之卒乎？有寨以來，官吏肆暴，民之罹害，十室而九。漁户竄(徒)〔徙〕，客販不行。夫置寨本以防盜，而民之被擾過於被盜，爲害若此，詎容不去？乞將象山東門寨亟賜廢罷。又照得台州之寧海港頭鎮，去縣僅餘五里，既有縣則鎮不當立。加以官吏貪暴，不顧三尺，假征榷之名，虐取無藝，瀕海細民破産蕩業，殞於非命者，凡不知其幾。昨者漕臣沈皡灼見其弊，申奏廢罷，陛下亟俞其請，甚盛惠也。但聞漕司每歲代納台州及通判廳四百餘千，且朝廷既知鎮爲一方之害而罷去之，區區數百千，正何足計，而顧使惠歸於漕司。每歲代納之錢，乞下户部於台州通判廳經總制錢内特與除豁，則百里之民歌舞陛下之賜，曷有窮已！」詔從之。（以上《永樂大典》卷一五一二一）

知城寨主[一]

43《哲宗正史·職官志》：知城、寨主，掌訓治戍兵，完固防守，以扞邊境，受納賦税，聽居民之訴訟。其小者專理之，大則稟于所屬。有兵馬監押，專掌甲兵訓練之事；主簿，掌勾考簿書及通治民事。

選任寨官

元豐七年二月十七日，詔：「陝西、河東沿邊新舊城寨見闕官處，委經略司選舉才力使臣，自今無得移見在官近裏及别委幹當。違者監司體量以聞。」

創置寨官[二]

紹聖四年四月二十一日，章楶言[三]：「前石門、好水河新建城寨，乞創置將副各一員，以涇原第 44 十一將兼提舉兩城寨及招置漢蕃弓箭手爲名。石門城差官八員[四]：知城一員，以大使臣充；都監、監押共三員，以大、小使臣

[一] 寨主：原無「主」字，據正文添。又以下五題原在各條正文末，今統一移於正文前。
[二] 按，此條與本卷方域一九之六「新建城寨」條重複。
[三] 「章楶」前原有「沿邊安撫司公事」七字，據《長編》卷四八六，此語乃該書上條之末句，非章楶職銜，今删。
[四] 差：原作「寨」，據《長編》卷四八六改。

互充；巡檢四員，以小使臣〔五〕充。好水寨差官七員：寨主一員，以大使臣充；都監、監押共三員，以大、小使臣互充；巡檢三員，以小使臣充。乞並以三年爲一任。除依本路極邊城寨官〔一〕、巡檢合得酬奬外，每人更與特轉一官。内將官陞路分都監；副將陞正將，如元係正將差遣，亦依正將例；知城、寨主陞副將。兩城寨各乞置酒税務官一員〔二〕，寨主簿各一員。」從之。

按劾鎮寨

45 紹興二十六年十二月二十二日，左奉議郎、通判興化軍趙不猷言：「切謂通判者，號爲監郡，職在按察。在法，外縣鎮寨每季通判點檢。其間或有苟賤不廉之人，但取常程文字一二備數；或事宴遊，多差夫力；或因土産，廣行收置；又縱令隨行公人乞取，謂之常例。縣鎮公吏因 46 緣儌取于民，所至紛然，民不安堵，則季點之法意安在哉！欲乞令監司常切覺察，如有違戾，按劾以聞。」從之。

點對城寨〔三〕

紹興三十二年七月十三日，孝宗即位未改元。吏部言：「選人循轉，止憑出身以來付身印紙，不曾招保陳乞。今欲乞將諸路州、軍、監、縣、鎮、城、寨正受朝廷付身選人，各經見任州軍陳乞，仍令本州委官點對，別無冒僞，保明申部施行。」從之。（以上《永樂大典》卷一五一一九）〔四〕

請城山界〔五〕

【宋會要】47 元豐五年五月二十六日，鄜延路經略使沈括、副使种諤言：「準朝旨條具制賊方畧，仍畫一具所乞城山界事。今者涇原方議進討，賊未必敢舍巢穴而固山界，本路正當可爲之時，今具大意。臣等歷觀前世戎狄與中國限隔者，利害全在沙幕。若彼率衆度幕入寇，則彼先困；我度幕往攻，則我先困。然而西戎常能爲邊患者，以幕南有山界之粟可食，有山界之民可使，有山界之水草險固可守。我師度幕而北，則須贏糧載水，野次窮幕，力疲糧窘，利於速戰。不幸堅城未拔，大河未渡，食盡而退，必爲所乘，此勢之必然也。所以興、靈之民常宴然高枕，而我沿邊城寨未嘗解

〔一〕極：原作「拘」，據《長編》卷四八六改。
〔二〕城：原無，據《長編》卷四八六補。
〔三〕原無此四字，據天頭原批移此。
〔四〕《大典》卷次原缺。按，徐松原稿以上五條之間另有五條因重複，被嘉業堂整理者剜去，今在《補編》頁四九〇、四九一，其中縫所標《大典》卷次爲卷一五一一九，據補。
〔五〕按，以下一則出《大典》卷八一〇七「城」字韻「城名」目。《大典》「城」字韻諸卷中所録《宋會要》之文今主要見於本書方域八、方域九，唯此條被嘉業堂整理者作爲「諸寨雜録」之一條分割於此（今嘉業堂抄本亦編於「諸寨雜録」中）。若重編《宋會要》，應移至「城」一類，今限於體例，姑仍其舊。

嚴者，地利使然也。今若能使幕南無粟可食，無民可使，無水草險固可守，彼若羸糧疲師，絶幕而南，頓兵沙磧，仰攻山界之堅城，此自可以開關延敵，以逸待勞，去則勿追，擊則惜力〔一〕，治約之勢在我〔二〕，而委敵以空野堅城之不利。又山界既歸於我，則所出之粟可以養精兵數萬，得虜之牧地可以蕃息戰馬，鹽池可以來四方之商旅，鐵冶可以益兵器，置錢監以省山南之漕運。彼之所亡者如此，我之所得者如此，而又絶和市，罷歲賜，驅河南之民聚食于河外，彼將何以自贍？更使之賂契丹，結董氈，乃所以交困之也。山界既城，則下瞰靈武，不過數程，縱使堅守，必有時而懈。沿邊修[48]戰備，積軍食，明斥堠，待其弛備，發洮河之舟以塞大河〔三〕，下横山之卒擣其不意，此一舉可覆也。兼梁氏與萌訛首爲悖亂，使一國之民肝腦塗地，彼寧不猜怨？獨以兵威劫束，勢不得動耳。急之則併力，緩之則自相圖，此曹操所以破袁紹也。」又言：「昨條具制賊方畧，非謂展拓邊面而已，蓋欲窮困賊勢，窺其腹心，須當盡據山界。若占據山界不盡，則邊面之患猶在，沙幕尚爲彼用。若占盡山界，則幕南更無點集之地，彼若入寇，須自幕北成軍而來，非大軍不可。如此，當先擇嶮要之地，立堅城，宿重兵，以爲永計〔四〕。今按視塞北古烏延城正據山界北垠〔五〕，舊依山作壘，可屯士馬，東望夏州且八十里，西望宥州不過四十里，下瞰平夏，最當要衝，土地膏腴，依山爲城，形勢險固。欲乞移宥州於此〔六〕。舊宥州地平難守，兼在沙磧，土無所出。先於華池、油平築堡，以接兵勢，川路稍寬，可通車運，聚積糧草器具，事事有備，併力烏延。先補山城，山城畢，乃築平城。此地膏美，去鹽池不遠，其北即是牧地，他日當爲一都會，鎮壓山界，屏蔽鄜延。其銀、夏州可置鹽監〔七〕、鐵冶、錢監、馬牧，因嶮控扼，候烏延功畢，漸次計置。仍乞將塞門寨以北石堡、背水、油平、羅幃〔八〕、鹽池一帶爲中路，隸宥州；米脂、浮圖、葭蘆、義合、吴堡、銀州一帶爲東路，隸綏德；以金〔瑒〕〔湯〕、長城嶺、德靖、順寧寨一帶爲西路，隸保安軍。除本路九將外，更增置四將。以新招土兵分[49]隸沿邊八將駐劄邊面，次邊三將駐於金明、青澗城、延州，近裹兩將在鄜州、河中府。其沿邊八州榷貨客鹽，自賣交鈔，本爲禁止青白鹽立法，將來青白鹽池既歸我，八州軍自可不食解鹽。乞以鹽州隸本路，就收鹽課應副沿邊，兼糴買糧草。除新克復州軍各係創增課額外，舊來八州亦

〔一〕去則勿追，擊則惜力：原作「去則追擊，來則惜力」。按，「去則追擊」不符合宋朝對待北方敵國之一貫方針，「來則惜力」則語意不明，今據《長編》卷三二六改。
〔二〕約：原作「内」，據《長編》卷三二六改。
〔三〕發：原作「後」，據《長編》卷三二六改。
〔四〕永：原作「家」，據《長編》卷三二六改。
〔五〕塞：原作「寨」，據《長編》卷三二六改。
〔六〕此：原脱，據《長編》卷三二六補。
〔七〕「夏州」下原有「及」字，據《長編》卷三二六删。
〔八〕羅幃：《長編》卷三二六作「羅圍」。

減得地里，增饒錢貫萬數不少。所有合計備事，除本路及轉運司可以那移外，乞朝廷應副錢萬緡、廂軍萬五千人、工匠千人、遞馬百匹，乞於近裏州軍應副生熟鐵五萬觔、牛馬皮萬張、車二千乘〔一〕。本司及轉運司備義勇、保甲萬人應副，以代禁軍有事役者。」又言：「朝廷若定議城守山界，即乞趁涇原兵馬牽制及本路屢捷之後，乘勢興修。若遲留月日，即恐西賊有謀，費力平蕩。」又稱：「將來興修烏延畢，當復夏州，則東西相望〔二〕，控扼山口，其中路以東城寨盡在腹内，來則制其衝，去則斷其後。」詔：「沈括所奏，乞盡城橫山，占據地利，北瞰平夏，使虜不得絶磧爲患。朝廷以舉動計大，未知利害之詳，遣給事中徐禧、内侍省押班李舜舉往鄜延路審議，可深講經久所以保據利害以聞。」（以上《永樂大典》卷八一〇七）

〔一〕二千：原作「二十」，據《長編》卷三二六改。
〔二〕望：原脱，據《長編》卷三二六補。

諸堡

金村堡

【宋會要】1 陝西環慶路慶州安化縣金村堡，嘉祐元年修復，元豐二年廢〔一〕。

鐵城堡

陝西熙河路岷州鐵城堡，熙寧十年置。

擦珠堡

熙寧元年八月十三日，秦鳳路走馬承受公事王有度言：「秦州修畢利城、擦珠堡，役本州六縣義勇，乞與免諸般科配三年，權住今冬閱教一次。城下般運糧草、材植義勇及弓箭手、寨户沿路身死者，（及）〔乞〕量支孝贈錢。」詔義勇特與免二年科配，因般運糧草及工役身死者，每人孝贈錢二貫文，弓箭手、寨户亦依此。

聳翠堡

成都府路石泉軍聳翠堡〔二〕，政和八年以三隘堡改。

山丹堡〔三〕

熙寧三年二月二十八日，秦鳳路經略使李師中言，廢山丹、納迷、乾川三堡，增收秦州伏羌寨爲城。從之。

龍潭堡

荆湖路北路辰州龍潭堡，元豐二年置。

遮羊堡

陝西熙河路岷州遮羊堡、穀藏堡，並熙寧七年置〔四〕，内遮 2 羊堡尋隸通遠軍，元豐元年復來隸。

馬務堡

陝西熙河路岷州馬務堡，熙寧六年自秦州來隸〔五〕。

〔一〕二年：《宋史》卷八七《地理志》三作「四年」。

〔二〕成都府路：原作「荆湖路北路」，據《宋史》卷八九《地理志》五改。按，《宋會要》此門諸堡名原文蓋按某路、某州軍、某縣編次，其下每一條堡名之前即不再重複路、州軍、縣之名。《大典》將各條剪開，重新按韻編次，往往失落路、州軍、縣名，遂以意補足，多因而致誤，此條即其一例。以下凡遇此類，明顯錯誤者即直接改正。

〔三〕山丹：《宋史》卷八七《地理志》三作「丹山」。

〔四〕熙寧：原作「雍熙」，據《元豐九域志》卷三改。

〔五〕熙寧：原作「雍熙」，據《宋史》卷八七《地理志》三改。

官馬川堡〔一〕

元豐五年七月二十三日，詔：「鄜延路見修六寨，其長城嶺寨以西接連環慶路金湯、白豹，已指揮環慶路差二萬人並邊照應〔二〕，若別無興作，即是虛勞軍馬〔三〕。令徐禧、沈括計議，其當進築城寨處，與曾布議定以聞。」八月二十五日，環慶路經畧使曾布言：「洛原故城可以建一城，白豹、和市可以建一寨，官馬川可以建一堡〔四〕。」從之，令李察應副，（侯）〔候〕鄜延路兵勢相接，方興板築。

渭川堡

秦鳳路通遠軍三岔、乜羊〔五〕、渭川堡，熙寧五年自秦州來隸。內乜羊〔六〕、渭川堡元豐七年廢。

南川堡

陝西熙河〔路〕熙州當川堡、南川堡，並熙寧六年置。

乾川堡

陝西秦鳳路秦州山丹〔七〕、納迷、乾川堡，並熙寧三年廢。

安川堡

陝西熙河路湟州安川堡〔八〕，元符三年以廳哥堡改。

鎮川堡

河東路麟州新秦縣鎮川堡〔九〕，慶曆二年置。

隴城川堡

3 陝西秦鳳路秦州隴城川堡，慶曆五年修。

北河堡

陝西熙河路河州西原堡、北河堡，並元豐三年置。

寧河堡

（陝西）〔河〕東路大和、彌川、通秦、寧河堡，元符二年進築，各附寨爲名。大和寨堡隸麟府路，通秦、彌川、寧河寨堡隸嵐石路。

〔一〕官：原無，據正文補。
〔二〕萬：原脱，據《長編》卷三二八補。
〔三〕勞：原作「勒」，據《長編》卷三二八改。
〔四〕官：原作「宮」，據《長編》卷三二九改。
〔五〕「岔」原作「坌」，「乜」原脱，據《宋史》卷八七《地理志》三改補。
〔六〕乜：原作「七」，據《宋史》卷八七《地理志》三改。
〔七〕山丹：原作「丹山」，按本書蕃夷類及《補編》共八處均作「山丹」，據乙。
〔八〕湟州：原作「熙州」，據《宋史》卷八七《地理志》三樂州條改。
〔九〕河東路：原作「陝西東路」，據《宋史》卷八六《地理志》二改。

東谷堡

陝西熙河路河州東谷堡，熙寧七年置。

闊精堡〔一〕

陝西熙河路河州闊精堡，熙寧八年置〔二〕。

東關堡

陝西熙河路蘭州東關堡、皋蘭堡，元豐四年置。內皋蘭堡七年廢〔三〕。

紹聖三年五月六日，權熙河蘭岷路經略司公事游師雄言：「東關、質孤、勝如堡、定遠城一帶，舊管認巡檢地分，除東關、質孤堡北隔大河外，並係占穩地形，可以探望賊馬。又定遠城、熨斗平堡通四道諸寨巡綽地分，皆在口鋪之外，並係自後巡馬所到，乞並管認爲界。」詔從之，仍令經略司差人巡綽卓望，令西人習知此處爲界。

西關堡

4 陝西熙河路蘭州阿干堡、西關堡，並元豐六年置。內西關堡，元祐元年十二月二十二日，權發遣熙河蘭會路經略安撫司公事劉舜卿言〔四〕，蘭州西關堡合行修築，從之。

園林堡

陝西鄜延路保安軍園林堡，慶曆五年置。

神木堡

（陝西）〔河〕東路麟州銀城縣神木堡，慶曆五年置。

天村堡

荆湖路北路誠州大由、天村堡，元豐七年置。

文村堡

政和元年七月十一日，詔平州依舊作王口寨，融江、文村、潯江、臨溪四堡寨並依舊隸融州，廢懷遠縣，改從州作樂古寨，通靖、鎮安、百萬寨並隸允州。

乾道四年八月十四日，吏部言：「廣西宜州德勝、融江、文村、融州臨溪、宜州堰江、臨衝五堡主管堡事，邕州遷隆鎮、融州樂善、融江、通道、瓊州西峯、宜州帶溪、思立、安遠一鎮七寨同管轄兵甲公事，並見闕。遠地元係本路辟差，昨承乾道三年七月指揮，送部使闕差注，見差親民資序

〔一〕「闊精」下原有「谷」字，據《元豐九域志》卷三刪。下同。
〔二〕八年：原作「七年」，據《元豐九域志》卷三、《宋史》卷八七《地理志》三改。
〔三〕蘭：原作「欄」，據《宋史》卷八七《地理志》三改。
〔四〕會：原脱，據《長編》卷三九三補。

(村)〔材〕武人。今欲比附本部見使巡檢、知寨條法，破格注初任(村)〔材〕武人，次經任監當不應(村)〔材〕武人。」從之。先是，權發遣容州楊堯弼奏乞將廣西見闕正官去處與破格差注一次，至是吏部措置來上，故有是命。

滻村堡[一]

5 荆湖路北路(成)〔誠〕州石家、滻村堡，元豐四年置，元祐六年廢。

零溪堡

荆湖路北路(成)〔誠〕州零溪堡，政和三年置。

牢溪堡

潼川府路滋州牢溪堡，大觀三年置。

安塞堡

元符二年四月二十五日，鄜延路經畧司言：「近於安塞堡北威戎、殄羌之(門)〔間〕相視地名白落觜，可以築城寨，控扼賊馬，尋指揮都鈐轄苗履等統制兵馬進築已畢，賜名威羌。今又築那娘山、青高山并盧關、赤岈峯堡寨並畢，其那娘山賜名殄羌。其苗履等功狀應賞。」詔等第與轉官、減年、支賜。

通塞堡[二]

元符元年五月二十一日，環慶路經略司言，修築横山寨、通塞堡畢工。詔如京使李浦以防托部役減二年磨勘。

陝西環慶路慶州通遠縣通塞堡[三]，舊通塞路。

木寨堡

荆湖路北路(成)〔誠〕州羊鎮堡、木寨堡，崇寧三年置。

古寨堡

陝西涇原路原州古寨堡[四]，元豐五年置。

平安寨堡

6 陝西鄜延路延州豐林縣高頭、平安寨堡。注：慶曆六年置。

[一] 滻：原作「涯」，據《宋史》卷八八《地理志》四改。正文同。

[二] 塞：原作「寨」，據《長編》卷四九八改。正文「通塞堡畢工」句同。

[三] 慶州：原作「環州」，按《宋史》卷八七《地理志》三，横山砦、通塞堡均屬慶州，據改。

[四] 涇原路原州：原作「環慶路鎮戎軍」。按《宋史》卷八七《地理志》三原州下云：元豐「六年置故砦堡」，即此。原州屬涇原路，據改。

西溪寨堡

荆湖路北路辰州新興、鳳伊、鐵鑪、竹平、木樓〔一〕、烏速〔二〕、驃子、西溪寨堡，並熙寧九年廢。

石泉堡〔三〕

政和八年七月八日，樞密言：「據知（城）〔成〕都府孫羲叟等奏，建築石泉軍寨堡，又討蕩過番賊了當，保明到立功人承節郎高震等。」詔各轉官一資。

荔原堡

治平四年閏三月二十三日，陝西四路沿邊宣撫使郭逵言，已令環慶路經略使於馬蘭平修築堡寨。及奏功畢，賜名荔原堡。先是，環慶蔡挺奏：「准入内供奉官王中正傳宣指揮，自家地内如控扼及合修築堡寨，令逐急相度修置。本司勘會，慶州華池鎮地界西北面四十里，舊有鹽堆城，控扼赤沙、細惠兩川口，遂差官密行相度到，鹽堆城山嶺下臨，不堪修築，次南一里半地名馬蘭平，三面險固，可以修建堡柵，畫圖以聞。」挺復以是事咨逵，時鄜延路保安軍胡經臣、李德平二族亦修保障，逵以兩路同時營築堡寨，頗爲機會，故不候朝旨，令挺修建。治平四年四月十八日，詔：「秦州、德順軍、慶州近割置雞川、治平、荔原等堡寨，本爲防托邊界屬户，通行兵馬，令逐路不得多招漢户居止，常切約束，無令過一百户。」

通津堡

陝西熙河路河州通津堡〔四〕，崇寧三年以南達堡改〔五〕。（荆湖路北路）〔成都府路〕石泉軍通津堡，政和八年以通牛堡改，宣和三 7 年廢。

通渭堡

神宗熙寧元年七月六日，陝西經略使韓琦〔言〕：「已委秦鳳路副都總管楊文廣於擦珠谷修一大堡〔六〕，於近（衷）〔裏〕城寨差撥人馬防守。候修畢，即乞廢罷納迷、山丹、菜園、白石、了鍾五堡使臣軍兵。及畢利川無主荒閑地土甚多，見行封標，招置弓箭手。」從之，仍詔：「納迷、山丹堡正係秦州入古渭寨徑直大路，蕃部往來，至永寧寨解賣鞍馬，仰（照）〔常〕切照管，毋致梗澀。」及奏功畢，賜名通渭堡，賜文廣對衣、金帶、銀鞍勒馬，餘賜各有差。

熙寧二年二月八日，秦鳳路經略安撫使司言：「秦州

〔一〕木樓：原作「不樓」，據《宋史》卷八八《地理志》四改。
〔二〕烏速：原作「烏迷」，據《長編》卷八二、《宋史》卷八八《地理志》四改。
〔三〕按：此標題誤，正文「石泉軍堡寨」指石泉軍所轄之堡寨，並非堡名石泉。
〔四〕河州：原作「湟州」，按《宋史》卷八七《地理志》三，通津堡屬河州，據改。
〔五〕南達堡：原作「逵南宗」，據《宋史》卷八七《地理志》三改。
〔六〕擦：本卷方域二〇之一及《長編紀事本末》卷八作「擦」，《宋史》卷八七《地理志》三作「擦」。

甘谷城、通渭堡至古渭寨一帶弓箭手耕種堡子，已差官相度，檢計功限修築次。」詔令孫永委差去將官相度，須量逐處地分、所管人馬多少，遇事宜保聚老小，能容着得盡方爲穩宜。五年改爲寨。

飛山堡

荆湖路北路誠州飛山堡，大觀二年置。

三城堡

元豐五年八月五日，熙河蘭會路都大經制司言：「本路女遮川、洛施、乩洛宗三城堡未築，已相度因今防秋興工，省財力而辦事。已牒李察，合團結河東、京西廂軍九千接續應副。」從之。

阿原堡

8 陝西環慶路環州通遠縣阿原堡，政和三年以阿原烽置〔一〕。

臨洮堡

陝西熙河路熙州臨洮堡，元豐七年置。

邛水堡　安夷堡

潼川府路遵義軍邛水堡〔二〕、安夷堡，宣和三年以思州邛水縣、安夷縣改。

大洲堡

潼川府路瀘州合江縣鎮溪、梅嶺、大洲堡，並元豐四年置。

石門堡

元符二年三月十七日，涇原路經畧司言，進築通峽、盪羌、九羊寨、石門堡畢工。詔修築將吏各減年磨勘，循資及賜銀帛有差。

陝西環慶路德順軍石門堡〔三〕，政和七年以石門子置〔四〕。

潯江堡

廣南路西路融州融水縣臨溪、文村、潯江堡，並元豐七

〔一〕政和：原脱，據《宋史》卷八七《地理志》三補。

〔二〕潼川府路遵義軍：按，據《宋史》卷八九《地理志》五思州下所述，邛水、安夷二縣在今貴州務川一帶，宣和四年廢爲堡，屬黔州，距遵義軍（今貴州遵義）甚遠，此當是《大典》誤改。

〔三〕順：原無，據《宋史》卷八七《地理志》三補。按，據《宋史》卷八七《地理志》三，此石門堡屬熙河路震武軍，其地在今青海互助土族自治縣東北一帶，去德順軍（治今寧夏隆德）甚遠，「陝西環慶路德順軍」七字亦爲《大典》妄加。

〔四〕石門子：原作「石子門」，據《宋史》卷八七《地理志》三乙。

年置。

蓮城堡

紹興三年七月十五日，福建路汀州言，乞將蓮城堡創置一縣。詔依，以蓮城縣爲名。

羅溝堡

9 陝西環慶路環州通遠縣羅溝堡，政和三年以火羅溝置。

平隴堡

（荆湖路北路）〔成都府路〕石泉軍平隴堡，政和八年以石壠堡改，宣和三年廢。

慶平堡　通谷堡

陝西熙河路熙州慶平堡、通谷堡，並熙寧五年置。

嘉平堡

（荆湖路北路）〔成都府路〕石泉軍嘉平堡，政和八年以李平堡改。

通平堡

荆湖路北路誠州通平堡，政和八年置。

綏平堡

陝西熙河路鄜州綏平堡〔一〕，崇寧三年以保敦谷置〔二〕。

尉斗平堡〔三〕

陝西秦鳳路通遠軍榆木岔〔四〕、尉斗平堡，元豐五年置〔五〕。

古高平堡

陝西涇原路鎮戎軍古高平堡〔六〕，元符元年置。

耳朵城堡

陝西（涇原）〔環慶〕路原州立馬城堡、耳朵城堡，並慶曆五年置。

〔一〕鄜州：原作「湟州」。按《宋史》卷八七《地理志》三，綏平堡屬鄜州，據改。

〔二〕保：原作「堡」，據《宋史》卷八七《地理志》三改。

〔三〕尉：原脱，據《宋史》卷八七《地理志》三補。

〔四〕岔：原作「坌」，據《宋史》卷八七《地理志》三改。

〔五〕按《宋史》卷八七鞏州（通遠軍）下云，此二堡俱崇寧二年置。查《元豐九域志》卷三通遠軍尚無此二堡，則此云「元豐五年置」，當誤。

〔六〕涇原路鎮戎軍：原作「環慶路德順軍」。按《宋史》卷八七《地理志》三，高平堡屬鎮戎軍，據改。

團城堡〔一〕

陝西秦鳳路階州貼團城堡，熙寧七年復修。

東西水口堡〔二〕

10 陝西（環慶）〔涇原〕路鎮戎軍東西水口堡、硝坑堡，熙寧元年置。

東水口堡

陝西（環慶）〔涇原〕路鎮戎軍東水口堡，元豐四年廢。

隴陽堡

陝西秦鳳路秦州尖竿〔三〕、隴陽堡，並熙寧四年置。

連雲堡

（荆湖路北路）〔成都府路〕石泉軍連雲堡，政和八年以赤朱中路小堡改。

凌霄堡

（荆湖路北路）〔成都府路〕石泉軍凌霄堡，政和八年以七星閣堡改。

張義堡

陝西（環慶）〔涇原〕路鎮戎軍張義堡，熙寧五年置。元豐元年六月十二日，知鎮戎軍張守約言：「張義堡四面受敵，易攻難守。堡南一里有舊堡，三面臨崖，城兩重，皆不受敵。乞存新堡外，更修繕舊堡，移置倉草場，及見任監押令主管上下兩城兵馬煙火，遷廨舍於舊堡。」從之。

達隆堡

陝西秦鳳路秦州達隆堡，慶曆五年置。

仁懷堡

潼川府路滋州仁懷堡，宣和三年以滋州仁懷縣改〔四〕。

敷文堡

成都府路延寧軍敷文堡〔五〕，宣和三年以關改。

〔一〕團城堡：原作「貼團城堡」，據《宋史》卷八七《地理志》三改。
〔二〕水：原脱，據《宋史》卷八七《地理志》三補。下同。
〔三〕尖竿：原作「尖芋」，據《元豐九域志》卷三、《宋史》卷八七《地理志》三改。
〔四〕懷：原作「華」，據《宋史》卷八九《地理志》五瀘州條改。
〔五〕成都府路：原作「荆湖路北路」，據《宋史》卷八九《地理志》五茂州條改。

善治堡

11陝西熙河路湟州善治堡，政和六年以丘護改。

惠寧堡

（陝西東路）〔河東路〕麟州新秦縣惠寧堡，慶曆五年置。

壽寧堡

（荆湖路北路）〔成都府路〕延寧軍壽寧堡，宣和三年以寨改。

武寧堡

潼川府路長寧軍武寧堡、寧遠堡〔一〕，並宣和三年以寨改，四年復。

威寧堡

陝西環慶路環州通遠縣威寧堡，舊青川堡。

安定堡

陝西鄜延路延州豐林縣安定堡。注：慶曆五年以馬蹄川置。

肅定堡

（陝西東路）〔河東路〕麟州連谷縣横陽堡、肅定堡，並慶曆五年置。

靜勝堡

陝西熙河路會州靜勝堡，政和六年以接應堡改。

靖化堡

（陝西東路）〔河東路〕府州府谷縣西安堡、靖化堡，並慶曆年修復。

靖安堡

陝西（環慶）〔涇原〕路原州靖安堡，慶曆五年置，管八（保）〔堡〕，曰中郭普、吃羅岔〔二〕、中嶺、張嵓、常理、新勒、雞川、殺獐川。

（荆湖路12北路）〔成都府路〕石泉軍靖安堡，政和八年以鹿王堡改。

中安堡

陝西（環慶）〔涇原路〕德順軍中安堡，慶曆三年置。

〔一〕遠：原脱，據《宋史》卷八九《地理志》五補。

〔二〕岔：原作「坌」，據《宋史》卷八七《地理志》三改。

通安堡

（荆湖路北路）〔成都府路〕石泉軍通安堡，政和七年以天尊坪堡改，宣和三年廢。

啞兒堡

陝西秦鳳路通遠軍啞兒堡，皇祐二年置，元豐七年廢。

女遮堡

元豐五年十二月，熙河蘭會路走馬承受公事樂士宣乞且罷來春修女遮堡，令（季）〔李〕憲相度以聞。其後詔憲隨力經營之。

涼棚堡

陝西（環慶）〔涇原〕路鎮戎軍信岔堡〔一〕、涼棚堡，治平四年置。

鎮鋪堡

元豐元年十一月二十八日，荆湖南路安撫使謝景温言：「相度轉（運）司乞以邵州武岡等縣保丁於界上置鋪堡，其已發往關硤等寨弩手並就本縣差填。所置鎮、鋪、堡〔二〕，望辰州界並在百里内，欲許保丁依條置器甲，以備保聚教習。」從之。非蠻界百里内者，不用此法。

欄干堡

（陝西東路）〔河東路〕麟州連谷縣欄干堡，治平三年置。

衡家堡

13 陝西環慶路環州通遠縣衡家堡，舊麥涇堡。

護橋堡

（荆湖路北路）〔成都府路〕石泉軍護橋堡，宣和三年廢。

索橋堡

（荆湖路北路）〔成都府路〕延寧軍索橋堡，宣和三年廢。

慈竹堡

潼川府路純州慈竹堡，舊慈竹寨，宣和三年改。

床穰堡

陝西秦鳳路秦州床穰堡，開寶九年置寨〔三〕，管小寨十

〔一〕岔：原作「坌」，據《宋史》卷八七《地理志》三改。
〔二〕鎮鋪堡：《長編》卷二九四録此奏無「鎮」字。
〔三〕寨：原無，據《元豐九域志》卷三補。

一〔一〕，曰静邊、臨川、德威、廣武、寧遠、長樵、定川、陝河〔二〕、安遠、和戎、鎮邊。熙寧三年罷爲鎮，十年改爲堡。

蕉蒿堡

慶曆六年五月十九日，詔環慶路經畧司：「比夏國人馬累至後橋、蕉蒿堡、十二盤開築舊堡，其地雖係漢界兵馬所得〔三〕，然夏國今納欵稱臣，不欲出兵拒絶。其令彼土蕃户住坐如故，仍畫壕爲界。」

賓草堡

熙寧（三）〔四〕年三月十八日〔四〕，詔：「囉兀城宜令趙卨相度，如不可守〔五〕，令棄毁訖奏。河東所報探西賊水軍恐於石州渡河，令吕公弼過爲之備。撫寧失陷人，令經畧司按寔具數聞奏。囉兀城、賓草堡，令轉運司更不得運糧草前去。」

七麻堡

14 陝西秦鳳路秦州者達、本當〔六〕、七麻堡，並熙寧五年廢。

乩洛宗堡〔七〕

元豐五年十月十一日，上批付苗授：「蘭州城壕至今未開濬，非久黄河冰合，咫尺賊界，於邊計極未便。李浩所乞修洛施、乩洛宗二堡，雖已畫可，聞本路禁軍累經和雇版築，人力疲弊，甚要休息。且併工營葺蘭州及龕谷，使有金湯之恃，其二堡俟來春有餘力爲之。」

護耕堡

紹聖三年九月十四日，權發遣熙河蘭岷路經畧司公事王文郁言：「龕谷寨係極邊控扼衝要之地，昨爲乏水，移於李諾平，修建爲定遠城，廢爲護耕堡。今有四井見水，居民千餘口，更添屯人馬千餘騎，可以給足，合修充守禦，以龕谷堡爲名。以勝如堡巡檢於龕谷堡置廨宇，管幹龕谷、勝如兩堡弓箭手公事，兼道路巡檢，差步兵四百人相兼守禦。」從之。

〔一〕十一：《元豐九城志》卷三、《宋史》卷八七《地理志》三作「十四」，寨名亦有不同。
〔二〕陝：《元豐九城志》卷三、《宋史》卷八七《地理志》三作「挾」。
〔三〕「雖」下原有「然」字，據《長編》卷一五八删。
〔四〕四年：原作「三年」，據《長編》卷二二一改。
〔五〕守：原脱，據《長編》卷二二一補。
〔六〕本：原脱，據《宋史》卷八七《地理志》三補。
〔七〕乩：原無。按《長編》卷三三〇此條及同書卷三二九、三三一有「伽羅緫」堡，即此處乩洛宗堡之改譯（「乩」音茄，與「伽」音同），由此可知「乩」應與「洛宗」連讀。《永樂大典》編者誤讀下文，而題爲「洛宗堡」，今補正。

廣吳堡

陝西秦鳳路通遠軍廣吳堡，皇祐五年置，元豐七年廢。

神堂堡

陝西環慶路環州通遠縣神堂堡，大觀二年置。

隴諾堡

陝西秦鳳路秦州吹藏、大甘、隴諾堡，並熙寧元年置。

勝如堡

15 陝西熙河路蘭州勝如堡、質孤堡，並元豐五年廢。

結河堡〔一〕

陝西熙河路熙州結河堡，熙寧七年置。

橫望堡

（荆湖路北路）〔成都府路〕石泉軍橫望堡，政和八年以赤朱堡改。

斥候堡〔二〕

（陝西東路）〔河東路〕府州府谷縣河濱斥候堡，並至和三年修復。

通會堡

陝西熙河路湟州通會堡，元符元年以李厮堅谷口置。

開光堡

陝西鄜延路膚施縣開光堡，元符元年修築。

開遠堡

陝西（環慶）〔涇原〕路鎮戎軍開遠堡，咸平元年置。

寧遠堡

陝西（環慶）〔涇原〕路鎮戎軍寧遠堡，大中祥符三年置。

大和堡〔三〕

元符二年八月二十五日，端明殿學士、中大夫、河東路經略安撫使、知太原府林希爲太中大夫、資政殿學士，以進築（太）〔大〕和等八堡寨畢工也。朝奉大夫、提舉江寧府崇禧觀孫覽爲寶文閣待制、知光州，以前知太原，進築烏龍、16 神泉寨畢工也。

〔一〕結河：原作「結阿」，據《宋史》卷八七《地理志》三改。下同。

〔二〕斥候堡：原作「坼候堡」，正文中作「斥坼候堡」，皆誤，今據《宋史》卷八六《地理志》二改。

〔三〕大和：原作「太和」，據《長編》卷五一四、《宋史》卷八六《地理志》二改。

大同堡

陝西熙河路湟州大同堡，政和六年以接應堡改〔一〕。

會同堡

(荆湖路北路)〔成都府路〕石泉軍會同堡，政和八年以兩會堡改〔二〕。

三交堡

(陝西東路)〔河東路〕火山軍三交堡〔三〕，舊三交川，元符元年置。

冶坊堡

陝西秦鳳路秦州冶坊堡，太平興國二年置〔四〕，管小寨六，曰橋子、古道、永安、四顧〔五〕、威(寨)〔塞〕、李子。熙寧四年廢罷，五年復(見)〔建〕爲堡。

堡寨城壘雜録〔六〕

堡寨 堡名〔七〕

天禧五年七月七日，涇原路駐泊都監王懷信言，鎮戎軍浚壕築堡寨工畢。詔賜將士緡錢有差。

皇祐二年六月十七日，判延州李昭亮請陝西沿邊小堡寨無使臣管勾者，並更爲鋪。從之。

嘉祐四年二月十日，河東經畧安撫使孫沔請廢府州西安、靖化、宣威、清塞、百勝、中候及(鄰)〔麟〕州横戎、神林、惠寧、肅定、鎮川、臨塞等十二堡寨使臣及兵馬，糧草令旁近大寨番遣人守護之。復創麟州西裴家垣寨積糧草〔八〕，以應接麟州。詔存府州中候、百勝、清塞〔九〕、麟州鎮川寨，餘從之。

治平四年閏三月三日，神宗即位未改元。陝西四路沿邊宣撫使郭逵言：「秦州青雞川蕃官 17 首(級)〔領〕藥厮哥等獻青雞川地土，多展城寨，招置弓箭手。本司體量，若於青雞川南牟谷口修置城寨，則秦州與德順軍沿邊堡寨相接，足以斷賊來路。已發兵夫修築去訖。」詔逵具所修青雞川一帶大小堡寨四至、役人、工(科)〔料〕、向去合用戍兵幾何，件

〔一〕接應堡：《宋史》卷八七《地理志》三震武軍條作「應接堡」。

〔二〕政和：原作「宣和」，而宣和無八年，顯然有誤。今考《宋史》卷八九《地理志》五，稱「重和元年置會同」等堡，重和元年即政和八年，據改。

〔三〕按《宋史》卷八六《地理志》二，三交堡屬保德軍。

〔四〕二年：《元豐九域志》卷三作「四年」。

〔五〕四顧：《元豐九域志》卷三、《宋史》卷八七《地理志》三作「博望」。

〔六〕原無此題，據天頭原批移此。

〔七〕按，此「堡名」二字當指此門末所附二條。《大典》卷一一五八四乃「堡」字韻「事韻」目，其下蓋又分爲「堡名」與「雜録」二項，「雜録」之中又分小題。

〔八〕糧：原脱，據《長編》卷一八九補。

〔九〕清塞：原作「寨」，據《長編》卷一八九補改。

析以聞。

治平四年四月十八日，詔：「秦州、德順軍、慶州近割置雞川〔一〕、治平、荔原等堡寨，本爲防托邊界屬户，通行兵馬，令逐路不得多招漢户居止，常切約束，無令過一百户。」

（元豐）〔紹聖〕四年四月九日〔二〕，樞密院言：「蘭州近修復金城關，繫就浮橋。涇原進築古高平、没煙峽城寨，下瞰天都不遠，尚未與熙河邊面通徹。如將來涇原舉動，進築天都、鍬钁川、蕭磨移隘等處，又須兩路聲勢相接，乃可爲肘臂。宜更自熙河安西城東北青石峽口、青南訥心、東冷牟至會州以來，相度遠近，修建城寨。仍自會州入打繩川建置堡寨，直與南牟會相接〔三〕，即與涇原互相照應。」詔令章楶、鍾傳究心體訪山川地（理）〔里〕遠近與控扼要害合修築處〔四〕，如何舉動可保全勝，具狀以聞。

元豐七年六月十三日，賜廣西路經畧司度牒二百道，應副融州新招納溪洞置堡寨。

元豐七年八月一日，荆湖路相度公事所言：「王江一帶自大溢口以上接連檀溪諸蠻，與今道路相接，朝旨專委主管廣西經畧司機宜文字程節招納措置。本處地里闊遠，蠻已歸附，須築一堡寨以爲守備。」詔節相度〔五〕。節言：「王江上流地 18 名安口，控扼諸峒，其地寬平，可建城寨。然由王口而上，經大溢口、吉老江口〔六〕，皆生蠻徭團族，唯以畧峒民板木爲生。今雖効順，各有俸給，若建城寨，亦須兵威彈壓。今欲沿江及中心嶺各治道路漸進，先置堡鋪於吉老江，量留兵丁以防鈔截糧道，然後安口可以即功〔七〕。」又言：「王江一帶團峒，東由王口、三甲，西連三都、樂土，南接宜州安化，北與誠州新招檀溪地密相鄰比。熙寧中，嘗遣承制劉初領兵丁置寨於安口，諸蠻併力殺傷官軍，自此蠻情愈更生梗。今遍招納，例皆効順，（既）〔即〕當開道路，置堡寨、驛鋪，分兵丁防守，乃爲久安之計。又緣事干兩路，與誠州同時措置，庶使諸蠻力有所分，易爲辦集。」從之。

哲宗元祐三年十月十四日，勅荆湖南北、廣南西路：「朝廷疆理四海，務在柔遠。頃荆湖諸蠻近漢者無所統一，因其請吏，量置城邑以撫治之。後來邊臣希功，獻議創通融州道路，侵逼洞穴，致生疑懼。朝廷知其無用，旋已裁減，而邊吏失於撫遏，遂爾扇揺作過。然按其地，止是道路蠻人因使臣劉宗閔焚毁舍屋，寅緣生事，殺傷兵丁，繇此自疑，不敢出首。今宗閔已追官勒停外〔八〕，其湖北、廣西見

〔一〕割：原作「轄」，據本書方域一九之三改。
〔二〕紹聖：原作「元豐」，據《長編》卷四八五改。
〔三〕直：原作「置」，據《長編》卷四八五改。
〔四〕修：原作「條」，據《長編》卷四八五改。
〔五〕節相度：原脱，據《長編》卷三四八補。
〔六〕吉：原脱，據《長編》卷三四八補。
〔七〕即：原作「積」，據《長編》卷三四八改。
〔八〕自「焚毁」至「宗閔」二十三字原脱，據本書方域一九之一九、蕃夷五之五一補。

作過楊晟臺等特免追討，除存留守把兵丁外，並罷添屯兵馬。其湖北所開道路，創置多星、收溪、天村〔一〕、羅蒙、大由等堡寨並廢，廣西、湖南創置堡寨，令經略、鈐轄司量度，准此。」

政和六年十二月十四日，御筆：「熙河造邦，三十餘歲，而居圉未全。比命偏師，扼其襟喉，乘勝板築，以19及諸路，凡二十餘堡寨，拓地二百餘里。宰執可轉一官，劉正夫、鄭居中、蔡京並回授有服親，兼依轉官例施行。」

政和七年六月二十四日，涇原路經略使席貢奏：「應副修築密多臺、飛井塢兩新寨，照管堡子七座，烽臺十八座了當。契勘密多臺已賜名威川寨〔二〕，飛井塢賜名飛井寨〔三〕。」詔席貢與轉一官。

堡障

元豐七年四月十三日，鄜延路經略司言：「準朝旨，呂惠卿言新復四寨深在生界，未有堡障應接〔四〕，若遣人牛耕種，或見侵略，勢不萬全，乞候地界了日施行〔五〕。」從之。

（詔）〔紹〕聖二年四月三日，熙河蘭岷路經略司言：「已與西人約日定疆界，其通遠軍、蘭州皆控邊要，合（保）〔保〕障十二處，乞乘時修築。」詔候畫界畢，先築珠龍川、納迷川兩堡，其餘以次鳩工，毋失禦侮。

堡鋪

元祐五年十月四日，鄜延路經略司言：「宥州移牒稱，爲畫疆界，有詔漢界留出草地十里，蕃界依數對留。欲於蕃界令存留五里爲草地，夏國於所存五里內修立堡鋪〔六〕。今擬到回牒云〔七〕：『朝廷務敦恩信，特從所乞，應見今分畫界至處〔八〕，許於蕃界內存留五里空爲草地，漢界草地亦依此對留五里，爲兩不耕地，各不得於草地內修建堡鋪。』」從之。

堡壘

20紹興七年正月十八日，吏部侍郎、充都督府參議軍事呂祉言：「委官相度太平州採石渡、建康府宣化渡、靖安鎮，措置修築堡壘防托，已相視到逐處地形，見委官措置修築。契勘靖安鎮堡壘周圍長一千二百九十六步，內七百三

〔一〕天村：原作「天封」，據本書蕃夷五之九一、《宋史》卷八八《地理志》四改。

〔二〕威川：原作「威多」，據《宋史》卷八七《地理志》三、《金史》卷二六《地理志》下改。

〔三〕飛井寨：《宋史》卷八七《地理志》三作「飛泉砦」。

〔四〕堡：原作「保」，據《長編》卷三四五改。

〔五〕界：原作「畢」，據《長編》卷三四五改。

〔六〕存：原作「在」，據《長編》卷四四九改。

〔七〕云：原作「去」，據《長編》卷四四九改。

〔八〕今：原無，據《長編》卷四四九補。

十步依山修築，比之創築，極省工力。其採石渡周圍長六百五十四步，有古城基址，因仍接築地步，工力比靖安鎮減一半。」詔令呂祉催促疾速修築。

城堡

元豐四年八月六日，荆湖北路轉運司言：「已招懷辰州上溪蠻，當漸築城堡。緣本屬生蠻地，全藉兵威彈壓，辰州雄畧指揮今戍桂州，乞追回應副防托。」上批：「荆湖北路昨應副沅州謝麟於歸明蠻界置堡寨〔一〕，民力已困遠輸，豈堪更有興作？轉運司既止承准朝命招安〔二〕，遂乃妄意謀立城柵，若不嚴與誡約，則希功小人浸淫越職，爲國生事。已令高鏄分析。」後鏄上言：「昨與轉運使孫頎、權知荆南王臨同乞招諭上溪諸蠻，量益戍兵，所貴諸蠻即降，遂謀築寨〔三〕。緣前奏已開陳，故有此請。」詔釋之。

紹聖二年正月十八日，樞密院言：「請沿邊城堡鎮寨應有公使錢處，並依例策供饋本處有職事官及犒設漢蕃使臣、兵員。如敢於例策外輒有饋送，并知而受者，並坐違制。委逐路經畧安撫、鈐轄司逐季點檢。」從之。

紹興二【21】十六年十二月十三日，臣僚言：「成都府、夔州、瀘州路嘉、叙、黎、雅等州有關城堡等寨屯戍人兵〔四〕，控制諸蠻，其知城寨（言）〔官〕多是制置安撫司因私謁更互差權，類皆營私苟且，不恤邊事。欲乞嚴差辟之法，定資任之制。」上諭輔臣曰：「蠻夷桀黠，從古而然，唐以前屢被侵擾，入川（屬）〔蜀〕。自（大）〔太〕祖兵威撫定，以大渡河爲界，由是不敢猖獗。然沿邊控禦兵官，豈可非人？」湯思退奏曰：「欲下吏部措置，令本路安撫司選擇差官，申制置司體量，庶革前弊。」上曰：「甚善。」

築立小堡

元豐四年十一月九日，涇原路轉運判官張大寧言：「自兜領以北山險，可就嶺南相地利建一城寨，使大車自鎮戎軍載糧草至彼〔五〕，更於中路築立小堡，以相應接。如此，則可省民力之半。」又言：「臣觀葫蘆河一川〔六〕，南北平坦，地皆沃壤，若有堡寨可依，則其田盡可募弓箭手，廣令墾闢。止以遣回空夫併力修築。若堡寨既成，則地基、酒税並可經畫，資助軍費。」上批付盧秉曰：「張（太）〔大〕寧奏乞城蕭關故城以爲根蔕，成効已見於熙河。自城蘭州及展置戍壘之後，羌人相繼降附者已數萬帳，迨今效順，接跡不絕，卿其早圖爲之。」

〔一〕歸明：原作「歸州」，據《長編》卷三一五改。
〔二〕既止：原作「更上」，據《長編》卷三一五改。
〔三〕寨：原作「塞」，據《長編》卷三一五改。
〔四〕關城堡等寨：似當作「關城堡寨等」，蓋泛言諸州近蠻地分之關、城、堡、寨等。
〔五〕「車」原作「軍」，「載」原作「截」，據《長編》卷三一九改。
〔六〕蘆：原作「瀘」，據《長編》卷三一九改。

衡家堡，陝西環慶路環州通遠縣衡家堡，舊麥涇堡。

威寧堡，陝西環慶路環州通遠縣威寧堡，舊青川堡〔一〕。

（以上《永樂大典》卷一一五八四）

〔一〕此後原批云：「按此二堡，原稿無年月。」按此二堡本卷前文已有。

宋會要輯稿　方域二一

府州

邊州〔一〕

【宋會要】❶折氏世爲雲中大族。唐有折宗本者，補振武緣河五鎮都知兵馬使。宗本子嗣倫，麟州刺史。嗣倫子從阮，自晉、漢以來獨據府州，控扼西北，中朝賴之。仕周至静難軍節度、兼侍中。從阮子德扆，嗣知州事。世宗建府州爲永安軍〔二〕，以德扆爲節度，亦嘗入朝，後遣赴鎮。其地險絶，實捍西戎。後朝廷疑其彊盛，別置軍馬一司以視其舉動，而後力弱，非初置折氏居河西之本意也。

太祖建隆元年正月，加德扆檢校太師。

六月，德扆破河東沙谷寨，斬首五百級。

二年，德扆來朝，復遣赴鎮。

乾德元年冬，德扆敗太原軍數千于府州城下〔三〕，生擒僞將楊璘，詔褒之。

二年八月，德扆赴行在，假詔差弟禮賓副使德源押賜茶藥，仍遣醫官一人往彼。

九月，德扆卒，詔贈侍中，以其子衙内都指揮使御勳爲起復雲麾將軍、汾州團練使、權知府州事。

三年，加御勳府州防禦使。

開寶(三)〔二〕年二月〔四〕，太祖親征太原，御勳不候詔朝行在，帝嘉其意，即以御勳爲永安軍節度觀察留後。及還，厚賜遣之。

四年十月，以郊祀來朝，禮畢遣還鎮〔五〕。

九年，郊祀西洛，復來朝。未幾，改鎮花海〔六〕。是年，以府州馬步軍都指揮使折御卿爲閑廐副使、知府州。御卿即御勳之弟。

太宗太平興國四年三月，太宗征河東，詔御卿與監軍尹憲領屯兵同攻嵐州。又破苛嵐軍，殺戮甚衆，并擒僞軍使❷折令圖以獻。又下嵐州〔七〕，殺僞憲州刺史霍翊〔八〕，擒僞將蘷州節度使馬延中等七人以獻〔九〕。御卿以功遷崇

〔一〕原無此題，據天頭原批移入。
〔二〕永安軍：原作「永平軍」，據《舊五代史》卷一一四、《通鑑》卷二九二及《宋史》卷二五三《折德扆傳》改。
〔三〕府州：原無，據《長編》卷四補。
〔四〕二年：原作「三年」，據《長編》卷一〇改。
〔五〕禮：原無，據《宋史》卷二五三《折御勳傳》補。
〔六〕花海：疑有誤。《長編》卷一七：開寶九年七月，「折御勳以郊祀西洛來朝，道病後期，丙子，徙御勳爲泰寧軍留後」。據此，似當云「改鎮泰寧」（按，泰寧軍即兗州）。
〔七〕下：原作「以」，據《宋史》卷二五三《折御卿傳》改。
〔八〕殺：原無，據《長編》卷二〇補。
〔九〕馬延中：《長編》卷二〇、《宋史》卷二五三《折御卿傳》等俱作「馬延忠」。

儀使。

六年，府州外浪族首領來都等來貢馬。

雍熙二年六月，府州女乜族首領來母崖男杜正等内附〔一〕，命還居茗乜族中〔二〕。

九月，以崇儀使折御卿領成州刺史。

端拱元年，以六宅使、誠州團練使、知府州折御卿爲府州團練使，兼麟府濁倫寨巡檢使。

淳化三年二月，遷御卿府州觀察使。

四年四月，御卿上言，銀、夏州管内蕃漢户八千帳族悉來歸附，録其馬牛羊萬計。

五年五月，制授御卿永安軍節度，充麟州兵馬都總管、夏銀府綏都巡檢使。御卿世有功於朝廷，尤能釐肅部伍，西蕃頗憚之，故有是寵。

至道元年正月，府州言：「契丹萬餘衆入寇，節度使折御卿率兵擊敗於子河汊，斬首五百級，獲馬千匹，虜將號突厥太尉，司徒、舍利死者二十餘人，生擒吐渾首領一人，大將韓德威僅以身免〔三〕。」帝召使者於便殿問狀，謂左右曰：「此戎小醜，輕進易退，朕常誡邊將不與争鋒，待其深入，則分奇兵以斷其歸路，因擊殺之，必無遺類也。今果如其言。」左右皆呼萬歲。厚賜其使，因遣内侍楊守斌往府州畫地圖來上，因遣問御卿：「向者戎人從何而至〔四〕？」御卿曰：「虜由山峽間細逕而入，意臣出巡，謀入剽掠。臣先諜知之，預遣内屬戎人邀其歸路，因縱兵疾擊，虜敗走，塵起迷失本路，人馬墜崖谷死者 3 相枕籍，不知其數。皆聖靈所及，非臣之功。」帝甚嘉之。

十二月，御卿卒，詔贈侍中，以其子惟正爲洛苑使，知州事。御卿被病，虜諜知之，韓德威爲李繼遷所誘，復率衆入寇，以報子河汊之役。御卿輿疾而行，德威聞其至，頓兵不敢進。會疾甚，其母遣親信召御卿歸就醫藥，御卿曰：「家世受國恩，虜寇未滅，御卿之罪也。今臨敵，安可棄士卒自便，死於軍中，是其分也。」翌日而卒。

二年三月，入内副都知宋思恭上言：「得府州管界五族大首領折突厥移狀，稱父折文御授官告，補充五族大首領。今文御已死，府州以突厥移承父勾當，乞賜真命。」詔折突厥移授安遠大將軍，依舊充府州管界五族大首領。

六月，府州勒浪族副首領遇兀等百九十三人歸附，貢馬七匹。遇兀舊隸契丹，淳化初遷族帳於府州界，東至河百五十里，南至府州三百里〔五〕，至是始來貢。帝召見慰勞，賜錦袍、銀帶。遇兀言：「部族多良馬，今始來朝，所貢未備。」帝曰：「吾嘉爾忠順之節，慕化來歸，固不以多馬爲意也。」

〔一〕杜正：《宋史》卷四九一《党項傳》作「社正」。
〔二〕乜：原作「也」，據《宋史》卷四九一《党項傳》改。
〔三〕韓德威：原作「韓德盛」，據《長編》卷三七改。
〔四〕至：原作「土」，據《宋史》卷二五三《折御卿傳》改。
〔五〕三百：原作「三十」，據《宋史》卷四九一《党項傳》改。

七月，以李繼隆出討賊還〔一〕，賜麟府州兀泥族大首領突厥羅〔二〕、女女殺族大首領越都〔三〕、女女夢勒族大首領越移、女女忙族大首領越置、女女簍兒族大首領党移〔四〕、没兒族大首領莫末移、路也族大首領越移〔五〕、細也族大首領慶元、洛才族大首領羅保〔六〕、細母族大首領羅保保乜凡十族敕書〔七〕，招懷之。

三年八月，詔府州折惟正歸朝〔八〕，以 4 其弟内園使惟昌代知州事，兼麟府濁輪寨都巡檢使。惟正少有狂易病，不可治州事，故命之。

十一月，知府州折惟昌等奏：「臣父嘗奉詔，歸投蕃部中有懷二者，便令剪除，未敢遵奉施行。」詔如有蕃部委實違背者，依蕃法例行遣。

真宗咸平二年八月，河西蕃族叛戎黄女族長蒙異保及府州叛去熟户啜訛引繼遷之衆寇麟州萬户谷，進至松花寨，知府州折惟昌與從叔同巡檢使海超、弟供奉官惟信率兵赴戰于城。會惟昌矢中臂墜馬〔九〕，官軍小衄，海超、惟信没焉。奏至，即日遣内侍勞問，賜金丹、法酒、錦袍、金帶、名馬、器幣。

九月，繼遷之黨萬私保移埋復入寇府州之埋井寨〔一〇〕，惟昌與洛苑使宋思恭、西京左藏庫副使劉文質赴之，戰于横陽川，斬獲甚衆，奪牛馬橐駝弓矢。

十一月，惟昌又與宋思恭、劉文質發兵渡河，破契丹界言泥族拔黄太尉寨〔一一〕，焚器甲、車帳數萬計，斬千餘級，獲所虜生口三百餘。詔書奬之。

六年五月，唐龍鎮上言，鎮有貿易于府州者，爲州人邀殺，盡奪貨畜。乃詔府州自今許令互市，〔竊〕〔切〕加存撫。

八月，府州八族都校明義等言，屢於麟州屈野川擊還賊，及緣邊立大栅防遏，皆有克獲。詔奬賚之，仍令府州常以勁兵援助，勿失機便。

是月，賜内園使折惟正祖母路氏詔書、茶藥。時惟正請告詣府州省覲，帝聞路氏常訓子孫以忠孝之事，故勞賜之。

景德元年二月，惟昌上言：「臣 5 與鈐轄張志言、宋〔思〕恭率兵入蕃界，破賊寨，獲人口、牛馬、橐駝、衣甲、旗皷四萬餘，又護芻糧至麟州〔一二〕。」詔賜錦袍、金帶，勅書奬諭。

〔一〕隆：原脱，據《宋史》卷四九一《党項傳》補。
〔二〕兀泥：《宋史》卷四九一《党項傳》作「兀泥巾」。
〔三〕女女：原作「安女」，據《宋史》卷四九一《党項傳》改。
〔四〕簍兒：原作「兒蔞兒」，據《宋史》卷四九一《党項傳》删改。
〔五〕越：原脱，據《宋史》卷四九一《党項傳》補。
〔六〕洛才：《宋史》卷四九一《党項傳》作「路才」。
〔七〕羅保保乜：原作「雜保也」，據《宋史》卷四九一《党項傳》改。
〔八〕朝：原作「明」，據《宋史》卷二五三《折惟昌傳》改。
〔九〕「矢」原作「午」，「臂」原作「背」，據《長編》卷四五改。
〔一〇〕復：原作「没」，據《宋史》卷二五三《折惟昌傳》改。
〔一一〕「族」原脱，「拔」原作「扷」，據《宋史》卷二五三《折御卿傳》補改。
〔一二〕護：原作「獲」，據《宋史》卷二五三《折惟昌傳》改。

閏九月，北界破大狼水寨，斬首俘獲甚衆。

是月，詔府州自今勿擅發兵入唐龍鎮管内剽掠，如蕃漢人亡逃在彼須追究者，以聞，當令遣還。

二年八月，詔：「府州蕃漢雜處，號爲難治，宜令審官院、銓司慎擇通判、録事參軍〔一〕。」

三年正月，詔以文思使、知府州折惟昌爲興州刺史，依舊知州事。

是年，惟昌上言：「兀泥族大首領名崖從父盛佶爲趙德明白池軍主〔二〕，密遣使諭名〔崖〕，云德明雖外託脩貢，然點閲兵馬尤急，慮劫掠山界。名崖以告。」帝嘉之，降詔撫諭，就賜名崖錦袍、銀帶。

大中祥符二年春，惟昌表求赴闕，許之。六月，惟昌率所部首領名崖等四十七人來朝，貢名馬。帝親加勞問，宴賜甚厚，命中使館伴，内侍副都知竇神寶檢校之。及還，賜内府物，遣内侍宴餞于苑中。惟昌又上言：「先臣御卿蒙賜旗三十竿以壯戎容，歲久故暗，望别給賜。」從之。

七年五月，惟昌卒，其母千乘郡（大）〔太〕夫人梁氏乞令次子供奉官、閤門祗候惟忠繼知州事，詔可，即以惟忠爲六宅使、知府州。命入内供奉官張文質馳往（獲）〔護〕葬，所須官給。又録二子繼芳、繼麟，並爲奉職；弟借職惟崇爲殿直，姪繼猷、繼符並借職。

天禧元年七月，詔府州置納質院。

仁宗天聖五年五月十一日，管勾麟府路軍 6 馬王應昌言：「麟州界外西賊以（水）〔冰〕合渡河，入嵐州劫掠，竊慮異日或深入爲寇。乞下并代總管司，令每至河凌合時，差兵屯戍巡托，以遏姦謀。」從之。

慶曆元年八月，麟州言，元昊攻圍州城逾月。麟、府皆在河外，因山險。初，轉運使文洎以麟州餉道回遠，軍食不足，乃按唐張説嘗領并州兵萬人出合河關，掩擊党項於銀城，大破之，遂奏置麟州，此爲河外之直道。自折德扆世有府谷，即大河通保德，舟楫郵商，以便府人，遂爲麟之别路，故河關路廢而弗治。洎將復之而卒。其後子彦博爲副使〔三〕，遂通道銀城，而州有積粟可守。故元昊知城中有備，解圍而去。復領兵攻府州〔四〕，城中官軍六千一百餘人，居民亦習兵善戰。城東南各有水門，崖壁峭絶，下臨大河。崖腹有微徑，賊攀緣石壁，魚貫而前，城上矢石亂下，賊死傷殆盡。攻城北，而士卒力戰，傷者一千餘人，賊乃引退。

十一月，管勾麟府路軍馬張亢言：「府州城外並無蕃漢居人，盡爲賊境，戍守之人辛勤効命，乞量支乾糧錢，少以慰勞。」從之，候路通即罷。

四年四月八日，帝謂宰臣曰（曰）：「麟州糧草，勞民饋

〔一〕通判：原作「通州」，據《長編》卷六一改。
〔二〕盛佶：原作「盛佑族」，據《宋史》卷四九一《党項傳》改。
〔三〕彦博：原作「産博」，據《長編》卷一三三改。
〔四〕領：原脱，據《長編》卷一三三補。

運，人多上言，乞廢此郡，其利安在？」章得象等對曰：「麟州四面蕃漢人户爲元昊所掠，今無耕民，河東之民困於遠饋。欲遷麟州于府州近處，其舊州改爲城寨，以減遠饋之費。」帝曰：「麟州不可便廢，但量留守兵，其餘軍馬退於府州近處，別置一城以駐之。」宰 7 臣已下稱：「如聖諭，則於邊事爲便。」

十一月，麟、府州民吏僧道等詣闕，請益兵以禦西賊。召對于便殿，賜茶、綵以慰遣之，僧道仍賜紫衣〔一〕、師號。

嘉祐元年十二月，以如京使〔二〕、知府州折繼祖領康州刺史，仍賜錢五十萬。以繼祖改葬其父而請借月俸，因以推恩也。

二年二月二十七日，龐籍言：「麟州屈野河西地土爲西人侵耕，非蹂踐苗稼則無由止絶。然賊馬必却來漢界鈔盜，常須添兵禦敵。至時人户驚擾，守邊將佐各加罪責，乞降指揮。」從之。

四年十二月，知麟州王慶民上麟、府二州圖。

五年九月，遣中使齎詔撫諭知府州、如京使、康州刺史折繼祖。初，繼祖欲解去州事，下知并州梁適體量，而言：「折氏累世承襲知府州，本族僅三百餘口。其所部緣邊蕃族甚衆〔三〕，凡犒勞皆以俸錢，而所用不給，於蕃部借牛耕蒔閑田，以收獲之利歲贍公費。且朝廷俾之承襲，即與内地知州不同。比年監司一以條約繩之，尤爲煩密，以致内不自安，遂欲解去。乞密加撫存之。」故有是(治)〔詔〕。

神宗熙寧三年六月，河東安撫使馮京言：「〔竊〕見麟、府、豐州所管蕃漢義軍人馬，最處戰地，(聽)〔器〕用衣甲，例合自備，然皆貧寠。三州所管七千四百餘人，馬一千四百餘疋，今乞官爲借支五分衣甲，送管轄城寨，每有事宜，將官分給，所貴可以應敵。」從之。

四年十月，録故西〔作坊使〕、□□□□、〔解〕州防禦使〔四〕、知府州折繼祖男□□□□□ 8 □殿直克静各轉一資，孫可致、可□〔並三班借職〕。繼祖嘗有〔子〕□□〔當襲知〕府州，繼祖請(受)〔授〕其兄之子〔克柔，朝廷從〕之，而有是命。

元豐元年二月七日，文思使、知府州折克柔領忠州刺史。以河東路經略使韓絳言，克柔承襲已及六年，乞依折繼祖例優與遷官故也。

六月三日，河東經略使韓絳言：「麟州銀城寨熟户蕃部命子元入西界刺事〔五〕，爲戎人所獲，其子莽乜已補十將。今子元逃歸〔六〕，乞與近上名目，免追奪莽乜恩命。」詔

〔一〕仍：原作「乃」，據《長編》卷一三四改。
〔二〕如：原無，據《長編》卷一八四補。
〔三〕所：原無，據《長編》卷一九二補。
〔四〕以下闕文，凡可補者，據《長編》卷二二六補。
〔五〕銀城寨：原作「銀戍寨」，據《長編》卷二九〇改。
〔六〕子元：原缺，據《長編》卷二九〇補。

補子元十將〔一〕，莽乜免追奪。

四年七月二十三日，詔麟府都巡檢使、知府州折克行點兵三千，選擇有官子孫部押，隸張世矩等。以高遵一奏乞克行領蕃兵別爲一軍，而朝廷以克行守郡不可行故也。

哲宗元符二年三月十七日，河東路經略司言：「知府州折克行捉到西界僞鈐轄令王皆保〔二〕，乃先歸順人供奉官移昇親兄。雖係鬭敵擒獲，緣(王)〔正〕當誘脅招納之際，乞令其弟移昇等保管令王皆保，止於府州居住，存撫北界首領，使圖歸順。」從之。

徽宗政和五年三月十日，太原府路都監、知府州折可大奏：「伏覩皇太子受册禮成，伏聞凡宮闈大慶，雖郡邑小臣於法不許稱賀。臣家亦嘗貢方物，或遣母妻入覲，蓋祖宗眷遇特厚。今欲乞將已俸進馬二十疋，庶効臣子之恭。臣已將馬價錢赴州軍資庫送納訖，切恐有司不知有此體例，不爲收接，伏望許令投進。」詔依所乞。（以上《永樂大典》卷一一〇〇三）

豐州

【宋會要】 9 豐州本河西藏才族都首領王甲居之〔三〕，契丹補左千牛衛將軍。太祖開寶二年，率衆歸順，又命其子承美爲豐州衙内指揮使。四年七月，命承美爲天德軍蕃漢都指揮使，知豐州事，以其父卒也。五年，授承美豐州刺史。承美遣軍校詣闕上言，願誘退渾、突(闕)〔厥〕内附，有詔褒諭之。

太宗太平興國五年閏三月〔四〕，承美上言：「每奉詔勾招市馬，今年已招勾千七百餘疋赴闕。昨爲契丹移文當州，蕃漢不得於中國進賣，臣以本界屬中朝，不當得止，契丹即發兵打劫當州西關以西蕃部三百餘帳。」

七年二月，豐州大首領黃羅并弟乞蚌等以良馬來貢〔五〕。是月，詔賜承美錦袍、銀帶，以其屢貢奉也。

閏十二月，承美遣其弟承乂上言，契丹日利、月益、没細、兀瑶等十一族七萬餘帳内附，斬首二千餘級，獲僞天德軍節度使韋太及生口羊馬萬計〔六〕，以俘馘來獻。賜承乂錦袍、金帶，絹百疋。

八年三月，承美上言，破契丹萬餘衆，斬首二千級，追奔逐北百餘里。至青塚，降者三千帳，獲鎧甲數萬，羊馬萬計。

四月，詔以承美爲本州團練使，又以本州没細都大首領越移爲檢校太傅、懷化大將軍，瓦瑶爲檢校太保、歸德大

〔一〕補子：原缺，據《長編》卷二九〇補。

〔二〕「令」上原有「路」字，按「令王皆保」乃人名，《長編》卷五〇七亦有此條，清人改譯爲「哩旺札布」，亦無「路」字，今删。

〔三〕王甲：「甲」字原缺，據《長編》卷一〇、《九朝編年備要》卷二補。

〔四〕按，《長編》卷二一載此事於此年九月。

〔五〕并弟乞蚌：原作「外弟乙蚌」，據本書蕃夷七之一一、《宋史》卷四九一《党項傳》改。

〔六〕韋：原缺，據《長編》卷二三、《宋史》卷二五三《王承美傳》補。

將軍〔一〕，耶保、移邈二族首領弗香、克浪買、乞黨族首領歲移並爲歸德郎將，賞功也。

淳10化元年七月，藏才三族都判啜尾卒〔二〕，其子啜香因過曰來請命，詔以父官授之〔三〕。

二年十二月，承美來朝，詔遣復還本任。

四年正月，藏才西族大首領羅妹等十八人來朝，貢馬十八疋。

五年四月，藏才東族首領歲羅啜先遣其子弟朝貢〔四〕。

至道二年四月，豐州河北藏才東族蕃部首領啜啫、都判連埋伊也、香埋也、啜克泥等各遣蕃部弟及男詣闕進奉。

真宗咸平二年十一月，豐州河北藏才八族大首領皆賞羅等以名馬來貢〔五〕。

五年六月二日，賜豐州團練使王承美銀器百兩、絹百疋，茶三百觔。承美自內屬，止依蕃官例給俸，至是麟府總管言其貧〔六〕，故有是賜。

八日，以河北黑山北莊郎族寧遠將軍龍移爲安遠大將軍，昧克爲懷化將軍。

六年正月，詔賜豐州龍移昧乞族。真宗累覩邊奏，云還賊屢爲龍移昧乞所敗。此族在黄河北，數萬帳，東接契丹，北接達靼，南至河，西與大梁〔七〕、小梁相連。或號莊郎昧克，並語訛爾。常以馬附藏才入貢。是歲，令有司差豐州推官張仁珪及藏蕃官乙啜訪其事，因詔奬慰之。

□月〔八〕，麟府路宋思恭上言：「王承美乞益屯兵，望依所奏，仍於三班選官充豐州監押。」帝曰：「是州本州補置土人以爲扞禦，今更益兵置官，即與內地無異，河東之人供饋勞止，不可從也。」

景德元年四月，承美表請朝覲，從之。承美自帝踐阼，未嘗入朝故也。

八月，以承美爲本州防禦使。承美守邊歲久，故擢之。

大中祥符二年正月，11詔豐州防禦使王承美月別給錢五萬。自承美奉土内屬，以蕃官例賜禄，至是特給焉。

四年正月，豐州北藏才西族、中族首領奴移、横全等遣其子羅兒、埋保來貢馬。

五（年）〔月〕〔九〕，豐州王承美請於州城內置文宣王廟。從之。

五年十一月，麟府路上言，承美被疾。詔遣中使押翰林醫官往視之，日具增減之狀附驛以聞。

〔一〕瓦瑶：原作「元瑶」，據《長編》卷二四、《宋史》卷五三《王承美傳》改。

〔二〕三族：原作「三都」，據《宋史》卷四九一《党項傳》改。

〔三〕官：原作「棺」。按，啜香之父自卒於本部，皇帝以其父之棺授之，殊不合於事理。檢《宋史》卷四九一《党項傳》云：「啜尾卒，其子啜香來請命，乃令代其父。」始悟「棺」爲「官」之誤，謂以其父之官銜授之也。

〔四〕歲羅啜先：《宋史》卷四九一《党項傳》作「歲囉啜克」，疑「先」爲「克」之誤。

〔五〕八族：原作「族以」，據《宋史》卷四九一《党項傳》改。

〔六〕貧：原作「貪」，據《長編》卷五二改。

〔七〕西：原無，據《長編》卷五四補。

〔八〕按，「月」上脱一字，未知是何月。嘉業堂本卷四五〇作「八月」，當是臆補。

〔九〕五月：原作「五年」，據《長編》卷七五改。

十二月，詔以承美子文玉爲防禦，代知州事，又贈承美恩州觀察使，録其子文寶爲奉職，孫德鈞爲借職，仍諭其妻折氏入謁禁中。

八年二月，以左侍禁王文恭爲供奉官。文恭，承美之嫡長子，從仕離家十餘年。承美卒，時文恭監軍沂州。初，承美奏文恭之子懷玉爲子，改名文玉，奏補殿直，常以自隨。及是藏才族首領上言，文玉曉軍政，請以承襲，蕃漢定議，故從其請。既而文恭表訴〔一〕，特詔遷秩。

九月，賜知豐州王文玉錢、帛、米、麪、羊、酒等，以承美葬故也。

天禧四年三月，以西頭供奉官、知豐州、勾當蕃漢事王文玉爲内殿崇班。文玉知州事八年，特遷。

仁宗天聖二年二月，麟府路上言：「内殿承制、知豐州王文玉卒，得其母樂安郡（君）太君折氏并職員蕃部衆狀，乞以文玉長子餘慶勾當。」詔鈐轄高繼忠與知府州折惟忠密切體量〔二〕，如王餘慶若未經歷，即於文玉本家長成子弟中定名以聞。既而蕃官王遵等乞差殿直王懷信知州事。

八月二十二日，河東轉運使周好問與高忠等上言：「得折氏狀，文玉初 12 卒，衆情舉王餘慶承父任。後承美孫天門關巡轄馬遞鋪、殿直王懷信擅離本任，到州造酒，與教練使王勳聚會，及於王遵家管設蕃漢〔三〕，殺犬立誓，求於食禄兒男之内保舉一人。今有三班奉職、晉州監鹽懷鈞兒〔四〕，文玉父婆當房親弟文誘男，堪充知州。所有孫男餘慶，乞與一班行豐州監押。又據文玉遺表，稱長男餘慶素習武藝，稍諳道理，欲乞起復官資，依例差知本州。其第三男餘勝、第四男餘應，乞於三班安排；第二男餘懿，昨蒙補充（齊）〔齋〕郎，不諳文墨，亦望改授班行。」（治）〔詔〕王懷鈞轉右班殿直，差知豐州；餘慶授三班借職，仍除合得請受外，每月特增錢三貫文。

三年八月，右班殿直王懷信上言：「兄知豐州文玉昨身亡之時，蕃官首領舉臣繼領州事，爲府州折惟忠抑逼蕃官，改差臣弟懷鈞。竊緣懷（鈎）〔鈞〕未甚歷事，不知蕃漢人情，勾當八月之中，走却蕃漢七户，藏才族不來進奉。深慮蕃情不順，望差官體量。」詔河東轉運使親往體量，具詣實因依，有無不便件析以聞。

康定二年八月，詔以豐州危急，發（經）〔涇原〕路三萬人入界牽制，而陝西都總管陳執中言，豐州城壘極爲隘陋，亦無儲峙，民居不及面西面中等一寨〔五〕，西賊攻圍者，恐設詭計以誘西路兵馬。即詔本司更不令（經）〔涇〕原路出兵。

慶曆六年十月一日，河東經略安撫使、知并州鄭戩

〔一〕訴：原作「訢」，據《長編》卷七九改。
〔二〕知：原無，據《長編》卷一〇二補。
〔三〕設：原作「役」，據文意改。「管設」謂設酒食款待，《長編》卷三八五：「遇旦望以酒食管設使臣。」
〔四〕鈞：原作「鈎」，據《長編》卷一〇二改。「兒」字疑衍。
〔五〕上「面」字疑衍。

言：「相度沙寧浪等四處並在故豐州南，深在府州腹裏，西人若以此爲13界，麟、府必難守禦。乞且依舊封疆，去横陽河界〔一〕。」詔以鄭戩所奏畫，一面令張子奭，候到彼，與西人商議，詳誓詔内元初除去「諸處」二字，麟、府、豐州地界自合依舊全屬漢界，別無分定。如西人堅意不肯，即將横陽河外昨因西人侵占耕種住坐處漢地三四十里定爲禁地，兩界各不居占。如更不肯，即説與西人，假如元初不曾除去「諸處」二字，只用所進誓書見今蕃官住坐中爲界，亦只可將横陽河外三四十里地中心爲界。再三商議不行，即依鄭戩所請，以横陽河〔爲〕界，此外更不得別許近南立界。近降附張子奭事節内，豐州地界立作禁地一節更不施行。以上《國朝會要》。

神宗熙寧三年六月，河東安撫使馮京言〔二〕：「麟、府、豐州蕃漢義軍皆貧窶，乞官爲借支伍分衣甲。」從之。詳見「府州」。

元豐元年九月十九日，内殿承制王餘應乞叙歸明，繼襲主管豐州。詔以爲麟州都監，候滿二年差知豐州。

哲宗紹聖元年正月十八日，樞密院言：「河東經畧司奏，知豐州、崇儀使張世永，權府州靖化等寨巡防、内殿承制張世京，府州百勝寨主、右班殿直張操，私離州寨，聚會遷葬。」詔世永、操係遷葬，各追一官，世京非應差出官，令河東路經畧司具事因以聞。以上《續國朝會要》。（以上《永樂大典》卷三四三）

西涼府

【宋會要】

14西涼州也。自唐末陷河西之地，雖爲吐蕃所隔，然其地亦自置牧守，或請命於中朝。天成中，權知西涼府留後孫超遣大將拓拔承誨來貢。明宗召見，承誨云：「涼州者東距靈武千里，西北至甘州五百里，舊有鄆人二千五百爲戍兵。及黄巢之亂，遂爲阻絶。超及城中漢户百餘，皆戍兵之子孫也。其城今方幅數里，中有縣令、判官、都押衙、都知兵馬使，衣服、言語畧如漢人。」即授超涼州刺史，充河西軍節度留後。乾祐初〔三〕，超卒，州人推其土人折逋嘉施權知留後〔四〕，遣使來貢，即以嘉施代超爲留後。涼州郭外數十里尚有漢民陷没者耕作，餘皆吐蕃。其州帥失情，則衆皆嘯聚。城内有七級木浮圖，其帥急登之，紿其衆曰：「爾若迫我，我即自焚於此矣。」衆惜浮圖，乃盟而捨之。周廣順二年〔五〕，始以申師厚爲河西節度使。師厚初

〔一〕去横陽河界：《長編》卷一五九作「以横陽河爲界」。
〔二〕京：原作「諒」，據本書方域二一之七改。
〔三〕乾祐：原脱，據《宋史》卷四九二《吐蕃傳》補。
〔四〕逋：原作「滿」，據《宋史》卷四九二《吐蕃傳》補。
〔五〕廣順二年：《宋史》卷四九二《吐蕃傳》作「三年」。然按《舊五代史》卷一一二、《資治通鑑》卷二九〇，其事實在廣順元年。

至涼州，奏請授吐蕃首領折逋支等官[一]，並從之。顯德中，師厚爲其所迫[二]，擅還朝廷，貶，涼州亦不復命帥[三]。今即吐蕃之别種也。

太祖乾德四年，知西涼府折逋葛支上言[四]：「有迴鶻二百餘人、漢僧六十餘人，自朔方路來[五]，爲部落劫畧。僧云欲往天竺取經，並送達甘州訖。」詔書褒答之。

開寶六年，涼州令步奏官僧吝氈聲、逋勝拉蠲二人求通道于涇州以申朝貢，詔涇州令牙將至涼州慰撫之。

15太宗淳化二年，權知西涼州、左厢押蕃落副使折逋阿喻丹來貢。先是，殿直丁惟清往涼州市馬，惟清至而境大豐稔，因爲其所留。靈州命蕃落軍使崔仁遇往迎惟清[六]，又吐蕃賣馬還(回)過靈州，爲党項所略，表訴其事，因請留惟清至來年同入朝[七]。詔答之。

四年閏十二月，以西涼府都總管、權知軍府事俞龍波爲保順郎將。以阿喻丹死，奏乞真命也。

五年，知西涼府[八]，左厢押蕃落副使折逋俞龍波來貢馬。

至道元年正月，涼州吐蕃當尊以良馬來貢，引對(尉)〔慰〕勞，加賜當尊虎皮一，歡呼致謝。

二年七月，折逋俞龍波上言，蕃部頻爲繼遷侵畧，乃與吐蕃都總管没暇拽于會六谷蕃衆來朝[九]，且獻名馬。詔厚賜之。是年，涼州復來請帥，詔以殿直丁惟清領州事，仍賜牌印。

真宗咸平元年十一月一日，河西軍左厢副使、歸德將軍折逋遊龍鉢來朝[一〇]，獻馬二千疋。遊龍鉢四世受朝命爲酋，雖貢方物，未常自行，今始來朝。河西即古涼州，東至故原州千五百里，南至雪山、吐谷渾、(蕭)蘭州界三百五十里，西至甘州同城界六百里[一一]，北至部落三百里。周回平川二千里。舊領姑(藏)〔臧〕、神烏[一二]、蕃和、昌松、嘉麟五縣，户二萬五千六百九十三，口十二萬八千一百九十二。今有漢民三百户。城周迴五十里[一三]，如鳳形，相傳李軌舊治也[一四]。皆龍鉢自述云。六日，詔以龍鉢爲安遠大將軍。遊龍鉢詣崇政殿謝恩，因言本土造浮圖乏16黄金、五彩裝飾，令各賜之。

[一]支：原作「反」，據《宋史》卷四九二《吐蕃傳》改。
[二]厚：原作「後」，據《宋史》卷四九二《吐蕃傳》改。
[三]帥：原作「師」，據《宋史》卷四九二《吐蕃傳》改。
[四]西：原脱，據《宋史》卷四九二《吐蕃傳》補。
[五]路：原無，據《宋史》卷四九二《吐蕃傳》補。
[六]崔：原作「催」，據《宋史》卷四九二《吐蕃傳》改。
[七]請留：原脱，據《宋史》卷四九二《吐蕃傳》補。
[八]知：原無，據《宋史》卷四九二《吐蕃傳》補。
[九]没暇：原作「後臨」，據《宋史》卷四九二《吐蕃傳》改。
[一〇]將軍：原脱，據《宋史》卷四九二《吐蕃傳》補。
[一一]同：原作「固」，據《宋史》卷四九二《吐蕃傳》改。
[一二]神烏：原作「神島」，據《通典》卷一七四、《長編》卷四三改。
[一三]五十里：《宋史》卷四九二《吐蕃傳》作「十五里」，當是。
[一四]李軌：原作「李範」，據《宋史》卷四九二《吐蕃傳》改。

三年十月，授西涼府六谷大首領折逋遊龍鉢等將軍、郎將、司戈。

四年十月，以西涼府六谷都首領潘羅支爲鹽州防禦使〔一〕，兼靈州西面都巡檢使。先是，知鎮戎軍李繼和上言，潘羅支願戮力討繼遷，請授以刺史，仍賜廩給。又經略使張齊賢請封六谷王〔二〕，兼招討使、靈州西面都巡檢使，俟其立功，則授節鉞。詔宰臣議其事。咸曰潘羅支已爲酋帥，儻授刺史，則名品太輕；未付節旄而先極王爵，則典制非順。招討使號不可假於外夷，請授防禦使，俾兼都巡檢之職。從之。命殿直、閤門祗候李振辭假崇儀使，爲加恩官告使，殿直金會假(從)〔崇〕儀副使副之。

十一月，以西涼府六谷左廂副使折逋遊龍鉢領宥州刺史，又以其督六族首領褚下箕等三人並爲懷化將軍。時西涼使又言，六谷分左右廂，遊龍鉢爲左廂副使，崔悉波爲右廂副使，朝廷所降符命龍鉢(惠)〔悉〕掌之，庶事與首領潘羅支同共裁制。朝廷方務綏懷，故有是命。

十二月，以如京副使宋沆爲西涼府安撫蕃落使〔三〕，太常丞、直集賢院梅詢副之。沆等未行，帝謂宰臣曰：「朕看《盟會圖》，頗照吐蕃多反覆狼子野心之事。今已議令王超等領甲馬援靈州〔四〕，若難爲追襲，即靈州便可制置，沆等不須遣，止走一使以會兵告之。」

閏十二月，鎮戎軍李繼和上言：「得潘羅支書，見發兵討遷賊，部下李萬山願得王師援17助。」詔繼和諭羅支，朝廷有出師之期，當即詔報，宜整旅以俟。

五年十月，潘羅支遣使上言：「李繼遷送鐵箭誘臣部族〔五〕，已戮一人，縶一人，以聽朝旨。」詔褒之，所縶戎人聽自處置。

十一月，潘羅支貢馬五千疋〔六〕，詔厚給其直〔七〕，別賜綵百疋，茶百斤，仍宴其部族。

十二月，西涼府與咩逋族各遣使來貢。帝曰：「靈州河外賀蘭山則有小涼、大涼，部族甚盛，舊與賊遷修好，朕虞其合勢爲患。近累得邊奏，知與繼遷有隙，迭相攻掠。今西涼、咩逋使來，可召問其委曲，因其歸，俾賫詔招諭，令助討遷賊，俟立功則重賞之。」

六年正月，涇原總管陳興上言：「潘羅支差咩逋族蕃官成逋馳騎至鎮戎軍，乞會合天兵同討李繼遷。本軍遣人部送赴本司，在道防禦過嚴，至安國鎮，成逋奔竄，墜谷而死，其防送使臣尋梟首級以至。」帝覽奏，傷悼久之，謂曰：「成逋乃咩逋族泥埋之子，兩曾詣闕，皆召對與語，厚加恩

〔一〕都：原作「大」，據《長編》卷四九、《宋史》卷四九二《吐蕃傳》改。
〔二〕齊：原作「濟」，據《宋史》卷四九二《吐蕃傳》改。
〔三〕「涼」原作「京」，「撫」原作「於」，據《長編》卷五〇改。
〔四〕王超：原作「王起」，據《宋史》卷四九二《吐蕃傳》改。
〔五〕族：原作「旅」，據《宋史》卷四九二《吐蕃傳》改。
〔六〕五千：原脱「五」字，據《長編》卷五三、《宋史》卷四九二《吐蕃傳》補。
〔七〕厚：原作「第」，據《長編》卷五三改。

渥。蓋念此人父子忠勤，累與遷賊鬬敵。泥埋二子，長即成逋，次曰屈子，如聞彼方之人皆畏成逋〔一〕，蓋有材力而負智勇故也。鎮戎軍防備太（察）〔緊〕，遂致奔逸，及其死也，忍又梟其首級。」即遣使臣乘傳按鞠，仍令渭州以禮葬之。

二月，以潘羅支爲朔方軍節度使，充靈州西（南）〔面〕都巡檢使。先是，羅支遣蕃官吳福聖臈進奉到闕，賫蕃書奏狀，且云：「潘羅支感朝廷恩信，憤繼遷倔（疆）〔彊〕，結集人馬，與之格鬬，累奪到蕃人。繼遷因此數 18 放回陷陣蕃人，今悉收繫，以聽朝旨。」又言：「繼遷鐵箭令羅支附，稱已納款朝廷〔二〕，未知虛實。羅支見集騎兵六萬，乞會王師，收復靈州。願改一官，量給衣甲。」帝召其使詢之，又與宰臣參議，帝曰：「賊遷未平，常慮西脅諸蕃，益煩禦備。只如契丹僞封繼遷西平王，雖戎狄之命不足比數，然便授之王爵。今來朝廷授潘羅支，亦空名耳。」遂有是命，仍賜人馬鎧甲，以吳福聖臈爲安遠將軍，收繫之人只委羅支便宜從（之）〔事〕。

三月，以咩逋族首領錦州團練使泥埋爲鄯州防禦使〔三〕，充靈州河外五鎮都巡檢使。帝謂近臣曰：「泥埋與潘羅支自來同力討賊，部族居止密（爾）〔邇〕河外，又遣男成逋遠告事宜，墜谷而死，可特與轉改，委以河外都巡檢之任，庶與羅支掎角宣力也。」

四月十四日，潘羅支遣使鐸論來貢，且言六谷聚兵，願會王師擊繼遷。詔所請會兵，如至烏白池、鹽州已來，即爲進師。羅支屢請王師助擊賊，時議以西涼去渭州限河路遠，不可預約師期，第詔令常爲之備，俟賊侵軼，即命邊兵掎角。至是，復有此奏，帝曰：「繼遷常在地斤三山已東〔四〕，每來寇邊，官軍才出（到）〔則〕遠遁。或六谷部族近塞捍禦〔五〕，與官軍合勢，亦國家之利。苟以爲難，必不敢復有陳請，且不失其懽心也。」

二十四日，以西涼府厮邦族首領兀佐、馬家族首領渴東、周家族首領厮那叱、的流族首領箇羅、趙家族首領阿斯鐸、嗟厮波、日姜族首領鐸 19 論並爲懷化郎將，從潘羅支之請也。

八月，西涼府者龍族都首領遣使貢名馬十七疋。帝以其常與潘羅支協力抗賊，命優待之。

十一月，繼遷攻西蕃，入西涼府，知州丁惟清陷没。潘羅支僞降，未幾，集六谷諸豪及者龍族合擊繼遷〔六〕，繼遷大敗〔七〕，中流矢死。

〔一〕聞：原脱，據《長編》卷五四補。
〔二〕款：原脱，據《長編》卷五四補。
〔三〕鄯州：原作「錦州」，據《長編》卷五四、《宋史》卷四九一《党項傳》改。
〔四〕斤：原作「近」，據《宋史》卷四九二《吐蕃傳》改。
〔五〕塞：原作「寨」，據《宋史》卷四九二《吐蕃傳》改。
〔六〕谷：原作「合」，據《宋史》卷四九二《吐蕃傳》改。
〔七〕繼遷：原無，據《宋史》卷四九二《吐蕃傳》補。

景德元年正月，遣使厮陁完、押衙鄭延美以六谷蕃馬三千疋來貢，且獻捷。厮陁完即潘羅支之甥也。潘羅支又言洪元寺壞，乞給工匠及賜金碧絹綵脩繕之。詔以尚方工匠難以遠去，餘從其請。

三月，潘羅支上言，本道番族首領閻藏請賜虎皮翻披。從之。西蕃之俗，(受凡)〔凡受〕賜者族人推奉，故有是請。

六月，又遣其兄邦逋支入奏，且言去年十一月二十六日與蕃賊李繼遷戰，大勝之，然被劫却牌印、官告、衣服、器械，今以良馬修貢，乞再頒賜。且欲更率部族及回鶻精兵直抵賀蘭山討除殘孽〔一〕，願發大軍援(助)。賜詔曰：「卿忠順朝廷，保庇部族，誓戮兇狂之黨，益堅臣子之心。遠率種人，同拒遷賊，戰鬬斯久，殺獲頗多。每念爾誠，不忘朕意。所乞會合大兵，掩殺遷賊，朝廷近知繼遷已死，未經殯葬，所以未欲討除。今卿等既領師徒，遠平讎敵，免爲後患，甚是良圖。所乞會兵，即緣地里稍遥，月日未定，今議候卿等才集諸族人馬起離西涼，即差心腹人走馬來報涇原鎮戎軍總管司。已令至時不候朝旨，率兵前進，至鹹泊、兩蕭關〔二〕、天都山已來牽制賊徒，伏截道路，賊界定須兩面 20 救應。如此邀擊，必可成功。彼中諸事，更竊審詳，佇静邊陲，永保富貴。」時朝廷所賜潘羅支牌印、告勑、國信物悉爲繼遷所劫去，至是羅支貢馬，請別給賜，從之。

十月十七日，詔故西涼府六谷都大首領、朔方軍節度、靈州管内觀察(使)處置營田押蕃落等使、靈州西面緣邊都大巡檢(蕃)〔潘〕羅支，可追封武威郡王，遣使賻卹其家。以其弟厮鐸督爲鹽州防禦使，兼靈州西面緣邊都大巡檢使。時押賜羅支國信使臣焦贇上言：「昨離渭州，至龕谷、懶家族，問得都首領尊氈磨壁余龍及諸路族首領便囑等言〔三〕，去歲六月中李繼遷攻者龍族，羅支率隨身百騎赴之，(儀)〔議〕併兵攻討繼遷，而族帳養迷般囑與日逋吉羅丹者先自(斷)〔繼〕遷所亡歸者龍族，因率其屬殺羅支於其帳。者龍凡十三族，而六族附養迷般囑及日逋吉羅丹。西涼府既聞羅支被害，遂率龕谷、蘭州、宗哥、覓諾諸族來攻者龍六族，六族悉投竄山谷。臣先奉詔，令沿路安撫諸族蕃部，其者龍六族已諭旨安集。兼西涼府六(合)〔谷〕首領議立羅支之弟厮鐸督，言厮鐸督剛決平恕，每會酋豪，設觴豆飲食，必先卑者，犯令雖至親不貸，凡再率衆攻繼遷部族，虜獲甚衆，頗有威名，爲一境所伏。」帝以遷賊未平，藉西涼爲腹背，故奏入，有襃贈之命，而以羅支舊秩授之。

二十三日，以厮鐸督爲金紫光禄大夫、檢校太保、靈州刺史、充朔方軍節度、靈州管内觀察處置營 21 田押蕃落使、兼靈州西面緣邊都大巡檢使、西涼府六谷都大首領，封西平郡開國侯，食邑千户。帝以遷賊未平，藉西涼腹背攻

〔一〕討：原作「計」，據《宋史》卷四九二《吐蕃傳》改。
〔二〕兩：《宋大詔令集》卷二四〇無此字。
〔三〕氈磨壁余龍：原脱，據《宋史》卷四九二《吐蕃傳》補。

制，遂以羅支舊秩悉授之。

其年，涇原路言隴山縣王、狸、延三族歸順。

二年二月，厮鐸督遣外甥呵昔與涼州教練使賈人義以名馬來貢〔一〕，并具與趙德明戰鬭所獲人馬之數來上。帝召見慰諭，優加賜與。又言蕃帳周斯那支有智勇，久參謀議，請授以六谷都巡檢使。帝以嘉奬之，詔從其請，賜茶、綵。

三月二十四日，西涼蕃部樣丹族求市弓矢歸蕃〔二〕。有司舊例，弓矢兵器不入外國，帝以其宣力西陲，委之捍寇，特令渭州給賜，仍別賜其酋厮鐸督。

二十五日，以潘羅支子潘失吉爲歸德將軍，仍賜銀、綵。者龍七族悉補其首領，月給千錢。時厮鐸督又貢馬，求易金綵修洪元佛寺，詔如所求賜之，還其馬直。四年，厮鐸督又遣使獻馬。

二年四月〔三〕，西涼府蕃部（州）〔周〕斯那支爲六谷都巡檢使，賜茶、綵。那支有智勇，戎人畏之，厮鐸督言其久參謀，乞授此職故也。

三年正月，詔以西涼者龍族合窮波等七人〔四〕、渭州黨宗族業羅並爲檢校太子賓客，本族首領；又以厮羅督姨弟禿几筵厮哥爲安化郎將。

五月，西涼府龕谷、懶家、宗家、者龍、當宗、章迷等十族朝見，進馬，犒以酒食，賜與有差。是月，厮鐸督遣安化郎將路黎奴來貢。黎奴病於館，特遣尚醫視療。及卒，帝憐之，厚加22贈給。時鐸督又遣人上言部落多疾，乞賜蕃物白龍腦、犀角、硫黄、安息香、白紫石英之類凡七十六種〔五〕，并求弓矢，皆可之。藥同而名異者，令譯人辨之而給，來者感悦而去。是月，詔加厮鐸督檢校太傅，又以厮鐸督蕃部馬咸山、渴龍、刑家、納迷、水馬波、乞當、龕谷、懶家、小龕谷、章家、心山、王家、者龍諸族及李波逋等四十九人並爲檢校太子賓客，兼監察御史，充本族首領并郎將。

六月，厮鐸督遣蕃部波機進馬，因上言積官俸半年未請，乞就京給賜，市所須物。從之。

七月，令秦翰因便諭意西涼府厮鐸督，令諸蕃部嚴斥堠以備趙德明。以鄜延路總管石普入奏，德明信約未定，點集蕃部也。

十二月，厮鐸督遣吐蕃左右厢副使曰逋速鶻鸚等來貢馬，且乞優給馬價，犒設蕃部。從之。

四年五月，厮鐸督遣（兵）六谷十八首領蘭逋赤等來朝貢，且言感朝廷優卹，故擇名馬修貢。命中使就禮賓院犒

〔一〕甥：原作「生」，據《宋史》卷四九二《吐蕃傳》改。

〔二〕族：原空，據《宋史》卷四九二《吐蕃傳》補。

〔三〕此條内容已見上「二年二月」條，此亦因李心傳抄合各本《會要》，偶忘其内容重複。

〔四〕合窮波：原作「舍窮波」，據《宋史》卷四九二《吐蕃傳》改。今本《長編》卷六二改譯作「和爾沁博」，「和」與「合」音近。

〔五〕白紫石英：原無「白」字，據《長編》卷六三、《宋史》卷四九二《吐蕃傳》補。

設之。是月，渭州通事何忠〔言〕：「至西涼府，得廝鐸督印紙，令臣填書告朝廷諸事。」因詔自今並須蕃書用印，無得以印紙給與諸色人，令赴闕奏事。

九月，遣渭州指使、借職李仁義齎詔賜廝鐸督茶藥、襲衣、金帶，其部下蕃族賜賚有差。仍令約回鶻爲援，以備趙德明。時邊臣有上言德明謀襲西涼及回鶻，帝以六谷、甘州久推忠順，思撫寧之，且以仁義諳西鄙事〔一〕，因遣使焉。

十二月，廝鐸督遣使來貢。

大中祥23符元年六月，賜西涼府進奉僧法滿紫方袍。

十二月二十三日，廝鐸督遣蕃部廝鐸奴等貢馬。二十八日，制加廝鐸督檢校太尉，食邑千户，食實封三百户。

二年二月，廝鐸督遣使來貢。十一月，又遣使貢馬五疋。

三年五月，賜覓諾族〔可〕〔首〕領温逋藥。以所部瘴疫，從其請也。

十月，廝鐸督及潘羅支男失吉又遣使貢馬。有司言廝鐸督馬三疋，估直百七十貫；潘失吉馬三疋，百一十貫。帝曰：「廝鐸督與諸蕃不同，常宜優奬，所進馬每疋賜銀五十兩，失吉馬共賜百五十貫。」仍賜錦袍、銀帶、衣着遣之。

四年三月，西涼府吐蕃潘毒石鷄等來貢。

九月，涇原鈐轄曹瑋上言：「趙德明軍校蘇守信無故領兵攻西蕃乞當族，其首領廝鐸督會諸族禦之，大敗其衆。」

十月，廝鐸督遣僧藺氈單來貢，賜紫方袍。

十一月，以廝鐸督子爲懷化郎將。

五年十一月，廝鐸督遣其子來貢馬，及求賜藥物。

七年四月，廝鐸督遣使來貢。

十一月，六谷蕃部來貢。

八年五月，廝鐸督遣蕃部欽盤等來貢馬。

七月，西涼府僧鶩訛失羅來朝，賜紫方袍。

十月，西涼府宗哥蕃部廝鐸督來貢馬十二疋〔二〕，其姪又獻馬三疋。

天禧四年三月，詔西涼府迴鶻自今貢奉，並由秦州路。秦州言蕃部阿廝鐸納欵歸順。

仁宗天聖四年正月，者龍族首領廝鐸督、捨欽波遣蕃部廝鐸完於貢馬，賜衣服、銀帶遣之。（以上《永樂大典》卷六六二五）

〔一〕天頭原批：「『鄙』疑『郵』。」按此「鄙」字自通。

〔二〕宗哥：原脱「宗」字。按本書蕃夷六之二：大中祥符八年「十月，宗哥蕃部斯鐸督遣使來貢」。與本條同爲一事，據補。《長編》卷八五：大中祥符八年十月「乙酉，秦州總噶爾蕃部斯多特遣使來貢」。亦與本條爲一事，「總噶爾」即「宗哥」之異譯，「斯多特」即「廝鐸督」之異譯。此廝鐸督爲秦州宗哥部首領，與西涼府六谷都首領廝鐸督當非一人，但宗哥部亦隸屬西涼府。

宋會要輯稿　蕃夷一

遼上

【宋會要】❶契丹，匈奴之種也。世居潢水之南，南距幽州千七百里，本鮮卑之地。君長姓大賀氏，有八部。唐光啓後，其王欽德乘中原多故，侵畧諸部，達靼、奚、室韋咸被驅役，由是族帳浸盛〔一〕。欽德政衰，別部酋長(邪)〔耶〕律阿保機代其位。先是，八部互立爲主，三年而代，至阿保機，遂怙强不受代。後唐天成元年卒，僞謚大聖皇帝。次子元帥太子德光立，二年，始私建年號曰天顯，陷營、平二州。晉祖起并州，藉其兵勢，割幽、薊、瀛、莫、涿、檀、順、新、嬀、儒、武、雲、應、寰、朔、蔚十六州以報之。又改元會同。少帝末，南牧渡河，僞稱大遼。死，僞謚嗣聖皇帝。兄突欲子永康王兀欲立，號天授皇帝，改元天禄。立五年，爲燕王述軋所殺。述軋立，虜衆不附，共推德光子齊王述律襲位，殺述軋，時周廣順六年也，號天順皇帝〔二〕，更名明，改元應曆。述律好睡，國中目爲「睡王」。自世宗平三關，虜氣遂衰。治平二年十二月，改今國號。

太祖建隆二年十月，詔北面諸州禁邊民無得出塞盜馬。先是，五代以來，募民盜戎人馬，官給其直〔三〕，籍數以補戰騎之闕。上欲保境息民，遂加禁止，前所盜馬盡還之，由是夷狄畏慕，不敢内侮。

開寶七年八月〔四〕，以契丹降人東頭供奉官劉琮爲西頭供奉官，賜襲衣、銀帶、器幣。

十一月，契丹僞涿州刺史(邪)〔耶〕律琮以書遺知雄州孫全興，詔全興以書答之。書云：「琮濫受君恩，猥當邊任。臣無交於境外，言則非宜；事有利於國家，專之亦可。切思南北兩地，❷古今所同，曷常不世載歡盟，時通贄幣？往者晉氏後主，政出多門，惑彼强臣，忘我大義，干戈以之日用，生靈於是罹災。今兹兩朝，本無纖隙，若或交馳一介之使，顯布二君之心，用息疲民，重修舊好，長爲與國，不亦休哉？琮以甚微，敢干斯義，遠布通悟，洞垂鑒詳。」

八年三月二十六日，契丹遣欵附使克妙骨慎思等十三人奉書來聘〔五〕，其書稱「契丹國」，詔東上(閣)〔閤〕門副使郝崇信至境上迓之。及至，館于都亭驛，召見崇德殿，賜襲

〔一〕族：原作「放」，據《太平治迹統類》卷二改。
〔二〕天順：原作「天聖」，據《遼史》卷六《穆宗紀》、《東都事略》卷一二三改。
〔三〕自「其直」至本條末，原脱，據《九朝編年備要》卷一補。按，《長編》卷二、《宋史》卷一九八《兵志》一二、《太平治迹統類》卷二等亦載其事。不知《會要》所脱之文爲何，今但補其大意。下條亦同。
〔四〕本句及下「以契丹降人」，原脱，據《長編》卷一五所述文意補。此條之前或尚有脱文。
〔五〕十三人：原作「十二人」。按下文云「從者十二人」（《長編》卷一六同），加上使者本人應爲十三人，因改。

衣、金帶、銷金皂羅帽、烏皮鞾，器幣二百、銀鞍勒馬；其從者十二人，〔賜〕衣服、器幣有差。

二十八日，晉王及宰臣、百官以契丹通好，詣崇德殿稱賀。帝謂宰相曰：「自晉、漢以來，北戎强盛，蓋由中朝無主，以至晉帝蒙塵，乃否之極也。今慕化而來，亦由時運，非涼德所致。」先是，涿州以來使書達于雄州孫全興，稱「克妙骨慎思」，至是啓書，但云「克慎思」。或云「克」是官號。（令）〔今〕姓氏與官俱未詳，故兩存焉。

二十九日，詔契丹使於講武殿觀諸班騎士習射〔一〕，令其二從者裊屋六、條首里與衛士馳射毛毬，截柳枝。

三十日，又宴於長春殿。

七月，遣西上（閣）〔閤〕門使郝崇信使契丹，以太常寺丞呂端副之。自是始與中國交聘。

八月，契丹遣使左衛大將軍（邪）〔耶〕律霸德，弓箭庫使堯盧骨，通事、左監門衛將軍王英來聘，獻御衣一襲、玉帶一、御馬三并鞍轡、帶甲馬五十。賜冠帶、器幣有差：使、副，皆暈錦旋襴衣 3 一襲、金帶一、衣着百疋、銀器百兩、金鍍銀鞍轡馬一、皂羅銷金帽一、鞾一；通事，衣一襲、公服、靴、笏、金帶、幞頭、絲鞵、衣着五十匹、銀器五十兩、銀鞍轡馬一；小底、書表二人，各紅錦旋襴、金鍍銀帶、銀器二十兩、衣著三十匹；軍將馬群蹋馬、拽剌梅里等四十六人，各中錦旋襴、金鍍銀帶〔二〕、絲鞵、銀器十兩、衣著二十匹。又賜通事從人二十人，各中錦旋襴、銀帶、銀器五兩、衣着十匹；書表已下隨身十二人，錦襖、銀帶、銀器三兩、衣着五匹。因令從獵出郊。及辭，又賜衣服、器幣以遣之。

十二月，契丹遣使（邪）〔耶〕律烏正，禮賓使蕭護里國，通事、左千牛衛將軍陳延正進賀來年正旦〔三〕，獻御衣一襲、金帶一、金鞍轡馬一、銀花鏤鞍轡馬一、散馬七十匹，烏正等各獻朝見馬有差。詔賜如八月，惟副使減銀器五十兩，通事止銀帶，隨從又有舍利判官、皮室通引之名，所賜（美）〔差〕損前數。時初平江南，李煜至闕下，烏正在館聞之，各獻名馬，弓箭爲賀。及入辭，加賜金鞊鞢束帶、皁花欹正袍、暈錦、紫綺、髹器等物。

九年正月，幸北苑，觀騎士與契丹國使騎射。及辭，又厚賜以遣之。

二月，契丹遣使（邪）〔耶〕律延顥來賀長春節，獻御衣、玉帶、名馬二匹，鞍勒副之，散馬百匹、白鶻二。

十二月，契丹遣使鞍轡庫使蕭蒲骨只及從人粘毛骨等奉慰書來聘，修賻禮也。命引進副使田守奇宴勞於城外，恩賜如例。及還，又加賜銀器二百兩、衣着二百 4 匹。

〔一〕班：原作「殿」，據《長編》卷一六改。
〔二〕銀：原闕，據上文補。
〔三〕旦：原作「月」，據《長編》卷一六改。

太宗太平興國二年(正)〔二〕月〔一〕，契丹遣使蕭蒲泥禮、王英等奉御衣、金玉帶、玉鞍勒馬、金銀飾戎仗及馬百匹，來賀太宗皇帝登極，又別奉御衣、金帶、鞍馬爲賀正之禮。是日，對泥禮等於崇德殿，及其從者凡八十二人，賜衣帶、器幣有差。

四月，又遣使鴻臚卿耶律敞等獻助山陵馬三十匹，又獻御衣三襲、金帶二、御馬三匹、黄金鞍勒副之，金飾戎具一副。

八月，契丹小底述訥辭還本國，詔賜窄衣、金鞊鞢、銀器百兩、衣着百匹。

十月四日，契丹遣使耶律阿摩里來賀乾明節，獻御衣二襲、金玉帶各一、馬百匹。是月十二日，車駕幸子城西北隅，視衛士與其使騎射〔二〕。

十二月，遣使太僕卿耶律迭列、禮賓副使王英以良馬、方物賀正。至上元，召其使觀燈，又宴崇德殿，賜賚倍常。及還，又命儀鸞副使孫宴送至境上，別賜其使大衣着百匹、大銀器百兩，副使半之。

三年十月，遣使太僕卿耶律諧里、副使茶酒庫副使王琛等〔三〕，獻御衣二襲、金帶、弓箭、金鞍轡、鐵鞍轡各一、御馬四匹、散馬百匹，來賀乾明節。是月，帝畋于朱延頓，因令諧里從獵。帝射中走兔，諧里等貢馬爲賀。及辭日，加賜如例，惟無大銀器，而有漆器各一棹，命供奉官、(閣)〔閤〕門祇候王侁送至境上。

十二月，契丹遣使蕭蒲骨只等以良馬、方物來貢，賀明年正旦〔四〕。時帝幸玉津園，又召其使，令觀羣臣習射。

四年春，車駕親征河東。二月，契丹遣5使耶律尚書捜剌梅里奉書問起居，對于行在所，賜梅里金帶、銀鞍勒馬。

三月，石嶺關總管郭進言：契丹率衆數萬騎寇石嶺關以援晉陽，即出兵敗之。

六月，王師親平河東。七(月)〔日〕，下詔北征。二十日，車駕次東易州。州即戎人所立，僞刺史劉宇率官吏開門迎王師乞降〔五〕，賜以衣服、錢帛慰撫之，命宇爲左驍衛將軍。二十一日，次涿州，又降之。二十三日，駐蹕幽州城南之寶光寺。契丹聞王師至，不敢居城中，凡萬餘衆，屯于城北。帝親率兵乘之，斬千餘級，餘黨遁去。契丹、渤海兵三百餘人及范陽軍三百餘來降，召見，賜錢帛撫之。二十五日，命諸將分兵攻城，契丹鐵林都指揮使右廂主李札盧存以部下兵來降。二十六日，幽州神武廳直、(卿)〔鄉〕兵四

〔一〕二月：原作「正月」。按《長編》卷一八、《宋史》卷四《太宗紀》一均記此事於二月甲午(三日)，本條下文之「是日」即指此日，是此「正月」當作「二月」，因改。
〔二〕視：原作「親」，據《長編》卷一八改。
〔三〕酒庫：原作「牀」，據《長編》卷一九改補。
〔四〕旦：原作「月」，據《長編》卷一九改。
〔五〕劉宇：《長編》卷二〇作「劉禹」。

百餘人來歸，山後八軍僞瓷窯官三人以所受契丹牌印來獻〔一〕。二十八日，契丹民百人相率以牛酒迎犒王師。

七月三日，契丹僞建雄軍節度、知順州劉廷素率官屬十四人來降。五日，僞知薊州劉守恩與官屬十七人來降。

自王師入虜境，凡獲馬五千餘匹。師傅城下，定國軍節度宋偓攻南面，尚食使侯昭愿副之；河陽節度崔彥進北面，内供奉官江守鈞副之〔二〕；彰信軍節度劉遇東面，儀鸞副使王賓副之；定武軍節度孟(元)〔玄〕喆西面，閑廐副使張守明副之。凡十五日，以士卒疲頓，轉輸迥遠，且虞戎至，遂詔班師。

十三日，命定武軍節度孟(元)〔玄〕喆、判四方館事梁[6]迥〔三〕、深州刺史念金鐸、左龍武將軍趙延進、翰林使杜彥圭、軍器庫使藥可瓊屯定州，河陽節度崔彥進、西上(閣)〔閤〕門副使薛繼興、供奉官(閣)〔閤〕門祇候李守斌屯關南。

是月，内侍趙守倫於幽州城外及緣路收得馬五千七百餘匹，又於遂城、保州收得戎人敗散馬及橐駝萬餘匹。

八月一日，契丹蕟兒等二十八人來降，悉賜以衣服、錢帛。

五日，西京留守、中書令石守信責授崇信軍節度使，依前兼中書令；彰信軍節度使劉遇責授宿州觀察使。坐以所部扈從親征扞邊失律故也。又詔光州刺史史珪責授定武軍行軍司馬。坐攻范陽城逗撓故也。

九月五日，詔：「忻、嵐、憲州緣邊諸寨不得縱軍士入蕃界打劫，以致引惹。賊衆如入界打刦，即於要路等截掩殺。若須酬賽者，非有宣命，無得出境。」

九日，詔内衣庫使張紹勍、六宅副使何繼隆、南作坊副使李神祐、北作坊副使劉承珪、馬步軍副都軍頭錢俊、李延照率兵屯定州，以備戎寇。

十二日，嵐憲巡檢王延貴言：「緣邊巡檢使臣差人入北界刦掠，利於羊馬，無益朝廷。若是蕃寇搔動，須要酬賽，即具申奏。乞春初會合兵馬掩殺，及起揭人户，庶邊界安靜。」從之。

十月，契丹(朱)〔來〕寇關南，劉延翰、崔彥進、崔翰等三將會兵擊之。遇于遂城西徐、馳二河間〔四〕，斬首萬二百級，獲馬萬匹，生擒酋長三人〔五〕，追奔二十里，俘老幼三萬餘口〔六〕，及兵器、車帳、攻具甚衆。

十[7]一月四日，代州言：契丹於雁門西陘胡谷南川下寨，折彥贇與都監董思愿〔七〕、劉緒、巡檢侯美追擊，大破

〔一〕受契丹：原作「授處」，據《長編》卷二〇改。
〔二〕鈞：原作「均」，據本書兵七之八改。
〔三〕梁迥：原作「梁迴」，據《宋史》卷二七四本傳改。
〔四〕馳：疑當作「鮑」。《元豐九域志》卷二，遂城縣有鮑水，無馳水。蓋因形近而誤。
〔五〕生：原作「坐」，據《長編》卷二〇改。
〔六〕俘：原作「餘」，據《長編》卷二〇改。
〔七〕董思愿：原作「董司愿」，據下文「五年三月」條及《長編》卷二〇改。

之〔一〕，獲鞍馬、器仗甚衆。

二十三日，嵐州言：破契丹千餘衆于三交口。

二十五日，忻州言破契丹數千衆，斬首四十五級，獲鞍馬、鎧甲，生擒十六人以獻。關南又言〔二〕：「破數萬衆，斬首萬餘級，獲橐駞五十三頭。」詔並以分給軍校。

五年三月，并、代州潘美言：「契丹十萬衆寇雁門塞，聚兵分水嶺。臣令楊業、董思愿、侯美、鄭昭達等率在外軍士救應，與鬭，大敗之，殺僞節度使、駙馬、侍中蕭咄李，生擒馬步軍都指揮使李重誨，獲其鎧甲、軍衆、銀牌、印記、戎器甚衆。」

十月八日，命萊州刺史楊重進、沂州刺史毛繼美率兵屯關南，亳州刺史蔡玉、濟州刺史陳廷山屯定州，單州刺史盧漢贇屯鎮州，皆以備虜寇也。

二十四日，命侍衛馬軍都指揮使米信〔三〕、東上閤門使郭守贇，弓箭庫使李斌〔四〕、儀鸞副使江鈞同護定州屯兵。

十一月十三日，車駕北巡。十四日，關南上言：「契丹萬餘衆來寇，斬首三千餘級。」即日以河陽節度崔彦進爲關南兵馬總管。十九日，駐蹕大名。雄州言：「戎虜皆遁，邊候徹警。」乃以十二月班師〔五〕。初，帝欲乘勝討幽州，已命保静軍節度劉遇爲幽州西路行營壕寨兵馬總管，陵州團練使田欽祚爲都監；威塞軍節度曹翰爲東路行營壕寨兵馬總管，登州防禦使趙延溥爲都監〔六〕。又命宰相召翰林學
8 士李昉、扈蒙，問事之可否。昉等上言曰：「北虜微妖，自古爲〔冠〕〔寇〕，乘秋犯塞，往往有之。一昨輒率腥羶，來擾疆埸，陛下櫛沐風雨，衝冒嚴凝，親御戎衣，以攘民患。蠢兹醜類，畏威而逃，因而剪之，易於拉朽。況幽、薊之壤，久陷匪人，慕化之心，倒垂斯切。今若擁百萬横行之衆，吊一方徯后之民，合勢而攻，指期可定。其如大兵所聚，轉輸是資，況河朔之區，連歲飛輓，近經蹂躪，尤極蕭然。雖荐偶於豐穰，恐不堪其調發。屬兹寒冽，益復疲勞。況今虜寇宵奔，邊陲寧肅，若親巡塞下，震耀戎容，固足懼彼殘妖，亦恐勞於大舉。伏望申戒羽衛，旋旆京師，善養驍雄，精加訓練；嚴勑邊郡，廣積軍儲，講習武經，繕修攻具。俟府藏之充溢，洎閭里之富完，朞歲之間，用師未晚。」帝深納其説，即下詔南歸。

是年，岢嵐軍言：「戎人二百六十餘户、老幼二千三百餘口來附。」并州又言：「戎人二百三十四户、五千三百餘口歸附。」

六年正月，易州言：「破契丹數千衆，斬首三百級。」

〔一〕大破之：原作「之大敗」，據《長編》卷二〇引《會要》改。
〔二〕關：原作「閩」，據《長編》卷二〇改。
〔三〕米：原作「來」，據《長編》卷二一改。
〔四〕庫：原作「副」，據《長編》卷二一改。
〔五〕十二月：原作「十二日」。據《宋史》卷四《太宗紀》一，太宗以十二月十一日庚辰發大名府，十六日乙酉至京師。可證「十二日」乃「十二月」之誤，因改。
〔六〕趙延溥：原作「趙延偓」，據《長編》卷二一改。

五月，平塞軍言：「契丹七千人騎來寇，出兵掩殺，逼奔數里，殺賊，奪鞍馬器甲甚衆。」

七月，嵐州言：「戎人五十三户、三百六十三口歸附，率兵迎之，虜騎奄至，因敗其衆，斬首十七級。」

九月，知易州白繼贇上言(一)：「契丹來寇，逆擊於平塞北。斬二千級，獲人馬、器甲、牛畜甚衆。」

七年五月，三交上言：「破契丹萬餘衆，斬首二千級，平其壘三十六，俘老幼萬餘口。」又府州折御卿破契丹[9]萬餘衆於新澤寨，斬首七百級，生擒酋長百餘人。又高陽關崔彦進敗契丹於唐興口，斬首二千級，獲兵器、羊馬數萬計。時虜衆三道來寇，悉敗之。

十月，詔北邊州軍曰：「朕受天景命，奄宅中區，以四海爲家，視兆民如子，冀咸登於富壽，豈輕舉於甲兵？況與契丹本通鄰好，昨以河東劉繼元不遵朝化，盜據一方，念彼遺民，行兹薄伐。朕所以親乘戎輅，直抵晉郊，素無黷武之心，蓋切吊民之意，而契丹輕舉戈甲，輒來救援。一鼓既平於并壘，六師遂指于燕郊。靡辭六月之征，聊報東門之役。雖彼曲可見，亦罪己良多。今聞邊境謐寧，田秋豐稔，軍民等所宜安懷，無或相侵。如今輒入北界剽畧及竊盜，所屬州軍收捉重斷，所盜得物，並送還北界。」

閏十二月(二)，日利、月益(三)、没細、兀瑶等十一族附豐州(四)，王承美出兵迎之，與虜戰，大敗走之。事具「豐州」。

是年，明記卒，其子常王隆緒立，才十三歲。僞謚明記景宗孝成皇帝，改元乾亨(五)。

八年三月，王承美又破契丹萬餘衆，俘斬萬計。

十二月，高陽關捕得虜口，言虜中種族攜貳，慮王師致討，頗于近塞築城爲備。帝謂宰相曰：「戎人以剽畧爲務，乃修城壘爲自全之計，蓋天亡之時也。」因委曲論契丹衰盛情狀，諭可討之計。事具「義兵」(六)。

是年，契丹改元統和，尊母蕭氏爲承天皇太后，隆緒自號天輔皇帝。

雍熙三年正月，命天平軍節度曹彬爲幽州道行營前軍馬步水[10]陸都總管，率河陽節度使崔彦進三十餘將，下詔三路北伐契丹。自三月王師入北境，所在城邑多降。先是(七)，太平興國九年，知雄州賀令圖與其父岳州刺史懷浦及薛繼昭、劉文裕、侯莫陳利用等相繼上言：「自國家伐太

(一)知：原無，據《長編》卷二三補。

(二)閏：原脱，據本書方域二一之九、《長編》卷二三補。

(三)益：原作「利」，據本書方域二一之九改。

(四)十一族：原脱「一」字，據本書方域二一之九、《長編》卷二三補。

(五)改元乾亨：按，此説誤。據《遼史》卷九《景宗紀》、卷一〇《聖宗紀》，景宗年號二，曰保寧、乾亨。乾亨四年九月，景宗崩，子隆緒立，是爲聖宗。次年六月，改乾亨五年爲統和元年。是聖宗雖曾襲用乾亨年號，但不得云「改元乾亨」。不知此爲《會要》原有之誤，抑或爲後人誤添。

(六)「義兵」當是《宋會要》原有門目之名稱，今所存徐松《輯稿》無此目。

(七)先是：原無，按後文「遂下詔三道進討」仍是雍熙三年事，則賀令圖等人上言乃插叙，今據《長編》卷二七補。徐松原稿與嘉業堂本均將「太平興國九年」以下別作一條，誤。

原，而北虜渝盟，發兵以援，非天威兵力決而取之，則河東之師幾爲遷延之役。且虜主年幼，國事決于其母，其大將軍韓德讓寵幸用事，國人疾之，請乘其釁以取幽薊。又訪得隆緒與其母蕭氏在國中，每歲冬月，多居西樓或幽州北廟城就薪水。每出漁獵，常月餘乃還。至春，會遥樂河射鴨。夏居炭山，即上陘避暑〔一〕，有屋室宫殿。蕭氏與韓私通，遣人縊殺其妻，遂入居帳中，同卧起如夫妻，共案而食。隆緒所居異帳，相去百許步，衛兵千餘人，膳夫三百人，雜以（藩）〔蕃〕漢女奴，國事皆蕭氏與韓參決。又近幸醫工迪黑姑及北大王孫弟子將軍二人，部族有竊議者，爲其黨所告，蕭氏盡戮之。隆緒亦惡其事，畏不敢發。然蕭氏亦常懼及禍，每歲正月，輒不食葷茹，大修齋會及造寺，冀復獲福祐。而天性殘忍，多殺罰，有機畧，其下皆稟服焉。」帝聞之，遂下詔三道進討。曹彬、崔彦進、米信自雄州入〔二〕，田重進趣飛狐，楊業出雁門，尅期齊舉焉。

五月，曹彬之師與虜戰，不利，彬收餘衆宵涉巨馬河，臨易水營焉〔三〕。奏至，詔以諸將所領兵分屯緣邊諸郡，召彬、彦進等赴闕，留田重進守中山，令潘美還代州。美等上

11 言：「雲、應、寰、朔州民五萬户〔四〕，及吐渾、突厥三部落、安慶等族八百餘帳〔五〕，久困戎虜，善接王師，願移舊地，南居忻、代之境。」詔美與河東轉運使分置于河東管内，計口給閑田爲業，永免租役〔六〕。如安置不盡，即分于次南州縣。不得擾動，務使安居。至七月，又詔樞密都承旨楊守一等往并、代州起遣，赴河南府、孟、曹、汝、潞等州，給與空閑地土居佃，充爲永業。時潘美等以所部兵護送，其人爲虜所敗，楊業陷焉。事見「出師」門。

十二月五日，定州田重進言：「入虜界攻下岐溝關，殺守城千餘人，及獲牛羊、積聚、器甲甚衆。」

十二日，瀛州言：「都總管劉廷讓率兵與虜遇于君子館〔七〕，接戰，會天大寒，王師不能彀弓弩，虜騎衆圍我軍數重。廷（謙）〔讓〕先約别將李繼隆率精兵後殿，緩急爲救，時已被圍，繼隆引麾下兵退保樂壽。（廷謙）〔廷讓〕力戰不敵〔八〕，全軍陷没，得麾下它馬乘以遁，與數騎獲免。先鋒六宅使賀令圖、武州防禦使楊重進陷焉。」

二十五日，代州副都總管盧漢贇言：「北虜南侵，臣率所部兵于土鐙堡掩襲，斬首二千級，獲馬千餘匹，車帳、器甲、牛羊甚衆。」

〔一〕「陘」原作「涇」，「避暑」原作「處」，據《契丹國志》卷二三改。
〔二〕米信：原作「來信」，據《宋史》卷五《太宗紀》二改。
〔三〕營：原作「榮」，據《文獻通考》卷三四六改。
〔四〕萬：原作「百」，據《文獻通考》卷三四六改。
〔五〕慶：原作「落」，據《文獻通考》卷三四六改。
〔六〕免：原作「興」，據文意改。按本書兵一七之一載太宗雍熙三年七月詔：「北界歸明人先令分處并、代，今遣樞密都承旨楊守一遷於西京、許州，給閑田處之，便爲永業，仍免租役。」與此五月詔一致，可見當作「免」字。
〔七〕劉廷讓：原作「劉廷謙」，據《長編》卷二七、《宋史》卷二五九《劉廷讓傳》改。下同。按，此是《會要》避濮安懿王允讓諱改字。
〔八〕戰：原無，據《長編》卷二七補。

是冬，又寇易州，州遣强壯指揮使劉鈞等率兵襲歧溝關，破之，斬千餘級，焚其積聚而還。

四年正月十二日，詔：「應幽州邊境背没軍人等，或因事疑阻，或負過逃亡，豈所願爲，蓋非獲已。用推恩信，特示招攜。今後有能自北界脱身來歸朝廷者，並不問罪，依舊隸軍額。如曾[12]受契丹（丹）補置者，並與僞命職官，仍令沿邊州縣隨處支賜衣服續食，部送赴闕下。」

二十三日，詔曰：「朕恢纂丕圖，撫綏四海，不敢暇逸，常懷戰兢。幸屬書軌混同，歲時豐稔，而犬羊肆暴，敢犯封陲，俘掠人民，焚蕩廬舍，農桑廢業，閭里爲墟。言念生民，罹其荼毒，爲之父母，實切痛傷。宜覃雨露之恩，以表君親之惠。應行營將士因陣敵不利捐棄兵甲潰散者，並不問罪，各依舊兵籍收隸。應沿邊城堡曾爲契丹攻圍，其中將校備禦有方，功勞可紀者，委逐處分析聞奏，當加旌賞。軍人殁于行陣，及百姓被契丹殺害、無主收葬者，所在破官錢埋瘞。軍人除賙贈外，特支半年廪給。死事使臣、將校子孫，並與録用。應緣契丹入界，草寇因而聚集，及逃亡軍人曾行刦掠者，並釋罪。限詔書到一月，許于所在陳首，軍人依舊隸軍籍，百姓並令歸農；限滿不首，即論其罪。應經契丹剽掠處人户，雍熙三年以前逋欠租調並與除放，仍更給復三年；不經剽掠者，亦與免從前租調〔一〕，仍更給復一年。朕撫理失中，委用乖當，是使邊陲之俗，陷于塗炭之災，咎由眇躬，禍及黎獻，永言痛悼，勿忘于懷。」先是，自歧溝關敗，諸將多坐黜免，既而戎虜復入寇，帝念無可遣者，劉廷（諱）（讓）、宋偓、張永德先皆罷節鎮，在環衛，帝欲令擊虜自効，（固）（故）遣三人者分屯邊郡以禦之。未幾，廷（諱）（讓）又敗于君子館，士卒前後死者數萬人，沿邊諸郡創痍之卒不滿萬計〔二〕，皆無鬭志。河朔震恐，悉料鄉民爲兵[13]以守城〔三〕，皆白徒，未嘗習戰鬭，但堅壁自固〔四〕，不敢禦敵。虜勢益振，長驅而入，連陷深、祁、德等數州，殺官吏，俘虜士民。所過郡縣堅壁不下者，悉俘取村中子女〔五〕，大掠縱火，所在輦金帛而去。魏、博之北，民甚苦焉。又寇定遠軍，城中乏少，人心甚危，知軍、著作郎曹諫慮不能守，殺數人，乃定，虜遂引去。帝哀痛之，故有是詔。

端拱元年十月，豐州王承美言：「契丹於州界多屯兵甲，刦掠蕃部帳族，驅虜人口。當州漢兒隔在毛駞山東黑山内藏避，至今三年，無兵士救應。契丹三次出兵搜捉，臣皆殺退。」降詔褒美之。

十一月，定州郭守文、李繼隆言：「北虜入寇，與戰唐河，敗之，斬首萬五千級，獲馬萬匹。」宰臣率百寮詣崇德殿稱賀。先是，大發兵戍鎮、定、高陽關，郭守文入辭，帝諭之

〔一〕自「仍更」至「租調」十八字，原無，據《宋大詔令集》卷一八五補。
〔二〕痍：原作「夷」，據《長編》卷二八改。
〔三〕料：原作「科」，據《長編》卷二八改。
〔四〕壁：原作「璧」，據《長編》卷二八改。
〔五〕「取」下原有「料」字，「子」原作「士」，據《長編》卷二八删改。

以用兵聖畧云：「夫用兵者，先須料敵，知其强弱，明于動静，賞罰必當，但戢兵清野，此大意也。鎮、定、高陽關三處，控扼來往咽喉道路，若是蕃賊不顧前後，容易矜驕，則用兵掩殺，萬不失一。假如馬軍一指揮〔一〕，選取驍勇者，弓箭、鎗劍間雜，分作十隊；若十指揮，即爲百隊，乃至三四百隊，亦准此例。今于諸班内募願〔爲〕指揮者，分充押隊。若虜敢踰鎮、定而來，不要便殺，但爲詐怯，（連）〔速〕馳以聞，朕當立發駕下精鋭向北逐去。度彼事勢，偷取蕃號，必然穩便，則分布隊伍，縱兵亂殺。若是得勝，盡殺取；若是未捷，各歸城寨。此百戰百勝之謀也。苟隨機所見，[14] 若別有控便，亦不拘此。」至是，契丹來寇中山，守文與繼隆出精兵，背城而陣，蕃賊盡鋭來薄我師，繼隆號令將士，一鼓而破之，殺獲甚衆。

二年正月，詔問文武羣臣，詢平虜之策。吏部尚書宋琪上疏獻十策曰〔二〕：「一、契丹種族，二、料賊衆寡〔三〕，三、賊來布置，四、備邊，五、命將，六、排陣討伐，七、和蕃，八、饋運，九、收幽州，十、滅契丹。契丹〔四〕，匈奴之别種，代居遼澤中〔五〕，南界潢水〔六〕，西距邢山，疆土幅員，千里而近。其主自阿保機始强盛〔七〕，因攻渤海，死于遼陽。妻述律氏生三男，長曰東丹，次曰德光。德光犯闕而還，死于殺胡林。季曰自在太子。東丹生永康，代德光爲主，謀起軍南侵，被殺于火神淀。德光之子述律代立，號爲『睡王』，爲永康之子明記所篡。明記死，幼主代立〔八〕。明紀妻曰蕭氏，蕃將守興之女，今幼主，蕭所生也。晉末，虜主投下兵謂之大帳〔九〕，有皮室，約三萬人騎，皆精甲也，爲其爪牙。國母述律氏頭下謂之屬珊〔一〇〕，有衆二萬，是先戎主阿保機之牙將，當是時，半已老矣〔一一〕。每南來時，量分借得三五千騎，述律常留餘兵爲部族根本。其諸大首領有太子、偉王、永康、南北王、于越〔一二〕、謂國舅。麻答、五押等，大者千餘騎，次者數百人，皆私甲也。別有奚、霫，勝兵亦萬餘人，少馬多步。奚，其王名阿保得，昔年犯闕時，令劉琋、崔廷勳屯河洛者也。又有渤海首領大舍利高模翰，步騎萬餘人，並髡髮左衽，好爲契丹之飾。復有近界達靼、尉厥里、室韋、

〔一〕軍：原無，據文意補。《長編》卷二九作「騎士」。

〔二〕按，以下所録宋琪二疏，《長編》卷二七繫於雍熙三年春北征契丹時，其理由見李燾原注。

〔三〕衆：原作「甚」，據《宋史》卷二六四《宋琪傳》改。

〔四〕「契丹」上原有「一」字，據《宋史》卷二六四《宋琪傳》删。

〔五〕代：原作「伐」，據《宋史》卷二六四《宋琪傳》改。

〔六〕潢水：原作「漢水」，據《宋史》卷二六四《宋琪傳》改。

〔七〕主：原作「王」，據《宋史》卷二六四《宋琪傳》改。

〔八〕「明記死幼主代立」七字原無，據《宋史》卷二六四《宋琪傳》補。

〔九〕投：下文及《宋史》卷二六四《宋琪傳》、《長編》卷二七作「頭」，但《契丹國志》、《遼史》、《元史》均稱「投下」，謂私屬民户與兵士，約相當於中國古代之「部曲」。今不改。

〔一〇〕珊：原作「柵」，據《宋史》卷二六四《宋琪傳》改。

〔一一〕半：原作「年」，據《長編》卷二七改。

〔一二〕于：原作「子」，據《宋史》卷二六四《宋琪傳》改。

女真、党項，亦被脅15屬，每部不過千餘騎。其三部落吐渾、沙陁，洎幽州管内雁門已北十餘軍州，部落、漢兵合二萬餘衆，此是石晉割以賂戎之地也。蕃、漢諸族，其數可見矣。每虜主南侵，其衆不啻十萬。虜主入界之時，步、騎、車帳不從阡陌，東西一槩而行（一）。大帳前及東、西面，差大首領三人各率萬騎，支散遊奕，百十里外交相伺邏，謂之欄子馬。戎主吹角爲號，衆即頓合，環繞穹廬，以近及遠，只折木（稍）〔梢〕屈之爲弓子鋪，不設槍營壍柵之備（二）。或聞聲言斫寨之者，皆不實也。每軍行，聽鼓三伐，不問昏晝，一匝便行（三）。未逢大敵，不乘戰馬，俟近王師，即（競）〔競〕乘之，所以新羈戰蹄有餘力。其用軍之術，成列而不戰，俟退而乘之，多伏兵，斷糧道，冒夜舉火，上風曳柴，饋餉自賫，退敗無恥（四），散而復聚，寒而益堅，蓋並氈裘騎士之故。此戎之所長也。中原所長，秋夏霖霪，天時也；山林河津，地利也；（搶）〔槍〕突劍弩，兵勝也；財豐士衆（五），力强也。乘時互用，較然可知。王師備邊破虜之計：每秋冬時，河朔軍州緣邊栅寨，但專守境，勿輒侵漁，令彼生詞，尋戈有謂。或戎馬既肥，長驅入寇，胡羣（萃）〔猝〕至，黑雲翳日，朔雪迷空，鞍馬相持，氈褐之利。所宜守陴坐甲，以逸待勞。其騎士并屯於天雄軍、貝、磁、相州以來（六），若分在邊城，緩急難于會合。近邊州府，只用步兵，多屯弩手，大者萬卒，小者千人，堅壁固守，勿令出戰。彼以合國戎羯，此以一郡貔貅，雖勇懦之有殊，慮衆寡之不16敵也。國家別命大將，總領前軍，以遏侵軼（七），只于天雄軍、邢、洺、貝州以來，設掎戎之備。俟其陽春啓候，虜計既窮，新草未生，陳荄已朽，蕃馬無力，疲寇思歸，逼而逐之，必自奔北。前軍行陣之法，馬步精卒不過十萬，自招討已降，更除三五人蕃候，充都監、副戎、排陣、先鋒等，臨事分布，所貴有權。追戎之陣，須列前後。其前陣萬五千騎，陣身萬人，是四十指揮；左右梢各十指揮，是二十將。（毋）〔每〕指揮作一隊，自軍主、都虞候、指揮使、押當，每隊用馬突或刃子（搶）〔槍〕百條，餘並弓劍、骨鎟。其陣身解鐙排之，俟與戎相搏之時，無問厚薄，十分作氣，（搶）〔槍〕突交衝，馳逐往來，後陣交進。虜若乘我深入，陣身之後更以（有）馬步人五千，分爲十頭，以撞竿、鐙弩俱進，爲迴避之舍也（八）。陣梢不可輕動，蓋防横騎奔衝。此陣以都監主之（九），進退賞罰，便可裁決。後陣以馬步軍八萬，招討董之，與前陣不過三五里，展梢實心，布常山之勢，左右排陣分押之。或前陣

（一）西：原作「北」，據《長編》卷二七改。
（二）槍：原作「檢」，據《長編》卷二七改。
（三）匝：原作「布」，據《長編》卷二七改。
（四）恥：原作「取」，據《長編》卷二七改。
（五）士：原作「山」，據《長編》卷二七改。
（六）貝磁相州：原作「貝州磁相」，據《長編》卷二七乙。
（七）遏：原作「通」，據《長編》卷二七改。
（八）迴避：《宋史》卷二六四《宋琪傳》、《長編》卷二七作「回騎」，較長。
（九）此：原作「北」，據《長編》卷二七改。

擊破虜寇，後陣亦禁其馳驟輕進，蓋師正之律也。《牧誓》云：「四伐五伐，乃止齊焉。」慎重之誡也。是以開運中晉軍掎戎，不曾支散。三四年間，雖德光爲戎首，多計桀黠，而無勝晉軍之處，蓋併力禦之。厥後以任人不當，爲張彥澤所誤〔一〕。如將來殺獲驅攘之後，聖人務好生之德〔二〕，設息兵之謀，雖降志以難甘，亦和戎而爲便。魏絳嘗陳于五利〔三〕，奉春僅得其中策。歷觀載籍，前王皆然。《易》稱高宗用伐鬼方，17《詩》美宣王薄伐獫狁，是知戎狄侵軼，其來尚矣。然則兵爲凶器，聖人不得已而用之。若精選使臣，不辱君命，通盟繼好，弭戰息民，此亦策之得也。臣每見國朝發兵，未至屯戍之所，已于兩河諸郡調民運糧〔四〕，遠近騷然，煩費十倍。臣生居邊土，習知其事。況幽州爲國北門，押蕃重(慎)〔鎮〕，養兵數萬，討虜乃其常矣〔五〕。每逢調發，惟作糧糗之備，入蕃旬浹，(節)〔即〕軍食自賫〔六〕，每人給麨斗餘〔七〕，盛之於囊以自隨。征馬匹給生穀二斗，作口袋，飼秣日以二升爲限，旬日之間，人馬俱無飢色。更以衙官子弟戮力津擎裹送〔八〕，一月之糧，不煩饋運。俟大軍既至，定議取捨，然後圖轉饟〔九〕，亦未爲晚。伏以國朝大舉精甲〔一〇〕，討除戎寇，靈旗所指，燕城必降。而虜所趨徑，或落其便。必若取雄、霸路直進，未免更有陽城之圍〔一一〕。蓋界河之北，陂淀坦平，北路行師，投戈散地。況軍行不離于輜重，賊來不測其深淺，必冀迴轅，西適山路。望令大軍會于易州，循孤山之北，淶水以西〔一二〕，挾山而行，援糧而進，涉涿水，並大房，抵桑乾河，出安祖寨，則東瞰燕城〔一三〕，纔及一舍。此是周德威收燕之路。自易水距此二百餘里，並是沿山，村舍連延，溪澗相接，採薪汲水，我占上游。東則林麓平岡，非戎馬奔衝之地；內排槍弩步隊，寔王師備禦之方。然于山上列白幟以望之，胡馬之來，二十里外可悉數之也。從安祖寨西北，有盧師神祠，是桑乾出山之口〔一四〕，東及幽州四十餘里。趙德鈞18作鎮之時，欲遏西衝，曾塹此水。況河次半有崖岸，不可徑度，河壖平處，築城護之，守以偏師，斷戎之右臂也。仍慮步奚爲寇，

〔一〕張：原無，據《長編》卷二七補。
〔二〕德：原作「後」，據《長編》卷二七改。
〔三〕陳：原脱，據《長編》卷二七補。
〔四〕已：原作「也」，據《長編》卷二七改。
〔五〕討：原作「計」，據《長編》卷二七改。
〔六〕自：原作「月」，據《長編》卷二七改。
〔七〕麨：原作「麪」，據《宋史》卷二六四《宋琪傳》改。
〔八〕津擎裹送：原作「精勤之謂也」，據《宋史》卷二六四《宋琪傳》改。
〔九〕後：原脱，據《長編》卷二七補。
〔一〇〕據《長編》卷二七及《宋史·宋琪傳》記載，「伏以」以下爲此前之另一奏，《會要》合而爲一，且時間失序，因不便分割，姑仍其舊。
〔一一〕更：原無，據《長編》卷二七補。
〔一二〕淶水：原作「漆水」。按《宋史》原本卷二六四《宋琪傳》、《長編》卷二七等均作「漆水」，然此一帶古今並無漆水，四庫本《宋史》改作「淶水」，是，今據改。淶水又稱巨馬河，即今河北易縣北拒馬河。
〔一三〕東：原無，據《長編》卷二七補。
〔一四〕山：原作「水」，據《長編》卷二七改。

可分雄勇兵士三五千人，至青白軍已來山中把截。此是新州、嬀川之間〔一〕，南出易州大路，其桑河屬燕城北隅，繞西壁而轉。大軍如至城下，于燕丹陵東北横堰此水灌入高梁河，高梁岸狹，桑水必溢。可于駐蹕寺東畎入郊亭淀，三五日，彌漫百餘里，即幽州隔在水南。王師可于州北繫浮梁〔二〕以通北路，戎騎來援，已隔水矣。視此孤壘，浹旬必克。幽州管内洎山後八軍，聞薊門不守，必盡歸降，蓋勢使然也。然後國家命重臣以鎮之，敷慶澤以懷之。奚、霫部落，當劉仁恭及男守光之時，皆刺面爲義兒，伏燕軍指使，人馬疆土少劣於契丹。自彼脅從役屬以來，常懷骨髓之恨。渤海兵馬土地盛于奚帳，雖僶俛事虜，俱懷殺主破國之怨。其薊門洎山後雲、朔等州，沙陁、吐渾元是割屬，咸非叛黨。此蕃漢諸部之衆，如將來王師討伐，雖臨陣擒獲，必貸其死，命補置存撫，使之懷恩，但以罪契丹爲名。如此，則雜虜之心，願報私憾，契丹小醜，尅日殄平。其奚、霫、渤海之國，各選重望親嫡，封册爲王，仍賜分器、鼓旗、車服、戈甲，優而遣之，必竭赤心，永服皇化。（侯）〔俟〕剋平之後，宣布守臣，令於燕境及山後雲、朔諸州，厚給衣糧料錢，别作禁軍名額，召募三五萬人，教以騎射，隸于本州。此人生長塞垣，諳[19]練戎事，乘機戰鬭，一以當十，兼得奚、霫〔三〕、渤海以爲外臣，乃守在四夷也。然自阿保機時至于近日，河朔户口虜掠極多，並在錦帳。平盧亦邇柳城〔四〕，遼海編户數十萬，耕墾千餘里，既殄醜虜，悉爲王民，釋左衽以服衣冠，去惺而慕聲教〔五〕。願歸者俾復舊貫，懷安者因而撫之。中書郊圻，列爲州縣，則前代所建松漠、饒樂等郡〔六〕，未爲開拓之盛也。」

户部郎中張洎上疏曰〔七〕：「夫禦戎之道有三策焉，前代聖賢論之詳矣。繕修城壘，依憑險阻，訓戎聚穀，分屯塞下，來則備禦，去則勿追，策之上也。偃革櫜弓，卑辭厚禮，降王姬而通其好，輸國貨以結其心，雖屈萬乘之尊，暫息三邊之戍〔八〕，策之次也。練兵選將，長驅深入，擁戈鋋而肆戰〔九〕，決勝負于一時，策之下也。國家自戎馬生郊，邊防受敵，兵連禍結，累載于兹〔一〇〕。邯鄲被蹂踐之虞，上谷失藩籬之固。飛芻輓粟，千里騷然，丁壯斃于轉輸，膏血塗于原野。尚賴聖君宵旰，廣運宸謨，自今夏已來，方隅稍定，糗糧以濟，城邑粗安。然而胡虜之情，變詐難測。慮朔風漸勁，塞草具腓，乘大漠之苦寒，率穹廬之醜類，南下燕、

〔一〕「嬀川」上原有「大路」二字，據《長編》卷二七删。
〔二〕繫：原作「擊」，據《長編》卷二七改。
〔三〕霫：原作「虜」，據《長編》卷二七改。
〔四〕盧：原作「虜」，據《長編》卷二七改。
〔五〕惺：疑當作「腥羶」。
〔六〕松漠饒樂：原作「松莫饒落」，據《舊唐書》卷一九九下《契丹奚國傳》改。
〔七〕據《長編》卷三一所記，此奏乃淳化元年六月上，時張洎爲太僕少卿。端拱二年正月所上乃另一奏，見《長編》卷三〇。
〔八〕戍：原作「伐」，據《長編》卷三一改。
〔九〕肆：原作「四」，據《長編》卷三一改。
〔一〇〕載：原作「戰」，據《長編》卷三一改。

趙，復恣憑凌，勝敗存亡，未可量也。況河朔之地，杼柚其空，邑里丘墟，黎元蕩析，儻後日之戰，復有殺將覆軍之禍，趙、魏、鎮、定，疇能守之？人心一摇，天下之事去矣。國家失薊北關塞之險，亡控守之處，是上策不能舉也。頓兵平野，與匈奴轉戰[一]，勞弊已甚，勝負未分，是下策不足恃20也。審觀天下形勢，憂患未已，唯與之通好，或可解紛。今山東諸侯，近不交戰，訪聞匈奴休兵息馬，已還其庭，宜因此時舉通和之策。夫屈伸變化，與道汙隆，轉危就安，聖人之務也。昔漢高祖奮布衣，起豐、沛，誅暴楚，滅强秦，不五七年，平定天下，而雄圖大畧，自軒、昊已降，未見其倫。以天子之尊，唯有魯元一女，及出師朔野，困于白登，爰從説士之詞，遂舉和親之策。迨及文、景，承先代之業，開太平之基，至道興行，兆民胥悦，海内田賦三十而税一，太倉之粟紅腐而不可食，内府之錢貫朽而不可校，亞夫、賈誼爲謀議將帥之臣。二十年間，天下刑(指)〔措〕，巍巍功業，與三代比崇。及其火照甘泉，軍屯細柳，則飾宗室之女出聘單于。夫以高帝之雄才，文、景之淳化，豈力之不足而德之不至也，而與之通好者，蓋視夷狄猶禽獸耳，安肯耗竭中國，事無用之虜，傷害仁義，與蛇豕争鋒乎？前代論夷狄之侵，譬猶蚊虻之螫，驅之而已，豈求功業于其間哉？觀典册之遺文[二]，審安危之大計，惟聖人能之。結好息民，正在今日。儻或上天悔禍，醜類懷仁，奉大國之歡盟，息邊城之烽燧，誠宗社之福也。夫盛衰之理，有數存焉，聖賢因之，以定其業。昔者隋季版蕩，唐室勃興，高祖、太宗肇升天位，英、衛、房、杜爲佐命之雄[三]，而頡利可汗遽犯京邑，太宗躬枉車駕以敦其夙好，廣輸財貨以厭其貪心[四]。歲月荐更，犬羊寖弱，李靖以數萬之衆擒21而滅之。此王者蒙垢俟時、殲强敵之明效也。今契丹嬖臣擅軸，牝雞司晨。單于閉幽，權移于母后；于越强大，地處于嫌疑。犬羊之衆雖繁，攻奪之形已兆。況滔天滑夏，極惡窮凶，以人事言之，歲紀未周，冒頓之謀必興于廬帳矣。國家暫時降屈，以濟艱屯，而取亂侮亡，其則何遠？若契丹恃憑種落，張皇侵暴，逆天悖理，不奉綏懷，然聖人屈己濟物之誠已彰灼于天下矣。」疏奏，頗采用之。

七月，大將李繼隆送芻粟入威虜軍，虜將于越率衆萬騎來邀我師，爲都巡檢使尹繼倫襲破于唐、徐二河間，殺其大將一人號皮室者，虜相也。衆大驚撓，于越乘善馬遁，其下相蹂踐死者無數。

十一月，以契丹僞命南大王兄子耶律昌時領涿州刺史。

淳化元年十月，遣寄班殿直張明至定州，諭旨都總管李繼隆曰：「若將來北虜入寇，朕當親討，勿以爲慮。」繼隆

[一] 戰：原脱，據《長編》卷三一補。
[二] 典：原作「與」，據《長編》卷三一改。
[三] 杜：原作「社」，據《長編》卷三一改。
[四] 貪心：原倒，據《長編》卷三一乙。

上奏曰：「建帥行師，乃國家之舊制；臨陣忘死，蓋臣子之常規。豈有身握中權，坐食豐禄，不念扞城而禦侮，更煩清蹕以省方？夙夕自思，啓處無措。如臣者，頑疎有素，材智蔑聞，獲執干戈以備將帥，臣之幸也。而自犬戎肆孽，邊邑多虞，陛下不以臣乏治兵之謀，任以疆事〔一〕，臣敢不講求軍志，震耀戎容，奉揚天聲，以遏外侮。然臣奉辭之日，曾瀝愚衷，誠以蜂蟻之妖，必就鯨鯢之戮。臣子之分，死生以之。望不議於親巡，庶靡勞于天步。今者遽聆聖誨，將決龔行〔二〕，長驅[22]組練之師，徐按和鑾之馭，宣威朔野，問罪穹廬。然則睿畧縱橫，宸嚴震叠，克平多壘，將在匪朝。然而一人既行，百司景從，千乘萬騎，雷動風趨，郡縣供饋以斯勤，次舍驅馳而甚遠。況乃窮荒殘孽，醜類微妖，責在帥臣，決期殄戮。臣雖駑弱〔三〕，誓死爲期。仰望鴻慈，特寢茲議。」是歲，虜亦不敢大爲邊患。

十二月四日，契丹僞官室种來奔，授順州刺史。种自言虜相室昉之子也。

二年，虜遣人至雄州求通好，總管劉福以聞。帝遣中使麥守恩謂之曰：「朕以康民息戰爲念，固無辭于屈己。後有來使，當厚待之，勿拒其意。」既而使不復至。

至道元年正月，首領韓德威率數萬騎誘近蕃勒浪〔四〕、馬尾族自振武入寇，大敗之。先是，虜與賊還相結，以窺邊境，帝密授神筭于府州折御卿，爲之備。至是，御卿率輕騎邀擊之，大敗其衆于子河汊。勒波等族乘虜之亂，詐爲府州折御卿之兵躡其後〔五〕，衆大驚擾，死者十六七，悉委其輜重，涉河而遁。虜將號突厥（大）〔太〕尉、司徒、舍利死者二十餘人，生擒吐渾首領一人〔六〕，德威僅以身免。勒（波）〔浪〕等族既與虜有隙，悉款塞内附，令御卿將兵迎之，分處于河南，自（撫）〔府〕州抵平夏，帳幕連屬數百里，凡得精甲萬餘騎。帝謂左右曰：「此戎輕進易退，常誡邊將不得與争鋒，待其深入，則分奇兵以斷彼歸路，因而擊之，必無遺類。今果如吾策。」左右呼萬歲。

三月，新羅人二人自契丹來歸，入見崇政殿。各手持大螺，如五升器，稱在契丹十一[23]年，教令學此，有五十人同技。帝令吹之〔七〕。其聲重濁奮厲，大率如（調角）〔角調〕。問其曲，云是《單于》，復小弄。契丹每軍行，則吹此。詔各賜衣服、緡錢，使隸軍籍。

四月，虜數千騎寇雄州，爲何承矩所敗，梟其鐵林大將

〔一〕任：原作「枉」，據《長編》卷三一改。
〔二〕龔：《長編》卷三一作「龍」，誤。《漢書·叙傳下》：「龔行天罰。」「龔」同「恭」，「龔行」即「恭行天罰」之省。
〔三〕駑：原作「弩」，據《長編》卷三一改。
〔四〕勒浪：原作「勒波」，據《文獻通考》卷三四六、《宋史》卷五《太宗紀》二改。今本《長編》改譯爲「囉朗」，亦可見當作「浪」。
〔五〕躡其後：原脱，據《文獻通考》卷三四六補。
〔六〕死者二十餘人生擒吐渾首領：原脱，據本書方域二一之二、《長編》卷三七補。
〔七〕帝：原作「常」，據本書職官二二之三三改。

一人。

二年六月，仡党族首領迎羅信及長嗟、黄屯三人詣府州内附，云春初契丹將韓五押領兵來剽略，遂與戰，殺獲多，又擒大將妲連。舊居山後，今乞渡河居于勒浪〔一〕、馬尾族地。詔安撫之，各賜錦袍、銀帶、器幣等。

真宗咸平元年正月，定州部送投來契丹骨初等三人，詔賜錦袍、銀帶、（緬）〔緡〕錢，給田處之。

二月，以契丹國太妃迴國，軍將劉怨補外州鎮將，賜緡綵。怨挈其屬三十餘人歸順故也。

七月，契丹于越王下五寨監使馬守玉，與其弟租子寨使守琛、雕翎寨使王知遇等百七十五人，挈族來歸。帝召見，因問守玉事于越月廩幾何。對：「歲給粟百斛，亦虚名耳，暴（劍）〔斂〕重役，不任其苦。」詔賜衣服、銀帶，給田處之。

二年四月，北大王帳下左教練使楊贇挈其族歸順。賜緡帛，補外州鎮將，給田處之。

九月，契丹數萬騎來寇，三路先鋒田紹斌、石普與知保州楊嗣逆擊，敗之于廉良路，殺二千餘人，斬五百級，獲馬五百匹。

十二月二日，下詔幸河北，督諸將進戰。事具「親征」門。

十日，知冀州張旻敗契丹于城南，殺千餘人，奪馬百餘匹。

十四日，威虜軍言：戎人來寇，官軍擊敗之，殺其酋帥〔二〕，部下潰散。

十24八日，左侍禁、閤門祗候衛居寔自府州馳騎入奏：「府州駐泊宋思恭與知州折惟昌〔三〕、鈐轄劉文質等，入契丹五合川，破拔黄太尉寨，盡殺虜衆，焚其車帳千五百餘所，獲戰馬牛羊萬計，鎧甲、弓劍千事。」賜居寔錦袍、銀帶、束帛，遷供奉官，就賜思恭等錦袍、金帶，立功將士并升擢之。蕃部首領有功者，賜物有差。

三年正月六日，戎人寇河間，王師不利。高陽關都總管康保裔力戰數十合，援兵不至，保裔没于陣。三路都總管傅潛、都（鈴）〔鈐〕轄張昭允坐逗撓不出師，貸死，流房、通二州。虜兵縱掠遁去。

十二日，高陽關貝冀路總管范廷召遣寄班侍禁郭筠馳騎入奏〔四〕：「今月九日〔五〕，領兵追契丹至莫州東三十里〔六〕，大破之，斬首萬餘級，獲所虜老幼數萬，鞍馬、器仗不可勝紀，餘寇遁逃出境。」宰臣率百官稱賀。

〔一〕浪：原脱，據上文「至道元年正月」條補。
〔二〕酋：原作「首」，據《長編》卷四五改。
〔三〕府州：原作「東州」。按「東州」不知爲何州，當作「府州」，下言「知州折惟昌」即承此「府州」而言。又「泊」原作「洎」，「折」原作「推」，並據本書方域二一之四、《長編》卷四五改。
〔四〕范廷召：原闕「范廷」二字，據《長編》卷四六補。
〔五〕九日：原作「十九日」，據《長編》卷四六李燾夾注考證删。
〔六〕丹：原脱，據《長編》卷四六補。

六月，詔曰：「天宇所臨〔一〕，是惟王土，雖或淪于異俗〔二〕，久隔皇化，顧念赤子〔三〕，孰非吾民？如聞邊隅，頗縱驚擾，殊爽綏懷之義，寧忘軫惻之心！自今緣邊百姓不得輒入北界刦畧，違者仰所在捕繫〔四〕，具獄以聞。」

九月，契丹僞應州節度使蕭輵刺肯頭、姪招鶻、虫哥、判官吳拾得歸順。以肯頭爲右領軍衛將軍、嚴州刺史，賜名懷忠；招鶻爲右監門衛〔將〕軍，賜名從化；虫哥爲右千牛衛將軍，賜名從順；吳拾得爲右班殿直，賜名忠諒。仍各賜冠帶、銀帛、緡錢、鞍馬。

十二月，契丹稅木監使黃顒、茶酒監使張文秀、關城使劉繼隆〔五〕、張顯 25 各挈其屬歸順，賜冠帶、袍笏，舍于歸明班院。顒等皆于越之族也。

四年七月二十五日，契丹王子耶律隆慶下内四支班首兼北宮都博田鳳容及其弟從壽來歸〔六〕，補鳳容三班奉職。

十月，北面前陣鈐轄張斌言：「破契丹于長城口，殺獲甚衆。漸近戎首，伏騎大起，三路統帥未及進，前陣兵少，退保威虜軍。」

十一月，北面王顯言：「前軍與契丹遇，大破之，戮二萬餘人，獲其僞命大王、統軍鐵林相公等十五人首級，得僞印二鈕，以『羽林軍』爲文，收甲馬甚衆。首領遁去，餘衆號慟于野。」先是，詔增高陽關三路騎兵二萬爲前鋒，又命將五人，各領騎兵三千，陣于先鋒之前；別命桑贇領萬人居莫州、順安軍爲奇兵〔七〕，以備邀擊〔八〕；荆嗣領萬人斷西山之路。仍繪圖以示行營諸將〔九〕。會斥候者言戎人首領尚在炭山，乃急徙定州。未幾，數萬已塞，故大兵不得進擊，議者惜之。

閏十二月，北虜僞閤門使寇卿子用和、繼忠歸順，以用和補三班奉職，繼忠補外州鎮將。又有李紹隆者同時來歸，補三班奉職。

五年正月，契丹貴將蕭繼遠親吏劉澄、張密挈族歸順，並補三班借職。

四月，以契丹入寇，令邊臣日具事宜飛驛以聞，三日一遣指使入奏。是歲，虜騎稍侵掠邊界，皆所在擊走之。

七月，契丹大林寨使王昭敏等歸順〔一〇〕，賜衣服、緡帛，補昭敏鎮將，餘于許州給田居之。

六年正月，知雄州何承矩言：「北界賊馬傷殺候 26 望

〔一〕宇：原作「寓」，據本書兵二七之五改。
〔二〕「淪」原作「倫」，「異」原作「益」，據本書兵二七之五改。
〔三〕顧：原作「願」，據本書兵二七之五改。
〔四〕仰：原無，據本書兵二七之五補。
〔五〕關：原作「聞」，據《長編》卷四七改。
〔六〕四支：《長編》卷四九作「四友」。
〔七〕順：原作「須」，據《長編》卷四九改。
〔八〕擊：原作「激」，據《長編》卷四九改。
〔九〕仍：原無，據《長編》卷四九補。
〔一〇〕寨：原作「塞」，據《長編》卷五二改。

兵士，奪馬二匹。又僞新城都監种文煦諭新壕九村民〔一〕，恐有虜掠。臣已諭令少出入，其榷場商旅如常。」詔曰：「卿從疆境，再議榷場，許其往來，通乎貨易。守臣之意，蓋在綏邊，犬戎之心，屢聞背惠。往事非遠，明驗可知。汝等亦宜熟察前後端由，深詳胡虜情志。但慮終難馴致，尤須過作堤防。至于遠達言詞，未可便爲誠寔。但與領其來意，常須辯彼姦謀。動顧機宜，即副毗倚。」初，承矩首議興榷場，將以漸通懽好，而戎狄無厭，或肆兇醜，帝慮承矩輕信，頗弛邊備，故有是詔。

二月，契丹平州牙校韓守榮、北宰相親吏劉廷鳳、張希正來歸，並補三班借職。

四月，三路都總管王超言：「契丹南寇，發步兵千五百赴定州望都縣南，遇賊逆戰，殺戮〔其〕〔甚〕衆。賊併攻南偏，出陣後，焚絶糧道。人馬渴乏，將士被重創，賊圍不解，衆寡非敵。二十詰旦，副總管王繼忠陷没，臣等即引兵還州。」詔發河東廣鋭兵三指揮，由土門趨鎮、定邀擊之，虜衆遁去。

七月，契丹僞供奉官李信來歸，補供奉官，賜器幣、冠帶。信具道國中事以聞〔二〕，信云：「明記四子〔三〕，長即隆緒也，今年三十三；次隆慶，今年三十一；次隆裕〔四〕，小名高七〔五〕，僞吳王，今年二十五；幼曰鄭哥，早夭。三女，長曰燕哥，今年三十四，適蕭氏弟北宰臣留住哥〔六〕，僞駙馬都尉；次曰長壽奴，今年二十九，適蕭氏姪東京留守悖野〔七〕；次曰延壽奴，今年二十七，適〔悖〕野母弟肯頭。延壽奴出獵，爲鹿觸死，27 蕭氏即縊肯頭以狗葬。明記妻蕭氏今年五十。蕭氏二妹〔八〕，長適齊王，僞稱太后，未曾封册。王死，自稱齊妃，領兵三萬，屯西鄙驢駒兒河，西捍達靼，盡降之，因謀率其衆奔骨歷札國，結兵以篡蕭氏。蕭氏覺之，遂易其兵，以領幽州。次適趙王，王死，趙妃因會飲，寘毒蕭氏，爲婢所發，酖殺之〔九〕。國中所管幽州漢兵，謂之神武、控鶴、羽林、驍武等，約萬八千餘騎。其僞命將帥，契丹、九女奚、南北皮室、當直舍利及八部落舍利、山後四鎮諸軍，約十萬八千餘騎，内五千六百餘常衛戎主〔一〇〕，九萬三千九百餘即入寇兵也。其國，自幽州東行五百五十里至平州，又五百五十里至古遼陽城，即號爲東京者也。又東北六百里至烏惹國，其國用漢文法〔一一〕，使印八角而圓。

〔一〕种文煦：《長編》卷五四作「仲文煦」。按，本書除此處外，食貨三七之三及《補編》共六處均作「种」字，當以「种」爲是。
〔二〕國中：原倒，據《長編》卷五五乙。
〔三〕明記：原作「明紀」，據《長編》卷五五改。
〔四〕隆裕：按《遼史》卷一四《聖宗紀》、卷六四《皇子表》作「隆祐」。
〔五〕七：原作「二」，據《遼史》卷六四《皇子表》、《契丹國志》卷一四改。
〔六〕住：原作「往」，據《契丹國志》卷一三改。
〔七〕蕭：原脱，據《長編》卷五五補。
〔八〕妹：《長編》卷五五、《契丹國志》卷一三均作「姊」，當是。
〔九〕酖：原作「配」，據《長編》卷五五改。
〔一〇〕常：原作「嘗」，據《長編》卷五五改。
〔一一〕「東京」至「用漢」十八字原脱，據《長編》卷五五補。

又東南，接高麗。又北，至女真。東踰鴨江，即新羅也。」

景德元年正月，北面上言：「契丹奚王及僞南宰相、皇太妃、令公各率兵四萬餘騎，自鹽城川抵涿州，聲言修平塞軍及故城、容城。」帝曰：「胡人利於野戰。繕完城堡，或非其意。」第詔將帥謹斥候，治方田，又諭王超等以便宜從事，押陣使臣悉稟超節度。

是秋，契丹板給軍都監耶律吳欲來降〔一〕，補三班奉職。又林牙使攝推官劉守益及其兄恕相繼來降。

（九九）〔閏九月〕〔二〕二十四日，北面言：「契丹主與其母舉國入寇〔三〕，統軍順國王撻覽引兵掠威虜、順安軍、保州三路。總管等帥兵禦之，敗其前鋒，斬偏將，獲印及旗鼓、輜重。翌日攻北平寨〔四〕，總管田敏擊走之。又東侵保州，振武小校孫【28】密領十卒探虜事，中路遇虜前鋒，密等依林木彀弓弩以待〔五〕。戎人下馬，以短兵格鬭，密射殺十數人，又殺其軍校，獲所佩右羽林軍使印。虜進攻州城，又不利而北。自是虜主與母并統軍之兵合勢以攻定州。王超陣于唐河〔六〕，厲兵蓐食以待之。其輕騎爲我裨將所擊，遂率衆東駐陽城淀。」

二十八日，岢嵐軍言：「虜騎數萬來寇，率兵擊敗之，俘獲甚衆。翌日再至，又擊走之。」

十月四日，府州折惟昌言：「準詔率所部兵自火山軍入契丹朔州界，前鋒破大狼水寨〔七〕，殺戮甚衆，生擒四百餘人，獲馬牛羊、鎧甲數萬計。」

六日，北面上言：「戎主與母率衆至唐河，三路都總管王超按兵以待。既而不接戰，緣胡盧河而東〔八〕，虜遂南熾，攻瀛州。」詔威虜、岢嵐軍、保州、莫州、北平寨領兵深入北境，腹背縱擊，以分其勢。

二十五日，威虜、岢嵐軍、保州、莫州、北平寨並上言擊破契丹，羣臣奉賀。

二十六日，契丹遣人以前殿前都虞候王繼忠奏乞許通和，詔以殿直曹利用爲閤門祗候，假崇儀副使，往答其意。先是，虜自唐河敗後，即遣小校李興等四人持信箭，以王繼忠書詣莫州石普〔九〕，且致密奏，願通和。帝召宰臣議，因曰：「朕每念往昔全盛之世，無不以和戎爲利。朕即位之初，呂端等建議，欲因太宗上僊，命使告訃。次則何承矩請因轉戰之後，達意邊臣。朕以爲誠未交通，不可（疆）〔彊〕致。嘗念自古獯鬻爲中原彊敵，非懷之以至德，威之以【29】

〔一〕契丹：原脱，據《長編》卷五七補。板給軍：《長編》作「班濟庫」。
〔二〕閏九月：原作「九九」，據《長編》卷五七改。
〔三〕主：原脱，據《長編》卷五七補。
〔四〕寨：原無，據《長編》卷五七補。
〔五〕弓弩：原脱，據《長編》卷五七補。
〔六〕王超：原作「王師」，據《長編》卷五七並參下文「六日」條改。此非泛指宋軍。
〔七〕破：原脱，據《長編》卷五八補。
〔八〕盧：原作「虜」，據《長編》卷五八改。
〔九〕「書」原脱，「普」原作「祖」，據《長編》卷五七補改。

大兵，則獷悍之性詎能柔伏？今語德則比屋之俗尚媿可封，言威則戎捷邊功未復燕土，此奏雖至，亦恐未誠。」畢士安等曰：「陛下以至仁撫天下，況近歲契丹歸欵之人，皆言其國聚謀，常以聖德兼備，精于求理，軍國雄富，常慮一旦舉兵遠復燕境。今既來寇封畧，鋭氣屢挫，雖欲罷去，且恐無名。今兹勤請，諒必非妄。」帝曰：「卿等所言，但知其一，未知其二。彼以無成請盟〔一〕，固其宜也，然得請之後，必有邀求。至于利衆從人，安民屈己，時遣使命，遺之貨財，斯可也〔二〕；所可慮者，關南之地曾屬彼方，以是爲求，必須絶議。朕當治兵誓衆，躬行討擊。」遂以手詔諭繼忠曰：「朕君臨大寶，子育羣氓，常思息戰以安人，豈欲窮兵而黷武。邊防之事，汝素備知。向因何承矩上言乞差使往，其時亦允所奏。今覽封疏，深嘉懇誠。朕富有寰區，爲人父母，若諧偃革，亦協素懷。儻有審實之言，即附邊臣聞奏。」至是繼忠有奏至，乞早遣一使，來賜商議。又以手詔募神勇軍士李斌賫赴虜寨。時議擇使持書，帝曰：「既須忠義之人，亦須粗有識畧，然不必拘其位秩。」樞密王繼英等曰：「曹利用常承受延州奏事，可與兹選。」遂有是命。

十一月一日，北面上言：「虜衆急攻瀛州，晝夜鼓譟，大設攻具，負板秉燭〔三〕，驅奚人乘城〔四〕。城上發矢石巨木擊之，皆墜。戎主與母復鼓衆四面急擊，矢發如雨。虜爲城兵所殺者三萬餘人，傷者倍之，圍遂解，獲鎧甲、兵矢數百萬。」30 既而遊兵又逼冀州，知州王嶼擊走之〔五〕。戎人攻（瀛）〔瀛〕州城，攻城戰具皆制度精妙，鋒鍔銛利，梯衝竿牌悉被以鐵，城上掛版方數寸，集矢二百餘。

十八日，以車駕北巡，命李繼隆、石保吉等爲駕前東西排陣使〔六〕。事具「親征」門。

二十日，駕前排陣使言：「契丹遣門人孫崇等賫王繼忠奏狀至。」詔督利用往彼。時利用已充使至天雄，知府王欽若、（鈐鎋）〔鈐轄〕孫全照留不遣，虜又敗衂，遂令繼忠爲奏曰：「昨十月六日，石普差人送到手詔。北朝曰：候朝廷使者。今尚未至，乞早差人至此商量。見今頓兵，不敢虜刦。必望聖慈早（隆）〔降〕宣示，免臣失信。」遂有是詔。

二十一日，車駕次長垣。契丹又遣使李興以王繼忠奏至，乞只自澶州別遣使至，免成稽緩。詔以前意答之。

二十二日，詔滑州張秉、齊州馬應昌、濮州張晟部率丁夫鑿河冰〔七〕。

二十四日，散直張皓自貝州賫王繼忠奏狀至行在。皓道出契丹寨，爲胡騎所引，至虜主及母車帳之前，面諭者久

〔一〕成：原作「誠」，據《長編》卷五七改。
〔二〕斯可也：原脱，據《長編》卷五七補。
〔三〕板：原作「扳」，據《文獻通考》卷三四六改。
〔四〕「奚」原作「虜」，「乘」原作「秉」，據《長編》卷五八、《文獻通考》卷三四六改。
〔五〕王嶼：原作「王輿」，據《長編》卷五八、《文獻通考》卷三四六、《宋史》卷七《真宗紀》二改。
〔六〕駕：原作「馬」，據《長編》卷五八改。
〔七〕冰：原作「水」，據本書兵七之一二及《長編》卷五八改。

之，且令赴天雄召曹利用〔一〕。既而利用未至，張皓獨還。其國主及母賜皓袍帶，館設加等，命繼忠以狀來奏，具言契丹不敢刦掠，以待王人。帝曰：「戎人雖有善意，國家以安民息衆爲念，固已許之。然彼尚率腥羶深入吾土〔二〕，又河冰已合，戎馬可度，亦宜過爲之備。朕已決成筭，親勵全師。況狄人貪惏，不顧德義，若盟約之際，別有邀求，當決于一戰，殄茲醜虜。可再督諸路將帥速會駕前，31仍命樞密陳堯叟乘傳赴澶州北寨，密諭將帥整飾戎容，以便宜從事。」

二十五日，李繼隆等言：「戎寇過天雄，犯德清軍，抵澶州北，直犯大陣，圍合三面，輕騎由西北隅突進〔三〕。大軍既成列，戎騎止而不進。臣等分伏勁弩，控其要害。有戎帥異其旗幟，出行軍，伏弩齊發，殪之，見其數十百輩競前輿曳而去，戎師悉遁去。所害者，即順國王撻攬也，有機勇，所領皆鋭兵。及是，戎人喪氣，胡騎漸北，至夕，但時命輕騎來窺大軍〔四〕。」

二十八日，曹利用至自契丹，與其使左飛龍使韓杞同至。

十二月一日，對韓杞于行宮之前殿。杞入，跪授書函于閤門使，捧以升殿，内侍副都知閻承翰受而啓封。宰臣等讀訖，乃命杞升殿，跪奏云：「國母上問聖體。」是日，杞入辭，賜鞍馬、襲衣、金帶、器幣，復命利用同往。

初，利用至虜中，待之甚勤。戎母見于行車中，親與飲食，設横板于軛上，布食器，戎主與其臣重行而坐，屢慰勞利用。及與杞偕至，果以求關南地爲言〔五〕，帝以事在前朝，不許。因謂宰臣曰：「朕初覽繼忠密奏，即與卿等共議，爲民屈己，誠所不辭，但慮以關南地爲求，今果有此，卿等以爲如何？」宰臣等曰：「臣等欲望禮（遺）〔遣〕信使，答其來書，且言關南久屬朝廷，不可擬議。或歲與金帛，助其軍費，以固懽盟。」帝曰：「朕守祖宗之基，不敢失墜。所言關南之地，事極無名，必若固求〔六〕，朕當決于一戰。所念河北居人重有勞擾，或歲以金帛濟其32不及，朝廷之體固無所傷〔七〕。可復其來書，令曹利用與韓杞口述茲事，不必形諸翰墨也。」利用再至契丹帳，數沮給地之議。接伴高正遽曰：「今歲引衆而來，本謀關南之地，若不遂所圖，則本國之人負媿多矣。」利用答以：「稟命專對，有死而已。如其不恤後悔，尚以割地爲言，則地不可以歸，兵亦未息矣。」國主及母聞之，即令繼忠見利用，且道修好之美，且言：「早結懽盟，再遂通好。」契丹所慮大朝于沿邊創築城

〔一〕曹利用：原作「曹用利」，據《長編》卷五八乙。
〔二〕腥：原作「醒」，據本書兵七之一二改。
〔三〕西：原作「面」，據本書兵七之一三及《長編》卷五八改。
〔四〕「軍」上原有一「將」字，據本書兵七之一三、《玉海》卷一九三上刪。
〔五〕以：原作「州」，據《長編》卷五八改。
〔六〕求：原作「守」，據《長編》卷五八改。
〔七〕固：原作「故」，據《長編》卷五八改。

池，開移河路〔一〕，廣浚濠塹，舉動甲兵，敢望聖慈特賜鑒悉。」

五日，曹利用與契丹使右監門衛大將軍姚東之自戎帳齎書至，命西京左藏庫使、獎州刺史李繼昌假武衛大將軍，持答書及誓約與東之報聘。初，韓杞與東之入見日，各言其母附達起居，而不述其主。帝曰：「此必母專其政，人不畏主。詢于利用，其言亦同，仍云聞聽之間，蓋由其主不惠。如是繼昌之行，宜亦致書其母。」又以其國主并母先以御衣、食味、方物爲信，因繼昌之行，亦各送衣服、藥味、金器以答之。時東之又因接伴使附奏：「已議通和，北朝方收衆歸國，頗慮沿邊諸州出兵邀擊，望降詔約束。」詔如其請，戒諸路總管、諸州軍不得輒出兵馬。

九日，北面上言：「契丹未即出塞，頗縱游騎搔擾鄉閭，貝州、天雄軍居民驚移入城。」詔高陽關總管曹璨率所部取貝冀路赴(瀛)〔瀛〕州，以保州路總管、寧州防禦使張凝爲沿邊巡檢安撫使，洛苑使李繼 33 和爲副使，六宅副使王懷鈞、入内殿頭李懷岊爲都監。選天雄屯軍二萬爲璨後繼〔二〕，以躡戎寇。如敢肆掠，即所在合勢剪戮。仍賜王繼忠詔諭其事：「若有探騎遊兵，請即抽取。仍聞諸頭寨猶帶老小前去，流離愁歎，誠可憫嗟。共守和平，即宜歸復。」命澶州馬鋪小校華斌齎詔以往。

十五日，張凝等言：「戎人探騎各團結北去〔三〕，不敢侵掠。」

十八日，李繼昌與契丹西上閤門使丁振奉其國主及母誓書見于行在，繼昌言：「虜中人情，無不忻懌。館設之禮，益加優厚。其宴會勉遵漢儀，而多雜虜法，左衽之輩動成褻慢，上之人雖欲變之，而俗不可易也。」帝曰：「比欲令振隨至京師，優加禮遇，又以裁歸輦轂，百司庶務各涉勤勞，思與休息，宜就此賜宴。」即令朝辭。是日，宴于行宮。

二十二(十)〔日〕〔四〕，詔録契丹誓書盟約，頒河北、河東諸軍。

二年正月七日，詔諭緣邊知州軍等，令各遵守契丹誓書約束，不得輒與境外往還，規求財利。

十一日，岢嵐軍請修舊方田，火山軍請築月隄，帝以違契丹誓約，不許。詔緣邊諸州軍，契丹來獻雉兔求酒食者，遣使齎至河外給之。

二月十日，瀛、代州送投降奚、契丹九人赴闕，詔以請盟後者付總管司還之。因詔沿邊州軍：「自今得契丹牛馬，所在移牒還之；漢口自契丹來歸者，給資糧遣復本貫，其所乘馬縱之，勿令入境。違者，論其罪。」

〔一〕開：原作「聞」，據《長編》卷五八改。
〔二〕繼：原無，據《長編》卷五八補。
〔三〕團結北去：原作「團給北」，據《長編》卷五八改補。
〔四〕日：原作「十」，按《長編》卷五八記此事在辛丑日，是月庚辰朔，辛丑正是二十二日，據改。

二十五日，34命開封府推官孫僅爲契丹國母生辰使，始通信使也。時議草國書，令樞密、學士院求兩朝遺草，于内省悉得之。凡所與之物，皆約舊制而加增損。國母書外，别致書國主，問候而已。自是至國主卒〔一〕，其禮悉如此例。僅等迴，具言：「自入境，所過州縣，刺史迎謁，命幕職、縣令、父老送于馬前，捧巵獻酒，民庶以斗焚香迎引，家置盂杓漿水于門，令接伴使察從人中塗所須，即供應之。所至，民無得鬻食物受錢，違者全家處斬。行從芻秣之事，皆命人掌之。戎主歲避暑于含涼淀，聞使至，即來幽州。其館舍供帳接待之禮甚厚。將延見，有巫者一人乘馬抱畫鼓，于驛門立竿長丈餘，以石環之，上掛羊頭、胃及足，又殺犬一，以杖拄之，巫誦祝詞。又以醯和牛糞灑從者。于是國母屢延坐，宴會張樂。及辭，賫以器服、雜物、馬五百餘匹。自郊勞至于餞飲，所遣皆親信〔二〕，詞禮恭恪，以致勤厚之意。」

四月，詔河北、河東沿邊州軍：「凡契丹遣人至者，優加犒設。茶絹之外，仍給袍帶。」時諸郡將吏至北界，館待甚厚，故加禮以答之。

五月二日，雄州何承矩言：「契丹新城榷場都監劉日新致書，遺氈羊酒果。」詔承矩受之，答以藥物。又嘗令拒馬河南百姓以麞、兔來獻，承矩報以醪酒。真宗以謂（彊）〔疆〕臣問遺，固亦無嫌，（弟）〔第〕令厚其酬答。

六月，詔雄州：「契丹詣榷場求市馬者，優其直以與之。」

十月，遣太常博士周漸假太府卿，右侍禁、閤門祗35候郭盛假西上閤門使，爲契丹國主生辰使；職方郎中、直昭文館韓國華假秘書監，衣庫副使焦守節假西上閤門使〔三〕，爲契丹國母正旦使；秘書丞張若谷假將作監，内殿崇班郭允恭假引進副使，爲國主正旦使。自是歲以爲常。

十一月二十九日，國母遣使左金吾衛上將軍耶律留寧、副使崇禄卿劉經來賀承天節，奉書，致御衣七襲、金玉鞍（勤）〔勒〕馬四匹、散馬二百匹、錦綺春、肉羊、鹿舌、酒果；國主遣使左武衛上將軍耶律委演、副使衛尉卿張肅致御衣五襲、金玉鞍勒馬四匹、散馬二百匹、錦綺、弓矢、鷹鶻等，對于崇德殿。留寧、委演，戎人也，以戎禮見，賜以氈冠、窄袍、金鞢；經、肅，燕人也，以華禮見，賜以幞頭、公服、金帶，並加襲衣、器帛、鞍馬；又賜隨行舍利已下衣服、銀帶、器帛有差。宴于長春殿，酒五行而罷。初，留寧等將見，接伴李宗諤引令式，不許佩刀至上閤門，留寧等欣然解之。既而曹利用以聞，帝曰：「戎人佩刀，是其常禮，不須以此禁之。」即詔其自便。留寧甚喜，劉經等謂宗諤曰：「聖上推心置人腹中〔四〕，足以示信遐邇也。」又舊制，舍利

〔一〕國主：《長編》卷五九作「國母」。
〔二〕遣：原作「遺」，據《長編》卷五九改。
〔三〕焦守節：原作「丘守節」，據《長編》卷六一改。
〔四〕人：原作「入」，據《長編》卷六一改。

從人惟上等入見，自餘拜于殿門之外，帝悉許其入見。及節日上壽，班在諸衛上將軍之下，大將軍之上。自此凡使至，如此例。

十二月，國母遣使保静軍節度使耶律乾寧、副使宗正卿高正，國主同遣使左衛大將軍耶律昌主〔一〕、副使右金吾衛將軍韓椅奉書禮來賀來年正旦〔二〕。

凡承天節，獻刻絲花羅御樣透背御衣七襲或五襲〔三〕，七件紫青貂鼠飜披或銀 36 鼠鵝項鴨頭納子〔四〕，塗金銀裝箱，金龍水晶帶，銀柙副之〔五〕，錦緣帛皺皮鞾，金玦束帛白熟皮鞾鞵，細錦透背清平内製御樣，合線縷機綾共三百匹，塗金銀龍鳳鞍勒，紅羅柙金線繡方韉二具，白楮皮黑銀鞍勒，氈韉二具，緑褐楮皮鞍勒，海豹皮韉二具，白楮皮裹筋鞭二條〔六〕，紅羅金銀線繡雲龍紅錦器仗一副，黄樺皮纏楮皮弓一〔七〕，紅錦袋皂鵰翎羱角骲頭箭十〔八〕，青黄雕翎箭十八，清法麴麴酒二十壺〔九〕，蜜曬山果十棟欞椀，蜜漬山果十棟欞匹烈〔一〇〕，山梨、柿四棟欞罐〔一一〕，榛栗、松子、郁李、黑郁李、麵棗、楞梨、棠梨二十箱，麪杭糜梨粆十椀，蕪荑白鹽十椀，青鹽十箱，牛、羊、野猪、魚、鹿腊二十二箱，御馬六匹，散馬二百匹。 其正旦，御衣三襲，鞍勒馬二匹，散馬一百匹。 其母又致御衣綴珠貂裘、細錦刻絲透背、合線御綾羅綺紗穀御樣，果實雜粆，腊肉凡百品，水晶鞍勒，新羅酒、青白鹽。 國主或致戎器賓鐵刀、鷙禽曰海東青之類。 是歲，帝以禮物宣示近臣，又出祖宗朝所獻禮物示宰相，其制頗朴拙，今多工巧，蓋幽州有織工耳。 自後使至，必以所獻綺帛分賜中書、樞密院，及以果實、脯腊賜近臣三館〔一二〕。又遣庖持本國異味，前聖節一日，就禁中造以進御，賜膳夫衣服、銀帶、器帛。

戎使初至都亭驛，各賜金花銀灌器〔一三〕、錦衾褥。 朝見

〔一〕律昌：原脱，據《長編》卷六一補。
〔二〕副使：原無，據《長編》卷六一補。
〔三〕「衛將軍韓」至「御衣七」三十字原闕，據《長編》卷六一補。
〔四〕項：原作「頂」，據《長編》卷六一改。
〔五〕柙：原作「押」，據《長編》卷六一改。下同。
〔六〕裹筋：原作「裹助」，據《契丹國志》卷二一改。
〔七〕楮皮：原脱「皮」字，據《長編》卷六一補。
〔八〕羱：原作「羯」，據《長編》卷六一、《契丹國志》卷二一改。按，「羯」爲閹羊，義不相應。「羱」，一種大角野羊，故用其角爲箭飾。
〔九〕清法麴麴酒：《長編》卷六一、《契丹國志》卷二一作「法漬法麴麪麴酒」。
〔一〇〕匹：原作「匣」。按，《契丹國志》卷二一作「匹列」，今本《長編》卷六一作「帊克哩」，「帊克哩」即「匹列」之改譯。由此可見「匹列」二字當連讀，此句「匣」應爲「匹」之誤。《夢溪筆談》卷二五載：刁約使契丹（按：在仁宗時），戲以契丹語爲四句詩以紀契丹之接待，曰：「押燕移離畢，看房賀跋支。餞行三匹裂，密賜十貔貍。」沈括釋云：「匹裂，似小木罌，以色綾木爲之，如黄漆。」此之「匹裂」，即《契丹國志》之「匹列」，亦即本文之「匹烈」。本文以十棟欞椀、十棟欞匹烈、四棟欞罐並列。棟欞，《契丹國志》作「束欞」，未知何意，疑爲木名，蓋製作椀、匹烈等之材料，本書蕃夷二之二有「棟欞酒器椀堞」之語。
〔一一〕「柿」下原有「梨」字，據《長編》卷六一、《契丹國志》卷二一删。
〔一二〕三館：原作「三次」，據《長編》卷六一改。
〔一三〕灌：原作「鑵」，據《長編》卷六〇、《契丹國志》卷二一改。

日，賜大使金塗銀冠、皂羅氈冠、衣八件，金鞊鞢帶，烏皮鞾，銀器二百兩，綵帛二百疋〔一〕；副使皂紗折上37巾〔二〕、衣七件，金帶象笏，烏皮鞾，銀器一百兩，綵帛一百疋。鞍勒馬各一疋。其從人，上節十八人，各練鵲錦襖及衣四件，銀器二十兩，綵帛三十疋；中節二十人，各寶照錦襖及衣三件，銀器十兩，綵帛二十疋；下節八十五人，各紫綺襖及衣四件，銀器十兩，綵帛二十疋。並加金塗銀帶，上、中節又加絲鞵。就館，賜生餼，大使秔、粟各十石，麪二十石，羊五十，法酒、糯酒各十壺；副使秔、粟各七石，麪十五石，羊三十，法酒、糯酒各十壺。承天節，各別賜衣一襲。遇立春，各賜金塗銀鏤幡勝、春盤。又命節帥就玉津園伴射弓，賜來使銀飾箭筒弓一、箭二十；其中的，又賜窄袍、衣五件，金束帶，鞍勒馬。在館遇節序，則遣近臣賜設。辭日，長春殿賜酒五行，賜大使盤毬暈錦窄袍及衣七件，銀器二百兩，綵帛二百疋；副使紫花羅窄袍及衣六件，銀器二百兩，綵帛二百疋；並加金束帶、雜花羅綾百疋。從人各加紫綾花絁錦袍及銀器、綵帛。將發，又賜銀器、瓶、合、盆、沙羅、注椀等。

契丹主生日，朝廷所遺金酒食茶器三十七件，衣五襲，金玉帶二條，烏皮白皮鞾二量〔三〕，紅牙笙、笛，觱篥，拍板〔四〕，鞍勒馬二匹，纓、複、鞭副之，金花銀器三十件，銀器二十件，錦綺透背，雜色羅、紗、綾、縠、絹三千疋，雜綵二千疋，法酒三十壺，滴乳茶十斤，岳麓茶五斤，鹽蜜果三十罐，乾果三十籠。其母生日，約此數焉。正旦則遺以金花銀器、白銀器各二十件，雜色羅、綾、紗、38縠、絹二千疋，雜綵二千疋。

三年十二月，契丹使耶律阿括有疾不入，帝遣醫官副使霍炳等診視之。時阿括不赴得上壽及齋筵，深自慙恨，帝曰：「所差醫官，止令診（胗）〔脈〕處方，如有藥餌，令自和合。其使、副又須求（樂）〔藥〕餌，得即對面服之。雖相示不疑，然悠久或有不可療者。自今朝廷宜以醫官隨行，則彼亦必使醫官同至也。」

是月，契丹使蕭漢寧至，時元日會朝賀，漢寧自言不習漢儀，願不給朝服，副使吳克昌等亦言與大使同叙班，難衣朝服，詔聽自便。

四年四月，接伴契丹使王（曉）〔曙〕等言：「嘗使契丹，其國臣寮每見，即競來趨揖〔五〕，詢問朝廷臣寮舊曾奉使至其國者動靜安否。臣具實對之，認其上下情寔無猜阻〔六〕。其契丹人使到闕，有曾奉使契丹者，乞詔諭亦許令趨揖

〔一〕二百：原作「一百」，據《長編》卷六〇改。
〔二〕副使皂紗折上：原作「鞍勒馬各折匹」，據《長編》卷六〇、《契丹國志》卷二一改。
〔三〕量：原作「兩」，據《長編》卷六一改。
〔四〕拍：原作「柏」，據《長編》卷六一改。
〔五〕競：原作「兢」，據《長編》卷六七改。
〔六〕猜阻：原作「精粗」，據《長編》卷六七改。

〔交〕談，問其安否。所貴示之無間，人得歡心。」從之。時内殿崇班高繼忠亦有此請，並可其奏。

是歲，户部員外郎、直集賢院李維等使契丹還，上虜中事，且言：「虜主見漢使，强服衣冠，事已，幅巾雜胡騎出射獵，官屬隨帳，自（辨）〔辦〕器械糗糧。蕃法極嚴，死者必屠害慘毒。虜主嘗云〔一〕：契丹乃禽獸，非同漢人可以文法治也。」

四月，莊穆皇后上僊，帝謂宰相王旦等曰：「后崩，合遣使赴告契丹否？」旦等曰：「命使赴告，或令邊臣録詔告之〔二〕，皆可。」帝曰：「於禮宜赴告。然每歲命使，頗聞供億勤至。今若遣使，則自兹兩國凡有大故，各須軺傳交馳，益增煩擾矣。」乃詔邊臣，[39] 俟北境遣人詢問，即録詔報之，仍諭兹意。

十一月，河東轉運使言：「唐龍鎮來璘、來美等爲西路契丹所掠。美即璘之季父，久依府州，與來懷正同族，不相能，故懷正召戎破之以報怨。」樞密陳堯叟曰：「璘、美等亦窮而欵塞，早者常持兩端，且非富强之族，但據險阻，恣爲觀望。朝廷征之則趣河之東，地曰東壖；契丹加兵則趣河之西，地曰西壖，介卒騎兵所不能及〔三〕。」詔候契丹使至，以其事諭之。

是月，契丹使耶律元至，又令庖人來獻蕃食。蕃俗家提狸邦〔四〕，發土得之〔五〕，如大鼠，唯供母、主。至是，挈數頭至，日飲以羊乳。帝許其饌（告）〔造〕進入，擇味佳者再索之，使大感悦。

是年，麟府路言：「契丹率兵捕賊至境上，恐謀侵軼。」帝曰：「此疑之過者。」遣内臣視之，果執盗馬舍利而還〔六〕。

（以上《永樂大典》卷五二五七）

〔一〕虜主：原作「虜者」，據《文獻通考》卷三四六改。

〔二〕詔：原脱，據《長編》卷六五補。

〔三〕介：原作「界」，據《長編》卷六七改。

〔四〕家提狸邦：「家」疑當作「豢」。「提狸邦」原作「提狸那」，據中華書局點校本《長編》卷六七改。按此物，最早見於《夢溪筆談》卷二五所引刁約使契丹詩「密賜十貔貍」（全文見本卷蕃夷一之三六校記）。此「貔貍」亦爲契丹語譯音，沈括釋云：「貔貍，形如鼠而大，穴居，食穀粱。」哲宗時王闢之所著《澠水燕談録》卷八則稱爲「毗貍」，云：「契丹國産毗貍，形類大鼠而足短，極肥，其國以爲殊味，穴地居之，以爲國主之膳。……常以羊乳飼之。頃年虜使嘗攜至京，烹以進御。」元祐中張舜民嘗使遼，所撰《使遼録》稱爲「北令邦」（見《齊東野語》卷一六引。《天中記》卷五四引作「比令邦」），但其所著《畫墁録》又稱爲「毗黎邦」，謂：「毗黎邦，大鼠也，其國上供物。」顯然，所謂「貔貍」、「毗貍」、「北（比）令邦」、「毗黎邦」即此之「提貍邦」，唯譯音稍異。明人徐應秋《玉芝堂談薈》卷三四云：「余意即今西北邊所謂塔喇巴哈者也，一名大黄鼠，一名土撥鼠。」「塔喇巴哈」與「提貍邦」譯音更爲接近。

〔五〕土：原作「士」，據《長編》卷六七改。

〔六〕「執」原作「報」，「還」原脱，據《長編》卷六八改補。按，徐氏原稿沿《大典》，此行與下卷首行連寫，「還」字在下行之首。嘉業堂整理者自此行剪開，另分一卷，「還」字遂被剪落。

宋會要輯稿　蕃夷二

遼下

■1 真宗大中祥符元年正月〔一〕，北面言：契丹置館于拒馬河北，以候朝使。

二月，户部副使宋摶使契丹還，上虜中事，且言：「契丹所居中京在幽州東北，城壘庳小，鮮居人，夾道多蔽以垣墻。宮中武功殿，其主居之；文化殿，母居之。又有東、西掖門。然蕃夷性不檢，每宴集，有不拜而懈惰者。」

六月，以都官員外郎孫奭假秘書少監，使契丹，諭以今年十月有事于泰山，仍不煩遣使。時議者以東封大禮必須差發六師，恐契丹猜慮，遂議差使諭意。帝曰：「如聞朝廷每命使持禮往彼，皆自界首差使、副接伴，逐程每命使人專備館穀，國主必自遠而至，躬親■2延接，頗爲勤至勞費。當令奭至雄州日，先以文字達之，或(上)〔止〕差人于界交領，或至本國。契丹果止差人至界河交領書信，若本國報書，亦只雄州交領。」乃得報云：「封禪大禮，何勞告諭？其禮物慮違誓文〔二〕，不敢輒受。」帝曰：「異域常能固守信誓，良可嘉也。」

十一月，契丹使左武衛上將軍蕭永等來賀承天節。宴于長春，不舉樂，以將奉册謁廟故。

二年二月二十五日，入契丹使還。前殿前都虞候王繼忠附奏，獻名馬、法錦、銀鼠貂鼠被褥、楝檽酒器垸楪賀封禪，禮畢，詔答賜之。

五月，邊臣言：契丹爲黑水所侵而遁。時雄州言契丹改築新城〔三〕，宰臣王旦曰：「契丹所納誓書，有『無創修城池』之言。」樞密陳堯叟曰：「彼先違誓修之，亦此之利也。」帝曰：「豈若遺利而敦信乎？且以爲始〔四〕，是當有漸也。宜令邊臣遣人告其違約以止之，則撫御遠俗，不失其懽心也。」

十月，帝以御筆所記事示宰臣，曰「送闌馬」。帝曰：「雄州奏：『得闌馬，送契丹。』又奏：『近有盜馬以歸投者，其馬亦止稱闌，遣送北部〔五〕。』然則彼亦知其給也。宜諭雄州，更有若此者，當閱實以還之，無涉欺誕。」

十二月二十四日，雄州言：「得涿州報，契丹以其〔國〕母蕭氏以十二月十二日卒〔六〕，遣使天成軍節度使耶律信

〔一〕按，原稿此行之前另貼一頁，批有三行文字：「遼史拾遺附録卷二／宋會要，永樂大典卷五千二百五十七卷／真宗大中祥符元年正月北面云云。」似謂厲鶚《遼史拾遺·附録》引有《會要》此文，但今《遼史拾遺》無此文。

〔二〕慮：原作「屢」，據《長編》卷六九改。

〔三〕按，《長編》卷七二記此事於二年十月。

〔四〕始：原作「如」，據《長編》卷七二改。

〔五〕遣：原作「遺」，據《長編》卷七二改。

〔六〕丹：原作「國」，據《長編》卷七二改。

寧來告哀〔一〕。」時契丹賀正使耶律突魯姑等在館〔二〕，詔館伴諭之，集賢校理張象中、閤門祇候薛貽廓馳驛迓〔之〕。詔廢朝七日，擇日制服。

二十八日，耶律信寧至，命太常博士贊引詣西【3】上閤門〔三〕，閤門使受書進內。博士命祠部員外郎、直集賢院石中立，太常博士、直史館劉諧與禮直官同贊引。又命李維、曹利用館伴其使，令中書門下、樞密院、三司使、學士、知制誥已上就都亭驛弔慰突魯姑等。又令突魯姑等就開寶寺設位，奠哭成服。又令禮院爲定成服儀注。禮直官引使、副北向設香酒，拜跪成服，舉哭三奠，焚紙馬，改服吉服，還驛。其制，大使、副使麄布頭冠帽，斜巾，方裙，大袖袴，絹襯衫，腰絰，桐杖；上、中節麄布斜巾，襴衫袴，絹襯衫，腰絰；下節麄布袜子〔四〕，四褛衫袴，腰絰。

三年正月，契丹使馮起等言：「所進國母禮物，本國以母亡，懇辭不受。」

閏二月，詔河北、河東緣邊安撫司，候契丹國母葬日，令沿邊州軍于其日前後各禁音樂三日。仍移文契丹界，令知朝旨。

是月，河東緣邊安撫司言：「北人王貴舉族來歸，欲送還之。」帝曰：「蕃法，亡者悉孥戮之。況契丹誓書：逋逃之人，彼此無令停匿〔五〕。可令本州遣歸北境，勿移牒部送。」

六月，知雄州李允則言〔六〕，契丹界累歲災歉闕食，多于近邊市糴。詔本州出廪粟二萬石，賤糴以濟之〔七〕。

是歲，契丹相韓德(謙)〔讓〕死。韓久專政，有智略，契丹畏服。自蕭氏卒，繼以韓死，虜主闇弱，其弟隆慶尤桀黠，衆心附焉。言事者請因遣使，特加恩隆慶。帝曰：「講信修睦，務存大體〔八〕。如其不法，遂加恩命，豈柔遠之道耶？」

七月，雄州言：「契丹國主以其母喪殯顯州，日三時沃奠。四月，葬【4】于州北二十里。五月，召所部南北大王、皮室、乙室、頻畢、太師、奚、室韋、黑水女真等，賦車二千乘〔九〕，于幽州載戎器，將伐女真、高麗。時契丹又殺其臣邢抱朴，召劉晟代知政事，又召隆慶。隆慶反側，辭以避暑，不從，輒繕完兵器，遣親信以私書交結國中貴倖。其親信録書來告雄州，訴其戎主不能叶睦親族，國人思漢。」帝曰：「此必隆慶教爲之。」密諭邊臣沮其意。凡契丹有所調

〔一〕天成：《長編》卷七二作「天平」。
〔二〕耶律突魯姑等：原無，參本書禮四一之一〇至一一補。無此六字，則下條「突魯姑」不知所云。
〔三〕「詣」原作「請」，「閤門」原脱，據本書禮四一之一一改補。
〔四〕袜：原作「株」，據本書禮四一之一一改。
〔五〕停：原作「渟」，據《契丹國志》卷二〇改。
〔六〕知：原無，據《長編》卷七三補。
〔七〕賤糴：原作「出糴」，據《長編》卷七三改。
〔八〕存：原作「有」，據《長編》卷七三改。
〔九〕千：原作「十」，據《長編》卷七三改。

發，先下令，使自辦兵器、馳馬、糧糗，故其鈔略所得，不補所失。又索境内漢口有罪者配軍，曰「驍武」。人皆嗟怨，不爲用。

九月十一日，契丹遣臨海軍節度蕭曷領、給事中室程，奉其母遺書及遺物玉釧、琥珀、瓔珞、碼碯瓶盤、犀玉壺、良馬等來上〔一〕，又遣左武騎上將軍蕭善寧、左領軍衛大將軍張崇濟獻御衣、文犀帶、名馬、弧矢等，來謝賻禮。以國母遺留書禮，亦令于閤門通進人使入見。

十一月六日，契丹以本國將征高麗，遣右監門衛大將軍耶律寧奉書來告。時議以朝廷前遣孫奭告東封，契丹館奭于境上，但有報書，今其使來，當遣使接伴，示以方守前約。如（監）〔堅〕欲赴闕，即從其請。乃以殿中侍御史趙稹假給事中，馳赴雄州迓之，知制誥孫僅假中書舍人，東上閤門使白文肇館伴。初，耶律寧至涿州，李允則止之。寧言奉國命以機事馳報，不敢駐。允則即遣使臣伴送赴闕。及至，又以寧遠來困乏，特放起居兩日。朝、辭日，就驛賜御筵，又同 5 赴玉津園射弓，其例物并雜物〔二〕、鞍馬、弓箭，悉賜之。

十日，知樞密院王欽若言：「將來契丹賀承天節、正旦使赴闕，未審舉樂不？」帝曰：「此當諭雄州不須先問，但依例自界首音樂迎接，悉依自來體例。如彼使不欲聽樂之時，即以『（令）〔今〕來特禮慶賀，即與迴謝禮信、持送遺留事體不同，兼緣已入朝廷封境，難以止絶』諭之。」

十七日，雄州言：「頃年契丹加兵女真，女（直）〔真〕衆裁萬人，所居有灰城，以水沃其壁，凝凍爲冰〔三〕。距城三百里，焚其積聚，其人散居山林以待之。契丹至，則城不可攻，野無所取，遂退兵。女真即出襲，敗之，殺傷甚衆。今契丹趣遼陽城，言征高麗，且涉女真之境，女真衆雖少，契丹必不能勝。」仍畫圖以獻。契丹以西樓爲上京，遼陽爲東京，在中京正東稍南。又云：「契丹習俗，既葬，必守墳。或國主欲守其母墳，聲言征高麗，駐遼陽城也。」帝謂王旦等曰：「契丹征高麗，萬一高麗窮蹙，或歸于我，或來乞師，何以處之？」旦曰：「當顧其大者〔四〕。契丹方固盟好，高麗貢奉累歲不至。」帝曰：「然。可諭登州，如高麗有使來乞師，即語以累年貢奉不入，不敢達于朝廷。如有歸投者，第存撫之，亦不須以聞。」

十二月一日，雄州言：契丹與高麗戰，敗衄。帝曰：「戰者危事，蓋不得已，非可好也。」

二十日，河東沿邊安撫司言：契丹于朔州南再置榷場。

是月，接伴契丹使張象中等言：「戎使以此月十二日

〔一〕來：原脱，據《長編》卷七四補。
〔二〕例物：原無「物」字，據文意補。宋代外國人使、諸蕃首領來朝，朝、辭皆賜例物，參見本書禮六二之三二等。
〔三〕爲：原脱，據《長編》卷七四補。
〔四〕當：原作「大」，據《長編》卷七四改。

本國母喪期，欲易服舉哀。」詔象中，至日6於所到處預令三番使臣選寺院設位祭奠，行慰禮。若欲易服舉哀，即諭以赴朝廷慶賀不便，仍住樂一日。

四年正月，以開封府推官、太常丞李階假衛尉少卿，齎詔諭契丹以親祀汾陰，令至境上付其疆吏。

四月十二日，入契丹使李迪言：「今月二十日迴至雄州。緣契丹國（王）〔主〕親督兵伐高麗，以是久駐中京。其弟隆裕、丞相韓德（謙）〔讓〕相繼而死，高麗之戰兵敗，多不還者。」

五月十六日，邊臣言：「契丹征高麗，官屬多戰没，乃取幽、薊間嘗干仕進及稍知書者以補其缺，又遣使歸取介胄萬計。其弟隆慶不給，蓋相疑間也。」

五年七月六日，知雄州李允則言契丹議築武清、安次、涿州城。上曰〔一〕：「是正違誓約。待其興功而言，則必恥于中輟。」乃詔允則因使北境者諭之。既而允則言，彼國聞命，即罷其役。

六年，知制誥王曾充使還，上契丹事。曾上七事：契丹改統和三十年爲開泰元年〔二〕；以幽州爲（折）〔析〕津府；國主弟隆裕卒，隆裕初封吳王，後封楚國王。初，奉使者止達幽州，後至中京，又至上京〔三〕，或西涼淀〔四〕、北安州、炭山、長泊〔五〕。自雄州白溝驛渡河，四十里至新城縣，古督亢亭之地〔六〕。又七十里至涿州。北度涿水〔七〕、范水、劉李河，六十里至良鄉縣。度盧孤河〔八〕，六十里至幽州，僞號燕京〔九〕。子城就羅郭西南爲之。正南曰啓夏門，内有元和殿、洪政殿，東門曰宣和。城中坊門皆有樓〔一〇〕。有閔忠寺〔一一〕，本唐太宗爲征遼陣亡將校所造；又有開7泰寺，魏王耶律漢寧造建，皆邀朝使遊觀。城南門内有于越王廨〔一二〕，爲宴集之所。門外永平館，舊名碣石館，請和後易之也，南即桑乾河〔一三〕。出北門，過古長城、延芳淀，四十里至孫侯館〔一四〕，後改爲望京館，稍移故處。望楮谷山〔一五〕、五龍池，

〔一〕上曰：原脱，據《長編》卷七八補。
〔二〕三十年：原作「三十一年」。按《遼史》卷一五《聖宗紀》六，統和三十年十一月改當年爲開泰元年，據删「一」字。
〔三〕「後至」二句：原作「後置中京，又至中京」，據《長編》卷七九、《契丹國志》卷二四改。
〔四〕涼：原作「京」，據《長編》卷七九改。
〔五〕長：原作「屯」，據《長編》卷七九改。
〔六〕亭：原作「亮」，據《長編》卷七九改。
〔七〕水：原作「州」，據《長編》卷七九改。
〔八〕盧孤河：《長編》卷七九、《契丹國志》卷二四作「盧溝河」，但《武經總要》前集卷一六下、《文獻通考》卷三四六均作「盧孤河」。
〔九〕僞：原作「爲」，據《長編》卷七九改。
〔一〇〕坊：原作「防」，據《長編》卷七九改。門：《遼史》卷四〇《地理志》四引作「開」。
〔一一〕閔：原作「閡」，據《長編》卷七九改。
〔一二〕内：原作「外」，據《長編》卷七九改。
〔一三〕南：原脱，據《長編》卷七九補。
〔一四〕至：原作「王」，據《遼史》卷三九《地理志》三改。
〔一五〕楮：原作「柏」，據《長編》卷七九、《文獻通考》卷三四六改。

過温餘河、大夏坡〔一〕，坡西北即涼淀〔二〕，爲避暑之地。五十里至順州。東北過白嶼河，北望銀冶山，又有黄羅、螺盤、牛闌山。七十里至檀州〔三〕。自(北)〔此〕漸入山，五十里至金溝館。將至館，川原平廣，謂之金溝淀，國主嘗于此過冬。自此入山，詰曲登陟，無復里堠，但以馬行記日景而約其里數〔四〕。過朝鯉河，亦名七渡河，九十里至古北口。兩旁峻崖，中有路，僅容車軌。口北有鋪，彀弓連繩，本范陽防扼奚〔五〕、契丹之所，最爲隘束。然幽州東趣營、平州，路甚平坦，自頃犯邊，多由斯出。又度德勝嶺，盤道數層，俗名思鄉嶺，八十里至新館〔六〕。過雕窠嶺、偏(搶)〔槍〕嶺，四十里至卧如來館，蓋山中有卧佛像故也。過烏灤河，東有灤州，因河爲名。又過墨斗嶺，亦名度雲嶺，長二十里許。又過芹菜嶺，七十里至柳河館，河在館旁。西北有鐵冶，多渤海人所居，就河漉沙石，鍊得鐵。渤海俗，每歲時聚會作樂，先命善歌舞者數輩前行，士女相隨，更相唱和，回旋宛轉，號曰踏鎚〔七〕。所居屋室，皆就山墻開門。過松亭嶺，甚險峻。七十里至打造部落館，有蕃户百餘，編荊籬，鍛鐵爲兵器。東南行，五十里至牛山館，八十里至鹿兒峽館。過蝦蟆嶺，九8十里至鐵漿館。過石子嶺，自此漸出山。七十里至富谷館，居民多造車者，云渤海人。正東望馬雲山〔八〕，山多鳥獸、材木，國主多于此打圍。八十里至通天館。二十里至中京大定府。城垣卑小，方圓纔四里許，門但重屋，無築闍之制。南門曰朱夏，門内通步廊〔九〕，多坊門。又有市樓四，曰天市、天衢〔一〇〕、通闤、望闕。次至大同館，其北正門曰陽德、閶闔，城内西南隅岡上有寺〔一一〕，城南有園圃，宴射之所。自過古北口，即蕃境，居人草庵板屋，亦耕種，但無桑柘。所種皆從壠上，蓋虞吹沙所壅。山中長松鬱然，深谷中多燒炭爲業，時見畜牧牛、馬、橐駞，尤多青羊〔一二〕、黄豕，亦有挈車帳逐水草射獵，食止糜粥粆糒〔一三〕。

是歲，翰林學士晁迥、龍圖閣待制查道充使，至長泊，及還，上虜中風俗。迥言：長泊多野鵝鴨，戎主射獵，領帳

〔一〕坡：原作「城」，據《長編》卷七九改。
〔二〕涼淀：原作「西京」，據《長編》卷七九改。
〔三〕七：原作「數」，據《長編》卷七九、《文獻通考》卷三四六改。
〔四〕景：原脱，據《長編》卷七九、《文獻通考》卷三四六補。
〔五〕范：原作「落」，據《長編》卷七九改。
〔六〕「八十」上原有「盤」字，據《長編》卷七九、《契丹國志》卷二四删。
〔七〕踏：原作「沓」，據《長編》卷七九、《契丹國志》卷二四改。
〔八〕雲：原作「望」，據《長編》卷七九改。
〔九〕廊：原作「廓」，據《遼史》卷三九《地理志》三改。又，「通步廊」，《長編》卷七九、《文獻通考》卷三四六作「夾道步廊」。
〔一〇〕天市天衢：《契丹國志》卷二四、《遼史》卷三九《地理志》三作「天方大衢」。
〔一一〕「城」下原有一「西」字，據《長編》卷七九删。
〔一二〕羊：原作「鹽」，據《長編》卷七九改。
〔一三〕糜：原作「麋」，據《長編》卷七九、《文獻通考》卷三四六改。

下騎擊扁鼓〔一〕，繞泊鷺鵝鴨飛起，乃縱海東青擊之〔二〕，或親射焉。戎人皆佩金玉錐，號殺鵝殺鴨錐。每初殺獲，即拔毛插之，以鼓爲坐，遂縱飲，最以此爲樂。又好以銅、石爲槌以擊兔。每秋，則衣褐裘，呼鹿射之。夏月，以布易氈帳，藉草圍棋、雙陸，或深澗張鷹。

（是冬）〔七年冬〕〔三〕，契丹使與高麗告奏使相繼而至。帝問宰臣，王旦曰：「四方入貢〔四〕，皆所以尊王室也。彼自有隙，朝廷無所憎愛，起居宴會並合同處。」帝然之。

九年，樞密直學士薛映、直昭文館張士遜充使，至上京。及還，上虜中境界。上京者，自中京正北八十里至臨都館，又四十里至官窑館，又七十里 9 至松山館〔五〕，又七十里至崇信館，又九十里至廣寧館，又五十里至姚家寨館。又五十里至咸寧館，又三十里，度潢水石橋。旁有饒州，蓋唐朝嘗于契丹置饒樂州也，今渤海人居。又五十里至保和館，度黑水河，七十里至宣化館，又五十里至長泰館。館西二十里許有佛寺、民舍，云即祖州。亦有祖山，山中有阿保機廟，所服韡尚在，長四五尺許。又四十里至臨潢府。自過崇信館，即契丹舊境，蓋其南皆奚地也。入西門，門曰金德，內有臨潢館。子城東門曰順陽，入門北行至景福門，又至承天門，內有昭德、宣政二殿，皆東向。其氈廬亦皆東向。臨潢西北二百餘里，號涼淀，在漫頭山南，避暑之處，多豐草，掘丈餘即有堅冰。

天禧元年二月，補新羅人洪橘鮮爲應天府都知兵馬使，賜衣服、緡錢。橘鮮仕本國爲承旨，國主遣其詐遁入契丹探機事，以歸朝廷故也。

四年，知制誥宋綬充使，始至木葉山，及還，上虜中風俗：山在中京東微北，自中京過小河、唱叫山，道北奚王避暑莊，有亭臺。由古北口北至中京北，皆奚境。奚本與契丹等，後爲契丹所併，所在分奚、契丹、漢人、渤海雜處之。奚有六節度、都省、統領，言語風俗與契丹不同，善耕種，步射，入山采獵，其行如飛。凡六十里至羖攊河館。過惠州，城二重，至低小，外城無人居，內城有瓦屋、倉廩，人多漢服。七十里至榆林館，館前有小河，屈曲北流。自此入山，少人居。10 七十里至訥都烏館，蕃語謂山爲「訥都」，水爲「烏」。七十里至香子山館，前倚土山，臨小河，其東北三十里即長泊也。涉沙磧，過白馬淀，九十里至水泊館。度土河，亦云撞撞水〔六〕，聚沙成墩，少人烟，多林木。其河邊平

〔一〕領：原作「飲」，據《長編》卷八一改。
〔二〕之：原脱，據《長編》卷八一補。
〔三〕七年冬：原作「是冬」，即六年冬。按，據《長編》卷八三，高麗奏告使以祥符七年十月至登州，帝問王旦云云亦在此時；十二月高麗使至闕。《群書考索》後集卷六四、《宋史》卷四八七《高麗傳》並同。因改。此條蓋《大典》從別處抄來，原文只有一「冬」字，《大典》未加考證，誤添作「是冬」。
〔四〕貢：原作「會」，據《長編》卷八三改。
〔五〕至官窑館又七十里：原脱，據《長編》卷八八補。
〔六〕撞撞：原脱一「撞」字，據《文獻通考》卷三四六補。《長編》卷九七作「冲冲水」。

處，國主曾於此過冬〔一〕。凡八十里至張司空館，七十里至木葉館。離中京皆無館舍，但宿穹帳〔二〕，欲至木葉三十里許，始有居人瓦舍及僧舍。又歷荆榛荒草，復度土河，至木葉山〔三〕。本阿保機葬處，又云祭天之地，東向設氈屋，題曰省方殿，無階，以氈藉地。後有二大帳，次北又設氈屋，題曰慶壽殿。去山尚遠，國主帳在氈屋西北，望之不見。嘗出三豹，甚馴，馬上附胡人而坐，獵則以捕獸。俗喜罩魚，設氈廬于河冰之上〔四〕，密掩其門，鑿冰爲竅，舉火照之，魚盡來湊，即垂釣竿，罕有失者。迴至張司空館，聞國主在土河上罩魚，以魚來饋。是歲，隆慶卒。隆慶初封恒王〔五〕，及請盟，改梁王，後封秦國，又加秦晉國王。隆裕有子宗業，封廣平王，爲中京留守。改幽州幽都縣爲宛平縣。其衣服之制，國母與蕃官皆胡服〔六〕，國主與漢官即漢服。蕃官戴氈冠〔七〕，上以金華爲飾，或加珠玉、翠毛，蓋漢魏時遼人步摇冠之遺象也〔八〕。額後垂金花，織成夾帶，中貯髮一總。服紫窄袍，加義襴。繫鞊韘帶〔九〕，以黄紅色絛裹革爲之〔一〇〕，用金、玉、水晶、碧石綴飾。又有紗冠，制如烏紗帽，無簷，不擫雙耳，額前綴金花，上結紫帶，末綴珠。或紫皁幅巾〔一一〕、紫窄袍，束帶。丈夫或緑巾、緑花 11 窄袍，中單多紅緑色。貴者被貂裘，貂以紫黑色爲貴〔一二〕，青色爲次。又有銀鼠，尤潔白。賤者被貂毛、羊、鼠、沙狐裘。弓以皮爲弦，箭削樺爲簳。韉勒輕快〔一三〕，便于馳走。以貂鼠或鵝項、鴨頭爲扞腰。蕃官有夷離卑，參聞國政，左、右林牙掌命令，惕隱若司宗之類。又有九行宫，每宫置使及總管，掌領部族。有永興、積慶、洪義、昭敏等名。

乾興元年二月，仁宗已即位，未改元。真宗崩，遣崇儀副使薛貽廓假引進使告哀。

六月，契丹遣殿前都點檢、崇義軍節度使耶律三隱，翰林學士、工部侍郎、知制誥馬貽謀，充大行皇帝祭奠使、副；左林牙、左金吾衛上將軍蕭日新，利州觀察使馮延休，充皇太后吊慰使、副；右金吾衛上將軍耶律寧，引進副使姚居信，充皇帝吊慰使、副。三隱等至，有司預于滋福殿設大行皇帝神御座，又于稍東設御座。祭奠、吊慰使、副並素服，由西上閤門入，陳禮物于庭中。閤門舍人贊引三隱等詣

〔一〕於此：原作「北」，據《長編》卷九七補改。
〔二〕穹：原作「空」，據《長編》卷九七改。
〔三〕至：原脱，據《長編》卷九七補。
〔四〕廬：原脱，據《長編》卷九七補。
〔五〕恒王：原作「常王」，據《遼史》卷九《景宗紀》下改。
〔六〕官：原作「臣」，據《長編》卷九七改。
〔七〕官：原作「冠」，據《長編》卷九七改。
〔八〕步：原脱，據《長編》卷九七補。
〔九〕韘：原脱，據《長編》卷九七補。
〔一〇〕裹：原作「裏」，據《契丹國志》卷二三改。又「革」，《長編》卷九七作「帶」。
〔一一〕皁：原作「帛」，據《長編》卷九七改。
〔一二〕「黑」下原衍一「水」字，據《長編》卷九七删。
〔一三〕快：原作「駛」，據《契丹國志》卷二三改。《長編》卷九七作「簡」。

神御座陛下，俟簾卷，舉哭，升殿西階上香〔一〕、奠茶酒焉。貽謀跪讀祭文，退。俟皇帝、皇太后昇座，日新等以次升殿，進書，賜襲衣、冠帶、器幣、鞍勒馬有差。日新等復詣承明殿，俟皇太后昇座，進問聖候書。祭奠所陳，有金香奩、瓶盞、注埦、茶合、匕筯、銀鼠裘、金龍帶、御衣五襲、塗金縷玉鞍勒馬三匹、刻綵器仗、弓矢、大燭等。吊慰所獻，素羅綾、白毛綾、毾黑絲、播絲、絹布萬五千匹。其國后又以珠珥雜寶、纓珞玉釧衣 12 三襲，納以銀飾箱以獻。乃命户部郎中、直史館劉鍇〔二〕、客省副使曹曦，爲皇太后迴謝禮信使、副；又〔命〕工部郎中趙賀、内殿承制、閤門祗候楊承吉，爲皇帝迴謝禮信使、副。皇太后遺國主、國后衣各三對，銀裝衣箱各一，鞍轡各三，鞭各一，纓珞二，國主加靴二兩，龍腦滴乳茶各三十斤，酒各二十瓶，以諸雜菓子及銀器各二千兩〔三〕，金器各三百兩，錦綺透背、雜色羅紗縠絹衣著各三千匹〔四〕，御馬各二匹。皇帝（遣）〔遺〕國主亦如皇太后之數，惟加金帶。

（是）〔二〕月〔五〕，命度支副使户部郎中薛田、東染院使李餘懿使契丹，送大行皇帝遺留禮物。禮物有金飾瑇瑁飲食灌器、象牙摞車渠注埦、碧車渠琥珀杯、白玉翠石茶器、衣五襲、通犀碾玉帶、金飾瑇瑁樂器、金飾七寶瑪瑙鞍勒馬、玉鞭、飲器皿一事、錦綵三千疋、御酒、名果。又命兵部員外郎任中行〔六〕、崇儀副使曹珣告皇帝登寶位，禮物有金擔箱一具，衣五襲，餘如生日之贈賜。

十月，契丹遣使左夷離畢行刑部尚書耶律僧隱、副使高州觀察使韓格等奉書〔七〕，獻御衣、鞍馬，來賀登寶位。賜襲衣、冠帶、器幣、鞍馬有差。

仁宗慶曆元年十二月，代州言：「契丹舊封界在蘇直等見耕之地，而近輒移文，欲以故買馬城爲界，慮（浸）〔寖〕有侵耕，不便。」詔本州牒諭之〔八〕。

二年三月，契丹特遣宣徽南院使、歸義軍節度使蕭英，翰林學士、右諫議大夫、知（制）誥、同修國史劉六符，來議關南事，見于紫宸殿。13 其書曰：「粤自世修懽契，時遣使軺。封圻殊兩國之名，方策紀一家之美。蓋欲洽于綿永，固將有以披陳〔九〕。切緣瓦橋關南是石晉所割，迄至柴氏，以代郭周，興一旦之狂謀，掠十縣之故壤，人神共怒，廟社不延。至于貴國祖先肇創基構，尋與敝境繼爲善鄰。暨乎太宗皇帝紹登寶位，于有征之地才定并、汾，以無名之師直

〔一〕升：原作「外」，據《宋史》卷一二四《禮志》七七改。
〔二〕鍇：原作「錯」，據《長編》卷九九改。按，據《長編》，遣劉鍇等在七月乙亥。
〔三〕以：疑當作「并」。
〔四〕雜：原脱，參本書蕃夷一之三七補。
〔五〕二月：原作「是月」（六月），按《長編》卷九八，遣薛田等在二月丙寅，據改。
〔六〕按，據《長編》卷九八，遣任中行等在四月壬子。
〔七〕格：原作「格」，據《長編》卷九九、《遼史》卷一六《聖宗紀》七改。
〔八〕牒：原作「諜」，據《長編》卷一三四改。
〔九〕固將有以：原作「因特有于」，據《長編》卷一三五、《契丹國志》卷二〇改。

抵燕、薊。羽召精鋭，禦而獲退。遂致移鎮國强兵〔一〕、南北王府、内外諸軍，彌年有戍境之勞，繼日備渝盟之事。始終反覆，前後諳詳〔二〕。嘗切審專命將臣，往平河右，炎涼屢易，勝負未聞。兼李元昊于北朝久已稱藩，累曾入貢，克保君臣之道，實爲甥舅之親，設罪合加誅，亦宜垂報。邇者郭稹特至，杜防又迴〔三〕，雖具音題，而但虞詐諜，已舉殘民之伐，曾無忌器之嫌。營築長堤，堵塞隘路，開決塘水，添置邊軍〔四〕。既潛稔于猜嫌，慮難敦于信睦。儻思久約，共遣疑懷，曷若以晉陽舊附之區，關南元割之縣，俱歸當國，用康黎人。如此，則益深兄弟之懷，長守子孫之計。緬惟英晤，深達悃悰。適值春陽，善綏冲裕。」先是，歸明人梁濟世本涿州人，嘗主文書虜帳下，一日得罪來歸，具言將有割地之請。及虜使至，仁宗發書，以示輔臣，色皆不動，使者亦疑其事已泄。後事定，乃録濟世一官。

四月，遣知制誥富弼、西上（閣）〔閤〕門使符惟忠持書報契丹。書曰：「昔我烈考章聖皇帝保有基圖〔五〕，惠養黎庶，與大契丹昭聖皇帝弭兵講好，14通聘著盟。迨于纘承，共循謨訓，邊氓安堵，垂四十年。兹者專致使臣，特貽緘問，且以瓦橋内地〔六〕，晉陽故封，援石氏之割城〔七〕，述周朝之復境，繫于異代，安及本朝！粵自景德之初〔八〕，始敦鄰寶之信，凡諸細故，咸不寘懷。况太宗皇帝親駕并郊，匪圖燕壤。當時貴國，亟發援兵，既交石嶺之鋒，遂舉薊門之役，義非反覆，理有因緣。元昊賜姓稱藩，稟朔受禄，忽謀狂僭，俶擾邊陲。曏議討除，已嘗聞達，杜防、郭稹〔九〕，傳導備詳，及此西征〔一〇〕，豈云無報？聘軺旁午，屢聞疾惡之辭；慶問交馳，未諭聯親之故。忽窺異論，良用惘然。謂將軫于在原，（返）〔反〕致譏于忌器。復以營築堤埭，開決陂塘。昨緣霖潦之餘，大爲衍溢之患〔一一〕，既非疏導，當稍繕防〔一二〕。豈蘊猜嫌，以虧雍穆〔一三〕？至于備塞隘路〔一四〕，閲集兵夫，蓋邊臣謹職之常，乃鄉兵充籍之舊〔一五〕。在于貴境，寧徹戍兵？一皆示于坦夷，兩何致于疑阻？顧惟歡契，方保悠長，遽興請地之言，殊匪載書之約。信辭至悉，靈鑒孔昭。兩地不得交侵，緣邊各守疆界。誓書之外，一

〔一〕强：原作「疆」，據《長編》卷一三五改。
〔二〕詳：原脱，據《契丹國志》卷二〇補。
〔三〕防：原作「房」，據《長編》卷一三五改。按《長編》卷一二九載：康定元年十二月「己丑，契丹遣工部尚書、修國史杜防來聘，報郭稹也」。即其事。
〔四〕邊：原作「遊」，據《長編》卷一三五改。
〔五〕保：原作「寶」，據《長編》卷一三五、《契丹國志》卷二〇改。
〔六〕且以：原作「以且」，據《長編》卷一三五乙。
〔七〕援：原作「受」，據《長編》卷一三五改。
〔八〕粵：原作「奥」，據《長編》卷一三五改。
〔九〕稹：原作「積」，據前文及《長編》卷一三五改。
〔一〇〕及：原作「又」，據《長編》卷一三五改。
〔一一〕患：原作「事」，據《長編》卷一三五改。
〔一二〕繕：原作「善」，據《長編》卷一三五改。
〔一三〕雍穆：《長編》卷一三五、《契丹國志》卷二〇作「信睦」。
〔一四〕塞：原作「邊」，據《長編》卷一三五改。
〔一五〕充籍：原作「憑藉」，據《長編》卷一三五改。

無所求，期在久要，弗違先志。諒惟聰達，應切感思。甫屬清和，妙臻戩穀。」

七月，再遣知制誥富弼、恩州團練使張茂實使契丹，請平請地之事。

八月，契丹遂遣樞密副使耶律仁先、劉六符持誓書來見。書曰：「來書云〔一〕：『謹按景德元年十二月七日，章聖皇帝與昭聖帝誓書〔二〕：每歲以絹二十萬疋、銀一十萬兩以助軍旅之費，更不差使臣專往北朝，只令15三司差人送至雄州交割。緣邊州軍各守疆界，兩地人户不得交侵。或有盜賊逋逃，彼此無令停匿。兩朝城池，各依舊存守，淘壕(莞)〔完〕葺，一切如常，即不得創築城隍，開決河道〔三〕。誓書之外，各無所求。質于天地神祇，告于宗廟社稷，子孫共守，傳之無窮。有渝此盟，不克享國。昭昭天鑒，當共殛之。昭聖皇帝復答云：孤雖不才，敢遵此約，當告于天地，誓之子孫，苟渝此盟，明神是殛。嗚呼！此文可改，後嗣何述！今以兩朝修睦，三紀于茲，邊鄙用寧，戈矛載偃，追懷先誓，炳若日星，緜祀已深，敦好如舊。且關南縣邑，本朝傳守日久，愧難依從。每年更增絹十萬疋、銀十萬兩。兩界(偃)〔堰〕淀，除已前開畎者並依舊外，自今各不得添置。其現在堤堰水口，逐時決泄壅塞，量差兵夫即便修壘疏導，及非時霖潦〔四〕，别致漲溢，更不關報。南朝河北緣邊州軍，北朝自古北口以南，軍兵民夫，除見管數依常教閱，無故不得大有添屯。如有事因，即令逐州軍移牒關報。其自來承例更戍及本路移屯，不在關報之限〔五〕。兩邊逃過諸色人，並依先朝誓書外，各不得更似前來容縱停留』者。恭惟二聖威靈在天，顧茲纂承，各當遵奉，共循大體，無介小嫌。且夫守約爲信，善鄰爲義，二者闕一，罔以守國。皇天厚地，實聞此盟。無或廢墜，以速殃咎。其盟文藏于宗廟，副在有司。餘並依景德、統和中兩朝誓書。顧惟不德，必敦是盟，苟或食言〔六〕，有如前誓。」

十16月，契丹使林牙、保大軍節度使蕭偕來報徹兵，見于紫宸殿。

四年三月，監察御史裏行李京言：「近聞契丹築二城于代州西北〔七〕，南接代郡〔八〕，西交元昊，廣袤數百里。盡徙緣邊生户及豐州、麟州被虜人口居之，使絶歸漢之路。違先朝誓書，爲賊聲援，其蓄計不淺。況國家前年方修河北緣邊故滿城〔九〕、蒲陰城，再盟之後，尋即罷役。請下河

〔一〕來書云：原無此三字，據《長編》卷一三七、《契丹國志》卷二〇補。若無此三字，則下文「本朝」等語不可通。

〔二〕「章聖皇帝」後原有「誓書」二字，據《長編》卷一三七删。

〔三〕決：原作「拔」，據《長編》卷一三七改。

〔四〕時：原脱，據《長編》卷一三七補。

〔五〕「不」下原有「得」字，據《長編》卷一三七删。

〔六〕言：原作「口」，據《長編》卷一三七改。

〔七〕二：原無，據《長編》卷一四八補。

〔八〕南：原作「而」，據《長編》卷一四八改。

〔九〕滿：原作「蒲」，據《長編》卷一四八改。

東安撫司詰其因依，或因賀乾元節人還，責以信誓，使罷修（二）〔二〕城，以破未然之患。」從之。

（十）〔七〕月二十四日〔二〕，契丹遣延慶宮使耶律元衡等來告舉兵攻夏州〔三〕，（及）〔乃〕遣同修起居注余靖持書報之。

五年正月，契丹遣林牙、彰聖軍節度使耶律宗睦來告討夏州人回。

二月，右正言、知制誥余靖言：「昨聞西人與契丹約和，尋復侵掠。必恐契丹兵忿不解，若又遣使來以告西討，則將命者不絶，蠹耗財用，無有盡時。臣今奉使契丹，欲先諭以元昊反復小臣，其去就不足爲兩朝重輕，設忽有攜叛，亦是常事，彼此只于邊上關報，更不專遣使臣。」從之。

（是）〔十〕月〔三〕，詔送伴契丹使劉湜〔四〕，北界近築塞于銀坊城〔五〕，侵漢界十里，其以誓約諭使人，令毀去之。

是月，契丹遣林牙、保静軍節度使耶律翰林〔六〕，樞密直學士王綱，來獻西征所獲馬三百匹，羊二萬口，又獻九龍車一乘，見于紫宸殿。

〔慶曆四年〕十月〔七〕，詔河北緣邊安撫司械送契丹駙馬都尉劉三嘏過涿州。以北界累移文請也。

（是月）〔慶曆五年十月〕〔八〕，以北人安忠信、李文 17 吉並爲三班奉職，淮南監當〔九〕，仍賜忠信銀三百兩，文吉百兩。初，文吉等嘗爲契丹刺事雄州〔一〇〕，至是來歸，特録之。

皇祐元年二月，河北緣邊安撫司言：「昨北界侵據銀坊城〔一一〕，數移文不報。請因虜使來，諭以誓約之意，促令毀去。」從之。

三月，契丹遣樞密副使蕭惟信復來告西征。

（是月）〔二年三月〕〔一二〕，契丹遣殿前副點檢、忠正軍節度使耶律益〔一三〕，彰德軍節度使趙柬之〔一四〕，來告西征還。

四年五月〔一五〕，詔學士院自今答契丹書，仍舊稱「大宋」、「大契丹」。初，契丹賀乾元節書至，乃去其國號，止稱

〔一〕七：原作「十」，據《長編》卷一五一、《宋史》卷一一《仁宗紀》三改。

〔二〕衡：原作「衝」，據《余襄公奏議》卷下及《長編》卷一五一改。

〔三〕十月：原作「是月」，據《長編》卷一五七改。下條亦是十月事，見《長編》同卷。

〔四〕劉湜：原作「劉隄」，據《長編》卷一五七改。

〔五〕坊：原脱，據《長編》卷一五七補。

〔六〕耶律翰林：《長編》卷一五七作「耶律翰」，疑「林」字衍。

〔七〕慶曆四年：原脱，則承前似爲慶曆五年事。然《長編》卷一五二明載於四年十月甲午（六日），又《歐陽文忠公集》卷一〇七《論劉三嘏事狀》題注亦作「慶曆四年」，是此事在四年無疑。據補。

〔八〕按，此條仍是五年十月事，見《長編》卷一五七。原文「是月」本不誤，但因上條已改年分，此仍作「是月」，則易誤會，因改。若上條前移，則可不改。

〔九〕淮：原作「准」，據《長編》卷一五七改。

〔一〇〕「嘗」原作「初」，「事」原作「史」，據《長編》卷一五七改。

〔一一〕坊：原脱，據《長編》卷一五七補。

〔一二〕二年三月：原作「是月」，據《長編》卷一六八改。

〔一三〕耶律益：原作「耶律答」，據《長編》卷一六八改。

〔一四〕趙柬之：原作「趙東之」，據《長編》卷一六八改。

〔一五〕按，《長編》卷一七二載於四月，注云詔學士院在四月二十六日辛丑。

南朝、北朝。下兩制、臺諫官議，而以爲自先帝講和以來，國書有定式，不可輕許之。其後復有書，乃稱契丹如故。

〔至和元年〕八月〔一〕，補易州民李秀爲三班差使、殿侍。始，秀爲雄州探事，有邊民遁入契丹以告，秀畏罪來歸，特補之。

九月，契丹遣忠正軍節度使、同中書門下平章事蕭德，翰林學士吳湛，來告西事平。

至和（元）〔二〕年四月〔二〕，契丹國母遣歸德軍節度使蕭知微、永州節度觀察留後王澤，國主遣保安軍節度使耶律防、殿中監王譓等來賀乾元節〔三〕，因以虜主繪像爲獻，且請御容。許之。未及往而告哀使至，遂罷。去年契丹使蕭德來言，虜主每謂通好五十年，思會南朝皇帝，昨令竊寫得天表，恐未能髣髴，故交馳繪像，便若相見，庶篤兄弟之情。至是虜主卒，遂不報。

八月二十六日，詔：「北朝差告哀使耶律元亨赴闕，朕以大契丹文成皇帝講修前世18之好，繼息兩朝之民，信幣交持，使軺相聘，憧憧道路，垂五十年，睦然兄弟之情，確乎金石之固。忽聆哀訃，良用震懷。爰申感慘之深，以示敦和之至。宜特輟視朝七日，兼禁在京音樂七日，以輟朝日爲始。其河北、河東緣邊州軍，亦禁樂七日。仍擇日舉哀成服。」禮官具儀，帝成服于內東門幕殿。

十一月，詔河北緣邊州軍，契丹葬日不得作樂。

十二月，契丹遣左宣徽使、左金吾衛上將軍蕭運，翰林

學士、給事中、史館修撰韓運，來獻遺留物。

嘉祐元年三月，契丹遣順義軍節度使蕭佶、左諫議大夫王行己來謝。自宗真卒〔四〕，朝廷累遣使，（令）〔今〕佶等來，謂之都謝使也。

二年正月，詔以《河東地界圖》示契丹人使。初，蕭扈等來賀正，乃言武陽寨、天池廟侵北界土田。二府按舊籍〔五〕，代州陽武寨舊以六蕃嶺爲界，康定中，北界人戶聶再友〔六〕、蘇直等南侵嶺二十餘里。本州累移文朔州，朝廷以南北和好，務存大體，（正）〔止〕令代州別立石峰爲界。比年又過石峰之南，尋又開塹以爲限。天池廟本屬寧化軍橫嶺鋪，慶曆中，嘗有北界人杜思榮侵耕冷泉谷，近年亦標石峰。詔館伴使王洙以圖及本末諭之。

四月，以北來人趙二南爲蔡州司士參軍，馬錫爲茶酒班殿侍，京東安撫司指使，仍各賜田二頃。

六月，以北來人郝永言爲鄧州司士參軍，給月俸，仍賜

〔一〕至和元年：原脫，據《長編》卷一七六補。下條亦爲至和元年事，見《長編》卷一七七。

〔二〕二年：原作「元年」，據《長編》卷一七九、《皇宋十朝綱要》卷六改。

〔三〕王譓：《長編》卷一七九作「王懿」。

〔四〕宗真：原作「真宗」。按，此與宋真宗無關，當作「宗真」，即契丹興宗耶律宗真。《長編》卷一八二：「契丹主以朝廷屢遣使恤其喪，因名（蕭）佶等爲都謝使。」「恤其喪」即恤宗真之卒也。因改。

〔五〕舊籍：原脫，據《長編》卷一八四補。

〔六〕友：原作「支」，據《長編》卷一八四、卷二六二、《太平治迹統類》卷一六改。

田二頃。

(是月)〔十月〕〔一〕，契丹遣使再求御容，即遣翰林學士胡宿、禮賓使(李)19李綬往報之。初，契丹累求真宗皇帝及帝御容，乃遣權御史中丞張昪等行〔二〕，令諭以後持新虜主繪像來，即與之。前月又遣蕭扈等，且言不敢違朝廷命，是以置于篋中。令賀正使吳中復等交致之。

三年正月，雄州言：契丹國母蕭氏去年十二月二十七日卒。蕭氏，宗真之母〔三〕，洪基之祖母也〔四〕。

二月，殿中丞趙至忠上《契丹國俗官稱儀物録》。至忠本虜人，熟知其國中事。

是月，契丹遣林牙、懷德軍節度使(使)蕭福延以國母喪來告哀，帝爲發哀于内東門(楃)〔幄〕殿，宰臣率百官詣横門外進名奉慰，輟朝七日。

五月，契丹遣使獻其國母遺留物，繼以契丹國母葬以聞。詔特輟視朝一日。

六年三月，以北人武珪爲下班殿侍，以上所畫《契丹廣平淀受禮圖》。武珪本鎮州人〔五〕，陷虜多年，頗知虜中之事，爲沿邊安撫司指使。至是，因獻圖，特録之。

八年三月，英宗即位未改元。仁宗崩。契丹國母遣使林牙、左金吾衛上將軍蕭福延，觀書殿學士、尚書禮部侍郎、同修國史張嗣復，國主遣昭德軍節度使蕭遜、給事中王籍，爲祭奠使；左驍騎上將軍耶律逵，衛尉卿、昭文館學士劉霖，安東節度使耶律衍，四方館使韓夷慶，爲吊慰使。

四月，命契丹賀乾元節使耶律穀等進書奠梓宮，見英宗于東階。

七月，契丹使祭大行皇帝于皇儀殿，遂見帝于東廂。帝慟哭久之，羣臣慰于殿門之外。契丹自景德講和，中國厚(給)〔結〕以恩20信，至是，使人言及大行，輒出涕。

英宗治平元年十月二十八日，定州安撫司言：差人監送北來人韓高睟上京。詔韓高睟特與借職，仍賜公服靴笏，差淮南州軍監當。

二年三月，知代州劉永年言：「梅迴、瓶形兩寨地土水泉爲契丹置鋪侵據，數喻未聽，望許臣量出兵馬，示必争之勢。」詔令經略安撫司喻地分巡檢、城寨使臣常行視，拒止之。

是月，代州言：「契丹侵西陘寨地〔六〕，殺守兵三人。」岢嵐軍又言：「契丹争神林塢等地界，殺弓箭手二人。」詔河東經略司令雄州牒涿州禁止。

四月，太原府代州管内(鈐鎋)〔鈐轄〕、專管勾麟府軍馬

〔一〕十月：原作「是月」，據《長編》卷一八六改。
〔二〕昪：原作「昇」，據《長編》卷一八二，是年五月御史中丞名張昪，因改。
〔三〕宗真：原作「真宗」，據《遼史》卷一八《興宗紀》一乙。
〔四〕基：原作「臺」，據《遼史》卷二一《道宗紀》一改。祖母：原作「宗母」，據《契丹國志》卷九改。按道宗耶律洪基爲興宗耶律宗真之子，是蕭氏爲洪基祖母。
〔五〕人：原脱，據《長編》卷一九三補。
〔六〕陘：原作「徑」，據本書方域一八之三〇改。

王慶民與契丹議畫牧羊峯地，以樺泉堆、解板溝爲界。賞蕃漢將吏有差。

十二月，館伴契丹使馮京等言：「契丹使牒稱：南界侵(大)〔天〕池等處地，請以聞。」詔京等告以：「本州結好〔一〕，務在悠久。北來疆土，圖證具存，恐被邊臣隱昧，故時有辯爭。請北朝戒飭，令各務安靖。」

是月〔二〕，雄州言：得涿州牒報，契丹國改爲大遼國。

三年九月，命國信使副邵必、盧戡因諭大遼國，令飭邊吏自守如故約。初，雄州城下來路蒔柳至遼界上，後多死，知州李仲祐蒔補之。遼新城吏以爲生事，帥數百騎盜至城下。及初約遼人不得漁界河中，至是漁不止。故命諭之。

治平四年六月三日，神宗已即位，未改元。以英宗崩，大遼國主與其國母遣祭奠、吊慰使奉寧軍節度使蕭禧等並入奠皇儀殿〔三〕。是日，上 21 御殿之東幄，禧等進慰書，入見。退，賜御筵于都亭驛，命參知政事吳奎主之。

八月十八日，光禄卿史炤奉使河北迴，言：「體訪得戎主恐冬初至燕京，欲去易正牛陂〔四〕、固安等縣界打圍。乞密下沿邊防托。」詔河北沿邊安撫司常切體探，暗作隄備。

九月十九日，大遼遣彰信軍節度使蕭恭順、廣州防禦使耶律好謀、副使崇禄少卿董庠賀皇帝登極。

二十三日，樞密院言：「順安軍探得戎主見在燕京住坐，創造軍器。及河北緣邊奏，皆云見修涿、易二州城，及添兵馬，增葺器甲，廣致糧草。二州最爲近緣，戎主在燕京，未聞有遷徙日月，恐別生事，可密令諸路體察事因聞奏。」詔令河北沿邊安撫司密切差人體探。

神宗熙寧七年(二)〔三〕月〔五〕，大遼國遣泛使蕭禧議地界，命天章閣待制韓縝、樞密副都承旨張誠一爲館伴，而報其書曰：「辱迂使指，來貺函封〔六〕，歷陳二國之和，有若一家之義〔七〕，固知鄰寶，深執信符。獨論邊鄙之臣，嘗越封陲之守，欲令移徙，以復舊常。切惟兩朝，撫有萬宇，豈重尺土之利，而輕累世之驩？況經界之間，勢形可指；方州之內，圖籍具存。當遣官司，各加覆視〔八〕。儻事由夙昔，固難狥從；或誠有侵踰，何恪改正。而又每戒疆吏，令遵誓言。所諭創生之事端，亦皆境候之細故。已令還使，具達本因，緬料英聰，洞垂昭悉。暄和方季，保育是祈。」時復差韓縝往報聘之。

〔一〕州：據文意疑當作「朝」。
〔二〕按，《長編》卷二〇七載：治平三年正月「癸酉(十八日)，契丹改國號曰大遼」。
〔三〕「軍」下原有一「國」字，據本書禮二九之五二刪。
〔四〕易正牛陂：按遼無此等縣名，字當有誤。
〔五〕三月：原作「二月」。按，據《長編》卷二五一，此條所述事與下文三月十九日至二十五日三條所述實爲同一事，皆在三月，且本條所載報書即遼使蕭禧三月二十六日回國時所攜去者，當編於三月「二十六日」條之後。蓋此條乃《大典》録自他處，又將「三月」訛作「二月」而誤編於此。今改正。
〔六〕貺：原作「況」，據《長編》卷二五一改。
〔七〕義：原作「議」，據《長編》卷二五一改。
〔八〕覆：原作「復」，據《契丹國志》卷二〇改。

三月十九日，大遼主遣泛使林牙、興[22]復軍節度使蕭禧來致書，見于崇政殿。書曰：「爰自累朝而下，講好以來，互守成規，務敦夙契。雖境分二國，克保于驩龢；而義若一家，共思于悠永。事如聞于違越，理須至于敷陳。其蔚、應、朔三州地田一帶疆土，祇自早歲，曾遣使人，止于舊封，俾安舖舍，庶南北永標于定限，往來悉絶于姦徒。洎覽舉申〔一〕，輒有侵撓，于全屬當朝地分，或營修成壘，或存止居民，皆是守邊之冗員，不顧睦鄰之大體，妄圖功賞，深越封陲。今屬省巡，遂令按視，備究端實，諒難寢停。至于縷細之緣由，分白之事理，已具聞達，盡合拆移。既未見從，故宜伸報。爰馳介馭，特致柔緘，遠亮周隆，幸希詳審。據侵入當境地里所起鋪形之處，合差官員同共檢照，早令毁撤〔二〕，却于久來元定界至再安置外，其餘邊境更有生創事端，委差去使臣到日，一就理會。如此，則豈惟疆埸之内不見侵踰，兼于信誓之間且無違爽。兹實便穩，顒俟准依。」

二十五日，命太常少卿劉忱、河東計會經畧司所差蕭士元、吕大忠，與大遼國差來職官同共商量地界。

二十六日，大遼國信使蕭禧辭。是日，對于崇政殿，上宣諭曰：「蔚、應、朔三州地界，將差職官與北朝職官就檢視定奪。雄州外羅城，係仁宗皇帝嘉祐七年因舊修葺，元計料六十餘萬工，至今已是十三年，纔用過五萬餘工，即非創築城隍，有違誓書，又不是近年事。北朝既不欲如此，今示敦和好，更不[23]令接續增修。白溝館驛，待差人檢視〔三〕，如有創生添蓋樓子〔四〕、箭窗等，並令拆去；如有創生屯〈洎〉〔泊〕兵級，並令抽回。郭庠事，朝廷自來約束邊臣，不令生事，如昨來趙用擅入全屬北朝地分，雄州職官十餘人，並已重行停降；今來郭庠侵入全屬南界地分，兼先放箭射傷巡人，理須應敵。況北朝近差巡馬，已是創生事端，其郭庠事并其餘細故〔五〕，並循常例，別無違越，無可施行。」禧奉詔而退。

四月六日，大遼主與其國母遣使來賀同天節。

八年二月二十二日，詔代州西陘寨主、内殿崇班秦懷信移合入差遣。以契丹議地界于大黄平，即車埸溝口施帳幕，在懷信所部，不即時約闌故也。

三月七日，大遼國主再遣林牙、興復軍節度使蕭禧來致書。書曰〔六〕：「昨馳一介之輶傳，議復三州之舊封。事已具陳，理應深悉，期遵誓約，各守邊陲。至如創生事端，侵越境土，在彼則繼有，于此則曾微。乃者，蕭禧才回，韓縝隨至，荐承函翰〔七〕，備認誠悰，言有侵踰，理須改正。斯

〔一〕覽：原作「攬」，據《長編》卷二五一改。
〔二〕撤：原作「撒」，據《長編》卷二五一改。
〔三〕視：原作「示」，據《長編》卷二五一改。
〔四〕蓋：原作「益」，據《長編》卷二五一改。
〔五〕事：原作「等」，據《長編》卷二五一改。
〔六〕書：原作「因」，據《長編》卷二六一改。
〔七〕荐：原作「若」，據《長編》卷二六一改。

見和成之義〔一〕，且無違拒之辭。尋命官僚，即行檢照，于文驗則甚爲顯白，其鋪形則盡合拆移。近覽所司之奏陳，載詳玆事之縷細，謂劉忱等雖曾會議，未見準依。自夏及冬，以日逮月，或假他故，或飾虛言，殊無了絶之期，止有遷延之意。若匪再憑緘幅，更遣使人〔二〕，實虞詭曲以相蒙，罔罄端倪而具達。更希精（覽）〔鑒〕，遐亮至懷，早委邊臣，各加審視，別安戍壘，俾返舊常。24 一則庶靡爽于鄰懽，一則表永敦于世契。儻或未從擗劃，仍示稽違，任往復以難停〔三〕，保悠長而豈可？微陽戒候，善嗇爲宜。」

八日〔四〕，命輔臣對資政殿，命尚書兵部郎中、天章閣待制韓縝，西上閤門副使、樞密副都承旨張誠一，乘驛往河東，計會北朝所差官，躬親詣地頭和會，商量地界，疾速結絶訖奏。

四月五日，大遼泛使蕭禧等辭于紫宸殿，置酒垂拱殿，答遼主，授以報書。書曰：「兩朝繼好，六載于玆，事率故常〔五〕，誼存悠久。比承使指，諭及邊陲，已約官司，偕從辨正。當守封圻之舊，以需事實之分。而信介未通，師屯先集，侵焚候戍，傷射巡兵。舉示力爭，殊非和議。至欲當中獨坐〔六〕，位特改于臣工；設次橫都，席尤難于賓主。數從理屈，纔就晤言。且地接三川，勢非一概，輒舉西陘之偏說〔七〕，要該諸寨之隄封。屢索文憑，既無據驗；欲同案視，又不準從。職用乖違，滋成濡滯。切意有司之失措，曾非與國之本謀。玆枉軺車，再垂函問，重加聘幣，彌見懽悰。然論疆事之侵，盡置公移之顯證；述邊臣之議，獨尤病告之愆期。深認事端，多非聞達。重念合天地鬼神之聽，共立誓言；守祖宗疆土之傳，各全生聚。不啻金繒之巨萬，肯貪壤地之尺尋？特欲辨論，使無侵越。而行人留館，必于分外以要求；樞府受辭，期以興師而移拆。豈其歷年之信約，遂以細故而變渝？已按輿圖，遥爲申畫，仍令職守，就改溝封。遐冀英聰，洞加照悉。」初，25 朝廷遣劉忱、蕭士元詣河東理辨疆界，而契丹亦令蕭素、梁穎會于境上。忱以疾不即至，又命呂大忠代士元。素、穎頗出疆，未肯見忱等。一日，蕃酋引兵萬衆入代州界，焚鋪屋，與官軍相射。既而素、穎徑入橫都谷施帳幕，邀忱等相見，忱等不往。又欲設次于西陘東谷，忱等以侵地愈深，不許，徑會于大黄平。凡三四見，議北界不能決。初指蔚、應、朔三州分水嶺土壠爲界，忱等偕素、穎行視，無土壠，乃但云以分水嶺爲界。蓋山皆有分水嶺，槩言分水嶺爲界，則至時可以南取，此黠虜之微意也。與忱等相持久之，復遣禧來，命

〔一〕斯：原作「期」，據《長編》卷二六一改。
〔二〕更：原作「申」，據《長編》卷二六一改。
〔三〕任：原作「在」，據《長編》卷二六一改。
〔四〕日：原作「月」，按《長編》卷二六一，此事繫在前事之次日（九日），「月」顯係「日」之誤，因改。
〔五〕率：原作「帥」，據《長編》卷二六二改。
〔六〕坐：原作「至」，據《長編》卷二六二改。
〔七〕陘：原作「京」，據《長編》卷二六二改。

韓縝、王師約館伴。禧既見，致國書，又出其國劄子一通以進，其指如去年也，且以忱等遷延爲言。縝等日與禧論難，禧但執以分水嶺爲界，然亦不别白何處爲分水嶺也。詔諭以兩朝和好年深，今既欲委邊臣各加審視，尚慮忱等所奏未得周悉，已改差縝、張誠一乘驛詣境上和會商量，令禧以此歸報〔一〕。禧不受命。又遣内侍李憲齎詔示之，許以長連城、六蕃嶺爲界，而禧尤不從，執議如初〔二〕。上不得已，議先遣沈括報聘。于是樞密院言：「本朝邊臣見用照證長連城、六蕃嶺爲界，公牒六十道，多是北界聲説關口、把鋪等處捉賊或交蹤，並在長連城、六蕃嶺之北〔三〕。今禧所執與素等同，全無照驗文字。欲令沈括等到北朝日，將見用照驗文字一一聞達北朝。」上遣使者持示禧，禧乃辭去。括26俟禧去，乃行。故事，使者留京師不過十日，禧至以三月庚子，踰期不肯行，與縝等争論或至夜分，留京師幾一月。

七月十八日，以四方館使、榮州刺史李評往河東，同分畫地界〔四〕。是冬，復召韓縝、李評赴闕賜對，縝等受旨而往，遂畫界至〔五〕。

九年四月六日，遼主與其國母遣使耶律測來賀同天節，見于紫宸殿，以聞遼國母之喪，罷置酒。初，雄州言大遼國母蕭氏以三月六日卒，是日，測等已對，詔以聞大遼國母服藥〔六〕，罷垂拱燕。及歸館，命以涿州公牒示之〔七〕，乃宣諭輟同天節上壽，罷大燕，令測等成服于開寶寺福聖院。詔宰相以下及從官往慰，仍學士院撰大遼主書，謝國母遣使〔八〕，及致感惻之意〔九〕。

八月九日，北朝遣林牙、懷化軍節度使蕭質，副使翰林侍讀學士、諫議大夫、知制誥、同修國史成堯錫，爲遺留使。續又遣長寧軍節度使耶律英、太常少卿韓君儀爲都謝使。

元豐元年五月十二日，詔械走投漢界北人王善及其妻子，蒙塞耳目，至代州牒送北界。以上批「緣邊所收西、北界闌遺人口，當送還者，並蒙塞耳目」故也。

十二月五日，定州路安撫司言：「北界人于惟孝因傳達虜界事，爲北人收捕甚急，及歸明，望朝廷憫其累報北事，及嘗告捕北界刺事人李景等，特推恩。」詔于惟孝與三班差使、江南指使。

二年三月九日，録北界人程詮、程邑爲三班借職，程景三班差使，李弼送襄州，賜地二頃，27月支錢千、米一石。以詮等嘗爲邊臣(刺)〔刺〕虜事及嘗告獲姦細，事覺來歸，定

〔一〕此：原作「北」，據《長編》卷二六二改。
〔二〕執：原作「報」，據《長編》卷二六二改。
〔三〕之北：《長編》卷二六二作「地内」。
〔四〕同：原作「與」，據《長編》卷二六六原注引《會要》改。
〔五〕畫：原作「受」，據《長編》卷二六六原注引《會要》改。
〔六〕以：原作「已」，據《長編》卷二七四改。服藥：《長編》作「之喪」。按，言「服藥」乃遜辭，非誤。
〔七〕命：原作「合」，據《長編》卷二七四改。
〔八〕謝國母：原作「令國中」，據《長編》卷二七四改。
〔九〕及：原作「乃」，據《長編》卷二七四改。

州安撫使乞推恩故也。

二十五日，雄州言：「北界民户以差配搔擾，併有驚移。涿州乃移文言南界縣官以兵馬遮約，不令應役，請速遣回。」詔雄州具創生侵越搔擾因依報之，及戒兩縣巡防，候北界差使稍息〔一〕，即諭驚移人民歸業。既而上批：「兩輸户逃移，令出榜安慰還業。」

十月四日，録北界歸明人武備爲下班殿侍、江南東路指使。備嘗爲邊臣探虜中動静，事泄，懼罪來歸，故録之。

十二月二十二日，録北界人翟公僅爲三班借職〔二〕，差江南指使。以定州路安撫司言「公僅屢泄契丹事，懼禍，挈妻子來歸」故也。

三年正月二十一日，詔北朝賀同天節使過界如在大行太皇太后百日外，聽作樂。

三月十一日，詔遼使所過州軍迎送賜燕許聽樂，至開封府界不作樂。以大行太皇太后喪制故也。

五月十五日，河東緣邊安撫司乞移牒止約北人緣邊創置鋪屋。上批：「如北人于分畫壕堠之北修建城池，即是有違誓書。若止增鋪屋，毋得止約。或于土門以東接真定府界以南侵犯〔三〕，增鋪屋、壕堠，即先諭以理，不從，即約闌出界。」續詔：「若北人果有創增，本界未有鋪屋，合關防處〔四〕，相度增置，先畫圖以聞。」

四年二月十二日，右正言、知制誥王存言：「切見遼人覘中朝事頗詳，而邊臣刺遼事殊疏，此邊臣任間不精也〔五〕。臣觀知雄州劉舜[28]卿議論方畧，宜可任此，當少假以金帛，聽用間于繩墨之外。」詔舜卿具所資用以聞。舜卿乞銀千兩、金百兩，詔三司給之。

八月十二日，詔王中正：「將來大兵出界，慮遼人亦遣兵攻討，或爲援助，或于境上自防〔六〕。若與諸路兵相遇，即先遣使臣説諭，或移文，以『夏國内亂，因制國主，不知存亡。朝廷回賜賀同天節并遣使賜生日等物，無人承受；鄜延路累牒問宥州，皆不回報。近又累犯邊，朝廷遣兵問罪，與北朝不相干涉』。如阻隔進兵，或先犯官軍，方得應敵。」令中正密掌之。

五年五月四日，詔：「遼人不可禮同諸蕃，付主客掌之非是，可還隸樞密院。」

十一月八日，河東路經畧司言：「府州、火山軍申：黄河内有北界人舡漂至河濱斥堠堡，已收救得。」詔牒還北界。

十二月十七日，接伴使吳安持言：「遼使緣路事節並

〔一〕稍：原作「消」，據《長編》卷二九七改。
〔二〕職：原脱，據《長編》卷三〇一補。又「翟公僅」，《長編》作「翟公瑾」。
〔三〕「或」下原有「止」字，據《長編》卷三〇四删。
〔四〕合：原脱，據《長編》卷三〇四補。
〔五〕任：原作「事」，據本書兵二八之二三、《長編》卷三一一改。
〔六〕上：原作「土」，據《長編》卷三一五改。

如舊〔一〕，惟例送樂人馬一匹不至〔二〕，臣等俟前路言及。」詔安持等，所不送馬勿問。

六年六月十二日，廣信軍言：「北界西南面安撫司累牒問置教場所因〔三〕，已移牒：『所指乃村民莊院，曲爲兩朝通權之意，已令廢毁。看詳莊院深在當界腹内，就使是村民習射之所，築立牆院，修置射垜，於信誓全非違礙，兼于貴司了無干涉，豈煩較辨？』回牒稱：『自兩朝通好以來，戒約緣邊州路不得創生事端。今起築教場，練習軍伍，有違信誓，深不便穩。請速毁廢，及責問生事官吏，重加誡斷。』」詔：「覷其來牒，辭理已屈，勿更回[29]報。」

七年五月十二日，雄州言，主管覘事馬傑探北界事有驗。詔與三班差使。

哲宗元祐三年四月二十五日，河東路經畧司言：「北界步騎七百餘人侵犯解板溝界〔四〕，及府州河濱斥堠堡有西賊百餘騎，襲獲一騎，推驗是北人。」詔曾布推問來歷，牒送北界。

四年十一月十七日，河北緣邊安撫司言：「滄州巷沽寨收到北界人舡，係涿州人口孫文秀等捕魚，值風入海。若依指揮刺充厢軍，緣非賊徒姦細。朝廷推示恩信，綏服四夷，乞令監赴雄州，牒送北界。」從之。

七年正月十一日，秘書省校書郎、送伴使呂希績等言〔五〕，耶律迪死于滑州。賜下食饗器幣、賻贈等，就差知通利軍趙齊賢假中大夫充監護使。詔遣内供奉官王遵馳驛治喪事〔六〕，特賜迪黄金百兩，水銀、龍腦以殮。

紹聖元年閏四月二十六日，樞密院言：「(瀛)〔瀛〕州通判徐興宗名與北朝廟號偶同，因遼使問，即權更易。」詔後爲例。

九月七日，樞密院言：「河北沿邊安撫司奏，勾當事人北界將仕郎、國子監直講田仲容願歸附。」詔與三班借職。

四年八月二日，詔高陽關界河司巡檢王溥〔七〕、榷場徐昌明，霸州刀魚巡檢楊拯〔八〕、劉家渦黄金寨巡檢賈嵒、知霸州李昭珙，通判侍其琮、權通判寇毅並先次差替，仍于(瀛)〔瀛〕州供答。以遼人入霸州榷場殺傷兵卒，又盗拆橋梁，昭珙等失措置，溥等不即救援故也。

元符二年三月十二日，遼國泛使左金吾衛上[30]將軍、簽書樞密院事蕭德崇，副使樞密直學士、尚書禮部侍郎李儼，見于紫宸殿，齎國書。其畧云：「粤維夏臺，寔乃藩輔〔九〕，累承尚主，迭受封王。近歲以來，連表馳奏，稱南兵

〔一〕路：原作「邊」，據《長編》卷三三一改。
〔二〕惟：原作「准」，據《長編》卷三三一改。
〔三〕所因：原脱，據《長編》卷三三五補。
〔四〕解：原脱，據《長編》卷四〇九補。
〔五〕績：原作「續」，據《長編》卷四六九改。
〔六〕遣：原作「遇」，據《長編》卷四六九改。
〔七〕司：原作「北同」，據《長編》卷四九〇删改。
〔八〕拯：原作「極」，據《長編》卷四九〇改。
〔九〕藩：原作「蕃」，據《長編》卷五〇七改。

之大舉，入西界以深圖，懇求救援之師，用濟攻伐之難。理當依允，事貴解和。蓋念遼之于宋〔一〕，情重祖孫；夏之于遼，義隆甥舅。必欲兩全于保合，豈宜一失于綏存。而況于彼慶曆、元豐中曾有披聞〔二〕，皆爲止退〔三〕，寧謂輒違先旨，仍事遠征？儻蔽議以無從，慮争端而有自。則于信誓，諒繫謀帷。與其小不忍以窮兵〔四〕，民罹困弊；曷若大爲防而計國，世固和成。」蓋其意止爲夏國遊説，欲息兵及還故地云。

徽宗崇寧四年五月十一日，遼使蕭良等欲辭，三省進呈答書，上曰：「夷狄不足與較，當務含容，繼好息兵，以生靈爲念。聞新戎主多行不道，國人怨之，不如洪基。若不答其意，恐遣使未已。今所築蕭關、銀州，即是已正削北之罪，可於國書明言之。北虜于夏人脣齒相依，亦爲己謀，非特爲西夏故也。」上又言：「夷狄遣使，及西陲未靖，異端之人汹汹，幸此以摇動政事。朕常置《乙巳占》在側，每自仰占天象，以爲儆戒。近者見月犯壘陣，占云主兵，尤當鎮静以應之。」

政和六年八月二日，詔河北沿邊安撫使和詵等曰：「北虜不道，結釁女真，窮兵毒民。又復練卒選兵，儲備器械，與夏人合從，恐動中國。比來帥臣殊無遠慮，聞此探報，輙有所陳，起釁造端，邀功 31 生事，貽禍邊鄙，何日弭寧？曾不思百年誓好，明如日星，南北生靈，皆朕赤子。凡百舉措，當務持重，無開邊隙。如違，國有常憲，朕不汝貸。仰（師）〔帥〕臣具知委以聞。」

七年二月二十七日，詔：「朝廷與北界和好，今踰百年。近者沿邊累奏北界討伐女真、渤海，久未帖定。可依屢降處分，約束沿邊不得妄動，亦不得增添人馬，别致驚疑。」先是，建中靖國元年耶律延禧即位，號天祚，改壽昌七年爲乾統元年。天祚不道，諸部皆潛附女真（奠）〔酋〕阿骨打，欲叛契丹。天祚改乾統十一年爲天慶元年。天慶四年秋八月，女真遂叛，集諸部甲馬二千，犯混同江東之寧江州。時天祚射鹿慶州秋山，聞之，不以介意，遣海州刺史高仙壽統渤海子弟軍千人討之〔五〕。九月二十三日，渤海遇女真軍，大敗，攻破寧江州，獲奚、契丹甲馬三千。天祚以蕭奉先弟殿前都點檢嗣先帥奚、契丹、禁軍、土豪五千餘人，十月，屯出河店，臨白江〔六〕，與寧江州女真對壘。女真潛渡混同江，掩契丹，未陣，擊之，嗣先兵潰，其骨肉、輜械、牛羊、金帛悉爲女真所得。復以兵追殺百里，獲甲馬四千。天祚自兩戰之敗，謂蕭奉先不知兵，召宰相張琳〔七〕、吴庸，

〔一〕蓋：原作「益」，據《長編》卷五〇七改。
〔二〕聞：原作「闈」，據《長編》卷五〇七改。
〔三〕皆爲：原作「爲皆」，據《長編》卷五〇七乙。
〔四〕兵：原與下「民」字互倒，據《長編》卷五〇七乙。
〔五〕仙：原作「山」，據《契丹國志》卷一〇、《遼史》卷二七改。
〔六〕江：原脱，據《契丹國志》卷一〇補。
〔七〕張琳：原作「張林」，據《契丹國志》卷一〇改。

付兵十萬人使討之。于是分四路而並進，獨淶流河路一軍深入〔一〕，遇女真，交鋒，稍却，走還其壁。都統斡離不朵者，以爲漢軍遁，即領契丹、奚兵棄營而奔。翌日，漢軍尚三萬餘，推將作少監武朝彦爲都統，再與女真戰，遂大敗。32 餘三路聞之，各退保其城。數月間，盡爲女真攻陷，所過千里蕭然。天慶五年春，天祚下詔親征。八月，率蕃、漢兵十餘萬出長春路，命蕭奉先爲御營都統，耶律章奴副之〔二〕，期必滅女真。女真乘契丹未陣，三面急擊之。天祚親臨陣，戰三合，野皆横尸。軍中望天祚御旗西南向，即隨之而潰。女真亦不急追，徐收所獲輜重、牛馬而已。天祚晝夜馳五百里，退保長春州。是歲，朝廷遣羅選、侯益等使契丹，滯留兩月，不見天祚而還。天慶六年春，天祚募渤海武勇馬軍高永昌等二千人屯白草峪，備女真。會東京留守蕭保先爲政嚴酷，渤海素驕，而犯者不恕。東京者，渤海故地，自阿保機、耶律德光，力戰二十餘年始得之，建爲東京。正月朔夜，渤海十數人踰垣入府，問留守所在，稱軍變，請爲備。保先出，刺殺之。是夜，有户部使大公鼎者，本渤海人，頗剛明，聞亂，權行留守事，與副留守渤海高清臣集諸營奚、漢兵，捕渤海十數人斬之。或告永昌等曰：「在城渤海誅矣。」于是渤海因之焚刦爲亂，遂據東京〔三〕，推高永昌爲主，號大渤海國皇帝，改元爲應順，分軍殺掠，奚、漢人户往往挈家渡遼水避之。五月，天祚自顯州進軍，渤海止以遼河三叉、梨樹口爲備。張琳遣羸卒數千，疑兩路重兵，間道趨遼州渡河，直入瀋州，渤海始遣騎兵迎敵。凡數日〔四〕，三十餘戰，渤海稍却，退保東京。忽女真聲言來援渤海，期五月二十七日至瀋州，33 琳不以爲然。是日，軍馬忽至，將士驚曰〔五〕：「女真至矣。」悉奔入城。女真隨入，據城，殺戮幾盡。女真初援渤海，已而復相攻。渤海大敗，永昌遁入海，女真遣兀室〔六〕、納波勃堇以騎三千追斬于長松島〔七〕。其潰散漢兒軍多聚爲盜，契丹不能制。由兹沿邊累奏北界未定，朝廷遂有是約束。

宣和四年三月，遼國宰相張琳立燕王耶律淳爲天錫皇帝，廢天祚爲湘陰王，遣知宣徽南院事蕭撻勃也〔八〕、樞密副承旨王琚充使〔九〕、副，告謝朝廷。上以天祚見在夾山，燕王安得立，不受而還之。先是，女真陷契丹五十餘城，據遼東、長春兩路，遂用楊朴策求契丹封册，天祚遂立阿骨打爲

〔一〕淶：原作「涑」，據《契丹國志》卷一〇改。
〔二〕奴：原作「收」，據《遼史》卷二八《天祚皇帝紀》二改。
〔三〕東京：原作「本京」，據《契丹國志》卷一〇改。
〔四〕日：原作「月」。按上文言「五月」，下文言「期五月二十七日」，則皆是五月內事，不得云「數月」。「月」當爲「日」之誤，因改。《契丹國志》卷一〇作「旬日之間」。
〔五〕士：原作「軍」，據《契丹國志》卷一〇改。
〔六〕室：原脱，據《契丹國志》卷一〇補。
〔七〕堇：原作「董」，據《契丹國志》卷一〇改。
〔八〕也：原作「乜」，據《契丹國志》卷一一改。
〔九〕王琚：原作「王裾」，據《三朝北盟會編》卷五、《文獻通考》卷三四六改。《契丹國志》卷一一作「王居元」。

「東懷皇帝」。女真云：須稱我「大金皇帝兄」即已〔一〕，不然，我提兵取上京矣。既而女真破上京，又陷中京，天祚自燕京奔雲中，留宰相張琳、李處温與燕王守燕京。天祚入夾山數日，命令不通，處温與蕭幹挾怨軍郭藥師等謀立燕王〔二〕。燕王者，秦晉國王耶律淳，於天祚爲從叔，守燕十二年，得人心，號燕王，又謂之九大王〔三〕。處温等帥燕京數萬人入燕王府勸進，淳出，遽以赭衣被之。淳慟哭，再三力辭，不得已，即位，號天錫皇帝，以保大二年爲建福元年，遂廢天祚爲湘陰王。以燕、雲、平、中、上京、遼西六路，燕王主之；沙漠以北西南、西北路兩都招討府、諸蕃部族，天祚主之，猶稱保大二年。遼國自此分矣，故云。

八月二十五日，遼國常勝軍都管押、諸衛上將軍郭[34]藥師上表，與其下萬人以涿、易州來降。有旨送秘書省。

(二十)〔十月〕九日〔四〕，北虜僞后蕭氏及四軍大王蕭幹遣其臣永昌宫使蕭容、昭文館直學士韓昉等奉表稱藩，乞緩師。童貫、蔡攸以其上表稱臣不納土，斥回，而以其表聞。先是，政和七年秋，女真蘇州漢兒高藥師、曹孝才等率其親屬，以大舟浮海來登州，備言女真攻契丹數年，奪其地已過遼河之西。登州守王師中以聞。詔蔡京、童貫等措置，因屢遣使約女真夾攻契丹，取燕、雲舊地。往來會意，皆主童貫。及代州奏：「女真軍馬已到山後，平定州縣。」朝廷遂遣童貫爲陝西河東河北路宣撫使，勒兵十五萬巡邊，續遣蔡攸爲副使。貫初至雄州，令趙良嗣草書，差歸朝官張憲、趙忠諭耶律淳禍福。淳得書，執二人斬之。貫知游説不效，遂募武翼大夫、閤門宣贊舍人馬擴，自雄州齎軍書及勅牒入燕京招諭。淳亦甚懼，遣大石林牙蕭曷魯領騎二千屯新城。种師道裨將楊可世乃將輕騎數千欲直取之，至蘭溝甸，爲大石林牙所敗。淳益師二萬餘人渡白溝挑我軍，我軍遇之，又北。於是童貫以爲契丹尚盛，未可圖，且欲再修好。上亦詔班師，遣諸將分屯。貫、攸自瓦橋關、莫州回河間府，是年七月二十六日也。忽中山府詹度奏耶律淳死，燕人越境而來者，皆以「契丹無主，願歸土朝廷」爲言。朝廷猶豫未決間，太宰王黼力主再興師之議，于是悉諸道兵二十[35]萬，期九月會三關。詔貫、攸(母)〔毋〕歸，異議者斬，而伐燕之議成矣。八月，常勝軍管押、諸衛上將軍郭藥師遂以涿、易州來降。蕭太后聞常勝軍降，遂遣人奉表稱臣。蕭太后者，淳妻秦國妃也。淳死，蕭幹立爲皇太后，遂即位，改建福元年爲德興元年，天祚後下詔降爲庶人云。

五年十月六日，中書省、尚書省言：「耶律延禧僞尊號天祚〔五〕，内外文字不合稱呼。」詔令禁止。

〔一〕須：原作「雖」，據《契丹國志》卷一〇改。
〔二〕郭：原作「國」，據下文及《宋史》卷四七二《姦臣傳》二改。
〔三〕九：原作「久」，據《三朝北盟會編》卷五改。
〔四〕十月九日：原作「二十九日」，據《三朝北盟會編》卷一〇改。
〔五〕僞：原作「爲」，據《三朝北盟會編》卷一八改。

〔四年十月〕二十二日〔一〕，收復山前郡縣，並各賜名，仍建置官吏。皇帝御〔紫〕宸殿，文武百官稱賀。

二十九日〔二〕，臣僚言：「仰惟陛下兵不血刃，盡復燕雲故地，宜命儒學之英，吐辭摛藻，封山刊石，建隆碣，以鋪張宏休，揚厲偉績，垂億萬年。臣不勝大願。」詔委王安中。

六年正月十四日，詔擇日遣官奏告宗廟社稷，御紫宸殿受賀，僞四軍大王夔離不首級依典禮送太社庫〔三〕。夔離不者，奚人，一名蕭幹。王師初招撫燕人，幹首拒命。及燕京陷，幹與蕭太后出奔至松亭關，議所立國，于是列陣而分，契丹軍從蕭后，林牙歸天祚。天祚殺蕭后。奚、渤海軍從蕭幹〔四〕，留奚王府，幹遂僭號大奚國神聖皇帝，改元天嗣〔五〕。奚人饑〔六〕，幹領衆出盧龍嶺，攻景州，陷薊州，寇掠燕城。王安中命郭藥師領兵破之，又大戰峰山，獲耶律德光尊號寶檢〔七〕、契丹塗金印。幹大敗，奚、渤海軍皆失其家，歸怨于幹，其部白德哥殺之，傳首河間，安撫使詹度上之。故有是詔。

閏三月七日，文武百僚、太傅王黼等言：「伏【36】覩獲檢玉〔八〕、僞寶及慶曆誓書〔九〕、國書，〔乞〕許拜表稱賀。」先是，黼奏：「切以耶律氏自阿保機盜據北土，五季之微，悖逆日彰，以强聞天下。藝祖膺天明命，奄有四海，志在恢復，而日不暇給。累聖紹休，專以柔馭。至慶曆中，輒敢忤天之命，妄以關南縣邑爲請，暴横不遜，有蔑視中原之心。仁宗皇帝繼好息民，爲之特增歲幣。乃敢要盟〔一〇〕別立載約，使車旁午，來易誓文，至詞盡理窮，方少聽命。然誓書所著，必欲本朝具言別納金繒之儀〔一一〕，用代賦輿之物，乃始甘心。是時，中國威靈可謂屈矣。仰惟陛下天錫勇智〔一二〕，既服萬方，師不踰時，兵不血刃，盡復燕雲境土，如取諸掌。夔離不傳首之後，俘石晉所上檢玉，又獲其僞寶。今者疆圉之臣，復以慶曆誓書、國書來上。天地闓懌，星日增輝，垂廟社無疆之休，快祖宗累世之憤。伏望聖慈宣付秘書省，并所獲〈撿〉〔檢〕玉、僞寶，許率百僚拜表稱賀。所

〔一〕四年十月：原無。按，據《三朝北盟會編》卷一〇及《宋史》卷二二《徽宗紀》四，宣和四年十月五日庚寅，詔改燕京爲燕山府；九日甲午，涿、檀、平、易、營、順、薊、景八州並賜名；十三日戊戌，蕭后表至，帝御紫宸殿受賀。與本條所述事合。則本條非五年事，而是四年十月事，今補。惟「二十二日」與諸書所記不同，亦疑有誤。

〔二〕據《宋史》卷二二《徽宗紀》四，命王安中作《復燕雲碑》，乃五年八月二十一日辛丑事，則此條應爲五年八月，「二十九日」亦疑有誤。

〔三〕典禮送太社庫：原作「典送大社頭庫」，據《三朝北盟會編》卷一九改。

〔四〕幹：原脱，據《東都事略》卷一二四、《契丹國志》卷一二補。

〔五〕天嗣：《大金國志》卷三與此同。《九朝編年備要》卷二九、《遼史》卷一一四、《金史》卷六七作「天復」，《契丹國志》卷一二作「天興」。

〔六〕饑：原作「餓」，據《三朝北盟會編》卷一八改。

〔七〕寶：原作「實」，據《三朝北盟會編》卷一八改。

〔八〕檢玉：《三朝北盟會編》卷一九作「玉檢」。下同。

〔九〕誓書：原脱「書」字，據下文補。

〔一〇〕敢：原作「致」，據《三朝北盟會編》卷一九改。

〔一一〕繒：原作「贈」，據《三朝北盟會編》卷一九改。

〔一二〕仰：原作「抑」，據《三朝北盟會編》卷一九改。

有慶曆誓書、國書，伏乞藏之寶文閣，以示無窮。」詔從之。

七年三月十二日〔一〕，詔：「燕雲歸朝官，本務優恤，且嘉其内附之誠，致命以官資，使就禄仕。然亟令釐務，則簽書管幹職事，便當任責，法令既非素習，一有差失詿誤，與見任官同罰，或罷免，并有合解官持服之人無所歸，甚可矜憫。可歸朝官改注州縣等職任，並特免釐務，見任人依此。其請給、人從等，並依釐務官支破。候經滿兩三任，通曉文法，願釐務者，長吏官司保明，注釐務差遣。其各丁【37】憂者，若未經滿一任，並聽免解官持服，以稱撫懷保養之意。燕雲新邊官並仍舊。」

四月八日〔二〕，太師、廣陽郡王童貫言：「昨遵奉睿訓，措置北事，撫定燕山府，涿、易、檀、順、景、薊州，及河東路先取朔、寧、府、武州，與大金計議交割雲中府路州郡，已獲定約外，契丹舊酋僭稱天祚，自前年竄于夾山之外，稍稍團聚，借助鄰國〔三〕，欲謀再舉。小蕃小韃靼之屬，憑藉聲勢，潛有結約，窺伺朔、武新邊。去歲八月，陛下躬授睿算〔四〕，令臣駐兵河東，以時措置，修整武備。賊兵（兵）犯邊，前後斬獲甚衆。至今年正月，契丹舊酋離夾山，與大金迎戰，兵敗，引餘衆走竄，南來朔、武對境小韃靼處藏泊，遣人齎僞詔勅誘歸附新民。又手書文字通耗，欲來歸朝。臣依奉睿旨，務敦大金信約而不受，移牒大金西南、西北兩路都統所，照會舊酋藏泊去處〔五〕。仍遣河東路都統制李嗣本領兵捍邊，劄下沿邊統制官等不得妄有招納，日夕整齪兵馬〔六〕，爲必取之計。舊酋初欲南來，先遣雜類並邊刦掠，累次爲朔、寧、府州、火山、寧化軍將佐殺敗〔七〕。探知沿邊軍聲甚盛，回徨涕泣，遂以二月十九日昏夜北走。二十七日，準大金西南、西北兩路都統所牒稱，昏主已出首前來，此蓋兩朝通懽所致，牒臣照會。其李嗣本及統制官下軍兵斬獲小蕃雜類四千八百五十一級。内首領秘王渾龐、提點劉忠廉等二十三名，皆是小韃靼下總兵用事桀黠之人，並已梟首；劉慶【38】離等十四名〔八〕，皆是舊酋帳前腹心，招兵聚衆之人，亦皆就縛。奪到鞍馬、器械、牛羊等無數，焚蕩巢穴，積聚糧草凈盡。其契丹主耶律氏今已滅亡。」先是，天祚計窮，遂投西夏人。雖舅甥國，畏女真之强，不果納。迺走小勃律，復不納；乃夜回，欲之雲中。未明，遇諜者，言婁宿軍且至〔九〕，天祚驚遁。值天微雪，車馬皆有轍迹，爲敵所及〔一〇〕。先遣近貴諭降，未復，婁宿下馬跪于天祚

〔一〕按，本書兵一七之一五載宣和七年二月六日詔，内容與此同，但文字簡略。
〔二〕四月八日：《三朝北盟會編》卷二一作「二月」。
〔三〕助：原作「聚」，據《三朝北盟會編》卷二一改。
〔四〕算：原作「等」，據《三朝北盟會編》卷二一改。
〔五〕酋：原作「舊」，據上下文所述改。
〔六〕齪兵：原脱，據《三朝北盟會編》卷二一補。
〔七〕軍：原脱，據《三朝北盟會編》卷二一補。
〔八〕劉慶離：《三朝北盟會編》卷二一無「離」字，疑此衍。
〔九〕言：原脱，據《三朝北盟會編》卷二一補。
〔一〇〕敵：原作「適」，據《三朝北盟會編》卷二一改。

前，因捧觴而進，遂俘以還。封海濱王，處之東海上，於是始滅亡〔去〕〔云〕。

光堯皇帝紹興四年正月十四日，詔臨安府收買木綿、虔布各一百疋，《資治通〔監〕〔鑑〕》并《節要》各一部，小龍鳳茶一斤，令王倫作書〔一〕，送耶律紹文、高慶裔。其支過錢數，申尚書省下户部支還。

十年九月十日，明堂赦：「契丹、渤海、漢兒等，本屬大遼，祖宗以來爲兄弟之國，講好修睦，幾二百年，邊鄙之民不識兵革。後女真用兵，遂致彼此交鋒，互相殘殺，殊可憫傷。應上件諸族前來歸投者，仰諸路帥司以禮接納。」

三十一年十月，詔：「契丹與我爲二百年兄弟之國〔二〕，頃緣奸臣誤國，招致女真，俾罹其毒。朕既移蹕江南，而遼家亦遠徙〔漢〕〔漠〕北，相去萬里，音信不通。今天亡北虜，使自送死。朕提兵百萬，收復中原。惟爾大遼豪傑忠義之士，亦宜協力乘勢，殲厥渠魁，報耶律之深讎。將來事定，通好如初。」（以上《永樂大典》卷五二五七）

〔一〕王：原作「三」，據《建炎要録》卷七二改。

〔二〕二：原作「三」，據本書兵七之一八、兵九之一二改。

女真〔一〕

【宋會要】

1 女真，東北別國也，蓋渤海之別種，本姓拏。唐〔正〕〔貞〕觀中，靺鞨來朝〔二〕，中國始聞女真之名。契丹謂之慮真。地多山林，俗勇悍善射，能爲鹿鳴以呼群鹿而射之。食生肉，飲糜酒，醉或殺人，不能辨其父母，衆爲縛之，俟醒而解。獸多野狗〔三〕、野牛驢之類。行則以牛馱物，遇雨，張生牛革以禦之。所居以樺皮爲屋。今有首領三十，分領其衆。地多良馬，常至中國貿易。舊隸契丹，今歸于高麗。人皆勁勇，弓矢精于契丹，故契丹至則敗焉。

太祖建隆二年八月，其國遣使嗢突剌朱來貢名馬。

十二月，遣〔使〕使栧鹿猪泛海來貢方物。

三年正月，遣使只骨來貢方物。

三月，遣使女古來貢方物。

四年正月，遣使來貢方物。

八月，復遣使來獻名馬。〔於〕是下詔登州曰：「沙門島人户等地居海嶠，歲有常租；而女真遠隔鯨波，多輸駿足。當風濤之利涉，假舟檝以爲勞，言念辛懃，所宜蠲復。自今特免逐年夏秋租賦、麴錢及緣科雜物、州縣差徭，止令多置舟檝，濟渡女真馬來往。其在舟棧木，自前抽納，今復給與主駕人力。」

九月，遣使來貢名馬五十六疋。

乾德二年，又來朝貢〔四〕。

開寶二年〔五〕，首領悉達理并姪阿黑哥，首領馬撒鞋并妻梅倫，並遣使獻馬及貂皮。

三年九月，遣使來貢，并齎定安國王烈萬華表以聞。

五年，馬撒鞋及首領斫姑來貢馬。

是年，女真來寇白 2 沙寨，略官馬三匹、民百二十八口。詔止其貢馬者不令還。未幾，首領渤海那三人入貢，奉木刻言〔六〕：三十東部落令送先被爲惡女真所虜白沙寨人馬。詔書切責前寇畧之罪，而嘉其効順之意，先留貢馬女真悉令放還。

六年，首領祈達渤來貢馬，又有鐵利王子五户并母及

〔一〕女真：原無，今據内文及各卷體例補。又，正文中「真」字或作「貞」，今徑予統一，不另注。

〔二〕鞨：原作「羯」，據兩《唐書·靺鞨傳》改。

〔三〕野狗：《文獻通考》卷三二七作「野豬」，當是。

〔四〕又來朝貢：原脱，據《文獻通考》卷三二七補。

〔五〕開寶二年：原脱，據《文獻通考》卷三二七補。以下四條亦爲開寶事，見《長編》及《文獻通考》。

〔六〕刻：原作「該」，據《文獻通考》卷三二七改。《高麗史》卷三《成宗世家》作「契」。

子弟連没六、温迪門、没勿羅〔一〕，附其使貢馬、布、膃肭臍、紫青貂鼠皮。

太宗太平興國六年，遣使來貢方物。

雍熙四年，首領遣國人阿那詣登州上言〔二〕：本國爲契丹以書招誘，今遣使持書詣州。詔書嘉答之。

淳化二年，首領羅野里鷄等上言〔三〕，契丹怒其朝貢中國，去海岸四〔伯〕〔佰〕里置三栅，栅置兵三千，絶其貢獻之路。故汎海入朝，求發兵與三十首領共平三栅〔四〕。若得師期，即先赴本國，願聚兵以俟。帝但降詔撫諭，而不爲發兵。其後遂歸高麗。

真宗大中祥符二年三月，女真國人悉柳渤爲海風飄船至登州〔五〕，詔給資糧放還。

三年，契丹征高麗，道由女真，女真復與高麗合兵拒之，契丹大喪師而還。先是，契丹伐女真，女真衆裁萬人，弓矢精勁；又有灰城，以水沃之爲堅冰，不可上。距城三里，燔其積聚，設伏於山林間。契丹既不能攻城，野無所取，遂引騎去，大爲山林之兵掩襲殺戮。女真衆雖少，契丹必不能敵。

七年，遣將軍大千機隨高麗使入貢。事具「高麗」。

八〔月〕〔年〕〔六〕，遣首領阿虚太隨高麗使郭元入貢。

天禧元年，遣首領隨高麗使徐訥入貢。首領自言，女真之外又有五國，3 曰鐵勒，曰貢訥〔七〕，曰玩突，曰怕忽，曰咬里没，皆與女真接境。訥又上言：「女真蕃長入見，官賜錢三千，黄錦袍一，承天節紫綾袍一。傔從門見，錢二千，承天節紫綾袍一。伏緣女真素無差降，昨高麗國定以爲蕃長、傔從名目，望許令敢赴殿宴，及賜予如蕃長之例。」從之。又有國人鶻者渾河盧，先還本國，逢渤海戰，不得往，至是遣歸蕃，仍給裝錢〔八〕。

三年十二月，首領汝渟達等復至，自言昨各以本土馬來貢，塗中淹久，皆已死失。詔特給其直。（以上《永樂大典》卷二九一六）

真臘〔九〕

4 神宗元豐元年七月五日，上批：「昨朝廷以交蠻犯順，令廣州選募奉職劉富齎詔往真臘國宣喻。聞往來海上，亦頗勤勞，可量酬賞，候有保明，别取旨。」初，客省申，

〔一〕羅：原無，據《文獻通考》卷三二七補。
〔二〕州：原作「舟」，據《文獻通考》卷三二七改。
〔三〕《文獻通考》卷三二七無「羅」字。
〔四〕求：原作「來」，據《長編》卷三二一改。
〔五〕女真：原脱，據《長編》卷七一補。爲海風：原作「海爲風」，據《文獻通考》卷三二七乙（按：「悉柳渤」，今本《長編》改譯爲「錫喇卜」，可見「渤」字應連「悉柳」讀）。
〔六〕年：原作「月」，據《長編》卷八五改。
〔七〕「貢訥」下原重一「訥」字，據《文獻通考》卷三二七删。
〔八〕錢：原脱，據《長編》卷九〇補。
〔九〕真臘：原無，據内文及各卷體例補。

以富齎詔賜真臘國主及管押本國貢物上京，未敢發遣。中書擬送客省發遣歸本路，不擬賞，故令別聽旨。

徽宗政和六年十月九日，詔：「真臘國人使新祝摩僧可等一十四人赴闕進奉，其引伴官唯務興販，可令尚書省立法。其真臘國人使，仰沿路州軍疾速催發，依程赴闕。仍仰各具到發月日、住程因依，申尚書省。」

十二月二十一日，真臘國進奉使奉化郎將鳩摩僧哥、副使安化郎將摩君明稽嗢見于紫宸殿。

二十五日，拱衛大夫、康州防禦使、直睿思殿梁平等奏：「據真臘國進奉使鳩摩僧哥狀：『萬里遠蕃〔一〕，仰投聖化〔二〕，今已朝見訖，然而尚拘夷服，未稱區區嚮慕之誠。欲望許服所賜朝服〔三〕。』伏覩盛事，未之前聞，伏望聖慈宣付史館，以彰盛德之美。」詔送祕書省。

七年三月七日，真臘國進奉使奉化郎將鳩摩僧哥、副使安化郎將摩君明稽嗢辭于紫宸殿〔四〕。

宣和二年十二月四日，真臘國進奉人使奉化郎將摩臘富、副使安化郎將摩禿〔五〕、防援官沙斯底忽辭于紫宸殿〔六〕。以上《續國朝會要》。《國朝會要》無此門。

光堯皇帝建炎三年正月十日，制：「大同軍節度、雲州〔館〕〔管〕內觀察處置等使、金紫光禄大夫、檢校司空、持節雲州諸軍事、雲州刺史、兼5御史大夫、上柱國、真臘國王、食邑二千四百户、食〔實〕封一千户金裒賓深，可特〔受〕〔授〕檢校司徒，加食邑一千户、實封四百户。」以郊祀加恩也。

（以上《永樂大典》卷二一二六六五）

〔一〕里：原作「國」，據《文獻通考》卷三三二改。
〔二〕仰：原作「以」，據《文獻通考》卷三三二改。
〔三〕服所賜：原作「賜所服」，據《文獻通考》卷三三二乙。
〔四〕將：原脱，據上文補。
〔五〕「摩禿」前原衍「摩臘富副使安化郎將」九字，删。
〔六〕援：原作「授」。按本書蕃夷、禮、職官等類及《長編》、《宋史》、《文獻通考》等史書屢見外國、外蕃人使之中有「防援官」之名，而不見有「防授官」，「授」當是「援」之誤。因改。防援官蓋負責保衛工作之官。

宋會要輯稿　蕃夷四

回鶻

【宋會要】

1 回鶻，本匈奴之别裔，在天德西北娑陵水上。後魏號鐵勒，唐初號特勒，後稱迴紇。其君長曰可汗。《宋史》列傳：自貞觀以後朝貢不絶。至德初，出兵助國討平安史之亂，故累朝恩禮最重。然而恃功横恣，朝廷雖患其邀求無厭，然頗姑息聽從之。元和中，改爲回鶻。會昌中，其國喪亂，其相駁職者擁外甥將龐勒奔安西〔一〕。既而回鶻爲幽州張仲武所破，龐勒乃自稱可汗，居甘、沙、西州，無復昔時之盛。五代皆來朝貢。《宋史》：後唐、晉、漢、周，皆遣使朝貢。後唐同光中，册其國王仁美爲英義可汗。仁美卒，其弟仁裕立，册爲順化可汗。先是，唐朝以公主下嫁，故回鶻世謂中朝爲舅，中朝每賜答詔亦曰外甥。五代同之。《宋北盟録》：迴鶻皆長髯高鼻，以匹帛纏頭，散披其服。晉天福中，封其國主仁裕爲奉化可汗。裕卒，其子景瓊嗣。

太祖建隆二年十二月，景瓊遣使來貢方物。

三年四月，阿都督等四十二人以方物來貢〔二〕。

乾德(二)〔三〕年正月〔三〕，遣使趙黨誓等四十七人來貢玉百團、牛尾一株〔四〕、白犛牛尾六十株、貂鼠皮百一十張、玉珠子五百三十五顆、碎玉百二十五段、玉蹀躞子百一十事，馬六十五、駞十九。《宋史》：乾德二年，遣使貢玉百團，琥珀四十斤，犛牛尾，貂鼠等。

三年四月，遣使張都督來貢馬十、駞七十、玉七團、琥珀二百二十九斤、硇砂四囊、犛牛尾四十株、毛褐五十段、2 白氎布三十段、白石二塊、玉鞍轡一副、貂鼠皮五十張。

十一月，遣僧法淵貢佛牙及琉璃器、琥珀盞。

十二月，甘州回鶻可汗遣使孫夜落與沙州、瓜州同入貢馬千匹、駞五百、玉五百餘團、琥珀五百斤、硇砂四十斤、珊瑚八枝、毛褐千匹、玉帶、玉鞍等。

開寶元年十一月，殿直部岳自西北蕃押甘州迴鶻及于闐、沙州使人各貢駝馬方物。是年，其國宰相鞠仙越亦遣使來貢馬。

太宗太平興國元年冬〔五〕，遣殿直張璨齎詔諭甘、沙州迴鶻可汗外甥，賜以器幣，招致名馬美玉〔六〕，以備車騎琮

〔一〕甥：原作「生」，據《宋史》卷四九〇《回鶻傳》六改。
〔二〕阿：原作「何」，據《長編》卷三、《文獻通考》卷三四七、《宋史》卷四九〇《回鶻傳》改。
〔三〕三年：原作「二年」，據《宋史》卷四九〇改。
〔四〕牛尾一株：當有脱文，蓋泛言「牛尾」則不足爲奇，且一株太少也。《宋史》卷四九〇統言「紅白犛牛尾」，而本條分言之，下句言白，則本句應言紅，似當改作「紅犛牛尾一株」。
〔五〕元年：《宋史》卷四九〇《回鶻傳》作「二年」，當是。此年（即開寶九年）十月太祖崩，太宗始即位，似不可能有遣使外國之事。
〔六〕致：原作「至」，據《宋史》卷四九〇《回鶻傳》改。

璜之用〔一〕。

五年閏〔二〕〔三〕月〔二〕，甘、沙州迴鶻可汗夜落紇密禮遏遣使，《宋史》：裴溢的等四人。以槖駝、名馬、珊瑚、琥珀爲貢。《宋史》：雍熙元年四月，西州回鶻與婆羅門僧永世、波斯外道阿里煙同入貢。

雍熙四年八月，合羅川回鶻第四族太子遣使來貢鍮石〔三〕。

端拱元年九月〔四〕，回鶻都督石仁政、麽囉王子、邈拏王子、越黜黃水州巡檢四族並居賀蘭山下，無所統屬〔五〕，諸部入貢多由其地。麽囉王子自云，向爲靈州馮暉阻絕，由是不通貢奉，今有內附意。各以錦袍、銀帶賜之。

至道〔上〕〔二〕年十月〔六〕，甘州可汗附達〔怛〕〔靼〕國貢方物，因上言願與達靼同率兵助討李繼遷。優詔答之。

真宗咸平元年四月，甘州回鶻可汗王遣僧法勝等來貢。《宋史》：咸平四年，可汗王祿勝遣使曹萬通以玉勒名馬、獨峰無峰槖駝、賓鐵劍甲、瑠璃器來貢。萬通自言任本國樞密使，本國 3 東至黃河，西至雪山，有小郡數百，甲馬甚精習，願朝廷命使統領，使得縛繼遷以獻。因降詔祿勝曰：「賊遷凶悖，人神所棄。卿世濟忠烈，義篤舅甥，繼上奏封〔七〕，備陳方畧，且欲大舉精甲，就覆殘妖，拓土西陲，獻俘北闕。可汗功業，其可勝言！嘉嘆所深，不忘朕意。今更不遣使臣，一切委卿統制。」特授萬通左神武軍大將軍，優賜祿勝器服。

景德元年〔閏〕九月〔八〕，甘州夜落紇遣進奉大使宣教大師寶藏、副使李緒、判官都監將軍迴紇引領進奉充都總管結諸等百二十九人來貢。

是秋，詔：「聞西州迴鶻人有久住京師者〔九〕，無得私買蕃部係禁香藥。違者，論其罪。」時三司言：「迴紇等有犯，即斷決〔一〇〕。」真宗曰：「外蕃遠來貢奉，不知中國條法，若深加刑辟，恐失懷遠之道。」遂令先具罪狀以聞。

閏九月〔一一〕，甘州夜落紇及没孤宰相以方物、戰馬來貢。

四年十月，甘州夜落紇遣尼法仙等二人來朝，獻馬十疋，且乞遊代州五臺山。從之。

〔一〕璜：原作「横」，據《宋史》卷四九〇《回鶻傳》改。
〔二〕三：原作「二」，據《長編》卷二一改。
〔三〕族：原作「次」，據《宋史》卷四九〇《回鶻傳》改。又「太子」，《宋史》作「首領」。
〔四〕元年：《宋史》卷四九〇《回鶻傳》作「二年」。
〔五〕統：原作「紇」，據《宋史》卷四九〇《回鶻傳》改。
〔六〕二：原作「上」，據《文獻通考》卷三四七改。
〔七〕封：原作「對」，據《宋史》卷四九〇《回鶻傳》改。
〔八〕閏：原脱，據《長編》卷五七補。
〔九〕西州：原作「西京」。按，下文云「外蕃遠來」，則顯非指西京洛陽之回鶻人。「西京」當爲「西州」之誤。唐代於高昌（今吐魯番）建西州，因稱高昌、龜茲一帶之回鶻人爲「西州回鶻」，五代、宋並因之，屢見於本書及其他史籍。因改。
〔一〇〕決：原作「兵」，據《長編》卷五七改。
〔一一〕按，此條與前「景德元年〔閏〕九月」條實爲同一事。

是年，夜落紇遣僧翟大秦來獻馬十五匹〔一〕，欲於京城建佛寺，祝延聖壽，求賜名額。不許。

大中祥符元年，鎮戎軍上言：「夏州萬子等軍主領族兵趍迴鶻，迴鶻設伏要路，示弱不與鬥，俟其過，奮起擊之〔二〕，勦戮殆盡。其生擒者，回鶻驅坐於野，悉以所獲資糧示之，曰：『爾等狐鼠，規求小利，我則不然。』遂盡焚而殺之，惟萬子軍主挺身遁走。」帝曰：「回鶻嘗殺繼遷〔三〕，世爲讎敵。甘州使至，亦言德明侵軼之狀，意頗輕視。量其[4]兵勢，德明未易敵也〔四〕。」

四月，夜落紇遣使來貢。帝曰：「寶物公主即夜落紇之母，本族事必咨母而後行。今之所賜，宜有加也。」遂賜公主黄金器，夜落紇香藥、金帶。

九月，夜落紇上言：趙德明來侵，率衆拒之，德明屢敗，乘勝追之越黄河。

十一月，以東封，夜落紇、寶物公主及没孤公主、婆温宰相以寶貨〔五〕、藥、橐駞、名馬，遣使姚進等十二人來貢。詔專遣使館設，優定支賜，俟車駕還京，赴宴訖，遣迴。

十二月，以夜落紇爲特進、忠順保德可汗王，寶物公主爲賢明寶物公主。夜落紇嘗言：本道禦押趙德明蕃寇，乞朝廷發兵，遣孔目官一人至本道。詔諭以德明恭順朝命，且虞公吏至彼搔擾，第遣使白方進偕往。又乞賜介冑一副，以壯威容，並從之。

二年二月，《宋史》：東封禮成。以可汗王進奉使姚進爲寧遠將軍，寶物公主進奉使曹進爲安化郎將，賜以袍笏，遣還蕃。《宋史》：又賜夜落紇介冑〔六〕。時夜落紇本道二尼嚮慕聲教，思欲瞻禮，今隨貢奉使赴闕，望賜紫衣，亦從其請。

三年十一月六日，甘州迴鶻僧法光來貢。

十四日，禮賓院上言：「迴紇裴福等（課）二十人請詣汾陰陪位。」從之。

十八日，以甘州進奉使蘇兀羅爲懷化司戈，行首安進爲懷化郎將。

二十日，甘州迴鶻可汗夜落紇遣左温宰相、何居禄越樞密使，翟符守榮、安殿民等來貢〔七〕。

十二月五日，補甘州孔目官張倫爲供奉官，賜袍笏、銀帶。時寶物公主没孤氏上言：倫在[5]國，多其管勾，乞補職官。又言：近被病始愈，國中不産香藥及小兒藥、冷病藥，望賜之。又發願修寺，並無金粉，并求賜粧粉錢、房卧金銀盤之類。詔並從其請。

〔一〕翟大秦：僧名，《宋史》卷七《真宗紀》二、《群書考索》後集卷六四並同，而《宋史》卷四九〇《回鶻傳》此句作「遣僧翟入奏，來獻馬」，《文獻通考》亦作「遣僧來奏」。是以「大秦」訛作「入奏」，不可不辨。

〔二〕起：原作「其」，據《宋史》卷四九〇《回鶻傳》改。

〔三〕嘗：原作「當」，據《宋史》卷四九〇《回鶻傳》改。

〔四〕易：原無，據《宋史》卷四九〇《回鶻傳》補。

〔五〕婆温：《宋史》卷四九〇《回鶻傳》作「娑温」。

〔六〕紇：原作「干」，據《宋史》卷四九〇《回鶻傳》改。

〔七〕民：原作「門」，據下文改。

十二月，補秦州牙(校)〔校〕楊知進爲三班借職。知進累入番接送甘州使故也。《宋史》：是年，龜兹國王可汗遣使李延福、副使安福、監使翟進來進藥香、花蘂布、名馬、獨峰駝、大尾羊〔一〕、玉鞍勒、琥珀、鍮石等〔二〕。

四年正月，甘州進奉使翟符守榮等《宋史》：三十人。請從祀汾陰〔三〕。從之。禮成，詔以翟符守榮爲左神武軍大將軍，安殿民爲保順郎將，餘皆賜冠帶、器幣。及回，詔賜可汗王衣着五百匹、銀器五百兩、暈錦旋襴、金腰帶，寶物公主衣着四百匹、銀器三百兩，左温宰相衣着二百疋、銀器百兩。又召其使，出御劄子，以銀瓶器、金首飾賜之。

二月，遣使來貢。《宋史》：其年，夜落紇遣使貢方物。

四月，回鶻安密貢玉帶，《宋史》：秦州回鶻安密獻玉帶於道左。賀祀汾陰禮畢。

六月，甘州進奉回紇安進詣登聞上言：「昨齎本國可汗王表詣闕，蒙賜錦袍、銀帶、錦綵，還過渭州，入西蕃界，爲賊所劫。」詔別賜與之。

八月，夜落紇遣使奉表詣闕。

十一月，夜落紇遣使康延美(王)〔上〕言：「敗趙德明蕃寇，立功首領望賜酬賞。」詔付空名司戈、司階、郎將官告十道，使承制補署。

五年五月八日，夜落紇、寶物公主遣使以寶貨、槖駝、馬來貢。

十四日，甘州使安進獻玉一團、馬三疋，迴紇白進獻馬一疋。

六年十二月，回[6]鶻遣使來貢御馬二十疋。

八年九月，禮賓院譯語官郭敏自甘州回，以可汗王表來上。先是，夜落紇累與夏州接戰，每遣使入貢，即爲德明所掠。自四年後，宗哥諸族皆感朝恩，多遣人防援以至，既而宗哥族唃厮囉復與夜落紇因求婚遂爲仇敵。至是，表文曰：「忠順保德甘州回鶻外甥可汗王臣夜落紇言〔四〕：臣在州，與九宰相諸部落不住與西涼府人蘇守信鬥殺，見今人户平安。寶物公主於大中祥符六年二月疾亡，爲蘇守信劫亂，奏報遲違，所貢遺物續次附進。去年十一月中，蒙差通事梁謙賜臣寶鈿、銀匣、曆日及安撫詔書，臣並捧受訖。蓋爲西蕃贊普與立遵方用兵馬，道路未(聞)〔開〕，臣所有朝貢禮物前去未得，伏乞皇帝阿舅恕罪。今因郭敏回京〔五〕，望賜贊普、立遵物色，安撫開路，却令郭敏接引臣本部人使。其蘇守信，臣亦不欲與日逐相殺，不敢負背皇帝阿舅。伏乞聖恩照燭，所有契丹即目與臣本部斷絶，並無消息。」先是，咸平末，夏州破西涼府，知府丁惟清没焉。夏州令蘇守信領兵七十、馬五十於彼巡覘，故此奏及之。

〔一〕尾：原作「尼」，據《宋史》卷四九〇《回鶻傳》改。
〔二〕鍮：原作「玉」，據《宋史》卷四九〇《回鶻傳》六改。
〔三〕翟：《長編》卷七四、《群書考索》後集卷六四作「瞿」。
〔四〕甥：原作「生」，據本書蕃夷四之三改。
〔五〕郭：原作「敦」，據上下文改。

十月，學士院言：「西蕃唃廝囉昨依蘭逋叱例，並降勅書。甘州可汗王自來用金花綾紙，銀裝匣封裹。」詔如舊例。既而借職郭敏上言：「可汗王詔書銀匣，立遵見之，且言我吐蕃大如可汗王，如何無匣。」遂令賜可汗詔改爲宣命。

十一月，回鶻阿囉等來貢。

九年五月，秦州言奉職 7 楊知進自甘州回。初，知進以大中祥符五年正月與譯人郭敏伴送翟符守榮般次赴甘州，緣路爲浪家、禄廝結家、乞平家、尹家所鈔奪之，角門及和斷，至八月十九日達甘州，行李平安。在甘州，爲唃廝囉與可汗不叶，於宗哥阻截道路。唃廝囉欲娶可汗女爲妻而無聘財，可汗不許，遂相爲仇敵，以是留止甘州。至八年五月，先遣敏還。今年三月，可汗遣首領李吉等九人送知進歸漢境。二十九日至宗哥，見僧立遵已還俗，娶蕃部十八人爲妻，唃廝囉又娶立遵姪女。蕃部言：「立遵御下嚴暴，蕃家不樂。即目天旱，族人多飢死，止有質帳三二千〔一〕。」時郭敏以（捕）〔補〕借職，復（賚）〔賫〕賜可汗器幣。《宋史》：九年，遂遣郭敏賜宗哥詔書，并甘州可汗器幣。入蕃，爲立遵所邀留，及止李吉等。遣回鶻語可汗曰：「楊奉職在甘州住五年，今郭借職去，若更留住，則又煩朝廷取接。（令）〔今〕可汗急寫領賜物表來，就取所賜物〔二〕，當遣李吉等回。」立遵又語知進曰：「秦州大人部領軍馬直入樛囉哤來，深慮部落有鬭，諜者回州，自爲告言，且令蕃、漢依舊作一家，即不輟進奉也。」又令蕃部党失卑後隨知進來獻馬，且送知進境上。

十二月，甘州回鶻夜落隔歸化及寶物公主、宰相索温守貴等遣使都督翟福等來貢馬及玉、香藥。賜衣冠、器幣、緡錢有差。夜落隔歸化表云：「父夜落紇今年三月淪謝，九宰相諸部落首領奉臣爲迴紇王子勾當，（昨）〔乍〕臨事務，8 惟望朝廷照燭。（乍）〔昨〕宗哥李遵送馬百匹，與贊普王子定問公主，已許與没孤宰相家公主爲親訖。所有西涼府蘇守信已卒，見有義男羅理勾當本州。自臣父即世，凡差東、西四姓部落頭首領兵於西涼府相殺，踐其帳舍百餘，殺賊二百餘人，奪到鞍馬、牛羊不少。契丹即日多益兵馬，於沙州往來，未知何計使即目斷絶。」

天禧元年三月，以夜落隔歸化爲懷寧順化可汗王，賜襲衣、金帶、器幣、鞍勒馬。

四月，秦州曹瑋請自今甘州進奉人回，止於秦州選牙校同共齎送國信物往彼，不煩朝廷遣使伴送。從之。

二年二月，甘州可汗王夜落隔歸化遣都督安信等入貢〔三〕。歸化洎其相索温守貴並表言，與西蕃贊普王子爲親。

四年三月九日，夜落隔歸化遣使來貢方物。

二十一日，令甘州迴紇進奉自今並於秦州路出入。

〔一〕止：原作「上」，據《長編》卷八七改。
〔二〕就：原作「兼」，據《長編》卷八七改。
〔三〕化：原作「花」，據《長編》卷九一、《宋史》卷四九〇《回鶻傳》改。

十二月，甘州迴紇遣使朝貢。《宋史》：四年，又遣使同龜兹國可汗王智海使來獻大尾羊〔一〕。初，回鶻西奔，族種散處，故甘州有可汗王，西州有克韓王，新復州有黑韓王，皆其後焉。

仁宗天聖元年五月，甘州夜落隔通順遣使阿葛之、王文貴來貢方物。

六月，詔甘州迴紇外甥可汗王夜落隔通順特封歸忠保順可汗王。

二年五月，甘州可汗王遣使都督翟信等十四人來貢方物，馬三疋、黄胡絹、細白氎等〔二〕。宰相索温守貴又貢馬二疋。

三年二月，迴紇趙福貢馬二十疋。

三月，秦州迴紇紫衣僧法會以乾元節 9 貢馬十疋。因詔秦州自今如有似此僧進奉者，不須發遣詣闕。

四月，甘州可汗王、公主及宰相撒温訛進奉馬，乳香。賜銀器、衣著、金帶、暈錦旋襴有差。

五年八月，甘州可汗王寶國夜落隔使安萬東等一十四人來貢方物。《宋史》：六年二月，遣人貢方物。

神宗熙寧元年七月二十九日，回鶻國可汗遣使來貢方物，且言乞買金字《大般若經》〔三〕。詔特賜墨字《大般若經》一部。

十月九日，詔回鶻國進奉人候南郊畢進發。

元豐七年六月一日，詔就臺劾右班殿直皇甫旦。上初詔李憲擇使臣，計會阿里骨同諭回鶻、達靼，令發兵深入夏境。憲選旦押回鶻、達靼首領赴闕，命齎詔還諭董氈、阿里骨出兵。旦入蕃，不得前，又妄奏獲賊功狀，故命追旦等赴獄。《宋史》：〔元豐〕六年〔四〕，復來〔五〕，補其首領五人爲軍主，歲給綵二十匹。神宗問其國種落生齒幾何，曰三十餘萬；壯可用者幾何，曰二十萬。明年，勅李憲擇使聘阿里骨，使諭回鶻，令發兵深入夏境〔六〕。憲以命殿直皇甫旦。旦往，不得前，而妄奏功狀。詔逮旦赴御史獄抵罪。然回鶻使不常來。

徽宗宣和三年十月八日，臣寮言：「回鶻因入貢，往往散行陝西諸路，公然貨易，久留不歸者有之。恐習知沿邊事(害)〔宜〕，及往來經(曲)〔由〕夏國，傳播不便。乞除入貢經由去處，其餘州軍嚴立法禁〔七〕。」從之。邵伯温《聞見録》：初，回鶻風俗朴厚，君臣之等不甚異，故衆志專一，勁健無敵。自有功於唐，唐賜遺豐腆，登里可 10 汗始自尊大，築宫室以居，婦人有粉黛文繡之飾，中國爲之虚耗，而虜俗亦壞。如(邪)〔耶〕律德光，踐汙中土而有之，且死，其母猶不哭，撫其屍曰：「待我國中人畜如故，然後葬汝。」蓋爲之華夷者，天也，有或反此，非其福也。洪皓《松漠紀聞》〔八〕：回鶻，自唐末浸微。本朝盛時，有入

〔一〕尾：原作「尼」，據《宋史》卷四九〇《回鶻傳》改。
〔二〕細：原作「紬」，據《宋史》卷四九〇《回鶻傳》改。
〔三〕買：原作「賣」，據《宋史》卷四九〇《回鶻傳》改。
〔四〕元豐：原脱。按，《宋史》卷四九〇此文乃抄自《文獻通考》卷三四七，原文「六年」無年號，承前爲熙寧六年。然《長編》卷三四一明繫於元豐六年，下條劾皇甫旦事亦爲元豐七年。蓋《文獻通考》脱「元豐」二字，《宋史》誤沿之。今補。
〔五〕來：原作「未」，據《宋史》卷四九〇《回鶻傳》改。
〔六〕令：原作「今」，據《宋史》卷四九〇《回鶻傳》改。
〔七〕法：原作「發」，據《文獻通考》卷三四七、《宋史》卷四九〇《回鶻傳》改。
〔八〕皓：原作「浩」，據《宋史》卷三七三《洪皓傳》改。

居秦川爲熟户者，女真破陝，悉徙之燕山。甘、涼、瓜、沙舊皆有族帳，後悉羈縻于西夏。唯居四郡外地者，頗自爲國，有君長。其人卷髮深目，眉修而濃，自眼睫而下多虬髯〔一〕。土多瑟瑟〔二〕、珠玉，帛有兜羅緜、毛㲲、狨錦、注絲熟綾、斜褐〔三〕，藥有腽肭臍、硇砂，香有乳香、安息、篤耨。善造賓鐵刀劍、烏金銀器。多爲商賈于燕，載以橐駝。過夏地，夏人率十而指一，必得其最上品者，賈人苦之。後以物美惡雜貯毛連中，注：毛連，以羊毛緝之，單其中，兩頭爲袋，以毛繩或線封之。有甚粗者，有間以雜色毛者，則輕細。然所征亦不貲。其來浸熟，始厚賂税吏，密識其中下品，俾指之。尤能別珍寶，蕃漢爲市者，非其人爲儈，則不能售價。回紇奉釋氏最甚，共爲一堂，塑佛像其中，每齋，必刲羊。或酒酣，以指染血塗佛口，或捧其足而嗚之，謂爲親敬。誦經則衣袈裟，作西竺語。燕人或俾之祈禱，多驗。婦人類男子，白皙，著青衣，如中國道服，然以薄青紗羃首而見其面。其居秦州時，女未嫁者，先與漢人通，有數子，年近三十，始能配其種類。媒妁來議者，父母則曰：「吾女嘗與某人[11]某人昵。」以多爲勝，風俗皆然。其在燕者，皆久居業成。能以金相瑟瑟爲首飾，如釵頭形而曲一二寸，如古之笄狀。又善結金線，相瑟瑟爲珥及巾環。織熟錦〔四〕、熟綾、紵絲、線羅等物。又以五色線織成袍，名曰剋絲，甚華麗。又善撚金線別作一等，皆織花樹，用粉繳，經歲則不佳，唯以打换達靼。辛酉歲，金國肆眚，皆許西歸，多留不反。今亦有目微深而髯不虬者，蓋與漢兒通而生也。（以上《永樂大典》卷二一一九九）

高昌

【宋會要】 [12]〔王〕延德初至達靼之境〔五〕，頗見晉末陷虜之子孫，或相遮迎，獻飲食，問其鄉里親戚，意甚悽感。留旬日不得去。延德之所述云。

〔太平興國〕八年〔六〕，其使安骨盧與達靼使來貢〔七〕。

九年五月，西州回鶻與波羅門及波斯外道阿里烟朝貢，錫賚有差，館於禮賓院。西州進奉使易難具道本國主稱號、服飾、習尚、風俗、城邑、道里，一如龜兹國。其婆羅僧號永世，亦具道本國事。事見「天竺」雍熙四年中。

真宗景德元年六月，西州回鶻遣使金延福以良玉〔八〕、名馬、方物來貢。餘詳前傳。（以上《永樂大典》卷六二九一）

龜兹

【宋會要】 [13]龜兹，回鶻之别種也。其國主自稱師子王，戴寶裝冠，著黄色衣，與宰相九人同理國事。每出，其宰相著大食

〔一〕下：原作「不」，據豫章叢書、叢書集成本《松漠紀聞》改。
〔二〕瑟瑟：原作「琴瑟」，據豫章叢書、叢書集成本《松漠紀聞》改。
〔三〕斜：原作「斜」，據豫章叢書、叢書集成本《松漠紀聞》改。
〔四〕織：原脱，據豫章叢書、叢書集成本《松漠紀聞》補。
〔五〕按，王延德於太平興國六年至八年間經達靼出使高昌，此爲其《高昌行程記》之末段殘文，其全文見《文獻通考》卷三三六、《宋史》卷四九〇《高昌國傳》。《大典》所録《宋會要》「高昌」門之文當不止此數條，蓋徐松輯録時已殘闕。
〔六〕太平興國：原無，據《長編》卷二四補。
〔七〕骨：原作「首」，按《長編》卷二四作「骨」，《宋史》卷四九〇《高昌國傳》作「鶻」，則「首」當係「骨」之形誤，據改。
〔八〕金延：原倒，據《宋史》卷四九〇《高昌國傳》乙。

國錦綵之衣，騎馬前引，常以音樂相隨。其妃名阿厮迷，著紅羅縷金之衣，多用珠寶嚴飾其身，每年一度出宮遊看。國城有市井而無錢貨，但以花蘂布〔牙〕〔互〕換博買米麥、瓜果，與中國無異。西至大食國兩月程，東至夏州三月程。或稱西州回鶻，或稱西州龜茲，又稱龜茲回鶻，其實一也。

太宗太平興國〔元〕〔九〕年五月〔一〕，西州龜茲遣使易難與波羅門、波〔厮〕〔斯〕外道來貢。

真宗咸平四年二月，大回鶻龜茲國安西州大都督府單于軍尅韓王禄勝遣使曹萬通奉表，貢玉勒名馬、獨峰無峰橐駞、賓刀、賓鐵劍甲、琉璃器、鍮石缾等。萬通自言任本國樞密使，本國東至黄河，西至雪山，有小郡數百，甲馬甚精習，願朝廷命使統領，使得縛繼遷惡黨以獻。因降詔禄勝曰：「賊遷凶悖〔二〕，人神所棄。卿世濟忠烈，義篤舅甥，繼上奏封，備陳方畧，且欲大舉精甲，就覆殘袄，拓土西陲，獻俘北闕。可汗功業，其可勝言！嘉嘆尤深，不忘朕意。今更不遣使臣，一切委卿統制。」特授萬通金紫光禄大夫〔三〕、檢校太師、左神武軍大將軍、兼御史大夫、上柱國，封譙縣開國子，食邑五百户。萬通入辭，帝召至便殿諭之曰：「歸語可汗王，得所奏 14 事，備觀忠藎。今賜暈錦衣一襲、金帶一、金花銀酒器二百兩、錦綺綾羅二百匹，以貢奉物價三十萬優給之。」初，回鶻西奔，族種散處，故甘州有可汗王，西州有克韓王，皆其後也。

六年六月六日，龜茲國僧義修來獻梵夾、菩提印葉、念珠、舍利。賜紫方袍、束帶。

十一月，遣使來貢。

景德元年五月，遣使白萬進來貢。

六月，遣使金延福來。

十月，度龜茲國石報進爲僧，從其請也。

三年五月，以白萬進爲懷化司戈。

大中祥符三年閏二月，國王可汗遣使李延勝〔四〕、副使安福等貢乳香二百四十九斤、花蘂布二疋、硇砂三百七十一斤、獨峰橐駞一、大尾白羊十五，李延勝貢馬十疋、玉鞍勒、金玉二百一十二斤，安福貢琥珀四十斤〔五〕、鍮石十二斤，監使翟進貢乳香六十九斤、鍮石二斤、胡黄連十四斤，判官曹信貢乳香七十六斤，都監楊嘉貢乳香三十九斤，僧智圓貢琥珀四十五斤、鍮石四十六斤。黄河居住行頭蕃部蘭逋征捉郎進馬二疋。

四年，以李延勝爲左屯衛將軍。

六年六月，秦州上言：「回紇懷化司戈蘭逋質遣弟室

〔一〕九：原作「元」，《宋史》卷四《太宗紀》一繫此事於雍熙元年，即太平興國九年，據改。
〔二〕遷：原作「迁」，據《宋史》卷四九〇《回鶻傳》改。
〔三〕授：原作「受」，據《宋史》卷四九〇《回鶻傳》改。
〔四〕李延勝：《宋史》卷四九〇《回鶻傳》作「李延福」。
〔五〕安福：原作「李安福」，按前述「副使安福」并無「李」字，《宋史》卷四九〇所記亦同，故删。

臘丹賫狀(諸)〔詣〕州，稱押領龜茲進奉般次，爲蕃部阻隔，且寓逋質家；供奉官劉渥以疾先出蕃。望別差使迎接般次，兼賜逋質官告。」朝議以盡依所請，慮蕃部告求無厭，止令秦州就差使臣并譯語官取接出蕃。仍諭(通)〔逋〕質，候般次至京，當議恩澤。劉渥，前奉使龜茲者，還京而卒。詔官借供帳什物，並賜其家，隨行公人悉優改轉。

十一月，尅韓王遣使李延慶等三十六人來朝，15 貢方物：玉六十團、橐駞、名馬、弓箭、鞍勒、香藥等。優詔答之。

天禧元年四月，尅韓王智海遣使張復延貢玉及馬〔一〕、香藥。六月，張復延等貢先天節玉一團、馬一疋、玉鞍轡一。

四年十二月，可汗師子王智海遣使來朝，貢大尾白羊。預明年賜餔。

五年七月，殿直白萬進上言：「昨龜茲使延福等皆詐爲外使，邀冀恩賞及乞賜經藏、金像等物。」詔秦州曹瑋詰問延福，具萬進所陳。詔免罪，所賜物納官。自今西州、甘、沙州進奉人使更一二年不許赴闕。

乾興元年五月，仁宗即位未改元。龜茲國僧華嚴自西天至，以佛骨舍利、梵夾爲獻。

仁宗天聖二年四月，可汗王智海遣使來貢橐駞、馬、玉、乳香。

景祐四年六月，遣大使李延貴、副使李沙州入貢。

康定元年四月，遣使來貢。

神宗熙寧四年九月，遣大使李延慶、副使曹福等入貢。

五年二月，遣進奉使盧大明、篤都等入貢。（以上《永樂大典》卷一〇七六）

于闐

【宋會要】

16（熙寧十年）十月三日〔二〕，客省言：「于闐國進奉使羅阿厮難撒温等有乳香三萬一千餘斤，爲錢四萬四千餘貫，乞減價三千貫賣於官庫。」從之。

元豐元年六月九日，詔提舉茶場司：「于闐進奉使人買茶，與免税，於歲額錢内除之。」

十月二十八日，于闐貢方物。四年正月又入貢。

十二月二十五日，詔：「熙河路經略司指揮熙州，自今于闐國入貢〔三〕，唯齎國王表及方物聽赴闕，毋過五十人，驢馬頭口準此。餘物解發，止令熙州、秦州安泊，差人主管賣買。婉順開諭，除乳香以無用不許進奉及挾帶上京并諸處貨易外，其餘物並依常進貢博賣。」

二年十月十三日，熙河路經略司言：「于闐國來貢方

〔一〕張復延：《長編》卷八九作「張延」。
〔二〕熙寧十年：原無，據《長編》卷二八五補。
〔三〕自：原作「目」，據《長編》卷二九五改。

物而無國主表章，法不當納，已諭使去。」詔如堅欲奉貢，可聽之。

三年正月二十七日，于闐國大首領阿令顛顙温等來貢方物。

三月二十六日，詔：「于闐國進奉使所賣乳香，償以見錢。其乳香所過，官吏失察，令轉運司劾罪。」

十月九日，熙州奏：「于闐國進奉般次至南川寨，稱有乳香、雜物等十萬餘斤，以有違朝旨，未敢解發。」詔乳香約回。

六年正月十日，中書省奏：「鴻臚寺狀：于闐國進奉人安泊驛舍踏逐禮賓院，今來禮賓院有西南蕃進奉人所指占，乞指占都亭西驛中位及東位安泊。」詔：「于闐國般次卒未有期到京，及至闕下，西南蕃蠻人當已辭去，可只令於禮賓院安下。」

17 五月一日，于闐貢方物，見于延和殿。上問曰：「離本國幾何時〔一〕？」曰：「四年。」「在道幾何時？」曰：「二年。」「從何國？」曰：「道由黄頭回紇、草頭達靼、董氈等國。」又問曰：「留董氈幾何時？」曰：「一年。」「達靼有無酋領部落？」曰：「以乏草粟，故經由其地，皆散居也。」又問：「道由諸國，有無抄略？」曰：「惟懼契丹耳。」又問：「所經由去契丹幾何里？」曰：「千餘里。」

四日，詔于闐國大首領畫到《達靼諸國距漢境遠近圖》，降付李憲。嘗有朝旨委憲遣人假道董氈使達靼故也。

十九日，熙河蘭會路制置使司言〔二〕：「西賊犯蘭州，破西關，虜略和雇運糧于闐人并橐駞。」詔虜略于闐人畜，令制置司優恤之。

八年九月十八日，哲宗即位未改元。于闐國遣使入貢。

十月十八日，貢使爲大行皇帝飯僧追福，降敕書奬諭。

十一月十二日，因進馬，賜錢百有二十萬。

十二月六日，特賜進奉人錢百萬。

哲宗元祐元年閏二月二十二日，詔賜于闐國王衣一襲，腰帶、器幣有差。

二年正月十二日，詔于闐國黑汗王貢方物回賜外，餘不以有無進奉，悉加賜錢三十萬。二月十四日，詔回賜外，更如元豐八年例賜金帶〔三〕、錦袍、襲衣、器幣。

五月二十一日，遣使入貢。

八月十六日，詔修立回賜于闐國信分物法。

十月七日，詔：「于闐國歲遣貢使雖多，止一加賜，別裁定。」

十（三）〔八〕日〔四〕，詔：「于闐國使以表章至，則間歲聽一入貢〔五〕，餘令於熙、秦州貿易。」

〔一〕時：原脱，據《長編》卷三三五補。
〔二〕會：原脱，據《長編》卷三三五補。
〔三〕如：原作「加」，據《長編》卷三九五改。
〔四〕十八日：原作「十三日」，據下文三年「九月八日」條及《長編》卷四〇六補。
〔五〕聽：原無，據《長編》卷四〇六改。

三年三月二十五日，于闐國差使入貢。

九月八日，詔熙河蘭會路經略安撫[18]司因于闐進奉人回，以元祐二年十月十八日「間歲一解發赴闕」朝旨丁寧説論〔一〕，令報本國。

四年五月二十八日，于闐國貢使李養星、阿點魏哥貢方物。

八月八日，詔：「李養星、阿點魏哥等進貢御馬已回賜，内黎撒囉、瞎征等依此，後毋爲例。」

十月三日，尚書省言：「于闐國進奉人到闕，不得過一百日。」從之。

六年六月二十一日，遣使貢方物。

（七月）〔七年二月〕二十八日〔二〕，熙河蘭岷路經略安撫司言：「于闐國進奉人三蕃見在界首，内打斯蠻冷移四唱厮巴一蕃已准朝旨特許解發外，今來兩蕃進奉人緣已有間歲許解發指揮，欲只令熙、秦州買賣訖，約回本蕃。」從之。

十（二）〔一〕月七日〔三〕，遣使入貢。

紹聖三年七月十四日，遣人進貢方物。

四年二月八日，遣使入貢。押伴所申：「進奉人羅忽都盧麥譯到黑汗王子言：緬藥家作過，別無報效，已差人馬攻甘、沙、肅三州。」詔押伴使臣候人使朝辭日，諭以黑汗王忠嚮朝廷，甚喜，若果能破三城，必更厚待。

徽宗大觀元年正月二十四日，樞密院奏：「皇城使、康州刺史李祥等狀：先差祥押新通路于闐賀恩人使赴闕，其知鳳翔府王吉甫、通判王仰並不應副排辦。若不特賜誡勵，切慮日後人使過往轉至懈慢，有失朝廷來遠之體。」詔並放罷。

二年十一月二十四日，遣使入貢。

政和八年八月八日，遣使入貢。

宣和六年九月二十七日，遣使貢方物。餘同《宋史·外國傳》。（以上《永樂大典》卷四八一〇）

拂菻國

【宋會要】

[19]拂菻。神宗元豐四年十月六日，拂菻國貢方物。大首領你厮都令厮孟判言：其國東南至滅力沙，北至大海，皆四十程。又東至西大石及于闐王所居新福州，次至舊于闐，次至約昌城〔四〕，乃于闐界。次東至黄頭迴紇，又東至達靼，次至種楹，又至董氈所居，次至林擒城，又東至青唐，乃至中國界。西至大海約三十程。其王名滅力伊靈改撒。國地甚寒。王服紅黄衣，以金線織絲布纏頭。每歲遇三月入佛寺燒香，坐紅床，人舁之。首領皆如王之服，或

〔一〕間：原脱，據《長編》卷四一四補。
〔二〕七年二月：原作「七月」，據《長編》卷四七〇改。下條亦七年事。
〔三〕十一月：原作「十二月」，據《長編》卷四七八改。
〔四〕約昌城：《長編》卷三二七作「灼昌城」。

青緑〔一〕、緋白、粉紅、褐紫，亦各纏頭〔二〕，跨馬。城市田野各有首領主之〔三〕。每歲唯夏秋兩得俸，給金錢、胡錦、縠、帛，以治事大小有差。刑罪輕者杖五七十，重者一二百，大罪盛以毛囊投之海。土屋，無瓦。産金、銀、珠、胡錦、牛、羊、馬、獨峰駞、杏、梨〔四〕、糖、千年棗、巴欖子〔五〕、大小麥、粟、麻，以蒲桃釀酒。音樂彈胡琴、箜篌，吹小篳篥，擊偏鼓，拍手而歌，戲舞。不務戰鬪，事小止以文字往來詰問，事大亦出兵。以金銀爲錢，無穿孔，面鑿彌勒佛名，背鑿國王名，禁私造。其言語與滅力沙同。至是，貢鞍馬、刀、劍、珠。

哲宗元祐六年四月十九日，詔拂菻國王別賜其帛二百匹〔六〕、銀瓶、襲衣、金束帶。（以上《永樂大典》卷一二一六四）

交趾

【宋會要】

20 交〔址〕〔阯〕，本南越之地，唐交州總管也。至德中，改安南都護府。梁貞明中，土豪曲承美專有其地〔七〕，送款於末帝，因授承美節鉞〔八〕。時劉陟擅命嶺表，遣將李知順伐承美〔九〕，執之，乃并其土宇。後有楊廷藝、紹洪，皆受廣南劉氏僞署，繼爲交州節度使〔一〇〕。紹洪卒，州將吳昌岌遂居其位。昌岌死〔一一〕，其弟昌文承襲。宋乾德初〔一二〕，昌文死，其參謀吳處玶、峰州刺史矯知護〔一三〕、武寧州刺史楊暉〔一四〕、牙將杜景碩等爭立〔一五〕，管内十二州大亂，部民嘯聚，起爲寇盜，攻交州。先是〔一六〕，楊廷藝以牙將丁公著攝驩州刺史，兼御蕃都督，公著死，子部領繼之〔一七〕。至是，部領與其子璉同率兵三萬人逐其黨，擊敗處玶等，賊黨潰散，

〔一〕「緑」上原有一「線」字，據《長編》卷三一七刪。
〔二〕各：原作「名」，據《長編》卷三一七改。
〔三〕「之」上原有一「知」字，據《長編》卷三一七刪。
〔四〕梨：原作「黎」，據《長編》卷三一七改。
〔五〕巴：原作「巳」，據《長編》卷三一七改。
〔六〕菻：原脱，據《長編》卷四五七補。
〔七〕「中土豪曲承」原缺，「美」原作「是」，據《文獻通考》卷三三〇、《宋史》卷四八八《交阯傳》補改。
〔八〕「授」原作「受」，「鉞」原作「越」，據《文獻通考》卷三三〇改。
〔九〕遣：原作「邊」，據《文獻通考》卷三三〇改。
〔一〇〕僞署繼爲交：原缺，據《文獻通考》卷三三〇、《宋史》卷四八八《交阯傳》補。
〔一一〕死：原作「以」，據《文獻通考》卷三三〇改。
〔一二〕承襲宋乾德：原缺，據《文獻通考》卷三三〇、《宋史》卷四八八《交阯傳》補。
〔一三〕矯知護：原作「橋知廷藝」，據《文獻通考》卷三三〇、《宋史》卷四八八《交阯傳》改。
〔一四〕武寧州刺史：原缺，據《文獻通考》卷三三〇、《宋史》卷四八八《交阯傳》補。
〔一五〕杜：原作「楊」，據《文獻通考》卷三三〇改。
〔一六〕嘯聚起爲寇盜攻交州先：原缺，據《文獻通考》卷三三〇、《宋史》卷四八八《交阯傳》補。
〔一七〕著死子部領繼：原缺，據《長編》卷四補。

境内安堵〔一〕。部民德之，乃共立部領爲交州帥，號曰大勝王。部領率缺凡三年，私命璉爲節度使〔二〕。

太祖開寶五年閏二月，詔海門造舟船通道。

六年四月〔三〕，丁璉遣使來貢方物。璉僞襲已七年矣〔四〕，聞太祖剋平嶺表，遂遣使貢方物，上表内附〔五〕。是月，制曰：「權交州節度使丁璉：乃祖以來，世爲亨下缺三萬，遏亂略於一方。因權節制之師，遂有日南之地。而能虔遵父命，恥事僞邦〔六〕。洎嶺表之盪平，獻封章而内附。可特仍備充庭之禮，遠傾向日之□，□□朝恩，以旌効順。可特進、檢校太師，充静海軍節度、管内觀察處置等使、安南都護〔七〕、使持節都督交州諸軍事〔八〕、御史大夫、上柱國，封濟陰郡開國公，食邑一萬户，食實封□□户，賜推誠順化功臣〔九〕。」

六月，以交州進奉使鄭琇、王紹祚並爲銀青光禄大夫、檢校左散騎常侍〔一〇〕、兼御史大夫、上柱國。

八年五月，璉又遣使缺來貢，謝恩。

八月七日，制曰：「丁部領生21跕鳶之鄉，勵拱辰之節〔一一〕，世爲右族，能保遐方，志慕華風〔一二〕，常思内附。屬九州混一，五嶺廓清，遂達梯航，乃輸貢琛。且嘉令子稱藩之志〔一三〕，錫乃父裂土之封〔一四〕。秩以維師，疇之井賦。用褒耆德，豈限彝常。服我異恩〔一五〕，介爾遐壽。可授特進、檢校太師、上柱國，封交阯郡王，食邑一萬户，食實封一千户〔一六〕。」朝廷以璉再修職貢，時議崇寵其父故也。十三日，命鴻臚少卿高保緒爲丁部領官告國信使，左監門衛率府率王彦符副之。

太宗太平興國二年十二月，璉遣使以方物來貢，賀皇帝登極。

〔一〕玶等賊黨潰散境内安堵：原缺，據《文獻通考》卷三三〇、《宋史》卷四八八《交阯傳》補。
〔二〕以上二句，「率」下疑缺「州」字。「凡三」、「私」三字原缺，據《嶺外代答》卷二、《玉海》卷一三三補。
〔三〕四月：《長編》卷一四、《宋史》卷三《太祖紀》三等繫於五月。
〔四〕七：原作「丑」。按《文獻通考》卷三三〇：「璉襲父位，立七年，聞太祖克平嶺表，遂遣使貢方物。」《宋史》卷四八八《交阯傳》同。據此，「丑」當爲「七」之誤，因改。然亦有不同記載，如《大越史記全書》，丁部領即位於開寶元年，凡三年，遜璉位，則開寶六年璉襲位只四年。可備一説。
〔五〕「剋平」至「上」十一字：原缺，據《文獻通考》卷三三〇補。
〔六〕虔遵父命恥事：原缺，據《長編》卷一四注文補。
〔七〕等使安：原缺，據《玉海》卷一三三補。
〔八〕使持節都督交州諸軍事：原缺，今倣後文蕃夷四之二四雍熙三年「十月」黎桓受封例補。
〔九〕封□□户賜：原缺，今據宋代封賜制詞格式補。
〔一〇〕青光禄大夫檢校：原缺，據《宋史》卷四八八《交阯傳》及宋代官制補。
〔一一〕「勵」原作「屬」，「拱辰之節」原脱，據《安南志略》卷二改補。
〔一二〕世爲右族能保遐方志：原缺，據《安南志略》卷二補。
〔一三〕「梯」至「稱」十一字原缺，又「藩」原作「蕃」，據《安南志略》卷二補改。
〔一四〕裂：原作「列」，據《大越史記全書》卷一改。
〔一五〕彝常服我異恩：原缺，據《安南志略》卷二補。
〔一六〕萬户食實：原缺，據宋代封賜格式補。

五年〔四〕月〔一〕，命供奉官盧襲使交州。時丁部領洎璉皆死，璉弟璿尚幼，嗣立〔二〕，稱節度行軍司馬〔三〕，權領軍府事。大將黎桓擅權，因而立黨甚盛，漸不可制，劫遷璿於別第〔四〕，舉族禁錮之，代總其衆。太宗怒，議舉兵而伐之。

八月，詔曰：「國家聲教所覃〔五〕，威靈咸暨。顧乃跕鳶之境，未歸輿地之圖〔六〕。矧兹一方，近接五嶺〔七〕。唐末離亂，區内剖分，遂爲僭僞之邦，因成聾瞽之俗。及番禺底定，正朔始頒〔八〕。雖稽首以稱藩〔九〕，頗繕兵而自固〔一〇〕。事大之禮〔一一〕，當如是乎？吊民之行，蓋不自已。宜龔行於天討，用丕變於蠻陬〔一二〕。宜以蘭州團練使孫全興、八作使張璿、左監門副將軍崔亮爲陸路兵馬總管，自邕州路；寧州刺史劉澄、軍器庫副使賈湜、供奉官閤門祇候王僎爲水路兵馬總管〔一三〕，自廣州路，分往進討。」

十一月，黎桓遣牙校江巨瑝〔一四〕、王紹祚以方物金銀器五百兩，通犀六株連盤、□(物)〔牯〕犀四十株、象牙百株，絹萬疋來貢，仍爲丁璿上表曰〔一五〕：「臣世膺朝奬〔一六〕，僻處海隅，假節制於蠻陬〔一七〕，修職貢於宰旅。屬私門之薄祐〔一八〕，值先世之淪亡。玉帛駿奔〔一九〕，敢稽於助祭；茅土世及，未預 22 於守藩。臣父、先兄璉俱荷國恩〔二〇〕，忝分閫寄，謹保封略，罔敢怠遑。汗馬之勞未施，朝露之悲已及。臣堂構將壞，縗裳未除。管内將吏、軍民、藩商、耆耋等共詣苦塊之守，俾權軍旅之事。臣懇辭數四，請逼愈堅。比俟奏陳，又慮稽緩。山野頑獷之俗〔二一〕，洞壑狡猾之民，倘不洵其請〔二二〕，恐因而生變。臣謹已攝節度行軍司馬〔二三〕，權領軍州事。伏望錫以真命，令備列藩，慰微臣忠藎之心，舉聖代賞延之典〔二四〕，克紹遺業，因撫遠夷。銅柱之虛，庶

〔一〕四：原缺，據《長編》卷二一補。
〔二〕立：原缺，據《宋史》卷四八八《交阯傳》補。
〔三〕稱節：原缺，據《長編》卷二一補。
〔四〕不可制劫遷璿：原缺，據《長編》卷二一補。
〔五〕詔曰國家聲：原缺，據《安南志略》卷二補。
〔六〕未：原作「來」，據《宋大詔令集》卷二一八改。
〔七〕近接：原缺，據《宋大詔令集》卷二一八補。
〔八〕底定正朔：原缺，據《宋大詔令集》卷二一八補。
〔九〕雖：原作「唯」，據《宋大詔令集》卷二一八改。
〔一〇〕繕：原作「善」，據《安南志略》卷二改。
〔一一〕大之：原作「之大」，據《宋大詔令集》卷二一八乙。
〔一二〕丕：原作「不」，據《安南志略》卷二改。
〔一三〕賈湜供奉：原缺，據《宋大詔令集》卷二一八補。
〔一四〕一月黎桓遣牙校：原缺，據《長編》卷二一補。
〔一五〕仍爲丁璿：原脱，據《長編》卷二一補。
〔一六〕膺：原缺，據《安南志略》卷六補。
〔一七〕海隅假節：原缺，據《安南志略》卷六補。
〔一八〕薄：原作「溥」，據《安南志略》卷六改。
〔一九〕先世之淪亡玉帛：原缺，據《安南志略》卷六補。
〔二〇〕兄：原缺，據《安南志略》卷六補。
〔二一〕野：原作「城」，據《安南志略》卷六改。
〔二二〕請：原作「情」，據《安南志略》卷六改。
〔二三〕度：原缺，據《長編》卷二一補。
〔二四〕舉聖代：原缺，據《安南志略》卷六補。

宣禦侮之力〔一〕；象闕之下，永效獻琛之誠〔二〕。唯陛下俯憐其愚，未加以罪。」詐遣牙吏江巨瑝、王紹祚來上獻〔三〕，云管内將校、軍民、藩商、耆耋等請以丁璿爲節度使〔四〕，襲父兄之位〔五〕。未上，朝廷業興師討之，奏入不報也。

六年十一月，交州行營總管、蘭州團練使孫全興誅〔六〕，鞍轡庫使陳欽祚責授慶州團練副使，八作使張璿責授磁州團練副使〔七〕，左監門衛將軍崔亮責授嵐州團練副使。皆坐交阯用兵失律故也。自王師進討，其冬破賊兵萬餘衆，斬首二千餘級。今王師又破賊萬人於白藤江東口〔八〕，斬首千餘級，獲戰艦二百艘，甲胄萬計。轉運使侯仁寳率前軍先進〔九〕，全興等頓兵花步七十日，以侯劉澄〔一〇〕，仁寳累促之，不進。及澄至〔一一〕，并軍由水路至多羅村〔一二〕，不遇賊，復擅迴花步。桓詐降以誘仁寳，遂爲其所害。轉運許仲宣馳奏其事〔一三〕，遂詔班師，遣使就劾澄、湜、僎。澄尋病死，湜等具伏，并戮於邕州市〔一四〕，全興至闕〔一五〕，亦以下吏坐誅也。

七年二月，丁璿遣使貢方物，上表，以王師致討〔一六〕，謝罪故也。黎桓懼朝廷終行討滅，故復以璿爲名來。

〔八年五〕月〔一七〕，黎桓自稱權交州三使留後，遣軍將趙子愛等進奉通犀□五〔一八〕、牯犀二十九株、象牙百根、乳香二百斤、絹萬疋、孔雀尾百□〔一九〕。表言：「去年十月，丁璿與其母楊氏〔二〇〕，率管内吏民、將校以三使印綬推臣領府事〔二一〕。」并以璿表來上〔二二〕。帝賜詔書曰：「卿威名内積，智勇兼資，撫下 23 有恩，臨□能斷。海隅□□□所宅心〔二三〕，連營之卒莫不稟命。丁璿方在童幼，未練攻□。□□鑾陬，所繫尤重。丁璿亦深識事體，俯徇衆心；卿又缺爭，權領事務，請命朝廷。封略以安，職貢無闕。忠亮之節，鑒□□□。趙子愛等皆言，卿倜（倘）〔儻〕有謀，變通無滯，盡力丁氏，乃心闕庭。缺坦，蓋是迫於衆情，事不獲已，且非願爲。聞之嘉歎，想見岷彩。雖缺節，亦何以加？蓋

〔一〕禦侮：原作「御海」，據文意改。《安南國志》卷六作「捍禦」。
〔二〕之下永：原缺，據《安南志略》卷六補。
〔三〕祚來：原缺，據上文及《長編》卷二一補。
〔四〕「云」原作「又」，「爲」原脱，據《安南志略》卷一一改補。
〔五〕位：原缺，據《安南志略》卷一一補。
〔六〕蘭州：原缺，據上文補。
〔七〕張璿責：原缺，據上下文補。
〔八〕「又破」原闕，「人」下原衍一「留」字，據《文獻通考》卷三三〇補刪。
〔九〕「萬計轉運使侯」、「前軍先進」十字原缺，據《文獻通考》卷三三〇補。
〔一〇〕「以」下原衍一「以」字，「劉澄」原作「錢澄」，據《長編》卷二二刪改。
〔一一〕之不進及澄至：原缺，據《文獻通考》卷三三〇補。
〔一二〕「并軍由水」原缺，「至」原脱，據《文獻通考》卷三三〇補。
〔一三〕害轉運許仲宣：原缺，據《文獻通考》卷三三〇補。
〔一四〕等具伏并戮於邕：原缺，據《文獻通考》卷三三〇補。
〔一五〕「闕」下原有一「者」字，據《文獻通考》卷三三〇刪。
〔一六〕遣使貢方物上表以：原缺，參《文獻通考》卷三三〇補。
〔一七〕八年五：原缺，據《長編》卷二四補。
〔一八〕缺文疑是「十」字，謂貢通犀角十五株。
〔一九〕按，此缺一量詞，或是「枚」字。《藝文類聚》卷九一載魏文帝詔稱于闐王上「孔雀尾萬枚」，是也。
〔二〇〕表言去年十月丁：原缺，據《長編》卷二四補。
〔二一〕府事：原缺，據《長編》卷二四補。
〔二二〕并以璿表來：原缺，據《宋史》卷四八八《交阯傳》補。
〔二三〕所缺三字疑是「之民咸」。

欲成卿之美名，故諭今旨。丁氏傳襲三世，保據一方，卿既受其倚毗〔一〕，又爲其心膂，蓋是徇邦人之請，固無負丁氏之心。朕且欲令璿爲統帥之名〔二〕，卿居副貳之任，剸裁制置，悉繫於卿。丁璿長大，有所成立〔三〕，卿之忠讜，輝映古今，朝廷推恩，亦又何悋？若丁璿將材無取〔四〕，童心未悛，然奕世相承，恩浹民庶，又嘗紹襲，屢易炎涼，一旦捨去節鉞〔五〕，降同士伍，事既非便，居亦靡安。詔到，卿宜遣丁璿母子，及其周親〔六〕，盡室歸朝，當□其禮遇。只俟丁璿到闕，便當授卿節旄。凡兹兩途，卿宜審處。其丁璿到京，必示優禮。今遣供奉官張宗權齎詔往彼諭旨，當深悉朕意。」亦賜璿詔書諭旨焉。宗權假（閣）〔閤〕門副使，又命（題）麴仁肇假通事〔舍人〕。是（堯）時桓已專據〔其〕地，卒不聽命。

是月，桓上言：「占城國水陸象、馬數萬來寇，率所部兵擊走之〔七〕，俘斬千計。」

九月，桓又遣使貢金酒器二十缺具，犀角、象牙各二十株。

雍熙二年二月，桓遣進奉使張紹憑、阮伯簪等來貢賀乾明節金龜〔八〕、鶴、銀爐、象牙百株〔九〕、絹萬疋。賜其使衣一襲、銀帶、鞍勒馬等〔一〇〕。

三年九月，遣使牙將司馬常來獻金器一百兩、銀器五百十株犀 24 三十坐〔一一〕。

十月，制：「權知交州三使留後黎桓，可金紫光禄大夫、檢校（大）〔太〕保、使持節都督交州諸軍事、安南都護，充靜海軍節度、交州（內）管內觀察處置等使、上柱國、京兆郡侯，食邑三千户，仍〔賜〕號推誠順化功臣。」桓累遣使求節鎮，遂以授之。命左補闕李若拙充加恩官告國信使，乃假銀青光禄大夫、祕書監〔一二〕；以國子禮記博士李覺爲副〔一三〕，假太中大夫、光禄卿，賜紫金魚袋〔一四〕。

端拱元年四月〔一五〕，黎桓進封開國公、檢校太尉，加食邑千户、實封五百户，命户部郎中魏庠、虞部員外郎直史館李度充官告國信使〔一六〕。

閏五月，黎桓遣使朝貢。

淳化元年正月，制加黎桓特進，食邑一千户，食實封四

〔一〕方卿既：原缺，據《宋史》卷四八八《交阯傳》補。
〔二〕欲令璿：原缺，據《宋史》卷四八八《交阯傳》補。
〔三〕所：原缺，據《宋史》卷四八八《交阯傳》補。
〔四〕將材無：原缺，據《宋史》卷四八八《交阯傳》補。
〔五〕一旦捨去節鉞：原缺，據《宋史》卷四八八《交阯傳》補。
〔六〕及：原作「列」，據《宋史》卷四八八《交阯傳》改。
〔七〕「陸」原作「路」，「馬數萬來寇率」原缺，據《長編》卷二四改補。
〔八〕阮伯簪等：原缺，據《宋史》卷四八八《交阯傳》補。
〔九〕象：原作「犀」，據《安南志略》卷一一改。
〔一〇〕銀帶鞍勒：原缺，據《安南志略》卷一一補。
〔一一〕「銀器」以下當有脱誤。
〔一二〕青光禄大夫祕書：原缺，據宋代官制及《宋史》卷三〇七《李若拙傳》補。
〔一三〕國：原缺，據《長編》卷二七補。
〔一四〕袋：原缺，據宋代官制補。
〔一五〕端拱：原缺，據《宋史》卷四八八《交阯傳》補。
〔一六〕魏庠虞部：原缺，據《宋史》卷四八八《交阯傳》補。

百户」至「十一月猶夾衣揮扇」。同前《宋史》〔一〕。

十月，黎桓遣使都知兵馬使阮伯簪等來貢七寶裝龍鳳椅子一〔二〕、間金裝玳瑁檐十二、紅羅繡龍鳳傘一、間金裝玳瑁柄犀三十株、象牙四十株、絹萬疋、紬布各千疋。

四年二月，制封桓爲交趾郡王。命度支判官國子博士王世則〔三〕、殿中丞御書院祗候李居簡充官告國信使〔四〕，（則順）〔世則〕假銀青光禄大夫〔五〕、光禄卿、上柱國，居簡假銀青光禄大夫、祕書（監）、上柱國。

五年十月，桓遣使費崇德來貢。

至道元年五月，詔劾廣南西路轉運使張觀〔六〕、採訪使陳士隆。坐先奏交州黎桓爲亂兵所殺，丁璿復位事不實〔七〕。 桓性本兇狠，其後恃阻山海，屢爲寇害，漸失藩臣禮〔八〕。至道元年，張觀爲廣南西路轉運使〔九〕，與欽州如洪鎮監押衛昭美上言〔一〇〕：交趾戰船百餘艘寇如洪，略居民〔一一〕，劫廩庾而去〔一二〕。其夏，桓所管蘇茂州又以鄉兵五千寇邕州所管緣山〔一三〕，都巡檢楊文傑擊走之〔一四〕。太宗志在撫寧荒服，欲不問罪。觀又言：「風聞桓爲丁氏斥 25 逐〔一五〕，擁衆人如山海間，失其所據，故以鈔掠自給。今桓已死。」因上表稱賀。詔太常丞陳士隆與高品武元吉偵其事〔一六〕，桓實尚存，而傳聞之誤。未幾，有大賈自交阯回〔一七〕，具言桓如故。遂詔問狀。觀會病卒，士隆等抵罪〔一八〕。

（是夏）〔二年夏〕〔一九〕，命工部員外郎、直史館陳堯叟充廣（南）〔西〕轉運使，因賜黎桓詔書〔二〇〕。堯叟遣攝海康尉李建中齎往。 先是，欽州如洪、咄步、如昔三鎮皆瀕海，交州潮陽鎮民卜文勇等殺人，并家亡命至如昔鎮，鎮將黃令德等匿文勇。桓令潮陽鎮將黃成雅將牒來捕，令德固不遣。用是，海賊連年剽掠〔二一〕。（於）是堯叟至如昔，詰得藏

〔一〕按，《大典》於此條采用省約手法，僅提示此條大段文字與前文所録《宋史》相同。蓋《大典》原文於此卷此門先録有《宋史》之文，故云。此段文字今載《宋史》卷四八八《交阯傳》，可參看。

〔二〕「七」原脱，「龍鳳」下原有空格，「椅」原作「倚」。按《安南志略》卷一一作「七寶裝椅子」，《宋朝事實》卷一二作「龍鳳椅子」，據以補改並删去空格。

〔三〕「判」原缺，「王世則」原作「王則順」，據《安南志略》卷一一補改。王世則曾於淳化元年與宋鎬使交趾，見《宋史》卷四八八《交阯傳》，「王則順」則不見於記載，由此可斷《安南志略》是也。

〔四〕使：原缺，據《安南志略》卷三補。

〔五〕假銀青：原缺，據下文及宋代官制補。

〔六〕南西路轉運使：原缺，據《宋史》卷四八八《交阯傳》補。

〔七〕位事不實：原缺，據《宋史》卷二七六《張觀傳》補。

〔八〕漸：原缺，據《文獻通考》卷三三〇補。

〔九〕南西路：原缺，據《宋史》卷四八八《交阯傳》補。

〔一〇〕「與」原作「其」，「衛」原作「御」，據《文獻通考》卷三三〇改。

〔一一〕居：原缺，據《文獻通考》卷三三〇補。

〔一二〕而：原缺，據《文獻通考》卷三三〇補。

〔一三〕緣山：《文獻通考》卷三三〇、《宋史》卷四八八《交阯傳》同，《安南志略》卷一一作「禄州」。

〔一四〕楊、傑：原缺，據《文獻通考》卷三三〇補。

〔一五〕氏：原作「民」，據《安南志略》卷一一改。

〔一六〕賀詔太常丞陳：原缺，據《宋史》卷四八八《交阯傳》補。

〔一七〕自：原缺，據《宋史》卷四八八《交阯傳》補。

〔一八〕抵罪：原缺，據《宋史》卷四八八《交阯傳》補。

〔一九〕二年夏：原作「是夏」。按《太平治迹統類》卷三，至道二年五月丁巳，以陳堯叟爲廣西轉運使，《宋史》卷四八八《交阯傳》、《安南志略》卷一一亦記此事於二年，據改。

〔二〇〕詔：原缺，據《宋史》卷四八八《交阯傳》補。

〔二一〕剽：原作「標」，據《宋史》卷四八八《交阯傳》改。

匿之由，乃盡擒獲，凡男女老小百三十口，召潮陽鎮吏付之〔一〕。成雅得其人，以狀謝堯叟〔二〕，桓遂上章感恩〔三〕，且言已約溪洞不復騷動矣〔四〕。

七月，遣主客郎中、直昭文館李若拙齎詔書，充國信使，以美玉帶往賜桓〔五〕。初〔六〕，建中至交州，桓待之禮甚薄，因附表起居，且言：「劫如洪乃海賊與外境蠻蜑爾〔七〕。」執蜑人不曉華言者二十七人送轉運使。桓表至，即遣若拙往使。出郊迎，詞氣頗慢，謂〔若〕拙曰：「嚮者劫如洪、送轉運乃外境蠻賊爾，皇帝知否？倘交州構叛，則先廣州，次及閩中諸郡，豈止如洪鎮而已！」若拙從容答曰：「主上聞如洪被寇，始未能辨。然以足下拔自安南牙校，授之節鉞，理合盡忠〔八〕，豈有他志！洎執送海賊，其事甚明。然大臣合議，以爲朝廷比建節帥〔九〕，以寧海表，今既海賊爲亂，乃是交州力不能獨制，宜發精兵數萬，會交州軍捕擊海賊，俾絶後患〔一〇〕。帝慮交州不測朝旨，或至驚駭，不若專委足下，故不復會兵〔一一〕。」桓愕然避席〔一二〕，曰〔一三〕：「海賊犯邊，守臣之罪也。聖人寬貸，恩過父母，未即誅責。自今願恭稟朝化，肅寧漲海。」因北望頓首謝。

三年四月，制加黎桓兼侍中，進封南平王。以登寶位覃恩也。

九月，桓遣都知兵馬使阮紹恭、副使趙懷德來貢金銀七寶裝交椅一、銀盆十、犀角象牙五十株、紬絹布萬疋。詔（曰）以方物薦於萬歲殿之靈座，仍許紹恭等行拜奠之禮。桓又上表自陳：「境接占城，一二年間，鄰部騷動，掠近郊之税户，侵邊鎮之馴良。累發兵航，往彼禦捍，致稽朝貢〔一四〕，深負憲章。」詔優答之，仍賜帶甲細馬。

真宗咸平元年九月，南平王黎桓獻馴象四〔一五〕。

二年十二月，制加黎桓効忠功臣，食邑一千户，實封四百户。

〔四年〕二月〔一六〕，桓遣節度行軍司馬黎 26 紹、副使何慶常以馴犀一、象二、象狦二〔一七〕、七寶裝金鉼一來貢，謝加恩。黎紹、何慶常各進象牙二。優賜之。

五年十一月，制加黎桓保節功臣，食邑一千户，實封四百户。

六年三月，欽州言：「交州効誠場民及頭首八州使黄慶集等〔一八〕，挈其屬四百五十餘口入居州界勇步江烏士

〔一〕鎮：原缺，據《宋史》卷四八八《交阯傳》補。
〔二〕謝：原作「請」，據《宋史》卷四八八《交阯傳》改。
〔三〕上：原作「一」，據《宋史》卷四八八《交阯傳》改。
〔四〕「且」原作「其」，「騷」原缺，據《宋史》卷四八八《交阯傳》改補。
〔五〕「齎」原作「以」，「充」、「使」、「以」、「往賜桓」原脱，據《宋史》卷四八八《交阯傳》改補。
〔六〕初：原缺，據《安南志略》卷一一補。
〔七〕「外境」原作「末竟」，「蠻」原缺，據《文獻通考》卷三三〇改補。
〔八〕盡忠：原作「忠盡」，據《安南志略》卷一一乙。
〔九〕比：原作「以」，據《宋史》卷四八八《交阯傳》改。
〔一〇〕患：原缺，據《安南志略》卷一一補。
〔一一〕復會兵：原缺，據《宋史》卷四八八《交阯傳》補。
〔一二〕桓、席：原缺，據《宋史》卷四八八《交阯傳》補。
〔一三〕曰：原缺，據《宋史》卷四八八《交阯傳》補。
〔一四〕致稽：原缺，據《安南志略》卷一一補。
〔一五〕南平王黎桓獻：原缺，據本書蕃夷七之一三、《群書考索》後集卷六四補。
〔一六〕四年：原脱，據本書蕃夷七之一四、《宋史》卷四八八《交阯傳》補。
〔一七〕象狦二：原脱，據《宋史》卷四八八《交阯傳》補。
〔一八〕誠：原作「城」，據《宋史》卷四八八《交阯傳》改。

村。」詔遣使慰撫之，令還本道。

四月，交州民四百餘户來投欽州，至海岸，本路轉運使即准詔慰諭，遣還本路。

九月，廣南西路轉運使言：「得交州迎候官誥人使黄成雅狀〔一〕：黎桓附奏，自今朝廷加恩使，乞至本道，貴睹王人〔二〕，以光海裔〔三〕。」先是〔四〕，桓每因加恩，以貢奉爲名，過有率歛，故朝廷每有綸命，止令轉運使召疆吏賜之。至是，桓復有是請。

景德元年六月二十三日〔五〕，桓遣其子攝驩州刺史明提來貢，對於崇政殿，且言：「每降恩旨，(又)〔只〕是驛遞至當道。今特遣息男貢獻，望降使慰撫遐俗。」

二十八日〔六〕，以明提爲金紫光禄大夫、檢校太保、驩州刺史、上柱國、京兆縣開國男，食邑三百户。

二年正月，詔：「上元節日，賜交州進奉使黎明提錢，令與占城、大食使觀燈宴飲。」是月，賜黎桓印本《藏經》，令進奉使賫還本道，從其請也。

二月，以工部員外郎邵曄假光禄卿，爲交州安撫國信使。既行，以交州國亂，乃以邵曄爲沿海安撫使〔七〕。

三年三月，詔廣州別賜交州進表使黎明提錢十五萬〔八〕、米一百五十斛〔九〕，續給館券。是年桓卒，立中子龍鉞〔一〇〕。龍鉞兄龍全劫庫財而遁〔一一〕，其弟龍廷又殺龍鉞而自立〔一二〕。龍廷兄明護率扶蘭寨攻戰。明提以國亂不能還〔一三〕，駐廣州，知州高紳罷給館券。真宗聞之，有是命。

六月，知廣州凌策言：「準詔，以交阯兵亂，令與緣 27 海安撫、轉運使邵曄、舒賁同經度便宜以聞。尋至白州，遇廉州部送到交阯歸明頭首黄慶集、黄秀蠻音三人〔一四〕，百姓千餘口，且言：『黎桓既死，諸子争立，各集人馬，散設寨栅，官屬離(柝)〔析〕，人民猜懼。慶集等以不從驅率〔一五〕，戮及親族〔一六〕。今奔走來告，乞量出兵馬，平定交州，慶集等願爲先鋒，克日攻取。』臣等會議，若朝廷允所奏，止乞以廣南諸州屯兵，益以荆湖勁卒三二千人〔一七〕，水陸齊進，立可平定。」帝曰：「桓繼修職貢，亦常遣其子入覲，海隅寧謐，不

〔一〕誥：原缺，據《長編》卷五五補。

〔二〕王：原作「天」，據《長編》卷五五改。

〔三〕裔：原缺，據《長編》卷五五補。

〔四〕先：原作「光」，據《宋史》卷四八八《交阯傳》改。

〔五〕二十三日：《長編》卷五六繫於十一日甲子。

〔六〕按，《長編》卷五六原注：「明提爲正刺史在十月二十八日。」疑此脱「十月」二字。然《安南志略》卷一二云：六月二十七日對於崇政殿，復召見於便殿，即授明提驩州刺史，則似仍爲六月事，今不改。

〔七〕乃以邵曄爲沿海：原缺，據《文獻通考》卷三三〇補。

〔八〕「錢」上原有「筆」字，據《長編》卷六二、《安南志略》卷一二刪。

〔九〕萬米一百五：原缺，據《安南志略》卷一二補。

〔一〇〕鉞：原缺，據《宋史》卷四八八《交阯傳》補。

〔一一〕「龍鉞」原缺「龍」字，「全劫」、「遁」原缺，據《宋史》卷四八八《交阯傳》補。

〔一二〕其弟龍：原缺，據《宋史》卷四八八《交阯傳》補。

〔一三〕「明」原作「門」，「還」原缺，據《宋史》卷四八八《交阯傳》補。

〔一四〕黄秀蠻：《宋史》卷四八八《交阯傳》同，《長編》卷六三作「黄秀巒」。則黄秀蠻(或巒)乃是人名。音三人：當有脱誤。

〔一五〕從：原作「促」，據《宋史》卷四八八《交阯傳》改。

〔一六〕族：原作「卒」，據《宋史》卷四八八《交阯傳》改。

〔一七〕勁卒：原作「□十」，據《長編》卷六三補改。

失忠順。今聞其死，未能吊恤，遽伐其喪，甚無謂也。」乃詔策等依前詔安撫，務令謐静。其黄慶集計口給廩食，時服、閑田。合補充職名者，條列以聞，當優與處分。仍令曄貽書交州，諭以朝廷威德。如自相魚肉，久無定位，偏師問罪，則無遺種矣。明護懼，即奉龍廷主軍事。

七月五日，邵曄上言：「黎龍廷公牒至，自稱静海軍節度觀察處置等使、檢校太尉、開明王，請以八月遣弟入貢。臣以龍廷未受真命，輒有稱呼，不敢回報。」帝以窮荒異俗，不識事體，但詔曄諭令削去僞官，方得入貢。時黎明提尚駐廣州，詔曄以其國事狀及龍廷奏報諭明提，令其自擇去就。願歸，則給人船、館券，賜錢遣之〔一〕。

二十二日，邵曄上邕州至交州水陸路及控制宜州山川四圖，帝以示近臣曰：「交州瘴癘，宜州險絶，若興兵攻取，死傷必多。且祖宗開疆廣大若此，當慎守而已，何必勞民動衆，貪無用之地？如照臨之内，忽有叛亂，則須爲民除害也。」曄又言：「交州首領黄【28】慶集等，先避亂歸化，種族稍多，若復遣之，慮遭屠戮，望就賜恩秩。」乃(受)〔授〕三班借職、柳州監税〔二〕。

四年(三)〔正〕月〔三〕，以工部員外郎邵曄爲兵部員外郎。以安撫交趾事畢，奬之。

七月十一日，權安南静海軍節度觀察留後黎龍廷遣其弟峰州刺史明昶〔四〕、副使安南支使殿中丞黄成雅等來貢〔五〕。龍廷表乞賜九經及佛經一藏，從之。

十七日，制授黎龍廷檢校太尉〔六〕、静海軍節度使、安南都護，封交趾郡王，賜推誠順化功臣，改名至忠〔七〕。又贈故静海軍節度使南平王黎桓中書令，追封南越王，賜布〔八〕、帛、羊、酒，爲之賻禮。舊制，初授交州者，惟加節鉞，未賜爵土。帝以遠俗〔九〕，須朝廷恩命方可鎮服〔一〇〕，特命之〔一一〕。

十八日，以安南進奉使峰州刺史黎明昶爲金紫光禄大夫、檢校司空、使持節峰州諸軍事、峰州刺史、兼御史大夫、上柱國、京兆郡開國男，食邑三百户；副使節度支使黄成雅爲朝散大夫、殿中丞〔一二〕、知安南支使、騎都尉，賜紫金魚袋〔一三〕。□從駕。明昶以兄降制命，求赴崇政殿告謝，乃詔升殿，帝撫問之〔一四〕。

大中祥符元年正月，以天書降，制加至忠翊戴功臣〔一五〕，

〔一〕遣：原作「追」，據《安南志略》卷一一改。
〔二〕柳州：《長編》卷六四作「郴州」。
〔三〕正月：原作「三月」，據《長編》卷六五改。
〔四〕南：原缺，據《長編》卷六六補。
〔五〕黄：原作「光」，據《長編》卷六六改。
〔六〕授：原缺，據《安南志略》卷一一補。
〔七〕忠：原作「心」，據《宋史》卷七《真宗紀》二改。
〔八〕布：原作「介」，據《安南志略》卷一一改。
〔九〕俗：原作「谷」，據《安南志略》卷一一改。
〔一〇〕須：原缺，據《安南志略》卷一一補。
〔一一〕特：原作「時」，據《安南志略》卷一一改。
〔一二〕「成」原作「鉞」，「雅爲朝散大夫殿」原缺，據《安南志略》卷一一改補。
〔一三〕紫金魚袋：原作「金紫魚」，據後文祥符「四年正月」安南使副受賜例乙補。
〔一四〕「告謝」至「問之」：原缺，據《安南志略》卷一一補。
〔一五〕「忠」原作「中」，「翊」原缺，據《安南志略》卷一一改補。

食邑七百户，實封三百户〔一〕。

九月，高州上言：「真臘商賈二人爲交州所逐，迷道至州境，欲配隸本州〔二〕。」帝曰：「遠方之民，窮而來歸，當諭本州給時服、緡錢，遣人伴送境上，放還本國。」

十二月，制授至忠依前檢校太尉、同中書門下平章事、安南都護、交趾郡王，充静海軍節度觀察處置等使，加食邑一千户，食實封四百户，散官、勳如故。

二年五月二十七日，廣（南）〔西〕轉運使上言：「欽州蠻人劫海口蜑户禾米，如洪寨主殿直李文著以輕兵汎小舟襲逐〔三〕，中流 29 矢死。」詔安南捕賊。明年，執狄獠十三人以獻〔四〕。

二十八日，廣（南）〔西〕轉運使何亮言：「交州每移牒緣邊州軍，皆俟奏報及申轉運使司，稽緩致失機事。望自今令逐處詳酌，行訖以聞。」從之。

十二月，至忠又遣推官阮守疆貢馴犀一、犀角二十、象牙四十、金銀器、紋繡等。帝以犀遠至，違性，將還之，慮逆至忠意，令俟使回，縱之海旁。至忠又表求賜甲冑具裝，從之。至忠又詣轉運使，求於邕州互市，帝以瀕海之民數患交州侵寇，仍前止許廉州及如洪寨互市。帝蓋爲邊隅控扼之所，今或直趨内地，事頗非便，詔本路以舊制諭之。

三年二月，廣（南）〔西〕轉運使何亮言：「交州黎至忠苛虐不法，衆心離叛。其卒也，一子才十歲，弟明提、明昶用兵争立，大校李公蘊率土人逐而殺之。公蘊年始二十六〔五〕，至忠最所親任，嘗令以黎爲姓，既而自領州事，稱安南静海軍權留後，且移文言見率方物奉貢，請降制命。」帝曰：「至忠不義而得，公蘊尤而効之，益可惡也。」即詔亮安撫邊民，察視機事以聞。時至忠所遣使猶在京師，帝令以其狀諭之，如欲行服，亦聽。使人聞之，掩泣而已。

（二）〔三〕月〔六〕，制授權静海軍留後李公蘊特進、檢校太傅、安南都護、静海軍節度觀察處置等使、交趾郡王，食邑三千户，食實封一千户，兼御史大夫、上柱國，特賜推誠順化功臣，仍賜襲衣、金銀帶、器幣。

十二月，公蘊遣使節度判官長州刺史梁任文、副使觀察巡官黎再嚴來貢方物，賀親祀汾陰后土，又表乞賜《大藏經》及御劄八體法書〔七〕。從之，仍賜太宗御製〔八〕、御書一百卷軸，及降詔書示諭。

四年正月，30 以安南進奉使梁任文爲朝奉大夫、殿中丞，充安南静海軍節度判官、上騎都尉，賜紫金魚袋；副使黎再嚴爲朝散大夫、大理寺丞，充安南静海軍節度推官、飛

〔一〕七百户實封三百：原缺，據《宋史》卷四八八《交阯傳》補。

〔二〕本州：原缺，據《安南志略》卷一一補。

〔三〕李文著：原作「李文真」，據《長編》卷七一、《文獻通考》卷六一、《宋史》卷四八八《交阯傳》改。

〔四〕狄獠：《長編》卷七一作「狘獠」。人：原作「足」，據《長編》卷七一改。

〔五〕二十六：原作「三十六」，據《長編》卷七三、《宋史》卷四八八《交阯傳》改。

〔六〕三月：原作「二月」，據《長編》卷七三改。

〔七〕體：原作「禮」，據《安南志略》卷一二改。

〔八〕太宗：原作「大梁」，據《長編》卷七四、《宋史》卷四八八《交阯傳》改。

騎尉，賜紫金魚袋。任文等從祀汾陰，禮成，方回本道。

五月，以汾陰恩，制加公蘊同中書門下平章事，食邑一千户，食實封四百户。又以其使梁任文爲國子博士，黎再嚴爲太子中舍人。

五年四月，公蘊遣使進奉使演州刺史李仁美〔一〕、副使□州刺史陶慶文來〔二〕，貢犀角三十株、象牙□株〔三〕、金銀沙羅等〔四〕，對于崇德殿〔五〕。仁美等表乞赴諸寺觀燒香瞻禮，及觀天竺國所進獅子，從之〔六〕，仍命使臣館伴〔七〕。

五月，以安南進奉使李仁美爲檢校□□〔八〕、誠州刺史〔九〕，〔副使〕陶慶文爲朝奉大夫、太常丞。其從隸有道病死者，所給例物附還賜其家〔一〇〕。

十一月，以聖祖降，制加公蘊開府儀同三司，食邑七百户，實封三百户，加翊戴功臣，賜器幣、鞍馬，遣使賫至境上，召公蘊子弟付之。

七年二月，以奉祀〔一一〕，制加公蘊保節守正功臣，食邑一千户，實封四百户。

七月十日，詔："應交趾、占城、大食、闍婆、三佛齊、丹流眉、賓同朧、蒲端諸國遣使進奉〔一二〕，所在差使臣接伴赴闕〔一三〕。郵傳供須，務令豐備。"時交趾入貢，沿路無使臣管勾，且傳舍供給鹵莽〔一四〕，故有是命。

十七日，公蘊上言："鶴柘蠻萬衆於本州界立寨〔一五〕，將圖本道。臣發人騎與戰於芳林州界，賊衆大敗，斬首〔一六〕，生擒主軍楊長惠及蠻黨人馬。"遣節度支使馮振、左都押衙李皋詣闕，貢馬六十疋獻捷。召見崇德殿，賜冠帶、器幣、馬有差。

八月，公蘊遣使知唐州刺史陶碩、副使節度副使吳懷嗣以方物入貢。公蘊 31 又言："往年本國人使因盜用錢物，逃于廉州，煩朝廷差人□□，及于□州居民，恐自後人使往來本處，居民疑慮，不與本綱交易。"且求賜介冑及《大藏經》，從之。

九月，以陶碩爲金紫光禄大夫、檢校司徒、使持節順州

〔一〕李仁美：原缺，據《安南志略》卷一二補。
〔二〕副使□州：原缺，據前後文例補。文：原缺，據《安南志略》卷一四補。
〔三〕象牙□株：原缺，按《安南志略》卷一二載此次進貢有犀角、有象牙，此處當脱象牙若干株，因補。
〔四〕金銀沙：原缺，據《安南志略》卷一二補（「沙羅」，四庫本《安南志略》作「紗羅」，誤。紗羅乃絲織品，不應反由交趾入貢。沙羅又寫作「沙鑼」、「廝鑼」，打擊樂器，又用爲盥洗器，貴重者以金銀爲之，安南入貢常有之，見本書蕃夷七）。
〔五〕殿：原缺，據《安南志略》卷一二補。
〔六〕「仁美」原缺，「寺觀」至「進獅子從」十六字原缺，據《安南志略》卷一二補。
〔七〕伴：原缺，據《安南志略》卷一二補。
〔八〕仁：原缺，據《宋史》卷四八八《交阯傳》補。
〔九〕誠州刺史：原缺，據《宋史》卷四八八《交阯傳》補。
〔一〇〕其家：原缺，據《宋史》卷四八八《交阯傳》補。
〔一一〕祀：原作「使」，據《安南志略》卷一二改。按，奉祀指奉祀天書。
〔一二〕進：原缺，據《安南志略》卷一二補。
〔一三〕所：原缺，據《安南志略》卷一二補。
〔一四〕傳：原缺，據《安南志略》卷一二補。
〔一五〕萬衆：《安南志略》卷一二作「三萬衆」。
〔一六〕「斬首」下，《長編》卷八三有「數萬」二字。

諸軍事、順州刺史、兼御史大夫、上柱國，充安南静海軍節度行軍司馬，仍封德化縣開國男，食邑三百户；吳懷嗣爲銀青光禄大夫、檢校司空〔一〕、使持節澄州諸軍事、澄州刺史、兼御史大夫、上柱國，充安南静海軍節度副使，仍封京兆縣開國男，食邑三百户。

十五日，廣南西路轉運使言：「交趾賊泊如洪寨江口，已戒邕、賓州巡檢使臣防護邊境。」詔止於界上設備〔二〕，無或生事。

十二月，廣（南）〔西〕轉運使高惠連言：「交州寇欽州及如洪寨，鈔人畜甚衆〔三〕。」詔惠連移牒交州，追索之。先是，交州狄獠張婆看避罪來奔，知欽州穆重穎召之〔四〕，至中路復拒焉。都巡檢臧嗣遂令如洪寨犒以牛酒〔五〕。交州覘知其事〔六〕，因捕狄獠，故來寇鈔。因詔諸州自今不得誘召蠻獠及行宴犒，以致生事。

天禧元年二月，以上聖號禮畢，進封公蘊爲南平王，加食邑千户、實封四百户。

二年五月，賜公蘊《道藏經》，從其請也。

三年八月，公蘊遣弟鶴來貢犀角、象齒洎方物。

十二月，制加公蘊檢校太尉，食邑千户，實封四百户。

仁宗乾興元年已即位，未改元。四月，制加公蘊檢校太師。公蘊遣進奉使長州刺史李寬泰〔七〕、都護副使阮守疆來貢方物。

七月，三司言：「交州進奉使李寬泰等各進貢方物白鑞、紫礦、玳瑁、瓶香等，買人計價錢千六百八十二貫。」詔回賜錢二千貫，以優其直，示懷遠也。又廣州納乾桂心皮五千三百斤，價錢千七百貫文，[32]詔依估價回賜。

天聖二年十二月，制加公蘊食邑一千户，實封四百户，仍賜忠亮功臣。

五年十二月，制加公蘊食邑千户，實封四百户，及賜宣德功臣。

六年三月，三司言：作坊物料庫估交州進奉人使納賣香藥價錢三千六十貫。詔回賜錢四千貫。

五月，廣南西路轉運司言：「交州李公蘊令男、弟領衆，使壻申承貴爲鄉導，入省地打劫，累行根逐，並不放還人口，慮久遠終爲邊患。今量添差本城教閲兵士，與都同巡檢使臣部領會合，照應諸溪洞壯丁，以取索劫去人口爲名，接便去除惡黨。」宣下本路更切勘會，申承貴若委實拒抗，占留劫去人口，不便送還，即與邕州同共體量，如須合剪除，收取劫去人口，仰預先探候，蠻人不作枝梧，即依所奏施行〔八〕。

〔一〕檢校：原缺，據宋代官制補。
〔二〕設備：原缺，據《長編》卷八三補。
〔三〕鈔人：原缺，據《安南志略》卷一二補。
〔四〕奔、知：原缺，據《宋史》卷四八八《交阯傳》補。
〔五〕牛酒：原作「牢□」，據《宋史》卷四八八《交阯傳》改補。
〔六〕交州：原缺，據《宋史》卷四八八《交阯傳》補。
〔七〕使：原脱，據下文補。
〔八〕依：原作「候」，據《安南志略》卷一二改。

六月，廣南西路轉運司言：「探候得交州李公蘊卒，長子開天權留後事，開天弟開國亦蓄兵甲，勢必争立。乞於邕、欽、廣三郡稍益兵民，以備非常。」詔本司暫勾桂、宜等州巡檢都監張斌領所部兵士就近防扼〔一〕，候彼郡寧靜，即依舊。

七年四月，安南静海軍權知留後事李德政言：「臣父公蘊以六年三月三日薨，闔管參佐、將士〔二〕、耆壽請臣權領州鎮，見遣使入貢次。」詔遣廣南西路轉運使章頻爲弔贈使〔三〕，贈公蘊侍中，追封南越王。尋授德政官如（公）蘊，初命惟加檢校太尉。

慶曆五年十二月，詔廣南東西路轉運司募人入交阯，以刺點兵事宜，如得實，即優賞之。

六年三[33]月，帝謂輔臣曰：「如聞交州李德政近舉兵占城，慮漸畜姦謀〔四〕，爲五嶺患，宜下廣西轉運司預經制以聞。」於是樞密院檢自唐以來通交阯水陸道路凡一十六處〔五〕，令轉運使杜杞密遣人行視要害之處，置兵戍而備禦之。

十一月二十五日，交阯李德政遣其陪臣獻馴象，適在館，未及朝見。帝既獵，亦召令扈從，仍賜以紫袍、塗金帶。每野次置酒勞從官，仍許預坐。翌日，賈昌朝等奏事，帝因曰：「交阯使人昨日特令召見，所以示來遠之意也。」

皇祐二年四月〔六〕，廣南西路轉運司言：「交阯發兵捕廣源州賊儂智高，其衆皆遁伏山林。」詔本路嚴備之。

四年十二月，知桂州余靖言：「交阯今歲當入貢，屬儂智高叛，道阻不通，累移文乞會兵討賊，而朝廷久未報。觀其要約甚誠，（令）〔今〕許令助討除，縱未能盡滅其黨，亦可使益相離貳。已於邕、欽州備萬人糧以待之。」詔安南静海軍給緡錢二萬，令起兵，候賊平，更以三萬緡賞之。續詔廣南西路轉運司：「比交阯李德政上表，願發兵助討儂智高，緣已遣宣撫使狄青行，令移文止之。」後賊平，特賜德政器幣。

至和二年十一月，安南道李日尊遣人告其父南平王德政卒〔七〕，仍進奉遺留物及獻馴象十。詔賜絹、布各五百匹，羊五十口，麵五十碩，酒五十缾，乃贈德政爲侍中、南越王。德政，公蘊子也。天聖六年六月，公蘊死，自稱權知留後事。七年四月來告哀，乃命押交州進奉使桂州中軍使毛仙、蔣琦見，各賜紫官絁衫子，絹汗衫、絹夾袴，四兩白成銀腰帶，絹二疋，錢二千，幞頭，絲鞾；交州進奉使供備庫使吳遷[34]益賜衣一對、一十五兩渾鍍銀腰帶、衣着十三（足）〔疋〕、銀器三十兩、幞頭、鞾、笏、鞍轡馬；交州進奉監綱李紹育賜紫羅窄夾四褑、絹五疋、錢五千；書狀官費文貴賜紫羅窄夾四褑、絹五疋、錢五千；孔目官陳元吉、防援官行首杜廷資、都衙杜義常、押衙吳餘慶各賜紫羅窄夾四褑、絹三疋、錢五

〔一〕「等州」原倒，「扼」原作「把」，據《長編》卷一〇六乙改。
〔二〕士：原作「仕」，據《安南志略》卷一二改。
〔三〕章頻：原作「張頻」，據《安南志略》卷一二、《長編》卷一一〇改。
〔四〕姦：原缺，據《長編》卷一五八補。
〔五〕凡：原作「自」，據《長編》卷一五八改。
〔六〕按，《長編》卷一六八繫於五月戊申。
〔七〕尊：原作「遵」，據後文改。

千，通引官行首萬言張、通引官石延貴、知客陳利習、李全淑、衙官行首李智成，各賜紫官絁窄夾四襖；看象公人范承掣已下一十人，各賜袴、紫官絁窄夾四〔襖〕。

嘉祐三年六月，交阯貢麒麟。詔止稱異獸以答之。初，本國稱貢麒麟，狀如水牛，身被肉甲，鼻端有角，食生芻果瓜，必先以杖擊其角然後食〔一〕。至，而樞密使田況以爲非麒麟，但稱異獸，以報其國，使殊俗無能我欺也。

五年七月，廣南西路經略司言，交阯與甲峒夷人寇邊〔二〕。詔知桂州蕭固赴邕州，與轉運使宋咸、提點刑獄李師中同議掩擊之。

七年正月，交阯郡王李日尊上表言：「嘉祐五年，管下甲峒襲逐逃户，以致騷動省界。及得安撫使余靖牒，其首領五人率道已行處置。方遣人入謝，續得占城國報，余靖與廣南西路兵甲起占城國兵同入本道。今特馳告闕庭。」詔兩路經略司未得輒舉兵，且聽交阯貢奉至京師。

八年正月八日，交阯貢馴象九。

治平三年四月十七日，詔：「交阯郡王李日尊差人進奉到闕，所有國信依嘉祐四年進奉例支賜。」

神宗治平四年已即位，未改元。正月，賜交阯郡王李日尊衣一對，金腰帶一條，銀匣盛銀器二百兩，絹三百疋，馬二疋，金鍍銀鞍轡一副，纓、複全〔三〕。

十二月，知桂州張田言：「訪聞知廣源州劉紀雖臣屬李日尊，然聞與盧豹有隙，乃儂智高之殘黨，見在廣源州，日夕陰相圖害，今有意歸明。如來投省地，欲乞斬豹，持首與交人。」樞密院言：「盧 35 豹既是智高殘黨，今爲劉紀不容，窮逼來投，自合誅戮，不須更送首級與交阯。況朝廷無送俘馘與外夷之禮。其劉紀若委州來歸，勢當且受，然不須招納。緣紀來，即廣源自當別有首領，未必可保其心。若紀有向漢之心，不若因而撫存。」從之。

神宗熙寧元年十一月二十六日，交阯郡王李日尊上表，以進奉綱運爲廣南、江南州軍將公事覊縷，人從艱阻道途，及稱綱官魏仲和放縱隨行人騷擾州縣，多重科受配訖。乞指揮水陸二路州軍依舊例接待綱運，貴免邀難住滯事。詔日尊所言進奉綱運司從便於水陸路前來赴闕，及指揮各處經過州軍依久例接待。仍仰本道嚴切約束，不得輒有違越。

二年二月八日，南平王李日尊上表：「占城國久闕貢奉，臣親率兵討之，虜占城王。」降詔答之。

九月一日，詔交州進奉使崇儀副使郭士安特除六宅副使，東頭供奉官陶宗元授内殿崇班。以初朝貢，特推恩也。

三年十二月十六日，廣南西路經略司言：「交阯使人李繼元上京進奉，今其兵丁劫掠省地。乞候送還所劫人口等，乃許進奉。」詔：如交阯差人進奉到來，依例引伴赴闕。

〔一〕其角：原作「羊」，據范鎮《東齋紀事》卷一、《宋史》卷六六《五行志》一九改。
〔二〕甲峒：原作「申峒」，據《長編》卷一九二改。下同。
〔三〕全：原無，據本書禮六二之六二、兵二四之二補。

四年十月八日，制：推誠保節同德守正順化翊戴功臣、静海軍節度觀察處置等使、開府儀同三司、檢校太尉、同中書門下平章事、安南都護、上柱國、南平王、食邑一萬户、食〔實〕封三千八百户李日尊，加食邑一千户、(實食)〔食實〕封四百户，仍賜 36 推誠忠亮保節同德守正順化翊戴功臣。

五年三月十四日，交阯李日尊卒，廣西經略司以聞。以廣西轉運使康衛爲弔贈使。

六年四月，制以交阯李乾德爲静海軍節度觀察處置等使、安南都護、交阯郡王，仍賜衣帶、銀器。交州進奉李懷素加西京左藏庫副使，段延壽加内殿崇班，並從舊制。

八年十二月五日，廣南西路經略司言：「交阯以舟師駐湖陽鎮，謀以兩路入寇欽、廉州。」一本云多此。

二十一日，以交阯入寇，攻陷郡縣，殺傷吏民，詔廣南西路經略司嚴爲守禦之備〔一〕。置安南路經略司，預經制其事，將討蕩其巢穴也。

九年二月二日，以知太原府、宣徽南院使郭逵爲安南道行營馬步軍都總管、本道經略招討使，知延州趙禼副之，龍神衛四廂都指揮使燕達爲副總管。

十年二月二十五日，安南道經略招討使郭逵等奏：「王師以去年十二月十一日舉兵出界討伐，是日破大里隘，各路賊黨望風逃潰。二十一日抵富良江，未至交州三十里，賊以精兵乘舡逆戰，我師奮擊，大破之，斬僞大將洪真太子，其餘驅擁入江，溺死不知其數。乾德上表乞修貢如初。遂收復廣源、門、蘇茂、思琅等州，先後降賊將劉應紀共一百九十人，飛捷以聞。」宰臣吴充等詣(閣)〔閤〕門拜表賀。

同日，賜交阯郡王李乾德詔曰：「省所上表：『念臣年幼，詔追迴宣撫招討〔二〕，休散兵馬。願依舊入貢，并奏謝過尤，不復更敢侵犯省地。』事具悉。卿撫有南 37 交，世受王爵，而乃背德奸命，竊發邊疆。臨遣師干，龔行天討，兵薄城邑，迺始自歸。朕惟卿方在稚年，政非己出，侵犯州郡，豈其本謀。引咎抗章，辭迫意切，已勑將吏，開爾自新。務刷往愆，祗順王命，保安厥服，豈不善歟！可從所請，自今依舊入貢〔三〕。所有克復州縣，已令安撫司各遣人畫定疆界，無輒侵犯。昨虜略省地人口，可並送還。夫順命者膺長福，負固者多後虞〔四〕。勉思所從，以保寵禄。」

元豐元年正月九日，交阯郡王李乾德上表言：「伏蒙賜詔，從臣所請，自今復貢職，已令安撫司各差人畫定疆界，毋得輒侵犯。臣已奉詔，遣人獻方物，乞賜還廣源、桄榔等州縣。」詔：候進奉人到闕，别降疆事處分。

閏正月二十二日，廣南西路轉運司言：「昨退交人表，

〔一〕西：原脱，據《玉海》卷一九三上補。
〔二〕追：原脱，據《宋大詔令集》卷二三八補。
〔三〕舊：原脱，據《宋大詔令集》卷二三八補。
〔四〕固：原作「國」，據《宋大詔令集》卷二三八改。

以犯廟諱及送還人口、發使入貢三事。今交人並已悛改，經略司幹當公事楊元卿未肯收接，恐致猜阻。」詔元卿等速受表附遞以聞，入貢使人發遣赴闕。其畫定疆界、送還人口，別聽處分。

三月二十五日，西京左藏庫副使、前安南道行營戰棹都監楊從先言：「昨在交阯東涇港口，久不聞大兵消息，遂差効用樊寔等往占城、交阯兩界刺事，(乃)〔及〕諭占城無援交阯，恐交賊遁逃，令以兵把截。今據寔等狀稱：『占城遣蕃兵七千，扼交賊要路，得其國主木葉蕃書回牒，見在潭州制院〔一〕。』乞取索看詳，優獎之，所貴風勸外夷。」詔湖南轉運判官趙(楊)〔揚〕繳進蕃書牒本，其樊寔等 38 仍發遣赴闕。

五月二十五日，上批：「交人進奉赴闕，緣今來入寇之後〔二〕，理當羈防，其沿路及到闕出入，當差人監視等事，可下廣南西路經略司及在京押伴所速具以聞〔三〕。內沿路事有奏稟不及，委經略司一面施行〔四〕。」

六月三日，荆湖北路轉運司言：「交人進奉赴闕，慮雇人夫不足，乞優估雇錢差借。」從之。自今經歷路分，並准此。

九月二日，交阯貢方物。

十二日，詔：「交阯郡王李乾德：省所上表，乞還廣源州、門州、蘇茂州、桄榔縣等處。但以邕、欽、廉三州無辜之民遷劫遐陬〔五〕，久失鄉井，宜盡送廣南西路經略司交割。俟人口歸復省地，其廣源、思琅等處兵甲，當議追還〔六〕，復隸交州管屬。所稱爲首亂首領，願押就界首斷遣，以謝朝廷〔七〕，可如來請〔八〕。」

同日，詔新差廣南西路經略安撫使、兼知桂州曾布至桂州交割州事管勾〔九〕，令趙卨依舊充經略安撫使〔一〇〕。以樞密院言「安南邊事垂畢，須令趙卨首末專一措置」故也〔一一〕。

十六日，詔：「交阯與占城爲仇國，其起居及內燕聽回避，如願赴燕〔一二〕，亦聽。交人與占城使遇朔並赴文德殿，分東、西立；望日交州使、副入垂拱，而占城赴紫宸殿起居；大燕，交人坐東朵殿上，占城坐西廡。」時占城使、副乞避交人，客省以聞故也。

二年十月四日，詔：「內殿承制、賓州駐泊都監劉洪安徙潭州，不簽書公事，賜田三頃。」洪安自交阯來降，廣西經

〔一〕制：原作「刺」，據《長編》卷二八八改。
〔二〕來：原作「年」，據《長編》卷二八九改。
〔三〕「可」下原有一「不」字，據《長編》卷二八九刪。
〔四〕委：原作「在」，據《長編》卷二八九改。
〔五〕州：原作「縣」，據《宋大詔令集》卷二三八改。
〔六〕追還：原作「邊」，據《宋大詔令集》卷二三八改。
〔七〕以謝：原作「何以對」，據《宋大詔令集》卷二三八刪改。
〔八〕來請：原缺，據《宋大詔令集》卷二三八補。
〔九〕勾：原缺，據《長編》卷二九二補。
〔一〇〕「令」原缺，「依」原作「作」，據《長編》卷二九二補改。
〔一一〕「末」原作「未」，「專一」原缺，據《長編》卷二九二改補。
〔一二〕赴：原作「趙」，據《長編》卷二九二改。

略司乞徙官湖南也。

十三日，廣南西路經略司言：「交阯歸所略二百39二十一人。」詔納之，廢順州，以其地畀交阯〔一〕。初，郭逵伐交阯，首下廣源州、思琅州等，詔以廣源州爲順州，置官吏，發兵戍守。元豐元年秋，李乾德遣使人入貢，且以廣源等州爲請。詔能歸所略邕、欽、廉三州人口，當還其地。至是，以其地與之。然廣源州舊隸邕管羈縻，本非交阯有也。

三年閏九月九日〔二〕，詔靜海軍節度使、安南都護、交阯郡王李乾德以明堂禮成，加食邑、實封。

四年六月二十七日，交阯郡王李乾德上表言：「昨遣使人陶宗元等朝貢，爲廣州禁制，窒塞綱運，不同向時。今遣禮賓副使梁用律、著作郎阮文陪等水路入貢，乞降朝旨，依舊進奉。」詔廣州悉準舊例，毋得邀阻。差入內使臣一員押伴〔三〕，仍先降詔諭之。

七月二十五日，廣南東路轉運司言：「西路關報交人入貢，乞令自荆湖路。」詔：「交人如欲水路赴闕，令廣南西〔路〕經略司指揮，須依舊行水道，毋（行）〔得〕創改。」

八月十六日，廣西經略司言：「交阯入貢百五十六人，比舊制增五十六人〔四〕。」上批：「宜令據今已到人數赴闕，今後准此〔五〕。」

〔十二月十八日〕〔六〕，詔廣西經略司指揮，自今有賜安南詔命，令欽州關報本道，候遣人至界首迎接〔七〕，乃得付之〔八〕。

五年六月二十二日，交阯郡王李乾德獻犀角〔九〕、象齒各五十，又言：「廣源州管下古旦峒首領儂勇及本峒民户叛入邕州，累牒邕州，不爲施行〔一〇〕。」詔：「儂勇元非交阯所管，歸明在交阯未納降以前，自是省户，理難給還〔一一〕。」是歲〔一二〕，（德乾）〔乾德〕再以儂勇爲請，詔復拒之。

同日，廣南西路轉運副使吳潛言：「昨聞交州累來取索右江户口，臣與諳知安南事人測度蠻情，皆言三五年間必爲邊患。乞訓練廣西土丁，戒勑40邊備。」詔吳潛條析措置以聞〔一三〕。

八月，詔賜交阯郡王李乾德釋典一大藏，所有示諭詔書，〔鈔〕寫進納。

六年六月四日，廣南西路經略使熊本言：「已差提舉左

〔一〕畀：原作「界」，據《長編》卷三〇〇改。
〔二〕閏：原作「門」，據《長編》卷三〇九改。
〔三〕入：原作「人」，據《長編》卷三一三改。
〔四〕人，比：原缺，據《長編》卷三一五補。
〔五〕准此：原缺，據《長編》卷三一五補。
〔六〕十二月十八日：原缺，據《長編》卷三二一補。
〔七〕「關報」至「遣人」：原缺，據《長編》卷三二一補。
〔八〕付：原缺，據《長編》卷三二一補。
〔九〕角：原缺，據《長編》卷三二七補。
〔一〇〕州，不：原缺，據《長編》卷三二七補。
〔一一〕還：原脱，據《長編》卷三二七補。
〔一二〕歲：原脱。按，《長編》卷三二七於此條下注云：「儂勇事又見九月十五日，今削去。」此當是本年九月十五日李乾德又以儂勇爲請也，則「是」下脱「歲」字，今補。
〔一三〕析：原作「折」，據《長編》卷三二七改。

江都巡檢、供奉官〔一〕、〔閣〕〔閤〕門祗候成卓等至永平寨，約安南定地界，依詔以計議辨正疆至所爲名〔二〕。」從之。

九月三日，廣西經略司言〔三〕：「幹辦公事譚掞言：『陶宗元等稱，廣源州尺寸之地〔四〕，難議分畫。欲自作章奏，以朝旨決可否。』宗元既不聽命，見已回安南。」詔熊本指揮計議官，如與陶宗元等計議，仰詳朝廷降去文字，執持理道，折難商量，毋得留連督迫，以啓蠻人輕侮之意。（以上《永樂大典》卷一〇一二二）

41〔元符〕二年五月二十六日〔五〕，交州南平王李乾德言，乞釋典一大藏。詔印經院印造賜之。

徽宗大觀元年十月八日，詔静海軍節度觀察處置等使、開府儀同三司、檢校太師、同中書門下平章事、安南都護、上柱國、南平王李乾德加食邑一千户、食實封四百户，仍賜推誠佐運保節忠亮同德崇仁宣力守正順化懷恭贊治翊戴功臣，勳、封如故。

閏十月十日，詔：「交阯進奉人乞市書籍，法雖不許，嘉其慕義，可除禁書、卜筮、陰陽、曆筭、術數、兵書、勑令、時務、邊機、地〔里〕〔理〕外，許買。」

政和元年五月四日，交州遣使入貢。

五年三月十五日，詔：「遠人來王，拊存宜厚。比聞交州入貢，邕管遵用新禮，致陶信厚等不肯就位。可取會自邕至南京舊儀，詳定以聞。」

十一月九日，詔：「今後交州進奉人經過州軍，知州更不復禮。」

八年十月七日，詔：「燕瑛乞委官措置交阯和市，稍寬其禁，以昭仁不異遠之意。交人自熙寧以來，全不生事，良用嘉尚，可依所奏，差燕瑛兼廣西轉運副使，同王蕃措置〔六〕，通其交易，務得其心，毋或阻抑，速具聞奏。燕瑛候了日罷。仍先諭交人知委，不得別致驚疑。」

宣和元年十二月九日，制以南平王李乾德爲檢校太師、守司空、同中書門下平章事、安南都護、充静海軍節度觀察處置等使、南平王。

中興光堯皇帝建炎元年十月三十日，詔令廣南西路經略安撫42司約束沿邊州軍，不得停受安南逃户。如違，重寘典憲。仍令本路監司常切覺察。以交阯郡王李乾德上表稱：「本道邊民作不義，走入省地居住不少，被省地官典藏隱，詐稱無有。乞指揮戒約。」故有是命。

四年十二月二日，廣南西路經略安撫司言：「安南都護府牒：見備方物綱運，取令秋上京進奉。」詔令本司婉順

〔一〕巡檢、供：原缺，據《長編》卷三三五補。
〔二〕「正疆」原缺，「名」原作「各」，據《長編》卷三三五補改。
〔三〕西：原作「南」，據《長編》卷三三九改。
〔四〕自「尺寸」至本條末，原缺，且所缺或不止本條。因《長編》卷三三九所載與本條前面文字相連，據以補足，其它則不敢妄增。
〔五〕元符：原無，據《長編》卷五一〇補。
〔六〕同：原脱，據《宋史》卷一八六《互市舶法》補。

說諭，爲邊事未寧，免使人到闕。所進方物，除華靡之物更不受，餘令界首交割，差人押赴行在。回賜令本路轉運、提刑司於應管錢內取撥，依自來體例計價，優與回賜。仍具方物名件并章表入急遞投進，候到，令學士院降勑書回答。

紹興二年三月八日，制：「推誠佐運保節忠亮同德崇仁宣力守正順化懷恭贊治安信謹度承命濟美建勳率義敦禮(揭)[揚]休翊戴功臣、静海[軍]節度觀察處置等使、開府儀同三司、檢校太師、守司空、同中書門下平章事、安南都護、上柱國、南平王、食邑二萬伍千户、食實封九千八百户、贈侍中、追封南越王李乾德男陽煥，可特授静海軍節度觀察處置等使、特進、檢校太尉，兼御(使)[史]大夫、安南都護、上柱國，進封交阯郡王，食邑三千户，食實封一千户，特賜推誠順化功臣。」以乾德死，陽煥承襲，故有是命。

五年閏二月一日，制加陽煥保節功臣，食邑一千户，食實封四百户。

八年三月二日，詔：「安南進奉，令廣西經略安撫司說諭，免使人到闕。所有綱運，除華靡之物更不收受，餘令界首交割，差人押赴行在。回賜令本路轉運、提刑司於應管錢內43取撥，依例回賜。差本路轉運副使朱芾充吊祭使，賜絹、布各五百匹，羊五十口，麵伍十碩，酒五十瓶，紙五十束，冥錢五十辮，冥綵五十束，冥金銀五十鋌，並令轉運司應副。所進綱運名件并章表，入急遞投進，候到，令學士院降勑書，諭其子天祚。」以廣西經略安撫司言：「交阯郡王李陽煥死，男天祚承襲，以陽煥遺表、綱運遣使上京進奉。」故有是命。

六日，制賜贈陽煥開府儀同三司，追封南平王。

十四日，制：「交阯郡王李陽煥男天祚，可特授静海軍節度觀察處置等使、特進、檢校太尉，兼御史大夫、安南都護、上柱國，特封交阯郡王，食邑三千户，食實封一千户，仍賜推誠順化功臣。」

九年六月二十七日，廣西經略安撫司言：「探得李乾德有妾生一子，奔入大理國寄養，改姓趙，名智之，自號平王〔一〕。知陽煥死，天祚爲郡王，大理國遣還，見在安南龍令州駐劄，要與天祚交割王位，天祚領兵戰敵。又探得趙智之差人賫金五十兩、象一頭，稱欲進奉借兵。本司已密令沿邊溪洞首領，如有文字到，即婉順說諭約回。及探知安南州郡盡降智之，惟蠻人不伏，相敵勢力不及，情願歸明。」朝廷已行下逐處不得接納，選壯丁差土官管押前去把隘外，詔令廣西帥司措置隄備，及行下沿邊州軍多方婉順說諭約回，不得接納，引惹生事。

十年十月十二日，制加天祚崇義功臣，仍加食邑一千户、食實封四百户。

十三年正月十九日，制加天祚懷忠(切)[功]臣，仍加食邑、食44實封。

〔一〕平王：《宋史》卷四八八《交阯傳》同。《文獻通考》卷三三〇作「南平王」，似是。

十四年六月八日，廣南西路安撫使司言：「欽州申：『繳到安南静海軍牒，今兵戈已息，乞進奉詣行在所稱賀。』本司契勘：安南進奉，昨蒙朝廷指揮，免人使到闕；其所貢方物，只就界首交割，令本路轉運、提刑司應付回賜。」詔依所例施行，優與回答。

十月八日，制加天祚保信功臣，仍加食邑、食實封。

十七年九月十八日，廣南西路經略安撫司言：「承安南静海軍牒，欲差正、副使等部押章表、方物詣行在所稱賀。」詔令本路經略司依紹興十四年已降指揮，仍優與回答。

十一月二十五日，詔加天祚嚮德功臣，仍加食邑、食實封。

十二月二十六日，宰執言：「交阯郡王李天祚大禮加恩，例賜鞍馬等。」上宣諭曰：「給賜外國鞍韉，以示懷遠之意，可令文思院如法製造。」

二十年二月二十九日，交阯貢馴象十。

二十一年二月一日，制加天祚安遠功臣，仍加食邑、食實封。

二十五年六月九日，禮部言：「安南遣使進奉，許令赴闕。今檢會典故，驛舍以懷遠驛爲名；回賜例物，檢定名件、數目宣賜。押伴官二員，乞令客省預申朝廷差官；所進方物、表章，關翰苑降詔回答；進奉物色，計價回賜；其人使在驛，遇大禮陪位、稱賀，并車駕行幸，四方館差承受引押起居。」從之。

七月二十八日，制加天祚食邑、食實封，進封南平王，以進貢加恩也。同日，詔賜天祚衣一襲六件，金花銀器二百兩，御仙花金腰帶一條，銀匣盛。衣着二百匹，鞍45轡一副，令吏部差使臣一員管押前去廣西經略司交割；并馬二疋，下經略司應副。以禮、兵部言：「天祚進封南平王，依舊例合賜。」故有是命。

八月二十三日，禮部言：「檢會元豐六年于闐國進奉人使赴闕，詔於起發前一日就驛賜御筵。今來交阯入貢，欲依上件體例，於起發前一日就驛賜御筵。」從之。

二十六年二月二十六日，尚書省言：「將來安南入貢，使、副所至州軍館舍、飲食，昨占城經過州軍雖有體例，其安南理宜優厚。」詔令沿路帥、漕司行下經由州軍，照條例優厚排辦應副，仍委知、通點檢，務令整肅。

三月二十七日，詔：「安南賀昇平綱、常貢綱，每綱各許五十人到闕。其朝見支賜件數：內使、副〔一〕，韡改作履，一十五兩銀腰帶改賜金，衣着五十匹，銀器三十兩，鞍轡令造銀間鍍簇三銀作子；監綱，絹一十匹，內錢五千改作銀器五兩，並依占城判官例賜一十兩金花銀腰帶，絹寬汗衫、小綾夾襪頭袴、幞頭、絲鞋；孔目官、防援官行首、都

〔一〕副：原無，據文意補。下文朝辭支賜例亦云「使、副」可證。

銜、常押銜，各絹七匹，内錢二千改作銀器五兩〔一〕，絹汗衫、絹勒帛、絹夾襪頭袴、幞頭、麻鞋；通引官行首、通引官、知客、銜官行首、看詳公人，各特賜絹汗衫、絹勒帛、絹夾襪頭袴、幞頭、麻鞋、絹五匹。其使、副朝辭，並依占城使、副已賜例；監綱、書狀官，並依孔目官例；防援官行首、都銜、常押銜，並依防援官例；其通引官行首、通引官、知客、銜官行首、看詳公人，各特賜銀五兩、絹三匹。」

四月十三日，尚書省言：「交阯入[46]貢，在法合差夫馬。竊慮州縣因緣爲姦，却致搔擾。」詔令經過州縣據實報夫馬之數，每夫日支雇錢一百文，於係省錢内支給。仍令逐路帥臣、監司覺察，如有違戾，按劾聞奏。

六月三日，户、兵部言：「將來安南人使到闕，其國王封爵，使副加恩，并回答禮物外，别有賜予等事。檢准天禧三年交阯李公蘊貢方物，加公蘊檢校太尉，食邑一千户，食實封四百户；乾興元年又貢方物，加公蘊檢校太師。今來李天祚見係推誠順化崇義懷忠保信嚮德安遠承和功臣、静海軍節度觀察處置等使、特進、檢校太尉、兼御史大夫、安南都護、上柱國、南平王，食邑一萬户，食實封三千八百户，合依公蘊典故，加檢校太師，食邑一千户，食實封四百户，更加功臣二字。其合行給賜禮物：紫羅夾公服，熟白小綾勒帛，大綾夾袴，紅羅繡地夾抱肚，三襜，金花銀二百兩，御仙花金腰帶一條，重二十五兩，五十兩銀匣盛。衣着二百匹，鞍轡一副，馬二疋。其使、副加恩，依熙寧十年典故，各轉一官。并進奉物色，候見數計價回答。」詔並依，給賜禮〔物〕令有司製造。

七月二日，詔加天祚食邑一千户、食實封四百户，仍加秉禮功臣〔二〕。

同日，尚書省言：「交阯進奉人見、辭例物：朝見，十五兩金帶一條，衣着五十匹，銀器三十兩；朝辭，銀器五十兩，衣着三十匹。今來遣使進貢賀昇平，與常貢事體不同，兼止有正使一員，見、辭例物理宜分别。」詔朝見金帶增作[47]二十兩，銀器增作五十兩，(依)〔衣〕着依舊；朝辭衣着增作五十匹，銀器依舊。

八月十一日，詔安南進奉人使到闕，除令賜燕設外，可更於玉津園特賜一燕，差右司郎中汪應辰借左朝奉大夫紫章服充押燕官。

二十一日，交阯國王李天祚遣太平州刺史李國以、右武大夫李義、武翼郎郭應五，進貢金器一千一百三十六兩、真珠百顆、沉香等一千斤、翠毛五百隻、盤龍等雜物、綾絹五十匹、馬十、馴象九，賀昇平。

二十六日，制加天祚檢校太師，仍加食邑一千户、食實封四百户，仍加歸仁功臣。以貢方物加恩也。

九月六日，詔安南人使回程，可差元押伴官伴送前去。

〔一〕五兩：似當作「二兩」，蓋以錢一千折銀兩。前監綱錢五千改銀五兩可證。

〔二〕秉：原脱，據本書禮五九之二五補。

仍令沿邊漕臣行下逐州軍，依來程應副，不得滅裂。

二十九年三月二十四日，制加天祚食邑一千户、食實封四百户，仍加協恭功臣。

四月九日，兵部言：「交阯郡王每遇大禮加恩，並依例給賜國信禮物寬衣一對、二十五兩金帶一條、五十兩銀匣盛。細衣着一百疋、馬二匹、金花銀器二百兩、衣着一百匹、金鍍銀鞍轡複全。」詔依例給賜，令文思院如法製造，仍下廣南西路經略安撫司一面應副馬二疋給賜施行。

紹興三十二年十月二十六日，（壽聖皇帝）〔壽皇聖帝〕即位未改元。制李天祚加食邑一千户、食實封四百户，仍加繼美功臣。

隆興二年九月十三日，李天祚遣使尹子思、鄧碩儼等貢金器百兩〔一〕、銀器百五十兩、象牙三十株、熟香五百斤、箋香千斤。以上即位加恩，故遣 48 使來謝。使人（自）〔至〕界首，諭使歸，廣西經略司差官部貢物赴闕。

乾道元年三月十七日，廣西經署安撫、轉運、提刑司言：「奉旨，回答安南方物價錢八千餘緡。檢照紹興二十五年李天祚進貢，不曾回賜。」從之。

六月八日，制天祚加食邑一千户、食實封四百户，仍加遵度功臣。

四年正月七日，制李天祚加食邑一千户、食實封四百户，仍加履正功臣。

六年十二月十八日，制李天祚加食邑一千户、食實封四百户，仍加彰善功臣。

九年六月，李天祚遣使尹子思、李邦正貢方物。御乘象羅騀一、沉水香等二千斤、馴熟牡象十八頭、御乘象繡坐簟等〔二〕。上即位，天祚即遣使入貢，邊吏以聞，諭使歸國。至是懇誠備至，上録其善意，許焉。至，館於懷遠驛。禮部以安南使久不至，移客省詢訪土俗、人物，圖畫衣貌，一依舊例。

十月二十九日，樞密院言：「交阯差中衛大夫尹子思管押賀登極，及差承議郎李邦正等管押進奉大禮綱赴闕，所有押伴官，并起發前一日就驛賜御筵，押宴官依例合差內侍。」從之。

十一月十二日，點檢（閣）〔閤〕門簿書公事趙友仁等言：「被旨充交阯進奉大禮綱押伴官，今依體例條具：交阯使、副等如有押伴私覿，乞令臨安府差市令司看估價直，回答物帛臨時市買應副，送到私覿物色繳進。交阯使、副如陳乞寺院燒香及觀看，臨時取旨。交阯使、副自到驛至起發，遇有請覓物色，令監驛使臣審實，約度應副；及有所市買並兩相交易，不得私便折博買賣。」從之。

十二月十三日，廣南西路經略安撫司言：「安南紹興二十六年入貢，帥臣曾往使人館舍報謁，49 仍移庖茶酒。臣謂本司經略諸蠻，安南等道皆係綏撫，其陪臣過本司，無敵體之禮，恐於今日國體未是。遂檢照政和五年指揮，交

〔一〕儼：原作「嚴」，據《宋史》卷四八八《交阯傳》、本書蕃夷七之五〇改。

〔二〕象：原脱，據《文獻通考》卷三三〇補。

阯進奉經過州軍更不復禮，後不曾衝改，即是紹興二十六年失於照用。今遵依舊制，令尹子思等赴本司參謁。叙致寒温罷，即以門狀當廳展還，更不報謁，次日亦不移庖，止折送蠻人。除參司及特排外，餘大排、謝會、辭府、朔旦等茶酒，悉准物價折送，蠻人亦以爲利〔一〕，官司頗省繁縟之費。輒已排入案沓，爲將來定規。」從之。

同日，知静江府、充廣南西路經略安撫使范成大言〔二〕：「安南進奉使、副尹子思等公文，依稟趁程起發。所有經由以北州軍，有門迎、大排、辭送、管設之類，乞一併折筭，委可以省減稽留搔擾繁縟之費，除已備牒經由前路州軍照應施行。」從之。

同日，廣南西路經略安撫司言：「安南差使、副尹子思等進貢方物，二十二日到静江府，依紹興二十六年例，差借兵級七十五人及差防護兵級五十三人往邕州交替。」從之。

安南　淳熙元年二月一日，詔交阯改賜今名。

【續會要】　淳熙元年正月二十二日，引見安南赴闕進方物綱運使并押進奉大禮象綱使、副。

二十四日，往天竺燒香，可令臨安府於下天竺寺排辦素食，冷泉亭供應茶酒。

二十六日，賜宴玉津園。

二月一日，詔安南入貢，禮意可嘉，令有司討論賜國名典故以聞。於是特賜安南國名，制：「南平王李天祚特授依前官，50封安南國王，加食邑一千户，食實封四百户，加守謙功臣。依大禮加恩例，給賜國信禮物：寬衣一對，金帶一條，銀匣盛。細衣着二百匹、馬二匹、金花銀器二百兩、衣着一百匹、金（渡）〔鍍〕銀鞍轡複。安南遣方物綱進奉人員，安南中衛大夫、充赴闕進方物綱運使尹子思，進奉大禮象綱人員，一員安南承議郎、充管押進奉大禮象綱使李邦正，一員安南忠翊郎、充管押進奉大禮象綱副使阮文獻，於見今官上擬轉一官。」從禮、兵部請也。

二月三日，詔：「安南進奉人遇有監綱、書狀身故，各特賜孝贈絹三十匹；都衙、通引以下身故，各特賜孝贈絹一十五匹。户部支給。其逐人見、辭分物，令祗候庫特與給賜。」

四日，押伴安南進奉梁衎言：「安南入貢所過州縣，差夫數多。竊見自静江府水路可至容州北流縣，兼有回脚鹽船，若量支水脚和雇，無不樂從。又自北流遵陸一百二十里至鬱林州，自有車户運鹽牛車可以裝載。自鬱林州水路

〔一〕「除參司」至「蠻人」二十七字原無，據天頭原批補。按，廣西經略安撫司此奏又見於本書蕃夷七之五四，但文字有所不同，天頭批補之文亦見於該處，可互參。

〔二〕使范成大：原作「司」。按文意，本句所述爲某人之頭銜，而非機構名稱，作「司」誤。另據《宋史》卷三八六《范成大傳》及《宋史全文》卷二五下，知爲成大頭銜，據以改補。

可至廉州，其處亦有回脚鹽船。自廉航海，一日之程即達交阯。若由此途，則從静江而南二千餘里，可以不役一夫而辦。自臨安至静江，其間節次亦有可通水路去處。併乞行下逐州隨宜措置。」詔逐路帥司詳所陳事理隨宜施行。既而尹子思等言：「歸程如用永平寨路，即當四、五、六月間，正是夏天雨水漲溢，乞依例由欽州水路以歸。」詔令逐路帥司詳所陳并今年二月四日指揮，51 隨宜施行。

三月六日〔一〕，又詔：「安南使、副回程有沿路批支、私覿、折送、貿易等銅錢，緣錢在法不許出界，令廣西經畧安撫司將安南使、副應隨行見錢並依市價以銀兩或匹物折支，不得虧損。」

五日，詔：「安南大禮加恩制、告并給賜禮物，已差官就驛，使、副代（授）〔受〕，令尹子思等附帶前去。所有今次入貢到闕賜國名告、制并給賜禮物，一就差官就驛，使、副代（授）〔受〕，亦令尹子思等附帶前去。」

七日，詔：「安南人使入貢已到闕，廣西經畧司差押伴官左從事郎梁衎、承節郎黄章、保義郎董忠弼各與轉一官資，内選人比類施行。」

二年八月七日，禮部言：「安南國請印，乞以『安南國王之印』六字爲文。」上曰：「彼來有請，所當給賜。印之制度大小，務令適中。小則非體，大則恐僭。令禮部檢照舊制奏聞。」既而禮部言：「比附樞密、尚書省印，方二寸，仍給牌，皆以銅鑄，塗金，下所屬鑄造。依賜曆日禮例，令學士院修撰敕書，封題請寶，降付禮部，關吏部差小使臣一員齎赴廣西經略司給賜。」從之。

三年六月一日，經畧司言：「安南國牒：『蒙朝廷給降下安南國王牌、印一複，并敕書一匣，並黄絹封裹御寶全。本國見已排備進謝章表、方物綱運，欲依例差人管押赴行在投進。』」詔本司將入貢之物以十分爲率，止受一分，就界首交割，優與回賜。章表先次入遞前來，候到，令學士院降敕書回答。

三年八月二十四日，宰執奏：「賜安南國曆日，合降 52 敕書。緣李天祚薨，其子未有封爵，欲作《賜安南國王嗣子龍翰敕書》。」從之。

四年正月二十八日，廣南西路經畧安撫司言：「安南國差朝散郎李邦正、忠翊郎、閤門祗候阮公亮等，管押遣進章表〔二〕、方物綱運，依紹興八年（例）前來欽州交割。方物：二十兩章表銀匣一副；五十兩金厮（羅）〔鑼〕三面，共一百五十兩；銀厮鑼一十三面，都共六百五十兩；象牙七十株，都共一千六觔；犀角三十座，都共三十五觔二兩。本司已牒欽州依自來體例如法管待犒設，發遣回本國，仍先次將章表專差人齎來本司，以憑齎赴行在投進。其方物赴本司經撫庫寄納，候到，計價優與回賜，續差人管押赴朝廷送納。」從之。

同日，廣南西路經畧安撫司言：「安南國稱：『奉回降

〔一〕六日：按下條爲五日，此條當在五日前，「六」字疑誤。
〔二〕「章表」下原衍「章表」二字，今刪。

指揮，將入貢之物以十分爲率，止受一分，就界首交割。乞依例盡數差官管押赴行在投進。』」詔廣西經略安撫司以十分爲率，收受三分。

三月十四日，制：「安南國王李天祚男龍翰〔一〕，可特授静海軍節度觀察處置等使、特進、檢校太尉、兼御史大夫、上柱國，特封安南國王，食邑三千户，食實封一千户，仍賜推誠順化功臣。」賜物依紹興八年例製造給賜。初封給賜禮物衣帶、鞍馬等，學士院封題請寶降勑書，交付所差使臣：寛衣一襲，紫潤羅夾公服一領，小綾寛汗衫一領，勒帛一條，熟白線綾寛夾袴一腰，紅羅軟繡夾三襜一條，抱肚一條，二十五兩御仙花金腰帶一條，一百兩金花銀沙鑼一面，五十兩銀腰帶匣一具，細衣着一百匹。盛告匣一〔二〕，銀 53 間金鍍銀裝，用銀一十二兩、金一錢三分，鏁鑰、紅絲條全，白絹面子一箇，槐黄絹夾複一條。鞍轡：金銀鍍作子一副，係一百兩料。金鍍銀平鈒花橋瓦一具〔三〕，係二十五兩料。金鍍銀紅毛纓，五兩料。紫羅繡大小韉面韂一枚，乾紅地織成戲獸夾鞍複一條，渾銀裹鐵胎啣鐙一副，打角夾絹黄複一條。舊來遇封拜交阯郡王，依格合賜四尺五寸以上馬二疋，廣南西路見係買馬去處，乞下經略安撫司一面排辦，同所賜物色前去給賜，從户、兵部申乞施行。

五年十月，進謝表、方物。詔使人免到闕，餘依淳熙三年六月一日已降指揮。

六年五月九日，承信郎、監賀州太平銀錫場葛掞言〔四〕：「經略司差委前去欽州，移文安南國差官前來界首，説諭取還風飄舶客吴汝弼等一百二十三人，今已半年以上。緣係二年爲任，今與外國計議係是重難，所差出月日乞與通理考任。」從之。

十月一日明堂，加李龍翰食邑一千户、食實封四百户，仍加秉信功臣，散官、勳如故。九年明堂，加食邑同，仍加守義功臣。十二年郊祀，加食邑同，仍加奉國功臣。十五年明堂，加食邑同，仍加履常功臣。

七年五月十三日，進謝表、方物。詔收受三分外，所有章表續行投進。

十二月二十六日，謝賜國名牌印及謝襲封章表禮物，令赴左藏庫送納。廣南西路安撫司以章表二函用黄羅絹護封，差人先齎赴行在投進外，方物送經撫庫寄收，喚 54 集牙人估直，紐計數目。一、謝賜國名牌印綱：金厮鑼五面共重二百五十兩，雜色綾紗絹五十匹，沉香二十斤，熟香一千斤，箋香一千斤。謝襲封綱：金厮鑼五面共重二百五十兩，銀厮鑼二十面共重一千兩。

〔一〕翰：原作「輸」，據上文及《宋史》卷四八八《交阯傳》改。以下均同。
〔二〕一：原無，據後蕃夷四之五六嘉定「八年二月二十九日」條補。
〔三〕銀：原脱，據後蕃夷四之五六嘉定「八年二月二十九日」條補。
〔四〕「太平」下原有「嚴」字，按《元豐九域志》卷九廣南東路賀州臨賀縣有太平銀場，據删。

(九)〔十〕年閏十一月十一日〔一〕，廣西經略安撫司言：「安南國牒，已排辦章表、方物，稱以今冬發使赴行在投進。」上曰：「象乃無用之物，經由道路，重擾吾民，不受。其入貢之物，以十分爲率，止受一分，就界上交割，厚與回賜。章表令入遞來，降勑書回答。」

淳熙十六年五月二十七日，詔：「推誠順化秉信守義奉國履常功臣、静海軍節度觀察處置等使、特進、檢校太尉、兼御史大夫、上柱國、安南國王、食邑七千户、食實封二千六百户李龍翰，可依前特進、檢校太尉、充静海軍節度觀察處置等使、兼御史大夫、安南國王，加食邑一千户、食實封四百户，仍加懷德功臣，散官、勳如故。」

紹(興)〔熙〕元年十一月四日，廣西經略司言：「安南國修章表，備土宜，賀今上皇帝登極，差官詣承平寨。」詔入貢物以十分爲率，止受一分，就界首交割。

二年五月二十六日，本司言：「檢準舊例，紹興中壽皇登極，南平加恩，故隆興二年彼國貢獻進謝物，朝廷盡行收受。今(若來)〔來若〕受十一之數，却恐本國致疑。」禮部勘當：「乞下本司照應隆興體例全行收受，從乾道元年三月十七日指揮，更不回賜。」從之。

二年十二月十九日，詔：「静海軍節度觀察處置 55 等使、特進、檢校太尉、兼御(吏)〔史〕大夫、上柱國、安南國王、食邑八千户、食實封三千户李龍翰，可依前特進、檢校太尉，充静海軍節度觀察處置等使、兼御史大夫、安南國王，加食邑一千户、食實封四百户，仍加謹度功臣，散官、勳如故。」

紹熙五年九月八日，詔給賜安南國王李龍翰寬衣一對、金帶一條、金花銀器二百兩、衣着一百匹、細衣着一百匹、馬二疋、金(渡)〔鍍〕銀鞍轡一副。以該遇登極加恩，依例給賜。

十一月六日，詔推誠順化秉信守義奉國履常懷德謹度功臣、静海軍節度觀察處置等使、特進、檢校太尉、兼御史大夫、上柱國、安南國王、食邑九千户、食實封三千四百户李龍翰，可充静海軍節度觀察處置等使、兼御史大夫、安南國王，加食邑一千户，食實封四百户，仍加思忠功臣，散官、勳如故。」以該遇登極加恩故也。是年明堂加食邑同，仍加濟美功臣。慶元三年郊祀加食邑同，仍加勤禮功臣。六年明堂加食邑同，仍加保節功臣。嘉泰三年郊祀加食邑同，仍加歸仁功臣。開禧二年明堂加食邑同，仍加崇謙功臣。嘉定二年明堂加食邑同，仍加協恭功臣。

慶元三年四月十一日，都省言：「每歲頒降安南國勑書、暦日，係吏部差短使使臣管押前去。近據廣西轉運司申，慶元三年暦日管押使臣竹端到司遲滯，合行措置。」詔：「今後頒降安南國勑書、暦日，於樞密院使臣内依名次差撥管押前去，須管依程限赴 56 廣西運司交割，毋得稽

〔一〕十年：原作「九年」，據《宋史全文》卷二七上改。閏十一月在十年。

滯。仍令本司具已到月日，先次申尚書省。」

嘉定五年五月二日，廣西經略安撫司言：「安南國牒：本國王李龍翰於嘉定四年三月十三日薨謝。」詔差廣西運判陳孔碩充弔祭使，其弔祭儀物令本路轉運司照淳熙三年已加兩等支賜體例應副。

二十八日，詔：「推誠順化秉信守義奉國履常懷德謹度思忠濟美勤禮保節歸仁崇謙協恭功臣、静海軍節度觀察處置等使、特進、檢校太尉、兼御史大夫、上柱國、安南國王、食邑一萬六千户、食實封六千二百户李龍翰，特贈侍中，依前安南國王，餘如故。」

八年二月二十九日，詔：「安南國王李龍翰男昊旵，特授静海軍節度觀察處置等使、特進、檢校太尉、兼御史大夫、上柱國，特封安南國王，食邑三千户，食實封一千户，仍賜推誠順化功臣。賜物依淳熙四年例製造給賜。」初封禮物衣帶、鞍馬，學士院封題請實降勑書，交付所差使臣：寬衣一襲，紫潤羅夾公服一，小綾寬汗衫一，勒帛一，熟白線綾寬夾袴一，紅羅軟繡夾三襜一、抱肚一，御仙花金腰帶一，金花銀沙鑼二，銀腰帶匣一，細衣著二百匹。盛告匣一，銀間金鍍，鎖鑰，紅絲條全，白絹面子一，槐黄絹夾複一。鞍轡：金銀鍍作子一，金鍍銀平鈒花橋瓦一〔一〕，金鍍銀紅毛纓，紫羅繡大小韂面韉一〔二〕，乾紅地織成戲獸夾鞍複一，渾銀裹鐵胎御鐙一，打角夾絹黄複一。舊來遇封拜安南國王，57依格合賜四尺五寸以上馬二疋，廣南西路見係買馬去處，乞下經略安撫司排辦，同所賜物色前去給賜。從兵部所請也。先是，嘉定五年廣西經略司言：「安南國王李龍翰身薨，其子昊旵合行襲封。」令禮、兵部討論申尚書省。至是，始降制焉。後以謝表不至，遂輟加恩。（以上《永樂大典》卷一〇一二三）

大理國

【宋會要】58徽宗政和六年四月，詔：「大理國入貢儀制，令尚書省別行措置。其經由路分，各差監司一員專一管勾排辦。應干支費，並從官給，不得搔擾。」

十二月二十三日，大理國遣使貢方物。

七年（五）〔二〕月五日〔三〕，詔大理國王段和譽可雲南節度使、金紫光禄大夫、檢校司空、上柱國、大理王，加食邑一千户，實封五百户。制曰：「朕紹承先烈，綏御多方。惟聲教之所加，俾克畏慕；顧舟車之所至，靡不和寧。〔眷〕彼外蕃，奠居南服，能嚮風而慕義，宜乎號以示恩。大理國王段和譽，躬稟沈雄，性資忠孝。居茂勤王之略，允懷敵愾之

〔一〕鈒：原作「級」，據前蕃夷四之五三淳熙四年「三月十四日」條改。

〔二〕繡：原脱，據前蕃夷四之五三淳熙四年「三月十四日」條補。

〔三〕二月：原作「五月」，按《宋史》卷二一《徽宗紀》三，封大理國王在二月癸亥，即二月五日，據改。

心。臨遣使人，恪修臣職。奉珍致貢，備著於多儀；款塞來庭，益彰於誠節。式厚懋功之賞，不忘柔遠之仁。授以命書，增其官秩。克峻將族之寵，紹開王爵之封。申衍爰田，併敦真食。於戲！辦諸侯之命，朕既加以王靈；殿天子之邦，爾其奮於武衛。無替厥服，永孚于休。」

十三日，大理國進奉使天駟爽彦賁李紫琮〔一〕、副使坦綽李伯祥見於紫宸殿。四月十二日，辭於紫宸殿。

〔六年□月〕二十五日〔二〕，廣州觀察使、管勾押伴大理國進奉人使黄璘奏：「先奉聖旨，令於賓州置局，接納大理入貢，差官吏引伴。續準御筆，與承議郎、直祕閣、廣南東路轉運副使徐愓同押伴赴闕。其大理使到闕，押伴官係入内侍武節大夫、尚食典御何伯 59 通。臣契勘大理國朝貢，其應干合行事件並已創集，別無遺闕。」詔何伯通、徐愓各轉一官。

二十八日，湖北路提舉學事徐行奏：「據鼎州申：『押伴大理國進奉使到州，聞學校文物繁盛，乞詣州學瞻拜宣聖。知州張察同使人、押伴官到學，使人衹揖諸生及謁殿如儀，陞堂謁見諸生。又問御書閣，乞觀皇帝御製，舉首讀遍，以笏叩頭。要巡齋觀看，每至一齋，皆頂禮。』伏望宣付史館。」詔送秘書省。

〔七年〕六月二十八日，都省言：「檢會五月八日大理國入貢回，元陳請接納及管押官廣州觀察使黄璘已轉一官回授。」詔黄璘長男暉係奉議郎〔三〕，前充廣南西路書寫機宜文字，勾當大理入貢，可轉兩官；第二男昨係〔閣〕〔閤〕門宣贊舍人，轉一官；第三男晪係從義郎、閤門祗候，除閤門宣贊舍人。

光堯皇帝紹興三年十月十三日，廣西路撫諭明槖奏大理國欲進奉及賣馬事〔四〕。上諭宰執曰：「令賣馬可也〔五〕，進奉可勿許，安可利其虚名而勞民乎？」朱勝非奏曰：「異時廣西奏大理國入貢事可爲鑒〔六〕，當時言者深指其妄，黄璘以是獲罪。」上曰：「遐方異域，何由得實？彼云進奉，實利於賈販。但令帥臣、邊將償其馬直，當價則馬當繼至，庶可增諸將騎兵，不爲無益也。」

六年七月二十七日，廣南西路經略安撫使司奏：「威遠寨界首効用譚昂等接到大理等人使進奉表章〔七〕、國信及象、馬，已備酒食糧米迎待管設，約五月五日到横山寨。」 60 詔：「大理國所進方物除更不收受外，餘令本路經略司差人押赴行在。其回賜令轉運、提刑司於應管錢内取撥，

〔一〕李紫琮：原作「李子琮」，據本書蕃夷七之四四、《宋史》卷四八八《大理國傳》改。

〔二〕按，據《宋史》卷四八八《大理國傳》之叙述，此條及下條應在上文「政和六年四月」條之後，仍爲六年事，但不知在何月，兹補數字。

〔三〕奉議郎：原作「奉儀郎」，據宋代官制改。

〔四〕路：原作「縣」，徑改。

〔五〕賣：原作「買」，據《建炎要録》卷六九改。

〔六〕鑒：原作「監」，據《建炎要録》卷六九改。

〔七〕効：原作「郊」，據《建炎要録》卷一〇一改。

依體例計價優與回賜。章表等入遞投進，候到，令學士院降勑書回答。」

九月二十八日，翰林學士朱震言：「乞密諭廣西帥臣，凡是買馬去處，並擇謹密可信之士，勿遣輕儇生事之人，務使羈縻勿絶，邊(彊)〔疆〕安静。異時西北路通，則漸減廣西買馬之數，庶幾消患於未然。」詔廣西帥臣、提點買馬官常切機察，不得因此致生邊患。以上《中興會〔要〕》。《乾道會要》無此門。（以上《永樂大典》卷一〇三五三）

占城〔一〕

【宋會要】61 占城國在中國之西南，汎海南去三佛齊五日程，陸行至賓陀羅國一月程，其國隸占城焉；東去麻逸國二日程，蒲端國七日程；北至廣州半月程〔二〕；東北至兩浙一月程；西北至交州兩日程，陸行半月程。其地東西七百里，南北三千里。南曰施備州，西曰上源州，北曰烏里州。國無城郭，有百餘村，村落户三五百，或至七百，亦有縣鎮之名。土地出産箋沉香、檳榔、烏樠木、蘇木、白藤、黄(臘)〔蠟〕、吉貝花布、絲絞布〔三〕、白氎布、藤簟、貝多葉簟、金銀鐵鋌等物。五穀無麥，有秔米、粟、麻子。官給種一斛，計租百斛。果實有蓮、甘蔗、蕉子、椰子。鳥獸多孔雀、犀牛。畜産多黄牛、水牛，而無驢。亦有山牛，不任耕耨，但殺以祭鬼。將殺，令巫祝之曰「阿羅和及拔」，譯之云「早教他託生」。民獲犀、象，皆輸于王。國人多乘象或軟布兜，或於交州市馬。頗食山羊、水兕之肉。其風俗、衣服與大食國相類。無絲蠶，以白氎布纏其胸，垂至於足，衣衫窄袖。撮髮爲髻，散垂餘髻於其後。互市無緡錢，止用金銀較量錙銖，或吉貝錦定博易之直〔四〕。樂器有胡琴、笛、鼓、大鼓，樂部亦列舞人。其王腦後髽髻，散披吉貝衣〔五〕，戴金花冠，七寶裝瓔珞爲飾〔六〕，股脛皆露〔七〕，躡革履，無襪。婦人亦腦後撮髻，無笄梳，其服及拜揖與男子同。王每日午坐禪椅，或出遊，看象、采獵、觀 62 漁，皆數日方還。近則乘軟布兜，遠則乘象，或乘一木杠，四人舁之。先令一人持檳榔盤前導，從者千餘輩〔八〕，各執弓箭、刀槍、手牌等。其民望之膜拜，一而已。日或一再出。每歲稻熟，王自刈一把，從者及羣婦女競割之。其王或以兄爲副王，或以弟爲次

〔一〕「占城」下原有「蒲端」二字，按本門并無蒲端國内容，蒲端國另有一目，此當衍，今删。
〔二〕半月：原作「兩日」，據《宋史》卷四八九《占城傳》改。
〔三〕絞：原作「綾」，據《文獻通考》卷三三二、《宋史》卷四八九《占城傳》、宋趙汝适《諸蕃志》上改。
〔四〕吉：原作「古」，據《文獻通考》卷三三二、《宋史》卷四八九《占城傳》改。
〔五〕吉：原作「古」，據《文獻通考》卷三三二、《宋史》卷四八九《占城傳》改。
〔六〕飾：原作「飭」，據《文獻通考》卷三三二、《宋史》卷四八九《占城傳》改。
〔七〕股：原作「服」，據《文獻通考》卷三三二、《宋史》卷四八九《占城傳》改。
〔八〕千：《宋史》卷四八九《占城傳》作「十」。

王。設高官凡八員，東、西、南、北各二，分治庶事，無俸禄，令其所管土俗資給之。別置文吏五十餘員，有郎中、員外、秀才之稱，分掌資儲、寶貨等事，亦無資俸，但給龜、魚充食及免調役而已〔一〕。又有司帑廩者十二員〔二〕，主軍卒者二百餘員〔三〕，皆無月俸。勝兵萬餘人，月給秔米二斛，冬夏衣布各三疋至五疋。每夕，唯王升牀而卧，諸臣皆寢于地蓐。親近之臣見王即胡跪而禮，稍疏遠者但拱手而已。其風俗，每歲十二月十五日，城外縛木爲塔，王及人民以衣物、香藥置於塔上，焚之以祭天。人有疾病，旋采生藥服食。刑禁亦設枷鏁。小過，以四人拽伏於地，藤杖鞭之，二人左右互朴，量其罪，或五六十至一百。當死者，繩係於木，用梭槍舂喉而殊其首。若故殺、劫殺，令象踏之，或以象鼻捲撲于地。象皆素習，將刑人，即令豢象之人以數諭之，悉能曉焉。犯姦者，男女共入一牛以贖罪。負國王物者，以繩拘於荒塘，物充而後出之。

其國前代罕與中國通〔四〕。周顯德中，其王釋利因德漫嘗遣使來貢。

太祖建隆元年十二月，其王釋利因塔蠻遣使菩訶薩布君等以方物、犀角、象牙來貢。

二【63】年正月，其王釋利因陀盤遣使莆訶散等來朝。表章書于貝多葉，以香木函盛之。貢犀、牙、龍腦、香藥、孔雀四、大食瓶二十。使迴，賜賚有差，仍以器幣優賜其王〔五〕。

三年九月，遣使來朝，貢象牙二十二株、乳香千二百斤。

乾德四年三月，其王悉利因陀盤遣使因陀玢李帝婆羅、(使副)〔副使〕白不羅低冬來朝，貢牯犀一株、象牙二株、白氎二十條、哥縵三十五條、繡哥縵一對、親色哥縵十四合，并雜藥物等。王妻波良僕瑁、男茶羅繼、占謀律秀瓊等又各貢犀角、象牙、龍腦、玳瑁、香藥。其進奉使、副又各進奉犀、象、方物。賜衣服、金帶、銀器、鞍馬、被褥、巾屨有差。六月，遣還本國。

七月，江南國主李煜上言：「占城國使入貢，道出臣國，遺臣犀角一株、象牙二株、白龍腦三十兩、蒼龍腦十斤、乳香三十斤、沉香三十斤、煎香七十斤、石亭脂五十斤、白檀香百斤、紫礦五十斤、荳蔻二萬顆、龍腦後三片、檳榔五十斤、藤花簟四領、占城孤班古縵二段、闍婆馬禮偃鸞國古縵一段、闍婆沙剜古縵一段、闍婆繡古縵一段、大食繡古縵一段、大食縵錦古縵一段、占城繡水織布五疋、闍婆沙剜錦繡古縵一段。」以其物來上，詔曰：「遠夷述職，欽我文明，經行既歷於彼邦，贄聘遂脩於常禮。煩持信幣，遠至上都。

〔一〕役：原作「設」，據《文獻通考》卷三三二、《宋史》卷四八九《占城傳》改。
〔二〕帑：原作「幣」，據《文獻通考》卷三三二、《宋史》卷四八九《占城傳》改。
〔三〕者：原脱，據《文獻通考》卷三三二、《宋史》卷四八九《占城傳》補。
〔四〕前：原脱，據《文獻通考》卷三三二、《宋史》卷四八九《占城傳》補。
〔五〕王：原作「主」，據《文獻通考》卷三三二、《宋史》卷四八九《占城傳》改。

深認忠勤，即宜收領。今後更有禮幣，不須進來。」

九月，遣使李咩來貢巨象一。其色青，蠻人控之，能搖鼻跪膝。命以金鞍飾之，置都亭[64]驛，京城士庶觀者闐街。李咩等又獻象牙、香藥。賜來使器幣、錢帛、（之）〔衣〕服遣之。

五年，遣使李咩、李被瑳來貢。

開寶三年，遣使來貢雌象一。

四年，悉利多盤、副國王李耨、王妻郭氏、男蒲路鷄波羅等，並遣使來貢。

五年三月，其王波美税遣使蒲訶散來貢方物〔一〕。

六年四月，其王悉利盤盤印茶遣使布你齊等來貢。

六月，其王波美税楊布印茶遣使貢方物〔二〕。

七年正月，其王波利税褐茶遣使來貢孔雀繖二、西天烽鐵四十斤。

九年，遣使朱陀利、陳陀野等來貢。

太宗太平興國二年二月，其王波美税楊布印茶遣使李牌、副使李麻那、判官李屠奉方物越諾布四段、龍腦二斤、雜香藥千斤、丁香五十斤、煎香二十五斤來貢。

三年五月，其王與其男達智遣使來貢。

四年十二月，遣使李木吒哆來貢。

六年三月，交州黎桓言：欲以占城俘九十三人獻于京師。帝令廣州止其俘，存撫之，給衣服、資糧遣還占城，詔諭之。

七年閏十二月，占城遣使乘象入貢方物。詔留象廣州豢養之。

八年九月，遣使來獻馴象，能拜伏。詔畜於京畿之寧陵縣。

雍熙二年二月，其（主）〔王〕施利陀盤吳日歡遣使婆羅門金歌麻來獻龍腦、玳瑁、象牙、越諾〔三〕、無名異，賜衣服、冠帶、鞍轡馬。且訴爲交州所侵，詔答令其保國睦鄰。

三年三月，其王劉繼宗使李朝仙來貢通犀二株、生白龍腦十斤、速香五十斤、丁香五十斤、籛香二[65]百斤、沉香百八十斤；朝仙又進牙二株、白龍腦十斤。

九月，儋州言：占城國人蒲羅遏爲交州所逼，率其家百餘口内附。

四年，廣州言：雷州闕送占城夷人使當李娘并其族百五十人來歸。詔分隸南海、清遠二縣。

端拱元年正月，遣使來貢方物。使者往東郊遊看，就賜酒食以勞之。

十一月，廣州又言：占城夷人忽宣等族三百一人來附。

淳化元年十月，新王楊陀排自稱「新坐佛逝國楊陀

〔一〕「税」下，《宋史》卷四八九《占城傳》有「褐印茶」三字。
〔二〕「王」原脱，「美」下原重「美」，據下「太平興國二年二月」條補删。
〔三〕諸：原作「詔」，據上文「太平興國二年二月」條、《嶺外代答》卷三改。

排」〔一〕，遣使李臻、副使蒲訶散來貢，進馴犀及螺犀十株、象牙十五株、臘沉香一斤、白龍腦二斤、山得鷄三十三斤。其使、副又獻螺犀、藥犀、象牙、没藥、胡盧巴、龍腦、白荳蔻及薔薇水。賜襲衣、巾帶、被褥、靴、笏、器帛有差。表訴爲交州所攻，國中人民、財寶皆爲所略。帝賜詔黎桓，各令保境。

三年十二月，其王楊陀排遣使李良甫〔二〕、副使亞麻羅婆低來貢螺犀、藥犀十株、象牙二十株、煎香三十六斤、白龍腦一斤四兩、絞布六段、檳榔十三斤、山得鷄六十四斤、椰子五十顆；其使、副又獻象、犀、螺犀、玳瑁、煎香等。賜其王白馬二疋、兵器等。占城喜白馬，故以賜之。本國僧净戒又獻金龍腦、金鈴、銅香爐、如意等，各優賜之。

〔元〕〔至〕道元年正月〔三〕，其王楊波占遣使李波珠來貢。楊波占表云：「李良甫迴，伏蒙聖慈賜臣細馬二疋、旗五面、銀裝劍五口、銀纏槍五條、弓弩各五張及箭等，戴恩感懼，稽首稽首！臣生長外國，敻遠天都，竊承皇帝 66 聖明，威德廣大，臣不憚介居海裔〔四〕，遣使入朝。皇帝不棄蠻夷小國，曲加優賜。然臣自爲土長，聲勢尚卑，當時外蕃頗相侵撓，況以前庶民如芥，隨風星散流離，各不自保。近蒙皇帝賜臣内閑馹駿、旗幟、兵器等，鄰國聞之，知臣荷大國之寵，而各懼天威，不敢謀害。今臣一國安寧，流民來復，若非皇帝天德加護，何以至此！臣之一國，仰望仁聖，覆之如天，載之如地，臣思惟鴻恩不淺。且自天子之都至臣所居之國，涉海綿邈，不啻數萬里，而所賜之馬及器械等並安全而至，皆聖德所及。自前本國進奉，未嘗有旌旗、弓矢之賜，臣今何幸，獨受異恩！此蓋天威廣被，壯臣土疆。臣雖隕身，無以上報。兼臣貢使往復，資給備至〔五〕，恩重如岳，不可具陳。今特遣專使李波珠、副使李訶散、判官李磨勿等進奉犀角十株、象牙三十株、玳瑁十斤、龍腦二斤、沉香百斤、夾箋黄熟香九十斤、檀香六十斤、山得鷄一萬四千三百隻、胡椒二百斤、簟蓆五。前件物固非珍奇，惟表誠懇。臣生居異域，幸遇明時，不貴殊珍，惟重良馬。倘皇帝念及外國，不罪懇求，使介南歸〔六〕，願垂頒賜，臣之幸也。兼臣本國元有流民三百，散居南海，尋曾奉旨許令放還，今有猶在廣州者。本國舊有進奉夷人羅常占見在廣州，乞詔廣州盡數點集〔七〕，具籍以付常占，令造舶船，乘便風部領歸國，冀得安其生聚，以實舊疆。至於萬里感恩，一心事

〔一〕新坐：原作「所生」，據《宋史》卷四八九《占城傳》改。按，「新坐佛逝國」蓋謂新即位於佛逝國。佛逝乃占城國中部都城名，後文景德「四年五月」條占城使言「本國舊隸交州，後奔於佛逝」是也。

〔二〕楊：原作「李」，據上文及《宋史》卷四八九《占城傳》、《群書考索》後集卷六四改。

〔三〕至：原作「元」，據《宋史》卷四八九《占城傳》改。

〔四〕臣：原無，據《宋史》卷四八九《占城傳》補。

〔五〕至：原作「之」，據《宋史》卷四八九《占城傳》改。

〔六〕南：原作「而」，據《宋史》卷四八九《占城傳》改。

〔七〕詔：原作「詑」，據《宋史》卷四八九《占城傳》改。

上，臣之志也。」帝覽表，67遣使奉職曹令賫詔廣州詢問，願還者悉付波珠。使迴，復賜白馬二疋，遂爲常制。

三年三月二日，遣使朝貢。

五月，其王楊甫恭毗施離遣使李補良押陀羅潘思來貢。其使又國王盈卜皮紫室訶哩援焉。

真宗咸平二年二月，其王楊普俱毗茶逸施離遣使朱陳堯〔一〕、副使蒲薩陁婆、判官黎姑倫以犀、牙、玳瑁、香藥來賀皇帝登極。賜堯等冠帶、衣褥有差。

景德元年九月，遣使奉方物來貢，且求賜良馬二疋、馬面二副，介冑、弓、劍、鎗、旗等。詔並給之。

二年四月，遣使來貢。

四年五月，遣使布祿爹地加等奉方物來貢。其國王表函藉以文錦〔二〕、奇香，詞曰：「景德三年五月十七日，占城國王臣楊普俱毗茶室離頓首死罪言：臣聞二帝封疆，南止届于湘、楚；三王境界，北不及於幽、燕。仰屬昌時，實邁往跡。伏唯皇帝陛下乾坤授氣，日月儲英，出震居尊，承基御極。慈惠敷於天下，聲教被於域中。業茂前王，功芳徂后。蒼生是念，黃屋非心。無方不是生靈，有土並爲臣妾〔三〕。真風遍布，霈澤周行。凡沐照臨，共增悚忭。臣生于邊鄙，幸襲華風。蟻垤蜂房，聊爲遂性；龍樓鳳閣，尚阻觀光。再念自假天威，獲全封部。鄰無侵奪，俗有舒蘇。每歲拜遣下臣，問寧上國，蒙陛下恩霈行葦，福及豚魚，特因迴人，頒賜戎器。臣本土惟望闕焚香，懽呼拜受。心知多幸，曷答洪恩！聖君既念於賓王，微懇肯忘於述職！今遣專信臣布祿爹地加、副信68臣除逋麻瑕珈耶、判官臣皮霸坻一行人力等，部領土毛，遠充歲貢。雖表楚茅之禮，實懷魯酒之憂〔四〕，虔望睿明，甫寬譴戮〔五〕。專信臣等迴日，軍容器仗耀武之物，伏願重加賜賚。蓋念忝爲臣子，合告君親，服飾車輿，威儀斧鉞，不敢私制，唯望恩頒。干冒冕旒，不任死罪。」布祿爹地加言：「本國舊隸交州，後奔于佛逝，北去舊所七百里許〔六〕。」使還，賜物甚厚。

大中祥符元年，遣使陁傍亞聲來貢，會于泰山之下。禮成，授其使奉華郎將〔七〕。

三年四月，其王施利離霞離罩麻庶遣使朱渟禮來貢〔八〕。其王又言：「每蒙宣賜，皆是白馬，不宜炎土，乞黃赤色馬二疋，(甲馬)〔馬甲〕、馬面並以銀花裝。及渾鍍金劍、手劍五口，金鋼射甲箭百五十隻，銀桶鎗五條，錯綵轉光旗五(口)〔面〕，白樺弓五張，銀裝器械五副，金線扎弩五

〔一〕普：原作「王」，據《宋史》卷四八九《占城傳》改。
〔二〕藉：原作「籍」，據《宋史》卷四八九《占城傳》改。
〔三〕並：原作「兼」，據《宋史》卷四八九《占城傳》改。
〔四〕實：原作「賓」，據《宋史》卷四八九《占城傳》改。
〔五〕戮：原作「戳」，據《宋史》卷四八九《占城傳》改。
〔六〕北去：原作「去北」，據《長編》卷六五、《文獻通考》卷三三二乙。
〔七〕華：原作「中」，據本卷蕃夷四之八一引《國朝會要》此文改。《長編》卷四六九亦載「奉華將軍」名號。
〔八〕施利離霞離罩麻庶：《宋史》卷四八九《占城傳》作「施離霞離鼻麻底」。

枝，鋸刀二條。」並從其請。

四年十一月，遣使蒲薩多婆、副使蒲多波底、判官陳義來貢象牙六十二株、螺犀十一株、藥犀二十九株、玳瑁三百片、沉香五十斤、煎香三百五十斤、黃熟香二百一十斤、帶枝丁香三十斤、荳蔻六十斤。其使又進熟龍腦三十兩〔一〕、没藥八十斤、紫礦四百七十斤、肉荳蔻二百斤、胡椒二百斤、没藥三十斤、紫礦百斤。其王又言：「本國地毛不壯，土產無精，常思奇異而供王，每欲殊珍而作貢，所以特遣使使遍詣鄰蕃。昨於三佛齊國得金毛獅子一。其獅子本出天竺國，彼人豢養，今以馴良，傳來大食，又至[69]三佛齊，蕃語謂之『戲猫』，唐言謂之『師子』。今遣專使詣闕上進。」是日，再見于便殿，命舁師子之檻以出。本國二蠻人引獅子出檻，其狀正黃色，首(班)〔斑〕而身純，視之可畏，偃仰于地，馴狎久之，命養于玉津園。

十一月八日，召近臣、館閣官于崇政殿觀獅子。帝曰：「其使稱跨越山海求之而獲，本國(之)〔乞〕量賜器帛，二蠻人乞留苑中豢養之。」五年二月，帝愍其懷土，命厚給資糧〔二〕，放歸本國。

七年正月，遣使來貢。

八年二月，遣使來貢。

五月，其王上表，遣腹心人波輪訶羅帝充專使〔三〕，劉公簡充副使，判官、防援人，以犀〔四〕、牙、玳瑁、乳沉煎香、荳蔻、檳榔等來貢。波輪訶羅帝自言有親弟陶珠，頃以交州侵奪，交州令押象到闕，今至京師，得與弟相見，願將回本國。從之。仍賜陶珠衣物、緡錢等。閏六月，賜占城國王鎗、旗、弓弩、器甲、馬。從所請也。

天禧二年九月，其王尸嘿排摩惵遣使羅皮帝加等以象牙七十二株、犀角八十六株、玳瑁千片、乳香五十斤、丁香花八十斤、荳蔻六十五斤、沉香百斤、篯香二百斤、别篯一劑六十八斤、茴香百斤、檳榔千五百斤來貢。羅皮帝加言，國人詣廣州〔五〕，或風漂船至石堂〔六〕，則累年不達矣。使還〔七〕，詔賜其王尸嘿排摩惵銀四萬七千兩〔八〕、器仗、鞍馬等。

仁宗天聖七年五月，國王楊卜俱室離遣叱達巴、李菩薩等奉表，進生鳳一隻、犀三十株、象牙七十株、玳瑁二百四十五片、乳香二千斤、木香七百[70]八十斤。其表以鳳表王者之瑞，冀應聖人之運也。

〔一〕使：原作「役」，據文意改，以下爲使臣私貢。
〔二〕糧：原作「量」，據《長編》卷三三二改。
〔三〕帝：原作「帶」，據《長編》卷八四、《宋史》卷四八九《占城傳》改。下同。
〔四〕以：原無，據文意及後文「天禧二年」條文例補。
〔五〕詣：原作「請」，據《宋史》卷四八九《占城傳》改。
〔六〕堂：《宋史》卷四八九《占城傳》作「塘」。
〔七〕「使還」上，《宋史》卷四八九《占城傳》有「三年」二字，疑此脱。
〔八〕四萬七千兩：《長編》卷九二、《宋史》卷四八九《占城傳》作「四千七百兩」，《長編》原注云：「《會要》云四萬七千兩，今從本傳（按：指《國史·占城傳》）。」

八年十月，遣進奉使李菩薩麻瑕陁瑟表獻禮物〔一〕，入見於崇政殿，所獻木香七百斤、犀角四十餘株、玳瑁四百餘片、乳香二千斤、象牙八十株。

慶曆元年九月，廣南東路轉運司言：「商人邵保至占城國，見軍賊鄂鄰等百餘人羈縻在其國中〔二〕。」詔本路選差使臣二人，齎詔書、器幣賜占城國王，購致賊酋于闕下〔三〕，餘黨令就戮之。占城已嘗護送鄂鄰所虜軍民，又降是詔。

二年十一月，國主刑卜施離值星霞弗遣使獻馴象三。

皇祐二年正月，國主俱舍唎波微收羅婆麻提楊卜貢象牙二百一、犀牛角七十九，齎表二通，一以蕃書，一以中國書。

五年四月，遣蒲思馬應來貢方物。賜紫羅寬衫、小綾寬汗衫、大綾夾襪頭袴、小綾勒帛、一十兩金花銀腰帶、幞頭、絲鞋、衣著十疋、紫綺被褥氈一副。副使良保賜紫羅寬衫子、小綾寬汗衫、大綾夾襪頭袴、八兩金花銀腰帶、幞頭、絲鞋、衣著五疋；判官淡鼻賜紫羅寬衫子、絹寬汗衫、小綾夾襪頭袴、八兩金花銀腰帶、幞頭、絲鞋、衣著三疋；防援官一十人，各賜紫官絁衫子、絹汗衫、絹夾襪頭袴、絹勒帛、幞頭、麻鞋、衣著二疋。至閏七月辭，蒲思馬應賜紫羅窄衫子〔四〕、小綾窄汗衫、小綾勒帛、銀器一十兩、衣著二十疋；副使良保賜紫羅窄衫子、小綾窄汗衫、小綾勒帛、銀器七兩、衣著一十四疋；判官淡鼻〔賜〕紫羅窄衫子、銀器五 71 兩、衣著一十疋；防援官一十人，各賜銀器三兩、衣著五疋。

嘉祐元年閏（二）〔三〕月〔五〕，遣使蒲息陁琶來貢方物。

二年正月八日，詔廣州賜占城國進奉使蒲息陁琶銀千兩。以舟行至太平州，江岸崩，沉其行李，特賜之。

六年九月，遣使頓琶等持獻馴象。

七年正月，廣西安撫經略司言：「體量得占城、真臘二國與交趾爲鄰，素不習兵戰，常苦侵軼。而占城日近頗修武備，以抗交趾，見繇廣東路入貢京師，望以恩信撫納之。」

五月，遣使頓琶尼來貢方物。詔賜其國王施里律律茶盤麻帝楊溥白馬一〔六〕，從其求也。以上《國朝會要》。

神宗熙寧元年六月四日，遣使蒲麻勿等貢方物，賜物有差。奉占城蕃王楊卜尸利律陀般摩提婆表，乞買騾馬一二疋，將回本土看翫。詔特賜白馬一疋、開花鞔銀鞍轡一副，所有騾令就廣州取便收買。麻勿特授歸德郎將。

四年九月，遣大使李蒲薩麻瑕陁琶、副使婆王麻可䈥離、判官鉆巴必吰入貢。

〔一〕瑟：《宋史》卷四八九《占城傳》作「琶」，當是，後文有蒲息陀琶、李蒲薩麻瑕陀琶，均作「琶」。
〔二〕羈：原作「霸」，據《長編》卷一三三改。
〔三〕購：原作「霸」，據《宋史》卷四八九《占城傳》改。
〔四〕馬：原作「爲」，據上文及《宋史》卷四八九《占城傳》改。衫：原作「袖」，據上下文改。
〔五〕閏三月：原作「閏二月」，據《宋史》卷四八九《占城傳》改。
〔六〕《宋史》卷四八九《占城傳》「律」字不重，「帝」作「常」。

五年五月二十二日，占城國進奉琉璃、珊瑚、酒器并龍腦及藥物、乳香、丁香、華澄茄、紫礦等。詔迴賜外，特賜銀二千一百兩。《宋史》：七年，交州李乾德言其王領兵三千人并妻子來降，以正月至本道。

九年二月二日，詔：「占城、真臘二國久爲交趾寇擾，今王師伐罪，可乘機會協力蕩除。事平之日，當優賜爵命〔一〕，厚加酬賞。仍聞彼國户口多爲交趾所俘，已令招討司，候到彼檢括遣還。惟[72]占城舊王勢難復歸本國〔二〕，亦當詔令赴闕，撫以厚恩。」仍遣容州節度推官李勃、三班奉職羅昌皓齎敕書，賜二國藥物、器幣有差。

四月十四日，降詔書分物賜占城、真臘國王及真臘國將帥司馬極，以問罪交趾，戰棹經其國，且俾助順討逆也。

八月十二日，遣使靈保麻遐鈸囉底亞尼律等二十一人貢奉。使言：本國東抵大洋海，發船去諸國。南抵真臘國，計一月日程，别無水路；南抵真臘國港十八日程。西北抵交州四十日程〔三〕，並是山路，水路只可一十七程。所治一百五處，差人主守，如州縣之類。本國主見年三十六歲。凡出入裝束，著大食錦或川法錦大衫，頭戴七寶裝成金冠，身上穿七條金裝就瓔珞，脚踏紅皮履。擡篙子，打涼傘，從人執鎗、牌圍遶，約有五百餘人，左右有十八婦女執金盤合乘載檳榔㰝，前面動蕃樂迎引。

元豐元年三月二十五日，前安南道行營戰棹都監楊從先言：「昨差効用樊寔等往諭占城毋援交趾。今據寔等狀稱：占城遣蕃兵七千扼交賊要路。得其國主木葉蕃書回牒。」詔繳進蕃書牒本，其樊寔等仍發遣赴闕。

九月十四日，三班奉職羅昌皓言：「昨齎敕書、禮物往占城國，今畫占城至交趾地圖。」上批：「昌皓不憚艱危，遠使絶域，雖不能成元初授命之功〔四〕，然勤勞海道，亦可矜獎〔五〕，宜轉一官。」

十六日，詔：「占城與交趾爲仇國，其起居及内燕聽迴避。」以占城使、副乞避故也。[73]《列傳》云：後兩國入貢，占城使者乞避交人。詔遇朔日朝文德殿，分東、西立；望日則交人入垂拱殿〔六〕，而占城趨紫宸；大宴則東、西坐。

哲宗元祐元年十月十五日，禮部言：「占城國進奉大使布靈息弛琴〔七〕、蒲麻勿等乞續進方物〔八〕。」從之。十二月三日，續進犀、袴等。詔回賜錢二千六百緡。

七年二月四日，占城國酋領表言：「應大朝討蕩交趾，乞率兵協力掩襲。」詔交趾見今入貢，不絶臣節，難議興師。令學士院候將來降占城國敕書，依此回答。時占城、交趾

〔一〕賜：原無，據《長編》卷二七三補。
〔二〕王：原作「土」，據《長編》卷二三二改。
〔三〕抵：原作「國」，據《文獻通考》卷三三二改。
〔四〕初：原脱，據《長編》卷二九二補。
〔五〕「可」原作「不」，「矜」原有缺筆，據《長編》卷二九二改補。
〔六〕則：原作「朝」，據《宋史》卷四八九《占城傳》改。
〔七〕琴：亦疑作「琶」。
〔八〕方：原無，據《長編》卷三九〇補。

有舊怨，故以表言，至是不從。

三月五日，詔占城國進奉使良保故倫軋丹、副使傍木知突爲保順郎將〔一〕。

徽宗崇寧三年六月十一日，遣使入貢。

四年六月十一日，遣進奉使蒲薩達琶、副使古論思唐、判官力占琶入貢。

大觀三年七月十二日，遣使入貢。

政和五年八月八日，禮部言：「福建路提舉市舶司狀：『本路昨自興復市舶，已於泉州置來遠驛，及已差人前去羅斛、占城國説諭招納，許令將寶貨前來(役)〔投〕進外，今相度，欲乞諸蕃國貢奉使、副、判官、首領所至州軍，並用妓樂迎送，許乘(輪)〔轎〕或馬至知、通或監司客位，俟相見罷，赴客位上馬。其餘應干約束事件，並乞依蕃蠻入貢條例施行。』本部尋下鴻臚寺勘會。據本寺契勘：『福建路市舶司依崇寧二年二月六日朝旨，納(納)到占城、羅斛二國前來進奉。内占城先累赴闕進奉，係是廣州解發，福建路市舶申到外，有羅斛國自來不曾入貢，市舶司自合依《政和令》詢問其 74 國遠近大小强弱，與已入貢何國爲比，奏本部勘會。今來本司並未曾勘會施行。』」詔依本司所申，其禮部並不勘當郎官降一官，人吏降一資。

六年三月六日，占城國蕃主楊卜麻疊言：「昨蒙封臣金紫光禄大夫，遥授廉白州刺史。臣身縻化外，不霑禄食，欲得薄授大朝俸給，壯觀小蕃。」從之。

宣和元年十二月九日，詔以占城國王楊卜麻叠爲檢校司徒、使持節琳州諸軍事、琳州刺史、兼御史大夫，充懷遠軍節度使、琳州管内觀察處置等使、占城國王。自是每遇郊恩〔二〕，(轍)〔輒〕降制加封邑。以上《續國朝會要》。

光堯皇帝建炎三年正月十日，内降制曰：「門下：得大横之兆，式帝命於九圍；推神筴之占，候陽明於七日。升煙泰畤，登就吉儀；孚號明庭，誕敷沛澤。懷遠軍節度、琳州管内觀察處置等使、金紫光禄大夫、檢校(大)〔太〕保、使持節琳州諸軍事、琳州刺史、兼御史大夫、上柱國、占城國王、食邑五千户、食實封二千一百户楊卜麻叠，躬懷德善，世載忠勞。推虎落之雄，邁城池金湯之固；導騂旄之節，書山河帶礪之盟。屬予巡甸之初，適在當郊之歲。一時文軌，方丕冒於海隅；萬里梯航，諒心存於魏闕。奉禋祠於奠璧，效方物於貢琛。進陞槐位之聯，申衍爰田之食。於戲！戎、祀，國之大事，迨臻奏假之成；黼、哻，王之藎臣，用介龐鴻之祉。克祗猷訓，茂對寵光。可特授檢校(大)〔太〕傅，加食邑一千户、食實封四百户。」是年，遣使進貢， 75 又遇大禮，故加恩也。

紹興二年三月八日，制加懷遠軍節度、琳州管内觀察處置等使、金紫光禄大夫、檢校太傅、使持節琳州諸軍事、

〔一〕木：《宋史》卷四八九《占城傳》作「水」。
〔二〕每：原作「毒」，據《文獻通考》卷三三二改。

琳州刺史、兼御史大夫、上柱國、占城國王楊卜麻疊食邑五百户、食實封二百户。自後郊祀加恩，並倣此。

紹興二十五年，其子鄒時巴蘭嗣立，貢方物，求封爵。詔授以其父官〔一〕。

八月十四日，宰執奏：「廣東經略司言，占城國計置馴象進獻。」上曰：「祖宗時，每遇大禮須用此，謂之六引。今見有馴象，若其未至，姑俟之可也。」

二十一日，提舉福建市舶鄭震奏：「占城國遣使齎到進奉表章、方物，并書信上宰相，見聽候指揮繳納。」禮部、太常寺討論到占城國進奉典故：「天聖八年十月，遣使貢獻禮物，入見於崇政殿；皇祐五年四月，遣使來貢。今欲依羅殿國王羅部貢已降指揮，令近上二十三人赴闕，仍令本司差熟事使臣引伴前來。」宰臣秦檜奏：「欲依所請。內獻宰臣等物，乞説諭不當創例。」上曰：「可依討論典故施行。其書信，宛順説諭，不須創開新例。」

九月二十五日，尚書省言：「將來占城國進奉人到闕，其朝見，使欲給紫羅寬衫、小綾寬汗衫〔二〕、大綾夾襪頭袴〔三〕、小綾勒帛、十兩金腰帶、幞頭、絲鞋、衣著三十疋、紫綺被褥氈一副；副使紫羅寬衫、小綾寬汗衫、大綾夾襪頭袴、小綾勒帛、七兩金腰帶、幞頭、絲鞋、衣著二十疋；判官各紫羅寬衫、絹寬汗衫、小綾夾襪頭袴、十兩金花銀腰帶、幞 76 頭、絲鞋、衣著十疋；防援官各紫官絁衫、紫絹汗衫、絹夾襪頭袴、絹勒帛、幞頭、麻鞋、衣著七疋。朝辭，使紫羅窄衫子、小綾窄汗衫、小綾勒帛、銀器五十兩、衣著三十疋；副使紫羅窄衫子、小綾窄汗衫、小綾勒帛、銀器三十兩、衣著二十疋；判官各紫羅窄衫子、銀器十兩、衣著十疋；防援官銀器七兩、衣著五疋。」從之。

十月二日，禮部言：「占城國已降指揮許令入貢。檢准舊例，進奉回賜外，別賜翠毛細法錦夾襖子一領、二十兩金腰帶一條、銀器二百兩、衣著絹三百疋、八十兩鬧裝銀鞍轡一副，其馬令騏驥院預行椿辦給賜。」從之。

十一月十四日，占城蕃首鄒時芭蘭遣部領薩達麻〔四〕、滂摩加奪、蒲都綱以次凡二十人到闕入見〔五〕，貢附子沉香一百五十斤、沉香三百九十斤、沉香頭二塊一十二斤、上箋香三千六百九十斤、中箋香一百二十斤、箋香頭塊四百八十斤、箋香頭二百三十九斤、澳香三百斤、上速香三千四百五十斤、中速香一千四百四十斤、象牙一百六十八株、犀〔角〕二十株、玳瑁六十斤、暫香一百二十斤、細割香一百八

〔一〕其：原作「來」，據《文獻通考》卷三三二改。
〔二〕汗：原作左旁「衤」，據下文改。
〔三〕頭：原作左旁「畐」，據下文改。
〔四〕鄒時芭蘭：《中興禮書》卷二二七、《宋史》卷三三《孝宗紀》一同。《建炎要録》卷一七〇、《宋史》卷四八九《占城傳》作「鄒時蘭(闌)巴」，當是誤倒。
〔五〕蒲都綱：原作「滿翁都綱」，本書蕃夷七之四六作「蒲翁都綱」。按，作「蒲」是，但「翁」字亦爲衍文。《中興禮書》卷二二七紹興二十五年十一月一日條釋占城此次進奉人云：「判官姓蒲名都綱」，又云：「蒲翁」等八名「係在番幹辦執掌人」。可證當作「蒲都綱」。據改。

十斤、翠毛三百六十隻、蕃油一十埕〔一〕、烏里香五萬五千二十斤。

二十八日，禮部言：「占城國入貢回答敕書制度，乞依學士院檢坐到交趾國進奉方物給降敕書體例。」從之。《中興禮書》：十月二日，禮、户、兵部言：「准都省劄：『勘會占城國已降指揮許入貢，其使、副已到泉州，竊慮非晚到闕，所有合回賜錢物及應合行事件，劄付禮部等處檢具〔二〕，申取朝廷指揮。』逐部勘會：除就懷遠驛安泊，77及令客省定賜例物等項目並依得交趾體例施行外，所有其餘合行事件開具下項：一、《鴻臚寺條》：『諸番夷進奉人回，乞差(檐)〔擔〕擎、防護兵士，並相度合用人數，關步軍司差。』今來占城國入貢，到闕、回程合差(檐)〔擔〕擎、防護兵士，欲依條下步軍司差撥三十人。內節級一名，赴本驛交割，俟至臨安府界，即令以次州軍差人交替，令押伴所于未起發已前預報沿路州軍，差人在界首祗備交替。一、《主客條例》：占城國進奉回賜外，別賜翠毛細法錦夾襖子一領、二十兩金腰帶一條、銀器二百兩、衣著絹三百匹、白馬一匹、八十兩鬧裝銀鞍轡一副。下户、工部令所屬計料製造，送客省樁辦，依自來條例回賜。其馬令騏驥院給賜。」詔依。　八日，客省言：「將來占城國進奉使、副到闕，在驛禮數儀範，今條具下項：一、進奉使、副與押伴官相見。其日，進奉使、副到驛，歸位，次客省承受引譯語赴押伴位參押伴，復作押伴問：『遠來不易。』參訖，譯語作進奉使、副傳語押伴官，訖，退。客省承受同譯語入進奉使、副位，次使、副起立，與客省承受相見。揖訖，客省承受作押伴官回傳語進奉使、副：『遠涉不易，喜得到來，少頃即得披見。』次客省承受引首領赴押伴位參，復作押伴問：『遠來不易。』參訖，退。客省承受次撥人從參押伴，客省承受喝：『在路不易。』參訖，退。譯語齎進奉使、副名銜分付客省承受轉押伴，訖，復請押伴轉銜分付譯語〔三〕，訖。少頃，客省承受引押伴官同進奉使、副陞廳對立，客省承受互展狀相見，訖，揖，各赴坐，點茶。畢，客省承受喝：『入卓子。』五盞酒食畢，客省承受喝：『徹卓子。』次點湯、喫湯畢〔四〕，押伴官、進奉使、副相揖，畢，分位。一、習朝見儀。其日，候閤門差人赴驛教習儀範，同客省承受先見押伴。訖，計會譯語請進奉使、副，服本色服，次客省承受同譯語引教習儀範入，相揖，教習朝見儀。訖，相揖，畢，退。朝辭准此。一、朝見。其日五更，客省承受計會譯語請進奉使、副上馬，次押伴官與進奉使、副相揖，畢，行馬，首領于門外上馬，至待漏閤子下馬。俟開內門，押伴官、進奉使、副上馬，至皇城門裏宮門外下馬，至殿門外幕次待班。其首領已下步行入皇城門。俟(閣)〔閤〕門報班，引進奉使、副出幕次，入殿朝見，拜數禮儀並如閤門儀。俟朝見畢，(閣)〔閤〕門引進奉使、副出殿〔五〕，客省承受接引歸幕次，客省承受引伴賜舍人、押伴官、進奉使、副對立，相揖，畢，客省承受贊坐，點茶。畢，客省承受喝：『入卓子。』酒食畢，客省承受喝：『徹卓子。』點湯畢，客省承受引伴賜舍人與進奉使、副相揖。畢，伴賜舍人先退，次押伴官、進奉使、副相揖。畢，引至宮門外上馬，首領已下步行出皇城門外上馬，歸驛。朝辭准此。一〔六〕、在驛客省簽賜節料節儀。其日，候客省承受齎到賜目，管押所賜節料等到驛，客省承受先報押伴訖，於設廳前望闕鋪設所賜物，客省承受引進奉使、副立定，78引進奉使、副拜賜目，跪受訖，次引首領以下拜賜目，跪受賜，訖，退。一、御筵。其日，候賜御筵天使到驛，諸司排辦備，客省承受取進奉使、副名銜轉押伴看訖，納天使，復取賜御筵天使傳言分付驛語。少頃，客省承受引天使、押伴官、進奉使、副降階，對立定，客省承受先引押伴官望闕謝恩如儀，畢，引依位立。次引進奉使、副謝恩如儀〔七〕，畢，引依位立。天使與進奉使、副相揖，

〔一〕埕：原作「燈」，本書蕃夷七之四七作「鐙」，皆誤，據《中興禮書》卷二二七、本書蕃夷七之二九改。埕，酒甕，此則以甕盛油。
〔二〕付：原作「副」，據《中興禮書》卷二二七改。
〔三〕轉：原作「傳」，據本書職官三五之一三改。
〔四〕喫湯：原無，據本書職官三五之一三補。
〔五〕使副：原作「副使」，據《中興禮書》卷二二七乙。
〔六〕一：原作「在」，據《中興禮書》卷二二七改。
〔七〕「恩」下原衍一「畢」字，據上下文刪。

畢，天使先退。次押伴官與進奉使、副相揖，畢，引押伴官、進奉使、副陞廳席後立。客省承受撥首領已下謝恩如儀，訖，赴席後立。客省承受上廳贊揖赴坐，點茶，畢，行酒。俟酒食畢，客省承受喝：『徹卓子。』點湯畢，引首領已下謝恩〔一〕，客省承受贊席後立，候首領已下謝恩如儀，畢，客省承受引押伴官、進奉使、副降階，對立定。先引押伴官謝恩如儀，畢，引依位立。次引進奉使、副謝恩如儀，畢，引依位立。客省承受引天使依前位立〔二〕，進奉使、副令譯語跪執謝表，拜訖，進奉使、副以表跪授天使，訖，引依位立。與天使相揖，畢，天使退。次押伴官、進奉使、副相揖，畢，引分位。一、起發日，進奉使、副與押伴官相別。其日，就驛，酒食五盞〔三〕。畢，客省承受引押伴官、進奉使、副對立定，客省承受互轉狀相別，訖，分位。客省承受引首領已下辭押伴，並如參押伴儀。畢，次伴送使臣交割，起發前去。」　同日，詔〔四〕：「占城進奉人到闕，在驛主管諸司官就差監驛官，與臨安府排辦事務官同共管幹，疾速施行。」

二十八日，四方館言：「將來占城國進奉人到闕，遇大禮，其使、副并大小首領並合趁赴郊壇陪位，及登門肆赦稱賀。」詔依。　十一月一日，客省言：「潮、梅州巡轄馬遞鋪押伴占城〔進〕奉使韓全狀：今月十二日，押伴進奉人到建州，約十一月六日到闕，及會問使、副已下職位、姓名、稱呼、等第下項：一、進奉使部領姓薩名達麻，呼部領是官資。一、判官姓蒲名都綱，呼大盤是官資。一、進奉（使副）〔副使〕滂姓摩名加奪，呼滂是官資。一、蒲翁、團翁、但翁、加艷翁、邈翁、僚亞、辛沙、喝尼累，已上八名，係在番幹辦掌執人。一、翁儒、翁雞、翁廖、蟻蛥、亞哪、不隊、班兒、麻菱、日罕，以上九名，係親隨防護禮物人。」詔劄下押伴所、懷遠驛、臨安府疾速排辦。　三日，客省言：「占城國入貢，其進奉人非晚到闕，今具合行排辦事件下項：一、欲乞候進奉人到闕，客省就驛置局，主管事務。一、今來進奉人候報到至國門日分，客省承受同合用人從、鞍馬等出城幕次內，計會引伴使臣祗備使用。候入城到驛，與押伴相見，茶湯畢，排辦酒食，五盞訖〔五〕，分位。所有相見酒食五盞，令在驛御厨、翰林司隨宜供應排辦。其城外幕次，令臨安府于經由入國門外側近去處釘設排辦。一、所有朝見日分，欲乞候本省取到進奉人牓子，具奏取旨引見。及朝辭日分，依此施行。所有皇城門外待漏幕次什物等，欲乞從本省關報儀鸞司排辦釘設。一、進奉人起發日，就驛排辦酒食五盞，押伴、送官相別訖，進奉人 79 交付伴送使臣起發前去。所有酒食五盞，令在驛御厨、翰林司排辦供應。」詔依。

五日，客省言：「據押伴占城進奉使臣韓全申到進奉人姓名共二十人，并譯語二人。本省契勘押伴并進奉人合用鞍馬共二十四匹，乞下馬軍司差撥。」詔依。

六日，客省言：「占城番使部領薩達麻狀：『昨蒙番王遣同綱首領陳惟安領貢奉物色并章表前來本朝進奉。竊念達麻等係化外，不諳天朝禮儀，全藉綱首陳惟安遞年興販本番，譯語至熟，正音兩通，兼與番王知熟。今次説諭番王前來進奉方物，表内明指陳惟安引進，雖有譯語隨行，竊慮傳聞不盡，禮節乖違，兼緣貢奉物色亦是陳惟安同共齎領前來，欲乞申明朝廷取旨，放令陳惟安同達麻等入驛宿泊，庶圖引進及傳聞言音。』候指揮。」詔依。

九日，客省言：「占城進奉使薩達麻等已于今月六日到驛訖，所有朝見日，取聖旨。」詔用十三日。

十一日，客省言：「占城使、副見、辭，係宣贊舍人引揖拜跪。緣言語不通，見有隨行譯語二人，乞下皇城司給入殿門號并壇殿號各二道，隨逐進奉人入殿譯語，并赴圓壇陪位立班。」詔依。

十三日，詔：「占城進奉使薩達麻等入見，命客省官賜酒食于殿門外如儀。」

十五日，學士院諮報尚書省：「準御封降下客省奏，連到占城國王鄒時芭蘭章表，令本院降詔回答。當院契勘，自來未曾行過占城國詔、勑書外，所有交趾國進奉方物等，止是給降勑書，用五色銷金綾紙書寫進呈，請寶降下，用黃絹夾複裹定，間金鍍銀裝匣盛，鎖鑰、紅絲條封全，仍將錦裹，再用黃絹夾複封裹。白絹面簽上題寫勑交趾郡王姓名，請寶降下，方行發付禮部

〔一〕「領」下原衍一「下」字，據下文删。
〔二〕省：原作「使」，據《中興禮書》卷二二七改。
〔三〕盞：原作「箋」，據《中興禮書》卷二二七改。
〔四〕詔：原作「照」，據《中興禮書》卷二二七改。
〔五〕盞：原作「箋」，據下文改。

前去。所有今來回答占城國詔，即未敢便依交趾國用勅書及封裹體例。及契勘交趾、占城國自渡江後來，未曾遣使到闕，所有今來回賜勅書，如封裹進呈了當，即未審依大金遣使到闕體例于使、副朝辭前進納，候朝辭日御前給賜，唯復從本院齎赴懷遠驛押伴官處交付，取自朝廷指揮。」後批：「送禮、户部看詳，申尚書省。」二十八日〔一〕，禮部言：「准批送下學士院連到占城國王章表，令本院降詔回答，送部看詳。尋行下太常寺看詳，本寺契勘：今來降詔回答勅書制度，除本寺即無典故該載外，今看詳，欲依學士院檢坐到交趾國進奉方物給降勅書體例制度，候封題進呈訖，送學士院關送客省交付押伴所，令使、副一就附帶前去。」詔依。　十六日，賜占城進奉使薩達麻等御筵于懷遠驛。　二十一日，户部言：太府寺申：「占城人使到闕，所有回賜錢物，准紹興二十五年十月二日指揮，候見得所進物色價直，劄刷參酌應副。其人使雖到行在，緣所進物色尚在泉州，並未起發，依熙寧六年指揮：『今後諸番進奉如有進貢物色，令本寺看估計價，下所屬回賜〔二〕。』今將所進香貨名色下所屬看 80 估，紐計得香貨等錢十萬七千餘貫。本寺劄刷回賜物帛數目，乞下所屬支給，關報客省回賜。今具下項：一、占城進奉到物：沉香九百五十六斤，附子沉香一百五十斤，箋香四千五百二十八斤，速香四千八百九十斤，象牙一百六十八株，三千五百二十六斤，澳香三百斤，犀角二十株，玳瑁六十斤，暫香一百二十斤，細割香一百八十斤，翠毛三百六十隻，番油一十埕，烏里香五萬五千二十斤。一、回答數目：錦三百五十匹，生川綾二百匹，生川壓羅四十匹，生樗蒲綾四十匹，生川尅絲一百匹，雜色綾一千匹，雜色羅一千匹，熟樗蒲綾五百匹，江南絹三千匹，銀一萬兩。」詔依。　二十二日，客省言：「占城進奉人到闕，別賜國信物色翠毛細法錦夾襖子、金腰帶、銀器等，已下所屬製造訖，乞送祗候庫打角，學士院封題請寶訖〔三〕，附客省關送押伴所。」詔依。　同日，客省言：「福建市舶司差到使臣韓全等八人押伴占城進奉人到闕，回日，可就差伴送前去。」詔依。　二十六日，鈐(鎋)〔轄〕鈞容直所言〔四〕：「占城入貢起發前一日，就驛賜御筵，依例係九盞，節次合用樂人作樂。緣今降指揮內止令鈞容直隨宜量度差撥，今乞差本班五十人作樂祗應，其合用勾曲、念語，令本班應(制)〔副〕製撰。」詔依，今後准此。　二十七日，客省言：「今具下項：一、引伴占城進奉人使臣韓全等八人并譯語二人，已就差伴送前去，特與等第犒設一次〔五〕：使臣韓全，一百貫，與占射差遣一次，令吏部給據；譯語二人，衙前一名，各五十貫；手分一名，三十貫；軍兵五人，各一十五貫〔六〕。並令户部支給。　一、占城進奉人到闕，押伴官與依館伴金國使、副例減半，支銀、絹各一百匹兩，充收買私覿。　客省官、置局主管，與依國信所主管官例減半，每員支銀、絹各二十五匹兩。並令户部支給。　其當行房分折食錢，令臨安府依金國人使到闕例減半支給。」詔依。　同日，客省言：「占城番進奉使薩達麻等狀，欲乞早賜發遣。本省契勘：所有朝辭日，取聖旨。」詔令十二月三日朝辭。　二十八日，客省言：「占城進奉人回程，其沿路差破遞馬、宿泊、飲食等，並乞依引伴來程體例。」詔依。

十二月六日，宰執奏：「禮部、兵部狀：占城國赴闕進奉，其國王并進奉人封爵，今檢會占城國舊番王楊卜麻疊初封，崇寧三年授懷遠軍節度觀察留後、金紫光禄大夫、檢校司空、使持節琳州諸軍事〔七〕、琳州刺史、兼御史大夫、上柱國、占城國王，食邑一千户，食實封五百户。今來鄒時芭蘭係初承襲，未有 81 官封，乞依楊卜麻疊初封官爵除授。給賜禮物：銀、絹各一千匹兩，寬衣一對，二十兩鏤金帶一

〔一〕「二十八日」以下至本條末，《中興禮書》卷二二七原文作小字注，今改爲與上下文字號同。
〔二〕下：原作「不」，據《中興禮書》卷二二七改。
〔三〕寶：原作「實」，據《中興禮書》卷二二七改。
〔四〕直：原作「真」，據《中興禮書》卷二二七改。
〔五〕犒：原作「犒」，據《中興禮書》卷二二七改。
〔六〕一十五：原作「十一五」，據《中興禮書》卷二二七乙。
〔七〕事：原作「等」，據本書蕃夷四之七四改。

條，細衣著一百匹，金花銀器二百兩，衣著一百匹。其進奉人薩達麻，依《國朝會要》：大中祥符元年本國遣陁傍亞聲來貢，會于泰山，候禮成，授其使奉華郎將；熙寧元年遣蒲麻勿等貢方物〔一〕，特授麻勿歸德郎將。」上曰：「可並依此例。前日有司失于檢舉，昨問客省，亦不知此例，便可行遣，恐失遠人歸附之意。其合賜禮物，令有司限三日排辦，一切足備。薩達麻與補歸德郎將。」

九日，制曰：「推恩以保四海，式昭博愛之仁；建國而親諸侯，厥有疏封之典。肆誕敭于命綍，用敷告于廷紳。占城番首鄒時芭蘭，節槩沉雄，器懷明果。眷言懿德，守信順而不渝；奠爾海邦，由忠勤以自厲。克輯寧于南服，尤嚮慕于中朝。茲修實贄之儀，適届陽郊之祀。有嘉誠欵，爰焕寵章。錫以山川，盡付土疆之舊；授之旄節，聿臨將閫之嚴。視爵秩于憲臺，衍圭腴于井賦。以定甸畿之列，以隆千里之瞻。於戲！率由典常，既恪修于臣職；永爲藩輔，尚承衛于王家。往迪令猷，益綏純嘏。可特授（紫金）〔金紫〕光禄大夫、檢校司空、使持節琳州諸軍事、琳州刺史、充懷遠軍節度觀察留後、兼御史大夫、上柱國、占城國王，食邑一千户，食實〔封〕五百户。」

紹興三十二年十月二十六日，壽皇聖帝即位未改元。制鄒時芭蘭加食邑五百户、食實封二百户。

壽皇聖帝乾道元82年六月八日，制鄒時芭蘭加食邑五百户、食實封二百户。《中興禮書》：乾道三年十一月二十八日，提舉福建路市舶司程祐之言：「本司元勸發占城番興販綱首陳應祥等船已回舶〔二〕，分載正、副使楊卜薩達麻等并隨行人計一十二名，已（昭）〔照〕應入貢體例，差官引伴，于來遠驛安泊。其附到進貢乳香、象牙、沉箋香等數目，合無依紹興二十五年指揮，許令將所貢物貨計綱隨逐進奉人使赴闕？及據使、副薩達麻等齎到本番首鄒亞娜表章，番字一本，唐字一本，及唐字物貨數一本。又據大食國烏師點等狀：『本國得財主佛記、霞囉池各備寶貝、乳香、象牙等赴大宋進奉，到占城國外洋暫駐。有占城番首差土生唐人及番人打駕小船，招引佛記、霞囉池等船入占城國拘管〔三〕，將進奉寶貨盡數般上，只撥得乳香、象牙與烏師點等，却差他國番人作己物前來進奉。又將人命殺害，委實痛傷。欲乞備申朝廷施行。候指揮。』勘〔會〕已降指揮，據所貢物以十分爲率，許進奉一分，餘數依條例抽買。」奉聖旨：「進奉一物物色既有争訟，難以收受，可給還，令程祐之説諭，以理遣回。所有其餘物貨，令市舶司斟量依條抽買〔四〕。」

乾道四年正月七日，制鄒時芭蘭加食邑五百户、食實封二百户。

三月四日，詔禮部開具紹興（三）〔二〕十五年答占城詔書制度送尚書省。先是，占城番首鄒亞娜遣使楊卜薩達麻等貢方物，詔受其獻十分之一，使人免到闕。既而福建市（船）〔舶〕司言：「大食國人烏師點等訴，占城所貢即所奪本國物〔五〕。」上以争訟，却之。至是，宰執進呈答占城國詔書，直學士院答敕洪邁奏，宜用崇寧故事，白背金花綾紙匣

〔一〕勿：原作「等」，據下文改。
〔二〕祥：原脱，據本書蕃夷七之五〇補。
〔三〕船：原脱，據本書蕃夷七之五一補。
〔四〕舶：原作「船」，據本書蕃夷七之五一改。
〔五〕物：原脱，據《文獻通考》卷三三二補。

襆。而李燾引紹興二十五年嘗受其貢，答詔只用麻紙；況今進貢非誠，却而不受，豈宜更優其禮。上曰：「李燾之論有理，可檢二十五年案沓。如有可據，即用近例。」

九日，中書門下省言：「勘會提舉市舶程祐之乞降詔旨開諭占城：『備悉入貢向化之意，所進物貨以大食有詞，不欲收受，已83盡收買，優支價錢。見拘大食人，宜盡放還本國。』令學士院降詔。既而臣寮言：『占城故王既死，鄒亞娜承襲，若以禮入貢，則當議封爵。既大食爭訟，難即降詔。』乞令程祐之以大食爭訟，從市舶司牒報其因，俟再貢如禮，然後賜敕書降告命。」從之。

乾道七年，閩人有泛海官吉陽軍者飄至占城，見其國與真臘乘象以戰，無大勝負，乃説王以騎戰，教之弓弩騎射。其王大悦〔一〕，具舟送之吉陽，厚賫。隨以買馬，得數十疋，以戰則克。

淳熙元年七月三日，詔：「占城國使人免到闕，令泉州如法管待，表章令先次入遞前來。候到，（今）〔令〕學士院降敕書回答。」福建路市舶張堅言：「占城國（進）奉使楊卜薩達麻翁畢頓、（付）〔副〕使教領離力星翁令、判官霞羅日加益王遲惻到本司，賫出蕃首鄒亞娜表章一通，并進奉物數一本，共一銀筒，稱願赴朝見。」故有是詔。既而十二月二十三日，學士院言：「乾道三年，占城鄒亞娜進奉，稱爲『占城嗣王』。今鄒亞娜既未曾正授，朝廷封册難以便稱國王。」有旨：令學士院以「占城嗣國王」稱呼回答。

二年九月十日，詔：「占城國蠻王輒通書瓊管，遣人船過海南買馬，官司禁約，怒，回輒劫略人物。令帥臣張栻草書付瓊管司回答，諭以中國馬自來不許出外界，令還所掠人口等，自今不得生事。仍令張栻以書藁繳申朝廷。知吉陽軍林賓慈令王三俊指引占城國人公然買馬〔二〕，規圖厚利，（今）〔令〕本司疾速取84勘，具案聞奏。」

三年三月五日，福建路提舉市舶司奏：「占城蕃主事官館寧齎到蕃首鄒亞娜表章一牙匣。」詔學士院降敕書回答。

七月十三日，廣西（總路）〔經略〕安撫司言：「瓊管司申：『準差齎書前〔往〕占城取回被虜人口，除病死外，見存八十三人。』録白到占城申牒，內乞（三）〔本〕司敷奏行下，特與本蕃通商。』本司檢坐見行條法，牒瓊管司移文占城，稱朝廷加惠外國，各已有市舶司主管交易〔三〕，海南四郡即無通商條令，仰遵守敕條約束。」詔張栻行下瓊管司〔四〕，遵依自來條法體例施行。

淳熙四年五月，以舟師襲真臘，請和，不許，殺之，遂爲大讎。

〔一〕王大：原倒，據《文獻通考》卷三三二乙。

〔二〕陽：原作「楊」，據《文獻通考》卷三三二改。

〔三〕主管：原倒，據《文獻通考》卷三三二乙。

〔四〕詔：原脱，據《文獻通考》卷三三二補。

慶元己未〔一〕，真臘大舉入占城。初，嘗奉表來降，至〔元〕〔是〕殺戮幾無噍類〔二〕，更立真臘人爲主。（以上《永樂大典》卷八一一六）

天竺國

【宋會要】

85 天竺，後漢通焉，即漢時身毒國。鄧展曰：「毒〔因〕〔音〕篤。」李奇曰：「一名天篤。」初，張騫使大夏，見邛竹杖、蜀布，問曰：「安得此？」大夏人曰：「吾賈人往身毒國市之。」即天竺也。或云摩伽陁，或云婆羅門。在葱嶺之南，去月氏東南數千里，地方三萬餘里。其中分爲五天竺：一曰中天竺，二曰東天竺，三曰南天竺，四曰西天竺，五曰北天竺。地各數千里，城邑數百。南天竺際大海。北天竺距雪山，四周有山爲壁，南面一谷，通爲國門。東天竺東際大海，與扶南、林邑鄰接，但隔小海而已。西天竺與罽賓、波斯相接。中天竺據四天竺之間，其都城周迴七十餘里〔三〕，北臨禪連河云。昔有婆羅門，領徒千人肄業於樹下〔四〕，樹神降之，遂爲夫婦。宮室自然而立，童僕甚盛。於是使役百神，築城以統之，經日而就。此後有阿育王，復役使鬼神，累石爲宮闕，皆雕文刻鏤，非人力所及。阿育王頗行苛政，置炮烙之刑，謂之地獄，今城中見有其迹焉。國並有王。漢時又有捐毒國，去長安九千八百里，去都護治所二千八百里，南與葱嶺相連，北與烏孫接，衣服類烏孫，隨水草，故塞種也。顔師古曰：「捐毒即身毒，身毒則天竺，塞種即釋種也。蓋語音有輕重也。」《島夷志畧》云：居大食之東，隸秦國之主，去海二百餘里，地平田沃，氣候不齊。俗尚古風。男女身長七尺，目小項長，手帕繫額〔五〕，編髮垂耳，穿百縫衣。民以藤皮織鞋，以綿紗結襪，仍時穿之，示其執禮也。不善煮海，食仰他國。民間以金錢流通使用。有酋長。地産沙金、駿馬。貿易之貨用銀、青白花器、斗罐酒、色印布之屬。《路史·發揮·佛之俗篇》云：昔老子西游出關，過於天竺，教胡人爲浮屠，厥後其徒更相推譽，流傳而失實爾。從月氏、高附國以西，南至西海，東至盤起，皆身毒之地。有別城數百，城置長；有列國數十，國置王。雖各小異，而俱名身毒。《扶南傳》云：舍衛國隸屬天竺。伽尸國一名皮波羅奈斯國〔六〕。竺法維《佛國記》云：波羅奈國在伽維羅越國南千四百八十里。釋法盛《歷國傳》云：其國有稍割牛，其牛黑色，角細長，可四尺餘，十日一割，否則病或致死。人服牛血，皆老壽。國人皆壽五百歲，牛壽亦等於人。亦天竺屬國。 都臨恒河，一名伽毗黎河。 靈鷲山，胡語曰耆闍崛山，山是青石，頭似鷲鳥。竺法維《佛國記》云：在摩竭提南，亦天竺屬國也。 其時皆屬月氏。月氏殺其王而置將，命統其人。俗修浮圖道，不殺生飲酒，遂以成俗。地卑濕暑熱。其國臨大水，乘象而戰。其人弱於月氏。漢武帝遣使十餘輩出西南，指求身毒，爲昆明所閉，莫能通。和帝時，數遣使貢獻，後西域反畔，乃絶。（栢）〔桓〕帝延熹二年、四年，頻從日南徼外來獻。世傳明帝夢見金人長大，頂有光明，以

86 問羣臣，或曰：西方有神，名曰佛，其形長丈六尺而黄金

〔一〕慶元己未：《文獻通考》卷三三二同。按，慶元己未即慶元五年，然《宋史》卷四八九《占城傳》作「慶元以來」，則是非止一年事。按《宋會要》體例，不以干支紀年，疑此文本作「慶元以來」，《大典》據《通考》改作「己未」。

〔二〕戮：原脱，據《宋史》卷四八九《占城傳》補。

〔三〕十：原作「千」，據《舊唐書》卷一九八改。

〔四〕肄：原作「隸」，據《舊唐書》卷一九八改。

〔五〕繫：原作「擊」，據《島夷志略》（四庫全書本）改。

〔六〕皮：按《通典》卷一九三、《通志》卷一九六皆無此字，但《文獻通考》卷一三八亦有，疑衍。

色。帝於是遣使天竺，問佛道法，遂於中國圖畫形象焉。楚王英始信其術，中國因此頗有奉其道者。後桓帝好神，數祀浮圖、老子，百姓稍有奉者，後遂轉盛。至魏時，中國人始祝髮爲僧。吴時，扶南王范旃遣親人蘇勿使其國，從扶南發投拘利口，循海大灣中，正西北入歷灣邊數國，可一年餘，到天竺江口，逆水行七千里乃至焉。天竺王驚曰：「海濱極遠，猶有此人乎？」即令觀視國内。仍差陳宋等二人以月氏馬四匹報旃，勿，積四年方至。其時吴遣中郎康泰使扶南，及見陳宋等，具問天竺土俗，云：「佛道所興國也。人敦厖，土饒沃。其王號茂論。所都城郭，水泉分流，繞於渠塹，下注大江。其宮殿皆雕文鏤刻，街曲市里，屋舍樓觀，鐘鼓音樂，服飾香華，水陸通流，百賈交會，器玩珍瑋，恣心所欲。左右嘉維、舍衛、葉波等十六大國，去天竺或二三千里，共尊奉之，以爲在天地之中。」晉鳩摩羅什譯出衆經，沙門慧叡才識高明，常隨羅什傳寫。羅什每爲慧叡論西方辭體，商畧同異，云：「天竺國俗甚重文制〔一〕，其宮商體韻以入管絃爲善〔二〕。」至是，不復通焉。唯宋文帝元嘉五年，天竺伽毗黎國王月愛又遣使奉表，獻金剛指環、摩勒金環、寶物、赤白鸚鵡各一。明帝泰始二年，又遣使貢獻，以其使主竺扶大、竺阿珍並爲建威將軍。元嘉十八年，蘇摩黎國王那羅跋摩遣使獻方物。孝武孝建二年，有斤陁利國王釋婆羅那鄰陁遣長史獻金銀寶器。後廢帝元徽元年，婆黎國遣使貢獻。此數國皆事佛道。凡此諸國，皆天竺之屬也。梁武帝天監初，天竺王屈多遣長史竺羅達奉表獻瑠璃唾壺、雜香、吉貝等物〔三〕。國臨大江，名新陶〔四〕，源出崑崙，分爲五江，總名恒水。其水甘美，下有真鹽，色正白，如水精。後魏宣武帝時，南天竺遣使來獻駿馬，云其國出獅子、貂、豹、貚〔五〕、胡昆反。槖駝、犀、象。有火齊，如雲母而紫色，裂之則薄如蟬翼〔六〕，積之則如紗縠之重沓〔七〕。有金剛，似紫石英，百（練）〔鍊〕不銷，可以切玉。瑇瑁、金、銅、鐵、鉛、錫、金縷織成金罽、白疊、毾㲪。毾音塔，㲪音登。又有旃檀、鬱金等香、甘蔗諸果、石蜜〔八〕、胡椒、薑、黑鹽。西與大秦、安息交市海中，或至扶南、交趾貿易，多珊瑚、珠璣、琅玕。俗無簿籍，以齒貝爲貨。尤工幻化。丈夫致敬極者，舐足摩踵而致其詞。家有奇樂倡伎〔九〕。其王與大臣多服錦罽。王爲螺髻於頂，餘髮剪之使短。丈夫剪髮，穿耳垂璫。俗皆徒跣。衣重白色。怯於鬭戰，有弓箭、甲矟，亦有飛梯地道、木牛流馬之法。有文字，善天文筭曆之術。其人皆學《悉曇章》書，云是梵天法。書

〔一〕文：原作「大」，據《晉書》卷九五改。
〔二〕韻：原殘，據《晉書》卷九五《藝術傳》補。
〔三〕貝：原作「具」，據《文獻通考》卷三三八改。
〔四〕名：原脱，據《梁書》卷五四《中天竺國傳》補。
〔五〕貚：原作「揮」，據《文獻通考》卷三三八改。
〔六〕裂：原作「列」，據《文獻通考》卷三三八改。
〔七〕積：原作「精」，據《文獻通考》卷三三八改。
〔八〕蜜：原作「密」，據《文獻通考》卷三三八改。
〔九〕奇：《文獻通考》卷三三八作「音」。

於貝多樹葉以記事〔一〕。隋煬帝志通西域，遣裴矩應接西蕃諸國，多有至者，唯天竺不通，帝以爲恨。唐武德中，其國大亂，中天竺王尸羅逸多練兵聚衆，所向無87敵，象不解鞍，人不釋甲。居六歲，而東、西、南、北四天竺國之君皆北面臣之。天竺王姓乞利咥氏，亦曰剎利，世有其國，不篡殺。稻歲四熟，禾之長者没橐駝。婦人項飾金銀珠瓔絡。死者燔骸取灰，建窣堵〔二〕，或委野中及河餌鳥獸魚鼈，無喪紀。謀反者幽殺之，小罪贖錢，不孝者斷手足，劓耳徙邊。有文字，善步曆，學爲梵天，書貝多葉以記事。國中處處指曰佛故跡也。信盟誓，傳禁呪，能致龍起雨。會唐浮屠玄奘至其國，尸羅逸多召見曰：「而國有聖人出〔三〕，作《秦王破陣樂》，試爲我言其爲人。」玄奘粗言太宗神武，平禍亂，四夷賓服狀。王喜曰：「我當東面朝之。」貞觀十五年，自稱摩伽陀王，遣使者上書。帝命雲騎尉梁懷璥持節慰撫，尸羅逸多驚問國人：「自古亦有摩訶震旦使者至吾國乎？」皆曰：「無有。」戎言中國爲摩訶震旦。乃出迎，膜拜受詔書，戴之頂〔四〕，復遣使者隨入朝。詔衛尉丞李義表報之，大臣郊迎，傾都邑縱觀，道上焚香，尸羅逸多率羣臣東面受詔書，復獻火珠、鬱金、菩提樹。二十二年，遣右衛率府長史王玄策使其國，以蔣師仁爲副。未至，尸羅逸多死，國人亂，其臣那伏帝阿羅那順自立，發兵拒玄策。時從騎纔數十，戰不勝，皆没，遂剽諸國貢物。玄策挺身奔吐蕃西鄙，檄召鄰國兵，吐蕃以兵千人來，泥婆羅以七千騎來〔五〕。玄策部分進戰茶鎛和羅城，三日，破之，斬首三千級，溺水死萬人。阿羅那順委國走，合散兵復陣，師仁禽之，俘斬千計。餘衆奉王妻、息阻乾陀衛江，師仁擊之，大潰，獲其王妃、王子，虜男女萬二千人，雜畜二萬，降城邑五百八十所。東天竺國王尸鳩摩送牛馬三萬餽軍，及弓、刀、寶纓絡。於是天竺響震，城邑聚落降者五百八十餘所〔六〕，遂俘阿羅那順以還。太宗大悦，因謂羣臣曰：「夫人耳目玩於聲色，口鼻耽於臭味，此乃敗德之源。若婆羅門不劫掠我使人，豈爲俘虜耶？昔中山以貪寶取斃，蜀侯以金牛致滅，莫不由之。」拜玄策朝散大夫。是時，就其國得方士那羅邇娑婆寐，自言壽二百歲，云有長生之術。太宗深加禮敬，館之於金飈門內，造延年之藥。令兵部尚書崔敦禮監主之，發使天下，採諸奇藥異石，不可稱數。延歷歲月，藥成，服竟不効，後放還本國。又使者走婆羅門諸國。所謂畔茶法水者，出石臼中，有石象人守之。水有七種色，或熱或冷，能銷金鐵，人手入輒爛，以橐駝髑髏轉注瓠中。有樹名咀賴羅，葉如(黎)〔梨〕，生窮山崖腹，前有巨虺守穴，不

〔一〕貝：原作「具」，據《文獻通考》卷三三八改。
〔二〕窣：原作「宰」，據《新唐書》卷一四六上改。
〔三〕出：原無，據《文獻通考》卷三三八補。
〔四〕頂：原作「項」，據《新唐書》卷二二一上改。
〔五〕千：原作「十」，據《新唐書》卷二二一上、《文獻通考》卷三三八改。
〔六〕十：原作「千」，據《通典》卷一九三改。

可到。欲取葉者，以方鏃矢射枝則落，爲羣鳥啣去，則又射，乃得之。其詭譎類如此。後術不驗，聽還，不能去，死長安。太宗之葬昭陵也，刻石像阿羅那順之形，列於玄闕之下。五天竺所屬之國數十，風俗物産畧同。有迦没路國，其俗開東門以向日〔一〕。王玄策至，其王發使，貢以奇珍異物及88地圖，因請老子像及《道德經》。那揭陀國有醯羅城，中有重閣，藏佛頂骨及錫杖。貞觀二十年，遣使貢方物。高宗時，盧伽逸多者，東天竺烏茶人〔二〕，亦以術進，拜懷化大將軍。乾封三年，五天竺皆來朝。天授三年，東天竺王摩羅枝摩、西天竺王尸羅逸多、南天竺王遮婁其拔羅婆〔三〕、北天竺王婁其那那、中天竺王地婆西那並來朝獻。景龍四年，南天竺國復遣使來朝。景雲元年，復遣使貢方物。開元二年〔四〕，西天竺遣使瞿曇惠誠來朝貢。八年，南天竺國遣使獻五色能言鸚鵡。其年，南天竺國王尸利那羅僧伽請以戰象及兵馬討大食及吐蕃等，仍求有以名其軍，玄宗甚嘉之，名軍爲懷德軍。使者曰：「蕃夷惟以袍帶爲寵。」帝以錦袍、金革帶、魚袋并七事賜之〔五〕。九月，南天竺王尸利那羅僧伽寶多枝摩爲國造寺〔六〕，上表乞寺額，勑以「歸化」爲名賜之。十一月，遣使册利那羅伽寶多爲南天竺國王，遣使來朝。十七年六月，北天竺國三藏沙門僧密多獻質汗等藥。十九年十月，中天竺國王伊沙伏摩遣其大德僧勃達信來朝貢〔七〕，獻方物。二十九年三月，中天竺國王子李承恩來朝，授游擊將軍，放還。天寶中，累遣使朝獻。乾元末，河隴陷没，遂不復至。晉、宋浮圖經云：臨倪國，其王生浮圖。浮圖，太子也。父曰屑頭耶，母曰莫耶。浮圖身服色黄〔八〕，髮青如青絲。始，莫耶夢白象而孕，及生，從母左脅出。生而有髻，墮地能行七步〔九〕。此國在天竺域中〔一〇〕。天竺又有神人名沙律，昔漢哀帝元壽元年，博士弟子景盧受大月氏王使伊存口授浮圖經，曰復立者其人也。伊蒲塞〔一一〕、桑門、伯聞〔一二〕、疏間、白間、比丘、晨門，皆弟子號也。浮圖所載，與中國《老子經》相出入，蓋以爲老子西出關〔一三〕，過西域之天竺，教胡爲浮圖，徒屬弟子別號合有二十九，不能詳載，故畧之。諸家記天竺事，多録諸僧法明、道安之流

〔一〕開：原作「門」，據《舊唐書》卷一九八改。
〔二〕烏：原作「鳥」，據《新唐書》卷二二一上、《通鑑》卷二〇一改。
〔三〕拔：原作「枝」，據《舊唐書》卷一九八、《册府元龜》卷九七〇改。
〔四〕二：原作「三」，據《舊唐書》卷八、卷一九八改。
〔五〕事：原作「字」，據《新唐書》卷二二一、《文獻通考》卷三三八改。
〔六〕寺：原作「等」，據《舊唐書》卷一九八改。
〔七〕達信：原脱，據《册府元龜》卷九七一補。
〔八〕服：原作「體」，據《三國志》卷三〇裴注引《魏略·西戎傳》、《通典》卷一九三改。
〔九〕七：原作「十」，據《三國志》卷三〇裴注引《魏略·西戎傳》、《通典》卷一九三、《太平寰宇記》卷一八三改。
〔一〇〕域：原作「城」，據《通典》卷一九三改。
〔一一〕伊：原作「傴」，據《通典》卷一九三改。
〔一二〕聞：原作「間」，據《三國志》卷三〇裴注引《魏略·西戎傳》、《通典》卷一九三、《太平寰宇記》卷一八三改。
〔一三〕出：原作「北」，據《三國志》卷三〇裴注引《魏略·西戎傳》、《通典》卷一九三、《太平寰宇記》卷一八三改。

傳記，疑皆怪誕不經，不復悉纂也。已具《序略》注中〔一〕。至周廣順三年，西天竺僧薩璊多等十六族來貢名馬。

宋乾德三年，滄州僧道圓自西域還，得佛舍利一、水晶器、貝葉梵經四十夾來獻。道圓天福中詣西域，在塗十二年，住五印度凡六年，五印度即天竺也。還經于闐，與其使偕至。（木）〔太〕祖召問所歷風俗山川道里，一一能記。

四年，僧行勤等一百五十七人詣闕上言，願至西域求佛書，許之。以其所歷甘、沙、伊、肅等州，焉耆、龜兹、于闐、割祿等國，又歷布路沙、加濕彌羅等國，並詔諭令人引道之。

開寶後，天竺僧持梵夾來獻者不絶。

五年四月，西天僧蘇葛陀以舍利一、水晶器及文殊花來獻。

六年，賜西天僧彌羅等四人紫衣。

八年冬〔二〕，東印度王子穰結詵囉來朝貢〔三〕。天竺之法，國王死，太子襲位，餘子皆出家爲僧，不復居本國。有曼殊室利者，乃其王子也，時中國僧至其國，因隨而至焉。太祖令館【89】於相國寺。善持律，爲都人之所傾嚮，財施盈溢。衆頗嫉之，以其不解唐言，即僞爲奏求還本國，許之。詔既下，曼殊室利始大驚恨，衆僧諭以詔旨，不得已，遲留數月而後去。自言詣南海附賈人船而歸，終不知所適至。

二十九日〔四〕，西域中印土僧鉢納摩利來朝，以佛舍利塔一、聱拂一爲獻。

太平興國五年五月，中天竺國僧囉護囉來獻香藥萬七千斤、（具）〔貝〕多葉梵經一軸。

七年，益州僧光遠至天竺，以其王没徙曩表來上，并獻佛頂印大小六，菩提、貝多葉各七。上令天竺僧施護譯云：「近聞支那國内有大明王，至聖至明，威力自在，每慙薄幸，朝謁無由，遥望支那，起居聖躬萬福。光遠來，蒙賜金剛吉祥無畏坐釋迦聖像袈裟一事，已披掛供養。伏願支那皇帝福慧圓滿，壽命延長，常爲引道一切有情，生死海中，渡諸沉溺。今以釋迦舍利附光遠上進。」又譯其國僧統表，詞意亦與没徙曩同〔五〕。施護者，烏填曩國人。其國屬北印度〔六〕，西行十二日至乾陁羅國，又西行二十日至曩誐羅賀羅國，又西行十日至嵐婆國，又西行十二日至誐惹曩國，又西行至波斯國，得西海。自北印度行百二十日至中印度，中印度西行三程至呵囉尾國，又西行十二日至末曩

〔一〕按，此段注文乃録自《通典》卷一九三，此處所謂《序略》指《通典》卷一八九《邊防五・西戎一・序略》。但此《序略》中並不涉及此事，其實應指《通典》卷一九一之《西戎總序》，其末注中列舉諸家之西域傳記。此蓋杜佑誤記。

〔二〕按，《宋史》卷三記東印度此王子來朝在八年七月癸未（十三日）。

〔三〕「東」下原有一「都」字，據《文獻通考》卷三三八删。詵：《宋史》卷三《太祖紀》三、卷四九〇《天竺傳》作「説」。

〔四〕二十九日：按，不著年月，當有脱誤。

〔五〕徙：原作「徒」，據上文及《文獻通考》卷三三八改。

〔六〕人、其國：原脱，據《宋史》卷四九〇《天竺傳》補。

囉國，又西行十二日至鉢賴野迦國，又西行六十日至迦囉拏俱惹國〔一〕，又西行十二日至摩羅尾國，又西行二十日至烏然泥國，又西行二十五日至羅囉國，又西行四十日至蘇囉茶國，又西行十一日至西海。凡中印度行六月程至南印度，又西行九十日至供迦拏國，又西行一月至海〔二〕。自南印度南行六月程得南海。皆施護之所述云。

八年，僧法遇自天竺取經回，至三佛齊，遇天竺僧彌摩羅失黎語不多令，附表願至中國譯經〔三〕，上優詔召之。法遇後募緣製龍寶蓋袈裟〔四〕，將復往天竺，表乞給所經番國敕書，遂賜三佛齊國王遐至葛、古羅國主司馬佶芒、柯蘭國主讚怛羅、西天王子謨馱仙書以遣之。

雍熙中，衛州僧辭澣自西域還，與胡僧密怛羅奉北印度王及金剛坐王那爛陀書來〔五〕。又有婆羅門僧永世與波斯外道阿里煙同至京師。永世自言：本國名利得，國王姓牙羅五得，名阿喏你嚩，衣黃衣，戴金冠，以七寶爲飾，出乘象或肩輿，以音樂螺鈸前道，多游佛寺，博施貧乏。其妃曰摩訶你，衣紬縷金紅衣，歲一出，多所振施。人有寃抑，候王及妃出游〔六〕，即迎隨申訴。署國相四人，庶務並委裁製。五穀、六畜、果實與中國無異。市易用銅錢，有文漫圓徑，如中國之制，但實其中心，不穿貫耳。其國東行，經六月至大食國，又二月至西州，又三月至夏州。阿里煙自云：本國王號黑衣，姓張，名哩里没，用錦綵爲衣，每游獵，三二日一還國。署大臣九人治國事。男子以白疊布爲衣，婦人豪富者著大食國錦綺，貧下止服絹布。種陸田，而無稻穤。土宜絲蠶、羊馬、果實。無錢 90 貨，以雜物貨易。永世、阿里煙太平興國九年與西州回鶻同來。

淳化二年五月，南天竺那蘭陁寺僧補陁羅吃多以釋迦佛舍利來獻。賜紫方袍，館於太平興國寺。

至道元年，天竺僧迦羅拏扇以佛頂骨來獻。詔賜紫衣，館於太平興國寺。

二年八月，有天竺僧隨舶至海岸，持帝鐘、鈴杵、銅鈴各一，佛像一軀，貝葉梵書一夾〔七〕，與之語，不能曉。

大中祥符三年九月，中天竺僧覺稱、法戒來獻金剛座、菩提葉梵夾、舍利，覺稱又作《讚聖德頌》以獻。詔傳法院譯其文，賜紫方袍，加以束帛。

天聖〔三〕〔二〕年九月〔八〕，西印度僧愛賢、智信護等來獻梵書經，各賜紫方袍、束帶。

五年二月，僧法吉祥等五人以梵書來獻，賜紫方袍。

景祐三年正月，僧善稱等九人貢梵經、佛骨及銅牙菩

〔一〕「末曩囉」至「六十日至」二十三字原脱，據《宋史》卷四九〇《天竺傳》補。
〔二〕月：原作「日」，據《宋史》卷四九〇《天竺傳》改。
〔三〕譯：原作「譚」，據《宋史》卷四九〇《天竺傳》改。
〔四〕後：原作「復」，據《宋史》卷四九〇《天竺傳》改。
〔五〕「怛」原作「恒」，「坐王」原作「坐玉」，據《文獻通考》卷三三八改。
〔六〕候：原作「侯」，據《宋史》卷四九〇《天竺傳》改。
〔七〕貝：原作「具」，據《文獻通考》卷三三八改。
〔八〕二：原作「三」，據《長編》卷一〇二、《宋史》卷四九〇《天竺傳》改。

薩像，賜以束帛。

熙寧五年三月，木征進天竺僧二人，詔令押赴傳法院。明年四月二十三日，詔以使臣引伴往五臺山，從其請也。仍給遞馬驛。（以上《永樂大典》卷一九八七八）

大食

【宋會要】91 真宗咸平元年八月，詔曰：「敕大食國王：先差三麻傑託舶主陁離於廣州買鍾，除納外少錢千三百餘貫事。卿撫馭一方，恭勤萬里，汎海常修於職貢，傾心遠慕於聲明。所市洪鍾，雖虧估價，以卿素推忠懇，宜示優恩。特免追收，用隆（春）〔眷〕注。所欠鍾錢，已降敕命蠲放，故茲示諭。」

二年閏三月，遣蒲押提黎來貢象牙四株，揀香二百斤，千年棗、白沙糖、葡萄各一琉璃瓶，薔薇水四十瓶，賀皇帝登位。六月，遣其判官文茂來貢〔一〕。

三年（三）〔二〕月〔二〕，遣使穆吉鼻朝貢。其還也，詔賜其舶主陁婆離銀二千七百兩、交倚、水灌器、金鍍銀鞍勒馬。

六年六月，其王阿彌遣使婆羅欽三摩泥等來貢方物。是歲承天節，其使與蒲端、三佛齊使皆在館，詔賜襲衣，仍預大宴。

祥符九年十一月，大食蕃客截沙蒲黎以金錢、銀錢各千文來貢，且求朝拜天顏。詔入內（內）侍省引對崇政殿，優給其直遣之。

天禧元年六月，詔：「大食國蕃客麻思利等回（示）〔市〕物色，免緣路商稅之半。」

三年五月，遣使蒲麻勿陁婆離、副使蒲加心等來貢。

仁宗天聖元年十一月，入內侍省副都知周文質言：「沙州、大食國遣使進奉至闕。緣大食國（北）〔比〕來皆汎海由廣州入朝，今取沙州入京，經歷夏州境內，方至渭州。伏慮自今大食止於此路出入。望申舊制，不得於西 92 蕃出入。」從之。乾興初，趙德明請道其國中〔三〕，不許，至是，恐爲西人鈔略，故令從海路至京師。

至和二年十月，首領蒲沙乙貢方物。

嘉祐元年四月，首領蒲沙乙入貢方物。

五年正月，首領蒲沙乙貢方物，（援）〔授〕沙乙武寧司階。其男霞佛乞以銀合上乾元節香〔四〕，詔許之，還其銀合。以上《國朝會要》。

〔一〕文茂：《文獻通考》卷三三九作「文戍」，《宋史》卷四九〇《大食傳》作「文戊」。

〔二〕二月：原作「三月」，據《長編》卷四六改。

〔三〕國：原重此字，據《宋史》卷四九〇《大食傳》刪。

〔四〕乾元：原作「乾和」，按，宋無乾和節，當是「乾元」之誤。乾元節，仁宗誕節，因改。

神宗熙寧三年十二月二十四日，遣使來貢，賜器服、飲食有差。

五年六月二十一日，詔：「大食勿巡國進奉使辛押陁羅辭歸蕃，特賜白馬一疋、鞍轡一副。所乞統察蕃長司公事，令廣州相度。其進助修廣州城錢銀，不許。」

六年十月五日，大食陁婆離慈進奉都蕃首保順郎將蒲陁婆離慈表男麻勿將貢物，乞賜將軍之名，仍請以麻勿自代。詔蒲麻勿與郎將，餘不行。

十二月十六日，大食俞盧和地國遣蒲囉詵來貢乳香等，詔香依廣州價回賜錢二千九百貫，别賜銀二千兩。

元豐四年六月二十三日，廣南東路經署司言：「大食層檀國保順郎將層伽尼請備禮物詣闕謝恩〔一〕。」上批：「多給舟，令赴闕。」

七年四月二日，大食貢方物。

哲宗元祐三年十一月，大食麻囉拔國遣人入貢〔二〕。

四年四月九日，詔大食麻囉拔國貢使加立特授保順郎將。

十一月二十五日，進貢方物。

徽宗政和六年二月二十二日，詔：「今後蕃夷入貢，並選差承務郎以上清彊官押伴，依程行，無故不得過一日。因而乞取置買，以自盜論；抑勒阻節入貢人者，徒二年。仍令所在 93 州軍覺察。」先是，大食國進奉，差廣州司户曹事蔡蒙休押伴，在路住滯，彊買人使香藥，不還價錢。有旨，蒙休先次勒(倚)〔停〕，令提刑司置司推勘，具案聞奏。故有是詔。

六月二十七日，遣使入貢。以上《續國朝會要》。

光堯皇帝建炎三年三月七日，宰臣進呈張浚奏：「大食國遣使進奉珠玉寶貝等物，已至熙州。」上宣諭曰：「大觀、宣和間，茶馬之政廢，川茶不以博馬，惟市珠玉，故馬政廢缺，武備不修，致胡虜亂華，危弱之甚。今若復捐數十萬緡貿易無用珠玉〔三〕，曷若惜財以養戰士？宜以禮贈賄而謝遣之。」乃詔張浚並不得受，量度支賜，以答遠人之意。

紹興元年十一月二十六日，提舉廣南路市舶張書言上言：「契勘大食人使蒲亞里進貢大象牙二百九株、大犀三十五株，見收管廣州市舶庫。象牙各係五十七斤以上，依例每斤估錢二貫六伯文，約用本錢五萬餘貫，數目稍多，難以變轉。乞起發一半，將一半就便搭息出賣給還。」詔揀選大象牙一百株、犀二十五株起發赴行在，准備解笏造帶、宣賜臣寮使用，餘從之。

四年七月六日，廣南東路提刑司言：「大食國進奉使人蒲亞里將進貢回賜到錢置大銀六百錠及金銀、器物、疋帛，被賊數十人持刃上船，殺死蕃牧四人，損傷亞里，盡數

〔一〕詣：原作「諸」，據《長編》卷三一三改。
〔二〕食麻囉拔國：原脱，據《長編》卷四一七補。
〔三〕捐：原作「指」，據《宋史》卷四九〇《大食傳》改。

刼奪金銀等前去。已帖廣州火急捕捉外，乞施行。」詔：「當職巡尉先次特降一官，開具職位、姓名，申樞密院。其盜賊，令安撫、提刑司督責捕盜 94 官限一月須管收獲。如限滿不獲，仰逐司具名聞奏，重行黜責。」

六年八月二十三日，提舉福建路市舶司上言：「大食蕃客蒲囉辛造船一隻〔一〕，般載乳香投泉州市舶，計抽解價錢三十萬貫，委是勤勞，理當優異。」詔：「蒲囉辛特補承信郎，仍賜公服、履笏，仍開諭以朝廷存恤遠人、優異推賞之意。候回本國，令説喻蕃商廣行般販乳香前來。如數目增多，依此推恩。餘人除犒設外，更與支給銀、綵。」以上《中興會要》。

壽皇聖帝乾道四年，大食進貢方物。初，大食遣烏師點等齎寶貝、象牙、乳香等入貢，舟至占城，爲賊所奪，訴於福建路市舶，上令以理遣回。（以上《永樂大典》卷二〇五二二）

蒲端

【宋會要】

95 蒲端在海上，與占城相接，未嘗與中國通。

真宗咸平六年九月，其王其陵遣使李㐌罕、副使加彌難來貢方物及紅鸚鵡。

景德元年正月，詔上元節夜，中使命押伴蒲端使觀燈宴飲，仍賜緡錢。

五月，遣使李㐌罕等來貢方物。

九月，有司言：「蒲端使多市漢物、金銀歸國，亦有旗幟之類。遠人不知條禁，望令開封府戒諭市人，無得私製。」從之。

四年六月，王其陵遣使已絮漢等貢玳瑁、龍腦、帶枝丁香、丁香母及方物。賜冠帶、衣服、器幣、緡錢有差。

八月，蒲端國使已絮漢上言：「伏見詔賜占城使鞍轡馬二、大神旗二，望如恩例沾賚。」有司言：「蒲端在占城之下，若例賜之，恐無旌別。望改賜雜綵小旗五。」從之。

大中祥符四年二月，國主悉離琶大遐至又遣使李于燮以金板鐫表，奉丁香、白龍腦、玳瑁、紅鸚鵡來貢。時祀汾陰后土，命其使至行在。又獻崑崙奴一，帝憫其異俗，離去鄉土，命還之。時又有三麻蘭國舶主聚蘭遣使貢瓶香〔二〕、象牙、千年棗、偏桃、五味子、薔薇水、白沙糖、瑠璃瓶、馱子。勿巡國舶主烏惶〔三〕、蒲婆羅國主麻勿和勒並遣使貢瓶香、象牙。皆海上小國也。

六月，詔以李于燮爲懷化將軍，又以三麻蘭國使亞里白地爲柔遠將軍，蒲婆羅國使亞蒲羅爲奉化郎將〔四〕。皆以從祀推恩也。

〔一〕蕃客：原作「蕃國」，據《建炎要録》卷一〇四改。
〔二〕「舶」原脱，「聚」原作「娶」，據本書蕃夷七之一八補改。
〔三〕舶：原脱，據本書蕃夷七之一八補。
〔四〕婆：原作「端」，據上文及《長編》卷七六改。

七月，李于燮等奉（大）〔本〕96國之奏，乞賜旗幟、鎧甲，以耀遠方。從之。（以上《永樂大典》卷三九九七）

闍婆國

【宋會要】

97太宗淳化三年八月，明州言：「闍婆國遣使乘大船求貢方物。其使自言：中國有真主〔一〕，聲教所被，本國航海脩貢。」十二月，其使陁湛、副使蒲蘸里〔二〕、判官李陀那假澄等至闕下。其貢物：象牙十株、真珠二斤半、雜色絲絞三十六段、吉貝織雜色絞布五十六段、檀香四千四百二十三斤、玳瑁檳榔盤二面、犀牙金銀裝覇劍十二口、藤織花簟席四十領、白鸚鵡一、雜色繡花銷金絲絞八段、七寶檀香亭子一。陁湛又進大玳瑁六十七斤、藤織花簟席二十領、丁香十斤、白龍腦五斤。先是，朝貢使汎海船六十日至明州定海縣〔三〕，掌市舶張肅先驛奏其使服飾之狀，與嘗來入貢波斯相類。

光堯皇帝建炎三年正月十日，制：「懷遠軍節度、琳州管内觀察處置等使、金紫光禄大夫、檢校司空、使持節琳州諸軍事、琳州刺史、兼御史大夫、上柱國、闍婆國王、食邑二千四百户、實封一千户悉里地茶蘭固野，可特授檢校司徒，加食邑一千户、食實〔封〕四百户。」以南郊禮成加恩也。

紹興元年七月二十日，提舉廣南市舶張書言上言：「闍婆蕃首勤堅附到蕃信與廣州知州并提舉市舶官，未敢收受。」詔不許，如願中賣，即依數支還價錢，不得兩有虧損。

二年三月八日，制加悉里地茶蘭固野食邑五百户〔四〕，食實封二百户〔五〕。以南郊禮成加恩。自後，大禮加食邑、98實封恩數並同此。

十七年十一月二十八日，宰執進呈真臘、闍婆國王降制加恩。上曰：「日後郊祀，外國加恩，可令先次檢舉，庶知朝廷不忘懷遠之意。」是日，制加悉里地茶蘭固野食邑、實封如前。

紹興三十二年十月二十六日，壽皇聖帝即位，未改元。制悉里地茶蘭固野加食邑五百户、實封二百户。

壽皇聖帝乾道元年六月八日，制悉里地茶蘭固野加食邑五百户、食實封二百户。

四年正月七日，制悉里地茶蘭固野加食邑五百户、實封二百户。

六年十二月十八日，制悉里地茶蘭固野加食邑五百户、實封二百户。（以上《永樂大典》卷五七三七）

〔一〕有：原脱，據《文獻通考》卷三三二補。
〔二〕蘸：《文獻通考》卷三三二、《宋史》卷四八九《闍婆傳》作「亞」。
〔三〕汎：原作「汛」，據《文獻通考》卷三三二改。
〔四〕加：原作「如」，據《宋史》卷四八九《闍婆傳》改。
〔五〕實：原脱，據《宋史》卷四八九《闍婆傳》補。

真里富國

【宋會要】

99 嘉定九年七月二十日〔一〕。

真里富國，不知立國始於何年。其國在西南隅〔二〕，東南接波斯蘭，西南與登流眉爲鄰，所管聚落六十餘處。土産象牙、犀角、土蠟、降真番油、麤香、荳蔻、烏紋木等。其主所居倣佛殿，皆用金器，唐朝紅綿爲幕。國主所服以白爲尊，帳用白羅銷金。官僚朝見，俛首合掌以爲至禮。帳蓋用乾紅爲之，其次用茜紅，又其次用紅斑，其下用青。凡有移文，黑皮爲册，白粉成書。其聚落處各有主管官僚，所用惟銀器，并以花絹爲幕。俗好佛法，凡有不平之訟，則往靈驗寺對飲佛水，平安者爲實，疾病者爲虛。民所樂者，緋紅羅絹、瓦器而已。博易衣食皆用碎鉛。其所用緋紅羅絹、瓦器之類，皆本朝商船齎到彼博易。欲至中國者，自其國放洋五日抵波斯蘭，次崑崙洋，經真臘國，數日至賓達椰國，數日至占城界，十日過洋，傍東南有石塘，名曰萬里，其洋或深或淺，水急礁多，舟覆溺者十七八，絶無山岸〔三〕。方抵交趾界，五日至欽、廉州，皆計順風爲則。謂順風者，全在夏汛一季，南風可到。若回國，須俟冬季北風，捨是則莫能致也。

慶元六年八月十四日，慶元府言：「真里富國主摩羅巴甘勿丁恩斯里房麾蟄立二十年，遣其使上殿官時羅跋智毛檐勿盧等齎表，其表係金打卷子，國主親書黑字。貢瑞象二及方物。象牙二十株，犀角五十株，土布四十 100 條。」詔本府以禮館待，方物令人管押前來，其象留於穩便處飼養，別聽指揮。綱首蒲德脩言：自今年三月離岸，五月二十二日從本國海口放洋，幸遇南風，晝夜行舟，六十日到定海縣。十月一日，宰執進呈次，上曰：「真里富國金表已見之，甚可笑，止是金打小卷子，又於木皮上別寫一卷，其狀屈曲，皆不可曉。盛書螺鈿匣子又折一足，弊陋之甚，内有數斤纈帛。此必海上小國，如一小州之類。」謝深甫等奏：「番字一體，絶類琴譜，竟不知所言何事，方欲下慶元府令譯而來。」上曰：「可令譯來。」既而本府言：「蒲德脩等并譯語人吳文蔚將金表章辯譯表文。所有木皮番字一軸，據蒲德脩等譯語，即係金表章副本，意一同，恐大朝難辨識金表字文，本國又令南卑國人書寫番字，參合辯照。」至是奏上焉。十五日，詔令學士院回答勑書，并支給紅緋羅絹一千匹、緋纈絹二百匹，等第回賜本國進奉人，發遣回國。其瓦器，令慶元府收買給賜。同日，詔沿海制置司津發真里富國瑞象二赴行在。

嘉泰二年九月十二日，真里富國進瑞象二隻，及兜羅綿一十段、象衣大布二條。詔令沿海制置司津發赴行在，

〔一〕此句與下文不相應，當是別處殘文錯簡在此。

〔二〕按《文獻通考》卷三三二云：「真里富，真臘屬國也，其國在西南隅。」《會要》此文蓋本接於真臘之後。

〔三〕此注原抄作正文，據文意改。

仍令馳坊差軍兵二人前去同行管押。

開禧元年八月二十三日，真里富國進獻瑞象一隻、象牙二枝、犀角十株。詔令慶元府以禮館待本國所遣官，取所進表并象牙、犀角差人管押前來。仍詢問表文如係番書，就101行仔細辯譯，及約計所進物價申尚書省，以憑支降回賜。所進象，令沿海制置司計置津發赴行在。譯表文云：「悉哩摩稀陀囉跋囉吽小心消息，心下意重，知有大朝，日日瞻望。新州近大朝，新欲差一將安竺南旁哱囉，差出來同大朝綱首拜問消息。回文轉新州，已知大朝來去。今差一將出來，不敢空手，有雄象一頭，象牙一對共重九十二斤，犀角一十隻共重一十一斤，盡進奉大朝。望乞回消息，意要欲知大朝，年年進奉不絶。十月間可發回文差到人。四月初九日出港，分付去行在進奏院。相公悉哩摩稀陀囉跋囉吽送納。」既而本府言：「已照慶元六年例支給米麵酒館待番官外，所進象在海遭風大浪擺，損四脚，兼伏熱不食水草身死，所是象牙并表文黄封印記，差人管押投進。」詔令學士院回答勑書，賜紅綿纈羅一百匹、紅綿纈絹一百匹，仍更給降緋纈絹五十匹賜所遣來人，令本府等第支散，以禮館待，發遣回歸。仍責委綱首説諭本國所遣官，海道遠涉，今後免行入貢。（以上《永樂大典》卷一四九〇二）[一]

佛泥國

【宋會要】

102《蕃夷傳》：佛泥國，神宗元豐四年八月二十八日，佛泥國遣使來朝。佛泥不與中國通者九百餘年，至是方入貢。以上《續國朝會要》。《國朝》、《中興》、《乾道會要》無此門。（以上《永樂大典》卷一五五二）

渤海國

【宋會要】

103渤海，高麗之别種。後唐天成初[二]，爲契丹阿保機攻扶餘城[三]，下之，改扶餘爲東丹府，命其子突欲留兵鎮之。保機死，渤海王復攻扶餘，不能克。周顯德中，其酋崔烏斯等三十人歸化[四]，自後不通中國。

太宗太平興國四年，太宗征幽州，渤海(首)〔酋〕帥大鸞河率小校李勳等十六人、部族三百騎來降。詔以鸞河爲渤海都指揮使。

[一]《大典》卷次原缺，據《永樂大典總目》卷三九補。
[二]成：原作「武」，據《宋史》卷四九一《渤海傳》改。
[三]城：原作「機」，據《宋史》卷四九一《渤海傳》改。
[四]酋：原作「首」，據《宋史》卷四九一《渤海傳》改。

六年七月，賜烏舍城浮渝府渤海琰府王詔曰：「朕奄有萬邦，光被四表，無遠弗屆，無思不服。惟契丹小醜，介於北荒，糾合姦兇，侵擾邊鄙。朕昨提鋭旅，往征并門〔一〕，而契丹舉國興師，犯關爲寇。疆吏來告，我伐用張。尋於涿鹿之墟，破其十萬餘衆，斬首數萬級，奪車帳萬餘乘。今國家將蓆卷乘勝〔二〕，長驅深入，收碣石之舊壤，焚龍庭之故墟，攘除腥膻，廓清氛祲。聞爾渤海國爰從前代，本是大蕃，近年以來，頗爲契丹所制，侵漁爾封略，塗炭爾人民，無協比之恩，有并吞之志。朕聞汝迫於兇醜，屈膝事之，讒慝滋多，誅求無藝，雖欲報怨，力且不能。今靈旗破虜之秋，是汝國復讎之日。所宜盡率部族，來應王師。俟逆黨翦平，當大行封賞。幽薊之地入於朝廷，朔漠之外悉以相與。汝能効順，朕不食言。今遣使諭意。」渤海，大國，近年役服於契丹，至是，帝將發師大舉，故先令告諭，俾之發兵爲應也。

淳化二年，以渤海國不通朝貢，詔女真發兵攻之，凡斬一【104】級，賜絹五匹爲賞。

徽宗政和八年五月二日，臣僚言：「登州與渤海相望。熙寧中，巡檢每季下北海駞基島駐劄，以駞基石爲界〔三〕。自北朝通好，不曾根理，深慮渤海相近作過，則駞基寨孤立。乞以末島、嗚呼島爲界，并欽島添置卓望兵，令戍官往來巡邏。」詔令指畫聞奏，不得希功生事。

政和八年五月十五日，知明州樓异言：「依詔措置打造高麗坐船一百隻，今已畢功。契勘高麗綱(稍)〔梢〕工每月支糧一石二斗，別無營運，欲乞於舊請外添米一石，棹手添米六斗。」從之。

十月三日，高麗國進奉使正奉大夫、禮部尚書鄭克永，副使中奉大夫、試尚書刑部侍郎李之美，進奉都鈐轄兼押物中亮郎金英美，見於紫宸殿。

十七日，知明州樓异言：「檢准《高麗入貢敕》：『(請)〔諸〕應用什物之類輒充他用者，以違制論；因而損壞，論如棄毀官物法。』所有盜賣、典借及知情典賣借賃之人〔四〕，若依常盜法，則比之他用條爲輕。欲乞於《高麗入貢敕》文添修『盜賣、典借及有字號知情典賣借賃之者，嚴立罪賞』專條。」詔限三日立法。

大抵憲象中國之度〔五〕。服章亦有紫緋、淺緋、緑及牙笏、金銀魚之制，餘俗與高麗、契丹畧等。幽州節度府與相聘問，自營、平距京師蓋八千里而遠。梁開平元年，王大諲譔遣王子來貢方物。二年、三年及乾化二年，俱遣使來貢。

〔一〕門：原作「明」，據《宋大詔令集》卷二四〇改。
〔二〕「今」原作「令」，「家」原脱，據《宋大詔令集》卷二四〇改補。
〔三〕駞基石：原作「駞駞名」，據乾隆《欽定滿州源流考》卷六引《宋會要》改。
〔四〕賣：原脱，據下文補。
〔五〕按，以下一段與上文不相接，且其末尾數句所述攻扶餘城事與本門首段重複，而整段文字與《文獻通考》卷三二六《四裔考·渤海》全同。《通考》於上文叙述渤海國之官制，故總結云「大抵憲象中國之度」。當是《大典》引《文獻通考》爲注，而脱去上文，故不知所云。要之，此段非《宋會要》之文。

後唐同光二年，遣王子來朝，又遣姪學堂親衛大元謙試國子監丞。三年及天成元年，俱遣使[105]入貢，進兒口、女口。先是，契丹大首領耶律阿保機兵力雄盛，東北諸蕃多臣屬之，以渤海土地相接，常有吞併之志。是歲，率諸蕃部攻渤海國扶餘城，下之，改扶餘城爲東丹府，命其子突欲留兵鎮之。（以上《永樂大典》卷一一〇五三）

宋會要輯稿　蕃夷五

瓜沙二州

【宋會要】《蕃夷志》〔一〕：

■1瓜、沙二州，本漢敦煌故地，自唐天寶末陷於西戎。大中五年〔二〕，刺史張義潮以州歸順〔三〕，詔建沙州爲歸義軍，以（義軍以）義潮爲節度使，州人曹義金爲長史〔四〕。義潮卒，義金遂領州務。後唐同光中，又來修貢，即授歸義軍節度。義金卒，子元忠嗣。周顯德二年來貢，自稱留後，世宗命以節度使、檢校太尉、同中書門下平章事，鑄印賜之。

太祖建隆二年十一月，元忠洎瓜州團練使曹延繼〔五〕，並遣使貢玉鞍勒馬〔六〕。

三年正月，制：「推誠奉義保塞功臣、歸義軍節度、瓜沙等州觀察處置管勾營田押蕃落等使、特進、檢校太傅、同中書門下平章事、沙州刺史、上柱國、譙郡公、食邑一千五百户曹元忠，可依前檢校太傅、兼中書令、使持節沙州諸軍事、行沙州刺史、充歸義軍節度使、瓜沙等州觀察處置管勾營田押蕃落等使，加食邑五百户、實封貳伯户，散官、勳如故。」又以瓜州團練使曹延敬爲本州防禦使、檢校司徒、封譙縣男〔七〕，食邑三百户，仍改名延恭。即元忠之子也。

太宗太平興國五年，元忠卒。閏三月〔八〕，其子延祿遣使裴溢的、名似四人來貢玉圭、玉盌、玉擿、波斯寶氈、安西細氈、茸褐、斜褐、毛羅、金星礬等。

四月，詔贈元忠敦煌郡王。制權歸義軍節度兵馬留後、金紫光祿大夫、檢校司空、兼御史大夫、上柱國、譙縣男曹延祿〔九〕，可檢校太保、歸義軍節度、瓜沙等州觀察處置營田押蕃落等■2使。又以其弟延晟爲檢校司徒、瓜州刺史，

〔一〕按，此三字原在標題「宋會要」下作附題，今移作正文。「蕃夷志」即指《宋會要》之「蕃夷」類，並非别爲一書。《大典》每稱《宋會要》之××類爲《××志》，如「食貨」類稱《食貨志》，「方域」類稱《方域志》，是也（見本書「食貨」、「方域」二類）。

〔二〕五年：原作「言」，據《文獻通考》卷三三五、《宋史》卷四九〇《沙州傳》改。

〔三〕潮：原缺，據《文獻通考》卷三三五、《宋史》卷四九〇《沙州傳》補。

〔四〕金：原作「全」，據《新唐書》卷二一六下《吐蕃傳》下、《文獻通考》卷三三五改。下同。

〔五〕曹延繼：《宋史》卷一《太祖紀》一、《玉海》卷一五四並同。《長編》卷二作「曹延敬」，本書下文亦同，疑延繼改名延敬。

〔六〕「玉」原作「至」，「鞍」原殘，據本書蕃夷七之一改補。

〔七〕譙縣男：原缺。按敦煌文書P. 3827＋P. 3660V《太平興國四年四月曹延祿牒》載開寶七年六月六日曹延恭繫銜爲「瓜州防禦使、金紫光祿大夫、檢校司徒、兼御史大夫、上柱國、譙縣開國男、食邑三百户」，此仍是承建隆初封，則知此處乃缺「譙縣男」三字，因補。

〔八〕閏：原脱，據本書蕃夷七之一〇、《長編》卷二一補。

〔九〕譙：原作「樵」。按，當作「譙」，譙縣爲曹氏郡望，故以封之，如上文封曹元忠譙郡公是也。

延瑞爲歸義軍衙内都虞侯〔一〕，母進封秦國太夫人，妻封隴西郡夫人。

八年，遣都領令狐願德入貢。

淳化二年，沙州僧惠崇等四人以良玉、舍利來獻，並賜紫方袍，館於太平興國寺。

至道元年三月，延禄遣使朝貢，制加特進、檢校太尉。

五月，延禄遣使來貢方物，乞賜生藥、臘茶、供帳什物、弓箭、鐃鈸、佛經，及賜僧圓通紫衣。並從之。

十月，延禄遣使上表，請以聖朝新譯諸經降賜本道。從之。

真宗咸平二年二月，遣人進貢玉團、馬二疋。

四年，制進封延禄譙郡王。

五年八月，權歸義軍兵馬留後曹宗壽遣牙校陰會遷入貢，且言：「爲叔歸義軍節度使延禄、瓜州防禦使延瑞將見害，臣先知覺，即投瓜州。蓋以當道二州八鎮軍民自前數有冤屈，備受艱辛，衆意請臣統領兵馬，不期内外合勢，便圍軍府。延禄等知其力屈，尋自盡。臣爲三軍所迫，權知留後，兼差弟宗允權知瓜州訖〔二〕，文表求降旌節，制遏藩戎。」朝廷以其地本羈縻，而世荷王命，歲修職貢，乃授宗壽金紫光禄大夫、檢校太保、使持節沙州刺史、兼御史大夫、歸義軍節度、瓜沙等州觀察處置押蕃落等使，封譙郡開國侯，食邑一千户，賜竭誠奉化功臣；宗（久）〔允〕檢校尚書左僕射、御史大夫、知瓜州軍州事；宗壽子賢順爲檢校兵部尚書、衙内都指揮使；妻紀氏封濟北郡夫人。宗壽即延禄族子，養教之也。

景德元年四 3 月，宗壽遣使以良玉、名馬來貢，且言本州僧惠藏乞賜師號，龍興、靈圖二寺修像，計金十萬箔，願賜之，又乞鑄鐘匠及漢人之善藏珠者至當道傳授其術。詔賜惠藏師號，量給金箔，餘不許。

四年五月，宗壽遣瓜沙州節度上司孔目官陰會遷等三十五人詣闕，貢玉團、玉印、乳香、硇砂、橐駝、名馬。詔賜錦袍、金帶、器幣，酬其直，仍降敕書示諭，所乞藥物、金箔量賜之。

閏五月，沙州僧正會請詣闕，以延禄表乞賜金字經一藏。詔益州寫金銀字經一藏賜之。

大中祥符七年四月，以歸義軍兵馬留後曹賢順爲本軍節度使，弟賢惠爲檢校刑部尚書、知瓜州，歸義軍掌書記宋慶融爲檢校工部員外郎，導引歸義軍進奉主蕃部落大首領遏嵬爲檢校國子祭酒、兼監察御史。以其遺使以母氏及國人陳乞故也。賢順又表乞金字藏經洎茶藥〔三〕、金箔，詔賜之。

仁宗天聖元年閏九月〔四〕，沙州遣使翟來著等貢方物、

〔一〕侯：原作「侯」，據《文獻通考》卷三三五、《宋史》卷四九〇《沙州傳》改。
〔二〕允：原作「以」，據《宋史》卷四九〇《沙州傳》改。
〔三〕乞：原脱，據《文獻通考》卷三三五、《宋史》卷四九〇補。
〔四〕閏九月：本書蕃夷七之二二作九月。

乳香、硇砂、玉團等。

景祐四年六月，沙州大使楊骨蓋、副使翟延順入貢。

康定元年四月，沙州遣人入貢方物。

二年二月，沙州遣大使安諤支、副使李吉入貢。

慶曆二年二月，沙州北亭可汗王遣大使密、副使張進零、和延進，大使曹都都、大使翟入貢。

皇祐二年四月，沙州符骨篤末似婆温等來貢玉。

十月，沙州遣人來貢方物。（以上《永樂大典》卷五七七〇）

雅州諸蠻〔一〕

【續會要】

4 雅州西山野川路蠻者，亦西南夷之别種也。近界諸蠻，隋唐世奉中國，其後不能自通。

太平興國三年正月，雅州遣牙校趙仁俊復送西山野川路蠻首領馬令膜等十四人，以名馬、犛牛、虎豹皮、麝臍來貢，并上唐朝勅書、告身凡七通，咸賜以冠帶，其首領悉授以官及錦袍〔二〕、銀帶、器萬以遣之〔三〕。

大中祥符二年十一月，雅州砂平路羅巖州蕃部首領王阿黎等十八人來貢馬二十七匹、犛牛二。砂平羅巖蠻，自昔未嘗來貢。

三年正月，詔以首領王阿黎爲懷化司戈〔四〕。雅州沙平界蠻僧以土物并馬來貢，乞賜命服，以耀遠方。詔從其請。

元豐二年三月十九日〔五〕，廣西經略司言：「延衆鎮右千牛衛將軍張智常誘致九道白衣、富雅州李聚明等內附〔六〕。」詔遷智常右監門衛將軍〔七〕。

哲宗元符三年五月二十八日〔八〕，詔雅州硐門寨蕃部元壽承襲懷化司戈。（以上《永樂大典》卷四二三五）

安化州蠻〔九〕

【宋會要】

《蕃夷》〔一〇〕

〔一〕原無題，嘉業堂本卷四五九添題爲「雅州諸蠻」，與内容合，今從之。

〔二〕首：原缺，據《宋史》卷四九六《西南諸夷傳》補。

〔三〕天頭原批：「『萬』疑『弊』。」按本書禮、蕃夷等類中屢言「銀帶器幣」或「銀帶器帛」，「萬」當作「幣」或「帛」。

〔四〕王阿黎：原作「王子野黎」，據上文及《長編》卷七二刪改。

〔五〕按，此條所述乃廣西諸「蠻」，與雅州無關，只因文中有「富雅州」，遂被誤認爲雅州而置於此。此當爲《大典》之誤。

〔六〕「雅」原作「順」，「明」原作「門」，據《長編》卷二八五、二九七改。

〔七〕遷：原作「遣」，據《長編》卷二九七改。

〔八〕按，元符三年正月哲宗崩，徽宗即位，據本書體例，當注云「徽宗已即位，未改元」。然尚有可疑，《宋史》卷四九六《西南諸夷傳》記此事於紹聖二年，與此不同，未知孰是。

〔九〕原無「蠻」字，據上題文例補。

〔一〇〕按，此指《宋會要》「蕃夷」類。

5 安化州，舊撫水，天禧中改賜今名，在宜州南。有縣四，曰撫水，曰京水，曰多蓬，曰古勞。唐隸黔南。其酋皆蒙姓同出，有上、中、下三房。民有區、廖、潘、吳四姓。亦種水田，採魚，其保聚山險者雖有畬田，收粟甚少，但以藥箭射生，取鳥獸盡，即徙它處，無羊、馬、桑柘。地曰帚峒，五十里至前村，川原稍平，合五百餘家，夾龍江居，種稻似湖湘。中有樓屋、戰棚，衛以竹柵，即其酋所居。兵器有環刀、標牌、木弩。善爲藥箭，中人大叫，信宿死，得邕州藥解之即活。

太宗雍熙中，撫水蠻數寇邊境，掠取人户、畜産。詔書招安，補其酋蒙令地殿直，蒙令劄奉職。

淳化元年三月十六日，詔近蠻峒州郡，今後不專擅差人入峒蠻。以廣南西路轉運司言，融州因奉朝旨招安，撫水等州吏擅招安誠州，恐並緣生事也。

真宗咸平二年，其酋數爲寇盜。詔今後令邊臣驅逐出境。

六月，詔廣南宜、邕、欽、廉、融等州知州：「自今在任能綏撫蠻夷，俾其樂業者，代還日，當議優奬。如致生事，重行朝典。」

十月，宜州部送溪峒蠻酋之狡獪者三十人，入見於崇政殿。帝詰責之，對曰：「蠻陬小民，非敢搔擾邊鄙，但飢寒所迫耳。」帝顧左右曰：「昨不欲盡令勦絶，若縱殺戮，即無噍類矣。」釋其罪，賜錦袍、冠帶、銀帛，戒勵而遣之。

四年正月五日，撫水州蠻酋蒙漢誠等二十三人來朝，進納環刀、標槍四十六事。各授以官，賜錦袍、銀帶、匹帛、器物有差。

三月三日，撫水州蠻酋蒙瑛等三十六人來朝，納兵器、毒藥，誓不犯邊。並加賜賚，授官有差。

十一月十七日，宜州蠻酋蒙頂等六十五人來朝，輸器甲百七十事，賜賚有差。

二十六日，撫水州蠻蒙虔瑋等七十一人來朝，輸器甲四百事〔一〕。

十(一)〔二〕月〔二〕，撫水鎮寧州蠻酋蒙填等五十人來貢，輸器用百八十三事。

景德三年七月，宜州上言：「撫水州蠻屢爲寇擾，其酋長今詣州自陳，願得赴闕朝貢，以謝前過。」詔本州喻旨，如能以向來所鈔貨産悉還部民，即聽入朝。

大中祥符六年，首領指揮使蒙但挈族來歸，詔徙於桂州，給田處之。

九年三月，宜州言撫水蠻寇天河寨，詔潭州都監、內殿崇班李守睿往招撫之〔三〕，如敢違拒，即發兵掩殺。

四月，廣南轉運使俞獻可言〔四〕：「宜州董元己不善綏

〔一〕器：原脱，據本書蕃夷七之一四補。
〔二〕十二：原作「十一」，據《長編》卷五〇改。
〔三〕「睿」下原有「當」字，據《長編》卷八六刪。
〔四〕俞：原作「喻」，據《長編》卷八六改。下同。

撫，昨蠻人饑，來質餱糧，公縱主者尅削概量；及求入貢，復驟沮其意，遂使忿恚爲亂。今潭州都監李守睿頗有武幹，望以代元已。」從之。

五月，以東染院使、平州刺史曹克明爲宜融桂昭柳象邕欽廉白等州都巡檢〔一〕、安撫使，内殿崇班王文慶、殿直閤門祗候馬玉〔二〕、入内東頭供奉官楊守珍爲同巡檢并安撫、都監，兼管勾溪峒事。發潭州駐泊虎翼兵三百人以從〔三〕，歲給公用錢三十萬。時宜州巡檢軍士與蠻鬬，頗有

6 傷中。宰臣言：「蠻衆無行陣，非敢與官軍敵，但潛伏山林要路施藥箭〔四〕，以是軍悉傷中〔五〕。」詔取内府解刀箭藥賜之。

七月二日，俞獻可言：「撫水蠻人拒命，侵掠不已，宜旨詔諭，曾不悛革，近又鈔融州厢陽等寨，害巡檢樊明，望許臣與曹克明等以便宜掩擊〔六〕。」從之。

十三日，宜州言蠻人圍思立寨，監押劉斌率兵拒逐之。又圍懷遠軍，官吏固守，乃遁。

八月，樞密使王欽若言：「宜州蠻人昨五月初出招安，不旬日即叛擾。夷性無厭，習知多釋其罪，故急則來歸，緩則叛去。望令俞獻可、曹克明等，自今俟得蠻人情實，即遣悉以虜口、資財付被劫家〔七〕，歃血重誓，即許招安。如已招安，再有驚擾，即責克明等再往捕討。」從之。

二十九日，廣南西路轉運使言：「撫水州蠻圍懷遠軍洎思立寨，官吏軍校固守，城壘無虞。」詔奬之，仍賜鹽、綵、緡錢。

九月，曹克明言：「蠻人雖伏罪，其虜鈔人口、器械悉未歸納，望益兵討之。」詔曰：「昨省所奏，請用澄海軍，仍募丁壯，可以平賊。又俞獻可言：『蠻人去邊上三二日程，若募强壯，兼發精兵掩襲，速可平定。』朝議尚慮其輕敵，續遣禁軍濟之。且興舉甲兵，尤當慎密。近者風聞汝等期以九月率兵入討〔八〕，又令九州巡檢開路，候蠻人出，即悉留之。騰説如此，彼必爲備，動關利害，無失機防。苟道路艱於進兵，但攝其首領，索所鈔生口，因而撫之，亦汝之功。」初，克明與守珍領軍入樟嶺路〔九〕，文慶、玉趨宜州西路，又令宜桂都巡檢程化鵬取樟嶺西古牢隘路會合。化鵬遇蠻於上房兩水口，擊破之。文慶、玉至如門團，爲蠻所扼，不能進。克明、守珍乃過横溪恩德寨〔一〇〕，召山獠嚮道，開路進

〔一〕「昭」原作「詔」，「都」原脱，據《長編》卷八七、《宋史》卷二八七《曹克明傳》、卷四九五《撫水州蠻傳》改補。

〔二〕馬玉：原作「馬寶」，據《長編》卷八七、《宋史》卷二七二《曹克明傳》改。

〔三〕人：原作「又」，據《長編》卷八七改。

〔四〕要路：原作「路要」，據《長編》卷八七乙。

〔五〕悉：原作「怨」，據文意改。

〔六〕望許：原作「許望」，據《長編》卷八七乙。

〔七〕付：原脱，據《長編》卷八七補。

〔八〕風聞：原作「聞風」，據《長編》卷八八乙。

〔九〕軍：原脱，據《長編》卷八八補。

〔一〇〕德：原作「得」，據《宋史》卷四九五《撫水州蠻傳》改。

師〔一〕。蠻依篁竹間，時出戰鬬，輒敗走。旬餘，上黃泥嶺杉木隘路〔二〕，溪谷險邃，蠻據要害以拒官軍，自辰至午，大潰。其黨遂過霸苑，抵帚峒〔三〕，乃入中房前村。克明等頓兵下寨，中夕，群蠻大譁譟，擊鉦鼓，攻寨甚急。出兵擊之，傷殺頗衆，因縱火焚其廬室積聚，自此恐懼，竄入山谷。又緣龍江南岸而東，至昏暮，過石峽隘險，士不並行。蠻復連弩北岸，克明遣猛士步涉與鬬，至即退走。寨于下房博賀村，克明設伏寨外。其夜，蠻衆復大集，遇伏發，與寨兵合擊，追斬殆盡。乘勝搜山〔四〕，悉得馬牛享士卒。克明等知其窮蹙，乃曉諭恩信，許其改過，於是酋帥蒙承貴等面縛詣軍自首〔五〕。克明厚加犒宴〔六〕，且數責之，皆俯伏謝罪。及聞詔旨赦令勿殺，莫不泣下，北望稱萬歲。帝以夷性無厭，習知朝廷多釋其罪，故急則來歸，緩則叛去，乃詔克明等諭以悉還所掠漢口、資畜，即許要盟。承貴等感悅奉詔，乃歃猫血立誓〔七〕，自言「奴山摧倒〔八〕，龍江西流，不敢復叛」。克明等師還，宜州蠻人納器甲凡五千數，願遷處漢地者七百餘口，詔分置廣西及荆湖州軍，給以田糧。

十一月三日，以知歸化州、殿直蒙肚爲密州別駕，蒙隻爲海州7都押衙，各支請（授）〔受〕，給與係官田土，仍遣使臣引伴往彼。蒙文寶、文格、甘堂並黥面，配登、萊等州牢城及屯田務。蒙肚本撫水州人，以寇刼放罪，補爲殿直，其子見任撫水州。肚常令男文寶及妻弟甘堂往來詗朝廷；歸化與撫水接連〔九〕，頗爲非便；次子文格近與巡檢使相宜〔一〇〕；蒙隻先曾告賊，已補昭州都押衙。至是，本路轉運使請發遣赴闕，故有是命。

二十七日，詔：「宜、融、環、鎮寧、懷遠等州軍壯丁從討撫水蠻者〔一一〕，委曹克明偏加撫諭，有顯效者加行酬賞。」

天禧元年三月，以撫水州監州蒙令壘爲司戈，以率屬歸順也。

四月，曹克明等上討蠻得功將士凡千八百一十六人，並等第遷職，賜器帛緡錢〔一二〕，官吏應奉軍須者，詔獎之。曹克明既知桂州，命馬玉爲宜融巡檢、都監，以（虛）〔虎〕翼、雄勇禁軍千人隸之〔一三〕，如蠻寇有警，取忠敢軍應援討之。

是月，克明又言：「撫水中、上房知州蒙懷珌等請詣闕貢奉及輸刀、標等，願（計）〔許〕二十人赴闕。」從之。

〔一〕開：原作「門」，據《長編》卷八八改。
〔二〕「杉」上原衍一「於」字，據《長編》卷八八删。
〔三〕帚：原作「𠦑」，據《長編》卷八八改。
〔四〕乘：原作「殊」，據《長編》卷八八改。
〔五〕酋：原作「首」，據《長編》卷八八改。
〔六〕厚：原作「原」，據《長編》卷八八改。
〔七〕猫：原作「描」，據《長編》卷八八改。
〔八〕「奴」原作「如」，「倒」原脱，據《長編》卷八八改補。
〔九〕歸化：原作「宜化」，據《長編》卷八八改。謂歸化州也。
〔一〇〕相宜：《長編》卷八八作「鬬敵」，當是。
〔一一〕「寧」原脱，「從」原作「後」，據《長編》卷八八補改。
〔一二〕緡：原作「綿」，據《長編》卷八九改。
〔一三〕雄勇：《長編》卷八九作「雄武」。

五月，詔改撫水州爲安化州，撫水縣爲歸仁縣，京水縣爲長寧縣，仍給安信軍印一紐。從首領蒙承貴之請也。自是間歲朝貢，不復爲邊患矣。

十二月，曹克明捕獲撫水蠻賊首蒙禮并其屬，部送赴闕。詔隸濟州衙前。

仁宗寶元元年正月，廣南西路鈐轄司言安化州蠻平。去年安化州蠻蒙光日等叛，殺官吏，至是始平之。

慶曆元年十二月，安化州遣蒙懷順、蒙光月、蒙光夜入貢。

三年十二月，安化州蠻來貢物。

六年十二月，安化州蠻蒙光速等貢方物。

皇祐五年正月十三日，宜州言：「安化州蠻刼掠，兵丁少，不能禦。」詔宣撫使狄青相度旨揮。

至和二年十一月，安化州蠻來貢方物，以知州蒙全會補三班奉職。

嘉祐元年正月，廣南西路安撫司言，融、桂等州蠻人楊克端等一百三人內附。

三年閏十二月，安化上、中、下三州及北遐鎮蠻人來貢方物(一)。

六年十二月，安化州蠻來貢物。以上《國朝會要》。

治平四年六月二十三日，神宗已即位，未改元。廣南西路安撫司言：「乞今後宜州、安化州蠻將板木入中，依元定價支賜，不得退嫌。合支酒食鹽麪等，並破係省錢充。」詔宜州每年添公使錢三百千。

神宗元豐五年六月十一日，上批：「宜州主管谿峒安化三州，連歲荐饑，加以去年大雪，凍斃耕牛，致羅世念等結集刼掠。若不乘時委官宣布恩惠，廣爲賑濟，則一方生靈枉被俘戮，可審議選官措置。」乃差權荊湖南路轉運使朱初平、廣南西路轉運副使馬默，仍賜斛斗二萬石。又詔：「朝廷之意，非欲取其地，但欲省地及蠻蜑各免飢殍侵略之災，毋得輒有開拓招納，別致生事。」

九月十二日，知沅州謝麟言：「安化州羅世念作過，已立賞禽募。」并具分兵進取安化州利害(二)。從之。仍詔在京驍騎兩指揮并江南東、西將兵一千五百人，福建路 8 將兵二千人並赴宜州，以聽進師。麟又奏：「沿邊保甲欲自效者衆，乞量給錢米。」從之，仍詔麟且以方畧措置，未得進討，其兵馬等勿遣。後世念等出降，以世念爲內殿承制。

十一月二日，知誠州謝麟言接納安化州歸順蠻人利害，上批：「邊情在遠，朝廷不見利害之實，委謝麟等便宜措置，無致生事。」

徽宗崇寧元年九月二日，廣南西路安撫、轉運、提舉常平司言：「契勘融州武陽、羅城鎮舊係兩縣，接近蠻界，各差使臣兵甲戍守防托。昨熙寧八年經畧劉彝以爲腹裏，奏

(一) 北：原作「地」，據《長編》卷一八八、《宋史》卷四九五《撫水州蠻傳》改。
(二) 兵：原脫，據《長編》卷三二九補。

廢。自後蠻情窺覘，別無控扼。安化蠻人於元符、建中靖國初結集，入融、柳州界燒劫居民，殺害巡檢使臣、兵丁。乞就武陽縣舊基建寨，以武陽爲名；舊羅城縣建爲陽城堡。」從之。

二年二月二十九日，廣西經略司言：「宜州溪峒申：安化三州一鎮蠻賊蒙光有等結集作過，將官黃忱等部領軍馬到地名卸甲嶺、吳村寨等處，與賊鬭敵得功，內有合推恩人。」詔四方館使、文州團練使黃忱特除康州防禦使〔一〕、廣南西路兵馬都監，依舊東南第十二將；文思副使、兼閤門通事舍人党光嗣特轉皇城副使，依舊兼閤門通事舍人；供備庫副使儂沔特授左藏庫副使；內殿崇班儂昌特授西京左藏庫副使。

大觀二年九月（十）一日〔二〕，黔南經略安撫使張莊言：「據安化上三州一鎮山河土地盡獻納朝廷。上州周圍三千五百餘里，户一萬，人六萬五千，永爲王民。」宰臣上表稱賀。

三年八月二十四日，權發遣融州程鄰言：「昨承朝旨，前去黔南路撫諭安化三州一鎮歸順新民，所有原差到一行官屬等，委實勤勞，欲乞特賜推恩。」詔管勾文字劉章、徐虛中並與轉一官，吏減二年磨勘；萬過、劉恭祖、李杲、程昇並與改合入官；準備差使段永忠、張閏、陳聖用、李師雄、丘諒並與轉一官；第一等人吏五人，內勞效最優者一名，與三班差使，餘四人並與三班借差；第二等人吏與軍將；第三（第）〔等〕人吏各支賜絹十五疋。

光堯皇帝紹興三年五月十四日，廣南西路經略安撫司奏：「安化賊蒙全劍等八百餘人到普義寨燒毀屋宇〔三〕，即時下縣寨差撥兵丁前去會合，併力逼逐。賊人已回巢穴。」詔本路（師）〔帥〕司選差兵將前去措置，併力掩殺，須管日近勦除，無令滋長。

十八日，廣西路經略安撫司奏：安化縣將蒙全劍、蒙八旺等結集三千餘人入省地作過，官兵與賊鬭敵，其賊敗回巢穴。契勘蠻人自元符初出犯省地，至崇寧間蒙朝廷東南第八將黃忱領將兵前來，同本路兵丁痛行掩殺，方得寧息。今若不重立賞格，募人殺戮，切恐將來大段猖獗。」詔令本路帥司疾速催督所遣兵將掩殺出界，早要平息。候事畢，即開具實立功人姓名，保明申樞密院取旨推恩。

二十九年七月五9日，詔加安化上州三班借差、銀青光祿大夫、檢（教）〔校〕國子祭酒、兼監察御史、上柱國蒙自臨等七人勳、階，及賜錢帛有差。先是，廣南西路經略司奏：宜州溪峒司保明安化三州一鎮進奉及親進、附進凡四

〔一〕黃：原作「董」，據上文及《宋史》卷一〇七《張莊傳》、卷四九五《撫水州蠻傳》改。

〔二〕九月一日：原作「九月十一日」。按，據本書蕃夷五之三五、蕃夷五之九三，各處奏蕃夷獻地在此年九月之前，宰臣上表稱賀則在九月一日，此條亦然，因删「十」字。

〔三〕普：原作「替」，據《建炎要録》卷六五改。

百八十八人，乞依例加恩。自臨等乃首領也。兵部勘會，特有是命。

三十年七月十四日，詔安化中州三班借差、銀青光禄大夫、檢校國子祭酒、兼監察御史、上柱國蒙光坤、蒙全漢、蒙命見等四十人各加勳、階有差。以兵部言：「廣西經略安撫司奏，爲安化三州一鎮蠻人等進奉，合加官、勳，並合命詞給告勑。」故有是命。以上《中興會要》。

壽皇聖帝乾道二年十月十日，詔田忠佐特授銀青光禄大夫、檢校散騎常侍、知溪峒安化州、兼監察御史、飛騎尉。以忠佐父彦古身故，乞承襲，從夔路帥臣保奏也。（以上《永樂大典》卷一七六七一）

西南蕃〔一〕

10 西南蕃，漢牂牁郡地也。唐置費、珍、莊、琰、播、郎、牂、夷等州，王建據西川，由是不通中國。後唐天成二年，牂牁清州刺史宋朝化亦嘗來朝〔二〕。孟知祥鎮蜀，復不通朝貢〔三〕。

太祖乾德四年七月，西面前軍都總管王全斌言：西南夷首領兼霸州刺史董暠等上章内附。

八月，南州遣人上章請歸化，并進銅鼓一面、班布一疋、方物等。

五年六月，知西南蕃南寧州蕃落使龍彦瑫遣使順化王子始來貢。詔授彦瑫歸德將軍、南寧州刺史、蕃落使，又以順化王子武才爲懷化將軍，武才弟若啓爲歸德司階，武龍州部落王子若溢〔四〕、東山部落王子若晃、羅波源部落王子若臺、訓州部落王子若從、鷄平部落王子若冷、戰洞部落王子若磨、羅母殊部落王子若母、石人部落王子若藏，並爲歸德司戈。

九月，順化王子武才等來朝，貢馬及方物。

開寶二年七月，武才等百四十二人來貢，以武才爲歸德將軍。使人乞賜武才錮函，手詔以舊制所無，不許。

四年三月，龍彦瑫卒，其國人詣涪州，以武才及八刺史狀，請以彦瑫子漢瑭爲嗣。詔授漢瑭南寧州刺史、兼蕃落使。

八年八月，西南蕃三十九部順化王子若廢等三百七十七人來貢馬百六十疋、丹砂千兩。賜若廢冠帶、器幣。

太宗太平興國三年八月，夷州蠻任郎政等來貢方物。

五年八月，西南蕃王龍漢瑭遣順化王子 11 心馳來貢

〔一〕按，宋代所謂「西南蕃」，指古牂牁郡地，即今貴州境内及相鄰廣西北部一帶之少數民族。而此門内又有四川沿邊保、霸、黎、瀘等州乃至湘西諸部族，是此題不確。《長編》卷五九李燾原注云：「保、霸二州密邇維、茂，蓋西夷也，《國史》附此事於《西南蕃傳》，誤矣。」蓋《會要》亦同於《國史》。

〔二〕清州刺史宋：原脱，據《宋史》卷四九六《西南諸夷傳》補。

〔三〕復：原作「後」，據《宋史》卷四九六《西南諸夷傳》改。

〔四〕溢：原作「隘」，據《長編》卷八、《宋史》卷四九六《西南諸夷傳》改。

馬二疋〔一〕、朱砂二十兩、牛黄一臍。又都甲頭王子若從并諸州鑾録事司馬趙才勝等七百七十四人，共進馬二百九十四疋、朱砂二千三百五十兩、草豆蔻十二萬枚、筆撥百六十觔。

六年六月十一日，以保州刺史董奇死，命其子紹重繼爲刺史。

二十三日，以銀青光禄大夫、檢校工部尚書、權知保州軍、兼御史大夫、上柱國、隴西縣開國男、食邑三百户董紹重爲檢校司空、使持節保州諸軍事、保州刺史，散官、勳、封如故。保州在成都西四百五十里，唐開元中所置，亦羈縻之郡。紹重則部人之自相承襲者，繼來請命，朝廷皆因而授之，示懷遠也。

七年三月十三日，詔黎州造大船于大渡河，以濟西南鑾之朝貢者〔二〕。

二十一日，戎州言：蕃酋德化將軍董春惜貢馬二疋。

雍熙二年八月，奉化王子以慈等三百五十人來貢方物。

九月，蕃王龍漢璿自稱權南寧州事、兼蕃落使，遣牂牁諸州都甲頭趙文橋率種落百餘人來獻馬八十五疋、朱砂、蒟醬各四十觔，草豆蔻三萬顆，并上僞蜀孟氏所給符印，請降真命，以安遠俗。（招）〔詔〕授漢璿歸德將軍、南寧州刺史，刻印賜之；趙文橋并押客張漢遷、甲頭趙再海並爲懷化司戈〔三〕。

端拱元年三月，黔州上言：「龍漢璿乞開道通中國，且効貢奉。」從之。

二年四月，漢璿貽書富州向通漢，乞朝貢。通漢以聞，從之。

淳化元年八月，漢璿遣其弟漢興來朝，貢馬二12疋、朱砂十兩。又都統龍漢璫及行人謝再殊亦各貢名馬、朱砂、氈罽、草豆蔻等。

三年十月，蕃王龍漢興遣順化王子若柴等來貢馬五十九疋、朱砂二百六十兩、草荳蔻二萬顆。都統龍漢璫〔四〕、刺史龍光顯、龍光盈及順化王雨澤亦來修貢〔五〕。

至道元年十月十六日，西川招安使王繼恩等言：「得霸州都押衙梁延暉等狀〔六〕：『刺史董忠意卒，今依蕃部故例，定忠意親弟忠義堪任勾當。』已給牒差知霸州訖。」詔特授銀青光禄大夫、檢校工部尚書、使持節霸州諸軍事、霸州刺史、兼御史大夫、上柱國。

〔一〕龍漢瑭：按，《長編》卷二一、《群書考索》後集卷六四、《文獻通考》卷三二九、《宋史》卷四《太宗紀》一等記此事均云西南蕃主龍瓊琚遣其子羅若從等來貢。疑「龍漢瑭」乃承上文而誤，當作「龍瓊琚」。

〔二〕之：原作「子」，據《長編》卷二三改。

〔三〕爲：原作「百」，據《宋史》卷四九六《西南諸夷傳》改。

〔四〕璫：原作「繞」，據上下文及《宋史》卷四九六《西南諸夷傳》改。

〔五〕雨澤：《宋史》卷四九六《西南諸夷傳》作「雨滯」。

〔六〕得：原作「將」，據文意改。本書蕃夷五之二〇云「益州得保州七部三州都押衙董晃等狀」，用語與此全同。

二十八日，蕃王龍漢璓遣使龍光進率西南牂牁諸蠻來貢方物〔一〕。帝召見其使，詢其地理、風俗，譯對曰：「地去宜州陸行四十五程，程無(理)〔里〕堠，但晨發至夜謂之一程。人尚耕種，亦有五穀，多種秔稻〔二〕，以木弩射麞鹿充食。每三二百户爲一州，州有長。其刑罰止用鞭扑，殺人者不償死，盡入家財以贖。國王所居城郭無壁壘〔三〕，官府惟短垣。」帝曰：「古稱牂牁蠻，今見之矣。天生四夷，或聞彼中亦僭命，官司有稱諫大夫者，此可笑也。」令又作本國歌舞〔四〕，一人吹瓢笙如蚊蚋聲，良久，十數輩連袂宛轉而舞，以足頓地爲節。詢其曲名，則曰《水曲》。其使十數輩，從者千餘人，皆蓬髮，面目黧黑，狀如猿猱。使者衣虎皮氈裘，以虎尾插首爲飾。是日，並賜冠帶、銀帛。詔授漢璓寧遠大將軍、西南蕃(官)〔管〕内招討使；保順將軍龍光盈、龍光顯並爲安 13 化大將軍，光盈仍爲管内都統使；龍光進等二十四人並授將軍、郎將〔五〕、司候、司階、司戈。其使從者，有甲頭王子若刺史、判官、長史、司馬〔六〕、長行、傔人七等之名。其使者許赴崇德殿上壽宴座。

真宗咸(年)〔平〕元年九月，龍漢璓遣使懷化將軍、牂牁都首領謝再殊等九百九十八人來貢，詔賜衣服、金帛有差，仍御前賜卮酒慰勞之。十月，授龍光腆等百三十人官秩有差。

二年九月〔七〕，都首領張文黔等來貢名馬六十五疋、朱砂八百八十兩，又山子一重十六兩、草豆蔻二萬枚，詔賜錦袍、襲衣、銀帶、幞頭、銀椀、絲段等。

五年五月，漢璓遣使率部蠻千六百人、馬四百六十疋并藥物、布帛來貢，厚賞遣還。

六年四月，知全州錢絳請招誘溪峒名豪〔八〕，帝以其生事，不報。

景德元年正月，詔廣南西路轉運使：「自今西南蕃牂牁諸國遣使朝貢，欲親至闕廷者，勿抑其意，仍發兵援送之。」時轉運使言：「得西南蕃牒：『先准龍光進等赴闕進奉，道遠，人馬多死，自今止令至宜州，就給恩賜。當蕃無于宜州受賜之禮，必取來年三月朝貢，願至闕下。』」故有是命。

二年正月，詔：「保、霸州刺史董紹重、董忠義，自今歲賜紫綾錦袍。」先是，知益州張詠上言：「紹重等皆世襲刺史，望賜冬服。」真宗曰：「蠻陬首領〔九〕，假以名秩，若以内

〔一〕璓：原作「繞」，據上下文及《宋史》卷四九六《西南諸夷傳》改。
〔二〕秔：原作「杭」，據《文獻通考》卷三三九改。
〔三〕城：原作「地」，據《文獻通考》卷三三九改。
〔四〕令：原作「今」，據《文獻通考》卷三三九改。
〔五〕將：原脱，據《宋史》卷四九六《西南諸夷傳》補。
〔六〕司：原脱，據《宋史》卷四九六《西南諸夷傳》補。
〔七〕二年：《玉海》卷一五三同，《宋史》卷四九六《西南諸夷傳》作「三年」。
〔八〕知全州錢絳：原作「知金州錢濟」，據《宋史》卷四九六《西南諸夷傳》、雍正《廣西通志》卷五一改。
〔九〕陬：原作「取」，據《長編》卷五九改。

地牧守之制，當賜錦袍，又慮戎人無厭，請求不已，況維、茂知州止賜綾袍，可如此例。」

(四)〔三〕年〔一〕，以保州刺史董紹重卒，命其子[14]霸爲檢校工部尚書、知保州。

〔四年〕三月〔二〕，西南蠻羅甕井都指揮使顔士龍來貢。士龍種落遐阻，未嘗來朝，今始至。詔館餼賜與如高、溪州例。

十二月，詔益州諭緣邊居民，無得採伐林箐以爲道路，與蠻人交爭。先是，嘉州犍爲縣民因伐木開道路，與南蠻相傷殺。任中正言：「此縣嵓險，當雲南要路，請置戍兵三百〔三〕，以武臣爲駐泊監押。」帝以蜀郡久安，不欲生事，因有是詔。

大中祥符元年二月，瀘州上言：「江安縣蠻殺傷内屬夷人，巡檢任賽領兵追捕，爲蠻賊所害。」

二年正月，賜犨州印一鈕。是州西南夷之地，初内屬也。

四月，遣内殿崇班、閤門祇候侍其衡乘傳詣戎〔四〕、瀘州招撫夷人。自任賽遇害之後，夷人不自安，遂集衆爲亂，雖屢示招誘，侵擾不已，遂令〔衡〕與轉運使〔五〕、本州長吏諭以禍福：如尚敢拒命，即召集酋首，以兵威讋之〔六〕；如能悛心，咸釋其罪。苟迷執不改，須至加兵，即與鈐轄等經度以聞。又令樞密院召前梓州路轉運使李士龍詢其便宜，士龍言：「瀘州江安縣最當要衡，望徙富順監監押宋賁知縣〔七〕，仍給精兵三百人。」從之。

七月，詔諭侍其衡曰：「如聞黎州夷人尚未寧靜〔八〕，宜諭以恩信，多設方畧制禦之，無使生事。」侍其衡至，夷人即首罪來歸，殺牲爲誓。及案行鹽井，夷人復拒之，乃率部兵百餘，生擒其首領三人，斬首數十級，而部下被傷者幾二十人，遂還黎州。又以衣服紬布誘降蠻斗婆行者〔九〕，將按誅其[15]罪，帝以召而殺之，是違招安之實，即降是詔戒止。

八月二日，以文思副使、知慶州孫正辭爲黎雅等州水陸都巡檢使，東染院副使、環慶駐泊都監張繼勳副之，又以侍其衡爲同巡檢，許就近量發騎軍，仍以曹利用討廣南賊賞罰格付之。侍其衡上言：「蠻人僻在巖險，未即首罪，尚

〔一〕三年：原作「四年」。按《長編》卷六二記此事於三年四月，據改。

〔二〕四年：原無，據《長編》卷六五補。

〔三〕「請」下原有「要」字，據《長編》卷六七刪。

〔四〕侍其衡：原作「侍其衛」，據下文改。然《長編》卷七一、《宋史》卷四九六《西南諸夷傳》均作「侍其旭」。此人屢見於本書及諸史，惟此門作「衡」，疑誤。又「乘」原作「承」，據《長編》卷七一改。

〔五〕令：原作「今」，據《長編》卷七一改。

〔六〕兵：原脱，據《長編》卷七一補。

〔七〕宋賁：《長編》卷七一作「宋貴和」。

〔八〕按，據前後文，侍其旭等所招撫討伐者爲戎、瀘州夷人，與黎州無關，而此條兩言黎州，下條又命孫正辭爲黎雅巡檢，李燾已疑《實録》、《會要》記載有誤，見《長編》卷七二原注。

〔九〕斗婆行：原作「斗婆門」，據《長編》卷七二、《宋史》卷四九六《西南諸夷傳》改。按《長編》載此事於十月辛亥。

集徒黨拒捍，望發兵三五千，與近界巡檢並赴淯井監脅誘。如尚敢陸梁，即因而討之。」故兼命正辭、繼勳，仍發陝西兵甞經戰陣者付之，遣陝西轉運使李士龍乘傳與正辭偕行，供給軍須。又以春夏瘴毒，令西面緣邊將士計程，以冬初到彼。帝又言：「蠻性甚獷猂，往者丁謂夔州招撫，每有戒諭，並令歃血爲盟，置鐵石柱以誌其事，條制甚多，樞密院可録其事示正辭等。」蠻人不赴招安者多(以)〔已〕以逃竄，有蠻斗引深入藏避，遣人就招諭之。十二月〔一〕，孫正辭等議分三路入夷境〔二〕，直趣淯井〔三〕，且言邛部蠻深憤瀘州夷人相殘，乞舉兵戎從討。帝曰：「邛部夷若有成功〔四〕，必過有覬望，不若令其自守也。」明年正月，詔曰：「如聞瀘州三月即苦瘴毒，若戎人尚懷旅拒，及至中春，且(今)〔令〕分屯兵馬。」仍賜以解瘴藥。二月，孫正辭等上言：「安撫戎人，悉以平定。蠻羅忽餘等素來忠赤，防援井監，然至今捕殺爲惡蠻人未已。」乃遣内侍郝昭信賫詔諭忽餘等〔五〕，奬其嚮化，且諭以爲惡蕃部今朝廷既已釋放，勿須更有邀殺。且慮正辭等軍還，巖穴或有嘯聚，又命史崇貴 16 留戎、瀘管勾軍馬，因下詔曰：「昨遣孫正辭招撫夷人，已而聞兵入溪峒，積聚廩庾多經焚蕩。彼雖蠻貊，然亦吾民，慮其乏食，宜委轉運使貸其口糧，無使失其所。」正辭爲西染院使；侍其衡轉内殿承制，仍閤門祇候；其隨行使臣、軍校及夔州牙校各第功而賞之；所部禁、廂軍及輦送護援兵健、白芀土兵，並賜緡錢。

二十三日〔六〕，龍漢璓遣軍府南衙使、進奉部領龍光璉及諸州刺史、長史、司馬、(禄)〔録〕事、司户、監押部落等千二百四十五人來貢，賀東封。光璉等各貢馬、朱砂、氈，賜錦袍、銀帶、衣着、錢有差，許赴含光殿秋宴。

九月，詔加漢璓金紫光禄大夫、寧德大將軍。又以龍光盈爲懷化大將軍，順化王子羅羽多爲安遠大將軍，及龍光璉並爲保順郎將，進奉勾押官龍以香爲安化司候，進奉監勾事方定壽等四人並爲保順司候，刺史方漢昌等百一十人並爲安化司戈。

三年四月，詔：「戎、瀘州夷人前歲爲梗，蓋淯井監深在溪峒，官司少人往來，致兹稔惡。宜令江安縣監官量分兵巡警之。」

七月，益州任中正上言：「羈縻霸州刺史董忠義卒，子

〔一〕按，原稿自前文「二年正月」條以下均連書，分條不明。今審自此句以下三小條，據内容與年月，應是與上文通作一條，否則年月混亂。參下條校記。
〔二〕孫正辭等：原作「孫霸」，據《長編》卷七二改。
〔三〕直：原作「其」，據《長編》卷七二改。
〔四〕若：原作「各」，據《長編》卷七二改。
〔五〕遣：原作「遺」，據《長編》卷七三改。
〔六〕按，此條事，《長編》卷七二、《宋史》卷七《真宗紀》二均繫於祥符二年八月甲辰（二十二日）。由此可知，《會要》原文此條乃承上文「八月二日」條，故不重書「八月」二字；而上文中之「十二月」、「明年正月」、「二月」三條乃是與「八月二日」條連書，不單獨分條。

當繼襲〔一〕，緣尚幼，請以從弟延早領州事〔二〕。」帝曰：「夷落中父亡子繼〔三〕，朝廷舊制，蓋杜其僥倖，使知定分。今易此例，必貽後患。」乃與其子，許以近親左右之。

四年（四）〔正〕月〔四〕，知茂州郭用之上言〔五〕：「蕃族首領、耆老董瓢等頃年侵擾，今相率于州北刑牛犬爲誓，不復侵犯州界。」

四月，峽（諮）〔路〕鈐17轄慕容德琛執爲亂夷人王羣體等至闕下。帝曰：「蠻夷不識教義，向之爲亂，亦守臣失于綏撫。」並免死，分隸江浙遠地。

六月，知霸州董仕喆爲其巡檢使董延早所殺。先是，董忠義卒，轉運使固言其子幼，不任事，及是，遂令依例以其子承襲焉。

五年正月，賜西蕃者龍族都首領捨欽波印一紐。者龍族（悵）〔帳〕甚大，久歸誠向化，故從其請。

六年五月〔六〕，夔州（諮）〔路〕轉運司言：西南蕃遣二百餘人詣闕修貢。詔許其牙職至京，餘令以所貢輸黔州。

是年，峽路鈐轄王昭遜上言：「晏州多剛縣夷人斗望行牌率衆刦淯井監，奪鹽井，殺駐泊借職平言，大掠資畜，知瀘州江安縣奉職文信領兵趨之，遇害。民皆驚擾，走保戎州。」時轉運使寇瑊即令諸州巡檢會江安縣，集公私舡百餘艘，載糧甲，張旗幟，擊銅羅，鼓吹，自蜀江下抵清浮壩，置營柵，招安近界夷族，諭以大兵將至，勿與望等同惡。未幾〔七〕，納溪、藍順州刺史史个松〔八〕，生南八姓諸團，烏蠻獨廣王子界南廣溪、移、悅等十一州刺史李紹安〔九〕，山後高、鞏六州及江安界娑婆村首領，並來乞盟，立竹爲誓門，刺猫、狗、鷄血和酒飲之〔一〇〕，誓同力討賊。瑊乃揭榜，許以官軍至不殺其老幼，給賜衣幣酒食。七月，詔遣内殿崇班王懷信乘傳與轉運使寇瑊等體（諒）〔量〕招誘綏撫方略，三日一具事宜以聞。瑊言：「斗望等屢爲寇抄，恃寬赦不悛惡〔一一〕，今請發嘉、眉州兵捕翦，以震懼之。」九月，詔懷信爲嘉18眉戎瀘等州水陸都巡檢使，閤門祇候康訓、符承訓爲都同巡檢使，及發虎翼、神虎等兵三千餘人，令與瑊商度進討。蠻人非同惡者，倍加安撫，無使驚擾。帝語樞密使陳堯叟曰：「往時孫正辭討蠻，有虎翼小校率衆冒險者三人，朕志其姓名，今以配懷信。」正辭嘗料簡鄉丁，號『白艻子

〔一〕子：原作「事」，據《長編》卷七四改。
〔二〕延早：《長編》卷七四作「延昊」，按下文亦作「延早」，當以「早」爲是。
〔三〕「夷」下原有「治」字，據《長編》卷七四删。
〔四〕正月：原作「四月」，據《長編》卷七五改。
〔五〕知：原無，據《長編》卷七五補。
〔六〕五月：《長編》卷八〇繫於六月。
〔七〕未：原作「等」，據《長編》卷八一改。
〔八〕史个松：原作「史介松」，據《長編》卷八一、《宋史》卷四九六《西南諸夷傳》改。《宋史》卷三〇一《寇瑊傳》作「史箇松」，「箇」同「个」。
〔九〕獨：《長編》卷八一作「狃」。
〔一〇〕血：原脱，據《長編》卷八一補。
〔一一〕恃：原作「特」，據《宋史》卷四九六《西南諸夷傳》改。

兵』，以其識山川險惡，遂爲鄉道，今日亦令懷信召募〔一〕。又使臣宋賁屢規畫溪峒事，適中機要〔二〕，以賁知江安縣，與懷信等議事。」十一月，懷信、康訓分領昌、瀘、富順監白艻子弟六千餘人〔三〕，緣溪入合灘，至生南界斗滿村，遇夷賊二千餘人，擊之，殺傷五百人，奪梭槍〔四〕、藤牌。會暮〔五〕，收衆保寨〔六〕。夷黨三千餘分兩道，張旗喊呼，來逼寨栅。懷信出擊，皆潰散。進壁娑婆，遇夷二千于羅固募村〔七〕，又破之。追至斗行村，上屏風山〔八〕，連破四寨。一日三戰，俘馘百餘人，奪資糧五千碩，鎗刀什器萬數，焚羅固募、斗引等三十餘村，庵舍三千區。懷信又引兵至斗行村，追擊過羅盧，射(僕)〔仆〕二百餘人，燒其欄栅千數〔九〕，分遣部下于羅箇頰、羅能、落運等村及龍峨山掩殺，大獲戎具，斬首級及重傷投崖死者頗衆，燒舍數千及積穀累萬〔一〇〕。兩道兵會于涇灘置寨〔一一〕，懷信議遣康訓部壕寨卒修涇灘路〔一二〕，以度大軍。俄爲夷賊所邀，戰不利，訓顛于崖〔一三〕，死之。懷信引兵急擊，大敗之〔一四〕，追斬至涇灘，夾寨于晏江口〔一五〕。珹與符承訓偵知賊諜欲乘夜擊晏江，馳報懷信，即自涇灘拔寨赴之。比至19晏江北山，夷衆萬餘已自南、東合勢逼懷信寨，懷信彀强弩環寨射賊，珹等整衆乘高策援〔一六〕，夷人大懼而却，合擊破之，死傷千餘人。明年正月，其酋斗望三(諮)〔路〕分衆來鬥，又爲官軍大敗，射殺數百人，溺江水死者莫計。夷人震讋，詣軍首服，納牛羊〔一七〕、銅鼓、器械，珹等依詔撫諭，還軍淯井。夷首斗望及諸村首領悉赴監自陳，願貸死，永不寇盜邊境。因殺三牲盟誓，詞甚懇苦。即犒以牢酒，感悦而去。七年三月〔一八〕，懷信上言：「夷人寧息，請置淯井監壕栅，并許近界市馬。」從之。

八月〔一九〕，西南蕃進奉都部領龍光進以下千五百人來貢方物、名馬，入見崇德殿，賜器幣有差。

九月，西南蕃龍光瀧等百五十八人並加恩。

〔一〕募：原作「慕」，據《長編》卷八一改。
〔二〕適中：原作「中適」，據《宋史》卷四九六《西南諸夷傳》乙。
〔三〕瀘富：原作「溪昌」，據《宋史》卷四九六《西南諸夷傳》改。
〔四〕梭：原作「校」，據《長編》卷八一改。
〔五〕暮：原作「募」，據《長編》卷八一改。
〔六〕寨：原作「塞」，據《長編》卷八一改。
〔七〕固：原脱，據下文及《長編》卷八一補。
〔八〕風：原作「鳳」，據《長編》卷八一改。
〔九〕欄栅：原作「攔棚」，據《長編》卷八一改。
〔一〇〕穀：原作「殺」，據《長編》卷八一改。
〔一一〕會：原無，據《宋史》卷四九六《西南諸夷傳》補。
〔一二〕「寨」原作「塞」，「路」原作「諮」，據《長編》卷八一改。
〔一三〕顛：原作「巔」，據《長編》卷八一改。
〔一四〕之：原脱，據《宋史》卷四九六《西南諸夷傳》補。
〔一五〕「夾」原作「峽」，「江」原脱，據《宋史》卷四九六《西南諸夷傳》改補。
〔一六〕策：原作「册」，據《宋史》卷四九六《西南諸夷傳》改。
〔一七〕納：原脱，據《長編》卷八一補。
〔一八〕三月：原作「二月」，據下「七年三月六日」條改。又「七年」二字可删。
〔一九〕按，此條及下「十月」條均見於《長編》卷八一，乃祥符六年事。可見上文自「是年」（六年）以下述討平斗望事，在《會要》原文中只是一條，而此下三條乃是承接六年。

十月，詔西南蠻人朝貢迴，應隨行兵仗，令有司爲驛遞至蠻界給付。先是，蠻人以(搶)〔槍〕槊自隨，在道被酒，用迫脅驛吏，故有是命。

七年三月六日〔一〕，戎、瀘州巡檢王懷信言：「瀘州溪峒悉已寧靖，淯井監舊無城隍，請發瀘州軍士浚壕築城。又近界蠻人赴監鬻馬者，請比戎州給直市之。」從之。

八年二月，夔州路轉運使上言：「黔州西南密州蕃族張聲進遣使貢馬〔二〕。」詔令近上二十三人赴闕，自餘優與例物，(令)〔令〕歸本族。

閏六月，又言：「張聲進貢奉至中路，爲南寧州龍漢璶部領人馬刦截，獲馬三十一疋、朝貢人員五十九人，餘悉迴走，見令遞相讎殺，實阻貢路。」詔降敕書安撫之。

九年二月，宜州上言，西南蕃遣使貢奉。詔以 20 頃歲詣闕朝貢，在道踐毁傳舍，擾費居民，令廣南轉運使與宜州知州相度，如固欲赴闕，即令首領三二十人同來，自餘納所貢物，(擾)〔優〕賜遣歸。

天禧三年十月，詔：「益、梓、利、夔州路緣邊居住夷人或有銅鼓、銅器，並許依舊于夷界内使用，州縣不得搔擾。」先是，富順監言〔三〕，始姑鎮夷人家有銅鼓，子孫傳秘，號爲豪族。有司按法，當以違制論，帝念遠俗，而有是詔。

四年二月，歸德大將軍、知靖蠻軍、節度蕃落等使、檢校太師、守蕃王龍光溎言：「昨大中祥符六年二月内，差武寧將軍龍光進等部領進奉人京迴，蒙恩賜臣官告、詔書、敕(諜)〔牒〕等三道，紅中錦旋襴襖子一領，十兩渾渡鹿兒銀腰帶一條，銀器三十兩，衣着三十疋，轉遷臣歸德大將軍職員。今差安化將軍、兼節度副使、檢校太傅龍光捷等部領入京進奉，乞加依前將軍職員官告、詔書、敕牒、銀器、衣着等物。」並從之。

七月，廣南轉運使上言：「西南蕃千三百人詣闕進奉，已令殿侍羅節部送赴京。」詔遣使臣二人馳驛護送，勿令煩擾部民。

仁宗天聖二年正月，保州刺史董霸卒，益州得保州七部三州都押衙董晃等狀稱：「董霸有親長男繼遷，請補知州。」從之。

四年九月，西南蕃王龍光溎遣使進奉都部領龍光漩等來貢馬百六十疋、朱砂七十三觔、氈八十五領，賀皇帝登極。又蕃僧丈遇亦進馬及朱砂，乞賜戒牒、紫衣，從之。

景祐三年十一月，西南蕃龍 21 光辨等來貢方物。

〔一〕此條又見《長編》卷八二，年月日均同。按此條與上文「是年」條中「七年三月」(原誤作「二月」)一段所述實爲一事。之所以有此重複，蓋因《大典》所據《宋會要》底本乃抄合不同版本之《會要》，或《大典》抄合《會要》另一處之條文。

〔二〕密州：《長編》卷八四同，《宋史》卷四九六《西南諸夷傳》作「南寧州」，本書蕃夷七之一九亦同。按《長編》此條原注云：「《實録》、《正史》皆以『西南密州』爲『南寧州』，今姑從《會要》。」可見《會要》兩處不同，乃所據史料不同，並非有誤。

〔三〕言：原作「州」，據《長編》卷九四改。

康定元年十一月，西南蕃進奉蠻人部領龍光琇入貢。

慶曆二年十一月，以瀘州烏蠻王子得蓋所居爲姚州〔一〕，仍令有司鑄印給之〔二〕。初，本州言：「管下溪峒鞏州、定州、高州、奉州、淯州、宋州、納州、晏州、投附州〔三〕、長寧州十州，皆自唐以來及本朝所賜州額，今烏蠻所居族最盛，旁有舊姚州，廢已久，烏蠻累使人詣州，願得州名，以長夷落。」故許之。

四年四月〔二十五日〕〔四〕，梓夔路兵馬鈐轄司言，瀘州淯井監夷人攻三江寨。詔秦鳳路總管司發兵一千人及選使臣三人馳往捕擊之。

五月二日，瀘州言：「得烏蠻王子得〔益〕〔蓋〕言，蒙賜州名，乞降黄敕，令子孫永以鄉化。」從之。

七月十二日，梓州路轉運司言：「瀘州教練使、生南招安將史愛誘降淯井監夷賊斗敖等，請並補爲三班差使、殿侍、淯井監一路招安巡檢。」從之。

是月，梓州路轉運司言，夷賊寇三江寨，淯井監指使、散直王用等領衆擊走之〔五〕。

五年十一月二十五日，宜州西南蕃進奉蠻人首領龍以特以下七百一十九人來獻方物，賜器幣有差。

六年七月，西南蕃遣支散副使龍延處、都管副使龍以約、蕃王太子龍以欽、管押副使龍以帳、引進判官莫仁印、都同使龍以列、觀察龍以勢、都進副使龍以狼、諸州副使龍以綽、部領龍以持、都押副使龍以乾、都押使龍以層、監進副使龍以輪入貢。

皇祐元年二月，梓夔州路兵馬鈐轄司言，淯井監蠻萬餘人 22 內寇。詔知益州田況發旁郡士卒，令梓夔路鈐轄宋定親捕討之。至四月，夷人平。

十月，詔：「夔州路溱〔六〕、南州夷落素盛，自今歲令走馬承受傳詔撫問之。」

二年正月二十五日，西南蕃王龍光澁男承宣武寧大將軍、知靖蠻軍〔七〕、蕃落節度使、檢校太尉龍以豈進馬〔八〕，仍進香看鑪、香合、朱砂。詔賜錦袍、銀帶、衣幣。

二月一日，禮賓院言：「西南蕃進奉部領龍以勢等乞〔知〕〔支〕券外蠻人四十人每人綵五疋迴蕃。」詔各支賜三疋。

〔一〕得蓋：原作「得益」，據《長編》卷一三八、卷二四四、《宋史》卷四九六《西南諸夷傳》、《余襄公奏議》卷下改。下「五月二日」條同。

〔二〕司：原脱，據《長編》卷一三八補。

〔三〕投附：《宋史》卷四九六《西南諸夷傳》同。《長編》卷一三八作「浙州」，《舊唐書》卷四一、《新唐書》卷四三下亦有浙州而無投附州，或是一時改名。

〔四〕二十五日：原無。按，《長編》卷一四八慶曆四年四月丁巳載此條事，文與此同，原注云：「《會要》四月二十五日事。」據補。

〔五〕直：原作「值」，據《長編》卷一五一改。

〔六〕溱：原作「湊」，據《長編》卷一六七改。

〔七〕蠻：原作「蕭」。按，前文蕃夷五之二〇載龍光澁官銜有「知靖蠻軍、節度蕃落等使」，下文「治平四年」條又有「知靜蠻軍、蕃落使」龍異閣，則知此處「蕭」爲「蠻」之誤，因改。

〔八〕以：《長編》卷一六八作「異」，蓋譯音之不同。

三年三月，前知益州田況言：「淯井監夷人連年以〔來〕圍監城，水陸不通，傷害人命。始因監户負晏州夷人錢而毆傷蚪落妹，致夷衆憤怒，欲來報怨。知瀘州張昭信勸諭，既以聽服，而本監復縶婆然村夷人細令等〔一〕，殺長寧州落占等十人，是以激成叛亂。本路及益州路鈐轄司合官軍洎白芳子弟近二萬人援之，戰没者甚衆，兵民饑死者殆千餘人，蓋由本監不得人致此。請自今令轉運、鈐轄司舉官爲知監、監押，代還日特遷一資。」從之。

〔致〕〔至〕和元年四月，利州路轉運司言蕃部寇文州。詔益利梓夔鈐轄〔二〕、秦鳳路總管司嚴備之，仍令階州撫綏所屬蕃部，毋令結連，以爲邊害。

二年〔三〕〔二〕月〔三〕，西南蕃龍異静、順化王子羅以達等入貢〔四〕，以其進奉首領等九十三人爲大將軍至郎將〔五〕。

八月，西南蕃首領張漢陛〔六〕、王子羅以崇等來貢方物。

嘉祐二年二月三日，梓夔路鈐轄司言：「三里村夷人蚪還等百五十人[23]寇淯井監，長寧州人蚪蓋先以其事來告〔七〕。本監尋率衆捕斬七十餘級，請加賞之。」詔賜蚪蓋錢二百千及錦袍、銀帶。

五月，西南蕃鵜州遣人來貢馬。

四年十月十七日，西南蕃進奉人張漢羽等七十人朝貢，賜對見衣物、腰帶。

六年十月九日，梓州路轉運使言：「今後淯井監夷人作過，許令本司與鈐轄司公共處置。」從之。

八年七月十四日，西南蕃牂牁都進使龍延曠等來貢方物。

八月三日，西南蕃進奉使張玉〔八〕、恭國使張示等貢馬〔九〕，優賜答之。

九月，西南蕃石自品押貢奉石光陳等入貢，賜物有差。

治平四年十二月二十四日，神宗即位未改元。西南蕃奉華將軍、知静蠻軍、蕃落使、守天聖大王龍異閣等并從人二百四十一人見〔一〇〕，進銀香爐、香匙、香合、朱砂、馬、氈等，各頒衣、袍、襖、腰帶、分物有差。詔以龍異閣爲武寧將軍，安化將軍龍異玉、龍普頂並爲奉華將軍，懷遠將軍龍延同爲

〔一〕復：原作「服」，據《宋史》卷四九六《西南諸夷傳》改。
〔二〕利：原作「州」，據《長編》卷一七六改。
〔三〕二月：原作「三月」，據《長編》卷一七八改。
〔四〕王：原作「禾」，據前後文改。
〔五〕首：原作「守」，據《長編》卷一七八改。
〔六〕張漢陛：原作「張漢陞」，據本書蕃夷七之二九、《長編》卷一八〇、《宋史》卷四九六《西南諸夷傳》改。
〔七〕蚪蓋：原作「蚪益」，據《長編》卷一八五、卷二四七、《宋史》卷四九六《西南諸夷傳》改。下同。
〔八〕張玉：原作「張王」，據《宋史》卷四九六《西南諸夷傳》改（本書蕃夷七之二九以張王（玉）與石自品並稱，可見不連下「恭」字讀）。
〔九〕恭國使：疑有誤。
〔一〇〕閣：原作「閤」，據本書蕃夷七之三一、《宋史》卷四九六《西南諸夷傳》改。下同。

保順將軍，保順郎將龍延湧爲安化郎將，未受官人宋聲有、龍延特等並爲保順郎將。

神宗熙寧元年正月二十一日，西南蕃静蠻軍節度使、守蕃王方昇現等并從人九十七人見〔一〕，進奉朱砂、氈、馬等，各賜衣着、袍襖、腰帶、分物；進奉都部轄龍延通（並）〔等〕各賜器幣有差。

六年三月十六日，西南蕃都統石光陳以下六十三人入見，賜幞頭、衣服、腰帶、絲鞵、分物有差。

四月二日，西南龍蕃、羅蕃、方蕃、石蕃八百九十人進奉，詔：「道路 24 遥遠，往復甚勞，如願于緣邊納所進物，更不須赴闕，即以回賜物與朝見所賜并緣路館券與之〔二〕。」

五月，西南蕃知静蠻軍、天聖大王龍異（閣）〔閣〕等二十六人，順化王子羅元昌已下二十六人，西南蕃安遠上將軍、静蠻軍節度使、守六蕃大王方以達以下十七人〔三〕，西南蕃進奉都部轄使龍以萬已下四百五十五人，各貢方物，並賜帛有差。

九年七月四日，成都府利路都鈐轄司言：「知蕃界羈州董永錫言：『先自七歲爲父患，將聖朝宣賜牌印等付以收掌，相承管勾州事。先降權州文牒賜，又蒙降宣敕官告承父官位。今永錫病，不任事，願令男孝忠管勾。』」從之。

十年九月二十一日，西南蕃王張光通進馬二疋、氈一蕃。優詔答之，仍賜紅中錦旋襴、銀腰帶、衣着二十疋。

元豐元年二月二十三日，知瀘州任伋言，納溪寨蠻甫望箇恕等乞請受〔四〕。上批：「可量與請受，以羈縻之。」

七月一日，詔討納溪夷賊，以西上閤門使、忠州團練使、涇原路總管韓存寶都大經制瀘州納溪夷賊公事，仍于渭州及涇原路選下番士兵五千〔五〕，内馬軍一千，及差經戰門使臣二十員隨行。俟賊衆懾威丐命，即許自新。如軍馬未集以前請降村囤，並點集强壯，令自備器仗，隨大軍討賊；或勾集不從，即除老小、婦女外，盡行誅討。應本路兵官並聽存寶節制，糧草、錢帛委梓州（轉路）〔路轉〕運使高秉，判官程之才隨軍計置，不得與軍事。其提點 25 刑獄穆珣令歸本司。先是，珣言：「納溪寨去瀘州纔三十里，而羅苟村夷賊在寨之西南又纔五里，八姓五十餘村，夷族千户。内近漢之地稍平，于進兵爲易，其後則林箐深阻，難以嚮邇。皇祐中，嘗出驚刦，殺傷官兵，跳梁踰年，乃乞打誓。今又託事起端，燔燒民舍，輕侮官軍，乍出乍没，以伺邊隙。昨雖時有夷人乞降，然狡獪未可取信，邊人驚惑，未敢復業。近準朝旨，令招安將婉順開諭夷人，以見收捕蘇三七根究施行〔六〕，毋得復爲寇。然而醜類凶悍，不識恩信，輒

〔一〕現：原作「現」，據本書蕃夷七之三一、《宋史》卷四九六《西南諸夷傳》改。
〔二〕館：原作「管」，據本書蕃夷七之三二改。
〔三〕達：原作「違」，據本書蕃夷七之三三改。
〔四〕恕：原作「怒」，據下文及《長編》卷二八八改。
〔五〕番：原作「蕃」，據《長編》卷二九〇改。
〔六〕捕：原作「逋」，據《長編》卷二九〇改。

復烏合蟻聚，侵迫納溪鎂水。若不加誅，以絶後患，則烏蠻生界觀望，爲害不細。欲望遣親信之臣，授以睿算，俾專處置行營軍事，而轉運、鈐轄同經制〔一〕。仍于陝西路就近差神虎〔二〕、保捷等五七指揮，以備呼使，然後極其巢穴，殲厥種類，據險要以立堡寨，藉保伍以教耕戰，使被邊諸夷竭蹶聽命，而烏蠻遠徼聞之〔三〕，莫不破膽。誠爲上策。」朝廷因其言，故命存實出師。蘇三七者，納溪寨居民，初與羅苟夷目特意競魚笱〔四〕，誤毆殺之〔五〕。夷訴于寨，而江安縣檢驗其屍，夷情忿怨，謂：「漢殺我人，官不償我骨價，又暴露我夷人。」由是爲寇也。

八月四日，都大經制瀘州夷賊韓存寶言：「乞自起發，令本道毋得使人招納夷賊，雖有降者，且令説諭，候經制官到日指揮。」從之。

十月二十六日，韓存寶言：「梅始、吉胡、斗但十村首領斗箇撒等降，已打誓。」詔：「夷賊逃匿山林，委存寶更多 26 設方畧討蕩。仍呼召甫望箇恕、晏子等，或遣人説諭，令分布手下得力人及羅勇等村囤生熟夷逼逐討捕夷賊〔六〕。每一名一級，支絹二十疋，如首級數多，當議優轉職名。并照會七月一日詔，除老小、婦女外，依此指揮施行。」

二年正月十二日，梓夔路鈐轄司言：「知歸徠州甫望箇恕死，請以其子乞弟承襲。」從之。

三年四月十四日，梓夔路鈐轄司言，本路都監、禮賓使王宣等與蠻賊乞弟戰于羅箇牟村〔七〕，全軍敗没。二十六日，詔令轉運司致祭，賜其家錢絹，贈宣等官，録子孫有差。初，轉運司及韓存寶經畫羅苟夷爭不償骨價事，乞弟遣其親信至納溪寨，欲率兵助王師。軍前遣三班楊舜之報以不用重兵，約能撫遏諸夷，擒捕羅苟餘黨，當有厚賞。乞弟皆如約。存寶既平羅苟，遂不予賞，又不置江道保栅以制烏蠻。是歲，乞弟率晏州夷六千餘攻戎、瀘州界及江安縣諸夷，焚聚落，作木契，刼以輸税，擁兵江安城下，責存寶所許之賂。江安城守不可得，數日乃去。知瀘州喬叙使人邀之打誓。前遣王宣守江安，乞弟誓畢，即率衆圍羅箇牟夷，責税不入。羅箇牟，熊本所團結熟夷也，故奉職任光秀來江安告急。宣恥不預誓，江安令何宗範復以言激之，遂檄戎瀘等州同都巡檢使王謹言〔八〕、江安縣駐泊都監郭晏，悉以兵會羅箇牟。蠻與夷合，大戰，謹言、晏前死，宣與其子琥血戰，同死，一軍皆没。

十七日，梓州路轉 27 運司言：「體量乞弟等三月己巳

〔一〕同：原脱，據《長編》卷二九〇補。
〔二〕神：原作「押」，據《長編》卷二九〇改。
〔三〕徼：原作「檄」，據《長編》卷二九〇改。
〔四〕笱：原作「苟」，據《長編》卷二九〇改。
〔五〕誤：原作「謨」，據《宋史》卷四九六《瀘州蠻傳》改。
〔六〕羅勇：《長編》卷二九三作「罷勇」。
〔七〕箇：原脱，據下文及《長編》卷三〇三補。
〔八〕檄：原作「及」，據《長編》卷三〇三改。

赴納溪寨立誓歸順〔一〕。羅箇牟村夷止爲收藏乞弟奴婢，有任光秀妄以生南羅〔箇〕牟村爲省地，報王宣以蠻人侵犯，致輕易出兵，陷没。緣羅箇牟村夷熙寧七年後方量納官税，不同省地熟夷納二税役錢。」詔：「羅箇牟村夷既納税賦，即是省地熟户，見在圖籍，並係熟夷，不委所奏有此異同。今不獨爲王宣接戰所因，緣繫久遠地界事〔二〕，令轉運〔三〕、鈐轄司審度以聞。」

五月二十四日，詔：「蠻人知歸徠州乞弟作過，傍近蠻族或兩屬夷如能斬獲乞弟首，若願知歸徠州〔四〕，即與本州刺史，月給茶、綵；若願授漢官，與内殿承制，賜銀千兩、絹千疋。或能捕斬以次頭首，即第賞〔五〕。其乞弟下蠻人，如自能殺獲乞弟首及以次頭首，亦准此。降敕榜于夷人出入要路，及遣招安將等深入夷界曉告之。」

六月二十一日，上批付韓存寶：「昨討瀘州羅苟姓夷〔六〕，其招納夷族止令自守村囤，捕斬賊黨，未嘗驅領隨軍。今日用兵與前事異，若猶用舊令，則大軍深入，或爲後患，固宜改圖。將來進討，凡敕榜招安村囤，並擇有力首領，質其骨肉于瀘州或外寨，仍量留守兵，然後責令點集族下勝兵丁壯爲大軍先驅。明與要約：若討賊斬首有功，依漢軍賞；如不用命，持意兩端，身并同屬皆斬。」

七月十二日，梓州路提點刑獄盛南仲乞下江安縣招誘斗蓬夷，（令）〔令〕與敢勇人程舜元等謀斬乞弟，他夷盡行除蕩。詔委南仲：28「如獲乞弟首，白身人除遥郡刺史，有官者比例增賞，及賜銀絹五千；斗蓬夷如委向順，意欲與官軍協力，即俟大軍進討，關報韓存寶，毋得一例除蕩。」

二十五日，詔：「聞乞弟自歸巢穴，修置戰具，多結夷人，或慮非時衝突省地。王光祖已移軍近裏，委韓存寶候閣道通行軍馬〔七〕，擇近日起發至瀘州。天氣尚熱，即分屯近郡，審度進討。」

八月四日，詔：「令韓存寶選人告諭夷族：『如能向順，即將老稚監質，點發丁壯，令作先鋒。如獲乞弟首級，並依官兵推賞；若不用命，持意兩端〔八〕，即行誅翦。』兼乞弟黨與不堅，則易爲攻取。若未遇乞弟，先殺夷人，稍致一兩族疑懼，則人人皆有鬭心，或協力拒捍官軍，或相爲耳目，以資寇利。令存寶全以重兵威勢彈壓〔九〕，須使夷狄自相攻討，盡獲首惡，覆其巢穴，即爲全功。」

四年正月七日，詔以步軍都虞候〔一〇〕、英州刺史、環慶

〔一〕已巳：原作「詔已」，據《長編》卷三〇三改。
〔二〕久：原作「又」，據《長編》卷三〇三改。
〔三〕令：原作「今」，據《長編》卷三〇三改。
〔四〕知：原脱，據《長編》卷三〇四補。
〔五〕第：原作「弟」，據《長編》卷三〇四改。
〔六〕「羅」下原有「胡」字，據上文及《長編》卷三〇五删。
〔七〕閣：原作「各」，據《長編》卷三〇六改。
〔八〕持：原作「推」，據《長編》卷三〇七改。
〔九〕令：原作「今」，據《長編》卷三〇七改。
〔一〇〕步：原作「部」，據《長編》卷三一一改。

路副都總管林廣爲都大經制瀘州夷賊公事。以韓存寶逗撓怯避，故以廣代之。

三月二十一日，夔州路走馬承受王正臣言：「南平軍管下播州夷界巡檢奉職楊光震於遮勒谷小茆田路口遇乞弟首領宋阿訛〔一〕，鬥敵，斬獲阿訛等三人首級，本軍已送瀘州經制蠻事司。」上批：「宜專遣使厚賜金帛爵命。」其後南平軍言光震斬獲阿訛等首級非僞，乃命賞之。

〔七月〕二十八日〔二〕，林廣言：「阿生等送乞弟降狀，未肯身至瀘州。」八月一日，詔學士院降敕榜付林廣曉諭，許乞弟出降，[29]當免罪。如乞弟迷執如故，即行誅殺。上因曰：「自來邊探多不得寔，如瀘南興師，人多言旁邊百里内林箐險阻，道路難進。今得走馬奏，大兵至落始兜村，乃有良田萬頃，頗多積穀，其林箐乃在數百里外，去邊百里之間。探報尚且如此，乃知傳聞多不足信。昔趙充國願至金城馳上方略，馬援聚米爲山川，蓋傳聞不如一見爾。」

八月十一日，彭孫言：「乞從瀘州合江縣納溪九枝池爲便路討乞弟〔三〕。」從之。

二十二日，詔中書降敕榜曰：「西南蕃羅氏鬼主下蠻首領沙取以狀來言：『今落莫部已與沙取議乞弟投降事，其有都掌，已遣人往諭。降人稱：我止依十州例與我税賦，更不以兵隨乞弟。』及沙取令蒲成等密來言〔四〕：『若乞弟不降，即領都掌等往掩殺。』今沙取若能諭乞弟早降，朝廷當厚加爵賞。如未肯降，沙取能掩殺赴官，與逐處部族都大頭領悉加重賞。委沙取撫諭都掌等部族頭領早出投降，即依十州例令輸税賦，及厚賞錦袍銀綵等。」

九月二十六日，詔：「林廣言，乞弟送降狀，前後反覆，必無降意，但欲遷延月日，以款師期。今相度：降去敕榜如未可分付，更不須齎送，速進兵平蕩。」

五年二月四日，詔：「昨興師誅乞弟，今既蕩平巢穴，即與擒捕乞弟同功。其使臣、軍兵等除留戍守外〔五〕，餘各遣歸；林廣候措置新立堡寨畢，回本任。」初，廣失乞弟於納江，去年十二月十九日也，軍十萬皆無人色，官吏噎嘿不食，乃[30]令進寨追賊。軍行，無日不雨雪，刁斗無聲。二十八日，次老大人山，山形皆刀劍立〔六〕；次黑崖，然桂爲薪；上鵶飛不到山。正月七日，次歸徠州，軍皆凍墮指。留四日，求乞弟不得。麥文昞問廣：「軍事當如何？」廣曰：「已如朝旨蕩賊巢穴，雖不獲元惡，亦當班師待罪。」文昞乃出去年六月所受密詔云：「將來大兵深入討賊，期在梟獲元惡。如已能破其巢穴，城守要害，雖未得乞弟，萬一糧道不繼，亦聽班師。」軍中皆呼萬歲，曰：「天子居九重，

〔一〕谷：原作「各」，據《長編》卷三一一改。
〔二〕七月：原脱，據《長編》卷三一四補。
〔三〕乞從：原作「及」，據《長編》卷三一五改。
〔四〕成：原作「城」，據《長編》卷三一五改。
〔五〕「等」下原衍一「第」字，據《長編》卷三二三删。
〔六〕山：原無，據《長編》卷三二三補。

明見萬里外。」乃定計明日班師。是月癸丑，次江門。自納江之後，暴師凡四十日。乃築樂共城、江門寨、梅令山、席帽溪堡，西達淯井，東通納溪，上、下底蓬堡已在其腹中矣，皆苗時中、程之才初爲韓存寶先事畫策者也。

四月十七日，林廣言：「乞弟巢穴已平，給賜後蕃羅氏鬼主，乞給知羈縻歸徠州銅印。」從之。

七月二日，廣西經略司言：「西南張蕃貢奉〔一〕，乞添至三百人。」詔具合增數以聞。其後本司奏：「故事，以七十人爲額，不可增。」遂罷。

二十四日，詔：「乞弟逃竄，其地已賜羅氏鬼主鋪永，令知歸徠州，及令楊光震兄弟并沙取、落務嫂等蠻會合掩襲。所獲夷户，令自爲主；如獲乞弟，即依朝旨推賞，令瀘南安撫司常舉行。」

十二月十一日，右騏驥副使、知瀘州張克明言：「瀘州地方千里，夷夏雜居。近者白崖囤、落婆遠等生夷並爲王民〔二〕，既供租賦，或相侵犯，未有條約，一以敕律繩之，或以生事。欲乞應瀘州 31 生夷，如與華人相犯，並用敕律；同類相犯，即比附黔州蠻五等罰法〔三〕。」從之〔四〕。

二十五日，西南龍蕃首領、遏轄使龍已達并部落廖各等三百七十六人入貢。詔西南龍蕃進貢使龍已達補保順將軍，餘六十餘人各補將軍、郎將有差。

七年七月十一日，尚書禮部言〔五〕：「西南程蕃乞貢方物。舊不注籍，如許入貢，乞從五姓蕃例。」從之，令夔州路轉運司相度，比附一姓人數解發。

八月三日，樞密院言：「蠻乞弟昨棄巢穴而遁，今聞無所依止。」詔王光祖遣人招諭乞弟，許出降，與免罪，補名目，于近邊幹當。是歲，乞弟死。

二十二日，尚書刑部言：「南蕃進奉人石以定過汝州襄城，其下毆擊市人，及自毀敕黄。」詔敕書不別給，止令汝州具喧競毀敕書因依，連所毀敕送廣西經畧司謄牒，送界首官司付本蕃；其指揮使臣回日〔六〕，下大理劾罪。

九月五日，西南龍蕃貢方物。

十二月二十四日，瀘南緣邊安撫司言：「新收生界八姓

〔一〕南：原作「路」，據《長編》卷三二八改。
〔二〕民：原脱，據《長編》卷三三一補。
〔三〕比附：原作「此付」，據《長編》卷三三一改。
〔四〕按，此條年代可疑。《長編》卷三三一亦載此條事於元豐五年十二月十一日丁巳，文字與此全同，知宋朝《實録》、《會要》、《國史》等均如此，並非《大典》抄録之誤。但李燾於條末注云：「（本年）四月二十七日庚午已除王光祖知瀘州，今十二月十一日丁巳克明以知瀘州論事，其月十九日庚申又書光祖知瀘州，不知何故。今削去庚申所書。」考《長編》元祐各年之記載及范祖禹《范太史集》卷二一，張克明於元祐元年知瀘州，三年十二月再任，至六年八月卸任。郭聲波《宋會要輯稿·蕃夷道釋》點校本頁三二三校記謂，張克明此奏應是元祐五年十二月十一日事，因其後十四日，即十二月二十五日，樞密院即將此奏上呈皇帝，見本書下文蕃夷五之三三該條。按，郭説是，蓋宋朝史官初修史時誤以「元祐」爲「元豐」，後來相承皆誤。
〔五〕禮：原作「李」，據《長編》卷三四七改。
〔六〕指揮：《長編》卷三四八作「押伴」。

羅始党一帶宋〔一〕、納兩江夷族，願依七姓團結爲義軍〔二〕，乞刺字〔三〕，支例物。」從之。

哲宗元祐元年十二月十四日，樞密院言：「殿中侍御史呂陶言：『昔瀘州乞弟入寇，始因來索一氂骨價，事至毫末，而邊吏貪功覬賞，擅行殺戮，以至敗軍覆將，騷動一方，再煩朝廷命師西討，公私之費，其數不貲。初，林廣統領大兵深入巢穴，及到乞弟住處，止有茅屋數間，賊亦遁去，終不能獲。其後，以王光祖爲瀘南安撫，意欲生 32 致賊酋，經營數年，亦無所得。今瀘州内外屯兵萬餘，作爲聲勢，欲致此賊，其策亦疏矣。萬兵之費，餽運日勞，雖無寇至，坐耗民力。臣以謂乞弟之存亡違順，不足上煩朝慮，宜一切置而不問，惟徙重兵内郡，以省横費，戒邊臣守疆埸，示不必取之意，要以歲月，當有成效。今春瀘南傳乞弟已死，又云相次投降，乃是招安將輩爲之辭〔四〕，以要小利，皆不足信。』按今年正月瀘南安撫司走馬承受王伯虎、權安撫使李琮奏：『蠻賊乞弟爲患，已死，新立蠻頭領阿機等親手刻到芳牌乞降，本司已出給信劄文字，許令投降。』已降朝旨〔五〕：知瀘州張克明與梓州路運判李傑同管勾。」詔：「令張克明、李傑依呂陶所奏，如阿機等寔降，即行接納，不得信縱招安將等妄入生界，虛稱招誘，摇動人情。但務静守，及禦邊有備，其阿機等降與不降，即不繫利害。」

二年五月十四日，禮部言：「西南蕃泰平軍遣石蕃以定等齎表裝〔六〕、鞍馬、砂、氈等來貢。元豐著令，西南五姓蕃每五年許一貢，今年限未及，合具表裁。」詔特許入貢。

八月十一日，西南羅蕃遣人入貢。

十五日，西南蕃遣人入貢。

二十五日，西南張、羅、方三蕃遣人入貢〔七〕。

十月二十一日，西南龍、張蕃遣人入貢。

三年正月十九日，詔西南石蕃進奉人特令門見。

閏十二月二十一日，西南蕃遣人入貢。

四年十月五日，西南程蕃遣人入貢。

十一日，龍蕃遣人入貢。

五年四月二十六日， 33 詔以西南龍蕃進奉人安化大將軍龍以利爲安遠大將軍，保順郎將龍延舜等爲安化郎將，奉化郎將龍以委等爲武寧將軍，龍延間等爲保順郎將。

十二月二十五日，樞密院言：「瀘州張克明奏請：『應瀘州新投降招附生界夷人，今後如與漢人相犯，並乞依漢法施行；若是同類相犯，乞比附黔州見行蠻人條制，以五

〔一〕宋：原作「送」，據《長編》卷三五一改。
〔二〕依：原作「作」，據《長編》卷三五〇改。
〔三〕刺：原作「敕」，據《長編》卷三五〇改。
〔四〕「將」下原有「軍」字，據《國朝諸臣奏議》卷一四三、《長編》卷三九三删。呂陶《淨德集》卷四作「將領」。
〔五〕已降：原無，據《長編》卷三九三補。
〔六〕以定：《宋史》卷四九六《黔涪施高徼外諸蠻傳》作「石以定」，《長編》卷四〇一作「龍以定」。按，「石」字可不補，「龍」字當誤。
〔七〕方：原作「蕃」，據《長編》卷四〇四改。

刑立定錢數，量減數目，斷罰入官。』」從之。

六年八月二十二日，詔：「今後押伴諸蕃使臣不許先次發遣，須候進奉人朝辭就路，復令管押以歸。」

八年二月二日，詔：「西南龍蕃進奉人安化將軍龍以擎等舊有官者遞遷一等，其未霑真秩者並補官。」

紹聖四年五月二十八日，瀘南沿邊安撫司言：「蕃官播州夷界都巡檢楊光榮與弟文瀚不和〔一〕，光榮勢弱，欲倚漢界爲重。乞以播州東南地分作兩面〔二〕，並權充都巡檢，楊光榮、楊文瀚仍望以檢校祭酒名目降告施行。」從之，仍各與帶銀青光禄大夫、檢校國子祭酒、兼監察御史、武騎尉。先是，南平軍言，管下蕃官左班殿直、權管勾播州夷界都巡檢楊光榮乞獻納播州疆土，遂（招）〔詔〕瀘南沿邊安撫司指揮南平軍，不得擅誘楊光榮叔姪等獻納地土，若逐人因事同出官，即與和解，務要安靜。既而再乞作兩面分官，故有是命。

元符元年二月四日，詔蕃官内殿崇班龍金爲内殿承制，西南龍蕃進奉人奉化郎將龍延解爲武寧郎將，安化郎將龍 34 文涉等七人爲奉化郎將，保順郎將龍延丕等二十六人爲安化郎將，龍延未等二十人爲保順郎將，龍以高爲歸德將軍〔三〕，龍以諫等九人爲寧遠將軍，龍以古等四人爲安遠將軍，龍延噲等十二人爲懷化郎將，龍延明等九人爲武寧郎將，龍延闇等十七人爲奉化郎將，龍延信等十六人爲安化郎將，龍延洪等五人爲保順郎將。

四月二十八日，詔西南龍〔四〕、羅蕃進奉人龍延蹇爲歸德大將軍〔五〕，龍延會爲安遠大將軍，龍以（邱）〔丘〕爲歸德將軍，龍以闔爲寧遠將軍〔六〕，龍延特、龍以徽二人並爲武寧將軍，羅以增等二十二人並爲奉化郎將，龍延覓等九人並爲安化郎將，羅元衆等七人並爲保順郎將〔七〕。

二年二月一日，詔西南牟韋蕃進奉人安化郎將韋公夏等十二人並特授奉化郎將〔八〕，保順郎將韋公市等十五人並特授安化郎將，西南牟韋蕃進奉人韋公利等四十三人並特授保順郎將〔九〕。

徽宗崇寧四年三月三十日，廣西經略使王祖道言：「牂牁夜郎首領獻納王江、古州一帶地土，（建）〔進〕築平、允、從（之）三州。」群臣拜表稱賀。

大觀二年八月二十五日，詔：「西南夷赴涪、瀘、南平軍納土歸順，三州地理遼遠，瀘州又隸梓州路，相望隔越，

〔一〕州：原脱，據《長編》卷四八八補。瀚：《長編》作「翰」。
〔二〕地：原作「北」，據《長編》卷四八八改。
〔三〕龍以高：《長編》卷四九四作「龍文亮」。
〔四〕龍：原脱，據《長編》卷四九七補。
〔五〕蹇：《長編》卷四九七作「賽」。
〔六〕龍以闔：《長編》卷四九七作「龍異闔」。
〔七〕羅元衆：《長編》卷四九七作「羅元象」。
〔八〕牟韋蕃：《宋史》卷四九六同，《長編》卷五〇六無「牟」字。韋公夏：《宋史》卷四九六作「韋公憂」。
〔九〕「韋蕃」原作「葦」，「人」原脱，據《長編》卷五〇六改補。

撫納勞徠，守佐之臣未必能（辨）〔辦〕其事。新附之民初歸王化，苟失其情，使其心悔，非率服蠻夷之道。除涪州已差龐恭孫外，瀘州差趙遹，南平軍差崔子堅前去，專一措置，仍疾速施行。」

35 九月一日，荆湖北路提點刑獄張爲言：「據下夷州首領任漢崇等狀：『伏聞皇帝恩臨萬姓，九夷八蠻皆歸慕大化，各願將管界東西四程、南北五程見佃地即請税承納，餘盡獻入官。』」又據夔州轉運司〔言〕：「南平軍有夷人木攀族首領趙泰等大姓，木攀樂慕聖化，自改姓趙，今來泰等伏聞今聖有德有威，四海夷族盡有歸順之人，與兄弟叔姪將帶一部族情願獻土歸化，見耕佃土地請税，作漢家百姓，其餘土地召人耕佃。管界東西五程、南北六程，周匝一十八程。」又言：「據南平軍有播州夷人楊光榮同孫楊光璉狀：『所管係唐朝所遺地唐州平，生户一萬餘家，乞獻納朝廷。』」又夔州狀：「據州蕃首部指揮使楊文貴等狀：『近年以來，聞今上皇帝聖德聖慈，百姓貧窮者官破衣糧養活，病患之人官破粥藥療疾。文貴等久限外界，無路得達。今涪州乞依例獻納田土。』」又據黔南路總管張莊言：「據寬樂州、安砂州、譜州、四州、七源州縣先次納土，歸明皇化，各得安穩。本州頭首宿老衆共和議，願將所管州縣歸明納税，伏望憫念，永爲王民。計二萬人、一十六州、三十三縣、五十餘峒，幅員之廣，又一萬餘里，不召自來。及齎到印記三十四顆，及具地圖以聞。」宰臣等上表稱賀。

三年六月八日，詔以瀘州人王忠順納土所建州曰純州，縣〔曰九支、安溪；播州人楊光榮納土〕所建州曰滋州〔一〕，倚（廓）〔郭〕縣曰承流，〔别置仁懷〕縣〔二〕、新化寨、慈竹寨、牢溪堡，並隸瀘南。

政和 36 三年二月十五日，詔瀘南納土夷人主首斗箇林、皇甫部、李世恭並特與承信郎，充巡檢，賜公服、靴、笏；張永順、夫農、箇當打、凍婆唱並特與進武校尉，充同巡檢，賜紫羅窄衫。從本路緣邊安撫司請也。

十一月十五日，詔戎州石門、馬湖一帶新民納土，建置祥州，分布縣寨統隸。

十二月十七日，知成都府龐恭孫言：「據光禄大夫、檢校工部尚書、知保州董舜咨等狀，情願將保州所管一州并二十六大首領下地土獻納入官。」詔：「董舜咨特與正任成州團練使，賜公服、靴、笏、二十兩金塗銀腰帶，令大觀東庫支降〔三〕。及仰吏部差小使臣一員，齎告并所賜衣帶等付龐恭孫交割給賜。其董舜咨候受告訖，令赴闕朝見。」

〔一〕「曰九支」以下十三字原缺，據郭聲波説補，詳見《宋會要輯稿·蕃夷道釋》點校本頁三三〇。按，純州、滋州及管下縣、寨、堡之建置參見本書方域七之六、一八之一三、二〇之五及《宋史》卷八九《地理志》五。

〔二〕「别置仁」三字原缺，「懷」原作「灘」，據郭聲波説補改，詳見《宋會要輯稿·蕃夷道釋》點校本頁三三〇。

〔三〕觀：原作「官」。按宋無「大官庫」，而有大觀庫。大觀庫又分東、西庫，見《群書考索》後集卷六四等。大觀東庫又見本書選舉二三之一一、《宋史》卷一七九《食貨志》下一、《清波雜志》卷五等。因改。

五年三月十四日，手詔：「瀘南夷人久失撫綏，近者侵犯疆陲，皆邊臣縱慢，失于備禦；又樂共城都監潘虎擅殺已降七十餘人，致夷心疑阻。（令）〔令〕梓州路轉運使趙遹同安撫鈐轄賈宗諒招納脅從，唯首謀勿貸。如熟户、新民能率衆討蕩，致一方安帖，其酋長當與正任刺史，餘人並降二等推恩，不得妄行誅殺。」

四月二十七日，詔：「瀘南小醜，帥臣失于綏撫，侵擾邊疆，監司坐視，不以上聞。賈宗諒除名勒停，轉運、提刑司官各降兩官。」

五月七日，梓州路計度轉運使趙遹言：「晏州夷人結集瀘州、長寧軍管下羅始党等諸族共一百餘村作過，今已措置安帖。緣東接純州管下新民黃斗箇林等族，次接祥州管下新民 37 皇甫世忠、李世恭、時世欽、胥永寧、張永順、惠世謹、王永懷、包永義等村族，今來至夷賊投降了當，並無新民一村一族一名附從作過，又更黃斗箇林助宋殺夷，把隘燒囤，赤忠歸宋，誠可嘉尚。乞將首領先次推恩，其純、滋、祥州〔一〕、長寧軍管下新民、大小首領及親族夷衆，共乞支破提舉常平司封樁錢二萬貫，令臣措置，優加犒設。承信郎黃斗箇林，乞與轉兩官，管勾本族公事，除每月料錢外，支食錢五貫文，更不依《禄令》添給。保義郎祥州南面管界同巡檢皇甫世忠、保義郎祥州北面管界同巡檢李世恭，承節（官）〔郎〕管勾石門新民本族公事時世欽、承節郎管勾馬湖新民本族公事胥永寧、承節郎管勾南管新民本族公事張永順、承信郎惠世謹、承信郎王永懷、承信郎包永義，已上乞與轉一官，料錢依《禄令》外，每月更增添支錢二貫，依舊不請添支驛料。修武郎純州南面管界同巡檢王忠順、秉義郎純州北面管界同巡檢羅永順，已上各乞與轉一官，依《禄令》請給。」詔從之。

九月七日，梓州路轉運司言：「晏州夷族羅氏鬼首呂告向化。」詔補武畧郎、西南蕃都大巡檢使。

十二月二十三日，手詔：「頃晏夷犯順，騷動蜀土，趙遹將漕，屢貢封章，乞行天討。璽書問對，至于再三，抗議不回。每中機會，迄無敗事，生擒卜漏，拓地千里，一方底定，蕃夷震疊。遹特除延康殿學士。」

六年十二月三十日，太師、魯國公蔡京等 38 言：「伏覩瀘南招討統制使趙遹奏攻討晏州夷，焚燒落濃囤等錢糧倉廩舍屋約至萬間，獲致孳生糧斛不可計數，其巢穴悉已焚蕩，乞拜表稱賀。」從之。

七年八月二十日，手詔：「瀘南城寨招安、把截將之類，以年勞累遷都史，并蕃官夷界巡檢等，舊法候立功，方得遷轉及出官。若不生事，功何由立？甚非綏靖之策。今後如寔歷五年滿日，能彈壓邊界，別無生事，招安將合出官者，特與出官；蕃官巡檢等與轉一官，量增鹽、綵。稍有生事，重行典憲。」

〔一〕祥：原作「梓」，據上下文改。

光堯皇帝建炎二年三月十六日，瀘南安撫使黎揆言：「武功郎紀總自知播川城之後，把拓邊界，又説諭知白錦堡楊維聰改過，親身赴播川城公參。今播川城一帶並皆寧肅〔一〕，本官已移知威州，伏望優加旌賞。」詔紀總特與兼閤門宣贊舍人。

紹興六年八月二十七日，何慤上言：「西南夷每歲之秋，夷人以馬互市，開場博易，厚以金繒，蓋羈縻之術，條法具存。本司弗虔，其弊滋甚，互市歲馬，虧損常直，沮格揀退，致馬不售，則或委棄，殺食而去。深恐因緣積忿，邊隙寖開。乞申敕有司悉循舊規，庶幾貿易悠久，夷夏各得其所。」從之。

十四年四月二十六日，廣南西路經略安撫使司言：「西南蕃今春起發進奉。本司契勘紹興十一年以前諸蕃前來進奉，並依安南已得指揮，免使人到闕，只就橫山寨依例管設發回〔二〕。今來未審合與不合發赴行在。」詔令廣南西路[39]經略安撫司倍支回賜，依舊例發回。

六月十二日，廣南西路經略安撫司言，西南大張蕃南寧州武泰軍欲差人馬前來進奉。詔本路經略安撫司倍支回賜，依舊例發回。

十七年六月三日，兵部言：「據瀘南沿邊安撫司（由）〔申〕：『武翼大夫、忠州刺史、西南蕃都大巡檢使落抵自援名目以來，把拓邊界，別無誤事，欲依政和七年已降指揮〔三〕：蕃官夷界巡檢如寔歷五年任滿，能彈壓邊界，別無生事，與轉一官，量給鹽、綵。』」從之。

三十年九月四日，瀘南沿邊安撫司言：「武經大夫、忠州刺史、西南蕃都大巡檢使落抵事故，乞令男判孺承襲。」兵部勘當：「落抵承襲父呂告，初（捕）〔補〕武畧郎，充西南蕃都大巡檢使，每年支鹽一千斤，綵絹四十疋。」從之。

三十二年四月二十二日，瀘南沿邊安撫使王葆上言：「判孺自父落抵未事故以前，先次管幹巡檢職事一十二年，本族夷衆各相順伏，別無生事，乞特與依父職名轉行。」詔判孺特與轉武經大夫、忠州刺史，充西南蕃都大巡檢使。

壽皇聖帝乾道四年十二月二日，夔州路鈐轄安撫司言：「思州地在極邊，東、西、南三界接連溪峒夷人，其守把溪峒隘口，依條許子孫承襲。欲望將本州年老事故使臣依珍州、南平軍等處條例，許子孫承襲班行微小名目，差令把拓，所貴緩急得人。」從之。

六年三月二十五日，瀘南安撫司言：「（木）〔本〕州寨舊例年支蠻人犒設紬一十九疋三丈，并[40]豬、酒、茶、鹽等，近劉顯等于乾道三年擅與蠻人增添絹一百十疋、茶四百二十五斤，并豬、酒、鹽等，次年蠻人遂欲用爲久例。顯又擅立誓，書寫合用文據有『永遠支給』之文。竊慮遽然（滅）

〔一〕川：原作「州」，據上文改。
〔二〕橫：原作「衡」，據《中興小紀》卷三一改。
〔三〕七年：原作「八年」，據上頁政和「七年八月二十日」條及《補編》頁四九〇同條改。

〔減〕落，别致生事。」户、兵部勘會：「欲照應已增數目應副，仍令本司嚴行束約，已後年分不得擅增。」從之。

四月二十三日，詔田承璲承襲父田彦仁款州〔刺史〕、銀青光禄大夫、檢校國子祭酒、兼監察御史、武騎尉。以彦仁自陳年老，乞令承璲承襲，從本路帥臣保奏也。

七年三月十四日，四川宣撫使司言：「武經大夫、忠州刺史、西南蕃都大巡檢使判孺，係羅氏鬼主西南蕃主之後，該遇登極赦恩，乞與男曉措一名蔭補官職。契勘判孺彈壓所管溪峒蕃蠻，并山南十州部族，遞年赴長寧軍中馬，同曉措把拓邊面，别無（隱）〔引〕惹透漏，亦不缺中馬之數，備見忠順。」詔判孺男曉措特與補承信郎。

八年五月六日，以權商州土刺史韋文豹爲銀青光禄大夫、檢校國子祭酒，充商州土刺史、兼監察御史、武騎尉。潼川路帥司言：「韋文豹先以父俊彦亡，差權已及三年，蠻夷馴服，伏乞依條許令承襲。」故有是命。

十一月二十一日，修武郎、播川城白錦知堡楊選進獻戰馬五十疋，并綱帖馬十疋，差寔信人管押赴四川宣撫司交納。詔楊選特轉一官。

【續會要】 41 淳熙五年二月二十五日，詔知威州侯英先次放罷，知茂州成穀差知威州，奉議郎呂凝之差知茂州，文林郎廖唐英特與循一資。成都等路安撫制置司言：「據嘉會寨申：『嘉上蕃蠻于威州中路打劫知州侯英之子所帶錢糧等物，攻寇威州，累月不息。』知茂州成穀前知威州，稍得蠻漢之情，臣遂移成穀前去暫知威州，選文林郎、鈐轄司幹辦公事廖唐英同督兵將及土兵過江討捕。尋執其酋，遂皆迎降。體究到知威州侯英到任以來，不恤邊事，專事貪污，乃以私錢冒買茶貨，賣入生蕃，侵奪諸蕃之利，以致蕃蠻怨亂。望將侯英亟賜降黜，以爲邊吏貪污之戒。其成穀乞改知威州。茂州不可闕官，奉議郎呂凝之累任極邊，欲辟充知茂州。廖唐英乞特賜旌賞。」故有是命。

八年四月十八日，詔湖北提刑司：「將蠻人阿白等馬様計價優與回賜，其蕃蠻一行人（令）〔令〕沅州犒設發回，説諭自今不須前來中馬，務在邊境寧静，毋致生事。仍取問沅州徑令入界因依。」湖北提刑司張沈言：「沅州若溪知寨申：『有邵武軍客人吳汝霖深入西南蕃〔二〕，引到羅鬼國頭角人米文喜、滕文昌九十七人、馬様八匹到寨，稱要進貢，乞依邕州横山寨則額置立官場，逐年博馬，買錦、綵、帛、鹽。』并探到前項蠻人已入沅州界内安泊故也。」既而湖北提刑司體究到〔三〕：「前知沅州呂援、見任守臣呂勝已放令吳汝霖引接羅鬼國人入界中賣馬。」詔呂援降一官，呂勝已降兩官放罷。續詔若溪寨官降兩官放罷；邵武軍百姓吳汝霖等往沅州入夷人界招引羅鬼國入馬中賣生事，決配二千里。

五月一日，詔：「沅州猺人出没作過，令本路安撫司差神勁軍二百人前去彈壓，候秋間發回。仍令本州招土丁二百人，于控扼處置寨防托。」以沅州守臣聽吳汝霖放入猺人中馬生事故也。

嘉定九年七月二十日，詔武經大夫、忠州刺史阿永男

〔二〕邵：原作「郡」，據下文改。

〔三〕湖：原作「西」，據上文改。

阿祥承襲〔一〕，充西南蕃部都大巡檢使。以潼川安撫司言：「長寧軍申：『阿祥始祖沙取因朝廷差充統軍，衆蠻推服，并收反賊立功，特補禮賓使，男鰲備承襲〔二〕，降到内殿崇班、西南〔蕃〕部都大巡檢使；次高祖堯所承襲；次呂告[42]承襲，于政和年内收復晏州夷賊，給降武略郎，後緣本蕃遺漏沙取、鰲備、堯所、呂告所授告命，照札不存；次落抵承襲〔三〕，特補武經大夫、忠州刺史、西南蕃部都大巡檢使；次阿祥翁普磨承襲；次阿祥父阿永承襲。本軍照得普磨、阿永兩世乞行承襲，緣未及朝廷給降真命，皆銜恨而死，此蓋前時本軍失于不再三力請之過。（令）〔今〕阿祥係阿永親男，别無合承襲之人，九世相傳，即非詐冒，兼每年春冬赴官中馬，止請鹽、（采）〔綵〕，並不曾添幫俸給料錢。今來阿祥累代承受官資〔四〕，係朝廷特與酬獎，即無異同。』」故有是命。（以上《永樂大典》卷四二六〇）

黎峒

【宋會要】[43]黎峒，唐故瓊管之地，在大海南，去雷州岸泛海一日。其地有黎母山，黎人居焉。舊説云〔五〕：五嶺之南，人雜夷獠〔六〕，朱崖環海，豪富兼并，役屬貧弱。婦人服緦緶，績木皮爲布。陶土爲釜，器用瓠瓢。人飲石汁〔七〕，又有椒酒〔八〕，以安石榴花着甕中，即成酒。俗呼山嶺爲「黎」，居其間者號曰黎人，弓刀未嘗離手，弓以竹爲弦。今儋、崖、萬安皆與黎爲境。其服屬州縣者爲熟黎，其居山峒無征徭者爲生黎，亦時出與郡人互市焉。

真宗大中祥符二年十一月，瓊崖等州同巡檢王釗言：「黎母山蠻遞相讎劫，准前條約，不敢擅領軍馬直入掩襲，即委首領捕捉到爲惡（戀）〔蠻〕人，悉還剽奪貲貨及償命之物，飲血爲誓，放還溪峒，悉已平静。」詔曰：「朕常誡邊臣無得侵擾外夷，若自相殺傷，有本土之法，苟以國法繩之，則必致生事。羈縻之道，正在於此。」

五年五月，萬安州言：「黎峒夷人互相殺害，巡檢使臣領兵深入掩捕，軍士有被傷者。」帝曰：「朕累有宣諭，蠻夷相殺傷，止令和斷，不得擅發兵甲，致其不寧〔九〕。可令本路轉運使察舉以聞。」

至和元年五月，廣南西路經略司言：「昨送黎賊符護奴婢十人還峒中，而符護復以所留瓊崖州巡檢〔一〇〕、三班借職慕容允則及軍士五十六人來歸，允則道病，已卒。」詔軍

〔一〕阿：原脱，據下文補。
〔二〕鰲：原作「鰲」，據下文及《宋史》卷四九六《瀘州蠻傳》四改。
〔三〕落抵：原作「落祇」，據上文蕃夷五之三九紹興「十七年」、「三十年」、「三十二年」諸條改。
〔四〕祥：原作「詳」，據上文改。
〔五〕舊説：本書蕃夷五之四七重文作「黎峒風俗」。
〔六〕雜：原作「親」，據《長編》卷一七六改。
〔七〕石汁：原作「石沫」，據《長編》卷一七六、《文獻通考》卷三三一、《宋史》卷四九五《黎洞蠻傳》改。
〔八〕椒酒：原作「酒椒」，據《長編》卷一七六、《文獻通考》卷三三一、《宋史》卷四九五《黎洞蠻傳》乙。
〔九〕寧：原作「靈」，據《武經總要》卷二〇改。
〔一〇〕崖：原作「岸」，據《長編》卷一七六改。

士悉貸之。以上《國朝會要》。

神宗元豐三年十二月二日，瓊管體量安撫朱初平言：「海北之民占請黎【44】人田，黎人無所耕種，恐致生事，乞禁止。(令)〔今〕四州軍兵備全少，若招誘生黎籍成保甲，與黎人相雜分耕，教習武藝，足以枝梧邊寇。」從之。

哲宗元祐三年正月十三日，廣南西路東門峒黎賊傷害兵官，詔：「經略司倏朱崖軍使崔詔到，面諭依近旨革舊弊，開示恩信，令生黎洒然知有所赴愬。能改過自新者，厚撫恤之；若姦狡反覆，即密以厚賞募熟黎斬首以來，或誘出傍近，豫報官軍擒捕。具施行方略以聞。」

徽宗政和七年八月十六日，詔：「黎人久爲瓊管邊患，今其入貢，頗有慕義之心，沿路券馬，請給可令所部監司、守臣加等給賜，所到州犒設，務令豐備。授衣月近，特賜錢五百貫，令置寒服。候到畿甸，先具數申尚書省，於権貨務支幞頭、帽子、公服、腰帶給賜。」

八年六月二十九日，廣南西路經略司言：「知瓊州郭曄申，黎賊王居想等結集澄邁[一]、臨高兩縣界作過。差將領李忠將帶將兵渡海，與郭曄同共措置捉殺，攻擊巢穴，斫獲頭級。賊人懼怕，請命投降，已行撫定，遣歸着業，邊面寧帖。立功人乞推恩。」特詔每獲一級與轉一官，兼重傷，更轉一官。以上《續國朝會要》。

光堯皇帝紹興三十年十二月四日，廣西運判鄧酢上言：「瓊州臨高縣黎人王文滿刧掠作過。酢前任知瓊州日，因定南知寨劉薦借文滿銀、馬、香錢等不還，致結連西峒黎首王承聞等攻破定南寨，虜刧劉薦男等入峒。本州已將劉薦送獄根勘，追【45】出銀、馬、香錢交還文滿。後復犯省地，虜殺居民，遂遣官部土丁分頭攻殺，文滿犇走，竄伏深峒。燒蕩巢穴，斫獲賊級，生擒黎賊王用賓等，立賞收捕文滿，及將文滿田盡給軍前有功之人均分耕種訖。乞將定南知寨劉薦重賜施行。」詔劉薦別降指揮施行外，廣西經略、提刑、轉運司多出文榜，撫存歸業人户，量行賑濟。以上《中興會要》。

壽皇聖帝乾道二年十二月二十四日，廣南西路經畧、轉運司言：「欲行下瓊管及三軍守倅[二]，多方措置，婉順説諭黎人，示以朝廷德意威命[三]，使之自新，退復省地。如能説諭收復省地，黎人安帖，不引惹生事，量功效大小立爲賞典。如任内有侵犯省地，或失省民，亦重責罰。其先省民逃亡在黎峒之人，仰守臣措置，多出文榜，委曲招誘，令復鄉業。自乾道元年以前，應欠官私税租、債負，並與除放；復業已後，田租科料與依條減放五年。如無田可以歸耕，許令指射官中空閑地從便耕墾，亦免五年税賦。省民既皆還業，黎人勢自安帖，侵陷省民自然回復。」詔從之，其賞罰依全、邵州條制施行。初，言者建議：「黎獠與省民常

[一] 澄：原作「登」，據《宋史》卷九〇《地理志》六改。
[二] 軍：原作「年」，據《文獻通考》卷三三一改。
[三] 威：原作「歸」，據《文獻通考》卷三三一改。

爲侵誘，恐積久爲害。欲給空名黎人承節郎告四道，付瓊管安撫司，應諸黎所素服能改過自新盡復田業者，諸司覈實給付，令彈壓諸峒。」詔以其言下本路，諸司以爲非便，因別議來上，而有是命。

六年四月八日，成忠郎、奏辟就權萬安軍事、同主管本路巡檢孫滋，成忠 46 郎、萬安軍兵馬監（狎）〔押〕楊戩，各特減一年磨勘；借補承節郎王平、王利學，借補進武校尉符安節，借補進義副尉符安禮，借補進義校尉張禹能，各特補守闕進勇副尉；鄉貢進士蔡震，借補進義副尉楊戩，各特與補進勇副尉。皆以撫諭招誘水口綱黎人賊王用休功也。

九年八月十九日，瓊〔管〕安撫司言：「措置招諭樂昌縣黎人峒首等出參回村，協力於舊來基址起復縣宇，興（條）〔修〕寨柵，省民歸業。除已將招撫黎人王日存、王承福、陳顏等權差次借補官資，欲俟彈壓及五年，邊面寧靜，從朝廷正行補授。本司擬注海南寨柵差（遺）〔遣〕義兵統轄黃文廣累戰黎人有功，欲乞補授名目；下班祗應蔡有權多方撫諭有勞，欲乞推賞。樂會縣係新興復，欲乞將澄邁縣巡檢權移駐劄，控制黎民。久陷歸業省民，欲乞放免三年六料二稅，及日前債負公私債負皆原置。」詔黃文廣特補下班祗應，王日存、王承福、陳顏並特補承節郎，蔡有權特轉承信郎。權移巡檢駐劄，令諸司從長審度。餘從之。

【宋會要】

哲宗元祐四年六月〔一〕，禮部言：「邈黎國般次冷移四抹粟米等齎于闐國黑汗王并本國蕃王表章貢奉。緣自來不曾入貢，請比附于闐國進奉條式。」從之，今後更有似此而不依解發條乞貢，並說諭許就本處交易訖，令歸本國。以上《續國朝會要》。《國朝》、《中興》、《乾道會要》無此門。（以上《永樂大典》卷一五六六）

【宋會要】

47 光堯皇帝紹興三十年十二月四日〔二〕，廣西運判鄧酢上言：「瓊州臨高縣黎人王文滿刼掠作過。酢前任知瓊州日，因定南知寨劉薦借文滿銀、馬、香等不還，致結連西峒黎首王承閏等攻破定南寨，虜刼劉薦男等入峒。本州已將劉薦送獄根勘，追出銀、馬、香錢交還文滿。後復犯省地，虜殺居民，遂遣官部土丁分頭攻殺，文滿奔走，竄伏深峒。燒蕩巢穴，斫獲賊級，生擒黎賊王用賓等，立賞收捕文滿，及將文滿田盡給陣前有功之人分耕種訖。」

又，唐故瓊管之地，在大海南，去雷州岸泛海一日，其地有黎母山，黎人居焉。又《黎峒風俗》云：五嶺之南，人

〔一〕按，邈黎乃西域之國，《大典》取其「黎」字，與「黎峒」同收於卷一五六六「黎」字韻。《輯稿》仍存於「黎峒」門，非是。嘉業堂本移出置於另一卷「于闐」之後，是也。

〔二〕按，以下三條均已見於本門前文，且非按年代編排，而以「又」、「又」相接，當非《會要》之舊，而是《大典》抄節插於此。

(親)〔雜〕夷獠，朱崖環海，豪富兼并，役屬貧弱。婦人服緦緶，績木皮爲布。陶土爲釜，器用瓠瓢。人飲石(沐)〔汁〕。又有(酒椒)〔椒酒〕，以安石榴花着甕中，即成酒。俗呼山嶺爲黎，居其間者號曰黎人。弓刀未嘗離手，弓以竹爲弦。今儋、崖、萬安皆與黎爲境，其服屬州縣者爲熟黎，其居山峒無征徭者爲生黎，亦時出與郡人互市焉。

又，壽皇聖帝乾道二年十二月二十四日，廣南西路經略、轉運司言：「欲行下瓊管及三(年)〔軍〕守倅，多方措置，婉順説諭黎人，示以朝廷德意(歸)〔威〕命，使之自新，退復省地，如能説諭收復省地，黎人安帖，不引惹生事，量功效大小立爲賞典。如任内有侵犯省48地，或失省民，亦重責罰。其先省民逃亡在黎峒之人，仰守臣措置，多出文榜，委曲招誘，令復鄉業。自乾道元年以前，應欠官私税租、債負，並與除放；復業已後，田租科料與依條減放五年。如無田可以歸耕，許令指(揮)〔射〕官中空閒地從便耕墾，亦免五年税賦。省民既皆還業，黎人勢自安帖，侵陷省民自然回復。」詔從之。

【續宋會要】

淳熙元年八月一日，詔承節郎王日存等許子孫承襲。瓊州言：「據日存等狀：『祖父居蔭元係入貢蒙恩補成忠郎〔一〕，至宣和年，被諸黎作過，侵犯占據省(民)〔地〕。近蒙安撫司差人入洞撫諭諸黎出參，祇受犒賞，及借補官資回洞彈壓，招遣久陷百姓，歸還省額田土，蒙恩補承節郎，已望闕謝恩祇受訖。乞保受如遇事故，許子孫承襲。』」故有是命。

四年十二月七日，詔保義郎、博吉知寨、權巡檢蓋旻進依收捕徭賊陣亡官兵體例推恩。廣西經略司言：「萬安軍管下黎人王利孝等侵犯省地〔二〕，本軍差旻進前去把截，兵力孤少，被黎賊殺死，委是忠勇，乞特推恩。」故有是命。

八年六月二十三日，詔王氏襲封宜人。瓊管司言：「承襲宜人、三十六洞都統領王氏狀：『祖本化外，昨於皇祐、熙寧間歸順王化，彈壓三十六洞黎人，捍禦隘口，正係瓊管喉舌之地。緣氏三代受朝廷告命，及至母黄氏承襲，彈壓邊界寧静。至紹興二十年内，因瓊山百姓許49益結集作過，却依黎法俵箭逼脅諸生洞入火，母親黄氏不敢失墜，親往諸洞説諭，化外黎人各皆安静，莫肯同徒〔三〕。至乾道七年五月十九日，準勅告：瓊管守臣言，汝以健婦自將，羣盗寧息，旌以褒律，嗣其母封，弗懈益虔，培埴後福。可特封宜人。黄氏祇受，統領歸化生熟黎獠，弗令侵犯省地。(令)〔今〕氏祖父母及母黄氏自受官爵，封號以來，逐月

〔一〕蔭：原作「薩」，據《文獻通考》卷三三一改。
〔二〕王利孝：《宋史》卷四九五《黎峒蠻傳》作「王利學」，疑是，前文蕃夷五之四六有借補承節郎王利學，或即此人。
〔三〕同徒：《文獻通考》卷三三一作「從亂」，似是。

俸給不曾請領，惟藉朝廷敕旨撫遏諸洞。於乾道四年內〔一〕，母黃氏具狀投瓊管司：緣爲年邁，別無兒男，只有一女，乞與依條承襲。』」故有是命。

十二年二月四日，詔保義郎陳升之減磨勘三年。樞密院進呈廣西經略安撫司奏：「權瓊州王侃申：『今年正月，樂會縣管下白沙洞主黎人王邦佐等聚集黎人五百餘賊作過，及與地爛陳話讐殺。即時出給旗榜，差升之部領兵校前去撫諭，各得寧靜，及捕獲殺人軍賊林智福等。乞賜推賞。』」上曰：「黎人聚集作過，萬一撫諭不定，必須獲罪。」故與減三年磨勘以旌賞之。

淳熙十六年十一月二十三日，詔：「瓊州澄邁縣人黃弼守寨有勞，與補承信郎，差專一彈壓本界黎峒。」先是，瓊管司奏：「本州宣和年間創置西峰、定南爲兩寨，以阻阨黎人。元差知寨并同管轄四人，一年推賞，凡用四官，得之者反以爲憂，爲其水土惡弱。竊見澄邁縣大寧寨舊係王宜人鎮遏一帶黎峒〔二〕，朝廷錫封旌表。（令）〔今〕其姪黃弼守寨歷年，沉勇有謀，遠近推服。欲望 50 特補一承信郎名目，（今）〔令〕專一彈壓黎峒，請給並依正官，自此不必更行堂除知西峰寨人。」故有是命。

紹熙四年四月五日，詔郴、桂、衡、道諸州溪峒猺户不係省民者，並免隨税均納夏秋免役錢。從桂陽軍之請也。

紹熙五年七月七日，登極赦：「湖南北辰、邵州猺人，昨因饑荒，輒入省地作過，雖已行招捕，竊慮餘黨尚懷反側。自赦書到後，應千〔前〕日罪犯一切不問，並行赦原，各仰歸業。」同日，赦：「辰、邵州猺人，昨因饑荒，輒入省地作過，已據湖南、北諸司見行招捕。竊慮省地居民逃避，未盡歸業，并人户因官司調發般運錢糧、守把關隘，或致耕種失時，荒廢田土，雖已賑恤，尚慮未能週遍。可令逐路監司委州縣更切（當）〔審〕實，厚加賑恤。」

嘉定九年五月四日，詔宜人王氏女吳氏承襲，充三十六洞統領職事。以廣西經畧、瓊管司言：「據澄邁縣譚官村父老謝汝賢等稱：大寧寨與權承襲宜人吳氏並鄰，於嘉泰二年宜人王氏年老，乞將邑號及三十六洞統領職事與嫡女吳氏承襲彈壓。經管一十餘年，管幹邊面肅靜，黎民安居。吳氏繳到母親王氏告命及保官委保，寔係故王氏嫡女，向上別無合行承襲之人，係在條限之內。」故有是命。

（以上《永樂大典》卷一三〇八一）

黎州諸蠻

【宋會要】

〔一〕乾道四年：似應作「淳熙四年」，蓋黃氏乾道七年始封宜人，豈能於四年便請讓位？

〔二〕寧：原脱，據《宋史》卷四九五《黎洞蠻傳》補。

51〔開寶〕八年〔一〕，懷化將軍勿尼等六十餘人來貢〔二〕。賜冠帶、器〔弊〕〔幣〕有差。八月。

太平興國二年，遣使以名馬來貢，乞頒正朔。黎州以牙將侯進部送詣闕。詔賜錦衣、塗金銀帶有差。九月。

八年，蠻主弟牟昂等來貢。貢馬，黎州推官張輅部送赴闕。九月。

雍熙三年，勿尼等復來貢馬。雍熙三年九月十二日，勿尼等遣使來貢。詔加勿尼檢校吏部尚書，賜勑書、錦袍、銀帶、襲衣、銀器。時又有蠻王子李奉思附勿尼使獻馬，亦賜勑書、器幣。

端拱二年七月，勿尼遣使將軍離魚以官告、銅印來，貢馬二百疋。

至道元年五月，詔加歸德大將軍牟昂檢校司徒，王子懷化將軍少蓋爲保順將軍〔三〕，王叔副使懷化司階離襪爲懷化郎將。皆以其輸誠内附也。

真宗大中祥符九年五月，山後兩林三十七部落王李阿善遣使來貢。

天禧二年八月，阿善遣將軍卑熱等百五十人來朝，貢犀、象、莎蘿毯、馬等。

神宗熙寧三年八月二十七日，大渡河南邛部川山前山後百蠻都首領苴尅貢賀登位馬三疋〔四〕、犀一座，勑書褒賜器幣、衣帶。

九年五月二十四日，權梓州路轉運使陳忱措置瀘州淯井監山前後十州，納52溪後藍、順、宋、納四州，并安樂、武都等夷人輸款納租，把拓邊界，賜書褒諭。

淳熙元年正月九日，詔：「黎州界吐蕃種落侵犯邊境，訪聞邛部川都鬼主崖襪率衆從後掩殺遁走，備見忠勤。〔今〕〔令〕四川宣撫司斟量功力，保明聞奏，特與旌賞，仍擬定合推轉是何官職申樞院。」

五月十三日，詔：「崖襪弟崖示節次與吐蕃見陣，力戰身死，崖示特與贈修武郎，其子勿普特與補承節郎。」以四川宣撫使司參議官趙彦傳申：「崖示與吐蕃力戰身死，有子勿普，乞與借補進〔义〕〔義〕副尉。」故有是詔。

二年七月七日，詔：「黎州係與蕃蠻接境，凡有邊防事件，自合申帥、憲司。近有蕃蠻出參，其本州專擅接納縱遣，一面和斷。知州秦嵩放罷，〔今〕〔令〕制置、提刑司選差公廉有才力人。」

八月五日，詔制置使范成大於本路諸州軍係將、不係將禁軍内均選彊壯作兩蕃，每蕃七百人，分上、下半年於黎

〔一〕開寶：原無，據《宋史》卷四九六《黎州諸蠻傳》補。

〔二〕以上一行天頭原批「宋史」二字。經查，此乃指本門前四條每條第一行節引《宋史》卷四九六《黎州諸蠻傳》之文，低三格書寫，而後另起一行，以《宋會要》之文頂格書寫。今爲免混淆，將《宋史》之文改作小字，《會要》之文仍作大字。

〔三〕少蓋：原作「少益」，據《宋史》卷四九六《黎州諸蠻傳》改。

〔四〕「渡」、「部」二字原脱，據《宋史》卷四九六《黎州諸蠻傳》補。

州屯戍。委制置司置辦衣甲、軍器等，差有智勇兵官一員統轄訓練，與輪戍大軍三百人同共防托〔一〕。成大奏：「奉御筆體究黎州邛部川崖𧰼、部義兄弟争殺事〔二〕。今探聞，五月二十九日，有兩林蠻王弟籠畏、首領崖來等，同部〔乂〕〔義〕率人馬三四百來攻邛部川之籠甕城，不克，虜掠牛羊千餘。崖𧰼遣人追逐，殺三人，部義等復歸兩林，崖𧰼見守籠甕自固。照得崖𧰼、部〔乂〕〔義〕兄弟相攻未已，臣已行下黎州嚴切隄備，并遣發更戍西兵前去守把。」故有是詔。

二十日，**53** 詔前知黎州宇文紹直特送千里外州軍編管，秦嵩令四川制置司疾速取勘。以范成大言：「黎州申：『五月六日，安静寨押到蕃部首領奴兒結等九名，還納所虜漢口周往保等三十九名，乞再行打誓，依舊入省地互市。本州已將人口津送歸業，其奴兒結等亦支犒設發歸部訖。』照得本朝故事，蕃〔蠻〕作過，若欲復通，須還虜去人口，如何但得三十九名，便與打誓通和？」故也。

七年八月八日，樞密院編修官李嘉謀言：「黎州邊面，近則有曰邛部川，曰河南蠻，曰女兒城蠻，曰青羌，曰吐蕃，曰五部落；遠則有大、小雲南。州之三邊，大抵諸蕃環列。今乃獨以馬故，日至太守之庭〔三〕，量度分寸，較計毫末。彼既狎玩太守，始有輕蔑内侮之心。自今宜令通判專任市馬，太守專任邊事。沿邊土丁，迺是邊地根本，其出入山坂，耐習瘴霧，與夷俗同，今若欲漸復土丁，宜加意存卹。黎州邊境瘴癘特重，每歲秋夏間，椒花始開，煙瘴盛作，而欲歲使兩郡之兵久屯其間，豈爲長策？若以土丁代戍，則土丁生理未全，緩急難恃。又況黎州過大渡河外，彌望皆是蕃田，每漢人過河耕種其地，及其秋成，十歸其一，謂之蕃租。土丁之耕蕃地者，十有七八。竊見蕃部所經殘掠去處，久例多逃田，今宜措置以若干畝召募土人爲軍，春秋量給衣賜，止刺手背，謂之土軍，勿與州郡軍士相參，即其土豪以爲頭首。黎州州城三面斗絶，獨有北**54**門一路通入内郡，此實郡治咽喉。竊見黎州北門外山，自相公嶺而下，始慢而微平，州城即居其趾。嶺上既極高峻，春秋復有積雪，非久屯之處。今宜令去城一二里間，缺嶺之勢，措置一寨，以備非常。」詔市馬一事通判專任外，餘〔扎〕〔札〕與守臣龔總相度措置施行。

二十三日，四川制置司申：已措置戒約黎州土丁，自今不得與蕃蠻争競。上曰：「如此州專抑土丁〔四〕，長蕃蠻之桀驁。可諭制置司，令分曲直，毋得一偏。」

十月十六日，黎州五部落蠻納降，欲進馬三百匹，并獻珊瑚等乞盟。詔樞密院發金字牌却其獻，止許互市。

八年閏三月二十四日，詔墨崖與〔承〕襲叔父崖𧰼官爵金紫光禄大夫、行懷化校尉，充大渡河南邛部川山前山後都

〔一〕共：原作「其」，據文意改。
〔二〕部義：原作「部乂」，據《黄氏日抄》卷六七改。
〔三〕日：原作「曰」，據《文獻通考》卷三三〇改。
〔四〕抑：原作「仰」，據文意改。

鬼主。黎州申：「邛部川蠻王蒙備身故，有男墨崖七歲，不能任事，推立蒙備弟崖蘵承襲。自承襲後，數年交爭，內自讎殺，馬路緣此不通，崖蘵身故之後，方是寧息通行。推立墨崖承襲官資，今已十九歲，乞降告命。」故有是詔。

六月二十四日，詔四川安撫制置陳峴：「黎州小擾之後，措置已爲詳備，訓練兵將，激厲土丁，整葺器械，自可臨時破敵。如或倉卒，必候調發大軍，一州已被殘擾，軍至則夷人退伏巢穴，勞師無功，邊帥常蹈襲而不悟。今更當預擇良將，以備緩急之用。卿宜體此毋忽，可就用金字牌條具回奏。」

同日，詔四川制置司、逐路帥臣：「將見任路鈐、都監(付)〔副〕等逐一依上銓55量，如有庸謬不任職之人，別無差遣，從制置司選官奏差填替，責以常切訓練軍兵，整葺器械。儻復悞事，制置與本路帥臣次第任責。俟有勞效，賞亦如之。」以樞密院言「昨黎州蕃部作過，賈和仲、成光延無謀失利，顯是帥臣平時不能銓擇兵將官，以致倉卒悞事，理宜申飭」故也。

七月二日，詔黎州：「將本州人户税米估錢，每石並與裁減三貫，內土丁之家已經裁減者，更與兩貫。其所減數從四川制置司那融，每歲支下黎州補充支遣。」先是，制置使陳峴奏：「黎州極邊，重山複嶺，物産荒薄，又經去歲騷動，民力彫乏，理宜優恤。契勘本州米價每石不過五六千，而百姓税米自來不令輸納本色，却每石估錢一十三貫文，除土丁之家曾經紹興三十年裁減只作八貫文理納外，其餘税户至今仍納一十三貫文，實爲重困。」故有是命。

八月八日，詔：「自今黎州屯戍土軍、禁軍等，並聽黎州守臣節制。其西兵遇有邊事，亦聽本州守臣節制。」樞密院編修官李嘉謀言：「邊事利害，任專則成功，權分則敗事。今黎州小寇，制置司措置捍禦，而復有他司牽制，是制置司事權不專也。制置司遣西兵於黎州，而或不委黎州節制，是黎州事權不一也。自今乞以黎邊面專委制置司措置，諸司皆稟命而後行。凡制置司所遣兵將至黎州，亦當委黎州太守節制。庶幾上下協心，事權不分，易於成事。」故有是詔。

十一年十二月六56日，進呈留正等措置事宜。王淮等奏：「沈黎之夷有三，正等乞先治其易者，蓋指五部落。然如五〔部〕落，往者豈得謂之易？」上曰：「往者五部落事，自是措置失宜，所以黜責吳(總)〔揔〕等。」

十五年七月九日，詔四川制置(司)〔使〕趙汝愚可除龍圖閣直學士，其守禦將官，開具職位姓名保明聞奏。以汝愚言：「據黎州盤陀知寨魏澤中探得奴兒結并弟三開正妻皆死，其族屬尚有遺種，及鄰近諸羌昨來結連作過者恐尚懷反側，已下本州乘此事機，隨宜撫定。今據黎州申：部將常顯、安靜知寨魏大壽，部領青羌老宿賴苗珍、羌村主失落托等引領到降青羌失落盤、廉八、三開後妻赦蒙曳，男蕚落耶等，并白水來歸業人王文有、王文歡、王念一、王仁有等四名執降旗赴州，本州已斟量支犒，發遣回部，仍各與摽撥田段，給牛、犂、種子，常切存恤，各令安業。」故有是命。

邛部川蠻

賜牟昂等衣服、銀帶、錢帛有差。太平興國四年〔一〕。

八月，諸驅遣其子阿醉來朝貢〔二〕。詔授阿遒懷化將軍，其副使、傔從各加官遣之。至道三年。

九月，詔曰：「昨邛部川蠻朝貢，有華人亡入其境者亦與偕來，意冒賞賜。自今如有此類，宜令益州馬知節辨認釐革之。」咸平五年〔三〕。

又言〔四〕：「俟趙勿娑迴，欲再遣將軍牟具進奉。」詔賜弓二、箭 57 十，許其貢奉，仍降敕書諭之。大中祥符元年。勿娑等厚賜遣還〔五〕。

仁宗景祐五年五月十一日，大渡河南邛部川蠻入貢，乞三年一次上京進奉。詔令五年。

慶曆四年正月十六日，黎州言：「邛部川百蠻都鬼主黎滅〔六〕，初秋令將軍阿濟等上京進奉。」從之。

五年四月，邛部川遣進奉大副使趙離姑、大副使又施、大副使賈祖、大副使任進哥、將軍阿濟入貢。

神宗熙寧四年九月，邛部川蠻遣將軍卑即已下十四人入貢〔七〕。

元豐三年三月二十八日〔八〕，詔故懷化校尉、大渡河南邛部〔川〕都鬼主苴尅男韋則爲懷化校尉、大渡河南邛部川都鬼主。

光堯皇帝紹興十二年六月六日，嘉州上言：「虛恨蠻人歷階等領衆侵犯中鎮等寨，虜掠寨將茹大猷等入蕃部，防拓累年，耗費不貲。今都王歷階遣蠻將軍葉遇等二百八十六人送還茹大猷并土丁人等，於界首波恩神堂前折箭，將都王歷階頭手皮甲、手刀御納，設誓：『永不侵犯，爲國藩籬。』如是三年邊界寧靜，乞（如）〔加〕歷階官爵。本州以等第激犒鹽、茶，并給都王歷階錦袍、鍍金銀腰帶、幞頭、紫袍，填補進武校尉綾紙，付葉遇等。皆望闕山呼謝恩，並已發回蕃部。」詔候及三年，邊界寧靜，本路帥司保明聞奏，當

〔一〕按，以下四條年代注於各條之末，與全書體例殊不類，不知是否《會要》之文，即便爲《會要》之文，亦非原貌。

〔二〕阿醉：原作「阿遒」，據本書蕃夷七之一三、《宋史》卷四九六《邛部川蠻傳》改。阿遒爲諸驅另一子。

〔三〕五年：原作「二年」，據《長編》卷五二改。

〔四〕按，此「又言」上無所承，顯是《大典》刪節不當。

〔五〕「遣還」下原有「帛」字，據《宋史》卷四九六《邛部川蠻傳》刪。

〔六〕黎滅：按，《長編》卷一五二、《宋史》卷四九六《邛部川蠻傳》載，此年十月都鬼主牟黑遣阿濟來入貢。此作「黎滅」，未知是否有誤，抑或此年牟黑代黎滅爲都鬼主。

〔七〕按，《宋史》卷四九六《邛部川蠻傳》載：「（熙寧）九年，遣其將軍卑郎等十四人入貢。」「卑郎」與「卑即」形近，所遣人數亦同，當是一事，疑《宋史》作九年誤（《宋史》下條亦誤），但「卑即」似應作「卑郎」。

〔八〕元豐三年：《長編》卷三〇三同，《宋史》卷四九六《邛部川蠻傳》誤作熙寧三年。

議推恩。

二十七年四月十九日，成都府路鈐轄司上言：「嘉州中鎮寨連靠虛恨蠻部族。先據都王歷階歸降，蒙朝廷補官，今歷階年老，退都王名目與其子蒲底，乞補授官資。」詔蒲底58補承信郎，候及三年，邊界寧靜，取旨。

風琶蠻

景德三年八月十一日，曩蒌遣使烏怕等來貢犀角㈠、象牙、鹽、師子、莎蘿幔、青緋間色莎蘿幔、莎蘿鞍複、莎蘿勒帛、莎羅花毯、白莎羅、白氈、黑犎牛、青羊等，烏怕又獻馬百三十匹。賜冠帶、錦袍、綿帛有差。

二十四日，詔授曩蒌歸德將軍，烏怕歸德郎將，又以大副使懷化司階蘇屈等三人爲歸德司階，卑瑰等十三人爲懷化司階，小副使屈苴等二十九人爲懷化司戈。時烏怕等入貢，上言：「咸平初已霑朝命，願再加官秩㈡。」故有是命。仍乞以所乘馬貿易於京師，并從之。其押伴黎州教練使樊裕、邕州都押衙費衆盈，亦加檢校官遣之。

九月詔給風琶蠻使冬衣。

保塞蠻

保塞蠻在黎州之西南，頗以善馬來市。

太祖開寶六年四月，黎州上言：保塞蠻七十餘人自大渡河來歸。

真宗大中祥符二年八月，益州上言：「邛部川蠻殺保塞蠻賣馬蠻十八人，即移牒黎州，得報稱：邛部川與山後兩林素有讎隙，殺保塞蠻者乃大渡河外蠻也。」因下詔：「本州蠻自今不得與河外蠻相侵擾。本州及巡檢使臣不得輒入溪峒，邀功生事。」

哲宗紹(興)〔聖〕元年十二月十三日，樞密院言，嘉州犍爲縣有黎蠻逼近寨下。詔令本路鈐轄司體量事因以聞。

光堯皇帝紹興二十六年正月二十九日，新知黎州唐秬朝辭進對，奏云：「臣所治黎州，控制雲南極邊，在唐爲患尤甚。自太祖皇帝即位之初，指輿59地圖，棄越嶲不毛之地，畫大渡河爲界，邊民不識兵革垂二百年。昨蒙遣鍾世明裕民川蜀，蠲減虛額，人受其賜。更乞降詔撫諭，庶幾蜀民扶老攜幼，共聞德音。」上曰：「卿嘗上書論列。」頷首久之。

二十七年十一月十七日，都大提舉茶馬司言：「黎州蠻甲頭李覘等報：有中馬蠻客崖遇將帶王子倪等自己馬錢，雇大渡江土丁十五人，擔擎請到馬價、錦絹等前歸，到大渡河南，在蠻界被漢人四十餘人持刃將崖遇殺死，并殺傷蠻奴，刼奪財物。本州已收捉賊首漢人張大二姑并其徒

㈠ 烏怕：原作「烏栢」，據本書蕃夷七之一三、蕃夷七之一六、《長編》卷六三改。下同。

㈡ 願：原作「原」，據《長編》卷六三改。

伴二十六人根勘。本司行下黎州，將追到贓物日下給還，仍將賊徒盡實根勘。本州遂勒牙子楊實等説諭蠻人崖𧤶，同水尾村人户商量賠還價錢訖。今照得此事係因蠻人牽馬中賣，被邊民過境界刼殺中賣蠻人，刼取錢物六千餘貫，情理兇惡。今來却一面用夷法和理斷，非惟引惹生事，兼恐有礙馬政，顯見本州知、通率意妄作，措置失當。」詔：「知州唐秬、通判陳伯强並放罷，令本路提刑司將行兇爲首人一名特決脊杖十五，送千里外州軍編管，餘人釋放。今後并依見行條法施行。」

壽皇聖帝乾道(元)〔九〕年閏正月二十三日[一]，詔以黎州管下邛部川蠻都王崖𧤶承襲兄蒙備金紫光禄大夫、行懷化校尉，充大渡河南邛部川山前山後都鬼主。從四川宣撫司請也。

五月十八日，詔罷黎州知州宇文紹直，(生)〔坐〕青羌中馬不支價[60]錢，致憤怒作過，侵犯省界，後遣推官黎商老等諭説，因致陷没也。

八月二十八日，試右諫議大夫、兼侍講蘇嶠言：「沈黎青羌侵擾邊郡，戕殺官吏。夷人尚未退聽，内郡調兵運糧，人情不安。其黎州見今調兵運糧，防守次第，乞專委本路帥、憲司，務令民夷安靖，上寬西顧之憂。」從之。

九月七日，少保、武安軍節度使、四川宣撫使虞允文言：「青羌首領奴兒結等二十餘名赴黎州謝罪，就將馬入中，歸還被虜人口。權州事王昉輒多支金帛，便行發歸，意在貪爲己功，更不計顧黎州近蕃非止一族，日後倣傚，滋長邊患，無以示懲。」詔王昉降兩官罷黜。

十月二十五日，樞密院言：「黎州土蕃近復寇邊，乃青羌之別族，見過三衢，直攻虎掌寨，跬步可到城下。城中坐觀，無以禦之。」詔四川宣撫司火急行下(城)〔成〕都府帥司，差撥將兵二千人，選差諳練邊事、有心力智勇兵官，往黎州屯戍捍禦。(以上《永樂大典》卷四二三四)

儂氏

【宋會要】[61]儂氏，廣源州蠻也。其先韋、黄、周、儂四氏爲州首領，互相刼掠，唐邕管經畧徐申撫之，遂定[二]。自交趾竊據，而州多服役之。地在邕管西南鬱江之源[三]，其巖險峻深，産黄金、丹砂，頗有邑居村聚，椎髻左衽[四]，善戰鬭，輕死好亂。初，知儻猶州儂全福殺其弟知萬涯州存禄、妻弟

[一] 九年：原作「元年」，《宋史》卷四九六《邛部川蠻傳》亦作「元年」。按，乾道元年無閏月，閏正月在乾道九年。且下文宇文紹直之罷、黎商老之戰歿、王昉之罷，黎州吐蕃攻虎掌寨等事均在九年，見《宋史》卷四九六《部落蠻傳》、卷三四《孝宗紀》二、葉適《水心集》卷二六《崇國趙公(不息)行狀》等。可證「元年」爲「九年」之誤無疑，因改。

[二] 遂：原作「遠」，據文意改。

[三] 西：原作「而」，據《長編》卷一六七改。

[四] 衽：原作「言」，據《長編》卷一六七改。

知武勒州儂當道〔一〕，并三州之地。而卒爲交趾所虜，其妻阿儂遂嫁商人，生智高。年十三，即殺其父。阿儂更嫁特磨道儂夏卿，而智高冒姓儂氏。奔雷火洞，復據儻猶，爲交趾所拔。交趾釋之，以知廣源州，又以雷火〔二〕、頻婆四洞及思琅州屬之。然内怨交趾，頗刼掠其地，僭稱南天國，改年景瑞〔三〕。久之，求内附。既未得請，遂寇廣南。

仁宗皇祐元年九月，廣南西路轉運司言，廣源州蠻寇邕州。詔江南、福建等路發兵備之〔四〕。

十二月，遣入内東頭供奉官高懷政往邕州，與本路轉運使督捕蠻賊。

三年二月，廣南西路轉運司言，廣源州蠻首領儂智高請内屬。詔本路轉運使、提點刑獄、鈐轄司具利害以聞。

三月，廣南西路轉運司言，儂智高奉表，獻馴象及金銀。詔轉運司、鈐轄司止作本司意，答以廣源州本隸交趾，若與其國同貢奉，即許之。

〔四年〕四月〔五〕，智高率衆五千沿鬱江東下。

四年五月，智高破邕州，殺知州陳珙、通判王乾祐、廣西兵馬都監張立及官屬四人，兵死者千餘人。智高入州，閱所上金函，怒謂珙曰：「我請内屬，求一官以統攝諸黨〔六〕，汝不以聞，何 62 也？」珙言：「已奏而不報。」索奏檢，又不獲，遂扶出。珙病目，不能視，臨被殺，猶求効用，不聽，遂殺之。智高僞建大南國，置參政二員，改端懿元年。是月，智高陷橫、貴、龔、潯、藤、梧六州，知州張仲回、李珺、張序、李植、江鎡棄城而遁。又陷封、康二州，知州曹覲、趙師旦死之。又陷端州，知州丁寶臣亦棄城遁。遂圍廣州。前二日，有告急者，知廣州仲簡不聽，又不爲備，及賊暴至，争先入城，後至者皆附賊。官軍出陣，不利，凡圍五十三日乃去。

六月，詔同提點廣南東路刑獄、内殿崇班、閤門祗候李樞〔七〕，與知桂州、崇儀使陳曙同捉殺蠻賊〔八〕，仍令轉運、鈐轄司發兵應援之。命知潭州余靖爲廣南西路安撫使〔九〕、知桂州，（閣）〔閤〕門通事舍人曹修爲同體量安撫經制賊盜。

七月，命知桂州余靖經制廣南東西路賊盜事。

是月，詔：「廣南有販糧食以資蠻寇者，其首處死，從者配嶺北牢城，舟車没官。」以樞密院言：「蠻賊徒黨無慮二萬人，計日食米五百碩，非有資其糧餉者，則勢不可留。犯者請法外處之。」故也。

〔一〕「其弟」至「當道」十七字原脱，據《長編》卷一六七補。
〔二〕雷：原作「廣」，據《長編》卷一六七、《文獻通考》卷三三〇改。
〔三〕景瑞：原作「瑞景」，據《長編》卷一六七、《文獻通考》卷三三〇、《安南志略》卷一五、《宋史》卷四九五《廣源州蠻傳》乙。
〔四〕發：原脱，據《長編》卷一六七補。
〔五〕四年：原脱，據《長編》卷一七二補。
〔六〕求：原脱，據《長編》卷一七二補。
〔七〕閤門：原作「閣外」，據《長編》卷一七二改。
〔八〕陳曙：原作「陳曉」，據《長編》卷一七二改。此是避英宗諱改字，猶如「王曙」改作「王曉」。
〔九〕「西」下原有一「東」字，據《長編》卷一七二删。

是月〔一〕，蔣偕擊智高于路田，軍敗，南恩州巡檢楊逵〔二〕、南安軍巡檢邵餘慶、權宜融州巡檢馮岳、西路捉賊王興、萇用和死之。

八月，詔廣南東路同體量安撫經制賊盜楊畋：「以遣將佐，兵甲既集，當相形勢緩急，一舉而撲滅之。恐賊乘風下海，緣海州及瓊管之地，厚戍以兵則勢不足，失備又乘隙而至，如能斷其海路，則不以月日淹速計也。所請康定中行軍約束及賞罰格令，（令）〔令〕降下；63 其欲差官刪定模印，事非應速，及須檢法官，亦可於轄下選之。朝廷既令節制諸將，其軍旅戰陣之事自當從長處決，毋用中覆。」

是月，改新知秦州孫沔爲荆湖南路江南西路安撫使〔三〕，內園使、陵州團練使、入內〔內〕侍省押班石全彬副之。詔沔等若軍中須人任使，聽於江南東路抽差。

九月，智高入昭州，知州柳應辰棄城〔四〕。州有山，山有數穴，其大皆容數百千人，民逃其間，悉爲賊焚死。

十月，以宣徽南院使、彰化軍節度使狄青爲荆湖南路宣撫使、都大提舉廣南經制賊盜事。

是月，狄青言：「自儂智高寇嶺南，而諸將專用步兵以抗乘高履險之賊，故每戰必敗。請下鄜延、環慶、涇原路，擇蕃落鋭軍曾經戰陣者各五十人，仍逐路遣使臣一員押赴行營。」從之。

是月，智高陷賓、邕二州，程東美、宋克隆棄城而遁。

是月，詔廣南將佐皆稟狄青節制，若孫沔、余靖分路討擊，亦各聽節制。

十一月，詔知桂州余靖：「所招九溪峒蠻願助王師者，恐蓄姦謀，陰與賊合，其與狄青、孫沔常防察之。」

是月，廣南西路走馬承受公事李道宗言：「聞交阯將發兵二萬人，由水路入助王師〔五〕，以討儂智高。」

是月，詔知廣州魏瓘〔六〕、廣東轉運使元絳：「凡守禦之備，毋得苟且爲之。若民不暫勞，則不能以久安。其廣州城池，當募蕃漢豪户及丁壯併力修完之。若無捍敵之計，但習水戰，寇至而鬬，非完策也。」時智高還據邕州〔七〕，日採木造舟，而揚言復趨廣州也。

64 十二月，廣南西路兵馬鈐轄陳曙擊智高，軍敗於金城驛。

是月，知桂州余靖言：「交阯今歲當入貢，屬儂智高叛，道阻不通，累移文乞會兵討賊，而朝廷久未報。觀其要約甚誠，若許令助討除，縱未能盡滅其黨，亦可使益相離（二）〔貳〕。已於邕、欽州備萬人糧以待之。」詔安南静海軍

〔一〕月：原作「日」，按「是日」上無所承，當作「是月」。《長編》卷一七三載此事於七月二十一日甲子，是也。
〔二〕楊逵：原作「楊達」，據《長編》卷一七三、《九朝編年備要》卷一四改。
〔三〕秦州：原作「泰州」，據《長編》卷一七三、《宋史》卷二八八《孫沔傳》改。
〔四〕柳應辰：原作「柳應臣」，據《長編》卷一七三、《太平治迹統類》卷一〇改。
〔五〕由：原作「谿」，據《文獻通考》卷三三〇改。
〔六〕知：原無，據《長編》卷一七三補。
〔七〕據邕：原倒，據《長編》卷一七三乙。

給緡錢二萬，令起兵，候賊平，更以三萬緡賞之。

五年正月，詔廣西轉運司：「交趾請發兵助討蠻賊，緣已遣宣撫使狄青行，宜移文止之。」

二月，狄青言：「領兵至邕州，陣于歸仁鋪，賊皆執大盾、標槍，騎將孫節爲前鋒，死之。青麾蕃落兵，張左、右翼，出其後急擊，大破之。智高遁去。」詔狄青梟黃師宓等首于邕州城下，以其餘築京觀于歸仁鋪。

〔是月〕，詔廣南西路兵馬都監蕭注、邕貴欽橫潯賓龔七州都巡檢使王成、廣南西路兵馬都監于震同追捕智高。其有能獲智高者，除正刺史；同立功人，以次甄賞之。

五月三日，廣南西路經畧使余靖言：「智高逃入外界藏避。」詔靖乘此機會募人擒戮，無令淹久，却致嘯聚。

十二月，廣南西路安撫司言：「大理評事黃汾、三班奉職黃獻珪、邕州司户參軍石鑑、道州進士吳舜舉，捕獲儂智高母并其子弟四人于特磨道。」詔護送京師，以獻珪爲左班殿直，鑑、舜舉並爲大理寺丞，汾爲衛尉寺丞。

至和元年六月，益、利路鈐轄司言：「得黎州申：儂智高自廣源州遁入雲南。」詔本道：應蠻人出入要路，皆預擇人備禦之。

十一65月，權御史中丞孫抃言：「西川屢奏儂智高收殘兵入大理國，謀寇黎、雅二州。請下知益州張方平先事經制，以安蜀人。」從之。

二年六月，戮儂智高母於都市。智高反，僞稱皇太后，天資慘毒，嗜小兒肉，每食必殺小兒。智高攻陷城邑，皆其謀也。及智高敗，奔大理國，而保特磨道，依其夫儂夏卿，收殘衆，得三千餘人，習戰騎，欲內寇。石鑑等發峒兵掩襲，擒至都下，給食養飼，以招降智高。久之，傳智高死，遂并其弟智光及二子繼宗、繼封戮之。

嘉祐二年四月，邕州言火峒蠻儂宗旦入寇。

五年十月，知潭州王罕言〔一〕：「在廣西日，見儂宗旦嘯聚甚衆〔二〕，又數出摽掠，恐終爲邊患。請下本路設策招安。」從之。

七年十月，廣西經畧安撫司言：「知火峒忠武將軍儂宗旦、知溫悶洞三班奉職儂日新願以所領雷火、計誠諸峒內屬〔三〕，却給省地歸樂州，永爲省民。」詔宗旦等各遷一官，仍以耕牛、鹽、綵賜之。

十二月，廣南西路經畧司言，廣源州蠻儂平、儂亮、儂夏卿自特磨道來歸。

英宗治平二年七月九日，以知順安州、忠武將軍儂宗旦爲右千牛衛將軍。宗旦本智高族人，所居〔日〕〔曰〕火峒，嘉祐二年知桂州蕭固招之內屬，以爲忠武將軍，補其子日新爲三班奉職，後以監邕州稅。至是，宗旦與李日尊、劉紀

〔一〕潭州：原作「漳州」，據《長編》卷一九二、《宋史》卷三一二《王罕傳》改。
〔二〕甚：原作「其」，據《長編》卷一九二改。
〔三〕誠：《宋史》卷四九五《廣源州蠻傳》作「城」。

有隙〔一〕，畏偪，知桂州陸詵等因使人説之，遂棄其州内徙。故有是命。

治平四年八月六日，神宗即位未改元。知桂州張田言：「得欽州石鑑狀：蠻[66]賊儂智高猶在大理國，及嘗往來蜀中，如聞與大理結親，聚集蠻黨，制造兵器，訓習戰鬭，不可不爲朝廷慮。乞密詔廣西經畧安撫司并東、西兩川鈐轄司常切（過）〔遏〕防。」詔令石鑑體問。鑑奏：「智高作過，經今已十五餘年，恐是蠻人詭詐。」詔廣南西路經畧司更切差人探候，如智高果在，亦勿致張皇。

神宗熙寧二年二月，廣南西路經畧安撫司言：「訪聞儂智高見在特磨道，已令知邕州陶弼密切探候，暗作隄防。」詔更切探候虚實聞奏，仍令諸處常切隄備。

九月四日，又言：「據外界古勿峒頭首賫到儂智會文狀，願歸明，只乞在本峒居住，不敢於省地作過，乞賜與官爵，其餘頭首亦等第與名目。」詔儂智會除右千牛衛將軍，依舊知古勿峒，儂進安與保順郎將，依舊同知古勿峒，仍各賜錦袍、金塗銀帶。其餘首領等有恩賜，令本司勘會聞奏。

十月，又言：「蠻人忠武將軍儂平保明儂智會歸明，其智會已授左千牛衛將軍，却在儂平之上，乞加儂平官爵。」詔平爲保明儂智會歸順，與轉左監門衛將軍。

十一月五日，詔：「儂宗旦、儂日新昨因張田奏，爲置在沿邊不便，已移洪州監當。此州控扼二廣之衝，訪聞宗旦徒類萃在任所者甚衆，況此輩盡是智高殘黨，使聚居要地，密邇廣南道，實爲非便，令分隸近北諸路。」

三年正月二十六日，廣南西路經畧使潘夙言：「廣源州儂智高殘徒盧豹、黎順、黄仲卿歸明，乞各與左班[67]殿直，於省地溪峒順安州居住。」從之，仍加檢校官。

六年四月三日，廣南西路經畧司勾當公事温杲言〔二〕：「詔補儂宗旦、儂智會等以將軍官，縁夷人不知此官，欲乞一近上班行或副使。」詔宗旦、智會並與供備庫副使，宗旦桂州都監，智會知歸化州，日新充邕州監押。

元豐二年五月九日，廣南西路經畧司言：「順州蠻叛，知歸化州、文思副使儂智會率丁壯千二百餘人應援〔三〕，乞推賞。」詔智會爲宮苑副使。

六月七日，廣西提點刑獄劉宗傑言：「知邕州劉初申：監涷州奉職黄案高等下頭首斬知宮鬭峒儂智春，并執其妻子，乞加優賞。」上批：「可下曾布速具有功人姓名，比優例取旨。」智春先爲内殿崇班，與知武陵峒麻順福合謀攻順州，兵敗，復趨交趾求援，至是平之。

三年正月二十九日，詔給歸明人宮苑副使儂智會全俸。以智會年老有功也。

哲宗元祐二年六月二十二日，權知桂州、兼主管廣南

〔一〕劉紀：原作「劉玘」，據《宋史》卷四九五《廣源州蠻傳》改。
〔二〕「公事」原無，「杲」原作「果」，據《長編》卷二四四補改。
〔三〕壯：原作「狀」，據《長編》卷二九八改。

西路經署司苗時中奏：「儂順清占奪任峒，與梁賢智父子互相賊害〔一〕。請將順清并家屬就湖南近裏州軍編管，依例給田土。」樞密院言：「任峒元係儂順清父祖主管〔二〕，雖因梁賢智父子占奪，不當私相讎殺，及與廣源州楊景通交通。已該登極大赦，請特依歸明人例與茶酒班殿侍，其家屬令廣南西路經署司差人押送道州，給賜田土羈縻，無令出入。」從之。（以上《永樂大典》卷六四一一）

西南溪峒諸蠻〔三〕

【宋史列傳】〔四〕

73 乾德三年，五溪團練使、洽州刺史田處崇上言：「湖南節度馬希範建敘州潭陽縣爲懿州，署臣叔父萬盈爲刺史。希範卒，其弟希萼襲位，改爲洽州。願復舊名。」詔從其請。《會要》：仍鑄印以賜處崇。

十二月，詔溪州宜充五溪團練使，刻印以賜之。〔五年〕《會要》：七月，詔鑄五溪都防禦使印賜本州〔五〕。十月，詔以溪州團練使彭允足爲濮州牢城都指揮使〔六〕，溪州義軍都指揮使彭允賢爲衛州牢城都指揮使，珍州録事參軍田思曉爲博州牢城都指揮使〔七〕。允足等溪峒酋豪據山險，持兩端，故因其入朝而置之內地。

開寶元年，珍州刺史田景遷言：「本州連歲災沴，乞改爲高州。」從之。

八年，景遷卒，其子衙內都指揮使彥伊來請命，即以爲刺史。《會要》：是年，梅山峒蠻聞江南用兵，乘間寇邵州武岡、潭州長沙。

九年，奬州刺史田處達以丹砂、白石英來貢。《會要》：

〔一〕賊：原作「持」，據《長編》卷四〇二改。

〔二〕係：原作「孫」，據《長編》卷四〇二改。

〔三〕原題作「南蠻」，不確，按此門正文爲《宋史・西南溪峒諸蠻傳》，今用其題。又按，此門之文原在《大典》卷四二二九、四二三〇、四二三一「蠻」字韻「南蠻傳」目，嘉業堂整理者誤將卷四二三一之文置於前，卷四二二九、四二三〇之文反在後，今嘉業堂謄清本即如此。其後北平圖書館影印《宋會要輯稿》，亦仍襲其誤。今予以改正，將蕃夷五之六八至蕃夷五之七二（即《大典》卷四二三一之文）移至蕃夷五之一〇三後。

〔四〕按，此「宋史列傳」指《宋史》卷四九三《西南溪峒諸蠻傳》。《大典》本目之文係以《宋史》此傳爲正文，而以《會要》爲注。

〔五〕原稿此注原在上條之末。天頭原批：「此注在『五年』二字下，『十月詔』三字亦是《會要》。」本門下文亦有類似之眉批。但本文並無「五年」二字，似不可解。及檢《宋史》卷四九三原文，上條「刻印以賜之」下尚有「四年，南州進銅鼓，……來貢。五年冬，以溪州刺史彭允足」云云（即本條）。始悟《大典》原文乃全抄《宋史》卷四九三《西南溪峒諸蠻傳》之文，其中即有「五年」二字，而此注即在「五年」二字之下，注中所記之事亦爲五年事，見《長編》卷八。徐松輯録《會要》時，蓋以爲《大典》全録《宋史》太繁，故命書吏予以節略，而於天頭批明此注原在何處。今爲使史事明白，仍補出「五年」二字，並將注文移於其下。又，注文《會要》下原空二格，「七月詔」三字原在下句正文「溪州團練使」之前，作「十月詔」，今據天頭原批移至此，並據《長編》卷八改「十月」爲「七月」。

〔六〕天頭原批：「『十月詔』三字亦是《會要》。」按，《宋史》原文作「五年冬」，《大典》將「冬」字換爲「十月詔」，可見《大典》拼接二書之痕跡。又，「以」字原在「彭允足」下，據《宋史》乙。

〔七〕爲：原作「而」，據《宋史》卷四九三《西南溪峒諸蠻傳》改。

〔太平興國二年〕正月〔一〕，邕州上言：「得廣源州酋長坦綽儂民富狀言：管內左江谿峒七源州狀稱：廣源州、武勒州、南源州、西農州、萬涯州、覆和州〔二〕、温州、弄州、古拂峒、八耽峒凡十首領，以嶺南日僞命詔勅十道來獻，願比七源州內附，輸賦稅。爲思琅州蠻蔽塞，不得通，願朝廷舉兵誅思琅州，使得比內屬之人。」詔授坦綽儂民富金紫光禄大夫、檢校司空、兼御史大夫、上柱國，仍令廣南轉運使除道以招來之。　八月，以梅山峒蠻左甲首領苞漢陽、右甲首領頓漢凌率衆寇刼商人，於潭、邵州界屢遣使招諭，寇暴不止，遣客省使翟守素發潭州兵擊之。下詔曰：「汝等保於溪峒，守在封陲。況霜露之所均，固聲名之攸暨。遽忘覆育〔三〕，敢恣睢盱，毒我齊民，撓茲戎索。亦嘗詸誘〔四〕，尚或逗留〔五〕。既豺虎之難馴，當鯨鯢之盡戮。今遣馬步大軍恭行天討。尚念迷途之衆〔六〕，宜推祝網之心，更示招攜，庶幾悛改。若能知非效順，相率歸降，特與矜容，更不問罪。尚茲拒命，猶或執迷，便當分布大軍，同此並進，尅期殲74殄，合勢剪除，若火燎原，不可嚮邇〔七〕。當諭好生之旨，勉思轉禍之言，無蹈駭機，自貽後悔。」漢陽猶保險拒命，守素進兵討平之。

太平興國二年，懿州刺史、五溪都團練使田漢瓊以其子弟十二人來貢，詔並加檢校官以獎之。

三年，夷州蠻任朗政等來貢。《會要》：四年，十峒首領楊蘊送款內附。　五年三月，誠州十峒首領楊通實來貢，以通實爲誠州刺史。　七月，南州刺史向行猛遣使以方物來貢。

七年，詔辰州不得移部內馬氏所鑄銅柱。

八年，錦〔八〕、溪、叙、富四州蠻相率詣辰州言，願比內郡輸租稅。不許。懿州刺史田漢瓊、錦州刺史田漢希上言，願兩易其地。詔從之。又以知叙州舒德郛爲刺史。《會要》：溪峒之酋來請命也。

雍熙元年，黔南言：溪峒夷獠疾病，擊銅鼓、沙鑼以祀神鬼。詔釋其銅禁。《會要》：四年十二月，詔宜、融、柳等三州蠻界人户曰：「朕撫臨萬國，安養遠人，唯推濟活之恩，各遂舒蘇之性。前知州、贊善大夫侯汀上分朝寄，全昧正經，莫能綏懷，但務侵擾，致蠻人之結集，入州境以驚騷，燒盪民居，勞動師旅。由汀濫政，致人罹災，用示誡懲，已行降黜。汝等體茲朝旨，各務安居，樂我皇風，保其生業。若或不遵撫諭，更敢猖狂，必議剿除，永去巢穴。」

淳化元年，知晃州田漢權言：「砂井步夷人粟忠獲古晃州印一鈕來獻。」因請命，以漢權爲晃州刺史。又以五溪諸州統軍、鶴州刺史向通漢爲富州刺史。從其請也。《會要》：十一月，誠州刺史楊政巖遣使以方物蜀馬、錦紬、龜鈿、犀甲來貢，亦溪峒之首也。　二年，誠州楊政巖卒，其子衙內指揮使通瑥表請命，詔以爲誠州刺史。是年，詔荆湖諸州不得擅遣衙吏及禁僧道、舉人、攝官等輒入溪峒。

是冬，荆湖轉運使言：富州向萬通殺皮師勝父子七人，取五藏及首以祀魔鬼。朝廷以其遠俗，特令勿問。

三年，晃州刺史田漢權、錦州刺史田保全遣使來貢。《會要》：四年閏十月，詔富州刺史、檢校左僕射向通漢特授檢校司空。

〔一〕太平興國二年：原無。按，此「正月」條，《長編》卷一八、《宋史》卷四《太宗紀》一均繫於太平興國二年正月；下文「八月」條，《長編》卷一八、《宋史》卷四九四《梅山峒蠻傳》亦均作太平興國二年。《會要》當亦相同，茲補六字。《大典》注於開寶九年條下，誤。

〔二〕覆和：《元豐九域志》卷一〇作「覆利」。

〔三〕遽：原作「據」，據《宋大詔令集》卷二一七改。

〔四〕嘗詸：原作「常誅」，據《宋大詔令集》卷二一七改。

〔五〕逗：原作「逼」，據《宋大詔令集》卷二一七改。

〔六〕衆：原作「旨」，據《宋大詔令集》卷二一七改。

〔七〕邇：原作「爾」，據《宋大詔令集》卷二一七改。

〔八〕錦：原作「綿」，據《宋史》卷四九三《西南溪峒諸蠻傳》改。

至道二年，上親祀南郊，富州刺史向通漢上言：「聖人
75 郊祀，恩浹天壤。臣雖僻處遐荒，洗心事上，伏望陛下察臣勤王之誠，因茲郊禮，特加真命。」詔加通漢檢校司徒，進封河内郡侯。《會要》：開國侯，加食邑五百户。參知政事寇準上言：「通漢已嘗真命，今此奏述全以罔冒。」真宗曰：「徼外蠻夷，能慕風化，宜且從所請，向去制置可也。」　八月，通漢又言：「父、母、妻、姑及弟、婦今遇郊禮，〔迄〕〔乞〕行封贈。」詔惟父、母、妻循例授之。

咸平元年，通漢又言：請定租賦。真宗以荒服不征，弗之許。《會要》：詔曰：「汝遠遵朝闕，繼上封章。欲於畎落之田，重定賦輿之數。雖忠勤之備覩，諒播種之異宜。前典甚明，難遵什一。乃誠可尚，有煩再三。當體綏懷，更加安撫。所請宜不允。」通漢累表請定税，帝以荒服不征，且慮姦謀擾叛，故拒之。

〔二年〕閏三月〔一〕，以下溪州刺史彭允殊爲右千牛衛將軍致仕，以其姪文勇爲刺史。《會要》：允殊老疾陳乞，荆湖轉運使張素上言，而有是命。

三年，高州刺史田彦伊遣子貢方物及輸兵器。

四年，其酋向君猛又遣弟君泰來朝。上溪州刺史彭文慶來貢水銀、黄蠟。

五年正月，天賜州蠻向永豐等二十九人來朝。夔州路轉運使丁謂言：「溪蠻入粟實緣邊砦柵，頓息施、萬諸州饋餉之弊。」《會要》：〔六年〕十月〔二〕，丁謂言：「施州蠻人向者侵擾邊鄙，委逐族首領會兵討除，已獲寧静。自後於州南界要害處建寨柵，益戍兵，兼興置屯田贍給，不煩輦運。其招到先叛去者蠻人頭首譚仲通等三十餘人，乞補職名。」帝曰：「蠻人亦不可姑息太過，當諭轉運使給帖補充寨將。比來溪峒蠻人每有歸投，及殺賊得功押來赴闕，皆過乞恩澤，不惟遐遠，空成往復，至於道路頗有害民，無厭請求，虚有糜費。可諭謂，自今蠻人委實得功，只在彼量加支賜；若改補職名，即條奏以聞，不須發來赴闕。」帝常遣使問謂如何去蠻人久遠之患，謂言：「若所委之官不邀功伐，不妄生事，常以安静爲勝，一依前後詔條撫理制置，即蠻人不敢久遠爲非。」帝曰：「邊境不寧，多因〔首〕〔守〕臣生事。國家條制甚明，苟奉而行之，必無事矣。」　六年二月，丁謂言：「黔州南蠻族頗有善馬〔三〕，請致館設，給緡帛〔四〕，每歲收市。」從之。　四月，詔禁蠻人市牛入溪峒。

六年四月，丁謂等言：高州義軍務頭角田承進等擒生
76 蠻六百六十餘人，奪所略漢口四百餘人。《會要》〔五〕：又詔謂規畫久遠，蠻人不知爲非。謂言：「若委得其官不邀功，不生事，以安静爲勝，乃可〔六〕。」　五月，荆湖轉運使王贄上言：「近溪峒田先以蠻人侵擾，禁其墾殖。今邊境安静，民復耕蒔，已遣官檢拔置籍，請令依舊輸租。」詔蠲常賦之半。

〔一〕二年：原脱，據《宋史》卷四九三《西南溪峒諸蠻傳》補。閏三月：《宋史》原無此三字，蓋《大典》據《會要》添。

〔二〕六年：原無，據《長編》卷五五補。《大典》誤認爲五年，因注於五年條下，非是。又，此「十月」條當移於下文「二月」、「四月」二條之後。蓋《大典》此門所引之《會要》皆被剪爲零散之條文，故編入時年代多有脱誤，次序亦多顛倒。

〔三〕南：原作「高」，據《長編》卷五四改。

〔四〕給：原脱，據《長編》卷五四補。

〔五〕天頭原批：「此注在『民得耕種』句下。」按，此條正文所録《宋史》卷四九三《西南溪峒諸蠻傳》之文被省去一百餘字，其末即爲「民得耕種」。以下此類批語當爲徐松所批，蓋《大典》此門正文全録《宋史》，徐松輯録時有所節略，故注明所引《會要》原在《宋史》某句下。

〔六〕按，此事實與上條注文中所引《會要》重複，《長編》卷五五繫於咸平六年十二月。

七月，南高州義軍指揮使田彥强、防虞指揮使田承海來貢。施州叛蠻譚仲通等三十餘人來歸。《會要》：詔悉補寨將，仍詔自今蠻人殺賊有功，就加賜賚，合補職者，具名以聞，勿須部送赴闕。

景德元年，高州五姓義軍指揮使田文鄯來貢。《會要》〔一〕：二年正月十二日，峽路都監侯延賞上言：「施、黔州等溪峒七百餘户歸業，悉以兵器及銅印〔二〕、假命符牒送官。」

〔二年〕〔三〕，夔州路降蠻首領皆自署職名，請因而命之。上不許，第令次補牙校。《會要》：十九日〔四〕，知叙州舒君旺來朝，有司言：「溪峒刺史舊例並不許入對，自餘拜於殿門外。」詔君旺特令入對。溪峒刺史卒，其男皆代領刺史，君旺以其初命，故且令知州，而入對特依刺史例。

是歲，辰州諸蠻攻下溪州，爲其刺史彭儒猛擊走之。《會要》〔五〕：〔二月〕十五日〔六〕，以故懿州刺史田漢希男漢能爲檢校太子賓客、知懿州。　四月，帝謂宰臣曰：「富州刺史向通漢於辰州溆浦縣、（譚）〔潭〕州益陽縣廣市土田，或言謀劫内地，此爲次舍之備。可就命交州安撫使邵燁，俟經其地，熟察情僞及圖利害以聞。」　五月，夔路轉運使薛顔等言：「投降蠻人首領皆以自補職名〔七〕，請因而命之。」帝曰：「向者川峽屢擾，多擅補巡檢將，頗桀驁縱恣〔八〕。今蠻酋所補復有此名，不可從也，第令次補牙校。」

十二月，荆湖北路言：溪峒團練使彭文綰送還先陷漢口五十人。詔授文綰檢校太子賓客、知中彭州〔九〕。《會要》：辰州洛浦峒州衙内指揮使田允旻來貢，賜錦袍、銀帶、器幣有差。

三年〔一〇〕，溪州刺史彭文慶率溪峒羣蠻來貢。《會要》：并獻方物。帝顧文慶曰：「爾善於統轄，自今益須用心〔一一〕。」又謂諸蠻曰：「自此勿更爲過，犯者不赦。」賜錦袍、銀帶、器帛有差。先是，溪峒蠻或時擾邊，自文慶總領，不敢爲非故也。又高州諸名豪百餘人入貢。《會要》：〔十二月〕二十四日〔一二〕，夔州轉運使薛顔遣侍禁韓令珪押高州新附蠻（首）〔酋〕八十九人來貢水銀、蠟燭、麝香、黄連、土布、花蓆、花幕等。

四年五月，以高州刺史田 77 彥伊子承寶爲寧武郎將，高州土軍都指揮使田思欽爲安化郎將。《會要》：閏五月四日，詔：「應溪峒諸處每年進奉及差人到闕，今後溪峒諸處除刺史、知州已上名目人非泛進奉，依舊例供申樞密院外，其常例進奉人員限五日内將物色進納，一面供報閤門見、辭。閤門勘會合支例物，於逐庫取索宣賜。如該説不著名目，仰比類節次施行，不得邀難住滯，違者勘斷。仍每遇冬月，所支官絁衫子，即支紫小綾錦旋襴，其皂紬衫子，即支皂紬錦袍襴。溪峒諸處進奉人員，衙内都

〔一〕天頭原批：「此注在『存卹之惠』句下。」按，此亦《宋史》卷四九三《西南溪峒諸蠻傳》此條被省去之文。
〔二〕「兵」原脱，「銅」原作「峒」，據《長編》卷五九補改。
〔三〕二年：原脱，據《宋史》卷四九三《西南溪峒諸蠻傳》補。《長編》卷六〇繫於二年五月十二日。
〔四〕此「十九日」不知在何月，若承上條，則應是景德二年正月。
〔五〕天頭原批：「此注在『加（巳）〔邑〕封』句下。」
〔六〕二月：原脱，據《長編》卷五九補。
〔七〕降：原脱，據《長編》卷六〇補。
〔八〕頗：原作「領」，據《長編》卷六〇改。
〔九〕中彭州：《長編》卷六一作「忠彭州」，《武經總要》前集卷二〇、《元豐九域志》卷一〇亦作「忠」字。本書蕃夷五之七九「八年」條同。
〔一〇〕此處無月日，據《長編》卷六二，在三年二月朔日。
〔一一〕益：原作「蓋」，據《長編》卷六二改。
〔一二〕十二月：原脱，據《長編》卷六四補。李燾原注云：「《會要》於正月先載高州新附蠻八十九人來貢，於十二月又載此，人數並同，疑重出。今從《實録》，止一書之。」

指揮使、都教練使并諸色目都指揮使、指揮使、招安巡檢使副，各賜官絁衫子、四兩銀（要）〔腰〕帶，絹夾袴，絹二匹，麻鞋；都押衙、都部領、大將、軍將、承引官、都知兵馬使、子城使，各賜紫官絁衫子、絹夾袴、錢一千；散從官、步奏官、子弟、傔人，各賜皂絹衫子、錢一千。富州刺史向通漢差來衙内都指揮使、指揮使、都教練使，各賜紫官絁衫子、四兩銀帶、絹夾袴、幞頭、絲鞋、絹二匹；軍將，各賜紫官絁衫子、絹夾袴、錢一千；散從、步奏官、子弟、傔人，各賜皂紬衫子、錢一千。」　七月，南州科事龔允進等四十二人來貢白布、班布、犀角、麝香、朱砂、黄蠟、虎皮等。

大中祥符元年三月，知元州舒君强、知古州向光普並加銀青光禄大夫、檢校太子賓客。《會要》：兼監察御史、武騎尉、知州事，皆轉運使乞加真命故也。　四月，補澧州慈利縣土丁都指揮使陳士洪爲三班借職〔二〕，充本縣土丁都指揮使。以荆湖轉運使許逖言其在邊御蠻有功故也。

八月，黔州言：磨嵯、洛浦蠻首領龔行滿等率族二千三百人歸順。《會要》：是族自唐以來未嘗歸化者。　九月，高、順州貢奉蠻人入辭，帝諭曰：「各安部族，勿相侵擾。」有自陳親族爲鄰峒所殺，求往復讎。帝曰：「事往矣，勿復論。」咸拜而退。

十月，溪峒諸蠻獻方物於泰山。《會要》：十月，東封泰山，溪峒諸蠻並來貢方物。詔以人數稍多，命使臣專於岳下館待之。　十二月，辰州大峒猺獠蠻大都頭魏進武及峒主首領覃架圖等以方物來貢。　二年六月，叙、顯、雲三州衙内指揮使舒賓、舒富、向由等來貢端午水銀，賜銀帶、衫袴、鞋、絹有差。

三年，澧州言：慈利縣蠻相讎刼，知州劉仁霸請率兵定之。上恐深入蠻境，使其疑懼，止令仁霸宣諭詔旨，遂皆感服。《會要》：十月，以前富州刺史向通漢爲起復雲麾將軍，通漢亡母晉安郡太君黄氏贈江陵郡太君。

四年，安、遠、78順、南、永寧、濁水州蠻首田承曉等三百七十三人來貢。《會要》：十二月，夔州路轉運使言：「近置暗利寨，有爲惡蠻能率屬歸投者，望補其首領職名，月給食鹽。」從之。　五年二月，洛浦峒刺史田仕瓊來貢溪布三百匹，磨嵯峒主張萬錢貢溪布三百匹，賀承天節。八月，荆湖轉運使陳世卿言：「澧州慈利縣蠻人侵擾漢土，臣已率兵逐歸溪峒，請復置武口寨控之〔一〕。其酋下溪州刺史彭儒猛願歲修貢職，望降詔慰獎。」從之。　時又詔閤門祗候史方至澧州，同相度侵占漢地蠻人。先是，方嘗經度其事，亦稱便利。至是，荆湖轉〔運〕使司有請，故復命之。　九月，詔荆湖北路、夔州路轉運司：「今後溪峒進到户口，當議量多少支賜，更不降真命，及不令置立州名，仍分析合與支賜蠻人久例物色等第開坐以聞。」以閤門祗候史方奏：「彼溪峒將畧過户口却爲進貢邀恩，及乞創立州名、受真命，便預逐時進奏。每所貢甚微，所費極大。」故有是命。

五年，詔：「昨許溪峒蠻夷歸先刼漢口及五十人者，特署職名，仍聽來貢〔三〕。」《會要》：十月，夔州路轉運使上言：「轄下蠻峒日前因結搆爲非，發兵擒戮，始致寧静，仍歸我所畧人口。本州準所歸人口數及五十人者許量置州名，補置名目，及許差人貢奉。」帝曰：「如聞此亦非便。其間遠僻蠻峒連接漢户之處，亦有旋虜充數以邀錫賚，自今嚴行禁止之。」

其年，夔蠻千五百人乞朝貢，上慮其勞費，不許。《會要》：是月〔四〕，溪峒蠻人請赴闕朝覲者千五百人。朝議以道途往來，公私勞費，遂令轉運使定奪以聞。除令上京奏裁外，餘止就彼犒設，量行支賜遣之。

〔一〕利：原作「和」，據《宋史》卷八八《地理志》四改。
〔二〕請：原無，據《長編》卷七八補。
〔三〕按，此文語義未完，《宋史》卷四九三《西南溪峒諸蠻傳》上此下尚有：「如聞緣此要利，輒掠邊民充數，所在切辨察之。」
〔四〕是月：按，仍爲十月，見《長編》卷七九。

又令使臣一人沿路押伴，鈐轄齊肅，無致擾人。因詔：「蠻人有來貢者，選使臣一人部押，先須搜索兵刃器械，每程與驛官同給驛料。如撫遏蠻人不致違越，理爲勞績；不即鈐轄，即行責罰。若牙校部送者，與遷一資，仍與優穩差遣。或與蠻人同爲違越，亦當停削。」又詔：施州溪蠻朔望犒以酒肴。《會要》：閏十月四日，荆湖轉運使陳世卿言：「前請於澧州慈利縣置澧州、武口二寨，今蠻人悉歸溪峒。」詔獎之。

閏十月，五溪蠻向貴升及磨嵯、洛浦蠻來貢。《會要》：十二月，溪峒蠻張文喬等八百人來朝[一]。

六年，夔州蠻彭延暹、龔才晃等來貢。《會要》：六年四月，五溪蠻向彦勝、田進戎等來貢端午水銀。辰州溪峒都指揮使魏進武率山猺數百人數寇城砦，朝廷不欲發兵窮討，乃降詔招諭。《會要》：79 十月，知荆南軍府朱巽言：「辰州盧溪縣土丁都頭魏進武等率山猺數百侵擾城寨[二]，已遣本州監押部兵掩襲。」帝以本州官不可並出，亟令留一員在州，仍降詔諭進武等令還溪峒，如有所訴，委本州裁酌施行；若無故嘯聚，即便宜撫遏，件析以聞。　七年二月，荆湖轉運使上言：「魏進武已招赴盧溪縣請罪。」詔分屯諸軍止留五百人戍縣境。　三月，詔辰州張綸於盧溪縣建道場五晝夜，仍令豐潔致祭。

七年，進武詣吏請罪，署爲三班借職、監房州稅，仍賜裝錢。《會要》：進武自言房州接歸、峽山路，頗邇蠻界，乞移他所。遂改於淮南。　八年二月[三]，邕州上言：「得知思琅州儂承政狀，乞歸化供輸。」詔轉運使相度，如經久不致生事，即從其請。

八年，詔中彭州彭文綰歲賜錦袍。《會要》：又賜下溪州刺史彭儒猛獎詔，以辰州言其捕獲蠻寇故也。　九年八月，詔溪峒蠻人因朝奉遣回者，並令夔州路轉運使勘會，貢方物者，人賜綵三匹、鹽二十斤，無方物者，人綵二匹、鹽半斤，其近上首領即加賜二兩銀椀一。　天禧二年閏四月二十八日[四]，知辰州錢絳言：「正月二十七日，與供備庫副使李守元、入内供奉官江德源等入下溪州，(收)[攻]破寨柵，斬蠻人六十九級，降老幼千二百二十人，收器械甚衆，招獲彭儒猛男仕漢等，部送赴闕。」

天禧元年，溪州蠻寇擾，遣兵討之。《會要》：十一月，以辰州溪蠻爲梗，再遣侍禁閤門祗候劉永崇、入内供奉官江德源馳往安撫，如敢拒命，即發鼎州戍兵討之。

二年，辰州都巡檢使李守元率兵入白霧團，擒斬蠻寇，降其酋。知辰州錢絳等入下溪州，破砦柵，斬蠻六十餘人，降老幼千餘。刺史彭儒猛亡入山林，執其子仕漢等赴闕。詔高州蠻捕儒猛來獻者，厚加賞典。《會要》：二年正月，江德源上言：「辰州都巡檢使李守元部白丁，會諸蠻入白霧團，討擊生擒蠻寇十五人，斬首百級[五]，獲甲二百，招降酋首董文千[六]、王文象等二百餘人。」詔高州蠻如能捕儒猛來獻者，當量其功，或授刺史，賜州額、牌印，其次第與補置，給賜，許其進奉。　二十六日，上溪州衙内指揮使魯文足等一百八十九人進奉。其賜衣服、腰帶、麻鞋分物，文足等乞比去年冬月例支賜錦衣，卒不肯受。詔所有分物，却令於逐庫送納。　閏四月，補下溪州蠻彭仕漢爲右班殿直，彭儒霸、儒聰並爲三班借職，各賜衣冠、緡帛。

其年，儒猛因順州蠻田彦晏上狀本路，80 自訴求歸，

[一] 張文喬：原作「張文裔」，據《長編》卷七九、《宋史》卷八《真宗紀》三改。
[二] 城：原作「溪」，據《長編》卷八一改。
[三] 按，此條非「溪峒諸蠻」事，當移入「廣源州蠻儂氏」門。
[四] 二年：原作「元年」，按天禧元年無閏四月，據《長編》卷九一改。此條當移後。
[五] 百：原作「萬」，據《長編》卷九一改。
[六] 董文千：《長編》卷九一作「黄文千」。

轉運使以聞。上哀憐之，特許釋罪。《會要》：五月六日，夔州路轉運使上言：「得順州蠻田彦晏等狀，具言彭儒猛哀訴求順嚮。」乃下詔曰：「懷遠之方，推恩必厚，念勞捨過，抑有典常。下溪州彭儒猛，負釁逋逃，久困羈旅，其子仕漢等已束身歸服，並列班秩，儒猛亦遠陳誠懇，深足哀矜。俾均在宥之仁，式啓自新之路。宜特釋其罪，仍加録用。令高州等處諸族蠻人以此招諭，如挈屬來歸，願給田耕鑿，許從所便；願還溪峒，亦聽其請。（詔）〔招〕諭之人，亦以等第加酬奬。」是月，彭儒猛表納所略人口、器甲等，詔辰州通判劉仲象召至明灘，歃血爲誓，賜錦袍、銀帶遣之。富州刺史向通漢率所部來朝，貢名馬等物。《會要》：十五日，富州刺史向通漢率所部九十二人來朝，貢名馬、丹砂、銀裝劍槊、兜鍪、錦牌，賜通漢襲衣、金帶、靴笏、器幣、鞍勒馬，其子光澤、孫守忠、甥張處厚、門客鄒師説、都知兵馬使黄德文已下，各賜衣冠、器幣有差。　二十一日，向通漢表乞日奉朝請，以面天顔。帝以其遠人，且復時暑，特令五日一起居。　六月十一日，又上《五溪地理圖》一〔一〕，乞留京，許之。　十三日，乃以通漢爲檢校（大）〔太〕傅、本州防禦使，依前五溪都防禦使〔二〕，增食邑封，加保順功臣，所納疆土復賜之。以其子光澤爲右班殿直，孫守忠爲三班借職，甥張處厚爲殿侍，門客進士鄒師説同學究出身。初，本路以富州本是蠻界，不可建置郡縣，及以吏部統轄爲請，故通漢赴闕，復有是命。　七月，通漢再表乞留京師，詔不許，以通漢子殿直光澤監鼎州税，孫借職守忠巡轄荆南鼎州馬遞鋪，並從其請也。又言：「自今賜冬服使臣望許至臣本州，所冀陬落得識使命。」從之。及入辭，特賜襲衣、金帶。通漢本青州人，唐僖宗朝隔在溪峒，因母疾，不茹葷迨今三十年，言語與中華無異，所居與辰州接境。時王師討彭儒猛之叛，通漢表請納土入覲，故優禮之。　十二月，補辰州牙校田保崇爲三班奉職，賜公服、靴笏、銀帶、緡錢。初，下溪州彭仕漢爲盜，保崇往執而出之，故有是賞。　三年二月十一日，辰州言：富州防禦使、五溪都防禦使向通漢卒。詔賜緡帛、羊、酒，命其子光舜襲知州事。　十三日，知辰州張綸上言：「下溪州蠻彭儒猛昨自爲非，結誓之後，頗恭朝命，而州民多在市侵凌，望委州將覺察。」從之。　十八日，知富州向光舜卒，請以向通漢第二子光憲繼知州事，許其進奉，從之。　六月，命内殿崇班、閤門祗候張綸赴辰、澧、鼎州，安撫招捉蠻人。知辰州史方、知澧州曹克己、辰澧鼎州都巡檢使柴忠〔三〕、荆南駐泊都監趙振同其事。　十二月，富州蠻首向光澤表乞納土。帝曰：「得此何用？必其親族不相容爾。當令轉運使察之。」洎奏至，果如聖慮，遂不許。

81 初，北江蠻酋最大者曰彭氏，世有溪州。州有三，曰上、中、下溪。總二十州〔四〕，皆置刺史，而以下溪州刺史兼都誓主，十九州皆隸焉，謂之誓下州。《會要》〔五〕：五年十月〔六〕，荆湖北路轉運使上言：「知上溪州彭君保卒，請令其弟君佐代知州事，望降真命。」從之。　天聖七年〔七〕，遂以其弟仕義貢方物〔八〕。明道初，仕端死，復命仕義爲刺史，累遷檢校尚書右僕射。自允殊至仕

〔一〕理：原作「里」，據《宋史》卷四九三《西南溪峒諸蠻傳》改。

〔二〕「五溪」下原有「州」字，據下文及《長編》卷九三、《宋史》卷四九三《西南溪峒諸蠻傳》删。

〔三〕「都」下原有「監」字，據《長編》卷九四删。

〔四〕此句之上有節略。

〔五〕天頭原批：「此注在『下溪州，賜以袍帶』句下。」按，此條正文對《宋史》卷四九三原文有大段節略，其末節云：「（天聖）五年，（彭）儒猛死，仕端以名馬來獻。詔還其馬，命知下溪州，賜以袍帶。」天頭原批指此。

〔六〕五年：按，此當是指天禧五年，而非天聖五年，《會要》所載天聖事自在下條。蓋《大典》誤以爲此段正文皆天禧事，故引此爲注。

〔七〕天聖：原作「天禧」。按，《宋史》卷四九三《西南溪峒諸蠻傳》原文本無「天禧」二字，蓋《大典》誤以爲上條均天禧事，故添此二字。然天禧止五年，無七年，兹據本書蕃夷七之二四、《長編》卷一〇八、《宋史》卷四九三《西南溪峒諸蠻傳》改。

〔八〕其：指《宋史》上文之彭仕端。

義，五世矣。仕義有子師寶，景祐中知忠順州。《會要》〔一〕：

仁宗天聖元年二月，知夔州史方上言：「順州蠻田彥晏、承恩等結搆作過，攻施州寧邊寨。見集施、黔州義軍，令差都指揮使牟漢卿、秦施煦等捉殺到溪峒子弟，奪器甲甚衆。」詔獎之，其得功人賞以鹽、綵。　閏九月，夔州轉運使刁湛上言：「順州田彥晏等各以悔過納命，已送先略生口、器甲入官，望不授以刺史，止給知州告身，自今依元定人數許令進奉。」詔授寧遠將軍，依前知順州，仍召彥晏等親赴邊寨，歃血設誓。彥晏初攻破施州寧邊寨，刁湛召令歃血結誓，乞捨過，許令依舊往。詔釋其罪，所欠金銀、匹帛、粟米特與放免，所欠戶口即責近限送官。湛上言，特降勑書獎之。　二年正月，都進奏院言：「有武寧州教練使吴知福等到京，稱當州本屬下溪州管下，昨有安撫使入峒安撫，起立武寧州名。今奉知本州彭仕罕、押案副使彭文述差押進奉賀正溪布上京。院司勘會：自來下溪州管下別無武寧州進奉名目，未敢依例收接表券。」詔都進奏院、客省、閤門依溪峒諸州逐年四節進奉例施行。　五月十四日，荆湖北路轉運使上言：「知古州向光普置佛寺一區，乞賜寺額，及依富州例歲度行者二人。」詔以「報國」爲額，每歲度行者一名。　二十二日，知辰州劉永崇上言：「攝懿州判官牟坦久在溪峒鈔奪貢奉，鬬諜蠻酋，今捕赴闕，望與散參軍安置。」特詔黥面配京東州本城收管。　四年二月，夔州路溪峒歸順等州蠻人田思欽等三百二人來貢方物〔二〕。時夔州路轉運使得溪峒諸州狀，即遣赴闕。樞密院奏：「蠻人入貢人數非少，本路並不奏稟朝旨，輒令赴闕，乞行荆湖轉運使差官取勘。」從之。　三月，樞密院言：「溪峒蠻人每年一次上京進奉人數不少，例皆兇愚，訪聞往來搔擾官私。欲下夔州路轉運使，只作在彼意度，勾喚高、順等諸州頭首審議，以蠻人進奉涉路衝寒，多有死亡，自今或只將進奉土貢物納於施州，貢表詣闕，其差來蠻人依元定數即就施州給賜例物，發回溪峒。如得穩便，即令蠻人連書文狀，取候朝旨。若願得食鹽，亦聽 82 就近取射數目，比折支與。若蠻人堅欲詣京買賣，即許每十人内量令三二人上京。」從之。　八月，夔州路轉運使王立等上言：「臣差人喚到安遠、天賜州、南州、順州、保順州向萬勇等審問，願依今年條約，如逐州欲得上京貨易，每三年一次，於元定數十人内量差三二人上京。惟高州刺史田承進一族六州未有申報。況已有天賜等州體例，欲望一例降詔，令自天聖四年爲始。」從之。　六年七月，辰州言：「知溪峒忠順州彭儒贇捉殺得賊人羅萬强等，乞依上溪州義軍都指揮使彭文貴等例支賜紅巾、錦襖、腰帶充賞，更支賜鹽三百斤。」從之。　十月，夔州路轉運使言：「溪州蠻人高州刺史田彥晏等乞加恩命。」從之。　八〔月〕〔年〕四月，詔邕州：「今後鈐轄所管溪峒州縣人戶，令各守地分安居，不得〔牙〕〔互〕相劫略。本處小事及輸稅遲延，只州司移文，委本州縣勾當人員催遣，不得差人入峒。或事須追問，即選差衙前往彼勾當。仍鈐轄不得接便妄行威勢，搔擾取索良口錢物，充下擔發遣。如違，勘逐不虚，當科違制之罪。」　景祐二年五月，知桂州田丙言：「宜州管下鎮寧州蠻莫陵等七百餘人内寇。」詔遣西京作坊使郭志高、閤門祇候梁紹熙捕討之。廣南西路轉運司復言：「蠻賊莫陵、邊人覃敵争田，互相讎殺，其衆才百餘人，而宜、融、柳州同巡檢淩仲舒妄言七百人。今既請降，已勒誓狀，放還鎮寧州。」詔莫陵等嘗殺害官吏〔三〕，而轉運司擅釋之，并仲舒妄增賊數，並令劾罪。續詔轉運使魏瓘：「宜州蠻莫陵等既請降，宜令還所略人户。若不從命，即併兵追討之。」　六月，廣南西路提刑司言：高、竇州蠻獠陳友明等寇海上〔四〕。遣左侍禁閤門祇候侍其洙、右侍禁米光濬捕討之。　三年正月，辰、澧、鼎等州五溪十峒巡檢安撫使張綸言：「蠻首修貢如故，仍購還所略民，遣官與盟，刻石于境上。」先報辰州溪峒蠻彭氏内寇，以綸知辰州，綸至，築逢山驛路，賊不得通，乃遁去。又修新興寨，鑿井導泉以便民。俄徙渭州。未幾，蠻復入寇，故命綸往焉。　二月，廣南西路轉運司言：「邕

〔一〕天頭原批：「此注在『七年無他過故命之』句下。」按，此爲《宋史》卷四九三《西南溪峒諸蠻傳》上之末句。此條正文「知忠順州」之下共省略三千餘字。

〔二〕等州：原脱，據《長編》卷一〇四補。

〔三〕陵：原作「凌」，據上下文改。

〔四〕陳友明：《宋史》卷四九五《環州蠻傳》作「陳友朋」。

州申：甲峒蠻掠思陵州憑祥峒生口〔一〕，及殺登椀鎮將等〔二〕，已會兵追擊之。」 慶曆元年十二月，湖南溪峒知徽州楊通漢貢方物。 三年九月，湖南轉運司言：桂陽監蠻傜内寇。詔發兵捕擊之。事具「出師」。 四年二月，廣（司）〔西〕鈐轄司言：宜州蠻區希範領衆破環州，又破鎮寧州。詔本路轉運、鈐轄司亟發兵捕擊之，即毋得深入。 四月，以京西轉運使、虞部員外郎杜杞爲刑部員外郎、直集賢院、廣南西路轉運按察使兼安撫使，命討宜州叛蠻。續詔出榜，有獲區希範、區正辭、蒙趕者，每一名賜錢三十萬、鹽千斤、綿襖子、銀腰帶。明年三月，杞至環州，討殺蠻賊，區希範平。希範，環州思恩縣人，嘗舉進士，試禮部。景祐五年，應募從官軍擊安化州叛蠻，既而詣登聞求録用。下宜州，而知州馮伸己言其妄要 83 賞，朝廷遂編管全州。未幾，輒遁歸，與其族百餘人謀爲亂，將殺伸己，據廣西一方，建大唐國，推白崖山首蒙趕爲帝，叔區正辭爲奉天開基建國桂王，自爲神武定國令公、桂牧，凡僞補三十餘人。慶曆四年正月十三日，領衆二千餘人破環州，劫州印，以環州爲武成軍，又破帶溪寨，下鎮寧州及普義寨〔三〕。宜州捉賊李德用出韓婆嶺擊却之，（復）〔獲〕僞將崔盈、譚護二人，希範遂入保荔波峒，間出拒官軍。明年，轉運使杜杞大領兵至環州，使人誘其黨六百餘人，紿與之盟〔四〕，飲以藥酒，因得盡擒殺之。後三日，得蒙趕、區希範、區丕績等十數人〔五〕，醢賜諸溪峒。 皇祐元年四月，改邕州管内溪峒波州爲安平州。 三年正月，以辰州溪峒彭師寶知上溪州，仍令乾元節貢獻如舊。師寶，仕羲之子，自慶曆四年絶其貢（舉）〔奉〕，至是，累投本路納款，求知上溪州，故特命之。 三月十七日，荆湖南路安撫司言：「邵州溪峒中勝州舒光銀陳述殺賊勞，乞賜中勝州名額。如不許，止乞依舊例賜鹽一千斤、絹一百匹爲酬奬。」從之。 五年八月，湖南安撫司言：「邵州溪峒舒光銀捍賊有勞，請於本峒置中勝州。」從之。 至和元年（正）〔五〕月〔六〕，廣西南路轉運司言：「昨送黎賊符護奴婢十人還峒中，而符護復以所留瓊崖州巡檢、三班借職慕容允則及軍士五十六人來歸，允則道病，已卒。」詔軍士悉貸其罪。 是月，廣西路經略司言：融州大丘峒首領楊光朝内附。 九月四日，夔州路轉運、都監司蔣貴等言：「乞施州管下元進奉蠻人向永詞等乞與量蠻人進奉，仍與永詞降賜真命歸明州都巡檢名目勅告付與。」從之。 二年正月，荆湖北路鈐轄、轉運司言：知龍賜州彭師黨以其族來歸。詔本路常加存撫之，仍議所與官及所居處授田頃畝之數以聞。 是月，邕州言：蘇茂州蠻内寇。命廣南西路經略安撫司發兵捕擊之。 十七日，詔荆湖北路都鈐轄、轉運司體量蠻人彭仕羲即目結集蠻軍多少，欲往何處作過，仍具控扼經久利害以聞。 十月，荆湖北路轉運司言：下溪州蠻彭仕羲舉衆内寇。詔本路發兵捕擊之。 嘉祐元年三月，廣南西路安撫司言：融、桂等州蠻人楊克端等一百三人内附。 八月，詔湖北路鈐轄司：下溪州刺史彭仕羲侵擾邊境，爲患不已，其相度招安之。 九月，詔〔七〕：「知荆南府魏瓘、荆湖北路轉運使王綽、知辰州竇舜卿並奏彭仕羲遣衙内指揮使覃師明欲歸款，須令自賫降表至澧州，始行撫納之。其十三州刺史進奉，宜與減落五七州，仍具處置次第聞奏。」 三年八月，荆湖北路轉運司言：「已招安彭仕羲，省本路軍馬。」仕羲蓋盤瓠之種，所居即漢黔中，唐彭水之地，其俗阻五溪，歷代荒譎不常。唐末諸酋分據其地，自置刺史，而彭氏素有溪州。晉天福五年，有彭士愁者出寇辰〔八〕、錦，進圍澧州，湖南節度馬希範討不能

〔一〕甲：原脱，據《長編》卷一一八補。憑祥：原作「馮詳」，據《宋史》卷四九五《甲峒蠻傳》改。

〔二〕登椀鎮：《長編》卷一一八作「登琬鎮」，《宋史》卷一九三《甲峒蠻傳》作「登龍鎮」。

〔三〕義：原作「乂」，據《長編》卷一四六、《宋史》卷四九五《環州蠻傳》改。

〔四〕「紿」原作「紹」，「盟」原作「盜」，據《宋史》卷四九五《環州蠻傳》改。

〔五〕績：原作「續」，據《長編》卷一四六、《宋史》卷四九五《環州蠻傳》改。

〔六〕五月：原作「正月」，據本書蕃夷五之四三、《長編》卷一七六改。

〔七〕詔：原無，據《長編》卷一八四補。

〔八〕士：原作「志」，據《太平治迹統類》卷一七、《資治通鑑》卷二八二改。下同。

下，遂與士愁約和，而五州酋豪既來盟，84乃立五銅柱爲界〔一〕，其後子孫多世襲之。國初，彭氏納牌歸順，許通市易。咸平中，降真命，賜管下二州名，許貢奉京師。至景德中，有彭文慶者來貢方物，真宗嘗面戒之。後有彭儒猛、彭文綰、彭仕漢等繼以修貢。仕義祖父五世襲下溪州刺史，兼都誓主，其諸州將承襲，必率蠻首共議子孫若弟姪親黨之當立者，具州名文移辰州，州(史)〔吏〕保明，止申鈐轄司，然後以聞，而賜勑告、印牌，每隔江望拜闕庭而受恩。其州有上、中、下溪，龍賜、天賜〔二〕、忠順〔三〕、保靜、感化、永順〔四〕、懿、安、遠、新、給、富、來、寧、南、順、高等州，每州有押案副使及校吏，皆自補置之。至和二年，仕義納其子上溪州師寶之妻，師寶乃與其子師黨投辰州，告其父之惡，且言將有謀叛。於是知辰州宋守信與通判賈師熊、轉運使李肅之共議領兵丁數千人入峒討伐，即以師寶爲之嚮道。兵既至，而仕義遁入峒，不可得，官軍戰死者十六七。後蠻獠數侵省地，不復可制，間遣吏諭以朝廷之意，使復立誓，許通貢奉，輒慢命不從。乃遣三司副使李參〔五〕、文思副使竇舜卿、侍御史朱處約、轉運使王綽經制討伐之事，大領兵問罪，令減去五七州貢奉，然後許以改過自歸。而仕義自陳本非有侵軼不順之狀，因以子悖逆，而守信等擅伐無辜，願以二十州舊地復貢奉，永以嚮化。既又遣殿中丞雷簡夫往議，而至是以所掠兵丁共五十一人、械甲千八百九事并蠻衆七百人赴誓場飲血就降，而遣師黨知龍賜州〔六〕，戒勿殺，而荆湖之間遂無事。　五年六月，廣南西路經署司言〔七〕：邕州甲峒等處蠻賊五千餘人内寇。詔邕州發兵攻討之。　十一月，湖南安撫司言：「舊制，溪峒知州卒，令其首領推所當承襲者，許進奉，爲知州，俟撫遏蠻人及五年，即奏授勑告。今邵州溪峒知徽州楊光倩承其父通漢已及七年，無他過，請授以真命。」從之。　十二月，廣南西路轉運司言：甲峒蠻寇邕州。詔安撫使余靖等發兵捕討之。　七年八月，開封府言：「得知下溪州彭仕義狀，乞與同誓二十州每歲入貢，於榷貨務使錢五百貫，下鼎州市諸物歸峒。」從之。　八年八月二十五日，知辰州段繼文言：「石馬崖客團人户爲溪州蠻彭仕義所據，臣欲誘諭使投辰州爲漢民，緣集邊事須錢物，乞特賜錢付臣支用。」詔賜錢五百千。　治平四年十一月二十九日，神宗即位未改元。邵州管下溪峒知中勝州舒光銀進表，乞管内舒光財等同隨例進奉，及乞給券。詔許舒光財進奉，券與舒光銀等，共給六道。　十二月，荆湖北路都鈐轄、轉運司言：「乞今後降下溪州刺史彭仕義勑告，與依舊於『光禄大夫』上帶『金紫』二字。以蠻人不曉品秩，累訴除落『金紫』二字，不滿其所望也。」從之。　神宗熙寧三年八月十五日，辰州言：「權發遣下溪州事彭師晏言：『退納喏溪地土，乞承父仕義知州名額。』州司欲乞放行進奉，及建明溪寨，通望、連雲85兩堡，却於喏溪口北岸築一堡，差明溪寨兵馬監押一員并兩堡兵丁守把，據其要害，絶蠻人侵佔省地便利。」詔令本路鈐轄、轉運司定奪聞奏。　荆湖北路轉運司言：「谿峒下溪州軍衙并誓下諸州保明故刺史彭仕義男師晏承充下溪州知州，并師倖承任富州知州。内師倖依例進奉，候五年撫遏手下蠻民别無過犯，方與保明奏降真命勑告。」並從之。　師晏，祖儒猛，父仕義，世爲下溪州刺史。仕義頗黠驁，數侵盜省地，邊民不安，於辰州界喏溪起鋪〔八〕。嘉祐中，雷簡夫、竇舜卿受命招安，令仕義歸所侵地，不肯，以兵丁逐之，暫去復來。八年，知州段繼文遣指揮曹振等以衆數千人攻之，不克。至是，爲其子師綵所殺。師綵自稱權發遣下溪州，既弑其父，知衆不伏，專爲暴虐，賊殺不辜，虜其婦女，奪諸州貢物。其兄師晏結同巡檢彭仕選、都指揮使周允榮等攻圍師綵，殺之，并其黨田忠財等三十餘人皆死。納誓表，并歸喏溪地，因辰州以聞之。　十(一)〔二〕月二十七日，知辰州張宗義言〔九〕：

〔一〕銅：原作「桐」，據《舊五代史》卷七九、《太平治迹統類》卷一七改。

〔二〕天賜：原脱，據《太平治迹統類》卷一七、《文獻通考》卷三二八補。

〔三〕忠：原作「中」，據《宋史》卷四九三改。

〔四〕順：原脱，據《宋史》卷四九三補。

〔五〕李：原脱，據《宋史》卷四九三補。

〔六〕師黨：原作「師寶」，據《宋史》卷四九三改。

〔七〕言：原脱，據《長編》卷一九一補。

〔八〕喏：原作「喏」，據上文及《長編》卷二一五改。下同。

〔九〕張宗義：原作「張崇義」，據《長編》卷二一八及本書刑法七之一五改。

「知下溪州彭師晏退仕羲侵地，築堡已畢，仍乞以鎮溪寨爲名。」從之，仍賜勅書獎諭及賜器幣。　四年二月十八日，夔州路轉運司言：討殺叛賊李光吉，并破本人新寨等。詔夔州路捉殺夷賊梁承秀、李光吉、王衮等一行軍兵土丁各等第與特支〔一〕，仍遣使傳宣撫問。先是，渝州南川、巴縣夷稅户李光吉、王衮、梁承秀三族各有地客數千家〔二〕，侵害漢户，人莫敢言。轉運使孫抃、判官張詵奉詔窮討累月，乃就誅，始復賓化縣，屬著作佐郎章惇經制，凡得三族之地云。　五年二月十六日，辰州言：「知下溪州彭師晏乞納馬皮、白務峒地土，依例轉刺史，改支逐年衣襖色額，加食鹽，并乞母、妻進邑號。」詔彭師晏與下溪州刺史，母、妻並與邑號，其衣襖、食鹽，令鈐轄、轉運司相度，依自來體例施行。　七月，遣中書檢正官、祕書丞、集賢校理章惇往荊湖南路察訪，始經制蠻事也。　閏七月二十一日，以東作坊使石鑑充荊湖北路鈐轄、兼知辰州。因辰州布衣張翹上書言，南、北江蠻衰弱，可郡縣之。朝廷以廣西兵馬鈐轄劉策知辰州，即圖之，策如翹請，遣其子圖上方略。未幾，策卒，乃遣鑑，始用事於南、北江也。　十月，章惇發檄喻告開梅山道，而蠻徭争鬬道路以候。得其地，東起寧鄉縣司徒嶺，西抵邵陽白沙寨，北界益陽四里河，南止湘鄉佛子嶺。　六年六月，南江向永晤等歸明二十五人，并補授以官。

九月二日，荊湖北路轉運司言：辰州南江將官楊萬與蠻鬬敵有功〔三〕。詔楊萬遷兩資，（余）〔餘〕遷資、減磨勘。　六日，辰州南江歸明溪峒硤州軍牙頭首指揮使向真贈内殿崇班〔四〕。以章惇言，真説喻蠻人有勞，後爲蠻舒光旦等驅署〔五〕，并屠其家也。　十月一日，融州外界蠻人乞開通道路，抄劄人口，建置州縣城寨。從之。　是月，詔：「許施州蠻人（許）86將金銀估實直錢數典當糧米，如及七年不收贖，即行變轉。」初，施州蠻人例因災傷，量以金銀倍估其直，質米于官，官司不能禁止。至是，始令估實直以易之。　二十七日，知桂州沈起言：「已差兵甲防托蠻賊。竊慮辰州討賊將卒不分蠻賊曾與不曾作過，一例殺戮，乞下章惇約束。」從之。　十二月十二日，孫構奏〔六〕：招諭北江下溪州刺史彭師晏内附〔七〕，具地里、四至、户口數目以聞。詔令章惇相度處置。　二十三日〔八〕，熊本言：「相度瀘州納溪寨，烏蠻出人道路，令添兵防托，及移路分都監解宇就彼。」從之。　八年正月二十一日，權發遣荊湖南路轉運副使蔡燁言〔九〕：「招諭到蠻人舒光旦、楊晟堅，乞各補一官，支俸，許居依舊溪峒。」詔舒光旦與右班殿直，楊晟堅與借職，餘並從之。　閏四月五日，知沅州謝麟言：「招到溪峒草呼、古誠等州二十三州峒二千七百一十九户，九千四百九十六丁，情願出納課米，量支食鹽，逐州知州仍乞補授班行。」詔楊光富補右班殿直〔一〇〕，楊昌進等五人並補奉職，楊晟堅等十六人並補三司軍將。候納到課米，即給以鹽。　八月十五日，蔡（燁）〔燁〕言：「據全州并邵州關峽寨言：招諭到未歸明平水等三十團峒頭首楊晟進等，乞歸明，依例出給課米，獻納器甲。所納課米乞依前來歸明團峒體認展限。」從之。　十二月十三日，荊湖北路轉運使孫（溝）〔構〕言：「沅州招納僞地，林、錦等十三州歸明，得户三千九十，丁六千四百四十一，逐州分認歲入課米，以鹽酬之。州界遠者六十里，近者四十里，請補知州等官。」詔授地、林、錦州楊昌蠻等十三人爲班行、軍將。（溝）〔構〕又言：「古誠州楊昌銜等願罷進奉授官。請補昌銜右班殿直，弟、姪、男等十人爲三班奉職、借職、差使、下班殿侍、土軍都頭。」並從之。　九年五月二十四日，熊本言：「權梓州路轉運使

〔一〕王衮：原作「王兖」，據《長編》卷二一九、《太平治迹統類》卷一七改。下同。

〔二〕地客：原作「北客」，據《長編》卷二一九改。

〔三〕功：原脱，據《長編》卷二四七補。

〔四〕牙：原作「于」，據《長編》卷二四七改。

〔五〕光：原作「先」，據下文及《長編》卷二四七改。

〔六〕構：原作「溝」，據本書選舉三三之一三、《宋史》卷三三一《孫構傳》改。下同。

〔七〕招：原作「詔」，據《長編》卷二四八改。

〔八〕二：原脱，據《長編》卷二四八補。

〔九〕燁：原作「燁」，據《長編》卷二五九改。下同。

〔一〇〕富：原缺，據《宋史》卷四九四補。

陳忱措置到瀘州淯井監山前後拾州、納溪後藍、順、宋〔一〕、納四州、安樂、武都等夷人輸款納租，把拓邊界。」賜忱褒詔。

十一月一日，荆湖北路轉運司言：「勘會溪州歸明人户委得不曾作過，又本處去歲亦是災旱，今年併值霖雨，畬種失時，乞依辰州所奏，許令〔依〕南江富、古等州不作過人例，候五年滿日，起納丁身税米。」從之。

元豐元年四月七日，權發遣荆湖北路轉運判官馬城言〔二〕：「體問山猺丁先鋒初因讎殺地客王聰〔三〕，其後沈大鼻等乘勢劫略，見今保險〔四〕，遷徙不常，官軍難於追逐。臣已立賞招捕，乞止令湖南差兵防截追逐赴本路出降。」詔荆湖南路安撫司曉諭猺賊於北路投首，仍多差兵丁防截，如已在南路歸窮，即安存，奏聽旨。

十八日，馬（誠）〔城〕言：猺賊丁先鋒等納木契乞降。詔（誠）〔城〕：如首領實願降，聽收木契，毋遣人招唤。

二年四月十八日，廣南西路經畧司言：「順安州貢峒等舊隸邕州，昨宣撫司因收復廣源，分隸順州，乞還舊隸。」從之。

五月九日，廣南西路經畧司 87 言：「順州蠻叛，内殿崇班、知古弄峒零崇槩討平之，及知歸化州、文思副使儂智會率丁壯千二百餘人應援，乞推賞。」詔崇槩爲供備庫副使，智會爲宫苑副使。

六月十九日，鼎州言：都監向世温自陳歸明及三考，乞再任。上批：「江南諸向首出歸明，最爲忠順，可依所乞。」

四年四月七日，謝麟言：招納溪峒中勝等州首領楊晟嚮等，乞補授名目。詔乞補奉職人與三班差使，借職與下班殿侍〔五〕，殿侍與軍將，軍將與守闕軍將〔六〕。麟又言：「準詔，置托口、小由、古誠、奉愛四寨。既築四寨，其黔陽縣等並在腹裏，合減戍兵五百五十人防托新寨，乞置博易務〔七〕。四寨民性頑獷，幸各安居，已曉諭赴所屬寄納刀弩，欲官爲買之。溪江産麩金，欲募人淘采中賣，以業游手。并乞蠲城寨身丁税七年。」從之。

八日〔八〕，詔河北轉運副使賈青相度新建溪峒徽、誠州，隸屬湖南、湖北，於何路爲便以聞。後青具道里以聞，乃詔誠州治渠陽，隸荆湖北路，徽州爲蒔竹縣，隸湖南邵州。

六月一日，荆湖北路轉運使孫頎等言：「乞於辰州會溪城量益戍兵五七百人，漸招納上溪諸蠻，差知辰州張麟臣〔九〕、通判柳槩措置。」從之。

二十六日，權荆湖南路轉運副使朱初平言：「徽、誠州歸明團峒應未建城寨以前〔一〇〕，有相讎殺及他訟，並令以溪峒舊法理斷訖。乞自今有侵犯，並須經官陳訴，如敢擅相讎殺，並依漢法處斷。其有逃避，即官司會合擒捕及本處收捉施行。」從之。

十二月十七日，相度新建徽州朝散大夫賈青言：「準朝旨下朱初平奏，令臣相度新建徽、誠州，乞招納元屬溪峒地分道路以至地里遠近，並附入州縣圖籍，令縣邑城寨常切開廣，於新城地買官田，及許百姓置田，其少牛具、種糧之類，聽結保赴官借貸。〔乞〕並如初平所奏。」從之。

五年正月二十六日，客省副使、知辰州謝麟言：「本州旁近户口或遠隸他州，見有封疆不足城守〔一一〕，乞增割户口〔一二〕、山川，并降屬縣名額。」詔：「沅州新修貫保、托口、小由〔一三〕、豐山堡寨係控扼蠻蜒形勢之地〔一四〕，宜以頻渠河貫堡寨爲治所，合置渠陽縣，隸誠州。」仍以麟知沅州，主管沅、誠州沿邊安撫公事，又以西京左藏庫副使、閤門通事舍人周士隆知誠州，置兵馬監押、職官司户參軍各一員，並令謝麟舉官一次。誠州官任滿，依沅州酬奬。

三月十九日，湖北都鈐轄司言：「準詔取問沅州龍賜、古、監三州知州押案并頭角人等，各不願補班行，依舊進奉。」從之。

七月二日，廣西經畧司言：「知宜州王奇與賊鬭失利，賊兵退守大江

〔一〕宋：原作「送」，據本書蕃夷五之五二改。

〔二〕城：原作「誠」，據《長編》卷二八九改。下同。

〔三〕王：原作「主」，據《長編》卷二八九改。

〔四〕保：原作「堡」，據《長編》卷二八九改。

〔五〕殿侍：原脱，據《長編》卷三一二補。

〔六〕「軍將與」三字原脱，據《長編》卷三一二補。

〔七〕置博易務：原作「賜博易庶務」，據《長編》卷三一二改删。

〔八〕八日：原作「八月」，據《長編》卷三一二改。

〔九〕麟：《長編》卷三一三作「鄰」。

〔一〇〕建：原作「見」，據《長編》卷三一三改。

〔一一〕見：原作「具」，據《長編》卷三二二改。

〔一二〕割：原作「額」，據《長編》卷三二二改。

〔一三〕由：原作「田」，據上文及《長編》卷三二二、《宋史》卷八八《地理志》改。

〔一四〕形：原作「刑」，據《長編》卷三二二改。

回穴，諜知溪峒蒙承想萬餘人欲攻思立寨，已戒和斌據險拒之。」詔就差知沅州、西上閤門使謝麟經制宜州溪峒事，宜州軍在前者，並聽麟節制，委麟選官權領沅州。　八月二十四日，權荆湖北路轉運副使趙(楊)〔揚〕等言：「巡歷至誠州，城池樓櫓足以保民防患。上江、多星、銅鼓、羊鎮等團並至城下貿[88]易〔一〕，可漸招撫，置城寨。及下荆湖南路安撫、轉運司，委知邵州關杞於蒔竹縣招諭芙蓉、石驛未歸明人户。」詔且令招納，未得置城寨。　十一月十二日，知誠州周士隆言：「準朝旨招納上江、多星、銅鼓、潭溪、上和、鷄公兩路溪峒，所有西道胡耳、塞溪等處犬牙相入，切慮犒賞不及，或不虞生事。乞下謝麟措置，或許本州撫納。」詔趙(楊)〔揚〕相度。及荆湖南路轉運司言：「邵州界溪四團人户袁通曉等乞歸明，詔聽招納。　二十八日，詔：「誠州西路胡耳、塞溪等處更不候趙(楊)〔揚〕相度，依荆湖北路都鈐轄司所奏，令誠州一面撫納〔二〕。」　六年正月三日，荆湖南路轉運司言：「邵州蒔竹縣接近芙蓉、石驛未歸明溪峒各願納土，乞增賜公使錢。」詔賜錢千緡。　二十日，經制宜州溪峒、西上閤門使、知沅州謝麟言：「昨具狀乞濟師討蕩，建置城邑，奉詔接納羣酋，不得進兵，巧以方畧措置。遂選差將官進屯控要縣寨，招降元謀賊首羅世念并逐峒頭領種族四千八百人，賫所刼溪峒都巡檢使印赴軍前，納衣甲、器械二萬；并生界思廣峒酋長具到人烟户千四百二十七、口六千二百六十三，納土歸順。其桀黠酋首已付有司，聽朝旨措置。」詔謝麟領果州刺史，減磨勘三年；　皇城使、昭州刺史、帶御器械和斌領榮州團練使；　知安化州及思廣等五十二峒首領羅世念爲内殿承制，蒙承想、蒙全聖、蒙光仲、蒙光趙並爲西頭供奉官，蒙全叫、蒙令件、蒙懷思、蒙光速、潘曹並爲右侍禁，潘全劍爲奉職。並給俸與春冬衣。　初，安化上、中、下三州及北遐鎮月赴宜州公參及中賣板木，宜州歲四管設，及三歲聽蠻人二百九十四輪所貢兵械於思立寨，本州支答賞物及其道費，補知州、奉職、監州、借職，有官遷一資，其班行則加勳，皆宜州溪峒司施行。前知宜州錢師孟、通判曹覿擅裁損例册，酒食不如舊，買板木不及價，賞答貢物估價虧其實，遷補文字至五年不給，故自五年三月侵掠省地。經畧司問致寇狀，而宜州但以山稻不稔、溪峒大雪、牛羊多死爲言，經畧司亦不能察也。其五月，効用前如京使費萬戰死，六月，知宜州王奇戰死。事聞，詔以麟、斌經制溪峒事，以覿、師孟屬吏焉。世念兄、弟、兒、姪百六人補西頭供奉官、右侍禁、披帶班、下班殿侍，令麟分擘，於廣南、荆湖路監當物務及指使。　四月一日，湖北路轉運司言：「誠州潭溪峒直抵廣西都懷寨，若通北路，中徹融州，實可扼三路溪峒之喉襟，望下廣西協力經營。」詔熊本應副，毋得譸張，致失機會。　五月十三日，西上閤門使、果州刺史謝麟言：「先準朝旨，撥托口、小由、貫保、豐山四寨并若水倉隸屬誠州。緣沅州與誠州元自梅口江爲界，今因割移四堡，遂以洪江口爲界。自洪江口至梅口江約三驛。又從托口寨盧陽縣界至梅口江約四驛，削取沅州封守附益誠州太廣，不惟沅州户賦[89]人兵不足以成郡，兼誠州見招納上和、潭溪等峒，自可以開(托)〔拓〕疆封。兼猺狼、九衙等諸峒並在托口寨西南，見隸沅州，水陸道皆出托口寨〔三〕，設或溪峒入寇，誠州地遠，力不能制，沅州又爲托口等寨所隔，難便措置，或以生事。乞以小由、托口兩寨依舊隸沅州，以大由等溪峒割隸誠州。」從之。　六月三日，詔邵州芙蓉、石驛等團峒歸明蠻頭首等與補名目人數，並依熙寧九年招納三州一鎮蠻例。　十月十八日，詔補潭溪峒歸明大首領楊晟想等二人爲三班奉職，餘補差使二人，下班殿侍九人，軍將、牙職二百九人。以荆湖北路轉運司言「招納晟想等千一百二十四户，獻納器械，乞歲入課米，比三州一鎮」也。後考其實，元無課米〔四〕，乃於所給俸内除留入官，爲課米之直。使若歸誠輸力，而實以利誘致之，三州一鎮亦皆類此。　十二月三日，詔潭溪歸明人楊晟像爲右班殿直，楊晟嚮爲三班奉職，楊昌皁爲三班借職。　七年後湖北路轉運司言晟嚮大首領〔五〕，桀黠能用其衆，以爲左班殿直。

〔一〕羊鎮：原作「牛鎮」，據本書方域一九之八、《長編》卷三二九改。
〔二〕誠：原作「城」，據上文改。
〔三〕出：原作「在」，據《長編》卷三三五改。
〔四〕無：原脱，據《長編》卷三四〇補。
〔五〕後：原作「復」，據《長編》卷三四一改。

四月十五日，詔右侍禁劉詔遷一官，減磨勘二年，權誠州軍事推官陳尚能爲宣德郎，軍大將蔡義轉三班借職，(古)〔右〕班殿直楊昌堯、王戟、楊晟臻各減磨勘二年〔一〕，李開減六年，召募進士梁傳、邵州司士參軍李夔並爲三班差使；楊晟敢等十五人，授左(古)〔右〕班殿直者七人，奉職者三人，借職者五人；楊晟臺別賜絹五十；吏兵支賜有差。以湖北轉運、都鈐轄司言招納西南一帶溪峒并開路畢功也。　二十五日，知荆南孫頎降敕奬諭〔二〕，賜銀、絹二百，轉運副使趙(楊)〔揚〕、轉運判官高鎛、知誠州周士隆各遷一官，以招納潭溪、上和等處歸明人及開道通廣西融州王口寨功畢也。　五月十二日〔三〕，降詔奬諭知桂州熊本，賜銀、絹三百，廣南西路經畧司主管機宜文字程節遷兩官，幹當公事程遵彦、知融州温杲、都巡檢劉舜賓、王口寨監押杜臨各遷一官，餘遷官、減磨勘年、賜絹有差。以招納廣西潯、融、王江溪峒蠻并開路功畢也。　六月二十三日，權知誠州周士隆言：「準詔酬賞招納溪峒、開修道路有功人，第一等劉錫〔四〕、田延邈、何廣各賜絹三十，以錫等蹈涉危險，極爲勞苦。田延邈乞與改官，劉錫、何廣乞各與名目，今在新路堡寨幹當。」詔延邈遷一資，錫下班殿侍，廣軍將。　八月一日，荆湖路相度公事所言：「王江一帶自大溢口以上接連檀溪諸蠻〔五〕，與今道路相接，朝旨專委主管廣西經畧司機宜文字程節招納措置。本處地里闊遠，蠻已歸附，須築一堡寨以爲守備。」詔節相度。然由王口而上，節言：「王江上流地名安口，控扼諸峒，其地寬平，可建城寨。今雖效順，各有俸給，若建城寨，亦須兵威彈壓。今欲沿江及中心嶺各治道路漸進，先置堡鋪於吉老江，量留兵丁，以防鈔截糧道，90 然後安口可以即功。」又言：「王江一帶團峒東由王口三甲〔六〕，西連三都樂土，南接宜州安化，北與誠州新招檀溪地密相鄰比。熙寧中，嘗遣承制劉初領兵丁置寨於安口，諸蠻併力殺傷官軍，自此蠻情愈更生梗〔七〕。今偏招納，例皆效順，既當開道路，置堡寨驛鋪，分兵丁防守，乃爲久安之計。又緣事干兩路，須與誠州同時措置〔八〕，庶使諸蠻力有所分，易爲辦集。」從之。　十月一日，詔湖南邵州武岡縣減將下防托弩手二百，以其錢糧募土人入溪峒〔九〕，從鈐轄司請也。　八年二月三日，詔：「邵州芙蓉、石驛、浮城等峒已修寨鋪，其歸明户及元省地百姓如省地法〔一〇〕，應婚姻出入、典買田〔一一〕、招佃客，並聽從便。」從知邵州關杞請也〔一二〕。　五月二十四日，荆湖北路鈐轄、轉運司言：「辰州江外生蠻覃仕穩等乞納土歸明，望許依辰州熊皋所申事理招納。」詔荆湖北路不得妄有招納，致生邊事。

哲宗元祐元年正月二十八日，廣南西路經畧安撫司言：「宜州溪峒司申，莫世忍乞差人進奉。」詔：「許進奉，更不令赴闕，其表狀仰收接投進，所進物令本司椿管以聞。」　八月十八日，詔：「今後朱崖、萬安、昌化軍〔一三〕，令經畧、轉運司同奏舉大使臣充軍使兼溪峒巡檢，到任、得替，並轉一官。」　二年七月十二日，改誠州爲渠陽軍，從荆湖北路都鈐轄、轉運、提刑司請也。　十二月二十七日，詔湖北轉運副使李茂直：「溪峒非元謀爲首及徒伴、脅從，聽其出入，各令以謀捕送爲首之人赴官給賞。」以樞密院言天村諸峒蠻侵掠邊户故也〔一四〕。　三年正月十三日，詔湖北轉運副使李茂直：「渠陽蠻已

〔一〕二年：《長編》卷三四一作「三年」。
〔二〕敕：原作「職」，據《長編》卷三四五改。
〔三〕五月：原脱，據《長編》卷三四五補。
〔四〕第一：原脱，據《長編》卷三四六補。
〔五〕檀：原作「擅」，據下文及《長編》卷三四八改。
〔六〕王口：原作「三口」，據《長編》卷三四八改。
〔七〕生梗：原作「主便」，據《長編》卷三四八改。
〔八〕須：原作「頃」，據《長編》卷三四八改。
〔九〕土：原作「工」，據《長編》卷三四九改。
〔一〇〕元省地：原作「元首地」，據《長編》卷三五一改。
〔一一〕「典」下原有「賣」字，據《長編》卷三五一删。
〔一二〕杞：原作「祀」，據《長編》卷三五一改。
〔一三〕軍：原脱，據《長編》卷三八五補。
〔一四〕天村：原作「天材」，據《長編》卷四〇七改。下文三年三月「七日」條同。按元豐中於其處築天村堡，見本書方域之四、《宋史》卷八八《地理志》四。

歸順人，賊酋即拘留，餘悉撫諭〔一〕，遣〈人〉〔之〕使歸，招未順服者。即酋長終無向化意，其按舊令以從事。」　三月二日，詔夔州路轉運司，諭施州蠻田忠進以朝旨放罪，仍限百日聽經官陳首。若及一年能彈壓蠻衆不復作過，即次第保奏，特與真命。　七日，天〈材〉〔村〕蠻寇多星堡。詔胡田按實以聞，「若因官吏侵擾生事，及不犯堡寨有所殺畧，即行撫納；若無故嘯聚，自謀作過，即立賞募人捕殺，務得首惡及合謀者。其餘徒衆喻以放罪，使彼疑沮自解，勢不久立。」仍令李茂直同措置以聞。　四月八日，廣西路經畧司言：「融州蠻粟仁催、渠陽軍蠻楊晟臺等結集，往來於兩路爲民患，已督兵將討蕩。」詔勿進兵深入，擇其唱率首惡之人，立賞募人捕殺。　五月十五日，改邕州懷化峒爲州。先是，知峒零崇槩納土，自順州廢，即棄巢穴歸省地，朝廷録其功，授以使額，而有是命。　七月十二日，詔皇城使、漢州刺史、廣南西路兵馬鈐轄張整，内殿承制、閤門祗候、知融州温臯，各降三官，張整就添差監江州税，温臯就差監歙州茶鹽酒税；右侍禁、權邵州臨口寨主鍾仲仁，左侍禁、管勾融州臨溪堡事、兼地分同巡驗杜震，各降兩官衝替，仍令後各不得差充廣南、荆湖路差遣。整、臯坐 91 擅斬蠻人楊進新等十九人，仲仁、震坐誘致進新等。以邊事未寧，特免究治。　八月二十二日，詔東頭供奉官、施州歌羅寨主辛則追三官〔二〕，江南西路監當，以誘誤夷人，妄有殺戮，詐求功賞故也。　十月十四日，勅荆湖南北、廣南西路：「朝〈延〉〔廷〕疆理四海，務在柔遠。頃荆湖諸蠻近漢者無所統一，因其請吏，量置城邑以撫治之。後來邊臣希功，獻議創通融州道路，侵逼峒穴，致生疑懼。朝廷知其無用，旋以裁減，而邊吏失於撫遏，遂爾扇揺作過。然按其地，止是道路蠻人因使臣劉宗閔焚毀舍屋，夤緣生事，殺傷兵丁，繇此自疑，不敢出首。今宗閔以追官勒停外，其湖北〔三〕、廣西見作過楊晟臺等特免誅討，除存留守把兵丁外，並罷添屯軍馬。其湖北所開道路，創置多星、收溪、天村、羅蒙、大由等堡寨並廢。廣西、湖南創置堡寨，令經畧、鈐轄司度量，准此。」　十一月十九日，樞密院言：「湖北都鈐轄唐義問奏：『多星堡金穀、屋宇殷毁殆盡，其城堡若存舊址，即慮蠻人聚集爲姦。』」詔苗時中、謝麟、唐義問，以廢罷堡寨城壁量度毁撤，其沅州渠陽寨先廢堡寨如有城壁尚存者，亦相度施行訖以聞。　十二月三日，樞密院言：「荆湖北路羅家蠻掠財物，燒廬舍，□民被其害。據唐義問累奏移廢城寨已畢，而蠻情不體寬恩，侵犯不已，若不隨宜討殺，恐益後患。欲令義問及程節開析措置以聞。如諸蠻尚潛伏屯結，即選將討捕，仍告諭歸明團峒蠻人毋輒驚擾。」從之。

四年正月二十七日，荆湖北路都鈐轄、轉運司言：「蠻賊寇澧州義鏁鋪，故遺下文字，意望招安，給賜真命券曆。若墮其計，恐遠近蠻人觀望。欲召正、副都頭覃文懿等并都誓主彭仕誠嚴行約束，如更透漏蠻人入省地作過，責認勒住半年或一年請受，庶幾邊境不致生事。」從之。　七月二十七日，樞密院言：「邵州蠻人作過，已令湖南安撫、〈鈴〉〔鈐〕轄司處置，慮去邵州遥遠。」詔荆湖南路安撫謝麟體度蠻事，如尚未寧息，即交割潭州公事與以次官，量帶兵甲前去邵州專一措置，候事平日歸任。繼而謝麟言：「邵州關硤、城步、真良等處團峒元謀作過酋首楊晟進等四十三人投降。」上批：「等第補授奉職至軍將，充江浙僻郡指揮、土軍將校，隨處羈管。」　十一月四日，溪峒知保静州彭儒武〔四〕、押案副使彭仕貴、知永順州彭儒同、押案副使彭仕亮、知謂州彭師聰〔五〕、押案副使彭仕順各進貢興龍節、冬至、正旦節溪布有差。　十七日，溪峒知龍賜州彭允宗、押案副使彭允金、知監州彭仕明、押案副使彭儒勇、知吉州彭儒崇各進奉興龍節〔六〕、冬至、正旦節溪布。　六年正月二十五日，夔州路轉運司言：「施、黔州蠻人入貢，乞就本州投納貢布，止具奏狀聞奏，仍厚爲館設。」從之。　二月二十二日，詔：「以令供備庫使〔七〕、誠州刺

〔一〕諭：原脱，據《長編》卷四〇八補。
〔二〕辛則：《長編》卷四一三作「幸則」。
〔三〕其：原作「具」，據《長編》卷四一五改。
〔四〕保：原作「堡」，據《長編》卷四三五改。
〔五〕謂州：原作「渭州」，據《宋史》卷四九三改。謂州與保静州、永順州均爲荆湖路北江羈縻州，見《元豐九域志》卷一〇。
〔六〕吉州：疑是「古州」之誤。
〔七〕令：原作「今」，據《長編》卷四五五改。「以」同「已」。

史楊昌逵知誠州〔一〕，供備庫副使楊昌壽同知誠州。自今知州92闕，還同知州充；無，即以前知州子孫充同知；如無子孫，即令新知州選擇前知州族内忠順協力之人。其同知州闕，即以前同知州子孫充；如無子孫〔二〕，令知州於同知州族内選擇忠順協力之人。令荆湖北路都鈐轄司遇有闕，即保明以聞。」

三月二十七日，詔：「自今誠州知州、同知州合承襲人，知州與供備庫使、誠州刺史，同知州與供備庫副使。」　五月十二日，樞密院言：「昨渠陽貫堡寨罷戍之後，慮有遺民尚在溪峒。」詔〔三〕：「令荆湖北路都鈐轄司委忠順蠻官招致，並邊縣寨給公據津遣歸鄉。其蠻官據招到人，每名支賞錢十貫，仍以鹽、綵充。」　七月十三日，三省、樞密院言：「通判沅州賀瑋奏：『本州蠻漢雜居，相犯則漢人獨被刑，而歸明人止罰贖，實爲未當。乞將沅州、誠州蠻漢人相犯立定年限，一斷以法。』下本路監司，相度到：『沅州歸明人，除附近城寨及與漢人雜居處，若有相犯或有相侵合以法令從事外，有渠陽寨歸明人并去城寨至遠蠻人，欲依沅州一州勅，除强盗〔四〕、殺人、放火、誘略人以上罪并情理兇惡者，送本州按治，餘並令本縣寨斟酌罰贖，更候二三年取旨。』」從之。

八月二日，賜朝奉郎、直龍圖閣、專切措置荆湖北路邊事唐義問銀絹一百匹兩。以渠陽貫堡寨罷戍〔五〕，護領居民出漢無虞也。　二十二日，詔故銀青光禄大夫、檢校國子祭酒、知溪峒新遠州田洪祐長男思遷承父故官。

閏八月八日，夔州路轉運、提刑，梓夔路兵馬鈐轄司言：「今後施州清江、建始兩縣防托人户每遇輪差在諸寨，除防托外，其本寨官員、將校等如敢輒役使，並科違制之罪，赦降、去官不原，許被役人陳告。　如合要修城寨，申取轉運司指揮。」從之。　七年正月一日，樞密院言：「永州蠻猺因乏糧食〔六〕，出没剽刼。除已賑濟外，欲詔安撫、鈐轄司募勇敢効用人，及曉諭猺衆能自相捕，依格給賞。應合添使臣處，選有才畧三兩員量帶兵甲，於要害處掩殺，毋得妄誅。」從之。　十二月二十八日，荆湖北路都鈐轄唐義問言：「渠陽蠻連年作過，朝廷發近兵討蕩，已畫江立界。今雖寧帖，然不可便恃無事，不爲預備。請今後蠻人結集，輒離巢穴入寇，即量事勢隨機殺逐出界。若在溪峒自相讎殺，但令城寨密爲防備，毋輒出兵應援。若攻犯歸明籬落，不侵省地，只令沅州依楊晟同例，量事大小支牛〔七〕、酒、鹽、綵，令自犒召鄰近團峒救助殺逐。」從之。　八年正月二十三日，樞密院言：「湖北轉運副使喻陟、知沅州余卞奏：『本州邊面寧帖，夷漢安居。』今據湖北鈐轄司奏〔八〕：『余卞申：楊晟好等結集溪峒，欲併楊晟同寨柵。』慮緣邊官吏初作無事，洎結集漸盛，隱庇不得，方立賞逐捕。欲令指揮沅州，今後如有蠻人作過，並須覺察隄備，不得隱庇，養成邊患。」從之。　紹聖元年閏四月二十七日，詔：「西京左藏庫副使成卓爲久在南方，與溪峒酋首及諒州知州等接熟，恐密相交結，扇摇邊事，可添差徐州兵馬都監。」　二年七月八日，詔供備庫副使93秦世章等轉官、減年有差。以荆湖南路安撫司言其捕殺永州黄裹峒猺賊有勞故也。　八月五日，詔左朝奉大夫、前知永州劉蒙撫遏蠻人有術，各安生業，減一年磨勘。

元符二年二月二十四日，詔故銀青光禄大夫、檢校國子祭酒、知溪峒新遠州軍州、兼監察御史田思遷長男彦伊特許承襲。　徽宗崇寧元年十一月四日，樞密院言：「知邵州黄克俊奏，知溪峒徽州楊光衔等乞如元豐以徽州爲蒔竹縣，并誠州各創置城寨。」詔克俊核實，如委忠順，即依所乞。　二年正月五日，中書省言：「辰、沅溪峒並以納土，改誠州爲靖州，徽州爲蒔竹縣。」

四年八月六日，廣南西路經畧使王祖道奏〔九〕：「王江、古州等處歸順，自懷遠軍至古州南，西至安化，北至靖州，廣袤二千餘里，乞置提舉溪峒官二員。」詔

〔一〕楊昌逵：原作「楊昌達」，據《長編》卷二八三、卷四五五改。
〔二〕「即令」至此句凡三十六字原脱，據《長編》卷四五五補。
〔三〕詔：原脱，據《長編》卷四五八補。
〔四〕强：原作「疆」，據《長編》卷四六二改。
〔五〕罷戍：原作「成」，據《長編》卷四六三改。
〔六〕因：原作「困」，據《長編》卷四六九改。
〔七〕牛：原作「斗」，據《長編》卷四七九改。
〔八〕北：原作「地」，據《長編》卷四八〇改。
〔九〕道：原作「言」，據《宋史》卷三四八《王祖道傳》、《資治通鑑後編》卷九六改。

從之，仍以平州爲名。

大觀二年九月一日，太師、尚書左僕射、兼門下侍郎、魏國公蔡京等言：「據黔南等路奏，安化上三州一鎮山河土地盡獻納朝廷，上州周圍三千五百餘里，户一萬，人六萬五千，永爲王民。又思廣峒蒙光明等獻納土地，周圍計一千五百里，户八百，人九千餘。又樂安知峒程大法等獻地〔一〕，周圍二千五百里，户八千，人四萬五千餘。又都丹團黄光明獻納土地，周圍二千餘里，户七千餘，人四萬餘。以上計五萬一千一百餘户，二十六萬二千餘人，幅員九千餘里〔二〕，各款塞聽命，已相度列置州縣。又據靖州西道路諸蠻楊再立獻納土地二百七十五人，計七狀，周圍三千餘里，户四千五百，人一萬一千。又辰州蠻人覃都、管駡等三十五栅團人各納土，輸出貢，周圍六百餘里，三千餘户。及涪州夷人駱世華歸順中華，地土東西計六程，南北五程，情願請税承輸，未耕之地並乞入官，幅員一千一百餘里，至涪州一十三程，漢夜郎地分，唐屬黔中，措置建立州縣城寨。又上夷州首領任應舉乞將所管夷州四縣進納入官，(與)〔興〕置州縣，輸納税賦。又下夷州首領任漢崇等各願將所管東西四程〔三〕、南北五程見佃土地即請税承納，(余)〔餘〕盡獻入官。又南平軍夷人木攀族大首領趙泰等獻土歸化，見耕佃土地請税，作漢家百姓，其餘土地召人耕佃，管界東西五程，南北六程，周匝十八程。又播州夷人楊光榮所管係唐朝所建地唐州平〔四〕，生户一萬餘家，乞獻納朝廷。又寬樂州、安砂州、譜州、四州、七源州縣先次納土歸明，願將所管州縣納税，永爲王民，計二萬人、一十六州、三十三縣、五十餘峒，幅員之廣，又一萬里；及賫到印記三十四顆，及具地圖以聞。」上表稱賀。

政和三年三月二十九日，武經大夫、新差權發遣廣南西路都監、權發遣賓州黄遠奏：「伏自陛下登寶位以來，尤著意於南方，而夜郎、牂柯之民一旦盡歸王化，俾遠人皆有蟻慕之心，故邕州管下右江化外之人咸欲款塞歸明，願爲王民焉。94 爰自右江溪峒州縣與外界蠻獠地鄰相接，煙户相望，僅五十餘處；凡省地州縣邊環外界，迤邐深入，共四百五十餘處。州(縣)蠻落疆封，周幾萬里。臣與管下州縣峒首領情願持本國印記并諸州縣銅印記、地土及首領户口獻納，盡歸皇化。乞依特磨道富州例，給賜官班、衣襖、印記與臣，依舊部轄管下州峒首領住坐，永爲省民，守禦邊疆，逐年將氈馬赴官中賣，稟聽州寨緩急使喚。如向去臣與管下首領犯朝廷恩德，在臣甘受誅戮。伏望朝廷早賜差元陳獻自杞等州邕州進士黄光收并上隆州黄遠等，前來引接臣并管下首領前去赴廣西經畧司聽候指揮。」詔令王覺與黄遠同共措置。

七月六日，詔辰州升爲溪峒沿邊安撫，令知州兼領。

四年七月四日，臣僚言：「湖南沿邊之地與傜人相接，其城寨巡尉官，乞從安撫司選擇武勇曉兵法、能訓練士卒者爲之，勿以出職胥吏充選。」從之。

六年七月二十日，詔：「晏州卜漏、沅州黄安俊、定邊軍李吪哆父子皆内附歸順，累世受恩，一旦叛逆，侵犯城寨，殺傷夷民，興師致討，兇渠授首。可令逐州梟首七日，函于甲庫，永爲叛賊之戒。」

宣和四年六月六日，臣僚言：「五溪郡縣闢自先朝，中更元祐廢罷，比雖興復，然傜賊屢肆跳梁，蓋緣荆南鈐轄司去邊遠，難以彈壓。政和六年九月，詔以荆湖北路荆南、歸、峽、安、復州，荆門、漢陽爲荆南路，帶都鈐轄，治荆南；以鼎、澧、岳、鄂、辰、沅、靖爲鼎澧路，帶都鈐轄，治鼎州。其未分路已前，傜賊雷平周等連年出没，致煩朝廷興師。自分路後，至今並無邊事。比者，靖州五溪楊晟寔作過，緣帥司在荆南，去邊既遠，又隔大江，難以應援，賴提舉刀弩手司唐愨調發應副，遂致賊不敢滋蔓。是則併路分路，利害相遠。乞依已降處分爲兩路。」從之。

光堯皇帝建炎四年九月二十六日，樞密院言：「守闕進義副尉劉九狀：『昨隨父納土歸明，九係頭領，只作小兒排行稱呼。今蒙樞密院收留充使臣，欲乞改正作劉槩名字。』」從之。

紹興二年九月四日赦：「四川沿邊溪峒蠻傜，慮恐非時差使，致有失所，仰帥臣嚴切約束守臣及主管官司常加存撫，務在周卹遠人。如非時輒有科率搔擾，並按劾以聞。」

十月四日，監察御史明槖言：「溪峒歸明官，應湖南邊郡及二廣皆有，自崇、觀以來，員數寖多。當時務要優

〔一〕樂：原作「落」，據《文獻通考》卷三二八改。
〔二〕「九千」上原有「二萬」，據《宋史》卷三四八删。
〔三〕任漢崇：原作「任漢宗」，據《輿地廣記》卷三三、《宋朝事實》卷一九改。
〔四〕楊光榮：原作「楊光言」，據本書蕃夷五之三五、《文獻通考》卷三二八改。

卹，於是添差州郡指使，及添差酒稅之類，本不取其才，及諸州措置隘寨，闕人把托，又盡令管押兵夫。所管押是鄉民，其歸明官生長溪峒，初無愛民之意，亦不習朝廷法令，貪婪無厭，鞭笞摧辱，無所赴愬。議者欲令帥臣(藉)〔籍〕其姓名，同州縣官三年一易。或云只循舊添差，罷其管押兵夫之事。欲望劄付二廣、湖南帥臣密行措置，務令適宜，既不致歸明官失所致怨，亦無使遠民受害。」詔令廣南、荆湖路帥臣限五日措置聞奏。

紹95興四年，辰州言：歸明保静、南渭、永順三州彭儒武等久欲奉表入貢。詔以道路未通，俾荆湖北帥司慰諭，免赴闕，遣人持表及方物赴行在，仍優賜以答之。《會要》：紹興四年四月二十四日，辰州言：「歸明保静、南渭、永順三州彭儒武等狀：於建炎元年差人賫土貢、文表到澧州，爲道路未通，且令回峒。至今八年，乞放行進奉。」詔令荆湖北路安撫司行下本州婉順説諭，爲道路未可前來，特免赴闕，止就辰州交割所進物色，估價優與回賜。其合用錢，本州應管轉運、提刑司錢内取撥。所有章表、進奉物色，差人押赴行在。

九月，詔荆湖南、北路溪峒頭首土人及主管年滿人合給恩賜，俾各路帥司會計覈實以聞。《會要》：九月十五日，詔：「應荆湖南、北路溪峒頭首土人内有子孫依條合行承襲職名差遣之人，及主管年滿之人合得恩賜之類，並仰逐路帥司疾速取會詣實，保明奏聞。」　五年七月四日，夔州安撫司言：「思州元係田祐恭兄弟地土〔一〕，政和中賜名思州，宣和中改爲務川城，紹興二年依舊改爲思州。差田祐恭知州外，乞依川峡宣撫司已行事理給降思州勑額，其餘只依務川城體例，更不增置官吏。」從之。

十年，承信郎、琴州溪峒楊進顒等率族屬歸生界五百餘户，疆土三百餘里，獻累世所造兵器及金爐、酒杯各一，求入覲。詔本路帥司敦遣以行。《會要》：今年秋間前進奉，一行更不破官中路費，朝旦一次。詔依，令本路帥(師)〔司〕津遣。

十五年，前知全州高楫言：「猺人今皆微弱，砦官每縱人深入，略其財物，遂致乘間竊發。宜詔與溪峒接壤州郡，毋侵猺人。」帝從其言。《會要》：二十二年十一月十八日，南郊赦：「應荆湖、廣南路溪峒頭首土人内有子孫依條合承襲職名差遣，及主管年滿人合得恩賜之類，並仰逐路帥司疾速取會詣實，保明奏聞。」

二十四年，禽楊正修及其弟正拱，送理寺鞫治，斬之。《會要》：八月十八日，權知静江府呂愿中言〔二〕：「竊見紹興九年帥司亦嘗招接化外蠻人數十人至本府〔三〕，日久鬬鬩，往返在道，死者幾半，而未至者不相響應，其事遂寢。今次諸蠻至境上者幾萬人，臣止令擇其渠率七百七十八人至静江，勞96以酒食，申喻朝廷威德，莫不歡欣鼓舞。已而列於庭下，奏夷樂，胡跪獻觴再三，酬祝云：誓堅嚮化之心，不復敢萌他志，子子孫孫，世爲王民。旁郡之民來觀者數十萬，闐咽衢路。比其出塞，更無一人疾病，廟社之福，天實相之。乞宜付史館。」從之。　二十六年八月十五日，户、兵部言：「珍州遵義寨沿邊管界同巡檢楊詮以蕃馬十匹，令男震詣闕進貢，所有合得回賜，乞下本路漕司以係省錢參酌一面回賜。」詔依，楊震補進武校尉。　九月十八日，權發遣融州張希道言：「沿邊溪峒猺人漸被聖化之久，近聞多因博易之際，不得均平，甚者誣以結連作禍，擅興捕捉，妄生事端，希求賞典，恐致人情不寧。乞嚴切應上溪峒沿邊州縣，常令優加撫卹，以體惠綏懷遠之意。」從之。

二十八年七月，楊進京等復求入貢。詔以道遠慰諭之。《會要》：二十八年七月二十四日，詔：「武岡軍管下溪峒首領楊進經等

〔一〕思：原作「恩」，據《文獻通考》卷三二九改。下同。
〔二〕呂愿中：原作「呂愿忠」，據《建炎要録》卷一六七改。
〔三〕十：疑當作「千」。

乞進貢朝見〔一〕，可令本軍婉順説諭，路遠不須赴闕。所貢物當官依實估價折還，不得少有虧損，仍於物價上更與優支五分。其錢令本路轉運司於上供錢内疾速應付。貢物附綱起發。」

十一月二十三日，勅：「應溪峒日前有詞訴勾追未到，或已到而干證餘人未足，致結絶未得，禁繫日久，情實可矜，並與原放。」

三十一年五月九日，夔州路兵馬鈐轄司奏：「故楊銓妻任氏乞將故翁楊文錫納土初補官資，依楊選例與楊震承襲，於見今進武校尉上改轉承節郎。」從之。

同日，兵部言：「進武副尉、權珍州綏陽縣同巡檢任安壽承襲故父任應祐而補承信郎〔二〕，於安壽見任進義副尉上轉授。」從之。

壽皇聖帝隆興二年四月二十七日，右正言尹穡言：「湖南州縣地界多與溪峒蠻猺差互連接，以故省民與猺人交結往來，以田産擅生交易。其間豪猾大姓規免税役，多以産業寄隱猺人户下，内虧國賦，外滋邊隙。欲望下湖南安撫司，於逐州選差辦吏，親詣所屬州縣，將省地與猺人相連舊有界至處明立封堠，自今不許省民將田産典賣與猺人，及私以産業寄隱。並許鄉保田鄰陳告，以其田土給與告人。若官吏更不檢察，停降決配。已前賣入猺户田等，難以遽行改追，祇令置籍。如有猺人情願退還所買省地田産者，州縣以官錢代支元價。仍明出榜文委曲曉諭。」從之。

乾道元年正月一日，南郊赦書：「荆湖、廣南路溪峒頭首土人内有子孫依條合承襲職名差遣，及主管年滿人合得恩賜之類，並仰逐路帥司疾速取會詣實，保明聞奏。」

二年六月一日，詔：「沿邊如有溪峒侵盜，先將本地分官委帥、憲司體究，重作行遣。」從知沅州曾連奏請也。連後言：「溪峒侵盜，苟發所部，雖能擒捕，（正）〔止〕許以功贖過，更不推賞。」事下刑部，以爲法不可行，遂寢。

三年五月十三日，瀘南沿邊安撫司言：「瀘州 97 江安縣南、北兩岸夷人有犯，斷罪不一。自今江安縣南岸一帶夷人有犯十惡及殺傷人罪至死者，悉依漢法，餘仍舊法施行。」刑部契勘：「續降紹興三十一年十月勅旨：『夔州路所部州軍自今熟夷同類自相殺傷，罪至死者，於死（者）〔罪〕上減等。』瀘州夷人與夔路夷人一同，欲依紹興三十一年十月夔州路已得旨，於死罪上減等從流。罪不至死，並依本俗專法。餘沿邊溪峒有熟夷人，亦乞做此施行。」從之。

六年，猺人楊再彤等嘯聚數千人，犯沅州界。

七年二月四日，詔荆南差官軍五百人前往彈壓。初，猺人因與省户争，二人傷死，知州孫叙傑輒以兵巡行，破其寨栅十三，奪還省地數十里，召耕佃。於是猺人結連爲邊患，諸司以聞。調常德府戍兵三百人，且差官説諭，又慮其不服也，及更差官軍一二千人。宰臣虞允文奏曰：「守臣貪功生事，致蠻峒作過。今所仇視惟守臣，若易孫叔傑，猺人自定。亦須量發官軍，示以兵力，然後與打誓，則誓固矣。」上令就近選守臣有才力者往代之，且令開示恩信，（論）〔諭〕以禍福，俾各安業，勿貽後悔。〔梁〕克家曰〔三〕：「故當如此施行，更須以官軍臨之，彼方肯退聽。」上然之。

七年三月一日，詔沅州守臣孫叔傑放罷。其後叔傑再追三官，若溪知寨樊光遠追四官，並勒停。以光遠妄疑猺人，叔傑用謡言，遂開邊隙，死者甚衆，於是守臣葉行己撫諭復業，事聞，故有是命。

十一月二十六日，權發遣沅州、兼沿邊溪峒巡檢使葉行己言：「委判官魏昌衍等往波州省地撫諭，賞犒楊再彤等〔四〕，刑牲歃血，面立誓狀回歸，民夷各已安業。」詔葉行己特轉兩官。其後言者論：「元降詔旨令諭再彤等躬赴官稟命，行己乃遣吏往波州，非旨揮本意，且單辭難憑，乞下湖北路諸司覈實保明以聞。」從之。

嘉泰三年，前知潭州、湖南安撫趙彦勵上言：「湖南九郡皆接溪峒，蠻夷叛服不常，制馭之方，豈無其説？臣以爲宜擇素有勇智、爲猺人所信服者，立爲酋長，借補小官以鎮撫之，安邊之上策也。」帝下其議。既而諸司復上言：「往時溪峒設首領、峒主、頭角官及防遏、指揮等使，皆其長

〔一〕楊進經：《建炎要録》卷一五二、《宋史》卷四九四《西南溪峒諸蠻傳》均作「楊進京」，疑「經」字誤。
〔二〕陽：原脱，據《宋史》卷八九《地理志》五補。
〔三〕梁：原無，據《宋史》卷二一三《宰輔表》四補。
〔四〕彤：原作「取」，據上下文改。

也，比年往往行賄得之，爲害滋甚。今宜一新蠻夷耳目，如趙彦勵之請，所謂以蠻夷治蠻夷，策之上也。」帝從之。《會要》

淳熙元年九月二十八日，詔前宜州溪峒都巡檢使常恭追兩官勒停，送江州編管。以樞密院言：「在職輙敢交通異域，傳送申奏，妄亂陳獻事【98】端。」故有是命。

十月十三日，詔知思州田汝弼依田汝端例，特與轉一官。以吏部言：「從義郎、知思州田汝弼稱：『前任思州都巡檢，通管州事，在任九考，合理三任。乞將任滿賞減半轉官。』照得思州係溪峒承襲州軍，其兄田汝端知思州兩任，酬賞特轉兩官。」故有是詔。

三年四月九日，詔：「靖州界猺人姚明教等侵擾省地作過〔一〕，令荆鄂駐劄明椿選委有智勇才幹兵官一員，統押精鋭官兵二千人疾速前去，措置會合屯戍官兵等彈壓掩捕，逼逐出界，務要邊境日下寧静。仍令明椿面授方畧，嚴行戒飭，使之速建功效，當議同推優賞。其或退懦寡謀，亦與主帥同罰。」

八月十三日，湖北提刑司言：「靖州博米之弊：猺人用米博鹽，四斤折錢一貫，約米一石，其所散鹽不特雜和沙泥，又且減免斤兩。其所米不特大斗多量〔二〕，又且加耗費。乞下靖州，每歲博糴，止得差官置場，用錢用鹽，從民間情願，兩平博易，不得輙有科敷。又科鹽之弊：每歲計錢買鹽，發下屬縣(塞)〔寨〕堡，不問已經減剋折閲，每袋定要認作三百斤，每斤要錢二百五十文足。鹽價既高，又虧斤兩，多雜沙泥，無人願買，不免科率猺峒頭首人，分抑衆猺俵鹽納錢。又丁米之弊：猺人每丁歲納三斗三升，謂之身丁米。今則應係猺人並令就州城納米，其間有去城百餘里，往返等候，動經數日，而所納米加增斛面，多收耗剩，每米一石，納得三斗三升，或又高估價直折納，縣不銷鈔，時常追呼被擾。乞下靖州，毋得將鹽科擾，其丁米止得各就近屬縣(塞)〔寨〕堡，從便平量給鈔，毋得多收斛面耗剩，及勒令折錢之類。如違，並以違制科罪。」從之。

十一月十二日，南郊赦：「沿邊蕃部溪峒，間因州縣失於拊循，致有侵犯省界作過。雖已招捕平定，尚慮心懷疑畏，或逃竄山谷，令帥司給牓，諭以赦恩寬宥，各令復業。以前罪犯，一切不問。其舊來通博買去處，並從其便。日後委守臣常加存撫，仍約束所部官吏，毋得少有科擾，以稱綏懷之意。」

四年二月十七日，詔湖南北、四川、二廣州軍：「應有溪峒去處，務先恩信綏懷〔三〕，毋弛防閑，毋襲科擾，毋貪功而啓釁。仍委逐路帥、憲臣常切覺察。」從湖北提刑周嗣武請也。

十八日，臣僚言：「辰、沅、靖三州蠻大抵散居諸洞，莫相統攝，初無叛背之意，以沿邊州縣作過之吏與姦猾小人因事逃入洞中，多方扇誘，遂致侵擾省地。乞令有司檢照條制，凡捉獲及告首謀入溪峒之人，與不能防閑而致越免者，比常法外厚立賞罰。」詔敕令所看詳立法。

五月二十日，詔瀘州安溪寨夷巡檢故王道華男王阿八之姪王鑒承襲道華元補職名。王阿八狀：「曾祖王募越賜名忠順，於大觀三年内將本族父祖已業田土獻納朝廷歸順，初補從義郎，主管本地分南岸一帶巡檢職事。宣和五年身亡，祖父王道華承襲，紹興三年，奉敕補承信郎。至祖父初故，父王【99】士宗未曾承襲，隆興二年身死，阿八當承襲，以見患風疾，不願承襲，兼亦無長成兒男。今將祖父王道華元補官職乞與的親姪男王鑒承襲幹當，依舊彈壓。」故有是命。

七月二十四日，詔：「承節郎、差充承襲管轄衡州常寧縣溪峒事李昂霄男當年，特與陞轉進義副尉，同共管轄，日後承襲。」兵部照得李昂霄祖父李明與李世和元係溪峒頭首，因開拓禁山，爲通王民，供納省税，補三班差使。後來衡州奏世和狀稱：「守把三十餘年，因猺人雷師結集黨侵入地分，係男李才勣捉獲雷師了當，若令管轄溪峒，仍乞補班行名目，許令承襲。」得旨：李世和轉兩官，李才勣特與補進武校尉。今李當年已因收捕李金賊黨，補守闕進勇副尉，與李才勣事體頗同，依法合承襲。故有是命。

六年九月十六日，明堂赦：「應荆湖、廣南、川峽等路溪峒頭首十一人内有子孫依條合承襲職名差遣，及主管年滿人合得恩賜之類，並仰逐路帥司疾速取會詣實，保明聞奏。」

八年五月八日，詔：「衡州常寧縣管下溪峒之民，毋得於省地創置産業；王民地著者，亦不許與溪洞以山林隴畝相爲貿易。稍有違戾，即寘于理。守令不能遵奉條令者，坐以除籍

〔一〕姚明教：原作「姚明敖」，據《宋史》卷四九四《西南溪峒諸蠻傳》下改。

〔二〕「所」字下當有脱字。

〔三〕懷：原作「遠」，據《宋史》卷四九四改。

爲民之罪。如溪洞之民願以所置産業鬻與省民者，聽。仍令部刺史糾察以聞。」臣僚言：「溪洞之民往往於洞外買省地之田以爲己業，役省地之民以爲耕夫，而歲以租賦輸之於官。官吏慮其生事，而幸其輸租於我，則因循而不敢問，遂致其田多爲溪洞所有，其民多爲溪洞所役。」故有是詔。　六月二十六日，詔靖州屯戍官兵聽守臣節制，其錢糧令廣西漕臣如期支撥，毋得分下州軍。臣僚言：「靖之爲州，障重湖，蔽二廣，實南服之要區。凡溪洞，近連川廣，遠接生界，不知其防千百，稍失控制，羣譟並起。崇寧進築之初，幾拓軍人共三千人〔一〕。建炎以來，朝廷於都統司或帥司差撥二百人屯戍〔二〕，知非州郡所轄，輕慢守臣，騷擾居民，通連蠻獠，私與交易。或有所犯，州郡須先關白所屬主帥，得報，方敢斷治，亦已後時。乞特降指揮，應屯戍官兵令受守臣節制。」上曰：「所論亦佳。靖屬湖北，何故仰給廣西？」趙雄等奏曰：「靖本溪洞，四面皆蠻猺，神宗時始開創爲誠州，元祐間(常)〔嘗〕廢，尋復爲軍。徽宗朝改爲靖州，與桂府爲鄰，故令廣西轉運司應副錢糧。近歲漕司闕乏，始就諸州科撥，所以不能如約。今當戒漕司止就本司支。」故有是詔。　七月十八日，臣僚言：「瀘、叙皆接蠻夷，叙州管下石門、馬湖生蠻許赴官中賣蠻馬，優支價直，本以恩結，而設官駐兵捍禦，乃爲威伏。蓋石門、馬湖生蠻所居巢穴皆在蠻江上源，通嘉、眉、瀘、叙蜀江，常年中馬，操舟順流直抵叙州城下。朝廷爲蠻通水路，附近置横江一帶寨，蠻江口置鏁水，巡檢控把。自叙至瀘南安撫司邊蜀江三百里，南溪縣置駐泊兵馬都監，江安縣、納 100 溪寨皆置都巡檢，各有戍兵，上下相接把托，慮防蠻人衝突作過，甚爲良法。比年以來，逐處正官往往避事，多是計會上司抽差，別兼優等職事，請給並皆帶行，候任滿就賞批罷，本州却差權官。既所請不給，不爲久計，代人負荷，又無賞典，是至職事弛廢。乞嚴賜指揮，不得輒有抽差，使常加意邊防，以備不測。其餘沿邊州軍，亦乞依此施行。」從之。　九年五月二十四日，詔知雅州宋德邁、榮經知縣馮儼並籍記姓名旌擢，王思恭特補進義副尉。以四川安撫制置使陳峴言：「(防)〔訪〕聞榮經苦荮埧自乾道六年以蕃人郝索〔三〕、畜耶、出牙、嚴千、卜畜、波蘭、真結、銀擢等初爲砂平、巖州兩族爭鬭〔四〕，潛入苦荮埧居住。後來節次增添，創開平路，栽種茶苗，占據險隘，起築硐囤，戰棚，藏畜弓箭，遂成巢穴，亦有漢人爲之佐助。臣照得雅州榮經縣西接沉黎，北連硐門，雖名極邊，其實近裏。昨來五部落等每至硐門互市，因有此爲隔，並從山後經行，迂迴曲折〔五〕，易以關防。今郝索等乃於山間省地上鑿成小路〔六〕，横亘二百餘里，停藏諸夷，往來不絶。若不措置，深恐囊橐既久，爲害實深。行下雅州并榮經縣相度，差人説諭撥遣前項蕃人歸部。續雅州申：乞出給委曲，付苦荮埧安邊把截將、借補進武校尉王思恭多方説諭，候起遣了日，特爲保奏給降真命，專一任責把截苦荮埧一帶邊面。臣遂從所申，給劄付王思恭，如果能撥歸部族，棧閉新路，當議保奏推恩。王思恭同共親兄子姪等起遣蕃人郝索歸部，實是宣力有勞，乞將王思恭補正名〔目〕，給降付身。其雅州知州宋德邁，又榮經知縣馮儼，皆素有吏能，今其臨事不苟，措置詳密，亦乞籍記旌擢。」故也。

十一月十四日，三省言：「田祖周家輒敢收買省地田産，藏匿向敏恭不令出官，與譚汝翼節次讎殺，不伏安撫司追呼，理合依法窮治。今來爲能悔過，聽從母冉氏訓諭，將買過省地歸納。」詔帥、漕司曉諭田祖周，限指揮到日，將向敏恭解發赴安撫司，今後不得侵買省地，及與省民妄有爭競。如敢違犯，重作施行。其歸納到田土，特與給還元價。冉氏元封孺人，特加三等邑號，與封恭人。　十年四月五日，詔湖南、廣西帥、(縣)〔憲〕，相度其入溪洞小路非舊有者，從宜窒塞。所有移置巡檢、約束征税，各從長措置。以全州奏：「本州密通溪洞，其民本無姦巧，特以平居無事，失於防閑，四方亡命萃爲淵藪，相與出没，馴致變亂。如往歲民間武岡楊再興，近年桂陽陳峒，其始皆出於此。朝廷

〔一〕幾拓：疑當作「戍托」，謂戍守防托。《宋史》卷四九四此句作「戍軍三千人」。
〔二〕二百：《宋史》卷四九四作「二千」。
〔三〕索：原作「素」，據下文改。
〔四〕鬭：原作「鬧」，據文意改。
〔五〕迂：原作「遷」，據文意改。
〔六〕郝：原作「赦」，據上下文改。

法禁非不嚴密，監司、州郡非不奉行，而不能禁止者，蓋客旅苟避征税，多取間道；游手不逞之徒在外作過，自知無所逃避，及諸路强盗之貸命者，例配廣南，或中道亡逸，或至配所，相與結黨逃竄，往往皆取小路亡入洞中。雖備坐條法禁止，然接連廣遠，私溪小徑非一，有自静江府興安縣大通虚而入者，徑通101楊再興舊峒〔一〕，正其頃年出没之路。又有自邵州石限經武岡軍新寧益溪洞而入者，又有自永州東安而入者，又有自武岡軍八十里山口而入者，皆可以徑至溪洞。既經涉鄰州地里，臣以一州約束，不能行於界外。乞措置窒塞，就附近巡檢司分差兵卒於路口屯戍，將閑慢巡檢移置路口駐劄，專一把截。」故有是命。　五月十六日，夔路安撫司言：「楊炳乞承襲祖父楊文錫納土初官修武郎，勿差充珍州遵義寨沿邊管界都巡檢職事。」從之。　十二月二十一日，夔路安撫司言：「據珍州故秉義郎楊文奉男誠妻任氏稱：文奉於大觀中，以所管播州五縣田土進納。文奉身亡，故夫誠於淳熙七年十二月内帶領家丁義軍巡邏，被主夷暗箭射死〔二〕。止有男霖見年三十歲，所管蕃籬守把九溪十洞五番夷獠，實是懃勞，乞照淳熙九年明堂赦，承襲文奉納土初官秉義郎〔三〕。」從之。　同日，臣僚言：「叙州既外控蠻夷，而城之内外(棘)〔僰〕夷、葛獠又動以萬計，與漢人雜處。其熟户居省地官莊者，多爲義軍子弟，而慶符一縣與來附一驛迺是政和新納土，其夷人田地即不許與漢人私相交易。近來多是他州客遊或官員士庶因而寄居，貪併夷人之田。間有詞訟，豪民行賂，計囑上下，譯者從而變其情，誅求屈抑，無可赴訴。一旦不勝其憤，羣起而爲盜賊。乞申嚴條法，不許漢人侵買夷人田地，及嚴責州縣，應夷人詞訴，務盡其情。無事之時，常加撫恤，勿令失所。」詔四川制置司及本路帥司、監司嚴行覺察，如州縣尚有違戾，按劾以聞。　十一年四月十一日，詔瀘州安溪寨故進士夷官承節郎王募弱孫男鎮許承襲，與補承信郎。以潼川府路安撫司奏請也。　十二月六日，詔承節郎、思州石南知堡田祖周轉一官，進士馮思免文解一次。以夔州路轉運司言：「田汝弼男田祖周母子兄弟能聽馮思説，盡將買到黔江縣田土歸納入官，更不請領價錢，委見悔過自新，恭順可嘉。乞將田祖周及元説諭進士馮思少賜旌賞。」故有是命。　十二年七月七日，樞密院言：「兵部申：『湖南安撫司奏，楊世俊乞承襲父楊進通初補承信郎官資。』」詔楊世俊許承襲，與補承信郎。　二十八日，詔：「知溪峒安副州田彦武男承政，特授銀青光禄大夫、檢校國子祭酒、忠順將軍、知溪峒安副州軍州事，充寧邊寨東路沿邊溪洞把截外夷都巡檢副使、兼監察御史、武騎尉。」以夔州路兵馬鈐轄、安撫司言：「施州保明夷官田彦武爲衰老不堪守把邊面，乞令承政生前承襲。」故有是命。　十四年十二月三日，詔歸明官承信郎、就差茂州威戎軍把截一十七村蕃族邊面事董公純男忠義承襲官職。以茂州申：「公純自陳承襲補官把截邊面已及二十餘年，别無透漏生事，兼年僅六十，竊慮管幹有失枝梧，乞令長男忠義承襲。」故有是命。　紹熙二年十一月二十七日，南郊102赦：「應荆湖、廣南、川峽等路溪洞頭首土人内有子(係)〔孫〕依條合承襲職名差遣，及主管年滿人合得恩賜之類，並仰逐路帥司疾速取會詣實，保明聞奏。」　三年三月十八日，廣南西路經畧、安撫、轉運、提點刑獄(司)言：「照對宜州蠻賊蒙令堂、莫文察等作過不一，逐司措置外，本路被邊州宜州尤爲緊要，蓋緣西接南丹，北接安化、茅難、荔波五團，南接蝦水、地州、三旺諸洞，地勢介僻，蠻情狡詐，最難控馭。自來朝廷給生料券，歲計鹽數萬斤，錢數千緡，按月支散，以維其心。隨山川險阻，列置隘柵五十餘處，土丁、將兵分番戍守，以扼其路。今蠻賊徒黨漸衆，圍打山寨，出没不時。竊見本路副總管、新兼知鬱林州沙世堅素有韜鈐，累有邊檄立功，羣蠻畏服。曩歲安化蠻酋蒙光漸等作過，破宜州思立等寨，經畧司檄沙世堅收捕，當陣殺獲蠻酋，納劍請降，結立信誓，累年寧貼。本司相度：欲令世堅兼知宜州，不惟目前蠻賊可使退歸巢穴，向去措劃必能爲悠遠安邊之利。」從之。　五月一日，詔楊轍承襲，與補承信郎、南平軍播川城同巡檢。以夔州路安撫司奏：「轍係楊逡嫡親姪，可以承襲。」故有是命。　四年七月二日，詔進勇副尉、

〔一〕再：原脱，據上文補。
〔二〕主：疑當作「生」。
〔三〕文：原作「衣」，據上文改。

權〔宜〕州河池縣尉吳珙、思立寨將領吳宗孟各與轉兩資。以廣西經略安撫司奏：「珙、孟宗彈壓諸蠻〔一〕，擒殺蠻賊，乞與補轉官資。」故有是命。

紹（興）〔熙〕五年七月二十五日，詔王天麟許承襲，與補承信郎、瀘州安谿寨南岸一帶巡檢。以潼川路安撫司言：「天麟係王鑒的親長男，隨侍巡歷，諳知夷情，合係本人承襲。」故有是命。

九月十四日，明堂赦：「應荆湖、廣南、川峽等路溪洞頭首土人内有子孫依條合承襲職名差遣，及主管年滿人合得恩賜之類，並仰逐路帥司疾速取會詣實，保明聞奏。」自後，郊祀、明堂大禮赦亦如之。

慶元四年正月九日，廣西經畧安撫司言：「宜州猺賊蒙洞、袁康等出犯省地，奪劫官鹽作過，差發官兵丁効人等前去收捕并招降了當。一、兩次立第一等功陳禮等二十七人，兩次立第一等、第二等功區光等三十人，兩次立第一等、第二等功楊璋等四人，一次立第一等功吳鈷等八十八人，乞推賞。」詔陳禮等各特與補轉一資。

嘉泰三年正月十二日，前知潭州、湖南安撫趙彥勵言：「湖南九郡皆與溪洞相接，其地闊遠，南接二廣，北連湖右，其人狼子野心，不能長保其無事。或因饑饉，或因讎怨，或行劫掠，或至殺傷，州縣稍失隄防，則不安巢穴，越界生事，爲害不細。爲今日計，莫若平居無事之時，擇其土豪爲猺人所信服者爲總首，以任彈壓之責，潛以馭之。凡細微争鬬，止令總首彈壓，開諭勸解，自無浸淫之患。蓋總首者，語言、嗜好皆與之同，朝夕相接，婚姻相通，習知其利害，審察其情僞，而其力足以惠利之。每遇饑歲，則糴粟以賑其困乏，猺人莫不感悦，而聽從其言。若先借補以小 103 小名目，使得藉此以榮其身，而見重於鄉曲，彼必自愛惜而盡忠於公家。如此，則猺民之衆，可坐以制之〔二〕。然亦須五年彈壓，委有勞效，然後正補以所借之官。所捐者虛名，所得者實利，安邊之策，莫急於此。」詔令本路諸司相度，措置條具。既而本路諸司言：「趙彥勵奏請谿峒乞置總首，此控制蠻猺之上策也。所謂總首者，必擇其平日知慮出於羣蠻之右者而爲之，無事則使之相安，有事則責之彈壓。今諸州所申谿峒亦各有長，惟其名之不同，或謂之首領，或謂之峒主，或謂之頭角官，或謂之防遏使、指揮使，不一而足。上件色目，近年以來不爲無弊，或有夤緣差，或以賄賂得，名存實亡。萬一狼子野心不安巢穴，竊恐爲總首者不足以鈐制。若非朝廷申明行下，一新蠻猺之耳目，使爲之首者各知勉勵，以供其職。其有庸懦無能者，許從州郡擇衆所推服者易置之，保明申帥司核實，借補以小小官資，數年之後，委有勞效，所借之官，錫以真命。其身既榮，頗知自愛，邊陲有警，責之彈壓，彼必奔走奉命之不暇。所謂以蠻猺治蠻猺，其策莫急於此。趙彥勵所請，委是經久可行，乞下本路監司遵守施行。」從之。

四年六月十九日，臣僚言：「竊見蜀之邊夷常爲邊患，而莅於提刑司者，在嘉定屬邑，曰峨眉，則有虛恨蠻；曰犍爲，則有夷都〔三〕、董蠻。嘉祐間，虛恨一再寇邊，歷治平、熙寧以迄紹（熙）〔聖〕，入寇無虛歲。政和間，其酋以狀來乞博易，有旨弗許。寨將懼其侵邊，始創爲茶鹽等犒遺，蠻酋因以爲例，歲輒邀求，名曰年計。紹興之末，復因其寇掠，提刑司措置，令還所掠保護、籠蓬等四寨，支犒銀、布、茶、鹽、鍋鐺之屬各有差，謂之四寨貼補，間一給之，而寨將之私賂不與焉。然猶時有侵掠，迄今有酋崖烈尚未打誓。夷都、董蠻初以土豪侵據地險，朝廷命歲與之賂，名曰索税，所給不過生紬、茶、鹽。歲持三印紙如券，104 乞取稍不如意〔四〕，輒肆殺傷。其後邊寨苟欲無事，增給茶鹽、絹色等數益廣。然乾道間，寇利店、威寧，生聚之爲一空；淳熙間，寇籠鳩，頻年爲患，掠邊民以爲貨。臣嘗考其故，年計等支犒，官司歲給下寨收買，既弊於州郡之失時，又弊於寨將之侵用，因循欠闕，無以示信，以致蠻夷滯留寨下，動輒生釁。臣已行下嘉定府相度，勿給其錢，從本府先期計置當犒物色，發下諸寨，仍與蠻夷約定受犒之時，毋令久留境上，貽患邊民。不惟中國誠心可恃，抑足以陰折夷落猖獗之心。乞令嘉定府常切遵守。」從之。（以上《永樂大典》卷四二二九、四二三〇）

〔一〕孟宗：上文作「宗孟」，當有一誤。

〔二〕制：原作「致」，據《文獻通考》卷三二八改。

〔三〕都：原脱，據下文補。

〔四〕「乞取」之前原有「初在江南」至「備禦之實」近九百字，係錯簡，已移至本書蕃夷五之七〇「乃知舊寨」下（見本卷下文），參彼處校記。

【宋會要】〔一〕

68 嘉定元年，郴州黑風峒徭人羅世傳寇邊，飛虎統制邊寧戰没，江西、湖南驚擾，知隆興趙希懌、知潭州史彌堅共招降之。

二年，李元礪、羅孟二寇江西〔二〕，攻破龍泉縣，李再興戰敗死之，江州駐劄都統制趙選亦戰死。初，吉州獲賊長七人繫獄，土豪黄從龍爲賊畫策〔三〕，賂吉守李絪，得縱還，賊遂無所忌。有侯押隊者，領兵戍龍泉境上，元礪復用從龍計，椎牛釃酒以犒官軍〔四〕，賊至，官軍皆醉，狼狽敗走。方江西力寇之初起甚微，賊伺知議論不一，故玩侮官軍。方江西力戰則求降湖南，湖南戰則求降江西，牽制王師，使不得相應援。其後命工部侍郎王居安知豫章，擒獲之，溪峒略平。

《會要》：嘉定三年二月五日，江西兵馬鈐轄司言：「照得李元礪等聚衆結集作過，本司出榜勸諭上户充隅官，招集鄉丁，防拓鄉井，如能戮力向前，即與推賞，補授官資。據贛州勘到，本州光孝寺僞僧陳法安受歸朝蕃僧李福興説誘，入湖南賊徒内招賊前來贛州，與牢城歸順重役人吕俊等圖爲内應作亂。未成間，陳法安道遇隅官劉天祐，劉國賢統率鄉丁到來，捉下陳法安，根問通説因依，經贛州陳論，追李福興下獄，皆有實跡，已等第處斷。若非劉天祐首獲陳法安，道敗其情，則一郡生靈實遭塗炭。方此兇賊未平，難從常格推賞，理宜旌異鄉民。本司借補劉天祐、劉國賢各特補承節郎，乞給降真命祗受。」詔劉天祐、劉國賢各特補承節郎，並差充江西兵馬鈐轄司準備差使，日後更不作闕。三月十四日，詔劉禹特補承信郎，鄧鼎、鄧經、鄧拱、曹舟並特補進（又）〔義〕校尉。以廣東經畧言禹等收捕韶州九峰洞賊首功，故有是命。　四月二日，詔：武功大夫、東南第六將、贛州駐劄魏澄追五官勒停，送藤州編管；寄理（陳）〔承〕節郎、贛州寧都縣青塘巡檢王有功追毁出 69 身以來文字，除（各）〔名〕勒停，送賓州編管。以江西提刑李珏言：「峒賊犯南安軍南康縣境，澄等臨敵曳兵先遯，以致陷没軍將，殘破縣邑。」故有是命。　七月三日，詔江州都統制趙選特贈武翼大夫，與兩子恩澤，更與一（各）〔名〕進義（又付）〔義副〕尉。以江西提刑李珏言選捕峒賊鬭死，故有是命。　嘉定四年八月七日，直秘閣成都府路提刑李臯言：「照得董蠻、夷都兩部族今春前來作過，目下雖已退伏巢穴，然夷情狡獪，未易測量，竊恐秋冬復出侵犯。且前時殺掠官兵丁民，其數過多，罪亦不容輕赦。契勘夷都、馬湖部族上靠嘉定之犍爲，下連叙州之宣化，在嘉定則有請税受犒之寨，在叙州則有中馬互市之場，故嘉定、叙州兩處邊事相關至切。若彼此一心，互爲救應，則雖有小警，亦可旋即底定；若一有乖剌，不相爲謀，則意外之慮，蓋未易言。紹興、乾道間，夷都兩寇利店。淳熙十三年九月，馬湖與夷都合寇籠鳩。照得兩蜀邊面舊來體例，凡遇蠻賊作過，必先止其歲犒，絶其互市，發兵增戍，或議戰守，或議攻討，或先令兩處夷將分明開喻，俾歸還所鹵人口，及陪還已死人骨價，屈膝請命，乃赦其罪，與邊吏歃血，申立信誓，自今以後，永不犯邊，方與放行歲犒，及通互市，漸次撤警班師，各使夷、漢安于無事。蓋蠻賊生理所資，悉仰給於漢，若歲犒即止于嘉定，而互市又絶于叙南，則其部族之内，即自窘困，自然悔恨，懷不自安。前後官司區處之善，皆無出于此。淳熙十三年，趙汝愚任四川制閫日，凡所施行，案牘具在，猶可舉行。今春制置大使司區處，亦是與趙汝愚已行過事宜一同。竊謂已見之效，所當先者，莫若止歲犒、絶互市之爲急。所有嘉定府諸寨歲犒，已令截日住行支給，似聞蠻賊已自怵迫，然若不絶其互市，則猶未足以制其死命。但互市之權，實在叙州，而叙州以不屬本路之故，便懷觀望，有秦越

〔一〕按，自此至本卷之末，原稿誤編於本門之首，以致年代顛倒，今移於此，詳見本門開頭之校記。又，「宋會要」三字可删，以下仍承上文，以《宋史》卷四九四《西南溪峒諸蠻傳》爲正文，以《宋會要》爲注。

〔二〕「西」字下原衍一「江」字，據《宋史》卷四九四删。

〔三〕黄：原作「王」，據《宋史》卷四九四改。

〔四〕椎：原作「推」，據《宋史》卷四九四改。

肥瘠相視之意，於互市一事，全然不肯任責，妄亂申陳，巧作推避。兼訪聞馬湖初破利店之時，即以所刼鹵之物公然將出，貿易於叙州之境。叙之邊民，利於(嬴)〔贏〕掠十百之利，上下共享，故不樂於互市之絶。雖已累次移文叙州禁約，其本州終是奉行滅裂。近據關報稱，馬不來互市已久，不待而自絶。然本司遣人密往察視，則本州雖公言止絶，其實私下貿易交通，一切如舊。如是，則蠻賊何由悔罪，屈服請降，以歸所虜之人？欲乞速下叙州守臣，須得與嘉定府同照管邊事，協力一心，不可各分彼此，陰拱坐視，致失事機。仍委自守臣督責夷將前去蠻部明行開喻，俾歸所鹵人口，并陪還骨價，及執首謀作過之人，以贖前來侵犯之罪。如不遵從，尚敢負固狼抗，則便須截日將公私互市悉嚴行禁絶，不得徒爲文具。仍訓勸義兵，揀選犀鋭，與嘉定之兵相爲掎角。或當乘機進討，亦須必取萬全，庶幾中國之威一伸，小夷70自然知畏，邊隅可保百年安靖，西南幸甚。又契勘利店舊寨在婆籠江之南，今春董蠻、夷都(西)〔兩〕族犯邊，合力攻破焚蕩，殺掠爲虚甚慘。前來本司及嘉定府見得此寨已是殘毁，不欲復於故地脩築，遂移建本寨於籠江之北。後來訪問，乃知舊寨初在江南〔一〕，其寨下所管田，膏腴接畛，幾數千畝。自舊寨攻破、新寨移築之後，土丁死亡潰散，存者皆無固志，於是向來耕墾之田，悉成荒野，極爲可惜。又思前人建寨於此，不爲無説，蓋欲接連籠鳩、沐川、威寧、白崖諸堡，互爲聲援，可相救應。今移築新寨於江北，固保目前之安，但便有一江之阻，其籠鳩諸寨不免形勢孤絶，氣脈間斷，緩急救應，比昔尤難。且小夷今春乘虚猝然豨突，攻破此寨，其氣方張，大言虚喝，殊有輕漢心。今移築新城於江北，舊城遂廢不修，似大示中國之怯形，益長醜類之驕氣。又夷心貪惏無厭，他時便指舊寨之地爲己有，或重有邀索，尤費應對。今來措置，將舊寨重行修築，其利有三：可以護江南之耕者，使恃以無恐，晝則力作田上，暮則入保(塞)〔寨〕中，數千畝之田，不至荒茀，此其利一也；連接籠鳩諸堡，不失殊之勢〔二〕，互爲聲援，緩急可相策應，此其利二也；他時新、舊兩城對峙，相爲掎角，首尾相救，腹背擊敵，此正兵家之要策，又可以張中國之威，破小夷之膽，此其利三也。緣前來初得於傳聞，謂舊寨居南山之趾，蠻賊來攻，乘高下瞰，矢石雨注，則在兵家是爲死地，不容不移。及屢遣人審視，乃知寨地去山向遠，弓弩箭力所不能及，況蠻弓射不逮三四十步，尤不足畏。蓋今春此寨之破，緣城中守備太弛，旁寨又不應援，蠻賊伺間，併力攻破，乃將士之謬，非城之罪也。除已一面差官調兵前去興工修復，仍就委御前後軍統領劉雄專一提督點檢，務令工役堅壯，堪以守禦，約九月内一切了畢，其於邊面委爲有補。緣上件事實係西南備禦之要，不容不以上聞。欲乞下本路轉運司，自(丁)〔今〕差注利店寨官，令通管新、舊兩城，仍(所)〔以〕入(御)〔銜〕，庶責有所歸，兩城相維，不至隳壞，實爲長久之利。」從之。

五年，臣僚上言：「辰、沅、靖等州舊嘗募民爲弓弩手，給地以耕，俾爲世業，邊陲獲保障之安，州縣無轉輸之費。比年多故，其制寖弛，徭蠻因之爲亂，沿邊諸郡悉受其害。比申朝廷調兵招捕，曠日持久，蠻夷習玩，成其猖獗之勢，其如楊晟臺、李金、姚明教、羅孟二、李元礪、陳廷佐之徒，皆近事之明驗也。爲今計者，宜講舊制，可紓饋餉之勞，而得備禦之實，其安邊息民之長策歟！」《會要》：五年六月二十八日，臣僚言：「恭聞祖宗盛時，於辰、沅、靖等州應近蠻徭谿洞去處，募民爲弓弩手，耕(置)〔殖〕其地，以爲永業，全藉捍禦蠻獠，縣官不費供億。厥後此制寖弛，不復耕墾，舊額空存，每遇蠻獠爲梗，沿溪諸郡皆被其害。逮及申奏，調發大兵，動經三兩月餘，而猖獗漸久，内地騷然。故大者如楊晟臺、李金、姚明教，及近者羅孟二、李元礪、陳廷佐之徒，刼掠平民，侵擾州縣，爲害不細。爲今之計，莫若講明舊制，不失寓兵於農之意，坐省餽餉，而得備禦之實。令辰、

〔一〕自此句「初在江南」至下正文「五年」條注文中之「而得備禦之實」，原錯簡在本書蕃夷五之一〇三注文「持三印紙如券」下，據文意并參《宋史》卷四九四移併。

〔二〕此句疑有脱誤。

沅、靖等州沿邊谿洞去處，委監司、守臣相度條具來上，通融財賦，招募壯勇之人充弓弩手，耕食其地，責以捍禦蠻獠，或官給室廬耕具，貸以種糧口食，仍於農隙教練兵事。此策一行，非惟邊陲寧謐，兩蠻獠之患熄矣。」從之。八月二十五日，知興元府、充利路安撫、四川制置大使安丙言：「黔州接境思州，係夷族世襲。近田氏互争承襲，於黔州省地紛擾，本州兵額絶少，備禦單弱，藉兵官彈壓。又天水軍係創州郡，密對邊境，所管關堡比他邊郡尤爲緊切，雖有出戍將佐守禦，例皆半年一更，各懷去替之意。今將内郡閑慢近上兵官還於三州屯駐，以作聲援，以警戎心，於官司别無侵損。竊見夔路所管兵馬都監一員在重慶府駐劄，重慶係内郡，又有提刑置司，都監絶無職事，乞令移司黔州，分重慶禁兵百名前去，以鎮夷俗。成都等路第三（付）〔副〕將一員榮州駐紮，近移屯嘉定府犍爲，今乞移屯叙州駐紮，專一彈壓漢、蕃互市，亦不失爲嘉定輔車之勢。利路兵馬都監一員見在隆慶府劍門關駐紮，止是機察姦細，搜檢禁物，本處有駐泊都監二員，并劍門知縣幹當關事，兼有御前後軍屯駐，前有昭化縣，後有隆慶府，相去不遠，實衝要地，其兵馬都監乞還於天水軍湫池堡駐紮，量帶本關禁兵五十名前去，更乞令湫池堡駐紮兵馬都監兼管把邊軍兵，用心教閲，照管邊面，實爲經久利便。所有官兵月糧請給，仍就置司州郡支給。」從之。

七年，臣僚復上言：「辰、沅、靖三州之地多接溪峒，其居内地者謂之省民，熟户、山徭、峒丁乃居外爲捍蔽。其初區處詳密，立法行事悉有定制，峒丁等皆計口給田，多寡闊狹，疆畔井井，擅鬻者有禁，私易者有罰，一夫歲輸租三斗，無他繇役，故皆樂爲之用。邊陲有警，衆庶雲集，争負弩矢前驅，出萬死不顧。比年防禁日弛，山徭、洞丁得私售田。田之歸於民者，常賦外復輸税，公家因資之以爲利，故謾不加省，而山徭、峒丁之常租仍 71 虚掛版籍，責其償益急，往往不能聊生，反寄命徭人，或導其入寇，爲害滋甚。宜敕湖廣監司檄諸郡，俾循舊制毋廢，庶邊境綏靖而遠人獲安也。」《會要》：七年三月十六日，臣僚言：「竊見辰、沅、靖三州，内地省民居其十，外則爲熟户、山徭，又有號曰峒丁，接近生界，迤邐深入，團峒甚多。（年）〔平〕時省民得以安居，實賴熟户、山徭與夫峒丁相爲捍蔽。創郡之初，區處詳密，隄防曲盡，故立法有谿峒之專條，行事有谿峒之體例，無非爲綏邊之策。一生界有警，侵擾省地，則團結熟户、山徭與夫峒丁操戈挾矢以捍禦之，不費郡縣斗糧尺兵，冒萬死一生而樂爲用，蓋本朝成憲有以使之然也。夫熟户、山徭、峒丁，有田不許擅鬻，不問頃畝多寡，山畲闊狹，各有界至，任其耕種，但以丁各係籍，每丁量課米三斗，悉無他科配。熟户、山徭、峒丁樂其有田之可耕，生界有警，極力爲衛，蓋欲保守田業也。近年以來，生界徭、獠出没省地，而州縣無以禁戢者，皆繇不能遵守良法，有以致之。谿峒之專條，山徭、洞丁田地並不許與省民交易，蓋慮其窮困而無所顧藉，不爲我用。今州郡謾不加意，山徭、洞丁有田者悉聽其與省民交易，利於牙契所得，而又省民得田輸税，在版籍常賦之外，可以資郡帑泛用。而山徭、洞丁之米掛籍自如，催督嚴峻，多不聊生，往往奔入生界谿洞，受顧以贍口腹，或爲鄉導，或爲徒伴，引惹生界，出没省地，騷擾不已，害不勝言。臣所目擊者，三郡而已，其他湖廣邊蠻去處，未必不皆然。乞明敕湖廣監司行下諸郡，凡屬谿洞去處，山徭、峒丁歸業，不得擅與省民交易，犯者科以違制之罪。仍以其田歸之，庶幾山徭、洞丁有田可耕，各安生業，不致妄生邊釁，實綏靖遠民之長策。」從之。十一年八月二十九日，臣僚言：「嘗觀仁宗慶曆六年張方平言：『西、北二虜爲患，故於守禦用心；至於蠻、徭作梗，衝突嶺外，而交趾路接谿峒，理須經略。』且言：『唐室蕃戎之變，尋復寧定，其後安南蠻寇侵擾，因有龐勛之禍。』則知事起細微，禍生所忽。今言武備者，類於兩淮、荆襄介意，若夫二廣，土曠人稀，州之大者，城池、甲兵僅足自保，小州荒僻，兵力單微，（熟）〔孰〕與爲守？況嶺南山高海闊，盜賊、民徭雜處，中州姦民貸刑配隸於此，萬一饑荒相煽，州郡胡以待之？臣恐唐人每備西北，不知禍起東南。國朝以契丹、元昊爲憂，不知儂賊猖獗。

臣近見淮甸版築荐興，更戍日增。北虜垂亡，淮漢義勇民兵嘗收制虜之功。獨廣南城隍摧圮不修，諸兵逃死不填，春秋教閱，一郡不及百人，皆平時役使奔走之人，設遇送迎押綱，所存無幾，雖有鄉兵、義丁、土丁，實不足用。若城內外赤民，未嘗以義丁、土丁法繩之，城不足守，72 民不知兵，緩急豈不悮事？乞於嶺南要害，城當修者葺理，鄉井民兵置籍，委官春秋教之。内外之民，或季或月點集，賞其能，罰其怠，使倉卒可以相衛。郡有城池，民兵又皆練習，可以息蠻猺侵掠之患，措四十州民於久安之域。」從之。（以上《永樂大典》卷四二三一）

宋會要輯稿　蕃夷六

唃厮囉

【宋會要】

1 唃厮囉，漢名佛兒。始於廓州城起立文法〔一〕，漸爲蕃部歸順，赴宗哥城居住。爲其妻族納厮結等竊誘往邈川城温逋奇所住坐。又十餘年，因入貢，朝廷封厮囉充寧遠大將軍、愛州團練使。三男瞎氈、磨氈角、董氈住坐，以時入貢焉〔二〕。

真宗大中祥符七年，知秦州張佶置大落門新（塞）〔寨〕。先是，佶欲近渭置採木場，蕃族聞之，即徙帳去，佶不能遂撫之，戎人輒悔，因嚮導鈔刼。佶深入掩擊，悉敗走，既而求和，佶不許。時宗哥族立遵、唃厮囉、温逋奇等帳族甚盛，勝兵六七萬，與夏州抗敵，希望朝廷恩命。佶奏請拒絶，涇原曹瑋又言宜厚厮囉以拒德明也。

五月二十五日，以渭州蕃族首領唃厮囉爲殿直，充巡檢使。先是，厮囉率帳下來歸，給以土田，未及播種，且求俸給（瞻）〔贍〕用，故有是命。

八年二月，宗哥族唃厮囉、立遵、温逋欺〔三〕、木羅丹並遣使貢馬，充賜行李物色〔四〕、茶藥。詔估其直，得錢七百六十萬，詔賜袍笏、金帶、器幣、供帳什物、茶藥有差，凡有金七千兩，他物稱是。時宗哥立文法，聚衆數十萬，請討夏州以自効。帝以爲戎人多詐，慮緩急侵寇及騷擾熟户〔五〕，乃命曹瑋知秦州、兼兩路沿邊安撫使，以備之。

八月二十九日，曹瑋上言：「唃厮囉所部劉王叔遣帳下青波來告，近遣西涼厮鐸督部兵十萬掩殺北界部落 2 勝捷，續遣人獻首級次。」

是冬，侍禁楊承吉使宗哥還，言蕃部甚畏秦州近邊丁家、馬家，二族人馬頗衆，甚依倚朝廷。又唃厮囉以立遵爲謀主，立遵貪而虐，好行殺（戳）〔戮〕，其下恐懼。近築一城，周迴二里許，興役之際無他號令，但急鼓則增土，緩則下杵，不日而就，夷人稟畏如此。其地東至秦州永寧寨九百一十五里〔六〕，東北至西涼府地五百里，西北至甘州城五百里，東至蘭州城三百里，南至河州城四百一十五里，又東至龕谷五百五十里，西南至青海四百里，又東至新渭州千八百九十里。承吉以圖來上〔七〕。

〔一〕廓：原作「郭」，據《長編》卷八二改。
〔二〕焉：原作「馬」，據文意改。按，所貢者不止於馬，見本書蕃夷七「朝貢」門。
〔三〕欺：原作「斯」，據本書蕃夷七之一九改。《長編》卷八四、張方平《樂全集》卷四、《東都事略》卷一二九等皆作「奇」，「奇」與「欺」音近。
〔四〕充：疑當作「乞」。
〔五〕擾：原脱，據《文獻通考》卷三三五補。
〔六〕永寧寨：原作「永壽塞」，據《長編》卷八五、《文獻通考》卷三三五、《宋史》卷四九二《吐蕃傳》改。
〔七〕吉：原作「佶」，據上文及《長編》卷八五、《宋史》卷八《真宗紀》三改。

十月，宗哥蕃部厮鐸督遣使來貢〔一〕。

九年三月，宗哥唃厮囉、立遵遣使來獻馬五百八十二疋。詔賜器幣總萬二千計以答之。

（十二月）十七日〔二〕，以宗哥族李遵爲保順軍節度使，仍賜襲衣、金帶、器幣、鞍勒馬、鎧甲。遵一名立遵，一名郢成藺逋叱，佐唃厮囉裁制蕃族，多恣陵暴。至是，屢祈恩典，且求贊普之號。曹瑋言〔三〕：「遵所求無厭，不可悉許，唯恩命、俸給望依厮鐸督例〔四〕。」宰臣王旦曰：「贊普，戎王也，立遵既求贊普，唃厮囉居立遵之上而無所求，蓋妄自尊大之甚也。臣以爲彼既求恩，不可不納，但當爲之制節。」故有是命。

天禧三年二月，宗哥唃厮囉、李遵遣蕃僧景遵等十人來貢。

四年，宗哥唃厮囉復作文法。詔遣近臣巡邊，察其變詐。

仁宗天聖年中，知秦州王博文遣右都押衙李文素等入蕃，往邈3川招誘唃厮囉羌人入漢。上京進馬，乞官職，詔除寧遠大將軍、愛州團練使。

景祐二年十二月二十一日，除唃厮囉保順軍節度觀察留後，依舊邈川首領。

寶元元年十二月二十三日，詔賜唃厮囉綵絹千疋〔五〕，角茶千斤，散茶千五百斤。

（二）〔三〕年二月五日〔六〕，賜唃厮囉詔曰〔七〕：「朕以昊賊僭狂，侵擾邊境。卿資忠濟勇，效順輸誠，授任高牙，保我西畧。憤兹醜類，嘗議翦除，相得傳聞，共深讎嫉。所宜早興師旅，往襲空虛，乘彼未還，拔其根本。父子竭力，殄族抗渠，今正其時，機不可失。今來昊賊犯邊，卿俟詔到日，連領手下軍徑往賊界，同共翦除殺戮。如能有心蕩滅得昊賊，即當授卿銀、夏等州節制。仍差心腹人賫起發兵馬、日數文字，報與緣邊經畧安撫司，以憑發兵應援。」仍賜襲衣、金帶、絹二萬疋。

四月十二日，保順軍節度、邈川大首領唃厮囉男瞎氈、磨氈角各賜襲衣、金帶、銀幣、茶茗諸物及銀裝胡床、銀水罐等，仍月給綵絹十五疋。時已授團練使，俸料恩（賫）〔賚〕併有加賜。

康定二年正月十八日〔八〕，授唃厮囉檢校太保、充保順、河西等軍節度使。

慶曆七年五月二十八日，臣僚上言：「唃厮囉子瞎氈

〔一〕來：原作「求」，據《長編》卷八五改。
〔二〕「十七日」上原有「十二月」三字。按《長編》卷八六、《宋史》卷八《真宗紀》三，此條事在三月十七日辛酉，是「十二月」爲衍文，今删。
〔三〕曹：原作「遭」，據《長編》卷八六改。
〔四〕鐸：原作「譯」，據上文改。
〔五〕千：原作「十」，據《長編》卷一二二改。下句同。
〔六〕三年：原作「二年」，據《宋大詔令集》卷二三九、《長編》卷一二六改。
〔七〕唃：原作「角」，據上下文改。
〔八〕十八日：按《長編》卷一三〇繫於九日己未，疑此「十」字衍。

別作一城住坐，欲絶往來進奉之路，恐與元昊相通，亦慮夏國有結親之好，乞賚詔敕存撫。」知秦州梁適亦言：「唃厮囉父子欲依例只作經署司意度差人量賫信物〔一〕，以存撫爲名，因便令體探事宜及招買鞍[4]馬〔二〕。」從之。

皇祐五年十二月，賜西蕃磨氈角進奉人蕃部首領衣服、銀帶有(羌)〔差〕：磨氈角下芭温度、祝厮給四每，李氏下兩丙離叱臘丹、物阿厮因，男欺丁下納兒剌，蕃官李田子訥兒下李凡氈羅，遵蘭氈邊朱下訥下亦麻，蕃官李郢成下彪逋，各賜紅團花大錦夾旋襴、銀帶、銀器五兩、(依)〔衣〕着十四；蕃部從人四十五人，各賜紫小綾綿旋襴〔三〕、銀帶；進奉首領、紫衣僧遵闌氈結逋，首領、紫衣僧沈遵，首領、紫衣僧黨遵叱臘青，各賜紫衣三件、銀器五兩、衣着十疋。

嘉祐三年五月，以故西蕃恩州團練使(麾)〔磨〕氈角子乞瞎撒欺丁爲順州刺史〔四〕。十月，以故西蕃獎州團練使瞎氈子瞎欺丁木征爲河州刺史〔五〕，瞎欺丁兀籛爲本族都軍主〔六〕，瞎吴叱爲副軍主〔七〕。

四年十二月，詔唃厮囉進奉首領赴殿宴，升其坐近北一間。初，秦鳳路經署司言：「唃厮囉首領每到闕遇宴，坐廊下〔八〕，而見夏國人使坐朶殿上，意頗不平。」故特升之。

八年三月，遺賜西蕃唃厮囉金束帶、盤毬暈錦衣、銀器二百兩、白絹二百匹、角茶散茶各百斤。治平四年正月遺賜準此。

八月十五日，秦鳳路經署司言：「西蕃唃厮囉蕃僧馬取逋厮鷄死，有姪蕃僧僧結巴承襲紫衣。」從之。

英宗治平元年六月十四日，秦鳳路經署司言：「西蕃唃厮囉進奉首領沈遵太師乞换漢官，其沈遵元係磨〔氈〕角下蕃僧，每月支綵一疋，乞與换本(旋)〔族〕正軍主，請受依舊。」從之。

十[5]七日，詔唃厮囉每年添大綵一百疋〔九〕，角茶二百斤，散茶三百斤，子董氈加防禦使，每月添大綵五疋、角茶五斤、散茶十斤。

七月，以西蕃瞎氈子瞎欺丁木征爲河州刺史。初，木征爲瞎藥鷄羅所誘，據近寨青唐族立文法，至是内附，故命之。

〔一〕司：原作「苟」，據《長編》卷一六〇改。
〔二〕「體」下原有「量」字，據《長編》卷一六〇删。
〔三〕「紫」原作「榮」，「綿」原作「錦」。按，據本書禮六二之九、一一、一二，儀制一九之二七、二八、二九，以及《宋史》卷一九一《兵志》五、《麟臺故事》卷五等載，賜中下級軍官或官吏衣服有「紫小綾綿旋襴」，此處「榮」、「錦」當爲「紫」、「綿」之形誤，因改。
〔四〕故：原無，據《長編》卷一八八補。
〔五〕「丁」下原衍一「丁」字，據下文删。
〔六〕主：原作「王」，據《長編》卷一八八改。
〔七〕叱：原作「比」，據《文獻通考》卷三三五、《宋史》卷四九二改。副：原脱，據《長編》卷一八八補。
〔八〕廊：原作「館」，據《長編》卷一九〇改。
〔九〕年添：原缺。按《長編》卷二〇二此條作「詔增唃厮囉年賜大綵百疋」云云，據此意及下文及後「二十一日」條文例補。

二十一日，秦(奉)〔鳳〕路經略司言：「唃厮囉首領蕃僧曹遵等齎到蕃字，尋譯數内陳乞李波機瞎乞加官職、俸錢。」樞密院勘會：「見係本(旋)〔族〕軍主，今進貢，乞量加職名、請受。」詔李波機瞎轉本族副都軍主，每年添大綵三疋、散茶一十斤。

十月十九日，秦鳳路經略安撫司言：「邈川瞎氈男結瓦那征陳乞官職、(奉)〔俸〕錢。」詔爲副軍(三)〔主〕，月給茶、綵有差。

十二月二十三日，西蕃保順軍節度使董氈乞所屬蕃官叱臘齪等二十三人官職、請俸。詔以登極推恩，特與遷轉，及月賜茶、綵有差。以上《國朝會要》。（以上《永樂大典》卷五六八六）

吐蕃

【宋會要】6 治平四年二月，神宗即位未改元。涇原路經略司言：「西蕃首領拽羅鉢、鳩令結等二人，前後共招呼過順漢不順漢蕃部共三百餘帳歸投西界，又于静邊寨招誘人户。其蕃部喝裝與芭撒鳩令光以告，巡檢弓箭手指揮使麻英掩捕獲之。喝裝等乞早與補職。」詔喝裝補都虞候，仍賜錢五百千；麻英授下班殿侍、三班差使，充弓箭手巡檢，芭撒鳩令光(軍)補軍使，仍各賜錢百千。其蕃部襖子、腰帶、茶綵，令經略司依例支給。拽羅鉢、鳩令結斬首〔一〕，徇于軍。

九日，詔西蕃邈川首領、保順軍節度使、檢校司空董氈除檢校太保。

閏三月，陝西路緣邊宣撫使郭逵言：「秦州青雞川蕃官首領藥厮哥願獻青雞川地土，乞修展城寨，招置弓箭手。本司已于青雞川南牟谷口修置城寨〔二〕。」從之。

四月，(經)〔涇〕原路經略司言：「德順軍静邊寨界熟户蕃部都虞候角撒與西賊相殺，捉到部落子四十九人，斫奪到人頭、駱駝、弓箭等，乞優與酬獎。」詔角撒六十人第功遷一資至三資；其功微者，賜束帛、茶，俟再有功以聞；被害之家，常加存恤。

九月二十九日，樞密院言：「原州所管蕃部内，明朱滅(藏)〔臧〕最係大族，訪聞約有數萬。昨李若愚已團結到一千三百餘人。欲令新差知原州高遵裕與种旨更切團結逐族(壯)〔帳〕人馬聞奏。」從之。

十二月二十三日，詔董氈入貢使人回賜依治平元年 7 賜唃厮羅例，其妻賜銀器五十兩、衣着百疋。

神宗熙寧元年二月，封西蕃邈川首領董氈母奉化縣君心氏爲安康郡太君，以其子都軍主欺丁磨彪蘇南蘭逋叱爲錦州刺史。董氈父卒，推恩起復故也。

〔一〕結：原作「佶」，據上文及《宋史》卷一四《神宗紀》一改。

〔二〕「南」下原有「路」字，據《文獻通考》卷一五六删。

八月，秦鳳路走馬承受王有度言：「生户延廝鐸并青唐家首領俞龍珂等與熟户相殺[一]。延廝鐸累(冠)[寇]邊，今又勾引青唐族刦掠熟户藥令家等族帳。緣青唐一族人馬頗衆，竊慮别生邊患。」詔本路經畧使孫永相度撫遏，早令安静，仍具經久處置事狀以聞。

二年六月，洮州木征進奉首領張訥兒潘等辭于崇政殿。詔諭已令秦州放瞎廝鐸心歸本族，仍降詔諭木征。先是，鐸心作過，質于秦州十餘年，木征上表云是妻父，今年老，乞放還，故有是命。

三年十二月二十二日，以西蕃邈川首領、保順軍節度使董氈討擊西界作過人有功，賜詔奬諭并衣帶、鞍馬。先是，秦鳳路言：「昨夏人聚兵犯環慶，諜報西蕃董氈嘗乘虚深入其境，虜獲甚多。」朝廷令韓縝參驗。既而上批：「蔡挺所奏董氈事與縝探報頗同，可賜詔奬激之，仍遣使臣押賜。」故有是命。

四年九月二十四日，賜董氈加食邑一千户，實封三百户。

五年五月九日，以青唐大首領俞龍珂爲西頭供奉官。俞龍珂與其兄瞎藥皆爲木征腹心，上方經畧河隴，命王韶招懷之，因舉衆内附。初，議龍珂官賞，王安石曰：「恐當令緣邊安撫司議其輕重。8 若朝廷即與官賞過當，恐諸族觀望，各有覬覦，兼恐久遠難于驅誘。」文彦博曰：「近者悦，遠者來，若撫之過厚，則舊蕃部或不樂矣。」上曰：「事勢大小自不同。」安石曰：「誠如此，今修己事力豈龍珂之比？」上曰：「修己止四百户，龍珂號爲十萬家，縱甚少，亦必數萬。」于是上從安石言，下安撫司，而有是命。仍寵以勳階，賜姓包，名順。

八月三十日[二]，詔秦鳳路緣邊安撫司曉諭木征，限一月降，放罪，仍優與官爵；不從，即多設方略擒討。仍并以内殿崇班告及錢五千緡募人捕送[三]。

九月一日，以西蕃邈川首領、保順河西軍節度使唃廝羅孫結吳延征爲禮賓副使，充鎮洮軍洮河西一帶蕃部鈐轄，仍選差會蕃語得力使臣一名充隨行指使。初，秦鳳沿邊安撫司奏：「諸將破鞏令城，有木征弟結吳延征手下大首領等二十餘人出來公參，已據力量補職名，厚撫遣之。」因言延征可遂與一官，使統部族，足收其用，故從之。

十月二十三日，以知通遠軍、右正言、集賢殿修撰王韶爲龍圖閣待制，熙河路都總管、經畧安撫(司)[使]，兼知熙州，以克復洮岷之功也。以西上閤門使、榮州刺史高遵裕知通遠軍，兼權熙河路總管。先是，上謂執政曰：「王韶初經制鎮洮，異議紛更之際，而高遵裕能協力，欲與一都鈐轄名目，何如？」王安石曰：「縱與權總管，亦無害。」蔡挺

[一] 俞龍珂：原作「余龍琦」，據下文「五年五月九日」條及《宋史》卷一五、卷四九二改。
[二] 八月三十日：《長編》卷二三八繫於九月三日。
[三] 千：原作「十」，據《長編》卷二三八改。

曰：「若如此，即當罷知通遠軍。」蓋自來無總管離帥府而知州軍者。上曰：9「有事宜即出駐劄，使知軍亦何妨。」安石曰：「總管、知軍與鈐轄何異？亦不須論舊例有無也。」故有是命。

六年(八月八日)〔十月十八日〕㈠，熙河路經略司言：「邈川温訥支郢成四乞授官給俸。」詔除莊宅副使，充邈川一帶蕃部都巡檢使，並依漢官請受。温訥支郢成四住河州之北，所管二十八部族，有兵約六萬四千人。西接董氈，南距黄河勺家族，東界掺家族，北鄰夏國。所居至河州四驛㈡，今與夏國通和，董氈即不相往來。其先嘗授中朝歸德將軍，(問)〔聞〕河州既下，遣次首領華兒河篤等四十三人請命。(及)〔乃〕以同句當本族楊征溪心爲供奉官、侍禁、蕃部同巡檢，加賜階勳，降告敕以命之。

二十二日，王韶言：「木征子兀丁吪乞與補一官。」詔補三班奉職，賜姓籛，名懷義。

十二月二日，熙河路經畧司言：「招納河、岷、洮州蕃部，須優給請受，使遠人向慕。副兵馬使料錢五百文，軍使七百，副指揮使八百，指揮使一貫，都虞候一貫五百文，副軍主二貫，軍主二貫五百，副都軍主二貫七百，都軍主三貫。」並從之。

二十六日，詔以岷州都首領瞎吴叱、洮州都首領巴氈角並爲崇儀副使，董谷爲禮賓副使，瞎吴叱岷州、巴氈角洮州、董谷河州蕃部鈐轄。瞎吴叱等皆木征弟也，王韶招納内附，至是引見于延和殿，故有是命。

七年三月十四日，詔：「見留秦州蕃官瞎吴叱等，令王中正等常加安存照管。」

四月三十日，熙河路經畧使王韶10表言：「四月十二日，有西蕃王子河州大首領瞎木征詣軍前乞降，已于十九日就軍前受降訖。」詔木征及母、妻、子令王韶、李憲發遣赴闕㈢，走馬承受長孫良臣引押，優厚支錢，令緣路供給。初，韶赴闕還，在道聞景思立敗，疾馳而西，會兵于熙州。以三月九日度洮，翌日，破耳金于結河川口，斬千餘級。進軍寧河，討蕃族于鋪心、把離等谷，復斬千餘級，釋河州圍，走鬼章等三萬餘人，木征竄入南山。十七日，諸將領兵旁南山，焚族帳，通路至河州。四月十四日，師自河州閶精谷出踏白城西㈣，與蕃賊戰，斬千餘級。十五日，進至銀川，破賊堡，燔七千餘帳，斬二千餘級。十六日，分兵北至黄河，西至南山，復斬千餘級。又遣將領兵入踏白城，葬祭陣亡將士。十七日，回軍吉河㈤，進築珂諾城。前後斬七千

㈠ 十月十八日：原作「八月八日」。按《長編》卷二四七此條在十月十八日丁亥，下條在十月二十二日辛卯，知此「八月」爲「十月」之誤，「十八日」又脱一「十」字，因改補。
㈡ 四：原作「西」，據《長編》卷二四七改。
㈢ 令：原作「今」，據《長編》卷二五二改。
㈣ 谷：原作「穀」，據《長編》卷二五二改。
㈤ 回軍吉河：《長編》卷二五二作「回軍至河州」，當是。

餘級，燒二萬餘帳，獲牛、羊八萬餘口。木征率酋長八十餘詣軍門降。上批：「(西)〔熙〕河路自恢復以來，征戍饋餉，人頗勞苦。今木征已降，邊事寧息，宜曲赦本路。」以知熙州、資政殿學士、左諫議大夫王韶爲禮部侍郎、觀文殿學士，依舊兼端明殿、龍圖閣學士〔一〕，賜絹三千，仍官其子；內園使燕達爲西上閤門使、英州刺史、秦鳳路總管、照管軍馬事宜；東頭供奉官李憲寄昭宣使〔二〕、嘉州防禦使。賞降木征之功也。

六月二十一日，詔賜木征姓趙，名思忠，爲榮州團練使；母壽安郡君郢成結賜姓李，封遂寧郡太夫人，月賜脂粉錢三十[11]千；妻俞龍七爲安定郡君，結施卒爲仁和縣君；又名其弟董谷曰繼忠，結吳延征曰濟忠〔三〕，瞎吳叱曰紹忠，巴氈角曰醇忠，巴氈抹曰存忠；又賜其二子，長邦辟勿丁兀名曰懷義〔四〕，次蓋兀名曰秉義，並爲右侍禁；首領結成抹、阿里骨並爲東頭供奉官。先是，木征在河州歸窮屈膝，比至，上拊之，祿其母、妻，而官其二子。至是辭去，異類識上恩信，抃蹈而去。

十二月二十六日，入內供奉官李翊言：護趙思忠一行至新安驛，阿里骨毆傷麻宗道。詔阿里骨追所授官，仍令熙河路經畧司相度決罰，拘質阿里骨。及至熙河，高遵裕斬之。

八年三月四日，熙河路言：「招呼到杓吹逋族首領机哥比叱。」詔補奉職，充巡檢。

五月十五日，蕃僧李巴氈補三班差使〔五〕、本族蕃巡檢。巴氈在黃河北居，所領部族頗多，接連夏國地分，聞爲外界所誘迫，以職名羈縻之。從洮西安撫司所請也。

十月一日，詔以青唐蕃部并蕃兵隸岷州。從洮東安撫司請也。

九年正月九日，熙河路經畧司奏：「河州首領郎結氈、鬼驢叱、逋巴角言：『鬼章令結氈等攻河州，結氈等心欲內附，與甥欺巴温同謀殺鬼章，未發而鬼章覺，走歸塔南城，結氈率本族首領百二十一人來降。』」上批：「結氈等相率出降，仍斬不順蕃部首級，及同謀殺鬼章不克。河州雖已犒賞，恐未足酬其忠順，鼓動衆心。可優與官賞，庶山後諸羌聞風相率內附，河州邊備稍得[12]解嚴。」乃以郎結氈爲內殿承制，其餘首領補班行及蕃官有差。

二十二日，熙河路經畧(司)〔使〕高遵裕言：「邈川温溪心見欲來降。諜知夏人已在邈川之北，若温溪心畏其迫逐而來，拒之則非平日懷撫之意，納之則夏人必有詞，不敢專

〔一〕閣：原脱，據《長編》卷二五三補。
〔二〕寄：原作「奇」，據《長編》卷二五三改。
〔三〕征：原脱，據《東都事略》卷八二、《宋史》卷四九二《趙思忠傳》補。
〔四〕「長」前原衍一「忠」字，「丁」原作「兀」，據《宋史》卷四九二《趙思忠傳》刪改。
〔五〕差：原作「長」，據《長編》卷二六四改。

決。」詔溫溪心乃受夏國(奉)〔俸〕給之人〔一〕，可勿招納。

十年六月十四日，合州防禦使趙思忠卒。號瞎欺丁木征，木征，蕃中語，謂大頤頰。嘉祐中，除河州刺史。熙寧初，王韶領洮河安撫司，李憲爲之助，自古(謂)〔渭〕寨接青唐武始郡，招納蕃部，與通市易，募人營田。遣僧智緣啗木征以厚利，因以兵往，未能得其要領。會有詔，能捕獲木征者，除內殿崇班，賜錢五千緡。又數出兵擾之，殺其老弱前後數千級，所焚燒帳族以萬數，納降大首領十餘，皆其腹心也。又擒其妻、子，輒不殺，與官。故木征以七年四月來降，盡復洮、河二州，地方二千里。捷書至，朝廷以爲大慶，韶由節度推官數年至樞密使，李憲自走馬承受至統帥，皆發跡于此。自用師熙河，歲常費四百餘萬緡〔二〕。至七年以來，財用出入少可，會歲常費三百六十萬緡，于是木征賜今姓名。方引對思忠時，上召包氏〔三〕、俞龍七，許以蕃服，及二子皆上殿勞問。又詔思忠、包氏：「聞汝夫婦不相能，自今當和睦。」思忠不能奉詔，乃詔思忠居熙州，包氏、俞龍七居河州。八年，以爲秦州鈐轄，不管職事。思忠乃因經略司自言，乞管勾熙河路蕃部，經略司以 13 爲不可。詔于熙、河二州給地五十頃，包氏、俞龍七各十頃。十年，遷合州防禦使。卒，贈鎮洮軍節度觀察留後〔四〕，官給葬事，許以牌印從葬；以其子左侍禁懷義爲內殿承制，右侍禁秉義爲內殿崇班。

十月十四日，鬼章、董氈使人進貢，令寓止同文館。

十一月二十三日，以西蕃邈川首領董氈、都首領青宜結鬼章爲廓州刺史，阿令骨爲松州刺史〔五〕，大首領拔藏党令結等四人並與郎將，小首領一人與副軍主。特用進奉首領赴闕例也。

十二月八日，詔：「西蕃董氈已遣使朝貢，舊係秦州解發，今既建熙河一(道)〔路〕，委本路帥府解發，并給茶、(彩)〔綵〕。」

十二日，西蕃邈川首領董氈進珍珠、乳香、象牙、玉石、馬。詔依例估價，特回賜銀，綵及添賜錢，仍賜對衣、金腰帶、銀器、衣着、茶等，仍加功臣、食邑，移鎮。除舊請外，歲添賜大綵四百疋、角茶二百、散茶二百斤。其鬼章及首領等所進，亦依估價外添賜錢訖。都管首領青宜結鬼章特賜十五兩金束帶、法錦襖子、器幣各五十；及阿令骨並特除刺史〔六〕，每月各支大綵十疋、角茶十斤、散茶二十斤。制：「西蕃邈川首領、保順軍節度、洮州管內觀察處置押(藩)〔蕃〕落等使、開府儀同三司、檢校太傅、使持節洮州諸軍事、行洮州刺史、兼御史大夫、上柱國、常樂郡開國公、食

〔一〕乃：原作「及」，據《長編》卷二七二改。
〔二〕萬：原脱，據《長編》卷二五三補。
〔三〕氏：原作「民」，據下文改。
〔四〕「鎮」後原衍一「臨」字，據《長編》卷二八三删。
〔五〕松：原作「崧」，據《長編》卷二八五改。
〔六〕令：原脱，據上「十一月二十三日」條補。

邑七千一百户、食實封一千七百户董氈，可特授依前檢校太傅、使持節鄯州諸軍事、行鄯州刺史、兼御史大夫、西平軍節度、鄯[14]州管内觀察處置押蕃落等使，仍舊西蕃邈川首領，加食邑一千户，賜推誠順化功臣。」

元豐元年四月二十一日〔一〕，〔詔〕熙〔西〕河路選使臣押崇儀使、岷州蕃部鈐轄趙紹忠赴秦州經略司知管，毋得輒縱出城。

七月二十五日，詔：「昨西蕃董氈遣首領朝貢，忠款可嘉。宜差供奉官郭英齎詔慰諭〔二〕，及賜對衣、金帶、銀器、衣着各三百。令熙河路經略司依治平二年差使臣賜制告例，經略司更送大細法錦五疋、大綵五十疋，細末、散茶各五十斤。」

八月二日，詔：「知岷州种諤集蕃官，出訥兒温及禄尊，對衆明諭所犯〔三〕，凌遲處斬，妻女田産並賜包誠〔四〕，子年十五以上配廣南牢城，十四以下聽隨行。哥吴補三班奉職，賜絹二百疋〔五〕、錦袍帶各一。結金遷兩資，賜絹百疋。」先是，熙寧中鬼章犯境，訥兒温、禄尊首率部族叛附鬼章。邊事纔息，來降，今又陰附董氈、鬼章。諤言恐爲邊患，上董氈所與禄尊蕃字，故誅之。

八日，入内高品李彀言〔六〕：「編排賜董氈等物，乞下所屬供赴資善堂編排。」從之，董氈賜詔，鬼章賜勅。

二十二日，秦鳳路經略使呂大防言：「欲選差人量齎茶、綵，以回答爲名付鬼章，令説諭約束河囉，自今毋得輒集人馬誘脅階州熟户。」從之。

九月十五日，熙〔何〕〔河〕路走馬承受長孫良臣言：「郎、鬼兩族共六百餘人，雖從來借地耕種，終非己有。乞于河州或南川寨側近〔七〕，括空閑及弓箭手逃田内標撥二十頃分給。」從之。

二年三月一日，[15]董氈遣景青宜党令支等來貢方物。

十四日，詔賜董氈錢二萬一千二百緡〔八〕，銀、綵各千，對衣、金帶、銀器、衣着等，補進奉大首領景青宜党令支珍州刺史，劉勇丹結古扶州刺史，餘有官者遷一資，未命者補職名有差，歲增大首領大綵十七疋，小首領五疋，散茶各十斤。以經制熙河邊防財用李憲言景青宜党令支叙述和斷之勢故也。

六月十七日，董氈貢奉大首領景青宜党令支等辭，上召逼殿陛，諭曰：「歸告董氈，所遣貢奉人甚恭恪，今已許汝納款，此後可數遣人來任便交易。又聞部落子欲侵汝疆

〔一〕按，《長編》卷二八九繫於五月十三日丙戌。
〔二〕宜：原無，據《長編》卷二九〇補。
〔三〕對衆明諭：原作「衆論」，據《長編》卷二九一改。
〔四〕女：原作「田」，據《長編》卷二九一改。
〔五〕疋：原脱，據《長編》卷二九一補。
〔六〕李彀：原作「李殼」，據《長編》卷二九一改。
〔七〕川：原作「州」，據《長編》卷二九二改。
〔八〕一萬：原脱，據《長編》卷二九七補。此爲償進奉馬四百六十三匹之價錢，不應只有一千餘緡。

境，祖父土田，宜善守勿失。」

八月一日，鄜延路經畧使呂惠卿言：「蕃部屈里乜受西人乙都報西界點集入寇日，賊果于是日自滿堂川入大會平，殺傷防田人馬，兵官李浦等逼逐出塞。」詔增給乙都綵、銀各百，屈里乜綵百。

三年正月二十九日，熙河路經畧司言：「邈川城主温訥支郢成遣首領阿篤等款塞[一]，乞補官職。」詔補訥支郢成爲會州團練使[二]，邈川蕃部都巡檢使；温溪心爲内殿崇班，温聲臘抹爲右班殿直，並邈川蕃部同巡檢；阿篤爲本族副軍主，僧禄尊爲禄厮結族都虞候，月給茶、帛有差。

六月七日，詔補邈川城主[三]、會州團練使温訥支郢成叔溪心[四]、弟阿令京爲西頭供奉官，溪心男樂厮波温[五]、弟阿羅爲右班殿直，族弟溪巴温爲三班奉職，妹壻搭令波羅爲借職，月給茶、綵有差。以熙河路言訥支郢成款塞自附[六]，16 請録其族人及酋首也。

十五日，權熙河路經畧(司)〔使〕趙濟言：「董氊欲建一城，來求鐵器，且及援兵。」詔濟諭以朝旨[七]，修城鐵器已令應副，先具數來，至修城時，當令經略司遣兵照管。

七月十一日，熙河路走馬承受公事樂士宣言：「鬼章以蕃字與劉昌祚云：『我言勿興土功，乃更修岷州城[八]，我欲往岷州理會[九]。』及聞鬼章大集兵馬，未知所向。」上批：「宜令經略司具析，鬼章書無理[一〇]，且不遜，何以不奏？仍即詰其侵越生事[一一]，及募人往探虚實，嚴責並邊城寨日夕備之。」

閏九月二十七日，董氊遣人入貢。

四年七月二十二日，上批[一二]：「已指揮熙河路都大經制司徑道攻西賊巢穴，或北取涼州，與董氊兵會，諭董氊使知[一三]。」

九月二日，熙河路經畧司言：「董氊首領李叱納欽等入貢，稱董氊遣首領洛施軍篤喬阿公及親兵首領抹征尊等，以七月十六日部三萬餘人赴黨龍耳江、籛南及隴朱、珂諾等處擊夏國。」

十一月十九日，李浩言：「蘭州節次招到西使監軍司管轄順夏國西蕃剡毛鬼[一四]、驢耳、金星、囉述等四部族大

[一]篤：原脱，據下文及中華書局點校本《長編》卷三〇二改。
[二]成：原作「城」，據《宋史》卷四九二改。
[三]川：原脱，據《長編》卷三〇五補。
[四]「支」原作「反」，「叔」原作「收」，據上文及《長編》卷三〇五改。
[五]樂：原脱，據《長編》卷三〇五補。
[六]以：原無，據《長編》卷三〇五補。
[七]「詔」上原衍一「諭」字，據《長編》卷三〇五删。
[八]乃：原作「及」，據《長編》卷三〇六改。
[九]我：原無，據《長編》卷三〇六補。
[一〇]理：原作「禮」，據《長編》卷三〇六改。
[一一]詰：原作「結」，據《長編》卷三〇六改。
[一二]上：原作「止」，據《長編》卷三一四改。
[一三]諭、使：原脱，據《長編》卷三一四補。
[一四]到：原作「討」，據《長編》卷三二〇改。

首領、蕃鈐轄藥熟等二百三十餘户，千餘口〔一〕，尋犒設，等(弟)〔第〕支給例物，各令歸族。內有會州人户〔二〕，權給官地住坐，已申熙河路都大經制司。乞第與補職名。」詔送熙河路都大經制司。

五年二月八日，詔：「董氈首領結鄰死，其朝辭物給其子董訥支藺氈，增賜絹百疋。」

十五日，詔：「昨遣師問罪夏國，其西蕃董氈亦遣親信首領部勒兵17馬來濟軍威，事功可紀〔三〕。董氈見議策動，其立功首領亦當推賞。委苗授遣人因般次告諭董氈、阿令骨、鬼章。」

二十一日，詔：「西蕃邈川首領、西平軍節度押蕃落等使董氈封武威郡王，賜金束帶一、銀器二千兩、色絹紬三千匹〔四〕，歲賜增大綵五百疋、角茶五百斤〔五〕；阿令骨爲肅州團練使，鬼章甘州團練使，心牟欽氈伊州刺史〔六〕，各賜金束帶一、銀器二百兩，綵絹三百；進奉使李叱臘欽廓州刺史，增歲賜茶、綵有差；青宜結鬼章止稱鬼章，阿令骨稱阿里骨〔七〕。」

三月五日，詔：「肅州團練使阿里骨，聞在羌中居鬼章之右，蘭州之戰又能竭力督勵諸酋堅約不回，可除本州防禦使〔八〕。」

十七日，熙河經畧司言：「董氈、阿里骨使以蕃字來告夏人通好，已拒絕之。且訓整兵馬，以俟入討。」詔苗授、李憲師行有期，即預以告。

四月十五日，詔李憲：「近聞夏人復遣間使，許董氈斫龍以西地求平，及契丹亦繼有使人到青唐，深慮爲夏賊成和。近阿里骨累請師期，未報，恐羌情生疑，姦者乘隙壞約。可于秋初速與一期日，遣人伺問上件事實〔九〕，令董氈勿聽契丹言與夏國和。其他斟酌諭之。」

八月三日，以董氈進奉人景青宜党令支爲瓜州團練使，阿星爲静州刺史〔一〇〕，各增賜茶、綵。賞軍前功也。

九月二十三日，押賜董氈官告使种誼等上討夏國有功首領，詔上等十三人與本族都軍主，次等、下等十八人並與副都軍主，歲給茶、綵有18差。

是歲，又賜董氈、阿里骨、鬼章及有功首領銀、絹有差。

六年七月十三日，熙河蘭會路制置司言：「蕃部當支抹虛稱夏國與董氈書〔一一〕，欲同入寇。」詔李憲械當支抹送

〔一〕千餘口：《長編》卷三二〇作「二千餘口」。
〔二〕州：原作「川」，據《長編》卷三二〇改。
〔三〕紀：原作「既」，據《長編》卷三二三改。
〔四〕匹：原脱，據《長編》卷三二三補。
〔五〕五百：《長編》卷三二三作「五千」，當是。
〔六〕牟：原作「年」，據《文獻通考》卷三三五改。
〔七〕「阿令骨」下原衍「稱阿骨」三字，據《長編》卷三二三删。
〔八〕防：原作「阿」，據《長編》卷三二四改。
〔九〕伺：原作「賜」，據《長編》卷三二五改。
〔一〇〕阿星：原作「阿里骨」，據中華書局點校本《長編》卷三二九改。《元豐類藁》卷二一有《景青宜黨令支團練使阿星刺史制》，即此條之制詞。
〔一一〕抹：原作「扶」，據浙江書局本《長編》卷三三七改。

董氈、阿里骨，令自處置。

八月六日，詔：「聞契丹遣人使夏國及宗哥，慮是西人干求契丹，欲因和解董氈。可下李憲選使開諭董氈、阿里骨，以契丹與宗哥相去極遠，利害不能相及，令堅守前後要約，協力出兵攻討西賊。」

十二月三日，詔李憲：「得録奏董氈、阿里骨蕃字〔一〕，觀其情辭，忠智兼盡，顧中國食禄士大夫，存心公家者不過如此。紬繹再三，嘉美無已。兼爾所回委曲，頗中事情，甚得朝廷欲命之意。昔六谷首領潘羅支、厮鐸督輸忠朝廷〔二〕，協力擊賊，後終成奇功，殺李繼遷于三十九井，當時朝廷報賞甚厚。今董氈、阿里骨既效誠如此，宜更激勉，使深入賊境，求如上功，以稱朝廷撫厚之意。」

七年二月十一日，熙河蘭會經略司言：「董氈遣人以蕃書來，已回蕃書，約令引兵深入摩滅、緬藥家。」詔：「朝廷知董氈事力不能大抗西賊，但不與夏人結和，已于邊防有助。委李憲自今所與蕃書，不須過當督責。」

三月二十三日，詔李憲：「昨奏鬼章送馬十三疋乞買寫經紙事，紙可就賜之，而還其馬。」

六月三日，賜董氈、阿里骨所部人傷中絹千疋。

十二月十八日，董氈進奉大首領鋪撒四死于都亭驛〔三〕。詔賻絹百疋，仍與朝辭例物，附給其家。

八年四月十一日，詔西〔19〕蕃邈川首領、河西軍節度使、檢校太傅、武威郡王（蕃）董氈改檢校太尉。

哲宗元祐元年正月二十五日，董氈遣人入貢。

二月十二日，樞密院言：「董氈文字稱，被疾且死〔四〕，其蕃族國土事〔五〕，已令男阿里骨管勾。按治平三年，董氈承襲唃厮囉，進奉赴闕，依例除官。」詔：「銀青光禄大夫、檢校工部尚書，使持節肅州諸軍事、肅州刺史，充本州防禦使，兼御史大夫、上柱國阿里骨，可起復冠軍大將軍、右金吾衛大將軍員外置同正員、檢校司空、使持節涼州諸軍〔事〕、涼州刺史，充河西軍節度使、涼州管内觀察處置押蕃落等使、西蕃邈川首領，封寧塞郡開國公，食邑二千户，食實封五百户。」

十八日，三省、樞密院言：「董氈身死，欲依例支賜。」從之。

二十三日，樞密院言：「董氈死，近繳到阿里骨蕃字，差人進奉。今詳蕃字，皆阿里骨自言之辭，即不見青唐自阿里骨管事後，蕃情有無不順事跡，其自來在董氈左右親信任事之人及内外主兵酋首，有無信服阿里骨指揮。欲令趙濟選差曾往青唐使臣，押入蕃支賜，密諭使臣令自入界

〔一〕奏：原作「詔」，據《長編》卷三四一改。
〔二〕「潘」原脱，「鐸」原作「譯」，據本書蕃夷七之一五、七之一六補改。
〔三〕鋪撒四：《長編》卷三五〇作「薩卜賽」，疑當作「撒鋪四」。
〔四〕被：原作「彼」，據《長編》卷三六五改。
〔五〕國土：原作「國王」，據《長編》卷三六五及本書下文蕃夷六之二〇元祐元年「六月十六日」條改。

體訪情寔以聞。」從之。阿里骨除官制誥并每年所支茶絹及支賜衣帶等，候趙濟奏到取旨。

閏二月二日，禮部言：「董氈等貢乳香，及温溪心貢犏牛〔一〕，合回賜。」詔並增二分賜之，其阿里骨近差到進奉首領等〔二〕，仍並依董氈改賜例支賜。

十八日，權主管熙河蘭會路經略安撫司公事趙濟言：「譯到阿里[20]骨蕃字乞通和事〔三〕。」詔趙濟，候阿里骨再來說及緬藥家乞通和事，令就鄜延路説諭。

三月十六日，户部言：「熙河蘭會路經略司奏：繳到阿里骨奏董氈遺表進奉〔四〕，乞行回賜。」詔董氈更不支賜，其阿里骨依元豐五年所降指揮增賜絹百疋。

同日，趙濟言：「準朝旨差使臣令訪青唐事〔五〕，尋選奉職高陞押賜，親見阿里骨坐董氈廳，從來應事董氈之人盡事阿里骨，兼問得首領、蕃部等並各服從。」詔許承襲，仍除節度使，每年支賜茶、絹、衣帶等，並依二月十二日所得指揮。

四月七日，賜阿里骨襲衣、金帶、銀器、茶、綵，又賜大首領李賒囉抹、沈阿當令緡錢二萬九千五百有四十。

六月十六日，誡約西蕃邈川首領、河西軍節度使阿里骨詔曰：「昨得卿父董氈文字，稱身有重患且死，蕃家國土事已教男阿里骨管勾。朕以卿祖、考忠順朝廷，世受封爵，已降制命，令卿襲封，及賜衣帶、支給請受等。卿繼世之初，人情未一，固當推廣恩信，惠養一方。今聞卿自主管以來，頗峻刑殺，部族之衆，諒不遑寧。雖出傳聞，未忘憂惕。卿宜以繼承爲重，以仁厚爲先，無恃寵榮，務安種落，副朝廷所以封立之意，思前人所以付與之心。」

二十一日，兵部言：「董氈、鬼章進奉大首領李賒羅抹等各乞官職。」詔李賒羅抹補充本族副軍主，餘並依元豐七年故例，大首領已有軍制職名之人轉兩資，其小首領各轉一官。

二年四月六日，洮東[21]沿邊安撫司言：「鬼章男結叱齪一作捉。遣人馬入寇。」詔熙河蘭會路經略使劉舜卿委曲開諭，務令悔悟。或已嘗深入，即速選將領精兵，仍追趙醇忠、包誠、包順等隨事應敵，不得少失機會。

六月二十六日，詔以邈川首領結藥爲三班奉職〔六〕。結藥位次温溪心，統衆五千。嘗遣蕃部怯陵出漢報鬼章築洮州城事，爲阿里骨所得，慮謀泄，領妻子歸順，故有是命。

八月二十一日，以西蕃首領、伊州刺史心牟欽氈爲銀州團練使，温溪心爲瓜州團練使，各增月給茶綵及賜銀絹有差。以不從鬼章犯邊及密報機事故也。

〔一〕犏：原作「偏」，據《長編》卷三六八改。
〔二〕差：原作「奏」，據《長編》卷三六八改。
〔三〕「阿里」下原衍「阿里」二字，據《長編》卷三六九删。
〔四〕遺：原作「遣」，據《長編》卷三七二改。
〔五〕旨：原作「廷」，據《長編》卷三七二改。
〔六〕川首：原作「州」，據《長編》卷四〇二改補。

二十八日，熙河蘭會路經畧司言：「今月十九日，岷州行營將官种誼收復洮州，生擒西蕃大首領鬼章青宜結。」詔：「首惡已擒，應隨順犯邊羌户，令劉舜卿告諭安存免罪，依舊住止。願率衆入漢者收納，犒設等第以聞。」鬼章，西蕃大首領也，桀黠有智謀，數爲邊患。至是，與夏人解仇爲援，築洮州居之。舜卿遣洮東安撫种誼破其城，擒送闕下。

九月十二日，詔劉舜卿先撫納河南生羌，若講朱未可下，即先以禍福曉諭阿里骨。若郎結氈能招撫鬼章舊部族土地，即視鬼章官禄推賞。

十月二十八日，詔：「鬼章易檻車護送大理寺，劾治以聞。引見日，準辟囚例押入殿〔一〕。」

十一月十二日，以鬼章入獻于崇政殿，詰犯邊狀〔二〕，以罪當誅死，聽招其子及部屬歸附以自贖。

十二月二日，樞密院言：「西蕃籛南城首領兀[22]征聲延舉其家内附。昨阿里骨數欲遣使入貢，宜乘此獎護聲延，密諭阿里骨，令與温溪心同謀併力，以拒青唐，兼許聲延招諭未附舊族過河北主領舊地。」從之。

三年正月二十四日，詔：「阿里骨已差人奉表詣闕謝罪，令邊將無出兵，仍罷招納。」

四月二十一日，阿里骨遣人入貢。

七月四日〔三〕，賜阿里骨詔曰〔四〕：「惟爾祖先，世篤忠孝，本與夏賊日尋干戈〔五〕，亦惟恃我朝廷爵秩之隆，用能保爾子孫黎民之衆。肆朕命爾，嗣長乃師。而自承襲以來，强酋外擅〔六〕，爾弗能禁，恣其所爲，遂據洮城，以犯王略，陰連夏賊，約日寇邊。朕愍屬羌之無辜，出偏師而問罪〔七〕，元惡俘獲，餘黨散亡，山後底平，河南綏服。朕惟率酋豪而捍疆埸，乃爾世功；叛君父而從仇讎，豈其本意？庶能改過，未忍加兵。果因物以貢誠，願洗心而效順。爾既知悔，朕復何求？已指揮熙河路更不出兵，及除已招納到部族外，住罷招納，依舊許般次往來買賣及上京進奉。爾宜約束種類，共保邊陲。」

八月五日，阿里骨遣人入貢。

二十四日，以西蕃大首領鬼章爲陪戎校尉。

九月八日，樞密院言：「鬼章已除陪戎校尉，今阿里骨并温溪心進奉人合赴起居，乞令鬼章當日先于前殿門謝，令進奉人幕次觀見，别日赴内東門謝。」從之。

二十二日，制：「阿里骨可落起復，特授金紫光禄大夫，依前檢校太保、使持節涼州諸軍事、涼州刺史，充河西

〔一〕辟：原作「别」，據《長編》卷四〇六改。
〔二〕詰：原作「結」，據《長編》卷四〇七改。
〔三〕七月四日：《長編》卷四一二繫於七月七日辛亥。按此詔爲蘇軾所草，《東坡全集》卷一一〇此詔題下注云「元祐三年四月二十二日」，指草詔之日。
〔四〕里：原脱，據《長編》卷四一二補。
〔五〕賊：原作「日」，據《長編》卷四一二改。
〔六〕强：原作「疆」，據《長編》卷四一二改。
〔七〕「出」下原有「納」字，據《長編》卷四一二删。

軍節度、涼州管内觀察處置23押蕃落〔等〕使，仍舊西蕃邈川首領，加食邑一千户，食實封三百户，勳、封如故。」

四年五月四日，知熙州劉舜卿言：「廓州主魯尊遣立章來〔一〕，欲焚拆河橋歸漢〔二〕。」樞密院言：「羌性忿暴〔三〕，萬一彼已露嫌隙，復如兀征聲延棄地領衆來降，受之則阿里骨已通貢，我有納叛之名，不受則河南諸羌怨漢拒己，二者徒開邊隙〔四〕。」詔舜卿：「如他日魯尊果欲避禍投漢，即差人撫諭，爲阿里骨已通貢，難以收留，當諭阿里骨不得讎害。如此，則阿里骨無由歸曲于漢，又不致峻阻河南諸羌歸附之情。」

七月二十四日，樞密院言：「阿里骨妻溪尊勇丹已封安化郡君，男溪邦彪籛、弟蘇南納支並爲銀青光禄大夫、檢校國子祭酒、兼監察御史、武騎尉，充本族都軍主；鬼章男結叽捉爲銀青光禄大夫、檢校工部尚書、鎮州刺史，月給茶、綵有差。今以進奉人未到，請給、宣告下經畧司，差人持入蕃〔五〕，令阿里骨給付；仍別寫蕃字，告諭結叽捉已有恩命之意。」從之。

八月十七日，樞密院言：「鬼章已除陪戎校尉，請給官屋二十間，月支食料錢三十緡，春、冬衣絹各十疋，冬衣綿三十兩，并時服，馬一疋，給芻菽，令開封府推判官一員提舉。」從之。

十二月二日，西蕃阿里骨并温溪心下大小首領軟驢脚四等補職名、支請受有差〔六〕。以進奉到闕推恩也。

五年四月八日，詔鬼章男蘇南結爲右班殿直，仍月給茶、綵。以能撫帖部族故也。

八月二十八日，詔遣陪戎校尉鬼章于秦州居24住。

六年二月二十八日，詔西蕃阿里骨男都軍主溪邦彪籛爲化外庭州團練使〔七〕，邈川首領、瓜州團練使温溪心男巴温爲化外勝州刺史，同管勾邈川部族〔八〕，月等第支茶、綵有差。仍令范育告諭阿里骨，使知優恩；及諭温溪心「阿里骨屢欲召汝父子離邈川、上青唐〔九〕，朝廷特與巴温除官，以破阿里骨姦謀」之意。

四月四日，熙河蘭岷路經畧安撫使范育言：「西蕃阿里骨蕃字乞賜熟銅五千斤〔一〇〕。」詔賜千斤，令育諭阿里骨「熟銅於漢法係禁止，爲爾恭順朝廷，特賜」之意。

五月十五日，阿里骨遣温溪心入貢。

六月二十六日，阿里骨進馬一百七十九疋。詔户部逐

〔一〕廓：原作「廊」，據《長編》卷四二六改。
〔二〕拆：原作「析」，據《長編》卷四二六改。
〔三〕性：原作「惟」，據《長編》卷四二六改。
〔四〕開：原作「聞」，據《長編》卷四二六改。
〔五〕持：原作「特」，據《長編》卷四三〇改
〔六〕支：原脱，據本書蕃夷七之四〇、《長編》卷四三六補。
〔七〕外：原脱，據《長編》卷四五五補。
〔八〕勾：原作「匃」，據《長編》卷四五五改。
〔九〕此二句自「温溪」至「青唐」十八字原脱，據《長編》卷四五五補。
〔一〇〕千：原作「十」，據《長編》卷四五七改。

疋估價，於都數内增二分賜之。

七月二日，熙河蘭岷路經略使范育言：「阿里骨蕃字稱：鬼章年老，若在者，乞遣回；已死，即付骸骨。」詔以阿里骨恭順朝廷，結叱捉代父管勾〔一〕，部族寧静，特從所請，令西京焚鬼章屍，收骸骨付進奉人，其鞍馬、錢物等並給還，仍令育諭知。

閏八月十二日，詔：「西蕃阿里骨進奉大首領三十人與副軍主，小首領已有職名人與轉一資，未有職名人與都虞候。温溪心下小首領依此推恩。」

九月二十六日，詔阿里骨進奉人李阿温、隴諭藥四並充本族副軍主，溪氈仍充本族都指揮使，結叱充本族軍主，叱納、党支、令結、麻令一縮並充本族副軍主，仍並爲銀青光禄大夫、檢校國子祭酒、兼監察御史、武騎尉。

七年四月十二日，范育言：「昨擒鬼章日，同時獲首領十人，賞厮門四人病 25 死，心牟温鷄、東厮鷄二人已得旨賜阿里骨，餘四人，内隴逋了安在岷州包順處羈管。今阿里骨差來人乞隴逋了安等，詞意恭順，欲依所乞遣還。」從之。

六月二十二日，熙河路經略司言：「西蕃洗納等族背阿里骨奔夏國，回紇，兩界往來，謀取董氈姪溪巴温兒董菊爲主。又蘭州沿邊安撫司探到董氈姪瞎養叱兒自西海率吐蕃、回紇人馬，去青唐城一二百里駐兵，有洗納、心牟、隴逋三族歸之。阿里骨遣弟扶麻、姪結叱叱等率兵追捕，爲瞎養叱兒所敗。又聞瞎養叱兒，乃洗納〔二〕、心牟、隴逋族召之，欲以繼董氈。其阿里骨自承襲以來，元非種姓，部族頗懷不服。據探報如此。深恐西賊乘此釁隙，援助瞎養叱兒，遂窺青唐，即于邊防非便。」詔范育審探的寔，預爲謀畫，密具方畧以聞。

八月二十八日，熙河蘭岷路經畧司言：「得錢南族供備庫副使兀征聲延狀：『聞阿里骨惡温溪心向漢，以邈川獻與夏國，方使人召溪心令赴青唐。又阿里骨疑心牟族黨叛己，殺其大首領溪論兒、驢彪等三人。』阿里骨方憂内潰，欲陰結夏賊自固，萬一溪心爲阿里骨拘留，或如驢彪等陰有殺害，夏賊乘之以襲取邈川，則西夏展界，遂至河州，從此漸窺河南諸羌，爲患不小。」詔范育約度，温溪心如未往青唐，即以勾當別事爲名，差人至溪心處，仍以所聞作帥臣意，密委差去人面諭溪心，令自謹備，以防他虞。并令范育相度，若 26 夏賊果攻邈川，救之則阻河，不救則溪心素忠于漢，難以坐觀〔三〕，不爲應援。又失邈川，蓋生邊患。宜深計熟慮，預爲方畧，密具以聞。」

同日，范育具到洮州青藏等處修城、招納河南部事，樞密院言：「阿里骨近累乞漢家久遠不侵占蕃家地土文字，

〔一〕父：原脱，據《長編》卷四六一補。
〔二〕乃：原作「及」，據《長編》卷四七四改。
〔三〕難：原作「雖」，據《長編》卷四七六改。

經略司已委曲回答云：『汝但不於漢家作過，漢家自是於汝蕃家別不生事。』方西夏未順，（曰）〔日〕嚴邊備，若先自違約，招納河南生羌，不惟失信于夷狄，又與西蕃生釁，徒使兩賊相藉合謀，腹背爲患。」詔范育疾速誡約沿邊不得擅便招納西蕃部族，如有密（諭）〔輸〕誠款之人，即仰多方存撫，以意羈縻，婉順發遣，依舊住坐。

九月六日，樞密院言：「昨熙河經略司奏，乞招納河南部族，朝廷以阿里骨未失臣節，已降指揮，不得擅便招納。近聞阿里骨稍于河南增屯兵馬，疑邊官頗漏招納事意〔一〕，致其驚猜，漸爲防備。緣自聞青唐不寧，熙河未嘗與阿里骨通問，又前令開諭阿里骨，本路亦以謂未可遣人前去，慮因此隔絶，情意不通。若阿里骨審知熙河已曾招其部族，又有瞎養叱兒之釁，復又西賊拘質其使，從此合謀，未爲安便。檢詳元祐元年内爲阿里骨與其首領不和，亦曾降詔戒約，今可依此。」詔令范育將先降下開諭指揮祗作帥臣意，隨宜增損，別以勾當事爲名，選有心力善辯之人往諭阿里骨。大約欲包容瞎養叱兒，招安洗納等族，早致安帖，無致緬藥窺伺生心。[27] 如令其知漢憂己，而無疑熙河招納之意，則於今日邊情爲便。」

十二月三日，西蕃邈川首領、河西軍節度使阿里骨授特進，加食邑、食實封。

八年正月十一日，熙河蘭岷路經略安撫使范育言：「阿里骨遣人以蕃字求各立文字〔二〕，約漢、蕃子孫不相侵犯。得朝旨，令諭之。阿里骨已如所諭，約永不犯漢，復求漢如己要結。臣再三計之，邊防重事，恐害久遠事機，欲且作迤邐之意，許爲奏達〔三〕。」樞密院以阿里骨既自要結永不犯漢，若無文字答之，恐慮自疑開隙。欲令范育報阿里骨云：「汝但子孫久遠常約束蕃部，永無生事，漢家于汝蕃界自無侵占。」從之。

紹聖元年正月十五日，樞密院言：「蔣之奇奏：昨遣人至青唐，諭阿里骨釋温溪心，仍舊統巴溪温〔四〕，邈川不聽。」詔再以蕃字書使人齎諭阿里骨。

四月九日，樞密院言：「押伴阿里骨進奉人大首領納麻抹氈令譯語言：阿里骨乞朝廷別與一稱呼名字，兼董氈時曾賜涼繖、交（倚）〔椅〕、紗羅等，亦乞給賜。」詔押伴人説諭：「當日董氈得賜，慮有所因，自（求）〔來〕蕃家請事，並屬熙州經略司。今所乞無例，不敢申奏。」

五月十八日，詔阿里骨進奉人大首領納麻抹氈、沈党征注彪充本族副軍主，小首領（部）〔都〕指揮使溪氈充本族軍主指揮使，小首領副指揮使阿驢充本族都指揮使，小首領軍主結叱、副軍主阿客比納結逋充本族軍主，小首領都虞候党征斯鷄、巴氈並充本族副軍主，仍[28] 並授銀青光禄

〔一〕「疑」下原有「惑」字，據《長編》卷四七七刪。
〔二〕求各：原作「各求」，據《長編》卷四八〇乙。
〔三〕奏：原作「奉」，據《長編》卷四八〇改。
〔四〕巴溪温：疑當作「溪巴温」。溪巴温爲温溪心族弟，見前蕃夷六之一五。

大夫、檢校國子祭酒、兼監察御史、武騎尉。

八月十五日，知熙州蔣之奇言：「阿里骨縶取温溪心後，溪心姪温阿明亡入西夏，欲借兵復讎。今諜報夏賊點集，或云往西蕃收邈川，西蕃常爲備禦之計。臣欲因其不安，遣人諭阿里骨：若夏人果犯漢界，即令出兵牽制；若犯西蕃，即本路亦與出兵應援。」詔從之。

二年十一月二十四日，上批：「熙河路蕃官包順、〔包〕誠、李忠傑、趙懷義、趙永壽累立戰功，可經畧司差使臣管押乘驛兼程赴闕，欲略與慰勞遣還，責以後効。」

三年正月六日，詔阿里骨男銀青光禄大夫、檢校工部尚書、使持節庭州團練使溪蘇南邦彪籛爲使持節鄯州防禦使，阿里骨弟銀青光禄大夫、檢校國子祭酒、武騎尉、充本族都軍主蘇南納支爲使持節西州刺史。

十九日，軍頭司引見蕃官四方館使、階州防禦使包順、包誠、若沮没移及其息包用、包海、成逋馳射廷下〔一〕，賜袍帶，器幣有差。賜若沮没移姓趙，名忠順，男成逋名嗣勤。

二十九日，詔進奉人阿里骨大首領副〔軍〕主渴失納余龍充本軍副都軍主，密官捉作、洗京比囉厮雞並充本族副軍主。

三月十七日，樞密院言：「阿里骨近差人修貢，朝廷恩撫優厚。訪聞日近妄傳熙河路欲招納青唐并河南部族，慮其疑懼。」詔令熙河蘭岷路經畧司嚴切誡約沿邊官司，各令知朝廷撫遇阿里骨之意。

十九日，詔：「投西界蕃官左班殿直屈逋[29]浪嵬如欲歸漢，許環慶路經畧司接納，仍與供奉官，充巡檢。」

四月十三日，鄜延路經畧使呂惠卿言：「投來蕃部米吃多詐投南界，體探城寨人馬。」詔米吃多特處斬。

十八日，軍頭司引蕃官東上閤門使、雄州防禦使李忠傑等呈試武藝，詔李忠傑、李阿埋各與一官，内李忠傑回授與兒男，阿埋賜名世恭，加遥郡刺史。

七月二十九日，詔阿里骨：「累據熙河路經畧安撫使等奏，及近進奉渴失納余龍到闕，累以夏人情狀傳報朝廷，事具悉。卿嗣有封域，世爲蕃垣，而能屢覘敵情，密陳邊計，嚮風助順，益見忠勤，宜示寵存，載加勞賚。今差禮賓使李宇、供備庫副使王師中充撫諭使、副往彼撫問，及面諭朝廷旨意。」又敕：「溪蘇邦彪籛、蘇南訥支、心牟欽氈、結叽捉久陪藩翰，忠順有聞，益體眷存，往圖報稱。」其賜賚等，並依元豐四年賜董氈等禮例。

九月十三日，西蕃邈川首領、河西軍節度、押蕃落等使阿里骨卒。阿里骨，董氈養子也，其母長牟瞎逋嘗給事氈，故養阿里骨爲子。及長，爲都管首領。熙寧十年，氈遣使來貢，詔以爲和州刺史。元豐四年，出師問罪夏國，氈集六部族兵十二萬，分三路軍會。明年，詔以氈爲河西節度使、武威郡王，阿里骨爲肅州團練使。氈病，内侍阿里骨，外委

〔一〕成：原作「或」，據下文改。

鬼章。阿里骨擅事，在羌中居鬼章右，蘭州之戰，能竭力督勵諸酋堅約不回，進本州防禦使。元豐六年，氈病革，亟召諸族首領至青唐城，謂曰：「吾一子已死，30惟阿里骨母事我，當以種落付骨。」諸酋皆服從。既卒，骨遂居青唐領事，自是屢通貢獻。卒，年五十七。詔以其子瞎征承襲。

十一月二十四日，詔賜西蕃阿里骨孝贈絹五百疋、羊百口、酒五十瓶，其羊、酒並以絹充。仍修寫蕃字，差慣熟使臣一名管押入蕃。

十二月二十一日，熙河蘭岷路經畧司、提點熙河蘭岷等路漢蕃弓箭司言：「昨于紹聖二年五月，岷州管下衣彪族首領當征結等四十户投西蕃結叽捉。據熙州蕃官防禦使温玉將到當征結等文字，欲出漢。逐司看詳：阿里骨新卒，其子方接續管勾，羌情初定。蕃中管兵首領惟結叽捉最爲雄盛，其父昔爲岷南所擒，兼夏賊正多方邀結之際，若乘此時接納，恐生邊隙。已宛轉令説諭當征結等：爾等舊屬漢户，因事逃避，朝廷已放罪。即目爲阿里骨有事，若便出漢，擾動蕃情；候事定，别有信令歸漢。」從之，仍（照）〔詔〕更以恩意羈縻，安當征結，勿絶來意。

四年正月五日，詔：「故西蕃邈川首領、河西軍節度使、押蕃落等使阿里骨男鄯州防禦使、兼御史大夫、上柱國瞎征，起復爲冠軍大將軍、檢校司空、使持節涼州諸軍事、涼州刺史，充河西軍節度、涼州管内觀察處置押蕃落等使、西蕃邈川首領，特封寧塞郡開國公。」

五月十一日，朝奉郎安師文言：「近沿邊修築城（塞）〔寨〕，西賊舉衆入寇涇原，敗衄而去。今困于點集，漸以窮蹙。竊聞諸路廣行招納，切中事機。嚮日歸明31朱智用久已向漢，爲夏國各有把截卓望口鋪，無緣遂達中土。後因事至邈川，先與温溪心下小首領到熙州密諭歸順之意，後闔家間行歸漢。蓋邈川與吐蕃部落雜處〔一〕，又斫龍、講朱城等處日有博易，人情狎熟。乞委熙河經畧司差諳曉蕃情使臣，告諭邈川首領及蕃商等：如能誘引夏人歸順，每名優給茶、綵。如此，則右厢之人必由吐蕃而至者甚衆。然自來吐蕃與西夏心相睽貳，外示和好，更乞密行經畫。」詔熙河蘭岷路經畧司密切從長相度施行。

六月二十三日，熙河蘭岷經畧司言：「趙醇忠母李撒耳君言：孫男永壽等陷夏國，請令永壽弟永順、永吉管勾族分。仍請録永壽男阿陵承襲官爵，永福、永保二人更候三年不出漢〔二〕，請令與弟承襲。」詔：「阿陵特與内殿崇班，仍賜名世長，差充本族巡檢，先支與請給，候及格，正行管勾。餘依李撒耳君所請。」

十一月二十八日，又言：「蕃官包順狀：先尋訪到邈川大首領温溪心孫結施温，今年三十二，未有官職。」詔結施温爲内殿崇班。

〔一〕蓋：原作「闔」，據《長編》卷四八七改。
〔二〕漢：原無，據《長編》卷四八九補。

元符元年二月十五日，詔：「没細游成寧特與内殿崇班，差充本族巡檢，賜銀、絹、錢各二百，其餘同出漢人合補與名目者，斟量高下，以空名宣劄補填訖以聞。」從熙蘭經略司請也。

四月二十二日，詔：「西蕃瞎征下進貢大首領，已有職名人與轉兩資，未有職名人與副軍主；小首領，已有職名人與轉一資，未有職名人與都虞候。每年各支茶、綵 32 有差。」

五月九日，詔瞎征進奉大首領納麻抹氈、小首領阿驢等並爲銀青光禄大夫、檢校國子祭酒、兼監察御史，充本族副都軍主、軍都指揮使。

二十一日，熙河蘭岷路經略司言：「歸順部落子大首領嵬名姚麥，乞特補西頭供奉官，帶本族巡檢。」從之。

二十九日，樞密院言：「蕃官三班奉職都囉漫丁等乞改賜姓名。」詔賜姓〔一〕，都囉漫丁名懷順〔二〕，都囉漫娘昌名懷忠。

七月三日，涇原路經略司言：「收到部落子訛山等二十二人歸漢。按訛化唱山乃妹勒都逋親隨得力背嵬，能率人歸附，望特與補一殿侍名目。」從之。

七日，瞎征下進貢首領蘭氈只雞等辭，令大小首領少留〔三〕，上命中使宣諭及賜戰袍一，内副使仍賜束帶。及詔瞎征進貢人爲第一次遣首領赴闕，特添賜錢千緡，其進貢馬，仍回賜錢帛。

八月七日，熙河蘭會路經略司言：「蕃官包順引邈川大首領温溪心男巴温子巴訥支來歸。」詔巴訥支爲内殿崇班。又涇原路經略司上歸明部落子歲丁功狀，詔歲丁爲三班借職。

十月〔十〕三日〔四〕，又言〔五〕：「歸附大首領等乞優加職任。」詔呂永信爲甘州團練使、涼州一帶蕃部都巡檢、鈐轄，仍候引見日賜牌印、對衣、金帶、鞍轡馬；妻蘭征隔封會寧郡君，仍候引見日賜冠帔；男成屈爲西頭供奉官，仍賜名良嗣，細禹輕丁理爲供備庫副使、卓羅右廂一帶蕃部巡檢。

二年正月十九日，詔西蕃邈川首領、河西軍節度使、起復冠 33 軍大將軍、檢校太保瞎征落起復，授金紫光禄大夫，仍舊西蕃邈川首領。

六月二十六日，洮西沿邊安撫司言：「西蕃青宜結毛遣人報説欽波結、蘇南巴乞旗號，欲來降。」詔孫路詳朝旨措置，毋失機會。

八月二十一日，熙河蘭會路經略〔司〕使孫路言：「宗哥大首領等獻納本城〔六〕，已令王贍差使臣同蕃官李蘭氈納

〔一〕「姓」下疑脱一「趙」字。
〔二〕「都」下原有一「内」字，據上文及《長編》卷四九八删。
〔三〕小：原脱，據《長編》卷五〇〇補。
〔四〕十三日：原脱「十」字，據《長編》卷五〇三補。
〔五〕按，「又言」二字文意不明，《長編》卷五〇三作「熙河蘭會路經略司言」。
〔六〕納：原作「訥」，據《長編》卷五一四改。

支帶漢、蕃人馬前去占守。又據李藺氈訥支稱：『青唐心牟欽氈、青歸論征等來請心白旗歸漢〔一〕。』已差都鈐轄王愍領兵赴宗哥城應接招納。」又言：「李藺氈訥支稱：『青唐遣人往迎瞎養呱爲主〔二〕。』又緣瞎征已遷在外，萬一瞎養呱乘虚領衆徑入青唐，則其勢方盛，必未肯歸漢。今青唐勢已離貳，瞎征決須歸順，若及此時更添人馬速往宗哥，張耀聲勢，大事必集。」詔經略司令王贍且在邈川、宗哥、青唐城已來招納部族，及具措置事件，申本司相度施行。

二十七日，樞密院言：「王贍等申：招納青唐王子瞎征并大首領，旦夕歸，乞降招納恩賜。」詔〔三〕：「瞎征與舊官，仍賜對衣、金帶、銀器、紬絹；溪巴温與瞎征一等推恩；第一等如心牟欽氈、結吼龊之類，與正任刺史，次與遥郡刺史至左侍禁，各賜金帛、袍帶有差。餘人該説未盡者，並令經略司奏聽朝旨，比類推恩。」九月十九日，又詔：「隴拶如能歸附〔四〕，並准此推恩。」

閏九月三日，宰臣章惇劄子：「據熙河蘭會路經畧安撫使胡宗回申：青唐新僞主（龍）〔隴〕拶及大首領結吼龊〔五〕、心牟欽氈，率諸族首領并 34 在城蕃、漢人、部落子、回鶻等，并契丹、夏國、回鶻僞公主等，並出城迎降。」詔熙河蘭會路經畧司：「候隴拶到熙州，館舍供帳，優加禮待。其餘大小首領，各令隨溪巴温、隴拶及瞎征作兩（蕃）〔番〕赴闕。」瞎征差入内供奉官黄經臣〔六〕，隴拶差入内供奉官李轂，並前去熙州照管進發，務從優渥。」

二十二日，樞密院言：「胡宗回奏：近收復青唐〔七〕，所有僞王子應干僭擬乘輿服御之物、金銀佛像，本司已指揮王贍差使臣管押赴闕，及瞎征先進真珠一袋，并傳國印、朔方軍節度使等印共四十四面二匣。」詔經畧司選差使臣管押赴闕。

十月九日，知鄯州王贍奏：「有大首領結吼龊、心牟欽氈、藺逋叱、巴金符、心牟冷麻欽、捉剥兵龍氈、隴逋驢、厮鐸搭、捉馬洛等九人，于洗納阿結家謀遣逐族質户入城，欲于閏九月九日夜内外相應，復奪青唐城，已將結吼龊等處置訖。」詔：「除瞎征、隴拶及不曾謀叛合赴闕人依前降指揮發遣赴闕，其邊厮波結兄弟係反叛人結吼龊之子，已首先歸漢，仰經畧司監管，并家屬交付提點赴闕所管押赴闕。」

十六日，録故蕃官皇城使朱守貴男再榮爲右侍禁，再立爲三班借職，孫順朝、順明並爲三班借職。

十九日，詔欽波結特授供備庫副使，充講朱等四城巡檢，角蟬特授東頭供奉官，充本族巡檢，母尊麻特支賜銀、

〔一〕旗：原作「族」，據《長編》卷五一四改。
〔二〕主：原作「王」，據《長編》卷五一四改。
〔三〕詔：原脱，據《長編》卷五一四補。
〔四〕隴：原作「龍」，據下條改。史書此人皆作「隴拶」。下同。
〔五〕吼：原作「呱」，按前後文或作「吼」、或作「呱」，今統一改爲吼。此譯字之異，非誤（《宋史》亦作「呱」）。
〔六〕臣：原脱，據《長編》卷五一六補。
〔七〕近：原作「迎」，據《長編》卷五一六改。

絹各三百匹兩，令李彀一就照管赴闕朝見〔一〕。先是，青唐蕃賊約一萬餘騎，圍閉一公〔二〕、錯35鑿城，欽波結、角蟬率鬼驢族伏混臚谷，出不意，與官軍相爲表裏，攻退蕃賊。其欽波結與角蟬迺邊廝波結之子〔三〕，方率衆解圍，城中糧盡，其母尊麻出窖麥以飽官軍。母子兄弟向漢，故有是命。

二十二日，詔邊廝波結特授供備庫使、邊郡刺史，令李彀一就管押赴闕。先是，收復河南，邊廝波結首獻四城，故有是命。

十一月〔三〕〔五〕日〔四〕，入內供奉官李彀言：「奉詔照管王子瞎征等赴闕。瞎征、龍拶并邊廝波結、欽波結、角蟬首領，乞賜忠順等旗，使知朝廷恩寵。瞎征、隴拶以忠順，餘以忠勇及心白〔五〕，爲三等，仍等第賜以銀、帛〔六〕、袍、帶，且貸其罪，令赴闕朝見〔七〕。又選見留諸族首領歸順立功之人，權補管勾部族及帶巡檢，給與請俸，將來與正補管勾。」從之。

七日，詔：「青唐蕃部巴斯雞與東頭供奉官，充本族巡檢。巴斯鐸等並與右侍禁，野氈等並與右班殿直，那逋等並與指揮使。」巴斯雞等首能率神波族向漢，掩擊作過部族，經畧司以功狀聞，故有是命。

二十三日，熙河蘭會路經畧司言：「邈川管下新歸順朴心族首領巴把吪、青宜睞羅、添令下族蕃部邦氈，與蕃賊鬥敵，射死甚多。」詔巴把吪與左侍禁，青宜睞囉與左班殿直，邦氈與右班殿直，並差充本族巡檢。

十二月十六日，樞密院言：「西蕃自唃斯羅以來，嚮化效順，世受朝廷封爵。緣董氈無後，致阿里骨父子相繼簒奪。今部族逼逐瞎征出漢，雖已立隴拶，其隴拶尋亦歸降。緣溪巴温〔八〕、隴拶並係唃廝囉房36族，即非本族子孫。按右騏驥使趙懷義在河州，乃唃廝囉之嫡長曾孫，於董氈最爲親的種姓。」詔：「隴拶依已降朝旨，除河西節度使，差知鄯州軍州事，充西蕃都護，仍依府州折氏例〔九〕，世世承襲知鄯州，應鄯州管下部族，並令仍舊管勾。其趙懷義除廓州團練使、同知湟州軍州事、兼湟州管下部族同都巡檢使。其逐處城寨，除通接鄯、湟等州道路處，令熙河蘭會路經畧司精加葺治，量差兵馬戍守，其餘並令王贍、隴拶、王厚、趙懷義同相度，分布與近上心白首領管勾〔一〇〕。內如青歸論征、捨欽角四之類向漢有功之人，速具功狀等第以聞，當議依格優與官賞。」

三年正月十一日，又言：「知湟州王厚保明蕃酋洛吳

〔一〕李彀：原作「李殼」，據《長編》卷五一七改。下同。

〔二〕一：原脱，據中華書局點校本《長編》卷五一七補。

〔三〕廝波結：原作「廝結」，據下文及中華書局點校本《長編》卷五一七補。

〔四〕五日：原作「三日」，據《長編》卷五一八改。

〔五〕以：原作「外」，據《長編》卷五一八改。

〔六〕帛：原脱，據《長編》卷五一八補。

〔七〕赴：原脱，據《長編》卷五一八補。

〔八〕溪：原脱，據《長編》卷五一九補。

〔九〕氏：原作「民」，據《長編》卷五一九改。

〔一〇〕心白：《長編》卷五一九作「忠白」，似勝。「忠白」即上「十一月五日」條忠順、忠勇、心白三等。

并小首領厮鐸氈與多羅巴人會戰，奪還所虜漢人户，及生擒蕃賊，獲馬旗等，乞優與推恩。」洛吴與東頭供奉官，差充本族都巡檢；厮鐸氈、鈐令結、篤臚令結、角蟬並與三班借職，各賜銀帛有差。

十六日〔一〕，又言〔二〕：「昨以青唐瞎征嗣立，國人不順，故迎董氈姪溪巴温，欲復其國姓。既而國亂，首領多歸溪巴温〔三〕，瞎征不能自立，遂出降，故溪巴温之子隴拶乘間入青唐，稱王子。邊臣欲因有其地，乃渡河據邈川〔四〕，以重兵臨之，故隴拶亦出降。既而部族多叛，覆軍殺將，今又引兵圍錯鑿城〔五〕。」上謂曾布曰：「事須卿等措置。」布云：「臣等固不敢不盡力，然蕃情未安，未敢保其無事〔六〕。近已降詔旨，以隴拶爲河西節度使，令如府州折氏〔七〕，37 世世承襲知鄯州，庶蕃情稍順服。事已如此，但且隨宜營救，持重而已。」上曰：「善。」

二十四日，樞密院呈邊奏，上曰：「陝西路轉運判官秦希甫奏：『比論鄯州難守，致胡宗回怪怒，乞行迴避。』并前後臣僚論鄯州棄守利害不同等事，備録下宗回、希甫，須管公共協力，體度邊情，具果決指定可守可棄事狀聞奏。如有可守之理而輕議廢棄，或不可强守而妄稱可守，致誤措置，當重典憲。如挾私避事，故相違戾，亦根究理曲之人竄黜。仍令宗回同計置般運糧草。」

二月二十一日，三省、樞密院同呈知熙州胡宗回奏鄯州利害。詔：「令王贍以心白首領分治青唐訖，引兵歸湟州，相度隴拶于熙州或岷州住坐，仍諭溪巴温或小隴拶，令依舊主管青唐，當議與河西留後。遣王愍、姚雄往鄯州同共措置，王贍聽王愍節制。如違，依軍法施行。仍指揮熙州帥臣盡以兵馬交付王愍。」

二十二日，詔：「秦希甫更不合同共相度鄯州事。」

二十四日，以蕃官嵬名阿埋、昧勒都逋二人爲率府率，充渭州都監。

三月四日，以青唐同管國事青歸論征爲内藏庫使、遥郡刺史，餘各命官至殿直，奉職有差。時大首領心牟欽氈等背叛，獨青歸論征與其黨堅守，爲朝廷誅討叛者，故優獎之。

十八日，引見隴拶等。隴拶一班；契丹公主一班，夏國、回鶻公主次之；瞎征一班，邊厮波結并族屬首領次〔之〕。應族屬首領各從其長，以次起居。僧尼、公主皆蕃 38 服，蕃拜，並謝冠服。謝訖，賜酒食横門外。是日，宰臣、執政、侍從官、宗室、戚里正任以上皆侍立。以契丹公主錫

〔一〕十六日：《長編》卷五二〇繫於十九日丙戌，李燾有注。
〔二〕按，「又言」謂樞密院言。《長編》卷五二〇李燾注：「此只合書『曾布言』，《實録》書『樞密院言』，非也。」
〔三〕首領多歸：原脱，據《長編》卷五二〇、《東都事略》卷一二九補。
〔四〕乃：原作「及」，據《長編》卷五二〇改。
〔五〕鑿：原脱，據中華書局點校本《長編》卷五二〇補。
〔六〕無：原脱，據《長編》卷五二〇補。
〔七〕氏：原作「民」，據《長編》卷五二〇改。

令結牟爲國太夫人，夏國公主金山、回鶻公主青迎結牟、董氈姊瞎比牟並爲郡（大）〔太〕夫人，董氈姊党征丹、瞎征青屬大母掌扒令並爲郡太君，董氈女結成丹、瞎征妻尊寧、夏國公主女瞎衫並爲郡君，瞎征女藏安哥、婦瞎氈溪角厮彪邦彪籛妻尊溪結、邊厮波結妻結施心拶把拶、沈兼籛妻瞎毛巴、女厮雞並爲縣君。大首領四人：隴拶舅瞎里結爲（里）〔禮〕賓副使，充本族都巡檢；瞎征長男瞎氈溪角厮彪邦彪籛〔一〕、妻姝沈兼籛、故邊厮波結下堦彪抹並爲内殿承制、本族都巡檢。

同日，詔問隴拶以何術招溪巴温。隴拶云：「溪巴温先遣臣出漢，亦欲相繼而來，爲郎阿章所制，不果。若朝廷放阿章罪而招之，必易爲力。」諭云：「已有放罪招唤指揮。」隴拶云：「如此，待到岷州，便遣人説與。若不從，即以兵馬取阿章頭來。」諭以招誘得來爲善，不須殺也。問何故必欲（往）〔住〕坐岷州。隴拶云：「無他，欲與包順、趙懷義家部族相依耳。」

二十一日，西蕃僞王隴拶可特授持節涼州諸軍事〔二〕、涼州刺史、充河西節度、涼州管内觀察處置等使、知鄯州軍州事、兼管内勸農事、上柱國，特封武威郡開國公，食邑二千户，食實封五百户。又西蕃邈川首領、河西軍節度使、檢校太傅、上柱國、寧塞郡開國公瞎征，特授依前檢校太傅、持節琳州諸 39 軍事、琳州刺史、充懷遠軍節度、琳州管内觀察處置等使，加食邑伍伯户，勳、封如故。隴拶特依漢官給俸，於岷州住坐。瞎征于鄧州居住，給茶、綵而已。

四月五日，三省、樞密院同進呈熙河路奏：「姚雄追還王贍以下兵將回河州，及附帶到青唐物數，已支三僞公主以下粧粉錢，特支秦鳳路洮州首領逋撒孝贈。」

六日，賜西蕃僞王、河西軍節度使、知鄯州隴拶姓名爲趙懷德。

五月五日，以蕃官龐逋撒次男抹令爲右侍禁，承襲本族巡檢。

徽宗建中靖國元年三月十二日，詔以河西軍節度使趙懷德知湟州，應首領、部族、三僞公主並從，請給仍舊，盡賜見在糧草。委之招納携叛，鎮遏邊境，許以戎索從事。或願歸青唐，別差人主管邈川，亦聽從便。其元置守臣及官吏將悉追還。除存留湟州城壁樓櫓外，沿路堡塞並令毁撤。仍命復州防禦使姚雄知熙州，委以措置，并諭溪巴温知之。

二十一日，樞密院劄子：「據姚雄奏：『青唐、邈川始因王贍貪功生事，招誘羌首，收復窮遠之地，費財勞神，連歲不解，至于顛危，幾陷兩路軍馬，煩朝廷遣兵救應，僅能完師而還。』兼據臣僚奏：『王厚、王贍自入據青唐、邈川，其董氈、瞎征所有珍寶，應（付）〔府〕庫之物，並不置收支曆，

〔一〕籛：原脱，據上文補。
〔二〕「西」字前疑脱「詔」字。

仍一面給散將士，衷私焚燒却青唐元管簿籍。及大首領心牟欽氈等九人既已處置，逐家財産亦不見下落。』又檢會臣僚奏：『王贍、王厚初領兵入邈川、青唐，贍40等即時開府庫，以給散將士爲名，尋打疊犀玉之類，用駱駝裝載出蕃，并寺内有金佛三尊，皆帶珠子、瓔珞，並係贍等分張。』本路體量到：王厚令人般珠子六布袋，又打角金鏡匣、金瓶等物般往熙州本家。」詔：「王贍追毀出身以來文字，除名勒停，免真決，不刺面，配昌化軍牢城，永不放還。王厚責授賀州別駕，郴州安置。仍下逐處各選差使臣一員、兵級十人管押前去。」

崇寧元年五月十五日，鄧州言：「新歸明蕃官懷遠軍節度使瞎征因患身亡。」特賜賻贈絹布有差。

十一月五日，制：「西蕃溪賒羅撒可特授金紫光禄大夫、檢校司空、持節鄯州諸軍事、鄯州刺史，充西平軍節度使、鄯州管内觀察處置押蕃落等使，西蕃邈川首領、上柱國，特封燉煌郡開國公，食邑二千户，食實封五百户。」

十二月二十九日，臣僚奏：「仰惟哲宗用王贍等謀議，不（頓）〔煩〕一甲，不費一鏃，坐致青唐、邈川之衆，籍其土地，甲兵而有之。前日權臣挾愛憎之私情，逞一偏之曲説，以欺罔朝廷，盡委而棄之，更以他罪戮及贍之身。臣聞樞密臣安燾唱其説，韓忠彦、曾布佐其意，蔣之奇又從而和之，朝廷不追正當時主議棄地權臣之罪而顯黜之，則無以伸往昔之冤。」詔除李清臣身亡已追貶，龔夬、張庭堅除名勒停編管外，韓忠彦、曾布、安燾、蔣之奇、范純禮責降有差。

二年二月七日，青唐大首領趙蘭氈厮雞貢方物。

七月二日，青唐納土，百官入41賀。

十二月二十七日，制：「西平軍節度、鄯州管内觀察處置等使、金紫光禄大夫、檢校司空、上柱國、燉煌郡開國公溪賒羅撒特授檢校太保，加食邑一千户、食實封三百户。」

三年四月二十二日，詔威州團練使、熙河蘭會路經略安撫王厚爲武勝軍節度觀察留後，以其盡復青唐故地也。以集賢殿修撰、熙河路都轉運使程之邵爲顯謨閣待制。初，遣之邵於河湟州椿錢糧，如期辦給，故賞之。

二十七日，詔：西蕃歸順婦人瞎比牟蘭氈兼卒，封安化郡夫人。以師次龍支，能效順，顯助官軍故也。蕃官皇城使捉厮結特授白州刺史，以納土故也。

大觀二年五月十九日，詔左正議大夫、知樞密院事張康國爲右光禄大夫，左銀青光禄大夫、門下侍郎何執中爲金紫光禄大夫，左正議大夫中書侍郎梁子美、尚書左丞林攄、同知樞密院事鄭居中並爲右光禄大夫。以收復洮州溪哥城加恩也。

政和五年十二月二十七日，處分邊防司奏：「據隴右都護中議國夫人藺氈兼卒身亡，係故趙懷德姑，其親姪女阿堅乞承襲邑號。準兵部符，別無似此條法。」詔特許承襲。

光堯皇帝建炎元年六月二十七日，詔錢蓋依舊爲陝西經制使。先是，蓋在靖康間，嘗建議河外湟、鄯之地於朝廷無毫髮利，而歲費不貲，爲中興患，不若求青唐之後而立之，使撫有其舊部，以爲藩臣。有益麻党征者，故王之子，素爲國人信服，儻封立[42]之，必得其力。至是，朝廷用其策，遣蓋爲使，賞告賜益麻党征，措置湟、鄯事，因調發五路軍馬赴行在，故有是命。

紹興六年三月二十六日，成都府等路安撫制置使席益奏：「訪聞吐蕃首領益麻党征賜姓名趙懷恩者，見在閬州宣撫司。今來一司減罷，竊慮無處收係，乞令本司存卹收管，仍降金字牌處分。」從之。（以上《永樂大典》卷四二五八）

宋會要輯稿　蕃夷七

朝貢〔一〕

【宋會要】1 太祖建隆元年三月十二日〔二〕，（河）〔江〕南李景進賀登極絹二萬疋、銀一萬兩；長春節御服、金帶、金器一千兩、銀器五千兩、綾羅錦綺一千疋。

十三日，吴越國王錢俶進賀登極銀三千兩、絹五千疋。

七月二十九日，李景遣其臣禮部郎中龔慎儀來貢乘輿服御物。又貢賀平澤潞金器五百兩、銀器三千兩、羅紈千疋、絹五千匹。《玉海》：九月癸卯，三佛齊國貢方物。

十二月二十三日，僞泉州節度使留從效遣其掾黄禹錫間道奉表稱藩，貢獬豸犀帶一、龍腦香數十斤。《玉海》：十二月，占城以方物犀角、象齒來貢，表章書于貝多葉。《山堂考索》：十二月壬辰，占城國王釋利因塔蠻遣使貢物。女真國，建隆朝貢不絶。

二年正月十八日，彰義軍節度使、荆南高保融貢黄金器、錦綺、珠貝、龍文佩刀。《山堂考索》：正月庚子〔三〕，占城遣使貢物。

二十二日〔四〕，李景貢長春節御衣、金帶、金銀器皿；謝恩。賜生辰金器二千兩、銀器一萬兩、綾羅錦綺三千段。《玉海》：五月，三佛齊入貢。《山堂考索》：五月乙丑，三佛齊遣使來貢方物。

九月一日，江南李煜遣其臣户部尚書馮謐來貢金器二千兩、銀器二萬兩、綾羅繒綵三萬疋，仍上手表陳叙襲位之意。

十一月十三日，沙州節度使曹元忠、瓜州團練使曹延繼遣使貢玉鞍勒馬。《玉海》：十一月，三佛齊貢象牙、孔雀。

十二月四日，于闐國王李聖文遣使貢玉圭一，盛以玉匣，本國摩足師貢琉璃器二、胡錦一段。《山堂考索》：十二月壬辰，回鶻可汗景瓊遣使貢物，自是甘州回鶻貢良馬、美玉、珊瑚、琥珀之類不絶。《玉海》：十二 2 月壬辰，回鶻景瓊貢方物。甲午，于闐王李聖文遣使貢玉圭。是年，靈武五蕃貢名馬。

三年《山堂考索》：正月庚辰，女真遣使只骨來貢。三月五日，三佛齊國遣使來貢。《玉海》：四月庚子，西州回鶻阿督等四十二人貢方物。

七月二日，李煜遣其臣客省使謝賜生辰國信，貢金器二千兩、銀器一萬兩、胡錦綺羅綾計一萬疋。《山堂考索》：〔二年〕八月辛亥〔五〕，女真國遣使嗢突剌來貢名馬。

九月十七日，占城國遣使貢象牙、乳香。《玉海》：九月丙

〔一〕朝貢：原作「歷代朝貢」。按此四字乃《大典》卷一三〇九二至一三〇九六之原目，所謂「歷代」乃指各朝代。今此只録宋代，因删「歷代」二字。

〔二〕按《長編》卷一載李景賀登極在三月十七日丙辰，賀長春節在三月十八日丁巳。《會要》以下所載日分多有與《長編》不合者。

〔三〕庚：原作「月」，據《長編》卷二、《群書考索》後集卷六四改。

〔四〕按《長編》卷二，李景進貢賀長春節在二月十三日，謝賜生辰在閏三月九日。

〔五〕二年：原無，按《群書考索》後集卷六四原文作建隆二年，《大典》置於三年下，誤。

子，占城遣使朝貢。十一月丙子，三佛齊貢方物，對廣政殿，賜其使冠帶、器幣。還，賜以錦綵、銀器。高麗王昭遣使來貢。

十(二)〔一〕月二十三日〔一〕，三佛齊國王釋利烏耶遣使李麗林、高麗國王昭遣使廣評侍郎李興祐等來朝貢方物。

四年《宋史·世家》：二月，高繼冲獻錢五萬貫、絹五千疋、布五萬疋，復遣王崇範貢金器五百兩、銀器五千兩、錦綺二百段、龍腦香十斤、錦繡幃幙二百事。四月十九日，荆南節度使〔高〕繼冲進助宴白金五千兩、金器五百兩、絹二千疋、金銀香龍二、紫羅雲鳳額三十、龍鳳柱衣二十、白羅花株屏風十。

九月二十日，女真國遣使貢名馬。

十月十九日，錢俶遣使貢銀一萬兩，犀、牙各十株，香藥一十五萬斤，供奉金銀、真珠、玳瑁器數百事，助南郊。

乾德元年《山堂考索》〔二〕：元年，女真遣使來貢方物〔三〕。八月癸巳、九月戊辰，並遣使貢名馬。十一月十八日，李煜貢賀南郊禮畢銀一萬兩，絹一萬疋，賀册尊號絹萬疋。

二年正月八日，回鶻遣使貢玉、琥珀、犛牛尾、貂鼠皮等物。《玉海》：貢珠玉、貂皮、馳馬。

二月二十八日，李煜貢助改葬安陵銀一萬兩、綾絹各萬疋，别貢銀二萬兩、金銀龍鳳茶酒器數百事。

三年《玉海》：正月，高麗獻錦罽，刀劍。二月二日，李煜貢長春節御衣二襲、金酒器千兩、錦綺羅縠各千疋、銀器 3 五千兩。錢俶貢長春節御衣一襲、金酒器三百兩、銀器二千兩、羅綺三千疋。

四月五日，回鶻遣使貢方物。《玉海》：四月，回鶻貢馬十疋、玉、琥珀、犛牛尾、白氎布、玉鞍轡。

十四日，李煜貢賀收復西川銀五萬兩、絹五萬疋。

十一月七日，西州回鶻可汗遣僧法淵貢佛牙及琉璃器〔四〕、琥珀盞。

十二月〔二〕十二日〔五〕，甘州回鶻可汗、于闐王及瓜、沙州皆遣使來朝，貢馬、橐駝、玉、琥珀。《玉海》：十二月，甘州貢馬十疋，珊瑚、玉帶、玉鞍。乾德四年二月，于闐貢方物。三月，占城貢犀、象、白氎。六月，遣還。九月庚申，貢巨象一，其色青，飾以金鞍，置都亭驛，都人縱觀。是年，回鶻來貢。

開寶元年《山堂考索》：是年四月甲辰，占城遣使貢物。二月二十二日，大食國遣使貢方物。《山堂考索》：是年，大食國遣使貢方物，自是貢奉商船往來不已。

二年六月二十一日，李煜遣其弟從謙貢茶、藥、器、幣，以助車駕北征。《玉海》：是年十月，邛部川蠻入貢。

十一月二十二日，回鶻、于闐國皆遣使貢方物。《玉海》：十一月，回鶻貢馬。是年，于闐貢玉。《山堂考索》：是年，黎州山後兩林蠻王子勿兒部落將軍離魚以狀白黎州〔六〕，求入朝貢。詔答之，使至，賜以

〔一〕十一月：原作「十二月」，據《宋史》卷一《太祖紀》一改。
〔二〕山堂考索：原作「玉海」。按下文見於《山堂考索》後集卷六四，而不見於《玉海》，《大典》誤，因改。
〔三〕「真」原作「貞」，「使」原作「貢」，據《山堂考索》後集卷六四改。
〔四〕州：原作「川」，據《宋史》卷四九〇《回鶻傳》改。
〔五〕二十二日：原作「十二日」，據《長編》卷六補。
〔六〕王：原脱，據《長編》卷一〇補。

器帛，自是朝貢不絶。

三年《山堂考索》：是年四月丁卯，三佛齊遣使來貢方物。九月十八日，女真國遣使齎定安國王烈萬華表并貢方物〔一〕。《玉海》：是年，占城貢象，至九年，凡七來貢。

四年四月二日，三佛齊國遣使貢方物。《玉海》：貢水晶、火紬。是年六月，大食國入貢。《山堂考索》：是年七月庚子，大食國遣使來貢。

十一月一日，李煜遣其弟從善，錢俶遣其子惟濬以郊禮來貢。《玉海》：是年，于闐貢疏勒舞象。《山堂考索》：是年，于闐國僧吉祥以其王書來上，自言破疏勒，得舞象一，欲以爲貢。從之。

五年三月十二日，占城國王波美税遣使蒲訶散來貢方物。

四月一日，三佛齊國王釋利烏耶遣使貢方物。

八月三日，高麗國王王昭遣使貢方物。

六年二月十二日，錢俶進長春節塗金銀騎鹿仙人二對三千兩、色綾五[4]千疋、御衣一襲、犀帶一條、金器五百兩、乳香二千斤。兩浙節度使錢惟濬進長春節渾金渡銀獅子一對一千兩、細衣段十疋、乳香二千斤，又進宮池銀裝花舫二、金酒器一副、金香獅子一、金香合一、金托裹玳瑁椀十、碟子二十、金稜牙茶床子十、金稜紅藤盤子一、金渡銀果子十、釘龍鳳翠花十株、金稜七寶裝烏紋木椅子、踏床子、金銀稜寶裝床子十、銀裝椅子十、金稜秘色瓷器百五十事、銀稜盤子十、銀裝籠子十。《玉海》：是年三月，大食國入貢。

四月二十一日，占城國王悉利盤陁印茶遣使貢方物。《玉海》：是月，交趾丁璉貢方物。《山堂考索》：是年五月甲寅，交趾丁璉遣使朝貢。六月辛卯，占城（遺）〔遣〕使貢物。十二月庚子，女（貞）〔真〕遣使貢方物。是年，涼州令步奏官僧各氈聲、逋勝觸二人求通於涇州，以申朝貢。

七年正月十一日，占城國王波利税褐茶（遺）〔遣〕使貢方物。

三月十五日，三佛齊國王釋利烏耶遣使貢方物。

八月三日，錢俶遣行軍司馬孫承祐來朝貢。

十月九日，李煜進絹二十萬疋、茶二十萬斤，買宴絹萬疋、錢五千貫，御衣、金帶、金銀器用數百事。聞將舉兵，故有是獻。

閏十月十三日，李煜遣使貢銀三萬兩、絹五萬疋。以王師傅其城，懼而來告。

十一月二十九日，大食國遣使貢方物。

八年《玉海》：是年十月，大食〔二〕。五月二十一日，静海軍節度使、安南都護丁璉遣使以犀象、香藥來貢。

八月十九日，西南蕃三十九部順化王子若廢等以馬、丹砂來貢。《山堂考索》：是年十二月戊辰，三佛齊遣使來貢方物。

九年二月二十二日，錢俶與其子鎮海鎮東等軍節[5]

〔一〕「定安國」原作「安定國」，「華」原脱，據《長編》卷一一、《宋史》卷四九一《定安國傳》乙補。

〔二〕按《玉海》卷一五四「開寶大食貢方物」條云：「開寶元年十二月貢方物，四年六月、六年三月、七年十二月、八年三月、九年五月、興國二年四月、雍熙元年入貢。」此引文有脱誤，似當云「是年三月，大食貢方物」。

度使惟濬、平江軍節度使孫承祐等來朝，對於崇德殿。俶進朝見銀二萬兩、絹三萬疋；謝恩差皇子遠接及賜茶藥，銀二萬兩、絹二萬疋。賜俶衣一襲、玉帶一、金器千兩、銀器三千兩、羅綺三千段、玉鞍勒馬一。館於禮賢宅，即以其宅及器皿、床帳、帟幕賜之。其日，宴於長春殿，俶進上壽酒器金五百兩、銀器千兩、綾羅二千疋、絹五千疋；賀平昇州銀二萬兩、絹三萬疋、乳香二萬斤；又銀五萬兩、錢十萬貫、綿百八十萬兩、茶八萬五千斤、犀牙二百株、香藥三萬斤。翌日，又進御衣一襲、文犀帶一，銀香囊七枚、銀香象一隻、銀浴斛二對、銀笠子千頂共重五萬兩，渾金茶酒器二十事共重一千八百兩。《玉海》：是月，契丹賀長春節，獻御衣、名馬二疋、鞍勒副之，馬百疋、白鶻二。

三月二日，俶進助郊禮銀十萬兩、絹五萬疋、乳香五萬斤。

四日，俶辭，宴於講武殿，賜襲衣、玉帶、錦綺、綾絹共十八萬五千疋，金器二千兩、銀器三萬兩、玉勒馬一疋，散馬百疋。又進藥物一金合重四百五十兩，香藥二十銀合重四千兩，白乳茶三百斤，端午銀器千兩，衣段千疋，綾二千疋，白乳香千斤，并銀裝扇、簟席等。其子惟濬銀千兩、綾千疋、絹二千疋。

四月三十日，大食國王珂黎拂遣使蒲希密來貢方物。

六月四日，錢俶進謝朝覲日蒙恩禮殊等，銀三萬兩、絹萬疋；謝回日賜藥茶，銀三千兩。賜進奉使錢惟治襲衣、玉帶、塗金鞍勒馬、器幣，及賜從行群吏衣服、鞍馬、器幣有差。時[6]帝幸西京回，進賀車駕還京，助宴銀三千兩，上壽金酒器二副重百兩，塗金銀香獅子五枚并臺牀重千兩，衙香一金合重五十兩，又進教坊諸司絹二千疋。明州節度使惟治進塗金銀香獅子并臺重千兩，金銀香鹿一對重千兩，塗金銀鳳、孔雀并鶴三對重三千兩，白龍腦十斤金合重二百兩，大綾千疋，寶裝合盤二十隻，甆器萬一千事，內千事銀稜。俶又進謝加恩銀五千兩、絹五千疋，謝令男惟濬押送加恩官告銀萬兩，謝男已下加恩乳香萬斤，又銀四萬兩、絹四萬疋、綿三十萬兩。

七月十三日，泉州節度使陳洪進遣其子漳州刺史文顥奉表乞朝覲，貢瓶香萬斤、象牙二千斤、白龍腦五斤。

八月一日，錢俶進射火箭軍士六十四人。

十月，俶又進馴象。《玉海》：是年九月，高麗王王伷貢罽錦、漆甲、白氎。

太宗太平興國元年《玉海》：是年五月，龜兹遣使來貢。十一月二十一日，錢俶奏謝恩，不允。奏請添常貢物色絹二萬疋、綿十萬兩。

二年正月八日，俶進賀登極御衣、通犀帶及絹萬疋，又黃金并玳瑁器、金銀稜器、塗金銀香臺、龍腦、檀香、龍床、銀果子、水精花等，又銀萬兩、絹萬疋、綿三十萬兩、乾薑五萬斤、大茶萬斤、犀十株、牙二十株、乳香五十斤、雜香藥五千斤。

二月二日，俶進黄金桃菜器四、黄金錯刀四、銀桃菜器二十、銀錯刀二十。《玉海》：是年二月甲午，契丹遣使貢御服、金玉帶、玉鞍勒馬、金銀飾戎仗馬百疋來賀上登極，别貢御服、金帶、鞍馬爲賀正之禮。閏二月，回鶻貢橐駞、名馬。《山堂考索》：是年二月丁未，占城來貢方物。

三月三日，俶進金銀食奩二、7紅絲絡銀榼四、銀塗金釦越器二百事、銀匣二。

四月，陳洪進進銀千兩、香二千斤、乾薑萬斤、葛萬疋、生黄茶萬斤、龍腦、蠟面茶等。

是月，大食國遣使蒲思郝、副使摩呵末、判官蒲羅來貢。

七月一日，錢俶進翠毛六百斤、七夕乞巧樓子緣用雜物裝飾銀共六千兩。

閏七月，俶又進翠毛六百斤、淡鰲千頭、截臍魚五百斤；謝恩賜羊馬，紬二萬疋、絹三萬疋。其子惟濬進金器五百兩、銀器五千兩、木香五百兩、荔枝十瓶。

八月二日，山後兩林蠻王子卑綵、副使牟蓋、鬼主還祖等以名馬來貢(一)。

五日，陳洪進來朝，對於崇德殿，進朝見銀萬兩、絹萬疋，謝允朝覲絹千疋、香千斤，謝降使遠加勞問絹千疋、香千斤，謝遠賜茶藥絹千疋、香千斤，謝迎春苑賜宴絹千疋、香千斤，謝差人船絹千疋、香千斤，幣帛二千疋、塗金鞍勒馬一疋、錢二百萬。其子文顥進絹千疋。又進賀登極香萬斤、牙二千斤，又乳香三萬斤、牙五千斤、犀二十株共重四十斤、蘇木五萬斤、白檀香萬斤、白龍腦十斤、木香千斤、石膏脂九百斤、阿魏二百斤、麒麟竭二百斤、没藥二百斤、胡椒五百斤。又進賀納后銀千兩、綾千疋，又謝賜都亭驛安下乳香千斤，謝追封祖考及男已下加恩乳香萬三千斤。又進通犀帶一、金匣百兩，白龍腦十斤、金合五十兩，通粘犀一株、金合百兩，粘犀四株、金合二百兩，真珠五斤，玳瑁五斤，水晶碁子五副、金合六十兩，乳香萬斤。

九8月六日，陳洪進貢助宴銀五千兩、乳香萬斤、泉州土產葛二萬疋、乾薑二萬斤、金銀器皿二千二百兩、綾二千疋。

九日，錢俶進盛菊花金藍四隻二百兩，銀藍二十隻九百兩，功臣堂酒、圓蓮實等。

十三日，陳洪進進銀萬兩、錢萬貫、絹萬疋，謝恩乳香二萬斤、牙二千斤。

十五日，錢俶進賀納后銀器三千兩、色綾三千疋、金器三百兩、金香獅子一座；并紅牙床金香合、金香毬共五百兩；銀鸞鳳二對、銀香囊二、銀合子三百、銀裝箱十，共重五千兩，並塗金。其子惟濬進銀器二千兩、色綾千疋。

二十日，勃泥國王向打遣使施弩、副使蒲亞利、判官哥心來貢龍腦、玳瑁、白檀、象牙。

二十九日，錢俶進塗金銀火爐一十隻，重千五百兩。

(一) 還：原脱，據《長編》卷一八補。

十月十五日，黎州山後兩林蠻遣其使離魚以馬九疋、犀二株來貢，賀登極。

十七日，錢俶進銀三萬兩、絹二萬疋、紬二萬疋、綿五十萬兩、犀二十株、牙千五百斤、乳香五千斤、蘇木三萬斤、大茶三百籠、乾薑十萬斤，修歲貢；謝賜生辰物銀萬兩、絹萬五千疋〔一〕、乳香三千斤；賀冬銀二千兩、絹二千疋；上壽酒金器百兩、銀千兩。其子惟濬進謝賜生辰銀五千兩、牯犀二株、牙七百斤、乳香三千斤。賀乾明節，檀香雕千佛萬菩薩一龕、金銀臺座、御衣、牯犀帶并御衣段百疋、金器五百兩、衣段四千疋、色綾二千疋、乳香三千斤、銀香龍一對并臺重三千兩；助宴絹萬五千疋，及上壽酒、金銀器用等，并塗金銀 9 鳳一隻重二千兩；又綿五萬兩、乾薑五萬斤、大茶萬斤、腦源茶二萬斤，并器用香藥等。修常貢，又銀萬兩、絹萬疋、綿萬兩、犀十株、牙十株。其子惟濬賀開樂，進銀香囊六隻，共萬四千兩；銀裝鼓二，銀共三千兩；白龍腦十斤，金合重二百兩。

十一月，陳洪進貢賀開樂乳香五千斤、象牙千斤。《玉海》：是年十月辛酉，契丹獻良馬、方物。

十二月二十五日，高麗國王王伷遣子元輔以良馬、方物、兵器來貢。

二十七日，交州丁璉遣使以方物來貢。

二十八日，錢俶進瓶香二萬五千六百斤，白龍腦三十一斤，象牙八十六株，藥犀十株，木香、阿魏、玳瑁、紫礦共四百四十斤。《玉海》：是年，高麗國貢馬。十二月，交趾貢方物。

三年正月九日，西山野川路蠻首領馬令膜等來朝〔二〕，貢名馬、犎牛、虎豹皮、麝臍。

二十二日，錢俶遣浙東觀察推官盛豫馳表言〔三〕：以二月二十八日離本道赴朝覲。是日，對豫於崇德殿。三月五日〔四〕，遣其子惟濬至宋州以來迎省。二十一日，對平江軍節度使孫承祐於崇德殿。承祐，俶之姻也，俶將至，遣承祐先入奏事，帝優其禮，即命護諸司供帳，勞俶於郊〔五〕，又命齊王廷美宴犒俶於迎春苑。二十五日，俶來朝，對於乾德殿，賜襲衣、玉帶、金銀器、玉鞍、名馬、錦綵萬疋、錢千貫。是日，宴俶於長春殿，宰臣、諸王、節度使、劉鋹、李煜咸與，賜兩浙從事崔仁冀〔六〕、杜叔廉、黃夷簡、裴祚襲衣、金銀帶、器幣、鞍馬有差。《玉海》：是年三月〔七〕，沙州曹元忠子延祿貢玉盌〔八〕、寶氈。

四月二日，俶進銀五萬兩，錢五萬貫，10 絹十萬疋，綾

〔一〕「疋」下原衍「五千匹」三字，據文意刪。
〔二〕川：原作「州」，據本書蕃夷五之四、《長編》卷一九改。
〔三〕豫：原作「預」，據下文及《宋史》卷二九二《盛度傳》改。
〔四〕五日：原無，據本篇體例及《長編》卷一九補。
〔五〕「郊」下原衍一「郊」字，據《長編》卷一九刪。
〔六〕崔：原作「催」，據《長編》卷一九改。
〔七〕按，曹延祿入貢在興國五年三月，見《長編》卷二一、《文獻通考》卷三三五。《玉海》卷一五四誤作三年，《大典》又沿其誤。
〔八〕曹元忠：原作「曹繼賢」，據《長編》卷二一、《玉海》卷一五四改。

二萬疋，綿十萬兩，牙茶十萬斤，建茶萬斤，乾薑萬斤，瓷器五萬事，錦綵席千，金銀飾畫舫三，銀飾龍舟四，金飾烏樠木御食案、御牀各一，金樽、罍、醆、斝各一，金飾玳瑁器三十事，金釦藤盤二，金釦雕象俎十，銀假果十株，翠花真珠花三叢，七寶飾食案十，銀樽罍十、盞十，盞斝副焉，金釦瓷器百五十事，雕銀俎五十，密假果、翦羅花各二十株，銀釦大盤十，銀裝鼓二，七寶飾胡琴、五絃箏各四，銀飾箜篌、方響、羯鼓各四，紅牙樂器二十二事，乳香萬斤，犀、象各百株，香藥萬斤，蘇木萬斤。《山堂考索》：是年五月乙未，占城國來貢方物。八月辛未，夷州蠻任朗政等來貢。

十月二日，高麗國王王伷遣使貢方物、兵器。

四年八月二十八日，邛部川首領牟昂、諸族鬼主、副使離襪等各貢方物。

九月二十五日，山後兩林蠻主、歸德將軍勿兒與都鬼主遣王子祚遇來貢名馬〔一〕。

十二月一日，占城國遣使李木吒哆以方物來貢〔二〕。拓拔首領拓拔曰榮遣所部酋長拓拔良七，十六府大首領勒浪屈遇遣所部蕃官折朮等並來貢〔三〕。

五年閏三月二十六日，甘、沙州回鶻遣使裴溢的、名似等來貢橐駝、名馬、珊瑚、琥珀、良玉。

六月七日，高麗國王王伷遣使貢方物。

〔七月〕二十日〔四〕，南州刺史向行猛遣使貢方物。《山堂考索》：是年八月甲戌，西南蕃主龍瓊琚遣其子羅若從并諸州蠻七百三十四人，以方物、名馬來貢。

六年三月十一日，高昌國遣使安米成貢方物。《玉海》：是月，稱西州師子王，來貢。《山堂考索》：是年三月丁巳，高昌國王阿厮蘭漢始自稱西州外生師子王，遣都督麥索温等來貢方物。

11 四月二十四日，高麗國遣使貢方物。《玉海》：是月，貢名馬、罽錦、白氎、弓劍。《山堂考索》：是年八月，韃靼國來貢。

十一月八日，女真國遣使來朝貢，道出定安國〔五〕，齎其國主烏玄明表來上。《玉海》：是年十二月，高麗國貢騂角弓、漆甲、大箭，馬五十疋。是年，回鶻來貢。府州外浪族貢馬。

七年二月五日，豐州大首領黃羅并弟乞蚌來貢良馬。《玉海》：是年三月，交趾丁璿貢方物。

九月八日，權知高麗國事王治遣使金全貢方物。

閏十二月一日，占城國遣使乘象入貢方物，詔留象廣州豢養之。

八年五月十五日，交州權三使留後黎桓遣牙吏來貢方物。《玉海》：貢通犀、孔雀尾。

八月十日，山後兩林蠻王子牟昂等來貢方物、名馬。

九月十五日，權交州三使留後黎桓遣使貢方物。

十八日，吐蕃戎人來貢名馬。

〔一〕與：原無，據《宋史》卷四九六《黎州諸蠻傳》補。

〔二〕李木：原作「梓」，據《宋史》卷四八九《占城傳》改。

〔三〕朮：原作「木」，據中華書局點校本《長編》卷二〇改。

〔四〕七月：原脱，據《長編》卷二一補。

〔五〕定安：原作「安定」，據《長編》卷二二、《宋史》卷四九一《定安國傳》乙。

二十二日，占城國來貢馴象。《玉海》：占城國二年至八年六入貢。是年九月，交趾貢金器。

十一月二十一日，三佛齊國遣蒲押陁羅貢方物〔一〕。《玉海》：貢通犀、大食錦、越諸布、琉璃瓶。是年，回鶻來貢。

九年五月三日，西州回鶻與波斯外道來朝貢。《玉海》：是年十月〔二〕，高麗國貢馬，遣國人入學。十二月，貢罽錦、龍鳳袍、弓甲、御馬二。《山堂考索》：是年，西州、龜兹遣使來貢，自是可汗王、克韓皆遣使貢良玉、名馬、橐駞、大尾白羊、乳香等物。

雍（寧）〔熙〕元年《山堂考索》：是年五月壬子〔三〕，西州回鶻與波斯外道各遣使來貢。十一月一日，高麗國王王治遣使貢方物。《玉海》：是年，大食國入貢。

二年二月七日，權交州三使留後黎桓遣牙校張紹等貢方物。

二十二日，占城國王施利陁般吳日歡使婆羅門金歌麻貢龍腦、玳瑁、象牙、越諸〔四〕、無名異。三佛齊國舶主金花茶亦以方物來貢〔五〕。《玉海》：是年二月，交趾貢金龜、鶴，賀乾明節。《山堂考索》：是年八月癸巳，西南蕃奉化王子以慈等三百五十人來貢。

九月十八日，12西南蕃王、權南寧州事、兼蕃落使龍漢璿使牂牁諸州酋長趙大橋等率種落百餘人來貢方物、名馬。

十月十九日，黎州邛部川蠻王子阿郁等以方物〔六〕、良馬來貢。

三年三月十九日，占城國王劉繼宗遣使李朝仙來貢通犀、象、龍腦、丁香、箋香、沉香。

九月二十九日，權交州三使留後黎桓遣牙將朝貢。

四年八月二十一日，合羅川回鶻等四族首領遣使朝貢。

端拱元年閏五月十二日，交州節度使黎桓遣使朝貢。《宋史》：是年，日本國貢佛經〔七〕，納青木函；琥珀，青、紅、白水晶，紅、黑木槵子念珠各一連，並納螺鈿花形平函；毛籠一，納螺杯二口〔八〕；葛籠一，納法螺二口〔九〕、染皮二十枚；金銀蒔繪筥一合，納髮鬘二頭；又一合，納參議正四位上藤佐理手書二卷〔一〇〕及進奉物數一卷、表狀一卷；（及）〔又〕金銀蒔繪硯一筥一合，納金硯一、鹿毛筆、松煙墨、金銅水瓶、鐵刀；又金銀蒔繪扇筥一合〔一一〕，納（繪）〔檜〕扇二十枚、蝙蝠扇二枚；螺鈿梳函一對，其一納赤木梳二百七十，其一納龍骨十（枚）〔橛〕；螺（細）〔鈿〕書案一、几一；金銀蒔繪平筥一合，納白細布五疋〔一二〕；鹿皮籠一，納（貂）〔貂〕裘一領；螺鈿鞍轡一副、銅

〔一〕陁：原缺，據《宋史》卷四八九《三佛齊國傳》補。

〔二〕按《玉海》卷一五四原文乃雍熙三年十月，《大典》誤。下條之「十二月」乃爲太平興國九年。

〔三〕按，此條與上條正文所記實爲一事，太平興國九年亦即雍熙元年，五月壬子即五月三日，《大典》誤。

〔四〕諸：原作「誤」，據上文祥符八年「十一月二十一日」條注引《玉海》及《嶺外代答》卷三改。越諸，布名。

〔五〕茶：原脱，據《宋史》卷四九六《三佛齊國傳》補。

〔六〕阿郁：《宋史》卷四九六《邛部川蠻傳》作「阿有」。蓋音譯不同也。

〔七〕日本：原誤作「三佛齊」，據《宋史》卷四九一《日本國傳》改。

〔八〕螺杯：原作「法螺」，據《宋史》卷四九一《日本國傳》改。

〔九〕法螺：原作「螺杯」，據《宋史》卷四九一《日本國傳》改。

〔一〇〕佐：原作「优」，據《宋史》卷四九一《日本國傳》改。

〔一一〕扇筥：原作「硯一筥」，據《宋史》卷四九一《日本國傳》改。

〔一二〕「金銀蒔繪平筥一合納」九字原脱，據《宋史》卷四九一《日本國傳》補。

鐵鐙、紅絲鞦、泥障；倭畫屏風一雙；石流黄七百斤。《玉海》：是年十一月，高麗貢馬。

二年〔一〕《山堂考索》：是年四月辛未，西南蕃王龍漢璿貽書五溪都統向通漢，約入貢。十二月二十九日，三佛齊國王遣使蒲押陀黎以方物來貢。《宋史》：是年，邛部川蠻貢馬、犀角、象牙、㹈羊、封牛〔二〕。

淳化元年《玉海》：是年正月，三佛齊貢方物。五月六日，南丹州刺史莫洪皓遣其子淮通以方物來貢〔三〕。《玉海》：是年十月，占城貢馴犀。高麗貢馬、漆弓、漆甲及神龜壽樽。交趾貢繡龍鳳繖。

十二月四日，占城國王楊陁排遣使李臻、副使蒲訶散來貢馴犀〔四〕、螺犀、象牙、蠟沉香、龍腦、山得雞、没藥、胡盧巴、白豆蔻、薔薇水。

十四日，高麗國王王治遣使貢方物。《山堂考索》：是年十二月甲寅，黎州山後兩林蠻貢方物、名馬。《玉海》〔五〕：是年，誠州貢蜀馬、錦、犀角。

二年《玉海》：是年二月，高麗貢方物。八月二十四日，邛部川蠻王諾驅遣其子牟昂以方物、良馬、犎牛來貢。《玉海》：是年沙州獻良玉。

13

三年八月十八日，闍婆國遣使婆羅欽乘大舶以方物來貢。《玉海》：是年八月丁丑，闍婆遣使航海修貢，十二月至闕下，貢象齒、珠(具)〔貝〕、白鸚鵡。是年十月，高麗貢馬、漆甲、細箭。是年十月，錦州貢方物。《山堂考索》：是年八月庚午，西南蕃王龍漢璿遣其弟漢興以方物、良馬來貢。九月乙卯，又遣使以名馬、方物來貢。

十二月二十一日，占城國遣使李良莆〔六〕、副使亞麻羅婆低來貢螺犀、藥犀、象牙、煎香、龍腦、絞布、檳榔、山得鷄、椰子。《山堂考索》：是月戊子，西南蕃遣使以名馬、方物來貢。《玉海》：四年十二月，鹽州戎人巢延渭貢馬。

五年〔七〕《玉海》：是年二月癸卯，南海商人獻吉貝布畫海外蠻圖及猩猩圖〔八〕、玉帶。三月十日，大食國舶主蒲希密以方物來貢。《玉海》：是年四月，大食入貢。十一月，獎、晃、欽、懿等州入貢。

至道元年正月二十八日，銀州觀察使趙保吉遣左押衙張浦以良馬、橐駞來貢。《玉海》：是年正月，占城王楊波占遣使來貢。《山堂考索》：是年正月戊午，占城遣使李波珠來貢方物〔九〕。丁巳，涼州蕃當尊以良馬來貢。

二月一日，大食國舶主蒲押陁黎以方物來貢。

九月一日，西南牂牁諸蠻貢方物。

二年《玉海》：是年六月，勒浪族貢馬。十月十七日，甘州可汗附達怛國貢方物。

〔一〕二年：此二字原作小字，緊連上文，今據文意及本門體例改作正文大字。

〔二〕封牛：原作「封羊」，據《玉海》卷一五四改。《宋史》卷四九六《邛部川蠻傳》作「犎牛」，此處所引非原文。

〔三〕莫洪皓：原作「莫浩皓」，據《長編》卷五九、《文獻通考》卷三三一、《宋史》卷四九四《南丹州傳》改。

〔四〕訶：原作「河」，據本書蕃夷四之六五改。

〔五〕玉海：原脱，按下句見《玉海》卷一五四，非《山堂考索》文，因補。

〔六〕李良莆：《宋史》卷四八九《占城傳》同，本書蕃夷四之六五、《群書考索》後集卷六四作「李良甫」。

〔七〕五年：原爲小字，天頭原批：「八行注第一行『五年』二字當作正文，《玉海》以下作注。」據改爲正文大字。

〔八〕蠻圖：原作「蠻國」，據《玉海》卷一五四改。

〔九〕珠：原作「殊」，據《群書考索》後集卷六四、《宋史》卷四八九《占城傳》改。

三年三月二十日〔一〕，大食、賓同隴國各遣使朝貢。《玉海》：是月，占城入貢。

八月二十二日，邛部川都蠻王諸驅遣其子阿醉來貢〔二〕。

九月八日，交州南平王黎桓遣使阮紹恭、副使趙懷德來貢。

真宗咸平元年四月八日，黎州山後風琶蠻王烏怕遣使貢馬、白地紅花娑羅毯〔三〕。

九日，甘州回鶻可汗王遣僧法勝來貢。

十四日，夏州趙保吉遣弟宥州團練使繼瑗來貢橐駞、名馬。

九月八日，南平王黎桓獻馴象四。《山堂考索》：是年九月

14 壬申，西南蕃王龍漢璓遣使龍光腆，并率牂牁諸蠻千餘人來貢。《玉海》：是月，交趾獻馴象。十月，古州向通展來朝，貢珠及馬。

十一月一日，河西軍左廂副使、歸德將軍折逋游龍鉢來朝，貢馬。

二年二月十五日，沙州節度使曹延禄遣使貢美玉、良馬。

二十八日，占城國王楊甫俱毗茶逸施離遣(太)〔大〕使朱陳堯〔四〕、副使蒲薩陁婆、判官黎姑倫來貢犀、牙、玳瑁、香藥。

六月二十七日，大食國蕃客蒲押提黎遣其判官文戊來貢。

九月十九日，邛部川蠻帥部的等來貢文犀、名馬。

十一月十五日，豐州河北藏才八族大首領皆賞羅等來貢名馬。《玉海》：是年，交趾獻犀牛。三年十一月，高州蠻入貢。

四年二月《玉海》：是月，龜兹貢玉勒名馬〔五〕、獨峰橐駞、賓刀、琉璃器。六日，南平王黎桓遣使貢馴象、犀、⿰犭朋〔六〕、七寶裝金瓶。

四月十五日，回鶻可汗王禄勝遣使曹萬通來貢玉鞍名馬，獨峰、無峰駞，賓鐵劍甲，琉璃器。

六月二十日，上溪州刺史彭文慶等來朝。《玉海》：是月，上溪州貢水銀、虎皮、花布。

七月三日，丹眉流國主多須機遣使打古馬，副使打臘、判官皆皮泥來貢。

十一月十七日，宜州蠻酋蒙頂等來朝，輸器甲百七十事。

二十七日，撫水州蠻蒙虔瑋等來朝〔七〕，輸器甲四百事。

〔一〕三月：《文獻通考》卷三三九、《宋史》卷四九〇《大食傳》均作「二月」。

〔二〕蠻：原無，據《宋史》卷四九六《邛部川蠻傳》補。又，「諸驅」下原有「來貢」二字，據文意删。

〔三〕毯：原作「毬」，據本書蕃夷五之五八改。

〔四〕朱：原脱，據本書蕃夷四之六七、《宋史》卷四八九《占城傳》補。

〔五〕「玉勒」下原有「馬」字，據《玉海》卷一五四删。

〔六〕「犀」原抄本有，又被删去，「⿰犭朋」原作「棚」，據本書蕃夷四之二六、《長編》卷四八、《安南志略》卷一一、《宋史》卷四八八《交阯傳》補改。

〔七〕虔：原作「皮」，據本書蕃夷五之五、《長編》卷五〇改。

二十八日，龜兹國遣使來貢。

十二月〔三〕十日〔一〕，撫水鎮寧州蠻酋蒙填等來朝，輸器甲百八十三事。《山堂考索》：是年閏十二月，涼州卑寧族首領喝鄰半祝貢名馬。《玉海》：是年，大食入貢。

五年《玉海》：是年正月，天賜州蠻來貢。《山堂考索》：是年四月戊戌，西南（番）〔蕃〕王龍漢璓遣使來貢。八月十一日，權歸義軍節度使留後曹宗壽遣牙校陰會遷來貢。《玉海》：是月，邛部川貢犀、象、名馬。

十一月三日，六谷首領 15 潘羅支等來貢馬。《玉海》：是月，河西潘羅支貢馬五十疋。十二月，西涼府興咩逋族入朝貢。

六年八月十二日，西涼府者龍族都首領遣使貢名馬〔二〕。

二十九日，高麗國王王誦遣使李宣古來貢。

九月三日，三佛齊國遣使來貢。

五日，大食國貢方物。蒲端國獻紅鸚鵡〔三〕。

十一日，南平王黎桓遣使黄成雅來貢〔四〕。先是，桓每加恩，即以貢奉爲名，過有賦歛，帝聞之，遂罷遣使，止令疆吏賜綸告〔五〕。至是，懇請降使及入貢，特許之。

十月二十五日〔六〕，高州義軍指揮使田彦强、防虞指揮使田承海等來貢〔七〕。《玉海》：是年十一月甲午，龜兹入貢。十二月，西天竺貢方物。大中祥符七年十二月〔八〕，高麗王詢遣使貢奉。

景德元年正月十六日，詔廣南西路轉運司：「自今西南蕃牂牁諸國遣使朝貢，欲親至闕庭者，勿抑其意，仍發兵援送之。」時本路言：「得西南蕃牒：『先准詔：龍光進等赴闕貢奉〔九〕，道遠，人馬多死，自今只令至宜州，就給恩賜。緣當蕃無於宜州受賜之禮，願至闕下。』」故有是命。

十八日，高州五姓義軍指揮使田文鄯等來貢。《山堂考索》：是月丙申，西涼府龕谷、嬾家、宗家、者龍、當宗、章述等十族並來貢物。

二月十二日，言泥族拔黄太尉遣其子獨崖來朝貢。《玉海》：是年四月，回鶻入貢。

五月一日，蒲端國王其陵遣使李匄罕等來貢。

十日，西州龜兹國回紇白萬進來貢〔一〇〕。

二十四日，歸義軍節度使曹宗壽遣使來貢。

六月十一日，南平王黎桓遣其子攝驩州刺史明提來貢。

〔一〕三十日：原作「十日」。按《長編》卷五〇繫於十二月二十九日丙寅，此當是「三十日」，正如前二條亦較《長編》多一日，此史官紀録之時間先後不同也。因補。

〔二〕族：原作「津」，據本書方域二一之一九、《群書考索》後集卷六四改。

〔三〕鵡：原作「武」，據本書蕃夷四之九五改。

〔四〕桓：原作「栢」，據下文及《長編》卷五五改。

〔五〕疆：原作「彊」，據本書蕃夷四之二六改。

〔六〕十月二十五日：按，《長編》卷五五記此事在十月十三日己巳，本書蕃夷五之七六、《宋史》卷四九三《西南溪峒諸蠻傳》上又記於「七月」，未知孰是。

〔七〕「虞」原脱，「海」原作「侮」，據本書蕃夷五之七六及《宋史》卷四九三補改。

〔八〕大中祥符：原無。《玉海》卷一五四亦上接咸平，而無此四字。然咸平無七年，查《長編》卷八三，此是大中祥符七年十二月事，《玉海》脱去年號。因補。

〔九〕進：原脱，據本書蕃夷五之一三補。

〔一〇〕紇：原作「訖」，據《長編》卷五六改。

十五日，西州回鶻遣使金延福來貢。《玉海》：是年六月，高昌貢良玉、名馬。

七月十三日，西涼府六谷都首領潘羅支遣使貢良馬。

九月16二十八日，占城國王楊甫俱毗茶逸施離遣使來貢〔一〕。《玉海》：是年閏九月，回鶻貢馬。

十月十五日，南平王黎桓遣其子攝驩州刺史明提來貢。

二年二月二十日〔二〕，西涼府六谷首領厮鐸督遣其甥呵昔〔三〕、教練使賈仁義來貢。《玉海》：是年四月，占城入貢。瓜、沙曹宗壽貢良玉、名馬。

九月八日，夏州趙德明遣都知兵馬使白文壽來貢。《玉海》：是年十二月，環慶二族貢馬。

三年二月一日，溪州刺史彭文慶率溪洞諸蠻來貢。

五月一日，夏州趙德明遣兵馬使賀永珍、賀守文來貢。《玉海》：是月，河西入貢。《山堂考索》：是月壬寅，西涼府六谷首領厮鐸督遣其安化郎將路黎奴貢物。

六月七日，德明又遣左都押衙賀永珍來貢。

八月十一日，風琶蠻王曩娑遣將軍烏怕來貢。《玉海》：貢犀、象、犎牛、青羊及馬。

十一月十三日，定難軍節度使、西平王趙德明遣使貢御馬、散馬、橐駞，以謝朝命。

十二月一日，高、溪州蠻酋來貢。

十一日，西涼府六谷大首領厮鐸督遣使來貢。《玉海》：是年，大食入貢。十二月，高向通漢貢名馬、丹砂、銀裝劍槊〔四〕。

四年三月九日，西南蠻羅瓮井都指揮使顔士龍等來貢。

十六日，夏州趙德明遣牙吏貢馬、橐駞，謝給俸廩。

五月八日，大食、占城國遣使來貢。《玉海》：是年五月，瓜、沙貢玉印、名馬。河西厮鐸督貢名馬。

閏五月，詔：「溪洞等處除刺史、知州已上非時到闕，進奏院申樞密院外，其常例進奉人員到京，限五日進納，仍具職位、人數報閤門，依例見、辭，更不供申樞密院。閤門支賜，例具劄子進呈，取索宣賜。」

六月十八日，蒲端國王其陵遣使已絮漢來貢。《玉海》：是月，貢玳瑁、龍腦。

二十一日，夏州趙德明遣17使貢馬，助修莊穆皇后園陵。

七月十七日，權静海軍節度觀察留後黎龍廷遣使來貢。《玉海》：是月，交趾黎龍廷修貢，請賜九經〔五〕。十月，回鶻貢馬。《山堂考索》：是年七月乙丑朔，南州蠻龔允進等來貢。六年，日本國天台山延歷寺僧寂照等八人來朝〔六〕，貢佛像經等物。

〔一〕俱：原脱，據本書蕃夷七之一四、《宋史》卷四八九《占城傳》補。
〔二〕二十日：《長編》卷五九繫於二月八日丙戌。
〔三〕「西涼」下原有「州」字，據《長編》卷五九删。
〔四〕高：疑爲「富州刺史」之脱誤。
〔五〕九經：原脱，據《玉海》卷一五四補。
〔六〕天台山：原作「天台寺」，據《群書考索》後集卷六四改。

大中祥符元年七月四日〔一〕，命知制誥周起〔二〕、閤門祗候侍其旭編排東封詔進奉。先是，朝陵沿路士庶貢物，有司給賜，頗至稽滯，及是，命起等主之。

十三日，濮州舉人郭郵等四百六十二人以車駕東巡狩，進粟豆二千石、草四萬圍。帝曰：「郵等意雖可嘉，然納之即諸路蓋以爲貢，益成煩擾。可優給其直，仍諭京東州軍民不得復然。」

十九日，三佛齊國王思離麻囉皮遣使李眉地、（使副）〔副使〕蒲婆藍、判官麻訶勿來貢。《玉海》：是年四月，回鶻入貢。《山堂考索》：七月丁丑，三佛齊來貢。

九月十五日，邛部川蠻都王阿遒遣將軍趙勿娑等貢名馬〔三〕、犀角、象牙。

十月十九日，大食、占城國遣使貢方物。大食蕃客李麻勿獻玉圭，長尺二寸。麻勿自言：「五代祖得自西天屈長者，傳云：謹守此，俟中國聖君行封禪禮，即馳貢之。」

十一月十二日，甘州回鶻可汗夜落紇、寶物公主及没孤公主、婆温宰相各遣使來貢。

十五日，宗哥族大首領温逋等遣使來貢。《玉海》：是月，回鶻以東封獻名馬。《山堂考索》：是月壬申，宗哥族唃廝羅族貢名馬。

十二月〔二〕十三日〔四〕，辰州大洞狤獠蠻大都頭魏進武及洞主首領覃架圖以方物來貢〔五〕。西涼府廝鐸督遣蕃部廝鐸奴貢馬。

二年二月十二日，西涼府六谷都首領廝鐸督遣使來貢。《玉海》：是年三月己巳，于闐貢良玉及玉鞍勒馬。18《山堂考索》：于闐國王黑韓王遣回鶻羅廝温等以方物來貢。廝温跪奏曰：「臣萬里來朝，獲見天日，願聖人萬歲，與遠蕃作主。」

四月，詔：「諸蕃貢物，並令估價酬之〔六〕。如聞左藏庫減抑所直，目曰潤官，自今宜禁之。」《山堂考索》：是年四月甲寅，占城遣使來貢。《玉海》：是年六月，〔折〕惟昌率蕃部來朝，貢名馬。

八月十二日，西南蕃龍漢璓遣使來貢。

十一月〔二〕十二日〔七〕，雅州砂平路羅嵓州蕃部阿黎等來朝，貢名馬、犎牛。《山堂考索》：是月壬戌，西涼府六谷首領廝鐸督遣使貢物。《玉海》〔八〕：是年十二月癸未，交趾貢馴犀一，上令縱之海涘〔九〕。

三年正月十三日，交州黎至忠遣使來貢。

閏二月二十一日，龜兹國遣使貢良馬、獨峰槖駞、豲羊。《玉海》：貢馬、玉鞍勒。是年三月，授李公蘊交趾郡王，以祀汾陰修貢。

四月五日，占城國主毗茶室離遣使來貢。

十一月二十日，甘州回鶻遣左温宰相、何居録越樞密使、

〔一〕按，以下二條乃本國百姓之貢奉，非「蕃夷」之朝貢，似不應編入。
〔二〕誥：原作「詔」，據《長編》卷六九改。
〔三〕娑：原作「婆」，據本書蕃夷五之五六、《宋史》卷四九六《邛部川蠻傳》改。
〔四〕二十三日：原作「十三日」，據《長編》卷七〇補。
〔五〕狤：原作「秸」，據本書蕃夷五之七七、《長編》卷七〇改。
〔六〕之：原脱，據《長編》卷七一補。
〔七〕二十二日：原作「十二日」，據《長編》卷七二、《宋史》卷七《真宗紀》二補。
〔八〕按，下文不見於《山堂考索》，乃《玉海》卷一五四之文，因補。
〔九〕涘：原作「溪」，據《玉海》卷一五四改。

翟符守榮來貢〔一〕。

四年二月十七日，甘州回鶻可汗夜落紇遣使來貢。蒲端國主悉離琶大遐至、三麻蘭國舶主聚蘭、勿巡國舶主蒲加心、烏惶、蒲婆羅國主麻勿和勒〔二〕、大食國使陁婆離、延州諸族軍暮尾埋並詣行在朝貢。《玉海》：是月，大食貢象齒、錦繡、琉璃鍾。勿巡貢瓶香、象齒。《山堂考索》：是年三月丙申，西涼府土蕃毒石鶏等來貢。

四月九日，夏州趙德明遣使來貢，秦州回鶻安密等貢玉帶，並賀汾陰禮畢。

五月二十四日，蒲端國主悉離琶大遐至遣使，以金版鐫表，奉丁香、白龍腦、玳瑁、紅鸚鵡來貢。

六月一日，西天竺僧智軍來貢梵夾、菩提印、佛骨并舍利。

十月三十日，西涼府六谷都首領厮鐸督遣僧藺氈單來貢。

十一月《玉海》：是月庚午朔，占城獻師子，色黃。其王言：「於三佛齊國得金毛獅子一，首斑而身純黃。」命養于玉津園。五日，占城國主楊

19 普俱毗茶室離遣使貢獅子、象牙、螺犀、玳瑁、沉香、煎香、帶枕、丁香、荳蔻、没藥、紫礦。

十二月二十一日，溪洞安、遠、順、南、永寧、濁水等州蠻來貢。

五年《山堂考索》：是年二月丁未，洛浦、磨嵯洞蠻酋田仕瓊等貢溪布〔三〕。《玉海》：是年四月，交趾貢方物。五月八日，甘州回鶻可汗王夜落紇〔四〕、寶物公主遣使以寶貨、橐駞、馬來貢。《玉海》：是月，獻馬及玉。

閏十月十三日，五溪蠻向貴升等來貢。《山堂考索》：是年十一月辛酉，西涼府六谷首領厮鐸督遣其子來貢。

六年正月四日，高州蠻人來貢。

二十一日，西天金城國僧悲賢、般尼國僧寂賢來朝，貢梵夾、菩提印、名馬。《山堂考索》：是月乙巳，夔州徼外蠻覃如縚等來貢。

二月九日，夔州蠻彭延暹等來貢〔五〕。《山堂考索》：是年三月壬子，夔州蠻人龔才晃等來貢。

八月二十九日，西南蕃都總管龍光進已下千五百人來貢方物、名馬。

十一月二十七日，龜兹國遣使李延慶等來朝，貢玉六十團、橐駞、弓箭、鞍勒、香藥。

十二月三日，回鶻遣使來貢御馬。

七年〔六〕《玉海》：是年正月，占城入貢。《山堂考索》：七月丁巳，西

〔一〕符：原脱，據本書蕃夷四之四、《群書考索》後集卷六四補。
〔二〕羅：原作「衆」，據本書蕃夷四之九五、《長編》卷七五改。主：原脱，據本書蕃夷四之九五補。
〔三〕嵯：原作「山差」，據本書蕃夷五之七八、《長編》卷七七改。
〔四〕王：原作「主」，據本書蕃夷四之四、《文獻通考》卷三四七改。
〔五〕彭延暹：《宋史》卷四九三同，《長編》卷八〇作「彭延進」。
〔六〕七年：原作小字，天頭注云：「『七年』二字當作正文，《玉海》以下作注。」據改。

涼府六谷首領厮鐸督遣使來貢。八月十六日，交趾郡王李公蘊遣知唐州刺史陶碩等來貢。

十一月十七日，六谷蕃部來貢。

十二月十五日，權知高麗國王詢遣告奏使御事工部侍郎尹證古與女貞將軍大千機等〔一〕，來貢金銀線織龍鳳鞍馬。

八年二月十五日，占城國遣使來貢。

十七日，黔州西南寧州蕃族張聱進遣使來貢〔二〕。西蕃首領角厮羅〔三〕、立遵、温逋欺、木羅丹並遣牙吏貢名馬〔四〕。

五月六日，占城國王遣使劉公佐貢犀、牙、玳瑁、乳沉煎香、荳蔻、檳榔。

十七日，西涼州節度 20 使厮鐸督遣使貢馬。

九月二日，注輦國使婆里三文〔五〕、副使蒲加心、判官翁勿來貢真珠衫、帽，真珠、象牙、乳香、香藥〔六〕。以盤捧真珠、碧、頗黎升殿，布於御座。《山堂考索》：是年九月己酉，注輦國王羅(答)〔茶〕羅乍遣使婆里三文等來貢真珠衫、帽各一，及真珠、象牙、香藥等。先是，有舶商抵其國，告以天子東封西祀，其王曰：「十年來海無風濤〔七〕，古老傳云：如此，則中國有聖人。」故遣使入朝。其使者又以盤捧真珠、碧、玻璃升殿，布於御座前，降殿再拜，譯者道其言曰：願以表遠人慕化之意。

十一月二日，回鶻阿羅等來貢。

二十七日，高麗進奉告奏使御事民官侍郎郭元與東女真首領阿盧太來貢〔八〕。

〔天聖〕九年正月十二日〔九〕，資政殿學士晏殊言：「占城、龜兹、沙州、邛部川蠻至有挈家入貢者，請如先朝故事，令館伴訪其道路、風俗，及繪人物、衣冠以上史官。」從之。

〔大中祥符九年正月〕二十日〔一〇〕，西蕃唃厮囉、立遵等貢謝恩馬。

四月二日，命禮儀院修《四夷述職圖》。時注輦國遣使來貢，判鴻臚寺張復繪其風俗、衣冠爲圖以獻。帝曰：「二聖已來，四夷朝貢曾無虚歲，豈止此耶？」故命重修焉。

七月七日，祕書少監、知廣州陳世卿言：「海外蕃國貢方物至廣州者，自今犀象、珠貝、揀香、異寶聽賫持赴闕，其餘輦載重物，望令悉納州帑，估價聞奏。非貢奉物，悉收税

〔一〕告奏使：原抄同，被乙爲「使告奏」，不通，今據《宋史》卷四八七《高麗傳》回改。

〔二〕寧州：本書蕃夷五之一九作「密州」，兩處各有所本，參見彼處校記。

〔三〕「西」下原衍一「南」字，據《長編》卷八四刪。

〔四〕並：原作「芷」，據本書蕃夷六之一及《長編》卷八四改。

〔五〕婆：原作「娑」，據下文及《長編》卷八五改。

〔六〕真珠衫帽真珠象牙乳香香藥：原置下句「御座」後，據下文及《長編》卷八五移。

〔七〕濤：原脱，據《群書考索》後集卷六四補。

〔八〕奏：原作「奉」，據《長編》卷八五改。

〔九〕天聖：原無。按，此條事，《長編》卷一一〇、《玉海》卷一五三均記於仁宗天聖九年正月十二日庚申。此處承上爲大中祥符九年，誤。據《長編》卷一〇七載，天聖七年三月，晏殊始除資政殿學士。此必是《大典》輯録時脱去年號，編者遂誤插編於此。今補。

〔一〇〕大中祥符九年正月：原無，據《長編》卷八六補。以下四條亦爲祥符九年事。

筭。每國使、副、判官，各一人；其防援官，大食、注輦、三佛齊、闍婆等國勿過二十人，占城、丹流眉、渤泥、古邏摩迦等國勿過十人，並來往給券料。廣州蕃客有冒代者，罪之。緣賜與所得貿市雜物則免稅筭，自餘私物不在此例。」從之。

九月七日〔一〕，邛部川山前後百蠻都王黎吠遣 21 歸德將軍趙勿婆貢犀角、犎牛、娑羅氈。

十二月九日，甘州回鶻夜落隔歸化及寶物公主、宰相索溫守貴並遣使貢馬及玉、香藥。

天禧元年四月二日，三佛齊國王霞遲蘇勿吒蒲迷遣使奉金字表，貢珠、象牙、梵夾經、崑崙奴。

二十六日，龜茲國尅韓王智海遣使貢玉及馬、香藥等。

六月二十九日，龜茲國進奉使張復延等貢賀先天節玉鞍勒馬。《玉海》：是月，三佛齊國以先天節獻香。十一月癸亥，高麗入貢，對崇政殿，獻金犀帶。《山堂考索》：是年九月丁未，宗哥族、角厮羅族貢名馬。

十(二)〔一〕月〔二〕十九日〔二〕，高麗國遣使御事刑官侍郎徐訥率女真首領來貢罽飾漆紵御衣、金犀帶、騾馬、刀布、貂、麝。

二年《山堂考索》〔三〕：是年正月，三佛齊貢龍涎一塊三十六斤，真珠一百一十三兩，珊瑚一株二百四十兩，犀角八株，梅花腦版三片，梅花腦二百兩，琉璃三十九事，金剛鑽三十九箇，猫兒眼指環、青瑪瑙指環、大真珠指環共一十三事，膃肭臍二十八兩，番布二十六丈，大食糖四瑠璃瓶，大食棗十六瑠璃瓶，薔薇水一百六十八斤，賓鐵長劍九張，乳香八萬一千六百八十斤，象牙八十七株共四千六十五斤，蘇合油二百七十八斤，木香一百一十七斤，丁香三十斤，血竭一百五十八斤，阿魏一百二十七斤，肉荳蔻二千六百七十四斤，楜椒一萬七百五十斤，檀香一萬九千九百三十五斤，箋香三百六十四斤。二月二日，甘州可汗王夜落隔歸化遣都督安信來貢。

八月十九日，黎州山後兩林百蠻都王李阿善遣將軍卑熱等來貢馬、犀、象、娑羅氈。《玉海》：是年九月，占城入貢。

三年〔四〕《山堂考索》：是年二月丁酉，宗哥族、唃厮羅族遣使來貢。四月庚午，三佛齊國王霞遲蘇勿吒蒲迷遣使來貢〔五〕。《南蠻序略》：天禧二年，富州刺史向通漢率所部來朝，貢名馬、丹砂、銀裝劍槊、兜鍪、彩牌等物，詔賜襲衣、金帶、鞍勒馬，并其子光澤以下器幣有差，特許通漢五日一朝。五月二日，大食國遣使蒲麻勿陁婆離、副使蒲加心來貢。

八月一日，交州李公蘊遣其弟鶴來 22 貢象牙、犀角、方物。

〔一〕按，《長編》卷八八大中祥符九年九月壬戌（二十一日）亦載此條事，而注云：「《會要》及本傳（按：指《國史·邛部川蠻傳》）並不載此，當考。」是李燾所見原本《國朝會要》並無此條，當是張從祖彙編《會要》時據《長編》等書新添。

〔二〕十一月二十九日：原作「十二月十九日」。按，《長編》卷九〇載於十一月二十九日癸亥，據改。

〔三〕按，以下不見於今本《群書考索》。

〔四〕三年：原爲小字，天頭原批：「『三年』二字當作正文，『山堂考索』作注。」據改。

〔五〕吒：原作「吁」，據《群書考索》後集卷六四及本書上文「天禧元年四月二日」條改。

十一月〔二〕十七日〔一〕，高麗國遣禮賓卿崔元信率東、西女真首領來貢罽錦衣褥、烏漆甲、金飾長刀、匕首、罽錦飾鞍馬、紵布、藥物。

十二月二十八日，女真國遣使汝湥達來貢馬。《玉海》：是年，回鶻入貢。

四年二月三日，注輦國遣使琶欄得麻烈呧來貢真珠、象牙。《山堂考索》：是年十二月丁亥，龜兹可汗王智海、甘州回鶻各遣使來貢，智海仍貢大尾羊二。

七月五日，西南蕃千五百人來貢。

五年九月二十二日，權知高麗國事王詢遣使韓祚等來貢。

仁宗乾興元年《玉海》：是年四月，交趾貢方物。十一月七日，即位未改元。宗哥唃廝囉、立遵遣使進馬。

天聖元年《山堂考索》：是年二月戊戌，宗哥族、唃廝羅族歲一入貢。五月二十九日，甘州可汗王夜落隔遣使副阿葛之〔二〕、王文貴貢方物。

六月十九日，秦州回鶻趙福獻馬并銀纓鈸。自是，每歲來貢。

九月十九日，沙州、大食國遣使翟來著等貢方物。

閏九月二十二日，歸義軍節度使曹賢順貢乳香、硇砂、玉。

十一月〔二〕十三日〔三〕，入内内侍省副都知周文質言：「沙州、大食國進奉到闕，體問大食國人使皆泛海至廣州〔四〕，今取沙州路入貢〔五〕，經歷趙德明地分至渭州。伏慮今後只於此路出入，喻使人今後只自廣州路入貢，更不得於西番出入，仍乞向西州軍不得放過。」從之。

二年三月十七日〔六〕，龜兹國王智海等貢獨峰駝、五香藥、雜物。《玉海》：是年四月，龜兹貢橐駝、馬、玉。五月，回鶻貢馬，後再入貢。

六月六日，甘州可汗王貢馬、胡錦、白疊。

十二月十六日，宗哥唃廝囉、立遵來貢。

三年正月二十九 23 日，知上溪州趙君佐貢溪布、虎皮。

三月十三日，甘州可汗來貢乳香、硇砂、琥珀、白玉、馬。

十八日，回鶻僧貢馬。詔秦州：「今後蕃僧進貢，止絶不得發遣。」

十二月四日，于闐國黑韓王遣大首領羅面千多奉表貢玉鞍轡、玉鞦轡、校具、白玉、胡錦、乳香、硇砂、獨峰駝。

四年正月十八日，者龍蕃部首領斯鐸督來貢馬。

〔一〕二十七：原脱「二」字，據《長編》卷九四補。
〔二〕「阿」上原有「王」字，據本書蕃夷四之八、《宋史》卷四九〇《回鶻傳》删。
〔三〕「十三」上原有「二」，據《長編》卷一〇一删。
〔四〕皆：原作「自」，據本書蕃夷四之九一改。
〔五〕今：原作「令」，據本書蕃夷四之九一改。
〔六〕《長編》卷一〇二記於三月六日癸巳。

八月十四日，詔：「溪洞諸州蠻人進奉，今後只於逐州交納貢物，給賜價錢；每三年一次許首領至京〔一〕，因便買賣。仍自今年爲始。」先是，每年至京，而安遠、天賜州并南州、順州官族尚萬勇等乞只就施州納下貢物，請領例物價錢，更不逐年上京，因令高州刺史田承進等依此，著爲定例。

九月十五日，宜州蠻部龍光瀧來貢良馬、朱砂。《南蠻序略》：天聖四年，歸順等蠻田思欽等以方物來獻。時來者三百一人，而夔州路轉運司不先以聞，詔劾之。既而又詔：「安遠、天賜、保順、南、順等州蠻貢京師，道里遼遠，而罹寒暑之苦，其聽以貢物留施州，所賜就給之。願人貢者，十人聽三二人至闕下，首領聽三年一至京師。」

五年八月二十五日，甘州可汗王寶國夜落隔遣使貢乳香、硇沙。

十月二十七日，交州南平王李公蘊遣使驩州刺史李公顯貢金銀(紗)〔沙〕羅、犀角、象牙、絹、紬、布、桂皮。

六年二月十五日，甘州可汗王寶國夜落隔遣使副督都貢玉、琥珀、乳香。《山堂考索》：是年八月丁丑，三佛齊國王室離疊華遣使蒲押陀羅歇及亞加盧等來貢方物〔二〕。

十月七日，三佛齊國遣使蒲押陁羅歇來貢方物。

七年《玉海》：是年五月，占城奉表進鳳，以爲鳳表王者之瑞，應聖人之運。六月二十一日，龜茲國遣金烏塔名鈍噎似吳索温等來貢方物。

十月【24】二十七日，溪州蠻彭仕端、仕義等來貢溪布〔三〕。自是歲來貢。

十一月一日，黔州蠻、舒延蠻、繡州蠻向光緒等來貢水銀、綿紬。自是歲來貢。《玉海》：是月，六谷蕃部來貢。

十二月三日，波州田政聰、田政遷等來貢水銀。自是歲來貢。

八年《玉海》：是年二月，河西宗哥城唃厮囉遣使貢馬。十月十七日，占城國王陽補孤施離皮蘭德加拔麻疊遣李蒲薩麻瑕馳琶來貢木香〔四〕、犀、玳瑁、乳香、象牙。

十一月八日，邛部川都蠻王黎在遣卑郎、離滅等來貢犀〔五〕、馬、牛、羊。

十五日，龜茲國遣使李延慶貢玉帶、真珠、玉越斧、團牌、花蕊布、金(渡)〔鍍〕鐵甲、乳香、硇砂、馬、獨峰駞、大尾羊。沙州遣使貢玉、玉版、黑玉、玉鞦轡、真珠、乳香、硇砂、梧桐樏、黄礬、花蕊布、白褐馬。

十二月十三日，高麗國王詢遣御事民官侍郎元穎奉表，貢金器、罽龍衣、罽褥、銀裝長刀、斫刺刀、劍刀、罽鞍轡布、人參、香油、鞍轡馬，進奉使獻馬，銅器、琉黄、青鼠皮、猿皮。《玉海》：自後不朝貢蓋四十三年。

九年正月十八日，龜茲國王智海遣使李延慶等貢硇

〔一〕三年：原作「二年」，據本書蕃夷五之八二、《長編》卷一〇四改。
〔二〕亞：原脱，據《長編》卷一〇六、《宋史》卷四八九補。
〔三〕義：原作「義」，據本書蕃夷五之八一、《長編》卷一〇八改。
〔四〕王：原無，據《宋史》卷四八九補。
〔五〕滅：原作「減」，據《長編》卷一〇九、《宋史》卷四九六改。

砂、乳香、名馬。沙州遣使米興、僧法輪等貢珠玉、名馬。《玉海》：是年三月，河西貢馬五百八十三疋。

十年三月二十六日，黎州言：「得(太)〔大〕渡河南邛部川山前山後百蠻都王黎在狀，乞每三歲一詣闕貢。」詔諭以地遠，令每五七年一次貢。《東齋記事》：天聖中，新羅人來朝貢，因往國子監市書。是時，直講李畋監書庫，新羅人遺畋松子髮之類數種，曰：「生芻一束，其人如玉。」畋答以：「某有官守，不敢當。」復還之，曰：「中心藏之，何日忘之？」於是使者起而折旋，道「不敢」者三。新羅，箕子之國，至今敦禮義，有古風焉。

明道二年《山堂考索》：是年三月丁酉〔一〕，邛部川蠻黎在三歲一入貢。十月二十一日，25注輦國王尸離囉茶印陁囉注囉遣使蒲押陁離等以泥金表進真珠衫帽及真珠〔二〕、象牙。陁離仍請用夷禮，以申嚮慕之心，乃奉銀盤於殿，跪散珠於御榻下而退。

景祐元年閏六月十三日，黎州言：邛部川蠻乞詣闕貢奉。詔候及五年，聽入貢。《玉海》：是年十一月辛亥，交趾李德政獻方物及象二。

二年五月十三日，交州南平王李德政遣庸州刺史何遠奉表，貢金銀沙羅、象牙、犀角、大絹、紬布。

十一月二十日，西南蕃遣龍光辯等來貢方物。

四年正月九日，龜茲國遣使李延貴貢花蕊布葛、乳香、硇砂、玉、獨峯駞、馬。沙州遣使副楊骨蓋、靡是貢玉、牛黄、棋子、褐緑黑皮、花蕊布、琥珀、乳香、硇砂、梧桐律、黄礬、名馬。

三月二十五日，判鴻臚寺宋郊言：「請自今外夷朝貢，並令詢問國邑、風俗、道途遠近，及圖畫衣冠、人物兩本，一進内，一送史館，委修撰官依傳題紀。」從之。《玉海》：是年六月，龜茲入貢。《山堂考索》：是年十一月癸亥，宗哥族、唃厮羅族入貢。

五年五月十一日，大渡河南邛部川山前山後百蠻都王忙海進犀、馬，倍酬其直，賜襲衣、銀帶、衣著有差。又乞三年一到闕進奉，詔以五年許之。

寶元元年三月十一日，詔外夷入貢所過州縣，令巡檢、縣尉援送之。

二年三月二十三日，唃厮囉遣李波末裏瓦等來貢方物。

康定元年《玉海》：是年四月，龜茲入貢。七月十五日，右正言、知制誥吳育言：「外夷入貢，乞選用官屬使知外夷之務，并採集古今事迹、風俗情狀，如有質問，悉以條陳。」詔史館檢討王洙等26檢尋典故以聞。

二年十一月十五日，北亭可汗奉表〔三〕，貢玉、乳香、硇砂、名馬。

十二月八日，西蕃磨氈角來貢馬。

〔一〕按，《群書考索》後集卷六四原文作明道元年，此即上條正文所叙之事，《大典》編於明道二年下，誤。

〔二〕押：原作「神」，據《長編》卷一一三、《宋史》卷四八九改。

〔三〕北亭：《玉海》卷一五三同。「北亭可汗」未詳，疑「亭」爲「廷」之誤，「北廷」乃高昌之夏都。見《宋史》卷四九〇《高昌國傳》。

慶曆二年五月二十二日，唃嘶囉貢馬、乳香、硇砂、銀鎗、鐵甲、銅印、銀裝交椅。

十一月十七日，占城國王刑卜施離值星霞弗奉表，貢象牙、犀角、馴象、煎香、象兜、錦褥。

三年三月十六日，交州南平王李德政遣節度副使杜景安、三班奉職梁材、監綱范有仁奉表貢象而還。

十二月四日，安化州蠻來貢。

四年正月九日，西蕃磨氈角遣使來貢方物〔一〕。

十月一日，黎州邛部川山前山後百蠻都鬼主牟墨遣將軍阿濟等獻馬、犎牛、大角羊、犀株、莎羅毯。

十一月十四日，瞎氈等遣蕃僧貢名馬。

五年正月二十一日，施州溪洞蠻田忠顯等貢土布、黃連。

二月六日，夏國遣使丁弩闢〔二〕、聿則來貢御馬、長進馬、橐駞。自是歲來貢。《玉海》：是年四月，邛部川入貢。

七月十二日，三司言：「夏國、唃嘶囉差人詣闕進奉，慮於延、秦州、鎮戎軍沿路收買陝西糧草交（抄）〔鈔〕，乞行禁止。如違，賣者并牙人嚴斷，没入之，告人每一（抄）〔鈔〕賞錢五千，以犯人家財充。」從之。

十一月十七日，宜州西南蕃龍光捷以下遣使奉表，貢朱砂、氈、馬、銀香爐、合、匙。

六年二月三日，西蕃瞎氈、磨氈角遣使貢方物。

三月十一日，邈川首領唃嘶囉遣使來貢方物〔三〕。

四月九日，夏國遣使貢大石樣、金（渡）〔鍍〕黑銀花鞍轡、金（渡）〔鍍〕黑銀花香爐合、御馬、長進馬、橐駞。自是歲來貢。

九月二十四日，樞 27 密院言：「新羅國近年不來進貢，欲遣德州軍事推官高師説詣登州，與知州劉渙密切商議，如有彼國商客因迴本道，可以致達言意，却通貢奉。切在慎密，不得漏泄。」從之。

十二月五日，交趾遣使祕書丞杜文府、副使左侍禁馮昌瞻貢馴象〔四〕。

七年正月二十六日，管勾交州進奉人使所言：「乞下開封府告諭諸色行人，不許與交州人買賣違禁物色、書籍。」從之。

十月七日，磨氈角遣使僧藺氈等貢方物〔五〕。

十一月五日，編敕所言：「今後交州進奉人使經過州軍，只委知州、職官接坐，其通判、都監更不許相見。」從之。

八年十月二日，南蕃塗渤國遣使奉表，貢佛金骨、真珠、雕佛、西天佛、犀牛頭、連犀、象牙。表云：「塗渤修行國王臣思蒙孫打南俾頓首大宋皇帝陛下：臣思蒙本國修

〔一〕「西」下原有一「南」字，據《長編》卷一四六刪。
〔二〕闢：原作「闓」，據中華書局點校本《長編》卷一五四改。
〔三〕川：原作「州」，據本書蕃夷六之一改。
〔四〕馮昌瞻：《宋史》卷四八八《交阯傳》作「文昌」。
〔五〕角：原作「國」，據《宋史》卷四九二改。

行，榮求佛理，每切常臻於正教，傾心可慕於空門。伏聞大宋皇帝陛下德應三乘，功明大道，聖惠遠超於南土，宸嚴廣布於華夷，是以臣思蒙遠顒金闕，遥想旌墀，身屬邁年，無由頓首。臣思蒙收得西天佛金骨及西天佛樹枝連葉并西天佛一瓷，元是西天僧將到，兼本國犀牛頭一箇，連犀一株，尾一條，犀四株。臣思蒙發遣弟打欽賚赴廣州進獻，伏乞天慈俯賜鑒納。謹進。」譯到：「興塗渤國蕃王元是丹蒲朧，每年發船歸大地，今特將書求拜大朝官家。我聽聞道是大朝官家修行，我州府有聖佛，重佛是重家一般，特將來興塗渤國佛一瓷，28犀牛頭一箇，連犀一株，又犀四株。蕃王修行年老，聽聞大朝官家修行，辦心禮拜。打欽元是我弟，特差親弟來廣州送納，乞回。」

〔皇祐元年十二月〕二十九日〔一〕，西南蕃大留國王子龍異𤩽等來貢。

皇祐二年正月十二日，西南蕃主龍光㴰來貢硃砂、馬、氈、銀香爐、合、匙。

十八日，占城國俱舍利波微收羅婆麻提榻盈卜遣使奉蕃唐書表二通來貢〔二〕。表云：「進上皇帝：天下〔州〕府國土不如大朝國土，無有國土得似大朝官家國土。自來官家州府不曾有失脱，帝王自來坐大朝，管得天下州府。帝王所有行遣公事依王法所行，每年常放赦罪人。帝王似釋迦牟尼佛一般，諸道州縣府每年發進奉大朝官家〔三〕。盈卜孝順，小心官家。爲逐年交州來探占城國，纔成，又來劫奪，至是占城國逐年要來進奉，收拾不辦。今年畧有些小儀信，進上帝王，願官家萬歲。乞止約交州不要來奪占城州府。交州屬官家所管，自我占城國亦係大朝官家所管，交州邊括占城，如同邊括大朝一般。如斷得交州一年不來，我便大段年年來進。今進上蕃唐表二道。」

十九日，入内内侍省請：「自今應有化外進奉蠻人到闕，如不在禮賓諸處安下者，乞令内供奉石全育提點，所貴均一，不至遠人失所。」從之。

四月八日，沙州符骨篤末似婆温等來貢玉。

閏十一月二十八日，西蕃瞎氈遣使來貢方物。

十二月十五日，唃嘶囉遣使來貢方物。

三年二月四日，廣源州首領29儂智高奉表，獻馴象及生熟金銀。詔轉運、鈐轄司止作本司意，答以廣源州本隸交趾，若與其國同貢奉，即許之。

四年《山堂考索》：是年正月癸巳，龜兹國、沙州並遣使貢物。十月十二日，沙州遣使來貢方物。

五年四月四日，占城國遣使蒲思馬應來貢方物〔四〕。

〔一〕皇祐元年十二月：原脱，據《長編》卷一六七補。
〔二〕榻盈卜：胡宿《文恭集》卷二六、《宋史》卷四八九作「楊卜」，疑此處「榻」爲「楊」之誤。
〔三〕「發」下疑脱一「遣」字。
〔四〕馬：原作「島」，據《宋史》卷四八九改。

〔紹興二十五年〕十一月二十一日〔一〕，占城貢到沉香九百五十六斤、附子沉香一百五十斤、箋香四千二百五十八斤〔二〕、速香四千八百九十斤、象牙一百六十八株三千五百二十六斤、澳香三百斤、犀角二十株、玳瑁六十斤、暫香一百二十斤、細割香一百八十斤、翠毛一百六十隻〔三〕、番油一十埕、烏里香五萬五千二十斤。

至和二年八月十八日，西南蕃首領張漢陛、王子羅以崇等以方物來貢〔四〕。

十月二十六日，大食國首領來貢方物。

十一月四日，占城國遣使滿息沙陁琶來貢生象〔五〕、犀牛。

十一日〔六〕，安南道李日尊遣使告其南平王卒，仍奉遺留物及馴象十來貢〔七〕。

十二月，廣南安化州蠻來貢方物。

嘉祐元年正月十二日，西蕃磨氈角首領來貢方物。

閏三月十七日，占城國遣使來貢方物。

四月，大食國首領來貢方物。

二年正月八日，詔廣州賜占城國進奉使蒲息陁琶銀千兩，以舟行至太平州，江岸崩，沉其行李，特賜之。

二月十三日，西蕃首領瞎氈遣使來貢方物。

五月十八日，西南蕃鶼州遣使來貢馬〔八〕。

十二月五日，西平州黔南道張玉〔九〕、石自品遣首領貢方物。

三年六月二十八日，交趾遣使貢異獸二。初，本國稱貢麒麟。30狀如水牛，身被肉甲，鼻端有角，食生芻果瓜，必先以杖擊其角然後食〔一〇〕。既至，而樞密使田況言：「昨南雄州僉判、尚書屯田員外郎齊唐奏：『此獸頗與《書》、《史》所載不同，倘非麒麟〔一一〕，則朝廷殆爲蠻夷所詐。』又知虔州、尚書比部員外〔郎〕杜植亦奏〔一二〕：『廣州嘗有蕃商（辯）〔辨〕之，曰：此乃山犀爾。』謹按《符瑞圖》：『麒麟，仁獸也，麕身，牛尾，一角，角端有肉。』今交趾所獻，不類麕身而有甲，必知非麟，但不能識其名。昔宋泰始末，武進有獸見，一角，羊頭，龍翼，馬足，父老見而亦莫之識。蓋異物，

〔一〕紹興二十五年：原無。按，此條所列占城貢到物件與數量，與《中興禮書》卷二二七所載紹興二十五年十一月二十一日占城進貢物色、數目及月日均相同。此必是脱去年號及年分，《大典》誤插於此。今補。

〔二〕二百五十八：《中興禮書》卷二二七作「五百二十八」。

〔三〕一百：《中興禮書》作「三百」。

〔四〕以崇等：原脱，據《長編》卷一八〇補。

〔五〕滿：疑當作「蒲」，本書下文及蕃夷四之七一、《宋史》卷四八九等均載占城國使蒲息陁琶，當即此人。

〔六〕十一日：《長編》卷一八一繫於十五日己巳。

〔七〕奉：原作「奏」，據《長編》卷一八一改。

〔八〕南：原脱，據《長編》卷一八五補。

〔九〕張玉：原作「王」，據《宋史》卷四九六補改。

〔一〇〕其角：原脱，據魏泰《東齋記事》卷一、《宋史》卷六六《五行志》四補。

〔一一〕麒：原無，據《長編》卷一八七補。

〔一二〕植：原作「稹」，據《長編》卷一八七改。

雖中原或有之。《爾雅・釋獸》：『麕，大如麃，牛尾，一角。驨，如馬，一角。麐，麕身，牛尾，一角。』又：『兕，似牛，一角，青色，重千斤。』然皆不言身有鱗甲〔一〕。《廣志》云：『符拔如麟〔二〕，皮有（麟）〔鱗〕甲。』此雖近之，而形乃如牛，又恐非是，故在外之臣屢有章奏辯之。然不知朝廷本以遠夷利於朝貢，以示綏徠，非以獲麟爲瑞也。請宣諭交趾進奉人及回降詔書，但云得所進異獸，不言麒麟，足使殊俗無我欺，又不失朝廷懷遠之意。」乃詔止稱異獸。後又詔令呼豹牛，宣付史館。

閏十二月五日，安化上、中、下三州及北遐鎮蠻人來貢方物。

四年十二月七日，唃嘶囉遣人貢方物。

五年正月二十八日，大食國首領蒲沙乙來貢方物。

六年九月二十一日，占城國遣使貢馴象。

十二月二十六日，安化州蠻貢方物。

七年五月二十二日，占城國遣使頓琶尼來貢方物。

八年正月九日，交趾遣使貢馴象。《玉海》：是年八月，于闐入貢。

31 （九年）六月九日〔三〕，西南蕃牂牁首領龍以烈等貢方物。

八月三日，西南蕃張玉〔四〕、石自品等來貢方物。

二十六日，于闐國遣使來貢方物。

英宗治平元年正月十二日，于闐國遣使羅撒温來貢獨峯駞〔五〕，詔還之，其已給價錢更勿追。

三月一日，押伴于闐國進奉所言：「羅撒温等朝辭，特賜錢五千貫文。今如賜見錢，慮以買物爲名，未肯進發，欲望以絹、綾、錦充。」從之，仍詔將所賜疋帛內二分與有進奉人，一分與無進奉人。

四年七月八日，神宗即位未改元。西南蕃王石自品遣使石光陳奉表，貢朱砂、氈、馬。

十二月十二日，西南蕃奉華將軍、知静蠻軍、蕃落使、守天聖大王龍異閣來貢銀香合匙、朱砂、馬、氈。

熙寧元年正月二十一日，西南蕃静蠻軍節度使、守蕃王方異現等來貢朱砂、氈、馬。

六月四日，占城國楊卜尸利律陀般摩提婆遣使蒲麻勿等貢方物〔六〕，蒲麻勿乞市買騾馬歸本土。詔賜白馬一疋〔七〕、銀鞍轡一副，騾令就廣州收買而還。

〔一〕「有」原脱，「鱗」原作「麟」，據《長編》卷一八七補改。
〔二〕拔：原作「技」，據《長編》卷一八七改。
〔三〕「六月」上原有「九年」二字。按，嘉祐無九年。考本書蕃夷五之二三載嘉祐八年八月三日張玉等入貢，《玉海》卷一五四「建隆于闐貢玉圭」條載嘉祐八年八月于闐入貢，可見以下三條均爲八年事，「九年」二字爲衍文，因删。
〔四〕玉：原作「王」，據《宋史》卷四九六改。
〔五〕撒：原作「撤」，據《宋史》卷四九〇改。下同。
〔六〕麻：原作「摩」，據下文及本書蕃夷四之七一改。
〔七〕一疋：本書蕃夷四之七一作「二疋」。

七月二十九日，回鶻可汗遣使來貢方物。

二年九月一日，詔：「交州第一次朝貢，其使人可特與推恩。進奉使、崇儀副使郭士安特除六宅副使，東頭供奉官陶宗元授内殿崇班。」

三年六月十七日，西南蕃捍鑾軍節度使、守蕃王張漢興等奉表賀，貢朱砂、氈、馬。

八月二十七日，大渡河南邛部川山前後百蠻都首領苴尅奉表，貢馬、犀。《玉海》：是年八月，丹流眉入貢。

十二月二十四日，大食國遣使（來）奉表，[32]來貢珊瑚、金裝山子筆格、龍腦、真乳香、象牙、水晶、琉璃器、錦罽、藥物。《玉海》：是年，高麗來貢。

四年二月十四日，于闐國黑汗王遣大首領翟進奉表，貢珠玉、珊瑚、翡翠、象牙、乳香、木香、琥珀、花蕊布、硇砂、龍鹽、藥物、鐵甲、馬。

七月五日，層檀國遣使層加尼〔一〕、防援官那薩奉表，貢真珠、龍腦、乳香、琉璃器、白龍黑龍涎香、猛火油、藥物。

八月一日，高麗國遣使金悌奉表，貢御衣、腰帶、金器、弓、刀、鞍轡、馬、銅器、布、紗、紙、墨、人參、硫黃、松子、香油。《玉海》：是年九月，龜茲入貢。

十月六日，樞密都承旨李評言：「諸國朝貢，乞別置一司總領，取索諸處文案會聚照驗，預爲法式。」從之，仍令管勾客省官領之。

五年二月二日，大回鶻龜茲可汗王遣使盧大明、篤都奉表〔二〕，貢玉、象牙、翡翠、乳香、花蕊布、宿綾、硇砂、鐵甲、皮團牌、馬、刀劍。

（四月）〔六年四月二日〕〔三〕，西南龍蕃、羅蕃、方蕃、石蕃八百九十人入貢。詔以道路遥遠，往復甚勞，如願於沿邊納所進物，更不須赴闕，即以回賜物與朝見所賜并沿路館券與之。

〔五年四月〕五日〔四〕，大食勿巡國遣使辛押陁羅奉表〔五〕，貢真珠、通犀、龍腦、乳香、珊瑚、筆格、琉璃、水精器、龍涎香、薔薇水、五味子、千年棗、猛火油、白鸚鵡、越諾布、花蘂布、兜羅綿毯、錦襈蕃花簟。

六日，占城國遣使奉表，貢龍腦、乳香、丁香、紫礦、蓽澄茄、胡椒、回香。

六月二十七日，客省言：「諸蕃進奉人送管勾使臣等土物，欲除送押賜及傳宣使臣物受而不答外，仍比舊數不相遠者，並聽準例收。」從之，仍禁不[33]得輒有計會。

〔一〕層加尼：後文及《長編》卷三一三、《宋史》卷四九〇等作「層伽尼」。

〔二〕篤：原作「督」，據本書蕃夷四之一五、《宋史》卷四九〇《龜茲傳》改。

〔三〕六年四月二日：原作「四月」，承上即是熙寧五年四月。然本書蕃夷五之二三、《長編》卷二四四均繫於六年四月二日，而非五年四月事，據補。

〔四〕五年四月：原無。按本書蕃夷四之九二載熙寧五年六月二十一日詔，云「大食勿巡國進奉使辛押陁羅辭歸蕃」，分明即本條事，則此次入貢應在此詔之前。查《長編》卷二三二熙寧五年四月末云：「是月，勿巡、占城遣使朝貢。」即指本條及下條事。可知本條之時間爲熙寧五年四月。據補。

〔五〕辛押陁羅：原作「辛毗陁羅」，據本書蕃夷四之九二、《宋史》卷四九〇改。

十月二十二〔日〕，日本國僧成尋獻銀香爐、木槵子、白琉璃、五香、水精、紫檀、琥珀裝束念珠、青色織物綾。

十二月二十六日，于闐國黑韓王遣使奉表，貢玉、胡錦、玉鞦、鞍轡馬、乳香、木香、膃肭臍、金星石、花蘂布。《玉海》：是年，交趾貢象。

六年三月二十一日，交州遣使供備庫副使李懷素、東頭供奉官段延壽來貢方物。

五月六日，西南蕃知静蠻軍天聖大王龍異閣、順化王子羅元昌來貢方物。

八日，西南蕃安遠上將軍、静蠻軍節度使、六蕃大王方以達來貢方物。

七月三日，大食國陁婆離國遣使蒲麻勿等來貢真珠、玻璃、金飾壽帶、連鐶轡、臂鈎念珠、龍腦、乳香、象牙、千年棗、琉璃器、藥物。

七年正月二十六日，高麗國遣使金良鑑、盧旦奉表，來貢御衣、腰帶、金器、紅罽裀褥、鞍馬、紙、墨、弓、刀、幞頭紗、色羅綾、生中布、人參、松子、香油。

二月三日，于闐國遣使阿丹一難奉表，貢玉、乳香、水銀、安悉香、龍鹽、硇砂、琥珀、金星石。

九年八月二日，大理國遣使奉表，貢金裝碧玗山、氈罽、刀劍、犀皮甲、鞍轡。

十二日，占城國遣使靈保麻遐鈌囉底亞尼律來貢方物。

十一月二十一日，高麗國遣使工部侍郎崔思訓奉表，來貢御衣、腰帶、金器、色羅綾、幞頭紗、鞍轡馬、弓、刀、紅罽褥、紙、墨、銅器、生中布、人參、松實、香油、黃漆、藥物。

十年四月八日，于闐國黑汗王遣使羅阿廝難撒温奉金表，貢玉、胡錦、鞍轡馬、乳香、木香、翡翠、琥珀、安悉香、龍鹽、鷄 34 舌香、胡黃連。

六月七日，注輦國蕃王地華加羅遣使奇囉囉奉蕃唐表二通，來貢真珠、龍腦、通犀、象牙、乳香、金線織錦、琉璃器、薔薇水、藥物。是日入見，使、副以真珠、龍腦登陛，跪而散之，謂之撒殿。既降，上特遣内侍詢勞之。《夢溪筆談》〔二〕：熙寧中，闍婆國使人貢方物，中有摩娑石一塊，大如棗，色黃，微似花蘂石；又無名異一塊，如蓮的，皆以金函貯之。問其人：「真僞何以爲驗？」使人云：「摩〔婆〕〔娑〕石有五色，石色雖不同，皆薑黃汁磨之，汁赤如丹砂者爲真。無名異色黑如漆，水〔摩〕〔磨〕之，色如乳者爲真。」廣州市舶司依其言試之，皆驗，方以上聞。世人畜摩娑石、無名異頗多，常患不能辨真僞。小説及古方書如《炮炙論》之類亦有説者，但其言多怪誕，不近人情。天聖中，予伯父吏書新除明州，章獻太后有旨，令于舶船求此二物。内出銀三百兩爲價直，如不足，更許于州庫貼支。終任求之，竟不可得。醫潘璟家有白摩娑石，色如糯米糍，磨之亦有驗。璟以治中毒者，得汁栗殼許，入口即差。

【宋會要】

35 元豐元年閏正月二十五〔日〕，日本國通事僧仲回來

〔二〕夢溪筆談：原作「宋史」。按以下引文不見於《宋史》，而見於《夢溪筆談·補筆談》卷三，因改。

貢方物。

六月九日，詔提舉茶場司：「于闐進奉使人買茶，與免稅，於歲額錢內除之。」

七月二十五日，詔：「昨西蕃董氈遣首領朝貢，忠款可嘉，宜差供奉官郭英賫詔慰諭。」及賜對衣、金帶、銀器、衣著各三百，令熙河路經略司依治平三年差使臣賜制告例，經略司更送大細法錦五疋，大綵五十疋〔一〕，細末、散茶各五十斤。

九月二日，交趾國貢方物。

十六日，詔：「占城與交趾爲仇國，其起居及內燕聽回避。如願赴燕，亦聽。交人與占城使遇朔日，並赴文德殿，分東、西立；望日交州使、副入垂拱，占城赴紫宸殿起居。至大燕，交人坐東朵殿上，占城坐西廡。」時占城使、副乞避交人，客省以聞故也。

十月二十八日，于闐國貢方物。

十二月二十五日，詔熙河路經略司指揮熙州：「自今于闐國入貢，唯賫國王表及方物聽赴闕〔二〕，毋過五十人，驢馬頭口準此；餘勿解發，止令熙州、秦州安泊，差人主管賣買。婉順開諭，除乳香以無用不許進奉及挾帶上京并諸處貨易外，其餘物並依常進貢博賣。」

二年六月十七日，董氈貢奉大首領景青宜党令支等辭，上召逼殿陛，諭曰：「歸告董氈，所遣貢奉人甚恭恪，今已許汝納款，此後可數遣人來，任便交易。又聞部落子欲侵汝疆境，祖36父土田，宜善守勿失。」

十八日，詔：「高麗恐今歲九月間遣使入貢，可豫選引伴官二員，令於明州少待其至。」迺命內殿崇班、閤門祇候宋球假通事舍人，左班殿直、閤門看班祇候焦顔叔假內殿崇班。詔：貢使或是王子，即以衢州通判胡援代顔叔引伴，并差入內省使臣一員主管諸司〔三〕。

七月三日，三佛齊詹畢國使來貢方物〔四〕。

九月十九日，西南龍蕃來貢方物。

二十九日，西南羅蕃、方蕃來貢方物。

十月一日，西南石蕃來貢。

三年正月十七日，詔：「高麗國王每朝貢，回賜浙絹萬疋，須下有司估准貢物乃給，有傷事體。宜自今國王貢物，不估直回賜，永爲定數。」

二月十四日，高麗國使柳洪以國主之命，貢日本國所造車〔五〕，賜詔答之。洪以「禮，諸侯不貢車」，不敢與貢物同進，館伴使以聞，詔許之，乃進。

〔一〕綵：原作「線」，據《長編》卷二九〇改。
〔二〕賫：原作「賞」，據本書蕃夷四之一六、《長編》卷二九五改。
〔三〕「并」原作「差」，「入」原作「人」，據《長編》卷二九八改。
〔四〕詹畢：本書職官四四之六、《補編》頁六四〇亦作「詹畢」。《長編》卷二九九、《宋史》卷四八九、《嶺外代答》卷二等均作「詹卑」。
〔五〕日：原作「曰」，據《長編》卷三〇二、《文獻通考》卷三二五、《宋史》卷四八七改。

三月十三日，知南丹州莫世忍貢銀香師子一、馬七，降敕書答之，賜錦袍、銀帶。

閏九月二十七日，董氈遣人入貢。

十月九日，熙州奏：「于闐國進奉般次至南川寨，稱有乳香、雜物等十萬餘斤，以有違朝旨〔一〕，未敢解發。」詔乳香並約回。

四年六月二十三日，廣南東路經畧司言：「大食層檀國保順郎將層伽尼請備禮物詣闕謝恩。」詔：宜多給舟，令赴闕。

二十七日，交趾郡王李乾德上表言：「昨遣使人陶宗元等朝貢，爲廣州禁制，窒塞綱運，不同向時。今遣禮賓副使梁用律、著作郎阮文倍等水路入貢，乞降朝旨依舊進奉。」詔廣州 37 悉准舊例，(母)〔毋〕得邀阻。差入内使臣一員押伴，先降詔諭之。

七月二十五日，廣南東路轉運司言：「西路關報交人入貢，乞令自荆湖路。」詔：「交人如欲水路赴闕，令廣西經略司指揮，須依舊行水道，毋得創改。」

八月十六日，廣西經略司言：「交趾入貢百八十六人，比舊制增五十六人。」詔：宜令據今已到人數赴闕，今後准此。

二十八日，佛泥國遣使入貢〔二〕。

十月六日，拂菻國遣你厮都令厮孟判貢鞍馬〔三〕、刀、劍、珠。

十二月十七日，高麗國進奉使崔思齊、副使李子威等百三十五人見，賜物有差。

二十五日，西天大天竺國僧迦囉吃哆乞宣取所遊歷諸處畫《名山百花圖》及御馬等〔四〕，詔令於内東門司投進。

五年二月二十四日，渤泥國遣使入貢。

六月二十二日，交趾獻馴犀二，犀角、象齒各五十。

七月二日，廣西經畧司言：「西路張蕃貢奉，乞添至三百。」詔具合增數以聞。其後本司奏：「故事，以七十人爲額，不可增。」遂罷。

十二月二十五日，西南龍蕃首領遏轄使龍以達并部落廖各等凡三百七十六人入貢。

六年正月十三日，層檀國貢方物。

五月一日，于闐國貢方物。

閏六月四日，詔陝西、河東經畧司：「夏國奉表，辭禮恭順，朝廷已降回詔，許通常貢。誡約邊吏無輒出兵，除自來邊界依舊戍守外，其新收復寨，止於二三十里巡綽防拓，毋得深入。」仍詔押伴夏國使人王震以此意説諭使、副。先是，閏六月一日，夏國主秉常奉表乞修職貢，故降是詔。

〔一〕旨：原作「至」，據本書蕃夷四之一六改。

〔二〕使：原作「佛」，據《長編》卷三一五改。

〔三〕拂菻：原作「佛菻」，據本書蕃夷四之一八改。此國自《隋書》以下史書均寫作「拂菻」。

〔四〕竺：原脱，據《長編》卷三二一補。

十二月二十二日，樞密院言：「夏國尚未以時入貢，慮緣38邊不能禁止人私與西界交易。」詔陝西、河東經略司申飭法令，毋得私縱。

七年四月二日，大食國貢方物。

七月十一日，尚書禮部言：「西南程蕃乞貢方物。舊不注籍，如許入貢，乞從五姓蕃例。」從之，令夔州路轉運司相度比附一姓人數解發。

九月五日，西南龍蕃貢方物。

八日，三佛齊國貢方物。

十一月十二日，詔以于闐國進馬，賜錢百有二十萬。

十二月二日，還于闐國黑汗王所進師子，仍賜銀、絹。六日，特賜進奉人錢百萬。

八年五月二十一日，知龍賜州彭允宗等四人各遣人來修貢。

九月十八日，于闐國遣使入貢。《山堂考索》是年十一月壬寅，于闐進馬。

十二月五日，夏國遣人入貢。

六日，夏國主秉常言：「母氏臨終屬臣曰：『世受朝廷封爵，恩禮備至，今雖邊事未已，屬纘之後，宜奉遺留物以進（一），示不忘恭順之義，雖瞑目無恨。』臣謹遣使進遺馬（二）、白駝詣闕。」

二十一日，大食國遣人入貢。《續通鑑長編》：元祐元年二月庚辰，夏國主秉常遣使入貢。詔學士院降詔答之。先是，秉常母死，朝廷遣使賻贈，至是入貢故也。

哲宗元祐元年正月二十五日，董氈遣人入貢。

閏二月二十一日，高麗國祐世僧統、求法沙門僧義天等十人朝見（三），進奉皇帝興龍節祝聖壽佛像并金器等。詔學士院降詔獎諭。

四月，知龍賜州彭允宗、知監州彭士明並遣人進奉賀端午節溪布十五疋。

六月十六日，夏國遣使創祐訛囉聿寨進貢。

十月十五日，禮部言：「占城國進奉大使布靈息馳琴蒲麻勿等乞續進物。」從之。

十一39月二十一日，于闐國遣使入貢。

十二月三日，戶部言：「占城國進奉使蒲麻勿等續進犀⿰革夸等。」詔回賜錢二千六百緡。

二年正月十二日，詔：「于闐國黑汗王貢方物，回賜外，餘不以有無進奉，悉加賜錢三十萬。」二月十四日，又詔如元豐八年例，更賜金帶、錦袍、襲衣、器幣。

四月五日，交趾遣使入貢。

五月十四日，禮部言：「西南蕃泰平軍遣石蕃以定等

（一）遺：原作「遣」，據《長編》卷三六二改。
（二）使：原脱，據《長編》卷三六二補。
（三）「僧」下原有「釋」字，義重，據《長編》卷三六九刪。

賫表裝〔一〕、鞍馬、砂、氈等來貢。元豐著令：西南五姓蕃每五年許一貢。今年限未及，合具奏裁。」詔特許入貢。

二十一日，于闐國遣使入貢。

六月二十六日，詔：「西平州武聖軍都統韋公意許依西南龍、羅、方、石、張蕃例五年一貢，以七十人爲額。貢物止納宜州，計直恩賞，館券、回賜、供給、犒設等並準石蕃例。」從廣南西路經畧司請也。

八月十一日，西南羅蕃遣人入貢。

十五日，西南蕃遣人入貢。

十六日，詔修立回賜于闐國信分物法〔二〕。

二十五日，西南張、羅、方三蕃遣人入貢。

十月七日，詔于闐國歲遣貢使雖多，止一加別賜〔三〕。

十三日，又詔：「國使以表章至，則間歲聽一入貢〔四〕，餘令於熙、秦州貨易。」

二十一日，西南龍、張蕃遣人入貢。

三年四月二十一日，阿里骨遣人入貢。

六月十二日，詔：「今後諸蕃國貢物，估直與舊例相近者，並如例；即所估高下增減不同，申稟尚書省〔五〕。」

八月五日，阿里骨遣人入貢。

十一月二十五日，大食麻囉拔國遣人入貢。

十二月十二日，三佛齊貢奉人請以金蓮[40]花一十五兩、真珠五兩、龍腦一十兩，依例撒殿，從之。

閏十二月五日三佛齊、二十一日西南蕃並遣人入貢。

四年四月五日，于闐國遣使入貢。

五月二十八日，于闐國貢使李養星、阿點魏哥貢進方物。

六月八日，夏國遣使入貢。《玉海》：是月，邈黎國入貢方物。

十四日，禮部言：「邈黎國般次冷移四抹粟迷等賫于闐國黑汗王并本國蕃王表章貢奉〔六〕。緣自來不曾入貢，請比附于闐國進奉條式。」從之，今後更有似此而不依解發條乞貢，並說諭許就本處交易訖，令歸本國。

八月八日，詔：「于闐國進奉使李養星、阿點魏哥等進貢御馬，已回賜〔七〕，内黎撒囉、瞎征等依此，後毋爲例。」

十月三日，尚書省言：「于闐國進奉人到闕，不得過一百日。」從之。

五日西南程蕃、十一日龍蕃並遣人入貢。

十一月四日，溪洞知保靜州彭儒武〔八〕、押案副使彭仕

〔一〕「以定」上，《長編》卷四〇一有「龍」字，誤。「以定」自是姓石，本書蕃夷五之三一有「南蕃進奉人石以定」，是也。

〔二〕立：原作「文」，據《長編》卷四〇四改。

〔三〕「賜」下原有「裁定」二字，按《長編》卷四〇六，「裁定」乃下一事裁定景靈宮儀注之首二字，《大典》誤讀，據以妄添此二字，今删。

〔四〕入：原作「人」，據《長編》卷四〇六改。

〔五〕省：原脱，據《長編》卷四一二補。

〔六〕「抹粟」原作「扶栗」，「貢」原脱，據本書蕃夷五之四六、《長編》卷四二九改補。

〔七〕已：原作「三」，據《長編》卷四三一改。

〔八〕保：原脱，本書蕃夷五之九一作「堡」，乃「保」之誤，因添。參見彼處校記。

貴，知永順州彭儒同、押案副使彭仕亮，知謂州彭思聰〔一〕、知押案副使彭仕順，十七日，知龍賜州彭允宗、押案副使彭允金，知監州彭仕明、押案副使彭儒勇，知吉州彭儒崇，各進奉興龍節、冬至、正旦節溪布有差。

二十五日，大食麻囉拔國進貢方物。

十二月二日，西蕃阿里骨并温溪心下大小首領軟驢脚四等補職名，支請受有差。以進奉到闕推恩也。

五年二月二十一日，于闐國遣使貢方物。

四月二十一日，學士院言：「諸蕃初入貢者，乞（令）〔令〕合屬安撫、鈐轄〔二〕、轉運等司體問其國所在遠近、大小，與見今入貢何41國爲比〔三〕，保明聞奏〔四〕，庶待遇之禮不致失當。」從之。以邈黎國初入貢故也。

八月五日，西南龍蕃貢方物。

十二月五日，高麗、三佛齊遣人入貢。

六年《玉海》：是年四月甲午，邛部川入貢。五月十一日，阿里骨、温溪心入貢。《玉海》：是年六月二十六日，貢馬百七十九匹。

十二月二十一日，（佛）〔拂〕菻國遣使入貢。

七年正月二十六日，羅蕃遣使貢方物。

二月二十八日，熙河蘭岷路經略安撫司言：「于闐國進奉三蕃見在界首〔五〕，内打廝鑾冷移四唱厮巴一蕃已准朝旨特許解發外，今來兩蕃進奉人緣已有間歲許解發指揮，欲只〔令〕熙、秦州買賣訖〔六〕，約回本蕃〔七〕。」從之。

五月二十四日，廣州貢大食國進奉火浣布，詔寘之瑞物閣。

九月五日，西南羅蕃遣人貢方物。

十一月一日西南龍蕃、七日于闐國並遣使入貢。

十二月五日，高麗國遣使入貢。《玉海》：是月，于闐入貢。

紹聖元年正月二十四日，夏國遣人入貢。

三月八日，阿里骨遣人貢方物。

四月四日，詔：「阿里骨進奉師子，慮失土性，令留在熙州，俟進奉首領回日帶回，仍賜銀、絹各三百匹兩〔八〕。」

閏四月二十五日，西南張蕃遣人入貢。

五月四日，于闐國遣使入貢。

十月二十八日，三佛齊遣使入貢。

二年三月二十三日，三佛齊遣使入貢。

四月九日，韋蕃入貢人保順郎將韋公意等十六人並爲安化郎將，韋公掌等五十三人並爲保順郎將。

八月十六日，交趾遣使入貢。

十一月二十七日，阿里骨遣人入貢。

〔一〕謂州：原作「渭州」，據《宋史》卷四九三改。
〔二〕轄：原脱，據《長編》卷四四一補。
〔三〕比：原作「此」，據《長編》卷四四一改。
〔四〕明：原脱，據《長編》卷四四一補。
〔五〕三：原作「二」，據本書蕃夷四之一八改。
〔六〕「令」原作「止」，「買」上原衍一「實」字，據本書蕃夷四之一八改删。
〔七〕本：原作「大」，據本書蕃夷四之一八改。
〔八〕銀：原作「錢」，按下云「各三百匹兩」，以「兩」計者乃銀而非錢，因改。

三年五月七日，樞密院言：「熙河蘭岷 42 路經畧司奏：『于闐國進奉般次羅忽都盧麥等進奉方物，黑汗王阿忽都董娥密竭篤上表，請自今般次不滿年月往來進奉，只是心白。』」詔：「于闐國進奉般次羅忽都盧麥一蕃，令熙河蘭岷路經略司先次解發赴闕，仍權許不限人、畜數目，其餘見在熙州進奉般次，令接續（蕃）〔番〕次解發。內不願赴闕〔一〕，只就本處買賣還本國者，亦聽。仍自今于闐每二年一次，許賚本國蕃王表章赴闕進奉。如止來熙、秦州買賣，即不限歲月，事畢遣還。仍令本司候有般次回蕃日，再諭詔旨，使本國知。仍令學士院於回賜敕書內備載。」

七月十四日，于闐國遣人進貢方物。

十月六日，夔州路轉運司言：「西南蕃進貢龍延高等三十七人到界首。今准朝旨，龍蕃進奉人更不令出南平（章）〔軍〕路。未敢約回。」詔令夔州路轉運司婉順說諭龍延高等却回本蕃，厚與犒設（設）訖，計程給驛券，依到闕人例，仍令今後須依元額人、年限，只作一番由宜州路赴闕。

十五日，熙河蘭岷路經略安撫使司言：「據洮西沿邊安撫司申，發遣到龜茲師王國進奉大首領阿蓮撒羅等三人表章及玉佛等。本國未嘗進奉，欲許令於熙、秦州買賣，仍將賚到玉佛估價，回賜錢物遣回。」從之。又言：「大食國進奉般次迷令馬斤等賚到表章。緣近奉旨，于闐國已發般次未到熙州者，表章、進奉物令本司於熙州軍資庫寄納。今者大食國乞赴闕進貢，合取朝廷指揮。」詔依于闐已降指揮。

十一月五日，西南龍蕃遣人入貢。

十一日，于闐國遣使貢方物。

四年（十）二月八日〔二〕，于闐國遣使入貢。四月三日，又來貢方物。

元符元年六月二十七日，詔：「高麗朝貢並依元豐條例施行，元祐令勿用。」

八月二日西南張蕃、六日西南程蕃，43 並入貢方物。

二年二月二十一日，大食國遣使入貢。

十月二十四日，知保静州彭儒武、押案副使彭仕貴，知永順州彭儒同〔三〕、押案副使彭仕亮，知（渭）〔謂〕州彭師聰、押案副使彭仕順，各進奉溪布一十五匹。

徽宗元符三年十月二日，即位未改元。夏國主乾順使人來賀天寧節，并貢方物。

崇寧二年二月七日，青唐大首領趙藺氈厮鷄貢方物。

《玉海》：是月九日〔四〕，（滿）〔蒲〕甘入貢，詔禮秩視注輦國。

八月二十二日，太府少卿吳黯等劄子：「爲于闐國進奉人將到解鹽鈔支給見錢，乞應外蕃入貢人所過州縣，於

〔一〕願：原作「預」，據文意改。
〔二〕二月八日：原作「十二月八日」，據《宋史》卷一八《哲宗紀》二刪「十」字。
〔三〕州：原脫，據《長編》卷五一七補。
〔四〕是月九日：按《玉海》卷一五四「崇寧（滿）〔蒲〕甘入貢」條原文作「崇寧五年二月九日」，《宋史》卷二〇《徽宗紀》二亦同，《大典》誤引。

法得與官私交易者，不得用鈔，并三路香藥、斛㪷等鈔折博，令尚書省修(保)〔條〕。」從之。

大觀四年正月二十八日，夏國遣使入貢。

五月四日，詔：「諸西人入貢，諸色人私有交易，編欄使臣不覺察者徒二年，引伴官與同罪，管勾行李馬馳使臣減一等，並不以赦降、去官原減。」

政和元年十月十一日，夏國遣使入貢。

五年十月二十三日，夏國遣使入貢。

六年八月十三日，臣寮上言：「訪聞廣南西路黄璘起請招納大理、南詔人使入貢經由本路，專委轉運判官喬方應副。自來合行新路自邵州由新化等縣至鼎州，舊路自邵州由潭州至鼎州，新路比舊路減程，支給券米、錢、物料、差夫、馬悉得省費。喬方爲見黄璘家在潭州湘鄉縣，特爲排辦新、舊兩路。逐路正當農事之際，差科搔擾，顯屬觀望，不恤民力，深失陛下寬恤之意。」詔：「湖南等路應副排辦道[44]路勞費，可速住罷，喬方可放罷，與宫祠。」

十二月二十一日，真臘國遣使貢方物。

二十三日，大理國遣使李紫琮、楊苛樣、坦綽李百祥來貢方物。

三十日，大理國王段和譽奏：「臣累年以來，嘗遣磨中羅道等處乞修朝貢〔一〕。至政和五年五月，已奉聖旨，差廣州觀察使黄璘充第一等奉使，於賓州置局，接納入貢，令先遣臣布燮、臣李紫琮、臣楊苛樣、坦綽臣李百祥管押馬三百八十疋，内有五十匹係特進，麝香、牛黄、細氈、碧玕山、衣甲、弓箭等，詣闕進獻。」詔令學士院修寫手詔頒降。

七年正月八日，于闐國遣進奉使馬紇牟米阿點撒羅、副使大僧阿俟忽倫來貢方物。

二月十三日，大理國遣使天馴爽彦賁李紫琮、副使坦綽李百祥進奉。

三月十五日，館伴王黼、同館伴范訥奏：「臣切惟陛下寵眷三韓，去年其王俁遣陪臣李資諒〔二〕、李允繼歲入貢，召同輔臣燕于睿謨殿。中席，資諒、永跋望清光，躊躇感戀，相顧涕泗被面，淚墮酒中，見者爲之太息。伏望聖慈付之史館。」從之。

五月六日，朝散大夫王師伏奏：「伏見三國使者往還，賜予燕勞，儀式咸有定制。其餘蕃夷，昨降指揮，令勅令所編修朝貢令式，于今十年，緣立法門類多，未暇及此。比年蕃國既多，法令固不可闕，兼引伴皆小使臣與胥吏而已，接見應答鄙俗，不足副陛下待遇遠人之意。欲定責限，俾勑令所先次編修。」從之。

八年八月八日，于闐國遣使一年撒[45]温、大僧忽都兔王來貢方物。

九月，女真遣李善慶等賫國書并北珠、生金、貂革、人

〔一〕此句疑有脱誤。

〔二〕俁：原作「侯」，據《朝鮮史略》卷六改。

參、松子來貢。

十月二十七日，高麗國遣使入貢。

宣和二年四月十七日，詔：「今後蕃國入貢，令本路驗實保明。如涉詐僞，以上書詐不實論。令尚書省立法。」

六年十一月二十六日，詔：「羅殿國王羅唯禮等入貢，並依五姓蕃例。」

高宗《玉海》：建炎三年正月，占城進貢，加恩。《中興禮書》：建炎三年八月一日，交趾差官到，奏謝敕書章表，貢金厮鑼五面共重二百五十兩，銀厮鑼二十面共重一千兩。　紹興二年閏四月三日，高麗國王遣使朝散郎禮部員外郎賜紫崔惟清〔一〕、從義郎閤門祗候沈起等一十七人奉表，入貢純金器三事共重一百兩，注子一副，盤盞二副，白銀器一十事共重一千兩，金花盤一十隻，匹大紙二十軸，詔大紙四百幅，滿花緊絲五十匹，金花注絲五十匹，色大紋羅五十匹，色大綾五十匹，人參五百斤，共函二十三副，各覆黃羅夾複。　惟清、起各進奉白銀合四副共重二百兩，早地紫花緊絲二匹，金綫注絲二匹，真紅大紋羅二匹，真紫大紋羅二匹，明黃大紋羅二匹，生大紋羅一十五匹，生厚羅五匹，人參二十斤，大布二百匹，松子二百斤。《宋史》：是年，占城國王遣使貢沉香、犀、象、玳瑁等，答以綾錦、銀、絹。

六年七月二十七日，大理、蒲甘國表貢方物。是日，詔：「大理、蒲甘國所進（元）〔方〕物除更不收受外，餘令廣西經畧司差人押赴行在，其回賜令本路轉運、提刑司於應管錢內取撥付本司，依自來體例計價，優與回賜。內章表等先次 46 入遞投進，令學士院降敕書回答。」

八月二十三日，提舉福建路市舶司言：「大食蕃客蒲囉辛狀：本蕃係出産乳香，自就蕃造船一隻，廣載迤邐入泉州市舶，進奉、抽解，乞比附綱首推恩。」詔蒲囉辛特補承信郎，餘人依例犒設外，更量支給銀、綵之類，優加存恤。

十二年九月十八日，禮部、太常寺言：「今討論：自來外國誓書，未見合於是何去處收管。謹按《周禮・大司寇》：『凡邦之大盟約，蒞其盟書，而登之于天府。』注云：『天府，祖廟之藏。』又《春官》：『天府之職，掌祖廟之守藏，凡國之玉鎮、大寶器藏焉。』今天府之職，其廢已久，宜於禁中見今所藏寶玉府去處收藏，入內內侍省命官掌之。」從之。《玉海》：十四年六月，交趾天祚貢方物。

十六年六月二十九日，安南貢馴象十。《玉海》：十七年，交趾天祚貢方物。二十年二月二十九日，貢馴象十。

二十（五）〔四〕年四月十九日〔二〕，西南小張蕃貢方物。是日，知静江府呂愿（忠）〔中〕言：「西南小張蕃起發人馬、章表、方物等進奉。」詔令廣西帥司差點事使臣伴送前來，仍令禮部檢會到闕合行典故。

二十七日，羅殿國貢名馬、方物。是日，知静江府呂愿（忠）〔中〕言：「羅殿國王羅部貢及西南蕃知矩州、忠燕軍節

〔一〕惟：原脱，據下文及《建炎要録》卷五三補。

〔二〕二十四年：原作「二十五年」。按，此條及下條均爲二十四年事，見《建炎要録》卷一六六、《宋史》卷三一《高宗紀》八，據改。

度使趙以盛入貢，進奉土產、名馬、方物。」詔令近上人赴闕，自餘優與例物，令歸本族。

〔二十五年〕十〔一〕月十四日〔一〕，占城國進奉使部領薩達麻、副使滂摩加奪、判官蒲都綱以次凡二十人到闕入見〔二〕，表貢附子沉香一百五十斤、沉香三百九十斤、沉香頭二塊十二斤〔三〕、上47箋香三千六百九十斤、中箋香一百二十斤、箋香頭塊四百八十斤、箋香頭二百三十九斤、澳香三百斤、上速香三千四百五十斤、中速香一千四百四十斤、象牙一百六十八株、犀角二十株、玳瑁六十斤、暫香一百二十斤、細割香一百八十斤、翠毛三百六十隻、蕃油一十埕〔四〕、烏里香五萬五千二十斤。

十一月二十九日，真臘國、羅斛國貢馴象。《玉海》：是年十二月，占城入貢。

二十六年正月十四日，交趾遣（大）〔太〕中大夫周公明、右武大夫李義等二十二人進奉賀昇平、常貢兩綱方物。賀昇平：表章一匣；一百二十兩數生金聖壽山一座；五十五兩數粧寶金酒注一副；五十兩數金粧真珠勸壽盃并盤一副；七十兩數金香爐一座；四十兩數金香匣一副；五十兩數金花瓶二口；二百四十兩數金大果子楪并罩籠二十副；一百七十九兩數間寶金七星匣子并金盤龍大匣盛一副；一百二十兩數金盤龍沙鑼二面；二百兩數御馬金鞍轡一副；真珠一百顆，用五兩數；金瓶盛載沉香等一千斤；翠毛五百隻；綾絹五十疋，共五角，每角十匹；御馬二疋，長進馬八疋；雄馴象三頭，雌馴象二頭；龍頭金銀裹木胎象鈎五柄，粧象銅鐸連鐵索五副，朱粧纏象藤條五副。常進：表章一匣，雄象三頭，雌象二頭，金銀裹木胎象鈎五柄，粧象銅鐸連鐵索五副，朱粧纏象藤條五副。

二月二十五日，詔：「諸國蕃如情實向化，自欲朝貢，仰帥司以48禮接納，津發赴闕，即不得擅便差人説諭入貢。」

八月十五日，詔：「提舉廣南市舶司邵及之輒敢沮抑蕃國進貢，可放罷。」《玉海》：是年八月二十一日庚寅，交趾賀昇平，獻黃金器、明珠、沉香、翠羽、綾絹、馬十、象九。

十二月二十五日，三佛齊國進奉使司馬傑厨盧圖打根加越仲蒲晉、副使司馬傑囉嗏華離蒲遐邇〔五〕、判官司馬傑旁胡凌蒲押陁囉到闕朝見，表貢龍涎一塊三十六斤，真珠一百一十三兩，珊瑚一株二百四十兩，犀角八株，梅花腦板三片，又梅花腦二百兩，琉璃三十九事，金剛錐三十九箇，

〔一〕「二十五年」原無，「十一月」原作「十月」，據本書蕃夷四之七六、《建炎要録》卷一七〇補。

〔二〕「蒲」下原有「翁」字，乃是衍文，今删。詳見本書蕃夷四之七六校記。

〔三〕頭：原脱，據《建炎要録》卷一七一補。

〔四〕埕：原作「墱」，無義，據《中興禮書》卷二二七改。參本書蕃夷四之七六校記。

〔五〕司：原脱，據上下文補。按「司馬傑」乃三佛齊、闍婆等國官名，見趙汝适《諸蕃志》卷上。又「蒲遐邇」，《建炎要録》卷一七五只作「蒲遐」，疑「邇」字衍。

猫兒眼睛指環、青瑪瑙指環、大真珠指環共十三箇，膃肭臍二十八兩，番布二十六條，大食糖四琉璃瓶，大食棗十六琉璃瓶，薔薇水一百六十八斤，賓鐵長劍九張，賓鐵短劍六張，乳香八萬一千六百八十斤，象牙八十七株，共四千六十五斤，蘇合油二百七十八斤，木香一百一十七斤，丁香三十斤，血竭一百五十八斤，阿魏一百二十七斤，肉荳蔻二千六百七十四斤，胡椒一萬七百五十斤，檀香一萬九千九百三十五斤，箋香三百六十四斤。

二十八日，詔：「昨知廣州折彦質奏：蒲晉久在廣州居住，已依漢官保奏承信郎。今來進奉，可特與轉五官，補授忠訓郎。其蒲延秀可依昨引接占城入貢陳惟安例，與（蒲）〔補〕承信郎。」《宋史·交趾傳》：紹興二十六年，天祚遣李國等以金珠、沉水香、翠毛、良馬、犀、象來貢。

三十年十二月二十六日，安南來貢方物。是日，廣南西路經畧安撫司言：「安南静海軍差使、49副押領小熟馴象等赴闕，其所進章表等，本司别差官管押赴行在投進。」詔令安撫司，除象并華靡物不受，餘只就界首交割，仍約度進物多寡，優與回賜。章表先次入遞前來，候到，令學士院降勅書回答。

三十一年正月六日，安南貢馴象。是日，宰執進呈：「安南獻馴象，令廣西回賜。」上曰：「蠻夷貢方物，乃其職，但朕不欲以異獸勞遠人，兼獸失其土性。可令帥臣詳與説諭，如今後職貢，不必以馴象入獻。」

孝宗紹興三十二年六月十三日，登極赦：「比年以來，累有外國遣使人入貢，太上皇帝聖懷冲抑，謙弗敢受，況朕涼菲，又何以堪！自今諸國有欲朝貢者，令所在州軍以禮諭遣，毋得以聞。」

隆興二年四月十四日，明州奏：「進武副尉徐德榮船自高麗入定海縣港，稱去年五月被旨，差載國信往高麗國，今回；復有彼國人使内殿崇班趙冬曦、左侍禁孫子高、客軍朴光通、黄碩，親隨趙鳳、黄義永、從得儒、朴珪八人及國信在船。聽旨。」詔令趙子潚差官〔一〕，且於定海縣管接，詢問差發因依，有無表章、國信，速先申尚書省。

六月二十一日，廣西經畧司言，南丹州莫延廩請入貢。詔：「朕即位以來，敦尚儉約，例罷諸方貢獻，或已至宜州界首，可令本州量與犒設，善諭遣回。」

九月十三日，臨安府言：「安南進奉方物，籠櫃計三十二扛，先以都亭驛權充安泊。」從之。

同日，廣西安撫司言：「南平王李天祚該遇今上皇帝登極，賜50加恩誥、禮物等，差官奏謝，除正使尹子思、副使鄧碩儼管設發回本道外，所有章表、方物，今將官劉廣領押投進。」詔令進入，其回答物并敕書，令户、禮部照例施行。貢金器百兩、銀器百五十兩、象牙三十株、熟香五百

〔一〕趙子潚：原作「趙子浦」。按，據《寶慶四明志》卷一載，此時知明州者爲趙子潚，「浦」爲「潚」之誤，因改。

斤、箋香一千斤。

十月十二日，詔：答安南敕書，依例令學士院給降。

乾道三年十月一日，福建路市舶司言：「本土綱首陳應祥等昨至占城蕃〔一〕，蕃首稱欲遣使、副恭賫乳香、象牙等前詣（太宗）〔大宋〕進貢。今應祥等船五隻〔二〕，除自販物貨外，各爲分載乳香、象牙等并使、副人等前來。繼有綱首吳兵船人賫到占城蕃首鄒亞娜開具進奉物數：白乳香二萬四百三十五斤、混雜乳香八萬二百九十五斤、象牙七千七百九十五斤、附子沉香二百三十七斤、沉香九百九十斤、沉香頭九十二斤八兩、箋香頭二百五十五斤、加南木箋香三百一斤、黃熟香一千七百八十斤。」詔：「使人免到闕，令泉州差官以禮管設。章表先入遞前來，候到，令學士院降敕書回答。據所貢物，許進奉十分之一，餘依條例抽買。如價錢闕，申朝廷先次取撥，俟見實數估價定，市舶司發納左藏南庫，聽旨回賜。」

十一月二十八日，市舶司言：「綱首陳應祥等船回，分載正、副使楊卜薩達麻等并隨行人計一十二人，賫到蕃首鄒亞娜表章蕃字一本、唐字一本，及唐字物貨數一本〔三〕，差人譯寫，委官臨對無增減外，又據大食國烏師點等訴：本國財主佛記、51霞囉池各備寶（具）〔貝〕、乳香、象牙等駕船赴大宋進奉，至占城國外洋暫駐候風，其占城蕃首差土生唐人及蕃人招引佛記、霞囉池等船入國，及拘管烏師點等船衆，盡奪乳香、象牙等作己物進貢。」詔：「進奉物色既有爭訟，難以收受，可給還，令說諭以理遣回。其餘物貨，市舶司斟酌，依條抽買。」

十二月七日，禮、戶部言：「鄒亞娜乞以廣州丁偉先年帶到物貨盡數添貢，亦難收受，乞令本路市舶司一面以理說諭施行。」從之。

四年二月八日，市舶司言：「准已降旨，給還占城國進貢一分物色，餘令本司斟量依條抽買。緣本司未承指揮以前，將一分進奉物色先已起發，乞改撥作抽買數，照降本錢，併以給還。仍乞特降詔旨開諭占城，已並令優價收買，及令盡釋見拘大食人還本國。」從之，令學士院降詔。

三月九日，臣寮言：「占城故王既死，鄒亞娜承襲，若以禮入貢，則當議封爵。今既有大食爭訟，難以降詔。乞令市舶司以爭訟事理牒報其國，俟再遣使人修貢如禮，然後賜勑書，降告命。」從之。

九年正月六日，廣南西路經略安撫司言：「安南牒稱：『自來體例，三年一進貢。自紹興二十五年以後，未有綱運，恐失忠孝，怠於奉上之禮。今皇帝登極，禮合稱賀。并上國每有郊天及明堂大禮，皇澤霶流，常蒙降賜，今將差官管押方物，乞稱賀登極及常貢綱運赴行在。』又自去年遣

〔一〕祥：原脱，據下文補。
〔二〕祥：原脱，據下文補。
〔三〕字：原脱，據本書蕃夷四之八二補。

鄭良佐至欽州，願以方物入貢及稱賀登極。本52州諭以近降旨：『諸國進奉，無得以聞。』良佐歸後，復遣右都押衙陳青陳乞入貢，雖已宛轉諭還，尚遣人前來未已。」詔令廣西經畧安撫司將入貢物十分受一，就界首交割，優與回賜。先以章表入遞前來，候到，令學士院降敕書回答。仍令本司具所差官職位、姓名取旨推恩。

五月二十五日，樞密院言：「沿海制置司津發綱首莊大椿、張守中、水軍使臣施閏、李忠賫到日本國回牒并進貢方物等，合行激犒。」詔綱首各支錢五百貫，使臣三百貫。

六月十一日，廣南西路經畧安撫司言：「昨令安南買發馴象十頭，覩其移文意，欲詣闕進奉大禮。」詔：「依五月七日已降指揮，候管押象人到，以禮管設發回。」先是朝廷有旨，收買牙象應奉大禮，而安南奏請入貢，(今)[令]貢物十分受一。邕州及廣西經畧司恐疑誤買象事，欲俟買象有的耗，方行關報，其發到象盡行收受。詔令經畧司候買到，止於邕州交割，本司差養餵兵并使臣管押，同防護赴馳坊交納，沿路無得搔擾，餘依本司相度。此五月七日指揮也。

七月四日，廣西經畧安撫司言：「安南都知兵馬使郭進賫牒關報，差使、副管押稱賀今上皇帝登極，及進奉大禮綱運赴行在。進呈稱賀登極綱運：表章一函，金三百三十兩數御乘象羅我一副，金四十兩數裝象牙鞘一副，金五十兩數裝象額一副，金一百二十兩數沙鑼二面，金銀裹象鈎連同心帶五副，金間銀裝53象額一副，金銀裝纏象藤條一副，銀四百兩數沙鑼八面，沉水香等二千斤，馴熟大象五頭，金鍍銅裝象脚鈴四副，裝象銅鐸連鐵索五副，御乘象繡坐簟一面，裝象犛牛花朵一十六件，御乘象朱梯一枚，御乘象羅我龍頭同心帶四條。赴行在人員：一員大使，八名職員，一名書狀官，一名都衙，二名通引官，四人知客，五人象公，三十人衙官從人。其進奉大禮綱運方物：表章一函，雄大牙象一十頭，金銀裹象鈎連結同心帶五副，銀頭朱竿象鈎五副，裝象銅鐸連鐵索一十副，朱裝纏象藤條一十副。赴行在人員：一員正使，一員副使，一十六名職員，二名監綱，一名書狀官，一名孔目官，一名書表司，一名行首，一名都衙，二名通引官，二名押衙，二名教練，四名知客，十人象公，十五人長行防援官，三十二人衙官從人。本司欲權宜行下欽州，如例排備管接，界首聽旨。及安南乞差人押貢詣行在，若許押進，所有彼道人員數目及管設儀制等事，已有紹興二十六年例，亦可參照。」詔依，仍令廣西經略安撫使司差簽判已下曉識事體人伴送前來；應合行事，本司日下關報沿路州軍，速令排辦；若已説諭回歸，即依乾道九年正月六日、五月七日、六月十一日已降指揮，仍先具知稟聞奏。

九月十日，詔：「交阯到闕，應合行事件等，並依紹興二十六年入貢前後已得指揮施行。」

二十五日，中書門下言：「據學士院咨報，54今安南進貢係兩綱，各差使、副。所有回答敕書，欲如例修撰二道，一回答賀登極綱，一回答進奉大禮綱。其回賜及特賜等物名件，並於回答賀登極綱敕書内具録，各用複匣封裹施行。」從之。

十月十五日，客省言：「交趾入貢，其登極綱欲依昇平綱例，大禮綱依常貢綱例。内押衙係職員名色，欲比都衙例給賜見、辭分物等；使、副合賜履，今改賜鞾。」從之。

十一月一日，禮、工部言：「交趾進貢使、副等，臨安府以寺院隘狹，乞以貢院充館舍，仍照舊懷遠驛屋宇數目并今來進奉到闕人數約計，嚴整掛截施行。」從之。

二日，客省言：「交趾進奉人到闕，乞依昨三佛齊例，差巡視親事官四人。」從之，(目)〔自〕今諸蕃入貢准此。同日，詔差點檢閤門簿書公事充宣詞令趙友仁押伴。

五日，押伴入貢所言：「乞以『押伴交趾賀登極入貢所』爲名，行移就用見提舉修内司承受提轄奉使朱記，其餘差人等，並依紹興二十六年例。或有私覿回答等，乞具數下臨安府關取施行。」並從之，其大禮綱以「押伴交趾進奉大禮綱」爲名，應合行事件，亦依紹興例。

十二月十三日，廣南西路經畧安撫司言：「安南使、副尹子思等稱：本道紹興二十六年入貢方物，係是輕細，今來進奉象身，所用供御、羅我重大之器，并有沉水香等二千斤，所用夫力除減省擔仗外，實用七百五十人，馬四十疋，乞比舊例增五十人。」從之。同日，又言：「進奉使、副等到本司，除55公參大排茶酒外，其餘禮數頗繁，本司並行折算，及說諭在路不宜稽滯。已依稟趁程起發，所有經由以北州軍門迎、大排、辭送、管設之類，並乞一併折算，可省搔擾繁縟之費，已備牒照應施行。舊例，帥臣往使人館舍報謁，仍移庖茶酒七盞。竊謂本司經略諸蠻，安南等道皆係綏撫，其陪臣無敵體之禮，遂檢准政和五年『交州進奉，經過州軍更不復禮』指揮，令尹子思等赴本司參謁〔一〕。敘寒溫罷，即以門狀就廳展還，尹子思等降階揖謝而退。次日亦不移庖，折送還之。自此可爲定例。及除參司并特排外〔二〕，其餘大排、謝會、辭府、朔旦等茶酒，悉准物價遞送。官司省費，蠻人亦以爲利。」並從之。

淳熙元年正月二十二日，安南遣中衛大夫尹子思奉表貢方物，及押象綱使、副承議郎李邦正、忠翊郎阮文獻進馴象。

三年四月，安南進謝賜國名牌印：金鍍銀花章表函一副，金厮鑼五面共重二百五十兩，銀厮鑼一十面共重五百兩，雜色綾紗絹五十匹，沉香二百斤，熟香一千斤，箋香一千斤。又謝襲封綱：金鍍銀花章表函一副，金厮鑼五面共重二百五十兩，銀厮鑼二十面共重一千兩。《玉海》：是年，占城進貢，賜以錦、綾羅〔三〕、銀銷。

五年正月六日，三佛齊國進表，貢真珠八十一兩七錢，

〔一〕「赴」下原有一「闕」字，據本書蕃夷四之四九刪。
〔二〕除：原作「際」，據本書蕃夷四之四九改。
〔三〕羅：原脫，據《玉海》卷一五四補。

梅花腦板四片共一十四斤，龍涎二十三兩，珊瑚一匣四十兩，瑠璃一百八十九事，觀音瓶十，青琉璃瓶四，青口瓶六，闊口瓶大小五，環瓶二，隻口瓶二，[56]浄瓶四，又瓶四十二，淺盤八，方盤三，圓盤三十八，長盤一，又盤二，滲金浄瓶二，滲金勸盃連蓋一副，滲金盛水瓶一，屈巵三，小屈巵二，香爐一，大小罐二十二，大小盂三十三，大小楪四，大小蜀葵楪二，小圓楪一，番糖四瑠璃瓶共一十五斤八兩，番棗三瑠璃瓶共八斤，梔子花四瑠璃瓶共一百八十兩，象牙六十株共二千一百九斤九兩六錢，胡椒一千五百五十斤，夾箋黄熟香八十五斤，薔薇水三千九斤，肉荳蔻八十斤，阿魏二百三十斤，没藥二百八十斤，安息香二百一十斤，玳瑁一百五十斤，木香八十五斤，檀香一千五百七十斤，猫兒睛一十一隻，番劍一十五柄。《玉海》：慶元六年，真里富國貢象。

理宗淳祐三年〔一〕，安南國王陳日煚來貢，加賜功臣號。十一年，再來貢。

景定三年六月，陳日煚上表貢獻，乞授其位於其子陳威晃。

度宗咸淳元年二月，加安南大國王陳日煚功臣增「安善」二字，安南國王陳威晃功臣增「守義」二字，各賜金帶、鞍馬、衣服。

二年，復上表進貢禮物，賜金五百兩，賜帛一百疋，降詔嘉奬。

【玉堂紀事】

《春明退朝録》：忠懿錢尚父自國初至歸朝〔二〕，其奉貢之物，著録行於時。今大宴所施塗金銀花鳳狻猊、壓舞茵蠻人及銀裝龍鳳鼓〔三〕，皆其所進也。凡獻銀、絹、綾、錦、乳香、金器、瑇瑁、寶器、通天帶之外，其銀香、龍香、象、獅子、鶴、鹿、孔雀，[57]每隻皆千餘兩；又有香囊、酒瓮諸什器，莫能悉數。祥符、天聖經火，多爇去，今太常有銀飾鼓十枚尚存。

【宋北盟録】

于闐皆小金花氈笠、金絲戰袍、束帶，并妻、男同來，乘駱駞、氈兜、銅鐸入貢。

【契丹國志】〔四〕

新羅國貢進物件：金器二百兩，金抱肚一條五十兩，金鈔羅五十兩〔五〕，金鞍轡馬一匹五十兩，紫花綿紬一百疋〔六〕，白綿紬五百匹，細布一千疋，麤布五千疋，銅器一千斤，法清酒醋共一百瓶，腦元茶十斤，藤造器物五十事，成

〔一〕按，以下四條乃《大典》抄自《宋史》卷一一九《禮志》七二，非《宋會要》之文。
〔二〕父：原作「文」，據《春明退朝録》卷下改。
〔三〕銀：原脱，據《春明退朝録》卷下補。
〔四〕按，以下所録乃諸小國向契丹進貢及契丹回賜之物件，與宋朝無關，不當收入。
〔五〕鈔：原作「鈔」，據《契丹國志》卷二一改。
〔六〕綿：原作「錦」，據《契丹國志》卷二一改。

形人參不定數，無灰木刀擺十箇，細紙墨不定數目。本國不論年歲，惟以八節貢獻，人使各帶正官，惟稱陪臣。

横進物件：粳米五百石，糯米五百石，織成五彩御衣、金不定數。

契丹每次回賜物件：犀玉腰帶二條，細衣二襲，金塗鞍轡馬二匹，素鞍轡馬五匹，散馬二十匹，弓箭器仗二副，細錦綺羅綾二百匹，衣著絹一千疋，羊二百口，酒、果子不定數。並令刺史以上官充使，一行六十人，直送入本國。

契丹賜奉使物件：金塗銀帶二條，衣二襲，錦綺三十疋，色絹一百疋，鞍轡馬二匹，散馬五匹，弓箭器一副，酒、果不定數。上節從人：白銀帶一條，衣一襲，絹二十疋，馬一匹。下節從人：衣一襲，絹十匹，紫綾大衫一領。

西夏國貢進物件：細馬二十匹，麄馬二百匹，駝一百頭，【58】錦綺三百疋，織成錦被褥五合，蓯蓉、硇石、井鹽各一千斤，沙狐皮一千張，兔鶻五隻，犬子十隻〔一〕。本國不論年歲，惟以八節貢獻。契丹回賜除羊外，餘並與新羅國同，惟玉帶改爲金帶，勞賜人使亦同〔二〕。

諸小國貢進物件：高昌國、龜茲國、于闐國、大食國、小食國、甘州、沙州、涼州，已上諸國三年一次遣使，約四百餘人，至契丹貢獻。玉、珠、犀、乳香、琥珀、瑪瑙器、賓鐵兵器、斜合黑皮、褐里絲、門得絲、怕里呵、褐里絲已下皆細毛織成，以二丈爲疋〔三〕。硇砂。契丹回賜，至少亦不下四十萬貫。（以上《永樂大典》卷一三〇九三、一三〇九四）〔四〕

〔一〕犬子十隻：原無，據上海古籍出版社點校本《契丹國志》卷二一補。

〔二〕使：原脱，據《契丹國志》卷二一補。

〔三〕二丈：原作「三丈」，據《契丹國志》卷二一改。

〔四〕本卷總題「歷代朝貢」，而未注出《大典》卷次。據《永樂大典總目》，其卷一三〇九二至一三〇九六均爲「貢」字韻「歷代朝貢」目，按朝代順序及各朝份量，宋代似應在卷一三〇九三、一三〇九四，姑補。

宋會要輯稿　道釋一

封號

真人

靈應真人〔一〕

【宋會要】1 邛州靈應真人：白鶴山盧舍那院神仙張四郎，乾道元年八月封靈應真人。

冲應真人

婺州金華縣赤松山寶積觀初、平二仙，淳熙十六年五月封冲應真人、養素真人。

明州象山縣陶貞白真人〔二〕，淳熙十六年十一月封冲應真人。

冲妙真人

合州赤水縣龍多山至道觀馮蓋羅，淳熙元年九月封冲妙真人。紹熙四年七月加封冲妙靈應真人。（以上《永樂大典》卷二九七五）

大師

定應大師

【宋會要】2 神宗熙寧八年六月，詔南安巖均慶禪院開山和尚特加封號曰定應大師。

勝力大師

【宋會要】神宗熙寧九年九月，詔通惠示相大師特加賜今號。

定明妙應大師〔三〕

【宋會要】含山縣天寧慧宗禪寺慈濟定明妙應大師，光堯皇帝紹興元年十月加「法護」二字。

應感慈忍靈濟大師

【宋會要】

〔一〕靈應真人：原無此題，據下文體例補。
〔二〕貞：原作「正」。按，此乃避諱改字，當作「貞」，陶貞白即陶弘景，謚貞白先生。今回改。
〔三〕定：原無，據正文補。

大洪山崇寧保壽禪院應感慈忍靈濟大師真足，光堯皇帝紹興三年二月特封圓通應感慈忍靈濟大師。以知州李道言靈迹同大洪山神故也。

普慈妙應大師

【宋會要】寧國府宣城縣壽昌寺妙應大師，光堯皇帝紹興六年加普慈妙應大師。以祈禱靈應，本路諸司請也。

應感靈悟惠濟慈勇大師

【宋會要】靈泉縣長松山嘉福寺應感靈悟惠濟大師，紹興七年八月加封。

妙應神濟大師

【宋會要】邵武縣神濟大師，紹興二十四年八月加「妙應」二字。以祈禱有應，從郡人請也。

佛應普濟大師

【宋會要】3 同安縣鹿苑寺佛應大師，紹興二十四年八月加「普濟」二字。以祈禱有應，從郡人請也。

法威慈濟妙應大師

【宋會要】建寧府崇安縣瑞巖禪院法威大師，紹興二十五年八月加「慈濟」二字。以祈禱有應，從郡中請也。孝宗乾道元年八月，加封法威慈濟妙應大師。

普惠大師

【宋會要】撫州府宜黄縣白土院饒氏菩薩〔一〕，孝宗隆興二年二月封普惠大師。

靈感通濟廣惠大師

【宋會要】臨桂縣真教寺靈感通濟大師，乾道二年六月加封靈感通濟廣惠大師。

慈濟大師

【宋會要】臨桂縣陽龍山壽聖寺白鹿大師〔二〕，乾道三年四月賜

〔一〕按，宋代撫州，明初始升爲府，「府」字乃《大典》所添。
〔二〕龍：原作「寵」，據雍正《廣西通志》卷八七改。

額，號慈濟大師。

靈感静應慈濟大師

【宋會要】西和州長道縣骨谷鎮廣福院静應慈濟大師，孝宗乾道三年八月加賜靈感静應慈濟大師。

靈應威濟大師

【宋會要】汀州南安巖壽聖院威濟大師，孝宗乾道三年八月加靈應威濟大師。

感慈靈濟大師

【宋會要】4 城北廣教院感慈大師，孝宗乾道三年十月加封感慈靈濟大師。

慈應大師

【宋會要】資教禪院僧令珪，壽皇聖帝乾道八年三月（對）〔封〕慈應大師。

慧應大師

【宋會要】簡州東安護國天王禪院頭陀聖師施智通，乾道九年十一月賜號慧（應）大師。

圓覺慧應慈感普救大師

【宋會要】遂寧府小溪廣利禪寺圓覺慧應慈感大師，淳熙十六年九月加封圓覺慧應慈感普救大師。

真慧妙應慈濟大師

【宋會要】漢州什邡縣慧劍禪寺真慧妙應大師，紹熙四年六月加封真慧妙應慈濟大師。

道林真覺慈應慧感大師〔一〕

【宋會要】建康府蔣山太平興國禪寺道林真覺慈應大師，紹熙四年八月加封道林真覺慈應慧感大師。

〔一〕道：原作「通」，據《長編》卷七九改。正文同。

昭應廣惠慈濟善利大師

【宋會要】安溪縣清水巖昭應廣惠慈濟大師，嘉定三年四月加封。

靈悟大師

【宋會要】5 臨安府富陽縣靈巖山靈巖大師，嘉定四年十一月封靈悟大師。

慈潤大師

【宋會要】犍爲縣華嚴山寶乘禪院戈頭陀尊者，嘉定五年八月封慈潤大師。

神濟妙應圓照大師[一]

【宋會要】邵武縣道人山瑞雲庵神濟妙應大師，嘉定六年閏七月加封。

妙德慈慧通應大師

【宋會要】臨邛縣勝因院妙德慈慧大師，嘉定七年九月加封。（以上《永樂大典》卷九二二五）

禪師

正覺慈應普濟禪師

【宋會要】6 太平禪師院唐僧正覺慈應禪師，隆興元年八月加賜正覺慈應普濟禪師。（以上《永樂大典》卷九二二四）

大師禪師雜録

【宋會要】7 仁宗嘉祐七年十二月，杭州靈隱沙門契嵩上《傳法正宗記》，詔入《藏教》，仍賜號明教大師。

大觀元年閏十月二十六日，詔明州育王山寺掌管仁宗御容僧行可[二]，賜師號、度牒各二道，用爲酬奬。或願（師將）〔將師〕號換紫衣，亦聽。

宣和元年二月四日，詔：「天下見住持長老，可委逐州軍守臣取索姓名，並賜師號。如有師號者，添兩字。」

三年二月二十七日，詔解州防禦使鄭明之特與剃度爲僧，充僧職，與師號，管幹教門公事，法名善因。

[一] 神：原脱，據正文補。
[二] 山：原脱，據今存《永樂大典》卷八七〇六補。

建炎四年十月二十八日，福建路轉運司言：「建州崇安縣管下新豐鄉吳屯里瑞巖禪院有開山扣冰和尚〔一〕，俗姓翁，名藻光〔二〕，凡遇水旱，祈求輒應，乞賜塔額、師號。」詔以慧應塔爲額。六年，加法威大師，從轉運司請也。

紹興元年六月二十四日，詔以昭慈獻烈皇太后殯宮修奉香火，泰寧寺更與度僧一名，本寺知事僧並賜紫衣，内住持人仍賜二字師號。

四年十一月二十五日，神武後軍統制、充江南西路舒蘄州制置使岳飛言：「臣駐軍江州，請到禪僧惠海住持江州廬山東林禪寺。本僧禪學精通，戒行孤潔，欲望特與一佛心禪師師號。」從之。

隆興元年八 8 月二十八日，詔臨安府徑山能仁禪院大慧禪師宗杲賜號普覺禪師，塔以「寶光」爲額。先是，上嘗賜宗（果）〔杲〕御書「妙喜庵」以及御製贊（誦）〔頌〕。宗（果）〔杲〕死，其徒了賢等請以宗杲所居妙喜庵奉御書於閣上〔三〕，（臣）〔並〕乞賜師號、塔額，故有是命。

二年三月十三日，詔平江府吳江縣洞庭包山顯慶禪院慈受普照大師懷深追號慈受禪師，賜塔以「普明」爲額。以其徒法駿等言「師住持名山三十餘載，行業顯著，道路推重」，故有是命。

乾道五年十一月二十二日，召徑山住持僧蘊聞對選德殿。上問佛法，蘊聞以所學對。上曰：「三教一也，但門户不同。」又一歲再造，宣問合旨，賜錢三千緡，號慧日禪師。

淳熙二年五月二十日，詔前住潭州大潙山密印禪寺傳（祖）〔法〕沙門守惠塔院可特賜「妙明」爲額。

八月九日，詔邛州南津勝因院楊樂和尚特封妙德大師〔四〕。十年九月二十二日，加妙德慈慧大師。皆以祈求有感，從本路漕臣奏請故也。

淳熙五年二月四日，詔崇報功德院住持僧崇粹賜號圓悟禪師。以安德軍節度使、開府儀同三司、充萬壽觀使趙伯圭言：「見住持先臣秀王崇報功德院僧崇粹道行清高，衲子歸鄉，住本院已一十年，山門整肅，香火精虔。院去先王墳塋不遠，乞特賜一禪號。」從之。

淳熙十三年五月八日，詔雅州名山縣蒙頂山智炬院甘露大師特賜普惠大師。以祈禱感應，從本州請也。

十七日，詔建寧府崇安縣瑞巖禪院慧應塔妙應法威慈濟大師賜妙應法 9 威慈濟普照大師。以雨暘祈禱感應，從本府請也。

十四年十二月，詔懷安軍雲頂山惠應塔妙慧大師加封妙慧慈應大師。以雨暘祈禱感應，從本軍請也。

紹熙二年五月二十一日，詔住持景德靈隱禪寺僧蘊衷特與賜佛慧禪師。

〔一〕「巖」原作「嚴」，「冰」原作「水」，據《方輿勝覽》卷一一改。
〔二〕光：原脱，據《方輿勝覽》卷一一補。
〔三〕「所居」下，今存《永樂大典》卷八七〇六原文有「爲」字，當是衍文。
〔四〕大師：原作「大法」，據《大典》卷八七〇六改。

九月二十七日，詔徑山興聖萬壽禪寺僧寶印賜號慈辯大師，塔名「智光」。（以上《永樂大典》卷八七〇六）〔一〕

【宋會要】

10紹熙五年正月一日，慶壽赦：「僧尼、道士、女冠年八十以上，並與紫衣；已紫衣者，與師號。」（以上《永樂大典》卷三九三一）

僧道官

【宋會要】

11景德二年，御便殿引對諸寺院主首，詢行業優長者以補左右街僧官〔二〕。先是，道官（上）〔止〕令功德使選定遷補，所署或非其人〔三〕，多致謗議，故帝親閱試焉。

大中祥符二年十一月，詔：「諸州僧、道依資轉至僧、道正者，每年承天節前，具所管僧、道及寺觀，分析爲僧、道正已來年月、歲數、名行、有無過犯，開坐以聞。」

三年閏二月，命知制誥李維、直史館路振、直集賢院祁暐宿於中書，出經論題考試左右街僧官而序遷焉〔四〕。

八年七月，詔：「今後諸州、軍、監僧道正有闕，委知州、通判於見管僧道内從上選擇。若是上名人不任勾當，即以次揀選有名行經業及無過犯、爲衆所推、堪任勾當者，申轉運司體量詣實，令本州軍差補勾當訖奏，候及五周年，依先降指揮施行。」

天聖八年正月，以僧道官闕，詔開封府選試僧，具名以聞。

五月，開府封言：「勘會左右街僧正、僧録管幹教門公事，其副僧録、講經論首座、鑒義，並不管幹教門公事。」詔今後左右街副僧録，並同管幹教門公事。

嘉祐七年二月二十四日，開封府言：「左街道録陳惟幾等狀：『竊覩僧官每年遇聖節，許令進功德疏，自僧録至鑒義十人，各蒙賜特敕，祠部度一名係帳行者。緣道、釋二教遭聖辰，祗應修崇，事體相類，唯道門人數最少，乞依僧官體例。』」從12之。

崇寧元年五月四日〔五〕，詔：「僧道官免試超越職名補額外守闕鑒義之類，自今雖奉特旨衝改舊條等指揮，令〔三〕省子細契勘，具有礙是何條法聞奏，更不施行。」

紹興元年六月二十一日，詔：「前右街額外守闕鑒義寶月大師法訓〔六〕，係考試敕補僧官，昨緣與慈孝寺整會常

〔一〕《大典》卷次原缺，據現存《大典》補。

〔二〕以：原作「次」，據《長編》卷五九改。

〔三〕署：原作「置」，據《長編》卷五九改。

〔四〕序遷：原倒，據《群書考索》後集卷六三乙。

〔五〕按現存《大典》，此條之前原有「元豐九年十月九日」一條，被嘉業堂整理者挖出，蓋因其内容重見於本書道釋二之九。挖出之原件今在《補編》頁三二三。

〔六〕寶月大師法訓：原作「寶月大法師訓」，據現存《大典》卷八七〇六原文乙。

住地主，勒令還俗，已於宣和元年八月内復寶月大師，依舊爲僧，自差充主管昭慈獻烈皇太后梓宫前道場，並無遺闕，可特與依舊充右街額外守闕鑒義。」

五年正月十五日，詔左鑒義德信特補右街副僧録，主管教門公事，令承替思彦住持(圖)〔圓〕覺院，依舊崇奉太上本命香火。

三十年七月六日，中書詔〔一〕：皇后功德院住持、天竺時思薦福寺慈授法燈大師子琳，特與補右街鑒義。

乾道元年七月二十五日，詔：「凡以雨暘祈禱觀音，必獲感應，上天竺住持僧若訥特補右街僧録。」

十月六日，詔：天竺時思薦福寺係壽皇太上皇后功德寺，住僧右街鑒義子琳特補右街僧録，監寺僧利宗特補右街鑒義。（以上《永樂大典》卷八七〇六）〔二〕

披度 普度、度牒附

【宋會要】13 凡僧道童行，每三年一造帳上祠部，以五月三十日至京師。童行念經百紙或讀五百紙〔三〕，長髮念七十紙或讀三百紙合格。每誕聖節，州府差本州判官、録事參軍於長吏廳試驗之。

國初，兩京、諸州僧尼六萬七千四百三人，歲度千人。平諸國後，籍數彌廣，江、浙、福建尤多。至天禧五年，道士萬九千六十六人〔四〕，女冠七百三十一人〔五〕：東京道士、女冠共九百五十九人，京東五百六十人，京西三百九十七人，河北三百六十四人，河東二百二十九人，陝西四百六十七人，淮南六百九十一人，江南三千五百五十七人，兩浙二千五百四十七人，荆湖千七百一十六人，福建五百六十九人，川峽四千六百五十三人〔六〕，廣南三千七十九人。僧三十九萬七千六百一十五人，尼六萬一千二百三十九人〔七〕：東京僧尼共二萬二千九百四十一人，京東萬八千一百五十九人，京西萬八千二百一十九人，河北三萬九千三十七人，河東萬六千八百三十二人，陝西萬六千一百三十四人，淮南萬五千八百五十九人，江南五萬四千三百一十六人，兩

〔一〕中書詔：疑有脱誤。

〔二〕《大典》卷次原缺，據現存《大典》補。

〔三〕上「紙」字原作「經」，參下句改。

〔四〕六十六：原作「六百六」，《群書考索》後集卷六三作「六十六」，與下列各路數目之和較接近，作「六百六」則相去甚遠，據改。

〔五〕按，以上道士、女冠之總數爲一九七九七人，而以下各路之總數爲一九七八八人，少九人，是以下數目仍有小誤。

〔六〕川峽：原作「州陝」，按《宋史·地理志》，是時益、梓、利、夔稱「川峽四路」，據改。

〔七〕按，以上僧尼總數爲四十五萬八千八百五十四，而下列各路之總數僅得三十七萬八千四百五十六，相差八萬零三百九十八，是以下數目有誤。

浙二千二百二十人〔一〕，荆湖二萬二千五百三十九人，福建七萬一千八十人，川峽五萬六千二百二十一人〔二〕，廣南二萬四千八百九十九人。《山堂考索》：天禧二年八月，詔普度道士、女冠、僧尼，凡度二十六萬二千九百餘人〔三〕。

景祐元年，道士萬九千五百三十八人〔四〕，女冠五百八十八人，僧三十八 14 萬五千五百二十人〔五〕，尼四萬八千七百四十二人。

慶曆二年，道士萬九千六百八十人，女冠五百二人〔六〕，僧三十四萬八千一百八人，尼四萬八千四百一十七人。

熙寧元年，道士萬八千七百四十六人，女冠六百三十八人，僧二十二萬七百六十一人，尼三萬四千三十七人。十年，道士萬八千五百一十三人，女冠七百八人，僧二十萬二千八百七十二人，尼二萬九千六百九十二人。

太祖開寶六年四月，詔：「自今諸路據僧帳見管數目，七十人至百三十人，每年放一人，至百七八十人放兩人；如六十已下，據見在數積累年歲，候及前件分數，依例放一人。」

太宗太平興國（元年二月）〔二年三月〕〔七〕，户部郎中侯陟言：「沙彌童行剃度文牒，每道納錢百緡，自今望令罷納，委〔逐〕處據名申奏，于祠部給牒送逐處。」詔祠部實封下本州，令長吏與本州判官給付。

七年九月，詔曰：「朕方隆教法，用福邦家。眷言求度之人，頗限有司之制。俾申素欲，式表殊恩。應先係帳沙彌長髮未剃度者，並特與剃度〔八〕，祠部即給牒。今後不得爲例，不得將不係帳人夾帶充數，犯者當行決配。」

雍熙二年十月〔九〕，詔：「天下應係讀經二年、所供帳有名者，並許剃度。僧、尼自今須讀經及三百紙，差官考試，所業精熟，方許係籍。」

淳化二年十月，詔：「五臺諸寺院今後每至承天節，依例更不試經，特許剃度行者五十人，內二十人與真容院，餘依等第輪次 15 均分諸寺院。」（以上《永樂大典》卷一四七〇六）

〔一〕按，《群書考索》後集卷六三云：道士、僧尼，「江、浙、福建常居天下之半」。而此處兩浙僧尼僅爲二千餘人，顯誤。據上條校記，各路僧尼數之和較前列總數少八萬餘人，疑此兩浙僧尼數應爲「八萬二千二百二十人」。

〔二〕峽：原作「陝」，據前校記改。

〔三〕此條注文乃嘉業堂整理者剪截原稿後所餘之殘文，《輯稿》貼於道釋一之一五頁空白處，據葉渭清眉批云，此條原粘在「景祐元年」條後。按，置於「景祐元年」條後亦不妥，今姑按年號移於此。

〔四〕九千：《群書考索》後集卷六三作「一千」。

〔五〕二：《群書考索》後集卷六三作「三」。下句「二」字同。

〔六〕上二句，《群書考索》後集卷六三「八十」作「八」，「二人」作「二十二人」。

〔七〕二年三月：原作「元年二月」，據《長編》卷一八改。

〔八〕與：原作「於」，據《補編》頁三二四同條改。

〔九〕二年：《長編》卷二七繫於三年十月，然《群書考索》後集卷六三載此事亦作「雍熙二年」（見下文），今仍之。

《山堂考索》：〔雍熙〕二年〔一〕，詔自今經業精熟者，方許係籍。

熙寧八年，在京僧九千七百三人，諸州軍僧一十九萬三千七百九十九人。十年，僧二十萬二千八百七十二人。

（以上《永樂大典》卷八七〇六）〔二〕

【宋會要】

至道元年六月，詔：「江南、兩浙、福建僧尼，今後以見在僧數，每三百人放一人，仍依原敕比試念讀經紙，合格者方得以聞。不如此式而輒奏者，知州、通判、職官並除(若)〔名〕，干繫人吏、三綱主首、本犯人決配。應吏私剃度及買僞濫文書爲僧者，所在官司點檢，許人陳告，犯者刺面，決配牢城，尼即決還俗。」先是，僧尼讀經止以三百紙爲限，而無念誦者，是歲，太宗閱泉州僧籍已度數萬餘籍，未度者猶四千餘，始定此制。明年，又詔淮南、川(陝)〔峽〕路並依此制。

《錦繡萬花谷》：建隆初，詔佛寺已廢，不得再興。開寶中，令僧尼百人許歲度一人。至道初，又令二百人歲度一人。先是，16泉州奏僧尼未度(未)〔者〕四千人，已度萬數，天子驚駭，曰：「今一夫耕，十人食，天下安得不重困？」故立此制。（以上《永樂大典》卷八七〇六）〔三〕

17至道三年十一月二十三日，詔：台州天台山有五十四所寺院，行者每遇承天節，與度二十人。

二十四日，詔越州天章寺，每年承天節度行者五人。

十二月，詔嘉州峨嵋山白水普光王寺上下共六處寺院，每年承天節與度五人。

真宗咸平二年三月，福州言：「兩浙僞命首僧二千九十四人，准詔，試經合格者給公憑爲僧，不者還俗。欲望更不比試，止勘會見在數給公憑，仍舊爲僧。」從之。

三年四月，詔西京白馬寺兩院每年承天節時，逐院度行者一人。

四年四月，詔：「在京并府(署)〔界〕、外縣僧、尼、道士、女冠下行者、童子、長髮等，今後實年十歲，取逐處綱維、寺主結罪委保，委是正身，方得係帳，仍須定法名申官，不得將小名供報。尼年十五，僧年十八，方許剃度受戒；道士、女冠即依舊例，十八許18受戒。不得交互禮師，擅移院舍。如本師身亡，或移居院宇，即仰逐時申官，候改正帳籍，方得回禮師遷移居處。所有轉念經紙數、卷數，一準久例施行，更不增減。」

五年十月，詔：「天下有竊買祠部牒冒爲僧者，限一月於所在陳首〔四〕，釋其罪，違者論如律，少壯者隸軍籍。」

〔一〕雍熙：原無。按現存《大典》卷八七〇六原文此注之前的正文爲熙寧元年，則此「二年」似爲熙寧二年。但《群書考索》後集卷六三原文作「雍熙二年」，《大典》誤也，今據補二字。

〔二〕此條正文及其前之注文原亦貼在此頁上半頁空白處。此亦是嘉業堂整理者刪存之殘文，未注明《大典》卷次，但此文今見於中華書局影印本《永樂大典》卷八七〇六，據補。

〔三〕《大典》卷數原缺，按此文亦見於現存《大典》卷八七〇六，據補。

〔四〕於所在：原作「隸軍籍」，據《長編》卷五三改。

六年五月，詔：「僧人等或全無出家文字及受業處簿籍、主首法眷保明買得祠部者，限一月内自首。自首者放罪，任便歸俗。或出限不自首者，依法斷（違）〔遣〕，仍勒還俗。如内有自來曾作兇惡過犯者，即配軍。」

景德元年閏九月，詔：「河北州軍監，今後有北界過來僧人，先取問往止鄉縣有無親的骨肉，及召本州公人二人保明結罪文狀後，仰長吏已下當面試驗經業。如稍精通，仰具奏聞，當議給與祠部，依舊爲僧；其不（過）〔通〕經業者，即令還俗，分付本家。如無親的骨肉者，押來赴闕。」

二年九月，詔：「福建寺院今年正月一日已前，循僞命例依僧尼真影出家童行〔一〕，許仍依舊附帳試經業外，今後出家者，並須禮見存僧尼爲師。」先是，知興化軍文鈞言：「本軍係帳童行五千七百八十八人，内一千三百五人皆依僧影出家，如違犯，則（無）本師照證。」故條約之。又詔：「河北緣邊諸州軍寨，今後應是先落北界來歸僧人，取問如不願出家者，其隨身公憑并僧（依）〔衣〕逐處納下，文字繳連納省，僧衣本處收附。願爲僧者，並許披挂，將帶歸鄉。仍令本屬州軍呈 19 乞試驗經業，兼令州軍勘會。如經半年後不到者，更不得試驗爲僧，其隨身文字、僧衣，即並納官。内有試經業不精通，如志願爲僧者，召公人二人結罪保明以聞。餘依景德元年閏九月詔命指揮。」

十二月，詔嘉州大像凌雲寺，每年承天節與度行者一人。

三年十一月，詔曰：「老氏立言，實宗於衆妙；能仁垂教，蓋誘于羣迷。用廣化樞，式資善利。應天下僧、尼、道士、係帳童行，各于元額十人外更放一人。其寺觀院舍及僧〔二〕、道、童行不及十人者，每院特放一人，並取係帳年深從上者，更不試經業。」

四年正月，詔：「兩畿及孟、鄭州僧、尼、道士、係帳童行，五人内特放一人〔三〕，住房僧道不及五人者，（遂）〔逐〕院（持）〔特〕放一人。」

二月，詔西京右街崇德院每年特與度行者三人。

□月，詔并州惠明寺舍利塔主啓麟，每年承天節特與度行者五人。

七月，詔：「西京永昌禪院，今後逐年許剃度行者五人。仍勘會的實係帳月日編排，並逐年依上名下次剃度，不得驀越。候度到行者并舊管僧人共五十人爲額，更不在此。若今後額内有闕，逐年遇承天節，即時剃度行者充填，不得過五人。兼依例逐年具帳通計人數以聞，不得將本院差出及遊禮諸處僧人便爲闕額。」

十一月，詔漣水軍僧澄因大師賜紫守堅，今後每年承天節，特與度不拘係帳行者一人。

〔一〕僧：原作「增」，據《長編》卷六一改。
〔二〕及：疑衍。
〔三〕五人：原作「五行」，據《長編》卷六五改。

大中祥符元年九月，詔：「嘉州淩雲寺，每年承天節更特度行者一人。20 仍令本州勘會，委是本寺行者，方得給付。」

十月，東封畢，詔：「兖州諸寺度童行各十人，院各五人，宮觀披戴各十人，汾陰、亳州亦如之。至朝壇陪位者，各度弟子一人。」

十一月，詔鄆州三學僧院，逐年度行者三人。

十二月，以東封禮畢，詔：「天下僧尼、童行除合放數外，見係帳童行每百人試驗經業，特度二人；不及百人處亦與二人；道士弟子在宮觀，與一人披戴。」

二年正月二十九日，詔曰：「朕拜貺膺符〔一〕，升壇展禮，遂行慶賜，仰答神休。爰均雷雨之恩，普及緇黄之衆。冀因善利，永福蒼黔。應兩京、諸路州府軍監僧尼，除準敕度人數外，逐處係帳童行，每百人試驗經業精熟者更度兩人，不滿百人處亦如之。道士每宮觀特度一人〔二〕。」

三月，詔嘉州白水普賢寺、黑水華藏寺、中峰乾明寺三寺，每年各度行者三人。

五月，詔右街福田院對换得景德寺大悲院，仍依諸院例，每年試放行者一人。

七月，知開封府李濬言：「請京城寺院宮舍僧繼主首者，無得以童行係籍。」從之。

八月，詔舒州天柱山三祖乾明寺，逐年承天節特度行者三人。

九月，以吴國長公主出家，詔天下僧尼、道士係帳童行，每寺觀十人内度一人，不及十人及住房各禮師者，亦度一人，取係帳童（深）〔行〕上名者，更不試經業。

十月，詔天下寺觀曾賜得太宗御書處，自今除承天節比試額定數外〔三〕，於見在童行外從上名特度一人。

十二21月，詔揚州建隆寺，每年承天（寺）〔節〕特與度行者一人。

三年正月，詔：遇天慶節，天下宮觀道士係帳童行，每十人特放一人，不及十人者亦放一人，其住房禮師各别童行不及十人者亦放一人，更不試經業。

五月，詔懷安軍雲頂山大中祥符寺，每〔年〕承天節特與度行者三人。

七月，詔瀛州感聖閣院係帳舊管行者，每年承天節特與從上名度二人〔四〕；順安軍静雲寺經閣院係帳童行者，每二年承天節特與從上名度一人。並不試經業。

四年五月，詔福州雪峯山崇聖禪院，每年承天節特與度行者五人。

五年十二月，詔（譚）〔潭〕州衡嶽善果庵住持内品僧守

〔一〕貺：原作「祝」，據《宋大詔令集》卷二二三改。

〔二〕人：原缺，據《宋大詔令集》卷二二三補。

〔三〕承：原脱。按，據道釋一之一三本門序，考試童行皆在誕聖節，真宗時即在承天節，因補。

〔四〕名：原作「各」，據下文改。

德下行者，特與二年度一人。

六年二月，詔：「自今諸寺院童行，令所在官吏試經業，責主首僧保明行止，乃得剃度。如試驗不公及保明失實者〔一〕，並寘深罪。」先是，歲放童行皆游墮不逞之民〔二〕，靡習經戒，至有爲寇盜以犯刑者甚衆，故條約之。

四月，詔定州開元寺講經論、修塔功德主演法大師賜紫希古，每年承天節特與度行者一人。

六月，詔開寶寺靈感塔福聖禪院主紹寵〔三〕、知塔沙門守願，除逐年依例撥放七人外，每年承天節紹寵特與度行者五人，守願特與度行者一人。

九月，詔泗州僧正文秘，每年承天節特與度行者一人。

七年十月，詔：「兖州延壽寺十九院之中，今後于逐院內從上名輪係帳行者一人，專切看管所貯御書經閣，22候一年別無遺闕，特與剃度。」

天禧元年〔三月〕〔四〕，詔：「道士、童行不由課試而披戴者，自今〔五〕五年內不得離宮觀；特賜師號、紫衣者，三年內不得妄託假告。出求省親者，須計程給假。」

八月十五日，詔昇州蔣山太平興國寺歲度行者二人，給米百石。

二年三月，詔：「祖父母、父母在，別無子息侍養，及刑責、姦細、惡黨、山林亡命賊徒負罪潛竄，及曾在軍帶瑕痕者，並不得出家。寺觀容受者，本人及師主、三綱、知事僧尼、鄰房同住並科罪。有能陳告收捉者，以本犯人衣鉢充（賓）〔賞〕。其志願出家者，並取祖父母、父母處分；已孤者，取問同居尊長處分。其師主須得聽許文字，方得容受。童行、長髮候祠部，方許剃髮爲沙彌。如私剃者，勒還俗，本師主徒二年，三綱知事僧尼杖八十，並勒還俗。」時大理評事張師錫上言：「民有出家爲僧者，父母皆羸老無依，丐食他所。」故條約焉。

五月，詔：「應今年閏四月終以前在京住房僧及五年以上者，各與弟子一人係帳，俟至來年承天節，依例試驗經業，後不得爲例。」

三年八月三日，赦書：「天下僧、尼、道士、女冠見係帳童行，並與普度。」

二十八日，命尚書右丞林特、右諫議大夫兼太子右庶子張士遜提舉祠部普度文牒。先是，諸州童行披剃祠部，胥吏納賂啓倖〔五〕，有若市價，或十年不得文牒者，故命特等立限發遣。特等言：「舊例移牒諸州取索（籍名）〔名籍〕，今請止以祠部見管天禧三年帳23出給文字，權於館閣或經諸司抽差八人赴祠部，併手填寫發遣，馹遞付逐州。至日，長吏以名（以名）籍參驗。其逋亡還俗者，咸毀訖以聞。

〔一〕試：原作「是」，據《長編》卷八〇改。
〔二〕逞：原作「呈」，據《長編》卷八〇改。
〔三〕寵：原作「龍」，據下文改。
〔四〕三月：原無，據《長編》卷八九補。
〔五〕倖：原作「俸」，據下文改。

仍令諸州先諭寺觀，勿得斂錢行用，州縣驚舉〔一〕，犯者斷訖以聞。又舊童行帳所作弊，揩改通注，小有差誤，即不給祠部，從前啓此倖門，邀納賄賂。今欲勘會，止是小有錯謾，非涉詐僞〔二〕，即以空名祠部下本州，委知州、通判勘會詣實，填名給付訖奏。仍令祠部置簿(杪)〔抄〕上，印押拘管，候了日勾銷。」從之。士遜爲樞密，又令知制誥宋綬終其事。凡度二十六萬二千九百四十人〔三〕：道士七千八十一人，女冠八十九人，僧二十三萬一百二十七人，尼萬五千六百四十三人。

十月，河北緣邊安撫使劉承宗言：「僧人有從北走來者，自今望令勘會，如不係兩地供輸人，及近裏州軍因虜到北界爲僧來，即(今)〔令〕結罪保明，委無虛誑，試經申奏，給與祠部。」從之。時邊民有私度爲僧，隱于村院，妄稱自北界走來，給祠部牒者，故條約之。

十一月，詔：「三京及諸路州軍委知州軍、通判等，據今來普度僧尼，催促逐處並與開壇受戒。如本處元無戒壇，即發遣就近鄰有處受戒。候畢，具逐州縣人數單名開坐入急遞以聞。仍仰祠部便出給戒牒，空留受戒州軍名目，候到，本州軍書填，仍依發放祠部例〔四〕，于提舉發遣普度祠部所送納勘會〔五〕，入遞赴本州軍。」

四年四月，提舉發遣普度祠部所言：「尚書 24 祠部印下白本祠部并封皮，係慎鏞階銜繫書發遣，本官丁母憂，祠部承例用木押字齪子發遣。其白〔本〕祠部并封皮萬數不少，並係三月終已前印下，今來已是三司併手書填，若更候新判官員自新着字，伏恐積壓住滯。欲乞委新判祠部馮元于慎鏞官位下面用鏞木押字齪子發遣。」從之。

六月，開封府言：「去年準勑，並令普度，即日別無係帳數。案太平興國七年普度，後至八年供申，重行係帳試經〔六〕，將來承天節望依此例。」從之。

閏十二月，玉清昭應宮副使、工部尚書、兼太子詹事林特言：「提舉發遣普度祠部了畢，其普度戒牒若再令祠部書填印押，必恐展轉延遲。今欲只從當所將天禧二年奏帳并逐處今來繳迴承領普度祠部內引，據見在實給過祠部人數，寺院名額、法名，便書填戒牒用印，并寫內引，不以遠近先後，實封發往逐處給散。所有合支用錢物，各依天禧三年十一月勑，並從官給。仍乞催從管于天禧五年承天節前受戒〔七〕，給付戒牒訖，仍具帳供報勾銷文簿。如有受得普

〔一〕驚：疑當作「檢」。
〔二〕僞：原作「爲」，據文意改。
〔三〕按，此數目，《宋朝事實》卷七、《群書考索》後集卷六三所載均同，而下列分項之數正少一萬。以本門前文所録各時期道士、女冠、僧、尼之大約比例觀之，似是尼之「萬五千」上脱「二」字。
〔四〕放：原脱，按本書職官一三之一八、一九云：「今後每年發放祠部」，「自來祠部承例發放」，據改。
〔五〕「遣」原作「遞」，「勘」原作「堪」，據下文及文意改。
〔六〕係：原作「偏」，據上文改。
〔七〕催從管：不辭，似當作「催促須管」。

度祠部，未得受戒牒，日前事故、歸俗、身死，其戒牒并祠部仰知州軍、通判躬親勘會毀抹，大書因依，具狀封迴，赴本所送納。」從之。

五年三月，詔：「自今在京寺院房廊住持僧及五年已上，委實不是自外暫來者，令本寺三綱、主首及僧司結罪保明，每人許判狀係行者一人，候至承天節，依例試經。」先是，樞密[25]直學士李濬言：「在京諸寺院多有外來僧人，于寺院主首處僞作借錢借房文字，冒稱住房僧人，以圖收係童行入帳。請自今應外來僧尼，並不得收係童行。」詔從其請。至是，僧徒上言，故降條約。

仁宗天聖二年二月，以真宗大祥，詔在京寺觀等第特度童行，其經行幸及所過，亦特剃度：玉清昭應宮七人；景靈宮、會靈宮、會靈觀各五人；祥元觀三人；開寶寺塔下一人(一)、寺衆一人；相國寺知殿一人、寺衆一人；太平興國寺、天清寺、景德寺、顯寧寺、顯浄寺、顯聖寺、報恩寺、啓聖院、定力院、實相院、觀音院、天壽院、皇建院、普浄院、洪福院、普安院、等覺院、奉先資福院、鴻禧院、長慶院、護國院、廣福院、光教院、乾明寺、崇夏寺、崇真資聖院、妙覺院、上清宮、太一宮、建隆觀、壽寧觀、同真觀、太和宮、崇真觀，各二人；法濟觀、龍華院、英惠院、南法濟院（龍華院、英惠院、南法濟院）、西報恩寺、香積院、智度院、萬壽院、禪惠院、永寧院、廣濟院、浄福院、壽寧院、東普濟院、惠聖院、惠濟院、積慶院、福聖院、延祥院、靈芝院、普濟院、廣濟院、惠安院、報恩院、興教院、福田院、崇福院、受釐院、仁和院、多慶院、崇因院、廣惠院、妙法院、衛王公主院、惠民院、開聖院、浄惠院、旌孝院、崇國院、報國院、承天院，各一人。其曾經行幸處，西京及永安縣，南京、兖州及奉符縣、亳州及衛、真符、天雄軍、澶州、河中府、慶成軍逐路，各度二人；行幸曾經過處，開封府、濮州、[26]鄆州、鄭州、華州、同州、孟州、滑州、陝府，各度一人。

十二月，尚書右丞、集賢院學士馬亮言：「天下僧徒數十萬，多游墮凶頑隱跡爲僧，結爲盜賊，污辱教門。欲望今後除額定數剃度外，非時更不放度。及常年聚試之際，先委僧司看驗保識，如行止不明，身有雕刺及曾犯刑憲者，並不得試經。仍於逐年試帳前牓此條貫。」從之。

三年四月，開封府以乾元節，請放寺觀童行千三百六十二人。詔僧禮念經四卷已上、讀八卷已上，尼、道士、女冠禮念三卷已上、讀七卷已上者，爲格試。

四年正月，開封府以長寧節，請放試到僧、尼、道士、女冠、童行，及諸禪院撥放者三百八十九人，止放三百人。宰臣王曾等言：「剃度太多，皆墮農游手之人，無益政化。」張知白曰：「臣任樞密日，嘗斷刼盜，有一火之中全是僧徒

(一)寶：原脱。按，太宗太平興國中，帝命於東京開寶寺西北隅造塔十一級，越八年而後成，巨麗精巧，近代所無。見《長編》卷三〇。此「開」字下必是脱「寶」字，因補。

者。」仁宗曰：「自今切宜漸加澄革，勿使濫也。」

五年九月，樞密直學士李及言：「伏覩剃度僧尼，崇奉法教，其中修行者少，違犯者多，蓋由爲師者務收徒弟，官中無法以革其弊也。乞自今欲出家者，須父母骨肉捨施，委本院保明行止，申所屬州軍長吏呈驗；仍須親知三二人委保無過犯，委是尊親聽許，即官給公憑，然後得收名入帳。試經日，更勘會實有公據，即得就試。其實無骨肉者，亦召三二人保明，出給公憑，方得收充行者。」

七年八月，知道州陳覃言：「臣自到任後，據降僧道童行祠部，内道童二十五人。[27]按本州四縣所管道士計七百六十九人，放二十五人，又按先降敕命，僧道每百人放行者一人，以此披度，是元無定數條約。欲乞自今依僧尼例，每道士百人放一人，仍添（續）〔讀〕經紙數，與僧童條同等，庶勤經業，兼免煩費。」下荆湖南轉運使詳度以聞。轉運言：「潭州管道士二百九十人，本州試道童二十二人，除五人不合格及門引不到外，試到合格十七人。當司相度，若將道士每百人依僧尼例放一人，即潭州每歲合放三人，所有不及百人道士州（吳）〔與〕放一人，如此，又放人全少，宮觀闕人焚修。乞下祠部定奪，據州郡大小、道士數目，酌中額定逐年合放人數降下，經久遵守。」詔令荆湖南、北路，今後道士每百人放童行二人，不及百人放一人。

八年三月，詔：「應男子願出家爲僧道者，限年二十已上，方得爲童行。若祖父母、父母在，須別有親兄弟侍養，方得出家。其先經還俗，或曾犯刑責負罪逃亡，及景跡兇惡，身有文刺者，並不得出家。若係帳童行犯刑責者，亦勒還俗。寺觀故違容受者，本人及師主〔一〕、三綱、知事、鄰房同住僧道並行勘斷，本師雖會赦，仍勒還俗。官司常行覺察，許人陳告，以犯人衣鉢、資財給賞，不過五十千。女子限年十五以上，方得出家；雖年幼，其尊長骨肉肯捨出家者亦聽。」

四月，詔：「五臺山每年特敕度童行五十人，并收掌御書放度行者一人。代州自來差（官）量試經業，自今後更不差[28]官，只委本官司（正）〔止〕量試經業，具人數保明申州，繳連聞奏，下尚書（詞）〔祠〕部依舊例給度牒。」

至和元年二月，詔：「乾元節度僧尼，自今兩浙、江南、福建、淮南、益、梓、利、夔等路，率限僧百人度一人，尼五十人度一人；京師及他路，僧尼率五十人度一人；道士、女冠不以路分，率二十人度一人。」

英宗治平元年正月十七日，詔壽聖節所賜師號、紫衣，祠部以二百道爲限。舊例聖節所賜三百道〔二〕，而貴妃、修儀、公主別有陳乞不在其數。至是，帝以謂聖節州郡已度僧尼、道士，而別賜之數可減，遂減爲二百道，而貴妃、修

〔一〕本：原脱，據前道釋一之二二同類文字補。
〔二〕賜：原脱，據《長編》卷二〇〇補。

儀、公主歲例所得者，皆在其内，更不別乞。以上《國朝會要》〔一〕。

神宗熙寧五年十二月二十七日，定應見任兩府、親王、長公主、入内都知、押班許陳乞守墳等寺額，許於十年内依見在例，仍兩經聖節與度行者一名。

八年六月十六日，詔增河南府超化寺歲度僧二人〔二〕，賜紫衣一人。以上批「寺乃釋迦佛舍利所在，於畿内最爲靈跡，近兩禱雨〔三〕，隨獲嘉應。聞歲止度僧一人，頗闕人修奉」故也。

九年十月十七日，詔賜開寶（等）〔寺〕福聖禪院師號、（賜）紫衣共十人，及度行者十人，其主首僧智滿特授右街守闕鑒義，別與度弟子一名，賜紫衣一名。仍令自今本院逐年隨御書牌撥放行者三人。以增修慶壽崇因（閤）〔閣〕畢功，車駕臨幸推恩也。

自熙寧八年至十年，祠部共給過天下僧尼、道士、女冠度牒二萬六千八百六十五 29 道：八年九千一百八道，九年八千三百六十四道，十年九千三百九十三道。撥放計九百五十九道：同天節一百五十五道，太皇太后生辰一百道；皇太后生辰五十道；皇后生辰二十五道；韓、汾、冀三大長公主，陳、蜀〔四〕、衛三長公主生日各十五道，及遇同天節並各得五道，係御前奏乞，隨同天節例差降出；德妃、賢妃生日各三道；魏國安仁保祐夫人張氏生日三道〔五〕；婕妤生日二道；淑壽、延禧兩公主生日各四道；婉儀、才人、充容生日各二道；皇子、永國公生日各四道；同天節在京并外州軍寺院宫觀於内東門進奉功德疏迴賜計二百七十八道。

元豐元年四月二十一日，河州請慈濟院依太原府例〔六〕，二年度僧一人，從之。

七月九日，詔故西天譯經三藏〔七〕、試鴻臚卿日稱，依法護例遺恩度七人，慧辯院歲增度僧一人〔八〕。

二年十月十七日，詔在京宫觀寺院童行年四十、長髮童行年三十五以上〔九〕、三帳及十年者，度爲尼、道士，令御藥院於啓聖院作大會，以度牒授之。以太皇太后不豫故也。

六年八月一日，詔崇信軍節度使任澤賜墳寺爲旌孝禪院，歲度僧一人、紫衣或師號一人。以澤仙遊夫人母弟也。

十二月二十九日，太師、潞國公致仕文彦博言：「仁宗皇帝賜臣御書，以卷軸甚大，私家難寶藏，遂送功德院寶勝

〔一〕國朝會要：原作「宋會要」。按，前已標「宋會要」，此又重複，無義。按本書體例，當作「國朝會要」，即神宗時所修北宋前五朝之《會要》。因改。
〔二〕「歲」下原衍一「增」字，據《長編》卷二六五删。
〔三〕近、雨：原無，據《長編》卷二六五補。
〔四〕蜀：原作「獨」，據《宋史》卷二四八《魏國大長公主傳》改。
〔五〕仁：原作「人」，據《長編》卷二六〇改。
〔六〕太：原作「大」，據《長編》卷二八九改。
〔七〕譯：原作「繹」，據《長編》卷二九〇改。
〔八〕辯：原作「辨」，據《長編》卷二九〇改。
〔九〕五：原脱，據《長編》卷三〇〇補。

禪院安置。因建閣奉安，愈爲精嚴，每年乞特賜撥放童行一人。」從之。

七年正月十四[30]日，詔賢妃邢氏於奉先資福院側修佛寺，賜名多慶禪院，歲度僧一人、紫衣或師號一人。

二月十日，禮部言：「誠州浄化寺、懷化寺乞歲度僧二人。」從之。

四月十二日，廣南西路經畧安撫司言：「融口石門溪洞新路側創僧寺，乞給度牒僧五道，歲度僧一人。」從之。

十七日，荆湖路相度公事所言〔一〕：「邵州蒔竹縣感化寺乞許度僧。」詔三年度一人〔二〕。

五月十一日，詔皇后父、祖墳寺左街資福禪寺，可除每年撥放外，遇同天節，度僧二人、紫衣一人。

七月十六日，詔雍王顥乳母孫氏葬報先禪院，每歲同天節度僧一人。

八年哲宗已即位，未改元。二月十九日，詔：「太皇太后七月十六日生辰爲坤成節，三京、諸州比試，撥放童行。今年以大行皇帝梓宫在殯，依乾興元年乾元節故事，惟開封府度僧道，餘權罷。其開封府比興龍節與度三之一，來年已後，四京、諸州軍府比試撥放，每二年與一名者，四遇坤成節與一名；三年與一名者，六遇坤成節與一名。」

哲宗元祐二年五月二十四日，開封府言：「將來坤成節已在從吉後，請依長寧節故事，度僧道共三百人爲額。」從之。

元符元年十月二十日，詔以皇太后久不豫，普度在京僧尼。

崇寧二年十一月二十二日，新知真定府呂嘉問奏〔三〕：「天下建崇寧禪院，遇天寧節度僧、賜紫衣，所以崇佛乘，祝聖算，功德甚大。切謂諸路極有真跡、福地、（藍伽）〔伽藍〕，並未有撥度恩澤、[31]承續灑掃者，欲乞汝州香山慈壽禪寺、襄州福聖院並改賜天寧觀音禪院名額，每遇天寧節，撥放紫衣恩澤各一名。」從之。

大觀元年閏十月二十六日，詔明州育王山寺掌管仁宗御容僧行可賜師號、度牒各二道，用爲酬奬，或願將師號換紫衣亦聽。

二年五月二日，詔：「道門近添試經撥放年額，數内女冠試經舊額人數甚微，天下之大，只度三十三人，可通舊數增作七十人爲額，内在京畿三十人，諸路四十人，亦仰禮部依道士例均撥。」

政和三年九月十四日，蔡攸奏：「醴泉觀咸通殿佑聖真武靈應真君位牌，乃陛下宸翰題寫，殿額亦仁宗皇〔帝〕御書，乞每歲遇天寧節，許本殿披戴道士及紫衣師號各一名。」從之。

〔一〕湖：原脱，據《長編》卷三四五補。
〔二〕三年：《長編》卷三四五作「二年」。
〔三〕問：原作「聞」。按《長編紀事本末》卷一二二載崇寧三年四月「落職知州人」有「成德軍呂嘉問」，成德軍即真定府。由此可知「聞」爲「問」之誤，因改。

五年八月十日，禮部言：「湖州申：慈感院靈感觀音聖像，四方祈求，或歲有水旱、疾(役)〔疫〕、飛蝗，州縣祈禱感應，乞依熙寧七年杭州上天竺靈感觀音院體例，每遇聖節，特與撥放童行一名。」詔每二年特與撥放一名。

宣和元年正月十四日，詔：「已降詔僧爲德士〔一〕，所有寺院撥放試經、進疏度牒，並改作披戴爲德士。」

二月七日，(太)〔大〕宗正司言：「宗子公述願捨俗披戴入道。」從之。

二年九月二十一日，詔天慶節試經撥放道童住罷。

三年二月二十七日，詔解州防禦使鄭明之特與剃度爲僧，充僧職，與師號，管幹教門公事，法名善因。

五年八月二十七日，提舉道録院奏：「奉詔：天寧節進疏32道官，自金壇郎以上，各人所得特賜度牒，許回授諸路宮觀道童。內道録院官并帶貼職人至大夫以下願度在京宮觀道童者，並聽。」

七年八月八日，詔度牒、紫衣、師號上展限二年，限滿並行仍舊給降。

十二月二十二日，詔：「應內外撥放試經、特旨等度牒、紫衣、師號，並仍舊給降。」以上《續宋會要》。

光堯皇帝建炎元年五月一日，赦：「應寺院、宮觀有隔下撥放，並許於所屬自陳，保明申禮部，限三日給降。其今歲乾龍節合撥放去處，雖不曾投進功德疏，特與依例撥放。試經者額外添數一次，合就試一百人以下添一名，一百人已上兩人，三百人以上三人。」同日，赦：「應暴露遺骸，許所在寺院埋瘞，每及一百人，令所屬勘驗申禮部，給度牒一道。」四年二月二十三日德音同。紹興二年四月十一日德音〔二〕，及二百人，給度牒一道。五年八月二十四日德音同，仍許願換紫衣者聽。

二年八月二十四日，禮部言：「諸州軍每遇聖節，宮觀道童試經依元豐法，《政和令》合念《道德》等經四十紙爲合格，即無念過《御解真經》。」詔依元豐法。

十一月二十二日，赦：「勘會州縣曾經金人或羣寇經由去處，暴露遺(駭)〔骸〕，令所在州縣委官監督收瘞，仍召募寺觀童行專管收瘞。內命官量給錢，於寺院內如法瘞埋，每及二百人，給度牒一道。如僧道願主管，准此。願請紫衣或師號者，計價比折度牒支給。」

三年六月二十七33日，詔：「行下東京禮部及諸路轉運使，應寺院、宮觀童行試經撥放及該遇聖節恩例等，並權住，條法全備日，申取朝廷指揮。」

紹興元年三月四日，詔賜參知政事秦檜墳寺，每歲聖節撥放童行一名，以「移忠報慈禪院」爲額。從檜請也。

六月二十四日，詔以昭慈獻烈皇太后殯宮修奉香火，泰寧寺更與度僧一名，本寺知事僧並賜紫衣，內住持人仍

〔一〕僧：原無，據《宋史》卷二二《徽宗紀》四補。
〔二〕月：原脫，據本書職官四四之一五、刑法三之四七補。

賜二字師號。

九月十八日，明堂赦：「應諸軍將校戰没，在法，母、妻年五十以上無子孫，願爲女冠或尼者，所屬具奏。慮其間有未及之人，官司以未應條法，不許披戴披剃。許所在州軍如有上件人年雖未及五十，亦許具奏。」四年九月十五日明堂赦、十三年十一月八日南郊赦並同。

三年九月七日，陝西諸路都統制兼宣撫處置司都統制吳玠母劉氏墳寺乞賜名額，詔以「報功顯親院」爲額，仍歲給度牒一道。

八（月）（日），詔：「鳳翔府和尚原中興寺，每歲許撥放童行一名外，仍令寶雞縣特撥賜官田五頃。」從吳玠請也。

六年四月九日，尚書省言：「近年僧徒猥多，寺院填溢，冗濫姦蠹，其勢日甚。諸州每年經試，其就試者率不過三四十人，經業往往不通，州郡姑息，惟務足額。蓋給降度牒，許人進納，官中舊價百二十貫，民間止賣三十千，稍能營圖，便行披剃，誰肯勤苦試經？顯見此科亦是虛設。」詔權住三分之二〔一〕。

十月七日，詔：「新法綾紙度牒，除換給使用 [34] 外〔二〕，其餘今後更不給降。應童行試經並權住三年，仍自今年爲始。其已前年分未給之數，亦令住給。」

十二年二月二十三日，詔延壽教院安厝故張賢妃靈柩，可歲度僧一人。

十三年六月八日，三省言：「壽星寺乞每年撥放，有礙昨降權住指揮。」上曰：「既有指揮權住，且休放行。朕觀昔人有惡釋氏者，欲非毀其教，絕滅其徒；有喜釋氏者，即崇尚其教，信奉其徒，二者皆不得其中。朕於釋氏，但不使其大盛耳。獻言之人有欲多賣度牒以資國用者，朕以爲不然。一度牒所得不過一二百千，而一人爲僧，則一夫不耕，其所失豈止一度牒之利？若住撥放，十數年之後，其徒當自少矣。」

二十七年八月十八日，禮部言：「勘會諸路州軍有換不盡新法空名度牒、紫衣、師號，並納到換給舊度牒等。自紹興十年五月内承指揮住行換給，將新、舊度牒等並令繳申赴部。自降上件指揮以來，尚有全未開具，及雖有申到見在數目，未行申繳去處，竊慮存留在外，别生奸弊。欲行下逐路運司，遍下所部州軍，盡數繳申赴部。」詔依，仍限一月。先是，宰相進呈諸州有給換不盡僧道度牒，乞令盡數繳納尚書禮部。上曰：「前日賀允中上殿，朕問即今僧道之數。允中言道士止有萬人，僧有二十萬。朕見士大夫奉佛，其間議論多有及度牒者，朕謂目今田萊多荒，不耕而食者猶有二十萬人，若更給賣度牒，是驅農爲僧。且 [35] 一夫受田百畝，一夫爲僧〔三〕，即百畝之田不耕矣。佛法自東漢

〔一〕詔：原無，據《建炎要録》卷一〇〇補。二：原作「一」，據《補編》頁三二六、《建炎要録》卷一〇〇改。
〔二〕換：原作「撫」，據《建炎要録》卷一〇三改。
〔三〕僧：原脱，據《建炎要録》卷一七七補。

明帝時流入中國，前代以來，非不禁絕，然終不可廢也。朕亦非有意絕之，所以不給度牒者〔一〕，正恐僧徒多則不耕者衆耳。」沈該等奏曰：「陛下宵旰圖治，尤以農事爲先，天下幸甚。」

十二月十五日，禮部侍郎賀允中言：「近來僧道身死、還俗、避罪逃亡，寺觀主首并州軍過限並不繳申度牒，及州縣人吏賣亡僧度牒，與僧行洗改、重行書填。欲徧下州縣遵依現行條限繳申。若州縣、寺觀主首有違條限，依法斷罪，主首仍還俗。許諸色人陳告，比依告獲私自披剃或私度人爲僧道條格支（償）〔賞〕。如人吏將亡僧度牒私自披剃，及私度人若僞冒者，告賞依前項格法倍之。其童行告獲，已有指揮許給度牒披剃外，緣改易書填唯是一般僧道深知弊倖，如能告獲，欲支賞錢一百貫。兼僧道供帳及判憑行游及每年納免丁錢，並令賫執度牒赴所屬州驗，如當職官能用心驗獲者，欲依驗獲僞印法推賞。仍令逐路轉運司每歲取索帳狀，照遞年人數點磨身死及還俗、避罪逃亡之人。有不申繳，即根究依法施行。」從之。

二十九年十二月一日，詔：「應僧、尼、道士、女冠年八十已上，並與紫衣；已有紫衣者，與師號。經所屬自陳，勘會詣實，保明奏聞。」

三十一年十二月，赦：「應僧、尼、道士、女冠受到（今）〔金〕國度牒，並經所屬陳乞，換乞換給〔二〕。」

三十二年三月六日，詔顯仁 36 皇后崇先顯孝功德院住持、左街鑒義僧廣因下童行圖照、圓與二人，特與剃度。以上《中興會要》。

壽皇聖帝乾道元年正月一日，南郊赦書：「僧道身死若還俗，其度牒、紫衣、師號往往不行繳納，冒法承代。在法：赦後三十日不改正者，復罪如初，並若降指揮應未曾繳納，却與童行冒法披剃、披戴之人，限一月自首改正，並與免罪。切慮因所立日限太窄，及避罪未能盡行出首，自今赦到日，除依法限三十日外，更與展限一月，許令首納，免罪改正。限滿不首，因事彰露，復罪如初。」三年十一月六日、六年十一月六日南郊赦書，並同此例。

六月六日，詔以上天竺觀音院祈禱感應，賜空名度僧牒二道。

二十一日，詔湖州烏墩鎮行者祝道誠賜度牒〔三〕，並給紫衣剃度。以刑部侍郎方滋言：「先任兩浙漕臣，被旨收瘞運河遺（駭）〔骸〕，道誠出力（亡）〔忘〕劬，收葬千二百六十有餘，勤實可取。」故有是命。

八年二月三日，詔賜建康府正覺禪院僧普立童行彭普海度牒一道。以管幹皇兄元懿太子旉攢所香火已及三年〔四〕，援舊旨有言也。

〔一〕給：原作「禁」，據《群書考索》後集卷六三改。
〔二〕換乞：疑當作「驗訖」。
〔三〕烏墩：原作「馬墩」，據《元豐九域志》卷五改。
〔四〕旉：原作「道」，據《宋史》卷二四六《元懿太子旉傳》改。

五月二十八日，知饒州王秬言：「奉詔賑濟飢民，僧紹禧、行者智修煮粥供贍，計五萬一千三百六十五人；僧法傳、行者法聚煮粥供贍，計三萬八千五百六十一人。」詔紹禧、法傳各賜紫衣，行者智修、法聚各賜度牒披剃。

九年閏正月十八日，詔昭慈永佑陵泰寧寺每歲度僧一

37 人。紹興初，以本寺焚修殯宮〔香〕火，詔度僧二人，後罷度牒，本寺因不復有請。至是自言，事下禮部，乃引紹興七年「應臣僚恩例，許本院執奏」指揮，持之不決。本寺復言係崇奉陵寢之所，豈臣僚恩例事體可比，特有是命。

三月十五日，詔叙州男子郭惠全給賜度牒一道披剃。（爲）以本州言：「惠全自少出家，母死，負土成墳，孝節感著。」故有是命。以上《中興會要》〔一〕。（以上《永樂大典》卷一四七〇六）

38 景德三年八月，諸王府侍講孫奭轉對，請減修寺度僧。真宗曰：「道、釋二門〔二〕，有助世教，人或偏見，往往毁譽，假使僧道輩時有不檢，安可即廢也？」

崇寧二年十月九日，詔：「崇寧寺觀，並依十方住持，其披剃并紫衣，自崇寧二年天寧節爲始。如未有童行，即仰所差主管僧道保的手下童行披剃。崇寧三年以後，即依此施行。」

大觀二年十月三十日，詔：「大相國寺慧林禪院住持長老元正坐化，賜絹三百疋，錢三百貫，賜寂照之塔，看塔人間歲度僧一名。」（以上《永樂大典》卷八七〇六）〔三〕

還俗〔四〕

【宋會要】

建炎元年五月一日，赦：「特旨：還俗僧道許自陳，與依舊爲僧道，令本州出給公據。」

紹興二十一年正月十一日，上曰〔五〕：「還俗僧圓覺、宗杲撰造《聖者偈》〔六〕、《妙喜禪》，皆菑祥謗讟之語，誕謾無理，鼓惑軍民，此最害事，宜嚴行禁止。」（以上《永樂大典》卷次原缺）

僧道丁錢〔七〕

【宋會要】

39 乾道元年四月四日，詔：「僧道年六十以上并篤廢殘疾之人，並比附民丁放納免丁錢，自乾道元年爲始。仍

〔一〕按，此注有誤。《中興會要》只載高宗一朝，此當云「乾道」。
〔二〕釋：原脱，據《長編》卷六三補。
〔三〕《大典》卷次原缺，按以上三條見於現存《大典》卷八七〇六，據補。
〔四〕原無此題，據正文内容擬。按，嘉業堂本將以下四條均依年月插入「披度」門，不當。
〔五〕曰：原作「因」，據《中興小紀》卷三五改。
〔六〕者：原作「旨」，據《中興小紀》卷三五改。
〔七〕原無此題，據内容擬。

令州縣榜諭。」

嘉泰三年拾壹月拾壹日，南郊赦文：「在法，僧道年六十以上及篤廢殘疾人，本身丁錢聽免。訪聞州軍却將依法合放免人仍舊催納，深可憐憫。兼近年給降度牒、披剃至多，若盡實根括入帳，從實起發，於額 40 自無拖欠。可令州軍今後並仰照應前項合免丁錢條法放免，却從實根括新披剃僧道，依等則送納，不得過有多收。仍令提刑司常切覺察，毋致違戾。」自後明堂大禮赦亦如之。（以上《永樂大典》卷八七九七）

宋會要輯稿　道釋二

開壇受戒

【宋會要】

1 凡童行得度爲沙彌者，每歲遇誕聖節，開壇受戒。壇上設十座，釋律僧首十闍梨説三百六十戒，授訖，祠部給牒賜之。東京於太平興國寺置壇，大中祥符三年賜名奉先甘露戒壇。後慈孝建大乘戒壇。諸州各置壇，聽從地便往受。京東四，青、鄆、徐、登。京西六，河南、許、襄〔一〕、隨、潁、郢。河北三，大名、真定、滄〔二〕。河東五，并、潞、晉、絳、汾。淮南九，（楊）〔揚〕、廬、壽、楚、泗、通、泰、舒、蘄。江南十四，江寧、宣、歙、池、江、太平、饒、信、洪、撫、處、吉、筠、袁。兩浙十五，杭、蘇、明、越、湖、潤〔三〕、常、秀、睦、溫、台、衢、婺、處、江陰。荆湖六，潭、衡、永、郴、全、道。福建三，福、泉、漳。川（陝）〔峽〕七。益、綿、漢、眉、彭、邛、陵。

太祖開寶五年二月，詔曰：「男女有别，著在禮經；僧尼無間，實紊教法。自今尼有合度者，只許於本寺起壇受戒，令尼大德主之。其尼院公事，大者送所在長吏鞫斷，小者委逐寺三綱區分，無得與僧司更相統攝。如違，重寘其罪。僧徒本教，不許習他義，自今無得習天文、地理、陰陽之學。」

太宗太平興國八年八月，詔：「自今後諸處申請祠部戒牒，當職官交付本處進奏知後官訖〔四〕，具限以聞。知後官等獲時，如法封角，遞赴本處訖，具狀申報。兼下諸路轉運司及本屬轉運司、州、府、軍、監遍行逐處，委長吏即時勾集給付訖，分析申奏。」先是，州市吏爲募人，以緡錢市取，齎以至外郡，賣得善價，即付與之，故命條約。

真宗大中祥符元年十月，詔祠部戒牒並破官物書寫，舊納官錢悉除之。

二年七月，賜昇州崇聖寺戒壇名曰承天甘露。是州僧德 2 明年八十，習律，爲臨壇大德五十年，長講經（綸）〔論〕，江左僧衆皆其受戒也。所習律藏舊百三十卷，德明删補爲十三卷，每爲人講説，三年一周。真宗召至，屢對便殿，求賜壇名故也。

天禧三年二月，知越州高紳言：「當州僧尼既受戒，還家即受父母拜禮。伏以爲臣爲子，忠孝之道居先；在家出俗，怙恃之情匪異。苟乖斯道，是曰亂倫。且子於父母，恩報皆一，在儒書則曰昊天罔極，在釋教則曰恩重莫報，安可用小加大，使卑逾尊？蓋甌越之民僧俗相半，溺於信奉，忘序尊卑。切見唐太宗（正）〔貞〕觀五年嘗禁僧尼受父母

〔一〕襄：原作「衰」，據《宋史》卷八五《地理志》一改。
〔二〕滄：原作「倉」，據《宋史》卷八六《地理志》二改。
〔三〕潤：原作「閏」，據《宋史》卷八八《地理志》四改。
〔四〕知：原作「如」，據下文改。

拜，方今鴻化風行，革除僥倖，望降敕特行戒止〔一〕。」奏可〔二〕，有違者，重決罰之〔三〕。

十一月，尚書右丞林特言：「請（今）〔令〕諸路普度僧尼處開壇受戒，如本處無戒壇，即就鄰州有戒壇處，祠部即出戒牒給付。」從之。

哲宗元祐元年五月十二日，詔：「坤成節，依降勅命令開封度僧外，諸州軍有戒壇處，依在京開壇，與沙彌受戒。」

光堯皇帝建炎四年七月二十日，中書門下省言：「已披剃、披戴僧尼、道士自來該遇天申節，預前依例合行受戒，天寧節未有指揮。」詔自今後天寧節與依例開壇受戒，上祝道君皇帝聖壽。

紹興二年閏四月二十四日，詳定一司勅令所言：「今參酌紹興法，擬修下條：『諸未受戒僧尼遇聖節，執度牒僧司驗訖，本州出戒牒，并以度牒六念連粘用印，仍於度牒内注給戒牒年月日，印押給訖，申尚書禮 3 部。諸僧道歲當供帳，官司前期取度牒驗訖，聽供帳。候申帳到州，州委職官一員取度牒對帳驗寔，申發所屬。其行遊在外者，所在官司於度牒後連紙批書所給公憑。』右並入《紹興道釋令》，以紹興二年二月十八日尚書省批狀詳定。衝改本條不行。『諸僧尼遇開壇受戒及供僧道帳，若度牒有僞冒，失於驗認，并帳不寔，經歷官司杖一百，所供官減一等。』右入《紹興詐僞勅》，以紹興二年二月十八日尚書省批狀詳定。係創立。」詔仍先以施行。先是，吉州天寧節開壇受戒，有僧僞作度牒，守臣徐宇有請，故至是立法。

紹興三十二年壽皇聖帝已即位，未改年。八月二十四日，禮部言：「新制，斥賣度牒，已（批）〔披〕剃、披戴僧尼、女冠除遇天申節受戒外，未有條式。乞遇會慶節，依例逐州開壇受戒，令都進奏院遍下諸路州軍（於）〔施〕行。」從之。

道士受戒

徽宗宣和元年十月二十六日，詔：「天下州府道士受戒，並就神霄玉清萬壽宮殿下壇上，在京道士只就在京神霄玉清萬壽宮。」（以上《永樂大典》卷一五〇六五）

筆受譯經

【宋會要】〔四〕

4 太平興國七年六月，譯經院成〔五〕，譯經，詔梵學僧筆受、綴文。七月，詔左右街義學僧詳定。十二月，選梵學

〔一〕降：原脱，據《群書考索》後集卷六三補。
〔二〕可：原脱，據《群書考索》後集卷六三補。
〔三〕「決罰」下原有「從」字，據《群書考索》後集卷六三刪。
〔四〕以下二條實抄自《事物紀原》卷七「筆受」條，其中第一條乃撮述《宋朝會要》，其《會要》本文則見於本書下文「傳法院」門。第二條乃引楊億《談苑》。嘉業堂本刪去此二條，甚是。
〔五〕譯經院成：原無，據《事物紀原》卷七補。

沙門一人爲筆受，義學沙門十人爲證義。其後以惟淨爲梵學筆受〔一〕，自此其始也。

《談苑》曰：譯經常以梵僧，後令惟淨同譯經，梵學筆受二人，譯經綴文二人，證義八人。唐世翻譯有筆受官，以朝臣爲之，佛佗多羅之譯《圓覺經》也，房融爲筆受是矣。皇朝太宗始用梵學僧也。（以上《永樂大典》卷次缺）

釋院〔二〕

興化院

【宋會要】

5 袁州興化禪院。元符二年八月八日禮部言：「紹聖三年二月，袁州木平山興化禪院西南出紅光，有石塔七層，高十五丈，上有巨室壓頂。」詔賜塔額曰「會慶」。

功德院

【宋會要】

淳熙四年八月二十七日，幹辦皇城司謝澄該遇皇后受册，許賜功德院，乞將鎮江府丹徒惠王墳所皇后閣自行修蓋到僧菴二所，乞以「顯親勝果寺」爲額，從之。

又慶元三年五月四日，詔：「應臣僚已請到守墳功德院，其家子孫並不得占據屋宇居止，干預常住錢穀出入，及差使人夫等。如違，許守僧經臺省陳訴。其自蓋造及置到田產者非。」

傳法院

【宋會要】

傳法院，舊曰譯經院。

太祖乾德三年十二月，滄州僧道圓詣西域還，表獻貝葉梵經四十二夾。道圓晉天福中往，在塗十二年，住天竺六年，還經于闐，與其使偕至。太祖召問所歷山川道里，賜紫衣、器〔弊〕〔幣〕，館于京寺。

四年三月，僧行勤等一百五十七人請遊西域取經，各賜錢三萬遣之。自是往取經者頗衆。咸平六年，知開封府陳恕言〔三〕：「此輩多學問生疏，受業年淺，狀貌庸惡，且自漢入蕃，經由國土不少，見之必生鄙慢。望令僧録司試問經業堪令去者，送府覆驗。」真宗曰：「恕早曾乞廢譯經院，然三教之興，其來已久，前代言之者多矣〔四〕，但存而不論

〔一〕惟：原作「推」，據《事物紀原》卷七改。

〔二〕原無此題。按，以下諸目出自《大典》卷一六六八三至卷一六七〇四「院」字韻「釋院」目，今姑仍用爲總題。但此題實不夠確切，因其中之「傳法院」並非一般寺院，而是譯經機構，應予單列（嘉業堂本另立爲「譯經」一門，可取）。至於諸佛院與後之佛寺，可合爲「寺院」一門。

〔三〕封：原脱，據《長編》卷五五補。

〔四〕前：原作「然」，據《宋史》卷二六七《陳恕傳》改。

可也。此奏宜可之。」

開寶七年，知鄜州王龜從表上中天竺摩伽陀國僧法天、河中府梵學僧法進所譯《聖無量壽》《尊勝》二經、《七佛讚》，詔法天等赴闕，召見慰勞，賜紫衣。法天姓刹地利，徧通三藏，與其兄達理摩拏叉多、西印度僧尼囉喃〔一〕、中印度僧尼没馱計哩帝等四人同造中國〔二〕，惟法天與其兄得達，餘皆没於路。法天攜梵經至鄜州，偶河中梵學僧法進其詳經義〔三〕，始出已上經，法進執筆迴綴，龜從潤色之。

法天求詣五臺，禮文殊，遂徧遊江、浙、嶺表、巴蜀，許之。

太宗太平興國三年三月，開寶寺僧繼從等自西天迴，獻所得梵夾經等，詔賜繼從等紫衣。自是每獻者多詔賜方袍焉。

五年，北天竺迦濕彌羅國僧天息災、烏填曩國僧施護至京〔四〕，詔賜紫衣，又令天息災等與法天閱舊獻梵夾。太宗崇尚釋教，又以梵僧曉二方言，遂有意於翻譯焉。是年，詔中使鄭守鈞就太平興國寺大殿西度地作譯經院〔五〕。中設譯經堂，其東序爲潤文堂，西序爲正義堂，譯經僧以次分設堂室。

至七年六月，院成，召天息災等三人入院，賜天息災號明教大師，法天號傳教大師，施護號顯教大師〔六〕，令以所賫梵本各譯一經上 6 進。詔梵學僧法進、常謹、清沼等筆受、綴文，又命光禄卿湯悅〔七〕、兵部員外郎張洎潤色，殿直劉素爲都監。悅等言：「天息災等所述自古譯經儀式，將欲翻經，於本院建立道場。施護請於東堂面西粉布聖壇，

壇開四門，梵僧四各主其一，持秘密呪七晝夜。又設木壇作聖賢位，布聖賢字輪，目曰大法曼拏。衆迎請聖賢閼伽沐浴，香花燈塗、菓實飲食二時供養。禮拜旋繞，請祈民祐，以殄魔障，僧羅日二時虔禱。譯〔曰〕〔日〕，第一譯主當面正坐，前梵學。其左第二證梵義梵僧，與譯主評量梵義。第三證梵文梵僧，聽譯主高讀梵本，以驗差誤。其右第四梵學僧，觀〔焚〕〔梵〕夾，當聽譯主宣讚讀書，爲隸字。第五梵學僧筆受，第六梵學僧删綴成〔人〕〔文〕，第七證義僧參詳向義，第八梵學僧刊定字句〔八〕。第九潤文官，於僧衆南別設位，參詳潤色。譯僧每日沐浴，嚴潔三衣，坐具威儀整肅。凡入法筵，依位而坐，不得紊亂。翻譯應須受用，悉從官給。譯之日，别設齋席。譯文有與御名廟諱同者，前代不避，於禮未允；若變文避諱，慮妨經義。今欲依國學九經書御名迴避，諱但闕點畫。」詔御名不避，餘悉從之。

〔一〕喃：原作「南」，據現存《永樂大典》卷八七八三改。
〔二〕中印度：原脱「中」字，據現存《大典》卷八七八三補。
〔三〕其：疑當作「甚」。
〔四〕曩：原脱，據本書蕃夷四之八九、《長編》卷二三補。
〔五〕鈞：原作「約」，據《長編》卷二三、《玉海》卷一六八改。
〔六〕顯：原作「傳」，據明僧明河《補續高僧傳》卷一改。
〔七〕湯：原作「楊」，據《長編》卷二三改。
〔八〕「第八」下原有「字」字，據上文句例删。字句：原無「句」字，據文意補。《佛祖統紀》卷四三述此僧之任務云：「第八刊定，刊削冗長，定取句義。」是不但刊定字也。

七月十二日，天息災上新譯《聖佛母經》，法天上《吉祥持世經》，施護上《如來莊嚴經》各一卷。詔左街選京城義學僧百人詳定〔一〕。左右街僧録神曜與諸義學僧以爲譯場久廢，傳演至難，迭興諍難，天息災等即持梵本先翻義，以華（華）文證之，衆僧乃服。詔入藏，刻板流行。

十四日，帝臨幸，召譯僧坐，慰諭，給卧具、幕、（繪）〔繒〕綵、什器等物，悉度其院童行十人爲僧，增修佛殿經藏。自是盡取禁中所藏梵夾，令天息災等視《藏録》所未載者翻譯之。

十二月，詔選梵學沙門一人爲筆受，義學沙門十人爲證義，又賜《大藏經》以備撰閲。自是每歲再三獻新經，後每誕聖節、五月一日即獻經，皆召坐，賜緡帛，以其經付藏。

八年十月，天息災等言：「臣竊以教法未流，歷朝翻譯，宣傳佛語，並在梵僧，而方域遐阻，或梵僧不至，則譯場廢絶。望令兩街選童子五十人，令習梵字學。」從之，命高品王文壽集京城童行五百人，選得惟淨等十人引見便坐，詔送院受學。惟淨者，吴王李煜弟從鎰之子〔二〕，性穎悟，口授梵章，即曉其義，徧識西域字，歲餘，度爲僧，手寫梵經以獻。自後依法賢授學，爲梵學筆受，賜紫衣，號光梵大師。大中祥符後，令同譯經，爲試光禄卿。

是年，詔改譯經院爲傳法院，又置印經院。

雍熙元年九月，詔自今新譯經論，並刊板摹印，以廣流布。

二年，帝覽所譯經，詔宰相曰：「譯經辭義圓好，天息災等三人及此地數僧皆深通梵學，得翻傳之體。」遂詔天息災、法天、施護並朝散大夫、試鴻臚少卿。又詔譯經月給酥酪錢有差。法賢，年十二依本國密林寺達聲明學，從父兄施護亦出家，法賢語之曰：「古 7 聖賢師皆譯梵從華，而作佛事。」即相與從北天竺國（諸）〔詣〕中國。至燉煌，其王固留不遣數月，因棄錫杖缾盂，惟持梵夾以至，仍號明教大師〔三〕。雍熙四年，詔改名法賢，累加試光禄卿、朝奉大夫〔四〕。咸平三年八月卒，謚慧辯。法天，初名達理摩犖義多，後改今名，累試鴻臚卿、朝奉大夫，轉光禄卿。咸平四年五月卒，謚玄覺。施護，十五依帝釋宫寺僧悲賢學五天真草及師子、于闐、三佛齊、闍婆文字，累加試鴻臚卿、朝奉大夫，又試光禄卿〔五〕。天禧二年正月卒，謚明悟。後又有法護者，與法賢同國人，依中天竺摩伽陀國堅固鎧宫寺，解八轉音，年二十五至京師，賜方袍。景德三年，詔參證梵文，號傳梵大師，累試光禄卿。法進者，學梵書，達梵義，博

〔一〕義：原作「儀」，據下文及前道釋二之四「太平興國七年六月」條改。

〔二〕「弟」原作「第」，「鎰」原作「鑑」，據《新五代史》卷六二、陸游《南唐書》卷三改。

〔三〕此下原有「三年十月」至「祇通先訓」凡三十一字，已移至本條末注文，詳條末校記。

〔四〕此下原有「咸平二年」等十一字，已移至本條末注文，詳條末校記。

〔五〕此下原有「祥符三年九月」至「付院入藏」六十七字，已移至本條末注文，詳條末校記。

究教典，綴文婉約，得古經格致，今翻〔釋〕〔譯〕儀範自其著定也。其年，詔：「應西天僧有精通梵語可助翻演者，悉館于傳法院。」自是梵僧至者，悉召見，賜以紫服、束帛。華僧自西域還者亦如之。又自天息災言：「聞陝西諸州頗有僧俗收藏梵夾，望降詔購放〔一〕，以資翻譯。」從之。《玉海》〔二〕：〔雍熙〕三年十月戊午，御製《新譯三藏聖教序》以冠經首，令刊石御書院。真廟祇遹先訓，咸平二年，繼作《聖教序》賜之。祥符三年九月，天竺僧覺稱獻《讚聖頌》〔三〕。六年八月，參政趙安仁等纂集新經并所降制，詔賜名《祥符法寶錄》，丁亥，御製序賜之〔四〕。八年閏六月甲辰，出太宗御製《妙覺集》五卷，付院入《藏》。

（是）〔三〕年〔五〕，義學沙門知則上新譯《無量壽經疏》，賜號演教大師。其後獻新經者，僧司集義學僧詳定入《藏》。

十月，帝作《新譯三藏聖教序》賜譯僧，仍令應新譯經逐部之首皆載之，又令刊石御書院。

淳化四年五月，詔：「西面緣邊及黎、階、秦、廣州，應梵僧自天竺來及中國僧遊天竺還者，所齎梵經並先具奏聞，仍封題進上。」

五年，詔所譯經寫二本，一編入《大藏》，一藏本院。

是年，于闐僧吉祥獻《大乘秘藏經》二卷，詔法賢等定其真僞。法賢等言：「吉祥所獻經是于闐書體，經題是《大乘方便門》三摩題經，且非《大乘秘藏經》也。其經中文義無請問人，及聽法徒衆非法印次第，前後六十五處文義不正，互相乖戾，非是梵文正本。」帝召見法賢等及吉祥，諭之曰：「使邪僞得行，非所以崇正法也。宜令兩街集義學沙門，將吉祥所獻經搜檢前後經本對衆焚棄。」從之。

至道元年，沙州曹延祿乞賜新譯經，給之。

真宗咸平二年，真宗以繼作《聖教序》賜傳法院。帝曰：「法賢多上表章，乞製序引，屬諒陰之内，不欲措意。〔禪〕〔禫〕服已除，近方搆思，乞〔時〕〔特〕賜也。」初刻石御書院，法賢等累表求降付院，與太宗《聖教序》對，三年九月始得請，備威儀迎導以歸，令于便殿安置。又有僧可升獻《注解序》，對便殿，賜束帛。

景德元年，天竺譯經三藏法護入貢梵經，真宗召見便殿，恩賜甚厚，館於譯經院。天聖末，注輦國貢金葉〔文〕〔天〕8竺字，詔令翻譯之。法護姓憍尸迦氏，婆羅門之

〔一〕放：疑當作「訪」。

〔二〕原無「玉海」二字。按，以下文字原作大字，分爲三截誤插入上文「二年」條。其中，「三年十月」至「祇遹先訓」三十一字原插入該條「仍號明教大師」之後；「咸平二年繼作聖教序賜之」一句原插入該條「咸平三年八月卒」句之前；「祥符三年九月」以下一大段又插入該條「天禧二年正月卒」之前，致使本條文字扞格不通。今考此三處文字原是《玉海》卷一六八所載的一段完整文字，而非《會要》之文（由其中用干支紀日亦可斷）。蓋《大典》編者原作爲注文，不知何以錯亂如此。今改作小字移於此，並添「玉海」二字。

〔三〕「稱」原脱，「頌」原作「序」，據《玉海》卷一六八補改。

〔四〕「序」、「之」二字原脱，據《玉海》卷一六八補。

〔五〕三年：原作「是年」。按下文「十月」條，據《長編》卷二七、《玉海》卷一六八，乃雍熙三年事，則此「是年」應爲「三年」之誤。因改。

族，累號普明慈覺傳梵大師，嘉祐三年卒，謚曰演教大師，蓋壽九十餘。

二年九月，車駕幸傳法院。

大中祥符三年九月，中天竺僧覺稱獻《讚聖頌》，令惟浄譯之。覺稱請還，詔造金襴袈裟置本國金剛坐，及賜裝錢茶藥。覺稱復作頌爲謝，帝嘉之。

六年八月，譯經潤文兵部侍郎趙安仁準詔編修《藏經》〔一〕，表乞賜名題、製序。詔以《大中祥符法寶録》爲名，御製序給之。録凡二十一卷，惟浄寫譯，證義啓沖、修静、證殊、文一、重珣、簡長同編次，内侍李知和勾當。安仁又請以太宗及皇帝聖製編次《東土聖賢集》，既成，賜詔褒飾，加金帛，秘書監楊億常預編修，亦(如)〔加〕賚焉。

八年閏六月，内出太宗皇帝御製《妙覺集》五卷付傳法院，編入《大藏》。

天禧元年四月，詔曰：「金仙垂教，實利於含生；貝葉騰文〔二〕，是資於傳譯。茍師承之或異，必邪正以相參。既失精詳，寖成訛謬。而況葷血之祀，頗瀆於真乘；厭詛之詞，尤乖於妙理。方增崇尚，特示發明。其新譯《頻那夜迦經》四卷，不得編入《藏》。自今傳法院似此經文〔三〕，無得翻譯。」時中書閲此經詞意與經教戾，乃令傳法院詳之，且請不附《藏》目，故有是詔。

(三)〔二〕年九月〔四〕，起居舍人吕夷簡言：「故御史中丞趙安仁嘗刻《圓覺道場禮懺禪觀法》印板，望送傳法院附入《經藏》。」從之。

三年二月，譯經三藏法護等請降御注《四十二章》〔五〕、《遺教經》，傳寫入《藏》，從之。

四年二月，祕演等請以《聖製述釋典文章箋注》附《大藏》，詔可。

(是)〔五〕年〔六〕，以宰臣丁謂兼充譯經使。潤文官常一員，天禧中以翰林學士晁迥、李維同潤文，始置潤文二員，丁謂罷使後，亦不常置。天聖三年又以宰相王欽若爲之，自後首相繼領，然降麻不入銜。又以參政、樞密爲潤文，其事浸重。每生辰，必進新經。前兩日，二府皆集以觀翻譯，謂之開堂。慶曆三年，吕夷簡罷相，以司徒爲使。致仕，即章得象代之，自是降麻入銜。

仁宗天聖四年，潤文官翰林學士夏竦與僧衆上《新譯經音義》七十卷〔七〕。是書大中祥符九年詔惟浄撰，(今)〔令〕潤文官趙安仁、楊億刊定，至是始畢。

是年，惟浄言：「藏乘名録，類例尤多，(令)〔今〕所流

〔一〕「安仁」下原有「言」字，據《長編》卷八一刪。
〔二〕「貝」原作「具」，「騰」原作「謄」，據《宋大詔令集》卷二二三改。
〔三〕自：原作「目」，據《宋大詔令集》卷二二三改。
〔四〕二年：原作「三年」，據《玉海》卷一六八改。
〔五〕十：原作「年」，據《玉海》卷一六八改。
〔六〕五年：原作「是年」，據《長編》卷九七、《九朝編年備要》卷八改。
〔七〕音：原作「章」，據《玉海》卷一六八改。

通〔一〕，凡有三録：僧智升撰即《開元録》，圓升撰《（正）〔貞〕元録》，圓照《（續）〔續〕（正）〔貞〕元録》。今請將皇朝經總成一録。」詔惟净合三録，令續譯經、律、論、西方、東土聖賢集傳爲之，凡六千一百九十七卷。

八年，潤文官夏竦、王（曉）〔曙〕上《大藏經名禮懺經》十卷。初，五臺山沙門崇慶撰進，（令）〔令〕竦等詳定頒行。

景祐二年九月，帝作《景祐天竺字源序》賜譯經院。是書即三藏法護、惟净以華、梵對參爲之，凡七卷。

十月，刑部尚書夏竦上《奉詔撰傳法院譯經碑銘》，詔本院刊石。序曰〔二〕：「自興國壬午，距今乙亥五十四 【9】 載，其貢獻並内出梵經無慮一千四百二十八夾，譯成經、論凡五百六十四卷。譯者釋也〔三〕，交釋華、梵〔四〕，對傳句讀。辯佉樓之筆，簡韋佗之辭。云云。」詔刊于石〔五〕。

三年十二月，譯經使呂夷簡、潤文宋綬言：「準詔續修《法寶録》，請依舊體，御製序，賜名。」詔以《景祐新修法寶録》爲名。是録即自大中祥符四年以後至景祐三年，惟净與法衆並預編纂。

寶元二年十一月二十五日，傳法院言：「建立《譯經碑銘工畢》。」詔官吏恩賚有差。

慶曆三年十月，賜傳法院、寺務司錢歲五百千。

五年正月，命宰臣章得象撰《御製傳法院譯經碑後記》。

三月二十二日，以傳法院新建御書《西竺聲原字母碑》殿爲乾華殿。

皇祐四年正月八日，參知政事高若訥進樞密使，詔仍兼同譯經潤文。

至和元年十二月八日，賜傳法院譯經三藏大師法護爲普明慈覺傳梵大師。法護，西天僧，有戒行，特以六字師號賜之。

神宗熙寧四年三月，廢印經院。

元豐元年七月九日，詔故西天譯經三藏、試鴻臚卿日稱賜謚曰闡教，仍依法護例遺恩度僧七人，慧（辨）〔辯〕院歲增度僧一人。

十月三日，命參知政事元絳參定傳法院新編《法寶録》〔六〕。先是，譯經僧日稱死，同譯經僧慧詢等皆不能繼，乞罷譯場。乃詔令在院習學，續修寶元以後《法寶録》，候有通達義理梵僧，依舊翻譯，而絳因有是命〔七〕。

二年六月十一日，命參知政事蔡確參定編修傳法院

〔一〕通：原作「進」，據文意改。

〔二〕按，自「序曰」至「詔刊于石」一段文字原在下條「御製序」後。今考夏竦《文莊集》卷二六、《玉海》卷一六八，此乃夏竦《傳法院碑銘》之序，而非《景祐新修法寶録》之序，蓋《大典》錯簡。今據《玉海》移於此。

〔三〕也：原無，據《文莊集》卷二六《傳法院碑銘》補。

〔四〕交：原作「文」，據《文莊集》卷二六《傳法院碑銘》改。

〔五〕詔刊于石：按此四字與上文義重，疑衍。

〔六〕命：原無，據《長編》卷二九三、《玉海》卷一六八補。

〔七〕絳：原作「降」，據《長編》卷二九三改。

《法寶錄》[一]。

三年十月九日，詳定官制所言：「譯經僧官有授試光祿、鴻臚卿、少卿者，今除散階已罷外，其帶卿少官名實有妨礙[二]。欲乞以授試卿者改賜譯經三藏大法師，試少卿者改賜譯經三藏法師，其師號及請俸之類並依舊。」詔試卿者改賜六字法師，試少卿者四字，並冠「譯經三藏」，餘依舊。

五年七月八日，詔譯經潤文使、同譯經潤文並罷，自今令禮部尚書領之，廢譯經使司印。

淳熙二年二月二十三日，傳法院智覺言：「本院原係東京右街太平興國寺傳法院，自(詔)〔紹〕興初間，僧衆隨從車駕至此，興建佛殿寺宇，乞賜『太平興國傳法寺』爲額。」從之。（以上《永樂大典》卷一六六九七）

應天院

【宋會要】

10 西京應天禪院，即太祖誕生之地[三]。景德四年二月，真宗每幸，詔建院，設太祖神御，如啓聖制度。吏部尚書張齊賢、翰林學士晁迥、入内都知石知顯擇地。(天)〔大〕中祥符元年，又命翰林學士李宗諤與河南府王化基覆視。二年，賜名。祀汾陰迴，幸院焚香，又命禮賓副使賈文壽同修。天禧元年成，凡九百九十一區，令洪州僧智新住持。寺旁有驍勝軍營，寺僧常請爲馬厩，真宗曰：「頗聞太祖生於此營，今營有二岡，殆是乎？」二年，又令增院常住錢日三千，每朔望，士庶瞻禮焚香。（以上《永樂大典》卷一六六八三）

崇恩延福院

【宋會要】

11 淳熙十四年二月十七日，嗣濮王士歆言：「乞將臨安府在城蒲橋修蓋庵舍一所，以『崇恩延福院』爲額。」從之。

永寧崇福院

【宋會要】

紹熙元年六月十四日，詔：「故貴妃張氏墳所修蓋屋宇，可特充本家功德院，仍賜『永寧崇福院』爲額，差僧法雲住持。日後闕人，從甲乙選請有戒行人焚修香火。」

奉先資福院

【宋會要】

奉先資福院，即安陵卜定，乾德二年改卜，五月，詔就陵域置院，設宣祖、昭憲太后銅像。太平興國二年，命圓覺

[一] 命：原無，據《長編》卷二九八補。
[二] 卿少：原倒，據《補編》頁三二三、《長編》卷三〇九乙。
[三] 祖：原作「宗」，據《玉海》卷一六八改。

大師守冢主之。真宗每行幸大禮，必詣院。又秦國夫人劉氏、孫貴妃、吴昭容、代國公、曹國長公主悉葬院側。

百福院

【宋會要】建康府崇恩百福院，即建康府江寧縣百福院。紹興三十年七月十三日，詔依左中大夫、知建康府王綸所乞，充本家墳寺，賜是額。以綸前係同知樞密院故也。(以上《永樂大典》卷一六七〇〇)

普安院

【宋會要】12 普安禪院，周顯德中建，建隆初賜額，昭憲太后建佛殿。端拱二年，遣内侍鄭守鈞部兵卒以重建[一]，又造法華千佛、地藏不動尊佛閣，凡六百三十八區。初，元德太后攢宮在此院，及改(上)〔卜〕，又別起殿，塑元德真容，亦守冢住持。守冢，五臺僧，跣足遊京城，結庵此院，卒，賜謚明悟，塔曰正慧。

惠安院

婺州惠安禪院。紹興三十一年正月二十二日，右朝奉大夫、直秘閣、主管台州崇道觀呂用中言：「父好問昨爲尚書右丞，除資政殿大學士，累贈太師，今葬婺州武義縣惠安院之側，乞充功德院。」賜是額。(以上《永樂大典》卷一六七〇四)

普明院

【宋會要】13 淳熙五年六月二十四日，詔秀王墳庵在湖州府烏程縣，以「普明禪院」爲額。(以上《永樂大典》卷次原缺)

資聖院

【宋會要】14 資聖院，一在新并州城内。天禧五年，真宗以祖宗皆嘗親征，爲陣亡將士追福，得(袖)〔神〕虎三部落二營地，遣内侍楊守信造，凡七百二十區。天聖初成，賜名，給田園，太祖、太宗忌日，皆就建道場。一在隆安坊[二]。初，太宗第七女陳國長公主幼不茹葷，許出家。大中祥符二年八月制，進封吴國，號報慈正覺大師，賜紫，名清裕。九月，出居是院，以教坊樂、釋門威儀導送。前一日，車駕臨視。初在建初坊，後以迫隘，徙城西隆安坊。(以上《永樂大典》卷一六六九一)

[一] 鈞：原作「均」，據《長編》卷二三、《玉海》卷一六八改。
[二] 坊：原作「場」，據下文改。

僧寺 (一)

十方寺

【宋會要】15 紹熙元年五月四日，直祕閣張鎡言：「乞以臨安府良山門裏所居屋捨爲十方禪寺，仍捨鎮江府本家莊田六千三百餘畝，供贍僧徒。」禮部、太常寺擬「慶壽慈雲禪寺」爲額，從之。

僊林寺

慶元四年三月十七日，詔：「仙林住持慈恩宗教賜紫真教大師宗滿，已降『特補右街僧録，主管教門公事，仍舊住持』指揮更不施行。」臣僚言：「伏覩指揮，僧宗滿特補右街僧録。命下之日，外議藉藉，咸謂宗滿乃么庸釋耳，安能上動冕旒，(護)〔獲〕降中旨，意有與之爲地者。若非左右之近習，則必肺腑之懿親也。陛下與之，固不害于爲治，至于重煩内降，三省施行，給舍讀書，乃爲一緇黄之流委曲若此，人其謂何？臣觀國朝僧職有闕，命兩街各選一人，較藝而補。今日僧官充(刱)〔牣〕都城，未聞有清修之士可以厭服衆望者，安得較藝而補哉？近日有女冠季貞詠干犯天聽，補左街鑒義，中書繳奏，隨即寢命。未及兩日，忽有宗滿希求僧録，可謂無忌憚之甚矣。欲乞寢罷。」故有是命。(以上《永樂大典》卷一三七九九)

開寶仁王寺

【宋會要】16 紹熙四年三月四日，詔開寶仁王寺特與蠲免借官員指占。從住持僧文坦請也。

上天竺靈感觀音寺

嘉定五年二月二十九日，詔：「令兩浙轉運司取索上天竺靈感觀音教寺并徑山興聖萬壽禪寺砧基契照究，見着實有無隱寄別人產業。仍截自今降指揮日爲限，如日後(如)有增置田產，並不在蠲免之數(二)。其兩寺得免和買役錢之額，令所隷官司各與消豁，不得暗于其他人户產上均攤。如違，許被害人户越訴。兼慮其他寺觀不體朝廷以兩寺係祈禱去處及有元降指揮，援例陳乞，源源不已，重爲民困。今後如有似此之類，並令給、舍繳駁，户部執奏，不得放行。」先是，臨安府言：「上天竺靈感觀音教寺進狀，乞下臨安、嘉興、平江府照紹興二十四年已降指揮，將本寺和買役錢、保正役次及科敷並與蠲。」既得旨依，而徑山興聖萬

(一) 原無此題，今以《大典》原目補爲總題。
(二) 不：原脱，據文意補。

壽禪寺援以爲請，亦復從之。臣僚言，謂所降指揮但泛然蠲免，初無限則，其弊必至隱寄外人田産，積久不已，所免愈多，則他人受害愈重。故有是詔。

十二年正月四日，詔令封樁庫於見樁管度牒内支撥一十道，付上天竺寺變賣價錢，專充修造殿宇使用。以住持僧善月言：「本寺係是朝廷祈禱去處，殿宇經涉年深，多有摧損，今重行修換，乞矜軫給賜。」故有是詔。（以上《永樂大典》卷一三七九七）

東山太平禪寺

【宋會要】 17 嘉定三年十一月一日，詔懷安軍復建東山太平禪寺。以本州鄉官士庶言祈禱感應，從其請。

天台東教寺〔一〕

【宋會要】 18 慶元三年十二月十四日，詔上天竺靈感觀音寺爲係祈禱去處，今永作天台教寺。（以上《永樂大典》卷一三八〇九）

寄居僧寺

【宋會要】 19 光宗紹熙〔□年〕四月十三日，禮部言：「僧道經朝省陳（祠）〔詞〕，乞將寄居寺觀官員、士人起離。内有無力蓋屋居住之人，深可憐憫。」詔與展五年。（以上《永樂大典》卷一三

〔一〕按，此題不確，正文之意乃是以上天竺寺永作天台宗之寺，則此條當合入「上天竺靈感觀音寺」條。